Gisela Kubon-Gilke
Außer Konkurrenz. Sozialpolitik im Spannungsfeld von Markt, Zentralsteuerung und Traditionssystemen

Grundlagen der Wirtschaftswissenschaft

Band 18

Gisela Kubon-Gilke

Außer Konkurrenz

Sozialpolitik im Spannungsfeld von Markt, Zentralsteuerung und Traditionssystemen

Ein Lehrbuch und mehr über Ökonomie und Sozialpolitik

2., aktualisierte und erweiterte Auflage

Metropolis-Verlag
Marburg 2013

Bibliografische Information der Deutschen Bibliothek

Die Deutsche Bibliothek verzeichnet diese Publikation in der Deutschen Nationalbibliografie; detaillierte bibliografische Daten sind im Internet über <http://dnb.ddb.de> abrufbar.

Metropolis-Verlag für Ökonomie, Gesellschaft und Politik GmbH
http://www.metropolis-verlag.de
Copyright: Metropolis-Verlag, Marburg 2011
2., aktualisierte und erweiterte Auflage 2013
Alle Rechte vorbehalten
ISBN 978-3-7316-1001-4

In Erinnerung an

Marianne Kubon

(1934 – 2012)

Vorwort zur 2. Auflage

„Die deutsche Sozialpolitik hat sich […] als Wildwuchs entwickelt. […] Dieser Corpus sozialer Gesetze und Verordnungen hat sich zu einem Urwald, einem Dschungel, zu einer Wirrnis angewachsen, in der sich kein Mensch mehr zurecht findet, am wenigsten die bedauernswerten Geschöpfe, zu deren Gunsten die ganze Sache unternommen worden ist." (RÜSTOW 1963/1959: 130).

Gleich im ersten Zitat ein Tippfehler? Man könnte es vermuten, wenn man auf das Datum blickt, *wann* das gesagt worden sein soll. Nun, es ist tatsächlich bereits 1959 formuliert worden, als es in Deutschland einen noch deutlich geringeren Umfang der sozialen Sicherung als heutzutage gab. In der Zwischenzeit ist der „Dschungel" noch viel, viel größer, enger, verschlungener und damit vermeintlich undurchdringlicher geworden, und das Wachstum scheint ungebrochen angesichts von Plänen, 2012 verabschiedeten Gesetzen und weiteren Vorhaben für 2013 etwa zum Betreuungsgeld sowie vieler Ergänzungen z.B. bei Rentenregelungen oder bei Leistungen der Pflegeversicherung. Ist das aber wirklich Wildwuchs oder folgt es einer Logik und reagiert auf neue Notwendigkeiten? Und wem nutzt der Dschungel? Kommt er denjenigen zu Gute, die Leistungen empfangen, oder führen Rückwirkungen im Wirtschafts- und Gesellschaftssystem dazu, dass manche Leistungen ins Leere laufen oder gar einen gegenteiligen als den beabsichtigten Effekt erzielen? All das wurde in der ersten Auflage schon grundsätzlich diskutiert und vor allem im Rahmen der 2011 gültigen sozialpolitischen Regelungen diskutiert.

Was denkt sich die naive Schreiberin also? „Dem ist nichts mehr hinzuzufügen!" Das stellte sich zumindest kurz als Gefühl ein, als ich das voluminöse Lehrbuch 2011 geschrieben hatte und es endlich gedruckt und gebunden in den Händen hielt. Dieses Gefühl hielt genau drei Sekunden, denn bereits beim ersten Durchblättern des gedruckten Buches sprang mir gleich auf der ersten zufällig aufgeschlagenen Seite ein dicker Druckfehler entgegen.

Druckfehler mögen, wenn sie sich nicht zu arg häufen, eine Petitesse sein. Schwerwiegender ist, dass kaum nach Auslieferung des Buches erste Reformen sozialpolitischer Regeln beschlossen und neue Ziele und Ideen zur Sozialpolitik diskutiert wurden. Dieses alles ist für eine neue Auflage systematisch aufzuarbeiten. Wichtig ist es vor allem dann, wenn die Neuerungen die bisherige Logik und Struktur des Systems ändern und nicht nur marginale Anpassungen etwa von Beitragssätzen erfolgen.

Die Vorstellung, man hätte die Weisheit mit Löffeln gefressen und könne nach Veröffentlichung eines Buches alle Löffel getrost ablecken und sie dann weisheitsgesättigt einer jahrelang laufenden Geschirrspülmaschine anvertrauen, wird (hoffentlich) kaum eine WissenschaftlerIn wirklich glauben – selbst wenn er oder sie von der eigenen Großartigkeit noch so sehr überzeugt sein mag. Derart ausgeprägt ist mein eigenes Selbstbewusstsein jedenfalls nicht. Und natürlich verfolge ich wie viele andere die Diskussion sowohl in der *scientific community* als auch in der Politik und der öffentlichen Debatte. In der letzten Zeit sind theoretische Überlegungen in die sozialpolitische Diskussion eingedrungen, die einige meiner eigenen Argumente stützen, präzisieren, in Einzelfällen aber auch in Frage stellen. Sowohl zu Problemen einer reinen Markt- oder einer staatlichen Steuerung als auch zu normativen Grundlegungen der Sozialpolitik wurden in den letzten beiden Jahren bedeutende neue Ansätze publiziert. Die sind für die im Buch behandelten Fragen derart essenziell, dass sie ergänzend aufgenommen wurden. In diesem Sinne wurde das Buch systematisch überarbeitet und ergänzt.

Neben all den Personen, denen in der 1. Auflage gedankt wurde und die weiterhin meine Arbeit wohlwollend kritisch und hilfreich begleiten, ist es mir ein Anliegen, Nils Goldschmidt meinen besonderen Dank auszusprechen. Ihm verdanke ich u.a. durch eine gemeinsam organisierte Tagung viele neue Erkenntnisse und Interpretationsideen zu sozialstaatlichen Modellen. Ebenso danke ich meinem Kollegen Markus Emanuel und Mathias Erlei sehr herzlich für eine ganze Reihe von Vorschlägen zur Präzisierung meiner Argumente sowie Hans-Peter Klös für die gemeinsame Arbeit an spezifisch bildungsökonomischen Fragestellungen, die für mich eine besondere Inspirationsquelle war.

Das Buch ist noch umfangreicher als die erste Auflage geworden. Viel Kraft braucht man als LeserIn dafür. In den Ergänzungen wurden deshalb wieder Beispiele gewählt, in denen viel gegessen wird. Gutes Durchfuttern also! Körperliche Fitness wird durch das Buch allein dadurch gefördert, dass man den schweren Wälzer beim Lesen wie eine Hantel vor sich halten oder es durch die Gegend tragen muss.

Vorwort zur 1. Auflage

Es gibt viele Lehrbücher zu wirtschaftstheoretischen Themen und ebenso viele zur Sozialpolitik. Beide Bereiche – ökonomisches System und Sozialpolitik – sind in hohem Maße miteinander verwoben. In den Lehrbüchern wird das zwar berücksichtigt, aber wegen anderer Schwerpunktsetzung doch überwiegend eher nur in rudimentärer Form. Wirtschaftstheoretische Entwicklungen werden beispielsweise erst mit zeitlicher Verzögerung in sozialpolitische Überlegungen einbezogen. Umgekehrt führen ethische, gerechtigkeitsorientierte Fragen in der Ökonomik und deren Lehrbüchern oft nur ein unbefriedigendes Schattendasein.

Langjährige Lehrerfahrung an einer Technischen Universität und – im steten Weltenwechsel – nunmehr hauptsächlich an einer Evangelischen Hochschule, an der ethische und soziale Fragen im Vordergrund der wissenschaftlichen Auseinandersetzung stehen sowie die Arbeit an Publikationen zur Sozialpolitik brachten mich zu der Überzeugung, dass dies beides für die sozialpolitische Analyse, die Entwicklung der Ökonomik und die Politikberatung unbefriedigend ist. Diese „Lücke" soll durch das vorliegende Lehrbuch geschlossen, zumindest verkleinert werden. Wichtige Entwicklungen in der Ökonomik der letzten Jahre bzw. Jahrzehnte wie die Institutionenökonomik oder neuere Ansätze der Arbeitsmarkttheorie sind z.B. in hohem Maße relevant für die Frage, welche Wirkungen sozialpolitische Maßnahmen entfalten. Sozialpolitisch haben Konzepte wie Inklusion, Partizipation und auch neuere Gerechtigkeitsvorstellungen Platz gegriffen, jedoch noch wenig Beachtung in wirtschaftstheoretischen Überlegungen erfahren – obwohl sie auch analytisch in vielerlei Hinsicht relevant sind.

Das vorliegende Buch wird als „Lehrbuch und mehr …" gekennzeichnet. Das „mehr" bezieht sich darauf, dass generell sowohl in der Wirtschaftstheorie als auch der Sozialpolitik als wissenschaftlicher Disziplin eher wenig diskutiert wird, dass sich die arbeitsteilige Wirtschaft nicht allein in Märkten vollzieht, schon gar nicht nur in perfekten Märkten. Es ist mir ein zentrales Anliegen, die komplexen Wirkzusammenhänge verschiedener Formen der Koordinierung arbeitsteiliger Herstellungsprozesse aufzuzeigen und beispielhaft zu demonstrieren, wie schwierig es ist, den Koordinierungsproblemen, Risiken und Ungleichheiten der verschiedenen Systeme durch die Sozialpolitik gerecht zu werden. Potentielle sozialpolitische Möglichkeiten angesichts der Verwobenheiten stelle ich ebenso vor.

Da sowohl wirtschaftstheoretische (mikroökonomische) Grundlagen vermittelt werden sollen als auch die Sozialpolitik vor diesem Hintergrund ausführlich gewürdigt und zu alldem auch noch das Problem der verschiedenen Formen der Organisation arbeitsteiligen Wirtschaftens in den Blick genommen wird, ist das Buch ziemlich umfangreich geworden und verlangt der LeserIn einiges an Durchhaltevermögen ab.

Ich habe mich um einfache, verständliche Darstellungen bemüht. Deshalb wird vieles verbal oder mit Grafiken erklärt und auf mathematische Modelle höchstens ergänzend zurückgegriffen. Die mathematisch Ungeübten oder „Widerständigen" können auch um die Formelchen herum lesen, denn die Grundlogik der Argumente soll sich durch verbale und grafische Darstellungen weitgehend allein erschließen. Eine kleine Ausnahme stellt das dritte Kapitel dar. Dort erläutere ich die Zusammenhänge i.d.R. sowohl verbal, grafisch als auch mathematisch. Selbst dort ist das Auslassen der mathematischen Erklärungsvariante aber möglich.

Die Sprache, auch die Beispiele, wollte ich möglichst einfach halten – selbst auf die Gefahr hin, dass ich der Trivialisierung verdächtigt werde. Manche Zusammenhänge sind jedoch derart komplex, dass eine abstrakte und etwas komplizierte Darstellung sich nicht immer ganz vermeiden ließ. Dennoch hoffe ich, dass ich mich nicht wie folgt beim Schreiben habe leiten lassen:

> „[...], die ein Meisterwerk zu vollbringen meinen, wenn sie in ihr Latein alle Augenblicke eine griechische Vokabel wie einen bunten Steckfaden einflechten, auch wo sie nicht hinpaßt; und fehlt ihnen ein Fremdwort, so graben sie aus schimmeligen Folianten ein paar veraltete Wörter aus und hoffen, damit dem Leser etwas vorzumachen: wer sie versteht, soll sich nur ungeniert etwas einbilden, und wer sie nicht versteht, soll um so besser vom Schreiber denken, je schlechter er ihn versteht; [...]." (ERASMUS VON ROTTERDAM 2003/1509: 20).

Wenn mir all das misslungen sein sollte, kann ich mich prima herausreden. Auch dafür kann ich nochmals ERASMUS VON ROTTERDAM mit einer seiner ironischen Passagen in „Das Lob der Torheit" zu Wort kommen lassen. Man schaue nur auf meinen Vornamen und das Doppelnamen-Indiz:

> „Spielt aber ein Weib sich doch einmal als Philosophin auf, so ist der Erfolg nur der, daß es als zwiefache Närrin dasteht, nicht anders, als wenn eine Kuh der Natur zum Trotz sollte klettern lernen. Der Schaden wird eben nur größer, wenn man der Farbe der Natur mit Schminke aufhelfen will und sich zu künstlichem Getue zwingt; und wie der Affe, nach einem Sprichwort der Griechen, Affe bleibt, ob man ihn auch in Purpur kleidet, so bleibt das Weib ein Weib, das heißt, eine Törin, ob es diese oder jene Maske vor das Gesicht hält." (ERASMUS VON ROTTERDAM 2003/1509: 39).

Sollte das Buch nicht so töricht sein, haben viele zum Gelingen beigetragen. Unsinn geht allein auf meine Kappe. Noch eine Kleinigkeit zur Sprache bzw. Schreibweise: Ich habe mich zum eigentlich nicht korrekten „großen I" in Wörtern entschlossen, um Frauen und Männer gleichermaßen zu berücksichtigen. Nur weiblich oder nur männlich schien mir ebenso wenig sinnvoll wie zufallsgesteuerte Wechsel beider Formen. Aussagen wie die einer Studentin in einer schriftlichen Arbeit: „Als Sozialarbeiter muss ich später meinen Mann (!) stehen" sowie viele Diskussionen im KollegInnenkreis haben mich überzeugt, dass es auch in Lehrbüchern sinnvoll ist, nicht allein das grammatikalische Geschlecht bei Berufsbezeichnungen etc. zu verwenden – auch auf die Gefahr von holprigem Lesen und leichter Unkorrektheiten hin. Begriffe wie Studierende oder Lehrende widerstreben mir eigentlich auch. Ich nutze sie zur Vereinfachung dennoch und bitte um Nachsicht. Immerhin kommen in den Kapiteln keine Bäckereiwarenverkaufende, Gummibärchenherstellende oder Kanalreinigende vor. Auffällig ist, dass sich durch das große I vieles plötzlich sehr „weiblich" liest.

Es ist mir ein Anliegen, einige Danksagungen auszusprechen. Es schien schon so, als ob das Projekt zur St. Nimmerleins-Aufgabe würde. Dass es dennoch beendet werden konnte, verdanke ich nicht allein eigener Energie. Viele haben direkt oder indirekt beigetragen. Ohne die akademischen Titel im Einzelfall zu benennen: Mein allererster und größter Dank gilt Claus Gilke für seine persönliche Unterstützung sowie seine überaus große fachliche Expertise. Er hat mir nicht nur viele Aufgaben im privaten Bereich abgenommen, sondern in zahllosen Gesprächen, Diskussionen und auch durch gemeinsame Aufsätze geholfen, Argumente zu schärfen und präziser zu formulieren. Heiko Körner möchte ich sehr herzlich danken für die gemeinsame Arbeit im Rahmen von Seminaren an der TU Darmstadt in den letzten Jahren. Durch seine dogmengeschichtlichen und wirtschaftspolitischen Arbeiten und durch intensive Diskussionen über sozialpolitische Fragen sind viele Überlegungen angeregt wurden, die in dem Buch ihren Niederschlag fanden. Des Weiteren gilt mein Dank der Evangelischen Hochschule Darmstadt, die mir durch zwei halbe Forschungssemester die Gelegenheit schuf, die Arbeit an dem Buch zu beenden. Auch dem Kollegium sei gedankt, speziell Alexa Köhler-Offierski, Birgit Bender-Junker und Willehad Lanwer für ihr Interesse und ihre wohlwollend-kritische Kommentierung vorausgehender Publikationen und einzelner Buchteile sowie für gemeinsam erstellte Aufsätze. Ehemalige und aktuelle KollegInnen waren immer wieder zu Diskussionen und zur Kommentierung meiner Beiträge bereit. Insbesondere Marlies Fröse, Dieter Zimmermann und Dorothea Greiling verdanke ich viele Anregungen. Den Studierenden der EH gebührt ebenfalls Dank für ihre Offenheit gegenüber all den im Buch angesprochenen Fragen, ihre Diskussionsfreude, auch ihr stets empathisches Drängen auf verständliche Darstellungen. Benedikt Bender möchte ich hierbei besonders erwähnen. Er hat als Tutor für Sozialpolitik in Ergänzung zu meinen Vorlesungen exzellente Arbeit geleistet und sich fachlich außerordentlich fundiert und sehr engagiert speziell mit dem Blick der Studierenden das Manuskript vorbildlich sorgfältig angeschaut und kommentiert. Ich danke ihm nicht nur für seinen sorgfältig kritischen Blick, sondern auch für eine ganze Reihe von Anregungen und Beispielen.

Viele besonders wichtige inhaltliche Anregungen erhielt ich durch Martin Held und Richard Sturn im Rahmen unserer gemeinsamen Tätigkeit für die Tagungsreihe und das gleichnamige Jahrbuch „Normative und institutionelle Grundfragen der Ökonomik". Die Freundschaft und Kollegialität der beiden, gepaart mit einem unglaublichen Wissensfundus und einem sicheren Blick für stringente Formulierungen, waren mir stets Ansporn und schon mehr als nur Inspirationsquelle. Ähnlich ist es mit Aysel Yollu-Tok und Werner Sesselmeier. Diskussionen in Workshops und Tagungen sowie Skizzen zu gemeinsamen Arbeiten über methodische Fragen und speziell über Sozialpolitik waren stets herausfordernd und für mich sehr weiterführend. Dem Verleger Hubert Hoffmann möchte ich danken für all die Geduld, die er mit mir haben musste, bevor ich ihm endlich das Manuskript schicken konnte. Isabell Kieser und Annegret Kaiser sei gedankt für die vielen Hilfen und Unterstützungen im Zusammenhang mit der Korrektur- und Formatierungsarbeit, für ihre überaus große Sorgfalt, Umsicht und Schnelligkeit. Zum Schluss möchte ich all denen meinen Dank aussprechen, die mich immer wieder nach mehr oder weniger heftigen „Auslenkungen" in die gesundheitliche Balance gebracht haben: Karl-Heinz Emmerich als Leiter der Augenklinik des Klinikums Darmstadt und seinem ganzen Team, Albrecht Dörr als Internist, Jochen Bredel und Adrian Chinta als Orthopäden sowie Angela Hett für ihre überaus professionelle und empathische Arbeit als Physiotherapeutin, die einmal wöchentlich daran arbeitet, mir „Beweglichkeit, Haltung und Stabilität" beizubringen.

Inhalt

Abbildungsverzeichnis 19

Abkürzungsverzeichnis 22

Einleitende Bemerkungen 23

1   Ökonomie und soziale Probleme: ein kurzer Überblick 27

2   Arbeitsteilung und das ökonomische Koordinationsproblem 33

2.1 Produktionsmöglichkeiten durch Arbeitsteilung 34
    2.1.1   Absolute Produktionsvorteile 39
    2.1.2   Komparative Produktionsvorteile 42
    2.1.3   Präferenzen 44

2.2 Grenzen der Arbeitsteilung 45
    2.2.1   Tauschbeschränkungen 45
    2.2.2   Natur der Aufgabe und der Zusammenhang von Arbeitsschritten 47
    2.2.3   Lernen 48
    2.2.4   Rückwirkungen auf Motivation und Leistungsfähigkeit 49
    2.2.5   Transaktionskosten 52

2.3 Das ökonomische Koordinationsproblem 53

2.4 Prinzipielle Lösungen des Koordinationsproblems 55
    2.4.1   Tradition (Pflicht) 56
    2.4.2   Zentralsteuerung (Befehl) 58
    2.4.3   Markt 59
    2.4.4   Interdependenzen verschiedener Koordinationsformen 63
    2.4.4.1   Unterdrückung von Märkten und Rückwirkungen auf den Preismechanismus 67
    2.4.4.2   Präferenzbildung 72
    2.4.4.3   Evolution der Koordinationsmechanismen 73
    2.4.4.4   Eigentum und Geld 74

3	**Koordinationsmechanismus Markt**	**81**
3.1	**Wettbewerbsebenen**	**82**
3.2	**Methodologische Vorbemerkungen**	**83**
3.2.1	Konstante und Variable: Die isolierende Betrachtungsweise	83
3.2.2	Nutzen- und Gewinnmaximierung	85
3.3	**Marktformenüberblick**	**88**
3.4	**Vollständige Konkurrenz**	**90**
3.4.1	Produktion, Kosten, Grenzkosten und das Marktangebot	90
3.4.2	Präferenzen, Einkommen, Preise und die Marktnachfrage	112
3.4.3	Marktgleichgewicht	120
3.4.4	Stabilität des Marktgleichgewichts	121
3.4.5	Bewegung auf den Kurven vs. Verschiebung der Kurven	126
3.4.6	Effizienz des Gleichgewichts	128
3.4.6.1	PARETO-Effizienz und KALDOR-HICKS-Kriterium	129
3.4.6.2	Ökonomische Rente	131
3.4.7	Wirkung von Markteingriffen	133
3.4.8	Markteingriffe am Beispiel des Marktes für Mietwohnungen	142
3.4.9	Allokation und Verteilung in einem System perfekter Märkte	152
3.4.9.1	Preisbildung und Knappheit	152
3.4.9.2	Verteilungsprobleme und Verteilungswirkungen von Markteingriffen	159
3.4.10	Allgemeines Gleichgewicht	160
3.4.10.1	EDGEWORTHbox	161
3.4.10.2	Effizienz des Allgemeinen Gleichgewichts	168
3.5	**Wettbewerbsbeschränkungen**	**171**
3.5.1	Monopol und Monopson	171
3.5.1.1	COURNOT-Modell des Monopols	171
3.5.1.2	Effizienz des Monopols	175
3.5.1.3	Preisdifferenzierung	177
3.5.1.4	Monopson und Diskriminierung auf dem Arbeitsmarkt	185
3.5.1.5	Verteilungswirkungen monopolistischer Strukturen	194

3.5.1.6	Markteingriffe und Regulierung	199
3.5.2	Oligopol	206
3.5.2.1	Basiskonzepte der Spieltheorie	207
3.5.2.2	COURNOT-NASH-Modell	212
3.5.2.3	Kartelle	214
3.5.2.4	BERTRAND-Wettbewerb	215
3.5.2.5	Verteilungswirkungen oligopolistischer Strukturen	217
3.5.3	Homogene vs. heterogene Güter: Transport- und Wegekostenanalogien	218

4 Komparative Vorteile alternativer Koordinationsmechanismen 227

4.1 Externe Effekte ... 231
- 4.1.1 COASE-Theorem ... 240
- 4.1.2 Widespread externalities und identitätsabhängige Externalitäten ... 241
- 4.1.3 Massenphänomene ... 244

4.2 Öffentliche Güter ... 251

4.3 Asymmetrische Informationen ... 258
- 4.3.1 Versicherungsmarkt ... 266
- 4.3.2 Konsumgüter und Dienstleistungen ... 274
- 4.3.3 Arbeit ... 280
- 4.3.4 Bildung und Soziale Arbeit ... 303
- 4.3.5 Kredite ... 308

4.4 Meritorische und demeritorische Güter ... 310

4.5 Supermodularität ... 322

4.6 Transaktionskosten ... 328

4.7 Second-best-Lösungen, Institutionenökonomik und der komplizierte Mix an Wettbewerb und staatlicher Lenkung ... 330

4.8 Markt, Befehl und Pflicht im Wettbewerb der Koordinationssysteme ... 333
- 4.8.1 Markt, Befehl und Pflicht als konkurrierende und komplementäre Systeme ... 338
- 4.8.2 Moralische Überformung der Koordinationsmechanismen ... 341
- 4.8.3 Koordinationsmechanismus Unternehmung ... 344

4.8.4	Märkte und Tauschringe	349
4.8.5	Arbeitsmarkt und Unternehmenskoordination	350
4.8.6	Verteilung, Partizipation, Ausschließung und Diskriminierung	355

5 Koordinierung durch politische Steuerung 369

5.1 Koordinationsprobleme des Marktes und Umverteilungsziele bei allwissender, wohlwollender Politik 369

5.2 Demokratische Regeln: Das ARROW-Paradoxon und Verteilungsabstimmungen 370

5.3 Mechanismus Design 381

5.4 Lobbyismus, Wahlbeteiligung, Informationskosten und die rationale Ignoranz von WählerInnen 390

5.5 Parteienwettbewerb 394

5.6 Vage Versprechen und Zufallsentscheidungen 397

5.7 Einfluss der Bürokratie 400

5.8 Nationale vs. supranationale Sozialpolitik 400

5.9 Aleatorische und epistemische Unsicherheit: Zur Unmöglichkeit der Steuerungsdetailplanung 406

6 Gerechtigkeit und Freiheit 419

6.1 Gerechtigkeits- und Freiheitstheorien 421

6.1.1	Regelgerechtigkeit	422
6.1.2	Chancengerechtigkeit	423
6.1.3	Neoliberalismus und die Christliche Sozialethik	430
6.1.4	Die Gerechtigkeitstheorie von John RAWLS	432
6.1.5	BASUS Quintilsaxiom	435
6.1.6	Befähigungen, Wahlfreiheit und das „gute Leben"	436
6.1.7	Freiheitseinschränkungen aus Gründen der Gerechtigkeit	441
6.1.8	Wohlgeordnete Freiheit und Gerechtigkeit	442
6.1.9	Ethik der Nachhaltigkeit	445
6.1.10	Werte und Präferenzen	446
6.1.11	Inklusive vs. extraktive Gesellschaften	450

6.2	Systemakzeptanz und der „ungerechte" Markt	452
6.3	Gerechtigkeitswahrnehmung, Motive, Verhalten und die Lösung von Koordinationsproblemen	457
6.4	Schlussfolgerungen für die Sozialpolitik und die Umverteilung	458

7 Ziele, Aufgaben, Möglichkeiten und Grenzen der Sozialpolitik im Spannungsfeld unterschiedlicher Koordinationssysteme ... 461

7.1	Geschichte der deutschen Sozialpolitik	462
7.2	**Armut und Unterversorgung**	**476**
	7.2.1 Armutsmessung	476
	7.2.2 Unterversorgung als Partizipationsproblem	504
7.3	**Theorie der Sozialpolitik**	**507**
	7.3.1 Sozialpolitischer Bedarf	508
	7.3.2 Entwicklungsbedingungen der Sozialpolitik	511
	7.3.3 Entwicklungstendenzen staatlicher Sozialpolitik	512
	7.3.4 Sozialpolitik und interdependente Koordinationssysteme	513
7.4	**Kernbereiche der Sozialpolitik in Deutschland**	**514**
	7.4.1 Bereiche, Träger und Logiken sozialer Sicherungssysteme	514
	7.4.2 Systematik sozialpolitischen Handelns in Deutschland	519
	7.4.3 Kurzcharakterisierung einzelner Bereiche der sozialen Sicherung	520
	7.4.3.1 ArbeitnehmerInnenschutz	522
	7.4.3.2 Sozialversicherungen	527
	7.4.3.2.1 Rentenversicherung (RV)	528
	7.4.3.2.2 Unfallversicherung (UV)	539
	7.4.3.2.3 Krankenversicherung (KV)	541
	7.4.3.2.4 Pflegeversicherung (PV)	547
	7.4.3.2.5 Arbeitslosenversicherung (AV)	552
	7.4.3.3 Arbeitsmarktpolitik	555
	7.4.3.3.1 Arbeitsmarktausgleichspolitik	555
	7.4.3.3.2 Arbeitsmarktordnungspolitik	562
	7.4.3.3.3 Beschäftigungspolitik	565
	7.4.3.4 Betriebsverfassungs- und Unternehmensverfassungspolitik	566

	7.4.3.5	Jugend- und Altenhilfe 568
	7.4.3.6	Familienpolitik 574
	7.4.3.7	Ausgewählte weitere Bereiche der gruppenorientierten Sozialpolitik 602
	7.4.3.8	Grundsicherungspolitik 609
	7.4.3.9	Sonstige Bereiche 619

7.5 Allokations- und Verteilungswirkungen ausgewählter sozialpolitischer Programme 623

	7.5.1	Sozialversicherungen 625
	7.5.2	Wohnungspolitik 630
	7.5.3	Bildungspolitik 631
	7.5.4	Arbeitsmarktpolitik 640
	7.5.5	Familienpolitik 651
	7.5.6	Existenzsicherung 655

7.6 Negative Einkommensteuer, Grundsicherungsmodelle und Kombilohn als sozialpolitische Alternativen 659

7.7 Wohlfahrtsstaaten im Vergleich 670

7.8 Wirtschaftstheoretische Sozialstaatsvorstellungen 673

7.9 Sozialstaatsgefährdungen und Reformwege 685

7.10 Probleme der sozialpolitischen Steuerung 690

8 Fazit und Ausblick 711

Literatur 717

Personenregister 733

Sachregister 737

Abbildungsverzeichnis

Abb. 2.1:	Individuelle Produktionsmöglichkeiten	40
Abb. 2.2:	Gemeinsame Produktionsmöglichkeiten ohne Spezialisierung	40
Abb. 2.3:	Gemeinsame Produktionsmöglichkeiten mit Spezialisierung	41
Abb. 2.4:	Komparative Produktionsvorteile	42
Abb. 2.5:	Gemeinsame Produktionsmöglichkeiten ohne Spezialisierung	42
Abb. 2.6:	Spezialisierung und komparative Produktionsvorteile	43
Abb. 3.1:	Konstante Ertragszuwächse	94
Abb. 3.2:	Sinkende Grenzerträge	95
Abb. 3.3:	Isoquantendarstellung der Produktionsfunktion	96
Abb. 3.4:	Vollständige Substituierbarkeit und Limitationalität	97
Abb. 3.5:	Minimalkostenkombination	99
Abb. 3.6:	Progressiv steigende Kosten	102
Abb. 3.7:	Degressiv steigende Kosten	104
Abb. 3.8:	Ertragsgesetz, Zusammenhang zwischen Durchschnitts- und Grenzkosten	106
Abb. 3.9:	Gewinnmaximum für eine PolypolistIn	108
Abb. 3.10:	Angebotskurve einer PolypolistIn	109
Abb. 3.11:	Aggregation von Angebotskurven	111
Abb. 3.12:	Nutzenfunktion mit abnehmendem Grenznutzen	113
Abb. 3.13:	Indifferenzkurven	114
Abb. 3.14:	Haushaltsoptimum	116
Abb. 3.15:	Herleitung der Nachfragekurve	119
Abb. 3.16:	Typischer Nachfrageverlauf	119
Abb. 3.17:	Aggregation von Nachfragekurven	120
Abb. 3.18:	Marktgleichgewicht und Stabilitätsanalyse	122
Abb. 3.19:	Preisanpassung mit konstanten Zyklen	123

Abb. 3.20:	Stabiles Marktgleichgewicht	124
Abb. 3.21:	Instabiles Marktgleichgewicht	125
Abb. 3.22:	Rechtsverschiebung der Nachfrage und komparativ-statische Analyse	127
Abb. 3.23:	Ökonomische Rente	132
Abb. 3.24:	Höchstpreis	134
Abb. 3.25:	Mindestpreis	136
Abb. 3.26:	Mindestpreis mit Absatzgarantie	137
Abb. 3.27:	Stücksteuer	139
Abb. 3.28:	NachfragerInnen als SteuerzahlerInnen	140
Abb. 3.29:	Stücksubvention	141
Abb. 3.30:	Markt für „gute" Wohnungen	143
Abb. 3.31:	Markt für „schlechte" Wohnungen	145
Abb. 3.32:	Höchstmiete	146
Abb. 3.33:	Höchstmiete und Marktinterdependenzen	149
Abb. 3.34:	Mietbeihilfe	151
Abb. 3.35:	Knappheit, Grenzproduktivität und Löhne auf einem perfekten Konkurrenzarbeitsmarkt	155
Abb. 3.36:	Erhöhung des Arbeitsangebots und Lohnanpassung	156
Abb. 3.37:	Erstausstattungen und Indifferenzkurven	161
Abb. 3.38:	Konstruktion der EDGEWORTHbox	162
Abb. 3.39:	Verbesserungsmöglichkeiten durch Tausch	163
Abb. 3.40:	Annäherung an ein Tauschgleichgewicht	163
Abb. 3.41:	Tauschgleichgewicht	164
Abb. 3.42:	Menge möglicher Tauschgleichgewichte	164
Abb. 3.43:	Haushaltsoptima	165
Abb. 3.44:	Haushaltsoptima und nicht geräumte Märkte	167
Abb. 3.45:	Allgemeines Gleichgewicht	167
Abb. 3.46:	Effizienz des Allgemeinen Gleichgewichts	168
Abb. 3.47:	Kontraktkurve	169
Abb. 3.48:	Preis- und Mengenfestsetzung im COURNOT-Monopolmodell	174
Abb. 3.49:	Ineffizienz des Monopols	176
Abb. 3.50:	Perfekte Preisdifferenzierung	178

Abb. 3.51: Rabatte zur Erhöhung des Monopolgewinns 182
Abb. 3.52: Strategische Wahl der Rabattgrenze 183
Abb. 3.53: Vollständige Abschöpfung der Konsumentenrente durch Rabatte 184
Abb. 3.54: Monopsonistisches Kalkül auf einem Arbeitsmarkt 188
Abb. 3.55: Ökonomische Rente im Monopson 189
Abb. 3.56: Lohndiskriminierung im Monopson 193
Abb. 3.57: Monopson ohne potentielle Konkurrenz 195
Abb. 3.58: Potentielle Konkurrenz – MonopsonistIn mit dem Vorteil des „ersten Zuges" 196
Abb. 3.59: Sinkende Durchschnittskosten und Monopolregulierung 200
Abb. 3.60: Strategische Manipulation der Grenzkosten 203
Abb. 3.61: Skizze eines Preissetzungs- und Regulierungsproblems 205
Abb. 3.62: Monopolistische Konkurrenz ohne Standortwahl und ohne Marktzutritt 220
Abb. 3.63: Monopolistischer Wettbewerb vor dem Marktzutritt von KonkurrentInnen 224
Abb. 3.64: Monopolistischer Wettbewerb bei freiem Marktzutritt 225

Abb. 4.1: SHAPIRO-STIGLITZ-Modell 285
Abb. 4.2: Primär- und Sekundärarbeitsmarkt 289

Abb. 5.1: Zwei-Parteien-Modell mit Stimmenmaximierung 395

Abb. 7.1: LORENZ-Kurve 1 493
Abb. 7.2: LORENZ-Kurve 2 495
Abb. 7.3: LORENZ-Kurve 3 496
Abb. 7.4: Träger der Sozialpolitik 514
Abb. 7.5: Sozialpolitik in Deutschland 520
Abb. 7.6: Gesundheitssystem in Deutschland 546
Abb. 7.7: Haushaltsproduktion 588
Abb. 7.8: Existenzsicherung und „Sozialhilfefalle" 656
Abb. 7.9: Unbedingtes Grundeinkommen 660
Abb. 7.10: Negative Einkommensteuer 664

Abkürzungsverzeichnis

AGG:	Allgemeines Gleichbehandlungsgesetz
AGH-MHE:	Arbeitsgelegenheit mit Mehraufwandsentschädigung
Alg I:	Arbeitslosengeld I
Alg II:	Arbeitslosengeld II
AR:	ArbeiterInnenrente
AV:	Arbeitslosenversicherung
BAföG:	Bundesausbildungsförderungsgesetz
BEA:	(Freibetrag für) Erziehung und Betreuung oder Ausbildung
BEEG:	Bundeselterngeld- und Elternzeitgesetz
BGB:	Bürgerliches Gesetzbuch
BGG:	Behindertengleichstellungsgesetz
BMAS:	Bundesministerium für Arbeit und Soziales
EBS:	Europäische Beschäftigungsstrategie
ESF:	Europäischer Sozialfonds
EU:	Europäische Union
GG:	Grundgesetz
GII:	Gender Inequality Index
HDI:	Human Development Index
IHDI:	Inequality Adusted Human Development Index
KJHG:	Kinder- und Jugendhilfegesetz
KR:	Konsumentenrente
KV:	Krankenversicherung
MPI:	Multidimensional Poverty Index
OECD:	Organization for Economic Co-operation and Development
ÖR:	Ökonomische Rente
PE:	Persönliche Entgeltpunkte
p_H:	Höchstpreis
p_M:	Mindestpreis
PR:	Produzentenrente
PV:	Pflegeversicherung
RF:	Rentenartfaktor
RV:	Rentenversicherung
RW:	aktueller Rentenwert
SGB:	Sozialgesetzbuch
UNO:	United Nations Organization
UV:	Unfallversicherung
WHO:	World Health Organization
ZF:	Zugangsfaktor

Einleitende Bemerkungen

Ein Lehrbuch über Ökonomie und Sozialpolitik – warum beides zugleich? Mir wurde so mancher Rat gegeben, doch lieber auf ein allzu umfangreiches Lehrbuch zu verzichten und besser zwei kleinere zu schreiben. In einem Zwischending zwischen Vorwort und Einleitung – also einer „Vorleitung" oder „Einwortung" – möchte ich dazu vorab ein paar Bemerkungen machen. Auch wenn es besonderes Durchhaltevermögen erfordert, sich mit vielen Kapiteln und Seiten zu beschäftigen, habe ich mich nämlich doch zu einem Buch über beides entschieden. Das hat mehrere Gründe. Die zwei wichtigsten möchte ich vorab kurz nennen.

Erstens kommen wichtige Aspekte des Zusammenhangs von Ökonomie und Sozialpolitik bislang weder in reinen Ökonomie- noch in reinen Sozialpolitiklehrbüchern vor.[1] Zumindest erfahren sie kaum sehr viel Aufmerksamkeit. Das stellt gar keine ernsthafte Kritik an diesen Büchern dar, weil deren Fokus meistens völlig anders ist – intensive Darstellung des Sozialsystems, philosophische und historische Schwerpunkte oder andere wissenschaftliche Disziplinen als Rahmen theoretischer Überlegungen.

Viele einführende Bücher zur Wirtschaftstheorie, vor allem zur Mikroökonomik, begnügen sich mit der Analyse perfekter Märkte, ergänzen höchstens etwas zu Monopolen und Oligopolen sowie vielleicht noch zu externen Effekten. Andere Themen zu Marktkoordinationsproblemen kommen oft kaum vor und finden sich erst in Büchern für Fortgeschrittene oder in speziellen themengebundenen Lehrbüchern. Entsprechend werden in einführenden Werken auch die Rolle staatlicher Rahmensetzungen und die Behandlung von Marktinterventionen nur eher rudimentär einbezogen. Angewandte Theorie wird entsprechend nur knapp behandelt.

In einführenden Wirtschaftspolitikbüchern wird teilweise wiederum die theoretische Grundlage nicht ganz deutlich. In den speziellen Sozialpolitiklehrbüchern wird viel über das konkrete Sozialsystem vermittelt, auch ansatzweise etwas zur Notwendigkeit und Sinnhaftigkeit sozialpolitischer Maßnahmen, aber man findet kaum umfassende, theoriegeleitete Analysen dar-

---

[1] BREYER/BUCHHOLZ (2008) bilden eine Ausnahme. Sie gehen explizit auf den Zusammenhang von Ökonomie und Sozialpolitik ein. Wegen etwas anderer Fragestellungen beschränken sie sich jedoch wesentlich auf ein bestimmtes wirtschaftstheoretisches Modellgebäude. Diesem Weg wird im vorliegenden Lehrbuch nicht gefolgt.

über, wie denn die jeweiligen Maßnahmen und Systeme in dem konkreten ökonomischen und gesellschaftlichen Umfeld überhaupt wirken. Das ist auch alles andere als trivial, kann also nicht „kurz" behandelt werden. Es erfordert viel zusätzliche Auseinandersetzung mit theoretischen Positionen, weil es stark darauf ankommt, wie effizient die Märkte die arbeitsteilige Produktion steuern. Je nach Marktform und je nach Güte der Koordinierung können sich ganz verschiedene Wirkungen einstellen. Zum Teil kann es sogar passieren, dass mit auf den ersten Blick sinnvollen Unterstützungsleistungen an Bedürftige genau das Gegenteil passiert, indem nämlich dieser Personenkreis durch Preis- und Mengeneffekte im Zuge der Maßnahmen noch weiter ins Hintertreffen gerät.

Auch wird in vielen Lehrbüchern nicht thematisiert, dass in einer Marktwirtschaft keineswegs sämtliche Produktionsvorgänge über Märkte gesteuert werden. Es gibt Bereiche, in denen es traditionell zugeht, indem die involvierten Menschen in ein System gegenseitiger Pflichten und Rechte eingebunden sind. Man denke nur an all die Tätigkeiten, die innerhalb der Haushalte, also im familiären Umfeld, erfolgen. Auch *innerhalb* von Unternehmungen wird üblicherweise nicht per Angebot und Nachfrage gesteuert. Dort spielen die traditionellen Steuerungsformen ebenso eine Rolle wie auch zentral gesteuerte, hierarchische Koordinierungen. Das gilt ebenso für die Leistungen, die der Staat selbst erstellt und für die Gesellschaft bereithält.

Für ein Verständnis der Sozialpolitik ist das aber wichtig, da sich die sozialpolitischen Ziele nicht allein auf Märkte beziehen, sondern eine umfassende Sicherung der Menschen angestrebt wird, die in den verschiedensten Teilsystemen tätig sind. Es ist schon kompliziert genug, ein Sicherungssystem zu konzipieren, das den spezifischen Unterversorgungsproblemen aller drei Modi – Markt, Tradition, Zentralsteuerung – getrennt gerecht wird. Noch komplexer wird es, wenn man bedenkt, dass die drei Formen der Steuerung einer Ökonomie stark untereinander verschränkt sind und eine Maßnahme, die sich als vordergründig günstig für ein Familiensystem auswirkt, in einen Nachteil umschlagen kann, wenn man deren Rückwirkungen auf Märkte und die Rück-Rückwirkungen durch die Interdependenz wiederum auf die Familien beachtet. Es hilft aber nichts: Um sozialpolitische Ziele erreichen zu können, müssen potentielle Maßnahmen bzw. das bestehende System in dieser Hinsicht untersucht werden. Dieses Lehrbuch soll helfen, all dies zu verstehen und zumindest ansatzweise Analyseschritte aufzuzeigen, die bei sozialpolitischen Vorschlägen zur Abschätzung der Folgen gegangen werden können.

Um das leisten zu können, benötigt man sowohl ein Grundverständnis für ökonomische Zusammenhänge als auch für die Ziele, Notwendigkeiten und Möglichkeiten der sozialen Sicherung. Diesem Zweck soll das vorliegende Lehrbuch dienen. Natürlich kann man auch einzelne Teile des Buches für spezielle Fragen beider Disziplinen heranziehen. Der gesamte Teil zur Sozialpolitik am Schluss wird jedoch – so „fürchte" ich – nur dann zu vertieftem Verständnis führen, wenn man sich auch die vorherigen Kapitel intensiver anschaut.

Nachfolgend werden die wichtigsten, sozialpolitisch relevanten theoretischen Ansätze dargestellt. Dabei wird auf eine sehr formale Darstellung verzichtet. Stattdessen wird die Grundlogik anhand von einfachen Beispielen und verbalen Erklärungen erläutert. Einfache Modelle werden höchstens als Ergänzung skizziert. Ganz unproblematisch ist das allerdings nicht, da einfache, manchmal sogar recht alberne Beispiele vielleicht eine Sichtweise nahelegen, das alles sei nicht so relevant für eine tatsächliche komplexe Gesellschaft. Dem ist nicht so. Auch sehr schwerwiegende Probleme sind angesprochen, selbst wenn nur Beispiele über Gartenzwerge oder Gummibärchen die grundsätzlichen Schwierigkeiten illustrieren. Das sollte im Vorfeld bedacht werden, bevor man sich nun auf den hoffentlich manchmal amüsanten und auch nicht zu beschwerlichen Weg durch dieses Lehrbuch begibt.

1 Ökonomie und soziale Probleme: ein kurzer Überblick

Das Institut für Demoskopie befragte im Jahr 2010 in Deutschland 1800 Menschen über 16 Jahren, ob sie bei uns die Soziale Marktwirtschaft verwirklicht sehen (vgl. Institut für Demoskopie Allensbach (Hg.) 2010). 49% fanden, dass unsere Marktwirtschaft nicht wirklich den Zusatz „sozial" verdient und nur 35% waren der Ansicht, wir lebten in einer tatsächlichen Sozialen Marktwirtschaft.[2] Die BürgerInnen untermauerten ihre kritische Haltung vor allem mit Gerechtigkeitsargumenten. Nur 21% der Bevölkerung schätzten im Jahr der Umfrage die Vermögens- und Einkommensverteilung als gerecht ein. 90% erwarteten sogar entweder, dass sich an der (Un-)Gerechtigkeit nichts ändert oder sogar noch weniger soziale Gerechtigkeit in der Zukunft erreicht wird (vgl. Institut für Demoskopie Allensbach (Hg.) 2010: 8-13). In Ostdeutschland waren die Befragungsergebnisse noch ausgeprägter als im gesamtdeutschen Bild. Vor einigen Jahren war dies insgesamt noch anders, d.h., viel mehr Menschen in Ost und West fühlten sich als Teil eines „wahren" sozialen Marktsystems. Wirtschaftskrise, zunehmende Unsicherheiten, Arbeitslosigkeit und das Auseinanderdriften der Einkommen sind Symptome und womöglich Gründe für das Schwinden von Systemzutrauen und auch -akzeptanz. Dabei gibt es in Deutschland neben der Marktsteuerung einen außerordentlich großen Sozialsektor. Fast ein Drittel aller erwirtschafteten Einkommen wird einmal über die Sozialhaushalte des Staates oder über die Sozialversicherungen neu verteilt. Seit den fünfziger Jahren ist das sozialpolitische Ausgabenvolumen stark angewachsen, auch der prozentuale Anteil wurde immer größer. Bedeuten die Umfragewerte, dass diese Umverteilungs- und Sicherungsmaschinerie immer noch nicht reicht? Oder werden viele Mittel eingesetzt, ohne dass die Ziele in unserem speziellen Sozialsystem erreicht würden? Oder sind die Regelungen sogar kontraproduktiv und verschlimmern die Ungleichheiten noch, die sie eigentlich abbauen helfen sollen?

---

[2] 2008 war das Vertrauen der Bevölkerung sogar noch geringer. In diesem Jahr hatten nur 31% der Bevölkerung eine gute Meinung von der Sozialen Marktwirtschaft (vgl. Institut für Demoskopie Allensbach (Hg.) 2010: 2). Bessere Alternativen sahen und sehen allerdings auch nur wenige. 2010 legten nur 15% der Bevölkerung ihre Hoffnung auf ein besseres System.

Einfache Antworten sind leider nicht möglich. Zunächst benötigt man ein gewisses Grundverständnis für die Funktionsweise eines Marktsystems, um erkennen zu können, warum es überhaupt systematisch zu Ungleichheiten bei Einkommen und Vermögen in diesem System kommen wird, u.U. auch zu Chancenungleichheiten. Dafür ist es wiederum wichtig, sich das grundlegende ökonomische Problem zu vergegenwärtigen, dass es sich nämlich für alle lohnen kann, wenn man sich die Arbeit teilt und sich selbst auf Teiltätigkeiten spezialisiert. Die Vorteile können aber nur genutzt werden, wenn man diese Spezialisierung gut organisieren kann. Denn es muss ja eine Lösung dafür gefunden werden, wer jetzt was, wann, wie, mit wem etc. machen soll. In Deutschland wird man kaum 50 Millionen MetzgerInnen benötigen. Und gäbe es dann noch genügend ÄrztInnen, SchneiderInnen, Heizungsinstallateurinnen, CellistInnen, BäckerInnen, WindkraftanlagentechnikerInnen, ProfessorInnen, SozialarbeiterInnen etc.? Zum Schluss sollen ja tunlichst all die Güter und Dienstleistungen zur Verfügung stehen, die die Gesellschaftsmitglieder gern konsumieren oder nutzen möchten.

Man unterscheidet drei prinzipielle Möglichkeiten der Organisation bzw. der Koordinierung: Markt, Zentralsteuerung und Tradition. Beim Markt soll sich das Problem im Idealfall von selbst durch den Angebots-Nachfrage-Mechanismus lösen. Das soll sowohl bei den Gütern und Dienstleistungen als auch bei der Arbeit gelingen. Bei einer Zentralsteuerung gibt es eine Instanz, die den gesamten Produktions- und evtl. auch Verteilungsprozess vorab durchdenkt, plant und durchsetzt. Die Traditionslösung schließlich regelt alles in einem System gegenseitiger Rechte und Pflichten. Das kann so aussehen wie in meiner eigenen Ehe: Ich habe die implizite Pflicht zur Einkaufsplanung, zum Staubwischen, zum Parkettfegen, zur Kommunikation mit der Familie und mit Freunden u.v.a.m., habe aber auch das „Recht", frisch gewaschene und gebügelte Wäsche vom geliebten Gatten in Empfang nehmen zu dürfen, mich nicht um die Badezimmerreinigung sorgen zu müssen, Hilfen bei PC-Problemen zu bekommen, alle Elektroarbeiten ignorieren zu dürfen, abgerissene Knöpfe angenäht zu bekommen und mich darauf verlassen zu können, dass alle wichtigen Unterlagen (für die Steuererklärung, Bescheide, Rechnungen, Garantien) sachlogisch geordnet und abgelegt werden. Es findet – trotz Partnerschaft zweier volkswirtschaftlich geschulter Eheleute – kein ständiges Preisaushandeln statt nach dem Motto „heute eine Einkaufsliste für das Wochenende plus ein halbes gefegtes Wohnzimmer gegen einmal Bügeln", sondern pendelt sich einfach als Routine der Arbeitsteilung in einer Partnerschaft ein. Häufig spielen für die konkrete Verteilung tradierte Geschlechterrollen immer noch eine große Rolle. Nicht nur in Familien, sondern auch innerhalb von Unternehmungen und ganzen Gesellschaften – typisch sind

Feudalstrukturen – kann die Arbeitsteilung im Traditionsmodus organisiert werden.

Das Marktsystem hat oft Vorteile in der Koordinierung, aber nicht immer und unter allen Umständen. Wegen vielfältiger Vorteile hat sich das Marktsystem global momentan als Hauptkoordinierungsform durchgesetzt. Das muss aber nicht grundsätzlich und für alle Zeiten und alle Gesellschaften so sein. Märkte können auch ihre Vorteilhaftigkeit wieder verlieren. Außerdem gibt es selbst innerhalb der Marktsysteme immer noch große Bereiche, in denen Zentralsteuerung oder Tradition die Koordinierung übernehmen: bei dem Staat selbst, in Unternehmungen, in Familien und sozialen Netzwerken, in Vereinen u.a. Je nachdem, welche Form die arbeitsteilige Produktion am besten organisiert oder welche sich aus anderen Gründen als stabil erweist, wird sich eine bestimmte durchsetzen. Und in allen drei Systemen gibt es (leider) spezifische Ursachen dafür, dass Ungleichheiten, Diskriminierungen und gesellschaftlicher Ausschluss entstehen.

Jetzt kommen sozialpolitische Fragen ins Spiel. Sollen die Ungleichheiten toleriert oder möglichst abgebaut werden? Kann es durch Sozialpolitik gelingen, die Organisation der Arbeitsteilung sogar noch besser zu machen und möglichst gleichzeitig auch Gerechtigkeitsvorstellungen umzusetzen? Oder müssen Entscheidungen getroffen werden – sofern beides im Widerspruch zueinander steht –, bei denen gute materielle Grundlagen in einer sehr ungleichen Gesellschaft gegen schlechte materielle Versorgung mit mehr Gleichheit abzuwägen sind? Und welche Möglichkeiten hat die Sozialpolitik, den jeweils ganz spezifischen Gefährdungen der Koordinierungssysteme Rechnung zu tragen, um letztlich der gesamten Bevölkerung – in welchem Modus die einzelnen Menschen auch immer hauptsächlich aktiv oder auch ausgeschlossen sind – ein partizipatives Leben in Würde zu ermöglichen? All diese Fragen werden in den nachfolgenden sechs Kapiteln behandelt. Dazu kommt noch die Darstellung des deutschen Sozialsystems sowie alternativer realer und bislang noch kaum umgesetzter Sozialstaatsmodelle. Außerdem soll zum Schluss ein vielleicht perspektivenreicher Weg zur Reform bzw. Neuausrichtung des deutschen Sozialstaats zumindest angedeutet werden.

Die vielen Fragen führen zur Gliederungslogik dieses Lehrbuches. Um all das Beschriebene leisten zu können, muss auch innerhalb des Buches arbeitsteilig – hier schrittweise – vorgegangen werden. Im zweiten Kapitel wird das grundsätzliche ökonomische Problem zur Organisation der Arbeitsteilung angesprochen – prinzipielle Vorteile der Spezialisierung, aber auch deren Grenzen sowie Möglichkeiten der Koordinierung. Hier werden bereits grundlegende Argumente dafür gegeben, unter welchen Umständen sich die verschiedenen Modi – Markt, Zentralsteuerung, Tradition – als besonders vorteilhaft erweisen. Auch die Koexistenz der verschiedenen Organisationsprinzipien wird begründet.

Da gerade die Funktionsweise einer wettbewerblichen Steuerung nicht ganz so trivial zu verstehen ist, wird dem Marktsystem besondere Aufmerksamkeit gewidmet. Im dritten Kapitel wird im Wesentlichen eine Referenzwelt perfekt funktionierender Märkte dargestellt – eine Art „Friede-Freude-Eierkuchen"-Musterwelt. „Perfekt" meint dabei allerdings nur die effiziente Herstellung gesellschaftlich gewünschter Güter. Bei der Frage, wer welchen Anteil an diesen Gütern erhält, wird es schon keine einhellige Meinung über die Qualität der Lösung geben. Unter wirklich *völlig* perfekten Bedingungen kann man aber im Prinzip auch jede gewünschte Verteilung der Güter herbeiführen, ohne die materielle Basis zu gefährden. Wir verstehen aber nach dem dritten Kapitel so oder so noch nicht, warum eigentlich nicht *alles* in der Gesellschaft per Angebot und Nachfrage geregelt ist, warum es also daneben noch hierarchische und traditionelle Bereiche geben soll.

Im vierten Kapitel wird es deshalb so langsam „realistischer" und wir verlassen die Traumwelt – fast ein Paradies – umfassend perfekter Märkte in allen Bereichen. Nun wird es um einige ausgesprochen schwerwiegende Organisationsprobleme von Märkten gehen, vor allem bei Drittwirkungen durch sogenannte externe Effekte und bei bestimmten Informationsproblemen. Diese und andere Schwierigkeiten können dazu führen, dass durch Märkte die Organisation der arbeitsteiligen Prozesse gar nicht gut gelingt, z.T. gesellschaftlich gewünschte und wichtige Güter und Dienstleistungen überhaupt nicht hergestellt werden. Manchmal gibt es Lösungen im Wettbewerb selbst – dann können u.a. hierarchisch oder traditionsorientierte Institutionen entstehen –, manchmal ist der Staat zum Eingreifen oder gar zur Übernahme einzelner Aufgaben gefordert.

Nachdem wir das alles ziemlich ausführlich analysiert haben, wird dem Staat selbst Aufmerksamkeit zuteil. Denn wenn Märkte nicht immer besonders leistungsfähig sind, könnte man auf die Idee kommen, gleich alles den Staat machen zu lassen, also eine komplett zentral gesteuerte Ökonomie anzustreben. Im fünften Kapitel werden jedoch einige wichtige theoretische Überlegungen dargestellt, wonach auch die staatliche Steuerung von heftigen Problemen geplagt ist. Letztlich kann es deshalb nur eine spezielle Mischung aus Markt, endogen im Markt entstandenen Traditions-, Hierarchie- und anderen institutionellen Lösungen sowie staatlichen Rahmungen, Interventionen und Eigenproduktionsanteilen sein, die eine halbwegs gute Organisation umfassend arbeitsteiliger Herstellungsprozesse garantiert.

Materielle Versorgung ist nicht alles. Im sechsten Kapitel werden Gerechtigkeitsfragen angesprochen. Dazu werden wir erstens der Frage nachgehen, welche Gerechtigkeitsvorstellungen und -theorien die Debatte beherrschen.

Wir werden eine fast unglaubliche Bandbreite dessen kennenlernen, was alles als gerecht angesehen wird. Für sozialpolitische Ziele ist es unumgänglich, sich darauf zu verständigen, welchem Gerechtigkeitsideal gefolgt werden soll. Außerdem werden wir über einige sozialpsychologische Erkenntnisse nachzudenken haben. Philosophisch können wir nämlich noch so sehr überzeugt sein, eine bestimmte Situation sei gerecht, weil sie „objektiven Kriterien" entspricht: Für sozialpolitische Programme ist es daneben wichtig zu verstehen, wie Menschen spontan Gerechtigkeitsurteile fällen, auch wie sie durch das System selbst, in dem sie leben, in ihren Gerechtigkeitsurteilen geprägt werden. In demokratischen Varianten entscheidet – alle Demokratieprobleme durchaus bedacht – die Bevölkerung via Abstimmungen und Wahlen auch über den sozialpolitischen Weg. Deshalb ist es wichtig, sich über die Gerechtigkeitsurteile der Menschen Gedanken zu machen, da dadurch Wahlentscheidungen stark beeinflusst sein können.

Nach diesem langen Anlauf kommt im siebten Kapitel schließlich die Sozialpolitik selbst zu ihrem Recht. Wir werden Ziele und Notwendigkeiten zusammenfassend betrachten, danach uns der Frage widmen, wie groß Unterversorgungs- und Armutsprobleme in Deutschland sind. Dazu werden wir ausführlicher auf Armuts- und Ungleichheitsdefinitionen sowie auf die Messung von Armut und Ungleichheit eingehen. Im Anschluss wird das deutsche System der sozialen Sicherung dargestellt. Nach einem kurzen geschichtlichen Abriss wird in diesem Kapitel die Logik des deutschen Systems skizziert. Außerdem sollen die Einzelbereiche der Sozialpolitik mit ihren Strukturelementen deutlich werden. Eine Wirkungsanalyse ausgewählter Maßnahmen und Regelungen schließt sich an. Dazu braucht man letztlich Kenntnisse über alle vorhergehenden Kapitel. Wir werden einige systematische Probleme des deutschen Systems dann hoffentlich besser verstehen. Vor allem werden wir sehen, dass es nur ganz schwer gelingt, die spezifischen Risiken und Versorgungsprobleme außerhalb der arbeitsmarktvermittelten Tätigkeiten in unserem System zu berücksichtigen. Einige Maßnahmen erweisen sich generell in allen Modi als geradezu kontraproduktiv. Sie verschlimmern Probleme, statt sie zu lösen. Das gilt beispielsweise für einige Bereiche der Wohnungs-, Arbeitsmarkt- und teilweise für die Familienpolitik.

Zum Schluss des siebten Kapitels werden alternative Sozialstaatsmodelle und -ideen vorgestellt. Auch diese werden zumindest rudimentär einer Wirkungsanalyse unterworfen. Damit kann man es besser verstehen, warum z.B. skandinavische Lösungen so häufig die besten Plätze in Ländervergleichen einnehmen, auch wenn in die einzelnen Bereiche nicht immer mehr finanzielle Mittel als in Deutschland fließen – man denke an das Bildungs- und Gesundheitssystem, an die geringeren Armutsquoten in skandinavischen

Ländern und einen geringeren Lohnabstand zwischen beschäftigten Männern und Frauen.

Vor lauter Schwierigkeiten angesichts der interdependenten Koordinationssysteme Markt, Hierarchie und Tradition, der unklaren Zielsetzung der Sozialpolitik und der Schwierigkeiten staatlicher Interventionen und Eigenproduktion könnte man immer größere Sorgenfalten bekommen. Um nicht immer nur im Sinne „geht nicht", „klappt nicht" oder „du liebe Güte, so doch nicht" zu argumentieren, soll noch ein Versuch unternommen werden aufzuzeigen, welcher Weg perspektivenreich sein könnte, um einerseits die Vorteile marktlicher Koordinierung nicht zu verlieren und andererseits Verteilungs- und allgemeine Gerechtigkeitsziele zu erreichen. Dazu wird eine Revitalisierung und Anpassung *ursprünglicher* neoliberaler Vorstellungen zu einer Sozialen Marktwirtschaft vorgeschlagen. Neoliberalismus ist dabei nicht in der heute üblichen Lesart eines „ungebändigten Kapitalismus" zu verstehen. Der Begründer des Begriffs, Alexander RÜSTOW, kritisierte ganz im Gegenteil den reinen Wirtschaftsliberalismus scharf und forderte einen starken Staat, damit erstens die Wirtschaft effizient und machtfrei der materiellen Versorgung mit Gütern und Dienstleistungen dient und zweitens, damit alle Menschen in der Lage sind, in Würde und mit freiem, eigenverantwortlichen Handeln ein gelingendes Leben nach eigenen Vorstellungen zu gestalten (vgl. z.B. RÜSTOW 1960).

Das neoliberale Konzept in diesem ursprünglichen Verständnis kann man auch als Inklusionsvorstellung umschreiben. Die Ziele sind nach wie vor relevant und entsprechen sogar dem heutigen „Zeitgeist". Methoden und Instrumente der Nachkriegszeit passen jedoch nicht mehr und müssen ergänzt werden – denn erstens haben sich neue Probleme im Zuge der Globalisierung, des Branchenwandels und zunehmender Mobilität von Arbeit und Kapital eingestellt und zweitens hat sich die Theorie weiter entwickelt. Heute versteht man mehr über Koordinierungsschwierigkeiten von Märkten und muss deshalb einige andere Schlüsse über den Mix von Staat und Markt als damals ziehen. Lehnen wir uns ruhig etwas aus dem Fenster und versuchen etwas vorzuschlagen, das gerade nicht mit einer Monopoly-Konsequenz „Gehen sie in das Gefängnis, gehen sie dabei nicht über Los" endet. Im Gegenteil: wir versuchen das sozialpolitische (große) Los zu ziehen. Zumindest soll das Los in einer schon mal kleineren Lostrommel mit möglichst gar keinen kompletten Nieten untergebracht werden. Und dann ist es wirklich bald geschafft. Im achten Kapitel folgen nur noch ein kurzes Resümee und ein Hinweis auf offene Fragen, die noch erheblichen Forschungsbedarf begründen und auch eine gesellschaftliche Auseinandersetzung mit strittigen Punkten nach sich ziehen müssten.

2 Arbeitsteilung und das ökonomische Koordinationsproblem

In einem ersten Schritt auf einem langen – und hoffentlich nicht zu strapaziösen – Weg durch dieses Lehrbuch wird ein grundlegendes Problem jeder Gesellschaft angesprochen. Es soll dargestellt werden, dass Spezialisierung und Arbeitsteilung Vorteile für alle Mitglieder einer Gesellschaft, sogar der gesamten Menschheit, bringen *können*. Die Spezialisierung auf Berufe und bestimmte Tätigkeiten erhöht die Produktionsmöglichkeiten.

Nachdem das Argument dargelegt wurde, dass sich Arbeitsteilung prinzipiell lohnt, wird danach gefragt, ob es auch Grenzen der Arbeitsteilung gibt, ab der sowohl für die Individuen als auch für die Gesellschaft Nachteile entstehen. Vor allem aber wird diskutiert, wie diese Arbeitsteilung organisatorisch bewältigt werden kann: Wie bestimmt eine Gesellschaft, welche Güter und Dienstleistungen sie gern zur Verfügung hätte und wie wird geregelt, welche Personen in welcher Zahl sich auf die Herstellung bestimmter Produkte oder Dienstleistungen spezialisieren? Dazu gibt es verschiedene Vorstellungen und Lösungen. Historisch haben sich verschiedene Formen der Steuerung spezialisierter Produktion herausgebildet. Wie noch in diesem Kapitel zu sehen sein wird, sind die verschiedenen Mechanismen mit ganz unterschiedlichen Formen von Ausschließungsproblemen konfrontiert. Ein zentrales Ergebnis dieses ersten inhaltlichen Kapitels wird sein, dass jede Gesellschaft durch einen dominanten Modus der Organisation der Arbeitsteilung charakterisiert ist. Alle Formen haben bestimmte Vor- und Nachteile. Das ist letztlich auch der Grund dafür, dass es innerhalb des jeweils dominanten Organisationssystems alternative Steuerungsmechanismen als eine Art von „Inseln" gibt, und zwar vor allem in den Fällen, in denen der dominante Modus im Einzelfall keine gesellschaftlich gewünschten Ergebnisse hervorbringt. Die Koexistenz verschiedener Koordinationssysteme, so wird sich zeigen, hat einerseits Vorteile hinsichtlich der Güterversorgung, schränkt es andererseits aber auch ein, politische Maßnahmen gegen Ausschluss und Diskriminierung zu finden, die diesem Ziel tatsächlich in allen Formen der Organisation der Arbeitsteilung und ihren spezifischen Ausschlussproblemen gerecht werden können.

2.1 Produktionsmöglichkeiten durch Arbeitsteilung

Die Arbeitsteilung ist von wesentlicher Bedeutung für wirtschaftliche Wachstums- und Entwicklungsprozesse und das materielle Wohlergehen der Menschen. Die individuelle Spezialisierung auf ein Bündel verschiedener Teiltätigkeiten ist keineswegs ein neuzeitliches oder gar spezifisch kapitalistisches Phänomen, sondern nahm schon zu Beginn der Menschheitsgeschichte ihren Anfang, indem das Leben in Familien oder größeren Gemeinschaften durch vielerlei Formen der Spezialisierung gekennzeichnet war. Insbesondere entwickelte sich, wie Rekonstruktionen früher Formen menschlichen Lebens zeigen, eine Arbeitsteilung der Geschlechter – in durchaus unterschiedlicher Form – und eine Spezialisierung je nach Tätigkeitsfeld und Organisation der Gesellschaft in der Hauswirtschaft, der Jagd und der Landwirtschaft. Bereits im Mittelalter waren die Arbeitsteilung und die Spezialisierung auf bestimmte Berufe sehr ausgeprägt. Allein in der Lederver- und -bearbeitung unterschieden sich Spezialisten (nur Männer) u.a. in Gerber, Schuhmacher, Flickschuster, Sattler, Feintäschner (Portefeuillier), Gürtler, Beutler, Punzer, Kürschner und Buchbinder. Im Zuge der Industrialisierung vertiefte sich die Spezialisierung weiter.

Neben der Frage, warum die Arbeitsteilung für den materiellen Wohlstand der Menschen eine so überragende Bedeutung hat, ist es wichtig zu untersuchen, wodurch das konkrete *Ausmaß* der Arbeitsteilung in einer Gesellschaft bestimmt wird und wie die Arbeitsteilung in dieser Gesellschaft *organisiert* wird. Beides ist bedeutsam dafür, welche Produkte in welchen Mengen hergestellt werden und wie die Produkte und Leistungen auf die einzelnen Mitglieder der Gesellschaft verteilt werden, wie die Menschen also zur Produktion beitragen und an den hergestellten, insgesamt zur Verfügung stehenden Leistungen partizipieren können. Außerdem ist gerade der Organisations*modus* nicht irrelevant für die Frage, ob bzw. welche Umverteilungsprozesse gewünscht werden, die dann wiederum – je nach Ausgestaltung der Umverteilungsmaßnahmen – Rückwirkungen auf das Ausmaß der Spezialisierung bzw. auf die Organisation der Arbeitsteilung haben können. Da die Arbeitsteilung und deren Koordination in diesem Sinne auch entscheidend dafür sind, welche Ungerechtigkeiten und welche sozialen Probleme in einer Gesellschaft *wahrgenommen* werden und welche Lösungsmöglichkeiten es für diese Probleme gibt, ist es notwendig, das Phänomen der Arbeitsteilung ausführlicher zu würdigen, um sozialpolitische Notwendigkeiten zu erkennen und Optionen im Rahmen des dominanten Koordinationstyps zu entwickeln. Dazu sollen zunächst die wesentlichen Argumente zu den Vor- und Nachteilen der Spezialisierung und den Möglichkeiten der Koordinierung diskutiert werden.

Die Entfaltung der Produktivkräfte in modernen Ökonomien wurde wesentlich durch Arbeitsteilung ermöglicht[3]. Der Zusammenhang zwischen Arbeitsteilung und dem materiellen Wohlstand einer Gesellschaft ist schon sehr früh thematisiert worden.[4] Bereits PLATON betonte die Notwendigkeit der Spezialisierung in verschiedene Berufe für das Wohlergehen einer Gesellschaft. Nach XENOPHON wird die Arbeitsteilung besonders in den großen Städten anzutreffen sein, da dort hinreichend Nachfrage bestehe und die Spezialisierung die Fähigkeiten der Individuen erhöhe. Gegen Ende des 17. Jahrhunderts wurde das Konzept der Arbeitsteilung vor allem in England intensiv diskutiert. So zeigt z.B. PETTY an Beispielen ganz verschiedener Branchen, wie Spezialisierung die Produktivität erhöht. Dennoch verbleibt es letztlich das Verdienst Adam SMITHs, die Argumente im Hinblick auf die gesellschaftliche Bedeutung der Arbeitsteilung präzisiert und die Spezialisierung in das Zentrum der ökonomischen Überlegungen gestellt zu haben. Wegen seiner überragenden Bedeutung lohnt es sich, ihn nachfolgend ab und zu selbst durch seine (übersetzten) Worte sprechen zu lassen.[5]

SMITH sieht hauptsächlich drei Gründe, warum die Spezialisierung produktivitätserhöhend wirkt. Erstens betont er die größere Geschicklichkeit der ArbeiterInnen durch Spezialisierung und erläutert am Beispiel der Herstellung von Nägeln, wie sich Spezialisierung und größere Geschicklichkeit gegenseitig bedingen:

„Aufgrund der größeren Geschicklichkeit kann der einzelne natürlich erheblich mehr leisten, und umgekehrt steigert die Arbeitsteilung auch die Geschicklichkeit oder Handfertigkeit des Arbeiters beträchtlich, da sie jede Tätigkeit, die ein Arbeiter sein ganzes Leben lang ausübt, auf einen einfachen Arbeitsgang zurückführt. Ein gewöhnlicher Schmied, der zwar mit dem Hammer umzugehen versteht, wird kaum imstande sein, [...] mehr als zwei- bis dreihundert Nägel am Tag herzustellen und noch dazu recht schlechte, [...]. Ich habe nun selbst gesehen, dass von nicht zwanzigjährigen Burschen, die nie etwas anderes getan hatten als Nägel zu schmieden, jeder einzelne über 2300 Stück täglich herstellen konnte, wenn er sich demnach anstrengte." (SMITH 1983/1789: 12).

Zweitens weist SMITH auf eine beträchtliche Zeitersparnis durch die Spezialisierung hin, die dadurch realisiert wird, dass die einzelnen Arbeitskräfte nicht

---
[3] Viele der nachfolgenden Zusammenfassungen und Argumente beruhen auf einem Manuskript eines zukünftigen Arbeitsmarktlehrbuches von Ekkehart SCHLICHT, LMU München.
[4] Vgl. dazu u.a. die gelungene Übersicht und Charakterisierung theoretischer Positionen bei Wikipedia unter dem Stichwort „division of labor".
[5] Eine vorzügliche Zusammenstellung und Würdigung der gesamten Arbeit von Adam SMITH bietet PHILLIPSON (2010).

mehr zwischen einzelnen Tätigkeiten wechseln müssen. Wege- und Umrüstungszeiten sind in diesem Zusammenhang die wichtigsten Gründe für die Produktivitätserhöhung, aber SMITH (1983/1789: 12-13) geht in seiner Charakterisierung dieses Punktes noch weiter und führt aus:

> „Man kann sich [...] nicht sehr schnell von einer Arbeit auf eine andere umstellen, die noch dazu an einem anderen Platz und mit ganz anderen Werkzeugen ausgeführt wird. So wird ein Weber auf dem Land, der gleichzeitig eine kleine Landwirtschaft betreibt, eine Menge Zeit vertun, um von seinem Webstuhl aufs Feld und von dort zurück zum Webstuhl zu gelangen. Der Verlust an Zeit wäre zweifellos viel geringer, wenn beide Tätigkeiten in der gleichen Werkstatt durchgeführt werden könnten, trotzdem ist er selbst dann noch erheblich. Gewöhnlich trödelt man ein wenig beim Übergang von einer Arbeit zur anderen, zudem beginnt man eine neue Tätigkeit kaum mit großer Lust und Hingabe, ist noch nicht ganz bei der Sache, wie man zu sagen pflegt, und vertut einige Zeit mit Nebensächlichem, anstatt ernsthaft zu arbeiten. Die Gewohnheit, gemächlich und lässig-nachlässig seiner Arbeit nachzugehen, die der Arbeiter auf dem Lande, der alle halbe Stunde seine Tätigkeit und sein Handwerkszeug wechseln und zeitlebens zwanzigerlei Dinge im Laufe des Tages tun muss, unwillkürlich, ja zwangsläufig annehmen wird, läßt ihn vielfach träge, schwerfällig und sogar unfähig werden, sich wenigstens dann tatkräftig einzusetzen, wenn es dringend geboten wäre. Schon allein aus diesem Grunde, ganz unabhängig von seiner mangelnden Geschicklichkeit, muss seine Arbeitsleistung stets beträchtlich unter dem liegen, was er eigentlich zu leisten vermag."

Als dritten Grund für die Erhöhung der Produktivität durch Arbeitsteilung nennt SMITH (1983/1789: 13) die Erfindung neuer Maschinen, wobei er darauf hinweist, dass diese Erfindungen nicht einfach zufällig geschehen oder allein durch gezielte Forschungsanstrengungen gelingen und dann den Produktionsprozess in neuer Form ermöglichen, sondern dass die Anstöße für solche Erfindungen selbst wiederum häufig der Arbeitsteilung entspringen:

> „Jemand, der ausschließlich mit einem einzelnen Gegenstand befasst ist, wird wahrscheinlich eher einfachere und geeignetere Methoden entdecken, um ein bestimmtes Ziel zu erreichen, als wenn seine Aufmerksamkeit auf viele Dinge gerichtet ist. Als Folge der Arbeitsteilung konzentriert sich nun jeder ganz von selbst auf einen verhältnismäßig einfachen Gegenstand, weshalb man auch erwarten kann, dass der eine oder andere bei einer bestimmten Arbeit bessere Wege herausfinden sollte, die seine Tätigkeit erleichtern, wo immer dies möglich ist. Viele Maschinen, die in ausgesprochen arbeitsteiligen Gewerben verwendet werden, sind ursprünglich von einfachen Arbeitern erfunden worden."

Trotz all der diskutierten Vorteile gibt es eine Reihe kritischer Stimmen, die die Arbeitsteilung in vielerlei Hinsicht negativ beurteilen, wobei häufig Assoziationen geweckt werden zu tayloristischer Arbeitsorganisation, zu industrieller Landwirtschaft mit Massentierhaltung und ihren negativen Folgen für VerbraucherInnen und die Ökologie, zu Armut und Unterversorgung von Teilen der Bevölkerung und anderem mehr. Bei dieser Kritik müssen zwei Ebenen unterschieden werden. So geht es erstens um die Frage, ob eine ständige Vertiefung der Arbeitsteilung tatsächlich sinnvoll ist. Muss es beispielsweise in SMITHs Beispiel der Herstellung von Nägeln grundsätzlich von Vorteil sein, dass sich jemand ausschließlich auf eine solche Arbeit spezialisiert? Ist es nicht im Gegenteil zu erwarten, dass die Übernahme gleichförmiger und wenig anregender Arbeit auch negative Konsequenzen für die Betroffenen und damit vielleicht auch für die gesamte Gesellschaft hat?

Während es auf dieser Ebene also darum geht zu überprüfen, ob sich nicht auch ungewünschte Formen der Spezialisierung etablieren können, geht es auf der zweiten Ebene eher darum zu fragen, ob und wie die Organisation der Arbeitsteilung gelingen kann bzw. welche Folgen es hat, wenn diese Organisation nicht oder nicht perfekt den arbeitsteiligen Prozess zu steuern vermag. Probleme bei der Organisation können dann wiederum auch die Tiefe der Arbeitsteilung beeinflussen. Diese Stoßrichtung der Kritik an der Arbeitsteilung dreht sich also letztlich darum, ob sich eine optimale Tiefe und eine geeignete Koordinationsform der Arbeitsteilung wirklich einstellt und weniger darum, dass jede Form der Arbeitsteilung grundsätzlich in Frage zu stellen ist. Beide Fragen nach den Chancen und den Grenzen der Arbeitsteilung sollen nachfolgend behandelt werden.

In einem trivialen Sinne tauchen Arbeitsteilungsfragen bereits in einer Welt mit lauter selbstversorgenden Individuen auf. Nehmen wir der Einfachheit halber an, es gebe eine vorgegebene Menge an herstellbaren Gütern und jeder Mensch produziere diese Güter ausschließlich für den eigenen, individuellen Bedarf. In diesem Fall von gewissermaßen lauter EremitInnen muss jedes Individuum entscheiden, welche Zeit und Anstrengung es in die Produktion der verschiedenen Güter setzt, welche Güter also in welchen Mengen hergestellt werden sollen und wie viel Zeit es für andere Aktivitäten übrig behalten kann und will (zur Vereinfachung wird der komplette Rest der Gestaltung des Lebens als „Freizeit" charakterisiert). Die Entscheidung über diese Fragen hängt von den Konsum- und Freizeitwünschen sowie den Produktionsmöglichkeiten eines jeden Menschen ab. In diesem Zusammenhang geht es jedoch ausschließlich um die Aufteilung der *eigenen* Arbeits- bzw. Freizeit einer jeden Person. Die Frage der Arbeitsteilung im Sinne der Spezialisierung auf bestimmte Tätigkeiten und des Tausches von Gütern ist damit noch nicht verbunden.

Wenn die Menschen nicht allein SelbstversorgerInnen sind, eröffnen sich durch die Spezialisierung völlig neue Produktionsmöglichkeiten, und es können Produkte und Leistungen erstellt werden, die eine einzelne Person nicht mehr allein fertigen kann. Eine Opernaufführung ohne SpezialistInnen wie SängerInnen, OrchestermusikerInnen, OrganisatorInnen, BühnenbildnerInnen, TechnikerInnen etc. ist nicht möglich. Ob es um Architektur, Technik, die Ausrichtung Olympischer Spiele, die Strom- und Wasserversorgung, die Herstellung eines Spielfilms, die Organisation und Durchführung von Studiengängen oder anderes geht: Das Gesamtwerk ist in vielen Fällen nur zu erbringen, wenn verschiedene SpezialistInnen ihre Fähigkeiten in ein solches Projekt oder einen Produktionsprozess einfließen lassen.

Bevor wir uns mit komplexen Arbeitsteilungsphänomenen in größeren Gemeinschaften auseinandersetzen, soll zunächst an einem einfachen Beispiel demonstriert werden, worin die prinzipiellen Vorteile der Spezialisierung liegen und weshalb eine vielleicht zunächst plausibel anmutende Idee zu kurz greift, jede Person solle sich doch stets auf solche Tätigkeiten spezialisieren, die sie *absolut* am besten beherrscht. Warum aber soll es u.U. nicht so sein, dass ich – sofern ich von all meinen kümmerlichen Fähigkeiten es noch absolut am besten verstehe, Dinkelvollkornbrötchen zu backen – doch besser etwas anderes in einer arbeitsteiligen Wirtschaft machen und vielleicht volkswirtschaftliche Vorlesungen halten sollte, wenn ich doch besser backe als vorlese? Schauen wir auf ein Beispiel.

Angenommen, ein privater Fernsehsender entwickelt die Idee eines neuen – und durchaus moralisch fragwürdigen – Inselspiels, bei dem zwei Kandidaten (Achim und Bernd) jeweils auf eine einsame Insel gebracht werden und dort ihr Leben zu gestalten haben. Die beiden Inseln liegen sehr nah beieinander. Die Kandidaten bekommen den Preis (Schallplatten- und Buchvertrag, Auftritte in diversen Shows und einen Geldpreis), wenn sie es einen Monat lang auf der Insel aushalten. Wählen sie die vorzeitige Abreise oder werden sie vom Publikum zum Verlassen ihrer Insel aufgefordert, gehen sie leer aus. Da beide nicht wissen, nach welchen Kriterien die Zuschauer urteilen, versuchen beide, sich das Leben so angenehm wie nur möglich auf den Inseln zu gestalten. Die Inseln sind beide ziemlich unwirtlich, aber immerhin steht den beiden jeweils eine primitive Hütte zur Verfügung. Es ist nicht allzu kalt, so dass sie die einzige lebensnotwendige Aufgabe haben, sich mit Nahrungsmitteln zu versorgen. Es gibt jedoch nur zwei potentielle Nahrungsmittel, nämlich einerseits Fische (F) – allerdings sind es winzige Fische, die sich zudem nicht so leicht fangen lassen – und andererseits eine ganzjährige Baumfrucht (B).[6] Die Fische müssen also gefangen werden, und um die Baumfrüchte zu bekommen, muss man auf die entsprechenden Bäume klettern

---

[6] Zu einem ähnlichen Beispiel zur Verdeutlichung von Spezialisierungsvorteilen vgl. KUBON-GILKE u.a. (1995, Kap. 4).

und die Früchte pflücken. Die Vorräte an beiden Nahrungsmitteln seien für die Zeit des Spiels hinreichend groß, so dass die Kandidaten nicht darauf achten müssen, die Nahrungsmittel geeignet zeitlich zu rationieren.[7] Da die Inseln nah beieinanderliegen, ist ein Tausch von Gütern prinzipiell möglich.

2.1.1 Absolute Produktionsvorteile

Achim ist ein recht guter Fischfänger. Er kann pro Stunde 3 Fische fangen. Beim Klettern ist er eher ungeschickt, und er kann pro Stunde eine Baumfrucht pflücken. Bernd hat dagegen einige Schwierigkeiten beim Fischen und fängt pro Stunde nur einen Fisch. Weil er recht gut klettern kann, pflückt er jedoch pro Stunde 2 Baumfrüchte. Sofern die beiden Inseln ganz nah beieinander liegen, braucht es nicht viel Überlegung zu erkennen, dass es – sofern wir zunächst einmal ausschließlich auf die Produktionsmengen und die Arbeitszeiten schauen – sinnvoll ist, wenn sich Achim auf das Fischen und Bernd auf das Pflücken spezialisiert, denn dann können die beiden miteinander Güter tauschen und insgesamt entweder mehr konsumieren oder die gewünschte Menge an Nahrungsmitteln in geringerer Zeit bekommen.

In den beiden nachfolgenden Diagrammen sind die Produktionsmöglichkeiten für Achim und Bernd zunächst getrennt aufgezeichnet, wobei davon ausgegangen wird, dass eine maximale Arbeitszeit von 10 Stunden pro Tag nicht überschritten werden kann. Wenn Achim 10 Stunden lang ausschließlich Fische fängt und dabei auch in keiner Weise zwischendurch ermüdet, dann hat er am Ende des Arbeitstages 30 kleine Fische. Würde er die ganze Zeit nur klettern und pflücken, hätte er 10 Baumfrüchte. Wenn er 5 Stunden fischt und 5 Stunden pflückt, dann hat er 15 Fische und 5 Baumfrüchte. Die Produktionsmöglichkeiten Achims bei unterschiedlicher Aufteilung der Arbeitszeit sind in der linken Grafik skizziert. Dabei gibt die Produktionsmöglichkeitengerade seine *maximalen* Produktionsmengen unter vollständiger Ausschöpfung der zehn Stunden potentieller Arbeitszeit an.

Achim kann natürlich auch weniger produzieren und dafür mehr Freizeit wählen. Er kann sich also für irgendeine Kombination an Fischen und Früchten *auf oder unterhalb* der Geraden entscheiden. Für Bernd sind in der rechten Grafik die Produktionsmöglichkeiten analog eingezeichnet worden, wobei zu beachten ist, dass er als Selbstversorger maximal 10 Fische oder 20 Baumfrüchte pro Tag bekommen kann.

---

[7] Es wird bei diesem Beispiel zudem davon abstrahiert, dass ein Problem bei der Nutzung regenerierbarer Ressourcen bestehen könnte. Analog wird nicht beachtet, dass kurzfristig Konsumverzicht geleistet werden könnte, um Netze, Pflückhilfen oder andere Hilfsmittel für die Nahrungsbeschaffung herzustellen. Auf der Insel gibt es im gewählten Beispiel dazu keinerlei Möglichkeiten.

Abb. 2.1: Individuelle Produktionsmöglichkeiten

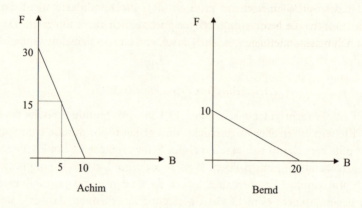

Die gemeinsamen Produktionsmöglichkeiten der beiden Inselbewohner ohne Spezialisierung sind in der folgenden Grafik notiert:

Abb. 2.2: Gemeinsame Produktionsmöglichkeiten ohne Spezialisierung

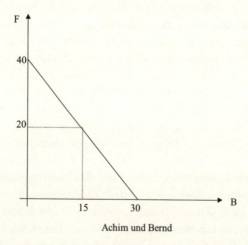

Achim und Bernd

Sollten die beiden also z.B. auf die Idee kommen, jeden Tag 5 Stunden gemeinsam fischen zu gehen und 5 Stunden zu pflücken, dann hätten sie zusammen jeden Tag 20 Fische und 15 Baumfrüchte zur Verfügung. Wenn sie sich hingegen spezialisieren, so dass Achim nur fischt und Bernd nur klettert und pflückt, dann hätten sie bei Ausnutzung der kompletten Arbeitszeit 30 Fische und 20 Baumfrüchte. Wenn ihnen die vorherigen Mengen an beiden Nahrungsmitteln reichen, dann könnten sie diese in einer geringeren Arbeitszeit produzieren, für 20 Fische müsste bei vollständiger Spezialisierung Achim 6,67 Stunden arbeiten und für 15 Baumfrüchte müsste Bernd 7,5 Stunden klettern. Sollten die beiden aber z.b. die Baumfrucht überhaupt nicht mögen und deshalb ausschließlich von Fisch leben wollen, dann können sie die Vorteile der Spezialisierung natürlich nicht ausnutzen, weil sie dann all ihre Anstrengungen in den Fischfang legen müssten. Zum Schluss hätten sie maximal 40 Fische am Tag. Die neuen Produktionsmöglichkeiten sind in der folgenden Grafik skizziert, wobei die gestrichelte Linie die Produktionsmöglichkeitengrenze ohne Spezialisierung zum Vergleich angibt.

Abb. 2.3: Gemeinsame Produktionsmöglichkeiten mit Spezialisierung

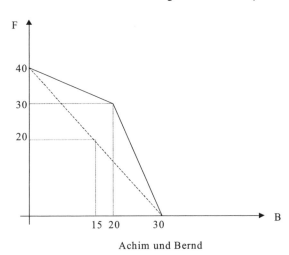

Achim und Bernd

Die Spezialisierung schiebt die Grenze der Produktionsmöglichkeiten nach außen, sobald Arbeitsteilung tatsächlich eintritt, also nicht nur ein einziges Gut hergestellt wird. Denn es kann in diesem Fall mehr oder eine gegebene Menge schneller produziert werden. Der Effekt würde noch verstärkt, wenn sich durch die Arbeitsteilung die Fähigkeiten der beiden in den jeweiligen Tätigkeiten verbesserten, wenn sie Zeit beim Wechseln der Tätigkeiten sparten (hier im Beispiel wird unterstellt, dass es keine Zeitverluste und Kosten dieser Art gibt) oder wenn es den Spezialisten doch gelänge, Hilfsmittel für ihre Tätigkeiten zu entwickeln. In diesem Fall würde sich die Produktionsmöglichkeitengrenze noch weiter nach außen verschieben. Welcher konkrete Produktionspunkt letztlich von beiden gewählt wird, hängt davon ab, welche Güter sie in welchen Mengen konsumieren möchten.

2.1.2 Komparative Produktionsvorteile

Ähnlich wie bei anderen diskussionswürdigen TV-Shows dieser Art wird per Zuschauerentscheidung einer der beiden Inselbewohner „abgewählt" und muss sein Eiland verlassen. Achim wird wieder auf das Festland gebracht, dafür kommt Christa auf diese Insel. Und Christa ist sehr sportlich und ambitioniert. Sie schafft es, pro Stunde 2 Fische zu fangen oder 6 Baumfrüchte zu pflücken, d.h., sie ist in beiden Tätigkeiten produktiver als Bernd. Obwohl Christa also generelle Produktionsvorteile hat, lohnt sich auch in diesem Fall eine Spezialisierung. In den drei folgenden Grafiken sind wiederum die individuellen und die gemeinsamen Produktionsmöglichkeiten ohne Spezialisierung abgebildet.

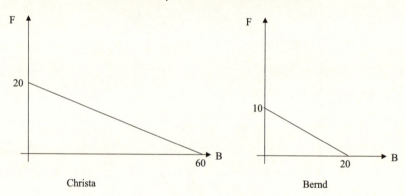

Abb. 2.4: Komparative Produktionsvorteile

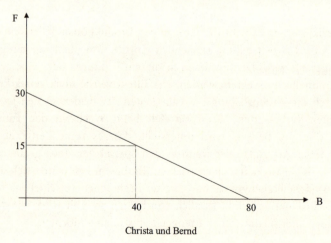

Abb. 2.5: Gemeinsame Produktionsmöglichkeiten ohne Spezialisierung

Christa kann im Vergleich zu Bernd pro Stunde dreimal so viele Baumfrüchte pflücken und doppelt so viele Fische fangen, d.h., der Nachteil Bernds ist beim Fischfang geringer als beim Pflücken. Bei dem *geringeren Nachteil* spricht man auch von einem *komparativen Vorteil* in der Produktion.[8] Wenn man sich die nachfolgende Grafik der gemeinsamen Produktionsmöglichkeiten anschaut, erkennt man, dass die Produktionsmöglichkeiten wiederum nach außen verschoben werden, wenn sich die beiden entsprechend der komparativen Produktionsvorteile spezialisieren.

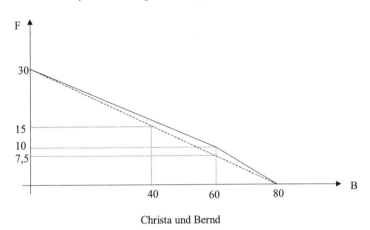

Abb. 2.6: Spezialisierung und komparative Produktionsvorteile

Christa und Bernd

---

[8] Dieses Argument ist nicht nur für eine individuelle Ebene relevant. David RICARDO entwickelte es im Zusammenhang mit Außenwirtschaftsfragen. Er zeigt mit dem Theorem der komparativen Kostenvorteile auf, wie sich Handel zwischen verschiedenen Ländern lohnen kann, selbst wenn ein einzelnes Land bei allen Gütern absolute Produktionsnachteile aufweist. RICARDO gilt als Vertreter der klassischen politischen Ökonomie. Sein Hauptwerk „On the Principles of Political Economy and Taxation" erschien erstmals 1817 (vgl. RICARDO 1823). Dort und in späteren Auflagen des Buches setzte er sich mit der Vorteilhaftigkeit des Außenhandels auseinander. Er erweiterte und modifizierte mit seiner Theorie die theoretischen Überlegungen von Adam SMITH. Ein Ziel war zu zeigen, dass der merkantilistische Handelsprotektionismus, im Gegensatz zur Sichtweise und Politik damaliger Regierungen, die heimische Wirtschaft nicht insgesamt begünstigt, sondern nur vor allem die Konsummöglichkeiten einschränkt, die der Freihandel deutlich verbessern könnte. Das Prinzip ist – sofern keine Kosten des Tausches selbst entstehen – sehr allgemein. Es gilt für marktliche genauso wie für innerfamiliäre oder innerbetriebliche Formen der Arbeitsteilung.

Wenn Christa nur Früchte pflückt und Bernd nur Fische fängt, dann haben sie zum Schluss 10 Fische und 60 Früchte. Wenn sie wiederum gemeinsam arbeiteten und beide je 5 Stunden fischten und pflückten, kämen sie auf 15 Fische, aber nur auf 40 Früchte. Wenn sie zusammen 60 Früchte pflückten, bräuchten sie dafür 7,5 Stunden an gemeinsamer Arbeitszeit, in der Bernd 15 und Christa 45 Früchte von den Bäumen holt. In den verbleibenden 2,5 Stunden könnten sie sich allerdings nur noch mit 7,5 weiteren Fischen versorgen (2,5 von Bernd und 5 von Christa).[9] Wiederum gilt, dass die Spezialisierung zu verbesserten Produktionsmöglichkeiten führt. Noch einmal ist es wichtig zu beachten, dass die Produktivitätsvorteile nicht nur einfach dann realisiert werden können, wenn jede Person die Tätigkeit ausführt, die sie absolut am besten kann, sondern dann, wenn die *relativ* besten Fähigkeiten im Vergleich zu anderen Personen ausgenutzt werden. Könnte man diesen Prozess gut organisieren, wäre deshalb niemand ausgeschlossen. Menschen mit Handicaps und Behinderungen mögen zwar bei der Herstellung aller Güter absolute Nachteile haben, aber es gibt immer etwas mit einem relativen Vorteil; dort ist der Nachteil gegenüber anderen am geringsten. Werden alle komparativen, relativen Vorteile ausgenutzt, kann die gesamte Gesellschaft davon profitieren und alle wären an diesem Herstellungs- und Partizipationsprozess beteiligt.

2.1.3 Präferenzen

Natürlich ist es auch denkbar, dass die beiden InselbewohnerInnen in unserem Beispiel nicht nur verschiedene Geschmäcker bzw. Wünsche hinsichtlich der beiden Güter haben, sondern auch bestimmte Vorlieben oder Abneigungen für die einzelnen Tätigkeiten selbst oder dafür, gemeinsam oder getrennt zu arbeiten. Wenn z.B. Bernd ungern klettert, weil er etwas Höhenangst verspürt, dann wäre das eine Verstärkung der eben genannten Gründe für die Form der Arbeitsteilung, bei der sich Bernd auf das Fischen und Christa auf das Pflücken spezialisiert. Wenn Bernd hingegen ungern fischt oder wenn beide eine besondere Freude dabei empfinden, die Tätigkeiten jeweils gemeinsam auszuüben, dann kann sich an der Vorteilhaftigkeit einer rein produktivitätsinduzierten Spezialisierung etwas ändern.

Bei Präferenzen dieser Art kann man den Aufwand für die einzelnen Tätigkeiten nicht mehr allein wie zuvor durch die Arbeitszeit beschreiben, da die Personen bei bestimmten Arbeiten ein besonderes Vergnügen oder auch

---

[9] An halben Fischen sollte man sich im Beispiel nicht stören. Entweder gibt es ein Zufallselement, so dass an manchen Tagen 2 und an anderen Tagen 3 Fische gefangen werden, oder es gibt Fische unterschiedlicher Größe etc.

Missvergnügen verspüren. An der grundsätzlichen Aussage zur Vorteilhaftigkeit der Arbeitsteilung ändert sich dadurch aber nichts, man muss jetzt allerdings die relativen *äquivalenten* Kosten der einzelnen Personen miteinander vergleichen. Auch wenn das Argument grundsätzlich weiterhin gültig ist, werden durch solche Präferenzen selbstverständlich die Richtung und die Tiefe der gewünschten Arbeitsteilung mitbestimmt.

Falls der Fernsehsender das Inselspiel nicht von vornherein mit völlig kontrakooperativen Regeln angelegt hat, dann sollte man vermuten, dass die beiden sich auf die Form der Arbeitsteilung einigen, die ihnen am besten erscheint und ihnen das Inselleben so angenehm wie möglich macht. Dabei gilt für jedes Muster der Arbeitsteilung, dass eine bestimmte Form von Tausch stattfinden muss, denn jede Person produziert von den Gütern, auf die sie sich spezialisiert hat, mehr, als sie eigentlich verbrauchen möchte, gibt einen Teil dieser Gütermengen ab und erhält Güter, die von anderen Personen hergestellt wurden. Dieser Tausch muss nicht, wie wir später sehen werden, ein Markttausch sein, denn es gibt mehrere Möglichkeiten, wie eine Gesellschaft die Güterbewegungen zwischen den Einzelnen regeln kann. Eine einfache Einigung wird es zumindest dann allein wegen der vielen Klärungsprozesse und Informationsprobleme nicht mehr ohne weiteres geben, wenn viele Personen und Produkte involviert sind. Es stellt sich in diesem Zusammenhang unmittelbar die Frage, mit welchem *Mechanismus* die Arbeitsteilung organisiert werden kann, um deren Vorteile für die Gesellschaftsmitglieder tatsächlich nutzbar zu machen. Bevor diese Frage aber angesprochen wird, ist in einem Zwischenschritt erst noch zu diskutieren, ob es nicht auch Grenzen der Arbeitsteilung gibt, denn der Koordinationsmechanismus muss eine Lösung für beide Probleme (Bestimmung der Tiefe der Arbeitsteilung und Organisation der verschiedenen Spezialisierungen) bereithalten.

2.2 Grenzen der Arbeitsteilung

2.2.1 Tauschbeschränkungen

Bestimmte Güter und Dienstleistungen werden nur in begrenzten Mengen benötigt. Der Wunsch nach der Behandlung eines Beinbruchs wird sich auf die Unglücklichen beschränken, die sich eine entsprechende Verletzung zugezogen haben. Die Nachfrage nach dieser Behandlung wird unter Umständen nicht ausreichen, um eine ärztliche BeinbruchspezialistIn mit genügend Arbeit zu versorgen, so dass diese SpezialistIn noch andere Fähigkeiten z.B. zur Behandlung anderer Verletzungen und Erkrankungen erwerben und einsetzen muss, dabei aber gleichzeitig vielleicht ihre Fähigkeiten zur Behandlung von Beinbrüchen nicht bis zur Perfektion ausfeilen kann. Selbst wenn solche SpezialistInnen in einem relativ bevölkerungsdichten Gebiet leben, muss es zudem nicht sinnvoll sein, PatientInnen über größere Distanzen zu ihnen zu transportieren.[10] Die Begrenztheit des Tausches hat sowohl etwas mit den spezifischen Bedürfnissen der Individuen nach bestimmten Gütern und Leistungen zu tun als auch z.B. mit Informations- und insbesondere mit Transportkosten. So schreibt SMITH (1983/1789: 19):

> „Es gibt nun einige Gewerbe, wozu sogar sehr einfache gehören, die man nur in einer kleinen Stadt ausüben kann. So kann ein Lastträger an keinem anderen Ort Beschäftigung und Auskommen finden. Ein Dorf ist für ihn ein zu enges Betätigungsfeld, und selbst ein gewöhnlicher Marktflecken ist kaum groß genug, um ihm ständig eine Beschäftigung zu bieten. Auf Einzelhöfen und in kleinen Dörfern [...] muss jeder Bauer zugleich Metzger, Bäcker und Brauer sein. [...] Der Handwerker auf dem Lande ist fast überall gezwungen, alle Arbeiten anzunehmen, die insoweit einander ähnlich sind, als dabei das gleiche Material verwendet wird. So übernimmt ein Zimmermann im Dorf jede Holzarbeit, ein Schmied alle Eisenarbeiten."

Wenn man an die heutige Zeit und eher an den Industrie- oder Dienstleistungsbereich denkt, dann können neue, kostengünstige und schnelle Informationstechniken oder verbesserte Transportmöglichkeiten in vielen Fällen die Tauschoptionen verändern und damit auch die Tiefe der Arbeitsteilung mitbestimmen.[11]

Anzumerken ist in diesem Zusammenhang noch, dass SMITH die Tauschbeschränkungen unter dem Stichwort „Begrenzung durch die Größe des Marktes" diskutiert. Diese Begriffsverwendung ist jedoch etwas irreführend, da – wie schon angedeutet und später allgemeiner ausgeführt – der Markt nicht das einzige Medium ist, das den Austausch von Gütern und Leistungen regelt. Wenn es mehrere parallel operierende Systeme in einer Gesellschaft gibt, die den Tausch bestimmen, dann können sich sogar ganz spezifische Grenzen der Arbeitsteilung ergeben, wenn für jedes einzelne der Organisationssysteme

---

[10] Gerade im medizinischen Bereich sieht man die Spezialisierungsproblematik recht gut. Es gibt durchaus Spezialistentum, wie etwa Kliniken, in denen Personen mit schweren Verbrennungen aus einem großen Umkreis versorgt werden, andererseits aber auch räumlich nahe AnsprechpartnerInnen für Gesundheitsprobleme, die sich mit einer Vielzahl verschiedener Krankheitsbilder beschäftigen. Die Spezialisierung wird u.a. durch schnelle und relativ sichere Transportmöglichkeiten erleichtert.

[11] Es wird insbesondere bei ökologischen Problemen argumentiert, dass die Transportkosten z.B. im Hinblick auf erschöpfbare Ressourcen und der Folgen für nachfolgende Generationen heute viel zu gering seien. Sollte das Argument korrekt sein, hieße dies, dass sich möglicherweise eine suboptimale Tiefe der Arbeitsteilung einstellt, weil die „wahren" Transportkosten eigentlich eine Tauschbeschränkung darstellen müssten.

das Tauschvolumen relativ klein bleibt, die einzelnen Systeme jeweils weitgehend abgekoppelt voneinander wirken und dadurch die Arbeitsteilung begrenzt wird. Dazu kommt noch, dass es vielleicht nicht immer offensichtlich ist, nach welchem Modus gerade koordiniert wird. Allein Missverständnisse über die Koordinierung können der Arbeitsteilung Grenzen setzen. Besonders deutlich werden solche Probleme, wenn Menschen in für sie fremde Kulturen kommen. LEYERS (2000) gibt eine Reihe von Beispielen, wie bizarr, unverständlich und vor allem aufwendig Reisenden rituelle und tradierte Tauschaktivitäten ferner Länder erschienen, wenn sie durch einfache Assoziationen eine Verbindung zum eigenen Wirtschaftssystem herstellten.

2.2.2 Natur der Aufgabe und der Zusammenhang von Arbeitsschritten

Trotz grundsätzlich besserer Kommunikations- und Informationsmöglichkeiten oder gesunkener Transportkosten kann es aber immer noch Produktionsprozesse geben, bei denen eine weitergehende Vertiefung der Arbeitsteilung sich nicht lohnt, weil der Aufwand, die von verschiedenen Personen ausgeführten Teiltätigkeiten zu koordinieren, grundsätzlich zu hoch wird. Das gilt beispielsweise für sequentielle Tätigkeiten, bei denen jeder weitere Schritt genaue Kenntnisse über die vorangegangenen Arbeiten erfordert und eine Aufteilung der Tätigkeit auf verschiedene Personen überproportional viel Kommunikationszeit erforderte. Bei manchen Abläufen sind die Kommunikationskosten prohibitiv hoch und man kann von einer *substantiellen Interdependenz* der einzelnen Arbeitsschritte sprechen. In diesem Zusammenhang deutet sich auch an, dass die Grenzen der Arbeitsteilung grundsätzlich an einem Punkt erreicht werden, an dem es im Vergleich zu den Vorteilen einer zunehmenden Arbeitsteilung aufwendiger ist, die weitere Spezialisierung zu organisieren oder zu koordinieren. Im Hinblick auf die industrielle Landwirtschaft ist insbesondere im Zusammenhang mit BSE und der Verbreitung von Tierseuchen z.B. die Zentralisierung von Schlachthöfen stark kritisiert worden, da dadurch die Übertragungsrisiken stark angestiegen seien. Einerseits können durch niedrige Transportkosten, aber im vorliegenden Fall auch besonders durch spezifische Subventionsregeln, solche zentralisierten Formen der Spezialisierung begünstigt werden. Andererseits sind die Veränderungen von Risiken in die Analyse der Vorteilhaftigkeit gegebener Arbeitsteilungsstrukturen einzubeziehen, d.h. auch solche Risiken beeinflussen die Grenzen der Arbeitsteilung.

2.2.3 Lernen

In dem Inselbeispiel wurden die spezifischen Fähigkeiten der einzelnen Personen einfach vorgegeben, so als sei es vielleicht einfach eine Frage des Talents, in welchen Tätigkeiten man komparative Vorteile hat. Nun spricht Adam SMITH mit seinem Hinweis, dass das Ausführen der spezialisierten Tätigkeit selbst eine wesentliche Ursache für die Produktivitätssteigerung sein kann, die Bedeutung von Lernprozessen zur Herausbildung der Fähigkeiten an. Tatsächlich sieht er angeborene Talente als relativ unwichtig für die Frage an, was eine Person besonders gut leisten kann. Er schreibt:

> „Der Unterschied in den Begabungen der einzelnen Menschen ist in Wirklichkeit weit geringer, als uns bewusst ist, und die verschiedenen Talente, welche erwachsene Menschen unterschiedlicher Berufe auszuzeichnen scheinen, sind meist mehr Folge als Ursache der Arbeitsteilung. So scheint zum Beispiel die Verschiedenheit zwischen auffallend unähnlichen Berufen, einem Philosophen und einem gewöhnlichen Lastenträger, weniger aus Veranlagung als aus Lebensweise, Gewohnheit und Erziehung entstanden." (SMITH 1983/1789: 18).

Die Herausbildung spezieller Fähigkeiten entspringt nach dieser Einschätzung SMITHs auch der Arbeit selbst. Die ständige Wiederholung von Tätigkeiten vereinfacht vielfach die Arbeitsabläufe. Man lernt, die Arbeit zeitlich und räumlich besser zu gestalten und bekommt ein „Gefühl" für einzelne Arbeitsabläufe. Diese Art des Lernens geschieht häufig unbewusst und wird durch die Spezialisierung selbst initiiert. In diesem Sinne zeigt sich zunächst ein Vorteil zunehmender Spezialisierung, da damit Lernprozesse induziert werden, die zu erheblichen Leistungssteigerungen beitragen können.

Einen ähnlichen Vorteil gibt es auch bei einer anderen Lernform, bei denen eine explizite Schulung der Personen durchgeführt wird. Je spezialisierter eine Tätigkeit ist, desto geringer ist einerseits der Schulungsaufwand und desto größer ist andererseits der Schulungsertrag für eine einzelne Person. Mit dem Lernen können jedoch auch auf zwei Ebenen Grenzen der Arbeitsteilung entstehen. So stellt sich erstens die Frage, ob bei sehr weit getriebener Arbeitsteilung das Verständnis der gesamten Abläufe nicht ab einem bestimmten Punkt zu sehr eingeschränkt wird und z.B. eine höhere Schnelligkeit einfacher repetitiver Arbeiten dazu führt, dass Probleme im Gesamtablauf nicht mehr erkannt werden und keine rechtzeitigen Schritte zur Behebung des Problems ergriffen werden können. Das zweite Problem stellt sich, wenn es darum geht, in welchen Tätigkeiten solche Lernprozesse initiiert werden. Wenn Agnetha es lernt, Nägel zu produzieren, dann mag sie durch die Spezialisierung erstaunliche Fähigkeiten darin entwickeln. Hätte

Agnetha jedoch etwas anderes angefangen zu lernen, hätte sie unter Umständen bei der Herstellung gänzlich anderer Güter komparative Vorteile entwickelt, die die Produktionsmöglichkeitengrenze insgesamt eventuell noch weiter nach außen geschoben hätte. Zumindest für eine zeitlich begrenzte Zeit könnte dies, selbst wenn man allein auf die Produktivitätsvorteile durch das Lernen schaut, zur Notwendigkeit führen, doch eher allgemeine, nicht spezialisierte Kenntnisse zu vermitteln, damit die individuellen Potentiale durch das gezielte, spezialisierte Lernen überhaupt erkannt werden können.[12]

2.2.4 Rückwirkungen auf Motivation und Leistungsfähigkeit

Bisher wurde in erster Linie davon gesprochen, dass sich durch Arbeitsteilung die Produktivität der Individuen erhöht. Bereits bei den Klassikern der Ökonomik wurde jedoch darüber debattiert, ob es nicht noch andere, viel allgemeinere Rückwirkungen der Spezialisierung auf die Lernfähigkeit, Motivation, Konzentration und letztlich die gesamte physische und psychische Verfassung der Menschen gibt. In diesem Zusammenhang sind eher negative Effekte benannt worden. So schreibt SMITH (1983/1789: 662):

„Jemand, der tagtäglich nur wenige einfache Handgriffe ausführt, die zudem immer das gleiche oder ein ähnliches Ergebnis haben, hat keinerlei Gelegenheit, seinen Verstand zu üben. [...] So ist es ganz natürlich, dass er verlernt, seinen Verstand zu gebrauchen, und so stumpfsinnig und einfältig wird, wie ein menschliches Wesen nur eben werden kann. Solch geistige Trägheit beraubt ihn nicht nur der Fähigkeit, Gefallen an einer vernünftigen Unterhaltung zu finden oder sich daran zu beteiligen, sie stumpft ihn auch gegenüber differenzierten Empfindungen, wie Selbstlosigkeit, Großmut oder Güte, ab, so dass er auch vielen Dingen gegenüber, selbst jenen des täglichen Lebens, seine gesunde Urteilsfähigkeit verliert."

Dieses düstere Bild der Auswirkungen der Spezialisierung auf die Menschen wird von anderen Autoren geteilt oder sogar noch verschärft. So spricht FERGUSON von „ignorance as the mother of industry". Karl MARX spitzt dies später noch weiter zu, indem er formuliert, dass die Spezialisierung durch die

---

[12] Auch dieses Argument hat nicht nur für die individuelle Arbeitsteilung Bedeutung. Beim internationalen Handel stellt sich analog die Frage, ob sich Länder tatsächlich uneingeschränkt auf die Produktion solcher Produkte spezialisieren sollten, bei denen sie aktuell komparative Vorteile haben oder ob es nicht angebracht ist, auch andere Güter zu produzieren, um durch Lerneffekte die Produktionsmöglichkeiten und eventuell die komparativen Vorteile in Richtung anderer Güter zu verändern. In der Außenwirtschaftsliteratur wird dies unter dem Stichwort der Infant-Industry-Problematik diskutiert (vgl. WEILER 1996).

Förderung des Detailgeschickes zu einer *Verkrüppelung* der ArbeiterInnen (er schrieb natürlich ohne das große I) führe. Die Schlussfolgerungen aus diesen Thesen sehen recht unterschiedlich aus. Während SMITH Chancen sieht, durch Erziehung und Bildung der schädlichen Entwicklung entgegenzuwirken – was die Arbeitsteilung dann jedoch notwendigerweise wieder etwas einschränkt – sieht MARX eher eine Lösung der *Entfremdungs*problematik in einer völlig anderen Organisationsform der spezialisierten Produktion und des gesellschaftlichen Zusammenlebens insgesamt, bei der die schädlichen Auswirkungen der Arbeitsteilung entweder gar nicht erst auftauchen oder aber erkannt und somit verhindert werden.

Insbesondere bei MARX, aber auch bei SMITH, werden die negativen Konsequenzen der Spezialisierung besonders betont. Das ist eine etwas einseitige Betrachtungsweise, denn implizit sind z.B. bei SMITH auch Phänomene angesprochen, die das Gegenteil einer zu tiefen Arbeitsteilung, die Nichtspezialisierung, als ebenso wenig förderlich für den Menschen erscheinen lassen. Einen wesentlichen Grund für die Vorteilhaftigkeit der Spezialisierung sieht SMITH bekanntlich darin, dass der Wechsel von einer Tätigkeit zur anderen entfällt; und in diesem Zusammenhang führt er auch aus, dass das ständige Wechseln der Tätigkeiten mit Trödeleien verbunden sei, die Menschen lässignachlässig würden, so dass der Alles- und Nichtskönner vielfach träge, schwerfällig und sogar unfähig werde.

Diese Vermutung deutet an, dass die Arbeitsteilung nicht generell nur negative Konsequenzen für den Menschen haben muss. Im Gegenteil kann man argumentieren, dass bestimmte Formen der Spezialisierung überhaupt erst die Entfaltung des Menschen ermöglichen. Wenn jeder Mensch alle nur denkbaren Tätigkeiten ausführte, dann hat er in vielen Fällen mit Widerständen zu kämpfen, die ihn hindern, all das erfolgreich zu gestalten, was seinen Wünschen entspricht. Man muss Materialien und Bearbeitungsverfahren kennen, bestimmte Arbeitsreihenfolgen einhalten u.v.m., was kaum bei *allem* gelingen kann, zumal wenn die Abstände zwischen den einzelnen Herstellungsversuchen recht groß sind, da man ja alle anderen Güter auch selbst produzieren muss. Jede und jeder wird sich an dilettierende und damit auch frustrierende Erlebnisse erinnern. Ich selbst kann leidvoll auf meine so gut wie gescheiterten Versuche handarbeitlicher Tätigkeiten wie Stricken oder Häkeln zurückblicken. Solche Frustrationen, auch die zeitlichen Belastungen bei äußerst bescheidenen Ergebnissen, erlauben es kaum, die eigenen Potentiale tatsächlich zur Entfaltung kommen zu lassen.

Die Vorstellung, dass die Arbeitsteilung den Menschen verkümmern lässt, müsste unterstellen, dass der Mensch von sich aus bereits mit allen wünschenswerten Fähigkeiten, Motiven und kreativen Möglichkeiten ausgestattet ist. Dem widersprechen aber deutlich entwicklungspsychologische Theorien und Erkenntnisse. Menschliche Fähigkeiten müssen zunächst einmal entfaltet werden, und Spezialisierung kann durchaus dieser Entwicklung dienen. Zudem haben viele Formen der Spezialisierung einen *instrumentellen Charakter*. Die Kenntnisse einer Sprache, eines Musikinstrumentes oder eines bestimmten wissenschaftlichen Gedankengebäudes sind in diesem Sinne notwendig, um überhaupt erst ein tieferes Verständnis von Zusammenhängen zu erlangen oder einen Gedanken präzise und verständlich ausdrücken zu können. In etwas anderer Nuancierung ist diese Sichtweise über die nicht ausschließlich negativen Rückwirkungen der Arbeitsteilung auch von anderen Autoren formuliert worden. DURKHEIM gründet seine Kritik an SMITH unter anderem auf die Überlegung, dass die Spezialisierung die Menschen durch die gegenseitigen Abhängigkeiten einander annähern ließe. Für ihn bildet die Spezialisierung dadurch ein Potenzial für „organische Solidarität" (vgl. auch SWEDBERG 1993: 135-136).

MARSHALL (1986/1890: 263) zeichnet ebenfalls ein differenzierteres Bild der Wirkung der Spezialisierung auf den Menschen. So betont er etwa, dass die negativen Folgen monotoner Arbeit weniger ins Gewicht fallen könnten, da die soziale Umgebung in den Arbeitszusammenhängen neue Anregungen für die Individuen bereithalte. Diese Vorstellung über die Rolle der Arbeitszusammenhänge für die Beurteilung der Folgen der Spezialisierung führt zu einer etwas anderen Fokussierung des Problems, denn es wird nicht nur mehr danach gefragt, ob die Tiefe der Arbeitsteilung *an sich* eine Verkümmerung des Menschen hervorrufen könne, sondern welche Rolle die Organisation der Arbeitsteilung in dieser Hinsicht übernimmt. Letztlich kann man davon sprechen, dass die Entfaltung von Motivation, Verantwortung und Leistungsfähigkeit gewisse Spezialisierungen voraussetzt. Diese Entfaltung ist immer dann möglich, wenn ein motivierender *Sinn* der Tätigkeit wahrgenommen wird. Dieser kann in einem größeren Komplex von Arbeiten verkörpert sein, aber auch in einem Beitrag eines sehr stark spezialisierten Individuums zu einem gemeinsamen Ziel, einem Projekt oder einer Aufgabe.

RÖPKE (1958/1937: 93-95) bietet ebenso eine abwägende, differenzierte Auseinandersetzung mit diesem Thema. Er sieht die von SMITH und MARX beschriebenen Zusammenhänge durchaus als Problem. Ein Übermaß an Arbeitsteilung könne eine „Verkümmerung vitalen Menschentums" nach sich ziehen, was uns zu einseitigen Teilmenschen werden lasse. Mögliche Folgen seien immer weitere Mechanisierung, Schablonisierung, Zentralisierung, Vermassung, Entpersönlichung und Kollektivierung des Lebens. Für RÖPKE wäre das der Inbegriff „vollendeter Sinnlosigkeit". Gäbe es nicht Gegenströmungen, müsse man befürchten „[...] daß wir uns unaufhaltsam auf jene Zivilisationshölle des Termitenstaates hin bewegen, die uns der englische Dichter *Aldous Huxley* in seinem Zukunftsroman „Brave New World" so erschütternd geschildert hat." (RÖPKE 1958/1937: 94). Neben der Verkümmerungsgefahr sei sogar der Gehalt der spezialisierten Arbeit selbst gefährdet, weil Monotonie der Arbeit und die Tatsache, die Arbeit für Fremde zu leisten, die Arbeits- und Berufsfreude zerstören könne. RÖPKE sieht nun allerdings die Zukunft keineswegs derart pessimistisch. Er weist erstens darauf hin, dass nicht jede spezialisierte Tätigkeit monoton sein muss. Spezialisierte Arbeit könne zweitens auch gerade wegen der erworbenen Kompetenz die Freude an der Arbeit oder die „Berufsehre" erhalten oder sogar stärken. Vieles sei vor allem durch zweckmäßige Betriebsorganisationen so beeinflussbar, dass die düsteren Seiten der Arbeitsteilung nicht Oberhand gewinnen. In diesem Sinne stimmt er MARSHALL und DURKHEIM zu und sieht ebenso, dass es wesentlich auf die Organisation der Arbeitsteilung ankomme.

Da aber durchaus auch die zuvor beschriebenen Entfremdungsphänomene denkbar sind, kann man zunächst nur eine vielschichtige Wirkung der Arbeitsteilung auf den Menschen konstatieren. Die entscheidende Frage ist, welche Form der Arbeitsteilung sich in einer Gesellschaft tatsächlich etablieren wird. Überwiegen die (kurzfristigen) Produktivitätsvorteile zunehmender Spezialisierung bei gleichzeitiger „Verkümmerung" des Menschen, sind aus anderen Zusammenhängen begründete Grenzen der Arbeitsteilung vielleicht sogar funktional, weil sie verhindern, dass die menschliche Arbeit auf zu einfache, anspruchslose Operationen reduziert wird, oder wird sich auch ohne Beschränkungen dieser Art eine solche Form der Spezialisierung durchsetzen, die sowohl positive Produktivitätseffekte nach sich zieht als auch weitreichende Entfaltungsmöglichkeiten für die Menschen bietet?

2.2.5 Transaktionskosten

All die genannten Effekte bezüglich der Grenzen und Probleme der Arbeitsteilung haben eines gemeinsam. Es gibt Kosten des Tausches, d.h. es fallen Kosten bei dem Transfer von Gütern und Leistungen innerhalb der Gesellschaft an, indem der Tauschvorgang selbst Zeit und Ressourcen bindet. Diese Kosten können darin liegen, dass spezialisierte Arbeit nur mit erheblichem Aufwand kommuniziert und koordiniert werden kann. Sie können aber auch unter bestimmten Umständen in negativen Rückwirkungen auf die Individuen begründet sein. Ein umfassendes Konzept zur Erfassung dieser Grenzen des Tauschs ist das der Transaktionskosten. Es gibt sehr viele unterschiedliche Definitionen des Transaktionskostenbegriffs (vgl. KUBON-GILKE 1997: Kapitel 2 und 3). Im Kern geht es darum herauszufinden, mit welcher Organisationsform sich die Arbeitsteilung unter welchen Umständen am besten organisieren lässt, wie also der Tausch mit minimalen Tauschkosten koordiniert werden kann. Je besser die Koordinierung gelingt, desto stärker können zumindest die produktiven Vorteile der Arbeitsteilung genutzt werden. Ob und wie der Tausch ermöglicht wird, hängt dementsprechend insbesondere vom dominanten Modus der Koordinierung ab, so dass in einem nächsten Schritt diskutiert werden soll, welche Möglichkeiten es zur Organisation der Arbeitsteilung gibt und welche Grenzen (Transaktionskosten) mit den einzelnen Möglichkeiten verbunden sind.

2.3 Das ökonomische Koordinationsproblem

Sofern Spezialisierung – wie zuvor argumentiert wurde – grundsätzlich, wenn auch nicht zwangsläufig in jeder Ausformung, von Vorteil ist, bleibt zu klären, wie die Arbeitsteilung so organisiert werden kann, dass genau das produziert wird, was die Menschen brauchen und wünschen. Welche Güter sollen also unter den gegebenen Bedingungen hergestellt werden und welche Person soll dabei welche Aufgaben übernehmen? Dies Problem stellt sich auf verschiedenen Ebenen. Erstens muss ein Mengen- und Proportionenproblem gelöst werden. Es sollten diejenigen Güter in ausreichender Menge hergestellt werden, die die Menschen benötigen, und es sollte SpezialistInnen im richtigen Mengenverhältnis geben, so dass es also sowohl BäckerInnen, SchneiderInnen, IngenieurInnen als auch FriseurInnen, LandwirtInnen etc. in dem gesellschaftlich gewünschten Verhältnis gibt. Eine geschlossene Gesellschaft, in der nur OpernsängerInnen und WissenschaftlerInnen, aber keine HandwerkerInnen, LehrerInnen, KöchInnen, Lebensmittel- oder ImmobilienproduzentInnen lebten, müsste auf wichtige Güter verzichten und könnte die individuellen Bedürfnisse in vielen Bereichen nicht befriedigen.

Zweitens gibt es ein Problem der zeitlichen Koordination. Bei sequentiellen Tätigkeiten müssen die jeweiligen Anschlussarbeiten zeitlich sinnvoll weitergeführt werden, bei Parallelarbeiten kann ein einzelnes nicht ausgeführtes Teilprojekt die Fertigstellung des gesamten Produktes gefährden. So ist es für einen Mensa-Betrieb notwendig, dass die Lebensmittel, die zubereitet werden sollen, zeitnah angeliefert werden, dass die einzelnen Teile der Gerichte nicht zu unterschiedlicher Zeit fertig sind, dass in richtiger Reihenfolge und komplett Menüs zusammengestellt werden können und dass das Kassieren nicht zu lange dauert, damit die Essen nicht kalt sind, wenn man als Gast endlich einen Sitzplatz ergattert hat. Bei einer Theateraufführung und den notwendigen parallelen Aufgaben verschiedener Berufsgruppen kann der Abend scheitern, wenn TechnikerInnen oder SchauspielerInnen ihren Part der Arbeit nicht übernehmen.

Drittens gibt es ein Problem der Koordination von Qualitäten zu lösen. Das betrifft einerseits den Wunsch der Individuen nach bestimmten Eigenschaften (Form, Haltbarkeit, Materialbeschaffenheit, Funktionsfähigkeit etc.) der Endprodukte, andererseits muss gewährleistet sein, dass Vor- und Zwischenprodukte qualitativ aufeinander abgestimmt sind, damit daraus überhaupt ein Endprodukt entstehen kann – vorgefertigte Fenster sollten in dafür vorgesehene Öffnungen in Rohbauten passen, Motoren in Autos, Ladegeräte an Handys oder – um eine dem Alter der Autorin angemessene „Methusalem-Technik" anzusprechen – Compact Discs in den CD-Player. Die letzten beiden Beispiele machen deutlich, dass das Problem der Qualitätenkoordinierung häufig etwas mit Standardisierungsfragen zu tun hat. Wenn es viele inkompatible oder generell eine Fülle technischer Systeme gibt, dann ist zu überlegen, ob sich nicht durch allgemeine Standards das Koordinationsproblem besser lösen lässt oder ob die Vielfalt in anderen Fällen nicht sogar ein spezielles Kennzeichen der Güte der Koordination sein kann.

Das vierte Koordinationsproblem betrifft die Verteilung der Güter und Leistungen. Es ist zwar eine wichtige Frage, welche Mengen der gewünschten Güter produziert werden, aber für das Wohlergehen der Individuen ist es ebenso wichtig, welchen *Anteil* sie an den insgesamt produzierten Gütern erhalten. Relevant ist es, dabei zu untersuchen, ob und gegebenenfalls welchen Zusammenhang es zwischen den verschiedenen Produktions- und den Verteilungszielen der Koordinierung gibt. Diese Frage berührt in einem überwiegend marktwirtschaftlichen System unmittelbar die Frage nach Möglichkeiten der Verteilungskorrektur durch sozialpolitische Maßnahmen.

In vielen ökonomischen Lehrbüchern wird die *Knappheit* als das grundlegende Problem der Ökonomie angesehen. Knappheit an Ressourcen sei der Auslöser für das allgemeine Problem einer jeden Gesellschaft, entscheiden zu müssen, welche Güter unter Berücksichtigung der Produktionsmöglichkeiten wann, von wem, wie und wo produziert werden sollen und wer diese Güter letztlich erhalten soll. Im Schlaraffenland, in dem alle Güter als Endprodukte bereits in jeder nur gewünschten Menge zur Verfügung stehen, stellte sich nach dieser Charakterisierung kein ökonomisches Problem. Das Koordinationsproblem ist aber tatsächlich noch weitreichender zu verstehen und taucht selbst im Schlaraffenland auf. Auch wenn Knappheit und die Notwendigkeit, Güter erst herstellen zu müssen, sicherlich den entscheidenden Teil des grundlegenden ökonomischen Problems ausmachen, ist die Koordinierung selbst im Schlaraffenland nicht zwangsläufig vollständig gelöst. Auf einer individuellen Ebene ist zu beachten, dass man z.B. nicht gleichzeitig ein (Schlaraffenland-typisch zugeflogenes) gebratenes Hühnchen essen und Trompete spielen oder im Meer aus Milch und Honig baden kann, d.h., es muss auch unter diesen Voraussetzungen die zeitliche Verteilung der Tätigkeiten geklärt werden. Und bei Tätigkeiten, die nur gemeinsam Freude bereiten (Mannschaftssport, Chormusik, Feier mit FreundInnen), bleiben zumindest die Aspekte der proportionalen und der zeitlichen Koordinierung relevant. Ein Fußballspiel, bei dem alle Beteiligte im Tor stehen wollen bzw. jede bzw. jeder zu einer anderen Zeit auf dem Sportplatz erscheint, wird entweder gar nicht stattfinden oder zumindest wenig vergnüglich sein.

2.4 Prinzipielle Lösungen des Koordinationsproblems

Die drängendsten ökonomischen Aufgaben menschlicher Gesellschaften betreffen sicherlich nicht die eines Schlaraffenlandes, so dass LEYERS (2000: 39) es folgerichtig als Hauptproblem von Gesellschaften ansieht, die materielle Reproduktion zu sichern. Dazu ist die Arbeitsteilung ein wesentliches Mittel. Anlehnend an Forschungsarbeiten aus der Anthropologie werden drei idealtypische Formen der Koordinierung der Arbeitsteilung unterschieden: Pflicht, Befehl und Markt.[13] Wie nachfolgend gezeigt wird, kommen alle diese Typen nicht in Reinform vor, d.h. auch in einem marktwirtschaftlichen System gibt es z.B. starke Elemente der Pflicht oder des Befehls. Die Dreiteilung macht aber dennoch Sinn, weil es wichtig ist, den *dominanten* Modus zu beschreiben, der die Koordinationsarbeit übernimmt, und das komplexe Zusammenwirken der verschiedenen Systeme zu verstehen. Nachfolgend sollen diese drei Koordinierungssysteme kurz skizziert und ihr Zusammenwirken ebenso knapp angesprochen werden, um die grundsätzlichen und ausführlichen Argumente der nächsten Kapitel vorzubereiten (vgl. dazu auch die ausführlichen und systematischen Ausführungen von SCHLICHT 1998).

---

[13] Angeregt wurde die Dreiteilung idealtypischer Koordinationsmechanismen durch POLANYI (1978/1944: 71ff.). Er unterscheidet ähnlich in Reziprozität, Redistribution und Tausch. Weil der Tauschbegriff im hier verstandenen Sinne jedoch nicht nur auf den Markttausch beschränkt ist, wird diese Begriffsverwendung nicht weiter verwendet. CODERE (1968) sieht die Koordinationsmechanismen im Zusammenhang mit grundlegenden gesellschaftlichen Strukturen. Das Reziprozitätssystem im Sinne POLANYIs bezeichnet sie als Soziale Ökonomie, ein Redistributionssystem als Politische Ökonomie und das Tauschsystem als Marktökonomie. HEILBRONER (1962: 21ff.) verwendet die Begriffe Tradition, Befehl und Markt (*tradition, command, market*), die schon eher adäquat für die diskutierten Zusammenhänge sind, jedoch ist der Traditionsbegriff eigentlich noch etwas zu eng gefasst und einer der nachfolgend vorgestellten Koordinationsmechanismen kann durch die Kategorie Pflicht besser umschrieben werden. Wegen der dennoch hinreichend deutlichen Charakterisierung wesentlicher Inhalte wird hier meistens der Begriff der Tradition verwendet.

2.4.1 Tradition (Pflicht)

Im Verlauf der Wirtschaftsgeschichte hat sich das Marktsystem erst sehr spät durchgesetzt. In vielen Gesellschaften gab es zwar auch schon vor vielen Jahrhunderten oder gar Jahrtausenden in begrenztem Maße Märkte, aber die Arbeitsteilung war im Großen und Ganzen über völlig andere Mechanismen organisiert. In Stammesgesellschaften oder mittelalterlichen Dorfgesellschaften bestimmten vorgegebene Rechte und Pflichten, wer welche Aufgaben zu übernehmen hatte und welche Güter an welche Personen gingen. Häufig wurde per Geburt die Aufgabenverteilung bereits festgelegt – sowohl was die geschlechtliche Arbeitsteilung als auch was die weitere Spezialisierung betraf. Tradition und Autorität bestimmten die Produktion und den Austausch von Gütern. Neben der Analyse historischer Phänomene wird in diesem Zusammenhang häufig auf Studien zu Gesellschaftsformen verwiesen, die bis in die jüngere Vergangenheit hinein dominant über solche Traditionssysteme koordiniert wurden oder noch werden.

Besonders bekannt sind die Arbeiten MALINOWSKIs (1922) über Stammesgesellschaften Ozeaniens. Beim sogenannten Kula-Handel verschiedener Küsten- und Inselstämme Neuguineas laufen die internen und externen Tauschvorgänge in der Darstellung MALINOWSKIs in sieben verschiedenen und miteinander nicht verbundenen Kategorien ab. Es reicht von der ersten Kategorie der „reinen Gaben" des Mannes an die Kinder seiner Frau über Kategorien, in denen Gaben und Gegenleistungen nach traditionellen und zeremoniellen Mustern weitergereicht werden bis hin zur letzten und siebten Kategorie, dem Tausch mit Fremden, der dem Markttausch schon relativ nahe kommt, aber weiterhin sehr spezielle Charakteristika eines Pflichtsystems aufweist. Ein Beispiel für die überragende Rolle der Verpflichtung bei der Organisation der Arbeitsteilung findet sich in der Kategorie 2. Danach hat ein Mann die lebenslange Verpflichtung, für seine weiblichen Blutsverwandten zu arbeiten.

> „Solange seine Schwestern noch unverheiratet sind, arbeitet er für die Mutter, anschließend für die Familien seiner Schwestern. Er selbst erhält den Hauptteil seines materiellen Einkommens von den Brüdern seiner Ehefrau. Dafür sind gelegentlich kleine Gegengaben fällig, die jedoch nie das Niveau der Gleichwertigkeit erreichen." (LEYERS 2000: 86).

Eine grundsätzliche Schwierigkeit bei einem traditionsorientierten System liegt sicherlich darin, dass Neuerungen, seien sie technischer oder organisatorischer Art, wenig Platz in dem System haben, da sich an dem kompletten Pflichten- und Rechtesystem Änderungen ergeben müssten, wollte man die Neuerungen in das System integrieren. In diesem Sinne müsste der Koordinationsmechanismus auch noch seine eigene Anpassung regeln. Wenn die Talente der Gesellschaftsmitglieder unterschiedlich verteilt sein sollten, führt dieser Mechanismus überdies nicht zu einer vollständigen Ausnutzung von komparativen Produktionsvorteilen. Dennoch haben sich global solche Pflichtsysteme gebildet und waren über eine lange Zeit stabil, so dass diese Probleme entweder weniger gravierend waren als im Vergleich dazu die Koordinierungsschwierigkeiten alternativer Wirtschaftsformen. Oder die Pflichtsysteme hatten trotz einiger Nachteile ein starkes Beharrungsvermögen, dessen Existenz aber ebenso erklärungsbedürftig ist wie die relative Vorteilhaftigkeit des Systems.[14]

So interessant es auch ist, die Traditionssysteme früherer oder entfernter Kulturen zur Kennzeichnung eines Pflichtsystems heranzuziehen, so darf doch nicht vergessen werden, dass sich auch in industrialisierten Ökonomien, in denen in starkem Maße über Märkte koordiniert wird, in vielen Bereichen Elemente der Verpflichtung bei der Vergabe spezieller Aufgaben finden lassen. Besonders deutlich zeigt es sich bei der Arbeitsteilung innerhalb von Familien oder Lebensgemeinschaften, bei denen Muster gegenseitiger Verpflichtung nach wie vor eine wichtige Rolle spielen. Selbst wenn sich eine solche Gemeinschaft von traditionellen Rollenverteilungen gelöst hat, spielen sich häufig schnell neue Formen der Spezialisierung ein, bei denen die einzelnen PartnerInnen mit Rechten und Pflichten ausgestattet werden, ohne dass dies rein über einen Markttausch geregelt würde.

Auch in anderen als den häuslichen Bereichen wird die Koordinierung wesentlich per Vergabe von Rechten und Pflichten gestaltet. Rechtsvorschriften definieren beispielsweise in vielfältiger Weise solche Verpflichtungen, denen die Mitglieder der Gesellschaft unterliegen und die überwiegend nicht durch Markttausch umgangen werden können. In diesem Zusammenhang sind z.B. die Straßenverkehrsregelungen zu nennen, bei denen die Koordination via Vorschriften erfolgt.

Eine spezifische Bedeutung hat das Pflichtsystem *innerhalb* von Unternehmungen. Arbeitsverträge sind aus vielen Gründen eher vage formuliert, z.B. um flexibel auf neue Markt- und Produktionsgegebenheiten reagieren zu können. Die konkrete Aufgabe wird per Zuweisung verschiedener Pflichten definiert, die aber auch mit Rechten an Leistungen von KollegInnen und deren Kooperation gekoppelt sind. Selbst in modernen Unternehmungen

---

[14] Spezifische Schwierigkeiten, mit bestimmten Veränderungen umzugehen, gibt es allerdings in jedem Koordinationssystem. Während die relativ verfestigte Rollenverteilung im Pflichtsystem den Umgang mit technischen und organisatorischen Neuerungen erschwert, hat beispielsweise das Marktsystem einige Probleme bei dem Umgang mit nicht standardisierten Produkten oder mit schlecht beobachtbaren Leistungen.

können sich solche Pflichtsysteme und die Übernahme entsprechender Rollen durch Traditionen herausbilden, aber die konkreten Aufgaben erwachsen dort doch eher über Zuweisungen von Pflichten aus der Übernahme eines bestimmten Arbeitsbereiches. Die Arbeitsteilung innerhalb einer Unternehmung regelt sich entsprechend über ein komplexes System von aufeinander abgestimmten Rechten und Pflichten der einzelnen ArbeitnehmerInnen und weniger durch einen Markthandel mit klar und detailliert definierten Verträgen zwischen den Beteiligten am Produktionsprozess. Gerade in der Unternehmung sieht man, dass die Koordinierung dort auch durch einen etwas anderen Mechanismus ablaufen kann, der nachfolgend erläutert wird.

2.4.2 Zentralsteuerung (Befehl)

Die Zuweisung von Aufgaben innerhalb einer Unternehmung kann auch durch explizite Anordnung – durch Befehl und Gehorsam – geregelt werden. Die Befehlsinstanz hat dabei eine Reihe von Informationsproblemen zu lösen, die im Zusammenhang mit all den bereits angesprochenen Teilproblemen der Koordinierung stehen, denn es müssen per Befehl die richtigen Mengen und Proportionen festgelegt werden, die Qualitäten müssen definiert und überwacht werden, die Teilarbeiten müssen geeignet aufeinander abgestimmt erfolgen und die Verteilung sowie der eventuelle Übergang zur Marktkoordination müssen geregelt sein. Auch hier gibt es spezifische Nachteile beim Umgang mit bestimmten Informationsproblemen, aber daneben unter anderem den Vorteil einer schnellen und koordinierten Reaktion. Das Unternehmensbeispiel deutet aber auch unmittelbar an, dass es in der Regel *Grenzen der Befehlsausübung* gibt. Den Rechten der Unternehmensleitungen sind erstens durch das Gesetz Grenzen gesetzt, indem festgelegt ist, was den ArbeitnehmerInnen zugemutet werden kann und was nicht. Zweitens können die ArbeitnehmerInnen die Unternehmung auch wieder verlassen, wobei die nächstbessere Alternative mitbestimmt, wie stark ihren Interessen entsprochen wird. Deshalb wird grundsätzlich ein solches Pflichtsystem auch die Vorlieben und Wünsche der MitarbeiterInnen nicht ganz außer Acht lassen können. Wenn die Zufriedenheit der MitarbeiterInnen nur sehr gering ist, kann sich die Unternehmung das Befehlssystem nur mit entsprechend hohen Löhnen „leisten", d.h., es kann aus Unternehmenssicht durchaus sinnvoll sein, Maßnahmen zur Stärkung der Arbeitszufriedenheit einzusetzen und das Befehlssystem entsprechend zu modifizieren, um nicht die Notwendigkeit höherer Löhne zu generieren. Auch ein Wechsel zu einem prinzipiell auf Pflichten und Rechten aufgebauten System kann sich aus diesem Grund als wirtschaftlich sinnvoll erweisen. In anderen Gesellschaften, in denen die gesamte Koordinierung der Arbeitsteilung überwiegend mit dem Befehlssystem durchgeführt wurde, waren die Möglichkeiten, sich dem System zu entziehen, weitaus geringer, und die Befehlsgewalt wurde in anderer Form und in anderen Ausmaßen durchgesetzt. Viele antike Gesellschaften waren durch Sklaventum gekennzeichnet. Die Errichtung der Pyramiden, generell von Monumentalbauten, von Straßen- und Militärsystemen und anderen Großkoordinationsprojekten basierte in vielen früheren Gesellschaften auf einem System von zentraler Planung, Befehl und Gehorsam. Die gesellschaftliche Organisation in allen Kontinenten verschiedener Epochen ist in starkem Maße *nicht* mit einem Marktsystem, sondern mit einem strikten Befehlssystem verbunden gewesen. LEYERS (2000: 51ff.) weist darauf hin, dass sowohl antike als auch mittelalterliche Feudalgesellschaften (mit den Landgütern als fast autarken Gemeinschaften, Arbeitsverpflichtungen und Naturalabgaben) vorwiegend durch ein Befehlssystem mit starken traditionellen Elementen gekennzeichnet waren. Bei den Feudalformen passt der Begriff eines Redistributionssystems vielleicht etwas besser, denn auch, wenn traditionelle Elemente eine wichtige Rolle spielten, war der Austauschmechanismus sehr stark auf eine Zentrale hin ausgerichtet, die durch vielfältige Naturalabgaben oder Arbeitsverpflichtungen für das Zentrum produzieren ließ und dann auch eine gewisse Umverteilung durchführte. DURANT/DURANT (1981: 230) zählen 17 Formen von Abgaben und Verpflichtungen auf, die nur die frühmittelalterlichen Formen der Leibeigenschaft kennzeichneten.

Auch die sozialistischen Staaten der jüngeren Vergangenheit verzichteten in vielerlei Hinsicht auf eine Marktkoordination und suchten eine Lösung des Koordinationsproblems über ein Befehlssystem zu finden, wobei grundsätzlich anzumerken ist, dass ein Befehlssystem nicht von vornherein generell mit einem Willkürregime gleichgesetzt werden kann, denn erstens kommt es auf den Modus an, mit dem die Anweisungen definiert und durchgesetzt werden und zweitens auf die Alternativen der BefehlsempfängerInnen, so dass auf deren Belange mehr oder weniger Rücksicht genommen werden muss.

2.4.3 Markt

Der Marktmechanismus ist dominant für heutige Industrieländer, auch für die meisten Entwicklungs- und Schwellenländer. Die Funktionsweise und die Probleme dieses Systems werden in den nächsten beiden Hauptkapiteln noch eingehender erläutert, da das Verständnis marktwirtschaftlicher Zusammenhänge u.a. entscheidend ist für die Frage nach der Notwendigkeit, aber auch nach der konkreten Wirkungsweise sozialpolitischer Programme. An dieser Stelle sollen deshalb nur einige grundsätzliche Anmerkungen zu der Frage erfolgen, wie ein Marktsystem das Koordinierungsproblem löst, ohne auf eine zentrale Planung zurückzugreifen und ohne die Arbeitsteilung allein nach der Abstammung der Personen und dem Geschlecht festzulegen.

Die Marktkoordination beruht wesentlich auf einem System von Eigentumsregeln und auf dem anonymen Tausch von Eigentumsrechten. Eigentumsrechte sind dadurch charakterisiert, dass den Gesellschaftsmitgliedern Verfügungsrechte über Gegenstände und Leistungen zugeteilt werden.[15] Wenn wir auf das ursprüngliche Beispiel der InselbewohnerInnen zurückgehen, ist eine Möglichkeit, dass die Eigentumsrechte derart sind, dass jede der BewohnerInnen ein Eigentumsrecht an den selbst produzierten Gütern (Fische und Baumfrüchte) erhält. Diese Form der Verteilung der Eigentumsrechte ist natürlich nicht die einzig denkbare. In Gesellschaften, die nicht über den Marktmechanismus koordiniert werden, ist das besonders deutlich, da es dort häufig gar nicht legitim ist, im Besitz befindliche Gegenstände uneingeschränkt zu veräußern. Auch die Frage, ob Frauen Eigentum besitzen dürfen oder selbst Eigentum sind, wird in verschiedenen Gesellschaftsordnungen höchst unterschiedlich gelöst. Aber nehmen wir hier an, es gäbe dieses Eigentum an selbst produzierten Dingen, und auch ein freiwilliger Tausch der Güter sei im Rahmen der Eigentumsordnung möglich.

In einer sehr einfachen, idealisierten Vorstellung des Tausches über Märkte stellt sich die Lösung des Koordinationsproblems wie folgt dar. Eine Person – nennen wir sie Aida – kennt ihre Fähigkeiten und auch ihre Konsumwünsche. Aida wird sich auf die Produktion bestimmter Güter spezialisieren und über den individuellen Bedarf hinaus produzieren, wenn sich dadurch Möglichkeiten ergeben, diese Güter gegen solche Dinge zu tauschen, die sie selbst benötigt und wünscht. Dabei spielt es einerseits eine Rolle, welche Güter sie im Sinne der komparativen Produktionsvorteile vergleichsweise gut produzieren kann. Andererseits nutzt es ihr aber nichts, sich auf die Produktion von Gütern zu spezialisieren, die dann niemand haben möchte, auch wenn man sie noch so gut und zahlreich herstellen kann (lila-gelb gesprenkelte Topflappen oder eine der genialen Erfindungen Daniel Düsentriebs, der einst einen Watschenstock zum automatischen Austeilen von Ohrfeigen erfand, aber zu seinem Leidwesen überhaupt keine InteressentInnen dafür gewinnen konnte), d.h., Aida muss sich auch daran orientieren, was andere Menschen überhaupt im

---

[15] Die Entstehung der Eigentumsrechte selbst ist auch eine wichtige ökonomische Fragestellung. Während einige AutorInnen auch in dieser Frage auf Wettbewerbsprozesse rekurrieren, gibt es eine Reihe von Argumenten, nach denen Eigentumsrechte durch grundlegende psychologische Zusammenhänge und darauf aufbauenden Mechanismen der Bildung sozialer Regeln erklärt werden können (vgl. dazu KUBON-GILKE/SCHLICHT 1993). Eigentumsregeln spielen auch in den anderen Systemen eine Rolle, für den Markttausch sind klar definierte Rechte jedoch von entscheidender Bedeutung.

Tausch erwerben möchten. Güter mit einem hohen Bedarf sind besonders lohnend zu produzieren, weil die Bereitschaft der anderen groß sein wird, relativ viel von den selbst hergestellten Gütern im Tausch dafür herzugeben. Dies wird dann aber auch wieder andere Personen animieren, diese besonders geschätzten Produkte herzustellen. Güter mit einer hohen Nachfrage werden somit auch verstärkt hergestellt. Güter, die aus Sicht der KonsumentInnen unattraktiv sind, finden keine Tauschgelegenheit und werden längerfristig in geringerem Maße produziert.[16]

Wenn es auf der am Anfang des Kapitels betrachteten Beispielsinsel sowohl den Bedarf nach Fisch als auch nach Baumfrüchten gibt, dann werden sich gemäß den komparativen Vorteilen Spezialisierungen in einem Marktsystem einstellen. Wenn die begabte FischfängerIn allerdings wasserscheu ist und eine Abneigung gegen die Tätigkeit entwickelt, dann wird sie sich eventuell nicht dazu entscheiden, ihre komparativen Produktionsvorteile auszunutzen. Auf alle Fälle muss sie explizit oder implizit abwägen, welche Tauschvorteile sie aufgibt, um eine unerwünschte Tätigkeit zu vermeiden. Letztlich werden über den Marktmechanismus sowohl die produktiven Fähigkeiten als auch die Präferenzen bei der Richtung der Spezialisierung berücksichtigt.

Nehmen wir an, unsere Inseln sind inzwischen von einem ganzen Camp bevölkert, weil die Einschaltquote der Show mit nur zwei Personen auf der Insel dramatisch gesunken ist. Nun fischen und klettern also Dutzende von KandidatInnen. Unterstellen wir einmal, dass sich ein Marktsystem etabliert und sich dabei auch bereits ein bestimmtes Austauschverhältnis von Fischen zu Baumfrüchten herausgebildet hat. Für jeden Fisch erhält man beim Tausch 2,5 Baumfrüchte. Für Bernd lohnt sich nun die Spezialisierung. Er kann bekanntlich pro Stunde entweder einen Fisch fangen oder 2 Früchte pflücken. Er könnte also einerseits mit sich selbst tauschen, denn immer, wenn er auf eine Stunde Fischfang verzichtet, kann er 2 Früchte bekommen. Wenn er sich aber auf den Fischfang spezialisiert, bekommt er für eine Stunde Arbeitszeit nicht mehr 2, sondern 2,5 Baumfrüchte, weil er den pro Stunde gefangenen Fisch gegen entsprechend viele Früchte eintauschen kann. Je höher der Preis der Fische, gemessen an der Zahl der eintauschbaren Baumfrüchte, ist, desto mehr der vielen InselbewohnerInnen werden sich auf den Fischfang spezialisieren. Diese Spezialisierung lohnt sich aus der Sicht einer Person, solange sie sich mit ihrer spezialisierten Tätigkeit im Tausch besser steht als bei der Selbstversorgung bzw. bei der Spezialisierung auf eine andere Tätigkeit. Christa wird sich bei einem Preis von 2,5 Baumfrüchten pro Fisch auf das

---

[16] Präferenzen, Bedürfnisse, Wünsche und Vorlieben sind natürlich nicht einfach „vorhanden", sondern evolvieren selbst, u.a. auch in Abhängigkeit vom Modus der Organisation der Arbeitsteilung. Das wird an späterer Stelle ausführlicher diskutiert.

Pflücken der Früchte spezialisieren. Wenn sie sich selbst versorgt, bekommt sie pro Stunde entweder 2 Fische oder 6 Baumfrüchte. Selbst wenn sie nur Fisch mag, lohnt sich die Pflück-Spezialisierung, denn sie könnte sich ohne Handel mit 20 Fischen am Tag versorgen, wenn sie hingegen nur pflückt, dann hat sie am Tag 60 Früchte und kann diese gegen 60 : 2,5 = 24 Fische eintauschen. Wenn sie gar nicht mehr als 20 Fische am Tag konsumieren möchte, benötigt sie zum Tausch 50 Früchte. Die kann sie in weniger als der maximal möglichen Arbeitszeit bekommen, was dann für Christa attraktiv ist, wenn sie keine besondere Freude am Pflücken selbst empfindet.

Nun kann es sein, dass sich bei einem Preis von 2,5 Baumfrüchten pro Fisch sehr viele BewohnerInnen auf den Fischfang spezialisieren, d.h., es gibt ein hohes Angebot an Fischen, aber wenig Baumfrüchte. Wenn zu diesem Preis nicht alle FischfängerInnen ihre Ware tauschen können, dann können sie versuchen, über eine Preissenkung NachfragerInnen aus der kleinen Gruppe der spezialisierten PflückerInnen anzulocken. Ein Angebot, das die Nachfrage übersteigt (auch Überschussangebot genannt) wird tendenziell zu einer Preissenkung führen. Für diejenigen AnbieterInnen, für die es sich beim alten Preis gerade so lohnte, sich auf den Fischfang zu spezialisieren, ändern sich die Tauschvorteile, so dass jetzt einige FischerInnen zum Pflücken der Baumfrüchte wechseln, d.h., das Angebot an Fischen geht zurück, die Nachfrage nach Fischen z.B. durch die zum Pflücken gewechselten Personen steigt. Letztlich sorgt der Preismechanismus dafür, dass die gewünschten Mengen an beiden Gütern im Rahmen der gegebenen Möglichkeiten produziert werden und die Spezialisierung nach Maßgabe der komparativen Produktionsvorteile und der Präferenzen erfolgt. Ohne eine spezielle Anordnung und ohne die Notwendigkeit, die Produktions- und Nachfragebedingungen der MarktteilnehmerInnen genau zu kennen, koordiniert in dieser Ideal- oder Referenzwelt der Marktmechanismus die Arbeitsteilung in perfekter Weise. Eine allwissende PlanerIn in einem Befehlssystem, die das Wohl der Gesellschaft zu fördern beabsichtigte, käme zur gleichen Lösung des Koordinationsproblems zumindest dann, wenn sich in den verschiedenen Mechanismen identische Präferenzen herausgebildet hätten.

Wenn der Markttausch tatsächlich in jedem Fall so einfach und perfekt funktionierte, stellte sich jedoch unmittelbar die Frage, warum sich ein Marktsystem dann erst so spät bilden und durchsetzen konnte und vor allem, warum es innerhalb des Systems immer noch auch alternative Organisationssysteme wie in Familien oder Unternehmungen gibt.[17] Das kann nur an einem noch

---

[17] Ähnlich kann man fragen, warum bei der skizzierten Funktionsweise der Märkte Transformationsökonomien wie Russland oder Rumänien nicht durch einen Umgestaltungspfad zu einem marktwirtschaftlichen System den materiellen Wohlstand in ihren Ländern schnell und nachhaltig zu erhöhen vermochten.

zu erklärenden, sehr ausgeprägten Beharrungsvermögen der anderen beiden Koordinationsformen gelegen haben – wobei zu fragen ist, wieso sich überhaupt eine andere Tauschform bilden konnte – oder an bislang noch nicht diskutierten grundlegenden Schwierigkeiten des Markttausches, die dann erst spät in der Geschichte überwunden werden konnten. Ein Indiz für einige weiterhin wirksame systematische Schwierigkeiten kann gerade darin gesehen werden, dass auch in heutigen entwickelten Marktwirtschaften die beiden anderen Koordinationsformen weiterhin vorhanden sind und offensichtlich in einigen Bereichen komparative Vorteile gegenüber einer Marktlösung haben. Im dritten und vor allem im vierten Kapitel werden mögliche Ursachen von Koordinierungsschwierigkeiten der marktlichen Steuerung genauer beleuchtet.

2.4.4 Interdependenzen verschiedener Koordinationsformen

Wenn es nur ein Nebeneinander der verschiedenen Organisationssysteme gäbe, erleichterte sich die Frage nach Möglichkeiten und Grenzen der Korrektur der Koordinationsergebnisse z.B. durch die Sozialpolitik erheblich, denn dann könnte man einfach für jeden Mechanismus getrennt argumentieren und dies auf die jeweiligen Geltungsbereiche anwenden, also z.B. die Frage stellen, wie sich familienpolitische Maßnahmen im überwiegend als Pflichtsystem zu charakterisierenden System der Familie auswirken, welche Konsequenzen die unternehmensbezogene Politik auf das Pflicht- oder Befehlssystem einer Unternehmung hat und wie sich in anderen Bereichen die Sozialpolitik im Marktsystem auswirkt.

Die Analyse kann wegen systematischer Interdependenzen zwischen den einzelnen Koordinationsformen jedoch nicht allein auf diese Weise erfolgen. Diese Interdependenzen liegen auf zwei unterschiedlichen Ebenen. Erstens beruht die Funktionsfähigkeit eines Marktsystems darauf, dass sich die Menschen an Normen, Usancen und Regeln halten und stark dem verpflichtenden Charakter dieser Regeln unterliegen. Ganz wesentlich sind zum Beispiel die überwiegend spontane Akzeptanz von Eigentumsrechten, nicht zu extensive Verhandlungen (im Sinne des Feilschens) – da dadurch wieder ein Teil des Tauschvorteils aufgezehrt würde – und allgemein die Achtung solcher Umgangsregeln, Normen und Gewohnheiten, die den Tausch erleichtern.

Welche Schwierigkeiten der Tausch im anderen Fall machte, kann ein einfaches Beispiel illustrieren. Angenommen, jeder Mensch trachtete allein nach seinem persönlichen materiellen Wohl und achtete keinerlei informelle Normen bzw. es gebe solche Normen gar nicht. In einem solchen Fall kann man sich kaum vorstellen, wie Tausch z.B. über einen Selbstbedienungsladen abgewickelt werden könnte. Unterstellen wir mal, die LadenbesitzerIn sehe das Problem, dass eigennutzorientierte Personen auch einen Diebstahl in Erwägung ziehen, sofern die Wahrscheinlichkeit gering ist, dass sie dafür zur Verantwortung gezogen werden. Deshalb wird eine DetektivIn engagiert. Wenn diese DetektivIn eine DiebIn sieht, so kann sie diese allerdings gar nicht verfolgen. Denn sobald sie sich auf die Verfolgung macht, werden alle anderen KundInnen aus Eigennutzstreben den Laden bestehlen. Außerdem bräuchte man wiederum DetektivInnen für die DetektivIn, DetektivInnen für die DetektivInnen der DetektivIn etc. Selbst formelle Regeln mit der Möglichkeit der Bestrafung der NormabweichlerInnen sind problematisch, denn diese Sicherung des Eigentums und des Tausches durch Überwachung und Durchsetzung macht die Marktkoordination sehr teuer, indem viele Ressourcen gebunden werden, um den Tausch überhaupt erst zu ermöglichen.

Auf einer dem Markttausch vorgelagerten Ebene müssen sich also für ein funktionsfähiges Marktsystem – als Koordinationssystem mit komparativen Vorteilen – Verhaltensweisen herausgebildet haben, die selbst nicht über Wettbewerbsprozesse in einer vereinfachten Marktanalogie erklärt werden können. Dennoch sind die beiden Ebenen nicht unabhängig voneinander, denn der Erfolg bestimmter Verhaltensweisen im Marktwettbewerb kann durchaus Rückwirkungen auf das Normensystem haben, das den Markt erst vorteilhaft macht. In welcher Weise der Markt dann selbst das Normensystem beeinflusst, wird allerdings sehr unterschiedlich gesehen. Nach der *Doux-Commerce-These*, die im 18. Jahrhundert u.a. von CONDORCET, ROBERTSON und PAINE vertreten wurde, wird eine „zivilisierende" Wirkung des Markttausches unterstellt, die die Vorteile des Marktes quasi automatisch immer weiter erhöht, wenn sich dieses System erst einmal etabliert hat. HIRSCHMAN (1993: 196) fasst die Grundidee dieser Vorstellung wie folgt zusammen:

„Man ging [...] von der Annahme aus, dass eine Gesellschaft, in der dem Markt bei der Befriedigung der menschlichen Bedürfnisse eine zentrale Stellung zukommt, durch Arbeitsteilung und ganz konsequentem technischen Fortschritt nicht nur beträchtlichen neuen Wohlstand, sondern – gleichsam als »Nebenprodukt« – auch notwendig einen »geglätteten« Menschentypus hervorbringen wird: ehrenhaft, verlässlich, ordentlich, diszipliniert, freundlich und immer bereit, in Konfliktsituationen Lösungen und eine Einigung zwischen widerstreitenden Meinungen zu finden – ein Typus also, der dem reibungslosen Funktionieren des Marktes nun wieder ganz erheblich zugute kommen wird. Folgt man dieser Argumentation, so wird der Kapitalismus – der in seiner Frühphase ein doch recht unsicheres Dasein führte, weil er sich erst noch gegen die aus feudalen sowie anderen »rauhen und barbarischen« Epochen stammenden »vorkapitalistischen« Mentalitäten behaupten musste – im Laufe der Zeit durch die Praxis von

Handel und Industrie ein Bündel passender psychologischer Einstellungen und moralischer Gesinnungen hervorbringen, die nicht nur an und für sich wünschenswert sind, sondern zudem auch der weiteren Expansion des Systems förderlich sind."

HIRSCHMAN (1993: 196) schreibt weiter, dass die Geschwindigkeit der Expansion des Marktsystems im 18. und 19. Jahrhundert dieser These durchaus eine gewisse Plausibilität gab. Im Verlauf der Zeit hat sich aber auch – unter anderem durch die Begleitumstände der Industrialisierung – eine völlig gegenläufige Vorstellung zur Frage nach dem Einfluss des Marktsystems auf das moralische Fundament einer Gesellschaft gebildet, die als *Selbstzerstörungsthese* bezeichnet werden kann (HIRSCHMAN 1993: 196). SCHUMPETER (1976/1942: Kap. XI bis XIV) äußert beispielsweise die Befürchtung, dass der Markt mit seinem spezifischen Belohnungssystem und wegen der durch den Marktmechanismus ausgelösten zunehmenden Anonymität und Mobilität das Normensystem zerstört, welches er zu seiner Funktionsfähigkeit benötigt.

SCHUMPETER entfaltet ein komplexes Argument zum sozio-kulturellen Überbau (*superstructure*) einer kapitalistischen Marktgesellschaft. Mit Überbau nutzt er eine Formulierung von MARX. SCHUMPETER legt erstens dar, dass Geld einem Bedeutungs- und Funktionswechsel beim Übergang des Feudalsystems hin zu einem kapitalistischen Marktsystem unterlegen gewesen sei. Dazu werden wir uns im Kapitel 2.4.4.4 noch weitere und ausführlichere Gedanken machen. Er führt dann aus, dass bei der Stärkung marktwirtschaftlicher Systeme nicht etwa das Gewinnmotiv neu entstanden wäre, das habe es schon immer gegeben. Neu entstanden sei vielmehr der mehr oder weniger starke Zwang durch den Wettbewerb zu *rationalen Entscheidungen*. Diese gestärkte Rationalität habe die Menschen überkommene Traditionen und gesellschaftliche Schichtungen immer stärker in Frage stellen lassen. Das wiederum habe die mentalen Voraussetzungen zur Entwicklung u.a. der Wissenschaften geschaffen und auch die Menschen und Mittel dafür gewinnen können. Feministische Bewegungen seien ohne die gestärkte Rationalität ebenso nicht denkbar gewesen. So sei es letztlich dazu gekommen, dass die feudalen Institutionen zerstört wurden und marktkonforme formelle und informelle institutionelle Strukturen entstanden. Der Clou in SCHUMPETERs Argumentation ist nun, dass dieser Prozess der Zerstörung von Institutionen auch nicht vor den kapitalistischen Institutionen selbst stoppt. Der Erosionsprozess ginge weiter und unterminiere auch die formellen und informellen Regeln, die für das kapitalistische System essenziell sind. Das versucht er mit dem Verständniswandel vor allem von Privateigentum und Vertragsfreiheit zu untermauern. SCHUMPETER (1976/1942: 143) schreibt:

„And we have finally seen that capitalism creates a critical frame of mind which, after having destroyed the moral authority of many other institutions, in the end turns against its own; the bourgeois finds to his amazement that the rationalist attitude does not stop at the credentials of kings and popes but goes on to attack private property and the whole scheme of bourgeois values."

Wenn man all die Ausführungen zur Rolle von formellen Institutionen und von den Wechselwirkungen zwischen ökonomischem System und grundlegenden Institutionen verfolgt, ist man teilweise an den Streit erinnert, ob es erst das Huhn oder das Ei gegeben habe oder beides gleichzeitig entstanden sei. ACEMOGLU und ROBINSON (2012) vertreten z.B. die These, dass die Institutionen von Gesellschaften deren Entwicklungspfad maßgeblich bestimmen. Inklusive Gesellschaften mit entsprechend inklusiven Institutionen, die allen Menschen Entwicklungs- und Entfaltungsmöglichkeiten bieten, ermutigen zur Übernahme von Verantwortung für sich und andere. Das fördere Bildungsinteressen, Kreativität und unternehmerische Aktivität. Extraktive, also letztlich ausbeuterische Gesellschaften und Institutionen hingegen, in denen die gesellschaftlichen Institutionen dazu dienen, große Gruppen massiv zu unterdrücken oder zu diskriminieren, entmutigen diese Menschen. Aus eigener Anstrengung können sie auch gar nichts erreichen, weil Extraktion bedeutet, dass sie alle Früchte ihrer Bemühungen wieder abgenommen bekommen. Das sei nicht nur bei Marktgesellschaften so, sondern kennzeichne die gesamte Geschichte der Menschheit. „Modernen" parlamentarischen Demokratien mit möglichst vielen Freiheiten für die Individuen und mit Marktsteuerung schreiben sie einen besonders ausgeprägten inklusiven Charakter zu. Die USA und Südkorea sehen sie als Musterbeispiele. Man kann die Stirn runzeln und Zweifel anmelden, ob dort jeweils wirklich alle inkludiert und mit ähnlich guten Chancen ihr Leben gestalten können. Die soziale Durchlässigkeit ist z.B. in den USA auch nicht besonders ausgeprägt. Im Vergleich zu Nordkorea, das die Autoren immer wieder heranziehen, mag man die Unterscheidung inklusiv – extraktiv zur Kennzeichnung dieser Systemunterschiede vielleicht akzeptieren. ACEMOGLU und ROBINSON versuchen ihre Hauptthese zur Rolle von Institutionen für die Entwicklung von Gesellschaften mit vielen historischen Beispielen zu belegen, aber sie thematisieren wenig, wie sich das System selbst wieder auf die Entwicklung der Institutionen auswirkt. Das war nun gerade SCHUMPETERs Hauptpunkt.[18]

---

[18] Explizit hat RÜSTOW (2005) die Abfolge von Freiheit und Herrschaft in allen Gesellschaften der Menschheitsgeschichte zu zeigen versucht. Er sieht immer beide Tendenzen in Gesellschaften. Eines seiner Ziele war, grundlegende Regeln und Verfassungen für Markt und Politik, also einen institutionellen Überbau, zu konzipieren, die eine möglichst frei-

Auch politische Eingriffe in das Marktsystem können die grundlegenden Normen mit beeinflussen, entweder zur Stabilisierung beitragen, einen Erosionsprozess beschleunigen oder eine spezifische Wandlung mit Konsequenzen auf das Marktsystem hervorrufen. An späterer Stelle wird bei der Diskussion des Zusammenhanges der verschiedenen Koordinationsformen wegen der Widersprüchlichkeit der Vorstellungen über ein selbststabilisierendes oder ein selbstzerstörerisches Marktsystem im Hinblick auf die Normen, die für die Koordinierung essenziell sind, die Frage nach der Bildung gesellschaftlicher Normen und Werte noch einmal in einer ausführlicheren Diskussion aufgegriffen.

Die zweite Ebene der Interdependenzen ist sozialpolitisch von ebenso großer Bedeutung. Ein Nebeneinander etwa der Koordinationsformen Markt und Unternehmung (als Pflicht- oder als Befehlssystem) bedeutet nicht Unabhängigkeit beider Formen, u.a. weil beide Koordinationsmechanismen teilweise auf identische Steuerungselemente – wie etwa den Lohn – zurückgreifen bzw. sie zumindest berücksichtigen müssen, diese Elemente aber völlig unterschiedliche Aufgaben in den verschiedenen Koordinationssystemen haben können. Sogar die Form von Märkten ist davon abhängig, welche anderen Organisationsformen für Teilbereiche des Koordinationsproblems verwendet werden. Die Existenz von Arbeitsmärkten etwa ist damit verknüpft, dass die Arbeit in der Regel innerhalb von Unternehmungen geleistet und aufeinander abgestimmt wird und dass sie durch Arbeitsverträge geregelt ist statt durch Werkverträge, die einen gänzlich anderen Preisbezug hätten.

2.4.4.1 Unterdrückung von Märkten und Rückwirkungen auf den Preismechanismus

Am Beispiel des Lohnes als Arbeitsmarktkoordinierungsinstrument einerseits und als Steuerungsgröße in einem „Pflichtensystem" Unternehmung andererseits wird sich die Interdependenz der Koordinationsmodi an späterer Stelle noch deutlich zeigen. Im Arbeitsmarkt hat der Lohn die Aufgabe, Angebot und Nachfrage zu koordinieren und den Markt zu räumen, und zwar in dem Sinne, dass keine Arbeitslosigkeit entsteht und jede Person, die zu den herrschenden Bedingungen eine Arbeitsstelle besetzen möchte, tatsächlich auch eingestellt wird. Innerhalb von Unternehmungen – als Befehls-

---

heitliche Gesellschaft mit guten Entwicklungschancen sichern und den Weg in eine neue Herrschaftsstruktur (ähnlich zur extraktiven Gesellschaft im Sinne von ACEMOGLU/ ROBINSON) verhindern. RÜSTOW hat die Wechselwirkungen zwischen Normen, formellen Institutionen und Wortschafts- und Gesellschaftssystem ausdrücklich im Fokus seiner Überlegungen gehabt.

oder Pflichtsystem – kommt es hingegen insbesondere bei heterogenen ArbeitnehmerInnen, bei schlecht beobachtbaren Tätigkeiten und dem Wunsch nach motivierten, kreativen und engagierten Mitarbeitern unter anderem darauf an, in gewissem Maße Fairness und Großzügigkeit zu zeigen. Dabei kann der Lohn nach ganz anderen Gesichtspunkten festgelegt werden müssen als nach den Gegebenheiten des Arbeitsmarktes, da die Lohnhöhe eine von mehreren wichtigen Determinanten für die Wahrnehmung von Gerechtigkeit und Generosität ist.

Jedoch wird der Arbeitsmarkt durch das Lohnsetzungsverhalten der ArbeitgeberInnen auch wiederum beeinflusst und kann seine Koordinationsfähigkeit zumindest partiell einbüßen. Unternehmungen reagieren bei heterogenen ArbeitnehmerInnen auf Änderungen der Arbeitsmarktlage sowohl mit Lohn- und Einstufungsanpassungen als auch mit Anpassungen der Qualifikationsanforderungen. Sie stehen mit anderen Firmen in Konkurrenz um besonders leistungsfähige MitarbeiterInnen, und die besser zahlende Unternehmung gewinnt i.d.R. die besonders Qualifizierten. Zahlt eine Unternehmung zu wenig, wandern die besonders Leistungsfähigen ab. Über den Versuch, geeignete BewerberInnen für die eigene Firma zu gewinnen, schaukeln sich Unternehmungen in gewisser Weise mit ihren Löhnen gegenseitig hoch. Ähnliches passiert zum Zwecke der Motivierung. Die Folge ist, dass der spezielle Arbeitsmarkt durch die Interdependenz der Systeme und genuine Marktsteuerungsprobleme kein Gleichgewicht bei Angebot = Nachfrage erreicht, sondern eines, bei dem die Unternehmungen höhere Löhne „freiwillig" zahlen. Arbeitslosigkeit auf diesem Markt ist die Folge, denn nicht alle, die zu diesen hohen Löhnen beschäftigt werden wollen, bekommen auch einen Arbeitsplatz.

Bevor auf die allgemeinen Fragen nach der Wechselwirkung von Instrumenten in verschiedenen Koordinationsmechanismen eingegangen wird, ist zunächst in einem Vorgriff auf spätere Argumente noch kurz zu klären, warum es in einem prinzipiell marktwirtschaftlichen System überhaupt „Inseln alternativer Organisationssysteme" gibt, warum es also auch in einem Marktsystem in der Prägung industrialisierter Länder weiterhin Bereiche gibt, in denen die Koordinierung nicht über Märkte geschieht[19]. In diesem Zusammenhang stellt sich auch die grundsätzliche Frage nach der Existenz von Unternehmungen. Es können mehrere Gründe dafür genannt werden, warum

---

[19] Eine solche Formulierung suggeriert, als seien Pflicht- und Befehlssysteme eher eine Ausnahme. Das ist a priori nicht sicher. Deshalb sollte man doch eine gewisse Vorsicht walten lassen bei der Frage, welche Koordinierungsform das „Meer" und welche die „Inseln" sind.

sich Unternehmungen als alternative Koordinationssysteme im Marktbereich etablieren und durchsetzen (vgl. hierzu auch SCHLICHT 1998).

Versicherung gegen Risiken und fehlender Marktzugang. Individuen sind häufig nicht nur an der aktuellen Sicherung ihrer Existenz interessiert, sondern auch daran, Risiken zu unterbinden, die die zukünftigen Einkommen bzw. Tauschmöglichkeiten gefährden. Krankheit, mangelnde Aufträge durch Änderungen der Bedürfnisse innerhalb der Gesellschaft oder stark schwankende Einkommen je nach Auftragslage konstituieren solche Risiken. Sollte es keine Märkte zur Risikoabsicherung geben oder viele Individuen keinen Zugang zu solchen Märkten haben bzw. sollten diese Individuen auf Grund einer geringen Mittelausstattung die Risiken schlecht streuen können, kann eine Unternehmung partiell gegen Einkommensrisiken versichern. Das macht sie, indem sie z.B. die Individuen als ArbeitnehmerInnen per langfristigem und nur grob fixiertem Arbeitsvertrag einstellt und einen relativ stabilen Lohn zahlt, z.B. einen festen Monatslohn unabhängig von der aktuellen Lage des Unternehmens und der Situation auf dem Produktmarkt, für den die Unternehmung produziert. Die Differenz zwischen dem fixen Lohn und dem Erwartungswert des Einkommens bei schwankenden Aufträgen kann auch als Versicherungsprämie interpretiert werden (sofern die Unternehmungen über hinreichend Verhandlungsmacht verfügen, den Vorteil der Versicherung komplett an sich zu ziehen).

Komplexität. Arbeitsverträge haben Flexibilitätsvorteile gegenüber Werkverträgen. Die konkrete Vereinbarung von Leistungen in einem Werkvertrag kann sich als zu starr erweisen, da sich im Verlauf der Vertragsbeziehung viele Gegebenheiten ändern können, so dass eine Anpassung der Vereinbarungen mit erheblichen Verhandlungskosten erfolgen müsste. Wegen der komplexen Umwelt können die Werkverträge in der Regel aber auch nicht derart umfassend abgefasst werden, dass all diesen Eventualitäten bereits im Ursprungsvertrag Rechnung getragen wird.

Verhandlungspotentiale. Zu Beginn einer Verhandlung über eine zukünftige Zusammenarbeit gibt es sowohl für eine AuftragnehmerIn als auch für eine AuftraggeberIn (bzw. für die ArbeitgeberInnen und ArbeitnehmerInnen) eine Reihe von Alternativen. Die damit implizierte Konkurrenz sorgt via Preismechanismus dafür, dass die Leistungen zu einem bestimmten Preis getauscht werden. Im Zuge des Vertragsabschlusses und insbesondere im weiteren Verlauf der gemeinsamen Arbeit verändern sich jedoch die Optionen beider Seiten und eröffnen somit einen Verhandlungsspielraum für die Konditionen der späteren Zusammenarbeit. Eine AuftragnehmerIn z.B., die räumlich gebunden ihre Leistungen an eine AuftraggeberIn abliefern muss und die im Laufe der Zeit an Mobilität verliert, indem sie vielleicht ein Haus baut, in Vereinen und in Freundeskreisen lokale Bindungen aufgebaut hat, ist notfalls bereit, auch zu einem geringeren als dem höchsten Alternativpreis zu arbeiten und zu produzieren, wenn sie anderenfalls die sozialen Bindungen aufgeben müsste. Gleichzeitig erwirbt sie aber auch spezifische Kenntnisse über den Produktionsablauf, über die AuftraggeberInnen und deren Organisation etc., was sie für die AuftraggeberIn „wertvoller" macht als eine andere Person, die zu gleichen finanziellen Konditionen einen Vertrag unterschreiben würde. Dies führt aus Sicht der AuftragnehmerIn zu einem Verhandlungsspielraum über den Marktpreis hinaus; die Gefahr, weniger als den Marktpreis zu bekommen, ist durch die zunehmende Immobilität aber auch gegeben. Dadurch ist insgesamt ein Spielraum für Einigungen verbunden, bei denen über Verhandlungen die Verteilung festgelegt wird.

Verhandlungen selbst sind jedoch mit Aufwand verbunden. Der gemeinsame Vorteil der Zusammenarbeit kann durch den Versuch, jeweils möglichst viel von der Verhandlungsmasse auf die eigene Seite zu ziehen, geschmälert werden. Unter Umständen können Verhandlungen durch inkompatible Ansprüche und Selbstbindungen sogar scheitern. Es ist von Vorteil, wenn es einfache Regeln der Aufteilung von Überschüssen gibt. Diese Regeln sind in einem Pflichtsystem einfacher zu generieren als in einem Tauschsystem. Für Unternehmungen spielt es beispielsweise eine Rolle, dass Lohnerhöhungen durch überbetriebliche Verhandlungen festgelegt werden oder klare Zuschlagsregeln vorhanden sind, die die Verteilungskonflikte möglichst aus der Unternehmung fernhalten. Es ist aber nicht grundsätzlich ausgeschlossen, dass auch langfristige Marktbeziehungen trotz ausgeprägter Verhandlungsspielräume stabil sein können, wenn sich klare Regeln für Verhandlungen gebildet haben, die zu schnellen und weitgehend friktionslosen Anpassungen der Vertragsmodalitäten führen.

Zusammenarbeit. Einen Werkvertrag an eine Person zu geben, die ein kleines abgeschlossenes Projekt zu bearbeiten hat, ist weniger problematisch als Werkverträge für Projekte zu formulieren, bei denen ein Team gemeinsam arbeitet und die Gesamtleistung des Teams nicht den einzelnen Teammitgliedern zugerechnet werden kann. Wenn zwei kräftige, muskelstarke männliche Möbelpacker gemeinsam ein Klavier transportieren, dann ist die Gesamtleistung erkennbar, nicht aber, wie sehr sich der einzelne Möbelpacker dabei angestrengt hat. Entsprechend kann man auch keinen individuellen Preis für die Einzelanstrengung vereinbaren, und es kann sinnvoll sein, wenn eine Unternehmung den Gesamtauftrag übernimmt und die Koordination der einzelnen Arbeiten anders als nach den Marktgegebenheiten durchführt.

Beobachtbarkeit von Leistungen. Nicht nur bei Teams spielt das Kontrollproblem eine Rolle. Märkte setzen an den beobachtbaren Leistungen an. Dafür werden Preise gezahlt. Wenn es aber mehrere Dimensionen einer

Leistung gibt – die Menge und die Qualität der Leistung z.B. – und wenn man einzelne Dimensionen nicht oder nur sehr schlecht messen kann, dann gibt es ein schwerwiegendes Problem der Marktkoordination. Wenn nur die gut beobachtbare Mengenleistung bezahlt wird, gibt es starke Anreize, eine große Menge zu produzieren, dabei aber gleichzeitig weniger Augenmerk auf die Qualität zu legen. Die Nichtbeobachtbarkeit von Leistungen oder von Teilaspekten der Leistungen kann die Koordinationsfähigkeit von Märkten erheblich vermindern, wie später noch an mehreren Beispielen gezeigt wird. In dem Fall kann es günstig sein, wenn eine Unternehmung die Koordinierung übernimmt, wobei über einen überwiegend fixen Lohn an die ArbeitnehmerInnen verhindert wird, dass sie die Arbeit ausschließlich an der Menge ausrichten und es dadurch möglich wird, das Marktpotential für qualitativ hochwertige Produkte auszunutzen. Natürlich hat die gesamte Unternehmung ein ähnliches Problem der glaubhaften Bereitstellung guter Qualität, wenn die NachfragerInnen die Qualität nicht beurteilen können, aber eine größere Unternehmung, die eine entsprechend große Menge und vielleicht mehrere Produkte herstellt, kann es u.U. leichter haben, sich eine Reputation für gute Qualität aufzubauen als einzelne Personen.

Koordinierungsspezialisierung. In einem Werkvertragssystem müsste jede einzelne Person nicht nur die vereinbarte Leistung erbringen, sondern auch die eigene Einsatzplanung übernehmen und dafür Sorge tragen, dass sie genügend Aufträge bekommt. Wenn es für diese Tätigkeiten keinen Markt gibt – vielleicht wiederum wegen des Kontrollproblems –, dann können sich Unternehmungen auf diese Koordinierungs- und Vermarktungsaufgabe spezialisieren, und die Individuen können sich ansonsten auf die Tätigkeiten konzentrieren, bei denen sie komparative Vorteile aufweisen.

Motivation. Die Koordinierung einer arbeitsteiligen Gesellschaft gelingt umso leichter, je weniger aufwendig es ist, die einzelnen Arbeiten zu kontrollieren. Wenn also die Menschen aus Pflichtgefühl und Motivation heraus arbeiten, dann sind die Koordinierungskosten gering. Viele sozialpsychologische Erkenntnisse deuten darauf hin, dass die Abkopplung vom Marktgeschehen und die Koordinierung der Arbeit innerhalb einer Unternehmung mit Hilfe nicht zu ausgeprägter finanzieller Anreize, letztlich durch wahrgenommene Fairness und Großzügigkeit, die Motivation und die Kreativität der Individuen erhöhen. Es können innerhalb von Unternehmungen personalpolitische Maßnahmen ergriffen werden, die sich in einer reinen Marktkoordination kaum umsetzen lassen. Eine Erklärung für die Existenz von Unternehmungen als alternative Koordinationsinstanzen der Arbeitsteilung in einem Marktsystem lautet entsprechend, dass zusätzliche motivationsfördernde Instrumente eingesetzt werden können und sich dadurch die einzelnen Teilarbeiten besser und kostengünstiger koordinieren lassen.

Wenn all diese Wirkungen so grundlegend sind, stellt sich allerdings die Frage, warum es nicht viel größere Unternehmungen gibt und wodurch letztlich überhaupt Grenzen der Unternehmung als Pflichtsystem definiert sind. Schließlich kann eine Unternehmung dann, wenn der Marktmechanismus eine bessere Koordinierung leisten kann, diesen durch vorab definierte Möglichkeiten zu Verhandlungen zwischen Abteilungen u.a.m. imitieren. Hier sind jetzt aber wieder die Interdependenzen und Grenzen der verschiedenen Koordinationsformen zu bedenken. Die Notwendigkeit zu Gerechtigkeit und Großzügigkeit verlangt beispielsweise einen konsistenten Einsatz aller personalpolitischen Instrumente innerhalb eines Pflichtsystems. Ungleichbehandlungen einzelner Abteilungen oder einzelner Personen stören das Bild der großzügigen Unternehmung und können ein Bild mit deutlich ungünstigeren Motivationswirkungen hervorrufen. Eine Trennung von Unternehmensteilen kann sich dann aus Unternehmenssicht als lohnend erweisen, wenn die Nachteile der Übergabe eines Teils der Unternehmung an den Markt überkompensiert werden durch Kosteneinsparungen im Hinblick auf notwendige Maßnahmen der Personalpolitik. Das wird unter anderem dann der Fall sein, wenn sich die Marktlöhne für verschiedene Berufe sehr unterschiedlich entwickeln, dies aber in der Unternehmung aus Fairnessgründen keine Entsprechung finden kann.

Eine besondere Schwierigkeit der allgemeinen Politik besteht nun darin, dass in den verschiedenen Koordinationsformen z.T. die gleichen Instrumente zum Einsatz kommen, aber eine unterschiedliche Funktion ausüben. Der Lohn wurde in seiner Doppelfunktion schon angesprochen, andere Beispiele betreffen Bereiche, die etwa der betrieblichen Sozialpolitik zugerechnet werden können, gleichzeitig aber über Märkte oder eine staatliche Bereitstellung ebenfalls relevant sind, wie eine betriebliche Krankenversicherung im Zusammenhang mit privaten oder staatlichen Krankenversicherungen.

2.4.4.2 Präferenzbildung

Präferenzen, Einstellungen und Verhalten werden in unterschiedlicher Weise in den verschiedenen Koordinierungsumgebungen geprägt. Wenn beispielsweise ein Traditionssystem „Familie" evolvierte, in dem die Arbeitsteilung in besonderer Weise Geschlechterrollen zuweist, dann kann dies von Bedeutung dafür sein, welche Berufswünsche entstehen. Nach wie vor zeigt sich, dass Mädchen Berufe bevorzugen, die den häuslichen Rollen ähnlich sind: Soziale, pflegerische, erzieherische Berufe sind besonders gewünscht neben Tätigkeiten mit Bezug zu Mode, Schönheit und Körperpflege. Das korrespondiert mit der Sozialisation in den familiären Umgebungen. Die relativ engen Berufspräferenzen können wiederum zur Folge haben, dass das Arbeitsangebot in bestimmten Bereichen sehr groß wird – mit der Folge eher geringer Löhne für solche Tätigkeiten. Dies wiederum verursacht Dissonanzen in der Marktkoordination und wird oft als diskriminierend wahrgenommen. Wenn nun arbeitsmarktpolitisch gegen solche Lohndifferenzen Maßnahmen eingesetzt werden und vielleicht tatsächlich Mädchen verstärkt technische und handwerkliche Tätigkeiten anstreben, dann wird das zumindest langfristig nicht folgenlos für die Arbeitsteilung im Traditionssystem der Familie sein. Vollends komplex wird das Problem der Präferenzbildung und der unterschiedlichen Folgen und Einschätzungen in verschiedenen Organisationsmodi der Arbeitsteilung, wenn man bedenkt, dass traditionelle Koordinierungen nicht einheitlich sind. Es macht einen Unterschied, ob man sich in einer Familie oder einem Unternehmen bewegt. Ein Pflichtsystem „Unternehmung" kann gänzlich andere Beeinflussungsrichtungen auf Vorlieben, Ziele und Präferenzen haben als das Pflichtsystem „Familie".

2.4.4.3 Evolution der Koordinationsmechanismen

Es gibt eine allgemeine Vorstellung, wonach es letztlich wieder Wettbewerbsprozesse sind, die den konkreten Mix an Koordinationsmechanismen in einer Gesellschaft hervorbringen. Danach setzen sich solche Koordinationsformen durch, die Wettbewerbsvorteile haben. Wenn also eine Unternehmung – unter welcher konkreten Zielsetzung auch immer – Maßnahmen ergreift, die sich positiv auf die Motivation und über diesen Weg auf die Produktivität und den Gewinn auswirken, dann hat diese Unternehmung einen Wettbewerbsvorteil und verdrängt entweder andere, weniger erfolgreiche Formen oder wird von anderen imitiert. Man muss sich allerdings davor hüten voreilig zu folgern, dass der Wettbewerb stets die „beste aller denkbaren" Formen begünstigt, denn dann hätte man nicht nur Schwierigkeiten, das erst späte Entstehen von Marktwirtschaften zu verstehen. Der Wettbewerb wirkt auf der Grundlage des Regel- und Normensystems, das er selbst mitbestimmt. Ohne bestimmte Formen der Kaufmannsmoral, der Bildung und Akzeptanz ganz bestimmter Formen von Eigentumsrechten und spezifischen Formen der Disziplin kann ein Marktsystem keine komparativen Vorteile gegenüber anderen Koordinierungsformen erwerben, so leistungsfähig es auch wird, wenn diese Grundlagen gegeben sind. Es musste im Verlauf der Geschichte also eine spezielle Abfolge von Institutionen und Regeln innerhalb anderer Koordinationsformen gegeben haben, die die Herausbildung solcher Normensysteme ermöglichten, die dann das Marktsystem begünstigten – zunächst unabhängig davon, ob das Marktsystem dann die weitere Bildung

„nützlicher" Normen unterstützt oder ob es ein Erosionsproblem beim Normengerüst gibt (vgl. KUBON-GILKE 1997: Kap. 3.6).[20] Bei der Wettbewerbsthese zur Dominanz bestimmter Koordinationsformen ist auch noch zu bedenken, dass der Wettbewerb kurzfristig wirkt und unter Umständen langfristig vorteilhafte Koordinationsformen zerstört, bevor sie – z.B. nach Änderungen im Normensystem – ihre Vorteilhaftigkeit überhaupt erlangen können. In der evolutorischen Ökonomik verwendet man für solche und ähnliche Phänomene den Begriff der Pfadabhängigkeit.

2.4.4.4 Eigentum und Geld

Neben der Arbeit, die sehr deutlich in unterschiedlichen Formen koordiniert wird, zeigt sich am Eigentum und am Geld besonders deutlich die Interdependenz oder zumindest das Nebeneinander verschiedener Koordinationsformen. Beim Eigentum ist erkennbar, dass Rechte und Tauschmöglichkeiten in den verschiedenen Koordinationssystemen sehr unterschiedlich definiert sind. Während für Marktgesellschaften sehr ausgeprägte anonyme Tausch-

---

[20] Spezielle Produktions- und Organisationsformen, die selbst noch gar nicht einem reinen Marktsystem zugeordnet werden können, wie die Hanse, Gilden und Zünfte oder das Verlagssystem können solche Wirkungen auf die Verhaltens- und Sichtweisen der Menschen gehabt haben, so dass sich auf dieser Grundlage das Marktsystem und seine Institutionen bilden konnte (vgl. zu einem Überblick KUBON-GILKE 1997: 246ff.). Neben diesen normativen Aspekten wird noch ein weiterer interessanter Punkt zur Entstehung des Marktsystems diskutiert. Der Ausgangspunkt ist das mittelalterliche Feudalsystem. In diesem System spielten Märkte nur eine untergeordnete Rolle, aber es gab Markttausch und auch Geld. Bekannt sind aus dieser Zeit Berichte über die Tätigkeit fahrender Kaufleute, die HistorikerInnen teilweise eher als Abenteurer, Forschungsreisende, Ritter der Karawane und als mit Dolchen und Bestechungsgeldern bewaffnete Hasardeure charakterisieren. Ihr Handel war eine Ausnahme im Feudalsystem, dennoch aber nach der „Tand- und Flitterthese", die von SMITH (1983/1789: 338ff.) und JONES (1987) vertreten wird, ein wichtiger Auslöser einer Veränderung des Koordinationssystems. Die Händler mit ihren exotischen Angeboten aus dem nahen und dem fernen Osten weckten bei den Feudalherren Bedürfnisse (JONES setzt eher auf den Wunsch oder *Zwang*, die Frauen mit solchem Tand und Flitter zu beschenken – da wissen wir wieder, dass letztlich doch die Frauen wieder an allem Schuld tragen). Durch einfachen Raub konnten die Feudalherren nur kurzfristig diese Bedürfnisse decken, weil die Händler danach andere Routen gewählt hätten und keine weiteren Güter auf diesem Weg zu erhalten gewesen wären. In dem Befehlssystem mit Naturalabgaben hatten die Feudalherren aber andererseits zu wenig Geld, um die exotischen Güter zu erwerben, so dass sie deshalb letztlich das System änderten und nicht mehr Naturalien und Arbeit von den Abhängigen wollten, sondern eine Geldpacht einforderten. Durch die Monetisierung der vorher materiellen Leistungen an das feudale Zentrum sei der Weg zu einem umfassenderen Marktsystem freigemacht worden.

möglichkeiten des Eigentums typisch sind, gilt dies für andere Wirtschaftsformen nicht. Eigentum wird über Bündel von verschiedenen Rechten definiert. EGGERTSSON (1990: 34-35) unterscheidet dabei erstens Nutzungsrechte, zweitens Rechte, mit dem entsprechenden Gut Einkommen zu erwerben und drittens Rechte des Eigentumstransfers, im Marktsystem typischerweise durch Verkauf.[21] In einem Reziprozitätssystem ist ein Tausch, abgesehen von bestimmten rituellen Übergaben, keineswegs ein konstitutives Merkmal des Eigentums generell, d.h., Tauschvorgänge sind für viele Güter, die den Personen oder Familien als Eigentum zugeordnet sind, nicht oder nur sehr eingeschränkt möglich. Auf den Trobriand-Inseln beispielsweise besteht die Vorstellung, das Landeigentum gehe auf mythische Vorfahren zurück, was einen Verkauf des Landes im Marktsinne gänzlich unterbindet.

Es können zwei Funktionen des Eigentums unterschieden werden. Zum einen gibt es eine *Zuordnungsfunktion* des Eigentums. Diese Funktion wird in allen Koordinationsformen wahrgenommen, allerdings mit unterschiedlicher Ausprägung etwa hinsichtlich des Umfangs an Privat- und Gemeinschaftseigentum. Zum anderen ist die mit dem Eigentum verbundene *Sachherrschaft* (usus, usus fructus, abusus) von Bedeutung, die sich erst mit dem Marktsystem in der heute bekannten Form herausbildete. Weder in traditionellen Stammesgesellschaften noch in den Feudalordnungen des Mittelalters haben die Eigentumsvorstellungen eine ausgeprägte und umfassende Sachherrschaft beinhaltet. Ähnliches ist auch in den „Traditionsinseln" unseres Systems noch erkennbar, wenn es beispielsweise als moralisch verwerflich angesehen wird, von Familienmitgliedern erhaltene Geschenke zu zerstören, wegzuwerfen oder gar zu verkaufen – manch scheußliches Stück verschwindet aus diesen Gründen in hinteren Teilen von Wohnzimmerschränken und wird nur dann hervorgeholt, wenn die SchenkerIn zu Besuch kommt.

Es gibt einige AutorInnen, die die Eigentumsordnung der Marktwirtschaften mit einer ausgeprägten Sachherrschaft über das Eigentum für eine Fülle von Problemen insbesondere im ökologischen Bereich verantwortlich machen und die eine Lösung des damit verbundenen Problems einer *nachhaltigen Entwicklung* darin sehen, zu früheren Eigentumsdefinitionen zurückzukehren. BINSWANGER (1998) unterscheidet in diesem Zusammenhang zwischen den Systemen des *patrimonium* und des *dominium* und sieht Vorteile des tendenziell dem Befehlssystem und feudalen Ordnungen zugeord-

---

[21] Die Erklärung der Entstehung von Eigentumsrechten allgemein und die spezifischen Ausformungen in Abhängigkeit von der gesamten gesellschaftlichen Organisation werden sehr unterschiedlich gesehen. Vgl. KUBON-GILKE/SCHLICHT (1993) zu einem Ansatz, der auf der Theorie David HUMEs beruht und die Entstehung von Eigentumsregeln über grundlegende psychologische Dispositionen erklärt.

neten patrimonischen Eigentumsbegriffs, da er besondere Bedeutung der Erhaltung des Eigentums statt der Herrschaft über das Eigentum zumesse (viele Güter, insbesondere das Land, dürfen *ge*braucht, aber nicht *ver*braucht werden). Das System des dominiums, das für moderne Marktökonomien kennzeichnend sei und dem heutigen Verständnis von Eigentumsrechten entspreche, lasse auch den *Ver*brauch von Gütern im allgemeinen Sinne zu, was wiederum die Quelle vieler ökologischen Probleme unserer Zeit sei. Das mag im Hinblick auf die Nachhaltigkeitsdebatte ein interessanter Gedanke sein, aber eine Übertragung eines für ein Pflicht- oder Befehlssystem passenden Eigentumsbegriffes auf eine marktwirtschaftliche Ordnung ist wegen der unterschiedlichen Funktionen des Eigentums in den verschiedenen Koordinationsformen dennoch problematisch, wenn auch darauf hinzuweisen ist, dass Sachherrschaft selbst im Marktbereich nicht umfassend definiert ist. So ist das Eigentum – im Sinne der Verfügungsgewalt – am eigenen Körper begrenzt und weder Selbstversklavung noch der Verkauf von eigenen Körperorganen zulässig. Partielle Einschränkungen an der Sachherrschaft sind also auch im Marktsystem nicht völlig ausgeschlossen und begründungsfähig. Dennoch zeigt sich, dass das Ausmaß an Rechten durch Eigentum an identischen Dingen sehr unterschiedlich gesehen wird, je nachdem, in welchem Koordinationsmechanismus man sich gerade befindet. Das gilt auch innerhalb einer Gesellschaft, die von verschiedenen Koordinationsformen geprägt ist.

Besonders deutlich erkennt man die unterschiedliche Definition und Funktion eines Gutes oder einer Kategorie in verschiedenen Koordinationsmechanismen auch am Beispiel des Geldes. Eine gängige Theorie zur Geldentstehung hebt in erster Linie auf die Vorteile des Geldes für einen Markttausch ab (vgl. LEYERS 2000: Kap. 2 zu einem Überblick über die verschiedenen Ansätze). Im Markt gibt es nämlich das Problem, dass die gegenseitigen Tauschwünsche zueinanderpassen müssen. Auf unserer Beispielsinsel mit nur zwei Gütern ist das kein Problem, da man nur das eine gegen das andere Gut tauschen kann. Bei vielen Gütern wird das schon schwieriger. Wenn Agathe z.B. nicht nur gern Krimis liest, sondern auch welche schreibt und als Bühnenstücke konzipiert, hätte sie etwas, was andere vielleicht auch interessiert. Agathe hätte für das große angrenzende Grundstück zu ihrem englischen Landhaus gern einen niedlichen Esel. Buridan hat welche, die auch noch nicht angesichts des Entscheidungsproblems vor gleichwertigen attraktiven Heuhaufen hungern, sondern vor Gesundheit und Niedlichkeit strotzen. Buridan interessiert sich aber nicht für Krimis. Er hätte zu gern ein Buch über Zaubertricks für die Unterhaltung seiner FreundInnen. Dieses Buch hat wiederum Circe, die so allerhand Zauberkunststücke beherrscht – vor allem die Verwandlung von Menschen in Schweine und zurück. Mücken in Elefanten zu verwandeln klappt auch schon gut, nur die Rückverwandlung will ihr nicht gelungen – mit erstaunlichen Konsequenzen für die Elefantenpopulation auf ihrer Insel. Circe ist auf der Suche nach einem besonderen Schwert, um es in einem Zauberkasten vermeintlich durch eine AssistentIn zu bohren, die dann aber wundersamerweise gar keinen Kratzer davonträgt. Damokles hat ein solches Schwert, das er sogar ganz gerne loswerden würde. Er interessiert sich wiederum für ein Apfelbäumchen für seinen Nutzgarten. Eva betreibt eine Apfelplantage und könnte problemlos ein Bäumchen hergeben. Sie möchte für das nächste Oktoberfest gern ein fesches Dirndl. ... Naja, und so weiter. Zum Schluss kommt Zacharias. Er kann ganz wunderbar Dirndl schneidern, am liebsten macht er welche in Schweinchenrosa. Hoffen wir mal, dass er vielleicht gern Krimis liest, denn sonst müssten wir die nächste A-Z-Runde starten. Kompliziert ist die Hin- und Hertauscherei allemal, bis alle das besitzen, was sie wünschen und das hergegeben haben, was sie für den Tausch vorsahen.

Der Naturaltausch wird erschwert durch das *Problem der doppelten Koinzidenz der Bedürfnisse,* da ein einfacher Tausch nur dann möglich wird, wenn das Angebot und die Nachfrage jeweils für dieselben Güter (Zaubereibuch und Schwert z.B.) gegeben sind. Ist das nicht der Fall, können erst durch ein allgemeines Tauschmittel – Geld – Tauschvorgänge ohne lange Suchaktionen nach geeigneten Tauschpartnern oder ohne multiple Tauschvorgänge stattfinden. Wenn es ein allgemeines Tauschmittel gibt, dann kann Agathe ihre Krimis anbieten, dafür (von Zacharias) mit Geld als allgemeinem Tauschmittel bezahlt werden, zu Buridan gehen, entsprechend wieder mit Geld einen Esel bezahlen. Buridan kann sein Zaubereibuch erwerben etc. Aus der Tatsache, dass in allen arbeitsteiligen Gesellschaften Tausch stattfindet, wurde abgeleitet, dass es diese Vereinfachung des Tausches ist, durch die das Geld entstanden ist.

LEYERS (2000) zeigt jedoch überzeugend auf, dass Geld in Pflicht- und Befehlssystemen eine untergeordnete und z.T. auch eine ganz andere, etwa religiöse, Rolle spielt, so dass die Universalerklärung „Tauschvorteil" nicht haltbar ist. Sowohl in den Stammes- als auch in den Feudalgesellschaften brauchte man für die Koordinierung überwiegend kein Geld – das deutet sich auch schon durch das komplexe System an Naturalleistungen an. Geld im Marktsinne ist nicht notwendig, weil kein Problem der doppelten Koinzidenz der Wünsche besteht, da ja nicht anonym getauscht wird, sondern die Arbeitsteilung durch ein Pflichten- oder Befehlssystem anders organisiert wird.

Geld spielt natürlich in den modernen Marktwirtschaften zur Erleichterung des Tausches eine wesentliche Rolle. In anderen Koordinierungssystemen ist deren Gebrauch zum Teil problematisch, weil es entweder gar keine oder eine andere Funktion ausfüllt, aber die Abgrenzung zum Marktsystem selbst für die Funktionsfähigkeit eines anderen Koordinationssystems eine gewisse Rolle spielt. Das kann man sich wieder recht gut im Zusammenhang mit dem Traditionssystem der Familie verdeutlichen. Geldgeschenke werden zwar teilweise gemacht, aber sie müssen in irgendeiner Form von einer einfachen Geldübergabe im Vergleich zum Marktbereich unterschieden werden. Kunstvolle Verpackungen, der Kompromiss eines Gutscheins für bestimmte Leistungen u.a.m. werden verwendet, um nicht als einfallslose GeschenkegeberIn abgestempelt zu werden, die sich den Pflichten des Familien- oder Freundeskreissystems entzieht. Bei speziellen Festanlässen wie etwa Konfirmationen oder Hochzeiten wird zumindest ein konkreter Zweck einer größeren Anschaffung genannt, der dann Geldgeschenke akzeptabel macht.

Die Rechtfertigung von Geldgeschäften wird in verschiedenen Koordinationsmechanismen sehr unterschiedlich gesehen. Während in den Marktzonen moderner Ökonomien Geldgeschäfte, auch Zukunftsgeschäfte mit Zinsen, inzwischen als völlig legitim angesehen werden, ändert sich das im Familienverbund immer noch grundlegend. Kredite an Familienmitglieder zu vergeben, ist fast schon unmoralisch (eher erwartet man Geschenke und revanchiert sich mit Gegengeschenken, was aber nicht äquivalent zu einem Kreditgeschäft wahrgenommen wird), und das Verlangen eines Zinses im engen Familienkreis wird vielfach als besonders verwerflich interpretiert.[22] Die Notwendigkeit zur jeweiligen Abgrenzung zu anderen Koordinationssystemen beruht sehr stark auf psychologischen Zusammenhängen. Für Unternehmungen wurde bereits darauf hingewiesen, wie wichtig die Abgrenzung vom Markt für die Herausbildung von Motivation, Kreativität etc. ist. Nicht nur durch einfache Generosität werden diese Effekte wirksam, sondern durch ein insgesamt konsistentes Unternehmensbild, das auch darauf beruht, eine deutliche Abgrenzung von anderen Koordinationsformen zu generieren. Für das Pflichtensystem Familie gilt Ähnliches, und aus diesem Grunde werden zusätzliche Anstrengungen notwendig, um ein Marktelement wie das Geld in den Koordinationsmechanismus der Verpflichtung zu integrieren. In gewissem Maße verursachen diese Notwendigkeiten auch wiederum Koordinierungskosten, die sich aber letztlich doch zu tragen lohnen, wenn die Ausweitung des Marktsystems im Vergleich dazu mit noch höheren Koordinierungs- oder Transaktionskosten verbunden wäre.

---

[22] In dieser Sichtweise wird vielleicht auch deutlich, warum es in der Geschichte und über verschiedene Kulturen hinweg Diskussionen um das Zinsverbot gegeben hat. Wenn überwiegend nicht über Märkte koordiniert wird, dann wird die Verzinsung teilweise als unmoralisch angesehen. Versuche, Zinsen zu verbieten oder sie zumindest in solche Formen zu bringen, die dem dominanten Koordinierungssystem angemessen sind, sind die Folge.

Sobald verschiedene Instrumente der Koordination wie Eigentum oder Geld unterschiedliche Funktionen in den verschiedenen Koordinationsmechanismen haben und eventuell „Übergangsrituale" notwendig werden, die Instrumente von einem Mechanismus in den anderen zu überführen, zeigen sich bereits einige grundsätzliche Koordinierungsprobleme. Schwerwiegender wird das Problem noch, wenn ein Instrument für mehrere Koordinierungsformen essenzielle Funktionen hat, sich diese Funktionen aber widersprechen und gegenseitig Koordinierungsschwierigkeiten bereiten. Am bereits kurz angesprochenen Beispiel der Entlohnung und Möglichkeiten der Arbeitsmarktpolitik und der sozialen Sicherung wird dies an späterer Stelle noch besonders deutlich.

Grundlegende Literatur

EGGERTSSON, THRAINN (1990): Economic Behavior and Institutions. Cambridge: Cambridge University Press.

HIRSCHMAN, ALBERT O. (1993): Entwicklung, Markt und Moral. Abweichende Betrachtungen. Aus dem Amerikanischen von Joachim Milles und Hartmut Stahl. Frankfurt a.M.: Fischer.

KUBON-GILKE, GISELA (1997): Verhaltensbindung und die Evolution ökonomischer Institutionen. Marburg: Metropolis.

LEYERS, ERIC (2000): Entstehung und Grenzen des Geldwesens. Aachen: Shaker.

POLANYI, KARL (1978/1944): The Great Transformation. Politische und ökonomische Ursprünge von Gesellschaften und Wirtschaftssystemen. Übersetzt von Heinrich Jelinek. Frankfurt a.M.: Suhrkamp.

SCHLICHT, EKKEHART (1998): On Custom in the Economy. Oxford u.a.: Oxford University Press.

SCHUMPETER, JOSEPH A. (1976/1942): Capitalism, Socialism and Democracy. With a New Introduction by Tom Bottomore. New York: Harper & Row (erste Auflage 1942).

SMITH, ADAM (1983/1776): Der Wohlstand der Nationen. Herausgegeben von H.C. Recktenwald. 3. deutschsprachige Auflage. München: dtv.

3 Koordinationsmechanismus Markt

In den bisherigen Ausführungen ging es um grundsätzliche Probleme der Arbeitsteilung und Möglichkeiten zu deren Koordinierung. Das Marktsystem wurde als eines von drei idealtypischen Systemen beschrieben, das in konkreten Ausprägungen aber immer auch Elemente der Systeme Pflicht und Befehl enthält. Nachfolgend soll ein Marktsystem mit seinen Möglichkeiten und Grenzen ausführlich beschrieben werden, da dieses System derzeit in den meisten Gesellschaften vorherrschend ist und weil das Verständnis der Funktionsweise einer überwiegend anonymen Koordination über Märkte weniger leicht nachzuvollziehen ist als die Funktionsweise anderer Koordinationsformen.

Die ausführliche Behandlung – fast als Buch im Buch – ist auch deshalb unumgänglich, weil sich Produktions- und Verteilungsfragen im Marktsystem nicht trivial trennen lassen, sofern man nicht fälschlicherweise eine sehr vereinfachte idealtypische Konkurrenzwelt als Abbild der Realität ansieht. Letztlich können auch die Konsequenzen sozialpolitischer Maßnahmen und Fragen zu Gerechtigkeit und zur Überwindung von Unterversorgung und gesellschaftlicher Ausschließung nicht losgelöst vom Marktsystem und seinen Interdependenzen zu den anderen Koordinierungsformen verstanden werden. Eine der entscheidenden Fragen zur Rolle der Sozialpolitik bzw. generell zu politischen Entscheidungen lautet, welche *Wirkungen* von politischen Maßnahmen, z.B. von Unterstützungszahlungen an einkommensschwache Familien oder von Infrastrukturausgaben, genau ausgehen. Dies ist nur zu verstehen, wenn man sich die marktliche Steuerung und andere Koordinationsformen genauer anschaut und analysiert.

Wenn man z.B. danach fragt, wer NutznießerInnen einer neuen U-Bahn-Linie in einer Stadt sein werden, wird man zunächst daran denken, dass es die BahnfahrerInnen und PendlerInnen sein müssten. Nun ist jedoch eine Reihe von Preiseffekten denkbar, die ein ganz anderes Ergebnis nahe legen. So kann es beispielsweise sein, dass nun wegen der günstigen Anbindung die Wohnungen in der Nähe der Bahnhöfe besonders begehrt sind, die Nachfrage nach diesen Wohnungen also zunimmt und daraufhin die Mieten dort steigen. Dann kann der Vorteil vieler U-Bahn-NutzerInnen von den höheren Mieten aufgezehrt werden, und die VermieterInnen der bahnhofsnahen Wohnungen könnten die eigentlich Begünstigten der neuen Linie sein. Ähnlich kann man argumentieren, dass die NutznießerInnen von Mietbeihilfen unter Umständen nicht die MieterInnen, sondern die VermieterInnen sein werden. Bevorteilt sind nicht immer diejenigen, denen eine bestimmte Summe Geld oder auch Sachleistungen zur Verfügung gestellt werden. Wenn sich Angebots- und Nachfragebedingungen durch die Zahlungen oder Naturalunterstützungen verändern, werden sich Preise verändern, und durch diese Preiseffekte können sich die Wirkungen auf ganz andere Personenkreise erstrecken. Es ist nicht einmal ausgeschlossen, dass eine Maßnahme zur Begünstigung einer bestimmten Zielgruppe sogar das völlige Gegenteil erreicht, dass es nämlich dieser Gruppe schlechter als zuvor geht.

Im Wochenmagazin „Der Spiegel" vom 3. Januar 2011 (S. 21f.) ist ein konkretes Beispiel genannt, das bereits jetzt zur Veranschaulichung dienen kann. Im Februar 2009 legten Berliner Behörden fest, dass alleinstehenden HARTZ-IV-EmpfängerInnen Monatsmieten von jeweils bis zu 378,- € erstattet werden. Zuvor lag die Grenze bei 360,- €. SPD und Linke als Regierungsparteien sprachen euphorisch von einer „sozialen Wohltat". Man erhoffte sich davon nämlich, dass die schwierige Wohnsituation bedürftiger Menschen sich etwas entspannen würde, da jetzt ein etwas größerer Spielraum bei der Miete gegeben war. Was passierte tatsächlich? Im Spiegel vom 3.1.2011 steht es nett wie folgt auf der S. 21: „Wie auf ein geheimes Zeichen hin stiegen die Mieten, oft um den genauen Betrag, der durch die neue Erstattungsgrenze möglich geworden war." Es war letztlich erfreulich für die VermieterInnen von Wohnungen an HARTZ-IV-EmpfängerInnen. Für die Bedürftigen hatte sich de facto nichts geändert. Also Pustekuchen mit der sozialen Wohltat. Die Maßnahme hat die Zielgruppe gar nicht erreicht.

Um diese Zusammenhänge allgemein aufzuzeigen, muss man zunächst jedoch klären, wie ein Marktmechanismus grundsätzlich funktioniert, wie er das Koordinationsproblem unter welchen Umständen löst, um Indizien für die Preiseffekte zu bekommen, die letztlich dafür verantwortlich sind, dass bestimmte Personen von politischen Maßnahmen profitieren und andere eventuell Nachteile erleiden. Außerdem ist in diesem Zusammenhang zu klären, ob die politischen Eingriffe nicht nur Umverteilungseffekte haben, sondern ob sie auch die Lösung des im zweiten Kapitel erläuterten Koordinationsproblems erleichtern oder erschweren.

3.1 Wettbewerbsebenen

Wie es ebenfalls im 2. Kapitel schon beschrieben wurde, wird die Entwicklung und Stabilisierung des Marktsystems selbst auf einen Wettbewerb der verschiedenen Koordinationsmechanismen zurückgeführt. Danach bestimmen die komparativen, also relativen, Vorteile verschiedener Organisationssysteme deren Chancen, sich im evolutionären Prozess durchzusetzen. Diese vorgelagerte Ebene soll nachfolgend zunächst einmal ausgeblendet werden, indem in einem ersten Schritt unterstellt wird, dass sich bereits ein Marktsystem herausgebildet hat, welches auf einem Normengerüst beruht, das dem Markt in vielen Bereichen einen komparativen Vorteil gegenüber anderen Organisationsformen (Zentralsteuerung und Tradition) verschafft hat. Auch die „Inseln alternativer Koordinierung" wie Haushalte, Netzwerke oder Unternehmungen werden in diesem ersten Schritt nicht explizit in ihrer Funktionsweise in die Analyse einbezogen, so dass nachfolgend eher eine kurze Einführung in die traditionelle Mikroökonomie gegeben wird. Im ersten Schritt wird also auch davon abstrahiert, dass sich die verschiedenen Koordinationssysteme gegenseitig beeinflussen könnten. Die Ergebnisse werden dann später ergänzt durch die Analyse der Interdependenzen mit anderen Koordinationsformen, da nur so eine umfassende Beurteilung sozialpolitischer Programme möglich wird. Zunächst wird also von einem reinen Marktsystem ausgegangen und ausschließlich der Wettbewerb auf Märkten im engeren Sinne betrachtet.

3.2 Methodologische Vorbemerkungen

Die Mikroökonomik ist durch Marktmodelle gekennzeichnet, bei denen häufig auf mathematische Optimierungsmethoden und spieltheoretische Konzepte zurückgegriffen wird (vgl. z.B. KREPS 1994). Sowohl die häufig verwendete mathematische Formulierung als auch die Annahmen über menschliches Verhalten, die in die Modelle einfließen, verursachen bei NichtökonomInnen so manches Kopfzerbrechen und sind nicht immer einfach nachvollziehbar, wenn man damit beginnt, sich mit ökonomischen Fragen zu beschäftigen. Deshalb starten wir in dieses Kapitel mit einigen methodologischen Vorbemerkungen.

3.2.1 Konstante und Variable: Die isolierende Betrachtungsweise

Alle Wissenschaften haben ein grundsätzliches Problem bei der Erklärung realer Phänomene. Häufig gibt es eine Vielzahl möglicher Einflussgrößen, die eine bestimmte Entwicklung verursacht haben können. Der wirtschaftliche Erfolg oder Misserfolg einer Gesellschaft kann z.B. auf technische Entwicklungen, auf institutionelle Änderungen, Klimaveränderungen, Entwicklungen in anderen Staaten, politische Entscheidungen, Zufälle, einen neuen Unternehmergeist, bessere Außenhandelsbedingungen und vieles anderes mehr zurückgeführt werden. Alle nur denkbaren Einflussgrößen können aus Komplexitätsgründen in der Regel nicht in die Modellierung einfließen. In der ökonomischen Analyse verwendet man sogar einen eigenen Begriff dafür, bestimmte Zusammenhänge aus der Betrachtung auszuklammern. Alle Faktoren, die nicht explizit als Variable betrachtet werden, werden durch die *Ceterisparibus-Klausel* als Konstante behandelt, auch wenn sie sich tatsächlich verändern. So vorzugehen hat MARSHALL (1986/1890: xiii) sehr prägnant wie folgt als sinnvoll beschrieben:

> „The forces to be dealt with are however so numerous, that it is best to take a few at a time; and to work out a number of partial solutions as auxiliaries to our main study. Thus we begin by isolating the primary relations of supply, demand and price in regard to a particular commodity. We reduce to inaction all other forces by the phrase ‚other things being equal': we do not suppose that they are inert, but for the time we ignore their activity. This scientific device is a great deal older than science: it is the method by which, consciously or unconsciously, sensible men have dealt with from time immemorial with every difficult problem of ordinary life."

Die Konzentration auf bestimmte Zusammenhänge im Modell bei gleichzeitigem Unterdrücken aller anderen Einflussgrößen darf natürlich nicht völlig willkürlich geschehen, ohne dass man sich der Gefahr aussetzte, grobe Fehleinschätzungen zu bekommen. Wenn man etwa die Konsequenzen sozialpolitischer Programme untersucht – zum Beispiel die Wirkung von Mietbeihilfen auf die Versorgung einkommensschwacher Personen mit Wohnungen –, ohne mögliche Preis-, hier Miethöhenveränderungen einzukalkulieren, wird die Einschätzung der Wirkung der Maßnahme eine völlig andere sein als bei Berücksichtigung von Miethöhenveränderungen. Somit stellt sich die Frage nach den *Kriterien* dafür, welche Einflussgrößen betrachtet werden sollten und welche unter der Ceteris-paribus-Klausel konstant gelassen werden können. Grundsätzlich gilt, dass diejenigen Faktoren, welche die untersuchten Beziehungen nicht *wesentlich* beeinflussen und von den untersuchten Prozessen auch selbst nicht wesentlich beeinflusst werden, als konstante Größen (Daten) unterstellt werden können. Wenn man die Ceteris-paribus-Klausel rein hypothetisch verwendet, ist es auch vertretbar, real wichtige Einflussfaktoren zunächst konstant zu halten, um die Wirkung anderer Größen besser zu verstehen. Das Modell der vollständigen Konkurrenz und eines perfekt funktionierenden Marktsystems kann in mancherlei Hinsicht in diesem Sinne verstanden werden.

Wenn es aber nicht nur um solche Referenzkonstrukte geht, muss die Trennung der Variablen von den Konstanten nach inhaltlichen Gesichtspunkten vorgenommen werden. Das *Isolationsprinzip* (vgl. SCHLICHT 1985: 19-21) ist dafür hilfreich. Es verlangt, solche Einflussgrößen vereinfachend als Konstante zu behandeln, die im Hinblick auf den zu erklärenden Prozess als hinreichend stabil angenommen werden können, so dass die tatsächlichen Änderungen dieser Größen die im Modell betrachteten Zusammenhänge nicht überlagern oder zerstören. Dieses grundlegende Prinzip der Modellierung hat zwei Ausprägungen. Zum einen geht es um eine *temporale* und zum anderen um eine *kausale* Isolation.

Mit dem zeitlichen Aspekt des Isolationsprinzips wird verlangt, dass die Anpassung der Variablen an die von den Konstanten beschriebene Konstellation hinreichend schnell erfolgt, so dass im Modell von Datenänderungen abstrahiert werden kann. Mit anderen Worten: Die Daten müssen sich langsam im Vergleich zu den Variablen ändern. Bei der gängigen Marktanalyse geht man etwa davon aus, dass die Präferenzen und Vorlieben der Menschen nach bestimmten Gütern relativ stabil sind und sich Preise z.B. in der Regel schneller anpassen als sich die KonsumentInnenwünsche ändern, so dass man zunächst von der Wirkung von Präferenzänderungen absehen und sich auf die Wirkung des Preismechanismus konzentrieren kann. In diesem Sinne werden die Preise als Variable und die KonsumentInnenwünsche als Konstante behandelt. Würde man eine längerfristige Marktanalyse durchführen oder systematische Präferenzänderungen vermuten, müssten die Veränderungen der Konsumpräferenzen in das Modell mit der etwas anders gelagerten Fragestellung als Variable eingehen.

Bei der kausalen Isolation geht es um die Rückwirkungen der Variablen auf die Daten. Diese Rückwirkungen müssen hinreichend schwach sein, damit man die zu Daten erklärten Einflussgrößen tatsächlich vereinfachend als konstant ansehen kann.

3.2.2 Nutzen- und Gewinnmaximierung

Auf Märkten und natürlich auch in allen anderen Koordinationsformen agieren Menschen. Sie stellen Güter her, tauschen, konsumieren usw. Bei der Frage, welche Annahmen man in ökonomischen Modellen über menschliches Verhalten treffen kann, spielt das Isolationsprinzip ebenfalls eine wichtige Rolle. Dazu kommen aber noch einige andere methodologische Überlegungen, die sich mit der Frage beschäftigen, inwieweit Modellannahmen „realistisch" sein müssen. Wenn man Lehrbücher zur Ökonomik liest, wird oft ohne viel Federlesens davon gesprochen, dass sich die Menschen nach dem *ökonomischen Prinzip* richteten, dass Unternehmungen an möglichst hohen Gewinnen interessiert seien und Individuen allgemein nach einer Maximierung ihres Nutzens strebten. Dabei werden diesen Individuen stabile Präferenzen unterstellt, und es wird die Annahme getroffen, dass die Menschen „rational" ihre Ziele verfolgen, also i.d.R. richtige Entscheidungen treffen, um ihre Ziele zu erreichen.

Diese Annahmen über Ziele von Personen oder Unternehmungen sowie über die Wege der Zielerreichung haben jedoch nur bedingt etwas mit psychologischen Vorstellungen über menschliches Verhalten zu tun.[23] Eine der wichtigsten Begründungen für diese einfache Annahme bezieht sich auf völlig andere Zusammenhänge. Danach wird die Nutzen- und Gewinnmaximierungshypothese in einem als-ob-Sinne verstanden, als eine nützliche und einfache Konstruktion, die hilft, reale Marktphänomene in geeigneter Weise abstrakt zu erfassen. Es wird durchaus zugestanden, dass das individuelle Verhalten aus den verschiedensten Motiven heraus entstehen und durch vielerlei Heuristiken und unbewusste Impulse geleitet sein kann, dass man es aber für ökonomische Fragen letztlich gar nicht genau wissen muss, welche Gründe für einzelne Menschen handlungsleitend sind. Das Ziel besteht darin, die Ergebnisse von Wettbewerbsprozessen nachzuzeichnen und zu verstehen. HAYEK (1972: 27) betont, dass sich die ökonomische Analyse auf die Beschreibung von *Mustern* konzentriert und dass die Mustererklärung auf *allgemeinen* Annahmen beruht und nicht auf der Kenntnis spezieller Umstände.

Für die Gewinnmaximierungshypothese wird wie folgt argumentiert: Wenn Unternehmungen auf Wettbewerbsmärkten agieren, werden sich die erfolgreichen behaupten, die anderen scheiden aus dem Markt aus oder ändern ihre Verhaltensweisen und imitieren die erfolgreichen. Letztlich werden solche Unternehmungen am Markt bestehen, die Gewinne erzielen. Dieses Marktergebnis dient zur Rechtfertigung der Annahme, dass die am Markt agierenden Unternehmungen sich so verhalten, *als ob* sie von vornherein dieses Ziel der Gewinnerzielung gehabt hätten. Auch bei anderen Marktakteuren als den Unternehmungen wird ähnlich argumentiert, indem darauf hingewiesen wird, dass die von den Individuen verwendeten Verhaltensregeln sich offensichtlich am Markt als erfolgreich erwiesen hätten; d.h.,

---

[23] Dennoch wird teilweise als Rechtfertigung der Annahme unterstellt, sie sei ein Abbild der „wahren" Psychologie des Menschen. Einige TheoretikerInnen verweisen auch darauf, die Rationalitätsannahme sei eine Art Stresstest für Modelle. Dabei wird eigennutzorientiertes, rationales Verhalten als eine Art *worst case* verstanden. Wenn für die Extremannahme eine vernünftige Lösung gefunden werden kann, dann – so das Argument – hat man eine robuste Entscheidungsgrundlage. GÜTH/KLIEMT (2011b) zeigen jedoch überzeugend in einer Gesamtschau aller Rechtfertigungen der Rationalitätsannahme, dass diese Begründungen für sich genommen nicht tragfähig sind. Sie verweisen ebenso auf Isolationsgesichtspunkte als plausible Grundlage zur Festlegung von Verhaltensannahmen in ökonomischen Modellen.

die Ergebnisse ähnelten hinreichend stark denjenigen, die man bei tatsächlicher Nutzenmaximierung der Individuen beobachten könnte. ALCHIAN (1950) zeigt, dass man für sehr unterschiedliche tatsächliche Verhaltensregelmäßigkeiten (beispielsweise träges oder zufälliges Verhalten) im Wettbewerb identische Ergebnisse im Vergleich zu nutzenmaximierendem Verhalten erhält, so dass man seiner Ansicht nach die unterschiedlichen Verhaltensdispositionen der Menschen nicht explizit berücksichtigen müsse. Für die Modellierung bedeutete das, dass über die Optimierung von Gewinn- bzw. Nutzenfunktionen das Marktgeschehen erklärt wird, ohne dass eine bewusste Maximierung durch die Menschen zu Grunde liegen muss.

Die Verwendung solch stark vereinfachter Annahmen über menschliches Verhalten hat allerdings deutliche Grenzen. So muss der Wettbewerb tatsächlich so beschaffen sein, dass z.B. solche Unternehmungen, die Gewinne erwirtschaften, langfristig bestehen können. Nicht für jede Form des Wettbewerbs muss sich die Annahme der Gewinn- oder Nutzenmaximierung als sinnvoll erweisen, sofern der Wettbewerbsmechanismus anders als vielleicht bei einem idealtypischen Gütermarkt beschaffen ist und nach anderen Kriterien selektiert. Für die Analyse der bereits angesprochenen vorgelagerten Wettbewerbsebenen bei der Herausbildung bestimmter Koordinationsformen auf der Grundlage von Normen- und Wertsystemen können deshalb andere Wettbewerbsformen und -mechanismen auch andere *als-ob*-Annahmen rechtfertigen bzw. sogar notwendig machen.

Darüber hinaus gibt es unter Umständen ein Problem bei der Unterstellung *konstanter* Präferenzen und der darauf aufbauenden Vorstellung der Nutzenmaximierung. Es gibt theoretisch relevante Zusammenhänge, für die diese Annahme aus Isolationsgesichtspunkten durchaus sinnvoll sein kann. Das gilt für alle ökonomischen Fragestellungen, bei denen man erwarten kann, dass sich die Präferenzen nur langsam ändern und von dem untersuchten Prozess selbst nicht wesentlich beeinflusst werden. Sobald jedoch ökonomische Probleme angesprochen sind, bei denen entweder langfristige Entwicklungen analysiert werden sollen oder systematische Rückwirkungen auf die Präferenzen zu erwarten sind, müssen die Verhaltensannahmen kritisch überprüft werden. Für unsere Fragestellungen wird das dann besonders relevant, wenn es um institutionelle Fragen geht und um den Wechsel von einer zu einer anderen Koordinationsform, z.B. von einem Markt- in ein Pflichtsystem.

Es ist in vielen Fällen nicht neutral hinsichtlich der Wünsche, Vorlieben und Präferenzen, ob man in einer Unternehmung arbeitet oder seine Leistungen unmittelbar über den Preismechanismus anbietet. Für solche ökonomische Fragen ist eine psychologische Fundierung notwendig, weil man im Einzelfall klären muss, welche Präferenz- und Motivationswirkungen erwartet werden können und mit welchen vereinfachten Annahmen das Isolationsprinzip nicht verletzt wird.[24] Die Ausgangsfrage, ob Verhaltensannahmen „realistisch" sein müssen, lässt sich letztlich so beantworten, dass die jeweiligen Annahmen nicht unbedingt realistisch im Sinne tatsächlicher Verhaltensdispositionen von Menschen sein müssen, aber die Verwendung bestimmter Vereinfachungen muss auf der Grundlage psychologischer Erkenntnisse einerseits und Vorstellungen über konkrete Wettbewerbsmechanismen andererseits erfolgen. Eine „blinde" Verwendung der Nutzenmaximierungshypothese und der Annahme konstanter Präferenzen kann den Blick für wesentliche Zusammenhänge verdecken und ist aus Isolationsgesichtspunkten auch nicht tragfähig. Für die nachfolgenden Ausführungen führt das jedoch dazu, dass bei unterschiedlichen Fragen z.T. verschiedene Verhaltensannahmen verwendet werden, was auf den ersten Blick vielleicht verwirrend und inkonsistent wirkt, aber vor dem Hintergrund des Isolationsprinzips verständlich wird.

3.3 Marktformenüberblick

Bei der Frage nach der Leistungsfähigkeit des Marktwettbewerbs zur Lösung des Koordinationsproblems kommt es bei der Betrachtung einzelner Märkte u.a. auf die Anzahl der MarktteilnehmerInnen und auf die Existenz einiger grundlegender Koordinierungsprobleme an. Da es eher Verwirrung schafft, wenn man beide Problemklassen gleichzeitig behandelt, werden diese speziellen Koordinierungsschwierigkeiten, die in der Literatur häufig unter dem Stichwort „Marktversagen" diskutiert werden und die im Zusammenhang mit der Frage nach der Bildung von Unternehmungen im Markt bereits kurz angesprochen wurden, zunächst außer Acht gelassen. In einem ersten Schritt soll eine Art *Ideal-* oder *Referenzmodell* präsentiert werden, an dem im Anschluss durch Vergleich die konkreten Koordinierungsprobleme genauer analysiert werden können. Wir beginnen mit der Betrachtung jeweils nur eines isolierten Marktes (Partialanalyse), wobei die Preise aller anderen Güter unter der Ceteris-paribus-Klausel konstant gehalten werden. Erst in einer erweiterten Betrachtung wird in einer Totalanalyse ein komplettes Marktsystem betrachtet. Danach werden eine Reihe spezieller Koordinierungsprobleme des Marktes angesprochen und im letzten Schritt der Wettbewerb verschiedener Koordinationsformen und die Konsequenz für das gesamte Problem der Organisation der Arbeitsteilung diskutiert.

---

[24] Zu einem Überblick zu Fragen der psychologischen Fundierung der ökonomischen Analyse vgl. KUBON-GILKE 1997: Kap. 4.

Bei der nachfolgenden Darstellung von Modellen zur Marktkoordination werden sowohl verbale, grafische als auch teilweise mathematische Erläuterungen gegeben. Alle Argumente können durch die verbalen und grafischen Erklärungen allein verstanden werden, die einfache mathematische Ergänzung präzisiert aber einige Zusammenhänge bzw. kann einige langwierige Erläuterungen abkürzen und wird deshalb nicht komplett aus der Betrachtung ausgeschlossen.

Je nach Zahl der MarktteilnehmerInnen auf der Nachfrage- und der Angebotsseite werden verschiedene Marktformen unterschieden. Im folgenden Schema (morphologisches Marktformenschema) sind die wichtigsten Marktformen aufgeführt:

Schema 1: Morphologisches Marktformenschema

| | | NachfragerInnen | | |
		viele	wenige	eine/r
AnbieterInnen	viele	Polypol	Oligopson	Monopson
	wenige	Oligopol	Bilaterales Oligopol	Beschränktes Monopson
	eine/r	Monopol	Beschränktes Monopol	Bilaterales Monopol

Als Referenzmodell eines Partialmarktes soll zunächst das Polypol ausführlicher behandelt werden, ohne dass diese Form etwa als eine besonders realistische oder häufig vorkommende Marktform charakterisiert werden könnte. Viele KritikerInnen der gängigen Ökonomik sind sogar der Meinung, dass das Polypolmodell als viel zu mechanistisches Abbild von Marktprozessen wenig aussagekräftig ist, aber die methodologischen Anmerkungen der letzten Abschnitte sollten deutlich machen, dass dieses Modell als Referenzpunkt dennoch einen analytischen Wert hat. Nach dem Polypol werden die Marktformen des Monopols und des Oligopols betrachtet und mit der fiktivperfekten Konkurrenzlösung verglichen.

3.4 Vollständige Konkurrenz

Das Polypol mit „vielen" AnbieterInnen und NachfragerInnen wird auch als vollständige Konkurrenz charakterisiert, sofern noch einige weitere Bedingungen erfüllt sind, wie z.B. Homogenität der Produkte (d.h. alle auf dem Markt gehandelten Güter sind aus Sicht der MarktteilnehmerInnen qualitativ gleichartig) sowie das Fehlen spezifischer Präferenzen, die andere Dinge als die betrachteten Marktgüter selbst betreffen (besonders nette oder auch unfreundliche VerkäuferInnen, die die Kaufentscheidung beeinflussen etc.). Solche Präferenzen können natürlich prinzipiell in die Marktanalyse mit eingehen. Davon wird zunächst jedoch abgesehen. Nachfolgend werden zentrale Konzepte des Marktmodells – Angebot und Nachfrage – erläutert, anschließend der Marktmechanismus und die Effizienz der Lösung im Marktsystem der vollständigen Konkurrenz beschrieben.

3.4.1 Produktion, Kosten, Grenzkosten und das Marktangebot

Als AnbieterInnen treten auf Gütermärkten in der Regel Unternehmungen auf. Deshalb spricht man bei der Erklärung von Angebotsentscheidungen auch von der Theorie der Unternehmung. In diesem Theorieansatz wird jedoch dem Innenleben der Unternehmung als alternativem Koordinationssystem erst einmal überhaupt keine Beachtung geschenkt. Stattdessen wird die Unternehmung allein über ihre Produktionsmöglichkeiten beschrieben und in diesem Sinne als *black box* behandelt. Es geht also nicht um die Struktur und die konkreten Ausgestaltungen von Unternehmungen, sondern nur um ihre Beziehungen zu Märkten.

Die Kennzeichnung der Produktions- und Kostentheorie als Unternehmungstheorie ist sicherlich nicht ganz unproblematisch, weil es in einem perfekten Marktsystem eigentlich gar keiner Unternehmungen bedarf. Man kann dies vielleicht so verstehen, dass entweder nur Begriffe aus realen ökonomischen Welten verwendet werden, auch wenn man eine fiktive Referenzwelt beschreibt, oder man kann einer Interpretation folgen, nach der sich die Betrachtung in dieser Theorie auf die Sphären der Marktkoordination beschränkt und man die alternativen Koordinierungsformen – wie Unternehmungen als Pflicht- oder Befehlssysteme – als gegeben hinnimmt und ausschließlich ihr Wirken auf Märkten analysiert. Dabei ist noch einmal darauf hinzuweisen, dass diese Sichtweise Interdependenzen zwischen der unternehmensinternen Koordination und der Marktkoordination nicht berücksichtigt.

Im Zusammenhang mit Fragen der Arbeitsteilung wurden Begriffe wie Produktion oder Herstellung zwar bereits verwendet, aber es blieb noch im Bereich des Alltagsverständnisses, welche Tätigkeiten mit dem Begriff der Produktion genau gemeint sind. Der Produktionsbegriff wird in der ökonomischen Literatur auch nicht ganz einheitlich verwendet. FRANK (1994: 311ff.) sieht jede Tätigkeit als Produktion an, die dazu dient, gegenwärtigen oder zukünftigen Nutzen zu stiften. Welche Tätigkeiten könnten das sein? Die Herstellung von typischen Konsumgütern wie Gummibärchen, Grünkernbratlingmischungen, Comics, Tweed-Kostümen oder Fahrrädern gehört sicherlich dazu, auch einen Witz zu erzählen, ein Atomkraftwerk zu bauen oder ein Buch über Volkswirtschaftslehre zu publizieren. Ein schönes Pasta-Gericht zubereiten, Fische fangen oder Früchte pflücken: Alle diese Vorgänge wären Produktionsprozesse in FRANKschen Sinne. Wie aber sind Vorbereitungen zu einem Gesellschaftsspiel wie der Aufbau eines Trivial-Pursuit-Spiels zu sehen, wie ist es mit der täglichen Nordic-Walking-Runde und den regelmäßigen Yoga-Übungen bestellt? Alles erhöht den Nutzen – jetzt oder später. Die Abgrenzung zum reinen Konsum von Gütern ist in dieser sehr umfassenden Definition nicht immer ganz leicht. Um es auf die Spitze zu treiben: Was ist, wenn man sich kratzt, falls einem die Haut juckt? Ist sogar auch das ein Produktionsprozess? Schließlich stiftet es ja Nutzen, wenn der lästige Juckreiz weg ist.

In einer etwas engeren Vorstellung wird als Produktion ein Prozess beschrieben, bei dem ein Output bzw. Gut mit Hilfe verschiedener Inputs erstellt wird. Die Inputs bezeichnet man auch als Produktionsfaktoren. Bei der Produktion des Gutes Gummibärchen etwa benötigt man als Inputs Arbeit, Vorprodukte wie Gelatine, Zucker, Farbstoffe, außerdem Maschinen, Gebäude, Energie etc. Ganz schematisch und extrem vereinfachend wird ein solcher Produktionsprozess wie folgt skizziert:

Die Struktur der Unternehmung und deren innere Abläufe bleiben, wie erwähnt, ja erst einmal unberücksichtigt. Ganz salopp gesprochen ist es so, als hätte dieser Theoriezweig die Sendung mit der Maus verpasst, bei der die genaue Herstellung von Gummibärchen und anderen Gütern erklärt wird. Hier interessiert nur, dass aus Inputs in einem firmeninternen Transformations- und Produktionsprozess Outputs entstehen.

Da man die innere Organisation von Unternehmungen und den genauen Produktions*prozess* zunächst aus der Betrachtung ausklammert, werden unternehmerische Entscheidungen in salopper Beschreibung häufig personifiziert, in dem unterstellt wird, *eine UnternehmerIn* treffe die Entscheidungen und agiere als AnbieterIn auf Märkten. Dieser Vorgehensweise wird hier teilweise in den Beispielen gefolgt, auch wenn das natürlich nicht den Realitäten entspricht, wenn man bedenkt, welche typischen Rechtsformen von Unternehmungen es gibt und wie z.B. in *juristischen Personen* wie etwa Aktiengesellschaften Entscheidungen getroffen werden. Diese Verkürzung sollte man sich bei den nachfolgenden Beispielen zumindest vergegenwärtigen.

Die Produktionsmöglichkeiten werden zur weiteren Analyse in Form von Produktionsfunktionen dargestellt. Eine solche Funktion beschreibt bei gegebenen technischen Möglichkeiten sämtliche *technisch effizienten* Beziehungen zwischen den Inputs und dem Output. Nehmen wir zum Beispiel an, wir betrachten die Produktionstätigkeit des Kochens und die Erstellung von warmen Abendmahlzeiten. Dazu benötigt man Arbeitszeit und eine geeignete Ausstattung wie Herd, Küchenmaschinen, Geschirr (zusammengefasst: Kapital). Außerdem wird man ohne Vorprodukte nicht weit kommen beim Kochen, also wird ohne Gewürze, Gemüse, Salat, Fleisch oder Nudeln etc. kaum etwas Gescheites auf den Tisch kommen können, selbst wenn man eine perfekt ausgestattete Küche und auch viel Zeit für das Kochen zur Verfügung hat. Technische Effizienz bedeutet nun, dass eine bestimmte Produktionsmenge und -qualität nicht durch eine geringere Inputmenge als die durch die Produktionsfunktion beschriebene hergestellt werden kann.

Angenommen, unser Blick in den Kühlschrank und in die Kellerregale zeigt uns erfreuliche Vorratsmengen. Wir überlegen uns, diese Vorräte zur Zubereitung von leckeren Gerichten zu verwenden. Die Vorräte reichten im Prinzip für eine recht lange Zeit, wir müssen für das Kochen jedoch Arbeitszeit und die Wunderküchenmaschine „Wasch-Schneid-Rühr-Knet-Hobel-Hack-Dünst-Brat-Koch-Garnier-Mix-Fix", kurz Mixfix, einsetzen. Das Interessante am Mixfix ist u.a., dass er einige seiner Funktionen auch ausüben kann, ohne dass er dabei von Arbeitskräften unterstützt oder überwacht werden muss. Je nachdem, wie viele Arbeitsstunden eingesetzt werden können und wie lange wir den Mixfix zur Verfügung haben, können wir viele oder nur wenige Gerichte zubereiten. Ganz ohne den Einsatz des Mixfix kommt man wegen der sonst eher erbärmlichen Küchenausstattung nicht aus. Auch gänzlich ohne Arbeit kann kein Menü entstehen, aber in Grenzen können beide Einsatzfaktoren gegeneinander ausgetauscht werden. Je mehr Stunden der Mixfix läuft, desto weniger Arbeitszeit braucht man für die Menüvorbereitung. Hat man den Mixfix nur für eine geringe Zeit zur Verfügung, braucht man entsprechend lange Zeit für das Waschen, Schneiden, Rühren, Kneten, Hobeln, Hacken, Braten, Kochen, Dünsten, Garnieren und Mixen per Hand. In dem folgenden Tabellenauszug haben wir für einige Kombinationen von

Arbeit und Mixfix (Kapital) die maximalen Produktionsmöglichkeiten aufgeschrieben. Notiert ist jeweils die Anzahl der Menüs, die wir bei unterschiedlichen Mengen und Kombinationen von Arbeit und Mixfixeinsatz pro Woche *höchstens* herstellen können.

		Arbeit (in Stunden pro Woche)				
		1	2	3	4	5
Mixfix (in Stunden pro Woche)	1	1	2	3	4	5
	2	2	4	6	8	10
	3	3	6	9	12	15
	4	4	8	12	16	20
	5	5	10	15	20	25

Wenn wir die Gelegenheit haben, den Mixfix 3 Stunden pro Woche zu nutzen und 4 Arbeitsstunden pro Woche einsetzen, ist es nach der Tabelle möglich, maximal 12 Abendessen zu produzieren. Ebenfalls 12 Menüs bekommen wir bei 3 Arbeitsstunden und 4 Stunden Mixfixeinsatz pro Woche (Mixfix kann bekanntlich auch allein arbeiten). Mit nur einer Arbeitsstunde können bei 4 Mixfixstunden immerhin noch 4 Essen pro Woche entstehen. Die zugehörige Produktionsfunktion zu den in dem Tabellenauszug angegebenen maximalen Produktionsmöglichkeiten lautet $x = M \cdot A$ (mit x: Produktionsmenge, M: Kapital (Mixfix), A: Arbeit).

Es wurde bereits erwähnt, dass technische Effizienz dann gegeben ist, wenn es nicht gelingt, mit den gleichen Inputmengen einen höheren Output zu erzielen. Grundsätzlich ist es möglich, die durch die Produktionsfunktion beschriebenen Mengen, aber auch weniger, herzustellen. Wird jedoch unterstellt, dass es sich Unternehmungen im Wettbewerb auf Dauer gar nicht leisten können, verschwenderisch zu produzieren, also mit einer bestimmten Inputmenge weniger als maximal möglich herzustellen, dann werden sie technisch effizient produzieren, so dass man sich zumindest bei der Produktion für Märkte auf die Betrachtung der oberen Produktionsgrenzen beschränken kann.

Wenn man nur die veränderten Produktionsmöglichkeiten analysiert, die sich auf der Grundlage der Veränderung von Einsatzmengen eines einzigen Inputs ergeben, spricht man von *partieller Faktorvariation*. Im Beispiel der Vorbereitung von Menüs nehmen wir an, wir hätten die Gelegenheit, den Mixfix für 4 Stunden in der Woche zu nutzen. Je nach dem Arbeitseinsatz können wir die Produktionsmöglichkeiten skizzieren, hier für die erwähnte Kapitalausstattung für 4 Wochenstunden (also x = 4A):

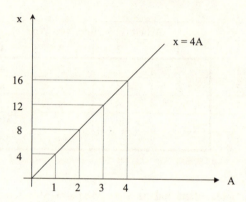

Abb. 3.1: Konstante Ertragszuwächse

Denkbar wäre in einem etwas abgewandelten Beispiel auch, dass bei dem vermehrten Einsatz von Arbeit zunächst Spezialisierungsvorteile auftreten, wenn mehr als eine Person in der Küche arbeitet. Bei höheren Produktionsmengen können sich zudem Zeitersparnisse ergeben durch ausdauerndere Teiltätigkeiten und nicht zu häufige Wechsel zwischen einzelnen Arbeitsgängen in der Küche. Wenn es solche Vorteile gibt, dann kann eine Erhöhung der wöchentlichen Arbeitszeit zu einer überproportionalen Produktionssteigerung führen. Das lässt sich jedoch in unserem Beispiel sicher nicht beliebig fortführen, denn irgendwann werden sich die vielen HelferInnen in der Küche gegenseitig bei der Arbeit behindern und sich um den Mixfix streiten, so dass ab einer bestimmten Produktionsmenge der Einsatz von noch mehr Arbeit bei konstantem Kapitaleinsatz nur noch unterproportional die Produktion steigert oder gar keinen Produktionszuwachs mehr erbringt. Je nach Produkt, Technik, Organisation etc. kann es letztlich sehr unterschiedliche Verläufe von Produktionsfunktionen geben.

Das folgende Beispiel zeigt abnehmende Produktionszuwächse bei der Herstellung eines Gutes X (Menge: x) durch den Input q. Wenn die Inputmenge q erhöht wird, dann steigt die Produktionsmenge zwar an, jedoch unterproportional, da die anderen, nicht variierbaren Inputs eine stärkere Produktionserhöhung nicht zulassen.

Abb. 3.2: Sinkende Grenzerträge

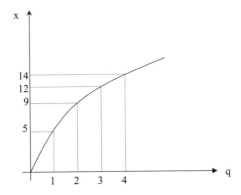

Von *totaler Faktorvariation* spricht man, wenn gleichzeitig mehrere, im Extremfall alle Inputs verändert werden. Welche Betrachtung – partielle oder totale Faktorvariation – man wählt, ist u.a. von der Zeitperspektive abhängig. Kurzfristig können nur wenige Inputs variiert werden. Je langfristiger die Perspektive ist, desto mehr variable Faktoren müssen in die Betrachtung eingehen. Hätte man zwei variable Inputs zur Herstellung eines Gutes, dann könnte man die Produktionsfunktion dreidimensional darstellen, also als ein „Produktionsgebirge" mit drei Achsen (Output x, Input 1, Input 2). Um die Analyse grafisch einfacher zu machen, skizziert man die Produktionsmöglichkeiten häufig nur in einer zweidimensionalen Darstellung mit den beiden Produktionsfaktoren an den Achsen.

Als *Isoquanten* bezeichnet man dabei alle Kombinationen der beiden Produktionsfaktoren, mit denen jeweils dieselbe Outputmenge hergestellt werden kann. Betrachten wir in diesem Zusammenhang wieder unser einfaches Kochbeispiel und die dazu angegebene Tabelle mit den Produktionsmöglichkeiten. 12 Menüs pro Woche können fertiggestellt werden, wenn mit 3 wöchentlichen Arbeitsstunden und 4 Mixfixeinsatzstunden lang in der Küche gearbeitet wird. 4 Arbeitsstunden und 3 Mixfixstunden pro Woche ergeben ebenfalls 12 Menüs. Würde man die Tabelle weiterführen und in einem größeren Bereich die Beziehung weiterhin durch $x = A \cdot M$ beschrieben sein, wäre die Produktion von $x = 12$ auch möglich mit einer Stunde Arbeit und 12 Stunden Mixfixeinsatz oder mit 2 Arbeits- und 6 Mixfixstunden etc. An den Isoquanten notiert man die jeweilige Produktionsmenge. Je weiter außen eine Isoquante liegt, desto höher ist die Produktionsmenge. Wollten wir z.B. 24 Menüs in der Woche kochen, dann müssten wir bei 4 Arbeitsstunden schon 6 Mixfixstunden einsetzen. Bei drei Arbeitsstunden können die 24 Abendessen nur die

Küche verlassen, wenn 8 Stunden lang pro Woche der Mixfix in der Küche rotiert.

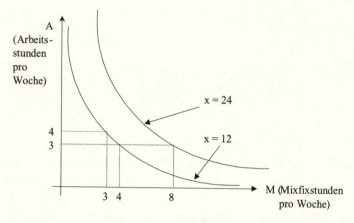

Abb. 3.3: Isoquantendarstellung der Produktionsfunktion

Es gibt auch andere Produktionsprozesse, bei denen die Faktoren nur in einem bestimmten Einsatzverhältnis sinnvoll verwendet und nicht gegeneinander ausgetauscht werden können. Wenn der Mixfix nicht allein arbeiten und auch nur von jeweils genau einer Person bedient werden könnte, die ohne das Wundergerät in der Küche völlig hilflos und unproduktiv wäre, wäre ein solcher Fall gegeben. In einem solchen Extremfall spricht man von einer *limitationalen Produktionsfunktion*. Die Isoquanten für eine solche Technik sind in der folgenden Abbildung auf der rechten Seite skizziert. Ein einseitiges Abweichen durch Veränderung einer Faktormenge im Vergleich zum technisch vorgegebenen Verhältnis der Inputs kann keine Produktionserhöhung herbeiführen. Auch bei der Frage nach der Limitationalität der Produktion spielt die Zeitperspektive eine gewisse Rolle, da kurzfristig an den Einsatzverhältnissen im Herstellungsprozess wenig geändert werden kann, langfristig aber verschiedene Produktionsverfahren zur Verfügung stehen, die mit unterschiedlichen Faktoreinsatzverhältnissen verbunden sind. Im anderen Extremfall, der in der nachfolgenden Grafik links skizziert ist, können die Faktoren vollständig gegeneinander ausgetauscht werden, und die Produktionsmenge ist nur davon abhängig, welche Faktorsumme eingesetzt wird. Diese Möglichkeiten der *vollständigen technischen Substitution* wären z.B. gegeben, wenn wir die Produktion von handgeschriebenen Briefen und die Inputs „Füllfederhalter" (F) und „Kugelschreiber" (KS) betrachten, die vollständig gegeneinander substituiert werden können.

Abb. 3.4: *Vollständige Substituierbarkeit und Limitationalität*

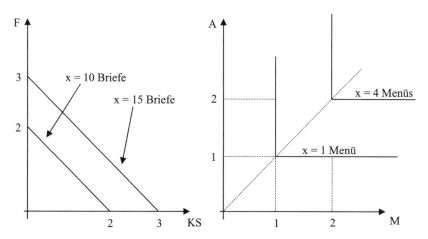

Wenn mehr als ein Faktor variiert werden kann und sich die Produktion zumindest durch partielle Substitutionsmöglichkeiten auszeichnet, stellt sich die Frage, welche Kombination der Inputs gewählt werden sollte, um eine bestimmte Menge herzustellen. Auch hier kann wieder argumentiert werden, dass sich die Unternehmungen in Wettbewerbssituationen nach dem Wirtschaftlichkeitsprinzip verhalten müssen, um sich am Markt zu behaupten. In dem Fall kann unterstellt werden, ihr Ziel bestehe darin, eine gegebene Produktionsmenge mit den geringsten Kosten herzustellen. Auch für die weitere Betrachtung des Beispiels heißt das, dass die nachstehenden Kalküle nicht tatsächlich so durchgeführt werden müssen, sondern dass die Wettbewerbssituation Verhaltensweisen erzeugt, die von einer Art sind, *als ob* tatsächlich die nachfolgenden Überlegungen zur Kostenminimierung bzw. Gewinnmaximierung angestellt worden wären.

In Weiterführung des ursprünglichen Beispiels sei unterstellt, dass wir unsere Begabung, köstliche Gerichte zu kochen, jetzt auch kommerziell nutzen wollen. Wir machen uns mit einem Partyservice selbstständig und müssen dazu sowohl einen Mixfix stundenweise mieten als auch Arbeit einsetzen. Das können wir tun, indem wir selbst arbeiten und auf alternative Beschäftigungen verzichten, oder wir stellen KüchenhelferInnen ein, denen wir einen Lohn zahlen. Eine Küche haben wir zur Verfügung, auch die Lebensmittel bekommen wir dank einer großzügigen Unterstützung unserer bäuerlichen Verwandtschaft stets kostenlos in ausreichenden Mengen und vorzüglicher Qualität.

Unser erster Auftrag lautet, für eine Party mit 18 Personen die Bewirtung zu übernehmen. Der Partyservicemarkt ist durch starke Konkurrenz gekennzeichnet, so dass wir gewinnorientiert handeln müssen, um Fuß fassen zu können. Also geht es jetzt erst einmal darum, eine Produktionsmenge von x = 18 in vordefinierter Qualität zu den geringsten Kosten herzustellen. Die Faktorpreise seien r_1 und r_2. Dabei ist r_1 der Lohn (40,- € pro Arbeitsstunde einer KöchIn bzw. unser eigener Lohn pro Stunde, auf den wir verzichten müssen, um das Kochen zu übernehmen) und r_2 ist der Mietpreis pro Mixfixstunde (80,- €).

In der nachfolgenden Grafik ist zum einen die Isoquante für x = 18 skizziert. Zum anderen müssen die Kosten berücksichtigt werden. Dazu werden sogenannte *Isokostengeraden* konstruiert, indem jeweils eine bestimmte Kostensumme vorgegeben und gefragt wird, welche Inputmengen wir dafür maximal erwerben können. Für 800,- € beispielsweise könnten wir uns höchstens 20 Arbeitsstunden leisten, wenn wir gleichzeitig auf den Mixfix komplett verzichteten, oder maximal 10 Mixfixstunden, wobei dann aber kein Geld mehr für die Arbeit übrig ist. Für die Produktion benötigen wir jedoch beide Faktoren. Wenn wir 16 Arbeitsstunden wählen, kostet dies 640,- €, wir haben noch 160,- € übrig und könnten uns für zwei Stunden den Mixfix leihen. Damit können wir allerdings keine 18, sondern sogar 32 Menüs produzieren. Das deutet bereits an, dass es auch mit geringeren Kosten möglich sein muss, 18 Menüs herzustellen. Doch bleiben wir erst noch bei der Kostensumme von 800,- €. Bei nur einer Arbeitsstunde haben wir 760,- € übrig, d.h. maximal 9,5 Mixfixstunden. Damit erreichen wir jedoch bei weitem nicht das Ziel von 18 Menüs, denn es können nur 9 Gerichte plus ein paar Kartoffeln und etwas Gemüse (das zusätzliche halbe Menü) zubereitet werden. 2 Arbeitsstunden kosten 80,- €. Wenn wir für die verbleibenden 720,- € 9 Mixfixstunden sichern können, können wir gerade die anvisierten 18 Menüs produzieren, aber es stellt sich die Frage, ob wir diese Menge tatsächlich mit 2 Arbeitsstunden und 9 Mixfixstunden produzieren sollten oder ob wir das nicht auch mit geringeren Kosten schaffen.

Auf der Isokostengeraden für K = 800 sind alle Kombinationen von Mixfix- und Arbeitsstunden abgetragen, die wir uns für 800,- € maximal leisten können. Um das Kostenminimum für eine gegebene Produktionsmenge, hier x = 18, zu finden, wird die Isokostengerade so lange parallel nach innen verschoben, bis sie die Zielisoquante gerade noch berührt, denn das sichert die gewünschte Menge zu den geringsten Kosten. Das ist in dem Beispiel bei Kosten von 480,- € der Fall. Diese Faktorkombination, bei der eine gegebene Menge mit den geringsten Kosten hergestellt werden kann, nennt man *Minimalkostenkombination*. Im Beispiel ist es am günstigsten, die Menüs mit 6 Arbeits- und 3 Mixfixstunden zu produzieren.

Abb. 3.5: Minimalkostenkombination

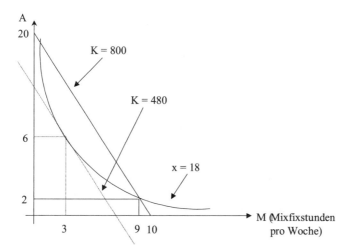

In der Minimalkostenkombination berührt die Isokostengerade die Isoquante nur noch in einem Punkt, d.h. die Isokostengerade tangiert die Isoquante. Im Kostenminimum müssen entsprechend die Steigungen der Isokostengeraden und der Isoquante gleich groß sein. Daraus kann man ableiten, welche Bedingung in der Minimalkostenkombination erfüllt sein muss. Bevor das in einem kleinen mathematischen Exkurs hergeleitet wird, können wir die Grundidee auch mit folgenden einfachen Überlegungen verdeutlichen:

Die *Steigung der Isokostengeraden* wird durch die Preise für die beiden Faktoren bestimmt. Wenn eine Stunde Mixfix zusätzlich eingesetzt werden soll, dann kostet das 80,- €. Wenn sich an der gesamten Kostensumme nichts ändern darf, dann muss man gleichzeitig auf zwei Arbeitsstunden verzichten (was 80,- € einspart).

Die *Isoquantensteigung* gibt für eine bestimmte Inputkombination und den entsprechenden Punkt auf der Isoquante an, wie viel man von einem Input mehr einsetzen muss, wenn von einem anderen Input eine Einheit weniger verwendet wird, die gesamte Produktionsmenge aber gleich bleiben soll. Wenn 18 Menüs gekocht werden sollen und aktuell 2 Arbeits- und 9 Mixfixstunden das bewerkstelligen, kann man sich fragen, wie sich der Mixfixeinsatz ändern muss, wenn nun 3 Arbeitsstunden zur Verfügung stehen und weiterhin 18 Menüs gekocht werden sollen. Wenn also statt 2 Stunden nun 3 Stunden gearbeitet wird, erhöhte sich die Menümenge bei 9 Mixfixstunden von 18 auf 27. Senken wir den Mixfixeinsatz um 3 Stunden auf insgesamt 6 Stunden, können wieder 18 Menüs hergestellt werden.

Bei einer Faktorkombination von 2 Arbeits- und 9 Mixfixstunden kann kein Kostenminimum gefunden worden sein, denn dann kann man den Mixfixeinsatz um drei Einheiten verringern und damit 240,- € sparen, dafür eine Stunde mehr Arbeit einsetzen, die nur 40,- € kostet, und trotzdem weiterhin 18 Menüs produzieren. Bei dem Übergang zur Kombination mit 3 Arbeits- und 6 Mixfixstunden können wir also insgesamt 200,- € einsparen. Aber auch die neue Kombination ist noch nicht optimal. Wenn wir noch einmal 3 Mixfixstunden aufgeben, sparen wir 240,- €. Wir benötigen dann zusätzliche 3 Arbeitsstunden, um wieder 18 Menüs herstellen können, die jedoch nur 120,- € kosten, so dass die Kosten noch einmal um insgesamt 120,- € gesenkt werden können.

Man könnte auf die Idee kommen, den teuren Mixfixfaktor noch weiter einzuschränken. Wenn wir eine weitere Mixfixstunde einsparen, ergibt das eine Kostenersparnis von 80,- €. Allerdings benötigen wir bei nur noch 2 Mixfixstunden nun zusätzliche drei Arbeitsstunden, um weiterhin in der Lage zu sein, 18 Menüs zu kochen. Und diese Arbeitsstunden kosten insgesamt 120,- €, so dass sich die Kosten bei dieser Faktorumverteilung nicht gesenkt, sondern sogar um 40,- € erhöht haben. Im Kostenminimum muss also gelten, dass die Kosteneinsparung, die durch Senkung des Einsatzes des einen Faktors realisiert wird, genauso groß ist wie die zusätzlichen Kosten, die man in Kauf nehmen muss, den anderen Faktor verstärkt einzusetzen, um nach wie vor die gleiche Menge wie zuvor zu produzieren. Dazu sind einerseits die Preise der beiden Inputfaktoren relevant und andererseits der Zusammenhang zwischen den Veränderungen der Inputmengen und deren Wirkung auf die Produktionsmöglichkeiten. Wenn die Kostensenkung durch Verringerung eines Inputs geringer ist als die Kostenerhöhung durch den zusätzlichen Einsatz des anderen Faktors, dann kann noch kein Kostenminimum gefunden worden sein. Erst wenn diese Kostenveränderungen identisch sind, kann man keine Veränderung der Inputkombination finden, die noch kostengünstiger ist.

Alle, die nicht durch schlechten Mathematik-Unterricht abgeschreckt wurden und die solche Zusammenhänge formal verstehen wollen, können sich folgenden Exkurs anschauen (ggf. die mathematischen Grundlagen bei CHIANG/WAINWRIGHT (2005) noch etwas auffrischen). Alle anderen, die mathematische Erklärungen eher als Komplikation denn als Hilfe empfinden, können den Exkurs getrost überspringen. Verstehen kann man (hoffentlich) alles auch durch die grafische und verbale Erläuterung.

Koordinationsmechanismus Markt

Exkurs

In Kurzform kann diese Bedingung durch Bestimmung der Steigungen der Isokostengeraden und der Isoquante hergeleitet werden. Die Isokostengerade ist bei einer zunächst vorgegebenen Kostensumme von 800,- € wie folgt gegeben:

$$800 = r_1 q_1 + r_2 q_2,$$

Wenn man nach q_1 auflöst, erhält man:

$$q_1 = (800/r_1) - (r_2/r_1) q_2.$$

Durch Ableiten bestimmt man die Steigung der Isokostengerade, die dem negativen, umgekehrten Faktorpreisverhältnis entspricht:

$$\frac{dq_1}{dq_2} = \frac{r_2}{r_1}$$

Die Steigung der Isoquante erhält man durch das totale Differential der Produktionsfunktion $x = f(q_1, q_2)$. Dabei ist zu beachten, dass entlang der Isoquante $dx = 0$ gilt, da wir einen konstanten Output betrachten.

$$x = f(q_1, q_2)$$

Das totale Differential ergibt sich wie folgt:

$$dx = 0 = \frac{\delta f}{\delta q_1} dq_1 + \frac{\delta f}{\delta q_2} dq_2$$

Die Steigung der Isoquante ermittelt man durch Umformen als:

$$\frac{dq_1}{dq_2} = \frac{\frac{\delta f}{\delta q_2}}{\frac{\delta f}{\delta q_1}}$$

Diese Steigung entspricht dem negativen, umgekehrten Verhältnis der Grenzproduktivitäten $(\delta f/\delta q_2)$ und $(\delta f/\delta q_1)$. Die jeweilige Grenzproduktivität eines Inputs wiederum gibt an, wie sich die Outputmenge verändert, wenn die Menge des betrachteten Inputs geringfügig verändert wird.

Da beide Steigungen für eine Minimalkostenkombination identisch sein müssen, heißt das, dass das Verhältnis der Grenzproduktivitäten im Kostenminimum dem Faktorpreisverhältnis entspricht.

Mit der Minimalkostenkombination wird für eine bestimmte Outputmenge die kostengünstigste Inputkombination gefunden. 18 Menüs können bei den gegebenen Preisen nicht günstiger als für 480,- € hergestellt werden. Nun möchte man aber nicht nur wissen, wie viel es minimal kostet, eine ganz bestimmte Menge – hier 18 Menüs – herzustellen, weil man ja auch in realen Marktsituationen erst noch festlegen muss, welche Menge überhaupt produziert und verkauft werden soll. Wenn man für *jede Menge* x die Minimalkostenkombination bestimmt und zuordnet, erhält man die *Kostenfunktion* einer Unternehmung, die ein einziges Gut X herstellt: K = K(x).

Der Verlauf der Kostenfunktion hängt insbesondere von der Produktionsfunktion ab, die die jeweiligen Minimalkostenkombinationen mitbestimmt. Folgende typische Verläufe können unterschieden werden:

Fall 1: Progressiv steigende Kosten (steigende Grenzkosten)

Abb. 3.6: Progressiv steigende Kosten

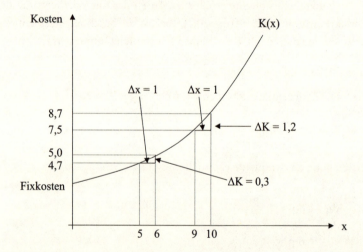

Im obigen grafischen Beispiel gibt es erstens Kosten, die unabhängig davon anfallen, ob produziert wird oder nicht. Diese Kosten werden als fixe Kosten bezeichnet. Die Höhe des Fixkostenanteils an den gesamten Kosten ist von der betrachteten Zeitperspektive abhängig. In ganz kurzer Frist sind fast alle Kosten fix, weil etwa Arbeits- und Mietverträge unabhängig von der Produktionshöhe erfüllt werden müssen und bestellte Mengen an Vor- und Zwischenprodukten abzunehmen und zu bezahlen sind. Zweitens fallen Kosten wie z.B. für den Energieverbrauch an, die mit der produzierten Menge variieren. Je langfristiger die Betrachtung wird, desto mehr Kostenbestandteile verlieren ihren fixen Charakter, indem die Beschäftigung von Arbeitskräften, von Maschinen, der Einkauf von Vorprodukten u.a.m. mit der gewünschten Produktionsmenge verändert werden kann.

Die überproportionale Kostenerhöhung bedeutet, dass die Kostenerhöhungen bei der Produktion jeweils einer zusätzlichen Einheit immer größer werden, je mehr hergestellt wird. Wenn im Beispiel der oberen Grafik 5 Outputeinheiten produziert werden, dann kostet das 4,7 Geldeinheiten (GE). Erhöht man die Produktion um eine Einheit, dann erhöhen sich die Kosten auf 5, die Kostendifferenz beträgt also 0,3. Wenn bereits 9 Outputeinheiten hergestellt wurden, ist das mit Kosten von 7,5 GE verbunden. Eine Erhöhung der Produktion um eine Einheit lässt die Kosten nun jedoch nicht mehr nur um 0,3, sondern um 1,2 steigen, so dass die Gesamtkosten bei der Produktion von 10 Einheiten 8,7 GE betragen. Die *zusätzlichen* Kosten bei einer Ausweitung der Produktion um eine Einheit nennt man *Grenzkosten*, die durch die Steigung der Kostenkurve bestimmt sind. Da die Steigung der Kostenfunktion mit zunehmendem x größer wird, haben wir es im betrachteten Fall auch mit zunehmenden Grenzkosten zu tun.

Von den Grenzkosten zu unterscheiden sind die *Durchschnittskosten* oder Stückkosten, die man erhält, wenn man die gesamten Kosten durch die Stückzahl dividiert (K(x)/x). Bei progressiv steigenden Kosten steigen sowohl die durchschnittlichen Kosten als auch die Grenzkosten mit zunehmender Produktionsmenge.

Fall 2: Degressiv steigende Kosten (fallende Grenzkosten)
Denkbar ist auch der Fall degressiv steigender Kosten, allerdings nicht über einen beliebig großen oder den gesamten Bereich der Produktionsmöglichkeiten, da bei einer sehr ausgeweiteten Produktion die Faktoren teurer werden, neue Kapazitäten geschaffen werden müssen und vieles anderes mehr. Aber in bestimmten Produktionsmengenbereichen können z.B. durch das Ausnutzen von Spezialisierungen auch günstige Produktionsbedingungen und damit degressiv steigende Kostenverläufe auftreten. In diesem Fall, der in der nachfolgenden Grafik skizziert ist, sinken sowohl die Durchschnitts- als auch die Grenzkosten.

Abb. 3.7: Degressiv steigende Kosten

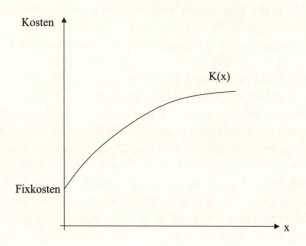

In unserem Kochbeispiel bekommen wir für den betrachteten Bereich der Produktionsfunktion und den gegebenen Faktorpreisen auch degressiv steigende Kosten (ohne Fixkosten, was an den speziellen einfachen Annahmen liegt, dass keine Kosten für die Räume und Zutaten etc. beachtet werden). Um die Kostenfunktion abzuleiten, sei noch einmal das Kostenminimierungsproblem betrachtet. Statt einer bestimmten Menge, für die das Kostenminimum gesucht wird, setzen wir aber gleich x ein, um die Bedingung dafür herzuleiten, dass für *jedes* x ein Kostenminimum gegeben ist. Daraus wird dann die Kostenfunktion bestimmt. Zur Erinnerung sei erwähnt, dass die Arbeitsstunde 40,- € kostet und die Mixfixstunde 80,- €. Die Produktionsfunktion war zumindest für einen bestimmten Produktionsbereich durch $x = A \cdot M$ (A: Arbeitsstunden, M: Mixfixstunden) beschrieben. Für eine Minimalkostenkombination muss gewährleistet sein, dass eine gegebene Menge x so günstig wie möglich hergestellt wird:

Min $K = 40A + 80M$

unter der Nebenbedingung $x = A \cdot M$, bzw. $A = x/M$

Die Nebenbedingung wird in die Zielfunktion eingesetzt und das Minimum durch Ableiten und durch Nullsetzen der Ableitung bestimmt:

Min $K = 40A + 80M$

NB: $A = \dfrac{x}{M}$

NB eingesetzt:

$$\text{Min } K = 40\frac{x}{M} + 80M$$

$$\frac{dK}{dM} = \frac{-40x}{M^2} + 80 = 0$$

$$\Leftrightarrow M = \sqrt{\tfrac{1}{2}x}$$

M in K eingesetzt:

$$K = 40\frac{x}{\sqrt{0,5x}} + 80\sqrt{0,5x} = 160\sqrt{0,5x}$$

Wenn 18 Menüs hergestellt werden sollen, dann kostet das minimal $160 \cdot 3 = 480$,- €. Das hatten wir bei unserer Überlegung zum ersten Auftrag des Partyservice bereits ausgerechnet. Wenn die doppelte Menge hergestellt werden soll, dann bekommen wir als gerundetes Ergebnis, dass x = 36 minimal zu $K = 160 \cdot 4,25 = 680$,- € hergestellt werden kann. Die Verdopplung der Zahl der Menüs führt in diesem Beispiel also nicht zur Verdopplung der Kosten, sondern zu einer unterproportionalen Kostenerhöhung um weniger als das 1,5fache der Kosten im Vergleich zur Produktionsmenge von 18 Menüs.

Fall 3: Ertragsgesetzlicher Kostenverlauf

Bei der Kocherei könnten wir auf ganz verwegene Ideen kommen. Wenn wir statt 18 gleich 1800 Menüs kochten und in aller Naivität immer noch dieselbe Produktionsfunktion und dieselben Faktorpreise unseren Überlegungen zu Grunde legten, dann hieße das, wie könnten die 1800 Menüs zu 4800,- € herstellen ($K = 900^{(0,5)} \cdot 160 = 4800$ – die hundertfache Menge herzustellen kostet nur 10mal so viel). Aber können wir dies realistischerweise unterstellen? Bei diesen Produktionsmengen wird die bäuerliche Verwandtschaft vielleicht nicht mehr in der Lage oder willens sein, uns kostenlos mit den Menüzutaten zu versorgen. Möglicherweise müssen wir den KöchInnen auch Überstundenzuschläge zahlen. Außerdem übersteigt das alles eventuell die Küchenkapazitäten, so dass wir eine Großküche mieten müssen etc. Bei einer ständigen Erhöhung der Produktionsmengen kann es zwar Produktionsbereiche mit degressivem Kostenverlauf geben, aber es gibt entweder eine Kapazitätsgrenze, die nicht überschritten werden kann oder die Kapazitäten müssen erweitert werden, was dann zu progressiven Kostenzuwächsen führt. In einem solchen Fall hätten wir eine Kostenfunktion, die bei geringen Produktionsmengen einen degressiven und bei größeren Outputmengen einen progressiven Verlauf annimmt. Eine solche Kostenfunktion erlaubt auch, bestimmte Zusammenhänge zwischen Kosten, Grenzkosten und Durchschnittskosten aufzuzeigen. Dazu skizziert man die entsprechenden Funktionen am besten in zwei Diagrammen. Im oberen der beiden nachfolgenden Diagramme sind die Kosten eingezeichnet, im unteren die Durchschnitts- und die Grenzkosten.

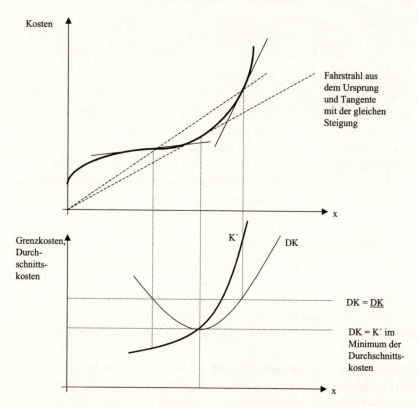

Abb. 3.8: Ertragsgesetz, Zusammenhang zwischen Durchschnitts- und Grenzkosten

Die Durchschnittskosten DK ergeben sich bekanntlich als Gesamtkosten, die durch die Stückzahl dividiert werden (DK = K(x)/x). Grafisch wird dieses Verhältnis dadurch ermittelt, dass die *Steigung des Fahrstrahls aus dem Ursprung an die Kostenfunktion* abgetragen wird. Dies ist für zwei DK-Werte ermittelt worden, zum einen für DK, zum anderen für den Fall, dass der Fahrstrahl die gleiche Steigung wie die Tangente an die Kostenfunktion hat. Die Tangentensteigung misst die Grenzkosten (K′), die wiederum angeben, um wie viel die Kosten steigen, wenn die Produktion um eine infinitesimal kleine Outputeinheit erhöht wird.

Wenn der Fahrstrahl aus dem Ursprung und die Tangente die gleiche Steigung haben, dann müssen Grenzkosten und Durchschnittskosten gleich groß sein. Im Fall DK zeigt sich, dass bei der geringen x-Menge der Fahrstrahl steiler als die Tangente verläuft, also müssen die Durchschnittskosten größer als die Grenzkosten sein. Bei der höheren x-Menge, die ebenfalls zu den durchschnittlichen Kosten DK produziert werden kann, ist die Tangente steiler als die Steigung des Fahrstrahls, also müssen die Grenzkosten über den Durchschnittskosten liegen. Es gibt bei dem skizzierten Kostenverlauf einen Schnittpunkt zwischen Durchschnittskosten und Grenzkosten, der im *Minimum* der Durchschnittskosten liegt.

Die ökonomische Erklärung dafür ist einfach: Links vom Schnittpunkt sind die Grenzkosten niedriger als die Durchschnittskosten. Wenn aber die letzte Einheit, die produziert wurde, weniger kostet als der Durchschnitt, dann muss der Durchschnitt sinken. Wenn man rechts vom Minimum ist, sieht man, dass die Grenzkosten oberhalb der Durchschnittskosten liegen. Jetzt gilt, dass die letzte Einheit teurer produziert wird als der Durchschnitt, was den Durchschnitt steigen lassen muss.

Wenn die Kosten ausschließlich degressiv oder progressiv steigen, gibt es keinen Schnittpunkt zwischen Grenzkosten- und Durchschnittskostenkurve. Bei degressiven Kostenverläufen sind die Grenzkosten stets niedriger als die Durchschnittskosten, bei progressiven Kostenverläufen liegen die Grenzkosten stets oberhalb der durchschnittlichen Kosten.

Die letzte Frage, die im Zusammenhang mit der Angebotsentscheidung von Unternehmungen noch geklärt werden muss, ist, welche Mengen die AnbieterInnen bei verschiedenen Preisen und den gegebenen Kostenkonstellationen auf den Markt bringen möchten. Bei vollständiger Konkurrenz gibt es sehr viele AnbieterInnen auf dem Markt. Eine einzelne AnbieterIn hat nur einen kleinen Marktanteil und kann – so die Annahme – mit ihrer Mengenentscheidung den Preis nicht beeinflussen. Also geht es nur darum, zu einem gegebenen Preis die Produktionsmenge festzulegen, die den Gewinn maximiert.

Eine Möglichkeit zur Bestimmung der gewinnmaximalen Menge besteht darin, grafisch die Umsätze und die Kosten miteinander zu vergleichen und die Menge x zu bestimmen, bei der die Differenz zwischen beiden Kurven am größten ist. Neben der Kostenfunktion ist in dem oberen Teil der nachfolgenden Grafik die Umsatzsituation des Unternehmens bei alternativen Produktions- und Verkaufsmengen dargestellt. Wenn nichts produziert wird, kann auch nichts verkauft werden, der Umsatz ist Null. Wenn ein Stück verkauft wird, bekommt man für diese eine Einheit gerade den Preis des Gutes. Bei 10 Einheiten erhält man als Umsatz 10mal den Preis etc., so dass sich die Umsätze grafisch als Gerade ergeben, wobei die Höhe des Produktpreises angibt, wie steil diese Gerade verläuft. Das Gewinnmaximum bestimmt man, indem man die Umsatzgerade parallel nach unten verschiebt. Dort, wo die verschobene Gerade die Kostenkurve tangiert, ist der Abstand zwischen Umsätzen und Kosten und damit der Gewinn maximal. In dem Tangentialpunkt muss gelten, dass die Steigungen der Umsatz- und der Kostenfunktion gleich groß sein müssen. Die Steigungen beider Kurven sind in dem unteren Schaubild skizziert.

Abb. 3.9: Gewinnmaximum für eine PolypolistIn

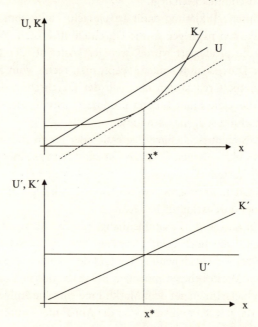

Die Steigung der Umsatzfunktion nennt man Grenzumsatz (U'). Er gibt an, um wie viel der Umsatz steigt, wenn eine zusätzliche Einheit des produzierten Gutes verkauft wird. Wenn sich durch die Produktionsentscheidung nichts am Preis ändert, wie es für die Marktform des Polypols ja unterstellt wird, dann bekommt man für jede weitere Einheit als zusätzlichen Umsatz gerade den Preis des Gutes. Also verläuft der Grenzumsatz als Parallele zur x-Achse mit U' = p. Die Grenzkosten geben demgegenüber – wie bereits erläutert wurde – an, um wie viel die Kosten durch eine zusätzliche Produktionseinheit steigen. Solange die zusätzlichen Umsätze die zusätzlichen Kosten übersteigen, kann noch kein Gewinnmaximum gefunden worden sein. Links von x* lohnt sich deshalb eine Produktionsausweitung. Rechts von x* übersteigen die Kosten der letzten Einheit den Umsatz der letzten Einheit, so dass eine Produktionseinschränkung den Gewinn erhöht.

Als einfaches Gewinnmaximierungskalkül stellt sich die Frage nach der optimalen Produktionsmenge wie folgt dar (mit G: Gewinn, x: Produktionsmenge, p: Preis, U: Umsatz, K: Kosten):

$G(x) = U(x) - K(x)$

$U(x) = p \cdot x$

$G'(x) = U'(x) - K'(x) = p - K'(x) = 0 \quad \Leftrightarrow \quad p = K'(x)$

Für ein Gewinnmaximum muss demnach gelten, dass die Grenzkosten dem Grenzumsatz entsprechen, wie es auch in der grafischen Analyse abgeleitet wurde. In einer Situation der vollständigen Konkurrenz entspricht der Grenzumsatz dem Preis, so dass im Gewinnmaximum die Menge nach der Regel „Preis = Grenzkosten" festgelegt wird.

Die Bedingung zweiter Ordnung für ein Maximum lautet: $G''(x) < 0$.

$G''(x) = -K''(x) < 0$

Diese Bedingung ist erfüllt, wenn die Grenzkosten eine positive Steigung haben, wie es in einem nachfolgenden Beispiel der Fall ist.

Abb. 3.10: Angebotskurve einer PolypolistIn

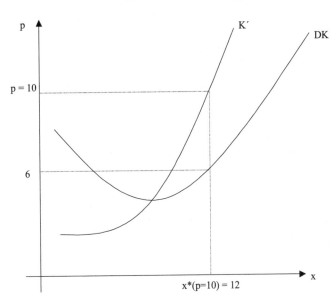

Im hier skizzierten Beispiel gilt ein Marktpreis von p = 10. Wenn die AnbieterIn weniger als 12 Stück produziert, liegt der Preis oberhalb der Grenzkosten, d.h., eine Produktionssteigerung kann den Gewinn vergrößern. Sollte die AnbieterIn mehr als x = 12 herstellen, liegen die Grenzkosten über dem Preis, so dass eine Verringerung der Produktion den Überschuss vergrößerte. Bei x = 12 sind die durchschnittlichen Kosten 6, d.h., die Unternehmung kann einen positiven Gewinn erzielen:

$$G = 12 \cdot 10 - 12 \cdot 6 = 48$$

Als letzte Frage im Zusammenhang mit der Angebotsentscheidung einer ProduzentIn ist zu klären, wie sie auf Veränderungen des Marktpreises reagieren wird. Die Angebotskurve einer AnbieterIn erhält man, wenn man für *alle Preise* den gewinnmaximalen Output ermittelt. Sie wählt gewinnmaximierend jeweils nach der p = K'-Regel, muss aber beachten, dass sich ein Angebot nur lohnt, wenn mindestens die Kosten gedeckt sind. Liegt also der Preis unter den Durchschnittskosten, wird die HerstellerIn zumindest langfristig gar nichts anbieten. Damit erhält man die Angebotskurve einer Unternehmung als die Grenzkostenkurve oberhalb des Schnittpunktes mit der Durchschnittskostenkurve. Zu beachten ist dabei noch einmal, dass der Weg der Herleitung dieser Angebotskurve über mehrere aufeinander folgende Stufen des Wirtschaftlichkeitsdenkens führte. Erstens wurde unterstellt, dass durch Wettbewerb technisch effizient produziert wird, so dass keine Verschwendung von Inputs stattfindet. Zweitens wurde ebenfalls mit dem Hinweis auf Wettbewerbsergebnisse angenommen, dass bei Substitutionsmöglichkeiten zwischen einzelnen Produktionsfaktoren so produziert wird, dass jede potentielle Menge kostenminimal hergestellt wird. Aus der Bestimmung der Minimalkostenkombinationen wurde die Kostenfunktion hergeleitet. Und zum Schluss wurde danach gefragt, für welche Produktionsmenge sich eine AnbieterIn unter diesen Voraussetzungen entscheiden wird, wenn sie selbst keinen Einfluss auf den Marktpreis hat. Dazu wurden den Kosten die Umsätze gegenübergestellt, das Gewinnmaximum bestimmt und für veränderte Preise analog verfahren, um die Angebotskurve einer einzelnen AnbieterIn abzuleiten. Keine dieser Überlegungen muss von Unternehmungen *bewusst* durchgeführt worden sein. Allerdings wird vermutet, dass sich auf Dauer nur Unternehmungen im Markt halten können, die ihre Produktions- und Angebotsentscheidung so gestalten, als hätten all diese Kalküle tatsächlich stattgefunden.

Zur Marktanalyse fehlt zur Bestimmung des gesamten Angebots jetzt nur noch ein kleiner Schritt. Für die konkrete Preisbildung auf dem Markt ist es u.a. wichtig, wie viel auf einem Markt zu verschiedenen Preisen insgesamt, also von allen AnbieterInnen gemeinsam angeboten wird. Um dies zu bestimmen, muss man die Angebotsmengen aller Unternehmungen zu jedem Preis addieren, wie es in der nachfolgenden Grafik für zwei AnbieterInnen dargestellt ist.

Abb. 3.11: Aggregation von Angebotskurven

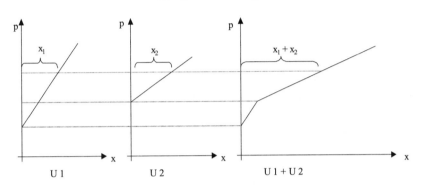

Bei niedrigen Preisen bietet nur Unternehmung 1 an, in einem gewissen Preisintervall ist also das Gesamtangebot mit dem Angebot der Unternehmung 1 identisch. Bei höheren Preisen werden die Angebotsmengen beider AnbieterInnen addiert. Der „Knick" verschwindet, wenn sehr viele AnbieterInnen auf dem Markt vertreten sind. Es ist auch denkbar, dass eine einzelne Unternehmung eine atypische Angebotskurve aufweist. Bei proportionalen oder degressiven Kosten maximiert es den Gewinn, wenn ab dem Preis, ab dem sich eine Produktion überhaupt erst lohnt, sofort die Produktionskapazität komplett ausgeschöpft wird. Für jeden höheren als diesen minimal notwendigen Preis gilt das auch, so dass man einen senkrechten Angebotsverlauf für die individuelle Unternehmung bekommt.[25] Bei der Aggregation aller Angebotskurven ergibt sich dann dennoch das typische Bild eines steigenden Verlaufs. Dazu reicht es bereits, wenn die einzelnen Unternehmun-

---

[25] Das wäre bei unserem Kochbeispiel der Fall. Als Kostenfunktion hatten wir erhalten: $K = 160(x/2)^{1/2}$. Angenommen, diese Kostenfunktion gilt über den gesamten Produktionsbereich, es existiert jedoch eine Kapazitätsgrenze von 200 Menüs. Durch den degressiven Kostenverlauf lohnt es sich, entweder gar nichts zu produzieren oder die Kapazitäten voll auszulasten. Aus der Verlustzone kommt man bei 200 Menüs, wenn der Preis pro Essen mindestens 8,- € beträgt. Jeder niedrigere Preis wird den Partyservice komplett zum Scheitern verurteilen, bei jedem höheren Preis wird die maximal mögliche Menge von 200 Menüs auf dem Markt angeboten, weil diese Menge zu jedem Preis ab 8,- € aufwärts den größten Überschuss garantiert.

gen unterschiedliche „Einstiegspreise" haben, ab denen sich für sie die Produktion als profitabel erweist.

3.4.2 Präferenzen, Einkommen, Preise und die Marktnachfrage

Bei der Herleitung der Nachfrage auf einem Markt betrachtet man Verhaltensweisen bzw. Entscheidungen von Haushalten. Ähnlich wie bei der Produktions- und Kostentheorie gilt, dass dem „Innenleben" der Haushalte keine spezielle Beachtung geschenkt wird. Ein Haushalt wird wie eine Unternehmung als eine Einheit betrachtet, die auf Märkten agiert, auch wenn dieser Haushalt aus mehreren Personen bestehen kann, z.T. die Weiterverarbeitung von Gütern und Leistungen in einem Pflichtsystem eigenständig koordiniert und nicht über Märkte erwirbt und sich sehr spezielle Formen der Arbeitsteilung in Haushalten ergeben können. Ähnlich wie zuvor kann argumentiert werden, dass die Organisation der Arbeitsteilung *innerhalb* eines Pflichtsystems „Haushalt" zwar selbst von analytischem Interesse ist, dies jedoch erst einmal ausgeblendet wird. Wenn man sich aber zunächst auf die Frage nach der Marktkoordinierung beschränkt, konzentriert man sich allein auf die „Außenbeziehung" eines Haushaltes, die sich auf verschiedenen Märkten niederschlägt. Auf Gütermärkten treten die Haushalte i.d.R. als NachfragerInnen, auf Faktormärkten als AnbieterInnen auf. Nachfolgend geht es um die Nachfrageentscheidungen auf Gütermärkten.

Neben der Vereinfachung, sowohl die Unternehmungen als auch die Haushalte jeweils als *black box* zu behandeln, ähneln sich auch in formaler Hinsicht die Nachfragetheorie und die Produktions- und Kostentheorie sehr stark. Zudem ist für die Theorie der Nachfrage ebenfalls noch einmal darauf hinzuweisen, dass ähnliche Vorstellungen zur Rechtfertigung von Verhaltensannahmen im Vergleich zur Produktions- und Kostentheorie benutzt werden. Die Unterstellung, dass Haushalte an einem möglichst großen Nutzen Interesse hätten und dazu ein Maximierungsverhalten ihren Entscheidungen zu Grunde legen, wird mit einer analytischen Vereinfachung gerechtfertigt. Es wird also nicht unbedingt vermutet, dass die Maximimierungskalküle *tatsächlich* so von den Personen ausgeführt werden, sondern dass man das Marktgeschehen beschreiben könne, *als ob* die Menschen im nachfolgend vorgestellten Maße kalkuliert hätten.

Es wird unterstellt, dass die Personen bzw. Haushalte aus dem Konsum von Gütern Nutzen ziehen:

$$u = u(x_1, x_2, ..., x_n)$$

Dabei bezeichnet u den Nutzen. Die x_i (i = 1, ..., n) sind Mengen an Gütern und Dienstleistungen, die dem Haushalt zur Verfügung stehen. Weiterhin wird angenommen, dass der Nutzen mit einer Erhöhung der jeweiligen Gütermengen zunimmt, aber die Zuwachsraten des Nutzens abnehmen. Als Grundidee dazu kann man folgende Überlegung heranziehen. Wenn man ein erstes Stück Schokoladensahnetorte bekommt und den ganzen Tag über nichts gegessen hat, dann wird die Freude darüber zumindest bei Nicht-DiabetikerInnen beträchtlich sein. Bekommt man ein weiteres Stück, dann wird die Freude vielleicht weiter zunehmen, aber der Zuwachs an Zufriedenheit ist typischerweise geringer als beim ersten Stück. Und wenn man dann schon 5 Stück Schokoladensahnetorte gefuttert hat und bekommt ein 6. Stück, dann wird die zusätzliche Freude darüber noch geringer ausfallen. Wahrscheinlich sinkt der Nutzen dann sogar schon, weil einem angesichts des vielen Fetts und Zuckers bereits der Magen drückt. Aber wie gesagt, es geht nicht in erster Linie um „wahre" Nutzen und Nutzenveränderungen, sondern um analytisch vereinfachte Annahmen zur Bestimmung typischen Nachfrageverhaltens. Der Vollständigkeit halber sei erwähnt, dass es durchaus eine Reihe von AutorInnen gibt, die dem Zusammenhang von zur Verfügung stehenden Gütermengen und Nutzenveränderungen eine tatsächliche Relevanz zumessen und gar von einer „Gesetzlichkeit" des abnehmenden Zusatz- bzw. Grenznutzens sprechen.

Wenn man auf der Grundlage dieser Vorüberlegungen zunächst den Zusammenhang zwischen dem Nutzen (u) und einem einzigen Konsumgut (Menge des Gutes: x) betrachtet, ergibt sich das folgende Bild:

Abb. 3.12: Nutzenfunktion mit abnehmendem Grenznutzen

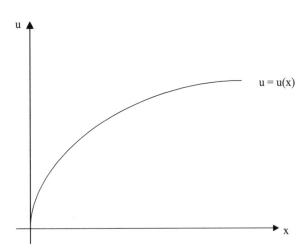

Der Nutzen u steigt mit zunehmender Menge des Gutes x, jedoch wird der Nutzenzuwachs immer geringer.

Betrachtet man zwei Güter, kann man die Nutzenfunktion auch noch grafisch darstellen. Eine Möglichkeit dazu ist eine dreidimensionale Darstellung, wobei an den drei Achsen der Nutzen, die Menge des ersten und die Menge des zweiten betrachteten Gutes abgetragen werden. Zur Vereinfachung wählt man jedoch ganz analog zu den Ideen der Produktionstheorie meistens eine zweidimensionale Darstellung mit den beiden Gütermengen an den Achsen.

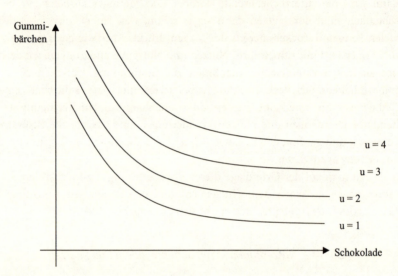

Abb. 3.13: Indifferenzkurven

In dieser Form der Nutzendarstellung in Abhängigkeit von den zur Verfügung stehenden Gütermengen werden *Indifferenzkurven* abgetragen. Eine Indifferenzkurve ist eine Kurve gleichen Nutzens, d.h., auf einer solchen Kurve liegen alle Güterkombinationen, die jeweils mit dem gleichen Nutzen verbunden sind. Als Beispiel werden die beiden Güter Gummibärchen und Schokolade betrachtet. Diese beiden Güter seien aus Sicht des Haushalts in Grenzen gegeneinander austauschbar. Wenn man z.B. 2 Tafeln Schokolade und 4 Tüten Gummibärchen hat, ist man vielleicht bereit, auf 2 Tüten Bärchen zu verzichten, um eine dritte Tafel Schokolade zu bekommen, ohne dass sich am Gesamtnutzen etwas ändert.

Je weniger man von einem Gut hat, desto schwerer fällt nach dem „Gesetz" des abnehmenden Grenznutzens der Verzicht auf einen weiteren

Teil dieser Güter, so dass man in diesem Fall schon eine große zusätzliche Menge des anderen Gutes bräuchte, damit ein Austausch der Gütermengen ohne Veränderung des Gesamtnutzens möglich wird. Wegen der abnehmenden Nutzenzuwächse verlaufen die Indifferenzkurven konvex zum Ursprung, also nach innen gekrümmt. In der Grafik sind die Indifferenzkurven für vier verschiedene Nutzenniveaus skizziert. Je weiter außen eine Indifferenzkurve liegt, desto höher ist der Nutzen.[26] Indifferenzkurven können sich nicht schneiden, denn das würde bedeuten, dass eine bestimmte Güterkombination mit verschieden hohen Nutzenniveaus verbunden wäre.

Der nächste Schritt der Nachfragetheorie besteht darin zu fragen, für welche Güterkombination sich ein Haushalt entscheiden wird, wenn ein möglichst großes Nutzenniveau angestrebt wird (wieder im *als-ob*-Sinne zu verstehen). Beliebig große Mengen der Güter kann der Haushalt in der Regel nicht konsumieren, weil er Nebenbedingungen für die Maximierung zu beachten hat. Die Haushalte unterliegen einer *Budgetbeschränkung*, d.h., sie können nur so viel für Konsumgüter ausgeben, wie sie Einnahmen haben.[27] Wenn man vereinfachend annimmt, dass die Haushalte jeweils ihr gesamtes Einkommen für zwei Konsumgüter ausgeben, dann ergibt sich die folgende Budgetbeschränkung:

$$B = p_1 x_1 + p_2 x_2 \text{ , mit B: Budget = Einkommen, } p_i \text{: Güterpreise, i = 1,2}$$

Wenn jemand – nennen wir ihn Archibald (A) – also 100,- € vielleicht als üppiges Taschengeld zur Verfügung hat, eine Tüte Gummibärchen (GB) 2,- €, eine Tafel Schokolade (S) 1,- € kostet und keine anderen Konsumgüter vorhanden oder für A von Interesse sind, dann lautet die Budgetbeschränkung:

$$100 = 2 \cdot GB + 1 \cdot S$$

Wenn unser Taschengeldbezieher – auch wenn wir uns jetzt eigentlich Sorgen um die Gesundheit machen müssen – sein ganzes Geld für Schokolade ausgibt, so kann er maximal 100 Tafeln kaufen. Gibt er alles für Gummibärchen aus, kann A maximal 50 Tüten bekommen. Wenn er je 50,- € für Gummibärchen und 50,- € für Schokolade ausgibt, erhält er 50 Tafeln Schoko-

---

[26] Umstritten ist, ob man analytisch absolute Nutzenniveaus angeben darf oder ob es nicht allein um ein „besser" oder „schlechter" geht. Dies wird im Zusammenhang mit der Frage nach einer ordinalen bzw. kardinalen Ordnung der Präferenzen in der Mikroökonomik diskutiert.

[27] Dabei betrachten wir zunächst keinen intertemporalen Tausch, bei dem die Haushalte durch Sparen und Kreditaufnahme die zeitliche Verteilung ihres Konsums nicht nur abhängig vom aktuellen Einkommen gestalten können.

lade und 25 Tüten Gummibärchen. Die Budgetbeschränkung gibt also an, welche Mengen verschiedener Güter bei unterschiedlicher Aufteilung des Budgets erworben werden können. Die maximalen Konsummengen eines Gutes unter völligem Verzicht auf das jeweilige andere Gut ergeben sich aus dem gesamten Einkommen, das durch den Preis des gekauften Gutes dividiert wird. Der Haushalt, hier A, muss nun unter Beachtung seiner Budgetbeschränkung entscheiden, welche Güter er in welchen Mengen erwerben will. Dazu ist es hilfreich, noch einmal das Indifferenzkurvendiagramm zu betrachten, in das zusätzlich die Budgetbeschränkung eingetragen wird.

Abb. 3.14: Haushaltsoptimum

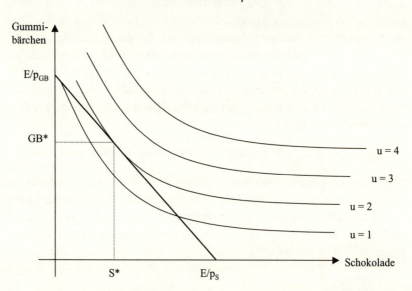

Gesucht wird die Gütermengenkombination, die sich A einerseits leisten kann und die ihm andererseits unter dieser Nebenbedingung den höchsten Nutzen bringt. Mit dem gegebenen Budget kann sich Archibald z.B. ein Nutzenniveau von u = 1 sichern. Es gibt zwei Schnittpunkte zwischen der Budgetgeraden und der entsprechenden Indifferenzkurve, bei denen er einmal relativ viel Schokolade und wenig Gummibärchen einkauft und zum anderen fast völlig auf Schokolade verzichtet, aber eine große Menge Gummibärchen erwirbt. Durch eine Umverteilung des Budgets ist aber eine Nutzenverbesserung möglich. Betrachten wir den Schnittpunkt zwischen Budgetgerade und Indifferenzkurve, bei der viele Tafeln Schokolade und wenig Bärchen gekauft werden. Durch den Verzicht auf *etwas* Schokolade und dadurch mögliche zusätzliche Konsummengen an Gummibärchen stellt sich A in unserem Beispiel besser. Er kommt bestenfalls auf ein Nutzenniveau von u = 2. Im Optimalpunkt, den man auch *Haushaltsoptimum* nennt, tangieren sich die Budgetgerade und die höchstmögliche Indifferenzkurve. Das heißt, dass die Steigungen beider Kurven gleich groß sind. Dies ist hilfreich, um die Bedingung für ein Haushaltsoptimum abzuleiten, die sehr der Bedingung der Minimalkostenkombination ähnelt, aber natürlich eine etwas andere Interpretation erhält.

Die Budgetbeschränkung lautet:

$$E = p_1 x_1 + p_2 x_2, \qquad x_1 = (E/p_1) - (p_2/p_1) x_2$$

Die Steigung der Budgetgeraden entspricht dem negativen, umgekehrten Preisverhältnis:

$$\frac{dx_1}{dx_2} = -\frac{p_2}{p_1}$$

Die Steigung der Indifferenzkurve erhält man durch das totale Differential der Nutzenfunktion. Dabei ist zu beachten, dass entlang der Indifferenzkurve du = 0 gilt, da wir einen konstanten Nutzen betrachten.

$$u = u(x_1, x_2)$$

Das totale Differential ergibt sich wie folgt:

$$du = 0 = \frac{\delta u}{\delta x_1} dx_1 + \frac{\delta u}{\delta x_2} dx_2$$

Die Steigung der Indifferenzkurve erhält man durch Umformen als:

$$\frac{dx_1}{dx_2} = \frac{\frac{\delta u}{\delta x_2}}{\frac{\delta u}{\delta x_1}}$$

Die Steigung der Indifferenzkurve entspricht nach dieser Bedingung dem negativen, umgekehrten Verhältnis der Grenznutzen. Im Haushaltsoptimum, in dem die Steigungen der Indifferenzkurve und der Budgetgerade gleich groß sein müssen, gilt demnach, dass das Verhältnis der Grenznutzen dem Preisverhältnis entspricht. Wenn ein Haushalt in seinem gewählten Konsumpunkt ein Grenznutzenverhältnis von 2:1 hat, das Preisverhältnis aber 1:1 beträgt, dann kann noch kein Haushaltsoptimum gefunden worden sein, denn dann könnte er von einem Gut eine Einheit einsparen, was seinen Nutzen um eine Einheit verringerte und von dem anderen Gut eine Einheit zusätzlich erwerben, wodurch sein Nutzen um 2 Einheiten stiege. Da beide Güter bei einem Preisverhältnis von 1:1 gleich viel kosten, lohnte sich in diesem Fall die Veränderung des Konsumplanes. Erst wenn die Grenznutzenverhältnisse mit dem Preisverhältnis übereinstimmen, gibt es keine Möglichkeit mehr, durch Umverteilung des Budgets auf die einzelnen Güter den individuellen Nutzen noch weiter zu erhöhen.

Die Nachfrage nach einem Gut ist im Wesentlichen abhängig vom Preis des Gutes, vom Preis anderer Güter, vom Einkommen und von den Präferenzen. Da man sich bei der Frage nach der Koordinierung durch Märkte für den Preismechanismus interessiert und insbesondere, weil man unterstellt, dass sich die anderen Größen vergleichsweise langsamer als der Preis ändern, analysiert man die Nachfrage allein in Abhängigkeit vom Preis des Gutes. Dies wird ceteris paribus betrachtet, also unter der Annahme, dass sich alle anderen relevanten Einflussgrößen zunächst einmal nicht ändern. Die Rolle von Einkommensänderungen oder Preisänderungen bei anderen Gütern wird erst in einem zweiten Schritt betrachtet.

Um die Nachfragekurve in Abhängigkeit vom Preis zu konstruieren, erweitert man das Diagramm zur Bestimmung des Haushaltsoptimums. Die beiden Güter seien X und Y, die Mengen der Güter entsprechend x und y. Man sucht zunächst zu verschiedenen Preisen eines Gutes (X) jeweils das Haushaltsoptimum. Dabei ist zu beachten, dass sich bei einer Erhöhung des Preises für das Gut X die Budgetgerade nach innen dreht. Das liegt daran, dass sich erstens an der maximalen Menge des zweiten Gutes (Y) nichts ändert (der Preis dieses Gutes bleibt ja unverändert), durch den höheren Preis des Gutes X sich aber zweitens die Menge verringert, die man mit dem gegebenen Budget und dem höheren Preis von dem Gut X maximal bekommen kann. Für verschiedene Preise des Gutes X werden zur Herleitung der Nachfrage nach dem ersten Gut in Abhängigkeit vom Preis dieses Gutes also jeweils die Haushaltsoptima gesucht. Die Ergebnisse werden dann in das linke Teildiagramm der nachfolgenden Grafik übertragen:

Abb. 3.15: Herleitung der Nachfragekurve

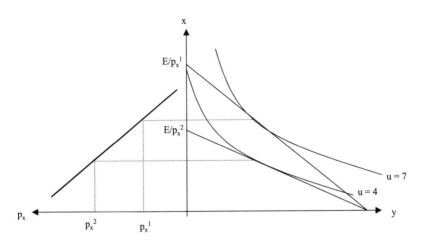

Wenn man das linke Diagramm der vorigen Abbildung dreht, erhält man einen typischen Nachfrageverlauf. Je höher der Preis ist, desto geringer ist die Nachfrage nach dem Gut.[28]

Abb. 3.16: Typischer Nachfrageverlauf

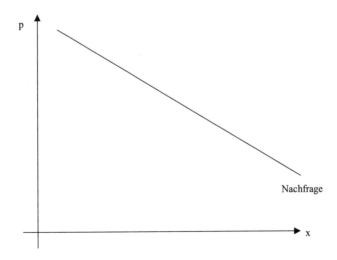

[28] Es gibt eine Reihe von Gründen, nach denen auch andere Nachfrageverläufe in Einzelfällen denkbar sind. Auf diese Spezialfälle wird hier nicht weiter eingegangen.

Die Gesamtnachfrage erhält man durch horizontale Addition der Nachfragekurven. Dabei wird zu jedem Preis ermittelt, welche Gütermengen insgesamt nachgefragt werden. Auch dieses Aggregationsverfahren ist analog zur Herleitung der Gesamtangebotskurve.

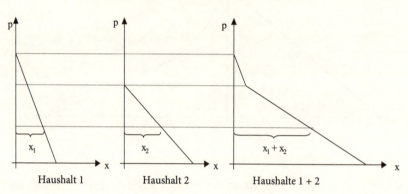

Abb. 3.17: Aggregation von Nachfragekurven

3.4.3 Marktgleichgewicht

Auf dem Markt treffen Angebot und Nachfrage zusammen. Von besonderem Interesse ist nun die Frage, wie der Markt es als anonymes und dezentrales Regelungswerk schaffen kann, eine Lösung des Koordinationsproblems zu gewährleisten. Dazu ist zu untersuchen, wie es über Preisanpassungen auf Märkten möglich wird, die Wünsche der KonsumentInnen einerseits und die Produktionsmöglichkeiten der ProduzentInnen und deren (minimale) Kosten andererseits für das Koordinierungsproblem zu berücksichtigen. Dieses Koordinierungs- oder Organisationsproblem besteht bekanntlich u.a. darin, welche Güter in welchen Mengen in einer arbeitsteiligen Wirtschaft produziert werden sollten. Ein Kernkonzept ist in diesem Fragenzusammenhang das des Marktgleichgewichts. Eine gewisse Schwierigkeit besteht darin, dass es in der Ökonomik sehr verschiedene Sichtweisen darüber gibt, welche Situationen oder welche Prozesse überhaupt als ein Gleichgewicht zu verstehen sind. Für verschiedene ökonomische Probleme werden ganz unterschiedliche Gleichgewichtskonzepte verwendet.[29] Im Zusammenhang mit Marktanalysen

---

[29] Gleichgewichte sind theoretische Konstrukte. Je nach wissenschaftlicher Frage kann es sich als sinnvoll erweisen, verschiedene Gleichgewichtskonzepte zu verwenden. Es gibt in diesem Zusammenhang einige Parallelen zur Frage nach den Grundannahmen für menschliches Verhalten in ökonomischen Modellen, die auch je nach Fragestellung und

wird als Gleichgewicht entweder verstanden, dass der Markt geräumt ist, also Angebot und Nachfrage gleich groß sind. Oder man meint einen Zustand, der keine weiteren Veränderungstendenzen auslöst, also z.b. kein Druck auf die Preise entsteht, weder in Richtung auf eine Preiserhöhung noch auf eine Preissenkung. Bei perfekten Märkten fallen verschiedene Gleichgewichtsbegriffe zusammen, aber das ändert sich bei einigen grundlegenden Koordinierungsschwierigkeiten von Märkten sehr deutlich, so dass die Idee der Markträumung als Gleichgewichtskonzept bei einer umfassenden Analyse der Marktkoordination eher nicht sinnvoll ist. Der Grund dafür liegt daran, dass es Allokationsprobleme geben kann, bei denen eine Situation, in der der Markt geräumt ist, tatsächlich mit Veränderungsdruck verbunden ist, so dass nachfolgend ein Gleichgewicht als eine Situation auf Märkten verstanden wird, bei denen weder Tendenzen zur Preiserhöhung noch zur Preissenkung ausgelöst werden.

Bei einem perfekten Markt gilt, dass diese Situation gerade dann erreicht ist, wenn Angebot und Nachfrage gleich groß sind, da in diesem Punkt weder die NachfragerInnen noch die AnbieterInnen Veranlassung haben, ihre Verhaltensweisen in irgendeiner Form zu verändern und von den Marktgegebenheiten kein Druck ausgeht, Preise zu erhöhen oder zu senken. Wie sich die Preise in einem perfekten Markt an dieses Gleichgewicht anpassen, wird in einer Stabilitätsanalyse untersucht.

3.4.4 Stabilität des Marktgleichgewichts

Ein Gleichgewicht wird dann als stabil bezeichnet, wenn nach einer Auslenkung aus dem Gleichgewicht Anpassungsprozesse ausgelöst werden, die das System wieder zurück in das Gleichgewicht bringen. Für Marktprozesse speziell ist zu untersuchen, ob bzw. in welche Richtung und wie genau sich Preise ändern, wenn die Ausgangssituation nicht markträumend mit Angebot = Nachfrage ist. In der nachfolgenden Grafik ist ein idealtypischer Gütermarkt skizziert. Zur Vereinfachung werden lineare Angebots- und Nachfragekurven unterstellt.

Isolationserfordernissen unterschiedlich ausfallen. Wichtig ist für jedes theoretische Konzept, dass erstens offengelegt wird, in welchem Sinne ein Konzept wie „Gleichgewicht" verwendet wird und warum es im konkreten Fall über die Isolationsgesichtspunkte gerechtfertigt werden kann.

Abb. 3.18: Marktgleichgewicht und Stabilitätsanalyse

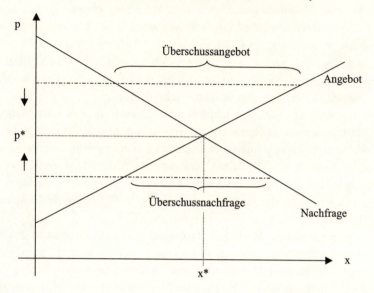

Bei jedem Preis, der oberhalb des markträumenden Preises liegt, möchten die AnbieterInnen mehr verkaufen, als die NachfragerInnen zu kaufen beabsichtigen. Eine solche Situation ist durch ein *Überschussangebot* gekennzeichnet. Umgekehrt gilt bei jedem Preis unterhalb des markträumenden Niveaus, dass die Nachfrage größer als das Angebot ist, was man *Überschussnachfrage* nennt. Welche Situation vorliegt, kann man ablesen, wenn man zu den verschiedenen Preisen die jeweilige Angebots- und Nachfragemenge und die Differenz zwischen beiden Mengen bestimmt. Sehr allgemein wird unterstellt, dass jede Überschussnachfrage zu einer Preiserhöhung und jedes Überschussangebot zu einer Preissenkung führen wird. Wenn dies der Fall ist, wird bei jedem Preis oberhalb von p* eine preissenkende Tendenz ausgelöst, bei jedem Preis darunter eine Tendenz zur Preiserhöhung. Die beiden eingezeichneten Pfeile in der Grafik deuten die Bewegungen des Preises an. Aus beiden Richtungen werden Preisveränderungen in Richtung p* induziert. Wenn dadurch tatsächlich p* realisiert wird, ist das Gleichgewicht stabil, d.h., bei jeder zufälligen Veränderung des Preises wird es Anpassungsprozesse geben, die wieder zu p* führen. Bei vollständiger Konkurrenz ohne spezielle Koordinierungsprobleme wird sich also eine Preis-Mengen-Kombination als Gleichgewicht einpendeln, bei der Angebot und Nachfrage gleich groß sind.

Es ist aber nicht ausgeschlossen, dass in Ungleichgewichtssituationen zwar preis- und mengenverändernde Tendenzen ausgelöst werden, aber dennoch das markträumende Gleichgewicht nicht erreicht wird. In der nachfolgenden

Grafik ist eine zugegebenermaßen sehr spezielle Situation abgebildet, bei der so etwas passieren kann.

Abb. 3.19: Preisanpassung mit konstanten Zyklen

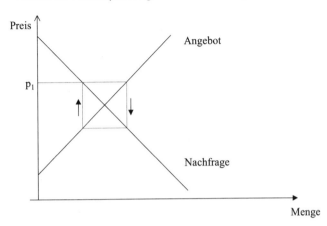

Angenommen, in der Ausgangssituation glauben die HerstellerInnen, dass sie einen Preis in Höhe von p_1 realisieren können. Dies wird sie dazu veranlassen, relativ viel zu produzieren. Bei diesem hohen Preis werden sich die Erwartungen jedoch nicht erfüllen, d.h., durch den Angebotsüberschuss können nicht alle HerstellerInnen ihre Produkte verkaufen. Wenn die Güter, die auf diesem Markt gehandelt werden, nicht gut lagerfähig sind oder die Lagerung sehr viel kostet, gibt es einen starken Druck auf die Preise. Wenn alles relativ schnell verkauft werden muss, dann wird der Preis sehr stark sinken, damit die vorhandene Menge auch tatsächlich abgenommen wird. Das ist bei der großen (bereits produzierten) Menge nur mit einem Preis unterhalb des markträumenden Niveaus möglich. In gewisser Weise schießt also die Anpassung über das Gleichgewicht hinaus. Wenn der Preis dann sehr stark gefallen ist und die AnbieterInnen vermuten, dass dieser Preis zukünftig auch gelten wird, schränken sie zu dem niedrigen Preis ihre Produktionsmenge deutlich ein. Dadurch entsteht wiederum eine Situation, die durch einen Nachfrageüberschuss gekennzeichnet ist. Wenn nicht sehr schnell zusätzliche Mengen produziert werden (können), steigt der Preis bis zu einem Niveau, bei dem die gegebene Menge gerade von den NachfragerInnen gekauft, also abgenommen wird. Das aber ist der Preis p_1, der wieder mit dem ursprünglichen Überschussangebot verbunden ist. Bei identischer Reaktion der AnbieterInnen wiederholt sich der Anpassungspfad, der in diesem speziellen Beispiel dadurch gekennzeichnet ist, dass zwar Preisanpassungen in Richtung des Gleichgewichts gegeben sind, die aber immer gerade in solcher Form über das Gleichgewicht „hinausschießen", dass ein gleichförmiger Zyklus erreicht wird, bei dem man stetig zwischen hohen und niedrigen Preisen schwankt, was jeweils mit einem Überschussangebot oder einer Überschussnachfrage verbunden ist.

Eine solche Anpassung ist in zweierlei Hinsicht sehr speziell. Erstens ist der konkrete Fall konstanter Zyklen von den Steigungen der Angebots- und Nachfragekurve abhängig, zweitens werden mögliche Lerneffekte nicht betrachtet. Im Fall, der in der folgenden Grafik skizziert ist, kommt es durch den steileren Verlauf der Angebotskurve z.B. zu einer stabilen Entwicklung auf das Gleichgewicht zu:

Abb. 3.20: Stabiles Marktgleichgewicht

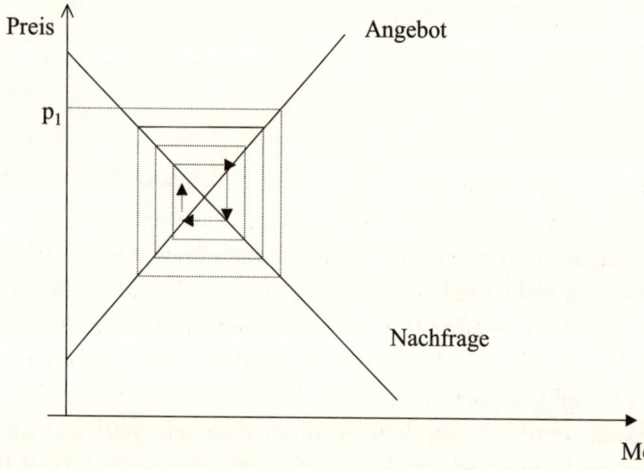

Die skizzierten Vorstellungen über den Anpassungspfad werden wegen der „Optik" auch als *Spinngewebetheorem* bezeichnet. Da man entsprechende Anpassungsprozesse insbesondere bei landwirtschaftlichen Produkten vermutet – u.a. wegen der Haltbarkeitsprobleme der Güter – wird diese Form der Preisanpassung auch noch *Schweinezyklus* genannt. Denkbar sind sogar destabilisierende Zyklen, bei denen die Anpassungen derart über das Gleichgewicht hinausschießen, dass sich Preise und Mengen immer weiter vom Gleichgewicht entfernen. Ein solcher Fall, der in der nächsten Grafik skizziert ist, wird als instabiles Gleichgewicht bezeichnet.

Abb. 3.21: Instabiles Marktgleichgewicht

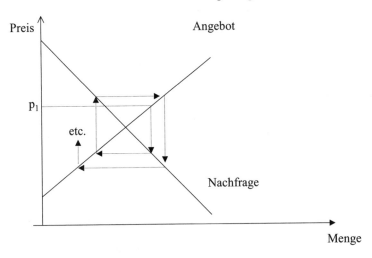

Unabhängig davon, ob der Prozess auf das Gleichgewicht zuläuft, sich davon entfernt oder sich als Spezialfall konstant um das Gleichgewicht herum bewegt, kann man diese sehr schematische Form einer Anpassungsreaktion bei Ungleichgewichten mit Skepsis sehen. Die MarktteilnehmerInnen machen im Prinzip immer die gleichen Interpretationsfehler bei ihren Entscheidungen und scheinen aus ihren Fehlern nichts zu lernen. Das erscheint zwar eigentlich wenig plausibel, ist aber vielleicht doch nicht völlig von der Hand zu weisen.

Es gibt zum Beispiel ein ganz ähnliches Phänomen bei Prüfungen an Hochschulen. Gute Noten im Vorsemester verleiten Studierende des folgenden Semesters manchmal zu der Annahme, dass die Prüfungen leicht sind und geringe Vorbereitung erfordern. Dann lernen sie im Durchschnitt weniger und sind von der Klausur oder einer mündlichen Prüfung und ihren Anforderungen überrascht. Werden die Noten im Semester darauf deshalb schlechter, gibt das für die nächsten PrüfungskandidatInnen Anlass, sich auf die vermeintlich schwere Prüfung ordentlich vorzubereiten, was die durchschnittliche Benotung wieder verbessert etc. Um zu testen, ob die schwankenden Noten nicht eher an den Erwartungen der PrüferInnen liegen, die ähnlich reagieren und nach guten Ergebnissen die Anforderungen erhöhen und nach schlechten Leistungen leichtere Prüfungen konzipieren, sind bereits Experimente durchgeführt worden, *identische* Klausuren in aufeinander folgenden Semestern zu verwenden – und es ergab sich immer noch das gleiche Bild schwankender Durchschnittsleistungen nach dem Typ Schweinezyklus, ohne dass ein Weg in ein Gleichgewicht erkennbar gewesen wäre.

Wenn es bei der Anpassung auf Märkten tatsächlich Lerneffekte gibt, dann wird die Wahrscheinlichkeit deutlich größer, dass der Anpassungsprozess in das Gleichgewicht zurückführt. Kann eine solche Vorstellung begründet werden, dann verzichtet man in der Modellierung häufig auf die konkrete Analyse der Anpassungsprozesse, sondern betrachtet allein die Gleichgewichte selbst. Dies nennt man eine *komparativ-statische Analyse*, weil man die Dynamik der Anpassungsprozesse nicht explizit thematisiert. Auch bei dieser Vorgehensweise spielen Isolationsgesichtspunkte eine Rolle dafür, ob man sich allein auf die Veränderungen von Gleichgewichten konzentrieren kann, oder ob es auch notwendig ist, die Bewegung auf neue Gleichgewichte hin zu untersuchen.

3.4.5 Bewegung auf den Kurven vs. Verschiebung der Kurven

Die Angebots- und die Nachfragekurve werden jeweils unter der Ceterisparibus-Bedingung hergeleitet. Das heißt für die Nachfrage beispielsweise, dass zunächst nur solche Nachfragereaktionen Berücksichtigung finden, die sich auf Grund von Preisveränderungen des betrachteten Gutes ergeben. Die Ergebnisse dieser Überlegungen sind *entlang der Nachfragekurve* skizziert. Bei hohen Preisen wird eine niedrige, bei niedrigen Preisen eine hohe Nachfrage aus den theoretischen Vorstellungen zu Haushaltsoptima als Standardfall abgeleitet. Ähnlich ist es bei der Angebotskurve, wo beispielsweise gegebene Faktorpreise und gegebene technische Möglichkeiten unterstellt werden. All die Größen, die man unter der Ceteris-paribus-Annahme als konstant unterstellt hat, können sich aber selbstverständlich tatsächlich ändern. So ist es denkbar, dass sich die Wünsche der Haushalte verändern, das Einkommen variiert, neue Produktionstechniken entwickelt werden oder sich Faktor- oder andere Güterpreise verändern.

Werden solche Effekte in einem Preis-Mengen-Diagramm mit in die Analyse einbezogen, dann kann man die Wirkungen dieser Veränderungen nicht mehr *auf* der Kurve ablesen, die ja ausschließlich die Abhängigkeit von Angebot bzw. Nachfrage vom Güterpreis abbildet. Die Veränderung anderer Einflussgrößen verschiebt die Lage der Kurven. Wenn beispielsweise eine allgemeine Präferenzänderung eintritt, die ein bestimmtes Gut wünschenswerter gegenüber anderen Gütern macht, wird dies zu einer Rechtsverschiebung der Nachfragekurve führen: Zu jedem Preis möchten die Haushalte mehr von diesem Gut konsumieren. Die Veränderung der Einkommen kann analysiert werden, wenn man wieder auf die Herleitung der Haushaltsoptima zurückgeht. Die Budgetgerade verschiebt sich bei einem höheren Einkommen nach außen, bei einem niedrigeren Einkommen nach innen. Auch wenn es Fälle gibt, bei denen die Nachfrage nach einem Gut mit steigendem Einkommen zurückgeht, wird bei „normalen" Gütern eine Rechtsverschiebung der Nachfrage zu erwarten sein. Neue Produktionsverfahren oder geänderte Faktorpreise verändern entsprechend die Lage der Angebotskurve.

Mit den Kurvenverschiebungen kann die grundsätzliche Steuerung durch Märkte auch noch einmal illustriert werden. Angenommen, das betrachtete Gut erfährt durch geänderte Präferenzen eine Nachfragesteigerung (die Nachfragekurve verschiebt sich nach rechts). Der Koordinationsmechanismus sollte es nun erreichen, dass das stärker gewünschte Gut unter Berücksichtigung der Produktionsmöglichkeiten in verstärktem Maße zur Verfügung gestellt wird. Im idealtypischen perfekten Markt wird dies auch realisiert:

Abb. 3.22: Rechtsverschiebung der Nachfrage und komparativ-statische Analyse

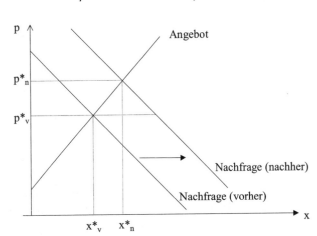

Das ursprüngliche Gleichgewicht im obigen Beispiel liegt bei einem Preis von p^*_v und einer Menge von x^*_v. Nach der Erhöhung der Nachfrage besteht zu dem ursprünglichen Gleichgewichtspreis ein Nachfrageüberschuss, der eine Tendenz zur Preiserhöhung auslöst. Durch die höheren Preise werden die Unternehmungen höhere gewinnmaximale Produktionsmengen festlegen, so dass das Marktangebot zunimmt. Wenn die Gleichgewichte stabil sind, erreicht man das neue Gleichgewicht mit dem Preis p^*_n und der Menge x^*_n. Den KonsumentInnenwünschen ist insofern Rechnung getragen worden, als tatsächlich von dem gewünschten Gut mehr zur Verfügung steht. Der Anreiz zur Produktionsausweitung für die Unternehmungen entstand aus der Preiserhöhung. Dies deutet an, dass in einer gewissen Hinsicht die Koordination in perfekten Konkurrenzmärkten nur auf sehr wenige Informationen angewiesen ist. Die Unternehmungen müssen über die Gründe und über das Ausmaß der Nachfrageverschiebung keine Informationen haben, alle relevanten Informationen sind unter den betrachteten idealisierten Wettbewerbsbedingungen im Preis des Gutes *verkörpert*.

Auf längere Sicht kann es noch weitere Anpassungen geben. Wenn im neuen Gleichgewicht die AnbieterInnen Gewinne machen, dann können andere Unternehmungen es attraktiv finden, ebenfalls auf diesem Markt anzubieten. Wenn sie dies tun und entsprechende Produktionskapazitäten schaffen und nutzen, verschiebt sich die Angebotskurve nach rechts, was dazu führt, dass sich wiederum ein neues Gleichgewicht mit einer noch größeren Produktionsmenge bei niedrigerem Preis einpendelt. Auf diese Weise sorgt die Konkurrenz zwischen den Unternehmungen um die KonsumentInnen dafür, dass die gewünschten Güter produziert werden. Bei scharfem Wettbewerb und kostenlosen Möglichkeiten des Marktzugangs und -austritts wird sich das Angebot so lange erhöhen, bis auf dem Markt keine Gewinne mehr erzielt werden. In diesem Fall ist der Preis mit den Durchschnittskosten identisch. Da die gewinnmaximale Menge nach der $p = K'$-Regel festgelegt wird und die Grenzkosten die Durchschnittskosten in deren Minimum schneiden, wird auf dem perfekten Markt zu minimalen Durchschnittskosten produziert.

Die Vorstellung, dass die „richtigen" Güter durch den Marktmechanismus zur Verfügung stehen, ist allerdings noch zu vage, d.h., es fehlt noch ein Maß dafür, in welchem Umfang es über den Marktmechanismus gelingt, das grundlegende Koordinationsproblem zu lösen. Bei *freiwilligem* Markttausch wird Handel beide Marktseiten besserstellen oder zumindest keine Seite schlechterstellen. Man weiß aber dennoch nicht, ob diese Besserstellung alle Vorteile ausnutzt, ob also alle denkbaren Verbesserungen gegenüber einer Ausgangssituation durch den Markt realisiert werden können. Um dies zu überprüfen, untersucht man die *Effizienz* des Gleichgewichts, indem allgemein danach gefragt wird, ob es noch möglich ist, die Situation der Beteiligten gegenüber einer Marktgleichgewichtslösung weiter zu verbessern.

3.4.6 Effizienz des Gleichgewichts

Mit Maßen für die Effizienz versucht man zu beurteilen, ob eine gegebene Lösung des Allokationsproblems mit den gegebenen Ressourcen schon die beste ist oder nicht. Gerechtigkeitsfragen sind davon getrennt zu analysieren. Wenn es gelingen könnte, durch eine etwas andere Zusammenstellung der Produktion *alle* besser als im anfänglichen Zustand zu stellen, dann kann die ursprüngliche Lösung noch nicht optimal sein. In gewisser Weise verschwendet man Ressourcen, wenn es im Rahmen der gegebenen Ressourcen nicht gelingt, die gesellschaftlich beste Versorgung mit Gütern und Dienstleistungen – gemessen an den aktuellen Wünschen der Bevölkerung – zu ermöglichen. Alle gängigen Effizienzmaße sind allerdings mit einer Reihe von methodologischen Problemen verbunden, da z.b. die Präferenzen der Menschen daran gemessen werden, wie viel sie bereit sind, für ein bestimmtes Produkt zu bezahlen (und damit auf andere Güter zu verzichten). Die Zahlungsbereitschaft hängt allerdings nicht allein davon ab, wie sehr man sich z.b. ein neues Fernsehgerät mit großem Bildschirmdurchmesser und allen technischen Raffinessen, ein Tablet-PC oder ein neues Smart-Phone wünscht. Auch das eigene Einkommen bestimmt die „Schmerzgrenze", bis zu der man bereit ist, dafür einen Preis zum Erwerb zu entrichten. Es gibt durchaus Effizienzmaße, die beide Effekte zu trennen versuchen, aber selbst die sind nicht frei von methodologischen Problemen. Zudem sind sie in der Handhabung viel schwieriger und erlauben weniger anschauliche Ergebnisse als einfache Maße, bei denen die Trennung der Effekte nicht gut möglich ist. Schon die vorgelagerte Frage zum Zusammenhang von gesellschaftlichem Gemeinwohl und dem Wohl einzelner Gesellschaftsmitglieder ist nicht trivial zu beantworten. Typisch für die Ökonomik ist, das Gemeinwohl abhängig von den Wünschen und Interessen der einzelnen Menschen zu verstehen, da die Gesellschaft aus der Menge der in ihr lebenden und interagierenden Individuen besteht. Bei den nachfolgenden Ausführungen ist aber zumindest Vorsicht zur Aussagekraft und zu den methodologischen Grundüberlegungen der Effizienzbetrachtungen angeraten. Beachtet werden muss stets, was genau damit gemessen wird und welche Aspekte eine eindeutige Schlussfolgerung u.U. schwierig machen.

3.4.6.1 PARETO-Effizienz und KALDOR-HICKS-Kriterium

Das wichtigste Effizienzkonzept der Ökonomik geht auf Vilfredo PARETO zurück. WEISE (2002) charakterisiert dieses Konzept als ein *schwaches Werturteil der Einstimmigkeit*. Ein gesellschaftlicher Zustand ist nach diesem Kriterium dann besser als ein anderer, wenn alle einstimmig diese Ansicht teilen. Als PARETO-effizient wird eine Situation gekennzeichnet, bei der es nicht mehr gelingt, durch eine andere Produktionsentscheidung im Rahmen knapper Ressourcen oder eine andere Verteilung der Güter den Nutzen von Personen zu steigern ohne gleichzeitig den Nutzen eines oder mehrerer anderer Menschen zu schmälern. Die VerliererInnen der neuen Struktur würden der Änderung nicht zustimmen, d.h., Einstimmigkeit wäre nicht mehr gegeben. Könnten aber *alle* Menschen von einer anderen Allokation der Ressourcen profitieren (zumindest nichts einbüßen), dann kann die Ausgangssituation die vorhandenen Ressourcen noch nicht optimal bzw. effizient ausgenutzt haben.

Nun gibt es womöglich nicht wirklich viele Situationen, bei denen sich durch Reformen bzw. Re-Allokationen alle gleichzeitig besser gestellt sähen. Viel öfter wird es so sein, dass eine Re-Allokation für einige eine Verbesserung bringt, für andere aber eine Verschlechterung. Solche Fälle können mit dem PARETO-Kriterium nicht miteinander verglichen werden. Würde man das Kriterium für tatsächliche Neuorientierungen heranziehen und nur bei eindeutigen PARETO-Verbesserungen Änderungen unterstützen, hieße dies, dass tendenziell der Status quo beibehalten wird. Denn sobald irgendeine Person einen Nachteil erleidet, kann das PARETO-Kriterium nicht mehr helfen zu entscheiden, wie dies im Vergleich zu den Vorteilen anderer Menschen zu bewerten ist.

Bei den Effizienzüberlegungen muss grundsätzlich bedacht werden, dass Effizienz nicht mit Effektivität oder Produktivität gleichgesetzt werden darf. Effektivität bezieht sich auf das Verhältnis zwischen einer Output- und einer Inputgröße. Effizienz hingegen beschreibt einen Zustand, bei dem der bestmögliche Kompromiss zwischen konkurrierenden Zielen bei knappen Ressourcen erreicht ist.

Weil viele Situationen wegen der Einstimmigkeitsforderung nach dem PARETO-Kriterium nicht miteinander verglichen werden können, hat sich ein weiteres, deutlich schwächeres Effizienzkonzept in der Mikroökonomik etabliert, das nach zwei bekannten Wirtschaftstheoretikern benannte KALDOR-HICKS-Kriterium. Dieses Kriterium zieht auch Situationen mit ein, bei denen Änderungen einige begünstigen, andere benachteiligen. Effizient ist danach eine Allokation, wenn die *Summe aller Vorteile* nicht mehr steigerungsfähig ist. Sollten also durch Re-Allokation Personen mehr gewinnen als andere verlieren, dann ist der ursprüngliche Zustand nach dem KALDOR-HICKS-Kriterium noch nicht optimal. Erst wenn niemand mehr von Änderungen so stark profitiert, dass es Nachteile anderer überkompensiert, ist eine Situation effizient. Diesem Konzept liegt die Vorstellung zu Grunde, dass es bei überproportionalen Vorteilen einiger möglich ist, die VerliererInnen zu kompensieren und die GewinnerInnen dennoch weiterhin besser gestellt sind als zuvor.

3.4.6.2 Ökonomische Rente

Mit dem KALDOR-HICKS-Blick auf die Vorteile des Markttausches wird unterstellt, dass es ausreiche, auf die *Summe* aller Vorteile zu schauen, weil es letztlich immer möglich sei, potentielle Verluste betroffener Individuen zu kompensieren, wenn andere Personen besonders stark profitieren. Das Konzept der Ökonomischen Rente versucht entsprechend, den Gesamtvorteil der Marktkoordination für alle MarktteilnehmerInnen gemeinsam zu identifizieren. Das betrifft in erster Linie die KonsumentInnen und die AnbieterInnen. Bei Eingriffen in das Marktgeschehen ist jedoch auch noch der Staat ein relevanter Akteur, wenn er (und dadurch die gesamte Gesellschaft) dadurch z.B. Steuereinnahmen hat und damit staatliche Leistungen finanziert oder wenn er Subventionen auszahlt und Kosten trägt. Diese Form der Effizienzbetrachtung wird ähnlich und sogar verschärft kritisch im Vergleich zum PARETO-Kriterium diskutiert (vgl. wiederum WEISE 2002). Erstens wird hinterfragt, welche Aussagekraft es überhaupt hat, auf *potentielle* Kompensierungen zu verweisen, wenn ein Ausgleich von Nachteilen der VerliererInnen einer Re-Allokation tatsächlich *nicht* stattfindet, es also ein rein hypothetisches Konstrukt bleibt. Eine gewisse Plausibilität hat das Maß für wiederkehrende Situationen, bei denen jede und jeder einmal zu den VerliererInnen und zu den GewinnerInnen gehört. Es reicht dann durchaus, auf die Summe der Vorteile zu schauen.

Gerechtigkeitsüberlegungen können zweitens sehr stark von den Effizienzbetrachtungen über die Ökonomische Rente abweichen. Nichtsdestotrotz ist das Maß für die Beurteilung der Qualität der Koordination der Märkte und zu den Konsequenzen staatlicher Eingriffe in das Marktgeschehen dominierend und kann auch einige wichtige Einsichten in die Funktionsweise von Märkten bieten.

Bei den KonsumentInnen dokumentiert die Lage der Nachfragekurve die Zahlungsbereitschaft für ein Gut. KonsumentInnen ziehen dann einen Vorteil aus dem Erwerb eines Gutes, wenn ihre Zahlungsbereitschaft höher ist als der Preis, den sie zahlen müssen. Wenn also Arielle bis zu 50,- € für ein Abendessen in einem Fischrestaurant mit gegebener und bekannt guter Qualität ausgeben würde, es aber für 30,- € bekommt, dann hat sie einen Vorteil in Höhe von 20,- €. Dieser Vorteil wird nun für die gesamten Konsummengen aller KonsumentInnen bestimmt. Als *Konsumentenrente* (KR) bezeichnet man die Fläche unterhalb der Nachfragekurve und oberhalb des Preises (Fläche Ap*C). Auf der Nachfragekurve können die Zahlungsbereitschaften abgelesen werden, und der Preis gibt an, wie viel die KonsumentInnen dafür tatsächlich bezahlen müssen.

Abb. 3.23: Ökonomische Rente

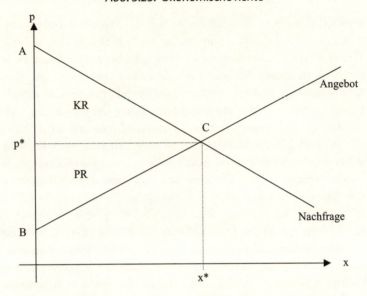

Die ProduzentInnen ziehen einen ähnlichen Vorteil aus der Existenz des Marktes. Die Angebotskurve gibt an, welchen Preis die HerstellerInnen zu einer bestimmten Menge mindestens erzielen müssen, um diese Menge anzubieten. Wenn der Marktpreis höher als dieser Mindestpreis ist, erzielen die Unternehmungen einen Vorteil, den man *Produzentenrente* (PR) nennt. Die gesamte Produzentenrente ergibt sich als die Fläche oberhalb der Angebotskurve, aber unterhalb des Preises (Fläche Bp*C).

Nun mag man einwenden, dass die Unternehmungen doch eigentlich an Gewinnen interessiert sind und die Gewinne auch den Vorteil für sie darstellen. Dem ist zu entgegnen, dass sich dadurch gar kein Widerspruch ergibt und die Produzentenrente zumindest ein starkes Indiz für den gesamten Gewinn in einem Markt darstellt. Die Fläche des Rechtecks p*x* gibt den gesamten Umsatz auf diesem Markt wieder. Der Gewinn ist bekanntlich als die Differenz aus Umsatz und Kosten definiert. Da die Angebotskurve den Grenzkosten entspricht, ergibt die Fläche unterhalb der Grenzkosten die gesamten variablen Kosten (beim Integrieren entsteht wiederum die ursprüngliche Kostenfunktion, allerdings ohne die Integrationskonstante der fixen Kosten). Somit ist die Produzentenrente der Umsatz abzüglich der variablen Kosten oder, anders ausgedrückt, der Gewinn plus die fixen Kosten. Solange sich an der Anzahl der AnbieterInnen in einem Markt nichts ändert, zeigen Veränderungen der Produzentenrente demnach Gewinnänderungen an.

Die Summe aus Produzentenrente und Konsumentenrente wird *Ökonomische Rente* genannt. Wenn der Staat in die Märkte eingreift, müssen allerdings noch Subventionsaufwendungen oder Steuereinnahmen abgezogen bzw. hinzugerechnet werden:

Ökonomische Rente (ÖR) = Konsumentenrente (KR)
  + Produzentenrente (PR)
  + Steuereinnahmen des Staates
    (aus Mengen- oder Wertsteuern)
  − Subventionsausgaben des Staates

3.4.7 Wirkung von Markteingriffen

Die nachfolgende Analyse birgt eine gewisse Gefahr in sich, dass Missverständnisse und Fehlinterpretationen entstehen. Es wird sich nämlich zeigen, dass auf perfekten Märkten so gut wie *jede* Form von Markteingriffen neben unterschiedlichen Verteilungswirkungen Ineffizienzen auf diesem Markt nach sich zieht, d.h., Steuern, Subventionen, Höchst- oder Mindestpreise verringern jeweils die Ökonomische Rente eines solchen Marktes, der durch vollständige Konkurrenz gekennzeichnet ist.[30]

Was leicht übersehen wird, ist, dass die abgeleiteten Ineffizienzen in keiner Weise ein Argument gegen Markteingriffe an sich darstellen, weil sich erstens das Ergebnis sofort ändern kann, wenn andere Marktformen oder Koordinierungsprobleme von Märkten vorliegen, und zweitens selbst bei perfekten Märkten Eingriffe gerechtfertigt werden können, sofern damit z.B. Steuereinnahmen erzielt werden, die wiederum dazu verwendet werden, nutzenstiftende Güter zu produzieren, welche aber nicht über Märkte gehandelt werden (können). Die folgenden Überlegungen zu verschiedenen Möglichkeiten, in die Preisbildung auf einem Markt einzugreifen, müssen deshalb so interpretiert werden, dass damit aufgezeigt wird, wie in einem *fiktiven perfekten* Markt das Koordinationsproblem gelöst wird, ohne dass staatliche Steuerungen die Koordination verbessern können. Außerdem geben die Überlegungen einen Referenzrahmen dafür ab, welche Effizienzverluste bei Marktverschließung (z.B. bei Monopolen) oder Marktversagen zu erwarten sind und wie in diesem Rahmen wirtschafts- und sozialpolitische Maßnahmen wirken.

---

[30] Es gibt wenige „neutrale" Möglichkeiten z.B. der Besteuerung, die hier aber nicht diskutiert werden, zumal sich die Beurteilung je nach Zeithorizont ändert. Unter sehr speziellen Angebots- und Nachfrageverläufen können sich ebenfalls in seltenen Fällen effizienzneutrale Ergebnisse zeigen.

Fall 1: Höchstpreis (p_H). Ein Höchstpreis ist nur marktwirksam, wenn er unterhalb des Gleichgewichts liegt. Da ein niedrigerer Preis als der Höchstpreis ja zulässig ist, würde sich das Marktgleichgewicht mit Angebot = Nachfrage in einem funktionierenden Konkurrenzmarkt einpendeln, falls dieser Preis oberhalb des Marktgleichgewichts festgelegt würde. Höchstpreise sollen in der Regel KonsumentInneninteressen dienen, z.B. auf dem Wohnungsmarkt, wenn die Preisanpassungen für Wohnungen nach oben hin begrenzt werden. Wie aber wirkt sich ein solcher Höchstpreis genau auf die Konsumenten-, die Produzenten- und die Ökonomische Rente im perfekten Konkurrenzmarkt aus?

Abb. 3.24: Höchstpreis

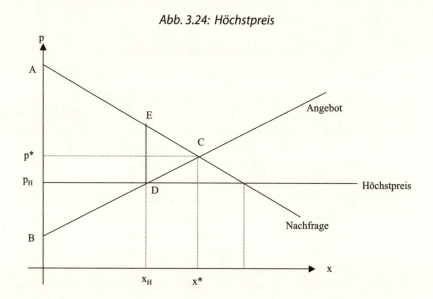

Die Angebotsmenge verringert sich von x^* auf x_H. Die NachfragerInnen möchten zu dem niedrigen Preis zwar eine größere Menge kaufen, aber die AnbieterInnen produzieren zu dem Höchstpreis nicht die entsprechende Gütermenge (die kurze Marktseite setzt sich mit ihren Mengenvorstellungen durch). Die Produzentenrente sinkt von Bp^*C auf Bp_HD. Die Wirkung auf die Konsumentenrente ist nicht eindeutig. Sie verändert sich von Ap^*C *bestenfalls* auf Ap_HDE. Das wäre dann der Fall, wenn genau die KonsumentInnen zum Zuge kämen, die auch die höchste Zahlungsbereitschaft für das Gut haben. Dies ist jedoch nicht sicher, da insgesamt die Nachfrage bei dem Höchstpreis das Angebot übersteigt und damit die Güter nicht allein über den Preismechanismus verteilt werden. Die Rationierung, d.h. Zuteilung der vorhandenen Güter könnte so geschehen, dass diejenigen, die zuerst ihren

Kaufwunsch angemeldet haben, zum Zuge kommen. Es könnte zur Verteilung der Güter auch ein Losverfahren verwendet werden, oder es könnten pro Person Mengenbeschränkungen eingeführt werden. Das gibt auch solchen Personen eine gewisse Kaufchance, die keine sehr hohe Zahlungsbereitschaft haben. Wenn dann aber die anderen mit sehr starken Präferenzen das Gut nicht oder nur geringe Mengen davon erwerben können, realisieren sie auch keine entsprechend hohe Rente. Die maximale Ökonomische Rente beträgt demnach ABDE, d.h., der Verlust an Ökonomischer Rente, den man auch als Effizienzverlust bezeichnet, ist *mindestens* EDC. Man kann erwarten, dass der Effizienzverlust im Normalfall größer als EDC sein wird, allein weil die besonders zahlungswilligen KonsumentInnen Anreize haben, „unproduktive" Kosten in Kauf zu nehmen, um doch an das Gut zu kommen. Wenn die Güter z.B. nach der Regel verteilt werden, dass die ersten KundInnen jeweils auch vorrangig bedient werden, könnten sie selbst wegen ihres großen Interesses an dem Gut viel Zeit für das Schlangestehen aufwenden, sie könnten auch andere Personen dafür bezahlen, dass sie sich in Schlangen stellen etc.

Es stellt sich in diesem Zusammenhang zusätzlich die Frage, ob eine Höchstpreisverordnung überhaupt so leicht durchsetzbar ist. Es könnten sich beispielsweise auch solche Personen um den Erwerb bemühen, die eigentlich gar kein Interesse an dem Gut für sich selbst haben, aber die Güter später weiter verkaufen möchten. Das verschärft zunächst das Problem der Warteschlangen, wird aber auch Schwarzmärkte generieren, auf denen sich dann wiederum Marktpreise unter Berücksichtigung der Risiken dieses Handels bilden. Wenn Schwarzmärkte nicht verhindert oder behindert werden können, sind Höchstpreise letztlich nicht vollständig durchsetzbar. Selbst wenn man die Einhaltung der Preise streng überwacht und Abweichungen unter Strafe stellt, gibt es Anreize, die Zahlungsbereitschaft der KonsumentInnen auszunutzen und „unproduktive" Ausgaben für die Absicherung illegaler Geschäfte zu tätigen. Auch dies senkt die Ökonomische Rente. Es gibt zudem eine Reihe relativ einfacher Maßnahmen der verdeckten Preiserhöhung, indem z.B. Kuppelgeschäfte angeboten werden, so dass man das fragliche Gut nur bekommt, wenn man ein anderes Produkt ebenfalls erwirbt, und dieses Kuppelprodukt wird dann zu erhöhten Preisen abgegeben, sofern es dafür nicht auch einen Höchstpreis gibt. Bei Mietpreisbindungen könnten VermieterInnen etwa auf die Idee kommen, möbliert zu vermieten (mit Apfelsinenkisten als besonders billige Möglichkeit; geerbtes Gelsenkirchener Barock lässt sich so auch gut entsorgen) oder die Übernahme von Einbauküchen zu verlangen und dafür sehr hohe Preise zu fordern. Diejenigen Personen mit einer hohen Zahlungsbereitschaft für die Wohnung werden sich auf solche Geschäfte einlassen.

Fall 2: Mindestpreise (p_M). Die Bestimmung des Effizienzverlustes ist analog zu der Höchstpreisvariante. Ein Mindestpreis, der eine Unterstützung für die HerstellerInnen auf Gütermärkten bieten soll, ist nur wirksam, wenn er oberhalb des Marktgleichgewichts festgelegt wird. Die Konsumentenrente sinkt von Ap*C auf Ap$_M$E. Der Effekt auf die Produzentenrente ist wiederum nicht ganz eindeutig, weil es eine Bandbreite zwischen einer maximalen und minimalen Produzentenrente gibt. Bei dem Mindestpreis gibt es einen Angebotsüberhang, und es ist nicht von vornherein klar, welche der AnbieterInnen ihre Produkte verkaufen können. Wenn es die AnbieterInnen mit den niedrigsten Grenzkosten sind, beträgt die maximale Produzentenrente Bp$_M$ED. Die damit verbundene maximale Ökonomische Rente ist ABDE. Wenn AnbieterInnen mit höheren Grenzkosten verkaufen können, dann verringert sich die Produzentenrente. Das folgt ebenso, wenn die Unternehmungen mit niedrigen Kosten besondere Werbemaßnahmen zur Unterstützung ihrer Verkaufsabsichten einsetzen. Auch bei einem Mindestpreis gibt es ähnliche Probleme bei der Durchsetzung wie bei einem Höchstpreis. Die Ökonomische Rente sinkt im fiktiven Referenzmodell auf alle Fälle, und es ist aus den genannten Gründen heraus zu erwarten, dass der Verlust größer ist als die minimal mögliche Effizienzeinbuße.

Abb. 3.25: Mindestpreis

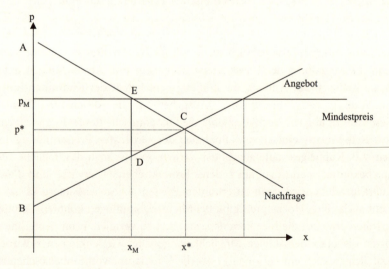

Fall 3: Mindestpreis mit Absatzgarantie. Wie gezeigt wurde, ist die Durchsetzung eines Mindestpreises problematisch und kann das Ziel, die AnbieterInnensituation zu verbessern, letztlich sogar verfehlen. In der Agrarpolitik ging

man zur Unterstützung der LandwirtInnen deshalb lange Zeit einen Schritt weiter. Der Mindestpreis wurde ergänzt um eine Abnahmegarantie. Das bedeutet, dass alle Produkte, die nicht von den KonsumentInnen zu dem Mindestpreis erworben werden, vom Staat aufgekauft (und häufig erst einmal gelagert) werden. Auf diesem Wege sind Butterberge und Milchseen entstanden.

Abb. 3.26: Mindestpreis mit Absatzgarantie

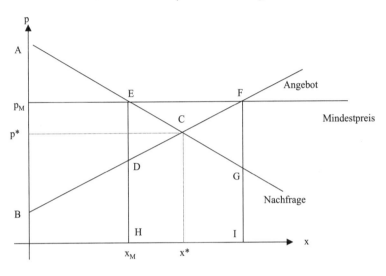

Wenn man zur Vereinfachung annimmt, dass die Lagerung oder Vernichtung dieser vom Staat aufgekauften Güter nichts kostet, ergeben sich die folgenden Effizienzwirkungen. Vor dem staatlichen Eingriff beträgt die Ökonomische Rente ABC. Mit der staatlichen Maßnahme sinkt die Konsumentenrente auf Ap_ME, die Produzentenrente steigt deutlich auf Bp_MF, wobei die KonsumentInnen die Menge p_ME kaufen und der Staat die Menge EF erwirbt. Die Summe aus Konsumenten- und Produzentenrente steigt auf AEFB.

Im Vergleich zu vorher ist ECF dazugekommen, d.h., die zusätzliche Produzentenrente ist größer als der Verlust an Konsumentenrente. Die Gesamtwirkung lässt sich jedoch erst erkennen, wenn man in die Betrachtung einbezieht, wie viel Geld der Staat für diese Maßnahme ausgeben muss, das er dann für nichts anderes verwenden kann. Die Ausgaben des Staates für die aufgekaufte Gütermenge entsprechen der Fläche des Rechtecks HEFI. Damit ergibt sich insgesamt ein Effizienzverlust von HECFI. Man ermittelt ihn, indem man von den Gesamtausgaben des Staates den Zuwachs an der Summe aus Konsumenten- und Produzentenrente abzieht.

Es gibt nicht unplausible Konstellationen, bei denen dieser Verlust sogar größer ist als die ursprüngliche Ökonomische Rente. Falls die staatlich aufgekauften Güter noch gelagert werden müssen, erhöht sich der Effizienzverlust durch die Kosten der Lagerung weiter. Der Staat kann die Produkte auch nicht einfach weiterverkaufen. Wenn er das im Inland versuchte, müsste er mit dem Preis heruntergehen, dann aber würden die NachfragerInnen den HerstellerInnen die Produkte nicht mehr zum Mindestpreis abkaufen. Sollte ein Verkauf zu einem niedrigeren Weltmarktpreis im Ausland möglich sein und Re-Importe verhindert werden können, kann sich u.U. der Effizienzverlust etwas reduzieren.

Fall 4: Steuern. Steuern sind die Haupteinnahmequellen des Staates. Wir betrachten hier eine Steuer, die auf einem speziellen Markt wirksam wird, wie etwa eine Biersteuer oder eine Mineralölsteuer. Im Prinzip gibt es dabei zwei Steuervarianten. Entweder wird die *Menge* besteuert (pro Stück, pro Liter etc.), die auf dem Markt gehandelt wird oder der *Wert* der gehandelten Güter, bei dem die Menge mit dem Preis multipliziert wird und der Umsatz die Besteuerungsgrundlage ist. Nachfolgend wird eine Stück- oder Mengensteuer betrachtet. Wenn die AnbieterInnen diese Steuer zahlen müssen, verschiebt sich die Angebotskurve parallel um den Steuerbetrag nach oben, weil sich durch die Steuer die Grenzkosten ändern. Zu den bereits gegebenen Grenzkosten muss jetzt für jedes verkaufte Stück ein bestimmter Steuerbetrag an den Staat abgeführt werden, was aus Sicht der Unternehmungen die Grenzkosten genau um den Steuerbetrag nach oben verschiebt (bei einer Wertsteuer würde sich die Angebotskurve nach links oben drehen).

Wie Abbildung 3.27 zeigt, liegt das neue Marktgleichgewicht im Punkt E (ohne Steuer ist C das Gleichgewicht). Die Ökonomische Rente ohne Steuer beträgt ABC, mit Steuer erhält man folgendes Bild. Die neue Summe aus Konsumenten- und Produzentenrente ist ADE, und der Staat erhält als Steuereinnahmen BDEF. Damit wird die gesamte Ökonomische Rente zu ABFE. Diese Rente ist kleiner als bei einem Markt ohne Steuer, und der Effizienzverlust beträgt EFC. Durch die Steuer wird – gegeben die Nachfrage und die tatsächlichen Grenzkosten – ineffizient wenig produziert. Wenn die Steuereinnahmen in Höhe von BDEF aber verwendet werden, um Güter zur Verfügung zu stellen, die nicht über Märkte angeboten werden *können*, dann kann es trotz des partiellen Effizienzverlustes natürlich gerechtfertigt sein, diese Steuer zu erheben. Es müsste dann allerdings gefragt werden, welche Art der Besteuerung möglichst geringe Effizienzverluste zum Zweck der Steuergenerierung nach sich zieht.

Abb. 3.27: Stücksteuer

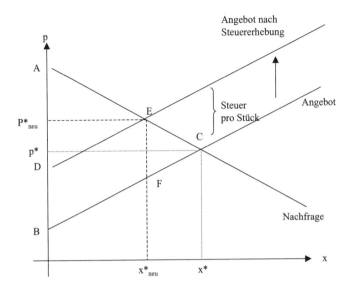

Eine interessante Frage ist es zu überprüfen, ob es einen Unterschied macht, ob die AnbieterInnen oder die NachfragerInnen die Steuer an den Staat abführen müssen. Im Falle, dass die AnbieterInnen die Steuern zahlen, war aus Sicht der NachfragerInnen der neue Preis p^*_{neu} in Höhe von E. Für die AnbieterInnen ist dies nur ein Bruttopreis, da sie die Steuer noch an das Finanzamt oder eine andere steuereinziehende Behörde abführen müssen und pro Stück letztlich nur einen Preis in Höhe von F erhalten. Wenn stattdessen die NachfragerInnen die Steuern bezahlen müssen, dann ändert sich nichts an der Angebotskurve, aber die Nachfragekurve verschiebt sich nach unten, und zwar exakt um den Steuerbetrag pro Stück. Der Grund liegt darin, dass die Bruttozahlungsbereitschaft gleich bleibt. Wenn aber die Steuer zu entrichten ist, sinkt entsprechend die Nettozahlungsbereitschaft (Preis abzüglich Steuer). Im folgenden Schaubild sind die Konsequenzen dieser Form der Besteuerung skizziert:

Abb. 3.28: NachfragerInnen als SteuerzahlerInnen

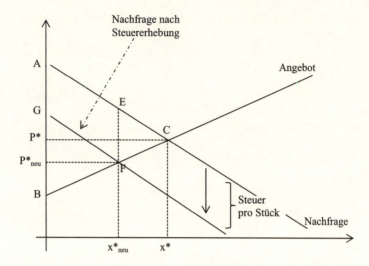

Das neue Marktgleichgewicht liegt im Punkt F. Der neue Gleichgewichtspreis ist derjenige, den die Unternehmungen erhalten. Aus Sicht der KonsumentInnen kommt dazu noch die Steuer, d.h., für sie beträgt der Preis inklusive der Steuer E. Damit aber haben wir das *identische* Ergebnis im Vergleich zu dem Fall, dass die AnbieterInnen SteuerzahlerInnen sind. Es ergeben sich dieselben Brutto- und Nettopreise, auch die Konsumenten- und Produzentenrenten ergeben die gleichen Werte. Das ist deshalb ein bemerkenswertes Ergebnis, weil sich bei politischen Auseinandersetzungen immer wieder „Scheingefechte" daraus ergeben, dass der Festlegung der Steuer- oder BeitragszahlerInnen eine verteilungswirksame Rolle zugeschrieben wird, die sie tatsächlich nicht oder nur unter sehr speziellen Umständen hat.

Zum Beispiel ist immer wieder umstritten, welche Anteile ArbeitnehmerInnen oder ArbeitgeberInnen in die Sozialversicherungen einzahlen sollen. Nach der gerade erfolgten Analyse spielt das eigentlich gar keine Rolle. Wer tatsächlich die „Last" einer Steuer oder eines Beitrags zu zahlen hat, hängt nicht davon ab, wer das Geld an den Staat oder die Sozialversicherungen konkret überweist, sondern wesentlich von den Steigungen der Angebots- und Nachfragekurven, weil die bestimmen, welche neuen Preise sich einpendeln. Dies wird am Beispiel des Wohnungsmarktes noch ausführlicher diskutiert.

Fall 5: Subventionen. Die Diskussion zu den Wirkungen von Subventionen, die an der Produktionsmenge oder dem Umsatz auf einem Markt ansetzen, ist analog zu der Frage nach den Wirkungen der Besteuerung. Als Beispiel wird eine Stücksubvention an die AnbieterInnen betrachtet. Diese Subvention führt zu einer Verschiebung der Angebotskurve nach unten, weil die Grenzkosten um den Subventionsbetrag sinken. Das neue Gleichgewicht ist im Punkt E gegeben (ohne Subvention würde wiederum Punkt C realisiert). Ohne den Markteingriff ist die Ökonomische Rente durch ABC gegeben. Nach der Subventionierung gilt:

KR + PR = AED,

Δ(KR + PR) = DBCE,

Subventionsaufwand: DBFE.

Insgesamt ergibt sich ein Effizienzverlust von CFE. Im Subventionierungsfall wird ineffizient viel produziert, d.h., bei der neuen Gleichgewichtsmenge liegt die Zahlungsbereitschaft für die Mengen oberhalb von x^* unter den tatsächlichen Grenzkosten für diese Produktionsmengen, so dass es volkswirtschaftlich sinnvoll wäre, von diesem Gut weniger zu produzieren und stattdessen andere Produkte herzustellen, die stärker präferiert werden.

Abb. 3.29: Stücksubvention

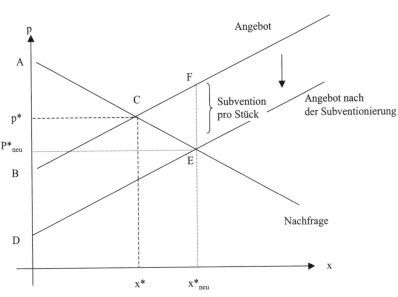

3.4.8 Markteingriffe am Beispiel des Marktes für Mietwohnungen

Um die grundsätzliche Argumentationsweise von Marktmodellen noch einmal aufzuzeigen und die sozialpolitische Relevanz der eben diskutierten Zusammenhänge exemplarisch bereits an dieser Stelle zu verdeutlichen, soll nun die Frage geklärt werden, warum in bestimmten Wohnvierteln besonders viele HARTZ-IV-EmpfängerInnen, Arbeitslose, Überschuldete, Alleinerziehende und kinderreiche Familien leben und in welcher Weise wohnungspolitische Maßnahmen die Bildung von sozialen Brennpunkten und die soziale Lage der Betroffenen über das Marktgeschehen beeinflussen. Dazu wird wieder sehr stark abstrahiert, indem unterstellt wird, dass es nur zwei Personengruppen gibt: „Arme" und „Reiche". Innerhalb der beiden Gruppen gibt es im Beispiel jeweils keine Einkommensunterschiede, d.h., alle Reichen haben das gleiche Einkommen (5000,- €), alle armen Personen haben ebenfalls ein identisches Einkommen (2200,- €), das aber deutlich niedriger als das der Reichen liegt.[31] Weiterhin wird vereinfachend angenommen, dass es auch nur zwei Wohnungstypen gibt, die für die Untersuchung von Interesse sind: gute Wohnungen (gutes Viertel, gute Wohnungsausstattung wie goldene Wasserhähne, Fußbodenheizung, Marmorfliesen etc.) und schlechte Wohnungen (weniger Quadratmeter, Stadtrand, Hochhaussiedlung, weniger gute Ausstattung). Innerhalb der beiden Klassen ist die Qualität der Wohnungen jeweils homogen, also gleichartig und -wertig. Es soll nun in einer Marktanalyse untersucht werden, wer in den guten und wer in den schlechten Wohnungen wohnen wird und inwieweit sich die Zusammensetzung der MieterInnen durch wohnungspolitische Maßnahmen verändert.

Der Wohnungsmarkt wird – in der bereits bekannten Art und Weise – grafisch dargestellt, und wir schauen zunächst auf den Markt für gute Wohnungen. An den Achsen des folgenden Diagramms ist an der Ordinate der Preis der Wohnungen, also die Miethöhe, abgetragen und an der Abszisse die Menge der Wohnungen. Für das Angebot wird zunächst unterstellt, dass sich kurzfristig die Menge der Wohnungen nicht ändern wird und dass die AnbieterInnen ab einer geringen Miethöhe auch bereit sind, die Wohnungen zu vermieten, da der Leerstand Verluste mit sich bringt. Bei höheren Mieten werden natürlich ebenfalls alle Wohnungen angeboten, so dass das Angebot

---

[31] Das ist sicherlich insgesamt eine sehr unrealistische Unterstellung, aber andere Annahmen über die Einkommensverteilung machen die Analyse nur komplexer, ändern jedoch nichts am grundsätzlichen Ergebnis. Die Unterteilung in arm und reich wird manchen vielleicht angesichts der nachfolgenden Zahlenbeispiele zynisch vorkommen. Es geht hier nicht um Armut im Sinne einer Existenzbedrohung, sondern soll nur deutliche Einkommensunterschiede zu der Gruppe der Reichen andeuten. Allein die relative Position sei durch die Begriffe „arm" und „reich" beschrieben.

als Senkrechte dargestellt werden kann, weil das Angebot an Wohnungen von 200,- € aufwärts nicht mit der Miethöhe variiert. Ab einer Miete von 200,- € werden also sämtliche Wohnungen, hier 200 Einheiten, angeboten.

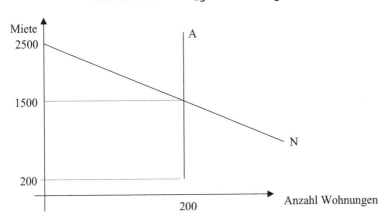

Abb. 3.30: Markt für „gute" Wohnungen

Die Nachfrage gibt an, wie viele Wohnungen zu verschiedenen Preisen nachgefragt werden. Schauen wir dazu erst einmal auf die Gruppe der Reichen. Da sie alle das gleiche Einkommen haben, hängt der Nachfrageverlauf nur von ihren Präferenzen, ihren Vorlieben, ab. Hier wird unterstellt, dass bei einer Miethöhe oberhalb von 2500,- € selbst niemand von den Reichen mehr Interesse an einer guten Wohnung hat und es angesichts der hohen Miete vorzieht, in einer schlechteren Wohnung zu leben. Ab 2500,- € abwärts gibt es aber bei der Gruppe der Reichen erste InteressentInnen für eine gute Wohnung. Das sind solche Personen, für die das Gut „Wohnen" sehr wichtig ist. Für andere Reiche ist das Wohnen weniger entscheidend, weil sie sich mehr für andere Güter interessieren (Reisen, Kleidung, Segelboote, Automobile, Wellness-Wochenenden im Luxushotel, Bio-Lebensmittel aus fairem Handel, Ballett-, Reit- und Chinesisch-Unterricht für ihre noch nicht schulpflichtigen Kinder etc.). Je niedriger die Miete ist, desto mehr Reiche wären bereit, eine der guten Wohnungen zu mieten. Deshalb verläuft die Nachfragekurve fallend. Je niedriger die Miete ist, desto mehr NachfragerInnen für die Wohnungen gibt es.

Was ist mit der weniger wohlhabenden Bevölkerungsgruppe? Auch in ihr gibt es InteressentInnen für gute Wohnungen. Aber die Lage der Nachfragekurve hängt ja von mehreren Faktoren ab, zum einen von den Präferenzen und zum anderen vom Einkommen. Selbst die Reichen unterliegen einer

Einkommensbeschränkung, die dazu führt, dass bei sehr hohen Mieten das Interesse an den guten Wohnungen schwindet. Es sei angenommen, dass die Personen der Gruppe der NiedrigeinkommensbezieherInnen auch unterschiedliche Präferenzen hinsichtlich der Wohnqualität haben. Einige ordnen der Wohnung einen sehr hohen Stellenwert zu und nehmen notfalls Entbehrungen in anderen Bereichen in Kauf, um gut zu wohnen (Pellkartoffeln und Quark als Standardessen, Kleidung nur aus Secondhand-Läden etc.). Arme InteressentInnen kommen ab einer Miethöhe von 1700,- € abwärts zu den NachfragerInnen dazu. Je niedriger die Miete ist, desto mehr arme Individuen möchten eine gute Wohnung mieten.[32]

Welche Miethöhe wird sich in einem unregulierten Markt ergeben? Läge die Miete oberhalb des Schnittpunktes von Angebot und Nachfrage, also tatsächlich etwa bei 1600,- €, würden nicht alle 200 Wohnungen AbnehmerInnen finden. Man spricht in diesem Fall bekanntlich von einem Angebotsüberhang. Die VermieterInnen werden mit Mietsenkungen reagieren, um überhaupt MieterInnen zu finden, d.h., der Preis, hier die Miete, wird sinken. Läge die Miete hingegen unterhalb des Schnittpunktes der beiden Geraden (z.B. bei 1300,- €), dann gäbe es mehr InteressentInnen als Wohnungen zur Verfügung stehen. In diesem Fall wird es eine Tendenz zur Mietpreiserhöhung geben. In einem funktionierenden perfekten Markt wird sich eine Gleichgewichtsmiete einstellen, die im Schnittpunkt der Angebots- und der Nachfragekurve liegt. Das ist in unserem Beispiel bei einer Miete von 1500,- € der Fall. Bei dieser Miete ist der Markt *geräumt*: Es gibt 200 Wohnungen im Angebot, und es werden auch genau 200 Wohnungen nachgefragt.

Wie wird die Verteilung der MieterInnen bei guten Wohnungen aussehen? Es werden viele Reiche in den guten Wohnungen leben, aber auch ein paar Personen aus der armen Bevölkerungsgruppe, nämlich genau die Personen, für die das Wohnen einen besonders hohen Stellenwert hat und die ansonsten von Pellkartoffeln und Quark leben. Es gibt auch einige Reiche, die nicht in den guten Wohnungen unterkommen. Das sind diejenigen, für die das Wohnen keine Priorität besitzt (vielleicht solche, die eine sehr hohe Zahlungsbereitschaft für Urlaubsreisen haben und die sowieso kaum daheim sind).

Wo kommen aber all die Personen unter, die nicht in einer guten Wohnung leben? Es wurde ja angenommen, dass es auch einen Markt für schlechte

---

[32] Die Annahme über relativ hohe Zahlungsbereitschaften für gute Wohnungen einiger armer Personen verhindert, dass es von vornherein eine vollständige Trennung der Wohnbevölkerung in dem Sinne gibt, dass die Armen ausschließlich in den schlechten und die Reichen in den guten Wohnungen leben. Denkbar sind solche Fälle aber durchaus.

Wohnungen gibt. Auch auf diesem Markt soll es 200 Wohnungen geben, und das Angebot verläuft auch auf diesem Markt senkrecht, d.h., die Menge an Wohnungen variiert kurzfristig nicht mit der Miethöhe. Es sei unterstellt, dass die nicht befriedigte Nachfrage auf dem Markt für gute Wohnungen auf dem für die schlechten Wohnungen wirksam wird.[33] Das betrifft den Teil der Nachfragekurve, der auf dem zuvor betrachteten Markt rechts vom Gleichgewicht (d.h. unterhalb von 1500,- €) liegt. Die Angebots- und Nachfragesituation auf dem Markt für schlechte Wohnungen sieht demnach wie folgt aus:

Abb. 3.31: Markt für „schlechte" Wohnungen

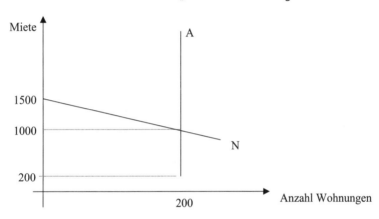

Im Gleichgewicht dieses Marktes werden alle verfügbaren Wohnungen (200 Einheiten) zu je 1000,- € vermietet. Es gibt immer noch Individuen, die keine Wohnung bekommen haben (Nachfrage unterhalb von 1000,- €). Man mag sich Sorgen um diese Menschen machen, aber zur Beruhigung: Diese Personen sind typischerweise nicht wohnungslos. Sie müssen jedoch auf noch kleinere und schlechter ausgestattete Einheiten ausweichen oder müssen sich mit anderen Personen eine Wohnung teilen. Das kann z.B. bedeuten, dass mehrere Generationen einer Familie gemeinsam leben oder Wohngemeinschaften gebildet werden. Bei niedrigeren Mieten würden einige dieser Personen andere Wohnformen eventuell vorziehen.

In den schlechten Wohnungen werden wenige Reiche und viele Arme wohnen. Nehmen wir nun an, aus anderen Wissenschaften hätten wir Kenntnisse darüber, dass die Zusammensetzung der Wohnbevölkerung, also in ge-

---

[33] Vereinfachend wird angenommen, dass es keine Abschläge der Zahlungsbereitschaft beim Wechsel in einen anderen Wohnungsmarkt gibt.

wisser Weise das Milieu, Einfluss auf die Verhaltensweisen Jugendlicher hat. Außerdem erscheint es vielen Menschen grundsätzlich als ungerecht, dass die BezieherInnen geringer Einkommen so schlecht mit gutem Wohnraum versorgt werden. Die Wohnungspolitik wird daraufhin aufgefordert, dafür zu sorgen, dass die „Armen" bei der Wohnungsversorgung nicht benachteiligt werden. Es wird also das Ziel gesetzt, dass mehr der Ärmeren in den guten Wohngegenden unterkommen und sich möglichst auch die finanzielle Lage der Armen verbessert. Gerechtigkeitsargumente überzeugen die PolitikerInnen, dass entsprechende Maßnahmen ergriffen werden sollten. Welche Maßnahmen könnten nun geeignet sein, diese Ziele zu erreichen? In Frage kommen: Festlegung von Höchstmieten, Kündigungsschutz, Mietbeihilfen, sozialer Wohnungsbau, Einkommensumverteilung. Hier sollen die ersten drei Möglichkeiten näher analysiert werden.

Möglichkeit 1: Höchstmieten

Angenommen, es wird entschieden, dass alle Wohnungen – unabhängig von ihrer Güte und Lage – höchstens 1000,- € kosten dürfen. Das soll dazu führen, dass mehr arme Personen eine gute Wohnung beziehen können. Für den Markt der schlechten Wohnungen ist das zunächst nicht relevant, weil dort die Gleichgewichtsmiete gerade 1000,- € beträgt, und diese Miethöhe ist ja in diesem Fall der Höchstmiete von ebenfalls 1000,- € zulässig. Für den Markt der guten Wohnungen hat diese Maßnahme Konsequenzen, die im nachfolgenden Schaubild dargestellt sind.

Abb. 3.32: Höchstmiete

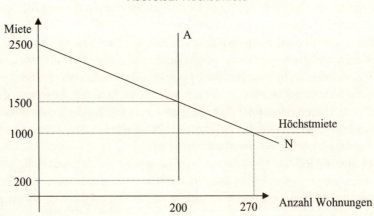

Bei einer Miete von 1000,- € möchten mehr Personen (270) eine Wohnung mieten als Wohnungen vorhanden sind (200), d.h., es gibt einen Nachfrageüberhang. Wenn die VermieterInnen die Vorschrift nicht durch Abstandszahlungen, Vermietungen möblierter Wohnungen mit überteuerten Anteilen für die Möblierung etc. umgehen können und tatsächlich zu 1000,- € vermieten, dann werden sich jeweils mehrere Personen für einzelne Wohnungen interessieren. Dabei wird es mehr arme InteressentInnen geben, aber auch einige reiche, für die das Wohnen eigentlich nicht so wichtig ist und die sich bei einer Miete von 1500,- € gegen eine gute Wohnung entschieden haben. Diese werden nun gute Wohnungen nachfragen. Es stellt sich die Frage, wie die Festsetzung einer Höchstmiete die Zusammensetzung der Wohnbevölkerung beeinflussen wird.

Für die guten Wohnungen gibt es jetzt mehr arme, aber auch mehr reiche InteressentInnen. Die VermieterInnen können sich bei einem Nachfrageüberschuss aussuchen, an wen sie vermieten. Wenn sie an regelmäßigen, zuverlässigen Mietzahlungen interessiert sind und Bedenken bzw. Vorurteile gegenüber armen MieterInnen haben, werden sie reiche WohnungsinteressentInnen den armen vorziehen. Bei jedem nicht geräumten Markt gibt es spezielle Diskriminierungsmöglichkeiten. Die „kurze Marktseite" – hier das Angebot – kann sich aussuchen, wem die Wohnungen gegeben werden. Sollten die VermieterInnen Reiche aus den geschilderten Gründen gegenüber den Armen vorziehen, wird im Endeffekt die Verteilung der MieterInnen noch ungleicher, d.h., es werden mehr Reiche in der guten Wohngegend (zu günstigeren Konditionen) wohnen als zuvor. Einige der Ärmeren müssen in die schlechtere Wohngegend abwandern. An der Miethöhe in den schlechten Wohnungen ändert sich in der beschriebenen speziellen Konstellation nichts. Interessant ist, dass alle Wohnungen nun gleich viel kosten und trotzdem eine klare Wohntrennung zwischen arm und reich stattfindet, wobei die Reichen jetzt den Zusatzvorteil haben, für die gleiche Miete wie die Armen viel bessere Wohnungen zu haben.[34] Die Verteilung der Wohnungen richtet sich nun nicht mehr nach der Zahlungsfähigkeit, sondern basiert auch auf sozialen Kategorien. Alleinerziehende, Arbeitslose, AusländerInnen oder kinderreiche Familien werden bei typischen Vorurteilen besondere Schwierigkeiten haben, eine der guten Wohnungen zu bekommen.

---

[34] Das ist ein generelles Phänomen bei der Analyse der Unterversorgung bestimmter Bevölkerungsgruppen. Es genügt nicht, auf die Einkommensverteilung zu schauen, da Benachteiligte in verschiedenen Märkten zu gleich hohen Preisen teilweise keinen Zugang zu den qualitativ besseren Gütern oder Dienstleistungen bekommen. Das betrifft u.a. Kredit- und Versicherungsmärkte. Diese Zusammenhänge werden bei der Frage nach geeigneten Maßen zur Messung von Armut noch einmal aufgegriffen.

Möglichkeit 2: Kündigungsschutz

Kündigungsschutzregeln sollen den MieterInnen Sicherheit bieten. In unserem Beispiel betrifft das natürlich auch die Sicherheit für ärmere MieterInnen, Wohnungen in der besseren Wohngegend behalten zu können, sofern sie die Miete aufbringen können und wollen. Sehr ausgeprägte und umfassende Kündigungsschutzregeln können jedoch auch problematisch sein. Für die VermieterInnen bedeutet es eine langfristige Vertragsbindung. Da sie in der Regel Interesse daran haben, dass mit den Wohnungen pfleglich umgegangen wird, Mieten pünktlich gezahlt werden und nur geringe Zusatzkosten der Vermietung anfallen, möchten sie gern entsprechend zuverlässige MieterInnen finden. Falls sie jedoch die Gleichgewichtsmiete verlangen, haben sie keine Auswahl bei der Belegung der Wohnungen (200 BewerberInnen bei insgesamt 200 Wohnungen). Es kann sich für die VermieterInnen deshalb lohnen, die Miete etwas zu senken, damit sie mehr BewerberInnen bekommen, aus denen sie sich dann die Interessierten heraussuchen können, von denen sie *annehmen*, dass es keine Probleme im langfristigen Mietverhältnis geben wird. Wenn viele VermieterInnen das machen, sinkt das Mietniveau, und es ergeben sich exakt die gleichen Phänomene wie bei der Festlegung einer Höchstmiete, nämlich ein Nachfrageüberhang für die guten Wohnungen, eine daraus resultierende Diskriminierung bei der Vergabe der Wohnungen und eine deutliche Trennung zwischen „arm" und „reich" bei der Belegung der Wohnungen.

In beiden Fällen ergeben sich in unserem konstruierten Beispiel bei der Miete für schlechte Wohnungen geringe oder keine Konsequenzen, d.h., es bleibt dabei, dass dort 200 Wohnungen jeweils für etwa 1000,- € vermietet werden.[35] Auch an der Ökonomischen Rente hat sich in dem Beispiel nichts geändert, nur die Verteilung der Wohnungen und der Vorteile (Renten) sieht jetzt anders aus. Das liegt an der speziellen Annahme der senkrechten Angebotsverläufe. Wenn man den Wohnungsmarkt in längerer Frist analysiert, kann man unterstellen, dass hohe Mieten die Bautätigkeit anregen, so dass längerfristig bei einem hohen Mietniveau mehr Wohnungen zur Verfügung

---

[35] Das Verlassen des markträumenden Gleichgewichts im Markt für gute Wohnungen kann dazu führen, dass sich die Zusammensetzung der NachfragerInnen für schlechte Wohnungen ändert. Da unterschiedlich hohe Zahlungsbereitschaften für die Wohnungen unterstellt werden, kann es zu Verschiebungen oder Drehungen der Nachfragekurve kommen. Von diesem Phänomen wird hier abstrahiert. Wenn es zu Veränderungen der Nachfrage kommt, wird sich in der Tendenz die Miete im Markt für schlechte Wohnungen erhöhen, weil zahlungswillige arme MieterInnen bei den guten Wohnungen nicht zum Zuge kommen und schlechte Wohnungen nachfragen müssen, während weniger zahlungswillige reiche MieterInnen eine gute Wohnung erhalten und nicht mehr als NachfragerInnen bei den schlechten Wohnungen auftreten.

stehen. Die Angebotskurve verläuft dann von links unten nach rechts oben, d.h., bei niedrigen Mieten werden wenig Wohnungen gebaut und zusätzlich zu den Beständen vermietet, bei hohen Mieten werden mehr Wohnungen auf dem Markt angeboten. Im folgenden Schaubild ist skizziert, welche Konsequenzen es hat, wenn eine Höchstmiete von 1200,- € festgelegt würde. Dabei wird zur Vereinfachung unterstellt, dass das Angebot schlechter Wohnungen weiterhin senkrecht verläuft.

Abb. 3.33: Höchstmiete und Marktinterdependenzen

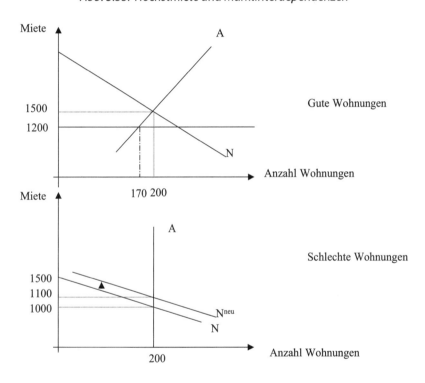

Durch die Festlegung einer Höchstmiete (hier: 1200,- €) verringert sich bei den guten Wohnungen das Angebot von 200 auf 170 Wohnungen. Dadurch werden weniger Personen als zuvor dort mit Wohnungen versorgt, so dass die Nachfrage nach schlechten Wohnungen steigen wird (alle „Unversorgten" müssen sich Alternativen überlegen). Die Nachfragesteigerung wird wiederum zu höheren Mieten bei den schlechten Wohnungen führen. In diesem Fall ist die Maßnahme doppelt negativ für die arme Bevölkerungsschicht. Konsequenz der Höchstmiete wird wiederum sein, dass durch die Diskriminierungsmöglichkeiten noch weniger Arme eine gute Wohnung bekommen, und außerdem werden die schlechten Wohnungen auch noch teurer. Insgesamt ist auch die gesamte Wohnungsversorgung schlechter geworden. Vorher gab es 400 Wohnungen, jetzt nur noch 370.

Möglichkeit 3: Mietsubventionen
Um die Effekte von Mietsubventionen in besonders drastischer Weise zu betrachten, sei angenommen, die Trennung von „arm" und „reich" sei vollständig, d.h., es wohnen nur arme Personen in den schlechten Wohnungen, und es gelte wiederum das ursprüngliche Gleichgewicht von 1000,- €. Nun wird erwogen, diesen armen MieterInnen Wohngeld zu gewähren, da die 1000,- € als ungerecht hoch angesehen werden. Denn dabei verbleiben den Armen nur noch 1200,- € Resteinkommen von ihren 2200,- € zur Bestreitung des übrigen Lebensunterhalts. Man muss jetzt zwei Fälle unterscheiden, erstens die Möglichkeit, dass allein nach dem Einkommen Wohngeld gezahlt wird. In diesem Fall könnte es dazu kommen, dass mehr arme Personen sich auch für die guten Wohnungen interessieren. Solange auf dem Markt für gute Wohnungen aber kein markträumendes Gleichgewicht erreicht wird, wird sich an der Diskriminierung wenig ändern, so dass nach wie vor für die Armen nur die schlechten Wohnungen bleiben. Die Mietbeihilfe kann aber auch zweitens daran festgemacht werden, dass sich die Familien mit – ihrem Einkommen entsprechenden – „angemessenen" Wohnraum versorgen. In diesem Fall sind sie von vornherein auf die schlechten Wohnungen angewiesen, wenn gute Wohnungen nicht subventioniert werden. Es sei unterstellt, dass es deshalb ausreiche, nur auf den Markt der schlechten Wohnungen zu schauen.

Die Nachfragekurve wird sich parallel um den Subventionsbetrag nach oben verschieben. Nehmen wir an, die armen MieterInnen erhalten (da sie ja alle ein identisch hohes Einkommen haben), jeweils eine Mietbeihilfe von 300,- €. Eine Person, die vorher bereit war, maximal 1000,- € für eine Wohnung auszugeben, hat nun eine neue „Schmerzgrenze", nämlich 1000,- € plus die Mietbeihilfe. Also ist diese Person nun bereit, maximal 1300,- € für die Wohnung auszugeben. Eine Familie oder ein Individuum mit einer vorherigen Zahlungsbereitschaft von 1500,- € zahlt nun maximal 1800,- € und alle, die zuvor 700,- € gezahlt hätten, würden jetzt im Höchstfall 1000,- € ausgeben. Dass sich die Nachfrage genau um den Subventionsbetrag nach oben verschiebt, liegt an der Bindung der Unterstützung an die Anmietung einer schlechten Wohnung. Ohne Mietvertrag gibt es kein Wohngeld. Welchen Effekt wird nun diese Subventionierung auf dem Markt für schlechte Wohnungen haben? Dies zeigt die folgende Grafik:

Abb. 3.34: Mietbeihilfe

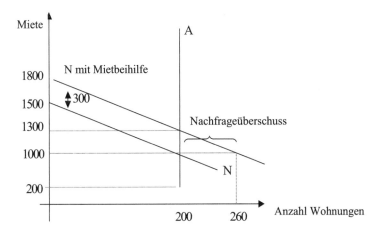

Durch die Mietsubvention steigt die Nachfrage. Da nach wie vor nur 200 Wohnungen vorhanden sind, gibt es bei dem alten Gleichgewicht von 1000,- € einen Nachfrageüberschuss. Dies wird zu steigenden Mieten führen. Bei senkrechter Angebotskurve steigt die Miete exakt um den Subventionsbetrag. Für die MieterInnen hat sich auf den ersten Blick hinsichtlich der Wohnungskosten nichts geändert. Sie zahlen 300,- € mehr Miete, erhalten diese 300,- € aber auch als Beihilfe vom Staat. Die GewinnerInnen dieser politischen Maßnahme sind die VermieterInnen, die de facto subventioniert werden und nun 1300,- € Miete erhalten und typischerweise weniger als 300,- € als zusätzliche Steuern zur Finanzierung der Mietbeihilfe aufbringen müssen. Wenn die MieterInnen zur Finanzierung der sozialpolitischen Maßnahme ebenfalls höhere Steuern zahlen müssen, hat sich ihre Situation gegenüber der Ausgangslage ohne Mietbeihilfe sogar absolut verschlechtert. Es ist zu einer Umverteilung von unten nach oben gekommen, es ist also genau das Gegenteil dessen eingetreten, was man sich durch die Maßnahme versprochen hat.

Die vorgestellten Maßnahmen klingen zunächst plausibel, um Ungerechtigkeiten auf dem Wohnungsmarkt zu beseitigen und soziale Brennpunkte zu entschärfen. Man spricht manchmal von einer Tragödie der guten Absicht, wenn sich über Systemeffekte auf den Märkten Konsequenzen ergeben, die die ursprüngliche Situation nicht verbessern, sondern sogar verschärfen. Dabei ist zu beachten, dass die Effekte sich zwar auf reine Verteilungsfragen beschränken können (wie bei den senkrechten Angebotsgeraden im Wohnungsmarktbeispiel), sich bei „normal" verlaufenden Angebots- und Nachfragekurven aber zusätzlich Effizienzverluste durch die Angebotseinschränkung ergeben.

3.4.9 Allokation und Verteilung in einem System perfekter Märkte

In der bisherigen Analyse der Preisbildung in einem perfekten Markt und der Auswirkungen von politischen Eingriffen in die Preisbildung zeigten sich sowohl Allokations- als auch Verteilungswirkungen. Im perfekten Markt kann die Allokation nicht weiter verbessert werden, jede Form des Markteingriffs ist bestenfalls effizienzneutral (bei senkrechter Angebots- oder Nachfragekurve z.B.). Bei „normal" verlaufenden Angebots- und Nachfragekurven haben Eingriffe in die Preisbildung Effizienzverluste zur Folge. Es darf dabei aber nie vergessen werden, dass dies erstens zunächst nur für die partiell betrachteten Märkte gilt, und zweitens bei anderen Marktformen und bei Problemen der Marktkoordination grundsätzlich andere Ergebnisse der Effizienzbetrachtung folgen. Die Verteilungswirkungen bei den bislang betrachteten Beispielen waren nicht eindeutig, und es sind bislang auch noch keine allgemeinen Vorstellungen über die Verteilung der Güter in einem Marktsystem erfolgt, obwohl die Verteilungsfrage für die Koordinierungsprobleme einer Gesellschaft keinesfalls unerheblich ist. Deshalb sollen noch einige allgemeine Anmerkungen zu der Allokations- und Verteilungsproblematik in einem System perfekter Märkte erfolgen.

3.4.9.1 Preisbildung und Knappheit

In der Marktkoordination sind die Preise die Signale, nach denen die AnbieterInnen und NachfragerInnen ihr Verhalten ausrichten. Preise steuern die angebotene und die nachgefragte Gütermenge, und sie bestimmen die Gewinne oder Verluste der Unternehmungen, die in kurzfristigen Marktgleichgewichten realisiert werden und die für Markteintritte und -austritte von Unternehmungen verantwortlich sind. Preise steuern nicht nur das Geschehen auf Gütermärkten, sondern auch auf den Faktormärkten, z.B. dem Arbeitsmarkt.

Wie bereits im Kapitel 2 über die Arbeitsteilung argumentiert wurde, werden sich die AnbieterInnen auf solche Leistungen oder Güter spezialisieren, die einerseits so begehrt sind, dass andere Personen bereit sind, eine große Menge ihrer eigenen Güter und Leistungen dafür zu tauschen. Neben dem Tauschwert der Güter wird andererseits auch die Befriedigung durch die Herstellung der Güter selbst, die Freude an der Tätigkeit, das Angebot beeinflussen. Besonders viel für die eigenen Güter kann man von anderen bekommen, wenn es den anderen Personen auf Grund ihrer Fähigkeiten oder Ausstattungen schwerer als einem selbst fällt, ein begehrtes Gut herzustellen, denn dann ist das eigene Produkt *knapp*, und Knappheit bestimmt wesentlich die Preise, die sich auf einem Markt bilden und damit die Verteilung der Güter bzw. der Einkommen auf die einzelnen Personen. Betrachten wir dazu in einem Beispiel zunächst isoliert den Arbeitsmarkt für SchneiderInnen und unterstellen wir vorläufig, dass dieser Arbeitsmarkt als perfekter Konkurrenzmarkt funktioniert.[36] Die Nachfrage nach SchneiderInnen-Arbeitsstunden (A) hängt davon ab, wie viele Anzüge sie produzieren und welche Umsätze für die Unternehmungen letztlich resultieren. Die Produktionsmöglichkeiten hängen sowohl von der Geschicklichkeit der SchneiderInnen als auch von der Maschinenausstattung, den Räumlichkeiten u.a.m. ab. Betrachten wir zunächst eine einzelne Unternehmung, deren Produktionsfunktion für ihre blassblauen Polyesteranzüge mit einem Hasen-Logo und dem Markennamen HÜBHÄS („hübsch hässlich") durch abnehmende Ertragszuwächse gekennzeichnet ist. Alle anderen Kosten außer den Arbeitskosten seien fix (2000,- €). In Abhängigkeit von den eingesetzten Arbeitsstunden (A) kann die folgende Anzahl (x) von Anzügen gefertigt werden:

$$x = f(A) = 10 \cdot \sqrt{A}$$

Auf dem Markt für blassblaue Polyesteranzüge gelte ein (recht bescheidener) Gleichgewichtspreis (p) von 100,- €, und pro Arbeitsstunde werde aktuell ein Lohn (w) von 25,- € gezahlt. Im Gewinnmaximum muss gelten:

$$G = 100 \cdot 10 \cdot \sqrt{A} - 2000 - 25 \cdot A$$

$$\frac{dG}{dA} = 500 \frac{1}{\sqrt{A}} - 25 = 0$$

$$A^* = 400$$

Wenn 400 Arbeitsstunden eingesetzt werden, dann beträgt der (maximale) Gewinn:

$$G = 100 \cdot 10 \cdot 20 - 2000 - 25 \cdot 400 = 8000,- €$$

---

[36] Diese Annahme kann man zur Beschreibung des Geschehens auf Arbeitsmärkten sehr ernsthaft bezweifeln und soll wieder nur als Referenzmodell verstanden werden. Hier wird für eine Unternehmung erst einmal unterstellt, dass die KapitalgeberInnen die Weisungsrechte haben, die Gewinne beziehen und die Arbeit als Lohnarbeit per Arbeitsvertrag gebunden wird. Warum sich gerade solche Unternehmungen herausgebildet haben, wird an späterer Stelle diskutiert, wenn es um alternative Koordinationsformen geht.

Sollte der SchneiderInnenlohn viel höher sein und z.b. 80,- € betragen, dann folgt aus dem analogen Gewinnmaximierungskalkül, dass deutlich weniger Arbeitsstunden nachgefragt werden und auch der maximal mögliche Gewinn viel niedriger ausfällt.

Allgemein zeigt sich, dass sich die Nachfrage nach Arbeit nach der mit dem Güterpreis bewerteten Grenzproduktivität der Arbeit richtet:

$$G = p \cdot f(A) - K_{fix} - w \cdot A$$

$$\frac{dG}{dA} = p \cdot f'(A) - w = 0$$

$$w = p \cdot f'(A)$$

Je höher der Lohn ist, desto weniger Arbeit wird bei fallender Grenzproduktivität nachgefragt. Die letzte eingesetzte Arbeitsstunde kostet gerade so viel wie ihr zusätzlicher Beitrag zum Umsatz der Unternehmung ist. Für Produktionsfunktionen mit abnehmenden Ertragszuwächsen in relevanten Bereichen gilt somit eine fallende Nachfragekurve nach Arbeit für jede individuelle Unternehmung. Für die Gesamtnachfrage auf dem Arbeitsmarkt gilt dies auch für andere Produktionsfunktionen der Unternehmungen (vgl. die Ausführungen zur Produktions- und Kostentheorie).

Für das Arbeitsangebot sei unterstellt, dass es ein kurzfristig starres Angebot an SchneiderInnen gibt, d.h., auf dem betreffenden Arbeitsmarkt bieten 500 SchneiderInnen in *normierter Arbeitszeit* (z.B. ein 8-Stunden-Arbeitstag) ihre Arbeitskraft an, und zwar ab einem bestimmten Minimallohn unabhängig von der Lohnhöhe. Längerfristig müsste man etwas differenzierter argumentieren, weil die Löhne unterschiedliche Anreize darstellen könnten, eine SchneiderInnenlehre zu beginnen oder eine Umschulung zu machen. Manche Personen werden schon bei niedrigen Löhnen dazu bereit sein, weil ihnen diese Tätigkeit besonders viel Freude bereitet. Andere werden Alternativen zu anderen Tätigkeiten abwägen, so dass man in längerfristiger Perspektive nur in Ausnahmefällen eine solch starre Angebotskurve erhält. Die Angebotsentscheidung hängt sowohl an den Präferenzen für die Tätigkeit selbst (auch den Bedingungen wie Arbeitszeit, körperliche Beanspruchung, Lärm, Geruchsbelästigung u.v.a.m.) als auch von den Bedingungen, vor allem der Lohnhöhe, ab, zu denen man eingestellt würde.

Abb. 3.35: Knappheit, Grenzproduktivität und Löhne auf einem perfekten Konkurrenzarbeitsmarkt

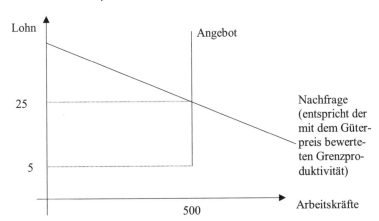

Bei einem Stundenlohn von 25,- € ist dieser Markt geräumt. Bei dieser Lohnhöhe werden von allen Unternehmungen zusammen genau 500 SchneiderInnen in normierter Arbeitszeit beschäftigt und mit 25,- € pro Stunde entlohnt.

Wichtig ist zu erkennen, dass die häufig verwendete Formulierung, das Leistungsprinzip zeige sich in der Marktentlohnung, missverständlich ist, allein schon, weil im Gleichgewicht die *Grenzleistung* entlohnt wird, da die *letzte eingesetzte Arbeitsstunde* gerade eine zusätzliche, preisbewertete Leistung von 25,- € erbringt. Selbst wenn alle SchneiderInnen gleich fleißig bleiben und auch nicht durch andere Umstände an Produktivität verlieren, dann kann sich trotzdem durch Marktumstände eine Lohnänderung ergeben.

Die SchneiderInnen können durch zwei wesentliche Gründe ihren Knappheitsstatus einbüßen und müssen Lohnsenkungen hinnehmen. Erstens kann sich die Nachfrage nach den Polyesteranzügen verändern oder eine neue Technik in der Produktion zur Verfügung stehen, was die Nachfrage nach Arbeit beeinflussen wird. Der zweite Grund kann darin liegen, dass die Schneiderei plötzlich zu einem Modeberuf wird, dass geburtenstarke Jahrgänge ihre Ausbildung abgeschlossen haben oder dass aus dem Ausland SchneiderInnen zuziehen. Welche Gründe es auch im Detail geben mag: Folge wird sein, dass nun mehr als 500 SchneiderInnen ihre Arbeitskraft auf dem betreffenden Markt anbieten. Nehmen wir an, es gebe nun 700 SchneiderInnen mit Interesse an einer Beschäftigung, und an den Marktgegebenheiten für die blassblauen Polyesteranzüge habe sich nichts geändert:

Abb. 3.36: Erhöhung des Arbeitsangebots und Lohnanpassung

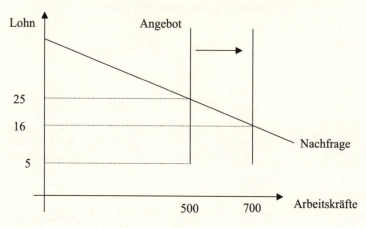

Wenn der Arbeitsmarkt auf die veränderte Knappheitssituation reagiert, wird sich am Gleichgewichtslohn etwas ändern. Bei einem Lohn von 25,- € gibt es nun einen Angebotsüberschuss, da zu diesem Lohn nur 500 SchneiderInnen eingestellt werden, aber 700 zu diesen Konditionen gern arbeiten möchten. Wenn sich am Lohn nichts änderte, wären entweder 200 SchneiderInnen arbeitslos bzw. müssen die nächstbessere Beschäftigung aus ihrer Sicht annehmen, oder die einzelnen SchneiderInnen müssen weniger Stunden arbeiten. Wenn alle die Normarbeitszeit von beispielsweise 8 Stunden pro Tag erfüllen möchten, dann gibt es in einer bestimmten Interpretation immer noch ein Arbeitslosigkeitsproblem, indem die einzelnen SchneiderInnen „teilzeitarbeitslos" wären, würden sie weniger als in der von ihnen gewünschten Stundenzahl beschäftigt. Sofern der Arbeitsmarkt als perfekter Konkurrenzmarkt funktioniert, wird bei einem Angebotsüberschuss der Lohn sinken, bis der Markt geräumt ist. Das ist hier bei einem Stundenlohn von 16,- € der Fall. Unsere zuvor betrachtete Musterunternehmung, die bei einem Lohn von 25,- € 400 Arbeitsstunden nachfragte, wird nun ihre Arbeitsnachfrage erhöhen:

$$G = 100 \cdot 10 \cdot \sqrt{A} - 2000 - 16 \cdot A$$

$$\frac{dG}{dA} = 500 \frac{1}{\sqrt{A}} - 16 = 0$$

$$A^* \approx 977$$

Durch die Lohnsenkung ist es für die betrachtete Unternehmung profitabel, die eingesetzte Arbeit (hier in Stunden kalkuliert) mehr als zu verdoppeln. Für alle Unternehmungen zusammen gilt, dass nun 700 Arbeitskräfte in normierter Arbeitszeit eingestellt werden. Und diese Arbeitskräfte stellen auch gerade ihre Arbeitskraft in der gesuchten Stundenzahl zur Verfügung.

Wenn ein Faktor oder Gut an Knappheit verliert, dann wird sich das in der Verteilungsposition bemerkbar machen. Je knapper ein Faktor ist, desto besser ist seine Position für den Tausch und desto mehr wird er von den insgesamt zur Verfügung stehenden Gütern erhalten. Es reicht dazu nicht aus, etwas „Seltenes" zu besitzen oder „Seltenes" zu können. Dieses „Seltene" muss von anderen Personen auch hinreichend stark erwünscht sein, um als knappes Gut einen hohen Preis zu erzielen.

Ein früherer Bundesliga-Fußballspieler – nennen wir ihn nach einem holländischen Virtuosen Bayern Münchens aus späterer Zeit einfach mal Arjen (der war es aber tatsächlich nicht) – hat sich in Kenntnis dieser Zusammenhänge einmal viel Ärger in der Presse und der Öffentlichkeit eingehandelt. Ein Fan namens Brisco hat zwar mal das Schneiderhandwerk erlernt, findet in seinem erlernten Beruf aber seit langem keinen Job und arbeitet nun schon viele Jahre bei einem Wach- und Schließdienst. Dort verdient er seither sehr wenig Geld. Brisco beschwerte sich in einer Radiosendung vor einigen Jahren telefonisch vehement über die hohen Spielergehälter im professionellen Fußball. Er hätte schließlich in seinem Wachdienst auch einen anstrengenden und sogar gefährlichen Job und bekäme nur einen Bruchteil dessen, was ein Bundesligaspieler monatlich erhält. Das sei in hohem Maße unfair und auch gar nicht nachvollziehbar.

Arjen war Gast dieser Sendung und entgegnete, die hohen Entlohnungen lägen daran, dass es halt viele gute Wachleute gäbe, aber nur wenig sehr begabte Fußballspieler. Auch sei das Interesse am Fußball außerordentlich hoch, also auch direkt oder indirekt die Zahlungsbereitschaft dafür. Deswegen seien die Gehälter in den verschiedenen Tätigkeiten eben so unterschiedlich. Die Antwort war nicht populär, aber sie hatte zumindest partialanalytisch einen wahren Kern, indem Knappheitsverhältnisse skizziert wurden, die u.U. Lohnunterschiede begründen. Eine effiziente Allokation wird in der Regel zu ungleichen Einkommen führen, eine Gleichverteilung mit entsprechenden Knappheitsverhältnissen ist höchstens zufällig zu erwarten.

Wissen wir nun aber wirklich schon alles? Leider nicht. Wenn Arbeitsmärkte betrachtet werden und von allen anderen Märkten abgesehen wird, bekommt man mit der bislang dargestellten isolierenden Betrachtung ein gewisses Problem. Ceteris paribus wird ja unterstellt, dass sich an anderen Preisen und anderen Gegebenheiten nichts ändert. Wenn jedoch durch ein höheres Angebot die Löhne sinken, sinken gleichzeitig die Produktionskosten der Unternehmungen. Das wird in einem Konkurrenzmarktsystem nicht folgenlos für Gütermärkte sein, und diese Interdependenz darf man zumindest dann nicht vernachlässigen, wenn man arbeitsmarktpolitische Eingriffe plant oder Gerechtigkeitsaussagen trifft. Gütermärkte interagieren unter Umständen schwächer untereinander als Arbeits- und Gütermärkte. Deshalb kann man im ersten Fall vielfach alle anderen Preise unter der Ceteris-paribus-Klausel festhalten, im zweiten Fall aber in weniger Fällen.

Bereits Adam SMITH, der Begründer der modernen Ökonomik, verwies auf den engen Zusammenhang von Arbeits- und Gütermärkten. Die starken kausalen Verknüpfungen machen es in vielen Analyseebenen notwendig, diese Interdependenzen explizit zu thematisieren. Bei SMITH folgt aus der weitergehenden Analyse mit mehr Variablen, dass sich die Lohnunterschiede zwischen einzelnen Berufen letztlich (nur noch) als *kompensierende Lohndifferentiale* ergeben. Vergleichsweise unangenehme Arbeiten, auch solche, die lange Ausbildungszeiten zur Voraussetzung haben, müssen danach höher entlohnt werden, damit bei perfekten Märkten allüberall auch genügend Arbeitskräfte gewonnen werden können. Die Löhne sind dann zwar alle unterschiedlich hoch, aber sie gleichen gerade alle Vor- und Nachteile der Tätigkeiten aus und sind deshalb nach der SMITHschen Vorstellung auch gerecht. Bei SMITH wird noch stärker als zuvor deutlich, dass sich die Löhne *nicht* nach der Leistung oder der Produktivität der Arbeitskräfte im Sinne individueller Befähigungen oder Anstrengungen richten. Wenn es sich für eine Unternehmung lohnt, zusätzliche ArbeiterInnen einzustellen (weil deren produktiver Beitrag den Lohn übersteigt), dann dehnt sie sowohl Beschäftigung als auch die Produktion aus. Zunehmende Produktion bedeutet aber ein höheres Angebot, und dies führt zu sinkenden Güterpreisen. Nun wird die Produktivität an dem *mit den Preisen bewerteten* Beitrag der eingestellten ArbeitnehmerInnen gemessen. Sinkende Preise verringern diesen bewerteten Beitrag. Produktivität ist in diesem Sinne also gerade keine persönliche Eigenschaft oder gar ein Fleißmerkmal, sondern *selbst ein Marktergebnis!* Über die Anpassung der Güterpreise findet bei SMITH letztlich eine endogene Bestimmung der Produktivitäten statt, und die Lohnbildung führt bei funktionierendem Preis- und Lohnmechanismus auf allen Märkten in seiner Argumentation dazu, dass die Lohndifferenzen allein noch durch die kompensierenden Lohndifferentiale zum Ausgleich unterschiedlicher Arbeitsplatzgegebenheiten oder Ausbildungsvoraussetzungen erfolgt. Diese Schlussfolgerung wird in manch vermeintlich liberaler Position zur „Leistungsgerechtigkeit der Löhne" übersehen (vgl. auch SCHLICHT 2010).

3.4.9.2 Verteilungsprobleme und Verteilungswirkungen von Markteingriffen

Wenn eine Person nichts Knappes zum Tausch hat, dann wird sie in einem reinen Marktsystem Schwierigkeiten haben, ihren Lebensunterhalt zu bestreiten. Wer also keine Ressourcen oder Güter besitzt bzw. wegen Krankheit, Alter oder anderen Umständen auch keine knappe Arbeitsleistung anbieten kann, kann entsprechend im Tausch keine anderen Güter erwerben. BefürworterInnen eines marktwirtschaftlichen Systems entgegnen, dass dies jedoch kein grundsätzliches Problem darstellt, da es mit einer geeigneten Verteilung der Anfangsausstattung an Ressourcen und mit Hilfe von Versicherungs- und Kreditmärkten gelingen müsste, die Verteilungsprobleme in den Griff zu bekommen. Das Argument über die Verteilung der Anfangsausstattung wird später noch ausführlicher behandelt, wenn ein komplettes Marktsystem betrachtet wird und nicht nur einzelne Märkte analysiert werden. Wenn Versicherungs- und Kreditmärkte ebenfalls perfekt funktionierten, dann gäbe es für alle die Gelegenheit, sich gegen existenzielle Risiken wie Arbeitsunfähigkeit abzusichern. Die Zahlungswilligkeit für solche Versicherungen ist aber auch wiederum nicht nur eine Sache des „Wünschens", sondern auch des „Könnens", d.h., die Einkommen müssen hinreichend groß sein, um die Versicherungsprämien längerfristig überhaupt entrichten zu können.

Der Hinweis auf solche Märkte wie für Versicherungen und Kredite zeigt, dass sich Märkte auch auf die Zukunft beziehen und außerdem Risiken getauscht werden können. Dabei wird oft argumentiert, dass die Menschen, die sich existenziellen Risiken gegenübersehen, in der Regel risikoscheu sind, große Unternehmungen, z.B. Versicherungsgesellschaften, aber neutral dem Risiko gegenüberstehen, einfach deshalb, weil sie die Risiken besser streuen können. Für eine Reihe von Risiken werden tatsächlich rein marktwirtschaftlich organisierte Versicherungen angeboten. Bei Krankheitsrisiken gibt es in Deutschland jedoch ein Pflichtversicherungssystem mit begrenzten marktwirtschaftlichen Elementen. Bei der KFZ-Haftpflichtversicherung ist der Zwang zum Versicherungsabschluss weniger stark staatlich reglementiert. Das deutet in beiden Fällen trotz unterschiedlicher Ausgestaltung an, dass es Grenzen der Versicherbarkeit der Risiken gibt oder der Staat zumindest der Güte der Allokation in diesem Bereich misstraut. Je weniger effizient die Versicherungsmärkte funktionieren, desto gravierender können auch die Verteilungsprobleme in einem Marktsystem ausfallen, wenn nicht versicherte Umstände dazu führen, dass eine Person an dem Marktgeschehen nicht mehr teilnehmen kann.

Viele Eingriffe in das Marktgeschehen werden explizit mit Verteilungszielen begründet. Bei Höchst- und Mindestpreisen sollen die NachfragerInnen bzw. die AnbieterInnen bessere Tauschkonditionen erhalten, die nicht den Marktknappheiten entsprechen. Bei der Analyse dieser Eingriffe deutete sich an, dass diese Ziele nicht immer erreicht werden. Selbst wenn sich die Verteilungsposition einer Zielgruppe verbessert, so zeigte sich, dass andere in perfekten Konkurrenzmärkten überproportional verlieren, d.h., in perfekten Märkten sind diese Markteingriffe mit Effizienzverlusten verbunden. Daraus wird z.T. ein allgemeiner Zielkonflikt abgeleitet, so als ob es grundsätzlich einer Abwägung bedürfe, ob man einen effizienten oder einen gerechten Zustand anstrebt. Viele politische Entscheidungen stützen auf den ersten Blick diese Interpretation. Agrarpolitische Maßnahmen, z.B. der bereits diskutierte Mindestpreis mit gekoppelter Abnahmegarantie, zeigen besonders deutlich den „Preis" der Umverteilung über Eingriffe in die Preisbildung, der in massiven Effizienzverlusten liegt. Solange kein Weg gefunden wird, eine Umverteilung zu gewährleisten, ohne in den Preismechanismus auf perfekten Märkten einzugreifen, gibt es diesen Zielkonflikt. Sollten Märkte nicht perfekt funktionieren oder sollte es möglich sein, eine Umverteilung unabhängig vom Marktmechanismus zu finden, dann gilt dieses Argument jedoch nicht mehr allgemein, und es ist notwendig, im Einzelfall zu überprüfen, wie die einzelnen Maßnahmen die Allokation und die Verteilung beeinflussen.

3.4.10 Allgemeines Gleichgewicht

In den letzten Abschnitten wurden bis auf einige Anmerkungen zum Zusammenhang von Arbeits- und Gütermärkten partialanalytisch einzelne Märkte betrachtet, und es wurde gezeigt, welche Konsequenzen Eingriffe in den Preisbildungsmechanismus eines perfekten Marktes haben. Wichtig ist darüber hinaus, das Zusammenwirken aller Märkte gleichzeitig zu analysieren, etwa um die Güte der Lösung des kompletten Koordinationsproblems in einem (immer noch fiktiv-perfekten) Marktsystem zu verstehen. In einem der zuvor diskutierten Beispiele wurde etwa über die Wirkung von Angebotsänderungen auf einem Arbeitsmarkt in einem ersten Schritt diskutiert, ohne Konsequenzen zu bedenken, die die dadurch ausgelösten Lohnänderungen auf den Gütermärkten haben können. Auch wenn man die Allokation auf einzelnen Märkten versteht, weiß man noch nicht, ob das gesamte System „aufgeht", wie also das Zusammenwirken aller Märkte funktioniert und welche Effizienzaussagen zu dem gesamten Marktsystem getroffen werden können.

Um dies zu untersuchen, wird wieder sehr stark abstrahiert. So unterstellen wir, dass es eine Gesellschaft gibt, die zunächst einmal nur aus zwei Personen bestehen soll (wie bei dem Inselspiel aus dem 2. Kapitel). Es gibt auch wiederum nur zwei Güter, die in dem besagten Beispiel bereits genanntten Fische (F) und die Baumfrüchte (B). Um es besonders einfach zu machen und den reinen Tausch zu verdeutlichen, gehen wir davon aus, dass die beiden Personen – nehmen wir wieder Bernd und Christa – über eine vorgegebene Menge an beiden Gütern verfügen. Bernd hat 10 Fische und Christa 60 Baumfrüchte. Wir diskutieren hier nicht, *woher* die beiden ihre Güter haben, auch nicht, warum sie gegenseitig den Besitz akzeptieren und auf dieser Grundlage nach Verbesserungen ihrer Situation durch Tausch suchen. Für die gesamte Funktionsweise eines Marktsystems sind das durchaus sehr wichtige Fragen, weil nur die gegenseitige Akzeptanz des Eigentums die Transaktionen möglich macht, die wir nun betrachten. Die Anfangsausstattung und die Präferenzen (Indifferenzkurven) sind in den nächsten beiden Grafiken skizziert, wobei für die Präferenzen jeweils ein abnehmender Grenznutzen für die Güter unterstellt wird, d.h. konvex zum Ursprung verlaufende Indifferenzkurven:

Abb. 3.37: Erstausstattungen und Indifferenzkurven

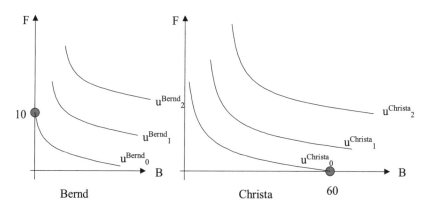

3.4.10.1 EDGEWORTHbox

Die Nutzenniveaus zu den Anfangsausstattungen von Christa und Bernd haben jeweils den Index 0 erhalten. Hier geht es nur um die Definition eines Anfangszustandes. Die entsprechend höheren Indexzahlen deuten an, dass das Nutzenniveau auf verschiedenen Indifferenzkurven unterschiedlich hoch ist. Höhere Ziffern bedeuten ein höheres Nutzenniveau. Je weiter eine Indifferenzkurve vom Ursprung entfernt liegt, desto höher ist der Nutzen.

Es stellt sich nun die Frage, ob es Bernd und Christa durch freiwilligen Tausch erreichen können, ihren Nutzen gegenüber der Ausgangssituation zu verbessern. Das kann man allerdings anhand der beiden parallel nebeneinanderliegenden Grafiken nicht besonders gut erkennen. Um die Tauschvorteile genauer analysieren zu können, konstruiert man die so genannte EDGEWORTHbox.[37] Dabei belässt man ein Diagramm in der ursprünglichen Lage, das andere dreht man um 180° und legt beide Anfangsausstattungen genau aufeinander. Der Ursprung für Bernd liegt also weiterhin links unten, der Christas liegt jetzt aber rechts oben. Die so konstruierte Box – mit etwas anderer Skalierung zur Veranschaulichung und nur mit jeweils zwei Indifferenzkurven für Christa und Bernd – erhält folgendes Aussehen:

Abb. 3.38: Konstruktion der EDGEWORTHbox

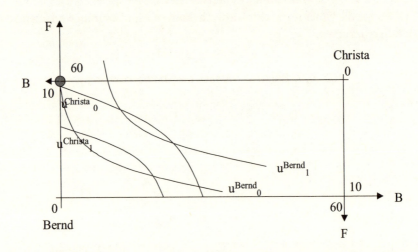

Die Verbesserungsmöglichkeiten für Bernd liegen rechts von der Anfangsverteilung, die Christas unterhalb dieses Punktes. Es gibt einen Bereich, bei dem es für beide möglich ist, sich gegenüber der Ausgangslage zu verbessern. Das ist der Güterbereich, der durch die „Linse" zwischen den Indifferenzkurven $u^{Christa}_0$ und u^{Bernd}_0 beschrieben wird. Dieser Bereich ist zur Verdeutlichung in der nachfolgenden Grafik noch einmal besonders hervorgehoben:

---

[37] Benannt nach Francis Ysidro EDGEWORTH (1881). Genau genommen ist es weder eine Box (da nur zwei Dimensionen betrachtet werden), noch hat sie EDGEWORTH tatsächlich entwickelt (vgl. ein Online-Projekt von Wilhelm LORENZ unter: http://www.mikrooekonomie.de/Allgemeines Gleichgewicht/Die_Edgeworth-Box.htm (Abruf: 22.11.2012)).

Abb. 3.39: Verbesserungsmöglichkeiten durch Tausch

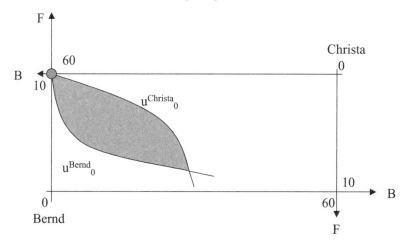

Im Punkt E der nachfolgenden Grafik erreichen sowohl Christa als auch Bernd ein höheres Nutzenniveau. Ein Tauschgleichgewicht stellt dieser Punkt allerdings nicht dar, da sich immer noch eine ähnliche Linse ergibt, die weitere gegenseitige Verbesserungsmöglichkeiten aufzeigt. Allerdings ist der Bereich der beidseitigen Verbesserungen kleiner geworden.

Abb. 3.40: Annäherung an ein Tauschgleichgewicht

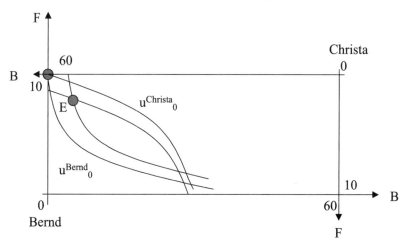

Erst wenn bei einer Güteraufteilung und den zugehörigen Indifferenzkurven kein Bereich mehr entsteht, der für *beide* Verbesserungen darstellte, spricht man von einem Tauschgleichgewicht. Das ist dann gegeben, wenn sich zwei

Indifferenzkurven gerade berühren. In einem solchen Tangentialpunkt sind die Steigungen der Indifferenzkurven gleich groß. Ein denkbares Gleichgewicht zeigt die nächste Grafik:

Abb. 3.41: Tauschgleichgewicht

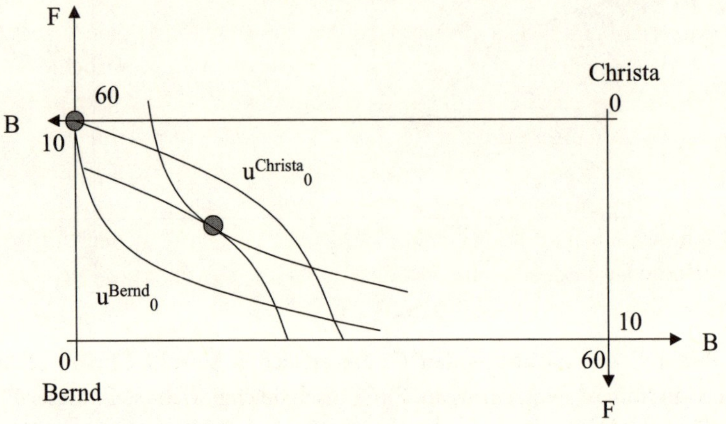

Das Endergebnis des Tausches ist allerdings hier nicht eindeutig. Jeder Punkt innerhalb der Linse, in dem sich zwei Indifferenzkurven tangieren, ist ein potentieller Kandidat für ein Tauschgleichgewicht. Die Menge der *möglichen Tauschgleichgewichte* ist mit der Verbindungslinie der einzelnen Gleichgewichte wie folgt gegeben:

Abb. 3.42: Menge möglicher Tauschgleichgewichte

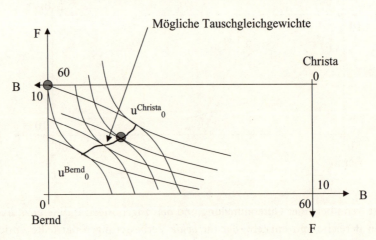

Auf perfekten Märkten tauschen nicht nur zwei Personen. Viele AnbieterInnen und NachfragerInnen sind ja das Kennzeichen vollständiger Konkurrenz. Bei der Ableitung der Nachfragekurve wurde argumentiert, dass das Haushaltsoptimum unter Beachtung der Präferenzen (Indifferenzkurven) und der Budgetbeschränkung gefunden wird. Nehmen wir an, es gelte ein Preis von 2,- € für Fische und von 4,- € für die Baumfrüchte. Bernd besitzt 10 Fische, das entspricht einem Tauschvermögen von 20,- €. Zu den gegebenen Preisen könnte er, wenn er all seine Fische tauschte, maximal 5 Baumfrüchte bekommen. Tauscht er vier seiner 10 Fische, bekommt er 2 Früchte. Christa hat eine günstigere Ausgangssituation beim Tausch. Ihre 60 Baumfrüchte entsprechen einem Tauschvermögen von 240,- €. Dafür kann sie maximal 120 Fische bekommen. Tauscht sie 20 Baumfrüchte, erhält sie 40 Fische. Das Haushaltsoptimum erhält man im Tangentialpunkt der höchstmöglichen Indifferenzkurve mit der Budgetbeschränkung. Für unsere beiden Personen sieht das (nicht maßstabsgetreu) wie folgt aus:

Abb. 3.43: Haushaltsoptima

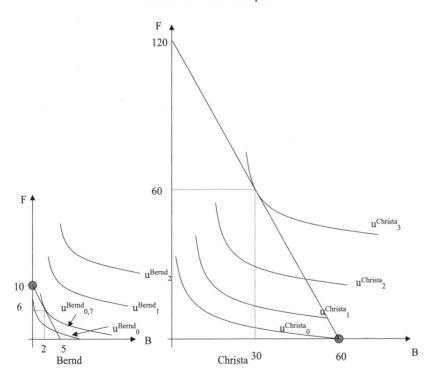

Bei den gegebenen Preisen, so sei unterstellt, möchte Bernd 4 Fische gegen 2 Baumfrüchte tauschen. Dadurch käme er auf eine höhere Indifferenzkurve als zuvor. Christa möchte gern 30 Baumfrüchte gegen 60 Fische tauschen. In einem fiktiven Marktsystem ergäbe sich nun allerdings ein Problem. Es gibt insgesamt nur 10 Fische und 60 Baumfrüchte. Nachgefragt werden zu den gegebenen Preisen aber 66 Fische (6 von Bernd und 60 von Christa) sowie 32 Baumfrüchte (2 von Bernd und 30 von Christa), d.h., es gibt eine deutliche Überschussnachfrage nach Fisch und ein Überschussangebot an Früchten. Die *Werte* des Überschussangebots an Fischen und der Überschussnachfrage an Früchten müssen in diesem geschlossenen System identisch sein: die Überschussnachfrage nach Fisch beträgt 56 Stück, multipliziert mit dem Preis von 2,- € ergibt einen Wert von 112,- €; das Überschussangebot an Baumfrüchten beträgt 28 Stück, multipliziert mit dem Preis von 4,- € ergibt ebenso 112,- €. Diese Ungleichgewichte treiben den Fischpreis nach oben, den Baumfruchtpreis nach unten. Es ist erst dann ein Gleichgewicht gefunden, wenn beide Märkte im Gleichgewicht sind, also genau so viele Fische und Früchte nachgefragt werden, wie vorhanden sind. Auch dies lässt sich am besten in einer EDGEWORTHbox illustrieren, bei der wiederum das Diagramm Christas gedreht wird und beide Anfangsausstattungen aufeinandergelegt werden. Dazu sei angenommen, dass sich auf Grund der eben skizzierten Zusammenhänge das Preisverhältnis bereits so geändert hat, dass Fische und Baumfrüchte jeweils 3,- € kosten. Damit hat Bernds Anfangsausstattung einen Wert von 30,- €, und Christa verfügt über einen Wert von 180,- €. Die Budgetgeraden beider Personen liegen bei der Konstruktion der Box genau aufeinander. In der nachfolgenden Grafik ist noch einmal zu sehen, dass auch bei diesen Preisen noch kein Gleichgewicht auf beiden Märkten gegeben ist. Ein Gut ist durch eine Überschussnachfrage und das andere durch ein Überschussangebot gekennzeichnet.

Wenn beide Güter denselben Preis haben, kann ein Fisch gegen eine Frucht getauscht werden und umgekehrt. Bernd möchte bei diesem Preisverhältnis gern 3 Fische hergeben und dafür 3 Früchte erhalten, so dass er nach dem Tausch 7 Fische und 3 Früchte hätte. Christa möchte 9 Baumfrüchte gegen 9 Fische tauschen, so dass sie zum Schluss 51 Früchte und 9 Fische hätte. Damit hätten beide zusammen gern 16 Fische und 54 Früchte, d.h., es gibt immer noch eine Überschussnachfrage nach Fisch und ein Überschussangebot an Baumfrüchten. Auch in diesem Fall sind die Werte des Überschussangebots und der Überschussnachfrage identisch. Der Fischpreis wird weiter steigen und der Fruchtpreis weiter sinken, bis *beide* Märkte im Gleichgewicht sind.

Abb. 3.44: Haushaltsoptima und nicht geräumte Märkte

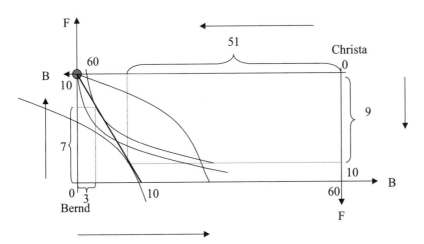

Wenn die Preisanpassungen so erfolgt sind, dass beide Märkte geräumt sind, bekommen wir in der EDGEWORTHbox das folgende Ergebnis:

Abb. 3.45: Allgemeines Gleichgewicht

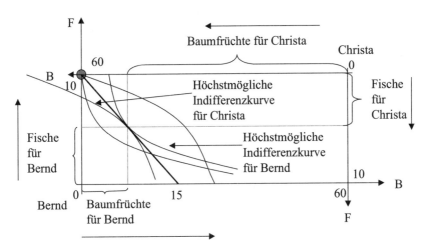

Bei der oben skizzierten Budgetbeschränkung für die beiden Haushalte und dem entsprechenden Preisverhältnis sind beide Haushaltsoptima miteinander kompatibel, d.h., es sind 10 Fische vorhanden und genau 10 Fische werden auch nachgefragt, ebenso gilt für die Baumfrüchte, dass die vorhandene Menge gerade nachgefragt wird. In der EDGEWORTHbox zeigt sich ein Zusammenhang zwischen Ungleichgewichten bzw. Gleichgewichten auf verschiedenen perfekten Märkten. Wenn im Fall von zwei Märkten *ein* Markt durch eine Überschussnachfrage gekennzeichnet ist, dann *muss* der andere Markt ein Überschussangebot aufweisen. Ist in einem System von zwei Märkten ein Markt im Gleichgewicht, dann *muss* auch der andere Markt im Gleichgewicht sein. Diese Aussage ist verallgemeinerbar. Wenn es n Märkte gibt und ein Preisvektor existiert, bei dem n-1 Märkte im Gleichgewicht sind, dann muss auch der Markt n im Gleichgewicht sein. Diese Ergebnisse gelten nicht allein für bereits vorgegebene Gütermengen. Die Analyse kommt zu qualitativ gleichen Ergebnissen, wenn die Angebotsseite mit ihren Produktionsentscheidungen mit in die Betrachtung eingeht.

3.4.10.2 Effizienz des Allgemeinen Gleichgewichts

In der Analyse von einzelnen perfekten Konkurrenzmärkten hatten wir anhand des PARETO-Kriterium und der Ökonomischen Rente die Effizienz der Gleichgewichtslösung untersucht. Die Frage ist, was wir zur Effizienz des Gesamtsystems aussagen können. Ohne den formalen Beweis hier anzutreten (vgl. dazu z.B. KUBON-GILKE et al. 1995, Kap. 4), deutet sich bereits durch das Bild der EDGEWORTHbox an, dass Marktgleichgewichte optimal im PARETO-Sinne sind. Dazu sei noch einmal auf das bereits skizzierte Gleichgewicht für das Marktsystem für die beiden Güter Fische und Baumfrüchte verwiesen.

Abb. 3.46: Effizienz des Allgemeinen Gleichgewichts

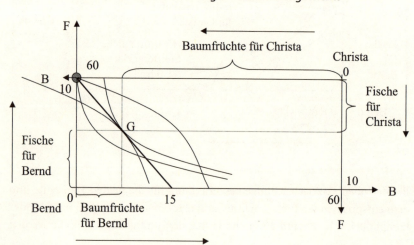

Es ist im Gleichgewicht G nicht mehr möglich, dass eine der beiden Personen einen höheren Nutzen erreicht, ohne dass gleichzeitig der Nutzen der anderen Person sinkt. Bekäme Bernd beispielsweise einige Baumfrüchte mehr, dann könnte er eine höhere Indifferenzkurve erreichen, für Christa bedeutete dies jedoch, dass sie auf ein niedriges Nutzenniveau zurückfiele. Diese Überlegung gilt für jede Form der Umverteilung der Güter, wenn der Ausgangspunkt ein Marktgleichgewicht ist. Zu beachten ist jedoch, dass die Umkehrung nicht sicher gilt, d.h., nicht jedes PARETO-Optimum ist automatisch auch ein Marktgleichgewicht.

PARETO-Optima sind dadurch gekennzeichnet, dass sich Indifferenzkurven von zwei Personen in der EDGEWORTHbox tangieren. Alle diese Tangentialpunkte sind in der nachstehenden Abbildung skizziert. Die Verbindungslinie aller PARETO-Optima wird *Kontraktkurve* genannt.

Abb. 3.47: Kontraktkurve

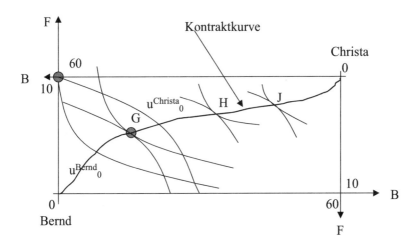

G, H und J sind PARETO-Optima, allerdings gehört nur G für die Anfangsausstattung, bei der Bernd 10 Fische und Christa 60 Baumfrüchte besitzt, zu der Menge möglicher Marktgleichgewichte. H und J sind zwar für Bernd attraktivere Verteilungen der Güter, aber Christa wird sich bei den gegebenen Präferenzen und bei freiwilligem Tausch nicht bereit erklären, ein niedrigeres Nutzenniveau zu akzeptieren, so dass H und J keine Marktgleichgewichte zu der speziellen Anfangsausstattung sind.

Denkbare Marktgleichgewichte liegen nur auf der Kontraktkurve innerhalb der „Linse", die durch die Indifferenzkurven aufgespannt wird, welche durch die Anfangsverteilung verlaufen. Bei beliebiger Anfangsaufteilung ändert sich das Bild, da es für „normal" verlaufende Präferenzen immer eine Anfangsverteilung gibt, die zu einem bestimmten Marktgleichgewicht auf der Kontraktkurve führt.[38] An der oberen Abbildung zeigt sich zudem noch einmal, dass PARETO-Effizienz zunächst nichts über die Verteilungsgerechtigkeit aussagt. Das Marktgleichgewicht G ist damit verbunden, dass Christa von den insgesamt zur Verfügung stehenden Gütern eine große Menge, Bernd hingegen relativ wenig erhält. Bei einer Anfangsverteilung, bei der Christa alle vorhandenen Fische und sämtliche Baumfrüchte besitzt, ist ebenfalls bei normal verlaufenden Indifferenzkurven ein PARETO-Optimum gegeben, da jede Umverteilung zwar Bernds Position verbessert, Christas jedoch verschlechtert. Ohne übergreifendes Kriterium kann über eine solche Umverteilung kein Urteil gefällt werden, da mit dem PARETO-Kriterium die einzelnen PARETO-Optima auf der Kontraktkurve nicht miteinander verglichen werden können. Dennoch gibt es im perfekten Marktsystem kein Grundsatzproblem mit Verteilungsfragen. Wenn man die Anfangsverteilung ändern kann, können solche Ausstattungen gewählt werden, bei denen im Marktgleichgewicht gewünschte Verteilungen resultieren. Dies zeigt sich auch in den beiden Hauptsätzen der Wohlfahrtstheorie, nach denen in einem perfekten Marktsystem Folgendes gilt:

- Alle Marktgleichgewichte sind PARETO-optimal,

- *Jedes* PARETO-Optimum kann über ein Marktgleichgewicht bei vollständiger Konkurrenz durch die geeignete Wahl der Anfangsausstattung realisiert werden.[39]

Für konkrete Fragen der Umverteilung können wir hier aber nicht stehen bleiben. Erstens stellt sich die Frage, ob eine Umverteilung der Anfangsausstattung tatsächlich so ohne weiteres möglich ist. Zweitens kann man das gesamte Konzept der Effizienzbetrachtung dann in Frage stellen, wenn wir nicht mehr allein Marktkoordinationen betrachten und in die Analyse einfließen lassen, dass sich auch alternative Systeme wie Pflicht- und Befehlssysteme bilden können und dabei nicht sicher ist, dass wir identische Bewertungen und Präferenzen bei den Menschen vorfinden. Bei endogenen Präferenzen hilft das PARETO-Kriterium bei der Beurteilung unterschiedlicher gesellschaftlicher Situationen nicht mehr weiter, weil je nach Koordinationsmechanismus die Ausstattungen und Verteilungen ganz unterschiedlich be-

---

[38] Bei nicht-konvexen Präferenzen sind die PARETO-Optima nicht immer Marktgleichgewichte. Vgl. dazu KUBON-GILKE et al. 1995: Kap. 4.

[39] Vgl. z.B. FEESS 1997: Kap. 14.

wertet werden können. Drittens sind reale Märkte keineswegs grundsätzlich durch perfekte Marktbedingungen gekennzeichnet. Nachfolgend wird gezeigt, welche allokativen Konsequenzen zu erwarten sind, wenn die Märkte nicht durch vollständige Konkurrenz gekennzeichnet sind. In gewisser Weise verlassen wir jetzt so langsam die „Friede-Freude-Eierkuchen"-Welt des fiktiven Systems perfekter Märkte.

3.5 Wettbewerbsbeschränkungen

Wenn man die Referenzwelt der vollständigen Konkurrenz betrachtet, sieht man zunächst keinerlei Grund, warum sich gegenüber dieser perfekten Koordination der Arbeitsteilung alternative Systeme mit Pflicht- oder Befehlselementen im Institutionenwettbewerb überlegen erweisen können. Das Bild der vollständigen Konkurrenz ist nun jedoch sicher kein Abbild realer Märkte. Deshalb ist es notwendig, in mehreren Schritten die Probleme der Marktkoordination zu untersuchen. In einem ersten Schritt geht es um Wettbewerbsbeschränkungen, also um Situationen, bei denen AnbieterInnen oder NachfragerInnen gewisse Preissetzungsspielräume haben. Es wird sich nachfolgend zeigen, dass es in diesem Fall Koordinationsmängel geben kann, aber nicht zwingend geben muss. Auch die Verteilungswirkungen können nicht eindeutig bestimmt werden.

3.5.1 Monopol und Monopson

Betrachten wir zunächst Marktformen, die sich besonders deutlich von der Konkurrenzsituation abheben. Dazu sei unterstellt, dass eine Marktseite weiterhin durch eine Vielzahl von MarktteilnehmerInnen, die andere Marktseite aber nur aus einer einzigen VertreterIn besteht. Wenn es viele NachfragerInnen, aber nur eine AnbieterIn gibt, spricht man von einem Monopol. Im Falle, dass es nur eine NachfragerIn, aber viele AnbieterInnen gibt, wird die Marktform Monopson oder Nachfragemonopol genannt.

3.5.1.1 COURNOT-Modell des Monopols

In einem Monopol gibt es nur eine AnbieterIn, aber viele NachfragerInnen. Es wird angenommen, dass die MonopolistIn eine ungefähre Vorstellung vom Verlauf der Nachfrage hat. Die vermutete Nachfrage wird auch Preis-Absatz-Funktion genannt, denn sie beschreibt, welche Mengen die MonopolistIn glaubt, zu verschiedenen Preisen verkaufen zu können. Im Unterschied zu einer AnbieterIn bei vollständiger Konkurrenz kann sie den Preis bestimmen. Die Wahl ihrer Preissetzungsstrategie hängt u.a. davon ab, ob sie einen einheitlichen Preis für alle KonsumentInnen nehmen muss (z.B. weil sonst diejenigen, die ein Gut günstig bekommen, es an andere KonsumentInnen weiterverkaufen könnten) oder ob es ihr dank bestimmter Produkt- und Markteigenschaften gelingt, verschiedene Preise für verschiedene KonsumentInnen durchzusetzen. Beginnen wir die Überlegung mit der Annahme, dass die MonopolistIn – nennen wir sie doch Mona – einen Einheitspreis festlegt.[40] Dabei hat sie zu bedenken, dass bei einem höheren Preis auch weniger Güter abgesetzt werden können, sofern die Nachfrage normal verläuft. Das Gewinnmaximierungskalkül sieht zunächst formal nicht anders aus als bei einer AnbieterIn in einer Konkurrenzsituation:

$$G(x) = U(x) - K(x)$$

$$G'(x) = U'(x) - K'(x) = 0 \Leftrightarrow U'(x) = K'(x)$$

Es gilt auch im Monopolfall mit Einheitspreis für alle KäuferInnen, dass im Gewinnmaximum der Grenzumsatz gleich den Grenzkosten sein muss. Bei vollständiger Konkurrenz ergibt sich der Grenzumsatz aus Sicht einer Musterunternehmung als der Preis des Gutes, denn der Verkauf einer weiteren Einheit bringt jeweils den (exogen gegebenen) Preis als zusätzlichen Umsatz.

Bei einer MonopolistIn, auch bei unserer Mona, ist das nun anders, denn größere Mengen können nur dann abgesetzt werden, wenn sie mit dem Preis heruntergeht. Das Problem der MonopolistIn lässt sich am einfachsten mit einem Zahlenbeispiel illustrieren. Angenommen, wir betrachten das Monopol Monas für grasgrüne Gummibärchen mit Limetten-Ingwer-Geschmack (X). Die Preis-Absatz-Funktion ist mit $p = 12 - x$ (bzw. $x = 12 - p$) gegeben. In der folgenden Tabelle sind die Umsätze und Umsatzdifferenzen für verschiedene Mengen eingetragen. Dabei wird unterstellt, dass Mona zu jeder Menge den maximalen Preis anhand der Preis-Absatz-Funktion ermittelt.

---

[40] Dies entspricht der Grundannahme des COURNOT-Monopolmodells, benannt nach dem französischen Mathematiker und Ökonomen Augustin COURNOT (1801-1877).

Koordinationsmechanismus Markt

Menge	Preis	Umsatz	Umsatzdifferenz
0	12	0	–
1	11	11	11
2	10	20	9
3	9	27	7
4	8	32	5
5	7	35	3
6	6	36	1
7	5	35	-1
8	4	32	-3
9	3	27	-5
10	2	20	-7
11	1	11	-9
12	0	0	-11

Die Umsatzdifferenz bei der Erhöhung der Verkaufsmenge ist nicht – wie im Konkurrenzfall – konstant, sondern fallend. Angenommen, Mona produziert $x = 4$ und verlangt gemäß der Nachfrage $p = 8$,- € pro Tüte Limetten-Ingwer-Gummibärchen. Wenn sie eine Tüte mehr verkaufen möchte, dann ist das nur möglich, wenn sie den Preis auf 7,- € senkt. Dann zahlt zwar die neu gewonnene KundIn diesen Preis von 7,- €, aber die vier anderen KundInnen zahlen nicht 8,- €, sondern ebenfalls nur 7,- €. D.h., von diesen KundInnen verliert sie insgesamt 4,- €, und der zusätzliche Umsatz ergibt sich als $7 - 4 = 3$,- €. Je mehr Mona produziert und verkauft, desto stärker fällt die Preissenkung für alle bisherigen KäuferInnen ins Gewicht. Das geht so weit, dass nach einer Produktionsmenge von 6 der Grenzumsatz sogar negativ wird, d.h., die neu gewonnene KundIn zahlt weniger als im Vergleich dazu Verluste durch die niedrigeren Preise für alle anderen bisherigen KundInnen entstehen.

In den Überlegungen haben wir bislang die Umsatzdifferenzen betrachtet für eine Produktionsausdehnung von jeweils einer Einheit Gummibärchen. Für das Gewinnmaximierungskalkül benötigen wir die Grenzumsätze. Wir bekommen in unserem Fall:

$p = 12 - x,$

$U = p \cdot x = (12 - x)\, x = 12x - x^2,$

$U' = 12 - 2x;$

d.h., der Grenzumsatz hat im Vergleich zur Preis-Absatz-Funktion den gleichen Ordinatenschnittpunkt, verläuft aber mit der doppelten negativen Steigung.

Das Gewinnmaximierungskalkül können wir auch in einer grafischen Darstellung analysieren. Es werden steigende Grenzkosten und die bereits skizzierte typische fallende Nachfragekurve (Preis-Absatz-Funktion: PAF) für die Limetten-Ingwer-Bären unterstellt. Der Grenzumsatz verläuft, wie gezeigt, mit der doppelten negativen Steigung im Vergleich zur PAF. Das Gewinnmaximum ist erreicht, wenn der Grenzumsatz den Grenzkosten entspricht. Das ist im Punkt D gegeben. Die Monopolistin Mona findet den zugehörigen gewinnmaximalen Preis, indem sie zu x* den Preis festlegt, den die NachfragerInnen für diese Menge höchstens zu zahlen bereit sind. Das ist im Punkt E der Fall. Der zugehörige Preis ist p*. Die gewinnmaximale Preis-Mengen-Kombination wird auch als COURNOT-Punkt bezeichnet.

Abb. 3.48: Preis- und Mengenfestsetzung im COURNOT-Monopolmodell

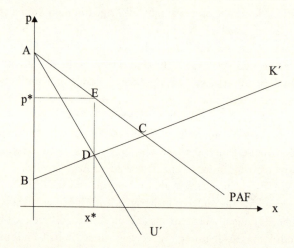

Im Zahlenbeispiel hatten wir für die Gummibären der speziellen Geschmacksrichtung eine Nachfrage von $p = 12 - x$ unterstellt. Angenommen, die minimalen Produktionskosten sind durch die Kostenfunktion

$K = 10 + 3x + 0{,}5x^2$

gegeben. Dann lauten die Grenzkosten:

$K' = 3 + x$

Im Gewinnmaximum müssen Grenzumsatz und Grenzkosten gleich sein. Daraus kann die gewinnmaximale Menge ermittelt werden:

$12 - 2x = 3 + x,$

$x^* = 3$

Diese optimale Menge wird in die Preis-Absatz-Funktion eingesetzt, um den Preis p* zu bestimmen, den Mona für die Bärchen verlangt:

$p^* = 12 - x^*,$

$p^* = 9$

Die Gewinnsituation Monas sieht demnach wie folgt aus. Der Umsatz beträgt $3 \cdot 9 = 27,- €$, die Kosten belaufen sich auf $10 + 3 \cdot 3 + \frac{1}{2} \cdot 3^2 = 23{,}50 €$. Es wird ein bescheidener Gewinn von 3,50 € erzielt. Bei diesem mickrigen Überschuss braucht Mona keine besonderen Ängste davor zu haben, dass andere AnbieterInnen einen Markteintritt planen und der Markt somit seinen monopolistischen Status verliert, da das Befriedigen der Restnachfrage oder eine Konkurrenzsituation zwischen ihr und weiteren AnbieterInnen mit Preissenkungen und noch geringeren Gewinnen einhergehen würde. Mona kann ihre Position halten, weil sie offensichtlich eine sehr kleine Marktnische mit den grasgrünen Limetten-Ingwer-Gummibärchen bedient, so dass keiner zweiten AnbieterIn Chancen eröffnet werden.

Das ist natürlich nicht grundsätzlich so. Wenn auf einem Monopolmarkt sehr hohe Gewinne erwirtschaftet werden, gibt es bei steigenden Grenzkosten eine Tendenz, dass weitere AnbieterInnen ein Interesse daran haben, ebenfalls auf diesem Markt anzubieten, was aber die Monopolsituation unmittelbar aufheben würde. In diesem Fall bleibt die Analyse nur dann unberührt, wenn es starke Markteintrittsbarrieren gibt oder der Staat eine Monopolstellung garantiert (was aber auch nur eine spezielle Form der Marktzutrittsbarriere darstellt). Gibt es diese Barrieren nicht, müssen wir entweder direkt in die Analyse von Oligopolen überwechseln oder zumindest die Rolle *potentieller Konkurrenz* für das Preissetzungsverhalten der MonopolistIn in die Überlegungen einbeziehen.

3.5.1.2 Effizienz des Monopols

Das Preissetzungsverhalten einer MonopolistIn ist ineffizient. Der Gewinn ist zwar größer im Vergleich zu einer Konkurrenzlösung, aber die KonsumentInnen verlieren überproportional, so dass die Ökonomische Rente insgesamt sinkt. Schauen wir dazu noch einmal auf die COURNOT-Lösung.

Abb. 3.49: Ineffizienz des Monopols

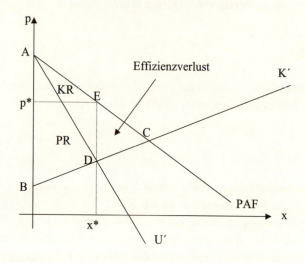

Wenn dieser Markt durch perfekte Konkurrenz gekennzeichnet wäre, läge das Marktgleichgewicht im Punkt C, da die Preis-Absatz-Funktion der Nachfrage und die Grenzkostenkurve der Angebotskurve bei Konkurrenz entspricht. Die Ökonomische Rente wäre in diesem Fall ABC. Im Monopolfall ergeben sich die folgenden Renten:

KR = Ap*E,

PR = Bp*ED,

d.h., die Ökonomische Rente beträgt ABDE. Im Vergleich zur Konkurrenzlösung ABC erhalten wir einen Effizienzverlust in Höhe von DEC. Es wird ineffizient wenig produziert. Rechts des COURNOT-Punktes liegt die Zahlungsbereitschaft für weitere Einheiten des Gutes oberhalb der Grenzkosten, so dass es volkswirtschaftlich eigentlich sinnvoll wäre, eine größere Menge herzustellen. Diese Effizienzbetrachtung liefert den Hauptgrund für eine Wirtschaftspolitik, die sich gegen die Monopolisierung von Märkten richtet und Fusionen und Kartelle nur unter sehr spezifischen Voraussetzungen zulässt.

Es gibt allerdings Fälle, die beim Stichwort „Marktversagen" diskutiert werden, bei denen Monopollösungen zweitbeste Lösungen darstellen (vgl. Kapitel 4). Wenn Konkurrenzmärkte nicht möglich sind oder erhebliche Funktionsprobleme aufweisen, dann kann ein Monopol immer noch besser sein als ein komplettes Koordinierungsversagen für den Fall, dass Monopole verboten werden. Auch in dynamischer Hinsicht gibt es eine Reihe von Gründen, Monopole weniger kritisch zu sehen. Zum Beispiel stellt sich die Frage, warum Unternehmungen Innovationsanstrengungen unternehmen sollen, wenn durch starke Konkurrenz daraus keine Überschüsse entstehen, aus denen die anfänglichen Kosten gedeckt werden können. Deshalb wird z.B. über Patente (zumindest zeitlich begrenzt) eine gewisse Monopolstellung garantiert. In der Industrieökonomik beschäftigt man sich mit solchen Fragen wie dem dynamischen Wettbewerb, Forschung und Entwicklung und anderem mehr.[41] Dabei fällt das Urteil über Monopole deutlich differenzierter aus gegenüber dem einfachen Vergleich Monopol versus perfekte Konkurrenz.

3.5.1.3 Preisdifferenzierung

Unterstellen wir zunächst, dass eine MonopolistIn ohne spezifische Maßnahmen den Markteintritt anderer AnbieterInnen verhindern kann, etwa weil sie ein Patent besitzt oder auf andere Art und Weise der Marktzutritt für andere unmöglich ist. Unsere MonopolistIn könnte ihren Gewinn gegenüber der COURNOT-Lösung sogar noch steigern, wenn es ihr gelänge, Preise zu differenzieren. In diesem Fall zahlten nicht alle KonsumentInnen denselben Preis (und deshalb gälte dann auch nicht mehr die bislang skizzierte Grenzumsatzkurve). Weil verschiedene Personen unterschiedliche Preise zahlen müssen, spricht man auch von *Preisdiskriminierung*. Man unterscheidet folgende Möglichkeiten der Preisdifferenzierung:

Fall 1: Perfekte Preisdifferenzierung. Von jeder KonsumentIn wird genau der Preis verlangt, den diese maximal zu zahlen bereit ist. Wenn die MonopolistIn entsprechende Kenntnisse von der Zahlungsbereitschaft der KonsumentInnen hätte – es steht vielleicht auf der Stirn geschrieben, wie viel man maximal etwa für eine Tüte grasgrüner Limetten-Ingwer-Gummibären ausgeben will – und zudem Weiterverkäufe verhindern könnte, würde sie entsprechend hohe Preise, wie sie die PAF anzeigt, verlangen und bis zum Schnittpunkt der PAF mit den Grenzkosten produzieren. Er wird mehr als bei der COURNOT-Lösung hergestellt und verkauft, da sich eine Produktionsausweitung so lange lohnt, bis die Zahlungsbereitschaft der letzten KundIn die Grenzkosten nicht mehr deckt. Die Lösung ist effizient, d.h., es resultiert die maximale Ökonomische Rente, die allerdings vollständig der MonopolistIn zufällt. Die Konsumentenrente ist in diesem Fall Null.

---

[41] Vgl. z.B. TIROLE (1988).

Abb. 3.50: Perfekte Preisdifferenzierung

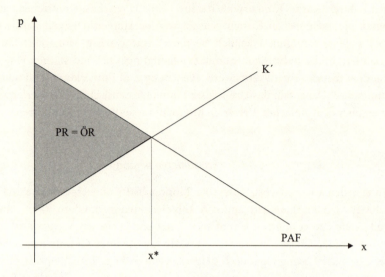

Das Ergebnis ist nicht nur deshalb nicht unbedingt zu erwarten, weil die AnbieterIn die individuellen Zahlungsbereitschaften nicht kennen wird. Selbst wenn sie diese wüsste und gleichzeitig aber den KonsumentInnen die Grenzkosten der MonopolistIn bekannt wären, dann hätte man es eher mit einer Vielzahl bilateraler Monopole zu tun. Eine NachfragerIn z.B. weiß, dass die MonopolistIn die ihr zugedachte Tüte Gummibären für minimal 4,- € hergeben würde, dass sie ihr aber gemäß ihrer Zahlungsbereitschaft 10,- € dafür abknöpfen möchte. Es ist nicht von vornherein sicher, dass sich die AnbieterIn mit ihrer Preisvorstellung durchsetzt. Vielleicht hat die NachfragerIn viel bessere Drohmöglichkeiten, niemals zu ihrem eigentlichen Vorbehaltspreis einzukaufen, als es die VerkäuferIn hat, niemals zu den Grenzkosten zu verkaufen. Wenn man in den Bereich bilateraler Monopole gerät, hat man es mit vielen strategischen Problemen bei den Verhandlungen zu tun, bei denen die MonopolistIn nicht als sichere „SiegerIn" in jedem Fall die Konsumentenrente vollständig abschöpfen kann. Es kann sogar für die MonopolistIn lohnend sein, nur einen Einheitspreis zu nehmen, wenn sie ansonsten befürchten müsste, in den einzelnen Verhandlungen mit den KonsumentInnen noch schlechter abzuschneiden.

Fall 2: Räumliche Preisdifferenzierung. Wenn im Odenwald für ein bestimmtes Gut niedrigere Zahlungsbereitschaften als in der Frankfurter Innenstadt gegeben sind, könnte eine MonopolistIn dieses Wissen ausnutzen und die Preise unterschiedlich hoch festsetzen. Diese Form der Preisdifferenzierung ist jedoch nur dann möglich, wenn die Transportkosten nicht zu niedrig sind und sichergestellt werden kann, dass keine Arbitragegeschäfte durch KonsumentInnen oder HändlerInnen möglich sind. Bei niedrigen Transportkosten könnten sich sonst die OdenwälderInnen mit großen Mengen der billigen Güter eindecken, nach Frankfurt fahren und sie dort mit Preisaufschlag weiterverkaufen – was nicht im Sinne der MonopolistIn ist. Oder die FrankfurterInnen nutzen den Samstagsausflug in den herrlichen Odenwald und seine grandiose Gaststättenherrlichkeit, um sich dort mit den billigen Gütern unserer MonopolistIn zu versorgen.

Fall 3: Preisdifferenzierung nach Personengruppen. Bei Gummibärchen findet man diese Form der unterschiedlichen Preise für identische Güter nicht, aber welche Frau hat sich nicht schon über Preislisten bei ihren Frisierläden geärgert, die identische Schnitte und gleich lange Dienstleistungen zu völlig unterschiedlichen Preisen für Damen und Herren ausweisen, und zwar mit den deutlich höheren Preisen für Damenfrisuren. Weitere Beispiele für diese Form der Preisdifferenzierung sind Eintrittspreise für Theater, Kinos, Sportveranstaltungen mit Ermäßigungen für Kinder, RentnerInnen, Arbeitslose und andere Gruppen. Diese Form der Differenzierung ist nur möglich, wenn die Leistungen tatsächlich nach Gruppen differenziert in Anspruch genommen werden müssen, wenn es also nicht möglich ist, dass z.B. eine StudentIn zu günstigen StudentInnentarifen einkauft und die Güter dann weiterverkauft, wie es bei den grasgrünen Gummibärchen ohne weiteres denkbar ist.

Bei der FriseurIn ist das etwas anderes, weil man niemanden für sich zum Frisieren schicken kann, es sei denn, dass man eine Perückenlösung für akzeptabel hält. Genauso kann man niemanden für sich zum Arzt bzw. zur Ärztin schicken. Bei den Sport- und Kulturveranstaltungen gelingt es durch Einlasskontrollen und andere Maßnahmen, dass nur diejenigen in den Genuss der verbilligten Leistung kommen, die man dafür auch vorgesehen hat. Die Effizienzwirkung dieser Form der Preisdifferenzierung ist nicht eindeutig, da nicht in jedem Fall mehr als die COURNOT-Menge verkauft wird. Wenn sich an der Gesamtmenge insgesamt nichts ändert, ist die Lösung i.d.R. ineffizient, weil es durch die gewinnmaximale Preissetzungsstrategie zu einer Umschichtung der KäuferInnengruppen kommt.

Fall 4: Zeitliche Preisdifferenzierung. Diese Form der Diskriminierung wird insbesondere bei langlebigen Konsumgütern wie Kunstgegenständen oder technischen Geräten vermutet, also auf Märkten, auf denen die KonsumentInnen nicht ständig Kaufvorgänge wiederholen. Gibt es beispielsweise eine neue technische Innovation bei TV-Geräten, dann könnte eine MonopolistIn auf die Idee kommen, zunächst einen sehr hohen Preis für das neue Produkt festzusetzen, dann abzuwarten, bis die ungeduldigsten KundInnen mit einer hohen Zahlungsbereitschaft gekauft haben, im Anschluss den Preis etwas zu senken, um die Gruppe der KundInnen mit der nächstniedrigeren Zahlungsbereitschaft zum Kauf zu veranlassen usw., bis die letzte KundIn, deren Zahlungsbereitschaft gerade den Grenzkosten entspricht, bedient ist. Auch in diesem Fall würde eine effiziente Allokation erreicht, sofern die KundInnen hinreichend ungeduldig und die Überlegungen der MonopolistIn erfolgreich sind.

Aber was passiert, wenn die KundInnen die Strategie der MonopolistIn durchschauen? Wenn sie das spätere Senken der Preise antizipieren und mit ihrer Kaufentscheidung warten, ist das für die MonopolistIn nachteilig. Erstens kann sie zu den hohen Preisen nichts verkaufen und muss zweitens zudem noch Lagerkosten in Kauf nehmen. Sie kann dann letztlich nichts anderes mehr tun, als *sofort* den Preis zu senken, und zwar so stark, dass die (ebenfalls effiziente) Konkurrenzlösung realisiert wird. Bei jedem höheren Preis werden die KundInnen weiter warten, da sie sich recht sicher sind, dass der Preis weiter gesenkt wird.

Das ist nun eine recht merkwürdige Situation. Der *Versuch*, gegenüber einer COURNOT-Lösung den Gewinn durch zeitliche Preisdifferenzierung zu steigern, führt letztlich dazu, dass der Monopolgewinn *niedriger* als im COURNOT-Punkt wird. Allein das Wissen darüber, dass die MonopolistIn durch Preissenkungen profitieren kann, bedeutet, dass die KonsumentInnen diese Preissenkung mit Sicherheit erwarten und zu keinem höheren Preis den Einkauf tätigen. COASE (1972) skizzierte diese Zusammenhänge und brachte damit seine Skepsis hinsichtlich der Marktmacht von MonopolistInnen zum Ausdruck (diese Idee wird entsprechend als *COASE-Conjecture* = COASE-Vermutung in der Literatur behandelt). Wenn diese Argumentation nämlich korrekt und relevant ist, dann unterscheiden sich Monopollösungen letztlich nicht von perfekten Konkurrenzergebnissen.

Allerdings gibt es nun auch wieder Möglichkeiten für die MonopolistIn, dieses für sie ungünstige Ergebnis zu verhindern. Dazu muss es ihr gelingen, den KundInnen glaubhaft zu machen, dass sie keinesfalls den Preis senken wird und beispielsweise auf alle Fälle bei einer COURNOT-Lösung bleiben wird. Eine einfache Ankündigung reicht dazu allerdings nicht aus, weil die KundInnen wissen, dass es sich lohnen würde, sich nicht an die Ankündigung zu halten. Das Problem ist die *Glaubhaftmachung* der Preisaussage.

Eine Möglichkeit ist, KundInnen öffentlich zu versprechen, die Preisdifferenz zu ersetzen, falls das Produkt zu einem späteren Zeitpunkt billiger verkauft wird und sogar noch einen kleinen „Mogelzuschlag" für die KundInnen vorzusehen. Diese an und für sich kundenfreundlich klingende Aussage bindet die MonopolistIn glaubhaft an hohe Preise, genauer an den Preis aus dem einfachen COURNOT-Modell. Eine Preissenkung lohnt sich nicht mehr, weil alle anderen KundInnen ebenfalls von der Preissenkung profitieren, und in dem Fall gelten wieder die Grenzumsatzkurve aus dem COURNOT-Modell und der COURNOT-Punkt als gewinnmaximale Preis-Mengen-Kombination.

Nun sind wir in dieser Diskussion unversehens in eine Reihe strategischer Probleme hineingeraten, und wir können mit den Wenns und Abers immer noch nicht abschließen. Ganz so einfach ist das mit diesem Versprechen nämlich auch nicht, denn die MonopolistIn könnte einfach eine andere Typ-Bezeichnung für ihr Produkt erfinden oder andere Tricks ersinnen, wie sie sich der Verpflichtung der Preisrückzahlung entziehen könnte. Und solange es nicht glaubhaft ist, dass all das nicht angewendet wird, steht die MonopolistIn wieder vor dem alten Problem, dass die KundInnen mit ihrer Kaufentscheidung warten und sie nichts Besseres machen kann, als sofort den Preis zu senken.

AnbieterInnen von ganz spezifischen Leistungen können es unter Umständen leichter haben. KunstmalerInnen können eine bestimmte Auflagenhöhe von Drucken z.b. dadurch glaubhaft machen, dass die Druckvorlagen nach der Produktion zerstört werden. Das macht eine Preissenkung unprofitabel, da gar keine Produkte mehr für die weitere NachfragerInnen mit niedrigerer Zahlungsbereitschaft zur Verfügung stehen. Damit wird die Preissetzung für die KonsumentInnen glaubhaft, so dass kein weiteres Warten auf sinkende Preise erfolgversprechend ist. Die Strategie der Zerstörung von Produktionsoptionen mag für KünstlerInnen funktionieren, für eine KühlschrankherstellerIn etwa ist diese Form der glaubhaften Bindung an ein Versprechen aber natürlich völlig unsinnig und viel zu teuer, und es werden andere Formen der Glaubhaftmachung benötigt, um nicht zu Konkurrenzpreisen verkaufen zu müssen.

Fall 5: Peak-Load-Pricing. In einer Reihe von Branchen war oder ist es üblich, verschieden hohe Preise in Abhängigkeit von der Kapazitätsauslastung festzusetzen (z.B. Tag- und Nachtstrom, Mittags- oder Abendgerichte in Restaurants). Der Grund liegt darin, dass bei der Spitzenlast die Grenzkosten der Kapazitätserhöhung mit in das Preiskalkül eingehen, in Zeiten der Unterauslastung aber nicht. So ist es nicht verwunderlich, wenn mittags in den Restaurants die gleichen Menüs zum Teil nur die Hälfte dessen kosten, was man am Abend dafür bezahlen muss.

Fall 6: Monopolistische Mengenrabatte. Rabatte werden von vielen Menschen als Ausdruck von Wettbewerb auf Gütermärkten interpretiert, als eine Möglichkeit, um KundInnen zu werben. In Deutschland gab es lange Zeit ein Rabattgesetz, das die Möglichkeiten der Rabattgewährung stark einschränkte, von BefürworterInnen einer Aufhebung des Gesetzes aber als völlig anachronistisches, wettbewerbsfeindliches Instrument charakterisiert wurde. Tatsächlich wurden viele Rabattregelungen aufgehoben. Selbst in Konkurrenzsituationen ist die Möglichkeit der Rabattgewährung zumindest umstritten, weil dadurch die Verhandlungskosten durch den Aufwand für das „Feilschen" steigen können, was den Markttausch insgesamt dann weniger vorteilhaft macht.

In Monopolen können Rabatte noch eine ganz andere Funktion einnehmen, indem über diesen Weg Konsumentenrente abgeschöpft wird. In der nachfolgenden Grafik zeigt sich zunächst, dass ein Mengenrabatt den Gewinn gegenüber der Einheitspreis-Lösung erhöhen kann. Voraussetzung ist, dass die NachfragerInnen im Normalfall mehr als eine Einheit des Gutes erwerben und dass ein Wiederverkauf der über den Rabatt erworbenen großen Mengen nicht möglich ist. In der folgenden Grafik kann man den Effekt eines Mengenrabatts erkennen:

Abb. 3.51: Rabatte zur Erhöhung des Monopolgewinns

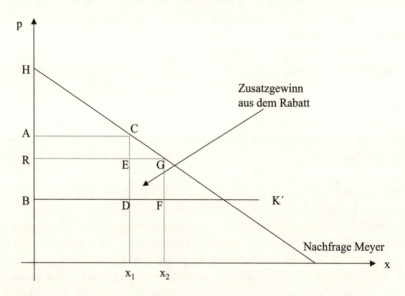

Angenommen, die MonopolistIn habe konstante Grenzkosten bei der Produktion, die NachfragerInnen seien alle identisch, und wir schauen exemplarisch auf die Nachfrage von Armand Meyer. Wenn man unterstellt, dass es die ursprüngliche Strategie der MonopolistIn war, von allen KonsumentInnen einen Preis in Höhe von A zu nehmen, dann hat ihr das pro KundIn eine

Produzentenrente in Höhe von ACBD gebracht. Nun könnte sie den KundInnen anbieten, dass sie die Menge x_1 für einen Preis in Höhe von A bekommen, weitere Mengen aber günstiger erhalten, z.b. die zusätzliche Menge $x_2 - x_1$ für einen Rabattpreis von R. Für Armand ist das von Vorteil, denn bei der Menge x_1 erzielt er eine Konsumentenrente von AHC. Durch das Rabattangebot erhält er eine zusätzliche kleine Konsumentenrente in Höhe von CEG. Für die MonopolistIn lohnt sich dieses Angebot auch, denn sie kann durch den zusätzlichen Verkauf der Rabattmenge ihren Gewinn erhöhen, und zwar um EGDF. Die MonopolistIn kann aber auch noch besser abschneiden, indem sie die Grenze, ab welcher Menge der Rabatt einsetzt, ausweiten kann. Die KonsumentIn wird sich für das Angebot entscheiden, solange sie sich dadurch zumindest minimal verbessert. Deshalb kann die MonopolistIn folgende Überlegung anstellen:

Abb. 3.52: Strategische Wahl der Rabattgrenze

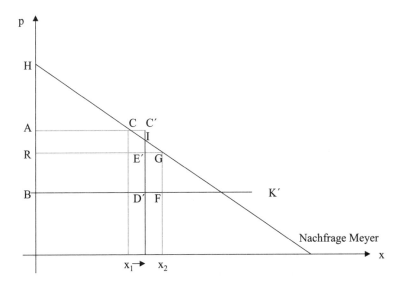

Wenn sie die Grenze bei C' ansiedelte und die KonsumentIn das Angebot akzeptierte, stiege die Produzentenrente. Insgesamt betrüge sie AC'D'B + E'GFD'. Armand Meyer als Musterkäufer kann sich Folgendes überlegen. Wenn er zum Preis A einkauft und das Rabattangebot nicht wahrnimmt, dann hat er als Konsumentenrente HAC (denn er wird dann nicht mehr als x_1 erwerben).
Wenn er die große Menge x_2 nimmt, gewinnt er einerseits IE'G dazu, verliert andererseits CC'I. Solange er mehr gewinnt als verliert, wird er sich auf das Rabattangebot einlassen. Dieses kann die MonopolistIn so extrem aus-

beuten, dass so gut wie die komplette Konsumentenrente verschwindet und ihren Gewinn erhöht. Da sie höflich unseren Armand stets mit Nachnamen benennt und er mit Nachnamen ja Meyer heißt, überlegt sie das mit vielen Grafiken, in denen immer wieder Meyer auftaucht. Das geht mit sehr vielen Rabattstufen, aber auch z.B. mit nur zwei Preisen und einem sehr großen Preisschritt, wie es nachfolgend ausschließlich skizziert ist:

Abb. 3.53: Vollständige Abschöpfung der Konsumentenrente durch Rabatte

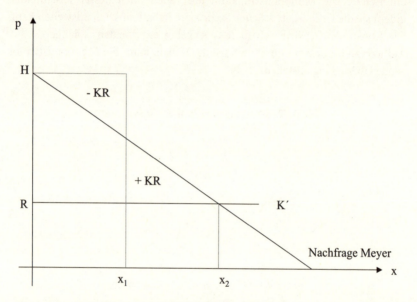

Die Menge x_1 verkauft die MonopolistIn zum Preis H (zu dem ohne Rabatte Armand Meyer gar nichts kaufen würde), danach wird es viel billiger, denn $x_2 - x_1$ bekommt Armand zum Preis R angeboten, unter der Voraussetzung natürlich, dass Armand für den ersten Teil der Menge entsprechend viel bezahlt. Eine KonsumentIn wird sich grundsätzlich auf das Angebot einlassen, wenn der Verlust an Konsumentenrente im Bereich des hohen Preises mindestens durch den Gewinn an Konsumentenrente im Rabattbereich ausgeglichen wird. Weiter als bis x_1 kann die MonopolistIn mit ihrer Verkaufsmenge zu dem hohen Preis nicht gehen, da Armand sich ansonsten nicht auf das Rabattangebot einließe und im vorliegenden Fall überhaupt keine Waren von der MonopolistIn erwürbe.

3.5.1.4 Monopson und Diskriminierung auf dem Arbeitsmarkt

Ein Monopson ist dadurch gekennzeichnet, dass nur eine NachfragerIn, aber viele AnbieterInnen auf dem Markt agieren. Deshalb wird das Monopson auch als Nachfragemonopol bezeichnet. Analytisch ähneln sich die Monopson- und die Monopolanalyse sehr stark. Auch im Monopson mit einheitlichem Preis für alle AnbieterInnen werden wir Effizienzverluste erhalten, und auch hier werden wir Diskriminierungsmöglichkeiten feststellen. Nachfolgend wird ein monopsonistischer Arbeitsmarkt betrachtet.[42] Gütermärkte werden analog analysiert. Der Arbeitsmarkt wird ausgewählt, weil die monopsonistische Lohnsetzung nach wie vor ein Kernmodell zur Erklärung für die Lohndiskriminierung – insbesondere von Frauen – darstellt, das auf ROBINSON (1933) zurückgeht.

Aber gehen wir zunächst einmal davon aus, dass die Frauen – warum auch immer – überhaupt keiner Erwerbsarbeit nachgehen und entsprechend keine Arbeitsleistung der Unternehmung anbieten. Eine HerstellerIn hochwertiger, aber winziger Teddybären, die ihre süßen, kleinen Plüschtiere mit Namen Putzies (Werbung: putzige Bärchen auch für die Ein-Zimmer-Wohnung) auf einem Konkurrenzmarkt zu einem Preis von 1,- € pro Stück anbietet, hat in dem Beispiel ihre Fabrik in einer strukturschwachen Region angesiedelt, in der es außer ihr keine weiteren ArbeitsnachfragerInnen für eine bestimmte Qualifikation an Arbeit gibt. Auch Gewerkschaften oder staatliche Eingriffe in die Lohngestaltung gibt es in dieser Region nicht. Deshalb kann diese HerstellerIn die Löhne unter Berücksichtigung des Arbeitsangebotes festlegen. Für die Produktionsmöglichkeiten wird eine ganz einfache Produktionsfunktion unterstellt, die abnehmende Ertragszuwächse aufweist. Alle Inputs außer der Arbeit sind vorgegeben, und diese Inputs verursachen fixe Kosten in Höhe von 2500,- €. Die Bären (Menge: x) können in Abhängigkeit von der eingesetzten Arbeit (A) wie folgt hergestellt werden:

$$x = 900A - A^2$$

Erst mal schauen wir nur auf erwerbstätige Männer. Frauen widmen ihre Zeit im Beispiel ja (noch) anderen Tätigkeiten. Das Arbeitsangebot der Männer sei wie folgt gegeben:

$$w(A) = 200 + A$$

---

[42] Vgl. zu diesem Beispiel auch KUBON-GILKE u.a. (1995: Aufgabe 5.4). Auch für dieses Beispiel gilt, dass man nicht notgedrungen dem Zahlenbeispiel folgen muss, um das grundsätzliche Argument zu verstehen. Für manche mag es dennoch hilfreich für das Durchdringen des Problems sein, der einfachen mathematischen Darstellung zu folgen.

Das Arbeitsangebot wird nicht als starr unterstellt, da es in unserem Beispiel zumindest Möglichkeiten geben soll, in weiterer Entfernung andere Arbeitsstellen anzunehmen oder sich auf andere Berufe umzuschulen.

Der Gewinn ergibt sich wie immer aus dem Umsatz ($p \cdot x$) abzüglich der Kosten, die hier neben den fixen Kosten von 2500,- € nur von der eingesetzten Arbeitsmenge und dem Lohn abhängen. Der Lohn wiederum ist für die MonopsonistIn keine vorgegebene Größe, weil sie ihn als einzige ArbeitsnachfragerIn selbst festlegen kann. Sie muss nur bedenken, dass sie den Lohn nicht beliebig niedrig ansetzen kann, da zumindest sichergestellt werden muss, dass die gewünschte Arbeitsmenge auch tatsächlich angeboten wird. Das allgemeine Gewinnmaximierungskalkül lautet.

$$G = p \cdot x(A) - w(A) \cdot A - K_{fix}$$

Das Gewinnmaximum erhält man durch Differenzieren der Gewinnfunktion nach A und Nullsetzen der Ableitung:

$$G' = p \cdot x'(A) - (w'(A) \cdot A + w(A) \cdot 1) = 0$$

$$\Leftrightarrow p \cdot x'(A) = w'(A) \cdot A + w(A)$$

Auf der linken Seite der Gleichung der Bedingung für ein Gewinnmaximum steht ein bereits bekannter Ausdruck: die mit dem Güterpreis bewertete Grenzproduktivität. Auf der rechten Seite stehen die *Grenzausgaben* für die Arbeit. Diese Grenzausgaben geben an, wie viel die MonopsonistIn zusätzlich ausgeben muss, wenn sie eine weitere Einheit Arbeit einsetzt. Wäre dieser Arbeitsmarkt ein Konkurrenzmarkt oder wären die Löhne durch Gewerkschaften oder den Staat festgelegt, wären die Grenzausgaben konstant. Für jede weitere Arbeitsstunde müsste die ArbeitgeberIn gerade den festen Stundenlohn zusätzlich entrichten, für jede Arbeitskraft pro Monat einen festen Lohn.

Im Monopsonfall ist das anders. Wenn die UnternehmerIn z.B. bereits 100 Männer eingestellt hat, dann muss sie ihnen mindestens 200 + 100 = 300,- € bezahlen. Möchte sie einen zusätzlichen Arbeitnehmer einstellen, dann muss sie, sofern sie nicht jedem einen unterschiedlichen Lohn zahlen kann, mit dem Lohn insgesamt nach oben gehen. 101 Männer akzeptieren ihre Konditionen erst bei einem Lohn von 301,- €. Die neue Arbeitskraft verursacht nun aber nicht nur diese zusätzlichen Kosten von 301,- €, da für die anderen 100 Arbeitnehmer der Lohn nun auch um 1,- € angehoben werden muss. Deshalb sind die zusätzlichen Ausgaben für den 101. Arbeitnehmer insgesamt 401,- €. Je mehr Arbeitnehmer (hier ja zunächst immer noch nur Männer) die UnternehmerIn bereits beschäftigt hat, desto größer sind die Grenzausgaben. Hätte sie 200 Beschäftigte, müsste sie allen einen Lohn von 400,- € bezahlen, 201

Arbeitnehmer entlohnt sie mit jeweils 401,- €, d.h., die Grenzausgaben für den letzten Arbeitnehmer belaufen sich auf dessen Lohn (401,- €) plus die Lohnerhöhung für alle anderen (200 · 1,- €), insgesamt also auf 601,- €.

In dem Zahlenbeispiel erhalten wir folgende Grenzausgaben:

Ausgaben: $w(A) \cdot A = (200 + A) \cdot A = 200A + A^2$,

Grenzausgaben: $w'(A) \cdot A + w(A) = 200 + 2A$

Wenn man die Angebotskurve und die Grenzausgaben miteinander vergleicht, dann sieht man, dass die Grenzausgaben mit der doppelten positiven Steigung verlaufen. Die Argumentation ähnelt dabei sehr stark den Überlegungen zum Grenzumsatz im Monopolfall.

Für ein Gewinnmaximum muss nun die letzte eingesetzte Arbeitseinheit so viel zusätzlich zum Umsatz beitragen, wie sie zusätzlich kostet. Das entspricht der oben skizzierten Bedingung, dass die Grenzausgaben der mit dem Güterpreis bewerteten Grenzproduktivität entsprechen müssen.

Da der Güterpreis in unserem Beispiel gerade 1,- € beträgt, brauchen wir nur auf die Grenzproduktivität zu schauen. Sie lautet:

$x(A) = 900A - A^2$

$x'(A) = 900 - 2A$

Im Gewinnmaximum muss demnach gelten:

$900 - 2A = 200 + 2A$

$A^* = 175$

Zum Schluss muss die MonopsonistIn noch überlegen, welchen Lohn sie mindestens zahlen muss, damit genau 175 Männer ihre Arbeit auch wirklich anbieten. Dazu muss die optimale Arbeitsmenge in die Angebotsfunktion eingesetzt werden:

$w^* = 200 + A^* = 375$

In einer Grafik sieht das Gewinnmaximierungskalkül wie folgt aus:

Abb. 3.54: Monopsonistisches Kalkül auf einem Arbeitsmarkt

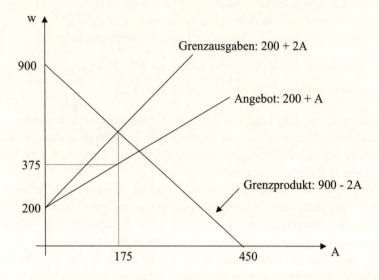

Zum Schluss können wir uns anschauen, wie hoch der Gewinn der MonopsonistIn ist:

$$G = 1 \cdot (900 \cdot 175 - 175^2) - 375 \cdot 175 - 2500 = 58750,- €$$

Die Arbeiter stellen gemäß der Produktionsfunktion 126875 Miniteddybären der Marke Putzies her, die – da der Preis der Bären gerade 1,- € beträgt – auch einen Umsatz in Höhe von 126875,- € erbringen. Die Lohnsumme beträgt 65625,- €. Wenn neben der Lohnsumme noch die fixen Kosten von 2500,- € vom Umsatz abgezogen werden, erhält man den oben berechneten Gewinn in Höhe von 58750,- €. Das sieht erfreulich aus Sicht der MonopsonistIn aus. Da der Gewinn und die fixen Kosten die Produzentenrente ergeben, muss gelten:

$$PR = G + K_{fix} = 58750 + 2500 = 61250,- €$$

Die Rente der Arbeiter (AR) beträgt, wie auch das nächste Schaubild verdeutlicht, $0,5 \cdot 175^2 = 15312,50 €$.

Abb. 3.55: Ökonomische Rente im Monopson

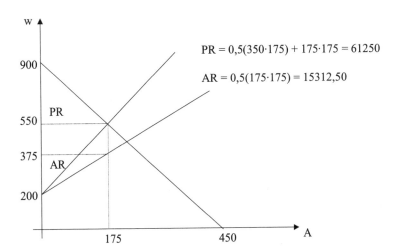

Nichts bleibt, wie es ist. Auf unserem Arbeitsmarkt hat sich in kurzer Zeit sogar einiges getan, denn durch Emanzipationsbewegungen, durch Werbekampagnen der MonopsonistIn u.a.m. wollen nun auch viele Frauen einer Erwerbsarbeit nachgehen. Das Angebotsverhalten der Männer sei davon unberührt, ebenso die Marktgegebenheiten auf dem Teddybärenmarkt.[43]

Die MonopsonistIn als KennerIn der Menschen in der Region vermutet, dass die Frauen durch ihre Sozialisation und ihre immer noch vorhandenen stärkeren Familienverpflichtungen andere Arbeitsangebotsentscheidungen treffen als die Männer. Insbesondere vermutet sie, dass die Frauen schon zu geringeren Löhnen bereit sind, ein Angebot zu akzeptieren. Außerdem ist sie sich sicher, dass Frauen in ihrem Angebotsverhalten anders auf Lohnänderungen reagieren als Männer. In der Produktivität, so sei unterstellt, gibt es keinerlei Differenzen zwischen Männer- und Frauenarbeit, was sich auch darin zeigt, dass in der Produktionsfunktion keine Unterscheidung zwischen verschiedenen ArbeitnehmerInnengruppen gemacht wird und die Arbeit als

---

[43] Das muss natürlich nicht grundsätzlich so sein, da sich Änderungen in der Arbeitsteilung innerhalb der Haushalte ergeben könnten und außerdem alternative Koordinationsformen gegenüber Marktlösungen an Bedeutung verlieren könnten, wenn Leistungen nicht mehr in dem vorherigen Maße innerhalb von Familien in Eigenproduktion hergestellt werden, sondern über Märkte koordiniert werden. Hier wird nur zur Vereinfachung unterstellt, dass Männer wie zuvor Erwerbsarbeit anbieten und sich die neuen Gegebenheiten auf dem Arbeitsmarkt auch nicht unmittelbar auf dem betrachteten Gütermarkt bemerkbar machen.

homogen im Sinne identischer Produktivitäten angesehen werden kann. Die MonopsonistIn vermutet letztlich folgendes Angebotsverhalten:

Männer: $w_1(A_1) = 200 + A_1$

Frauen: $w_2(A_2) = 100 + 0{,}5 \cdot A_2$ (w_i: Lohn, A_i: ArbeitnehmerInnenzahl)

Nehmen wir an, es gebe keine Diskriminierungsmöglichkeiten, d.h., die MonopsonistIn muss allen ArbeitnehmerInnen denselben Lohn zahlen. Wenn jetzt die Frauen zusätzlich zu dem vorherigen Angebot auf dem Arbeitsmarkt Erwerbsarbeit anbieten, dann verändert das die Knappheit der Arbeit. Zu dem bislang herrschenden Lohn von 375,- € bieten bekanntlich 175 Männer ihre Arbeitskraft an, jetzt kommen zu diesem Lohn noch 550 Arbeitsanbieterinnen dazu, so dass dieser Arbeitsmarkt durch einen starken Angebotsüberschuss zu einem Lohn von 375,- € gekennzeichnet ist. Die MonopsonistIn wird auf das geänderte Angebot reagieren, und es steht zu erwarten, dass die Löhne auf diesem monopsonistischen Markt deutlich sinken werden.

Wie es schon bei der allgemeinen Herleitung der Angebotskurve gezeigt wurde, erhält man das Gesamtangebot, wenn man zu jedem Lohn das Angebot aller Individuen addiert. Hier müssen die Angebotskurve der Frauen und die der Männer addiert werden. Man muss beim Addieren aufpassen, dass man nicht versehentlich die Löhne statt der Mengen zusammenrechnet. Deshalb sind die Angebotskurven zunächst jeweils nach den angebotenen Arbeitsmengen beider Gruppen aufzulösen:

Männer: $w_1(A_1) = 200 + A_1$ $\Leftrightarrow$ $A_1 = w_1 - 200$

Frauen: $w_2(A_2) = 100 + 0{,}5 \cdot A_2$ $\Leftrightarrow$ $A_2 = 2w_2 - 200$

Unterhalb eines Lohnes von 100,- € gibt es überhaupt kein Angebot an Arbeit, zwischen 100,- und 200,- € bieten nur Frauen Arbeit an, und ab 200,- € bieten sowohl Männer als auch Frauen Arbeit an. Im letzten Fall werden die Angebotsmengen wie folgt addiert:

$$A_1 + A_2 = w - 200 + 2w - 200 = 3w - 400$$

Somit lautet das aggregierte Arbeitsangebot:

$A = 0$ für $w < 100$

$A = 2w - 200$ für $100 \leq w < 200$

$A = 3w - 400$ für $w \geq 200$

Da die Maximierung der Gewinnfunktion für $w \in (0, 200)$ kein Ergebnis innerhalb des zulässigen Intervalls ergibt, reicht es, wenn man sich auf den Teil der Angebotsfunktion beschränkt, in dem sowohl Männer als auch Frauen ihre Arbeit anbieten.

$$A = 3w - 400 \Leftrightarrow w = (1/3)400 + (1/3)A$$

Der Gewinn der MonopsonistIn lautet in diesem Fall:

$$G = 1 \cdot (900A - A^2) - A[(1/3)400 + (1/3)A] - 2500$$

Das Gewinnmaximum erhält man wiederum durch Nullsetzen der ersten Ableitung:

$$G' = 900 - 2A - (400/3) - (2A/3) = (2300/3) - (8/3)A = 0$$

$$\Rightarrow A^* \approx 287{,}57$$

$$w^* = 229{,}17 \, €$$

Die MonopsonistIn wird also deutlich mehr Arbeit einsetzen, wenn zusätzliche Arbeit angeboten wird. Allerdings zahlt sie auch einen viel geringeren Lohn als vorher. Wenn wir den Lohn in die jeweilige Angebotsfunktion der Männer und der Frauen einsetzen, können wir erkennen, wie viele Frauen und wie viele Männer beschäftigt werden.

Männer: $w_1 = 200 + A_1$, $A_1 = w_1 - 200$, $A_1 = 229{,}17 - 200 = 29{,}17$

Frauen: $w_2 = 100 + 0{,}5A_2$, $A_2 = 2w_2 - 200$, $A_2 = 458{,}33 - 200 = 258{,}33$

Die MonopsonistIn wird bei diesem Lohn also 29,17 Stellen mit Männern besetzen können, 258,33 Stellen mit Frauen. Wenn man über den bekannten Weg den Gewinn der MonopsonistIn bestimmt, sieht man, dass sie von dem neuen Angebotsverhalten der Frauen stark profitiert hat, denn ihr Gewinn beträgt nun 107707,38 €.

Was würde nun passieren, wenn die Regierung es mit der Einhaltung des Diskriminierungsverbotes nicht so ernst nimmt oder die MonopsonistIn entgegen der Tatsache identischer Produktivitäten mit Erfolg behauptete, unterschiedliche Entlohnungen seien durch verschieden hohe Produktivitäten von Männern und Frauen nicht zu vermeiden? Wenn es Diskriminierungsmöglichkeiten gibt, wird die MonopsonistIn sie ausnützen und dadurch ihren Gewinn steigern. Das zeigt sich an folgendem Kalkül.

Die Zielfunktion lautet nun:

$$\text{Max } G = p \cdot x - A_1 \cdot w_1(A_1) - A_2 \cdot w_2(A_2)$$

Wenn man die jeweiligen Angebotsfunktionen einsetzt und bedenkt, dass sich das Gesamtangebot an Arbeit aus dem Angebot der Männer und der Frauen zusammensetzt, erhält man:

$$\text{Max } G = 900(A_1 + A_2) - (A_1 + A_2)^2 - A_1 \cdot (200 + A_1) - A_2 \cdot (100 + 0{,}5A_2)$$

Diese Zielfunktion muss nun partiell nach den beiden Variablen A_1 und A_2 abgeleitet werden; die Ableitungen müssen zur Suche nach dem Maximum Null gesetzt werden, und daraus ergibt sich, wie viele Männer und wie viele Frauen die MonopsonistIn einstellen wird:

$$\frac{\partial G}{\partial A_1} = -4 \cdot A_1 - 2 \cdot A_2 + 700 = 0$$

$$\frac{\partial G}{\partial A_2} = -2 \cdot A_1 - 3 \cdot A_2 + 800 = 0$$

Allgemein zeigen diese Bedingungen, dass die mit dem Güterpreis bewertete Grenzproduktivität sowohl den Grenzausgaben für die Frauen als auch den Grenzausgaben für die Männer entsprechen muss. Wären beispielsweise die Grenzausgaben für die Männer höher als die der Frauen, würde es sich lohnen, einen Mann zu entlassen und eine Frau einzustellen, denn an der Produktionsmenge änderte sich dadurch nichts, aber die zusätzlichen Ausgaben für die eingestellte Frau sind niedriger als die für den Mann. Löst man die beiden Gleichungen nach den Arbeitsmengen für Frauen und Männer auf, dann erhält man

$A_1{}^* = 62{,}5$

$A_2{}^* = 225$

Die MonopsonistIn wird also 62,5 Stellen mit Männern besetzen und 225 mit Frauen. Die Männerquote in dieser Unternehmung ist gegenüber der Situation identischer Löhne gestiegen und beträgt nun rund 21,75%. Die MonopsonistIn muss aber nicht nur bestimmen, wie viele Frauen und Männer sie einstellt. Sie hat zudem die Aufgabe, die Löhne für beide Gruppen festzulegen. Dazu muss sie überlegen, welchen Lohn sie jeweils *mindestens* zahlen muss, damit sie die Stellen wie gewünscht besetzen kann. Dies kann man bestimmen, indem die optimalen Mengen in die Angebotsfunktionen eingesetzt werden:

$w_1 = 200 + A_1 = 200 + 62{,}5 = 262{,}50$ €

$w_2 = 100 + 0{,}5A_2 = 100 + 0{,}5 \cdot 225 = 212{,}50$ €

Für identische Arbeit (gleiche Produktivität) erhalten die Frauen also niedrigere Löhne als die Männer. Dieses Kalkül sieht in einer Grafik wie folgt aus:

Abb. 3.56: Lohndiskriminierung im Monopson

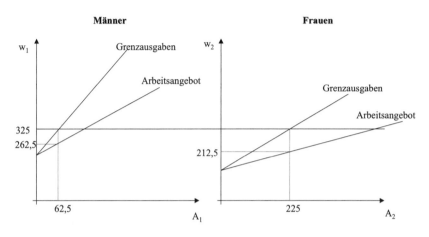

Insgesamt möchte die MonopsonistIn 287,5 Stellen besetzen. Die Grenzproduktivität beträgt dabei:

$$x'(287,5) = 900 - 2 \cdot 287,5 = 900 - 575 = 325$$

Im Gewinnmaximum müssen die zusätzlichen Ausgaben für eine Frau und für einen Mann jeweils dieser Grenzproduktivität entsprechen. Die Löhne erhält die MonopsonistIn, wenn sie zu den jeweils gewinnmaximalen Mengen bestimmt, wie hoch die Löhne mindestens sein müssen, damit sich hinreichend viele Bewerber und Bewerberinnen bei ihr melden. Durch die verschiedenen Löhne für Männer und Frauen sieht die Gewinnsituation der MonopsonistIn noch etwas erfreulicher aus. Sie kann dadurch ihren Überschuss gegenüber dem Einheitslohn um 1667,62 € auf 109375,- € steigern.

Die Diskriminierung führt jedoch dazu, dass die Rente für alle ArbeiterInnen zusammen (AR) sinkt.[44] Monopsonistisches Lohnsetzungsverhalten kann

---

[44] Die AR der Frauen beträgt bei Diskriminierung 0,5·225·(212,5 – 100) = 12656,25 €, die der Männer 1953,13 €, zusammen also 14609,38 €. Ohne Lohndifferenzierung erhielten die Frauen eine Rente von 16684,24 €, die Männer hätten eine Rente von 425,44 €, und gemeinsam wäre die Rente der ArbeiterInnen 17109,68 €, d.h., der Verlust bei Lohndifferenzierung beträgt für die ArbeitnehmerInnen insgesamt 2500,30 €. Da dieser Verlust größer ist als der zusätzliche Gewinn der MonopsonistIn, ist diese Form der Lohndifferenzierung ineffizient.

also demnach damit einhergehen, dass verschiedene ArbeitnehmerInnengruppen unterschiedlich hohe Löhne erhalten, obwohl sie sich in der Produktivität nicht unterscheiden. Damit diese Form der Diskriminierung aber durchgesetzt werden kann, müssen erstens tatsächliche Angebotsunterschiede bei verschiedenen ArbeitnehmerInnengruppen vorhanden sein, und zweitens müssen die Unterscheidungskriterien eindeutig und unveränderbar sein. Beides trifft auf die Unterscheidung von Männern und Frauen auf dem Arbeitsmarkt zu. Frauen haben nach wie vor andere Wunschberufe als Männer, sie akzeptieren niedrige Löhne und arbeiten verstärkt in Niedriglohnbranchen. Und abgesehen von Geschlechtsumwandlungen funktionieren Verkleidungen als Männer, um einen gewünschten Job zu bekommen, nur im Film. Auch die Rassendiskriminierung in der Entlohnung könnte man durch ein Monopsonmodell erklären. Es gibt aber auch Einwände gegen dieses Modell der Lohndiskriminierung. So wird erstens bezweifelt, dass sich in der realen Welt mit Gewerkschaften, staatlichen Gleichheitsgeboten und insbesondere durch tatsächlichen Wettbewerb auf dem Arbeitsmarkt monopsonistisches Verhalten überhaupt durchsetzen kann. Außerdem wird gefragt, warum gerade Unterscheidungen wie Geschlecht oder Rasse so dominant für die Differenzierung von Gruppen sein soll. Wie wäre es denn mit Körpergröße, Gewicht, Nasenlänge, Schuhgröße, Augenfarbe, Religionszugehörigkeit? In diesem Zusammenhang ist es nicht irrelevant, psychologische Theorien über die Bildung sozialer Gruppen in die Überlegungen einzubeziehen.

3.5.1.5 Verteilungswirkungen monopolistischer Strukturen

Ohne Preisdifferenzierungsmöglichkeiten ist das Monopol gegenüber einer Konkurrenzsituation durch höhere Preise und geringere Produktionsmengen gekennzeichnet. Im Monopson sind die Preise (Löhne) niedriger als in einem Konkurrenzgleichgewicht, und auch in dieser Marktform wird eine geringere Menge als bei perfekter Konkurrenz gehandelt. Die Marktseite, die keine Konkurrenz für ihre Entscheidungen berücksichtigen muss, profitiert und kann ihre Rente gegenüber einer Situation bei vollständiger Konkurrenz steigern. Die andere Marktseite verliert jedoch überproportional.

Ob dies zu einer größeren Ungleichverteilung der Einkommen bzw. der produzierten Güter führt, kann dennoch nicht eindeutig beantwortet werden. Das Ergebnis hängt davon ab, wie die Verteilung bei vollständiger Konkurrenz aussähe. Es ist keineswegs sicher, dass MonopolistInnen oder MonopsonistInnen bereits im perfekten Markt mit Verteilungsvorteilen ausgestattet wären. Nehmen wir das Beispiel der TaxifahrerInnen. Selbst bei begrenztem Marktzugang und beschränktem Wettbewerb sind die Einkommen selbständiger TaxifahrerInnen i.d.R. nicht besonders hoch, und bei vollständiger Konkurrenz wären sie u.U. noch niedriger. In einem solchen Fall kann die Marktverschließung dazu führen, dass zuvor benachteiligte Gruppen etwas besser an dem Gesamtergebnis partizipieren können. Denkbar ist aber natürlich auch, dass Monopole und Monopsone zu einer noch stärkeren Ungleichverteilung der Einkommen führen.

Der Gesamteffekt hängt erstens davon ab, wie hoch die Einkommen der MonopolistInnen bzw. MonopsonistInnen bei perfekter Konkurrenz wären. Zweitens kommt es darauf an, welche Preissetzungs- und Diskriminierungsspielräume sie tatsächlich haben. Allein von der Anzahl der MarktteilnehmerInnen auf der Angebots- und Nachfrageseite kann man noch keine Schlussfolgerungen ziehen.

Betrachten wir dazu noch einmal das erste Monopsonbeispiel, bei dem ausschließlich die Männer als Arbeitsanbieter auf dem Markt auftraten. Zur Erinnerung ist in der nachstehenden Grafik noch einmal das Ergebnis der Gewinnmaximierung skizziert.

Abb. 3.57: Monopson ohne potentielle Konkurrenz

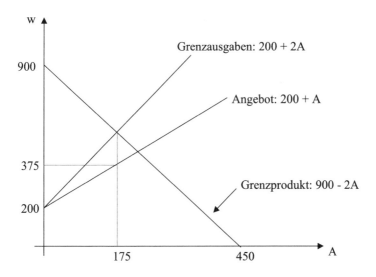

Der Gewinn betrug 58750,- €. Durch die niedrigen Löhne, so sei angenommen, könnten auch andere ProduzentInnen auf die Idee kommen, sich in der strukturschwachen Region niederzulassen. Wenn wir unterstellen, dass Arbeitsverträge längerfristig abgeschlossen werden, kann die potentielle KonkurrentIn auf dem Arbeitsmarkt in einem ersten Beispiel erst tätig werden, nachdem die vormalige MonopsonistIn ihre Entscheidung über die Anzahl ihrer Arbeitnehmer getroffen hat, d.h., der 2. NachfragerIn stünde jetzt noch das Restangebot auf dem Arbeitsmarkt zur Verfügung. 175 Männer sind bereits beschäftigt. Die Angebotsfunktion war als w = 200 + A unterstellt worden. Die neue ArbeitsnachfragerIn muss mindestens 375,- € als Lohn zahlen, um überhaupt einen einzigen Arbeitnehmer zu gewinnen. Will sie mehr Arbeitnehmer einstellen, muss sie einen höheren Lohn festlegen. Aus Sicht der neuen ProduzentIn hat die Angebotsfunktion folgenden Verlauf:

w = 375 + A

In einer Grafik sieht das wie folgt aus:

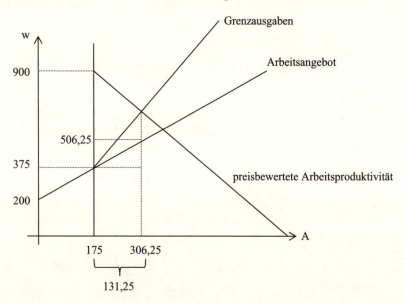

Abb. 3.58: Potentielle Konkurrenz – MonopsonistIn mit dem Vorteil des „ersten Zuges"

Die potentielle zweite Unternehmung (KonkurrentIn: K) produziert Schokoladenbären. Pro Bär bekommt sie auf dem Gütermarkt 2,- €. Sie hat jedoch erhebliche fixe Kosten in Höhe von 25313,- € in Kauf zu nehmen. Die Produktionsfunktion der Schokobären (Menge: y) sei ebenfalls durch abnehmende Ertragszuwächse gekennzeichnet. Sie laute:

$Y(A) = 450A - 0{,}5A^2$

Damit sieht der Umsatz dem unserer MonopsonistIn erstaunlich ähnlich (mit q: Preis eines Schokobären):

$$q \cdot y(A) = 2 \cdot (450A - 0{,}5A^2) = 900A - A^2$$

Das Gewinnmaximierungskalkül der 2. Unternehmung sieht damit wie folgt aus (mit GK = Gewinn der KonkurrentIn):

$$GK = 900A - A^2 - A(375 + A) - 25313$$

$$GK' = 900 - 2A - 375 - 2A = 0$$

$$A^* = 131{,}25$$

$$w^* = 375 + 131{,}25 = 506{,}25 \ €$$

Falls die zweite Unternehmung unter diesen Bedingungen tatsächlich in den Markt eintritt, kann sie einen Gewinn realisieren:

$$GK = 900 \cdot 131{,}25 - 131{,}25^2 - 506{,}25 \cdot 131{,}25 - 25313 = 9205{,}75 \ €$$

Wenn positive Gewinne den entscheidenden Anreiz zum Markteintritt darstellen und sonst keine Eintrittsbarrieren vorhanden sind, würde sich nach diesem Kalkül die KonkurrentIn für die Produktion in der betrachteten Region entscheiden, sofern nicht in anderen Gegenden noch günstigere Bedingungen herrschen. Für den Fall, dass die ursprüngliche MonopsonistIn ihre niedrigeren Löhne bereits langfristig durch Verträge mit den Arbeitern festlegen konnte, braucht sie dieser Erfolg der anderen ArbeitsnachfragerIn nicht weiter bekümmern. Anders sähe es aus, wenn Gleichbehandlungsbedingungen, leichte Kündigungsmöglichkeiten durch die Arbeitnehmerseite, Proteste, Streiks u.a.m. es erreichen, dass die MonopsonistIn (M) den Lohn erhöhen und auch 506,25 € zahlen muss. Das bedeutet für ihren Gewinn (GM) bei 175 Arbeitern:

$$GM = 900 \cdot 175 - 175^2 - 2500 - 506{,}25 \cdot 175 = 35781{,}25 \ €$$

Dies zeigt eine deutliche Gewinneinbuße gegenüber ihrem vorherigen Kalkül, bei dem sie nicht mit einer weiteren NachfragerIn auf dem Arbeitsmarkt rechnete und mit 375,- € einen viel niedrigeren Lohn festgelegt hatte. Die ursprüngliche MonopsonistIn hat nun aber noch eine Reihe von Möglichkeiten, auf die Gefahr eines Markteintritts zu reagieren. Sie könnte z.B. ihre Arbeitsnachfrage erhöhen. Mehr Arbeit kann sie zwar nur durch höhere Löhne bekommen, aber sie schneidet damit, wenn sie weiterhin den „ersten Zug" in diesem Markt hat, der 2. Unternehmung einen Teil des Arbeitsangebotes ab, so dass die potentielle KonkurrentIn noch höhere Löhne in Kauf nehmen muss. Wenn M es schafft, dass K keinen Gewinn mehr erzielt, wird diese auf den Markteintritt verzichten. Das kann für M das kleinere Übel darstellen. Unterstellen wir z.B., dass die MonopsonistIn ihre Arbeitsnachfrage von 175 auf 250 erhöht. Ist sie allein auf dem Arbeitsmarkt, muss sie 450,- € als Lohn bieten, damit sich hinreichend viele Bewerber bei ihr melden. Das bedeutet für ihren Gewinn:

$$GM(250) = 900 \cdot 250 - 250^2 - 450 \cdot 250 = 50000,- €$$

Dieser Gewinn ist zwar niedriger als in der gewinnmaximalen Monopson-Lösung, aber er ist höher als die zuvor skizzierte Lösung, bei der sich K für den Markteintritt entscheidet. Also gilt es jetzt zu überlegen, welche Konsequenzen durch die erhöhte Arbeitsnachfrage der MonopsonistIn für die KonkurrentIn entstehen. Aus Sicht der KonkurrentIn lautet das (restliche) Arbeitsangebot nun:

$$w = 450 + A$$

Mit dem üblichen Gewinnmaximierungskalkül zeigt sich, dass die KonkurrentIn, falls sie überhaupt produziert, 112,5 Stellen schaffen wird. Sie als auch die ursprüngliche MonopsonistIn müssen mindestens einen Lohn in Höhe von 562,50 € zahlen. Der Gewinn für die KonkurrentIn ergibt sich für 112,5 Stellen und einem Lohn von 562,50 € wie folgt:

$$GK = -900 \cdot 112,5 - 112,5 \cdot 112,5 - 562,5 \cdot 112,5 - 25313 = -0,50$$

Die potentielle KonkurrentIn kann unter diesen Umständen keinen Gewinn erzielen und wird auf den Markteintritt verzichten. So kann sich die ursprüngliche MonopsonistIn immerhin einen Gewinn von 50000,- € sichern. Dennoch kann sie nicht das Gewinnmaximum einer reinen MonopsonistIn erreichen. Denn dann träte die KonkurrentIn in den Markt ein, was die Gewinne der MonopsonistIn aber stärker schmälerte als die etwas höhere Arbeitsnachfrage, die die KonkurrentIn daran hindert, auf dem betreffenden Arbeitsmarkt Arbeit nachzufragen.

Noch schwieriger wird die Analyse, wenn eine MonopolistIn oder MonopsonistIn nicht den Vorteil hat, als Erste die Menge festlegen zu können. Bei *simultanen Entscheidungen* kommen wir in einen Bereich noch komplexerer strategischer Entscheidungen, die im Abschnitt über die Oligopoltheorie kurz skizziert werden. Festzuhalten bleibt, dass bei Monopolisierungen verschiedene Verteilungseffekte auftreten können, je nach der alternativen Verteilungsposition im Konkurrenzfall und je nach Preissetzungsspielraum der monopolistischen Marktseite. Die Existenz nur einer AnbieterIn bzw. NachfragerIn auf einem Markt ist noch kein sicheres Indiz dafür, dass tatsächlich Monopolrenten in voller Höhe realisiert werden können.

3.5.1.6 Markteingriffe und Regulierung

Reine Monopole gibt es kaum, sofern es nicht staatlich garantierte Monopole sind.[45] Es gibt allerdings eine gewisse Tendenz zur Monopolisierung, wenn die Produktion im relevanten Nachfragebereich durch sinkende Durchschnittskosten gekennzeichnet ist. Man spricht in diesem Fall auch von einem *natürlichen Monopol*. Sinkende Durchschnittskosten bedeuten nämlich, dass es kostengünstig ist, besonders viel zu produzieren. In einem solchen Fall führt Konkurrenz mit der Zeit zu einer Art automatischer Monopolisierung durch Kostenvorteile großer Unternehmungen, so dass zum Schluss eine AnbieterIn den Markt beherrscht, die eben große Mengen zu vergleichsweise niedrigen Kosten herstellen kann. Andere potentielle AnbieterInnen sehen wegen ihrer bei geringeren Mengen höheren Stückkosten vom Markteintritt ab.

Versuche, mehr Wettbewerb auf den Markt zu bringen, nutzen wenig, weil sich mit der Zeit wieder eine der AnbieterInnen als die kostengünstigste durchsetzen wird. Da Monopole mit Effizienzverlusten einhergehen, stellt sich die Frage, wie ein solches Monopol reguliert werden könnte. Dieses Problem können wir uns in dem folgenden Beispiel einer MonopolistIn, die konstante Grenzkosten der Produktion hat, in einer Grafik anschauen, wobei daran zu erinnern ist, dass bei konstanten Grenzkosten und positiven fixen Kosten die durchschnittlichen Kosten oberhalb der Grenzkosten liegen müssen und einen sinkenden Verlauf haben, weil die fixen Kosten auf eine immer größere Produktionsmenge verteilt werden:

---

[45] Dies gilt auch für Monopsone, die insbesondere in Bereichen auftreten können, in denen der Staat einziger Nachfrager ist, z.B. im Bereich von Rüstungsgütern. Nachfolgend werden allein Monopolprobleme betrachtet, für die Analyse von Monopsonprobleme gelten analoge Argumente.

Abb. 3.59: Sinkende Durchschnittskosten und Monopolregulierung

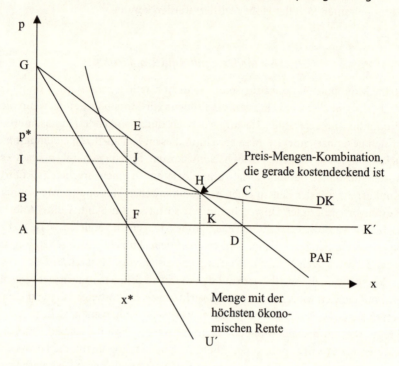

Wenn sich diese AnbieterIn als COURNOT-MonopolistIn verhalten kann, wird sie nach ihrem Gewinnmaximierungskalkül eine Menge wählen, bei der der Grenzumsatz den Grenzkosten entspricht. Das ist die Menge x*. Der Preis ergibt sich, wenn diese Menge in die Preis-Absatz-Funktion eingesetzt wird. Bei p* wird die Menge x* von den KonsumentInnen gerade nachgefragt. Bei dieser Lösung entspricht die Konsumentenrente der Fläche Gp*E. Die Produzentenrente ist Ap*EF, und der Gewinn beträgt Ip*EJ, denn der Gewinn pro Stück ist die Differenz zwischen dem Preis und den Durchschnittskosten bei der Menge x* (das entspricht E–J). Die höchste Ökonomische Rente würde hingegen im Punkt D realisiert, wobei die Konsumentenrente sehr stark stiege (auf AGD), die Produzentenrente aber Null würde und die AnbieterIn einen Verlust in Höhe ihrer fixen Kosten zu tragen hätte.

Wenn eine staatliche Regulierungsbehörde den COURNOT-Punkt verhindern möchte und sich an Effizienzgesichtspunkten orientiert, müsste sie einen Preis in Höhe der Grenzkosten festlegen. Bei einem solchen Höchstpreis gilt aus Sicht der MonopolistIn die fallende Grenzumsatzgerade nicht mehr, da sie grundsätzlich keinen höheren als den Höchstpreis bekommen kann, auch nicht bei geringeren Verkaufsmengen. Sie erhält für jedes zusätzlich verkaufte Stück jeweils genau den Höchstpreis, der damit zum Grenzumsatz wird. Dadurch führt die Gewinnmaximierungsregel, nach der grundsätzlich der Grenzumsatz den Grenzkosten entsprechen muss, zu der Forderung, dass die Grenzkosten im Gewinnmaximum so groß wie der Höchstpreis sein müssen. Das ist im Punkt D der Fall.

Allerdings haben wir bereits festgestellt, dass bei dieser Preis-Mengen-Kombination die MonopolistIn einen Verlust erleiden wird, so dass sie wohl langfristig komplett auf die Produktion verzichten wird. Für die Regulierungsbehörde stellt sich nun eine Reihe von Problemen. Nehmen wir zunächst an, dass die Behörde alle relevanten Informationen über das Unternehmen besitzt. Wenn die Behörde entsprechend auch die Kostensituation genau kennt und einen Mindestpreis in Höhe von A festlegt, dann müsste sie bzw. eine andere zuständige Behörde die MonopolistIn subventionieren, damit sie überhaupt produziert, d.h., es müsste mindestens eine Subvention in Höhe des Verlustes bei der Produktionsmenge D und dem vorgeschriebenen Preis A gezahlt werden. Diese Mittel für die Subvention müssen aber wiederum durch Steuern oder Abgaben finanziert werden.

Das Problem dabei ist, dass Steuern auf perfekt funktionierenden Märkten Effizienzverluste nach sich ziehen, so dass die Besteuerung auf der einen Seite und die Subventionierung auf der anderen Seite keine reinen Umverteilungsmaßnahmen sind. Man spricht in diesem Zusammenhang auch von den *Schattenkosten des Budgets*, die dadurch entstehen, dass volkswirtschaftliche Kosten der Steuererhebung durch Preisverzerrungen entstehen. Damit bietet es sich u.U. an zu fragen, ob es nicht günstiger ist, einen anderen Höchstpreis vorzuschreiben, bei dem die MonopolistIn keine Subvention benötigt und entsprechend keine verzerrende Besteuerung eingesetzt werden muss.

Ein weiterer Grund für diese Forderung liegt darin, dass die Regulierungsbehörde auch Informationen über die Nachfrage benötigte, um zu entscheiden, ob es überhaupt sinnvoll ist, ein spezielles Monopol über eine Grenzkostenregel zu regulieren und durch Subventionen dessen Existenz zu sichern. Das macht nämlich nur Sinn, wenn die Konsumentenrente so groß wird, dass sie die Steuerbelastung überschreitet. Um das zu beurteilen, müsste die Behörde also die Konsumentenrente kennen, was i.d.R. nicht der Fall ist, weil nur der Preis und die verkaufte Menge bestimmt werden können. Deshalb wird gefordert, dass man sich, wenn man denn eine Preisregulierung in Erwägung zieht, darauf beschränken sollte, Preise festzulegen, bei denen keine Subventionierung des Monopols erforderlich wird.

Damit überhaupt ein Angebot erfolgt, müssen die Kosten gedeckt sein. Ein entsprechender Höchstpreis könnte also so gestaltet sein, dass gerade die Durchschnittskosten gedeckt sind und die mit diesem Höchstpreis festgelegte Menge der Nachfrage entspricht. Das ist in dem Punkt H der Fall. Dabei ist die Produzentenrente ABHK, der Gewinn ist Null, und die Konsumentenrente beträgt BGH. Im Vergleich zur effizienten Lösung ist die Ökonomische Rente um HKD geringer. Wenn es aber dann keine Verzerrungen auf anderen Märkten gibt, kann sich diese Regulierung als insgesamt vorteilhaft erweisen.

Das Hauptproblem der Regulierungsbehörde liegt allerdings auf einer ganz anderen Ebene. Bisher hatten wir unterstellt, dass die Kosten der MonopolistIn allgemein bekannt seien, aber genau dies ist nur in Ausnahmefällen zu erwarten. Es ist eher typisch, dass die Regulierungsbehörde weniger Informationen als die Unternehmung zur Verfügung hat. Es gibt in diesem Fall einen trade-off zwischen dem Abschöpfen der Monopolrente durch den Staat und Anreizen für die Unternehmung, kostengünstig zu produzieren. Wenn die Regulierungsbehörde z.B. Preise genehmigt, die auf Kostenangaben der Unternehmung basieren, dann hat die Unternehmung wenig Anreize, die Wahrheit über die Kostensituation zu sagen oder – wenn es nachträglich möglich ist, den Wahrheitsgehalt der Angaben zu überprüfen – kostengünstig zu produzieren. Ganz im Gegenteil ist es aus Sicht der Unternehmung sinnvoll, besonders hohe Kosten zu haben, um Gewinne machen zu können, sofern neben der Kostenerstattung – wie nicht unüblich – auch eine angemessene Verzinsung des eingesetzten Kapitals garantiert wird.

Sofern die Regulierungsbehörde demgegenüber genehmigte Preise bei Kostensenkungen nicht nach unten anpasst, hat das Unternehmen sehr gute Anreize, Kosten so weit wie möglich zu senken. Allerdings kann die Behörde in diesem Fall dem Unternehmen nicht vollständig die Rente entziehen. Selbst wenn es gelingt, durch geschickte Mechanismen die Unternehmung dazu zu bringen, wahrheitsgemäß ihre Kosten zu offenbaren, gibt es immer noch das Problem, dass die Unternehmung die Kosten manipulieren kann. Wenn der Unternehmung beispielsweise signalisiert würde, dass die Behörde den Preis jeweils nach der Preis = Grenzkosten-Regel festsetzt, kann es profitabel sein, die Kapazitäten auf x^* zu beschränken und sehr hohe Grenzkosten der Kapazitätsausweitung zu generieren. Damit kann im Extremfall wieder die COURNOT-Lösung herbeigeführt werden, wie die folgende Grafik zeigt. Die Grenzkosten verlaufen zunächst bis zu x^* konstant, danach wegen großer Kapazitätsinvestitionen senkrecht. Die Regulierungsregel müsste in diesem Fall den COURNOT-Preis als Höchstpreis festlegen, was ganz im Sinne der MonopolistIn wäre. Dieses Phänomen des strategischen Generierens von Kosten nennt man auch nach einem bekannten Ökonomen die BAUMOLsche Kostenkrankheit.

Abb. 3.60: Strategische Manipulation der Grenzkosten

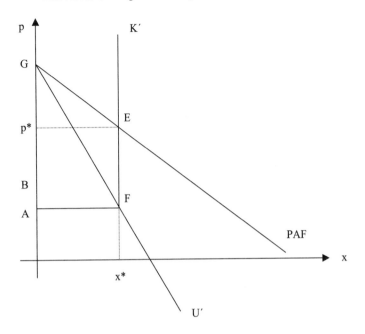

Eine weitere Hürde auf dem Weg zu effizienter Regulierung liegt in einem Problem, das LEIBENSTEIN (1966) als X-Ineffizienz beschrieb und in dem es um die speziellen Verflechtungen zwischen Politik, Behörden und regulierten Unternehmungen geht. Die politischen Entscheidungen und der Vollzug durch Behörden werden dabei nicht mehr so verstanden, als ob diese Instanzen allein und stets im Sinne des Gemeinwohls handelten. Es wird stattdessen angenommen, dass Verantwortliche in Politik, Behörden und Ämtern unterschiedliche Interessen verfolgen. MitarbeiterInnen von Behörden verfügten überdies häufig über Informationsvorteile gegenüber den politischen EntscheidungsträgerInnen. Kennen z.B. PolitikerInnen die effiziente Menge eines natürlichen Monopols nicht, können Behörden und ihre MitarbeiterInnen ihre eigene Position u.U. dadurch stärken, dass sie den regulierten Bereich künstlich vergrößern – entweder durch Befürwortung einer ineffizient großen Produktionsmenge des natürlichen Monopols oder gar durch Übernahme der gesamten Produktion in staatliche Hände (konkret in die eigene bürokratische Verantwortung).

Viele liberale ÖkonomInnen sind deshalb ausgesprochen skeptisch, ob eine Regulierung tatsächlich Effizienzverbesserungen herbeiführen kann oder ob die Regulierungsschwierigkeiten und die politischen Interessen nicht mehr Probleme verursachen als lösen. Dabei wird neben theoretischen Überlegungen auf Erfahrungen verwiesen, bei denen mit der Regulierung die VerbraucherInnen tatsächlich noch schlechter gestellt waren als im reinen Monopolfall. David FRIEDMAN (1999: Kap. 19) argumentiert z.b., dass sich bei Regulierungen meistens gut organisierte Verbände durch Lobbytätigkeit durchsetzen werden und KonsumentInneninteressen keine große Rolle spielen. Sein Beispiel dafür handelt von Agrarmarktregulierungen, über deren Probleme in diesem Kapitel schon ausführlich Bezug genommen wurde. In industrialisierten Ländern werden häufig Maßnahmen zum Schutz der Landwirtschaft eingeführt, z.B. Mindestpreise oder Subventionen an LandwirtInnen. In „entwickelten" Ländern gibt es meistens einen kleinen Landwirtschaftssektor, der i.d.R. verbandlich sehr gut organisiert ist. Vergleicht man diese Form des Markteingriffs mit denen von Entwicklungsländern, stellt man genau das Gegenteil fest. Ein großer, aber schlecht organisierter Landwirtschaftssektor wird so reguliert, dass die Preise *unter* das markträumende Niveau fallen. Nutznießerin ist die kleinere, aber politisch besser organisierte städtische Bevölkerung.

Ein weiteres Beispiel stammt aus dem Bereich der Entwicklung des Eisenbahnwesens in den USA, als verschiedene Eisenbahngesellschaften verschiedene Strecken bedienten. Wir können von den tatsächlichen Geschehnissen abstrahieren und mit einem einfachen Beispiel Erwartungen über die Preisbildung formulieren. Zwei große Städte – A und B – werden von zwei konkurrierenden Bahnlinien bedient. Die Konkurrenz sorgt dafür, dass die Preise für die Strecken von A nach B und umgekehrt moderat sind (vgl. Abb. 3.61).

Anders sieht dies für die Strecken zwischen den Kleinstädten C und D bzw. E und F aus, sowie für die Strecken von einer Großstadt zu einer der Kleinstädte. Wer beispielsweise von E nach F möchte, wird aus Zeitgründen den kurzen Weg gegenüber der Route EACDBF über beide Großstädte vorziehen. Damit bekommen die Bahnlinien auf ihrem Weg zwischen den Großstädten einen gewissen monopolistischen Spielraum. Das gibt zu der Vermutung Anlass, dass die Preise für Fahrten zwischen den Kleinstädten relativ teuer sein werden, eventuell sogar ähnlich teuer wie die Tickets für Fahrten zwischen den Großstädten.

Abb. 3.61: Skizze eines Preissetzungs- und Regulierungsproblems

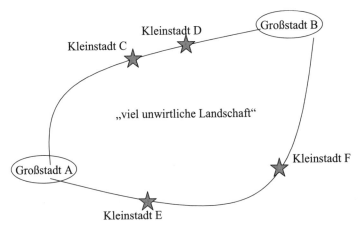

Solche Preisstrategien rufen die Regulierungsbehörde auf den Plan, die dafür sorgen soll, dass die Fahrkarten auf den monopolistisch beherrschten Routen billiger werden. Das ist an sich verständlich, aber im Endergebnis ist zu befürchten, dass die AnbieterInnen die Behörde derart beeinflussen, dass zum Schluss die Preise für die Provinzfahrten unverändert bleiben und überdies die Preise für die Fahrten zwischen den Großstädten teurer werden. FRIEDMAN (1999: 315) verweist auf ein weiteres Regulierungsproblem im Zusammenhang mit Transportfragen. In den USA wurde der Güterverkehr durch die Interstate Commerce Commission (ICC) reguliert. Nach FRIEDMANs Einschätzung hätte sich der Güterverkehr zu einer wettbewerbsorientierten Industrie entwickelt, als der LKW-Verkehr zum Hauptkonkurrenten des Schienenverkehrs wurde, da große Speditionen keine Vorteile durch sinkende Durchschnittskosten gegenüber kleinen Speditionen besaßen. Die ICC regulierte jedoch zunächst das Transportwesen auf dem Wasserweg und dann das auf der Straße und verhalf durch die Regulierungen diesen Bereichen letztlich zu höheren Preisen. All das geschah, um den Güterschienenverkehr zu schützen, den man anfangs regulieren wollte, um dort monopolistische Preissetzungen zu verhindern.

Wenn man unterstellt, dass nicht jede Regulierung grundsätzlich völlig das Gegenteil dessen erreichen muss, was man eigentlich intendiert hat, dann stellt sich die Frage, wie reguliert werden könnte, welche Informationen den RegulierernInnen zur Verfügung stehen, wie sie es schaffen können, dass sie regulierten Betriebe wahrheitsgemäß ihre Kosten offenbaren und keine strategischen Optionen nutzen, die ihnen hohe Regulierungspreise sichern. Dazu gibt es in der Ökonomik einen eigenen Theoriebereich. In der Theorie der

Regulierung (vgl. z.B. LAFFONT/TIROLE 1993) wird sehr deutlich, dass die Probleme ausgesprochen komplex sind, die bei der Regulierung gelöst werden müssen. Dennoch bedeutet dies nicht zwangsläufig, dass der Verzicht auf Markteingriffe *sicher* die bessere Lösung darstellt. Wir haben es mit einem Problem zu tun, das sehr sorgfältiger Abwägung im Einzelfall bedarf. Spontan gebildete Lösungen hinsichtlich der Zahl der MarktteilnehmerInnen und dem Preissetzungsverhalten *können* unter bestimmten Umständen ineffizient sein. Es ist aber auch denkbar, dass diese Marktstrukturen Lösungen für solche Fälle darstellen, bei denen ein Konkurrenzmarkt nicht existieren oder nur sehr unzureichend das Koordinierungsproblem lösen kann. Welche Koordinierungsschwierigkeiten das sind, werden wir im nächsten Hauptkapitel näher beleuchten. Die Forderung nach mehr Wettbewerb wird jedenfalls häufig viel zu schematisch vorgebracht, da die Eleganz des Modells des Allgemeinen Gleichgewichts manche ÖkonomInnen vielleicht dazu bringt zu unterstellen, dass sich die Lösung des Koordinationsproblems mit der maximalen Ökonomischen Rente immer automatisch dann einstellt, wenn die Wirtschaftspolitik nur für genügend Konkurrenz sorgt.

3.5.2 Oligopol

Die Marktform des Oligopols ist dadurch gekennzeichnet, dass vielen NachfragerInnen einige wenige AnbieterInnen gegenüberstehen. Die Analyse von Oligopolen ist komplexer als die eines Polypols oder Monopols, weil es zusätzliche strategische Probleme zwischen den AnbieterInnen zu beachten gilt. Im Polypol bei sehr vielen Unternehmungen wurde unterstellt, dass der Marktanteil der einzelnen ProduzentIn so klein ist, dass ihre Mengenentscheidung den Marktpreis weitgehend unverändert lässt, d.h., jede AnbieterIn orientiert sich bei ihrer Entscheidung allein an einem vorgegebenen Preis. Im Monopol kann die Unternehmung den Preis festsetzen, wobei sie die Nachfrage und die eigenen Kosten als feste Größen zu berücksichtigen hat. Im Oligopol müssen die AnbieterInnen sich nun zusätzlich Gedanken darüber machen, wie sich wohl die MitbewerberInnen auf dem Markt verhalten werden. Dies zeigte sich bereits am Beispiel der potentiellen Konkurrenz einer MonopsonistIn.

Der einfachste Fall eines Oligopolwettbewerbs ist gegeben, wenn alle AnbieterInnen gleichzeitig ihre Entscheidungen treffen müssen. Der Erfolg ihrer Maßnahmen hängt jedoch nicht allein davon ab, wie sie selbst entscheiden, sondern auch davon, was die wenigen anderen AnbieterInnen planen und durchführen. Jede entscheidet, indem sie bestimmte Vorstellungen bzw. Vermutungen über die Strategien der anderen HerstellerInnen hat. Wenn Unternehmungen durch ihre Entscheidungen selbst die Preise beeinflussen können, aber auch von den Entscheidungen anderer betroffen sind, spricht man von strategischen Interaktionen. Haben wir beispielsweise einen Markt mit nur zwei AnbieterInnen, dann ist die optimale Preis-Mengen-Entscheidung der einen HerstellerIn davon abhängig, welche Strategie die andere verwendet und umgekehrt. Gleiches gilt für Marketingstrategien u.a.m.; der Erfolg einer Maßnahme hängt stets auch von den Aktionen und Reaktionen der KonkurrentInnen ab, so dass diese bei den eigenen Entscheidungen immer schon im Vorfeld antizipiert werden müssen. Die Frage ist nun, wie man bei einem solch komplexen Problem gegenseitiger Abhängigkeiten der Entscheidungen und der Ergebnisse einen Oligopolmarkt analytisch sinnvoll fassen kann. Als Methode hat sich in den letzten Jahren die Spieltheorie als Instrument durchgesetzt. In dieser Theorierichtung geht es grundsätzlich darum, strategische Interaktionen zu modellieren. Als Vorgriff auf die speziellen Oligopolprobleme sollen deshalb einige Anmerkungen zu spieltheoretischen Konzepten erfolgen, allerdings sollen nur die allereinfachsten Konzepte angesprochen werden, weil nur diese im Anschluss zur Diskussion von Oligopolmärkten verwendet werden.

3.5.2.1 Basiskonzepte der Spieltheorie

Seit Mitte der vierziger Jahre des letzten Jahrhunderts wurden die grundlegenden Konzepte der Spieltheorie entwickelt, und auch heutzutage ist sie weiter Gegenstand intensiver wissenschaftlicher Arbeit. Die Spieltheorie ist mittlerweile zur wohl wichtigsten Methode der Mikroökonomik geworden. In vielen Fällen versucht man auch dort – wie in den bisherigen Modellen der Marktanalyse – mit der einfachen Annahme des rationalen Verhaltens von Menschen das Kernproblem strategischer Interaktionen zu analysieren. Die am Anfang des dritten Kapitels diskutierten methodologischen Überlegungen zum Isolationsprinzip und zu den Grenzen von vereinfachten Verhaltensannahmen müssen selbstverständlich auch bei der Verwendung spieltheoretischer Konzepte bedacht werden. Die Modelle haben alle einen gewissen „Charme" durch ihre Einfachheit. Dennoch gilt es im Einzelfall nach wie vor zu überlegen, ob man mit so stark vereinfachten Annahmen insbesondere über das menschliche Verhalten angemessen die Variablen von den Konstanten des Modells trennt. Alternativkonzepte sind inzwischen deshalb auch in der Spieltheorie von größerer Bedeutung, etwa solche, in denen den Menschen „begrenzte Rationalität" unterstellt wird.

Die Spieltheorie beschäftigt sich mit all solchen Fragen, bei denen EntscheidungsträgerInnen sich darüber im Klaren sind, dass ihre Entscheidungen andere beeinflussen und dass ihre eigenen Erfolge auch von den Entscheidungen anderer abhängen. Nur in einem solchen Fall spricht man überhaupt von einem Spiel (in Analogie zu strategischen Spielen wie Mühle, Dame oder Schach). RASMUSEN (1994: 9) macht das mit folgendem Beispiel deutlich: Wenn es in einer Stadt zwei Tageszeitungen gibt, dann werden zumindest in gewissen Grenzen die Entscheidungen über die Preise der Zeitungen gegenseitig die Umsätze beeinflussen. Die Verlage befinden sich demnach miteinander in einem Spiel, weil ihre Entscheidungen durch strategische Interdependenz gekennzeichnet sind. Die Verlage befinden sich mit ihren LeserInnen hingegen in keinem Spiel, weil in einem hinreichend großen Markt die Entscheidung eines einzelnen Haushalts über den Erwerb einer Zeitung so gut wie keinen Einfluss auf den Erfolg des Verlags hat. Die Spieltheorie wurde in den Kapiteln über die Polypol- und die Monopoltheorie deshalb noch nicht eingeführt, weil es nicht notwendig ist, spieltheoretische Konzepte einzusetzen, wenn bei Entscheidungen die Reaktionen anderer ignoriert oder die Reaktionen der anderen einfach durch anonyme Markteffekte beschrieben werden können.

An dieser Stelle werden auch keinerlei formale Beschreibungen von Spielen und von Gleichgewichtskonzepten gegeben, sondern nur die Intuition der einfachsten Spiele und Gleichgewichte dargestellt. Für vertiefte Analysen von Oligopolen und anderen ökonomisch relevanten strategischen Situationen ist es jedoch unumgänglich, sich auch mit dem formalen Gerüst der Spieltheorie auseinanderzusetzen.[46]

Das wohl „berühmteste" Spiel dreht sich um ein sog. *Gefangenendilemma*. Diesem Spiel sieht man in der Originalversion nicht unbedingt auf den ersten Blick an, welche Bedeutung es für ökonomische Fragen hat. Betrachtet werden zwei Personen (Adalberta = A und Brunhilde = B), die verhaftet wurden und denen vorgeworfen wird, einen Banküberfall verübt zu haben. Beide werden getrennt inhaftiert, und beiden sind die Konsequenzen bewusst, die ihre Aussagen für eine spätere Verurteilung haben werden. Es gibt zwei Verhaltensmöglichkeiten (Strategien). Sie können die Tat leugnen, oder sie können sie gestehen. Wenn beide leugnen, so wird unterstellt, kann ihnen die Tat nicht nachgewiesen werden. Allerdings können sie wegen anderer, minder schwerer Delikte (unerlaubter Waffenbesitz z.B.) belangt werden und müssten in diesem Fall jeweils mit einer Gefängnisstrafe von 2 Jahren rechnen.

Wenn beide gestehen, dann werden sie wegen des Banküberfalls verurteilt. Es gibt zwar leicht mildernde Umstände wegen ihrer Geständnisse, dennoch müssen sie für acht Jahre hinter Gitter. Diffizil wird es, wenn eine der beiden

---

[46] RASMUSEN (1994) bietet eine unter vielen guten Darstellungen der Spieltheorie. Zu weiteren lesenswerten Einführungen in die Spieltheorie vgl. HOLLER/ILLING (2008), BINMORE (1991), KREPS (1990).

gesteht, die andere aber leugnet. Es handelt sich um ein amerikanisches Beispiel. Deshalb ist es nicht verwunderlich, wenn eine Kronzeugenregelung als Möglichkeit unterstellt wird. Dabei wird die gestehende Person auf freien Fuß gesetzt, die andere, die leugnet, aber zu 10 Jahren Gefängnis verurteilt (mildernde Umstände gibt es in diesem Fall ja nicht). Diese Situation ist in der nachfolgenden Matrix noch einmal skizziert. Adalberta (A) und Brunhilde (B) sind die betrachteten Beschuldigten, G (gestehen) und L (leugnen) sind ihre möglichen Strategien. Die jeweiligen Konsequenzen der Entscheidungen sind in den Matrixzellen vermerkt, wobei das Minuszeichen vor den Zahlen andeuten soll, dass Gefängnisjahre kein positiv bewertetes Ergebnis darstellen. Die jeweils linke Zahl in einem Feld ist A zugeordnet, die rechte Zahl B.

		B	
		G	L
A	G	-8/-8 ←	0/-10
		↑	↑
	L	-10/0 ←	-2/-2

Wir wissen nicht, ob die beiden tatsächlich eine Bank überfallen haben. Falls so etwas wie ein schlechtes oder ein gutes Gewissen die *Bewertung* der Ergebnisse unbeeinflusst lässt, spielt es für die weitere Analyse auch gar keine Rolle, ob die beiden schuldig sind oder nicht. Wir würden nur das Ergebnis ihrer strategischen Überlegungen als mehr oder weniger gerecht empfinden. Es geht hier ausschließlich darum aufzuzeigen, welche Lösung bei einem solchen strategischen Problem zu erwarten ist. Für beide gemeinsam wäre es am besten, sie würden jeweils leugnen, denn dann wäre die gesamte Anzahl von Gefängnisjahren für A und B zusammen mit vier Jahren minimiert. Die schlechteste Lösung ist es aus Sicht von Adalberta und Brunhilde, wenn beide gestehen, denn dann müssen sie für die gemeinsam maximale Zeit von 16 Jahren ins Gefängnis.

Versetzen wir uns in die Lage von A. A weiß, dass B gestehen oder leugnen kann. Wenn B gesteht, wird A bei rationalen Überlegungen folgende Abwägung treffen: Wenn sie selbst auch gesteht, dann muss sie für 8 Jahre ins Gefängnis (Feld links oben). Leugnet sie jedoch, wird die andere zur Kronzeugin und sie selbst wird eine Strafe von 10 Jahren bekommen. 8 Jahre Gefängnis sind immer noch besser als 10 Jahre, so dass es für A im Fall, dass B gesteht, am besten ist, ebenfalls zu gestehen.

B könnte jedoch auch leugnen, und deshalb muss die strategische Entscheidung auch für diesen Fall noch hergeleitet werden. Wenn B leugnet und A gesteht, dann kommt A straffrei davon. Leugnet A ebenfalls, erhält sie eine zweijährige Gefängnisstrafe. Straffreiheit ist besser als für 2 Jahre ins Gefängnis zu müssen, so dass sich für den Fall, dass B leugnet, A für Gestehen entscheiden wird. Dieses Spiel ist symmetrisch, so dass die Überlegungen von B ebenfalls zum Gestehen animieren, und zwar sowohl, wenn A leugnet als auch, wenn A gesteht. Da beide sich auf jeden Fall bei rationaler Entscheidung für das Gestehen entscheiden, gibt es in diesem Spiel ein Gleichgewicht, bei dem beide Spielerinnen zum Schluss für acht Jahre ins Gefängnis müssen – und das unabhängig davon, ob sie die ihnen zur Last gelegte Tat begangen haben oder nicht. Das Gleichgewicht eines Gefangenendilemmaspiels ist allgemein dadurch charakterisiert, dass sich eine Strategie – hier das Gestehen – immer als die beste erweist, unabhängig davon, was die andere SpielerIn entscheidet. Man spricht in diesem Fall von einer *dominanten Strategie*. Die Anpassung an das Gleichgewicht deuten die Pfeile in der Matrix an. Diese Pfeile zeigen, ob die SpielerInnen bei gegebenen Aktionen der anderen bei ihrer Strategie bleiben wollen oder nicht. Nur dann, wenn sich niemand mehr für eine andere Strategie entscheiden möchte, spricht man von einem Gleichgewicht.

Gestehen ist die dominante Strategie für beide Beteiligten in einer Situation des Gefangenendilemmas. Dieses Spiel hat aus mehreren Gründen besondere Berühmtheit erlangt. Vor allem zeigt es, dass es durchaus Situationen geben kann, bei denen individuell rationales Verhalten *kein* effizientes Gesamtergebnis nach sich zieht. Dieses Ergebnis steht in klarem Gegensatz zu den Aussagen der Funktionsweise perfekter Märkte, bei denen rationales und eigennutzorientiertes Verhalten gerade besonders vorteilhafte Ergebnisse für alle Beteiligte hervorbrachte. Bei vollständiger Konkurrenz verhindert Eigennutz jedenfalls keinen effizienten Zustand – zumindest, wenn sich die Beteiligten an Verträge halten und Tauschversprechen erfüllen. Im Gefangenendilemma zeigt sich, dass individuelle Rationalität unter anderen Rahmenbedingungen auch zu höchst ineffizienten Zuständen führen kann, hier sogar zum schlechtesten aller möglichen Ergebnisse.

Nicht jede strategische Situation ist durch ein Gleichgewicht mit dominanten Strategien gekennzeichnet, bei der es unabhängig von der Entscheidung der anderen Person immer eine identische beste Antwort gibt. Schauen wir dazu auf ein anderes bekanntes und besonders einfaches Spiel, den „Kampf der Geschlechter", hinter dem sich aber eher eine romantische Geschichte verbirgt. Eine Frau (F) und ein Mann (M) haben sich gerade eben kennengelernt und spontan ineinander verliebt. Sie sprechen u.a. über ihre Interessen und Freizeitaktivitäten. Die Frau schaut sich sehr gern Boxkämpfe an, der Mann liebt Opernbesuche. Beide Möglichkeiten stehen an diesem Abend zur Auswahl. Vor lauter verliebten Blicken haben die beiden es leider versäumt, eine genaue Verabredung für den Abend zu treffen. Weil sie auch weder Nachnamen, Adressen noch Telefonnummern ausgetauscht haben, stehen sie vor einem strategischen Problem, wohin sie am Abend nun gehen sollen, zum Boxring oder ins Opernhaus. Beide wissen sogar, wie diese Alternativen gegenseitig bewertet werden. Am schlimmsten wäre es für beide, wenn sie sich abends verfehlten. Dann wäre auch jede Freude am Boxen oder den Arien dahin, d.h., wenn eine/r von beiden in der Oper ist und der oder die andere beim Boxen, dann wird ein Nutzen jeweils von Null unterstellt. Der mitleiderweckende Grund liegt darin, dass die Tränen der Enttäuschung bei beiden den Blick sowohl für den Boxkampf als auch für die Opernaufführung vernebeln. Allein das Treffen erhöht den Nutzen auf 1. Wenn dann noch das Rendezvous bei der Wunschfreizeitgestaltung stattfindet, erhöht sich der Nutzen für die betreffende Person sogar auf 3, so dass wir in den Feldern der folgenden Matrix folgende Nutzenwerte der jeweiligen Alternativen notieren können:

		M	
		B	O
F	B	3/1	0/0
	O	0/0	1/3

Wenn die Frau *glaubt*, dass der Mann zum Boxen geht, wird sie am besten auch zum Boxkampf gehen, denn dann kann sie sich einen Nutzen von 3 statt 0 (wenn sie in die Oper geht) sichern. Glaubt der Mann analog, dass die Frau den Boxkampf wählen wird, wird er sich ebenfalls für Boxen entscheiden, denn dies bringt ihm einen Nutzen von 1 gegenüber der Opern-Variante mit dem verfehlten Rendezvous und einem Nutzen von Null. Wenn also beide *glauben*, dass der bzw. die jeweils andere zum Boxkampf geht, dann werden sie sich ebenfalls für den Besuch des rohen, blutigen Sports entscheiden.

Dieses Ergebnis bezeichnet man als NASH-Gleichgewicht, bei dem sich eine Strategiekombination als jeweils beste Antwort auf die beste Antwort des bzw. der anderen ergibt. In diesem Spiel zeigt sich, dass es strategische Konstellationen geben kann, bei denen es mehr als eines dieser Gleichgewichte mit jeweils besten Antworten aufeinander gibt. Denn auch die Situation, dass beide glauben, dass der oder die andere in die Oper geht, bringt beide dazu, ebenfalls in die Oper zu gehen.[47] Diese einfachen Überlegungen mögen ge-

---

[47] Bei multiplen Gleichgewichten ist eine Vorhersage immer noch schwierig, ob und wo sich die beiden im Beispiel treffen. In realen Situationen gelingt die Koordination in solchen Konstellationen erstaunlich oft. Das wird u.a. im Zusammenhang mit *focal points* diskutiert, mit besonders prägnanten Lösungen. Auch soziale Normen können die Koordinierung erleichtern. Wenn Frauen sich immer nach den Männern richteten, wären die beiden am Abend gemeinsam in der Oper. Wenn es die Höflichkeitsregeln gebieten, dass Männer sich den Vorlieben der Frauen beugen, sitzen sie am Abend am Boxring.

nügen, in die grundsätzlichen Ideen der Spieltheorie einzuführen. Es sei deshalb nur erwähnt, dass es auch Spiele ohne Gleichgewichte mit reinen Strategien (entweder Alternative X oder Y) gibt, bzw. Spiele, die Gleichgewichte mit gemischten Strategien (X und Y werden mit einer bestimmten Wahrscheinlichkeit gewählt) oder konditionalen Strategien aufweisen. Dies hängt von der Anzahl und der Reihenfolge der Züge, den konkreten Nutzenwerten u.a. ab. An den Überlegungen zur Theorie des oligopolistischen Verhaltens werden nur die bislang genauer vorgestellten Konzepte verwendet und weiter erläutert.

3.5.2.2 COURNOT-NASH-Modell

Um ein Oligopol zu untersuchen, reicht es aus, zunächst eine Situation mit zwei ProduzentInnen zu betrachten. Eine solche Marktform mit zwei AnbieterInnen und vielen NachfragerInnen bezeichnet man als *Duopol*. Diese Marktform ist durch die bereits beschriebene strategische Interdependenz gekennzeichnet. Der Erfolg der eigenen Aktionen hängt von den Aktionen und Reaktionen der KonkurrentIn ab. In einem einfachen Modell des *Mengenwettbewerbs*, das wiederum auf COURNOT zurückgeht, erhält man folgende Vorstellungen von den Wettbewerbsproblemen und Gleichgewichtslösungen eines Duopols.

Dazu sei ein Zahlenbeispiel betrachtet, bei dem zur Rechenvereinfachung von Kosten abstrahiert wird. Die passende Geschichte dazu klingt zugegebenermaßen etwas reichlich absurd. Nehmen wir dennoch an, in zwei benachbarten Gärten ginge ein Gummibärchenregen hernieder, und zwar ganz lokal nur dort. Die beiden Gartenbesitzer (Ariston (A) und Bohumir (B)) verfügen nach dem süßen Regen über viele Kilogramm allerköstlichster Birne-Apfel-Erdbeer-Rhabarber-Gummibärchen (BAER-Bären) und überlegen unabhängig voneinander, diese zu verkaufen. Die gesamte Nachfrage (die Mengen seien jeweils in Kilogramm zu interpretieren) sei gegeben durch:

$$p = 120 - x$$

Als Zwischenschritt ist es für einen Referenzpunkt sinnvoll, sich erst einmal den Monopolfall vorzustellen, bei der ein Anbieter, und zwar der rasante Ariston, allein über die wohlschmeckenden BAER-Bärchen verfügt. Er kalkuliert in diesem Fall so, dass er den Umsatz maximiert, da er ja keine Kosten der Produktion ins Kalkül nehmen muss (G = U − K = U − 0 = U):

$$\text{Max } G = (120 - x)\, x - 0 = 120x - x^2$$

Wie üblich, bildet man zur Maximierung die erste Ableitung und setzt diese Null, um die gewinnmaximale Menge zu bestimmen.

$G' = 120 - 2x = 0$

$x^* = 60$

Ariston würde als Monopolist aus seinem reichhaltigen Bestand also 60 kg Gummibärchen verkaufen. Den zugehörigen gewinnmaximalen Preis erhält er, wenn er die optimale Menge in die Nachfragefunktion einsetzt:

$p^* = 120 - 60 = 60$

Als Gewinn realisiert A den Umsatz $x^* \cdot p^* = 60 \cdot 60 = 3600{,}-$ €. Mehr zu verkaufen lohnt sich für ihn nicht. Wenn er das 61. Kilogramm BAER-Gummibärchen verkaufen möchte, muss er gemäß der Nachfrage den Preis für alle NachfragerInnen auf 59,- € senken. Dann bekommt er zwar von der neuen Kundin die 59,- € für das zusätzlich abgesetzte Kilogramm Bärchen, da aber alle anderen KundInnen jetzt auch nur noch 59,- statt 60,- € zahlen müssen, verliert A für die ersten 60 kg je einen Euro, hat also ein Minus von 60,- € gegenüber einem Plus von 59,- €, d.h., der Umsatz und damit ebenso der Gewinn sinken um einen Euro.

Wie schaut es nun aber aus, wenn zwei Anbieter (A und B) über ihre Mengen zu entscheiden haben? Ariston ist Anbieter 1 und wird die Menge x_1 festlegen. Anbieter 2 ist Bohumir. Er legt die Menge x_2 fest. Beides zusammen ergibt die Gesamtmenge, die dann bestimmt, welcher Preis dafür maximal genommen werden kann, um die geplanten Mengen auch insgesamt verkaufen zu können. Der Gewinn aus Sicht von A ist:

$G_1 = x_1(120 - (x_1 + x_2))$

A kann nur über seine eigene Produktionsmenge x_1 entscheiden, deshalb ist auch nur x_1 die Variable seines Maximierungskalküls; x_2 ist aus Sicht von A eine Konstante, die er als gegeben hinnehmen muss. Aus der Maximierung des Gewinns folgt:

$G'_1 = 120 - 2x_1 - x_2 = 0$ oder

$x_1^* = 60 - (x_2/2)$

Analog ergibt sich für Bohumir:

$x_2^* = 60 - (x_1/2)$

Diese Funktionen geben die optimalen Reaktionen auf die Mengenwahl des jeweiligen Konkurrenten wieder. Ein Gleichgewicht liegt dann vor, wenn beide Anbieter keinen Anlass mehr haben, ihre Mengenentscheidung zu korrigieren. Die Lösung erhält man durch Einsetzen einer Reaktionsfunktion in die andere:

$$x_1^* = 60 - ((60 - (x_1/2)/2)$$

Umformen führt zu

$$x_1^* = x_2^* = 40, \qquad x^* = 80,\ p^* = 40,\ \rightarrow G_1 = G_2 = 1600,\text{-} \ €$$

3.5.2.3 Kartelle

Die Anbieter – immer noch Ariston und Bohumir – könnten ihre Gewinne durch abgestimmtes Verhalten steigern. Der Gewinn bei individuellen Verkaufsmengen von 40 kg beträgt jeweils 1600,- €. Diesen Gewinn erhält man, wenn man beachtet, dass dann insgesamt 80 kg verkauft werden sollen und das nur zu einem maximalen Preise von 40,- € tatsächlich auch gelingt. Für jeden Anbieter errechnet sich der Gewinn aus dem Produkt seiner persönlichen Verkaufsmenge von 40 kg und dem Preis von 40,- €. Die Monopollösung ergäbe sich dagegen bekanntlich wie folgt:

$$p = 120 - x$$

$$G = (120 - x)\,x$$

$$G' = 120 - 2x = 0 \Leftrightarrow x^* = 60,\ p^* = 60,\ G^* = 3600$$

Wenn sich die beiden Duopolisten den Markt teilten und jeder nur $x = 30$ seiner geregneten BAER-Gummibärchen-Vorräte verkaufte, könnte jeder der beiden einen Gewinn von 1800,- € machen, denn dann könnte ein Preis von 60,- € für die geringere Gesamtmenge durchgesetzt werden. Allerdings ist diese Lösung kein NASH-Gleichgewicht, wie die Reaktionsfunktionen zeigen. Hier am Beispiel für A:

$$x_1^* = 60 - (x_2/2) = 60 - (30/2) = 45$$

Sollte also A *glauben*, dass B 30 kg verkaufen will, würde er selbst 45 kg veräußern wollen, um einen möglichst großen Gewinn zu erzielen.

Wenn wir nur eine kleinere Abweichung in Betracht ziehen, bei der die Anbieter sich entweder an die Absprache von 30 kg halten oder 40 kg anbieten, dann erhält man folgendes Bild:

Fall a): Beide produzieren 30 → beide erhalten jeweils einen Gewinn von 1800,- € (Gesamtgewinn: 3600,- €).

Fall b): Beide produzieren 40 → beide erhalten jeweils einen Gewinn von 1600,- € (Gesamtgewinn: 3200,- €)

Fall c): A (B) produziert 30 und B (A) produziert 40 → A (B) erhält einen Gewinn von 1500 und B (A) erzielt als Gewinn 2000. Im Fall c) ist die Gesamtmenge, die zum Verkauf steht, 70 kg. Diese Menge kann nur zu einem Preis von 50,- € komplett veräußert werden. Aus diesem Preis und den jeweiligen Mengen errechnen sich die Umsätze, die hier mit den Gewinnen identisch sind.

Dies führt zu einer typischen Gefangenendilemmakonstellation, wie sie in der folgenden Matrix notiert ist:

		B	
		$x = 30$	$x = 40$
A	$x = 30$	1800/1800	1500/2000
	$x = 40$	2000/1500	1600/1600

Die dominante Strategie ist $x = 40$. Also lohnt es sich von einer Kartellabsprache abzuweichen, die den Gesamtgewinn maximiert. Deshalb spricht man auch davon, dass Kartellabsprachen tendenziell instabil sind, zumal sie in der Regel wegen gesetzlicher Vorgaben nicht vertraglich gesichert werden können. Beispiele für instabile Kartelle finden sich auch tatsächlich in oligopolistischen Märkten: Bekannt sind sicherlich vor allem die OPEC-Versuche, die Ölförderung zu drosseln, um höhere Preise durchsetzen zu können. Immer wieder gibt es zwischen den ölfördernden Staaten solche Vereinbarungen, und immer wieder scheren nach einiger Zeit einzelne Länder aus, um den Vorteil zu nutzen, eine höhere Menge zu einem relativ hohen Preis verkaufen zu können, solange sich die anderen Kartellisten an die Absprachen halten.

3.5.2.4 BERTRAND-Wettbewerb

Eine besondere Schwierigkeit bei der Analyse oligopolistischer Märkte besteht darin, dass sich die Ergebnisse komplett ändern können, wenn eine minimal andere Spielstruktur gegeben ist. So kommt es z.B. sehr darauf an, ob die SpielerInnen synchron entscheiden müssen, welche Mengen sie verkaufen wollen oder ob es bestimmte Reihenfolgen für die Spielzüge der Beteiligten gibt. Auch die Frage, welches überhaupt die strategische Variable des Spiels ist, ist für das Ergebnis entscheidend. Im COURNOT-NASH-Modell wurde angenommen, dass die *Menge* die strategische Variable ist. Beide Duopolisten legten in unserem Beispiel ihre Mengen simultan fest. Die Gesamtmenge bestimmte dann, welcher Preis dafür maximal genommen werden kann. So ergaben sich zum Schluss die Gewinne der beiden glücklichen BAER-Bären-Besitzer A und B.

Genauso plausibel ist es nun jedoch, dass der *Preis* zur strategischen Variable wird – mit erstaunlichen Konsequenzen für das Gleichgewicht. Angenommen, beide Anbieter befinden sich im COURNOT-NASH-Gleichgewicht und jeder der beiden erzielt einen Gewinn von 1600,- €. Wenn nun Ariston nicht die Menge etwas erhöht, sondern den Preis leicht senkt, passiert Folgendes. Nimmt er einen Preis von 39,- € und Bohumir bleibt bei 40,- € (merkt es vielleicht nicht, dass A den Preis senkt), dann werden sämtliche KundInnen zu A gehen. Bei einem Preis von 39,- € kann er demnach 120 − 39 = 81kg BAER-Bären verkaufen. Damit wird sein Umsatz, der ja hier nach wie vor dem Gewinn entspricht, zu $39 \cdot 81 = 3159$,- €. Da dieser Gewinn deutlich höher ist als der individuelle Überschuss in der COURNOT-NASH-Lösung, wird sich A zur Preissenkung entschließen. Bohumir könnte nun überhaupt nichts verkaufen und hat einen Anreiz, den Preis noch etwas weiter zu senken, damit er selbst nun den gesamten Markt übernehmen kann. Es kommt in dieser Form des oligopolistischen Wettbewerbs zu ständigem Preisunterbieten, bis die Gewinne zum Schluss vollständig verschwunden sind. Das Ergebnis ist im Gleichgewicht letztlich identisch mit einer Konkurrenzlösung: Die Gummibärchen werden in unserem sehr speziellen Fall (ohne Produktion und ohne jegliche Kosten) komplett an Interessierte verschenkt. Diese Form des Wettbewerbs, der über die Preise und nicht über die Mengen ausgetragen wird, nennt man nach einem weiteren französischen Ökonomen *BERTRAND-Wettbewerb*.

Die unterschiedlichen Prognosen über Gleichgewichte je nach Spielstruktur machen es überaus schwierig, ein Urteil darüber abzugeben, welche Regulierungsanforderungen es in Oligopolen geben könnte. Bei einer stabilisierten Kartelllösung erhielte man ein Ergebnis wie in einem Monopol. Um zumindest dieses zu verhindern, gibt es in fast allen marktwirtschaftlichen Systemen Gesetze, die Kartelle verbieten. Entsprechende Verträge zwischen Unternehmungen sind nicht zulässig und können entsprechend auch nicht gerichtlich durchgesetzt werden. Allerdings ist die Beweislage für eine Kartellbehörde teilweise außerordentlich schwierig, da sich Kartelle auch ohne vertragliche Bindungen teilweise durch viel Transparenz der Preissetzung (riesengroße Anzeigetafeln aktueller Preise an jeder Tankstelle z.B.), weitere Verflechtungen über andere Produkte etc. stabilisieren lassen. Dann muss man den AnbieterInnen quasi-monopolistisches Verhalten nachweisen können. Eine Reihe von Markttests wurden dafür auch entwickelt, dennoch ist der Gesetzesvollzug alles andere als trivial. Noch schwieriger ist das Urteil bei oligopolistischem Wettbewerb. Würde er als COURNOT-Mengenwettbewerb identifiziert, resultierte ein Marktergebnis zwischen Monopol- und Konkurrenzlösung. Je mehr OligopolistInnen auf einem Markt agieren, desto näher käme man dem Konkurrenzergebnis. Jede Lösung abseits der Konkurrenzmarktlösung ist ineffizient (zu geringe Verkaufsmenge nach dem KALDOR-HICKS-Kriterium) und rechtfertigte im Prinzip Regulierungen oder zumindest schärfere Rahmensetzungen für den Wettbewerb. Wenn der Wettbewerb hingegen im BERTRAND-Sinne über den Preis geführt wird, erhält man bereits bei zwei AnbieterInnen das Konkurrenzmarktergebnis, und die Regulierungsbehörde sollte gar nicht aktiv werden. Je nach Modell, Spielstruktur etc. erhält man Ergebnisse nahe der Monopol-, nahe der Konkurrenzlösung oder irgendwo dazwischen. Dafür geeignete Regulierungsstrategien zu finden, setzt allein einen Informationsstand über den Markt voraus, der die Möglichkeiten der Informationsgewinnung und -interpretation häufig übersteigt.

3.5.2.5 Verteilungswirkungen oligopolistischer Strukturen

Wegen der vielen denkbaren Marktgleichgewichte ist es letztlich kaum möglich, allgemeingültige Aussagen zu den Verteilungswirkungen oligopolistischer Märkte zu formulieren. Wenn ein Kartell stabil ist, Markteintritte verhindert werden können und die Gewinn- und KapitaleinkommenbezieherInnen schon in einer Konkurrenzsituation eine günstige Verteilungsposition hatten, wird die Verteilung der Einkommen ungleichmäßiger in einem Oligopol. Wären die UnternehmerInnen bei Konkurrenz im Nachteil, kann die Verteilung gleichmäßiger werden. Und natürlich ändern sich Verteilungspositionen immer auch je nach Art des Wettbewerbs und Qualität des Gleichgewichts (nahe oder fern der Lösung eines Polypols).

Sowohl für Effizienz- als auch Verteilungsfragen kompliziert sich die Analyse noch weiter, wenn nicht allein statischer Wettbewerb, sondern dynamische Aspekte, Forschungs- und Entwicklungsanstrengungen etc. betrachtet werden. Dafür kann ein Konkurrenzmarktgleichgewicht u.U. längerfristig sogar sehr ungünstig sein.

3.5.3 Homogene vs. heterogene Güter: Transport- und Wegekostenanalogien

Bislang haben wir die märchenhafte Welt des Referenzmodells perfekter Konkurrenzmärkte nur leicht hinsichtlich der Anzahl der MarktteilnehmerInnen gelockert und bereits eine Fülle von Komplikationen erhalten, auch einige Zweifel an der allgemeinen und grundsätzlichen Vorteilhaftigkeit *jeder* Marktlösung für Allokations- und Verteilungsfragen einer Gesellschaft. Deshalb müssen bereits beim jetzigen Stand mit leicht gelockerten Annahmen staatliche Interventionen bzw. Rahmensetzungen etwas anders beurteilt werden als in der fiktiven Welt vollständiger und perfekter Märkte auf allen Ebenen.

Komplizieren wir es weiter. Wir gehen zwar wieder zurück zu „vielen" AkteurInnen auf beiden Marktseiten, ändern aber die Annahme völlig homogener, also qualitativ gleichartiger Güter. Produkte unterscheiden sich typischerweise in Optik, Qualität, einigen ihrer Eigenschaften, den Transportkosten u.v.a.m. Marktformen mit vielen AnbieterInnen und NachfragerInnen, aber inhomogenen Gütern (und Dienstleistungen) bezeichnet man als monopolistischen Wettbewerb oder als heterogenes Polypol.

Einzelne AnbieterInnen haben durch die Qualitätsunterschiede etc. etwas Spielraum für ihre Preissetzung, da einige KundInnen genau ihr Produkt besonders schätzen. Man denke vielleicht an die diversen Shampoos, Mobiltelefone, Duschgels, Tiefkühl-Pizza-Sorten, Schokoladenmarken, Kekse, Marmeladen, Nuss-Nougat-Aufstriche, Waschmittel, TV-Geräte, PCs, Kleidungsstücke mit Krokodil- oder Fischgrätapplikationen, Sportschuhe mit Streifen oder einer Wildkatze als Logo und vieles anderes mehr. Heterogenität und Vielfalt sind geradezu typisch und keineswegs Ausnahmen für Märkte und deren Produkte. Über die Zeit entwickeln auch viele Menschen Vorlieben für bestimmte Produktnuancen (beim Schreiben denke ich gerade an eine speziell geschätzte und bevorzugte Naturjoghurt-Sorte sowie an eine spezielle Hosenmarke). Bei all solchen Produkten sind wir vielfach geneigt, einen etwas höheren Preis für die bevorzugten als für ähnliche Produkte zu zahlen, weil wir die Eigenschaften unseres Favoriten besonders schätzen. Als Kind habe ich mich sogar geweigert, eine andere als eine bestimmte Sorte eines Nuss-Nougat-Aufstrichs überhaupt nur zu probieren – obwohl es Sorten gab, die nur halb so viel kosteten und die sicherlich keine ganz gravierenden Unterschiede zu meiner Lieblingssorte aufwiesen. Der bekannte N...-Test dazu wird womöglich vielen dazu ebenso spontan wie mir einfallen.

Welche Unterschiede gibt es nun zwischen einem Polypol mit homogenen Gütern und einem Markt mit monopolistischem Wettbewerb? Am einfachsten wird das deutlich, wenn wir sämtliche Unterschiede fiktiv nur durch ein einziges Unterscheidungskriterium zusammenfassend beschreiben. Hier soll es darum gehen, dass die AnbieterInnen alle in unterschiedlicher Entfernung zu den KundInnen lokalisiert sind und die KäuferInnen deshalb verschieden lange Fuß- oder Fahrwege einkalkulieren müssen bzw. unterschiedlich hohe Wegekosten haben. In vielen Lehrbüchern findet sich das Beispiel von Eisdielen oder -verkäuferInnen an Badestränden, verbunden mit der Frage, zu welcher der AnbieterInnen die StrandnutzerInnen sich auf den Weg machen je nachdem, wo sie ihren Strandkorb oder ihr Handtuch liegen haben. So etwas Ähnliches schauen wir uns auch an, betrachten aber kein Eisbuden- oder EisverkäuferInnenbeispiel. Ums Essen geht es dennoch. Betrachten wir also ein Straßendorf namens Bäringen. Alle Häuser liegen entlang einer einzigen Straße, die 2 km lang ist (dieses Beispiel ist hinsichtlich der Zahlenwerte KUBON-GILKE et al. 1995: Kap. 7 entnommen).

2000 EinwohnerInnen leben in Bäringen, und sie wohnen gleich verteilt entlang der 2 km langen, schnurgeraden Straße. Am östlichen Ende des Dorfes liegt das Restaurant „Zum grasgrünen Gummibären", am westlichen Ende die Gaststätte „Goldiger Brummbär". Der grasgrüne Gummibär wird vom Spitzenkoch Alphonse (eigentlich Alfons aus Ziegenhain) geführt. Chefin des goldigen Brummbären ist die ebenso exzellente Köchin Blanche (eigentlich Blanka aus Schweinfurt). Die Speisekarten der beiden Spitzenkräfte französischer Küche ähneln sich ganz erstaunlich. Auch qualitativ unterscheiden sich die Gerichte in beiden Restaurants nicht. Spezialität in beiden Etablissements ist folgendes Menü: 1. Lachs-Sahne-Terrine mit Wasabi-Schärfe. 2. ofengebackener Wolfsbarsch unter einer Tomaten-Kräuterhaube und 3. Dattel-Orangen-Salat mit karamellisierten Mandelstiften und Minze. BäringerInnen gehen alle sehr gern und am liebsten einmal pro Monat essen und können sich das auch leisten. Die jeweiligen Kosten des Restaurantbesuchs einer EinwohnerIn setzen sich zusammen aus dem Preis für das Essen sowie den „Wegekosten", um in das Restaurant und wieder zurück zu kommen (Unbequemlichkeit, Bewegungsmühsal – leider durchweg ziemlich unsportliche und ungesund lebende BäringerInnen –, Zeit, Benzin, Schuhabnutzung etc.).

Pro Meter betragen die Wegekosten in unserem Dorf adipöser (klingt ja im Fremdwort doch etwas netter als fettleibiger) BewohnerInnen happige 0,05 €. A und B haben pro Gericht (sehr vereinfachend bei jedem Gericht identisch) Kosten in Höhe von 10,- € zu tragen. Außerdem haben sie jeweils fixe Kosten in Höhe von 5000,- € pro Monat für Miete und anderes zu berücksichtigen. Würde im Goldigen Brummbären das komplette Menü 50,- € kosten, dann müsste die Person, die genau am anderen Dorfende wohnt, erstens die 50,- € zahlen und hätte außerdem noch Wegekosten von $0{,}05 \cdot 2000 = 100{,}-$ € in Kauf zu nehmen. Der Besuch des Restaurants am genau anderen Dorfende kostete diese Person also stattliche 150,- €. Geht sie hingegen in den Grasgrünen Gummibären, bleibt es bei dem reinen Menüpreis, da sie überhaupt keine Wegekosten hat. Sie wohnt ja direkt im Haus des Restaurants. Die verschiedenen Wegekosten geben A und B nun einen gewissen Preisspielraum, da sich die BewohnerInnen bei an sich preisunelastischer Nachfrage allein an den Gesamtkosten ihrer Restaurantbesuche orientieren.

Um den gewinnoptimalen Preis zu bestimmen, müssen sich Alphonse und Blanche überlegen, welchen Einzugsbereich sie bedienen möchten, haben dabei aber zu beachten, was das Konkurrenzunternehmen hinsichtlich des Preises entscheidet. Die Preisfestlegungen beider bestimmen erst unter Berücksichtigung der Wegekosten, bis zu welcher Hausnummer die BäringerInnen in das östliche bzw. in das westliche Restaurant gehen. Die Grenze liegt genau dort, wo es aus Sicht der dortigen BewohnerIn gerade keine Kostenunterschiede macht, das östliche oder das westliche Restaurant aufzusuchen.

Schauen wir erst einmal nur auf den Grasgrünen Gummibären am Ostrand. Wenn Alphonse glaubt, dass die Essen im Goldigen Brummbären 50,- € kosten, hat er zu überlegen, welchen Preis er selbst nimmt. Damit bestimmt er auch über seinen Einzugsbereich, wie es in der folgenden Grafik veranschaulicht wird.

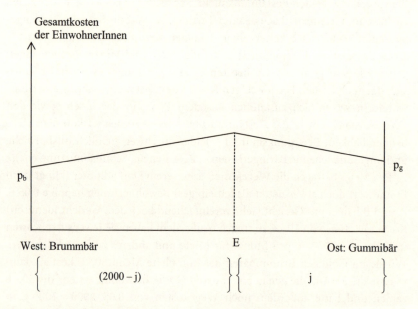

Abb. 3.62: Monopolistische Konkurrenz ohne Standortwahl und ohne Marktzutritt

Wenn der Preis im Brummbären 50,- € beträgt (p_b) und im Gummibären p_g verlangt würde, wäre es für die BewohnerIn in E gerade egal, ob sie nach Osten oder Westen geht. Alle östlich von E lebenden BäringerInnen gehen in den Gummibären essen, das sind j Personen. Alle anderen, also (2000 − j) EinwohnerInnen, werden den Brummbären aufsuchen. An der Stelle E ist die BewohnerIn gerade indifferent, also muss dort gelten, wenn wir den Preis im Brummbären weiterhin mit 50,- € annehmen:

$$50 + (2000 - j)0{,}05 = p_g + j\,0{,}05$$

Mit dieser Bedingung kann man durch Umformen und Auflösen nach p_g die Nachfrage nach Gerichten im östlichen Gummibären-Restaurant ableiten:

$$j = 1500 - 10\,p_g \quad \text{bzw.} \quad p_g = 150 - 0{,}1j$$

Bei den unterstellten variablen und fixen Kosten sowie Beachtung der Nachfrage erhalten wir als Gewinnfunktion für den Gummibären

$$G_g = j(150 - 0{,}1j) - 10j - 5000 = 140j - 0{,}1j^2 - 5000$$

Wie üblich muss für ein Gewinnmaximum gelten, dass die erste Ableitung der Gewinnfunktion Null ist. Also leiten wir nach j ab und erhalten

$$G_g' = 140 - 0{,}2j = 0$$

$$j^* = 700$$

Der grasgrüne Gummibär entscheidet sich also unter diesen Voraussetzungen – und wenn allein die Gewinne interessieren – dafür, 700 BäringerInnen an sich zu binden. Das gelingt gerade bei einem Preis $p_g = 150 - 0{,}1 \cdot 700 = 80{,}-$ €. Wenn also im Brummbären die Gerichte 50,- € kosten, werden im Gummibären 80,- € verlangt; 1300 EinwohnerInnen essen im Brummbären, 700 im Gummibären.

Aber wir sind natürlich noch nicht am Ende unserer Überlegungen. Es muss ja nicht bei den 50,- € im Brummbären bleiben. Blanche überlegt ganz ähnlich, welchen Einzugsbereich und Preis sie selbst wählt, wenn sie ihre Gewinne im Kopf hat und wenn sie *glaubt*, im Gummibären werden weiterhin 80,- € verlangt. Formal sieht ihr Kalkül ganz genauso aus (nur ein anderer Preis des Konkurrenten geht in die Kalkulation ein), muss hier also nicht noch einmal wiederholt werden.

Das Ergebnis ist, dass es sich lohnt, die Brummbärenpreise kräftig auf 105,- € zu erhöhen und dafür einen kleineren Einzugsbereich in Kauf zu nehmen. Auf die Preiserhöhung reagiert wiederum der Gummibär in seinem Gewinnmaximierungskalkül. Das NASH-Gleichgewicht dieser strategischen

Konstellation kann man ermitteln, wenn man nicht irgendwelche Preise der KonkurrentInnen jeweils annimmt, sondern es für beliebige Preise der KonkurrentInnen formuliert. Über den immer gleichen Weg erhält man so

$p_g = 55 + 0{,}5 p_b$

$p_b = 55 + 0{,}5 p_g$

Beide Gleichungen werden auch wiederum *Reaktionsfunktionen* genannt, weil sie zum jeweiligen Preis der KonkurrentIn angeben, wie hoch der eigene gewinnmaximale Preis ist.

Setzt man die eine in die andere Gleichung ein, erhält man im Gleichgewicht $p_b = p_g = 110{,}-$ €. Wenn beide diesen Preis wählen, gibt es für keine/n mehr einen Grund, eine andere Strategie zu wählen, d.h., es sind die jeweils besten Strategien aufeinander. Wir haben also ein NASH-Gleichgewicht identifiziert. Wir stellen in diesem Zusammenhang fest, dass es reichlich teuer ist, in Bäringen essen zu gehen. Da beide Restaurants im Gleichgewicht den identischen Preis nehmen, gehen jeweils 1000 (offensichtlich außerordentlich wohlhabende und essensverliebte) EinwohnerInnen einmal pro Monat in den Grasgrünen Gummibären und den Goldigen Brummbären. Die Gewinne lassen die BesitzerInnen strahlen, denn sie beide erzielen einen monatlichen Überschuss von $110 \cdot 1000 - 10 \cdot 1000 - 5000 = 95000{,}-$ €.

Geht es vielleicht noch besser? Die hohen Gewinne machen Alphonse und Blanche regelrecht gierig. Die €-Zeichen leuchten in ihren Pupillen und sie ersinnen neue strategische Möglichkeiten. Wenn A vielleicht keinen langfristigen Mietvertrag abgeschlossen hat, könnte er überlegen, einen anderen Standort für das Restaurant zu wählen. Wenn der Gummibär weiter nach Westen zieht, verliert er im Osten erst einmal keine KundInnen, weil er ja immer noch weiter östlich als der Brummbär liegt und die OstbewohnerInnen dann sowieso in den Gummibären zum Schlemmen gehen. Bei gleichen Essenspreisen in beiden Restaurants kann der Gummibär jetzt aber seinen Marktanteil vergrößern, weil die BewohnerInnen der „westlichen Mitte" nun geringere Wegekosten zum Gummibären haben. Welches Ergebnis aus solchen Überlegungen resultiert, ist nicht ganz genau prognostizierbar. Wenn der Gummibär dem Brummbären im Westen zu nahe kommt, sozusagen auf den Pelz rückt, kann Blanche mit ihrem Westrestaurant einen Preiskrieg versuchen, also knapp unter dem Gummibärenpreis anbieten, so dass sämtliche KundInnen in den Brummbären gehen werden. Wenn beide einfach und ohne große Kosten ihren Standort wählen können, sitzen sie zum Schluss beide nebeneinander in der Mitte des Dorfes.

Und noch eine letzte Komplizierung, die aber von besonderer Bedeutung ist: Unter Umständen ist es nicht zu verhindern, dass weitere Restaurants angesichts der wohlhabenden Gourmand-BäringerInnen im Dorf aufgemacht werden (Charles aus Froschhausen: Zum Grizzly, Didier aus Ochsenfurt: Kleiner Schwarzbär, Etienne aus Hechtshausen: Kuschelbärchen, Françoise aus Straußberg: Problembär Bruno, Germaine aus Heringen: „Ich bin ein Bärliner", Hubert aus Aalen: Zum Panda ...). Alle entscheiden über Standort und Preise. Ein erstes zusätzliches Restaurant wird sich genau in die Mitte zwischen den Goldigen Brummbären und den Grasgrünen Gummibären setzen. Wenn immer weitere Gaststätten mit stets vorzüglichen Gerichten identischer Qualität mit optimierten Standortentscheidungen aufmachen, führt die Konkurrenz letztendlich dazu, dass kein Restaurant mehr einen Gewinn erzielen wird. Bei den unterstellten Kosten wird es in diesem Gleichgewicht mit Standortwahl und kostenlosem Marktzutritt natürlich nicht so sein, dass sich in dem Dorf etwa 2000 Restaurants ansiedeln, also in jedem Haus eines. Bei jeder kleineren Zahl von AnbieterInnen bleibt das Wegekostenproblem im Prinzip bestehen, wenn auch weniger gravierend. Das lässt den einzelnen Restaurants einen prinzipiellen (kleinen) Preisspielraum, dennoch werden Gewinne durch Marktzutritt wegkonkurriert.

Dieses Ergebnis können wir uns gleich für den allgemeinsten Fall anschauen. Wir verlassen jetzt also Bäringen und die Restaurants, obwohl es ein so verlockend schmackhaftes Beispiel ist. Monopolistischer Wettbewerb bzw. heterogene Konkurrenz sind jeweils dadurch gekennzeichnet, dass viele Unternehmungen differenzierte Produkte anbieten und damit in einer kleinen Marktnische monopolistisch agieren. Wie immer gilt für eine einzelne AnbieterIn, dass im Gewinnmaximum der Gewinn dann ein Maximum erreicht, wenn der Grenzumsatz den Grenzkosten entspricht. Das sieht dann zunächst nicht anders aus als im COURNOT-Monopolmodell, wenn man auf die folgende Abbildung schaut.

Abb. 3.63: Monopolistischer Wettbewerb vor dem Marktzutritt von KonkurrentInnen

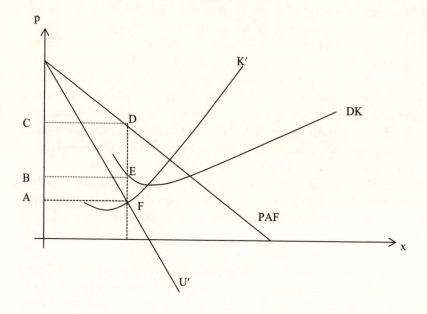

Die Marktnische wird von unserer AnbieterIn so bedient, dass sie die U'=K'-Menge von F (= D) festsetzt und gemäß der Preis-Absatz-Funktion einen Preis in Höhe von C verlangt. Bei der gewählten Produktionsmenge liegen die Grenzkosten F unterhalb der Durchschnittskosten E. Da die Durchschnittskosten niedriger als der Preis sind, macht unsere AnbieterIn einen Gewinn in Höhe von CDEB. Positive Gewinne locken nun wiederum weitere AnbieterInnen in diesen Markt. Diese produzieren ähnliche Produkte, und die Marktnische unserer Unternehmung aus dem Bild schrumpft. Bei kostenlosem Marktzutritt wird es dazu kommen, dass durch Nischenverkleinerungen im Zuge von Marktzutritten die Gewinne verschwinden. Das sieht dann für unsere AnbieterIn wie folgt aus:

Abb. 3.64: Monopolistischer Wettbewerb bei freiem Marktzutritt

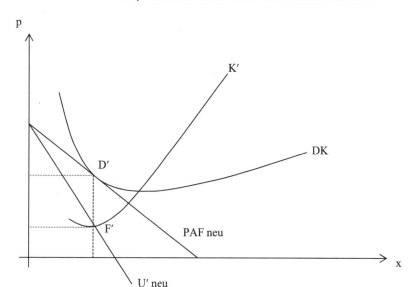

Im Gleichgewicht bei monopolistischer Konkurrenz sind die einzelnen Marktanteile so klein, dass keine Gewinne mehr erzielt werden. Im betrachteten Fall verschiebt sich die relevante Preis-Absatz-Funktion für die eigene Marktnische so lange nach innen, bis sie gerade noch die Durchschnittskosten tangiert. Der gewinnmaximale, hier speziell gerade verlustfreie, COURNOT-Punkt, liegt bei D′. Der Preis entspricht gerade den Durchschnittskosten, d.h., der Gewinn ist Null.

Wie ist diese Lösung nun zu interpretieren? In einigen Lehrbüchern wird argumentiert, dass dieses Ergebnis ineffizient ist und damit auch wirtschaftspolitischen Handlungsbedarf anzeigt. Das wird damit begründet, dass nicht im Minimum der Durchschnittskosten produziert wird, so wie es im langfristigen Gleichgewicht des idealtypischen Polypols der Fall ist, und dass der Preis oberhalb der Grenzkosten liegt. Auch das ist im Polypol mit homogenen Gütern anders. Es gibt aber auch Gegenargumente. So mag es sein, dass die Gesellschaftsmitglieder die *Vielfalt an sich* gegenüber Einheitsprodukten wie bei einem Polypol bevorzugen. Das ist eine gar nicht so einfach zu beurteilende These. Manche mögen argumentieren, es brauche keineswegs 20 Joghurtsorten oder immer mehr Varianten Gummibärchen mit den absonderlichsten Geschmacksrichtungen wie Chili-Hering, Fenchel-Entenleber oder Salzgurke-Ziegenkäse-Mokka. Wer aber soll es beurteilen, ob „man" etwas braucht oder präferiert oder nicht. SAMUELSON und NORDHAUS (2005: 277) stellen einen etwas gewagten Vergleich an, indem sie auf Unterschiede zwischen realen sozialistischen und kapitalistischen Systemen hinweisen. In sozialistischen Zentralplänen wie in der DDR oder UdSSR hätte man versucht, sich weitgehend auf standardisierte Produkte zu konzentrieren (eine Art Quasi-Uniformierung bei der Kleidung, bei Nahrungsmitteln oder den Automobilen etwa). Nach SAMUELSON und NORDHAUS sei es jedoch offensichtlich gewesen, dass die KonsumentInnen angesichts der Vielfalt des Angebots in kapitalistischen Ländern höchst unzufrieden mit dem „Einheitsbrei" gewesen seien. Wenn die Menschen aber tatsächlich freiwillig mehr zahlen, wenn sie nur mehr Wahlfreiheit zwischen verschiedenen Produktnuancen haben, dann ist das Ergebnis der monopolistischen Konkurrenz nicht ineffizient. Ob es Grenzen der Vielfalt gibt und ob eine Art optimale Vielfalt endogen durch Wettbewerbsprozesse entsteht, ist damit allerdings noch nicht beantwortet.

Grundlegende Literatur

FEESS, EBERHARD (1997): Mikroökonomie. Eine spieltheoretisch- und anwendungsorientierte Einführung. Marburg: Metropolis.

FRIEDMAN, DAVID (1999): Der ökonomische Code. Wie wirtschaftliches Denken unser Handeln bestimmt. Frankfurt: Eichborn.

HOLLER, MANFRED und ILLING, GERHART (2008): Einführung in die Spieltheorie. 6. Auflage. Heidelberg u.a.: Springer.

KREPS, DAVID (1994): Mikroökonomische Theorie. Landsberg/Lech: Verlag Moderne Industrie.

KUBON-GILKE, GISELA; AMELINGMEYER, JENNY; PAUST, MICHAEL und WEILER, FRANK (1995): Alles optimal?! Übungsbuch zur traditionellen und modernen Mikroökonomik. Marburg: Metropolis.

MAS-COLELL, ANDREU; WHINSTON, MICHAEL D. und GREEN, JERRY R. (1995): Microeconomic Theory. Oxford u.a.: Oxford University Press.

RASMUSEN, ERIC (1994): Games and Information. An Introduction to Game Theory. 2. Auflage. Oxford: Basil Blackwell.

SAMUELSON, PAUL A. und NORDHAUS, WILLIAM D. (2005): Volkswirtschaftslehre. Das internationale Standardwerk der Makro- und Mikroökonomie. Übersetzung aus dem Amerikanischen von Regina Berger, Annemarie Pumpernig und Brigitte Hügner. Landsberg/Lech: mi-Fachverlag.

VARIAN, HAL R. (1985): Mikroökonomie. München – Wien: Oldenbourg.

4 Komparative Vorteile alternativer Koordinationsmechanismen

Im dritten Kapitel haben wir die Referenzwelt eines perfekten Marktsystems kennengelernt. Die Eigenschaften der partiellen Marktgleichgewichte dieser Idealvorstellung und vor allem die des Allgemeinen Gleichgewichts (d.h. in der Totalanalyse: alle Märkte und ihre Interdependenzen gleichzeitig betrachtet) entwerfen eine fast traumhaft anmutende Vorstellung im Sinne „alles wird gut". Alle knappen Ressourcen werden effizient eingesetzt, und die beste aller nur denkbaren Güterversorgungen angesichts der Wünsche und Vorlieben der Menschen gelingt. Selbst Verteilungsfragen scheinen sich mit Blick auf den zweiten Hauptsatz der Wohlfahrtsökonomik in Wohlgefallen aufzulösen, weil danach jedes beliebige gewünschte Tauschgleichgewicht durch die geeignete Wahl der Anfangsausstattung realisierbar ist. Wenn bestimmte Ressourcen wie Begabungen, Kraft, mentale Stärke u.a. nicht so einfach staatlich „verteilbar" sind wie vielleicht Grund und Boden im Vergleich dazu, gibt es allerdings Grenzen beliebiger Anfangsverteilungen. Ob kompensierende Verteilungen der politisch steuerbaren Ressourcenzuordnungen Abhilfe schaffen können, ist umstritten. Hilft es tatsächlich, Menschen mit Behinderungen mehr Vermögensgegenstände zu überlassen, um damit die Nachteile der individuellen Ressourceneinschränkung bei Kraft, Beweglichkeit oder Konzentrationsfähigkeit auszugleichen? Die Ressourcenfrage bei langfristiger, generationenübergreifender Betrachtung offenbart ebenfalls einige Schwierigkeiten.[48]

---

[48] Lösungen könnten regelmäßige Neuverteilungen sein wie das „Jubel- oder Jobeljahr", welches im Alten Testament als Regel altisraelitischer Gemeinschaften beschrieben wird. Alle 7·7 = 49 Jahre sollte danach das Land wieder gleichmäßig an alle verteilt werden. Dazu musste dann auch den wohlhabend gewordenen Menschen, die in den 49 Jahren zuvor Grundbesitz dazugewinnen konnten, ein Teil ihres Landes wieder weggenommen werden. Nicht ganz anders ist die Idee RÜSTOWs (2009), der als Vordenker des Neoliberalismus eine Erbschaftsteuer mit einem Grenzsteuersatz bis zu 100% (!) vorschlug, um die Verteilung der Vermögensgegenstände (Grundbesitz, Gebäude u.a.) nicht zu ungleichmäßig werden zu lassen und eine permanente „gewünschte" Anfangsverteilung zu garantieren. Solche Verfahren sind jedoch nicht ganz unkritisch, weil es in einem Marktsystem auch gewisse Anreize zur Vermögensakkumulation geben muss.

Partialanalytisch ergab sich zusätzlich ein vordergründiges Problem bei der Betrachtung eines isolierten Arbeitsmarktes, weil allein *Knappheit* entlohnt wird, was systematische Ungleichheiten und in vielen Vorstellungen auch Ungerechtigkeiten mit sich zu bringen scheint. Dennoch scheint selbst bei gegebener Ressourcenverteilung ein System perfekter Märkte nicht dramatisch ungleichmäßig und ungerecht zu werden. Wenn man z.B. die SMITH-schen Argumente ernst nimmt, passen sich die Produktivitäten der Arbeitskräfte via Preisänderungen auf den Gütermärkten durch Produktionsausweitung oder -einschränkung an, sind also marktsystem*endogen* und keine Frage individueller Eigenschaften oder Anstrengungen. Damit ist auch Knappheit keine exogene Größe mehr, keine vorgegebene Tatsache.

Bei SMITH erklären sich bekanntlich unter Beachtung aller Marktinterdependenzen und allen Güterpreisanpassungen bei perfekter Marktkoordination letztlich sämtliche Lohnunterschiede nur noch durch *kompensierende Lohndifferentiale*. Diese spiegeln aber gerade wider, welche Arbeiten besonders unangenehm sind oder besonders lange Anlern- und Ausbildungszeiten benötigen. SCHLICHT (2010) fasst die SMITH-Argumente in ihren Kerngedanken besonders pointiert zusammen:

> „Die Löhne richten sich nach Smith langfristig nicht nach der ‚Produktivität' der Arbeitskräfte. Die ‚Produktivität' ist vielmehr Marktergebnis und wird durch die Löhne bestimmt, die sich ihrerseits nach dem Prinzip der kompensierenden Lohndifferentiale bilden.
>
> Die Überlegung ist, dass die Unternehmungen solange zusätzliche Arbeitskräfte einsetzen werden, wie deren produktiver Beitrag den Lohn übersteigt. Ist das für eine Unternehmung der Fall, so wird sie entsprechend Beschäftigung und Produktion ausweiten. Der Preis wird fallen und der Wert der Produkte dieser Arbeit wird geringer. Die Produktivität der entsprechenden Arbeitskräfte, gemessen an der Wertschöpfung, geht zurück. In diesem Sinne werden die Arbeitskräfte weniger produktiv. Umgekehrt führt eine Einschränkung von unrentabler Produktion zu höheren Preisen der entsprechenden Produkte und die entsprechende Arbeit wird produktiver – *ohne dass sich die Leistung der Arbeitskräfte selbst im geringsten geändert hat*. Die ‚Produktivität' eines Arbeiters ist mithin keine Eigenschaft dieser Person, sondern ein Marktergebnis, welches sich am Lohn des Arbeiters orientiert." (SCHLICHT 2010: 222-223).

Wegen der Vorstellung, dass Lohnunterschiede nur noch Tätigkeitsunterschiede aus Sicht der ArbeitnehmerInnen kompensieren, wird dieses Ergebnis ungleicher Entlohnung für verschiedene Tätigkeiten häufig nicht nur als effizient, sondern *gleichzeitig als gerecht* angesehen. Eine solche Vorstellung zur Funktionsweise von Marktsystemen war für den Moraltheologen SMITH fast schon folgerichtig Ausdruck oder Konsequenz göttlicher Weisheit. Gott habe das System des Markttausches als eine Art Uhrwerk für das menschliche Zusammenleben geschaffen und „aufgezogen". Im unendlichen Ablauf entfaltet es in der SMITH-Sicht seitdem und über die Zeit hinweg seine Funktionalität. Damit wurde von Gott in seiner Allwissenheit und Güte die Voraussetzung für eine gute materielle Versorgung der Menschen und für Gerechtigkeit geschaffen. Wenn die Uhr, also das Marktsystem, erst einmal läuft, dann sollte es der Mensch bzw. die Gesellschaft auch nicht durch Eingriffe stören. Die göttliche Weisheit ist in der SMITH-Vorstellung natürlich auch in dieser Hinsicht größer als der menschliche Verstand, d.h., Eingriffe in den Mechanismus führten häufig nur zu Effizienz- und Verteilungsverschlechterungen, weil wir gar nicht verstünden, dass wir den Uhrwerksmechanismus durch unsere Eingriffe (zer-)stören.[49] Im schlimmsten Fall bleibt die Uhr, die segensreiche Maschinerie, stehen, d.h., der Marktmechanismus kann das Allokations- und Verteilungsproblem nicht mehr lösen. Neben göttlicher Weisheit als Begründung haben andere TheoretikerInnen auf der Grundlage von Evolutions- und Komplexitätsüberlegungen ähnliche Schlüsse gezogen.

Manche SMITH-InterpretInnen und liberale ÖkonomInnen folgerten daraus, dass der Staat am besten nur „Nachtwächterfunktionen" ausüben und möglichst wenig in das wirtschaftliche Geschehen eingreifen sollte.[50] Ob theologisch gedeutet oder als Versprechen eines Fast-Schlaraffenlandes extrem wirtschaftsliberaler TheoretikerInnen: Man könnte mit dem bisherigen Kenntnisstand die These wagen, dass „Friede, Freude, Eierkuchen" durch ein Marktsystem sicher sei, und zwar für jede Gesellschaft und unter allen Umständen, solange der Mechanismus der wettbewerblichen Steuerung nicht fahrlässig oder gar mutwillig gestört wird. Sind die inhaltlichen Auseinandersetzungen um Gerechtigkeit und Effizienz deshalb gar nur Scheindebatten? Dieses und die späteren Kapitel über alternative Koordinierungen (Tradition, zentrale Planung), vor allem über die Rolle der Sozialpolitik in einem marktwirtschaftlichen System könnte man sich eigentlich sparen, wenn diese Interpretation tatsächlich stimmte und die These haltbar wäre.

Die Schlussfolgerung, Marktsysteme kämen ohne staatliche Interventionen stets störungsfrei zu einem effizienten und gerechten Gleichgewicht, mag zwar vielleicht verführerisch sein, ist aber dennoch falsch. Die mathematische Eleganz des Modells eines fiktiven perfekten Konkurrenzsystems allein kann kein Grund dafür sein, reale Ökonomien als solche Idealwelten zu beschrei-

---

[49] Vgl. z.B. BORTIS (o.J.), der SMITH wegen dieser Einschätzung einen optimistischen Liberalen nennt.

[50] SMITH selbst hat es differenzierter gesehen. Er sah durchaus Bereiche, in denen Märkte keine effizienten Ergebnisse nach sich ziehen. Dort sah er den Staat in der Pflicht, hatte also nur bedingt die Idee, der Staat müsse „schwach" sein.

ben und unmittelbar politische Empfehlungen (eher Nicht-Empfehlungen) abzuleiten. BASU (2011) spricht sogar vom *Mythos* der unsichtbaren Hand, von dem man sich lösen müsse. Als Vergleichsmaßstab und zur Analyse systematischer Abweichungen ist das Modell perfekter Märkte sicherlich dennoch ein nützliches Instrument und nicht vorschnell über Bord zu werfen, da damit u.a. die Frage beantwortet werden kann, wie nahe man mit tatsächlichen Märkten inklusive aller institutionellen Besonderheiten und staatlichen Setzungen einer effizienten Allokation kommt und inwieweit Gerechtigkeitsvorstellungen umgesetzt werden können. Eine Über- und Fehlinterpretation der Modellaussagen der Referenzwelt als Abbild realer Wettbewerbssteuerungen gilt es aber zu vermeiden.

Im zweiten Kapitel wurden bereits einige Gründe dafür genannt, warum im Gegensatz zu obiger „Uhrwerksthese" der Mechanismus über Angebot und Nachfrage nicht in jedem Fall effiziente und gerechte Ergebnisse hervorbringt und z.T. andere Organisationsformen der Arbeitsteilung dem Marktmechanismus überlegen sein können. In der fiktiven Welt perfekter Märkte ist jedoch noch nicht erkennbar, warum es ökonomische Bereiche geben soll, die nicht sinnvoll via Marktmechanismus geregelt werden können, warum sich also die im 2. Kapitel erwähnten „Inseln" traditioneller oder zentralplanerischer Organisation der Arbeitsteilung etablieren konnten und auch Beharrungskraft haben. Ebenso ist nicht erkennbar, warum es im Marktsystem *endogen* zu Arbeitslosigkeit oder zu zunehmender Ungleichheit, zu Diskriminierungen, gesellschaftlichem Ausschluss u.a.m. kommt, ohne dass dies durch systemstörende Eingriffe des Staates verursacht wird. Weder alternative Koordinationsformen noch effizienzstärkende politische Interventionen können in diesem Modellrahmen überzeugend begründet werden.

Im dritten Kapitel haben wir nur ganz leichte Modifikationen des Modells perfekter Märkte betrachtet. Monopole können u.U. Ineffizienzen hervorrufen, falls nicht potentielle Konkurrenz die Preissetzungsspielräume limitiert. Bis auf die Festlegung von Wettbewerbsrahmenordnungen haben sich bei Monopol- und Oligopolkonstellationen auch nur im Fall natürlicher Monopole Regulierungen durch den Staat aus Effizienzgründen rechtfertigen lassen. Selbst für diesen Fall werden Zweifel geäußert, ob damit tatsächlich Effizienzsteigerungen gelingen. Ähnlich verhielt es sich bei der zweiten Annahmenvariation, als statt homogener heterogene Güter unterstellt wurden. Auf diesem Stand theoretischer Überlegungen haben wir nach wie vor nur sehr wenig Zweifel an der grundsätzlichen Funktionsfähigkeit von Märkten.

Nachfolgend sollen nun systematisch die wichtigsten Gründe und Phänomene genauer diskutiert werden, die Märkte vor spezielle Koordinierungsprobleme stellen. Durch diese Probleme können derart gravierende Dysfunktionalitäten wettbewerblicher Preissteuerungen entstehen, so dass staatliche

Eingriffe oder alternative Koordinierungssysteme sich als vorteilhaft erweisen. Dies wird auch erste Begründungen dafür liefern, warum Marktwirtschaften sozialpolitischer Flankierung und Ergänzung bedürfen.

4.1 Externe Effekte

Alle Güter und Dienstleistungen, die wir bislang in den Beispielen betrachtet haben, waren rein private Güter. Kosten der Produktion fallen bei privaten Gütern ausschließlich bei der jeweiligen HerstellerIn an, der Nutzen kommt jeweils allein der NachfragerIn zu Gute, die eines der Güter erwirbt. Kauft sich jemand eine Tüte Gummibärchen und isst die süßen Tierchen auf, freuen sich weder andere KonsumentInnen noch ärgern sie sich im Normalfall oder fühlen sich beeinträchtigt. Niemand sonst ist bevorteilt oder geschädigt. Bei privaten Gütern erreicht man ein effizientes Marktergebnis bei vollständiger Konkurrenz, wenn die individuellen Zusatznutzen jeweils den Zusatzkosten der Produktion der letzten Einheit entsprechen. Das wird bei rationaler Nutzenmaximierung aller Beteiligten der Fall sein. Die KonsumentInnen kaufen je nach Nutzen und Einkommen unterschiedliche Mengen, und alle zahlen einen identischen Preis. Im Gleichgewicht von Angebot und Nachfrage ist die Ökonomische Rente maximal.

Nun kann es jedoch Produkte, Produktionsverfahren und Güternutzungen geben, bei denen dies alles etwas anders ist. Externe Effekte liegen dann vor, wenn die Aktionen einer Person den Nutzen oder den Gewinn mindestens einer anderen, dritten Person tangieren, ohne dass dies über den Preismechanismus geregelt wird. Der Nebensatz ist nicht unwichtig. Wenn ich z.B. auf den Wochenmarkt gehe, über die Hälfte der mickrigen Bestände an Grünkohl aufkaufe (in Südhessen scheint dieser wohlschmeckende und gesundheitsfördernde Kohl nicht sonderlich geschätzt zu werden) und die VerkäuferIn den Grünkohlpreis angesichts meines Großkaufs für nachfolgende KäuferInnen heraufsetzt, dann wird das die in der Schlange hinter mir Stehenden sicherlich ärgern. In dem Fall hat man es aber nicht mit externen Effekten i.e.S. zu tun. Es geht bei den nachfolgend betrachteten Externalitäten vielmehr um Wirkungen auf Dritte, die *nicht* via Preismechanismus vermittelt werden. Neben diesen nicht-pekuniären Drittwirkungen werden in der Ökonomik zwar auch pekuniäre, preisvermittelte externe Effekte diskutiert, aber in einem anderen Zusammenhang als dem hier angeschnittenen.[51]

---

[51] Preisvermittelte Effekte werden vor allem bei dynamischen Betrachtungen, Entwicklungs- und Wachstumsfragen sowie der Diskussion regionaler Agglomerationen bedeutsam.

Bleiben wir bei den nicht über den Preismechanismus wirkenden externen Effekten. Man unterscheidet positive und negative Externalitäten. Positive externe Effekte liegen dann vor, wenn die Produktion oder der Verbrauch eines Gutes nicht allein den am Handel Beteiligten nutzt, sondern auch anderen Menschen. Wenn etwa eine theoretisch und methodisch gut fundierte Soziale Arbeit zur Wiedereingliederung Straffälliger in die Gesellschaft beiträgt, Jugendlichen in schwierigen Lebensverhältnissen Unterstützung auf ihrem Bildungsweg gibt, benachteiligten Menschen die Fähigkeit zu stärkerer Selbstverantwortung aufbauen hilft etc., dann profitieren nicht allein Einrichtungen und SozialarbeiterInnen auf der einen Seite und die AdressatInnen auf der anderen Seite, sondern auch Familienmitglieder, Nachbarschaften bis hin zur gesamten Gesellschaft. Die Bevölkerung könnte sich im Rahmen des gegebenen Normen- und Bewertungssystems z.B. sicherer fühlen bei rückläufigen Kriminalitätsraten. Kommunikation, Konfliktlösungen, demokratischer Umgang u.a.m. könnten durch ein allgemein gutes Bildungsniveau gefördert werden. Die Berufseinmündung von SchulabgängerInnen kann besser gelingen, was vielen Gesellschaftsmitglieder Nutzen stiftet. Soziale Arbeit, Bildung, mit Einschränkungen auch viele Leistungen des Gesundheitssystems sind durch positive Externalitäten gekennzeichnet, bei der nicht allein die TeilnehmerInnen z.B. einer Bildungsmaßnahme profitieren, sondern deren gesamtes Umfeld einen Nutzen daraus zieht.

Bei negativen externen Effekten werden durch Produktion und/oder Konsum Dritte geschädigt. Im Standardbeispiel wird üblicherweise auf Probleme der Umweltverschmutzung verwiesen, wenn die Herstellung von Gütern und/oder deren Verbrauch umweltzerstörerisch wirken und damit auch vielen anderen Menschen Schaden zugefügt wird.

Das Problem bei Externalitäten ist generell, dass in das Kalkül einer jeden Entscheidenden nur die *privaten Kosten und Nutzen* eingehen, aber die gesellschaftlichen Kosten und Nutzen unberücksichtigt bleiben. In diesem Fall kann es zu massiven Ineffizienzen kommen. Das erste Beispiel, das hier präsentiert werden soll, klingt noch reichlich albern und offenbart dadurch vielleicht auch noch gar nicht, welch massive Probleme durch eine rein marktliche Steuerung bei externen Effekten u.U. entstehen können. Die Geschichte soll auch nicht etwa so verstanden werden, als ob alles, was Menschen an anderen stören könnte, sofort staatliches Eingreifen erforderte. Wenn gegenseitig Lebensweisen und Vorlieben missfallen, dann rechtfertigt das selbstverständlich keine staatlichen Vorgaben und Standards zur Lebensführung. Die Abgrenzung ist jedoch keineswegs trivial. Wenn dem sehr vorurteilsgeladenen Alois die Nachbarschaft nicht gefällt, etwa weil ein homosexuelles Paar oder eine Familie islamischen Glaubens dort wohnt, rechtfertigt es im heutigen Verständnis von Menschenrechten u.a. sicher keine Interventionen. Wie schaut es dagegen aus mit einem Haus, dass Nachbarin Bluna mit schweinchenrosafarbener Fassade, Dachziegeln in leuchtendem Orange, einem Schornstein in gelb und mit kunterbunten Fensterrahmen (lila, russisch-grün, beige, mauve, apricot ...) gestaltet hat und die sich beim Vorgarten für blau angestrichenen Beton entschieden hat? Gemeinden intervenieren mit Bausatzungen u.a. durchaus in die individuelle Gestaltungsfreiheit bei Gebäuden und Grundstücken. Damit Prinzip und Argumentationslogik deutlich werden, kann die folgende Geschichte trotz der Warnung hoffentlich dennoch nützlich sein.

Angenommen, Annabelle (A) wohnt in einem adretten Reihenhaus in einer Kleinstadt am Rande eines idyllischen Mittelgebirges in Hessen. Die Rhein-Main-Metropole ist nicht fern. Ihr Haus ist das erste in einer Reihe von mehreren quer zur Straße aneinander stehenden Eigenheimen. Sie bewohnt also das Eckhaus. Alle anderen Häuser stehen von der Straße weiter entfernt, und man kommt nur über einen Fußweg vorbei an Annabelles Haus dorthin, also zu den Garagen, Parkplätzen etc. Die NachbarInnen müssen stets an Annabelles Haus vorbei, wenn sie zu ihren Arbeitsstätten, Einkaufstouren, Spaziergängen u.a. aufbrechen oder zurückkehren. A ist eine schrecklich spießige Person. Nippes, Plüschtiere im ganzen Haus, Blümchengardinen, im Wohnzimmer ein Ölgemälde mit röhrendem Hirsch sind nur einige Indizien dafür. Die Spießigkeit zeigt sich auch eindrucksvoll daran, dass sie eine große Liebhaberin von Gartenzwergen ist, am liebsten so herzige Exemplare mit einem Rehlein im Arm oder mit Spaten und Gießkanne, gärtnerischen Fleiß andeutend.

Neben A wohnt Boris (B). B ist avantgardistischer Künstler und ganz und gar nicht spießig. Durch seine Aktionskunst (z.B. Kettensägenattacken auf Smartphones und elektronische Großgeräte wie Tiefkühltruhen oder Flachbildschirm-Fernsehgeräte) möchte er die Bevölkerung zum Nachdenken über ihre Konsumgewohnheiten anregen. Ihm schwebt vor, dass die Menschen sich mit der Befriedigung von Basisbedürfnissen begnügen sollten. Was Basisbedürfnisse sind und wann der Luxus beginnt, definiert er selbst. Limousinen, Kaviar, Handys, Fernsehgeräte, Einbauküchen, teure Kleidung und Parfum zählt er zum Luxus. Tätowierungen, Piercings, französischen Rotwein, Absinth, selbstgedrehten Zigaretten und sein uraltes Spritschluckerauto hingegen nicht. Den Kampf gegen unmäßigen Konsum will er durch Zerstörung von Luxusartikeln künstlerisch umsetzen und die Gesellschaft aufrütteln. Gartenzwerge empfindet er als ungeheuerliche Geschmacklosigkeit, geradezu als ästhetische Zumutung und natürlich auch als völlig überflüssig und nutzlos.

A überlegt nun für sich allein, ob sie nicht ihren Vorgarten durch die geliebten Gartenzwerge verschönern sollte. Ein Gummigartenzwerg (wetterfest, mit Diebstahlsicherung, resistent gegen Kettensägenattacken) kostet 18,- €.

Gartenzwerge sind bei A mit abnehmendem Grenznutzen verbunden (vgl. die Ausführungen zur Herleitung der Nachfrage im 3. Kapitel). Konkret hat sie folgende Zahlungsbereitschaften:

Gartenzwerg Nr. x	Annabelles Zahlungsbereitschaft
1. Gartenzwerg	23,- €
2. Gartenzwerg	21,- €
3. Gartenzwerg	19,- €
4. Gartenzwerg	17,- €
5. Gartenzwerg	15,- €
6. Gartenzwerg	13,- €
7. Gartenzwerg	11,- €

Wie viele Zwerge werden bei A im Vorgarten stehen? Zwerg 1, 2, und 3 sind jeweils mit einer höheren Zahlungsbereitschaft (höherem Nutzen) verknüpft, als ein Zwerg kostet. Der 4. Zwerg ist ihr noch 17,- € wert, kostete aber 18,- €. Deshalb wird sie auf den vierten Vertreter dieser putzigen Art verzichten und drei Gartenzwerge diebstahlsicher aufstellen, einen mit einem Rehlein, einen mit einer Gießkanne, einen mit einem Spaten. In ihrem Kalkül schaut A dabei allein auf ihre Kosten (Preis der Gartenzwerge) und ihren eigenen Nutzen.

Nun zu Boris. Ein erstes Vorbeischlendern an Annabelles Haus mit der ihm eigenen künstlerischen Aufmerksamkeit des umherschweifenden Blickes würde bei B angesichts eines plötzlich ansichtigen Gartenzwerges fast schon körperliche Pein verursachen, zumindest extrem schlechte Laune. Pro Zwerg, den er sieht, müsste er einen starken Espresso für 2,- € zu sich nehmen, um körperlich und seelisch wieder in seinen Normalzustand zu kommen. Ansonsten mag er gar keinen Espresso. In diesem Sinne würde B geschädigt, weil er nur wegen der Gartenzwerge Geld im Café ausgeben müsste. Gartenzwerge verursachen bei ihm einen Disnutzen von je 2,- €. Wenn A also 3 Gartenzwerge kauft und in den Vorgarten stellt, wird das bei Boris einen Schaden von insgesamt 6,- € verursachen. Nach dem ersten Schrecken wird sich Boris Scheuklappen zulegen oder den Blick strikt auf die Pflastersteine richten, um dem Anblick zu entgehen, d.h., es fallen nicht ständig 2,- € Schaden bei jedem Vorbeischlendern an.

Schauen wir jetzt noch einmal die Nutzentabelle an, berücksichtigen aber zusätzlich die Wirkung des Gartenzwergaufstellens auf Boris:

Gartenzwerg Nr. x	Annabelles Nutzen und Zahlungsbereitschaft	Boris' Nutzen
1. Gartenzwerg	23,- €	-2,- €
2. Gartenzwerg	21,- €	-2,- €
3. Gartenzwerg	19,- €	-2,- €
4. Gartenzwerg	17,- €	-2,- €
5. Gartenzwerg	15,- €	-2,- €
6. Gartenzwerg	13,- €	-2,- €
7. Gartenzwerg	11,- €	-2,- €

Effizient wäre es, nur so viele Gartenzwerge aufzustellen, bis der *gesellschaftliche* Nutzen eines zusätzlichen Zwerges die Kosten der Anschaffung eines solchen Wichtels überschreitet. Die gesellschaftlichen Vorteile erhält man, wenn Annabelles und Boris' Nutzen gemeinsam betrachtet werden.[52] Der erste Zwerg ist für A mit einem Nutzen von 23 verbunden, Boris „leidet" mit seinem Disnutzen von -2. Insgesamt entsteht ein Nutzen von 23 – 2 = 21. 21,- € ist höher als der Gartenzwergpreis von 18,- €, d.h., der erste Gartenzwerg sollte im Vorgarten stehen. Auch der Gesamtnutzen des zweiten Zwerges übersteigt die Kosten. A entscheidet sich durch ihre persönlichen Vorlieben bekanntlich für 3 Zwerge. Der dritte Zwerg bringt ihr selbst 19,- € „Freude". Boris leidet weiter, sein Nutzen des dritten Wichtels ist wiederum -2,- €. Der Gesamtnutzen beider beträgt 17,- €. Dem stehen die Kosten von 18,- € gegenüber, d.h., auf diesen Zwerg sollte im *gemeinsamen Interesse* eigentlich verzichtet werden. Da Annabelle aber nur ihren eigenen Vorteil den Kosten gegenüberstellt, kommt es zu einer Art ineffizienter Gartenzwerg-Überversorgung mit drei Zwergen.

Wie könnte eine Lösung aussehen? Bei nur zwei Beteiligten könnte man die Hoffnung hegen, dass sie sich vielleicht einfach einigen können. COASE (1960) zeigte, dass dann Verhandlungslösungen erwartet werden können, wenn es keine Transaktionskosten (durch Verhandlungen, Vertragsabschluss und -durchsetzung etc.) gibt. Die Eigentumsrechte müssten nur klar verteilt sein. Das hätte zwar bei unterschiedlich verteilten Rechten Einkommenskonsequenzen, führte aber jeweils zum effizienten Ergebnis. Angenommen A

---

[52] An dieser Stelle werden die methodischen Probleme nicht eingehender betrachtet, die mit der einfachen Addition der individuellen Nutzen zur Gewinnung des gesellschaftlichen Nutzens verbunden sind.

hat das Recht, ihren Vorgarten nach Belieben zu gestalten, also auch Gartenzwerge aufzustellen. Der dritte Zwerg erhöht Annabelles Nutzen um 1,- € (19,- € Nutzen gegenüber 18,- € Gartenzwergpreis). Gleichzeitig verursacht er bei Boris einen Schaden von 2,- €. Boris könnte nun Annabelle z.B. 1,50 € anbieten, wenn sie auf den dritten Zwerg verzichtet. Er gibt dadurch weniger aus als für den dritten Espresso. Sie hat mit 1,50 € einen größeren Vorteil als mit Gartenzwergerwerb. Also, so COASE, sollte man bei beiderseitigem Vorteil erwarten, dass sich die beiden einigen.

Wenn das Recht hingegen bei Boris liegt und Annabelle für jeden Zwerg eine Gartenzwergimvorgartenaufstellgenehmigung durch die Nachbarschaft benötigt (Vordrucke gibt es beim kommunalen Ordnungsamt), bekommen wir ein identisches Ergebnis bei der Zahl an Gartenzwergen, nicht aber bei der Verteilung der Vorteile. Der Nettonutzen Annabelles beim ersten Zwerg beträgt 5,- €. Sie könnte Boris also mehr als 2,- € bieten für die Genehmigung. Beide haben im Intervall von 2,- bis 5,- € einen Vorteil, der Zwerg wird erlaubt. Beim 2. Zwerg stehen 3,- € Nettovorteil dem Nachteil von 2,- € gegenüber. Auch hier kann Annabelle ein gegenseitig vorteilhaftes Angebot unterbreiten, indem sie z.B. Boris 2,50 € für die Genehmigung des zweiten Gartenzwerges zusagt. Beide profitieren, der Zwerg wird im Vorgarten sein Plastikrehlein streicheln dürfen. Beim dritten Zwerg ist Annabelles Nettovorteil nur noch 1,- €. Das reicht nicht mehr, um Boris' Mindestforderung von 2,- € zu befriedigen. Also wird es keine Genehmigung für einen dritten Zwerg geben. In beiden Fällen der verschiedenen Verteilungen der Rechte gibt es (effiziente) zwei Gartenzwerge; einmal zahlt Boris etwas an Annabelle, im anderen Fall muss Annabelle zahlen. Als erste potentielle Lösung des Problems zeigt sich also, dass die Verteilung von Eigentumsrechten ausreichend sein kann, wenn es keine Transaktionskosten gibt.

Nun nehmen wir mal an, dass die beiden in derart verschiedenen Denkwelten (kleinbürgerlich-spießig vs. avantgardistische Nonkonformität) leben, dass sie gar nicht richtig miteinander kommunizieren können. Dadurch können sie sich über den Verhandlungsweg nicht einigen. Vielleicht sprechen sie auch aus Prinzip nicht miteinander. Der Staat könnte bei verhinderten Verhandlungslösungen Mengenbeschränkungen erwägen. Mehr als zwei Gartenzwerge darf z.B. niemand in seinen Vorgarten stellen. Der Staat müsste allerdings alle Nutzen und Kosten kennen oder gut abschätzen können, um die optimale Menge pro Haushalt festzusetzen. Denkbar ist auch eine Steuerlösung bei negativen externen Effekten. Die *Grenzschäden*, die Dritten zugeführt werden, werden in einer Art Simulation den privaten EntscheiderInnen aufgebürdet. In unserem Fall ist der Schaden des Dritten pro Zusatzgartenzwerg je 2,- €. Also könnte der Staat eine Gummigartenzwerg-im-Vorgarten-Aufstellungssteuer von 2,- € pro Zwerg verhängen. Wenn sich an den Gartenzwergpreisen nichts ändert, wird Annabelle nur zwei Gartenzwerge kaufen. Der Dritte kostete 18,- € plus 2,- € Steuer = 20,- €. Dem steht aber nur ein Nutzen von 19,- € gegenüber. Durch eine Steuer, welche auch nach dem „Konstrukteur" PIGOU-Steuer genannt wird und die gerade den sozialen Schäden entspricht, wird A gezwungen, die von ihr verursachten Schädigungen anderer in ihrem eigenen Kalkül zu berücksichtigen. So entscheidet sie sich letztlich für die effiziente Menge an Gartenzwergen. Man spricht bei einer solchen Steuer auch davon, es werde ein *Schattenpreis* zur Simulation der Schäden Dritter eingeführt. Bei externen Effekten stimmt letztlich ein Kernergebnis perfekter Märkte bei privaten Gütern nicht mehr, wonach Mengen- oder Wertsteuern systematisch Ineffizienzen durch geringere Ökonomische Renten verursachen. Hier kommt es umgekehrt zu einer Effizienzerhöhung durch die Steuer.

Etwas ganz Unglaubliches passiert. Weil sich Gegensätze offensichtlich anziehen, verlieben sich Annabelle und Boris ineinander, brechen eine große Tür in die Wand zwischen ihren Reihenhäusern und leben fortan gemeinsam. Beider neues Motto lautet: „Dein Glück ist auch mein Glück" oder auch „Ich bin froh, wenn Du mit mir froh bist". Das verführt sie dazu, stets den *gemeinsamen Nutzen* zu maximieren. Wenn nun nach wie vor die Steuer von 2,- € pro Zwerg zu zahlen ist, kommen sie zu folgender Gartenzwergentscheidung. Der erste Zwerg bringt einen Gesamtnutzen von 21,- €. Zu zahlen sind der Preis von 18,- € plus die 2,- € Steuer. Der Gesamtnutzen ist höher als die Gesamtausgaben, also wird der erste Zwerg gekauft. Der zweite Zwerg hat nur noch einen Gesamtnutzen von 19,- €, und das ist weniger als die insgesamt 20,- €, die die Anschaffung kostete. Unser verliebtes Pärchen wird also nur noch einen Zwerg im Vorgarten stehen haben. Das ist nicht effizient, denn bei zwei Zwergen ist erst die Grenze erreicht, bei der mehr Zwerge nicht sinnvoll sind (da die Gesamtkosten den Gesamtnutzen übersteigen). Die Steuer als Schattenpreis simuliert einen Schaden, der durch die gemeinsame Nutzenmaximierung sowieso schon ins Kalkül eingeht. In diesem Fall kommt es zu einer Überkompensation des externen Effekts. Er ist jetzt doppelt im privaten Kalkül unseres Haushalts berücksichtigt worden. Gäbe es die Steuer nicht, würde die gemeinsame Entscheidung wieder die effizienten 2 Zwerge hervorbringen. Der gemeinsame Nutzen des 2. Zwerges ist 19, das ist mehr als der Preis von 18,- €; der 3. Zwerg bringt einen gemeinsamen Nutzen von 17, und das ist weniger als er kostet. Ganz ähnlich wäre es bei Verhandlungen. Eine Verhandlungslösung plus Steuer überkompensiert externe Effekte. Wir haben also durch Verhandlungen, Fusionen, Mengenbeschränkungen oder Steuern jeweils *Alternativ*lösungen für das Problem der externen Effekte.

Haben wir es ahnen können? Die Partnerschaft endet fast so schnell, wie sie begonnen hat. Boris ist nun von der gesamten Nachbarschaft so genervt, dass er gleich ganz das Weite sucht und sein Haus verkauft. Die Tür zwischen den Häusern wird wieder zugemauert. Neuer Nachbar wird Carl (C). Carl passt gut in die Reihenhaussiedlung. Auch er ist ein wertkonservativer, etwas spießiger Mitbürger. Deshalb hat er auch nichts gegen Gartenzwerge. Ganz im Gegenteil: Jeder Zwerg fördert ein kleines Lächeln auf seine Lippen und sein Nutzen pro Gartenzwerg beträgt 2,- €.[53] Die neuen Nachbarschaftsnutzen sind also wie folgt:

Gartenzwerg Nr. x	Annabelles Nutzen und Zahlungsbereitschaft	Carls Nutzen
1. Gartenzwerg	23,- €	2,- €
2. Gartenzwerg	21,- €	2,- €
3. Gartenzwerg	19,- €	2,- €
4. Gartenzwerg	17,- €	2,- €
5. Gartenzwerg	15,- €	2,- €
6. Gartenzwerg	13,- €	2,- €
7. Gartenzwerg	11,- €	2,- €

Selbst wird sich Carl keinen Zwerg kaufen. Dazu sind sie ihm mit 18,- € viel zu teuer. Wenn Annabelle sich wieder nur nach ihren eigenen Vorteilen richtet, stehen die bekannten drei Zwerge in ihrem Vorgarten. Wenn aber alle Nutzen gemeinsam betrachtet werden, dann sind diese höher als nur Annabelles Nutzen. Sie verursacht Carl eine Freude, d.h., wir haben es hier mit einem positiven externen Effekt zu tun. Ein Dritter hat einen Vorteil aus der Entscheidung Annabelles. Ein vierter Gartenzwerg würde insgesamt einen Nutzen von 19 ergeben (17 von A und 2 von C). Bei einem Preis von 18,- € pro Zwerg sollte es den vierten Wichtel also aus Effizienzgründen geben. A kalkuliert aber nur ihren privaten Nutzen ein. Es kommt letztlich zu einer ineffizient geringen Menge, einer ineffizienten Gartenzwerg*unterversorgung*. Die Lösungen bei positiven Externalitäten sind völlig analog zu negativen. Verhandlungen ohne Transaktionskosten sowie Fusionen (Partnerschaft mit gemeinsamer Nutzenmaximierung) führen zur effizienten Lösung. Men-

---

[53] Die Änderung in der Nachbarschaft deutet an, dass es gar nicht immer einfach ist, eindeutig SchädigerInnen und Geschädigte zu unterscheiden, wenn z.B. die Schäden auch von Standortentscheidungen der Beteiligten abhängen.

genfestlegungen sind jetzt keine Mengenbegrenzung, sondern ein Zwang zu einer Mindestgartenzwergmenge. Die Steuerlösung würde entsprechend hier zu einer Subvention in Höhe des Grenzvorteils anderer, d.h., Annabelle bekäme vom Staat für jeden gekauften Gartenzwerg 2,- €, um die Vorteile Carls in ihr privates Kalkül zu bringen.

All die Argumente treffen auch für den Produktionsbereich zu. Wer es nicht glauben mag, möge sich folgendes Beispiel anschauen (in Anlehnung an VARIAN 2011: Kap. 34). Alle anderen können das Beispiel überspringen. Betrachtet wird nun eine Trommelfabrik T, bei deren Produktion und Testen der lauten Instrumente Krach entsteht. Die Kosten, die diese Unternehmung zu tragen hat, hängen sowohl von der Produktionsmenge t an Trommeln als auch vom Ausmaß der Geräuschdämmung ab (Krach: x), und zwar:

$$K_T = 10t^2 + (3 - x)^2$$

Wenn die Unternehmung sowohl die für sich optimalen Mengen an t und an x bestimmen kann und der Trommelpreis 1000,- € beträgt, dann ergibt das Gewinnmaximierungskalkül (ohne Herleitung, da das Ergebnis zumindest für x offensichtlich ist), dass x = 3 gesetzt wird, also keine Geräuschdämmung betrieben wird, aber auch kein zusätzlicher Krach „produziert" wird. Bei x = 3 wird der Klammerausdruck gerade Null, in allen anderen Fällen erhöhen sich die Kosten. Die gewinnmaximale Anzahl an Trommeln beträgt 50.

Nun gebe es in der Nachbarschaft ein Institut I, das Nachhilfeunterricht erteilt und das negativ vom Krach beeinflusst wird. Es werden Nachhilfestunden (s) angeboten, und die Kosten des Instituts hängen sowohl von der Anzahl der Nachhilfestunden als auch vom Krach der Trommelfabrik ab:

$$K_I = 2s^2 + 2x$$

Wenn pro Nachhilfestunde ein Preis von 40,- € erzielt wird, dann folgt aus dem Gewinnmaximierungskalkül, dass s* = 10 ist.

Das Beispiel ist so einfach konstruiert, dass die optimalen Mengen an t und s unabhängig von x sind. Deshalb kann man das Problem der externen Effekte allein auf die Kosten- bzw. Grenzkostenwirkungen einer x-Variation reduzieren.

Wenn die Trommelfabrik x festsetzen kann, wird sie x = 3 wählen. Sie hat dann selbst keine Kosten aus x, verursacht aber dem Institut Kosten von 2 · 3 = 6. Könnte das Institut über x bestimmen (also von T verlangen, die Geräusche zu dämmen), würde sich I für x = 0 entscheiden. Dies bedeutete aber für T zusätzliche Kosten in Höhe von 9. Die optimale Menge an x, bei der die *gemeinsamen Kosten minimiert* werden, erhält man aus dem folgenden Kostenminimierungskalkül:

$$K_x = (3 - x)^2 + 2x$$

$$K' = -6 + 2x + 2 = 0 \Leftrightarrow x^* = 2$$

Die Gesamtkosten im Zusammenhang mit dem Krach betragen in diesem Fall $1 + 4 = 5$. Durch individuelles Gewinnmaximieren ohne Verhandlungen über x wird diese Lösung nicht erreicht. Dies ist unabhängig von der Frage, wer über x entscheiden darf.

Die Lösungen für das Problem sind wiederum völlig äquivalent zu unserem Gartenzwergbeispiel. Verhandlungen und Fusionen führen zu Effizienz, weil dabei jeweils die gesamten Kosten beider Beteiligten in das Kalkül eingehen. Bei sehr wenig Beteiligten sind solche Lösungen eher denkbar als bei vielen AkteurInnen. Allein bei Infrastrukturmaßnahmen wie dem Ausbau von Flughäfen oder Bahnhöfen, auch beim Aufstellen von Windrädern u.v.a.m. gibt es selbst bei regional begrenzten Projekten häufig erhebliche Verhandlungs- und Durchsetzungskosten. Wenn fast alle mit allen verhandeln müssten wie bei den Schädigungen durch den Treibstoffverbrauch des Autofahrens, kann man sich eine Verhandlungslösung oder eine Fusion erst recht nicht mehr vorstellen.

Ohne Verhandlungen oder Fusionen können Vorgaben zur Geräuschdämmungspflicht vom Staat gesetzt werden. Oder es kann eine Steuer, hier eine Krachsteuer, auferlegt werden, die wiederum die Schäden Dritter simulieren soll. Beim Autofahren ist das die Grundidee der Ökosteuer. Durch simulierte Kosten via Steuer als Schattenpreis sollen AutofahrerInnen dazu gebracht werden, die Schäden Dritter in ihren Entscheidungen zu berücksichtigen. Solch eine Steuer hat fast den Charakter eines Überraschungseis – mehrere schöne Dinge gleichzeitig, obwohl leider gar kein Plastiknilpferd „Happy Hippo" bei den Überraschungen dabei ist. Statt Spiel, Nilpferd und Schokolade: Erstens steigt durch die Steuer auf ein Produkt mit negativen externen Effekten die Effizienz der Marktlösung, und zweitens bekommt der Staat Mittel für nutzenstiftende Aktivitäten (Finanzierung des Bildungs- und Gesundheitssystems z.B.), er kann Sozialversicherungssysteme entlasten oder bedürftige BürgerInnen über diese Steuereinnahmen unterstützen.

4.1.1 COASE-Theorem

An dieser Stelle sei noch einmal auf eines der bekanntesten Theoreme der Mikroökonomik hingewiesen, das wir im Gartenzwergbeispiel bereits kennengelernt haben. Nach COASE (1960) entstehen in einer Welt *ohne Transaktionskosten* durch Verhandlungen effiziente Allokationen. Das Ergebnis ist *unabhängig von der Verteilung der Eigentumsrechte*. Diese bestimmen zwar die Verteilung des Überschusses, nicht aber die Allokation. Nun darf man das Theorem nicht so interpretieren, als löse sich damit das Problem der Externalitäten in Wohlgefallen auf und die Beteiligten erreichten trotz der Drittwirkungen über den Verhandlungsweg stets allein eine effiziente Lösung. Steuern wären dann bei negativen externen Effekten ja sogar wieder schädlich, weil der externe Effekt überkompensiert würde. Es gibt jedoch sehr viele Konstellationen, bei denen die Transaktionskosten tatsächlich sehr hoch sind. Die Überfischung der Weltmeere, der weltweite Kohlendioxidausstoß u.v.a.m. werden kaum durch eine Verhandlungslösung zwischen allen beteiligten Menschen zu lösen sein. Selbst auf der Ebene von Verhandlungen zwischen einzelnen Staaten, die dann wieder intern Marktinterventionen planen müssten, erweisen sich die Hürden als außerordentlich hoch.

Das liegt u.a. daran, dass internationale Verträge oft nur den Charakter von Absichtserklärungen haben. Die Einhaltung der Vereinbarungen kann wegen fehlender überstaatlicher Judikative und Exekutive letztlich kaum erzwungen werden. Es gibt neben Verhandlungskosten, Problemen mit der Vertragsabfassung und -durchsetzung auch noch viele weitere Ursachen für Transaktionskosten, die durch all die Marktkoordinierungsprobleme ausgelöst werden, die es nachfolgend noch zu analysieren gilt (zu denkbaren Lösungen auf internationaler Ebene vgl. SOETE/BLASCH/SCHUBERT 2011 sowie WEIKARD 2011). Wenn aber positive Transaktionskosten eher die Regel als die Ausnahme sind, dann ist es weder irrelevant, wer genau die Eigentumsrechte besitzt, noch sind staatliche Eingriffe via Steuern oder Produktionsauflagen grundsätzlich schädlich. Deshalb finden sich vor allem in der Umweltökonomik als Lösungswege alle bislang gefundenen Varianten wieder, darunter auch Steuern sowie Mengenbeschränkungen und Vorgaben für Produktionsverfahren. Um Verhandlungslösungen in einigen Fällen dennoch zu ermöglichen, wird in der Umweltökonomik überdies untersucht, ob man nicht spezielle Märkte für die externen Effekte über die Verteilung spezifischer Eigentumsrechte *schaffen* kann, um den Preismechanismus zu nutzen. In diesem Sinne ist es zu verstehen, dass z.B. Schadstoffzertifikate an Unternehmungen verteilt werden, mit denen gehandelt werden kann.

4.1.2 Widespread externalities und identitätsabhängige Externalitäten

Externe Effekte passen nicht so ganz in das Bild eines perfekten, harmonischen Marktgefüges, da sie erhebliche Steuerungsprobleme von Märkten auslösen können. In solchen Fällen können staatliche Eingriffe höchst funktional werden. Eine reine Wettbewerbslösung erreicht nur bei fehlenden Transaktionskosten eine effiziente Allokation. Gartenzwerge und Trommeln dürfen uns nun nicht dazu verleiten, externe Effekte als weitgehend unwichtige Ausnahmetatbestände im Marktsystem zu betrachten. Es gibt erstaunlicherweise nicht wenige ÖkonomInnen, die dennoch so ähnlich argumentieren. In eher „minderwichtigen" Spezialfällen benötigte man in ihrer Sicht zwar tatsächlich staatliche Interventionen, aber im Großen und Ganzen funktioniere ein Marktsystem doch effizient und harmonisch. Sogar umweltpolitische Instrumente seien eher eine Frage des partiellen und begrenzten Einsatzes für eng umrissene Koordinationsprobleme.

Stimmt das aber tatsächlich? Umweltsteuern und ähnlich wirkende Maßnahmen haben jeweils den Charakter und den Anspruch, ein spezielles, eng umrissenes Problem negativer externer Effekte zu lösen. Nun gibt es aber Phänomene vor allem im Zusammenhang mit Fragen der ökologischen Nachhaltigkeit, bei denen externe Effekte eine zentrale Rolle spielen, die aber nicht nur lokal wirken und zeitlich auch kaum bzw. unabsehbar begrenzt sind. Diese Effekte wirken global, sind untereinander häufig stark interdependent, verursachen Nicht-Stetigkeiten und lösen dynamische Prozesse aus, die weitere schwerwiegende Probleme generieren können. Wir haben es also mit weltweiten Phänomenen jeweils mit langem Zeithorizont sowie sehr vielen, heterogenen AkteurInnen zu tun. Solche „großen" Probleme (im Sinne starker Interdependenzen) werden *widespread externalities* genannt. Ob die im üblichen Rahmen des traditionellen Externalitätenkonzepts überhaupt noch sinnvoll in den gängigen Modellen abbildbar sind, ist wegen der weitreichenden Wechselwirkungen und des langen Zeithorizontes in der Ökonomik umstritten. Zumindest gibt es erhebliche Einwände gegen sehr einfache Modellierungen solch großer Herausforderungen als statische Einzelphänomene.

Zu bedenken ist auch, dass einzelne AkteurInnen in diesem Geflecht von Problemen kaum noch Kontrolle über die relevanten Externalitäten haben (vgl. STURN 2011). Partielle Verhandlungslösungen im Sinne COASEs oder Zertifikathandel zur Simulierung von Märkten werden i.d.R. bei widespread externalities deshalb keine effizienten Lösungen nach sich ziehen können. Hier wird das Verhältnis von Markt und Staat inklusive aller demokratischen Prozeduren zur Maßnahmenfindung viel komplexer. Nicht-Intervention der einzelnen Staaten bzw. aller Staaten gleichzeitig kann fatale Folgen haben.

Hierbei sind nicht allein eng umrissene Eingriffe wie einzelne Produktionsauflagen etc. nötig. Große, interdependente Probleme wie der Klimawandel berühren auch Politikbereiche, die auf den ersten Blick gar keine Bedeutung für ökologische Fragen zu haben scheinen: Bildungssystem, Familien- und Arbeitsmarktpolitik sind nur einige wenige Beispiele. Es geht in diesem Zusammenhang neben vielem anderem darum, Wissen über ökologische Zusammenhänge zu vermitteln, Verständnis für die Folgen eigener Ernährungs-, Mobilitäts- oder anderer Konsumgewohnheiten zu wecken sowie Menschen zu unterstützen, Selbstverantwortungsfähigkeit für sich und andere zu entwickeln. „Andere" sind hierbei nicht nur die Familie, die NachbarInnen oder eine weitere kleinere Gruppe, sondern letztlich die gesamte Menschheit heute und sogar in zukünftigen Generationen. Benötigt werden in solch komplexen und weitreichenden Problemfeldern *polyzentrische Institutionalisierungen*, die auf vielen Ebenen gleichzeitig bei unterschiedlichen Betroffenengruppen wirken müssen, um das Gesamtproblem zu lösen. Von der Friede-Freude-Eierkuchen-Welt eines vermeintlich perfekten Marktsystems entfernt man sich bei solchen Entwicklungen und Problemen meilenweit. Reine, unregulierte Marktlösungen werden ineffiziente, ungerechte und nicht-nachhaltige, also letztlich fatale und ungewünschte Ergebnisse nach sich ziehen. Politische Interventionen, Rahmungen und Vorgaben sind unumgänglich. Voraussetzung für solche politischen Setzungen ist allerdings eine institutionelle Neugestaltung der staatlichen und überstaatlichen Entscheidungsfindung und -durchsetzung, damit nicht wie bislang nur kleine Korrekturen innerhalb der sehr begrenzten bestehenden Möglichkeiten erfolgen und vielleicht wieder nur eine partielle, neue nationalstaatliche Steuer ersonnen oder eine neue Regulierung eines eng umrissenen Produktionsbereichs verfügt wird.

Widespread externalities weisen auf geradezu dramatische Probleme der Menschheit. „Große" Probleme sind jedoch nicht allein durch einen großen Betroffenenkreis definiert. Alle interdependenten Probleme von Marktsteuerungen, von denen es sehr viele durch weitere Koordinationsprobleme der wettbewerblichen Allokation gibt, können mit (meist sowieso nur symptomkurierenden) Einzelmaßnahmen nicht mehr gelöst werden.

Es gibt sogar noch einige weitere Phänomene, bei denen zumindest ein Teil der im Externalitätenzusammenhang diskutierten Maßnahmen nicht greift, obwohl die Probleme gar nicht all zu komplex sind. Ein gutes Beispiel dafür sind sogenannte *identitätsabhängige Externalitäten*. Diese externen Effekte sind dadurch gekennzeichnet, dass es hinsichtlich der Schädigung nicht allein auf die Gesamtmenge z.B. von Emissionen ankommt, sondern auch darauf, *wo* emittiert wird. Bei Schwefeldioxidemissionen mag es durch Diffusionsbesonderheiten Gründe geben, die die Aussage zulässig machen, es käme nur auf die Gesamtmenge an Emissionen an. In diesem Fall könnte ein Emissionshandel über Zertifikate erwogen werden, der via Einführung eines Marktes Verhandlungslösungen erleichtert oder erst ermöglicht. Einige Erfahrungen mit solchen Verfahren waren auch durchaus vielversprechend, denn dieser Handel führt dazu, dass vorwiegend diejenigen Unternehmungen die Emissionen reduzieren, die das vergleichsweise kostengünstig schaffen. Diese Unternehmungen werden ihre Zertifikate verkaufen. Käufer werden Unternehmungen sein, denen eine deutliche Emissionsreduktion sehr hohe Kosten aufbürdete.

Bei Dioxin hingegen wäre es beispielsweise fatal, wenn eine Unternehmung in einem solchen Verfahren viele Zertifikate erwürbe. Es wäre wohl sogar tödlich für die Menschen in der Nachbarschaft. Wenn es darauf ankommt, dass die Beteiligten an ihrem jeweiligen Standort bestimmte Höchstmengen nicht überschreiten, kann man den Emissionshandel nicht mehr sinnvoll einsetzen, weil er sehr vielen Limitierungen unterliegen müsste. In dem Fall sollte konkret über Steuern oder wohl noch besser mit Produktions- und Emissionsauflagen interveniert werden. Vielleicht ein weiteres Beispiel: Aus Sicht westlicher Länder ist es nicht egal, ob Frankreich, der Iran oder Pakistan über Atombomben Entscheidungsgewalt haben oder auch „nur" Drohpotential aufbauen können. Die Bedrohung wird unterschiedlich wahrgenommen, je nachdem, *wer* über die Bomben verfügt. Deshalb wird man hoffentlich auch nicht auf die Idee kommen, einen offiziellen Handel mit Atombombenbesitzzertifikaten einzuführen. Fazit ist, dass sich bei identitätsabhängigen Externalitäten das Repertoire sinnvoller Lösungsstrategien bei negativen externen Effekten deutlich einschränkt und sich i.d.R. direkte staatliche Eingriffe als einzig zielführende Lösungen erweisen.

4.1.3 Massenphänomene

Massenphänomene haben Ähnlichkeiten zu externen Effekten. Hier ist es jedoch nicht eine einzelne, nicht über den Preismechanismus vermittelte Handlung, die andere schädigt oder bevorteilt. Das passiert erst, wenn viele identische oder sehr ähnliche Entscheidungen getroffen werden. Schauen wir erstmal wieder auf ein Beispiel.

Aurora Mehl (A) ist 25 Jahre alt und arbeitet momentan in der kleinen Konditorei „Marzi & Pan". Sie verdient 1500,- € im Monat. In der lokalen Zeitung sieht sie eine Stellenanzeige einer Großbäckerei. Dort könnte sie für eine vergleichbare Tätigkeit mit identischem Stundenumfang 2000,- € verdienen. Einzelunternehmer der Großbäckerei ist Bully Backus (B). Er bietet hohe Löhne, ist aber ein sehr konservativer Patriarch der ganz, ganz alten Schule, der gerne seinen MitarbeiterInnen Vorschriften aller Art bis hin zu ihrem Privatleben macht und keinerlei Widerspruch duldet. Er schließt nur dann einen Arbeitsvertrag, wenn sich die zukünftigen MitarbeiterInnen verpflichten, erstens keine gleichgeschlechtliche Beziehung einzugehen und sich zweitens nicht gewerkschaftlich zu engagieren. Bully nennt das offiziell „fördern (mit gutem Gehalt) und fordern (Verhalten bestimmen)", im Kreise seines wohlhabenden und konservativen Freundeskreises spricht er von „bestechen und befehlen". Da sich Aurora selbst als heterosexuell einschätzt, macht ihr die erste Bedingung zwar grundsätzlich, aber zumindest persönlich keinen Kummer. Sie hat nämlich sogar schon den Hochzeitstermin mit ihrem langjährigen Freund Chris T. Stollen festgelegt. Das Verbot gewerkschaftlichen Engagements behagt ihr deutlich weniger, da sie sich schon seit Beginn ihrer Berufsausbildung für Rechte der MitarbeiterInnen stark gemacht hat. Aber 500,- € höheres Gehalt bei Bully Backus im Vergleich zum Job bei Marzi & Pan sind für sie ein verlockend guter Grund, diese Bedingung dennoch zu akzeptieren. Der Vertrag könnte also zum gegenseitigen Vorteil geschlossen werden. Das schaut doch sehr nach einer Effizienzsteigerung aus, wenn solche Vertragsmöglichkeiten erlaubt sind, oder?

Gibt es aber trotz der beidseitig vorteilhaften Vereinbarung Gründe, so etwas zu verbieten, weil Effizienznachteile drohen, sofern *viele* solcher Verträge geschlossen werden? Die schlechte Verhandlungsposition Auroras gegenüber Bully bzw. aller ArbeitnehmerInnen gegenüber den Unternehmungen allein kann keine Rechtfertigung sein, denn das würde letztlich alle Vereinbarungen zwischen wirtschaftlich ungleichen VerhandlungspartnerInnen unmöglich machen.

Das hier angesprochene Problem hat mit der grundsätzlichen Frage zu tun, ob gegenseitig vorteilhafte Abmachungen, die auf den ersten Blick strikte Effizienzgewinne suggerieren, in einen Effizienz*nachteil* umschlagen können, wenn *viele* solcher Vereinbarungen geschlossen werden, also ein solcher Vertrag zum Massenphänomen wird. Kann also z.B. Folgendes sein: Ein Vertrag mit dem Verzicht auf grundlegende Rechte ist mit Vorteilen für beide VertragspartnerInnen verbunden, viele solcher Verträge bringen für alle Nachteile? Oder ein anderer konkreter Fall: Einer Familie bzw. einem ihrer Kinder nutzt Kinderarbeit, wenn z.B. erst dieser Verdienst das Überleben der Familie sichert. Ein einzelner Vertrag kann in diesem Fall zum gegenseitigen Vorteil geschlossen werden. Würden solche Verträge generell möglich und allgemeiner Standard, würden sich womöglich viele Kinder bzw. deren Eltern dafür entscheiden (müssen). Verböte man Kinderarbeit nicht nur einem einzelnen Kind, sondern allen Kindern, würde sich das Arbeitsangebot insgesamt verringern mit der Folge steigender Löhne für die Erwachsenen. Sofern diese höhere Entlohnung nun die Existenz der gesamten Familie sicherte, hätten die Kinder sowohl hinreichend gute materielle Grundlagen als auch gleichzeitig Chancen auf Bildung und individuelle Entfaltung. Dann wäre ein Verbot von Kinderarbeit u.U. effizienzerhöhend, obwohl jeder einzelne Vertrag zu Kinderarbeit freiwillig mit beidseitigem Vorteil geschlossen würde und auf den ersten Blick effizienzsteigernd zu sein scheint.

Es geht nachfolgend etwas allgemeiner um die Frage, ob solche Masseneffekte prinzipiell auftreten können. Dann müsste genau das oben Ausgeführte gelten, dass trotz der gegenseitigen Vorteile eines einzelnen Vertrages diese Vereinbarungen als Massenphänomene Effizienz-. und Gerechtigkeitsnachteile nach sich ziehen. Es stellt sich die Frage, ob gezeigt werden kann, dass einzelne Verträge und Absprachen zwar individuell jeweils vorteilhaft sein können, viele davon aber letztlich allen schaden und dadurch ein Verbot solcher Verträge, also Freiheitseinschränkungen, rechtfertigen.

BASU (2011: 141-148) liefert dazu wichtige Argumente, indem er zunächst die reine *Möglichkeit* solcher Konstellationen prüft. Es ist lohnend, seine Idee etwas ausführlicher zu würdigen. In seiner Modellformulierung unterstellt er eine unendlich große Gesellschaft. Jede ganze Zahl soll ein Individuum dieser Gesellschaft kennzeichnen. Um es sich über eine Geschichte vorstellbar zu machen, betrachten wir das sehr, sehr große Land Zahlreich und genau den Fall, dass je ein Individuum einer ganzen Zahl entspricht und unendlich viele Personen in diesem Land leben, also 1 = Eugen, 2 = Zdenek, 3 = Daglind, 4 = Vincenz, …, 739 = Scarlett, …, 687.654: Shaun, … , 5.126.315 = Flavius, … 209.712.491.376.123.456.789: Zippo, …, etc. Dazu gibt es noch das Individuum 0 = Nicky, das allen anderen einen Vertrag anbietet. Das könnte so eine Vereinbarung wie von Bully Backus sein, also ein Arbeitsvertrag mit dem Passus des Verbots gewerkschaftlicher Betätigung. Alle anderen BewohnerInnen von 1 bis ∞ können nun entscheiden, ob sie das Vertragsangebot annehmen oder nicht. Das Ergebnis ist ein unendlicher Strom an Entscheidungen. Entscheidung 1 ist die der Person 1, Entscheidung 2 die der Person 2 etc. Das sieht dann etwa so aus: (ja, nein, nein, ja, ja, ja, nein, ja, nein, nein, …). Das hieße, dass Eugen akzeptiert und den Vertrag unterschreibt, Zdenek und Daglind lehnen ab, Vincenz stimmt wieder zu usw. für alle Individuen dieser unendlich großen Gesellschaft. Als letzte Annahme definiert BASU noch eine Art Auszahlungs- oder Nutzenfunktion. Das ist eine Regel, die jedem Ergebnis (als unendlichem Strom) eine Zahl als Nutzen zuordnet, die eine bestimmte Person aus diesem Ergebnis erzielt. Damit eröffnet BASU die Möglichkeit, dass der Nutzen einer Person auch von den Entscheidungen anderer abhängen könnte. Er sucht unter diesen Voraussetzungen nach einem Spiel, also einer strategischen Konstellation, das die folgenden beiden Eigenschaften (E1 und E2) hat:

E1: Für jede Person j soll gelten, dass ihre Entscheidung zu „ja" oder „nein" keinerlei Externalität auf andere ausübt. Wenn also der einzige Unterschied zweier Ergebnisse ist, dass Zippo in einem Fall den Vertrag akzeptiert und im anderen Fall nicht, dann ist jede andere Person (z.B. Scarlett) indifferent zwischen beiden Ergebnissen. Es spielt für sie keine Rolle, wie sich speziell Zippo entscheidet. Seine Wahl beeinflusst den Nutzen Scarletts und den aller anderen nicht.

Wenn sich Zippo durch ein „ja" verbessert und sich keiner der anderen verschlechtert, ist dieser geschlossene Vertrag mit einem Effizienzgewinn verbunden. Es gibt keinen Grund ihn zu verbieten. Oder vielleicht doch? Das Spiel soll nämlich auch die Eigenschaft 2 haben:

E2: Angenommen, zu Beginn unterzeichnet niemand den Vertrag. Wenn sich eine große Anzahl an Individuen dazu entschließt, von „nein" auf „ja" zu wechseln, dann soll jede andere Person dieser Gesellschaft (also alle außerhalb dieser Menge derjenigen mit Meinungs- und Entscheidungswechsel) schlechter gestellt sein, als wenn niemand den Vertrag unterzeichnete.

Auf den ersten Blick sehen beide Eigenschaften unvereinbar aus. Man kann aber tatsächlich Beispiele konstruieren, bei denen beides gleichzeitig *möglich* ist. Dazu sei in Anlehnung an BASU (2011: 143ff.) folgender Fall angenommen. Individuell bedeutet für jede/n ein eigenes „ja" einen Nutzen von 1 und ein „nein" einen Nutzen von 0. Wenn unendlich viele andere den Vertrag akzeptieren, erhält unser Individuum zusätzlich 1, wenn nur endlich viele „ja" sagen, erhält es zusätzlich 3. Wenn also z.B. Eugen ablehnt und alle anderen den Vertrag unterschreiben, hat er aus der eigenen Aktion 0 und durch die ∞ anderen Vertragsunterzeichnungen (unendlich minus 1 ist natürlich immer noch unendlich) 1. Er kommt also auf einen Gesamtnutzen von 1. Wenn Eugen als einziger den Vertrag unterschreibt, hat er 1 aus der eigenen Wahl und noch einmal 3 aus der Entscheidung aller der unendlich vielen anderen Personen. Insgesamt ist sein Nutzen dann 4. Wenn alle akzeptieren, kommen sie jeweils auf 2. Lehnen alle ab, hat jeder und jede 3.

Nehmen wir nun an, dass sich eine unendlich große Anzahl von Menschen für „ja" entschieden hat. Daran ändert sich nichts, wenn ein einziges Individuum anders gewählt hätte. Entscheidet sich dieses einzige Individuum statt „nein" auch für „ja", dann geht es ihm besser (2 statt 1 als Nutzen), für alle anderen hat sich nichts geändert. Das entspricht der Eigenschaft 1 des Spiels.

Nun betrachten wir die Teilmenge S der Gesellschaft, die allen ungeraden Zahlen entspricht. S besteht also aus (Eugen, Daglind, ..., Scarlett, ..., Flavius, ... Zippo, ...). Anfangs soll niemand den Vertrag unterschrieben haben. Jetzt entscheiden sich alle „ungeraden Zahlen" (= Personen der Teilmenge S) zu einem Wechsel auf „ja". Das sind immer noch unendlich viele Menschen, die zu S gehören. Und jetzt verschlechtern sich alle „geraden Zahlen" (= alle außerhalb von S) sehr deutlich. Vorher hatten sie 3, jetzt nur noch 1. Das entspricht der Eigenschaft 2 des Spiels.

Gäbe es ein Gesetz, das es verbietet, einen solchen von Nicky angebotenen Vertrag zu unterschreiben, hätten alle 3. Da sich jede/r Einzelne immer verbessert, wenn sie/er „ja" sagt, ist es das einzige Gleichgewicht ohne ein solches Verbot, dass alle „ja" sagen. Dann bekommen alle jeweils 2. Auch wenn jeder einzelne Vertrag gegenseitige Vorteile bietet, gibt es dennoch eine Effizienzverschlechterung, wenn viele dieses tun. Dies kann ein Verbot bestimmter Verträge rechtfertigen helfen, also eine Einschränkung der extrem liberalen Position zu möglichst uneingeschränkter Vertragsfreiheit aus Effizienz- sowie Freiheitsgründen.

Es mag nun im Einzelfall gute Gründe geben, bei einem allgemeinen Verbot spezifische Ausnahmeregeln zuzulassen. Individuell führt das ja im Beispiel immer zu Verbesserungen. Wenn aber die Ausnahmen immer mehr werden, zum Schluss die Verbotsregel erodiert, sind alle schlechter dran. Das kann man als Begründung für sehr strikte Regeln anführen, etwa im Zusammenhang mit Menschenrechten, konkret u.a. für das uneingeschränkte Folterverbot. Viele Menschen hatten in Deutschland Verständnis für den Frankfurter Polizeichef, als er einem inhaftierten Kindesentführer mit körperlicher Gewalt drohte. Er hoffte, dadurch den bislang unbekannten Aufenthaltsort des Kindes herauszufinden und so vielleicht dessen Leben retten zu können. Selbst wenn man es im Einzelfall verstehen und eventuell sogar moralisch rechtfertigen könnte und als Ausnahme des Folterverbots formulierte, könnten weitere Ausnahmetatbestände das allgemeine Folterverbot aushöhlen und dann insgesamt zu einer ethisch inakzeptablen und auch ineffizienten Anwendung von Foltermethoden führen. Die strikte Gewährung z.B. von Meinungs-, Religions- und Versammlungsfreiheit ohne Ausnahme kann ähnliche Begründungen erfahren.

Manche mögen gegenüber BASUs Modell skeptisch sein. Eine kritische Annahme könnte darin liegen, dass er unendlich viele Personen und Entscheidungen unterstellt. Er kann seinen allgemeinen Punkt zu Massenphänomenen aber auch für den Fall einer endlich großen Gruppe von Menschen zeigen (BASU 2011: 146ff.). Allerdings muss er dazu die Annahme vollständig transitiver Präferenzen aufgeben und Quasi-Transitivität voraussetzen. Transitivität heißt etwa beim Beispiel von Essensgeschmäckern:

Wenn Fischsuppe gegenüber Bratwurst bevorzugt wird und Bratwurst wiederum gegenüber Gemüseauflauf, dann muss bei transitiven Bewertungen auch die Fischsuppe besser als der Gemüseauflauf eingeschätzt werden. Allgemeiner:

$x > y$ und $y > z \rightarrow x > z$

Das Zeichen „>" ist als „wird vorgezogen" zu verstehen. Bei Quasi-Transitivität wird zugelassen, dass auch folgender Fall eintreten kann:

$x \sim y$ und $y \sim z, x > z$

Das Zeichen „~" deutet an, dass die beiden Möglichkeiten x und y als gleich gut bewertet werden. Bei den Mittagessen erscheint das merkwürdig, denn dann würde Fischsuppe genauso gern gegessen wie die Bratwurst, die Bratwurst genauso gemocht wie der Gemüseauflauf, aber die Fischsuppe dem Gemüseauflauf strikt vorgezogen. In folgendem Fall ist es aber doch ganz gut vorstellbar: Es kann unerheblich für jemanden sein, ob er/sie keinen oder einen halben Löffel Zucker im Kaffee hat. Ebenso macht es keinen Unterschied, ob ein halber Teelöffel oder ein ganzer untergerührt sind. Ob gar kein Zucker oder ein ganzer Löffel kann aber doch unterschiedlich schmecken und zur Bewertung führen, entweder zuckerlos oder gezuckert vorzuziehen. Noch deutlicher wird es bei vielen solcher „Gleichartigkeiten": Es macht jeweils keinen Unterschied, ob man kein oder ein einzelnes Körnchen Zucker im Kaffee hat, ob man ein oder zwei Körnchen eingestreut hat, drei oder zwei etc. Kein Körnchen oder ein ganzer Löffel voll Zucker macht aber sehr wohl einen Unterschied.

Zurück zu BASUs Beispiel mit endlich vielen Personen. Wieder geht es um die Entscheidung, einen Vertrag zu unterschreiben oder nicht (etwa zum Verbot, einer Gewerkschaft beizutreten). Wir betrachten drei Personen, die entweder „ja" = 1 oder „nein" = 0 wählen. Ein Ergebnis (1, 1, 0) hieße demnach, dass die ersten beiden Personen (das seien wieder Eugen und Zdenek) den Vertrag akzeptieren, die dritte Person (wiederum Daglind) nicht. Jede/r der drei hat eine bestimmte Präferenzrelation über alle möglichen Ergebnispaare. Diese Präferenzrelationen seien quasi-transitiv. Wie zuvor konstruiert BASU sein Beispiel so, dass jede Person für sich selbst 1 gegenüber 0 bevorzugt, also „ja" für sie günstig ist. Analog zum Beispiel mit unendlich vielen Personen werden zwei zunächst inkompatibel wirkende Eigenschaften (E3 und E4) des Spiels formuliert.

E3: Wenn sich zwei Ergebnisse nur im Hinblick auf die Entscheidung einer einzigen Person unterscheiden, dann ist das unerheblich für die Bewertungen der beiden anderen. Es gibt keine Externaltität. Wenn also (1, 1, 0) mit der Variante (0, 1, 0) verglichen wird, hat sich Eugen einmal für „ja", einmal für „nein" entschieden. Das soll keinen Effekt auf die Einschätzung des Ergebnisses für Zdenek und Daglind haben.

E4: Wenn gleich mehrere (hier also 2) Individuen ihre Entscheidung ändern, kann die dritte Person betroffen sein. Falls Eugen und Daglind gleichzeitig von 0 auf 1 wechseln, verschlechtert sich Zdenek bei einem negativen Effekt. Wenn nur Eugen wechselt, hat es keine Auswirkung auf Zdenek. Bei transitiven Präferenzen wären E3 und E4 nicht gleichzeitig möglich, bei quasi-transitiven Präferenzrelationen kann ein solcher Fall eintreten.

Das eindeutige NASH-Gleichgewicht des Spiels ist (1, 1, 1), denn unabhängig von der Entscheidung der anderen hat man selbst immer einen höheren Nutzen, wenn man den Vertrag akzeptiert. Die Lösung (0, 0, 0) ist insgesamt für alle Beteiligte zusammen günstiger, denn dann bekämen alle jeweils einen höheren Nutzen. Wir haben also wiederum einen Fall, bei dem jede einzelne Entscheidung individuell vorteilhaft ist, insgesamt aber, wenn alle so entscheiden, dies in einen Nachteil umschlägt.

Genau genommen gibt es in dem Spiel allerdings gar kein Optimum, wenn wir sequentiell zulassen, dass ein Individuum nach dem anderen die Entscheidung von „nein" auf „ja" ändert, denn:

- (1, 0, 0) ist in der Nutzensumme besser als (0, 0, 0), da Eugen jetzt einen um 1 höheren Nutzen erzielt. Auf die beiden anderen wirkt sich sein Wechsel nicht aus.

- (1, 1, 0) ist besser als (1, 0, 0), da es wieder nur einen einzigen Wechsel gibt, der keine Externalität verursacht und Zdenek jetzt einen höheren Nutzen erzielt.

- (1, 1, 1) ist mit gleicher Begründung besser als (0, 0, 0), und so kommen wir insgesamt zu einem Zirkelschluss. Da die Gesamtlösung (0, 0, 0) besser als (1, 1, 1) für alle Beteiligten ist, könnte man höchstens unter plausiblen Annahmen zu übergeordneten Präferenzen – etwa zur Gleichbehandlung in der Gesellschaft – BASUs Hauptpunkt einwandfrei begründen, dass Massenphänomene Ineffizienzen verursachen können, obwohl jedes Individuum freiwillig und zu seinem eigenen Vorteil einen Vertrag abschließen würde. Wenn Menschenrechtsverletzungen als besonders schwere Form der Ungerechtigkeit angesehen werden, dann sprechen nicht allein die ethischen Gründe für ein Verbot von Verträgen, bei denen Menschenrechte „abgekauft" werden können, sondern auch Effizienzargumente weisen in die gleiche Richtung.

In einigen Konstellationen passt das Modell vielleicht, nicht so ganz hingegen bei anderen Phänomenen. So muss es z.B. keineswegs so sein, dass Kinderarbeit in *jedem* Fall individuelle Vorteile bei gegebener Entscheidung anderer bringt. BASU (2011: 153f.) weist darauf hin, dass wir es aber mit multiplen Gleichgewichten zu tun haben könnten. Ein Gleichgewicht könnte so aussehen, dass alle Kinder arbeiten und die Löhne für Kinder und Erwachsene sehr niedrig sind. Ein anderes (und besseres) Gleichgewicht könnte sich ergeben ohne Kinderarbeit und mit höheren Löhnen für Erwachsene. Auch das rechtfertigte nach BASU ein Verbot für Kinderarbeit oder gäbe gute Gründe für Regelungen zur Arbeitszeit und anderen Formen des Arbeitsschutzes. Die Abschätzung, ob ein Verbot oder Gebot sinnvoll ist oder nicht, wäre bei multiplen Gleichgewichten nur noch schwieriger.

4.2 Öffentliche Güter

Öffentliche Güter stellen in einer gängigen, aber dennoch etwa sehr engen Interpretation ein Extrembeispiel positiver Externalitäten dar (vgl. etwa SAMUELSON/NORDHAUS 2005: 530f.). Sie sind durch *Nichtrivalität im Konsum* gekennzeichnet. Das bedeutet, dass ein Gut von vielen Personen gleichzeitig genutzt werden kann, ohne dass es zu einer Beeinträchtigung des Nutzens Einzelner käme. Standardbeispiele für solche Güter sind Parks, Leuchttürme, Infrastruktur generell, innere und äußere Sicherheit. Viele Menschen können gleichzeitig in einem großen Park flanieren, ohne sich gegenseitig in ihrem Natur- und Bewegungsgenuss zu stören. Ein Gut nutzt gleichzeitig vielen Menschen.

Manches aus dem Bereich der Nicht-Rivalität hat nur bis zu einer gewissen Nutzungsgrenze den Charakter öffentlicher Güter. Danach wird es zum privaten Gut. In einem solchen Fall kann immerhin eine bestimmte Anzahl von Personen das Gut problemlos gleichzeitig nutzen. Wenn es jedoch zu viele werden, kann der individuelle Nutzen leiden. Fährt jemand an einem Sonntagvormittag aus dem schönen Odenwald nach Darmstadt, stören die wenigen anderen StaßennutzerInnen mit gleichem Fahrziel nicht, d.h., die Straße ist ein öffentliches Gut. Fährt man im Berufsverkehr werktags, ist das wegen der Überfüllung der Straße und den morgendlich und abendlich üblichen Staus ganz anders, d.h., die Straße wechselt den Charakter und wird zum (weitgehend) privaten Gut jenseits der Grenze, bei der sich die NutzerInnen gegenseitig nicht beeinträchtigen.

Allein eine staatliche Bereitstellung oder Finanzierung eines Gutes oder einer Dienstleistung ist übrigens noch kein eindeutiges Kennzeichen für ein öffentliches Gut. Die Gebietskörperschaften können u.U. auch rivale, also rein private Güter zur Verfügung stellen. Öffentliche Güter sind per Definition durch das Nichtrivalitätskriterium gekennzeichnet. Man muss sich also hüten, von der AnbieterIn eines Gutes direkt auf dessen Charakter der Privatheit oder Öffentlichkeit zu schließen.

Als zweites Kriterium für öffentliche Güter wird in vielen Lehrbüchern genannt, man könne bei diesen Gütern KonsumentInnen von der Nutzung nicht ausschließen. Öffentliche Güter wären in diesem Sinne unteilbar. Was eine Person hat, haben gleichzeitig alle anderen auch. Diese Formulierung ist etwas missverständlich, weil es letztlich fast immer ein ökonomisches Argument ist, ob ein Ausschluss über Preise *sinnvoll* ist oder nicht. So kann man theoretisch um Parks einen Zaun ziehen und Eintrittsgelder verlangen. Ausschluss per Preis ist also möglich. Allerdings ist es nicht effizient, jemanden auszuschließen, wenn eine zusätzliche BesucherIn weder positive Grenzkosten verursacht noch andere in ihren Nutzen beeinträchtigt. Bei der Landesverteidigung oder bei Leuchttürmen hat man schon größere Probleme sich vorzustellen, wie ein Ausschluss über Preise überhaupt funktionieren könnte. Findige StudentInnen aus technischen Studiengängen haben in meinen Vorlesungen zumindest bei den Leuchttürmen dennoch bereits spontan erstaunlich pfiffige, aber auch etwas hinterhältige Möglichkeiten der Codierung von Warnhinweisen für Schiffe ersonnen. Auch wenn es technisch möglich wäre, sollte ein Ausschluss aus Effizienzgründen jedoch im Leuchtturmbeispiel unterbleiben, da eine weitere Nutzung niemanden beeinträchtigt und auch sonst keine Zusatzkosten verursacht.

Wie an einem einfachen Zahlenbeispiel zu sehen sein wird, können öffentliche Güter nicht oder nur unter sehr speziellen Bedingungen über Märkte koordiniert werden, weil rationale, eigennutzorientierte Individuen (Nutzenmaximierung ist nach wie vor im *als-ob*-Sinne zu verstehen) ihre Zahlungsbereitschaft nicht wahrheitsgemäß offenbaren und sich häufig niemand allein bereitfinden wird, die Kosten eines öffentlichen Gutes zu tragen, wenn dann viele ohne Kostenbeteiligung davon profitieren können und/oder die Kosten die individuelle Zahlungsbereitschaft übersteigen.

Das einfache Zahlenbeispiel dazu handelt von AnwohnerInnen einer Straße in einem Neubaugebiet. Die 10 AnrainerInnen hätten jeweils einen positiven Nutzen aus einer Straßenlaterne, die bald in Form einer riesigen, quittegelben Donald-Duck-Figur am Straßenrand stehen könnte. Die spezielle Laterne kostet 1000,- €, die individuellen Nutzen liegen zwischen 10,- € und 500,- €, wobei die Summe aller Nutzen größer als 1000,- € ist, also die Kosten übersteigt. Die individuellen Wertschätzungen variieren z.B. deshalb, weil manche mehr als andere in der Dunkelheit unterwegs sind, mehr Besuche empfangen, besondere Sehschwierigkeiten in der Dämmerung haben, Donald Duck verehren oder albern finden u.a.m. Annabelle aus dem Gartenzwergbeispiel verließe vielleicht viel seltener abends ihr plüschiges Heim als Boris, der häufig zu Vernissagen, Theater- und Konzertaufführungen unterwegs ist. Wir betrachten aber eine ganz andere Straße. Annabelle und Boris wohnen dort nicht, sondern andere nette Menschen (A bis J). Niemand kann davon ausgeschlossen werden, den Lichtschein der Donald-Laterne zu nutzen. Es gibt also ein Gut, das gleichzeitig 10 Personen nutzt.

Die Effizienzbedingung bei öffentlichen Gütern lautet nun nicht mehr wie bei privaten Gütern, dass im Optimum der individuelle Zusatznutzen den Zusatzkosten der Herstellung entsprechen muss. Da wir jetzt viele NutzerInnen *gleichzeitig* haben, muss nun gelten, dass die *Summe* der Zusatznutzen (Zahlungsbereitschaften für die letzte Einheit des öffentlichen Gutes) den zusätzlichen Kosten gleich sein muss. In der Summe ist der Nutzen unserer StraßenanwohnerInnen größer als der Preis der Laterne. Also wäre es effizient, wenn sie in der Straße stünde und in der Dunkelheit leuchtete. Niemand aber wird von sich aus die Laterne erwerben, wenn ihr bzw. sein persönlicher Nutzen geringer als 1000,- € ist, d.h., eine spontane Marktlösung gibt es hier nicht, obwohl das Aufstellen der Laterne effizient wäre.

Bei öffentlichen Gütern wird deshalb häufig dem Staat die Aufgabe zugeteilt, für die Bereitstellung dieser Güter zu sorgen und die Finanzierung zu sichern. Eine Lösung könnte darin bestehen, dass jede KonsumentIn besteuert wird. Die Höhe der individuellen Steuer müsste dann so festgelegt werden, dass der Steuerbetrag der jeweiligen Wertschätzung des öffentlichen Gutes entspricht. Solch ein Besteuerungsverfahren wird in der Mikroökonomik LINDAHL-Gleichgewicht bzw. LINDAHL-Steuer genannt. Ist das aber eine praktikable Lösung? Es steht den BewohnerInnen unserer Straße ja nicht auf der Stirn geschrieben, wie hoch ihre Wertschätzung für die Laterne ist. Woher soll der Staat also wissen, welchen Steuerbetrag er jeder/jedem auferlegen soll, wenn er den jeweiligen individuellen Nutzen gar nicht kennt.

Somit bleibt es zunächst ungelöst, wie der Staat es ermitteln bzw. wie er entscheiden kann, welche öffentlichen Güter sinnvoll sind, welche nicht und welche Mengen zur Verfügung gestellt werden sollten. Bei einfachen Befragungen und einer Finanzierung über allgemeine Steuermittel („Was wäre es Euch denn wert, wenn in dieser Straße eine Laterne stünde?") haben die Individuen nämlich einen Anreiz, ihren Nutzen zu übertreiben, damit sich der Staat zur tatsächlichen Bereitstellung auch wirklich entscheidet, solange sie selbst zur Finanzierung nicht sehr viel beitragen müssen. Würde hingegen vorgeschlagen, jede AnwohnerIn solle ihren Nutzen kundgeben und die Kosten werden nach Maßgabe dieser Angaben wie bei der LINDAHL-Steuer verteilt, dann haben die Individuen einen Anreiz, ihren Nutzen zu untertreiben. Bei Gleichverteilung der Kosten auf alle AnwohnerInnen entstehen sowohl Anreize zum Über- als auch Untertreiben je nachdem, ob der durchschnittliche Kostenbeitrag den individuellen Nutzen überschreitet oder nicht. Wenn alle jeweils das Gut nutzen und dies auch positiv bewerten, möglichst aber andere dafür bezahlen lassen wollen, haben wir es mit einem typischen Trittbrettfahrerproblem zu tun, das sich spontan nicht zu lösen scheint und auch die staatliche Entscheidung darüber vor großen Problemen steht.

In allgemeinen, theoretischen Überlegungen zeigte sich, dass es prinzipiell nicht-diktatorische Mechanismen geben kann, die solche Anreize bieten, so dass Individuen die Wahrheit über ihren Nutzen sagen und der Staat auf dieser Grundlage entscheiden sowie die Finanzierung regeln kann. Allerdings ist das i.d.R. nicht budgetneutral zu schaffen (GIBBARD-SATTERTHWAITE-Theorem). Eine spezielle Lösung im Sinne „Sag die Wahrheit, es lohnt sich nicht zu lügen" wird durch den sog. GROVES-Mechanismus angeboten. Mit der Einführung von Nebenzahlungen kann man nämlich versuchen, den Individuen Anreize zur wahrheitsgemäßen Offenbarung ihrer Präferenzen zu geben. Die individuellen Nebenzahlungen des GROVES-Mechanismus berechnet man als die Summe der kundgegebenen Nutzen aller Individuen zusammen *außer* dem gerade betrachteten.

In dem Beispiel der Straßenlaterne ist das Vorgehen in der folgenden Tabelle skizziert. In der linken Spalte stehen die Bruttonutzen aus der Existenz der Laterne, in der Spalte daneben die Nettonutzen für den Fall, dass die Laterne errichtet wird und jede AnwohnerIn einen identischen Beitrag zur Finanzierung von 100,- € leisten muss. Falls im Ergebnis einer Befragung eine Nutzensumme von kleiner als 1000,- € angegeben wird, wird die quittegelbe Riesen-Donald-Duck-Laterne nicht aufgestellt, und dann fallen auch keine Nebenzahlungen an. Rechts stehen die Nebenzahlungen für den Fall, dass die angegebenen Nutzenwerte die Kosten übersteigen, die Entenlaterne also aufgestellt wird. Nun werden diese Nebenzahlungen auch tatsächlich relevant. Zunächst kennt ein Individuum seine von ihm zu leistenden Nebenzahlungen natürlich noch nicht, da es ja erst einmal nicht weiß, welche Nutzen die anderen Befragten offenbaren. Und die angegebenen Werte der *anderen* bestimmen, was man selbst zahlen muss bzw. erhält. Die Nebenzahlung ist in der Tabelle nur für die Individuen A, B und C eingetragen. Schauen wir auf den ersten Anwohner der Straße im Haus Nr. 1, das ist Anton (A). Alle anderen außer A geben, sofern sie die Wahrheit sagen, ihren Nutzen bekannt, das sind netto von der AnrainerIn Bettina (B) bis zu Justus (J) in der Summe 500. Anton erhielte, wenn die Laterne errichtet wird, vom Staat 500,- €. Für Bettina erhalten wir auf dem gleichen Weg (Addition der Nettonutzen von Anton sowie von Costa bis Justus) als Nebenzahlung 650,- € und für Costa im Haus Nr. 3 ergeben sich 690,- €. Bestimmen Sie bitte selbst zur Übung die übrigen Werte!

Individuum	Bruttonutzen	Nettonutzen	Nebenzahlung
Anton (A)	200	+ 100	+ 500
Bettina (B)	50	- 50	+ 650
Costa (C)	10	- 90	+ 690
Daisy (D)	500	+ 400	
Edin (E)	300	+ 200	
Ferhat (F)	40	- 60	
Gulda (G)	200	+ 100	
Huan (H)	100	0	
Ignatio (I)	100	0	
Justus (J)	100	0	

Nebenzahlungen können auch negativ werden. Dann müssen die Betroffenen selbst etwas an den Staat zahlen.

Am Beispiel Antons kann man sich verdeutlichen, warum es sich in diesem Mechanismus nicht lohnt, falsche Angaben zu machen. Sein tatsächlicher Nettonutzen beträgt +100. Bringt es Anton etwas, einen übertrieben hohen Nutzen zu nennen? Im betrachteten Beispiel schadete das nicht, aber er kennt die Nutzeneinschätzung der anderen ja nicht. Hätten alle anderen in der Summe einen Nettonutzen von -250 angegeben und Anton sagt die Wahrheit, dann wird das Projekt nicht realisiert. Dann fallen auch keine Nebenzahlungen an. Hätte er übertrieben und einen Nutzen von +300 angegeben, dann würde die Donald-Laterne aufgestellt (die Summe aller angegebenen Nettonutzen ist dann positiv) und Anton müsste selbst eine Zahlung von 250,- € leisten. Dies übersteigt aber seinen tatsächlichen Nettonutzen von +100 aus der Laterne, so dass er sich damit selbst geschadet hätte. Keine Nebenzahlung und kein positiver Nettonutzen sind für ihn das kleinere Übel.

Ähnlich wie bei dem einfachen Externalitätenproblem braucht man eine Regel, die es schafft, dass jedes einzelne Individuum bei seiner eigenen Entscheidung auch die Auswirkungen auf die anderen berücksichtigt. Dies gelingt prinzipiell mit dem GROVES-Mechanismus. Allerdings gibt es eine Reihe von Problemen mit diesem Mechanismus: Erstens ist er nicht koalitionssicher, d.h., die AnwohnerInnen könnten sich absprechen, alle zusammen ihre Zahlungsbereitschaft stark übertreiben, um hohe Nebenzahlungen vom Staat zu erhalten. Zweitens kann es auch unabhängig von Absprachen für den Staat sehr teuer werden, wenn er selbst Nebenzahlungen leisten muss.

Hier haben wir das grundsätzliche Problem sehr deutlich vor uns, dass die Anwendung eines solchen Anreizschemas i.d.R. nicht budgetneutral für den Staat ist. Das letzte Problem kann mit Hilfe einer etwas modifizierten Version des GROVES-Mechanismus zumindest insofern „nett" für den Staat werden, so dass er nicht ins Minus gerät, sondern immer zusätzliche Einnahmen erhält. Bei der sog. CLARKE-Steuer wird eine Person immer genau dann besteuert (zahlt also immer etwas und erhält nie etwas), wenn die Summe *aller* geäußerter Nutzen durch ihre eigene Angabe das Vorzeichen ändert. Wenn also ohne Anton in der Summe ein negativer Nettonutzen ermittelt wird und Anton durch einen hohen positiven Nettonutzen die Gesamtangaben aller zehn AnwohnerInnen zu einem insgesamt positiven Wert verändert, dann muss er eine Steuer in Höhe der Angaben der anderen entrichten. Genauso müsste er eine solche Steuer zahlen, wenn eine positive Gesamtsumme ohne Anton durch Antons Benennung eines deutlich negativen Nettonutzens insgesamt negativ wird. Ändert sich am Vorzeichen durch das eigene Votum nichts, muss keine Steuer bezahlt werden. Weil man nur etwas zahlt, wenn man für die gesellschaftliche Entscheidung *ausschlaggebend* ist, wird die CLARKE-Steuer auch als *pivotaler Mechanismus* bezeichnet. Beachtet werden sollte, dass selbstverständlich auch viele AnwohnerInnen ausschlaggebend sein können, indem sie durch ihre eigenen Angaben jeweils einen Vorzeichenwechsel bei den Nettonutzen verursachen.

Schauen wir uns noch einmal ein Beispiel dafür an, warum es sich nicht lohnt, bei dem pivotalen Mechanismus die Unwahrheit zu sagen. Anton weiß nicht, wie die anderen die Donald-Duck-Laterne einschätzen und welche Nutzenwerte sie dem Staat angeben. Er selbst hat einen Nettonutzen von 100,- €. Er könnte jetzt übertreiben und 200 dem Staat gegenüber angeben. Nun könnte es sein, dass alle anderen einen addierten Nettonutzen von -150 genannt haben. Wenn Anton übertreibt, dann wird aus der Addition aller 10 Angaben ein Nettonutzen von +50. Bei positiver Summe der Nettonutzen wird die Laterne realisiert. Darüber freut sich Anton einerseits mit seinem Nettonutzen von 100. Da er aber durch seine persönliche Angabe das Vorzeichen von - auf + geändert hat, muss er eine Steuer von 150,- € zahlen (Summe der Angaben aller anderen). Sein Vorteil ist 100, sein Nachteil durch die Steuer 150. Hätte er die Wahrheit gesagt, wäre der Gesamtnutzen mit -50 das Befragungsergebnis gewesen. Die Laterne würde nicht errichtet. Er kann dann keinen Nettonutzen von 100,- € realisieren, er muss aber auch keine Steuer zahlen, da sowohl ohne als auch mit ihm die Summe der offenbarten Nutzen negativ ist. Dadurch bleibt er im Status quo von Null, und das ist besser als die -50,- € im Falle des Übertreibens.

Alle anderen könnten aber auch einen Gesamtnutzen von -20 genannt haben. In einem solchen Fall ist Untertreiben genauso schädlich. Sagt Anton fälschlicherweise, sein Nutzen sei nur +10, dann wird die Summe aller Angaben -10. Es gäbe keine Laterne und keine Steuer, es bliebe bei Anton der Status quo ohne Laterne mit einem Nutzen von Null. Sagt er die Wahrheit (100), wird die Gesamtsumme der Nettonutzen aus -20 nun +80. Die Laterne wird aufgestellt und bringt Anton den Nettonutzen von 100. Er muss nun wegen des Vorzeichenwechsels Steuern zahlen, aber nur 20,- €, weil die anderen das Laternenprojekt nicht so arg negativ bewertet haben. Dem Nettonutzen von 100,- € stehen also nur Steuern von 20,- € gegenüber. Es bleibt Anton immer noch ein Vorteil von 80, und der ist besser als der Status quo. Da Anton die Werte aller anderen nicht kennt, muss er sich durch falsche Angaben zwar nicht zwangsläufig schaden, aber er kann sich nie verbessern, und er wird in vielen Konstellationen schlechter abschneiden. Das gilt genauso, wenn jemand selbst einen negativen Nettonutzen hat (wie Costa in unserem Beispiel). Auch C schadet sich vielfach und verbessert sich in keinem Fall, wenn er seinen Nutzen über- oder untertreibt.

Verfahren wie der GROVES-Mechanismus oder der pivotale Mechanismus der CLARKE-Steuer finden bei realen Entscheidungen über öffentliche Güter so gut wie keine Anwendung. Ein Grund dafür kann sein, dass die Beteiligten es vielleicht gar nicht so einfach durchschauen, warum sie sich bei falschen

Nutzenangaben schaden können. In eigenen Experimenten in Vorlesungen und Seminaren sowohl in technischen als auch sozialen Studiengängen kamen zumindest völlig andere Ergebnisse heraus als man bei Unterstellung rationaler Abwägung der Befragten prognostizierte. Es wurde in alle Richtungen die Unwahrheit gesagt. Wahrheitsliebe gab es de facto nur bei einer kleinen Minderheit. Letztlich war es reiner Zufall, ob der Staat in den Experimenten eine effiziente Entscheidung zur Bereitstellung eines öffentlichen Gutes hätte treffen können oder nicht. Die Entscheidungen waren davon abhängig, welche Befragten am schamlosesten unter- oder übertrieben. Die SpielerInnen in den Experimenten konnten sogar nachträglich nur schwer nachvollziehen, warum sie teilweise so herbe Verluste durch ihre Lügen erlitten. Wir müssen bei solchen Ergebnissen daran zweifeln, ob wir mit der als-ob-Annahme rationalen Verhaltens in diesem Problemumkreis richtig modellieren. Falsche Prognosen über SpielerInnenverhalten nähren allein schon die Skepsis über eine angemessene Wahl der Verhaltensannahmen nach dem Isolationsprinzip. Zudem haben wir bei öffentlichen Gütern genau den Wettbewerbs- oder Evolutionsmechanismus *nicht* zur Verfügung, der eine so elegante Erklärung für die sehr einfache als-ob-Annahme rationaler Nutzenmaximierung bot. Ob ähnliche Evolutionsargumente tatsächlich tragfähig sind, muss kritisch überprüft werden.

Empirisch zeigt sich zudem, dass in realen Situationen Menschen zumindest in kleineren Gruppen sehr wohl Lösungen bei starken Externalitäten oder öffentlichen Gütern finden können, obwohl Trittbrettfahrerprobleme gegeben sind (vgl. z.B. OSTROM 2010). Leuchttürme wurden privat z.b. über eine Kombination mit Hafengebühren auch ohne staatliche Hilfe gebaut. Viele Externalitätenprobleme bei Gemeinschaftseigentum an Land (sog. Allmenden) fanden und finden effiziente und stabile Lösungen. Häufig gelingen die Lösungen durch Verkopplungen der durch externe Effekte betroffenen Märkte mit anderen Märkten. Wir bekommen dadurch teilweise nicht-anonyme Konstellationen mit vielfältigen gegenseitigen Verflechtungen. Da dort u.a. durch multiple personale Verbindungen psychologische Mechanismen greifen, die auch analytisch relevant sind, ist es oft unzureichend, mit der ganz starken Vereinfachung der Rationalitätsannahme zu modellieren. Gerade dabei zeigt sich deutlich, dass es einen Unterschied macht, ob es sich um anonyme Situationen wie auf Märkten oder um nicht-anonyme Konstellationen wie bei dem Pflichtsystem handelt. Nicht allein die Zahl der Beteiligten ist entscheidend, sondern vor allem der Anonymitätscharakter – der allerdings bei vielen Beteiligten wohl tatsächlich eher entstehen kann (vgl. GÜTH/KLIEMT 2011a und OSTROM 2011).

Ähnliches zu Problemen mit der Annahme rationaler Nutzenmaximierung werden wir nachfolgend an mehreren Beispielen feststellen. Bei Wettbewerbsproblemen, bei fehlenden oder sehr speziellen Konkurrenzsituationen hilft die Rationalitätsannahme allein oft nicht mehr zur Rekonstruktion tatsächlicher Entscheidungen und von Systemgleichgewichten, auch nicht zur Prognose zur Wirkung politischer Interventionen. Dann hilft es nichts: Wir müssen in solchen Fällen auf die Suche gehen nach alternativen, teilweise komplexeren Annahmen über menschliches Entscheiden und Verhalten. Einen Versuch dazu gibt es etwa bei BIZER/FÜHR/HÜTTIG (2002), die in ihrem Konzept der *responsiven Regulierung* mit dem Modell des *homo oeconomicus institutionalis* arbeiten, welches relevante psychologische Wirkungen abseits einfacher Anreizeffekte thematisiert. Andere Modellierungen auf der Grundlage sozialpsychologischer Theorien und Erkenntnisse werden mittlerweile ebenfalls intensiv diskutiert.

4.3 Asymmetrische Informationen

Seit Mitte der siebziger Jahre des vorigen Jahrhunderts wird eine Klasse von Problemen der Marktkoordination in der Volkswirtschaftslehre diskutiert, die man bis dahin noch nicht im Blickpunkt hatte. Inzwischen haben drei Begründer dieses Theoriezweiges den Nobelpreis für Wirtschaftswissenschaften erhalten. Allein diese Ehrung deutet bereits an, wie geradezu „revolutionär" diese Zusammenhänge für die Mikroökonomik, ihre Methodik und ihre Aussagen waren. Wir werden sehen, dass durch die neu diskutierten Probleme zusätzliche massive Schwierigkeiten der Marktsteuerung erkennbar sind, Ineffizienzen ausgelöst und häufig auch weitergehende Verteilungsprobleme und Diskriminierungsmöglichkeiten entstehen können. Mittlerweile sind die nachfolgend diskutierten Phänomene Teil des Standardanalyseprogramms der Mikroökonomik. Häufig sind sie aber dennoch (noch) nicht Gegenstand einführender Lehrveranstaltungen, was vielleicht ein immer noch viel zu optimistisches Bild zum vermeintlich umfassenden Vorteil interventionsfreier Marktsteuerungen in ersten Semestern eines Studiums mit volkswirtschaftlichen Anteilen vermittelt.

Was sind das nun für Schwierigkeiten, die man erst recht spät im Verlauf der Theorieentwicklung erkannte und systematisch analysierte? Märkte kommen im Idealmodell des perfekten Wettbewerbs mit relativ wenigen Informationen aus. Der große Vorteil des Marktsystems wird ja gerade darin gesehen, dass alle relevanten Informationen – die ganz verstreut in der Ökonomie vorhanden sind – in den Preisen verkörpert sind (vgl. HAYEK (1945) zu einer sehr grundsätzlichen Charakterisierung dieser Vorstellung). Ganz so einfach ist es aber leider nicht. Informationen berühren heikle Marktsteuerungsprobleme. Es reicht schon aus, wenn Informationsgewinnung etwas kostet, dass die allgemeine HAYEKsche Schlussfolgerung nicht mehr zutreffen muss. Wenn nämlich einige Menschen sich unter Inkaufnahme von Kosten informierten, dann bekommen wir überhaupt kein Gleichgewicht. Die gesammelten Informationen wären ja in diesem Fall im Preis inkorporiert, so dass sich ansonsten niemand informieren müsste. Die Personen, die sich nicht explizit Informationen besorgen, sparen Kosten, wissen via Preis aber dennoch alles, was andere wissen. Wenn sich aus diesem Grunde letztlich niemand informiert und die entsprechenden Kosten trägt, dann sagt der Preis über die vorhandenen, verstreuten Informationen auch nichts mehr aus und es lohnt sich wieder, dass man sich individuell informiert und dafür Kosten in Kauf nimmt (vgl. GROSSMAN/STIGLITZ 1980)[54]. Trotz dieser Problemanzeigen gibt es viele Abweichungen von Informationsannahmen im Modell der vollständigen Konkurrenz, die fast problemlos der Modellwelt zugefügt werden können, ohne deren Ergebnisse substantiell zu verändern. Bei *unsicheren Entscheidungen* etwa wird argumentiert, man müsse nur die Wahrscheinlichkeiten bestimmter Ergebnisse aus den Entscheidungen berücksichtigen. Rationale Entscheidungen orientierten sich am Erwartungswert. Sofern Individuen das Risiko ungern tragen, wird man über das Konzept des *Erwartungsnutzens* wiederum ähnliche Ergebnisse wie z.B. bei erwarteten Einkommen bekommen. Der Tausch von Risiken begründet nur zusätzliche Märkte wie die für Versicherungen. An den Ergebnissen der Theorie des Allgemeinen Gleichgewichts ändert sich jedenfalls nichts Entscheidendes. Etwas anders liegt es schon bei *Ungewissheit*. Dabei könnten einzelnen Ergebnissen gar keine Wahrscheinlichkeiten zugeordnet werden, und das torpediere die Entscheidungsgrundlagen und überhaupt die Möglichkeit zu rationalen Handlungen.

Neben solch allgemeinen Fragen zu Informationen ist mittlerweile eine andere Problemklasse im Informationszusammenhang identifiziert worden, die schwerwiegende Ineffizienzen erklären hilft. Sie zeigt, dass die Marktsteuerung vor allem dann jedoch vor ganz erheblichen Problemen steht, wenn relevante Informationen z.B. über die Qualität der Güter *ungleich* verteilt sind, eine Marktseite also mehr weiß als die andere. Diese Probleme definierten entsprechend die „Revolution" in der Mikroökonomie, von der am Anfang dieses Unterkapitels die Rede war.

Schauen wir zur Einführung wieder auf ein Beispiel, allerdings kein amüsantes. Angenommen, die Pflege älterer, kranker, vielleicht kommunikationseingeschränkter und unterstützungsbedürftiger Menschen sei rein marktgeregelt. Es gebe nur zwei Qualitätsstufen bei der Pflege: gute Pflege (ganzheit-

---

[54] Es ist bemerkenswert, dass sowohl der Beitrag HAYEKs als auch der von GROSSMAN/ STIGLITZ zu den 20 wichtigsten Publikationen der 100jährigen Geschichte der American Economic Review gerechnet werden (vgl. ARROW et al. 2011).

lich, mit Empathie, vorbildliche Aktivierung, gute ärztliche, ergo- und physiotherapeutische Unterstützung, gute Unterbringung, gesundes und schmackhaftes Essen etc.) und schlechte Pflege (waschen, wenden, füttern). Für gute Pflege sind die (im Beispiel allesamt äußerst wohlhabenden) Familien bereit, für ihre pflegebedürftigen Angehörigen monatlich bis zu 4400,- € auszugeben bzw. einen notwendigen Zuschuss zu geben. Die Kosten guter Pflege belaufen sich monatlich auf 4000,- €. Schlechte Pflege kostete eine Einrichtung im Monat 2000,- €. Auch dafür gibt es Zahlungsbereitschaft – die wir hier nicht moralisch bewerten wollen, auch wenn es schwerfällt. Familien zahlen für schlechte Pflege maximal 2200,- €.

Wenn nun sowohl die Einrichtungen als auch die Familien die tatsächliche Qualität der Pflegeeinrichtungen kennen, wird es zwei Märkte geben, einen für gute und einen für schlechte Pflege. Gute Pflege wird monatlich zwischen 4000,- € und 4400,- € kosten, der Preis für schlechte Pflege liegt zwischen 2000,- € und 2200,- €. Als einzige, dennoch natürlich sehr ernsthafte Probleme hätten wir zu diskutieren, ob schlechte Pflege mit Grundideen der Menschenwürde überhaupt vereinbar ist und ob möglicherweise eine – hier vernachlässigte – ungleichmäßige Einkommensverteilung bestimmte Betroffene und ihre Familien dazu zwingt, die schlechte Pflege zu wählen, weil alles andere ihre Zahlungsmöglichkeiten übersteigt. Das Ergebnis mit zwei Märkten und zwei Gleichgewichten ist zumindest effizient, was aber bekanntlich noch kein abschließendes Urteil zulässt, ob diese Gesamtlösung auch gesellschaftlich erwünscht bzw. akzeptabel ist.

Die Probleme verstärken sich um ein Vielfaches, wenn die Familien die Qualität der Pflege vorab nicht kennen und sogar im Verlauf der Betreuung ihrer Angehörigen schlecht oder mangels eigener Beurteilungskompetenz gar nicht erkennen können, ob gut oder schlecht gepflegt wird. Nun entstehen sowohl Ineffizienzen als auch noch mehr Probleme im Zusammenhang mit der Einhaltung ethischer Standards. Diese Problemverstärkung tritt dann auf, wenn die Pflegeeinrichtungen die von ihnen gewählte Qualitätsstufe im Gegensatz zu den NachfragerInnen kennen – was ja keineswegs unplausibel ist.

Wenn sich eine Familie um einen stationären Pflegeplatz bemühen muss und die in Frage kommenden Einrichtungen danach fragt, ob denn gute oder schlechte Pflege geleistet wird, könnten einige oder gar alle Einrichtungen sich selbst dann als „gut" bezeichnen, wunderbare Hochglanzprospekte verteilen und hohe Preise verlangen, wenn sie die schlechte Qualität zu geringeren Kosten gewählt haben. Sofern die Familien ihnen glauben und sie ihre pflegebedürftigen Angehörigen zu 4000,- € und mehr dort unterbringen, können diese Einrichtungen einen Extragewinn einstreichen. Nicht viel anders ist es, wenn die Pflegebedürftigen selbst noch entscheiden können. Die Einrichtungen der schlechten Qualität haben dadurch einen starken Anreiz, falsche Angaben über ihre gebotene Qualität zu machen.

Wie aber überlegen die NachfragerInnen? Familien auf der Suche nach einem Pflegeplatz haben das Problem nicht zu wissen, ob ihnen die Wahrheit über die Qualität der Leistungen vermittelt wird oder nicht. Sie spielen jetzt in gewisser Weise Lotterie und bekommen für den Preis, den sie zahlen, entweder gute oder schlechte Qualität, also den Hauptgewinn oder eine Niete. Für die Lotterie sinkt aber die maximale Zahlungsbereitschaft im Vergleich zur *sicheren* guten Qualität. Nehmen wir an, die Familien stehen dem Risiko neutral gegenüber und wählen den für sie maximalen Preis als einfaches arithmetisches Mittel bei unterstellter 50%-Wahrscheinlichkeit, entweder gute oder schlechte Pflege für die Angehörigen zu bekommen. Bei den zuvor unterstellten Zahlungsbereitschaften hieße es, dass sie nunmehr maximal 3300,- € für einen Pflegeplatz ausgegeben.

Für die schlechten Pflegeeinrichtungen ergäbe sich zunächst kein Problem, wohl aber für die Einrichtungen, die gute Pflege bieten. Deren monatliche Kosten belaufen sich ja bekanntlich auf 4000,- €. Diese Kosten können mit den maximal 3300,- €, den die NachfragerInnen gewillt sind zu zahlen, nicht gedeckt werden. Es gibt nur zwei Optionen für Pflegeheime mit guter Qualität: Entweder die Einrichtungen gehen in Konkurs bzw. scheiden freiwillig vorzeitig aus, wenn nur gute Qualität mit ihrem Pflegeselbstverständnis und Menschenbild vereinbar ist, oder sie wechseln von guter zu schlechter Qualität. Wenn das aber die Familien antizipieren, dann unterstellen sie, dass längerfristig nur noch schlechte Qualität auf dem Markt sein wird und reduzieren ihre Zahlungsbereitschaft weiter auf 2200,- €. Im Endergebnis bleibt nur die schlechte Qualität übrig. Der Preis für Pflege wird sich zwischen 2000,- € und 2200,- € einpendeln. Das ist erstens massiv ineffizient, weil der Markt für gute Pflege komplett verschwindet und alle Renten dieses Marktes verloren gehen. Zweitens wird das ethische Problem um die Menschenwürde noch massiver, weil es jetzt nur noch die Waschen-Wenden-Füttern-Pflege gibt. Jede Reduktion der maximalen Zahlungsbereitschaft unter 4000,- € löst diesen Effekt aus.

Das Verschwinden ganzer Märkte oder von Teilmärkten, die Erosion der Qualität u.a.m. sind bedauerlicherweise keine „Ausnahme"-Phänomene, sondern betreffen systematisch fast alle Bereiche marktlicher Koordination: Güter und Dienstleistungen, Versicherungen, Kredite und auch die Arbeit. So können nicht nur AnbieterInnen auf Güter und Dienstleistungsmärkten bessere Informationen über die Qualität haben als die KonsumentInnen. ArbeitnehmerInnen kennen zudem ihre eigene Arbeitsanstrengung und ihre eigene Leistungsfähigkeit häufig besser als die ArbeitgeberInnen. Versicherungen können die Risiken, denen eine Person unterliegt, häufig schlechter einschätzen als die VersicherungsnehmerInnen. Und KreditnehmerInnen haben häufig eine bessere Einschätzung über die Rückzahlungswahrscheinlichkeit ihres Darlehens als die Banken. In allen Fällen können massive Steuerungsprobleme des Marktes auftreten.

Bei asymmetrischen Informationen werden in der einfachsten Unterteilung zwei grundsätzliche Fälle betrachtet: *moral hazard* und *adverse Selektion*.

Moral Hazard: Eine Beteiligte bzw. ein Beteiligter führt Aktionen für eine andere Person aus und hat über diese Handlungen bessere Informationen als die- oder derjenige, die ein Interesse an den Aktivitäten hat. Das kann – wie oben bereits angedeutet – in vielen Bereichen auftreten: Eine ArbeitnehmerIn kennt ihr Engagement bei der Arbeit besser als die Leitung der Unternehmung; eine ManagerIn kennt ihre Bemühungen um den Unternehmenserfolg besser als die AnteilseignerInnen; eine ÄrztIn weiß besser als die PatientIn, ob die von ihr durchgeführten Diagnosen und Therapien hilfreich und umfassend sind; eine VersicherungsnehmerIn weiß besser als ein Versicherungsunternehmen, wie sorgfältig oder fahrlässig sie z.B. ihr Eigentum schützt oder sich gesundheitsbewusst ernährt; eine KäuferIn weiß besser als eine VerkäuferIn, wie sorgfältig sie ein Produkt mit Garantie behandelt. Um es zu generalisieren: Eine AuftraggeberIn weiß häufig nicht, ob die Beauftragten tatsächlich in ihrem Sinne handeln oder nicht.

Moral hazard kommt begrifflich aus der Versicherungsbranche. Dort geht es speziell um das Problem eines „Risikos", dass sich Versicherte nach Abschluss einer Versicherung nicht mehr präventiv um Schadensvermeidung kümmern könnten. Moral hazard wird aber leicht unpassend üblicherweise mit „Moralisches Risiko" übersetzt, obwohl es in gewisser Weise gar kein „Risiko" ist, sondern in vielen Fällen das nicht-präventive Verhalten bei rationalen VersicherungsnehmerInnen völlig sicher auftritt.

Diese spezielle Form ungleich verteilter Informationen kann auf all den genannten Märkten Ineffizienzen verursachen. Nehmen wir nur ein einziges Beispiel aus dem Versicherungsbereich und unterstellen, es gehe um eine spezielle Unfallversicherung „Gebirge". Für die Freizeitgestaltung in Bergregionen gebe es die Wahl zwischen Wandern und Hochgebirgsklettern. Wenn ein Unfall passiert, dann habe die Versicherung keine Information darüber, ob das bei einer Wanderung oder beim Klettern passiert ist. Eine Baumwurzel kann selbst auf einem harmlosen Wanderweg jemanden ins Straucheln bringen. Sowohl nach einer Wanderung als auch einer Klettertour kann z.B. „Beinbruch auf Gebirgsweg" in der Sachbearbeitung der Versicherung landen mit der Forderung, die Kosten der Behandlung zu übernehmen.

Nun ist die Unfallwahrscheinlichkeit beim Klettern vielleicht deutlich höher als beim Wandern, d.h., die durchschnittliche Zahlung an eine VersicherungsnehmerIn steigt, wenn sie klettert statt wandert. Für wandernde Versicherte könnte eine niedrige Versicherungsprämie als für kletternde vorgesehen werden, wenn die Versicherung nur wüsste, wer sich für welche Aktivität entschieden hat. Dann gäbe es sowohl eine Gebirgsklettunfallversicherung als auch eine Wanderunfallversicherung. Wenn das Versicherungsunternehmen aber nicht weiß, ob gewandert oder geklettert wurde, und allein danach gehen kann, welche *durchschnittlichen* Unfallkosten sie zu tragen hat, und an diese durchschnittlichen Kosten die einheitlich für alle geltenden Versicherungsprämien anpasst, ergibt sich ein typisches Gefangenendilemmaproblem.

Betrachten wir nur ausgewählt zwei Personen, Amalie (A) und Bodo (B). Beide lieben das einsame Klettern, mögen jedoch keine hohen Versicherungsprämien. Wandern (ebenfalls am liebsten allein) finden sie beide auch nett, aber trotz geringerer Unfallwahrscheinlichkeit längst nicht so attraktiv wie Klettertouren. Wandern bringt jeweils für beide einen Bruttonutzen von (jährlich) 100, Klettern 140. Wenn beide wandern und wenig Unfälle passieren, bekommen sie die Unfallversicherung „Gebirge" für 40,- € pro Jahr. Gewinne macht die Versicherung nicht, aber bei 40,- € auch keine Verluste. A und B kämen dadurch auf einen Nettonutzen von jeweils 60. Wenn sie beide klettern und die Unfallhäufigkeit dadurch deutlich steigt, muss die Versicherung jeweils 100,- € von den beiden verlangen, um keine Verluste zu machen. In diesem Fall wäre der Nettonutzen von Amalie und Bodo jeweils 140 − 100 = 40. Die Wandervariante wäre also für beide besser, da die viel höheren Prämien die Zusatzkletterfreude überkompensieren. Wenn eine/r der beiden klettert und der/die andere wandert, sind die Erstattungskosten der Versicherung nach Unfällen nicht ganz so hoch und sie muss die Prämie zwecks Kostendeckung nur auf 75,- € festsetzen. Wenn Bodo wandert, ist sein Nutzen 100 − 75 = 25; Amalie erreicht beim Klettern 140 − 75 = 65. Umgekehrt gelten die Zahlen, wenn Amalie wandert und Boris klettert. Skizzieren wir das wieder in der bekannten Matrixform, dann erhalten wir:

		Amalie	
		Wandern	*Klettern*
Bodo	*Wandern*	60/60	25/65
	Klettern	65/25	40/40

Die linke Zahl in jedem Feld gibt Bodos Nettonutzen an, die rechte den Nettonutzen Amalies. Wie überlegt Bodo? Falls Amalie wandert und auch er sich für das Wandern entscheidet, ist sein Nettonutzen 60. Wählt er in diesem Fall aber die Kletterei, dann kommt er auf 65. Eine wandernde Amalie bringt Bodo also aus Eigeninteresse zum Klettern. Bodo weiß aber nicht, wofür sich Amalie entscheidet. Amalie könnte also auch klettern. Wenn Bodo in diesem Fall wandert, ist sein Nettonutzen nur 25. Wenn er klettert, kommt er immerhin auf 40. Klettern ist somit auch in diesem Fall attraktiver. Amalie überlegt ganz genauso, und zum Schluss haben wir zwei dominante Strategien, bei der beide Beteiligten sich für das Klettern entscheiden. Diese Lösung ist ineffizient. Die Versicherung hat stets einen Gewinn von Null. Wenn man nach dem KALDOR-HICKS-Kriterium urteilt, erhält man bei der Kombination Wandern/Wandern die höchste Gesamtrente mit 120. Das Gleichgewicht mit zwei kletterfreudigen Individuen ist mit einer Rente von 80 verbunden, das ist bei den beiden Alternativen Klettern und Wandern für beide die schlechteste Gesamtlösung.

Die Ineffizienz wird in diesem Beispiel durch eine Quasi-Externalität ausgelöst. Durch die Unkenntnis der Versicherung über den Grund eines Unfalls richtet sich die Versicherungsprämie nach dem durchschnittlichen Unfallrisiko aller Versicherten. Wenn Bodo durch sein Verhalten das Unfallrisiko erhöht, dann trägt er persönlich nur einen Teil der Konsequenzen, da die Prämien für *alle* (leicht) steigen. Dadurch lohnt es sich für ihn zu klettern. Wenn alle in gleicher Art und Weise überlegen, versucht man sich gegenseitig die Kosten des eigenen Verhaltens mit aufzubürden. Zum Schluss verhalten sich alle so, dass die Prämie insgesamt stark angehoben werden muss, und das ist zum Nachteil aller. Ganz ähnliche Probleme des moral hazard entstehen z.B. bei Haftpflichtversicherungen und der Unklarheit, ob die tatsächlichen VerursacherInnen von Schäden korrekt der Versicherung genannt werden. Auch die Frage, ob sich VersicherungsnehmerInnen präventiv verhalten, also Einbruchssicherungen vornehmen, sich gesund ernähren und sich ausreichend bewegen, wird in diesem Zusammenhang untersucht.

Adverse Selektion: Eine Person hat bessere Informationen über relevante Größen wie die Produktqualität, ihre eigene Arbeitsanstrengung oder ein bestimmtes Risiko als eine VertragspartnerIn (eine VersicherungsnehmerIn kennt eventuell ihr Erkrankungsrisiko besser als die Versicherung, eine ProduzentIn kennt im Gegensatz zur KundIn die Qualität des Produkts, eine ArbeitnehmerIn kennt die eigene Produktivität besser als die Unternehmung).

Das Effizienzproblem adverser Selektion kann an einem Beispiel verdeutlicht werden, das bereits in dem allerersten Aufsatz zum Problem asymmetrischer Informationen von AKERLOF (1970) beschrieben ist. George AKERLOF war einer der drei Pioniere zur theoretischen Durchdringung dieser Probleme, die 30 Jahre später mit dem Nobelpreis für Wirtschaftswissenschaften bedacht wurden.

In seinem Beispiel wird der Kauf und Verkauf von Gebrauchtwagen betrachtet. Die Argumentationslogik entspricht exakt dem zuvor bereits skizzierten Pflegeheimbeispiel. Es wird wieder unterstellt, dass die VerkäuferInnen bessere Informationen über die Qualität der Güter, hier Gebrauchtwagen, haben als die KundInnen. Anhand von drei Fällen zeigt sich, dass die Marktkoordination nicht effizient ist.

Fall 1: Unterstellt seien identische Wertschätzungen (Zahlungsbereitschaften bzw. Mindestforderungen) von VerkäuferInnen und InteressentInnen. Alle MarktteilnehmerInnen haben den gleichen Nutzen aus dem Besitz eines Autos je nach Qualitätsklasse. 50% aller Gebrauchtwagen („Zitronen", „Gurken" oder Autos aus der „Montagsproduktion") sind 2000,- € wert, und die anderen 50% haben einen Wert von 6000,- €. Die VerkäuferInnen kennen den Wert ihrer zum Verkauf stehenden Autos, die KundInnen kennen nur die durchschnittliche Qualität aller Wagen. Würden alle Autos angeboten, betrüge der durchschnittliche Wert 4000,- €. Mehr sind die KäuferInnen für ein gebrauchtes Auto auch nicht bereit zu zahlen. Bei 4000,- € werden allerdings die BesitzerInnen der guten Autos gar nicht verkaufen wollen, da für sie ihr Auto jeweils 6000,- € wert ist. Wenn die KundInnen aber antizipieren, dass nur schlechte Autos angeboten werden, werden sie nicht mehr als 2000,- € dafür zahlen. Der Teilmarkt für gute Qualität existiert nicht.

Fall 2: Nach wie vor unterstellen wir identische Zahlungsbereitschaften von KäuferInnen und InteressentInnen. Die Qualität der Autos liege jetzt aber *gleichverteilt* zwischen 2000,- € und 6000,- €. Bei einem Preis von 6000,- € oder darüber werden alle Autos angeboten, dann beträgt die durchschnittliche Qualität 4000. Die NachfragerInnen zahlen mangels Kenntnis der konkreten Qualität eines speziellen Autos maximal die Durchschnittsqualität. Wenn also die Autos im Schnitt 4000,- € wert sind, kann der Preis 4000,- € nicht übersteigen. Zu diesem Preis bieten nun jedoch diejenigen AutobesitzerInnen nicht mehr an, deren Autos eine Qualität von über 4000,- € haben. Damit sinkt aber der Wert der auf dem Markt angebotenen Durchschnittsqualität auf 3000,- €, denn jetzt werden nur Autos angeboten, die gleichverteilt im Qualitätsintervall von 2000 bis 4000 liegen. Wenn die KundInnen das wiederum antizipieren, zahlen sie auch nicht mehr als 3000,- € für einen Gebrauchtwagen. Dadurch scheiden nun jedoch alle AnbieterInnen aus, deren Autos einen höheren Wert als 3000,- € haben. Die Durchschnittsqualität sinkt auf 2500 etc.; zum Schluss wird nur noch das allerschlechteste Auto für 2000,- € gehandelt. Der Markt für gebrauchte Autos verschwindet so gut wie komplett, d.h., hier wird genau *ein* Wagen, und zwar der allerschlechteste, für 2000,- € verkauft. Alle anderen Gebrauchtwagen bleiben bei ihren BesitzerInnen. In den Fällen 1 und 2 sehen wir zwar schon, wie ein mehr oder großer Teilmarkt für die qualitativ guten gebrauchten Autos verschwindet, aber wir können noch kein Effizienzproblem erkennen, weil ja unterstellt wurde, alle MarktteilnehmerInnen hätten einen identischen Nutzen aus den Autos. Dann aber ist es aus Effizienzgründen ganz egal, wer eines der Autos besitzt. Die Ökonomische Rente erreicht immer denselben Wert.

Fall 3: wie Fall 2, nur dass jetzt die KundInnen alle eine etwas höhere Zahlungsbereitschaft haben, als die AnbieterInnen mindestens verlangen. Die Wertschätzungen und Nutzen differieren also, und zwar mit einem jeweils unterstellten höheren Nutzen für potentielle KäuferInnen. In diesem Fall wäre es eindeutig effizient, wenn tatsächlich *sämtliche* Autos neue BesitzerInnen bekämen, d.h., immer diejenigen sollten nach dem Verkauf zum Schluss die Wagen haben, deren Nutzen daraus am höchsten ist. Durch die höhere Wertschätzung sind die KundInnen jetzt bereit, noch einen Aufschlag auf den Wert zu zahlen, wie er aus Sicht der AnbieterInnen gegeben ist. Für eine Durchschnittsqualität von 4000 (Wert für VerkäuferInnen im Durchschnitt) sind die Interessierten beispielsweise bereit, bis zu 4400,- € zu bezahlen. Wenn der Preis nicht höher sein kann, verschwinden alle Angebote vom Markt im Intervall 4400 – 6000. Die neue Durchschnittsqualität liegt bei 3200,- €, die Zahlungsbereitschaft reduziert sich weiter durch einen erneut gesunkenen Durchschnitt usw. Auch in diesem Fall verschwindet ein Teilmarkt, allerdings bricht der Markt nicht vollständig zusammen. Ein kleines Segment schlechter Autos wird noch wegen der höheren Wertschätzung der KundInnen gehandelt. Der letzte Fall zeigt besonders deutlich die Ineffizienz dieser Lösung. Da die NachfragerInnen alle eine höhere Zahlungsbereitschaft haben als die VerkäuferInnen, wäre es effizient, wenn *alle* Autos ihre BesitzerInnen wechselten. Dieses Ergebnis wird jedoch bei weitem nicht realisiert, d.h., der Markt ist durch eine massiv ineffiziente Allokation gekennzeichnet.

Besonders wichtig sind diese Zusammenhänge u.a. auf dem Versicherungsmarkt und insgesamt im Gesundheitssektor. Bei Krankenversicherungen kann z.B. die adverse Selektion ganz ähnlich wirken wie auf dem Gebrauchtwagenmarkt. Und ganz analoge und auch sehr schwerwiegende Probleme finden sich auf Kredit- und Arbeitsmärkten. All dies wird nachfolgend für ausgewählte Bereiche noch einmal mit Beispielen gezeigt oder mit allgemeinen Aussagen präzisiert.

4.3.1 Versicherungsmarkt

Schauen wir noch einmal mit einem Beispiel auf das Versicherungsproblem und nehmen an, es gebe zwei Gruppen in der Gesellschaft: „Gesunde" und „Kranke". Die Bezeichnungen sind nur als Kürzel in dem Sinne zu verstehen, dass „Kranke" ein höheres Erkrankungsrisiko in sich tragen als jemand aus der Gruppe der „Gesunden". Einiges wird die Versicherung möglicherweise in Erfahrung bringen, etwa ob eine InteressentIn an einer Versicherung bestimmte Vorerkrankungen hatte, chronische Beschwerden, frühere Operationen o.a. bereits offenkundig sind. Dennoch kann es viele Konstellationen geben, bei denen man selbst als Interessierte an einem Versicherungsvertrag ein Erkrankungsrisiko besser als das Versicherungsunternehmen einschätzen kann. Ähnliches zur unterschiedlichen Informiertheit über Risiken gilt für Versicherungen gegen Einbruch, gegen Berufsunfähigkeit oder bei verrenteten Lebensversicherungen.

Zur Vereinfachung sei für unser Krankenversicherungsbeispiel angenommen, dass die Versicherung das individuelle Krankheitsrisiko gar nicht kennt. 50% der Bevölkerung gehören zur kranken Gruppe, die andere Hälfte zur gesunden Gruppe. Die durchschnittlichen monatlichen Kosten durch Diagnosen, Therapien, Medikamente u.a. liegen für jemanden aus der Gruppe der „Gesunden" bei 300,- € und für jemanden aus der Gruppe der „Kranken" bei 700,- €. Die einzelnen Personen wissen natürlich nicht genau, ob und wann Kosten anfallen und wie hoch sie im Einzelfall sind. Auch ein geringes Risiko ist nicht frei davon, dass eine schwerwiegende Erkrankung auftreten kann und eine recht kostspielige Odyssee durch das Gesundheitssystem folgt.

Wenn die Menschen angesichts ihrer eigenen begrenzten Mittel und monatlichen Einkünfte das Risiko ungern selbst tragen möchten, sind sie sogar bereit, monatlich mehr Geld als die durchschnittlichen Behandlungskosten auszugeben, sofern ihnen im Falle einer tatsächlichen Erkrankung die Kosten erstattet werden. Bei einer Krankenversicherung wird das *Risiko der finanziellen Konsequenzen einer Erkrankung gehandelt.* Wenn die Individuen also tatsächlich risikoscheu sind, sind vielleicht die Gesunden bereit, bis zu 330,- € im Monat zu zahlen, wenn ihnen dieses Risiko abgenommen wird. Die Kranken zahlen möglicherweise sogar bis zu 900,- € (z.B. weil es zumindest ein kleines Risiko geben mag, dass die Behandlungskosten bei ihnen mehrere zehntausend Euro betragen). Wüsste unsere Versicherung, wer zu welcher Risikogruppe gehört, gäbe es zwei Versicherungsvertragstypen. Bei starker Konkurrenz auf dem Versicherungsmarkt (Gewinne verschwinden) läge der Preis, also die Versicherungsprämie, der Gesunden bei 300,- €, die Kranken müssten 700,- € für den Versicherungsschutz bezahlen. Hätten wir eine Monopolversicherung, würden 330,- € bzw. 900,- € verlangt. Eine perfekte Konkurrenzlösung wäre effizient, d.h., alle Interessierten bekämen eine Versicherung und die maximale Ökonomische Rente würde realisiert.

Anders ist es, wenn die Versicherung die Zuordnung zu beiden Risikogruppen nicht kennt. Einfaches Fragen nach dem Motto „Bist Du krank oder gesund?" wird kaum relevante Erkenntnisse einbringen. Zumindest haben die Kranken sehr starke Anreize, sich selbst als gesund zu bezeichnen, um eine viel billigere Versicherung zu bekommen. Unsere Versicherungsunternehmung könnte deshalb auf die Idee kommen, einen Durchschnittstarif zu berechnen und diesen allen Interessierten anzubieten. Sie kommt unter scharfen Konkurrenzbedingungen auf einen Beitrag von 500,- € pro Monat. Wird der tatsächlich festgesetzt, wird es aus Sicht der Gesunden aber viel zu teuer sich zu versichern. Angesichts ihres geringen Risikos sind sie ja nur bereit, maximal 330,- € im Monat für die Glättung der Ausgaben zu zahlen. Wenn sie nur für 500,- € eine Versicherung bekommen, werden sie verzichten und die Behandlungskosten lieber selbst tragen. Das aber wiederum ist schlecht für die Versicherungsunternehmung, denn es gibt jetzt nur noch Kranke, die eine Versicherung bei ihr abschließen. Deren durchschnittliche Kosten belaufen sich aber auf 700,- €. Bei einer Prämie von 500,- € pro VersicherungsnehmerIn wird die Versicherung Verluste machen. Das bringt sie dazu, den Beitrag nach oben auf 700,- € zu korrigieren. Im Endergebnis sind nur die schlechten Risiken zu hohen Versicherungsprämien versichert, die guten Risiken sind nicht versichert. Wieder verschwindet ein Teilmarkt, diesmal der Versicherungsteilmarkt für die „Gesunden". Das ist massiv ineffizient, da die gesamte Ökonomische Rente dieses Teilmarktes verloren geht.

Es gibt ein recht anschauliches, aber auch sehr bedenkliches Beispiel dafür, dass diese Probleme von Bedeutung sind. Das US-amerikanische Gesundheitssystem ist nach wie vor sehr marktorientiert gestaltet. Die Versuche zu Reformen in der CLINTON-Ära scheiterten, und auch OBAMAS Reformideen stoßen nach wie vor und trotz Wiederwahl 2012 auf erhebliche Widerstände. In dem sehr marktdominierten System der USA ist jedenfalls festzustellen, dass über 45 Millionen BürgerInnen dort keinerlei Versicherungsschutz besitzen[55] und die Versicherten alle sehr hohe Versicherungsprämien entrichten (nur für eine relativ kleine Gruppe Bedürftiger und für Ältere gab und gibt es spezielle Unterstützungsprogramme). Die Ineffizienz dieser Gesamtsituation in den USA ist offensichtlich, und es stellen sich auch weitgehende ethische Fragen durch den mangelnden Versicherungsschutz vieler BürgerInnen.

Das Versicherungsproblem tritt sogar global auf. So hat die Weltgesundheitsbehörde (WHO) im Jahr 2010 in einem Bericht formuliert, dass weltweit etwa 100 Millionen Menschen jährlich (!) in die Armut abrutschen, weil sie nicht krankenversichert sind.[56] Das sei auch keinesfalls allein ein Problem der

---

[55] In einer Studie des Centers for Disease Control and Prevention werden sogar 59 Mio. AmerikanerInnen – und das sind fast 20% der Bevölkerung – als nicht versichert klassifiziert. Diese Einschätzung stützt sich auf Daten des „National Health Interview Survey" für die Jahre 2008-2010 (vgl. BRAUN 2010).

[56] Vgl. eine pointierte Zusammenfassung in der Süddeutschen Zeitung: www.sueddeutsche.de/wissen/who-bericht-armutsrisiko-krankheit-1-1026644 (Abruf: 26.11.2012).

Entwicklungsländer, sondern träfe auch z.B. auf die USA, auf Griechenland, Polen, Portugal oder Ungarn zu. Dort müssten viele Menschen ohne Versicherungsschutz selbst für ihre medizinische Versorgung zahlen. Die WHO forderte in diesem Zusammenhang u.a. die reicheren Länder auf, für mehr Effizienz zu sorgen, was eben auch die Funktionsweise des Versicherungsmarktes betrifft.

Bei den Versicherungen bekommen wir zudem eine erste Anschauung zu notwendigen Ergänzungen, Interventionen oder gar zum Ersatz marktlicher Steuerungen. Effizienz- und Verteilungsprobleme werfen die Frage nach Verbesserungsmöglichkeiten und Alternativen auf. In diesem Zusammenhang können auch die ersten spezifischen Aufgaben der Gesundheits- und Sozialpolitik in einem Marktsystem deutlich werden.

Im Versicherungsbereich kann in diesem Zusammenhang in einem ersten Schritt untersucht werden, ob es *im Markt selbst* Lösungsmöglichkeiten gibt, die abseits der reinen Preis-, hier Prämienkonkurrenz bei vorgegebenen Vertragstypen liegen. Wenn es eine Versicherung schaffen sollte, über eine geschickte Vertragsgestaltung und über spezielle Prämiensysteme das Ineffizienzproblem zu lindern, wenn nicht gar zu lösen, dann kann diese Versicherung zumindest in kurzer Frist (bevor die anderen Versicherungen reagieren) zusätzliche Gewinne machen, weil sie bisher unversorgte Gruppen versichern kann, was anderen mit weniger passender Prämiengestaltung nicht gelingt. Eine Möglichkeit dazu besteht darin, zwei verschiedene Tarife anzubieten. Ein Versicherungstyp könnte z.B. einen kompletten Schutz beinhalten, d.h., 100% aller anfallenden Behandlungskosten etc. würden ersetzt. Dafür müsste eine hohe Prämie entrichtet werden. Als zweite Vertragsmöglichkeit würde angeboten, eine Versicherung mit Selbstbeteiligung abzuschließen, bei der entweder immer nur ein kleinerer Prozentsatz der Kosten ersetzt wird, nur bis zu einem Höchstbetrag etwas von der Versicherung gezahlt wird oder immer ein fester Betrag von den VersicherungsnehmerInnen zugezahlt werden muss.

Welche Möglichkeiten es konkret gibt und welche genutzt werden, hängt von sehr spezifischen Marktkonstellationen und ergänzenden Informationen ab, die das Versicherungsunternehmen als „Indizien" für einen bestimmten Risikotyp deuten kann. Dabei spielt es auch eine Rolle, welche Informationen sie legal nutzen *darf*. Beim Zwang zu Unisextarifen, den es seit Dezember 2012 innerhalb der EU gibt, darf nicht nach Geschlecht unterschieden werden. Das nimmt Versicherern die Möglichkeit, auf unterschiedliche Risiken je nach Geschlecht mit verschiedenen Tarifen zu reagieren. Schauen wir nachfolgend nur auf die zulässigen Varianten der Unterscheidung. Am einfachsten ist es, wenn es im Falle zweier Gruppen Krankheitsfälle mit bestimmten Kosten gibt, die ausschließlich bei einer der beiden Risikogruppen auftreten *können*.

Um die Logik der Lösung zu verstehen, ist es hilfreich, einen kleinen Exkurs in einen anderen Bereich zu machen und dabei ein moral-hazard-Problem aus der schillernden Welt des Showbusiness heranzuziehen.

Das Beispiel ist einem erfolgreichen Mel-BROOKS-Film aus dem Jahr 1967 (The Producers, auf Deutsch: Frühling für Hitler) entlehnt. Zwei Broadwayproduzenten planen die Aufführung eines Musicals und bekommen von InvestorInnen dafür erhebliche Mittel zur Verfügung gestellt. Vor allem wohlhabende ältere Damen sind bereit, die Show zu finanzieren. Diese Mittel können die Produzenten veruntreuen (Champagner, kostspielige Freundinnen, sündhaft teure Zigarren, Angeberlimousine – die Autorin und Angehörige einer christlichen Hochschule schüttelt sich gerade beim Schreiben dieser Worte vor Entsetzen und moralischer Empörung), oder sie können sich um den Erfolg der Show bemühen. Sicher ist ein Erfolg am Broadway nie. Selbst ernsthaftes Bemühen kann also in einem Flop des Musicals enden. Die GeldgeberInnen können nicht direkt erkennen, ob sich die Produzenten bemühen oder das Geld veruntreuen. Je nach Bemühen der beiden gebe es die nachfolgend in einer Matrix aufgezeichneten Überschüsse bzw. Verluste aus der Broadwayproduktion:

		Mögliche Ergebnisse	
		Flop	*Erfolg*
	Bemühen	-100	+ 500
Anstrengung			
	Veruntreuen	-100	+ 100

Beim Scheitern, dem Flop, ist das Geld so oder so verloren, ob vorher Gelder veruntreut wurden oder nicht. Der Verlust ist in beiden Fällen -100. Wird die Show ein Erfolg, hängt die Höhe des Überschusses vom vorherigen Verhalten der Produzenten ab. Haben sie sich bemüht, wird der Überschuss +500 sein, bei Veruntreuung kommt nur ein kleineres Plus von 100 heraus. Was können die GeldgeberInnen tun, um die Produzenten dazu zu bringen, sich um den Erfolg des Musicals zu bemühen? Vertragsstrafen bei Verlusten bringen nichts, da auch ohne Betrügereien das Musical beim Publikum durchfallen kann. Es gibt aber ein Ergebnis, das überhaupt nur bei Veruntreuung auftreten kann, das sind die +100 bei einem Erfolg trotz Untreue. RASMUSEN (1989: 147ff.) beschreibt eine Vertragskonstellation, die eindeutige Anreize für Bemühungen der Produzenten bietet, als „boiling-in-oil"-Vertrag. Bei einem speziellen

Ergebnis werden die Produzenten hinterher also sozusagen zur Strafe in brodelnd heißem Öl frittiert.

Dieser Vertrag könnte folgende Form annehmen: Wenn -100 oder +500 erzielt werden, bekommen die Produzenten einen bestimmten Geldbetrag, z.B. 20,- $. Kommt aber ein Überschuss von 100 zustande, müssen die Produzenten 10000,- $ an die GeldgeberInnen zahlen – die extrem hohe Geldstrafe als Äquivalent zu brodelndem Öl. Ein nur im Veruntreuungsfall denkbares Ergebnis wird prohibitiv mit einer Strafzahlung belegt, so dass es sich für die Investoren keinesfalls lohnt, Gelder vertragswidrig für eigene Vergnügungen zu verwenden. Im Film versuchen die Produzenten strategisch dagegen zu halten, indem sie einerseits die GeldgeberInnen hemmungslos hintergehen und sich ein süßes Leben gönnen, andererseits ein unglaublich geschmackloses Musical mit grässlicher Musik auf die Bühne bringen („Springtime for Hitler") mit einem steppenden Adolf Hitler samt SS auf der Bühne. Die beiden wollen nämlich einen Flop der Aufführung provozieren, der nicht erkennen lässt, ob sie untreu waren oder nicht. Aber wie es am Broadway halt manchmal so ist: ausgerechnet diese bodenlose Geschmacklosigkeit wird ein Erfolg, und am Schluss des Films sieht man die beiden Produzenten auf eiliger Flucht vor den InvestorInnen, die nun genau wissen, dass sie hintergangen worden sind.

So ähnlich könnte eine Krankenversicherung Verträge bei adverser Selektion konstruieren, wenn völlige Vertragsfreiheit herrschte und wenn es eine bestimmte Höhe einer monatlichen Arztrechnung gäbe, die *nur* bei der Gruppe der Kranken auftreten kann. Das Teufelchen namens Krankenversicherung könnte in einem solchen Fall mit einem bestimmten Vertrag u.U. das Fegefeuer auf Erden kräftig anheizen für falsche Auskünfte und für das dann folgende spätere Sieden der SchwindlerInnen in brodelndem Öl. Angenommen, die monatlichen Kosten der Gesunden belaufen sich entweder auf 0,- €, 300,- € oder 2000,- € – mit derartigen Wahrscheinlichkeiten, dass der Erwartungswert pro Monat die unterstellten 300,- € ausmachen. Mit anderen Wahrscheinlichkeiten (Erwartungswert bekanntlich 700,- €) sind bei den Kranken folgende Möglichkeiten gegeben: 0,- €, 200,- €, 300,- € oder 2000,- €. Die Variante mit einer Rechnung über 200,- € *kann* hier nur bei den Kranken auftauchen. Das Versicherungsunternehmen könnte nun zwei Verträge anbieten. V1 ist eine Vollversicherung für 700,- € und V2 ist ebenfalls eine Vollversicherung. Man bekommt V2 bereits für 300,- €. Es gibt aber eine kleine Einschränkung bei V2. 200€-Arztabrechnungen werden nicht ersetzt, sondern führen im Gegenteil zu einer Forderung von der Versicherung an die VersicherungsnehmerIn über z.B. 100000,- €. Es gibt hier ein Ergebnis (200), welches für einen boiling-in-oil-Kontrakt ausgebeutet wird. Die Gesunden nehmen V2, da sie wegen der 0-Wahrscheinlichkeit einer 200€-Rechnung nicht befürchten müssen, im heißen Öl (-100000,- €) frittiert zu werden. Die

Kranken werden lieber V1 nehmen, da sie das 200-Ergebnis und die exorbitanten Zahlungen an die Versicherung befürchten. Alle sind versichert und haben sich in gewisser Weise durch die Vertragswahl „geoutet", zu welcher Risikogruppe sie gehören.

Solche Verträge sind natürlich nur dann denkbar, wenn erstens „boiling-in-oil"-Verträge rechtlich zulässig sind, wenn es zweitens tatsächlich Fälle gibt, die ausschließlich bei einer der beiden Risikogruppen auftreten und wenn drittens keine Manipulationsmöglichkeiten bei den Arztrechnungen bestehen. Sonst würden die Versicherten die ÄrztInnen vielleicht überreden, aus einer 200 €-Rechnung eine über 300,- € zu machen – zum Vorteil der ÄrztIn und der Versicherten.

Funktionieren kann ein solches Vertragskonstrukt u.U. auch, wenn nicht nur wenige diskrete Kostenmöglichkeiten mit einem singulären Ereignis für Kranke auftreten. Es reicht, wenn die Träger der Wahrscheinlichkeitsverteilung für Kranke und Gesunde nicht identisch sind. Liegen die möglichen Kosten für die Gesunden z.B. in dem Intervall zwischen 0,- € und 5000,- €, die für die Kranken im Intervall zwischen 200,- € und 5200,- €, dann reicht es, für alle anfallenden Rechnungen über 5000,- € ganz grässliche finanzielle Konsequenzen im Vertrag vorzusehen. Auch diese Verträge, die man etwas weniger martialisch *shifting support schemes* nennt, sind natürlich nur unter sehr speziellen Voraussetzungen denkbar. Kennt ein Versicherungsunternehmen den Träger der Wahrscheinlichkeitsverteilung nicht oder unterscheidet er sich nicht zwischen Gesunden und Kranken, sind manche Verträge als sittenwidrig eingestuft und unzulässig, dann sind Selbstselektionen dieser Art nicht möglich. Je nach Kenntnissen der Versicherungsunternehmung, je nach Risikoscheu der Versicherten etc. können sich Verträge etablieren, die alle voll versichern, über Selbstbeteiligungsangebote den Gesunden zumindest einen Teil des Risikos und den Kranken das komplette Risiko abnehmen, oder es findet sich keine Lösung für einen Teil der Interessierten an einem Versicherungsschutz. Im letzten Fall bleibt es bei der komplett ineffizienten Variante, dass die guten Risiken ihr Risiko nicht abgenommen bekommen.

Über die Wahl verschiedener Tarife, den Abdeckungsgrad von Risiken u.a.m. *können* sich u.U. bestimmte kombinierte und aufeinander abgestimmte Vertragstypen als günstig erweisen. Wenn sie für Versicherungsunternehmen zumindest kurzfristig Vorteile bieten, werden sie sich in Wettbewerbsprozessen auch etablieren. Es wird sich eine Art Muster an Vertragsformen herausbilden, wobei sich langfristig solche Vertragstypen durchsetzen müssten, die dem effizienten Ergebnis bei symmetrischen Informationen am nächsten kommen. Auch Verkettungen mit anderen Bereichen können genutzt werden. In den USA sind z.B. häufig Arbeits- mit Krankenversicherungsverträgen gekoppelt. Dadurch können entweder zusätzliche Informationen über die Erkrankungsrisiken gewonnen werden, oder es können Selbstselektionsprozesse begünstigt bzw. moral-hazard-Probleme gemildert werden. Durch solche *Institutionalisierungen* (Muster an Vertragstypen, Verkettungen mit dem Arbeits- oder Kreditmarkt) gibt es in gewisser Weise endogen über Wettbewerbsprozesse häufig Lösungen, die zumindest komplettes Marktversagen im Sinne des „Verschwindens" ganzer Märkte verhindern. Ganz ähnlich kann man im Falle des moral hazard argumentieren. In dem Wandern-Klettern-Beispiel könnten auch Selbstbehalte in den Versicherungen die Menschen dazu veranlassen, die risikoärmere Freizeitaktivität zu wählen.

Alternativ oder ergänzend zu mehr oder weniger vorteilhaften wettbewerbsendogenen Lösungen kann der Staat aktiv werden. Eine unmittelbare Lösung unseres Versicherungsproblems der adversen Selektion besteht darin, eine Zwangs- bzw. Pflichtversicherung vorzusehen. In Deutschland ist es z.B. keine freie Entscheidung, ob man eine KFZ-Haftpflichtversicherung abschließt. Jede AutohalterIn ist dazu verpflichtet.

Ähnlich ist es bei den Krankenversicherungen und der Pflegeversicherung. Der zu einer Versicherung verpflichtete Personenkreis wurde dabei im Laufe der Zeit immer größer. Mittlerweile muss jede BürgerIn Deutschlands eine Kranken- und eine Pflegeversicherung abschließen. Eine solche Pflichtversicherung kann man nun verschieden gestalten. Der Staat kann sich darauf beschränken, die Versicherungspflicht zu beschließen und den Rest dem kommerziellen Versicherungsbereich und dem Wettbewerb zu überlassen. Das gilt weitgehend für die KFZ-Haftpflichtversicherung. Das Schweizer Krankenversicherungssystem ist so ähnlich konstruiert, allerdings mit einigen zusätzlichen Vorgaben, mit Handlungsbeschränkungen und -verpflichtungen für die Versicherungsunternehmungen.

Der Staat kann alternativ den Versicherungsbereich auch komplett übernehmen bzw. ihn speziellen Körperschaften zuweisen, so wie es in Deutschland mit den Sozialversicherungen zumindest für einen Großteil von ArbeitnehmerInnen gehandhabt wird. Bis zu einer gewissen Einkommensgrenze ist man als ArbeitnehmerIn Pflichtmitglied der Gesetzlichen Krankenversicherung und hat nur die Wahl zwischen verschiedenen Gesellschaften, die in diesem sehr stark regulierten Rahmen Angebote unterbreiten. Neben dem Versicherungszwang kann der Staat dann zusätzlich u.a. die Prämien so gestalten, wie es seinen Vorstellungen etwa zur Verteilungsgerechtigkeit entspricht, indem etwa die Prämien je nach der Einkommenshöhe und nicht nach Risikoklassen oder als Einheitsprämie entrichtet werden müssen. Sozialpolitisch wird die Regulierung von Märkten oder gar die komplette Übernahme eines Bereiches aus der Marktsteuerung in eine staatliche Kontrolle so gedeutet, dass bei Marktversagen spezifische Interventionen nötig sind, um erstens die Effizienz der Versorgung z.B. mit Versicherungen zu erhöhen und um zweitens bestimmte Verteilungskorrekturen je nach Gerechtigkeitsidee vorzunehmen.

Im Einzelfall ist es nicht trivial zu entscheiden, ob und wie der Staat aktiv werden muss. Nicht auf jedem Versicherungsmarkt führen adverse Selektion und moral hazard zu Marktversagen und Verlusten an Ökonomischer Rente. Es hängt u.a. an der Höhe der Differenzen zwischen Zahlungsbereitschaft der potentiellen KundInnen und den Kosten der Versicherer, an der Marktform und an der Menge an verfügbaren und nutzbaren Informationen. EINAV/ FINKELSTEIN (2011) zeigen in mit einer neuen Form der grafischen Analyse, wie man die sehr heterogenen Ergebnisse auf Versicherungsmärkten verstehen kann. Zumindest für den Gesundheitsbereich deutet sich in theoretischen und empirischen Untersuchungen an, dass ein unregulierter Versicherungsmarkt Allokationsprobleme nicht allein über den institutionellen Wettbewerb lösen kann.

Fazit ist, dass sich alternative Koordinationsmodi – darunter eine staatliche, politisch und zentral angelegte Steuerung als spezifische Variante – unter Umständen als besser für Allokations- und Verteilungsziele erweisen, wenn Märkte immanente Koordinierungsprobleme aufweisen. Falls es weiterhin Marktlösungen gibt, dann bekommt der Wettbewerb durch die Konkurrenz um geeignete Vertragsformen und Bindungen an andere Transaktionen zumindest bestimmte stabile Muster und institutionelle Strukturen.

4.3.2 Konsumgüter und Dienstleistungen

Gerade mit Blick auf Güter- und Dienstleistungsmärkte entsteht angesichts der bisherigen Erkenntnisse zum Problem asymmetrischer Informationen leicht der Eindruck, als seien die daraus resultierenden Ineffizienzen geradezu überwältigend. Bislang haben wir nur an den Beispielen der Pflegedienstleistungen und des Gebrauchtwagenmarktes gesehen, wie es systematisch zur Qualitätserosion kommt. Vielen werden weitere Beispiele einfallen, häufig in Assoziation mit bestimmten „Skandalen": Gammelfleisch und falsche Etikettierung von Frischfleisch hinsichtlich des Mindesthaltbarkeitsdatums, Glykol im Wein, Erdöl in Produkten wie Cornflakes, Reis und Mehl (via Recycling-Verpackungen), Gift im Spielzeug, Pestizidbelastung des Obstes und Gemüses, Formfleisch und Ersatzkäse, statt Seezunge billiges Fischfilet im Restaurant, Dioxin in Eiern und vieles anderes mehr. Es ist eher die Regel als die Ausnahme, dass HerstellerInnen die Qualität ihrer Waren besser als die KundInnen beurteilen können.

Woher sollen die KundInnen wissen, ob „Bio drinsteckt, wo Bio draufsteht", ob fair gehandelte und teurere Produkte wirklich die Fairnessstandards zu Arbeitsbedingungen u.a. erfüllen, ob ein Baumwollpullover mit Anhänger „Textiles Vertrauen" tatsächlich keine schädlichen Stoffe enthält? Das alles könnte die Schlussfolgerung nahelegen, dass eine marktliche Steuerung nicht nur das Friede-Freude-Eierkuchen-Ergebnis durch massive Ineffizienzen üblicherweise weit verfehlt, sondern – seien wir mal geschmacklos metaphorisch – der Eierkuchen des Marktsystems sogar Salmonellen enthält und auch gar nicht schmeckt.

Voreilige Schlüsse dieser Art sind dennoch nicht angebracht. Das Grundsatzproblem der asymmetrischen Informationen ist nicht zu leugnen. Aber ähnlich wie bei den Versicherungen ist zu diskutieren, ob es nicht Lösungen durch spezielle institutionelle Varianten gibt, die einem effizienten Ergebnis zumindest nahe kommen. Die hilfreichen Institutionalisierungen wie spezielle Vertragskonstruktionen könnten entweder wieder endogen durch wettbewerbliche Prozesse selbst entstehen, es könnten staatliche Rahmungen oder Interventionen unterstützend bis alternativ eingesetzt werden, oder es können sich alternative Koordinationsformen im Wettbewerb als überlegen herausstellen und bilden. Letzteres wäre nur eine spezielle Variante des endogenen Wettbewerbs um Lösungen.

Wir werden sehen, dass sich auch im Bereich der Gütermärkte bestimmte *funktionale Institutionalisierungen* finden lassen, die die Folgen asymmetrischer Informationen zumindest lindern und den Effizienzverlust gegenüber einer perfekten Marktlösung nicht derart groß werden lassen wie beim Verschwinden ganzer Teilmärkte oder gar kompletter Märkte. Viele der geschilderten Probleme lassen sich umgehen, wenn es HerstellerInnen gelingt, ihre eigenen Qualitätsversprechen *glaubhaft* werden zu lassen. Es geht darum, *Reputation* zu erlangen, dass man Qualitätszusagen tatsächlich auch einhält. Denn dann zahlen die KonsumentInnen entsprechend ihrer Wertschätzung für die vom Unternehmen genannte Qualität.

Garantieregeln, Zertifizierungsinstanzen (marktreguliert oder auch staatlich), Rechtsformen von Unternehmungen wie Franchise-Konstruktionen, Qualitätsprämien (Preise sind höher als im Konkurrenzmarktgleichgewicht bei symmetrischen Informationen), Markenprodukte u.a. können sich so in Wettbewerbsprozessen etablieren. Es ist in dem Gesamtzusammenhang z.B. durchaus kein Zufall, dass im Pflegebereich so viele gemeinnützige Gesellschaften zu finden sind oder dass es Zertifizierungen von Pflegeeinrichtungen durch den Medizinischen Dienst gibt.

Auch im Bereich der Güter und Dienstleistungen kann es verkettete, miteinander verbundene Märkte und Transaktionen geben, was die Glaubhaftmachung von Qualitätszusagen in einigen Fällen erleichtert. Die Reputationswirkung der institutionellen Lösungen kann man sich exemplarisch wie folgt verdeutlichen:

- Zertifikate und Gütesiegel können der Reputation dienlich sein. Prüft eine neutrale Instanz die Qualität und gibt darüber ein Urteil ab, das auch der Öffentlichkeit bekannt wird, kann es die versprochene Qualität einer Firma glaubhaft machen. Allerdings kann es auf der vorgelagerten Ebene selbst wieder Probleme mit asymmetrischen Informationen, z.T. auch nur mit Uninformiertheit geben. Eine Kennzeichnung „aus kontrolliertem Anbau" sagt z.B. gar nichts. Das kann jede HerstellerIn ihrem Produkt attestieren – selbst wenn sie damit nur sagt, sie hätte kontrolliert, dass die Schadstoffe auch schön gleichmäßig überall in ihren Produkten zu finden sind. Mehr Vertrauen können wir (vielleicht) in „fair-trade-Siegel", in die veröffentlichten Ergebnisse der Stiftung Warentest, des Öko-Instituts haben. Auch staatlichen Prüfinstanzen wie dem TÜV oder dem Medizinischen Dienst mag man Vertrauen entgegenbringen.

Können wir ganz sicher sein? Leider nicht. Für korrekte Arbeit und Urteile der Prüfinstanzen benötigen diese wiederum in der Welt asymmetrischer Informationen Reputation. Die zu gewinnen, ist ebenso schwierig wie für die AnbieterInnen auf dem Gütermarkt. Auch hier spielt die institutionelle Struktur eine erhebliche Rolle. Instanzen, die erst tätig werden, wenn die zu prüfende Unternehmung sie gegen hohes Entgelt engagiert, werden andere Anreize zu wohlwollenden Beurteilungen haben als anders finanzierte Kontrollorganisationen. Überdies gibt es zwischen Prüfunternehmung und ihren in den Unternehmungen tätigen Angestellten (oder BeamtInnen) moral-hazard-Probleme. Selbst wenn der Staat z.B. eine recht gute Reputation dafür genießt, korrekte Urteile abzugeben oder das zumindest zu beabsichtigen, kann es passieren, dass vor Ort nicht nach den staatlichen Vorgaben die tatsächliche Kontrolle erfolgt. Ist z.B. Mitarbeiter Andy des kommunalen Lebensmittelüberwachungsamtes unterwegs und kommt in das Feinkostgeschäft seines Freundes und Kumpels Beppo, den er aus dem Sport-, Gesangs- und Schützenverein gut kennt, dann wird er nach einer Einladung zu einem opulenten Frühstück angesichts seiner satten Müdigkeit möglicherweise viele Mängel wie angeschnittenes oder gar vergammeltes Gemüse, fehlende Trenntüren zwischen Fisch-, Fleisch- und Käsetheke, falsche Temperatur in den Gefriertruhen gar nicht sehen (wollen). Das deutet nur an, dass ein Zertifikat oder Siegel helfen kann, aber nicht muss. Gelingen kann es, wenn die Zertifizierungsinstanzen selbst wieder in geeigneten institutionellen Strukturen agieren und es auch schaffen, interne moral-hazard-Probleme zu lösen. Das alles erinnert fatalerweise an eine Art infiniten Regress: Man benötigt Zertifizierungsinstanzen für Zertifizierungsinstanzen für Zertifizierungsinstanzen für Zertifizierungsinstanzen usw.

- Rechtsformen der Gemeinnützigkeit (z.B. eingetragener Verein oder gGmbH) sind nicht notgedrungen ein Indiz dafür, dass in diesen Einrichtungen die besseren, altruistischeren oder ehrlicheren Menschen arbeiten. Diese Rechtsformen haben allesamt die Besonderheit, dass Gewinne nicht an die AnteilseignerInnen ausgeschüttet werden dürfen, sondern in der Organisation verbleiben und zum Zwecke der Erreichung der gemeinnützigen Ziele wieder eingesetzt werden müssen. Das allein kann bereits genügen, um die versprochene Qualität den KundInnen glaubhaft zu machen. Extragewinne nach falschen Qualitätsangaben nutzen den AnteilseignerInnen nämlich nichts, da diese Gewinne nicht an sie verteilt werden dürfen. Die hohen Marktanteile gemeinnütziger Gesellschaften in den USA vor allem in den Bereichen Gesundheit, Sport und Kultur werden als Indiz dafür gesehen (vgl. KUBON-GILKE 1997: Kap. 3.5), weil es dieses Rechtsformmuster häufig selbst dann in diesen Märkten gibt, wenn sie keine sonstigen Steuervorteile eingeräumt bekommen. Zudem gibt es eine Reihe empirischer Studien, deren Ergebnisse es nahelegen, dass die Qualität der Dienstleistungen gemeinnütziger Organisationen signifikant besser als die gewinnorientierter Unternehmungen ist.

- Ganz ähnlich zur Gemeinnützigkeit kann eine Franchise-Konstruktion wirken. In einer solchen Rechtsform gibt es viele selbständige Unternehmungen, die eine Produktions- bzw. Verkaufslizenz von einer FranchisegeberIn erworben haben. McDonald's ist das übliche Beispiel für eine solche Rechts- und Organisationsform. Es geht bei dem Qualitätsproblem grundsätzlich nicht so sehr darum, eine besonders gute Qualität zu liefern. Reputation braucht die Unternehmung dafür, dass die *gewählte und versprochene Qualität* tatsächlich geliefert wird, damit die KundInnen entsprechend ihrer Zahlungsbereitschaft für diese Qualität auch einkaufen. Das muss keineswegs zwangsläufig die beste Qualitätsstufe sein. Die FranchisegeberIn hat deshalb ein hohes Interesse an der Einhaltung von Qualitätsstandards, weil die Profitabilität *aller* Geschäfte der Kette bestimmt, wie hoch die Lizenzgebühr sein kann, die sie verlangen kann. Und die Gewinnaussichten hängen für jede einzelne FranchisenehmerIn nicht allein von ihrer eigenen gebotenen Qualität ab, sondern auch davon, ob man dem „Namen" insgesamt vertraut, also überall eine identische Qualität erwarten kann – der beketchupte und begurkte Hackfleischklops im weichen Brötchen schmeckt dann in Hamburg wie in Peking völlig gleich. Das ist vor allem bei viel Lauf- statt Stammkundschaft wichtig. So verwundert es keineswegs, dass die Vorschriften der McDonald's-Zentrale minutiös sind, bis hin zur Festlegung der Brattemperatur des Fleisches, zur Hygiene und der Frequenz von Reinigungsdurchgängen, des Mobiliars, den möglichen LieferantInnen der Vor- und Zwischenprodukte etc., sondern überdies auch alles noch häufig und genau kontrolliert wird. Kündigungen von Lizenzverträgen bei Nichtbeachtung der Vorschriften gibt es durchaus. Die Anreize zur Vertragseinhaltung sind jedoch bereits so groß, dass es erst gar nicht massives Fehlverhalten der einzelnen selbständigen RestaurantinhaberInnen geben wird.

In einer Diplomarbeit haben sich vor einigen Jahren zwei angehende Sozialpädagoginnen, die sich bereits während des Studiums selbständig gemacht hatten, mit solchen Fragen beschäftigt. Sie haben die These aufgestellt, dass im Zuge der immer stärkeren Nutzung von Wettbewerbselementen bei der Steuerung der Leistungen der Sozialen Arbeit ein Trend zu Franchise-Konstruktionen entstehen müsste. Ihre Idee war, dass sich die großen Wohlfahrtsverbände wie das Diakonische Werk und die Caritas immer stärker aus dem konkreten Dienstleistungsangebot zurückziehen werden und sich statt eines eigenen operativen Geschäfts im Bereich der Sozialen Arbeit als Franchisezentralen umorganisieren, indem sie viele kleine Organisationen unter ihre „Fittiche" nehmen und damit eine spezielle ethische Orientierung und bestimmte Qualitätsstandards garantieren. Das hilft kleinen Organisationen beim Aufbau der Reputation, und die Wohlfahrtsverbände haben Interesse an der allgemeinen Einhaltung der Standards, da das wieder Aufträge garantiert und über diesen Weg die Bindung vieler kleiner Organisationen (samt Mitgliedsbeiträgen) an ihre Großorganisation erleichtert.

– Bei manchen Gütern lernen die VerbraucherInnen über die Zeit die Qualität kennen. Diese Güter nennt man Erfahrungsgüter. Für solche Märkte können Garantieregeln hilfreich sein. Qualitätslügen dürfen sich nicht lohnen, und mit üppigen Garantiezusagen kann sich eine Firma eine Selbstbindung auferlegen, weil sie sich selbst mit falschen Angaben letztlich schadete. Allein: Wie gehen jetzt die KäuferInnen mit dem Produkt um? Lassen sie Vorsicht walten? Ein vorgelagertes moral-hazard-Problem lauert gewissermaßen im Vorfeld und wird dann das Garantieinstrument vielleicht wieder funktionsunfähig werden lassen.

– Viele Güter des täglichen Lebens werden nicht nur einmal und nicht einmal selten gekauft. Lebensmittel, Hygieneartikel, Bekleidung und anderes benötigt man immer wieder neu. Hier besteht ein spezielles Problem der Glaubhaftmachung bei asymmetrischen Informationen darin, dass eine HerstellerIn einen Extragewinn realisieren könnte, wenn sie zuerst gute Qualität liefert, dafür einen hohen Preis erhält, sich nach einiger Zeit für eine schlechtere und billiger herstellbare Qualität entscheidet, dennoch aber weiterhin den hohen Preis fordert und bekommt. Auf Dauer könnte das zwar dazu führen, dass man ihr nur die schlechte Qualität glaubt und sie danach nur noch einen niedrigeren Preis erzielt, aber das kann der Unternehmung gleichgültig sein, wenn beide Teilmärkte (gute Qualität/ schlechte Qualität) sehr wettbewerbsintensiv sind und langfristig die Gewinne Null werden. Reputation für gute Qualität könnte durch Qualitätsprämien erreicht werden. Das sind Preise, die über dem Konkurrenzmarktniveau liegen. In dem Fall könnte man bei glaubhaft guter hoher Qualität und hohen Preisen einen größeren Gewinn als bei schlechter Qualität und dortigem Konkurrenzmarktpreis erzielen. Ein kurzfristiger Betrugsgewinn durch falsche Qualitätsangaben muss nur kleiner sein als der nachfolgende Gewinnrückgang durch den Reputationsverlust. In diesem Fall schadete sich die Unternehmung mittel- bis langfristig durch betrügerische Angaben nämlich selbst, und die KundInnen können sich getrost auf die Qualitätsversprechen verlassen. Ähnlich kann es wirken, viel Geld in die Werbung zu stecken. Es geht dabei nicht so sehr um die psychologische Wirkung, die es vielleicht zudem geben mag (nehme ich Nahrungsergänzungsmittel xy, bin ich genauso sportlich und fit wie Steffi GRAF; nehme ich ein bestimmtes Deodorant, genieße ich wie sie die Freiheit am Meeresstrand und fühle mich stets frisch und munter). Vielmehr wirkt die Reputation über das „herausgeworfene" viele Geld, das die Unternehmung riskiert, wenn sie ihre Qualitätszusagen nicht einhält und die KundInnen das nach dem Kauf merken. Aufwendige Werbespots, vor allem die Verpflichtung bekannter Stars wie Steffi GRAF, Dirk NOWITZKI oder George CLOONEY sind dafür gut geeignet, da die VerbraucherInnen wissen, dass die Stars nur für sehr viel Geld für solche Spots verpflichtet werden können.

- Die Analyse wird sehr komplex, wenn Reputation aus anderen Bereichen als dem betrachteten Markt gewonnen wird. Wir sind dann wieder im Bereich der Verkettungen und Kopplungen. Es kann die Kopplung verschiedener Produkte betreffen (Produkt selbst plus Wartung/Service ist nur eines von vielen Beispielen). Denkbar ist aber auch, dass ganz andere Ebenen und Bereiche herangezogen werden. So könnte eine FirmeninhaberIn darüber öffentlich Auskunft geben – sich „outen" –, dass sie einer ganz bestimmten religiösen Gemeinschaft angehört, die dafür bekannt ist, dass sie absolute, unabdingbare Ehrlichkeit von ihren Mitgliedern verlangt. Kann sie die Zugehörigkeit belegen, und ist die religiöse Bindung glaubhaft, kann das unter Umständen für die Produktreputation ebenfalls genügen. In der Soziologie gibt es eine Reihe von Arbeiten zu der Frage, inwieweit soziale Normen als Signale für bestimmtes Verhalten genutzt werden. Analytisch wird all dies vor allem deshalb so kompliziert, weil dann eine

Rekonstruktion mit der Nutzenmaximierungshypothese bei exogenen Präferenzen sehr schwierig wird und die Modellierung eher andere Verhaltensannahmen nach den Isolationsgesichtspunkten benötigt. Dazu müssen sich dann die ÖkonomInnen aber zwangsläufig mehr mit sozialpsychologischen Fragen beschäftigen, um erstens auf der Grundlage eines umfassenderen Verhaltensmodells geeignete Annahmen für diese Problemklasse zu identifizieren und um zweitens genau zu verstehen, welche psychologischen Wirkungen von den Verkettungen verschiedener Bereiche, auch unterschiedlicher Transaktionsmodi, ausgehen, die helfen, Reputation für die Einhaltung von Qualitätsversprechen aufzubauen. Letzte Nebenbemerkung: All das ist natürlich durchaus nicht immer stabil. Das Bild des (hanseatischen) ehrlichen Kaufmanns und seiner sowie der ehrlichen Kauffrau Reputation für Wahrheitsliebe und Fairness ist z.B. nachhaltig im Zuge der Banken- und Wirtschaftskrise zerstört worden. Der Rückweg ist nicht im gleichen kleinen Schritt wieder möglich, da das Misstrauen gegenüber Banken, Versicherungen und anderen Marktakteuren sich erst einmal deutlich und ziemlich stabil etabliert hat.

Das Fazit zu diesem Bereich ähnelt den Ausführungen zum Versicherungsproblem. Asymmetrische Informationen erweisen sich als schwerwiegendes Problem einer Marktkoordination. Mit bestimmten, z.T. mehreren komplementären institutionellen Vorgaben können sich die Probleme jedoch verringern oder sogar auflösen, wobei es analytisch vielfach erheblich komplexer wird, diese Wirkungen zu verstehen, weil wir bei derartigen Interdependenzen nicht mehr den ganz einfachen Wettbewerbsargumenten zur Rechtfertigung der als-ob-Nutzenmaximierungshypothese folgen können.

4.3.3 Arbeit

Asymmetrische Informationen und verwandte Probleme können den Arbeitsmarkt vor besonders schwerwiegende Koordinationsprobleme stellen. Im Referenzmodell perfekter Steuerung gibt es endogen keine Arbeitslosigkeit. Jede/r Interessierte, der/die über die entsprechende Qualifikation verfügt, bekommt auch eine Arbeitsstelle. Alle, die zu den herrschenden Bedingungen bereit sind, ihre Arbeit anzubieten, werden einen Arbeitsplatz erhalten. In dieser Idealwelt kann es Arbeitslosigkeit nur dann geben, wenn den Gewerkschaften durch staatliche Vorgaben zu viel Verhandlungsmacht gegeben würde, wenn der Staat unangemessen intervenierte und z.B. die Löhne oberhalb des Schnittpunktes von Angebot und Nachfrage festsetzte oder den VerhandlungspartnerInnen Restriktionen auferlegte, die ein stabiles Gleichgewicht bei Angebot = Nachfrage verhinderten. Letztlich kommen in diesem Modell die Gründe für Arbeitslosigkeit nur von *außerhalb* des Marktes selbst, sind also exogen[57]. Greift der Staat nicht ein und sind die Arbeitsmärkte geräumt, dann gibt es in der Schlussfolgerung von Adam SMITH bekanntlich nicht einmal ein ernsthaftes Gerechtigkeitsproblem, da sich in seiner Vorstellung die Produktivitäten und Knappheiten der einzelnen Berufe über Preisveränderungen auf den Gütermärkten so im Markt anpassen, dass Lohnunterschiede allein noch als kompensierende Lohndifferentiale zu verstehen sind. Unangenehme Tätigkeiten, solche mit langen Ausbildungszeiten und solche, die die ArbeitnehmerInnen einfach wenig schätzen, werden höher als andere entlohnt. Für SMITH zumindest war dies keineswegs ungerecht.

Asymmetrische Informationen können nun dazu führen, dass Arbeitslosigkeit auch *endogen im Markt selbst* entsteht. Überqualifizierungsprobleme, Diskriminierungen, Ausschlussphänomene und eine immer größere Diskrepanz zwischen niedrigen und hohen Löhnen können als Begleiterscheinungen auftreten. Das Marktergebnis ist in diesem Fall sowohl ineffizient als auch ungerecht. Staatliche Interventionen sind in einem solchen Fall dringend geboten und sind dann natürlich *keineswegs die Ursache* der Arbeitslosigkeit. Wie bei den Versicherungsproblemen und den asymmetrischen Informationen auf dem Gütermarkt könnte es prinzipiell auch endogene Lösungen der Koordinierungsprobleme des Arbeitsmarktes über Wettbewerbsprozesse geben.

Bei der Arbeit ist das jedoch noch schwieriger als in anderen Bereichen zu analysieren, weil die Arbeit selbst häufig in den Unternehmungen über alternative Koordinationsmodi, also hierarchisch oder in einem System mit Rechten und Pflichten, koordiniert wird. In diesem Fall werden sich einige der zunächst denkbaren Lösungen als doch nicht sinnvoll für die Unternehmungen erweisen, weil sie zu stark der Logik dieser Koordinationsformen widersprechen. Das klingt nun alles sehr abstrakt, womöglich auch noch nicht sehr verständlich. Deshalb sollte die Gesamtthematik schrittweise entwickelt werden, indem zunächst die Phänomene asymmetrischer Informationen und verwandter Marktbesonderheiten beschrieben, anschließend die Konsequenzen für den Arbeitsmarkt aufgezeigt werden und zum Schluss die

---

[57] Differenzierter wird dieses Bild, wenn makroökonomische Betrachtungen angestellt werden, die hier nur untergeordnet thematisiert werden. Es ist z.B. ein großes Verdienst von KEYNES zu zeigen, dass es auf einer gesamtwirtschaftlichen Ebene zu Glättungs-, System- und Eliminierungseffekten kommen kann, so dass es trotz funktionierender Märkte zu ökonomischen Krisen und vor allem zu erheblicher Arbeitslosigkeit kommen kann, was beides staatliches Eingreifen rechtfertigt. Diese Argumente liegen jedoch auf einer anderen Ebene und berühren weniger einzelne Märkte und den speziellen Blick auf die Arbeitsteilung.

Frage nach endogenen und exogenen Lösungen aufgegriffen wird. Zunächst kommen wir also zu Beispielen verschiedener Ausprägungen asymmetrischer Informationen auf dem Arbeitsmarkt.

Arbeitsbeziehungen können sowohl durch moral hazard als auch durch adverse Selektion gekennzeichnet sein. Moral hazard könnte (anekdotenhaft) wie folgt auftreten. Angenommen, eine ProgrammiererIn arbeitet von Montag bis Donnerstag an ihren EDV-Programmen. Die Freitage reserviert sie, um auf die Suche nach Fehlern zu gehen (Logikfehler, Tippfehler etc.). Freitags schaut sie also stets intensiv auf viele Ausdrucke, schreibt ab und zu etwas handschriftlich dazu oder streicht etwas aus. Ob sie sich dabei Mühe gibt und konzentriert arbeitet oder in Wirklichkeit vielleicht nur an das kommende Wochenende und an ihre Einkäufe, Partys, Ausflüge, Sportaktivitäten, notwendige Hausarbeiten, Heimwerkervorhaben und Discobesuche denkt, wissen wir nicht. Das kann aber auch die ArbeitgeberIn nicht überprüfen. Nachdenken und Konzentration sind nicht von außen erkennbar. Dazu müssten die Köpfe vielleicht nicht nur umgangssprachlich rauchen. Viele kreative, teamorientierte und Sorgfalt erfordernde Tätigkeiten entziehen sich einer einfachen Kontrolle. Die ArbeitnehmerIn weiß, wie sehr sie sich anstrengt, ob sie das Konzept der ArbeitgeberIn oder lieber ein eigenes z.B. bei Beratungen verfolgt, wie sorgfältig sie Reparaturen ausführt oder KundInnen berät. Die ArbeitgeberIn hat diese Informationen nicht bzw. kann sie nur mühselig und kostspielig bekommen. Die ArbeitgeberIn möchte aber, dass die ArbeitnehmerInnen den Arbeitsvertrag erfüllen, sich bei der Arbeit anstrengen, sich an die Leitideen und Konzepte der Unternehmung, ihre Qualitätsvorstellungen etc. halten. All das ist aber entweder gar nicht oder zumindest nicht kostenlos zu kontrollieren.

Die Lehrleistung von ProfessorInnen ist ein weiteres Beispiel. Es gibt zwar möglicherweise einige Indizien hinsichtlich der Anstrengung und Leistung über Befragungen der Studierenden u.a., dennoch müsste die Leitungsinstanz jede Veranstaltung kontrollieren und dazu auch noch beurteilen können, ob z.B. die Inhalte den aktuellen, relevanten Stand der wissenschaftlichen Diskussion widerspiegeln. Allein die Informationen über das Verhalten der MitarbeiterInnen fehlen vielen ArbeitgeberInnen. Noch schwerer kann es sein, „Fehlverhalten" vor einem Arbeitsgericht auch nachzuweisen. Man spricht dann davon, dass bestimmte Tatbestände vor Gericht *nicht verifizierbar* sind. In diesem Fall nutzte es nicht einmal etwas, wenn die Informationen zwischen ArbeitnehmerIn und ArbeitgeberIn symmetrisch verteilt wären.

Schauen wir uns ein Beispiel an: Amadeus (A) arbeitet als Sozialpädagoge in einer privaten, hier rein marktgesteuerten Paar- und Familienberatungseinrichtung. Birthe (B) ist seine Chefin und auch alleinige Eigentümerin der Firma. Sie hat mit A vereinbart, dass er gemäß Leitbild und Grundausrichtung ihrer Unternehmung „systemisch" berät. Gelernt hat er das im Rahmen seines Studiums und kann dies durch sein Zeugnis und die Belegzettel der Seminare und Vorlesungen auch dokumentieren. Er hat aber im Studium u.a. auch psychoanalytisch orientierte Beratung kennengelernt, und diese Methode ist ihm persönlich viel lieber. Birthes finanzieller Erfolg hängt nun davon ab, welches Renommee sich die Einrichtung für gute und vor allem konsistente Beratungsarbeit erwirbt. Konsistenz ist deshalb wichtig, weil im Notfall bei Personalfluktuation, in Urlaubs- oder Krankheitszeiten u.a. Beratungen möglichst ohne Brüche von verschiedenen MitarbeiterInnen übernommen werden können müssen, ohne immer wieder von vorn und mit neuer Methode mit den (vielleicht dadurch sogar verunsicherten) AdressatInnen zu beginnen.

Birthe kann sich nicht in jedes Beratungsgespräch dazusetzen, um zu kontrollieren, ob denn tatsächlich systemisch beraten wird. Erstens geht es methodisch nicht, weil dadurch die Beratungssituation durch die fehlende Vertraulichkeit sehr ungünstig bis undurchführbar wird. Zweitens ist es teuer. Birthe kann ja in der Kontrollzeit nicht gleichzeitig selbst beraten, Administratives erledigen oder andere BeraterInnen kontrollieren. Wie kann sie Amadeus dennoch dazu veranlassen, sich im Rahmen des Arbeitsvertrages an ihr Konzept zu halten, wenn er doch ein ihr unbekanntes, höchstens von Birthe vermutetes, heimliches Faible für die Psychoanalyse hat und sowieso vielleicht lieber gleich richtig therapiert als „nur" berät? Dazu und vor allem zu den Konsequenzen solcher ArbeitgeberInnenüberlegungen für den Arbeitsmarkt soll nachfolgend die Grundidee eines Modells von SHAPIRO und STIGLITZ (1984) vorgestellt werden. Joseph STIGLITZ hat für seine Arbeiten auf dem Gebiet der asymmetrischen Informationen ebenso wie George AKERLOF im Jahr 2001 den Nobelpreis für Wirtschaftswissenschaften erhalten.

Für die weitere Geschichte ist es hilfreich zu vermerken, dass es ein in den USA entwickeltes Modell ist, also Kündigungsschutz und andere Regelungen des ArbeitnehmerInnenschutzes erst einmal gar keine Rolle spielen – und wegen in Grenzen immer hypothetischer Isolierung die Rechtsrahmen einzelner Länder eigentlich auch gar nicht zwingend bedacht werden müssen. Dann kann wie folgt weitergedacht werden. Birthe erkennt höchstens per Stichprobe, welches Beratungskonzept verwendet wird (in den Raum hineinplatzen und das letzte typisch systemische oder psychoanalytische Wort hören). Befragungen der AdressatInnen nutzen nichts, diese kennen den Unterschied der Beratungskonzepte möglicherweise ja gar nicht. Vom „Erfolg" der Beratung kann Birthe ebenfalls keinen eindeutigen Rückschluss ziehen, denn der hängt von Zufällen, der Art, Anzahl und Heftigkeit der Probleme einer Familie, Neben- und Folgeproblemen in Schulen, im Erwerbsleben, mit Behörden oder mit der Nachbarschaft, Ko-Produktionsbemühen der Familie u.v.a. ab. Also nutzt es auch nichts, ein System mit Leistungslöhnen einzuführen etwa auf der Grundlage unterbliebener Scheidungen, vermiedenem Kindesentzug durch das Jugendamt, Dankesschreiben der Familien oder von Befragungsergebnissen hinsichtlich des privaten „Glücks" der AdressatInnen.

Als einzige Möglichkeit verbleiben Birthe die Stichprobenkontrollen. B könnte nun damit drohen, A fristlos zu entlassen, wenn sie ihn dabei „erwischt", dass er nicht systemisch berät. Nun sei zunächst der Arbeitsmarkt für BeraterInnen geräumt, d.h., alle Interessierten finden eine Stelle für jeweils 2500,- € Gehalt pro Monat. Bei dieser Lohnhöhe entsprechen sich Arbeitsangebot und -nachfrage. Amadeus muss in diesem Fall die Drohung Birthes nicht sehr ernst nehmen. Wenn er seinen Job verliert und jemand anderes seine Stelle einnimmt, muss irgendwo eine Stelle frei werden, bei der er zu gleichen Konditionen, also 2500,- €, schnell wieder tätig sein kann. Birthe muss deshalb die Drohung mit etwas koppeln, so dass es für Amadeus verlustreich wird, wenn er seinen Arbeitsplatz verliert. Das kann eine Art „Zuckerbrot-und-Peitsche"-Personalpolitik Birthes leisten. Sie könnte etwas mehr zahlen als andere Beratungseinrichtungen, z.B. 2700,- €. Verliert A jetzt seinen Job, findet er nicht mehr sicher eine finanziell gleichwertige Stelle. Wenn er diesen Verlust fürchtet, wird er sich für Birthes vorgegebenes Beratungskonzept entscheiden. Birthe muss natürlich mehr als 200,- € pro Monat durch ihre Strategie gewinnen – was vielleicht durch die Konsistenz der Beratungen ihres Hauses und der hohen Nachfrage nach Beratungen angesichts der guten Reputation auch gelingt. 200,- € trägt sie zusätzliche Personalkosten, 201,- € muss ihr Vorteil durch die einheitliche Beratungsmethode mindestens sein. Sonst rentiert sich der hohe Lohn nicht, den sie A bezahlt.

Was passiert nun, wenn alle ArbeitnehmerInnen identisch sind, d.h., *jede* von ihnen eine der ArbeitgeberIn unbekannte „Lieblingsmethode" hat und auch die Unternehmungen alle vor dem gleichen Problem stehen, ihre MitarbeiterInnen zur Umsetzung ihres jeweiligen Beratungskonzepts zu bewegen? Alle Firmen zahlen dann ihren MitarbeiterInnen einen etwas höheren Lohn im Rahmen ihrer Zuckerbrot-und-Peitsche-Strategie. Dadurch steigt das gesamte Lohnniveau langsam an, und die Unternehmungen versuchen sich weiter gegenseitig zu überbieten. Der Schnittpunkt von Arbeitsangebot und -nachfrage (Letztere nur gültig für vertragskonformes Verhalten der ArbeitnehmerInnen) ist nicht stabil und auch gar kein Gleichgewicht im Sinne eines Attraktors, d.h., es gibt eine Bewegung von diesem Schnittpunkt weg zu einem höheren Lohn, der von allen einheitlich gezahlt wird.

Das gegenseitige Übersteigern von Löhnen, damit die jeweils eigenen MitarbeiterInnen einen Anreiz haben, sich an die Vereinbarungen hinsichtlich der Beratungsmethode zu halten, geht nun nicht unendlich weiter, sondern es wird sich ein anderes Gleichgewicht einstellen, das oberhalb von 2500,- € liegen wird. Folgende Grafik kann helfen zu verstehen, wie ein solches Gleichgewicht entsteht.

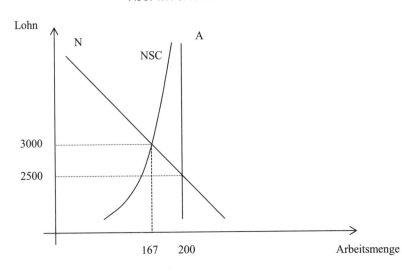

Abb. 4.1: SHAPIRO-STIGLITZ-Modell

Es wird hier unterstellt, dass das Arbeitsangebot senkrecht verläuft, d.h., 200 ArbeitnehmerInnen mit sozialpädagogischer Qualifikation sind alle bereit, schon zu recht niedrigen Löhnen eine Stelle zu besetzen. Höhere Löhne führen weder zu einer Einschränkung des Arbeitsangebots (warum auch?) noch zu einer Erhöhung. Die Nachfrage der Beratungsorganisationen nach Arbeitskräften richte sich nach dem bewerteten Grenzprodukt und verlaufe „typisch", also fallend. Diese Nachfrage ist aber nur für den Fall gültig, dass die ArbeitnehmerInnen den Arbeitsvertrag tatsächlich erfüllen, hier also nach dem vereinbarten Konzept beraten.

Bei symmetrischen Informationen könnten einfache Vertragsstrafen dafür sorgen. Wir bekämen in einem solchen Fall ein Gleichgewicht auf dem speziellen Arbeitsmarkt, bei dem alle 200 Interessierten eine Stelle bekämen und alle als Lohn 2500,- € erhielten. Wenn die Informationen hingegen asymmetrisch verteilt sind, benötigt die Unternehmung Mittel und Wege, um die MitarbeiterInnen dazu zu bringen, aus Eigeninteresse die Vereinbarungen einzuhalten und sich vertragskonform zu verhalten. Birthe hatte zu diesem Zweck einen höheren Lohn gezahlt, damit Amadeus einen deutlichen Nachteil für den Fall erleidet, wenn er beim „falschen" Beratungskonzept ertappt wird und die Kündigung erhält. Wenn nun alle ArbeitnehmerInnen identisch, also gleich fleißig, gleich kompetent und gleich engagiert sind und sie alle auch gleiche Freiräume bei der Gestaltung der Beratung haben sowie schlecht kontrolliert werden können, zudem auch noch alle Unternehmungen vor dem gleichen Problem stehen, dann werden alle Beratungsorganisationen ihren MitarbeiterInnen höhere Löhne zahlen. Dadurch hat Birthe aber wieder das Problem, dass Amadeus nicht sehr besorgt sein muss, ob er erwischt und entlassen wird, weil die anderen Organisationen ja auch höhere Löhne zahlen. Birthe könnte die Löhne noch einmal anheben, die anderen Firmen ziehen nach usw.

Es geht allerdings nicht per Aufschaukeln in immer schwindelerregendere Lohnhöhen hinauf. Denn es entsteht im Zuge der Lohnerhöhungen eine Art Gegenkraft. Je höher der Lohn wird, den alle Organisationen zahlen, desto weniger Arbeit wird wegen des Kalküls zur bewerteten Grenzleistung der zuletzt eingestellten ArbeitnehmerIn nachgefragt. Nun bekommen nicht mehr alle (identischen) SozialpädagogInnen eine Stelle. Es entsteht auf diesem Arbeitsmarkt aus sich selbst heraus, also *endogen*, Arbeitslosigkeit. Jetzt wird es knifflig für Amadeus. Die Entlassungsdrohung hängt nach wie vor wie ein Damoklesschwert über ihm. Würde er die Kündigung erhalten, bekäme er zwar in einer anderen Beratungsfirma ebenfalls den hohen Lohn, aber er hat keine Gewähr, dass er sofort oder zumindest schnell wieder einen Job in einer solchen anderen Unternehmung findet. Erst einmal reiht er sich in die Gruppe der Arbeitslosen ein. Je niedriger die Chance auf einen schnellen Wiedereinstieg ist, desto stärker wirkt die Peitschendrohung der Entlassung.

Bei hinreichend großer Angst, also hoher Arbeitslosigkeit mit der Folge großer BewerberInnenpools, wird A auf die psychoanalytische Beratung verzichten und aus Eigeninteresse wie versprochen systemisch beraten. SHAPIRO und STIGLITZ haben in ihrem Modell dazu eine „No-Shirking-Condition" (NSC) bestimmt, die auch in der Grafik 4.1 skizziert ist. Sie bestimmt sich als Kombination aus Lohnhöhe und Höhe der Beschäftigung, die gerade garantiert, dass sich die ArbeitnehmerInnen vereinbarungsgemäß bei ihrer Tätigkeit anstrengen. Die Bedingung wird hier nicht abgeleitet, aber es ist auch intuitiv verständlich, warum sich die NSC der Vollbeschäftigung nur asymptotisch annähert. Vollbeschäftigung ist nicht kompatibel mit der Zuckerbrot- und Peitschen-Politik, weil die Peitschendrohung wirkungslos ist, wenn man als ArbeitnehmerIn sofort nach einer Entlassung zu identischen Konditionen einen anderen Arbeitsplatz findet. Löhne oberhalb der NSC sind nicht nötig, weil die ArbeitnehmerInnen ihren Arbeitsvertrag entlang der NSC sowieso schon genau erfüllen. Mit niedrigerem Lohn ist das moral-hazard-Problem zu Lasten des Gewinns der Unternehmung ungelöst.

Der Arbeitsmarkt erreicht im Schnittpunkt von Arbeitsnachfrage und NSC ein Gleichgewicht. Dieses Gleichgewicht ist in unserem Beispiel dadurch gekennzeichnet, dass die beschäftigten SozialpädagogInnen alle 3000,- € verdienen. 167 BeraterInnen werden eingestellt, 33 finden keine Stelle und sind definitionsgemäß erwerbslos. Diese 33 sind übrigens keineswegs solche, die etwa bei der Arbeit gebummelt oder ihr „Privatberatungskonzept" angewendet hätten. Es sind einfach Pechvögel. Alle SozialpädagogInnen sind ja annahmegemäß völlig identisch, und die Arbeitslosen würden sich genauso vertragskonform verhalten wie die 167 Glückspilze (oder GlückspilzInnen?), die einen Job bekommen haben.[58]

Glück und Pech sind zwei Seiten einer Medaille, Diskriminierung ist noch etwas anderes. Die ArbeitgeberInnen haben ja im Gleichgewicht zu dem hohen Lohn Wahlmöglichkeiten hinsichtlich der Einstellung einer BeraterIn, da sich auf jede freie Stelle viele SozialpädagogInnen bewerben werden – die 33 arbeitslosen sowieso, eventuell dazu noch einige, die aktuell anderswo eine Stelle besetzen und sich gern einmal verändern möchten. Da alle potentiellen KandidatInnen hinsichtlich ihrer Leistung gleich sind, können nun Vorurteile zur systematischen Benachteiligung bestimmter Gruppen führen. Ob Ali, Bastian, Chantal, Detlef, Elisabeth oder Fjodor tatsächlich gleiche Einstellungschancen haben werden, mag bezweifelt werden. Vielleicht sind die Vorurteile im sozialpädagogischen Kontext durch die intensive theoretische Durchdringung dieser Phänomene weniger als in anderen Branchen gegeben. Aber selbst dort kann man nicht sicher sein, ob nicht schon beim Vorsortieren der Bewerbungen verwegene Assoziationen und Aussonderungen stattfinden, weil bestimmte soziale, ethnische, religiöse Hintergründe bei einigen BewerberInnen vermutet werden, falsche Rückschlüsse zur Leistungsfähigkeit gezogen werden oder einfach persönliche Animositäten „ausgelebt" werden.

Es kann nach Geschlecht oder dem sozialen Hintergrund vorsortiert oder gar vom Vornamen auf die sexuelle Orientierung geschlossen werden. So absurd, wie es klingt, ist das alles leider gar nicht. So zeigte sich, dass Jugendliche namens Kevin, Dennis und Chantal tatsächlich bei gleichen Leistungen größere Probleme haben, z.B. einen Ausbildungsplatz zu erhalten als andere, weil die Vornamen offensichtlich einem bestimmten sozialen Milieu des Elternhauses zugeordnet werden. Dass MigrantInnen mehr Probleme als andere

---

[58] BARTLING, FEHR und SCHMIDT (2012) endogenisieren ergänzend die Wahl der Job-Charakteristika. Sie zeigen, dass es in Firmen gleichzeitig „gute" Jobs mit individuellen Freiheiten und hoher Entlohnung (Effizienzlöhnen) als auch „schlechte" Jobs mit eingeschränkten Gestaltungsfreiheiten für ArbeitnehmerInnen und mit markträumender Entlohnung geben kann. In ihrem Modell zeigen sie, welche Umstände es für Firmen profitabel macht, gleichzeitig Freiräume mit geringer Überwachung und Effizienzlöhne zu wählen.

haben, einen ihrer Qualifikation entsprechenden Arbeitsplatz zu finden, ist ebenfalls evident.

Wenn ein Arbeitsmarkt ein stabiles Gleichgewicht ansteuert, das durch Arbeitslosigkeit gekennzeichnet ist, ergibt sich gleich eine Fülle von Problemen. Erstens ist das Ergebnis ineffizient, d.h., nicht alle potentiellen Vorteile werden realisiert – die Ökonomische Rente erreicht nicht ihr Maximum. Zweitens wird es Ungleichheiten verstärken, da die 33 SozialpädagogInnen ohne Beschäftigung zunächst mal gar kein Einkommen haben und eventuell vom Staat mehr recht als schlecht alimentiert werden (wenn überhaupt). Drittens entstehen Diskriminierungsmöglichkeiten, die der Markt selbst nicht bestraft. Dadurch können sich gesellschaftliche Konflikte verschärfen. Neuerliche „Integrationskurse" für bestimmte Gruppen, die vielleicht besonders von Diskriminierung betroffen sind, übertünchen das Grundsatzproblem nur. Viertens verursacht das Ergebnis Überqualifizierungsprobleme und verstärkt das Auseinanderdriften der Löhne verschiedener Qualifikationen und Bereiche, so dass von der harmonischen Vorstellung bei SMITH, wonach die Entlohnung – gemäß kompensierenden Lohndifferentialen – sowohl effizient als auch gerecht sei, so gut wie nichts mehr übrig bleibt. Das Problem der asymmetrischen Informationen hat zur Folge, dass die Entlohnung weder effizient noch gerecht ist.

Überqualifizierung und Lohnspreizung sind an dem bislang skizzierten Bild des einen Arbeitsmarktes noch nicht ganz verständlich. Deshalb wird die Analyse jetzt um einen weiteren Markt ergänzt, hier für einen Bereich, der keine sonderliche Qualifikation zur Voraussetzung hat und bei dem die Tätigkeiten auch leicht kontrolliert werden können – wie etwa Waren über eine Scanner-Kasse zu ziehen. Das Problem asymmetrischer Informationen tritt dort gar nicht oder nur unerheblich auf. Schauen wir auf das Bild mit beiden Märkten. Den oberen Markt kennen wir bereits. Man bezeichnet einen solchen Arbeitsmarkt, auf dem es um sehr qualifizierte ArbeitsanbieterInnen geht, in der Arbeitsmarktliteratur z.T. als *Primärarbeitsmarkt*. Im Gegensatz dazu gebe es *Sekundärarbeitsmärkte* für Bereiche, bei denen keine hohe Qualifikation erforderlich ist. Diese Begriffswahl klingt selbst schon etwas diskriminierend, ist aber als Kürzel für die verschiedenen Konstellationen dennoch hilfreich.

Nachfolgend schauen wir auf den Zusammenhang beider Märkte. Ohne asymmetrische Informationen ergäbe sich auf dem Primärarbeitsmarkt ein Gleichgewicht, bei dem alle ArbeitsanbieterInnen zu 2500,- € beschäftigt werden. Die Arbeitsnachfrage auf dem Sekundärarbeitsmarkt verläuft niedriger, weil die bewertete Grenzleistung geringer ist (die Preise für diese Güter sind niedrig, viel manuelle Arbeit begrenzt zudem die quantitative Leistung). Auch in diesem Bereich gäbe es ein festes Arbeitsangebot von 200 Personen. Im

Gleichgewicht bei Angebot und Nachfrage erhielten die Arbeitskräfte 1500,- €. Diese Lohndifferenz mag manchen bereits sehr ungerecht vorkommen. Aber nehmen wir mal an, es handele sich tatsächlich um kompensierende Lohndifferentiale, die z.b. die langen Ausbildungszeiten, Weiterbildungskosten und psychischen Belastungen der SozialpädagogInnen widerspiegeln. Dann fällt das Urteil über die 1000,- € Lohnunterschied vielleicht etwas anders aus.

Abb. 4.2: Primär- und Sekundärarbeitsmarkt

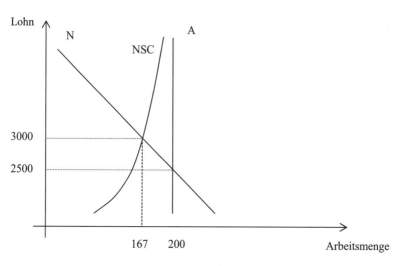

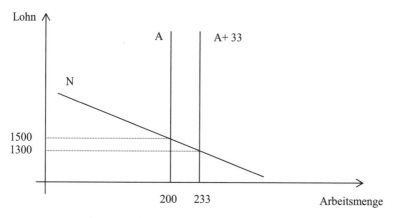

Wenn der Primärarbeitsmarkt durch asymmetrische Informationen gekennzeichnet ist, fällt das Urteil weniger milde aus. Das Gleichgewicht auf dem oberen Markt liegt jetzt bekanntlich bei einem Lohn von 3000,- € und nur 167 beschäftigten SozialpädagogInnen. Was machen die 33, die keinen Job bekommen haben? Bei schlechter Alimentierung durch den Staat oder durch eine Arbeitslosenversicherung, die nur einen kleineren Teil früherer Einkommen ersetzt, sind sie gezwungen, sich in Richtung des Sekundärarbeitsmarktes zu orientieren. Und selbst bei guter sozialer Absicherung gibt es häufig vielfältige Zwänge, dass sich Erwerbslose um jede frei werdende Stelle bewerben *müssen*, auch wenn solche Jobs ihrer eigentlichen Qualifikation nicht entsprechen. Wenn die 33 Arbeitslosen nun auf dem Sekundärarbeitsmarkt aktiv werden, erhöht sich dort das Arbeitsangebot auf 233. Bei funktionierendem Marktmechanismus wird das dort dazu führen, dass der Lohn für alle auf dem Sekundärarbeitsmarkt auf 1300,- € fällt. Die jetzige Lohndifferenz von 1700,- € spiegelt nun keineswegs verschiedene Ausbildungskosten wider und hat auch nichts damit zu tun, welche Tätigkeit „unangenehmer" ist. Diese Lohndifferenz ist nun zweifelsfrei ineffizient und ungerecht.

Es gibt natürlich nicht nur diese zwei Stufen an Qualifikationen. Von „besonders qualifiziert" bis „wenig qualifiziert" existiert eine große Bandbreite. Überqualifizierungsphänomene können dann wie folgt entstehen: Auf dem Markt für die Allerqualifiziertesten werden Löhne über dem Niveau von Angebot = Nachfrage gezahlt und nicht alle Arbeitsuchenden werden eingestellt. Diejenigen, die nicht genommen werden, wechseln auf den Markt der nächstniedrigeren Qualifikationsstufe (Diplom-Kaufleute bewerben sich auf Stellen, die auch von Industriekaufleuten besetzt werden könnten). Aufgrund ihrer guten Qualifikation haben sie dort vielleicht recht gute Einstellungschancen, arbeiten aber unterhalb ihres eigentlichen Qualifikationsniveaus.[59]

Wenn auf dem Markt der zweithöchsten Qualifikationsstufe ebenfalls asymmetrische Informationen vorliegen und ein Gleichgewicht mit Arbeitslosigkeit angesteuert wird, bleiben jetzt vor allem diejenigen übrig, die eine passende, aber keine eigentlich zu hohe Qualifikation haben. Diejenigen ohne Beschäftigung müssen sich neu orientieren und schauen jetzt nach Jobs der dritthöchsten Qualifikationsstufe. Es gibt eine Art Durchreichungseffekt, bei dem auf jeder Stufe viele arbeiten, die eigentlich eine höhere Qualifikation haben. Überqualifikation gibt es also auf vielen Ebenen. Zum Schluss gibt es

---

[59] ERDSIEK und SAAM (2013) zeigen das Ausmaß an Überqualifizierung am Beispiel von HochschulabsolventInnen. Nach ihrer Studie, die auf einer HIS-Absolventenbefragung 2006 beruht, arbeiten z.B. 28% aller AbsolventInnen wirtschaftswissenschaftlicher Fächer in einer Beschäftigung, für die in der Regel kein Hochschulabschluss erforderlich ist. Frauen sind deutlich stärker als Männer betroffen (30,5% gegenüber 25,8%), was die Diskriminierungsbegleiterscheinungen offenbart. Im Ingenieursbereich sind immerhin über 15% aller AbsolventInnen betroffen. Auch hier ist der Anteil der Frauen (19,6%) deutlich höher als der der Männer (13,3%). Am geringsten sind die Überqualifizierungsphänomene in der Medizin und im Lehramt. Das wundert nicht, weil hier der Staat die Bedingungen der Arbeitsbeziehungen weitgehend bestimmt.

noch ein großes Sammelbecken. Das ist der Sekundärarbeitsmarkt auf dem oben skizzierten Bild. Dort sind einerseits die Personen zu finden, die sowieso nur die geringe Qualifikation haben. Dazu kommen noch diejenigen, die im Zuge der Durchreichungseffekte der anderen Märkte keinen Erfolg hatten und trotz Qualifikation jetzt auf dem Sekundärarbeitsmarkt ihre Arbeit anbieten müssen. Die Spreizung der Löhne zwischen den einzelnen Tätigkeiten wird beträchtlich sein, zudem werden auf allen Ebenen ineffiziente Überqualifizierungsprobleme auftreten.

Wenn nun noch durch ungünstige arbeits- und sozialpolitische Maßnahmen der Sekundärarbeitsmarkt nicht in ein Gleichgewicht von Angebot und Nachfrage gelangt und Arbeitslosigkeit entsteht, dann bleiben häufig die am wenigsten Qualifizierten ganz auf der Strecke. Dieser Personenkreis taucht in der Arbeitslosenstatistik auf und vermittelt ein Bild, als ob bei ihnen als Personenkreis oder zumindest im Bereich der gering entlohnten Arbeit das ganze Problem der Arbeitslosigkeit auch zu lokalisieren sei. Deshalb werden Qualifizierungsmaßnahmen ersonnen, es wird Druck ausgeübt, auch zu sehr schlechten Konditionen Stellen anzunehmen u.a.m. Wie wir gesehen haben, *kann* das alles nicht zum Erfolg führen. Erstens verfestigte es nur ineffiziente und ungerechte Entlohnungen und zweitens liegt die Problemursache in den Primärarbeitsmärkten. Dort entstehen Ineffizienzen und in der Folge zunehmende Lohnungleichheiten und/oder gesamtwirtschaftliche Arbeitslosigkeit. Interventionen des Staates müssten dort ansetzen, wo die Marktsteuerung nicht gut gelingt, also bei den Primärarbeitsmärkten.

Neben dem moral-hazard-Problem gibt es noch eine ganze Reihe weiterer Gründe dafür, dass (Teil-)Arbeitsmärkte ein stabiles Gleichgewicht erreichen, bei dem nicht alle Arbeitsuchenden eingestellt werden. Adverse Selektion finden wir ebenfalls, und diese Form der asymmetrischen Informationen charakterisiert sogar sehr häufig Arbeitsbeziehungen. Zudem gibt es weitere Steuerungsprobleme, und zwar immer durch eine Art „funktionale Überlastung" des Lohnes. Der Lohn soll in gewisser Weise als Multifunktionsinstrument ähnlich zu unserer Wunderküchenmaschine „Mixfix" im Beispiel zur Kostenminimierung dienen. Leider sind solche Wundergeräte und -mechanismen nicht oft zu finden, u.a. weil sich Aufgaben widersprechen und Funktionen inkompatibel sein können. Selbst in der Bibel finden wir Wunder eher selten, zumindest gibt es sie nicht permanent.

Bei moral hazard auf dem Arbeitsmarkt soll der Lohn sowohl den Markt räumen (A = N) als auch Anreize zu Fleiß und Vertragskonformität bei asymmetrischen Informationen setzen. Beides gleichzeitig, so haben wir gesehen, geht nicht. Die *Effizienzlohntheorie* thematisiert nun eine ganze Reihe von Zusammenhängen und Fragen, welche Art von Zusatzaufgaben dem Lohn zukommen kann und warum das vielfach die immer wieder gleiche Konsequenz hat: gleichgewichtige Löhne über dem Niveau von Angebot und Nachfrage, mithin Arbeitslosigkeit. Viele diese Zusatzaufgaben haben damit zu tun, dass es einen *Zusammenhang zwischen der Lohnhöhe und der Produktivität* gibt. Schauen wir kurz auf die wichtigsten Ursachen dafür (vgl. dazu und der folgenden Kurzcharakterisierung KUBON-GILKE 1990: Kap. 2 und 3). Folgende Probleme werden in der Effizienzlohntheorie thematisiert – immer mit dem gleichen Ergebnis wie in der Abbildung 4.1 zum SHAPIRO-STIGLITZ-Modell.

Shirking: Hohe Löhne dienen als Disziplinierungsinstrument bei asymmetrischen Informationen hinsichtlich des Verhaltens am Arbeitsplatz. Dieses Problem haben wir gerade im moral-hazard-Zusammenhang ausführlich behandelt.

Selektion: Hohe Löhne werden gezahlt, um bei asymmetrischen Informationen über die Leistungsfähigkeit der ArbeitnehmerInnen besonders qualifizierte und produktive Interessierte zu finden und einzustellen. Sehr viele Tätigkeiten können nämlich von unterschiedlich geeigneten Arbeitskräften durchgeführt werden. In Frage kommende BewerberInnen sind im Regelfall heterogen und unterscheiden sich hinsichtlich ihrer Vorkenntnisse, ihrer Erfahrung, ihrer Sozialkompetenz und ihrer Leistungsfähigkeit. Je besser eine BewerberIn auf eine Stelle passt, desto geringer sind die Einarbeitungskosten und desto höher wird die Leistung sein. Damit wird es für eine Unternehmung wichtig, möglichst gute Arbeitskräfte aus dem BewerberInnenpool auszuwählen. Falls eine Firma bei gegebener Lohnhöhe niemanden mit gewünschter Eignung findet, muss sie die Qualifikationsanforderungen heruntersetzen. Löhne sind aber nicht komplett exogen festgelegt, d.h., die Unternehmung hat Lohnsetzungsspielräume. Sie hat die beiden Optionen, sowohl ihre Entlohnung als auch die Qualifikationsanforderungen anzupassen. Selbst bei symmetrischen Informationen führt dieses Kalkül bereits dazu, dass die Unternehmungen „Selektionslöhne" bieten, um gute Auswahlmöglichkeiten unter den BewerberInnen zu haben. Folge ist ein Gleichgewichtslohn oberhalb des Niveaus von Angebot und Nachfrage. Bei asymmetrischen Informationen über die Produktivität der Job-Interessierten verschärft sich das Problem weiter. Die zunehmende Lohnspreizung und der „neue" Charakter der Arbeitslosigkeit seit den 70er Jahren des letzten Jahrhunderts erklären sich in diesem Modellkontext zwanglos, denn seit dieser Zeit hat es im Rahmen der Globalisierung und des technischen Fortschritts einen deutlichen Abbau von Jobs mit gleichförmigen Routinetätigkeiten gegeben. Fließbandarbeit ist z.B. in hochindustrialisierten westlichen Ländern mittlerweile viel weniger verbreitet als in früheren Jahrzehnten. Dafür entstanden im Gegenzug viele Stellen, bei denen die individuellen Leistungsunterschiede der MitarbeiterInnen essenziell für den Unternehmenserfolg sind. Deshalb sind die Anreize für die Unternehmungen stark gestiegen, über Selektionslöhne besonders geeignete BewerberInnen zu finden. Arbeitslosigkeit, zunehmende Lohnspreizung und auch Diskriminierung sind die ineffizienten und ungerechten Begleiter dieser Entwicklung.[60]

Gift exchange: Hohe Löhne werden gezahlt, um Gerechtigkeitsvorstellungen nicht zu verletzen und über „gerechte" Löhne eine hohe Arbeitsleistung zu begünstigen. Das Argument ist methodisch allerdings etwas anders als die beiden vorher genannten zu verstehen. In diesen Modellen geht es darum, dass Unternehmungen motivationale Zusammenhänge nutzen, um eine besonders hohe Leistungsbereitschaft ihrer MitarbeiterInnen zu unterstützen. Eine einfache, auch eine um einzelne Argumente ergänzte Nutzenmaximierungshypothese ist dafür ungeeignet. Stattdessen spielen bei diesen Überlegungen psychologische und soziologische Theoriehintergründe eine viel stärkere Rolle. Eine Modellierung in diesem Theoriekontext nutzt die Equity-Theorie von ADAMS (1963), eine andere verweist auf MAYO (1949). Beides findet sich in Modellen AKERLOFs, dessen Modell der adversen Selektion auf dem Gütermarkt bereits ausführlich angesprochen wurde. Hier sind die Argumente etwas anders. In seinem Modell zum „gift exchange" (1984) weist er darauf hin, dass die Arbeitsanstrengung Einzelner u.a. von der Gruppenarbeitsnorm bestimmt wird, die Arbeitsnorm aber nicht zwangsläufig mit dem vom Unternehmen gesetzten Mindeststandard übereinstimmen muss. Das „Mehr" an Leistung per Norm als eine Art *Geschenk* an die Firma sei allerdings begleitet von der Erwartung eines *Gegengeschenks*, hier eines höheren Lohnes. Für die Fragen, in welcher Weise sich solche Fairnessurteile bilden und welche Verhaltenskonsequenzen sie haben, werden wiederum sozialpsychologische Überlegungen zu Rate gezogen. Gibt die Unternehmung kein Gegengeschenk, wird sich im AKERLOF-Modell die Gesamtleistung aller ArbeitnehmerInnen verringern. Wenn also eine Unternehmung durch höhere als markträumende Löhne überproportionale Leistungssteigerungen bekommt, dann ist das lukrativ und wir bekommen das bekannte Ergebnis, dass im Arbeitsmarktgleichgewicht mit Löhnen oberhalb des A = N-Niveaus nicht alle BewerberInnen eine Stelle erhalten.

---

[60] Die Frage, ob Globalisierung die Ungleichheit verschärft, ist damit noch nicht zu beantworten, da weitere Effekte und Mechanismen bedacht werden müssen. Theoretische und empirische Ergebnisse geben kein einheitliches Bild. ZHOU et al. (2011) leiten aus ihrer statistischen Analyse über 60 Länder verschiedener Entwicklungsstufen z.B. ab, dass die Globalisierung eher zum Abbau der Ungleichheit innerhalb der Länder beiträgt.

Fluktuation: Unternehmungen zahlen hohe Löhne, um die Fluktuation von ArbeitnehmerInnen zu verringern. Gut eingearbeitete und produktive MitarbeiterInnen verliert eine Unternehmung ungern, da Personalfluktuation Kosten verursacht. Stellen müssen neu ausgeschrieben werden, Einstellungsgespräche sind zu führen, ggf. aufwendige Assessmentcenter zur Identifizierung der am besten geeigneten KandidatIn sind zu veranstalten u.a.m. Den größten Kostenblock nehmen häufig die Einarbeitungskosten ein. Es dauert eine ganze Zeit, bis ein Neuling (NeulingIn?) in einer Firma mit allen Routinen, Abläufen, Erwartungen und Zuständigkeiten vertraut ist. Zudem sind KollegInnen damit beschäftigt, Informationen weiterzugeben oder Anlernprozesse zu unterstützen. Sowohl die neue MitarbeiterIn als auch die Teammitglieder erreichen in dieser Zeit nicht ihre volle Produktivität. Bei kreativen Tätigkeiten, solchen mit viel Freiräumen und Gestaltungsmöglichkeiten sowie solchen, die viel Sorgfalt und Abstimmung verlangen, können diese Einarbeitungskosten erheblich sein – man rechnet bis zu einem Jahresgehalt als Fluktuationskosten in einzelnen Branchen und Tätigkeiten. Eine Unternehmung hat deshalb ein starkes Interesse daran, die Fluktuation zu verringern. Wenn alle Firmen identische und markträumende Löhne zahlen, gibt es eine Art „natürliche Fluktuation" durch neue private Partnerschaften und Familiengründungen, dem Wunsch nach räumlicher Veränderung u.a.

Eine Unternehmung kann den Verbleib bei ihr attraktiver machen, wenn sie bessere Bedingungen als andere Firmen bietet. Dann zahlt sie einen etwas höheren Lohn und hat dadurch zwar höhere Kosten zu tragen, aber sie spart sich einen Großteil der Fluktuationskosten ein. Das kann insgesamt gewinnerhöhend wirken. Stehen nun alle Unternehmungen vor ähnlichen Problemen, werden sie alle auch höhere Löhne zahlen, und das Lohnniveau steigt über den Schnittpunkt von Angebot und Nachfrage. Mit dem höheren Lohn, den alle Firmen zahlen, geht wieder einher, dass nicht alle Arbeitsuchenden eine Stelle finden. Die Arbeitslosigkeit wirkt wie bei dem moral-hazard-Problem als eine Art Gegenkraft. Denn wird irgendwo eine Stelle frei, dann bewerben sich die Arbeitslosen i.d.R. alle plus einige, die bereits in einer anderen Unternehmung beschäftigt sind. Bei großem BewerberInnenpool sinkt aber bei einem nicht geräumten Arbeitsmarkt die individuelle Wahrscheinlichkeit der Arbeitsuchenden, tatsächlich eine neue Stelle zu bekommen. Das dämmt also die Fluktuationsgefahr in den einzelnen Unternehmen ein, da auch die bereits Beschäftigten nur zu einer gewissen Wahrscheinlichkeit einen neuen Job finden. Und dadurch reduziert sich aus Sicht der Unternehmung die Notwendigkeit, den Lohn weiter anzuheben. Es entsteht ein stabiles Gleichgewicht oberhalb des $A=N$-Schnittpunktes mit einem Überschuss des Arbeitsangebotes über die Arbeitsnachfrage. Auch hier sind Arbeitslosigkeit, Diskriminierung, Überqualifizierungsphänomene die Begleiterscheinun-

Komparative Vorteile alternativer Koordinationsmechanismen 295

gen der „nett" erscheinenden Personalpolitik, die so günstige Konditionen für die qualifizierten Beschäftigten mit sich bringt. Die Effizienzlohnmodelle blieben nicht ganz unumstritten. Es stellte sich nämlich die Frage, ob Firmen es nicht anders schaffen können, diese Zusatzaufgaben zu lösen als nun gerade das Instrument der Lohnhöhe nutzen zu müssen. Wenn sie es mit anderen Mitteln hinbekämen, sparten sie sich die höheren Lohnkosten und müssten eigentlich einen Wettbewerbsvorteil haben. Im moral-hazard-Fall wurden Geldstrafen- statt Entlassungsdrohungen ins Spiel gebracht. Auch eine Art „Eintrittsgebühr" in eine Firma, die ArbeitnehmerInnen bei einem freiwilligen oder unfreiwilligen Wechsel verlieren, wurde als potentielle Möglichkeit analysiert. Wenn zumindest ein Signal über die Arbeitsleistung vorliegt, können auch Leistungslöhne, Werksverträge statt „normaler" Arbeitsverträge u.ä. genutzt werden. Fluktuation kann man eindämmen, indem man ArbeitnehmerInnen durch Immobilienkredite oder Betriebsrentenzusagen an das Unternehmen bzw. den Standort bindet. Betriebliche Kinderbetreuung, Job-Tickets u.v.a. dienen ebenfalls der Bindung von solchen ArbeitnehmerInnen, die eine Unternehmung ungern verliert. Das müsste alles – sicherlich reichlich komplex – so gestaltbar sein, dass die ArbeitnehmerInnen keinen höheren Nutzen aus der aktuellen Beschäftigung ziehen als bei irgendeiner alternativen Tätigkeit. Das aber wäre gerade die Bedingung dafür, dass der Arbeitsmarkt nicht oberhalb des Schnittpunktes von Angebot und Nachfrage sein Gleichgewicht erreicht.

Viele Einwände gegen die Kritik an der Effizienzlohntheorie nutzen das Argument, dass einige der vorgeschlagenen Alternativmaßnahmen gar nicht möglich sind, z.B., weil sie rechtlich unzulässig sind, wie vielleicht manche Geldstrafenvarianten oder die Idee, Eintrittsgebühren von Neulingen zu verlangen. Dazu kommt, dass es Verknüpfungen zu anderen Marktproblemen geben kann. Wenn eine Firma z.B. Leistungslöhne in Erwägung zieht, die ArbeitnehmerInnen aber risikoscheu sind, dann haben Letztere den Wunsch, sich gegen die Einkommensschwankungen zu versichern. Ein Versicherungsunternehmen kann aber i.d.R. nicht beurteilen, ob ein geringer Leistungslohn durch Minderanstrengung, durch interne Unternehmensprobleme mit Technik und Abläufen oder durch Marktgegebenheiten verursacht wurde. Wir haben es demnach mit einem moral-hazard-Problem auf dem Versicherungsmarkt zu tun. Gibt es dafür keine Lösungen und sind solche systemendogenen Risiken wie Auftragsrückgänge generell sowieso nicht oder nur sehr schlecht versicherbar, dann gibt es solche Versicherungsmöglichkeiten nicht. Nun entsteht im Gegenzug eine neue, weitere Zusatzfunktion für das Unternehmen, nämlich die MitarbeiterInnen gegen diese Risiken abzusichern. Dafür haben die Beschäftigten sogar eine Zahlungsbereitschaft, sind also bereit, einen etwas geringeren festen Monatslohn als den Erwartungswert ihrer

Leistungsentlohnung zu akzeptieren. Wenn es jetzt nicht noch weitere Instrumente gibt, kann es nur eine Art „Kompromiss" geben: festes Grundgehalt plus leistungsabhängige Lohnkomponenten. Das aber bietet weder einen völlig effizienten Handel der Risiken noch vollständige Anreize zu hoher Leistung. Dann kann es sich immer noch als vorteilhafter herausstellen, feste Löhne oberhalb des markträumenden Niveaus zu zahlen.

Bei hinreichend vielen Möglichkeiten der Unternehmungen, unterschiedlichste Vertragskonstruktionen zu konzipieren, Transaktionen (Arbeit – Versicherung – Kredit – z.T. sogar Gütermärkte) miteinander zu verschränken, bleibt die Generalfrage dennoch unbeantwortet, warum die hohen Effizienzlöhne tatsächlich aus Unternehmenssicht nötig sind, die dann den Arbeitsmarkt in volkswirtschaftlich so unschöne Turbulenzen bringen. In anderen Marktumgebungen schien es viel weniger „grundsätzliche" Probleme zu geben, die potentiell effizienzerhöhende Vertragsausgestaltungen und entsprechende institutionelle Hilfestellungen verhindern. Weder im Versicherungs- noch im Gütermarktbereich wurden zumindest solche Hindernisse als derart bedeutsam wie für den Arbeitsmarkt herausgearbeitet. Im Zusammenhang mit der Arbeit, so wird sich gleich zeigen, ist tatsächlich eine Abweichung relevant, die eine deutliche Einschränkung strategischer Optionen für Unternehmungen zur Konsequenz haben kann. Das wiederum kann als Argument dafür dienen, dass Effizienzlohnsetzung wiederum als weitgehend einzige Möglichkeit einer Unternehmung zur Bewältigung der geschilderten Zusatzaufgaben übrig bleibt.

Diese Abweichung hat damit zu tun, dass Arbeit zwar einerseits über den Arbeitsmarkt insgesamt im Sinne der Zuordnung zu Produktionsbereichen koordiniert wird, andererseits dann aber *in Unternehmungen stattfindet,* die intern i.d.R. einer anderen Steuerungslogik folgen, also hierarchisch und tendenziell autoritär oder über ein Set gegenseitiger Rechte und Pflichten als Reziprozitätssystem angelegt sind. Im zweiten und im bisherigen Verlauf des vierten Kapitels wurden verschiedene Gründe dafür diskutiert, warum alternative „Inseln" der Koordinierung unter Umständen bessere Ergebnisse als Marktkoordinationen liefern. Erinnert sei nur an spezielle Marktprobleme bei sequentiellen Tätigkeiten, bei anderen komplexen Arbeitsvorgängen, im Kontext sinnvoller Gruppentätigkeit und an viele der in diesem Kapitel diskutierten Probleme des Marktversagens.

Damit die Koordinierung in den anderen Logiken der Koordinierung als des Marktes (Befehl, Tradition mit Rechten und Pflichten) gelingt, obwohl eine Unternehmung selbst wieder im Marktbereich agiert, ist es aus psychologischen Gründen heraus notwendig, eine deutliche Abgrenzung von der reinen Marktsphäre für die inneren Abläufe herzustellen. Im zweiten Kapitel wurde davon gesprochen, dass es teilweise fast so etwas wie Übergangsritualen bedarf, um die scharfe Trennung der Modi nicht zu verwässern und zu gefährden. Gerade durch die Abgrenzung von der reinen Marktsteuerung innerhalb von Unternehmungen kann u.a. die Kreativität, die Motivation und auch die Zusammenarbeit verschiedener Personen und Gruppen positiv beeinflusst werden. Das ist sogar eine notwendige Voraussetzung für das gute Gelingen der Koordinierung arbeitsteiliger Prozesse im alternativen Modus zum Markt. Eine geeignete Haltung der MitarbeiterInnen kann sich unter geeigneten Bedingungen innerhalb der Unternehmung also als sehr hilfreich für deren Profitabilität auswirken.

Wenn dies so ist, hat die Ökonomik ein schwieriges methodisches Analyseproblem zu lösen. Üblicherweise wird für Fragen der Marktkoordination die bekannte homo-oeconomicus-Annahme verwendet. Eine Art Kunstwesen namens homo oeconomicus dient in der mittlerweile den LeserInnen hinreichend bekannten als-ob-Vorstellung des menschlichen Verhaltens nur zur Rekonstruktion von Marktprozessen, da es für das Verständnis von Preis- und Mengenanpassungen häufig irrelevant sein kann, aus welchen Motiven heraus die Menschen handeln. Dieses Kunstwesen hat stabile, vorgegebene Präferenzen und handelt im Interesse seines Eigennutzes. Das kann für die Erklärung vieler Marktphänomene ja durchaus überaus dienlich sein. Wenn wir jedoch über verschiedene Koordinierungsmechanismen hinweg argumentieren, provoziert es Analyse- und Prognosefehler, weil je nach Koordinierungsform völlig unterschiedliche Sichtweisen, Interpretationen, Motive und Verhaltensweisen der arbeitsteilig wirkenden AkteurInnen unterstützt werden. Bei einer solchen Betrachtung verlässt man die strikt individualistische Perspektive der traditionellen Mikroökonomik, indem man dem jeweiligen Koordinierungssystem systematische Wirkungen auf die individuellen Präferenzen, Vorlieben, Motive und Verhaltensweisen zuordnen muss.

Zur Rekonstruktion und Prognose bei der Entwicklung und der konkreten Ergebnisse der verschiedenen Modi der Organisation ist es nicht möglich, psychologische und andere Grundlagen über die Bildung der Präferenzen, Motive etc. komplett zu ignorieren. Über die Frage, *welche* Theorie sich für diese speziellen ökonomischen Fragen und generell bei analytisch wichtigen endogenen Präferenzen besonders eignet, gibt es erwartungsgemäß keinen Konsens. Handlungstheoretische, soziologische Erklärungen (vgl. z.B. MAURER/SCHMID 2010) werden ebenso ins Spiel gebracht wie aus der experimentellen Spieltheorie gewonnene Einzelerkenntnisse, soziologisch orientierte Theorien zur sozialen Identität (vgl. GLINIARS 2004) oder auch verschiedene sozialpsychologische Grundlagen (vgl. KUBON-GILKE 1997: Kap. 4).

In den Ausführungen zur Koordinierung der Arbeit ging es in den vorangegangenen Passagen konkret darum zu analysieren, warum sich viele Instrumente, die in der Kritik u.a. an den Effizienzlohnmodellen als potentiell profitabel für Unternehmungen eingeschätzt werden, offensichtlich systematisch nicht genutzt werden und stattdessen in vielen Bereichen Löhne oberhalb des markträumenden Niveaus gezahlt werden. Dadurch, dass die ArbeitnehmerInnen damit strikt bessergestellt sind als in der nächstbesten Alternativbeschäftigung, scheint eine Unternehmung durch den Verzicht auf alternative Instrumente auf den ersten Blick nicht gewinnmaximierend zu handeln. Das bedeutete aber einen Wettbewerbsnachteil für eine Firma. Wenn jedoch der spezielle Koordinationsmechanismus *innerhalb* der Unternehmung bestimmte Instrumente verbietet, weil damit Motivation, Kreativität, Ehrlichkeit der MitarbeiterInnen etc. negativ beeinflusst werden, dann wird diese Strategie im Personalmanagement doch plausibel.

All das kann am ehesten sinnvoll analysiert und dadurch verstanden werden, wenn auf einer psychologischen Ebene (substantiell) argumentiert werden kann, dass viele dieser „denkbaren" Vertragskonstrukte selbst wieder Motivationseffekte haben und systematisch die Arbeitsmotivation, das Interesse der MitarbeiterInnen am Gesamterfolg, die Kreativität u.a. negativ beeinflussen. Dann wird eher verständlich, warum sich gerade die Instrumente (im Wettbewerb) durchgesetzt haben, die man empirisch konstatiert und die die Markträumungsprobleme verursachen.

Einen zwanglosen und plausiblen Zugang dazu bietet die kognitive Sozialpsychologie. Dieses Kürzel für eine ganze Reihe zugehöriger Theorien trifft deren Aussagen zwar nicht zu 100%, soll aber dennoch zur Charakterisierung ausreichen (vgl. KUBON-GILKE 1990 und 1997 zu den Grundlagen und zur genaueren Charakterisierung). Kernpunkt ist, dass unsere Wahrnehmung systematisch in bestimmter Weise alle Eindrücke strukturiert und regelhafte Deutungen generiert. Das Milieu wird vergesetzlicht, gegliedert und verstetigt. Dadurch gelingt die Reduktion der Komplexität, welche schnelle Reaktionen, überhaupt ein angemessenes Verhalten in unterschiedlichen Situationen erst ermöglicht. Im Zuge der Generalisierung entstehen Standardmuster, die sich auf wenige „entscheidende" Merkmale reduzieren. Verzerrungen durch Anpassungen einzelner Sinneseindrücke an den Standard, die Regel, sind nicht ausgeschlossen. Besonderheiten im Detail werden unterschlagen. Was als „entscheidend", also klar und prägnant das Muster definiert, hängt wiederum davon ab, welche alternativen, jeweils klaren und prägnanten Regeln es für eine Situation und mein Verhalten gibt und wie das gesamte Umfeld eine bestimmte Wahrnehmung, d.h., eine ganz bestimmte klare Interpretation „nahelegt".

So könnte ich mein eigenes Tun an der Hochschule prinzipiell verschiedenen prägnanten Gründen zuordnen. Ich könnte mich in erster Linie durch die Hochschulleitung zur Arbeit „gezwungen" sehen. Strenge Hierarchien, viele Kontrollen und unmissverständliche, strikte Anweisungen, die mit

Druck und Drohungen durchgesetzt würden, unterstützten eine solche Interpretation. Schlechte eigene Alternativen können dieser Interpretation ergänzend Kraft verleihen (wer nimmt mich schon in meinem Alter und mit meiner Ausrichtung? – jammer, jammer). Ich könnte mich aber auch so sehen, dass ich deshalb recht fleißig arbeite (lacht da etwa jemand?), weil ich dafür einen (hohen) Lohn bekomme und mich selbst durch das Geld zur Leistung veranlasst sehe. Leistungslöhne, viele gehaltsrelevante Evaluationen, ständige Änderungen bei Gehalts- und Aufstiegsregeln legen eher solch eine prägnante Interpretation als den Autoritätsgrund nahe. Wenn nun aber weder das Entlohnungsschema noch die hierarchische Struktur zu einer der beiden Erklärungen richtig passen, dann sind beide Interpretationen für mich und die Rechtfertigung meines Tuns wenig prägnant. Nun bin ich aber trotzdem fleißig, engagiert und kreativ (höre ich etwa schon wieder einen Lachanfall?). Als Alternative bleibt für mein Selbstbild noch, mich selbst so zu sehen, als liege der Grund für mein Engagement in der Tätigkeit selbst oder als ordnete ich mich dem Ziel „meiner" sozialen Gruppe (ProfessorInnen, Hochschulangehörige?) unter. Im ersten Fall hieße das: Es macht mir Spaß zu lehren und ich finde Befriedigung und Erfüllung darin, zu forschen und mich in der Selbstverwaltung der Hochschule einzubringen.

Je nach dominantem Erklärungsmuster wird es nun sehr verschiedene Sichtweisen über meine Rolle in der Unternehmung, über meine eigene Arbeitsmotivation u.a. in mir auslösen. Wenn eine Unternehmung, eine Organisation – wie hier speziell die Hochschule – es schafft, mir ein Begründungsschema „nahezulegen", wonach ich alles aus Eigeninteresse an der Tätigkeit selbst mache, dann kann das für die ArbeitgeberIn sehr vorteilhaft sein. Wenn ich sowieso nichts lieber mache als zu lehren und zu forschen, dann habe ich sozusagen mein Hobby zum Beruf gemacht, und die Organisation braucht mich weniger oft (kostenintensiv) zu kontrollieren. Sie kann die *intrinsische Motivation* in gewisser Weise sogar ausbeuten, indem sie mit niedrigerer Gehaltssumme vielleicht die gleiche Leistung bekommt wie bei einem recht hohen Leistungslohn.

Ähnliches zu den Motivationswirkungen zeigt sich im zweiten Zusammenhang mit wahrgenommener Gruppenzugehörigkeit und der spontanen Kooperationsbereitschaft oder auch bei der Entfaltung kreativer Potentiale der MitarbeiterInnen.[61] In vielen Experimenten z.B. zur Attributionstheorie

---

[61] Zugehörigkeit zu einer sozialen Gruppe prägt Einstellungen und Verhaltensweisen außerordentlich stark. Systematisch agieren Menschen altruistischer gegenüber Gruppenmitgliedern als gegenüber solchen außerhalb der Gruppe. Das offenbart allerdings auch eine dunkle Seite sozialer Gruppen. GINTIS (2009: 77) beschreibt es pointiert: „[...] even a slight hint that there may be a basis for inter-group competition induces individuals to

oder zur Theorie der kognitiven Dissonanz zeigen sich die Gruppierungseffekte und deren Verhaltenswirkungen um dominante Erklärungsmuster sehr deutlich. Auch empirische Studien zur Leistungsbereitschaft und -abgabe deuten auf die Relevanz dieser Zusammenhänge. AMABILE (1983) zeigt im gleichen Zusammenhang, dass Kreativität keine rein einer Person innewohnende Eigenschaft ist, sondern durch Kontexte entscheidend gefördert oder unterdrückt wird. Sichere Arbeitsplätze, möglichst kein Fokus auf erwartete Löhne (höchstens unerwartete nachträgliche Belohnungen) fördern Kreativität. Unsicherheit, viele Evaluationen, Leistungslöhne hemmen sie.

Um günstige Wirkungen auf Selbstwahrnehmung, Motivationen und Verhaltensweisen zu unterstützen, muss eine Unternehmung einen geeigneten Kontext schaffen, der nicht zu viele Dissonanzen mit dem günstigen Selbstbild auslöst. So zeigte sich, dass Generosität und Gleichbehandlung innerhalb einer Organisation essenziell sind, was die These zur Bedeutung „fairer Löhne" und des Geschenkeaustausches untermauert. Zudem können Leistungslöhne systematisch intrinsische Motivation zerstören, ebenso sehr unsichere Arbeitsverhältnisse. LEPPER und GREENE (1978) sprechen sehr pointiert davon, es könne *versteckte Kosten der Entlohnung* geben. Damit meinen sie, dass bestimmte Lohnformen und -höhen tendenziell Kreativität, intrinsische Motivation und altruistisches Verhalten gegenüber Unternehmensmitgliedern zerstören können. Das kann dann bei den nunmehr rein extrinsisch motivierten ArbeitnehmerInnen, die zudem noch intensiver kontrolliert werden müssten, nur mit insgesamt sehr viel höheren Lohnsummen wieder kompensiert werden. Eine Unternehmung wird folglich auf viele Instrumente aus Eigeninteresse verzichten, die bei rein exogenen Präferenzen – eben nur vordergründig – Lösungen für moral-hazard-Probleme und andere Koordinierungsschwierigkeiten versprechen. Die methodische Besonderheit bei dieser Art der Analyse alternativer Koordinierungsformen liegt letztlich darin begründet, dass anonyme Marktsituationen völlig anders als nicht-anonyme Gruppenbeziehungen bzw. als Rechte-Pflichten- oder Autoritätskontexte wahrgenommen werden und über diesen Weg höchst unterschiedliche Präferenzen und Verhaltensweisen unterstützt werden.

Nun wirken die Mechanismen „Unternehmen als System mit Rechten und Pflichten" und Markt nicht nur nebeneinander, sondern sind interdependent. Die interne Beschränkung in vielen Unternehmungen auf die Variante „Zeitlohn oberhalb des markträumenden Niveaus" – höchstens gekoppelt mit

---

exhibit insider loyalty and outsider hostility". Durch viele Experimente zu Gruppenverhalten kommt er (2009: 78) zum Schluss: „[...] It appears that the same prosocial preferences that allow humans to cooperate in large groups of unrelated individuals are also turned into the goal of mutual self-destruction with great ease."

„leichten" Leistungselementen wirkt erfreulich für die Unternehmung, wenn tatsächlich eine hohe Leistungsbereitschaft die Folge ist. Auch die MitarbeiterInnen werden es erfreulich – und fair – finden, hohe Einkommen für ihr Engagement zu erhalten. Auf dem Arbeitsmarkt führt es hingegen zu deutlich ineffizienten und ungerechten Entlohnungen, daneben zu Überqualifizierungsproblemen, zu Diskriminierungsmöglichkeiten und einer großen Lohnspreizung, u.U. auch zu gesamtwirtschaftlicher Arbeitslosigkeit. Die Arbeitslosigkeit wiederum beeinflusst unter Umständen die wahrgenommene Arbeitsplatzsicherheit, kann also eventuell sogar wieder Rückwirkungen auf den internen Unternehmensbereich durch negative Wirkungen z.B. bei der Entfaltung der Kreativität haben.

All dies wird bei der Arbeit in besonderer Weise wirksam, weil es hier deutlicher als in anderen Marktbereichen Überlappungen und Zusammenhänge mit anderen Koordinierungsmodi mit anderer Logik, anderen Präferenzen und anderen Verhaltensbegründungen kommt. Deshalb ist die funktionale Überlastung des Lohnes ein noch größeres Problem als die Koordinierungsprobleme durch asymmetrische Informationen in anderen Sektoren wie den Versicherungen.

In diesem Unterkapitel haben wir in gewisser Weise einen weiten Weg mit Steigungen, „analytischen Abgründen" und Abzweigungen beschritten. Startpunkt waren Funktionsprobleme der Arbeitsmarktkoordination u.a. durch asymmetrische Informationen. Mögliche Folgen für den Arbeitsmarkt haben wir für den Fall abgeleitet, dass Firmen im Wesentlichen auf das Instrument der Lohnhöhe angewiesen sind, um gewünschtes Verhalten zu induzieren. Danach wurde dargestellt, dass vielleicht ganz andere Instrumente denkbar sind, die eine Unternehmung zu diesem Zweck nutzen könnte: Geldstrafen, Eintrittsgebühren, Senioritätslöhne, Leistungslöhne u.a.m. Die Alternativen betrafen in erster Linie die *Lohnform*. Und im letzten Schritt wurde argumentiert, warum aus Sicht der Unternehmungen diese Alternativinstrumente nachteilig sein können. Das war jedoch nicht mehr vollständig im Rahmen der traditionellen Nutzenmaximierungshypothese zu verstehen. Nur mit Grundlagen der Sozialpsychologie wird verständlich, wie sich geänderte Lohnformen auf die Präferenzen und Motive der MitarbeiterInnen in spezifischen, nicht-anonymen Kontexten systematisch auswirken können und wie dies von den Unternehmungen bewusst oder unbewusst berücksichtigt wird. Dadurch erhielten wir eine deutliche Einschränkung der profitablen strategischen Optionen in der Personalpolitik, leider mit den bekannten fatalen Folgen für den Arbeitsmarkt.

Vor einem speziellen voreiligen Schluss muss man sich jedoch hüten. Es entsteht keineswegs sicher immer die beste interne Struktur von Unternehmungen, die ihr besondere Vorteile im Wettbewerb auf Dauer garantiert.

Nur ein Beispiel: Eine dominante Regel der Selbstwahrnehmung um einen prägnanten Grund wie etwa intrinsisch motiviert zu sein, zeigt ein gewisses Beharrungsvermögen. Kleine unpassende Details werden als „unwichtig" abgewertet. Eher unbedeutende Leistungszulagen, eine Evaluation mehr als bisher o.ä. müssen noch nicht kritisch für eine solche Selbstattribution „Interesse an der Tätigkeit selbst" sein. Und so könnte eine Unternehmung versucht sein, mit ergänzenden Instrumenten wie Leistungszulagen oder gehaltsbedeutsamen Evaluationen die Leistung bei gegebener Grundeinstellung der MitarbeiterInnen noch ein bisschen weiter steigern zu wollen, in gewisser Weise „extrinsisch zu füttern". Werden diese Instrumente aber immer stärker eingesetzt, also wird ein noch größerer Gehaltsprozentsatz leistungsabhängig oder wird noch intensiver kontrolliert, dann kann das ganze Schema der intrinsischen Motivation irgendwann kippen. Die Verhaltensanpassung verläuft nicht stetig, sondern sprunghaft.

Die MitarbeiterInnenschaft oder zumindest eine beträchtliche Anzahl von ihnen kann sich ab einem bestimmten Ausmaß leistungsorientierter Lohnelemente in einem plötzlichen Motivationsumschlag nun eher extrinsisch motiviert sehen. Die Folgen für die Unternehmung können außerordentlich nachteilig sein, weil der Motivationsumschwung höhere Personalkosten durch höhere Gehaltssummen und noch intensivere Kontrollen nach sich ziehen kann. Nun aber ist dieses neue Muster der Motivation über das Geld und den Lohn jetzt auch erst einmal recht stabil. Also wird eine einfache Rücknahme der letzten Maßnahme zur vermeintlichen Leistungssteigerung nicht ausreichen, um wieder die ursprüngliche Begründung der intrinsischen Motivation zu bekommen. Sehr kurzfristig wirkender Wettbewerb auf den Gütermärkten, eine hohe Frequenz an Firmenaufkäufen, ständige Eigentums- und Namensänderungen bei Unternehmungen, viel erzwungene Fluktuation etc. können solche Effekte forcieren. Wenn das alles die Personalpolitik vieler Firmen leitet, weil sie alle den gleichen Wettbewerbsbedingungen unterliegen, wird das institutionelle Gleichgewicht für alle Beteiligten nachteilig sein. So gibt es letztlich viele Ursachen dafür, dass die institutionellen Gleichgewichte nicht immer diejenigen sein müssen, die die beste interne Koordinierung gewährleisten.

Welche Wirkung das wiederum auf den Arbeitsmarkt hat, kommt auf die neue Motivationslage an. Wenn solche Gleichgewichte mehr der Alternativinstrumente zur Lösung der Zusatzaufgaben des Marktes zulassen, wird sich das auf das Ausmaß der unfreiwilligen Arbeitslosigkeit auf Primärarbeitsmärkten natürlich auswirken können. Ob in einem solchen Fall überhaupt noch eine Abschätzung gelingen kann, wie gut die Gesamtkoordinierung mit allen parallelen und interdependenten Koordinierungsformen gelingt, sei dahingestellt.

4.3.4 Bildung und Soziale Arbeit

Bildung und Soziale Arbeit sind gesellschaftliche und damit natürlich auch ökonomische Bereiche, in denen Leistungen mit knappen Ressourcen erstellt werden, die geradezu von Problemen marktlicher Steuerung durchwirkt sind. So sind ihre Dienstleistungen durch erhebliche externe Effekte gekennzeichnet. Die Unterstützung Benachteiligter sowie Lern- und Bildungsprozesse nutzen nicht allein den unmittelbaren EmpfängerInnen der Leistungen, sondern der gesamten Gesellschaft. Da bei so vielen Betroffenen Verhandlungslösungen mehr als unplausibel sind, muss der Staat für die Finanzierung oder gar für die Bereitstellung sorgen, hat allerdings die bekannten Probleme zu lösen, welche genauen und wie viele Angebote es geben sollte und wie er die Finanzierung sichert. Neben den reinen Allokationsanforderungen haben wir es in beiden Bereichen zudem in ganz besonderem Maße mit Ansprüchen an den Staat zu tun, die aus Gerechtigkeitsüberlegungen heraus formuliert werden. Chancen- und Verteilungsgerechtigkeit stehen in den Argumentationen im Mittelpunkt, wenn es um die Gestaltung der Institutionen und der konkreten Angebote geht.

Schauen wir nur etwas genauer auf den Bildungsbereich. Eine spezifische Schwierigkeit liegt bei der Bildung darin, dass es Komponenten gibt, die sich einer marktlichen Steuerung nicht komplett verschließen. Berufsqualifizierung ist dafür ein Musterbeispiel. Wir bekommen dadurch einen Steuerungsmix mit multiplen Instanzen und Koordinationsmechanismen. Teilweise übernimmt der Staat Bildungsanteile weitgehend komplett wie etwa im Bereich der Schulen. Privatschulen haben nur einen kleinen Anteil, unterliegen überdies recht strikten staatlichen Regulierungen und werden auch häufig vom Staat subventioniert. Andere Bereiche werden zu einem größeren Anteil privat finanziert, wobei es international höchst unterschiedlich gehandhabt wird, ob eigene Finanzierungsbeiträge der Familien eher im Bereich der vorschulischen oder der Hochschulbildung erfolgen. Speziell im Bereich der Berufsbildung ist durch das Duale System der Berufsqualifizierung in Deutschland die private Finanzierung deutlicher ausgeprägt als in anderen Ländern, ebenso (noch) im vorschulischen Bereich.

Die Leistungserstellung findet wiederum in Organisationen und Unternehmungen statt, so dass bei der Bildung – wie auch bei vielen Angeboten der Sozialen Arbeit – alle drei Organisationsmodi interagieren: der Staat mit tendenziell zentralistischer, hierarchischer Koordinierung, Märkte mit den bekannten Wettbewerbsmechanismen und Unternehmungen bzw. Organisationen, die hierarchisch, aber auch in einem traditionellen Rechte- und Pflichtensystem die Tätigkeiten koordinieren. Lange Zeit gab es zumindest im Hochschul- und Schulbereich sowie bei den Angeboten Sozialer Arbeit nur das

Zusammenspiel zwischen Staat und von ihm finanzierter Einrichtungen. Die Steuerung erfolgte weitgehend kameralistisch, d.h. mit einer Vielzahl von Einzelbudgets.

Ein Universitätslehrstuhl bekam z.B. einzelne Etats für Bücher, für die Bezahlung wissenschaftlicher Hilfskräfte, für Büromaterialien, für Büroeinrichtungen incl. technischer Geräte und für Dienstreisen zum Zwecke von Vorträgen oder zum Besuch von wissenschaftlichen Kongressen. Jeder Etat wurde über politische Gremien mit dem Ziel festgelegt, dass die vom Staat gewünschte Gesamtleistung mit den Elementen Lehre, Forschung und Selbstverwaltung an den Hochschulen möglichst gut gelingt. Stellenbesetzungen, Lohnformen, Lohnhöhe etc. hat der Staat weitgehend bestimmt oder zumindest beeinflusst und nur einige Entscheidungen den Universitäten komplett selbst überlassen, so dass auch die Organisationen tendenziell eine zentralverwaltete innere Koordinierungslogik hatten.

Sehr viele Dissonanzen gab es durch diese Parallelität vielleicht nicht, aber die Koordinierung gelang dennoch nur unbefriedigend. So waren die Einzeletats z.T. unpassend: zu wenig Mittel für notwendige Bücherkäufe für die Institutsbibliothek, zu wenig Mittel für Tutorien durch studentische Hilfskräfte, eigentlich zu üppige Möglichkeiten, sich mit Büroeinrichtungsgegenständen oder -materialien zu versorgen. Das war verschwendungsanfällig. Zwischen den Etats konnte man nicht umverteilen, also kein Büroeinrichtungsgeld für Bücherkäufe verwenden – es musste jeweils genau belegt werden, dass Ausgaben für den davor vorgesehenen Budgetzweck erfolgt sind. Man konnte auch keine Gelder „sparen". Am Ende des Jahres waren die Mittel nicht mehr verfügbar, und es gab sogar eine erhebliche Gefahr, dass nicht aufgebrauchte Mittel nächstjährige Etatkürzungen provozierten. Deshalb gab es letztlich eine unzureichende Bibliotheksausstattung, zu wenige Tutorien, aber vielleicht etwas sehr oft neu ausgestattete Büros und wie im Film „Pappa ante Portas" LORIOT-artige Vorratsspeicherungen an Papier, Stiften, Briefumschlägen, Radiergummis etc. Das war natürlich dem effizienten Einsatz der Gesamtmittel zur Erreichung des eigentlichen Ziels der Universität sehr wenig zuträglich.

Es ist deshalb nicht verwunderlich, dass gefragt wurde, ob man nicht die eingesetzten Mittel besser nutzen, also eine größere Menge und/oder eine höhere Qualität der Leistungen im Bildungs- und Sozialbereich erhalten kann. Andere staatliche Aufgaben wurden ganz ähnlich einer Prüfung unterzogen. Da in Marktbereichen teilweise recht ordentliche Koordinierungen der arbeitsteiligen Prozesse ausgemacht wurden, lag es nahe zu fragen, ob man im Rahmen der staatlichen Finanzierung bzw. Subventionierung nicht Wettbewerbselemente einsetzen kann, die eine Effizienzsteigerung herbeiführen. Das führte u.a. dazu, dass Organisationen nun einen Gesamtetat zugewiesen bekamen, den sie zur Leistungserstellung geeignet selbst aufteilen sollten. Zudem wurde den Organisationen im Personalbereich mehr Freiraum vor allem bei den Einstellungen eingeräumt. Es wurden in einigen Bereichen Ausschreibungsverfahren eingeführt u.a.m. Am weitesten gediehen sind die Ideen zur Wettbewerbssteuerung bei den persönlichen Budgets für Menschen mit Behinderungen. Dabei bekommen nicht die Organisationen, sondern die betroffenen AdressatInnen Mittel, die sie zweckgebunden ausgeben müssen, sich also von verschiedenen Organisationen u.U. die für sie sinnvollen Unterstützungsdienstleistungen „kaufen". Auch die Idee mit Bildungs-, Betreuungs- und Beratungsgutscheinen geht in diese Richtung.

Diese Reformen oder Reformvorschläge betreffen nun jedoch keineswegs nur „kleine" Änderungen der Koordinierung, sondern generieren jetzt einen viel komplexeren Mix an unterschiedlichsten Steuerungslogiken und gehen mit einer Fülle neuer Probleme durch asymmetrische Informationen einher. Um nur einige zu nennen: Die Vergabe von Gesamtbudgets statt kleiner Einzeletats verlangt nun eine gewisse Qualitätskontrolle, da häufig weder der Staat noch die AdressatInnen die Qualität der Leistungen so gut wie die Organisationen kennen. Das spielt u.a. dann eine Rolle, wenn im Rahmen persönlicher Budgets oder von Bildungsgutscheinen Organisationen nicht einfach einen staatlichen Auftrag erhalten, sondern „Leistungspakete" zusammenstellen und verkaufen müssen. Dadurch wird ein viel stärkerer Einsatz typisch betriebswirtschaftlicher Instrumente – überhaupt des betriebswirtschaftlichen Denkens – nötig als zuvor. Qualitätsmanagement, Kosten- und Leistungsrechnung, Investitionskalküle, neues Personalmanagement etc. sind häufig in den alten hierarchischen Strukturen nicht sehr gut umzusetzen. Also werden solche Organisationen den Unternehmungen in Marktbereichen ähnlicher, z.T. auch mit einem Moduswechsel zu einem Rechte- und Pflichtsystem verbunden. Rechtsformen werden angepasst, die Größe der Organisation ebenso (Outsourcing wird z.B. zu einem wichtigeren Thema). All diese Anpassungen zeigen Parallelen zu den institutionellen Lösungen der Marktkoordinierungsprobleme. Es gibt allerdings zwei sehr eigenständige weitere Problemkreise.

Erstens gibt der Staat nach wie vor einige Regeln vor, die reine Marktunternehmungen flexibel gestalten können, u.a. was Lohnhöhe und -form für die MitarbeiterInnen angeht. Diese Vorgaben können den internen Problemen asymmetrischer Informationen, der Motivierung, Kreativitätsentfaltung etc. entgegen stehen. Von daher verwundert es gar nicht so sehr, dass die Fluktuation sogar aus dem Beruf heraus im sozialen Bereich, bei der Gesundheit und Pflege und selbst im Bildungsbereich teilweise höher als in rein marktvermittelten Branchen ist. Den Organisationen fehlen die strategischen Möglichkeiten vor allem in der Personalpolitik.

Zweitens sind die Steuerungsprobleme nicht völlig identisch, weil mindestens ein weiterer Akteur – der Staat – zusätzlich ins Spiel kommt und jetzt häufig dreiseitige Probleme asymmetrischer Informationen vorliegen. Das stellt spezielle Anforderungen, so dass die institutionellen Lösungen aus Marktbereichen nicht einfach übernommen werden können, aber durch die staatlichen Reglementierungen auch kein ganz freier Institutionenwettbewerb die (halbwegs) geeigneten institutionellen Untermauerungen für all die Marktversagensprobleme generieren kann. In der internen Diskussion werden die unschönen Begleiterscheinungen oft als fatale Konsequenz einer „Ökonomisierung" diskutiert. Dabei werden allerdings Ebenen etwas vorschnell vermischt und ein eigentlich unangemessener Begriff verwendet. Ökonomisiert wird gar nichts. Erst hat man das Koordinierungsproblem durch staatliche Finanzierung und Zentralsteuerung zu lösen versucht. Das war mit Ineffizienzen und Unzufriedenheiten verbunden. Danach hat man – weiterhin staatlich finanziert, wenngleich mit Nuancenverschiebungen – mehr Wettbewerbselemente eingeführt, um die Koordinierung besser zu leisten. Das ist nicht perfekt gelungen, weil man erstens nicht bedacht hat, welch große Änderungen es für die Organisationen, ihre Aufgaben und ihre interne Struktur und Logik dadurch gibt. Und zweitens sind Marktkoordinierungsprobleme auch in den staatlich finanzierten Bereichen aufgetreten, die man entweder gar nicht vermutet hatte oder meinte, sie einfach durch (problematische) Analogieschlüsse mit perfekten Märkten lösen zu können. Das war ein Irrtum.

In der Bildungsökonomik geht es in diesem Kontext in erster Linie darum, wie man es schafft, aus den eingesetzten Mitteln möglichst weitgehend die gesetzten Bildungsziele angesichts komplexer Probleme asymmetrischer Informationen, von Fluktuationsproblemen u.a. zu erreichen. Die wichtigsten Ergebnisse sind (vgl. KUBON-GILKE 2006 zu einer ausführlichen bildungsökonomischen Analyse):

– Frühkindliche und kindliche Bildung generieren die größten externen Effekte, sollten deshalb komplett staatlich finanziert werden. Kindergarten- oder Schulgeld ist schon aus Effizienzgründen heraus nicht sinnvoll.

– Je größer die unmittelbar berufsqualifikatorischen Aspekte im Bildungsprozess werden, desto mehr Vorteile der Bildungsmaßnahmen kommen den Lernenden oder den Unternehmungen zugute. Die externen Effekte werden somit als geringer eingeschätzt. Private Beteiligungen an den Kosten der Bildung sind unter solchen Umständen akzeptabel bis sinnvoll. Das betrifft prinzipiell auch Studiengebühren, wenngleich sich die Frage nach einer chancengerechten Ausgestaltung der Kostenbeteiligung unmittelbar anschließt. Kann die erworbene Berufsqualifikation in den verschiedensten Unternehmungen gut eingesetzt werden, bekommen die AbsolventInnen von Bildungseinrichtungen eine hohe Bildungsrendite in Form höherer Löhne. In dem Fall sollten die Auszubildenden an den Kosten beteiligt werden. Sind nur spezielle ArbeitgeberInnen interessiert, sind die Wettbewerbsvorteile geringer. Die Produktivitätsvorteile können die Organisationen zu ihrem Vorteil bei nicht sonderlich hohen Löhnen nutzen. In diesem Fall müssten die ArbeitgeberInnen die Ausbildung mitfinanzieren. Das gilt übrigens auch für den Staat, wenn er einzelne Bereiche wie die Soziale Arbeit oder das Bildungssystem reguliert und steuert. Die privaten Ausbildungsrenditen sind für AbsolventInnen der Studiengänge Sozialpädagogik, Soziale Arbeit und Theologie viel niedriger im Vergleich etwa zu ChemikerInnen oder IngenieurInnen, auch wenn die Leistung erstgenannter AbsolventInnen für die gesamte Gesellschaft sehr groß ist. Die gesellschaftlichen Vorteile landen jedoch so gar nicht in den Portemonnaies oder auf den Girokonten z.B. der SozialarbeiterInnen. In diesem Fall müsste der Staat die Ausbildungskosten komplett übernehmen.

- Neben der reinen Finanzierungsfrage ist das institutionelle Gefüge essenziell. Gerade im Zuge neuer Steuerungen mit mehr Marktelementen stellte sich ja heraus, dass Zusatzprobleme wie asymmetrische Informationen zunehmen. Lösungen dafür verlangen bestimmte Vertragskonstrukte, bestimmte Rechtsformen und bestimmte interne Regelungen zu Hierarchien und Lohnsystemen. Die Ökonomik thematisiert noch wenig, dass es zu Brüchen wegen unterschiedlicher interner Logiken verschiedener (neuer) Koordinierungssysteme kommen kann und auch Abgrenzungen, Übergangsrituale u.a.m. eine Rolle spielen können – so wie es hier zuvor für Arbeitsmarktbesonderheiten diskutiert wurde. Stattdessen werden eher traditionelle Modelle asymmetrischer Informationen herangezogen, um abzuleiten, welche Strukturen eine effiziente Leistungserstellung begünstigen. Die Forderung nach mehr Schulautonomie steht an erster Stelle. Schulen sollten mehr Einstellungsentscheidungen treffen können, sich an Lernzielen statt an konkreten Lehrplänen orientieren und Freiheiten bei der Lohngestaltung erhalten, damit sich im institutionellen Wettbewerb zumindest die halbwegs sinnvollen Lösungen herausbilden können. Wenig bedacht wurde bislang, dass die neuen Schulformen andere Steuerungslogiken, andere Motive und in diesem Zusammenhang andere Koordinierungsinstrumente erfordern. Die Argumente aus den Bereichen der Arbeitsmarkt- und Institutionenanalyse müssten deshalb in zukünftigen Forschungsbemühungen stärker berücksichtigt werden, um substantielle Strukturempfehlungen für den Bildungs- und Sozialbereich abzugeben. Zu berücksichtigen ist dabei zudem, dass wir es nun mit mindestens dreiseitigen asymmetrischen Informationen zu tun haben, die sehr spezifische Anforderungen begründen können.

4.3.5 Kredite

Der Kreditbereich ist ein weiterer „Standardmarkt", um Probleme und Konsequenzen asymmetrischer Informationen zu diskutieren. Nehmen wir an, Alfred hat die Idee, seinen Beruf als Steinmetz aufzugeben und sich nach einer kurzen Ausbildung als Fußpfleger selbständig zu machen. Schnitzen und schneiden muss man ja bei beiden Tätigkeiten. Für die Anmietung und Einrichtung von passenden Räumen sowie für die nötigen Hilfsmittel wie Scheren und Feilen, für Salben, Hygieneartikel etc. fehlt ihm Geld. Er ahnt auch, dass er erst mal eine kleine finanzielle Durststrecke überwinden muss, bevor er sich einen solch großen Kundenstamm erworben hat, dass er von den Überschüssen seines Studios tatsächlich leben kann. Also interessiert er sich für einen Kredit zur Anschubfinanzierung.

Banksachbearbeiter Burkhardt der HAI-Bank (Human-Akkurat-Integer) hat über den Kreditantrag zu entscheiden. Die gewieften LeserInnen sehen sicherlich unmittelbar ein moral-hazard-Problem. Wird Alfred die Mittel zweckgebunden einsetzen? Er könnte ja auch einen Urlaub damit finanzieren oder zwar Räume anmieten und einrichten, sich aber nicht sonderlich um Kunden bemühen. In beiden Fällen kann er unter Umständen den Kredit nicht zurückzahlen, was die Bank gar nicht erfreulich fände. Alfred weiß um sein eigenes Verhalten, die Bank jedoch nicht. Adverse Selektion kann es ebenfalls geben. Alfred kennt seine feinmotorischen Fähigkeiten als Fußpfleger besser als die Bank. Er kann seine eigene Produktivität besser einschätzen, und eventuell hat er auch eine bessere Übersicht über den Fußpflegemarkt in seinem Stadtteil, als es die Bank hat. Wenn der Kreditmarkt bei einem bestimmten Zins ins Gleichgewicht von Angebot und Nachfrage kommt, dann wird es einen bestimmten Anteil an Krediten geben, der nicht zurückgezahlt wird. Dieser Kreditausfall schmälert die Bankgewinne.

Nun kann es sein, dass sich bei einem etwas niedrigeren Zins die Zusammensetzung der KreditinteressentInnen ändert. Bei niedrigen Zinsen können auch sicherere, gleichzeitig weniger renditestarke Projekte lukrativ werden. Sobald sich die erwartete Zusammensetzung der NachfragerInnen so deutlich ändert, dass der Kreditausfall bei niedrigeren Zinsen überproportional sinkt, dann lohnt sich die Zinssenkungsstrategie für eine Bank. Sie hat zwar weniger Zinseinnahmen, aber dafür wird ein deutlich höherer Prozentsatz der Kredite zurückgezahlt. Andere Banken hätten es nun vielleicht sogar verstärkt mit HasardeurInnen zu tun, bei denen der Erfolg ihrer Geschäftsidee höchst unsicher ist – was aber die Bank nicht so gut einschätzen kann. Dann nehmen alle Banken einen etwas niedrigeren als den maximal möglichen Zins. Das Zinsniveau sinkt, und es entsteht ein Gleichgewicht unterhalb des Schnittpunktes von Angebot und Nachfrage. Die Lösung ist ineffizient, denn es gibt durch die mit dem niedrigen Zins verbundene Einschränkung der Kreditmenge – kombiniert mit einem Nachfrageüberschuss – volkswirtschaftlich zu wenig Kredite. Ein Teil des Marktes verschwindet. Nun kann wieder, wie schon hinlänglich bekannt, Diskriminierung folgen, indem bestimmte KreditnachfragerInnen systematisch keine Leistungen erhalten, obwohl deren Projekte genauso so hohe Ausfallrisiken und Renditepotentiale wie andere auch in sich tragen.

Auch im Kreditbereich gibt es Vertragsergänzungen, die das Problem der Banken der schlechteren Informationen partiell lösen. So ist es u.a. naheliegend, wenn sich Banken abzusichern versuchen. Also könnte Burkhardt den zukünftigen Fußpfleger Alfred fragen, ob er denn nicht Vermögensgegenstände oder Immobilien als Sicherheit einsetzen könnte oder ob er BürgInnen für den Kredit gewinnen kann. Das lindert zwar das spezielle Kreditausfallrisiko bei asymmetrischen Informationen, führt aber dennoch zu keiner vollständig effizienten Lösung, weil vermögenslosen KreditinteressentInnen mit durchaus perspektivenreichen Projekten angesichts der Informationsprobleme ein Vertrag verweigert wird. Das ist nicht allein ein Effizienzproblem, sondern hat auch problematische Verteilungskonsequenzen. Insbesondere in Entwicklungsländern zeigt sich, dass Kleinbauern und Kleingewerbetreibende mangels Zugang zum Kreditmarkt keine Investitionen tätigen können, die ihnen langfristig eine bessere Existenzsicherung ermöglichten. Staatliche und/oder genossenschaftliche institutionelle Unterstützungen sind sowohl aus Effizienz- als auch aus Allokationsgründen heraus begründungsfähig. Ähnlich wie sich die von RAIFFEISEN, SCHULZE-DELITZSCH u.a. initiierte Genossenschaftsbewegung im Zuge der Industrialisierung Deutschlands mit immer stärkerer Marktdurchdringung als förderlich erwiesen hat, so können sich ähnliche Entwicklungen, auch staatliche Unterstützung von Mikrokreditprogrammen für Entwicklungsländer als sinnvoll erweisen – wenngleich die aktuellen Erfahrungen mit Mikrokreditprogrammen durchaus ambivalent zu sein scheinen. In den Industrieländern führen die Vertragskonstrukte der Banken dazu, dass wohlhabendere Kreditinteressierte durch ihre Sicherheiten günstige Kredite bekommen, vermögenslose NachfragerInnen hingegen vom Bankensektor nicht bedient werden und auf (häufig unseriöse) KreditgeberInnen ausweichen müssen, die sich das hohe Kreditausfallrisiko mit exorbitant hohen Zinsen ausgleichen lassen.

4.4 Meritorische und demeritorische Güter

Eine andere Richtung bei der Diskussion um Koordinierungsprobleme der marktlichen Steuerung wird in der Debatte um meritorische Güter eingeschlagen. Es geht darum, ob Individuen wirklich immer zu ihrem eigenen Wohl Entscheidungen treffen. Nehmen wir an, Alma wiegt bei einer Größe von 1,60m 100 kg, isst jeden Tag zwei Tafeln Nougatschokolade, geht gern in Fast-Food-Restaurants, trinkt gern mal süße Liköre und schaut dabei durchaus auch tiefer in die Flasche, sie raucht, treibt keinen Sport (außer Gängen zum Kühlschrank und den Vorräten an Nougatschokolade) und verbringt ihre Freizeit überwiegend damit, krawallige Talkshows und „Doku-Soaps" im TV anzuschauen. Vielleicht runzeln einige LeserInnen die Stirn und denken, dass das doch nicht „gut" für sie sei. Offensichtlich schadet sich im Sinne einer solchen Wertung von außen Alma selbst. Sie gefährdet ihre Gesundheit und nutzt vielleicht auch nicht alle Kreativitäts-, Geselligkeits- und Lernkapazitäten, lässt Ressourcen ungenutzt. PsychologInnen, SoziologInnen und SozialarbeiterInnen werden eigene Schlüsse ziehen, nach Gründen, Unterstützungsmöglichkeiten u.a. fragen.

In der Ökonomik fokussierten sich solche Fragen anders, und zwar in gewisser Weise nach dem Motto „denn sie wissen nicht, was sie tun". Wenn man unterstellt, dass Menschen sich selbst durch ihre Entscheidungen schaden, der Staat bzw. die Gesellschaft es aber besser weiß oder zu wissen glaubt, was „gut" für die Menschen ist, dann misstraut man insofern dem Wettbewerb, als er nicht in der Lage ist, die Menschen auf den „richtigen" Entscheidungsweg zu bringen. Eine solche Sichtweise ist außerordentlich umstritten in der Ökonomik. Viele liberale VertreterInnen bezweifeln ganz grundsätzlich, dass es irgendjemand außer einer Person selbst wissen kann, was sie möchte oder auch nicht. Methodenprobleme mit der typisch individualistischen Position der traditionellen Ökonomik bereiten überdies Interpretationsschwierigkeiten, da diese Sichtweise unterstellt, dass alle Werte letztlich nur in und durch Individuen entstehen. Deswegen hat die Meritorik-Debatte auch immer (noch) in der Ökonomik nur einen gewissen Nischenplatz inne. Das typische Methodenprogramm mit der Unterstellung fester Präferenzen verführt zudem dazu, nur auf die Instrumente Bestrafung und Belohnung zu setzen, wenn Verhaltensänderungen politisches Ziel sind.

BefürworterInnen der Meritorik-Position ziehen dennoch spezifische Schlüsse. Demeritorische Güter, die den Menschen schaden, sollten danach vom Staat entweder sehr teuer gemacht werden oder deren Konsum sollte gleich ganz verboten werden. Das wird zur Rechtfertigung von Branntwein- und Tabaksteuern oder zum Verbot zum Vertrieb oder sogar des reinen Besitzes von bestimmten Drogen herangezogen. Externe Effekte kann es in diesem Zusammenhang auch geben, aber bei demeritorischen Gütern steht der potentielle Schaden für die KonsumentIn selbst im Vordergrund. Analog werden meritorische Güter gesehen, also Güter, die „gut" für die Menschen sind, die sie aber nicht so sehr nutzen, wie es ihnen gut täte. Solche Güter müssten subventioniert oder deren Konsum sogar erzwungen werden. Die Schulpflicht wird z.B. von einigen so begründet, ebenso die Subventionierung oder Höchstpreissetzung bei bestimmten Lebensmitteln oder die Förderung von Sportvereinen. All dies wird häufig in Kombination mit externen Effekten oder anderen Marktversagensproblemen diskutiert, eher weniger im reinen Meritorikverständnis, wie es gerade skizziert wurde.

Die Argumente zu meritorischen Gütern wurden lange Zeit von vielen WirtschaftswissenschaftlerInnen als methodisch eigentlich „wesensfremd" für ihre Disziplin und ihre Fragen angesehen. In letzter Zeit gibt es nun mehrere Argumentationsrichtungen, die der Meritorikdebatte mittlerweile doch einen etwas höheren Stellenwert geben – neben einer hier nicht sehr vertieften rein methodologischen Frage, ob und wie Individualismus und endogene Präferenz*bildung* eine Passung erhalten können.

Erstens wird im Zusammenhang mit Problemen der Nachhaltigkeit danach gefragt, was „gut" oder zumindest nicht schädlich für zukünftige Generationen ist. Diese Generationen können sich selbst weder ökonomisch noch politisch in der Gegenwart in Entscheidungsprozesse einbringen. Es wird z.T. (auch) meritorisch gedeutet, dass man heute alles unterlassen müsste, was zukünftige Generationen *nicht wollen können*. Ob die nächsten Generationen etwas tatsächlich nicht wollen oder dann gewollt haben, ist unbedeutend, denn man weiß es ja heute noch gar nicht, was nachfolgende Generationen präferieren werden und was sie in der Lage sind zu produzieren. Und es muss heute bereits festgelegt werden, was den nächsten Generationen hinterlassen werden und zugutekommen soll an Ressourcen, an Vielfalt, aber auch an gesellschaftlichen Regeln, Steuerungssystemen u.a.m., damit sie später ein befriedigendes Leben führen können.

Zweitens bekam die Meritorikdebatte eine gewisse inhaltliche Struktur, nachdem eine Unterscheidung zwischen kurz- und langfristigen Präferenzen in der Diskussion Platz griff. Damit verlässt man eine rein paternalistische Position im ganz strikten Sinne, wonach es der Staat besser wisse, was den Menschen gut tut.[62] Alma aus unserem Beispiel hat in dieser Interpretation meritorischer Zusammenhänge vielleicht durchaus Präferenzen für eine gute Figur, ein langes Leben, Absicherung der Existenz im Krankheits- oder Erwerbsunfähigkeitsfall und auch für eine aktive Entwicklung ihrer persön-

---

[62] Statt von paternalisitischen Eingriffen zu sprechen, ist wegen des Gender-Aspekts z.T. davon die Rede, es werde *elitistisch* vom Staat agiert.

lichen (geistigen, kreativen, körperlichen) Ressourcen. Die kurzfristigen Präferenzen, in gewisser Weise die „Gelüste", intervenieren jedoch und hindern sie daran, den langfristigen Interessen zu dienen.[63] Alma schließt also keine Versicherung ab, sondern erwirbt lieber ein neues Kleidungsstück oder noch mehr Nougatschokolade. Langfristige Gesundheitsinteressen werden kurzfristigen Freuden geopfert u.a.m. Zur Begründung werden teilweise Evolutionsargumente herangezogen und behauptet, dass der Mensch evolutorisch gesehen immer noch JägerIn und SammlerIn sei und es noch nicht gelernt habe, langfristige Orientierungen zur Grundlage seiner Entscheidungen zu machen. Auch solche Argumente verlassen die als-ob-Rationalitätsannahme.

Es gibt Beispiele für Institutionen, die Abhilfe schaffen können. Diese Institutionen sollen dafür sorgen, dass wir uns selbst daran binden, gar nichts anderes tun zu *können* als den Langfristinteressen zu dienen – ganz so wie Odysseus, der genau wusste, dass er den Sirenengesängen nicht widerstehen kann und sich deshalb an den Mast binden ließ, um nicht einen Kurs einzuschlagen, der den sicheren Schiffsuntergang bedeutet hätte.

Nehmen wir an, Alma liebt es, ihrer Verwandtschaft zu Weihnachten nette Geschenke zu machen. Dazu muss sie jedoch das ganze Jahr in jedem Monat einen kleinen Betrag zurücklegen, damit sie tatsächlich wie gewünscht Weihnachtseinkäufe tätigen und Plastikrentiere, Schneekugeln mit Teddybär-Nikoläusen, Modeschmuck, himmelblaue und mit roten Herzchen verzierte Schutzengeltassen, „Jingle-Bells"-Spieluhren, Kilopakete Lebkuchen, Socken, Oberhemden, Schlipse u.a. erwerben kann. Jeden Monat hat sie aber auch die bekannten kurzfristigen Interessen. Wenn sie den momentanen Präferenzen immer wieder nachgibt, können Ende Dezember keine Geschenke gemacht werden. Das betrübt Alma sehr. Zum Glück für sie hat eine in den USA entstandene Idee auch hierzulande FreundInnen gefunden. Sie tritt einem Weihnachtsclub bei. Dabei verpflichtet sie sich, monatlich jeweils einen bestimmten Betrag einzuzahlen. Sie bekommt keine Zinsen für das Geld, und sie hat keinerlei Verfügungsrechte über die Mittel bis Ende November. Dann bekommt sie den gesamten angesparten Betrag ausgezahlt.

Ökonomisch klingt das auf den ersten Blick völlig unsinnig, da es viel günstiger erscheint, das Geld auf einem Bankkonto anzulegen, Zinsen dafür zu bekommen und auch noch mehr Freiheiten zu haben, darüber zu ver-

---

[63] Eine sehr spezielle Wendung nimmt diese Diskussion im Zusammenhang mit der Lebenszufriedenheit. So zeigt sich zwar, dass Erwerbstätigkeit von den Menschen als sehr befriedigend eingeschätzt wird – aber nur für den Lebensentwurf und ein „Gesamtgefühl". Während der Verrichtung der Arbeit sieht man es oft anders. Ein Aufsatztitel skizziert es treffend mit der Formulierung für erwerbslose Menschen: „Dissatisfied with Life, but Having a Good Day."

fügen. Als Instrument der Selbstbindung ist der Weihnachtsclub jedoch eine gute Möglichkeit. Alma *kann* bis November keinesfalls über die Mittel verfügen, und das erlaubt es ihr, die gewünschten Geschenke zu machen, was ihr zum Jahresende eine ganz besonders große Freude bereitet. Diese Freude könnte sie nicht genießen, wenn sie zuvor alles Geld zu Gunsten der Kurzfristinteressen schon ausgegeben hätte.

Als Selbstbindung in diesem Meritoriksinne werden u.a. Sozialversicherungssysteme gedeutet. Danach haben wir uns als Gesellschaft *selbst* in einem politischen Prozess das Zwangsinstrument eines Systems von Pflichtversicherungen geschaffen (Renten-, Kranken-, Unfall-, Arbeitslosen-, Pflegeversicherung), weil wir genau wissen, dass wir nur so unseren langfristigen Präferenzen dienen können. Zumindest wären diese Systeme, wie auch immer genau die politischen Entscheidungen getroffen wurden, prinzipiell zustimmungsfähig. Dass asymmetrische Informationen einen weiteren Begründungszusammenhang bieten, stärke die Argumente zur Notwendigkeit solcher Zwangsinstrumente nur. Die Konsequenzen sind nach der gerade vorgestellten Idee doppelt vorteilhaft für uns alle.

Eine dritte Wendung mit einer recht jungen, aber bereits einflussreichen Konzeption stammt aus einer verhaltensökonomischen Richtung. THALER/ SUNSTEIN (2009) verweisen auf viele psychologische Phänomene, die wir im Kontext mit der Organisation der Arbeitsteilung bereits angesprochen haben – so wie die Kontextabhängigkeit von Motiven und Verhaltensweisen. Sie weisen ergänzend auf weitere psychologische Effekte hin, die jeweils inkompatibel mit der strikten Nutzenmaximierungshypothese erscheinen, aber ökonomisch hoch relevant sein können. Aus der Vielzahl psychologischer Erkenntnisse seien nur einige wenige benannt:

– Trägheitseffekte. Es macht einen Unterschied, ob wir z.B. ein Zeitungsabonnement von uns aus kündigen müssen nach einer kostenlosen „Kennenlernzeit" oder ob diese Ausprobierzeit automatisch endet und wir die Zeitschrift aktiv neu bestellen müssen. Wenn wir selbst kündigen müssen, haben wir die Zeitung „Der Teddybär – Zeitschrift für plüsch-weiche Sofasitzer" wahrscheinlich viel länger periodisch in unserem Briefkasten als bei notwendiger Neubestellung, ob wir das Journal nun mögen oder nicht.

– Komplexitätseffekte. Ob und welche Entscheidungen getroffen werden, hängt von der Alternativenmenge ab. Sehr viele Entscheidungsmöglichkeiten führen nicht zwangsläufig zu besseren Entscheidungen. Zum Teil können wir uns dann überhaupt nicht mehr festlegen. Oder wir hören irgendwann mit dem Abwägen auf und treffen – auch nachteilige – Spontanentscheidungen.

- Risikowahrnehmung. Insbesondere kleine Wahrscheinlichkeiten werden häufig verzerrt wahrgenommen und lösen „irrationale" Ängste aus, manchmal aber auch völliges Ignorieren (seltener) Möglichkeiten. Das ist z.B. dafür relevant, ob Versicherungen gegen Elementarschäden etwa durch Erdbeben oder Sturmfluten abgeschlossen werden, ob Lotto gespielt wird oder welche Proteste sich gegen den Bau von Kraftwerken, Stromleitungsnetze, Funkmasten o.ä. formieren. Letzteres deutet übrigens an, dass es in der Meritorikdebatte nicht allein um Entscheidungen auf Märkten geht, sondern um solche in sämtlichen Koordinierungslogiken, also auch um politische oder gruppenspezifische Entscheidungen.

- Effekte zur Wahrnehmung von Verlust- und Gewinnsituationen. Potentielle Verluste schrecken uns meistens und fördern risikoscheues Verhalten. Potentielle Gewinne wirken psychologisch anders. In Experimenten reichte es bereits, z.B. hinsichtlich der Wirkung eines neuen Medikaments einmal davon zu sprechen, 90% der PatientInnen könnten durch die Einnahme des Präparates überleben oder zu sagen, 10% würden wohl dennoch sterben, um deutliche Beurteilungsunterschiede bei den Testpersonen zu *induzieren*.

- Der „Unerledigt"-Effekt. An etwas noch nicht Erledigtes oder Vollendetes erinnern wir uns deutlicher als an Abgeschlossenes. Das nimmt nicht allein unsere Gedanken stärker ein, sondern hat auch Verhaltenskonsequenzen bei der Frage, womit und wie intensiv wir uns mit etwas beschäftigen und welche Dinge wir vielleicht zu diesen Zwecken lernen oder kaufen.

- Motivationseffekte. Je nach Kontext variieren Einstellungen, Motive und Verhaltensweisen. Vieles davon kennen wir bereits aus der Diskussion um die Arbeit. Es kann aber z.B. auch eine Rolle spielen im Umweltschutz. Werden Instrumente wie Steuern oder Zertifikathandel zur Internalisierung negativer externer Effekte eingesetzt, kann das eine Wahrnehmung nahelegen, man zahle für die Umweltverschmutzung (die Umwelt hat einen „Preis"), habe aber keine weitere moralische Verpflichtung zum schonenden Umgang mit Ressourcen oder zur Vermeidung von Umweltschäden. Staatliche Ver- und Gebote schaffen andere Kontexte mit vielleicht besseren Möglichkeiten zum Aufbau eines intrinsischen Umweltinteresses.

THALER/SUNSTEIN argumentieren, dass es vorteilhaft sein kann, diese Effekte politisch zu Gunsten der Menschen auszunutzen. Sie beschreiben ihren eigenen Ansatz als *libertär paternalistisch*. Damit meinen sie, dass der Staat keine direkten Vorschriften erlassen sollte – etwa wie man sich versichert, ob man kiloweise Nougatschokolade futtern, ob man alkoholische Getränke zu sich nehmen darf oder nicht. Besser wäre es, den Menschen Wahlmöglichkeiten zu belassen, aber jeweils die Institutionen und Kontexte so zu gestalten, dass sie möglichst vorteilhafte Entscheidungen für sich selbst treffen könnten. Den Einwänden, dann wisse es wohl doch jemand besser, was einem gut tut und das alles wirke ziemlich manipulativ, entgegnen sie, dass man ja immer beeinflusst wird durch den Kontext, und man sollte doch dann tunlichst die Rahmenbedingungen gleich so gestalten, dass etwas halbwegs Gescheites für jede/n und die Gesellschaft dabei herauskommt. Sie zeigen in ihrem Buch dann an vielen Beispielen vor allem der Sozialpolitik, wie Regeln zum verpflichtenden Krankenversicherungsschutz, zur Vermögensbildung oder der Gesundheitsprävention aussehen müssten, damit die Individuen Entscheidungen treffen, die ihnen zugutekommen.

Wir haben jetzt auf verschiedenen Ebenen Argumente dafür gehört, warum der Staat den Individuen nicht immer die freie Entscheidung überlässt, sondern sie im Sinne ihres eigenen Wohlergehens zu bestimmten Verhaltensweisen zwingt oder zumindest dazu drängt. Meritorikargumente im engen Sinne betreffen allerdings nur einen Teil all der Begründungen, die Freiheitseinschränkung und vermeintliche Bevormundung durch den Staat zu rechtfertigen versuchen. Im engsten Sinne ginge es allein um das potentiell selbstschädigende Verhalten, aber „Bevormundung" kann es auch aus anderen Gründen heraus geben. STURN (2013) nimmt dazu sehr ausführlich Stellung und systematisiert die Diskussion. In einer leichten Erweiterung seiner Klassifikation kann man folgende Argumente dafür unterscheiden, warum der Staat die Wahl- und Vertragsfreiheit unter Umständen zum Wohle der Individuen einschränken sollte. Nur einige davon sind der Meritorikdiskussion in einem ganz engen Sinne der potentiellen Selbstschädigung zuzuordnen.

(a) Wenn die individuelle Ausübung von Freiheitsrechten *andere* Menschen in ihren Rechten essenziell beschneidet, werden zumindest die gröbsten Formen verboten. Mord, Totschlag, Raub etc. gehören ebenso wenig zu den erlaubten Formen freier Entscheidungen und Handlungen wie Verleumdungen, grobe Beleidigungen oder sexuelle Übergriffe.

(b) Wenn die Ausübung von Freiheitsrechten zwar individuell rational ist, aber kollektiv zu ungewünschten Ergebnissen führt, werden bestimmte Handlungsoptionen ebenso verboten oder erschwert. Das betrifft alle Formen des „Marktversagens", bei denen Handlungseinschränkungen und Rahmungen des Wettbewerbs Effizienzvorteile versprechen. Bei strategischen Situationen vom Typus Gefangenendilemma, bei externen Effekten, bei Massenphänomenen, bei asymmetrischen Informationen mit Qualitätserosion, bei Diskriminierung via nicht geräumter Märkte, bei Marktverschließungen durch Monopole u.a.m. werden Handlungsgebote und -verbote verhängt, um gesamtwirtschaftlich „bessere" Ergebnisse zu bekommen und damit auch den einzelnen Individuen zu dienen. Versicherungspflichten werden z.B. bekanntlich auch mit Marktversagen bei asymmetrischen Informationen gerechtfertigt.

(c) Im gleichen Zusammenhang wird argumentiert, dass es günstiger sein kann, wenn der Staat Sachtransfers statt Geldtransfers an Bedürftige vergibt. Das kann, muss aber nicht damit zusammenhängen, dass der Staat befürchtet, die Bedürftigen könnten die Mittel schädlich für sich selbst ausgeben, also z.B. Wodka statt Gemüse zu kaufen oder ein neues TV-Gerät zu erwerben statt ihre Kinder durch Sport, Literatur, Musik u.a. zu fördern. Ein Grund für Sachtransfers kann ebenso in asymmetrischen Informationen liegen. Durch Sachtransfers, auch durch die Bereitstellung rein privater Güter durch den Staat, ist es nämlich denkbar, dass der Staat im Rahmen asymmetrischer Informationen zwischen Staat und BürgerInnen über Selbstselektions-, Selbstbindungs- und Überwachungsfunktionen die für Transfers vorgesehenen Mittel effizient verteilen und selbst auch von den BürgerInnen besser überwacht werden kann (vgl. THUM 2000). Das wäre dann ein reines Effizienzargument und benötigte nicht zwingend eine meritorische Wendung.

(d) Im 6. Kapitel werden wir ausführlicher auf Freiheits- und Gerechtigkeitstheorien eingehen. In einem dieser Ansätze (vgl. BASU 2011) wird argumentiert, dass man alle solche Verträge unterbinden sollte, bei denen man Nachteile in Kauf nehmen müsste (bzw. einen Preis zu entrichten hätte), wenn man grundlegende Menschenrechte für sich in Anspruch nimmt. Dieses Argument ist eng mit dem Problem ungewünschter Ergebnisse durch Massenphänomene verknüpft.

Die beschriebenen Fälle schränken Vertragsmöglichkeiten und freiwillige Handlungen der Individuen ein. Die meisten der Argumente dahinter beziehen sich auf die Effizienzvorteile solcher Regelungen, wie etwa bei einem Monopolverbot, bei der Einführung von Pflichtversicherungen oder bei Maßnahmen zum Schutz der Umwelt. Ob das schon paternalistische Züge der Politik beinhaltet, ist umstritten. Strikte Meritorikargumente sind es jedenfalls nicht, denn in der Meritorik geht es eher darum, dass Menschen unter Umständen *für sich selbst* ungünstige Entscheidungen treffen und dazu gebracht werden sollen, doch das zu tun, was „gut" für sie selbst ist. Nun sollen nach der Vorstellung vieler VertreterInnen des Liberalismus tunlichst die Menschen eigentlich selbst bestimmen, wie sie ihr Leben führen möchten. Es sollen keine IdeologInnen oder selbsternannte WeltverbesserInnen anderen ihre Vorstellungen eines richtigen oder guten Lebens aufzwingen. STURN (2013) zeigt nun mit Verweisen auf MILL, PIGOU und MUSGRAVE Argumente auf, die dennoch begründen, dass der Staat Verhaltensvorgaben macht, um Individuen dazu zu bringen, für sich selbst sinnvolle Entscheidungen zu treffen. Menschen mit eingeschränkter Urteilsfähigkeit, also „unmündige" Menschen benötigen eventuell Unterstützung in ihrer Entscheidungsfindung. Jemand anderes muss eine Sachwalterfunktion etwa für Kinder oder für Menschen mit schwerwiegenden psychischen Beeinträchtigungen ausüben. Ob das notgedrungen der Staat sein muss, ist damit noch nicht gesagt. Bei Kindern sind deren Eltern zunächst die naheliegenden potentiellen SachwalterInnen. Zwei Schwierigkeiten ergeben sich hierbei. Es ist keineswegs von vornherein klar, was nötig ist, um den Zustand der „Mündigkeit" hinreichend gut zu erreichen, der eine SachwalterIn überflüssig macht. STURN (2013: 20f.) weist zu Recht darauf hin, dass das Mündigkeitskonzept durchaus auch Missbrauch ermöglichen kann. Es ist häufig zudem ein zeitgebundenes Phänomen, welchen Menschen man Mündigkeit unterstellt und welchen nicht. Noch im 19. Jahrhundert wurde sie Frauen grundsätzlich abgesprochen. Sie seien viel zu emotional und zu schwach, um eigenständig Entscheidungen treffen zu können. Noch lange im 20. Jahrhundert mussten Frauen die Erlaubnis ihrer Ehemänner einholen, wenn sie einer Erwerbstätigkeit nachgehen wollten. Das Frauenwahlrecht ist ebenso eine sehr späte Errungenschaft. In Deutschland trat es erst nach dem 1. Weltkrieg in Kraft. Die Frauenbewegung berief sich zuvor explizit darauf, das *Recht der Mündigkeit und Selbständigkeit* im Staat zuerkannt zu bekommen. Ebenso wurden Menschen anderer Ethnien häufig wie unmündige Kinder betrachtet und dadurch letztlich diskriminiert. Zu Zeiten des Kolonialismus war das besonders ausgeprägt. Auch Menschen mit körperlichen Behinderungen wurden zeitweise in dieser Weise kategorisiert, ganz nach dem Motto, dass jemand, der nicht gut laufen kann, gleichzeitig auch nicht denken und souverän entscheiden kann.[64] Unmündigkeit muss also zumindest sehr präzise umschrieben werden, um

---

[64] Eine eigene unschöne Erfahrung in einem Pflegeheim: Eine SozialarbeiterIn (!) brüllt geradezu in ungewöhnlicher Lautstärke eine ältere, geistig rege und nicht hörbeeinträchtigte Bewohnerin an, die wegen einer Muskelerkrankung bettlägerig ist, und sie wählt der Bewohnerin gegenüber zudem eine Art „Baby-Sprache" mit 3-Wort-Sätzen und Verben nur in Form von Infinitiven. Wieder das gleiche Muster unsinniger Verknüpfungen: Wer sich nicht bewegen kann, hört automatisch schlecht und hat kognitive Einschränkungen. Sachwaltung kann dann so weit gehen, Entscheidungen über die Ernährung und die konkreten Mahlzeiten der freien Entscheidung der Bewohnerin zu entziehen, sie nicht mehr zu fragen, wie sie sich kleiden möchte und bei TV-Sendern immer nur Volksmusik „zwangsweise" anzustellen.

möglichst wenig missbrauchsanfällig zu klären, wer eine SachwalterIn benötigt, wem man also letztlich keine komplett souveräne Entscheidung überlässt.

Es bleibt immer noch das Problem, warum man bei Kindern nicht deren Eltern in jedem Fall die Sachwalterfunktion zugesteht und der Staat statt ihrer diese Funktion teilweise übernimmt (Schulpflicht, Eingriffe via Jugendamt). Nach STURN (2013: 21) hat MILL ein „reales" Problem der Eltern identifiziert, das übrigens auch die aktuelle Debatte etwa um das Betreuungsgeld begleitet. Gerade im Bildungs- und Betreuungszusammenhang zeige sich ein Problem auch bei den Eltern. Die Eltern aus benachteiligten sozialen Milieus, deren Kinder eine gute Bildung am dringendsten benötigten, würden sie unter Umständen am allerwenigsten nachfragen. Das weist dem Staat eine Befähigungsaufgabe sowohl für die Eltern, aber auch unmittelbar für die Kinder zu.

Eine weitere Ausnahme wird in MILLs liberaler Perspektive gerechtfertigt, wenn Individuen unumkehrbare Entscheidungen treffen, sich etwa per Vertrag in die Sklaverei begeben. Dann würde man zwar vor Vertragsunterzeichnung in freier Wahl entscheiden, danach seien aber Wahlfreiheit und Selbstbestimmung außer Kraft gesetzt. Nicht ganz so dramatisch, aber auch mit schwerwiegenden unumkehrbaren bzw. zumindest sehr langfristigen Wirkungen, sind die Folgen aus dem Gebrauch von Suchtmitteln oder aus der Überschuldung. Diese Fälle könnten ebenso dafür sprechen, dass der Staat einige Entscheidungen zu unterbinden sucht und bestimmte Verträge von vornherein verbietet.

In einer Art eines hybriden Arguments wird argumentiert, dass es so etwas wie „Gemeinschaftsbedürfnisse" geben könnte (STURN 2013: 23). So sei es denkbar, dass bestimmte Formen der Bildungspolitik, auch Bildungszwang, oder Varianten der Umverteilung deshalb von allen akzeptiert würden – mit allen zugehörigen Zwangsmaßnahmen des Staates –, um die soziale Kohäsion und die Systemakzeptanz der Individuen zu stärken. Das ist zumindest wieder doch ein „halbes" Effizienzargument, weil es die Funktionalität solcher Regeln für die Gesellschaft betont. Gleichzeitig unterscheidet man damit implizit zwischen privaten und politischen Präferenzen.

Menschen werden zwar in vielen Modellen als rationale Wesen unterstellt, aber das ist zunächst nur eine analytische Vereinfachung, die in Einzelfällen gerechtfertigt werden kann, in anderen Zusammenhängen wenig zielführend ist. Auf keinen Fall bedeutet es, dass man die Menschen tatsächlich als stets rational handelnde Wesen einschätzt. In den Feldern der Verhaltensethik (vgl. BAZERMAN/TENBRUNSEL 2011) und der Verhaltensökonomik (vgl. z.B. THALER/SUNSTEIN 2009) werden die auch analytisch relevanten Phänomene aufgezeigt wie etwa die starke Diskontierung der Zukunft oder die Kontextabhängigkeit von Bewertungen und Entscheidungen. BAZERMAN und TENBRUNSEL weisen z.B. darauf hin, dass wir alle systematisch unseren eigenen moralischen Überzeugungen oft nicht folgen und auch unsere ganz persönlichen langfristigen Interessen bei konkreten Entscheidungen oft aus den Augen verlieren und kurzfristigen Wünschen und Gelüsten immer wieder nachgeben (und das ist nicht etwa eine Verhaltensanomalie, es passiert ganz systematisch). Unsere Nougatliebhaberin Alma hatten wir ja bereits als Beispiel dafür kennengelernt. Wir handeln oft nach dem *want* und nicht gemäß unseres selbst definierten *should*. Ich sollte die 10. Tasse Kaffee beim Schreiben dieser Zeilen nicht trinken, aber Tasse, Kaffeeautomat und Kaffeeduft „lachen mich an", so dass natürlich doch nach kurzem Zögern der Kaffeeautomat wieder angeworfen wird. Sofern wir es nicht selbst über Weight Watchers, Selbsthilfegruppen nach Erkrankungen, über die genannten Weihnachtsclubs oder anderes schaffen, mit Selbstbindungsmechanismen unseren eigentlich wichtigeren langfristigen Interessen zu folgen, dann, so wird argumentiert, müsse unter Umständen der Staat so etwas erzwingen – Versicherungspflicht, Gesundheitsvorsorge, Informationsangebote, Fast-Food-Steuer, Kennzeichnungspflicht für Lebensmittel u.a. können so rechtfertigungsfähig werden.

Eine noch etwas andere Wendung bekommt die Debatte in der differenzierteren Betrachtung, wenn man das Problem anschaut, wer denn wirklich „weiß" oder es zu wissen glaubt, was gut für einzelne Menschen ist.[65] SCHULZ-NIESWANDT und SESSELMEIER (2008: 7ff.) betonen mit Nachdruck, dass dabei normative Prämissen eine wesentliche Rolle spielen. Diese impliziten normativen Wertungen gingen z.B. ein in die Logik und Gestaltung des Sozialstaats. Soziales und meritorisches Handeln, so ihre These, sei immer über die Wertfundierung, die soziale Normierung und die *kulturellen Codes* bestimmt.

„Gerade dadurch ist eine motivabhängige Habitualisierung bis hin zur Professionalisierung sozialen Helfens ja möglich: Die Aufdeckung derartiger Grammatiken praktischer Sozialpolitik war immer schon Teil des wissenschaftlichen Programms der Sozialpolitik, [...]." (SCHULZ-NIESWANDT/ SESSELMEIER 2004: 8).

Normative Skripte in den handlungsleitenden Logiken seien für die Wissenschaft demnach ein zwingendes Thema. Die Vorstellungen über Rollen und daran gebundene Vorstellungen über die individuelle Lebensgestaltung sind zeit- und kulturabhängig. In den 1950er Jahren hatte man sicherlich andere Vorstellungen, was Frauen zu einem gelingenden Leben wünschen (sollen) als heute, wenn damals die „Bestimmung der Frau" hauptsächlich als Hausfrau und Mutter gesehen wurde. Welche Art Bildung und welche Art

---

[65] Die folgenden Argumente orientieren sich an den einleitenden Ausführungen von BENDER/KUBON-GILKE (2013) sowie an den abschließenden Einschätzungen bei KLÖS/ KUBON-GILKE (2013).

von Arbeitsmarktzugängen dann im jeweiligen Meritorikverständnis abgeleitet werden, Menschen zu „richtigen" Entscheidungen für sich selbst zu bringen, hängt besonders stark von den jeweiligen kulturellen Normierungen ab.

Ein Ansatzpunkt zum Verständnis dieser Zusammenhänge, auch des kulturellen Wandels an sich ist es, die Theorie der Pfadabhängigkeit zu Rate zu ziehen. Dieser theoretische Ansatz verdeutlicht, dass die Betrachtung eines Systems (hier eines bestimmten Familienbildes bzw. ein Konstrukt zu „wahren" Bestimmungen bestimmter Personengruppen) innerhalb seines institutionellen Geflechts, also innerhalb des Satzes vor allem informeller Normen und unterlegter Grammatiken, erfolgen muss. Brechen Reformideen etwa der Familienpolitik mit der Pfadabhängigkeit, kann es zu Akzeptanzproblemen, gesellschaftlichem Widerstand und sogar unerwarteten Reaktionen des AdressatInnenkreises kommen.

Die Theorie der Pfadabhängigkeit zeigt, dass gesellschaftliche und kulturelle Zustände durch multiple Gleichgewichte gekennzeichnet sind. Die Gegenwart kann letztlich nicht unabhängig von der Vergangenheit und ihren Kodifizierungen verstanden werden, was an bestimmten positiven Rückkopplungseffekten liegt. EICHHORST/SESSELMEIER/YOLLU-TOK (2004: 16ff.) fassen die wesentlichen Zusammenhänge zusammen und zeigen die Bedeutung für staatliche Interventionen, speziell den sozialpolitischen Wandel auf. Sie verweisen dabei auf drei wesentliche Rückkopplungseffekte:

– *Koordinationseffekte*: Kulturelle Muster, Institutionen und Regeln helfen, Unsicherheiten bei Interaktionen zu reduzieren und Erwartungen zu stabilisieren. Positive Rückkopplungen entstehen dadurch, dass sich Individuen aus diesem Grunde an bestehenden Regelungen und gesellschaftlich geteilte Interpretationen über Rollen verschiedener Gruppen in ihrem Handeln orientieren.

– *Komplementaritätseffekte*: Gesellschaftliche Muster und Regeln sind nicht voneinander unabhängig. Die Befolgung einer Regel wird z.B. dann attraktiver und wahrscheinlicher, je stärker sie mit anderen Regeln kompatibel ist. Damit stützt sich ein kohärentes normatives Gerüst in seinen einzelnen Regelelementen gegenseitig.

– *Wechselwirkung zwischen Regel- und Handlungsebene*: Menschen unterliegen kognitiven Grenzen und orientieren sich am Bestehenden. Der Kontext der gesellschaftlichen Grammatik bestimmt Sichtweisen, Einstellungen und Motive der Individuen. Auch dies führt zur Stabilisierung bestimmter Gleichgewichte.

Durch diese Effekte befindet sich die Gesellschaft auf einem ganz bestimmten Entwicklungspfad, der durch die Anfangsbedingungen wesentlich mitbestimmt ist. Es kann zu sogenannten „lock-in"-Effekten kommen, wonach ein Pfad auch selbst dann nicht verlassen wird, wenn er sich als nachteilig sowohl auf individueller als auch auf gesellschaftlicher Ebene erweist.

Wichtiger noch für die Meritorikdebatte ist dabei folgendes Problem: Aus den psychologischen Erkenntnissen wissen wir schon, dass der Kontext inklusive der normativen Kodierung in der gerade gültigen gesellschaftlichen Kultur ganz wesentlich mitbestimmt, was man für sich selbst unter einem gelingenden Leben überhaupt versteht. Jemand aus einem Stadtteil, in dem besonders viele Benachteiligte leben, ohne Bildungsabschluss und ohne großes Einkommen wird vielleicht kontextgebunden ganz andere Vorstellungen als jemand aus einem Viertel Wohlhabender, mit Abitur und sicherem, gut entlohnten Beruf haben. Und es kann vor 50 Jahren noch ganz andere Ideen mit sich gebracht haben als heute. Das alles ist eben nicht allein eine Frage der Individualität, denn lebte dieser Mensch in einem anderen Kontext, zu anderer Zeit und in anderem Normengefüge, käme er unter Umständen zu ganz anderen Vorstellungen über ein gutes, gelingendes Leben für sich selbst. Und wenn die Person es nicht schaffen sollte, die für sie sinnvollen Entscheidungen selbst zu treffen: Die Individuen, die politische Entscheidungen über das Wohl der Menschen zu treffen haben, unterliegen ja in ähnlicher Weise solchen Normierungen. Die Kontexte der politisch Verantwortlichen und der betroffenen AdressatInnen meritorischer Eingriffe können aber ganz unterschiedlich sein. Was aber zählt? Ist der Staat dazu da, Ordnungsbedingungen zu schaffen, unter denen die aktuellen, jeweiligen Vorstellungen betroffener Individuen oder die einer politischen „Elite" umgesetzt werden können, oder gibt es im Vorfeld erst noch einen zu schaffenden Kontext, der die „richtigen, gewünschten" Lebensvorstellungen der Menschen hervorbringt? Diese Diskussion um Identität, gelingendes Leben und die normativen Konsequenzen, letztlich um das Problem einer Art eines Metakonzepts für gelingendes Leben muss explizit geführt werden. Sie hat für die Sozial-, Familien- und Bildungspolitik wie für fast alle Politikbereiche weitreichende Bedeutung.

Um ein extremes Beispiel zu bemühen: Wenn in den gegebenen normativen und institutionellen Kontexten viele Menschen zur Einschätzung kommen, dass das Leben nur dann erfreulich gelingen kann, wenn sie selbst bestimmten ästhetischen Standards genügen, dann stellt sich die Frage, ob der Staat gegebenenfalls diese Voraussetzung schaffen oder gar finanzieren muss, keinesfalls jedoch die Arbeit von Tattoo-Studies, kosmetische Operationen etc. erschweren darf. Oder bei anderen Bewertungen gelingenden Lebens durch die PolitikerInnen: Gilt es im Vorfeld, institutionelle und gesellschaftliche Kontexte zu schaffen, bei denen die körperlich-ästhetischen Momente für die Menschen gar keine besondere Rolle bei ihrer eigenen Vorstellung eines guten Lebens spielen?[66] Für Bildungszusammenhänge spielt es u.a. eine Rolle, ob Entscheidungen *gegen* Weiterbildung oder *gegen* den Besuch bestimmter kultureller Veranstaltungen nur Ausdruck der freien Willensentfaltung selbstbestimmter und verantwortungsfähiger Menschen im Sinne ihrer Vorstellungen des guten Lebens sind und damit respektiert werden müssen. Alternativ könnte die Vorstellung entstehen, man müsse durch Kontextualisierung Menschen dazu „schubsen", Interesse an Bildung, an Kultur etc. zu entwickeln, was sie dann andere Entscheidungen treffen lässt. Die normative Position dazu entscheidet mit, in welchem Ordnungsrahmen die damit angelegten Bildungsziele am besten zu erreichen sind.

4.5 Supermodularität

Bei supermodularen Strukturen geht es um sogenannte strategische Komplementaritäten. Beides hört sich komplizierter an als es tatsächlich ist. Schauen wir erst einmal auf ein Beispiel, das allein die Struktur einer solchen Konstellation verständlich machen soll.

Im Stadtteil Buddelberg der größeren Stadt Sandfurt gibt es zwei Spielplätze, einen in der Ahornstraße (A) und einen im Birkenwinkel (B). Die Geräte beider Anlagen sind weitgehend gleich. In A gibt es allerdings eine Wippe statt zweier Schaukeln, die in B stehen. In B gibt es wiederum keine Wippe. Cecil (C) und Danuta (D) sind zwei achtjährige Kinder, die in dem Stadtteil leben. Beide überlegen jeweils allein, welchen Spielplatz sie aufsuchen. Verabredet haben sie für 15.00h nur „Spielplatz", aber sie haben vergessen zu vereinbaren, ob es A oder B sein soll. Cecil hat vormittags in den Schulpausen viel telefoniert und noch mehr SMS innerhalb des Unterrichts geschrieben („Wie geht es Dir? Mir geht es gut." an 50 Freunde, 4 Freundinnen und alle seine Verwandten). Seine Prepaid-Karte des Smartphones ist nun leer, so dass C und D auch nicht kurz vor 15.00h miteinander sprechen und sich genauer verabreden können. Schaukeln kann man jeweils allein, das bringt ihnen jeweils einen Nutzen von 4. Wippen geht nur zu zweit. Wenn nur entweder C oder D beim Spielplatz mit der Wippe sind, nutzt das gar nichts, der Nutzen ist 0. Wenn beide zu A gehen, können sie wippen, was

---

[66] Vgl. z.B. die Frage zur „wunscherfüllende Medizin" zur Ermöglichung gelingender Lebensplanung, wie sie u.a. in den Beiträgen bei KETTNER (Hrsg.) (2009) diskutiert wird. Vage Anhaltspunkte für die Relevanz erhält man, wenn man die sicherlich einseitige, überzeichnende und auch tendenziöse Doku-Soap „Extrem schön" anschaut, die regelmäßig auf RTL II zu sehen ist. Viele der auf Kosten des Senders „Verschönten" äußern, dass sie nun erst in der Lage seien, sich schamfrei in der Gesellschaft zu bewegen und dass dies die Voraussetzung für ihr nun beginnendes „wirkliches, richtiges" Leben sei.

ihnen besonders viel Spaß macht und beiden jeweils einen Nutzen von 5 einbrächte. Das gibt folgende Matrix an. Als Strategien stehen für beide zur Verfügung, sich entweder zu A oder zu B zu begeben.

		Cecil	
		Spielplatz A	Spielplatz B
	Spielplatz A	5 / 5	0 / 4
Danuta			
	Spielplatz B	4 / 0	4 / 4

Wenn sich also Danuta für A entscheidet, C aber für B, dann ist Danutas Nutzen 0, Cecils ist 4. Cecil kann ja immerhin allein schaukeln. Umgekehrt ist der Fall, dass D zu B geht und C zu A. In beiden Fällen steht immer eines der beiden Kinder traurig an der Wippe. Gehen sie beide zu B, schaukeln beide und erhalten je 4. Gehen Sie beide zu A, wippen sie und haben einen Nutzen von je 5. Wenn D nun glaubt, dass C zu B gehen wird, wird sie nichts Besseres tun können, als auch zu B zu gehen – denn sonst stünde sie allein an der Wippe. Wenn sie dagegen glaubt, dass C zu A geht, dann wird sie sich dorthin auf den Weg machen und beide würden fröhlich wippen. Es gibt zwei Gleichgewichte: erstens, dass beide A wählen und zweitens, dass sich beide für B entscheiden. Das A/A-Gleichgewicht ist für beide besser als das B/B-Gleichgewicht. Wenn die/der jeweils andere die „bessere" Strategie A wählt, entscheidet man sich selbst auch dafür. Das ist die strategische Komplementarität.

Das ist zunächst nur die grundsätzliche Struktur einer supermodularen Entscheidungssituation mit „guten" und „schlechten" Strategien und dazugehörigen Gleichgewichten. BASU (2007) hat diese Eigenschaften der Supermodularität genutzt, um Konstellationen zeigen zu können, bei denen Ineffizienzen auftreten können, es zu Diskriminierung von Gruppen kommen *kann* und soziale Identitäten im Arbeits- oder Geschäftsleben eine ganz entscheidende Rolle für Partizipation und Erfolg spielen können, obwohl Wettbewerb das eigentlich unterbinden sollte (das wird genauer im Abschnitt 4.8.6 zum Thema gemacht).

Es lohnt sich, BASUs Argument genauer anzuschauen, auch die genaue Struktur seines Modells und das alles mit einem einfachen Beispiel zu illustrieren. Er nimmt zunächst an, dass Rasse, Religion, Geschlecht etc. keinerlei Bedeutung haben für die Produktivität eines Individuums oder für seine Vorstellungen bezüglich Arbeit und Freizeit. Er möchte zeigen, dass aber dennoch folgender Fall eintreten kann: Wenn es eine allgemeine Vermutung gibt, dass jemand aus einer bestimmten Gruppe weniger produktiv als eine andere Person mit anderer Gruppenzugehörigkeit ist, dann kann sich das nachträglich (ex post) tatsächlich als wahr erweisen. Es kann also zur selbsterfüllenden Prophezeiung werden.

Um alles einfach zu halten im Modell, gibt es bei BASU nur zwei Arten von Individuen: UnternehmerInnen und InvestorInnen. InvestorInnen können bei ihm z.b. KreditgeberInnen sein, die Startkapital für eine Unternehmung finanzieren. I-Personen können auch KundInnen sein, die einen Vertrag über bestimmte Leistungen mit der UnternehmerIn abschließen und dafür einen Preis entrichten. Wenn sich z.B. Ulfert (ein spezieller U) mit einem Heizungswartungsservice selbständig machen möchte, könnte er Verträge mit den KreditgeberInnen Inga, Isolde und Ivo abschließen sowie Verträge mit Ingeburg und Ilya, die gegen monatliche oder jährliche Zahlung ihre Heizung warten lassen wollen. Alle diese „I"s fasst BASU als InvestorInnen zusammen. Jede UnternehmerIn schließt nun Verträge mit I-Personen ab und erbringt dann die Leistung. BASU unterstellt, dass die Produktionsmenge und -qualität (y_i) einer Person i aus der Gruppe der UnternehmerInnen einerseits von deren persönlichen Leistungsfähigkeit e_i abhängt und andererseits von der Anzahl geschlossener Verträge (m). Wenn eine UnternehmerIn z.B. hinreichend viele Kreditverträge abschließen kann, kann sie eine bessere technische Ausstattung einsetzen; viele Verträge mit KundInnen verbessern ihr Know-how. Beides erhöht die Produktivität. Nun kommt es natürlich eigentlich nicht nur auf die reine Zahl von Verträgen an, sondern auch auf die Mischung von Kredit- und Kundenverträgen, aber das wird im Modell zur Vereinfachung ausgeblendet. Die persönliche Leistungsfähigkeit e_i könnte der IQ einer Person sein, in einem konkreten Beispiel werden wir nachfolgend erreichte Bildungsabschlüsse verwenden. Wir haben also bislang:

(1) $\quad y_i = F(e_i, m)$.

Das ist die allgemeine Darstellung der eben beschriebenen Annahmen. Um es noch einfacher zu machen, unterstellen wir speziell (und leicht abgewandelt im Vergleich zu BASU, da er das Intervall möglicher e-Werte über den IQ mit Werten zwischen 0 und 1 etwas anders als in unserem Beispiel normiert):

(2) $\quad y_i = e_i \cdot f(m)$

Da wir es mit supermodularen Strukturen zu tun haben, wird erstens angenommen: wenn $m'' > m'$, dann impliziert das: $f(m'') > f(m')$. Zweitens und die eigentliche strategische Komplementarität: $[f(m+1) - f(m)]$ wird mit zunehmendem m größer. Wenn also jemand bereits neun Verträge abgeschlossen hat und nun einen zehnten unterzeichnet, dann bringt das *zusätzlich* mehr für die Produktivität als wenn jemand vier Verträge hatte und nun einen fünften abschließt. Die zusätzliche Heizung wird also bei einem neuen Vertrag umso besser gewartet, je mehr Kapital zur Verfügung steht und/oder je mehr Kunden schon bedient werden.

Wenn wir uns für den Gewinn interessieren, müssen noch Kosten abgezogen werden. Diese seien pro Vertrag konstant und sollen c betragen. c können Gebühren für einen Kreditvertrag sein oder auch Kosten der Leistungserbringung für eine KundIn. Damit wird der Gewinn für eine UnternehmerIn i (π_i)

(3) $\pi_i = e_i \cdot f(m) - c \cdot m$

Sollte i Verluste machen, dann ist der Bankrottfall eingetreten. i erhält 0, KreditgeberInnen und KundInnen tragen jeweils einen Teil der Verluste durch Nichtrückzahlung bzw. Nichtleistung.

Interessant sind nun vor allem die Fälle von e-Werten, bei denen für ein gegebenes e bei wenigen Verträgen Verluste erwartet werden, bei vielen Verträgen aber Gewinne. Gerade in diesem Zusammenhang kann bedeutsam sein, wenn es eine allgemeine Vermutung darüber gibt, welche UnternehmerInnen positive Gewinne generieren können. Dafür wird oft auf Kategorien wie Hautfarbe oder Geschlecht Bezug genommen, z.B. dass für alle solche e-Werte unterstellt wird, nur Männer als Unternehmer könnten es in den Bereich der Gewinne schaffen, Unternehmerinnen aber nicht. Machen wir es mit einem Zahlenbeispiel konkret und unterstellen:

e kann als Wert nur eine ganze Zahl zwischen 1 und 5 annehmen:

1 = kein Schulabschluss, keine Praxiserfahrung,
2 = Schulabschluss, keine Praxiserfahrung,
3 = Schulabschluss, Anlernzeit/Praktikum in einem Betrieb für Heizungsinstallationen,
4 = Schulabschluss und abgeschlossene Lehre als HeizungsinstallateurIn,
5 = BA-Abschluss an einer Hochschule (Technik) und Praktika im Heizungsbau.

Die Kosten c pro Vertrag seien 40, die Produktion bestimmt sich als:

(4) $y_i = e_i \cdot (2 + m)^2$

Der Gewinn ist also

(5) $\pi_i = e_i \cdot (2 + m)^2 - 40 \cdot m$

Mehr als 10 Verträge können annahmegemäß nicht geschlossen werden, d.h. höchstens 10 Verträge können administrativ und im Hinblick auf den Arbeitsaufwand bewältigt werden.

Rechnen wir mal los für $e = 1$:

$e = 1$ und $m = 1$: $\quad \pi = 1(2+1)2 - 40 = 9 - 40 < 0$
$e = 1$ und $m = 10$: $\quad \pi = 1(2+10)2 - 400 = 144 - 400 < 0$.

Jemand ohne schulischen Abschluss und ohne Praxiserfahrung wird niemals VertragspartnerInnen finden. Selbst bei 10 Verträgen kommt eine solche UnternehmerIn nicht aus den Verlusten heraus, d.h. keine InvestorIn wird bereit sein, eine Vereinbarung zu treffen.

Für $e = 2$ gilt das analog. Auch dafür reicht es, die beiden Randmöglichkeiten mit einem Vertrag oder mit zehn Verträgen zu überprüfen:

$e = 2$ und $m = 1$: $\quad \pi = 2(2+1)^2 - 40 = 18 - 40 < 0$
$e = 2$ und $m = 10$: $\quad \pi = 2(2+10)^2 - 400 = 288 - 400 < 0$.

Auch bei jemandem mit Schulabschluss, aber ohne jegliche Praxis, wird sich keine InvestorIn finden, da bei jeder Zahl an Verträgen Verluste erwartet werden.

Bei $m = 5$ hingegen wird immer ein Vertrag abgeschlossen:

$e = 5$ und $m = 1$: $\quad \pi = 5(2+1)^2 - 40 = 45 - 40 > 0$
$e = 5$ und $m = 10$: $\quad \pi = 5(2+10)^2 - 400 = 720 - 400 > 0$.

Selbst bei nur einem Vertrag wird eine derart hohe Produktivität erwartet, dass alle InvestorInnen gern einen Vertrag mit der UnternehmerIn abschließen möchten.

Interessant sind die Fälle bei $e = 3$ und $e = 4$. Für $e = 3$ erhalten wir bei minimaler und maximaler Vertragszahl:

$e = 3$ und $m = 1$: $\quad \pi = 3(2+1)^2 - 40 = 27 - 40 < 0$
$e = 3$ und $m = 10$: $\quad \pi = 3(2+10)^2 - 400 = 432 - 400 > 0$

Hier gibt es offensichtlich eine kritische Grenze für m. Sofern die überschritten wird, wird die selbständige Tätigkeit produktiv und es können Gewinne erwirtschaftet werden. Wenn eine InvestorIn glaubt, dass jeweils andere InvestorInnen Verträge mit der UnternehmerIn abschließen, dann tut er/sie das auch. Wenn hingegen geglaubt wird, dass andere auf Verträge verzichten, lässt er/sie es ebenso bleiben. Das ist nun eine identische Struktur wie bei unserem Anfangsbeispiel mit den Kindern, die zwischen Spielplatz A oder B zu entscheiden haben. Wenn Investorin Ingeburg glaubt, dass andere die „gute" Strategie eines Vertragsangebots wählen, wird sie der UnternehmerIn auch einen Vertrag anbieten. Glaubt sie, dass die anderen die „schlechte" Strategie des Verzichts wählen, wird sie ebenso keinen Vertrag anbieten. Es gibt zwei Gleichgewichte, ein „gutes" mit 10 Verträgen und einem Überschuss von 32, ein „schlechtes", bei dem es gar keinen Vertrag gibt und alle 0 erhalten. Hierbei sehen wir wie im Spielplatzbeispiel die strategische Komplementarität der Entscheidungen. Das gilt auch für m = 4:

$e = 4$ und $m = 1$: $\pi = 4(2 + 1)^2 - 40 = 36 - 40 < 0$
$e = 4$ und $m = 10$: $\pi = 4(2 + 10)^2 - 400 = 576 - 400 > 0$.

Wir können hier zur Übung die kritische Vertragsmenge bestimmen, ab der das Geschäft profitabel wird. Wenn man alles durchprobiert, sieht man, dass bei m = 5 noch Verluste gemacht werden, ab m = 6 Gewinne zu erzielen sind.

$e = 4$ und $m = 5$: $\pi = 4(2 + 5)^2 - 200 = 196 - 200 < 0$
$e = 4$ und $m = 6$: $\pi = 4(2 + 6)^2 - 240 = 256 - 240 > 0$.

Auch bei e = 4 gibt es das „gute" Gleichgewicht mit 10 Verträgen und einem ordentlichen Überschuss. Das „schlechte" und für alle Beteiligte nachteilige Gleichgewicht ist aber auch möglich, bei dem es gar keinen Vertrag geben würde. Wenn Investor Ivo annimmt, dass wenige Verträge oder gar kein Vertrag mit anderen zu Stande kommen bzw. kommt, verzichtet er. Alle anderen InvestorInnen überlegen identisch, schon stecken wir im ungünstigen Gleichgewicht. Glaubt Ivo an viele Verträge, wird er auch einen abschließen wollen. Wieder machen es alle InvestorInnen so, Ergebnis sind erfreuliche zehn Verträge.

BASU (2007: 14f.) argumentiert hinsichtlich Diskriminierungsproblemen nun wie folgt. Angenommen, es gibt eine allgemein geteilte Einschätzung bzw. ein Vorurteil in der Gesellschaft, dass eine UnternehmerIn der Qualifikationsniveaus e = 3 oder e = 4 nur dann die Gewinnzone erreicht, wenn es ein Mann ist. Frauen mit der entsprechenden Qualifikation wird das nicht zugetraut. Die Produktivität selbst hängt ja nicht vom Geschlecht ab, sondern ist nur vom Qualifikationsniveau und der Anzahl abgeschlossener Verträge mit InvestorInnen abhängig.

Dennoch wird sich dieses Vorurteil als selbsterfüllende Prophezeiung erweisen. Männer werden zu erfolgreichen Unternehmern, Frauen werden oft scheitern, wenn sie eine Unternehmung gründen. Wenn Investorin Isolde glaubt, dass man Ulfert Gewinne zutraut, dann erwartet sie, dass andere mit Ulfert Verträge abschließen wollen. Dann wird Ulfert auch für sie als Vertragspartner interessant. Männer mit e = 3 oder e = 4 werden nach dieser Logik viele Verträge abschließen und ein erfolgreiches Geschäft führen können. Wenn man Undine mit gleicher Bildungsqualifikation es nicht zutraut, glauben InvestorInnen, dass sie keine VertragspartnerInnen finden wird. Isolde befürchtet also Verluste und wird kein Vertragsangebot machen. Frauen „landen" im schlechten Gleichgewicht. Ihnen werden keine Verträge angeboten. Sollte sich doch eine Frau etwa mit abgeschlossener Lehre selbständig machen wollen, wird sie scheitern. Ihr Azubi-Kollege Ulfert hätte Erfolg. So scheint sich die Vermutung nachträglich immer wieder zu bestätigen, dass Frauen als Unternehmerinnen scheitern, sofern sie in unserem konkreten Beispiel keine extrem gute Qualifikation eines BA-Abschlusses in Technik vorweisen. Diskriminierung und ineffiziente Gleichgewichte sind in reinen Marktumgebungen bei supermodularen Strukturen zumindest nicht von vornherein ausgeschlossen. So ähnlich erklären sich auch so hartnäckige Vorurteile, dass – wie lange unterstellt wurde – Frauen schlechter Autos steuern und vor allem schlechter einparken können (was heute noch als „Wahrheit" gilt). Wenn man so etwas glaubt, lässt man Frauen es erst gar nicht machen, und deshalb passieren ihnen dann eventuell tatsächlich mehr Fehler, wenn sie es dann doch einmal tun.

4.6 Transaktionskosten

In den vergangenen Unterkapiteln wurden verschiedene Gründe dafür genannt, warum Märkte Koordinierungsprobleme haben können, wie diese sich hinsichtlich Allokation bzw. Effizienz auswirken, welche Verteilungskonsequenzen damit verbunden sein können und welche endogenen oder staatlichen Lösungen eventuell Abhilfe schaffen. In einer umfassenden Begrifflichkeit kann man alle Koordinierungsschwierigkeiten dem Begriff der Transaktionskosten zuordnen. COASE (1937) sprach in seinem grundlegenden Beitrag zunächst nur davon, es *müsse* solche Kosten der Marktbenutzung geben, denn sonst könne man überhaupt nicht verstehen, warum es Unternehmungen, staatliche Einrichtungen u.a. als alternative Koordinierungsinstanzen der Arbeitsteilung dauerhaft geben soll, wenn die Märkte alles derart perfekt leisten, wie es das Idealmodell nahelegt. Er selbst nannte nur einige Beispiele, welche Probleme und Kosten das sein könnten wie etwa Verhandlungskosten, Vertragsabschluss- und Vertragsdurchsetzungskosten. Inzwischen hat sich die Debatte deutlich ausdifferenziert. Externe Effekte, asymmetrische Informationen und unvollständige Verträge auf Grund kognitiver Grenzen der

Menschen und großer Zukunftsunsicherheit wurden intensiv diskutiert. Die Erweiterungen um psychologische Effekte, insbesondere die Kontextgebundenheit von Motiven und Entscheidungen, sind etwas jünger, aber inzwischen etabliert und anerkannt. Die methodologische Barriere, die Annahme völlig starrer Präferenzen aufzugeben, war zwar hoch, ist aber insofern überwunden, dass Arbeiten zur psychologischen Wirkung nicht-anonymer Koordinierungsinstanzen bereits nobelpreiswürdig wurden.

Alle Argumente gemeinsam geben ein Bild zum besseren Verständnis von spezifischen Gründen für

- die Existenz von Unternehmungen,

- die Größe von Unternehmungen,

- die interne Struktur von Unternehmungen,

- die Existenz und Verteilung von Eigentumsrechten,

- die Notwendigkeit politischer Interventionen – Rahmensetzungen, Markteingriffen bis hin zur staatlichen Übernahme kompletter Bereiche,

- die Existenz und Struktur spezieller Traditionssysteme (im ökonomischen Sinne) wie Familien und Kooperativen,

- bestimmte Muster und Häufungen spezieller Vertragsformen,

- Verschränkungen verschiedener Märkte und auch Interdependenzen zwischen den verschiedenen Koordinierungsmodi.

Letzteres, so wird sich später zeigen, verursacht erhebliche Probleme bei der Konzeption eines sozialpolitischen Programms, welches allokative Probleme lösen helfen, zur Reduktion von Unsicherheiten und Risiken in allen unterschiedlichen Koordinierungsformen beitragen, der allgemeinen Gerechtigkeit in der Gesellschaft dienen und möglichst auch noch die Interessen späterer Generationen im Blickpunkt haben soll. Gerade die Nachhaltigkeitsdebatte macht geradezu „ein Fass auf" an Fragen und Problemen. Das beginnt mit der Frage, was genau mit nachhaltiger Entwicklung gemeint ist. Geht es um die Bewahrung des Bestehenden in einer Art Apokalypseverhinderungsverantwortung der heutigen Generation oder auch um Potentialgestaltung mit aktiven Eingriffen? Weiter ist zu besprechen, wie die drei üblicherweise genannten Komponenten der ökologischen, wirtschaftlichen und sozialen Nachhaltigkeit miteinander zusammenhängen, was man überhaupt in jedem Einzelfall genau meint, warum Märkte und vielleicht auch demokratische Regelsysteme die Nachhaltigkeitsziele nicht automatisch erreichen und wie sich das alles auf den Staat-Markt-Institutionen-Mix auswirken müsste. Und überhaupt: Wieso dreht sich das alles immer nur um Menschen? Negieren wir nicht mit dem „Homozentrismus" eine eigenständige Existenzberechtigung anderer Spezies? Müssten wir nicht so handeln, dass wir alles unterlassen, was andere Lebewesen heute und später nicht „wollen" können? Den LeserInnen stehen mit Recht die Haare zu Berge. Wie soll in diesem Wust an Interpretationen, Diskursen und Anforderungen überhaupt noch ein System politisch so beeinflusst werden, das all dem dient – sofern eine wundersame Lösung nicht systemendogen von allein entsteht?

4.7 Second-best-Lösungen, Institutionenökonomik und der komplizierte Mix an Wettbewerb und staatlicher Lenkung

In einem kleinen Zwischenfazit zu den langen Ausführungen zuvor sollen einige Merkposten gesetzt werden, die für die anschließende Analyse sozialpolitischer Gestaltungen relevant sind:

(a) Arbeitsteilung zur Lösung des ökonomischen Allokationsproblems ist prinzipiell vorteilhaft, wenngleich Grenzen hinsichtlich der Tiefe der Arbeitsteilung nicht bestritten werden können.

(b) Um diese prinzipiellen Vorteile auszunutzen, muss ein grundlegendes Organisationsproblem gelöst werden. Unter anderem benötigt jede Gesellschaft eine Lösung dafür, welche Güter angesichts knapper Ressourcen in welchen Mengen und Qualitäten von welchen Personen mit welchen Hilfsmitteln, wann, wo, wie, womit hergestellt werden sollen und wer diese Güter erhalten soll.

(c) Prinzipiell kann die Organisation des Produktions- und Verteilungsprozesses durch drei Modi koordiniert werden: Markt, zentrale Steuerung oder in einem Traditionssystem mit gegenseitigen Rechten und Pflichten. Kein reales System nutzt eines dieser Prinzipien vollständig. Es handelt sich immer um Mischformen, allerdings mit unterschiedlicher Dominanz eines der drei Organisationsprinzipien.

(d) Im Referenz- bzw. Idealmodell der vollständigen Konkurrenz löst ein Marktsystem das Allokationsproblem effizient. Kein wohlwollender, allwissender Planer träfe eine andere Entscheidung als es das anonyme und informationssparsame Wettbewerbssystem spontan hervorbringt.

(e) Gerechtigkeitsprobleme sind ebenfalls so gut wie nicht gegeben im Referenzmodell, denn erstens kann nach dem zweiten Hauptsatz der Wohlfahrtstheorie jedes gewünschte Allgemeine Gleichgewicht durch eine geeignete Wahl der Erstausstattung an Ressourcen generiert werden. Zweitens deuten die Argumente zum Zusammenhang von Güter- und

Arbeitsmärkten, wenn man SMITH folgt, darauf hin, dass auch der Arbeitsmarkt selbst durch Güterpreisanpassungen zu effizienten und gerechten Lösungen gelangt. Interventionen in Märkte oder alternative Koordinierungsinstrumente bräuchte man in einer solchen Referenzwelt nicht.

(f) Reale Ökonomien sind jedoch nicht durch Märkte gekennzeichnet, die große Ähnlichkeiten zu dem Referenzmodell aufweisen. Schaut man auf die Funktionsweise realer Märkte, stellen sich eine Reihe von Problemen. Weder allokative Ziele noch Gerechtigkeitsforderungen werden stets spontan und sicher erreicht. Das Modell der vollständigen Konkurrenz dient in diesem Sinne nur als Vergleichsmaßstab, wie weit reale Marktumgebungen den erfreulichen Ergebnissen des Idealmodells kommen.

(g) Abweichungen vom Referenzmodell gibt es u.a. bei Monopolisierungen und anderen Marktbeschränkungen, bei inhomogenen Gütern, bei externen Effekten und öffentlichen Gütern, bei asymmetrischen Informationen, bei unvollständigen Verträgen, supermodularen Strukturen u.a.m. Allgemein bedeutet dies, dass es Kosten der Marktbenutzung selbst gibt. Diese Kosten verhindern es, dass spontan vollkommen effiziente und gerechte Lösungen im Wettbewerb entstehen.

(h) Bei kleineren Problemen der Marktbeschränkung kann es ausreichend sein, wenn der Staat einen Ordnungsrahmen konzipiert und durchsetzt, der Konkurrenzverhalten erzwingt. Dann sind unter Umständen effiziente Lösungen möglich.

(i) Bei asymmetrischen Informationen u.a. ist häufig nur eine „zweitbeste Lösung" möglich, bei der Informations-, Risikoverteilungsprobleme etc. zwar nicht völlig ungelöst bleiben, aber in einer Art Lösungskompromiss eine Allokation entsteht, die nicht komplett dem Ergebnis des Modells der vollständigen Konkurrenz entspricht, also die maximale Ökonomische Rente nicht realisiert werden kann.

(j) Zum Teil entstehen die effizienznahen Lösungen über wettbewerbliche Prozesse selbst. Solche Fragen untersucht die Institutionenökonomik. Sofern ökonomische AkteurInnen mit einem effizienzerhöhenden Arrangement Vorteile erzielen können, wird vielfach die These vertreten, dies sei Anlass genug dafür, dass sich die „besten" Institutionen auch bilden und durchsetzen.

(k) Der institutionelle Wettbewerb ist dazu nicht immer in der Lage, da er weder in der Fristigkeit noch in der Art der Belohnungen grundsätzlich die besten Institutionen fördern muss. Zudem zeigte sich, dass effizienzsichernde Institutionen z.T. mit vielerlei Verschränkungen verschiedener

Märkte oder sogar mit anderen Koordinierungssystemen wie zentraler oder traditionsgebundener Steuerung verbunden sind. Ob die Vielzahl gleichzeitiger Institutionalisierungen in einem evolutionären, endogenen Prozess gelingt, ist zumindest höchst unsicher.

(l) Gibt es keine spontan effizienten Lösungen, können staatliche Eingriffe sinnvoll sein, sofern sie die geeigneten Lösungen unterstützen. Diese Eingriffe können sowohl weitergehende Vorgaben für den Ordnungsrahmen betreffen als auch direkte Interventionen. Bleibt die Lösung weiterhin unbefriedigend, können sich auch Lösungen als überlegen erweisen, bei denen der Staat komplette ökonomische Bereiche in eine eigene Finanzierung und Steuerung überführt.

(m) Im Endergebnis hat man es mit einem komplexen Mix an fast reinen Marktsteuerungen, institutionell „abgesicherten" Wettbewerbsstrukturen, mit Traditions- bzw. Zentralsteuerungsbereichen innerhalb von Unternehmungen sowie mit staatlicher Zentralsteuerung zu tun. Jeder Koordinierungsmodus – Markt, Zentralsteuerung, Tradition – folgt eigenen Logiken, ist mit verschiedenen Formen von Unsicherheiten konfrontiert und formt höchst unterschiedlich Einstellungen, Präferenzen, Motive, Kooperationsbereitschaft u.v.a.m.

In dieser komplizierten Mischung gilt es auch, geeignete sozialpolitische Entscheidungen zu treffen und zielführende Strukturen des Sozialstaats zu wählen. Weiteres Ungemach lauert, wenn man die Theorie des Zweitbesten nicht nur in Partialaussagen ernst nimmt. In diesem Theoriezweig wird nämlich nicht nur gezeigt, dass einzelne Märkte u.U. nur zweitbeste Lösungen erreichen können. Es wäre dann – zumindest vordergründig – immer noch handhabbar, wenn es reichte, die betroffenen Märkte in die zweitbeste Allokation zu führen und alle anderen Märkte möglichst nahe an die perfekte Konkurrenz zu bringen. Das ist aber leider ein Trugschluss. Eine *einzige* Marktimperfektion, auch ein einziges nur zweitbestes Gleichgewicht reicht schon, damit die Hauptsätze der Wohlfahrtstheorie *komplett* nicht mehr zutreffen. Ein fehlender oder schlecht funktionierender Markt hat zur Folge, dass die Gesamtallokation günstig beeinflusst werden kann, wenn auf allen Ebenen, also selbst bei prinzipiell funktionsfähigen Märkten, interveniert wird. Das stellt extrem hohe Anforderungen an die politische Steuerung. Erstens werden valide, vor allem robuste wissenschaftliche Einschätzungen benötigt, von welcher Art der Mix an Interventionen, Rahmungen, Übernahmen von Bereichen etc. überhaupt sein sollte, welche grundsätzliche Struktur dieses Geflecht an Institutionen annehmen sollte. Diese Hürde ist bereits enorm hoch, vor allem, da sukzessives Anpassen mit „kleinen" Reformen nicht zwangsläufig erfolgreich ist. Das ist dem Problem geschuldet, dass es auf das genaue Abstimmen der Instrumente ankommt. Einzelmaßnahmen, die in einer Gesamtlösung vorteilhaft wären, können ohne Passung sogar fatale Wirkungen entfalten. Das gesamte Programm muss auch nicht nur beschlossen, sondern auch durchgesetzt werden. Schon ist die nächste Hürde innerhalb des politisch-institutionellen Gefüges zu überwinden.

Wir haben jetzt an vielen Stellen die Büchse der Pandora geöffnet. Analytisch verlässt die Ökonomik den vermeintlich sicheren Grund der Rationalitätsannahme mit der Unterstellung fester Präferenzen der Individuen. Inhaltlich entfernen sich Wirtschafts- und Sozialpolitik meilenweit von der Vorstellung, man müsse nur für möglichst viel Wettbewerb sorgen sowie einige gesellschaftlich monierte Ungerechtigkeiten weitgehend beseitigen. In den weiteren Ausführungen soll versucht werden – bleiben wir mal wieder im Metaphorischen – die Büchse der Pandora wieder zu schließen, vielleicht auch nur zu flicken. Ganz wird es kaum gelingen, denn viele politische Wege führen nicht zum Ziel. Aber vollkommen fatalistisch oder pessimistisch braucht man auch nicht zu sein, denn es gibt ja einige Staaten, in denen es zumindest befriedigend gelungen ist, ein ganzes System komplementärer Institutionen zur Lösung des grundlegenden ökonomischen Problems zu schaffen. Auch das deutsche System ist sicher nicht in jeder Hinsicht dysfunktional, sondern liefert für bestimmte Probleme recht gute Ergebnisse. Denkbare Lösungen, aber auch Hinderungsgründe, werden in den weiteren Kapiteln im Hinblick auf die Sozialpolitik konkretisiert.

4.8 Markt, Befehl und Pflicht im Wettbewerb der Koordinationssysteme

Marktversagen, in einem sehr allgemeinen Sinne verstanden als komparativer Nachteil einer spezifischen Ausformung von Märkten für die Koordinierung der Arbeitsteilung, wird oft als ein wesentlicher Grund zur Rechtfertigung wirtschaftspolitischer Eingriffe beschrieben. Unter anderem wird unser Sozialversicherungssystem (neben Gerechtigkeitsargumenten) häufig mit Marktversagen begründet. Auch die Überwachung von Qualitäts- und Umweltstandards u.v.a.m. haben ihren Ursprung in der Vermutung, dass Marktlösungen nicht effizient sein *müssen*. Die gesamte Sozialpolitik darf man deshalb auch nicht allein hinsichtlich der Partizipation der Gesellschaftsmitglieder an vermeintlich exogen gegebenen Güterbeständen verstehen. Dann wären Verteilungsüberlegungen fast trivial. Es ginge nur darum, die fertige Torte „Sozialprodukt" aufzuteilen und zu glauben, die Art der Aufteilung hätte keine Konsequenzen für die Größe und den Kaloriengehalt der nächsten gebackenen

Torten. Zu bedenken ist aber eben halt immer doch auch, dass die Art der sozialpolitischen Interventionen und Korrekturen von Marktergebnissen auch Einfluss darauf hat, welche Güter in welchen Mengen überhaupt zur Verfügung stehen. Die Sozialproduktstorte kann also größer werden, gleich bleiben oder auch bei effizienzmindernden sozialpolitischen Eingriffen schrumpfen.

In der Institutionenökonomik wird bekanntlich beim Thema Marktversagen noch etwas anders argumentiert. Sie beschäftigt sich mit der Frage, ob und wie sich auch *spontan,* also auch ohne politische Maßnahmen, Regelungen und Institutionen bilden können, die Probleme der Marktsteuerung lindern bzw. aufheben können. Dadurch kompliziert sich die Analyse der politischen Möglichkeiten und Aufgaben weiter. Bei dem Problem der asymmetrischen Informationen hinsichtlich der Produktqualität auf dem Gebrauchtwagenmarkt haben wir beispielsweise Lösungen via TÜV, Zertifizierungsinstanzen o.ä. kennengelernt, bei denen zumindest Mindestqualitätsstandards garantiert werden. Ähnliche Funktionen könnten ZwischenhändlerInnen (die vielleicht einfacher als die HerstellerInnen Reputation erwerben können), Garantieregeln, Qualitätsprämien, Werbeausgaben, bestimmte Rechtsformen von Unternehmungen u.v.a.m. übernehmen. Vorsicht ist bekanntlich nur angebracht, ob sich wirklich stets effiziente Lösungen spontan bilden, ob man also nicht von vornherein kritisch sein muss, ob und welche wirtschaftspolitischen Maßnahmen man tatsächlich dringend benötigt.

Die alternativen Steuerungsmechanismen zum Markt über eine Zentrale mit hierarchischer Grundstruktur oder über ein System vergebener Pflichten und Rechte sind natürlich auch nicht frei von Steuerungsproblemen. Wenn das nicht der Fall wäre, bräuchte man ja gar keine Märkte – vor allem nicht solche mit Steuerungsproblemen. Wenn aber alle Organisationssysteme Vor- und Nachteile haben, muss überlegt werden, worin die Kosten eines jeden Modus denn liegen und worauf genau der institutionelle Wettbewerb ansetzt, der dann bestimmte (effiziente oder auch ineffiziente) institutionelle Arrangements hervorbringt.

An dem Beispiel der Arbeit, die in verschiedenen Koordinationsmodi gesteuert wird – einerseits durch den Arbeitsmarkt, andererseits in Unternehmungen mit ihren spezifischen internen Logiken und Anforderungen – haben wir Argumente dafür kennengelernt, dass die konkrete institutionelle Einbettung selbst die Bewertungen, Motive und Präferenzen der Akteure beeinflusst. Es macht einen Unterschied, ob ich mich selbst in einer marktlichen Austauschbeziehung wahrnehme, ob ich autoritätsgebunden in einer Hierarchie agiere oder in einem nicht-anonymen System gegenseitiger Rechte und Pflichten Leistungen erbringe. Meine Motive wechseln, ich nehme andere Verpflichtungen wahr, meine Kreativität kann sich ändern.

MÜCKE (2002) charakterisiert den auf diesen Zusammenhängen fußenden Wettbewerb der Systeme so, dass er Unternehmungen als *Inseln normativer Kontrolle im Meer der Märkte* interpretiert. Man kann es auch fast „märchenhaft" oder „antiroyal" als *Entthronung des Marktes* durch regelgebundene, nicht-anonyme Koordinierungsformen bezeichnen. Die „als-ob"-Rationalitätsannahme zur Beschreibung menschlichen Verhaltens ist für viele ökonomische Fragen zwar begründungsfähig, aber genau für das Verständnis dieses wesentlichen Unterschiedes verschiedener Institutionalisierungen nicht sinnvoll. Man würde anderenfalls ausschließlich über Anreize, Restriktionen und Sanktionen reden, die sich in verschiedenen Systemen natürlich unterscheiden können. Damit scheitert man letztlich aber recht kläglich bei dem umfassenden Versuch der Institutionenanalyse, denn man kann dann weder erklären, wieso es Grenzen der Unternehmung gibt (eine einzige Riesenunternehmung kann ja immer, wenn es sinnvoll ist, hierarchisch organisieren und in anderen Fällen Märkte simulieren – Abteilungen handeln Preise untereinander aus etc.) noch weiß man, worin tatsächlich die Transaktionskostenvorteile der konkreten Regeln, Institutionen und speziell von Unternehmungen und staatlicher Steuerung liegen könnten.

Für die so weitreichende Frage, welche Organisationsform sich unter welchen Umständen im institutionellen Wettbewerb durchsetzt, ist es eher sinnvoll, folgende These zu formulieren: *Werthaltungen, Motive, Kooperationsbereitschaft werden vom Modus der Organisation arbeitsteiliger Prozesse beeinflusst. Dies hat unmittelbar zur Folge, dass sich die Koordinierungs- oder Transaktionskosten der Organisationsformen unterscheiden. Der institutionelle Wettbewerb selektiert derart, dass diejenige Organisationsform der Arbeitsteilung sich als Muster durchsetzt, die bei den gegebenen Besonderheiten der Aufgaben und des Beziehungsgeflechts zwischen den Akteuren die „besten" Verhaltensdispositionen erzeugt.*

Ist das „wahre" Verhalten weitgehend irrelevant für den Wettbewerbsprozess, kann man die Rationalitätsannahme rechtfertigen. Und wenn eigennutzorientiertes Handeln zudem kein Hinderungsgrund für effiziente Ergebnisse ist, dann können Märkte außerordentlich leistungsfähig und auch relativ einfach modelliert werden. Bei asymmetrischen Informationen, externen Effekten, organischer Interdependenzen verschiedener Schritte und Abfolgen arbeitsteiliger Prozesse etc. trifft das nicht mehr sicher zu. Ein solches Eigennutzstreben, nahegelegt durch den Belohnungsmechanismus des Marktes, kann unter solchen Bedingungen nachteilig sein, und Marktkoordination generierte in dem Fall systematisch Ineffizienzen. Wenn also eine hierarchische Struktur oder eine Art Traditionssystem entweder vom Typ „Unternehmung", als Netzwerk oder vom Typ „Haushalt" bestimmte „Moralisierungen" begünstigt, sich Menschen als Teil einer Gruppe mit einem Beitrag zu einem

Gesamtziel identifizieren, wenn sie in ihrem institutionellen Kontext intrinsische Motivation, Kreativität, Loyalität und spontane Kooperations- und Leistungsbereitschaft entwickeln, dann werden Verhaltensdispositionen nahegelegt und unterstützt, bei denen die arbeitsteiligen Prozesse einfacher und besser gesteuert werden können.

Für sich allein genommen eröffneten diese Zusammenhänge bereits ganz neue Dimensionen der Institutionenökonomik. Nach zögerlicher Einschränkung der Rationalitätsannahme in der Institutionenanalyse seit den 70er Jahren des letzten Jahrhunderts sind diese Fragen der kontextgebundenen Verhaltensdisposition deshalb auch immer mehr in den Fokus der ökonomischen Institutionenanalyse geraten. In der betriebswirtschaftlichen Literatur, in der Organisationssoziologie und der Organisationspsychologie standen diese Zusammenhänge schon viel länger im Zentrum. NobelpreisträgerInnen wie George AKERLOF, Douglass NORTH und Eleanor OSTROM haben für ihre wirtschaftstheoretischen Fragen z.B. nach dem Lohnsetzungsverhalten von Unternehmungen, nach der Funktionalität und dem Entstehen historischer Institutionen und dem Verlauf konkreter Entwicklungspfade sowie nach spontanen Lösungen des Allmendeproblems abseits der Vergabe privater Eigentumsrechte in ihren Arbeiten die normative Verhaltenssteuerung verschiedener Institutionen mit ihrer sozialpsychologischen Fundierung systematisch integriert. Richard STURN formulierte es in verschiedenen Zusammenhängen sehr treffend (z.B. STURN 2011), dass das Modell jeweils der *Natur der Sache* angemessen sein müsse. Diese Natur lasse sich nicht immer in das Korsett des einfachsten ökonomischen Modellrahmens mit exogenen Präferenzen und der Annahme rationalen Verhaltens pressen.

Auch wenn sich in der Theorie der Unternehmung bereits zeigt, dass diese Analyse sich den allereinfachsten Modellierungen im Rahmen eines Nutzenmaximierungskalküls widersetzt und komplexere systemtheoretische Überlegungen nicht umgangen werden können, gibt es eine weitere Problemebene zu bedenken, die alles noch etwas schwieriger macht. Die drei Idealmodi – Markt, Befehl und Pflicht – koexistieren in allen realen Wirtschafts- und Gesellschaftssystemen, da es unterschiedliche Formen der Arbeitsteilung je nach Gesamtaufgabe gibt, verschiedene Informationsverteilungen vorliegen usw. Damit werden sich typischerweise auch verschiedene Institutionen als diejenigen musterhaft herausbilden, die zu verschiedenen Problemfeldern arbeitsteiliger Abläufe die jeweils besten Verhaltensdispositionen unterstützen. Es wird also marktgesteuerte Arenen geben, Traditionsbereiche und auch hierarchische Strukturen. Damit den zielführenden Verhaltensweisen Geltung verschafft werden kann, benötigt man aus Gründen der Prägnanz und gegenseitigen Abgrenzung von Regel- und Organisationssystemen klare *Trennlinien* im psychologischen Sinne. Im zweiten Kapitel und in vorangegangenen Teilen des vierten Kapitels sind wir so weit gegangen, sogar von manchmal unumgänglichen Übergangsritualen zwischen den Modi, ihrer Logiken und unterlegten Interpretationen zu sprechen.

Die einzelnen Modi agieren nun aber bekanntlich nicht tatsächlich getrennt voneinander. Bestimmte Steuerungselemente wie der Lohn spielen in verschiedenen Organisationssystemen höchst unterschiedliche Rollen, sind aber in jedem Modus tatsächlich auch bedeutsam und können nicht ersetzt werden. Ähnliches gilt für die Funktion des Geldes und die Definition bzw. die Reichweite von Eigentumsrechten. Unternehmungen mit vielleicht der internen Struktur eines Traditionssystems agieren wiederum auf Märkten und verhalten sich dort wettbewerblich. Der Arbeitsmarkt hat gewisse Steuerungsfunktionen bei der Verteilung auf Berufe und auf Branchen und Betriebe. Intern jedoch hat das Steuerungsinstrument „Lohn" im Unternehmen ganz andere Funktionen im Sinne der normativen Verhaltenskontrolle. Wenn Fairness essenziell für die Motivation und Leistungsbereitschaft ist, wird eine Unternehmung den Lohn nicht ausschließlich nach Marktgegebenheiten festlegen, sondern auch den Anforderungen Rechnung tragen, dass die Wahrnehmung von Fairness bestimmtes generöses Lohnsetzungsverhalten voraussetzt. Das heißt übrigens nicht etwa, dass alle ArbeitnehmerInnen geradezu umhätschelt werden von einer Unternehmung. Wenn Fairness für die Leistungserstellung irrelevant ist, werden sich Firmen allein schon aus wettbewerblichen Gründen nur an Arbeitsmarktgegebenheiten orientieren.

Ähnliches gilt, wenn MitarbeiterInnen leicht und ohne größere Kosten ersetzt werden können. Deshalb werden auch eher Hochqualifizierte so „freundlich" behandelt, ArbeitnehmerInnen einfacher, standardisierter und leicht kontrollierbarer Tätigkeiten aber deutlich weniger. Das allein kann ein Grund für Outsourcing-Überlegungen von Unternehmungen sein. Generosität verlangt, alle MitarbeiterInnen gleichzubehandeln. So wählen z.B. manche Firmen den Weg, einen einheitlichen Zuschlag auf die Tariflöhne zu gewähren. Wenn nun aus internen Gründen einigen MitarbeiterInnen dieser Zuschlag eigentlich zur Disziplinierung oder Motivierung gar nicht gewährt werden müsste, es letztlich nur die Konsistenz erfordert so zu handeln, kann es sich als vorteilhaft für eine Unternehmung erweisen, Teile des Produktionsprozesses auszulagern. Das wird Kostenvorteile mit sich bringen.

Auch das Ausmaß und die Struktur häuslicher Aktivitäten werden von Arbeitsmarktbedingungen beeinflusst. Lohnhöhe und Arbeitsbedingungen beeinflussen die Entscheidung, sich vielleicht statt häuslicher Aktivitäten dem Modus Markt und/oder Unternehmung zuzuwenden. Familienpolitische Maßnahmen wiederum haben ebenfalls Einfluss auf die Familien selbst, aber auch auf Unternehmungen, weil dies Entscheidungen zum temporären oder sogar permanenten Ausstieg aus dem Berufsleben berührt und damit auch unmittelbar neue oder schwerwiegendere Fluktuationsprobleme den Unternehmungen aufbürdet. Die Interaktion der verschiedenen Systeme kann nun erstens bestimmte völlig neue Probleme verursachen, Verkettungen verschiedenster Ebenen nach sich ziehen sowie sprunghafte, nichtstetige Anpassungen im institutionellen Gefüge auslösen. Das alles mag es verhindern, dass tatsächlich stets die „besten" Institutionen spontan entstehen. Zweitens sind selbst die im Effizienzsinn „besten", „zweit- oder drittbesten" spontanen Lösungen gesellschaftlich nicht immer sonderlich wünschenswert. Wenn also zwar viel von den in der Gesellschaft gewünschten Gütern von motivierten, kreativen und leistungsstarken Individuen produziert wird, gleichzeitig zur Unterstützung solcher Verhaltensdispositionen aber Löhne gewählt werden, die Arbeitslosigkeit, Diskriminierung, Ungleichheit und Armut nach sich ziehen, dann wird das Gesamturteil sicher nicht einhellig positiv sein können.

Damit gibt es nun zwei genuine politische Aufgaben für den Staat: erstens die Übernahme ökonomischer Bereiche, die sich marktlicher oder alternativer spontaner Modi der Steuerung entziehen oder die nur mit massiven Ineffizienzen Lösungen finden; zweitens Rahmensetzung für andere Institutionen und Modi plus Interventionen in Märkte sowie in Unternehmungen und Haushalte, um den Gesamteffekt aller Institutionalisierungen nicht zu nachteilig werden zu lassen.

4.8.1 Markt, Befehl und Pflicht als konkurrierende und komplementäre Systeme

Zwei Ebenen müssen wir gedanklich auseinanderhalten. Erstens haben wir lang und breit darüber diskutiert, dass die drei verschiedenen Koordinationssysteme miteinander konkurrieren und sich im Wettbewerb je nach Transaktionskosten ein Modus als überlegen erweist. Bei verschiedenen Koordinierungsaufgaben und zu lösenden Problemen dabei wird es parallel alle drei Formen geben. In Marktwirtschaften dominieren zwar Wettbewerbssteuerungen, dennoch gibt es parallele Bereiche hierarchischer Steuerung oder von Pflichtsystemen. Für eine gesellschaftlich befriedigende Gesamtlösung des Allokationsproblems ist es zweitens vielfach aber unumgänglich, dass ein ganz bestimmter *institutioneller Mix* entsteht. Viele Institutionen stehen nicht einfach parallel nebeneinander, sondern ergänzen sich, sind also komplementär. Trivial ist es, wenn Märkte Funktionsprobleme haben und bestimmte unternehmensinterne Regeln wie die Rechtsformen mit der Bestimmung von Haftung und Gewinnanrechten z.B. Reputation für die zugesagte Qualität bei asymmetrischen Informationen aufbauen helfen. Auch staatliche Regulierungen, Rahmensetzungen und Interventionen sind z.T. nötig. Dazu sind staatliche Instanzen wie auch der Markt, der unter den gesetzten Bedingungen operiert, als komplementäre Regelungen zu verstehen. Auch empirisch zeigt sich, dass Länder wirtschaftlich befriedigende Ergebnisse hinsichtlich Wohlstand und Verteilung erreichen können, wenn sich ein sinnvoller Mix an verschiedenen Institutionen und Koordinationsmechanismen etabliert hat. Allein deregulierte Märkte müssen angesichts der Phänomene des „Marktversagens" keineswegs bessere Ergebnisse hervorbringen.

Ob sich im Wettbewerb selbst stets die optimale Kombination verschiedenster Institutionen und Modi herausbildet, muss jedoch bekanntlich bezweifelt werden. Teilweise müssten sich viele Regeln auf einen Schlag ändern, damit eine Situation insgesamt besser wird. In der Sprache der Evolutionstheorie hieße das, dass man bestimmte Schrittweiten und parallele „Mutationen" (= neue oder geänderte Regeln) bräuchte, um von einem bestimmten Punkt des Fitnessgebirges ein Gleichgewicht mit höherer Fitness zu erreichen. Ähnliches wird in der Theorie der Pfadabhängigkeit gezeigt. Es reicht z.B. im Normalfall nicht, irgendeine kleine Regel des Arbeitsmarktes zu ändern. Um Effizienzlohnprobleme bzw. die Setzung ineffizienter Selektionslöhne mit der Folge von Arbeitslosigkeit zu verhindern, bedarf es parallel verschiedener Instrumente, die auf Unternehmensebene greifen, aber auch unmittelbar den Arbeitsmarkt betreffen. Relevant sind z.B. Regelungen des Kündigungsschutzes, der Mitbestimmung und der Besteuerung von Einkommen. All diese Regeln bzw. Regeländerungen führen zu Adjustierungen unternehmensinterner Aufgaben und von Lösungsoptionen – ob etwa Gewinnbeteiligungssysteme eingesetzt werden, ob weiterhin sehr hohe Effizienzlöhne im Unternehmensinteresse sind etc.

OSTROM (2010) argumentiert folgerichtig – um es noch einmal zu betonen –, dass in einem derart komplexen ökonomischen System *polyzentrische Governance-Strukturen* typisch seien, die nicht mehr mit Hilfe der getrennten Analyse der Markt- und Staatsebene verstanden werden könnten. Das kann man ergänzen, weil auch die Trennung von Fragen zur unternehmerischen oder familiären Koordination aufgegeben werden sollte. In der Wirtschaftstheorie gibt es seit langem ausgiebige Diskussionen zu dem Thema komplementärer Institutionen. Diese Diskurse sind u.a. eingebettet in aktuelle Theorien zu institutionellen Arrangements von Allmenden und öffentlichen Gütern, in die Theorie des Zweitbesten und in das weite Gebiet der Institutionenökonomik[67]. Einiges davon haben wir in vergangenen Abschnitten ken-

---

[67] Auf die spezielle Frage, warum für institutionelle Fragen die dichotomische Analyse von Koordinationsproblemen des Marktes und – getrennt davon – des Staates unzureichend, wenn nicht gar irreführend ist, hat OSTROM durch die Analyse vieler Beispiele – gerade aus dem Bereich der Allmendenbewirtschaftung – und ihrem Versuch der theo-

nengelernt. Vor allem die heutzutage erstaunlich wenig rezipierte Theorie verketteter Märkte zeigt die Vorteile komplementärer Institutionalisierungen auf. Eine Kernaussage dieses Modells lautet ja, dass eine einzige nicht behebbare Marktimperfektion eine Reihe weiterer Interventionen, Marktverschränkungen und -verzerrungen notwendig machen kann, es also keineswegs zielführend sein muss, sämtliche anderen Märkte möglichst „weitgehend" in Richtung perfekter Konkurrenzmärkte zu gestalten oder zu belassen (vgl. z.B. LIPSEY/LANCASTER 1956-1957 oder HART 1975).

Die prinzipielle Vorteilhaftigkeit eines bestimmten funktional-komplementären Gefüges bedeutet nun jedoch, wie wir wissen, leider nicht, dass *jede* reale institutionelle Struktur einer Gesellschaft – formelle und informelle Normen, Unternehmensformen, staatliche Rahmungen und Interventionen – die institutionellen Voraussetzungen für eine leistungsfähige und gerechte Ökonomie erfüllt.

Selbst wenn aktuell die institutionellen komplementären Gegebenheiten funktional sein sollten, gibt es permanente Gefährdungen. Denn erstens kann der institutionelle Wettbewerb selbst zu ineffizienten Gleichgewichten führen, und zweitens kann es ein, dass staatliche Regeländerungen zu sehr an Symptomen (wie Arbeitslosigkeit eher gering qualifizierter Individuen) ansetzen und dadurch Maßnahmen beschlossen werden, die das grundlegende Problem nicht nur nicht lösen, sondern im schlimmsten Fall sogar noch vergrößern – z.B. zu noch mehr Arbeitslosigkeit oder Lohnungleichheit führen. Ganz verschiedene Theoriestränge verbindet in diesem Sinn eine gemeinsame Einsicht: In *Second-best-Welten*, die zudem noch krisenanfällig sind, ist die optimierende Perfektionierung eines Institutionen-Sets, das dann *ein für alle Mal* den idealen Startpunkt für Markttausch bilden soll, nicht nur fragwürdig, sondern illusionär (vgl. STURN 2011). Allein zwei Zusammenhänge sprechen schon dagegen. Erstens ändern sich Bedingungen und Probleme, so dass auch institutionelle Anpassungen erfolgen müssen. Zweitens formen sich Einstellungen, Präferenzen etc. im institutionellen Kontext, was wiederum neue Regeln und Institutionen nach sich ziehen muss, um den angepassten Verhaltensbestimmungen gerecht zu werden. STURN bezeichnet es gar als Binsenwahrheit, dass zwischen den Subsystemen moderner Gesellschaften Interdependenzen bestehen und das Ergebnis von Marktprozessen z.B. grundsätzlich Rückwirkungen auf politische Prozesse haben kann, die wiederum

---

retischen Durchdringung die wirtschaftstheoretische Debatte um komplementäre Institutionen deutlich bereichert. Die Anerkennung innerhalb der Disziplin für diese Leistung dokumentiert sich u.a. dadurch, dass sie 2010 mit dem Nobelpreis für Wirtschaftswissenschaften bedacht wurde. Hinsichtlich wirtschaftspolitischer Beratungen sind die Konsequenzen des Ansatzes bislang jedoch ebenso wenig spürbar wie die älterer institutionenökonomischer Ansätze oder die der Theorie des Zweitbesten.

auf die Märkte zurückwirken usw. Binsenwahrheit oder nicht: Die Anforderungen an die Wirtschafts- und Sozialpolitik werden dadurch enorm hoch, selbst wenn man nicht der Illusion perfekter Detailsteuerung erliegt.

4.8.2 Moralische Überformung der Koordinationsmechanismen

Alle Formen der Organisation der Arbeitsteilung operieren unter gewissen moralischen Überformungen, beeinflussen die Werte und gesellschaftlich akzeptierten Verhaltensweisen aber ebenso. Wenn wir das bisher Ausgeführte zusammenfassen, ergibt sich folgendes Bild:

(1) Es gibt allgemeine moralische Standards des Umgangs miteinander. Das Ausmaß an Ehrlichkeit, der gegenseitigen Unterstützung u.v.a.m. bekommt dadurch Kontur. Über die Bildung der Regeln kann man mehr als spekulieren. Durch Ansätze der kognitiven Sozialpsychologie i.w.S. ist es evident, dass Klarheit, Prägnanz und Einfachheit Grundlage der Bildung auch sozialer Regeln sind. Um die komplexe Welt zu begreifen und zu ordnen, bilden die Menschen nach den „Gestaltgesetzen" Kategorien, Muster und Schemata. Dadurch entstehen Ganzheiten, die selbst wieder verhaltenssteuernde Kraft bekommen. Gruppen, Familien, Unternehmungen und andere Institutionen, Staaten, aber auch Normen, Sitten und Gebräuche bekommen über diesen Weg eine eigenständige, subjektive Identität. Durch Kommunikation und generationenübergreifende Weitergabe erreichen die allgemeinen Regeln gesellschaftliche Stabilität. Die subjektiv wahrgenommene Eigenständigkeit bildet das Fundament unseres Handelns und wird somit zur *objektiven Realität.*
Was genau unter mehreren denkbaren Gesichtspunkten als besonders klar und hervorstechend wahrgenommen wird, um das sich dann die moralischen Regeln bilden, hängt wiederum auch von den Formen der Arbeitsteilung ab, die in der Gesellschaft vorherrschen. Bereits Adam SMITH hat darauf hingewiesen, dass sich die tatsächlichen moralischen Regeln einer Gesellschaft danach richten werden, in welcher Eigentumsordnung die Menschen leben, welche Staatsverfassung und welches politische System etc. vorherrscht. Ganz eindeutig ist es allerdings nicht, wie man sich den Weg der Normenbildung über die Gesetzmäßigkeiten der Kategorisierung und Regelbildung konkret vorstellen kann. Ich möchte noch einmal an HIRSCHMANs Zusammenfassung erinnern. Danach gibt es
1. die *Doux-Commerce*-These, die gerade der Marktkoordinierung eine moralisierende Kraft im für die Gesellschaft positiven Sinne zuschreibt. Durch den gegenseitig vorteilhaften Tausch im Markt „merken die Menschen" in klarer, prägnanter Art und Weise, welch gar wunderbare Wir-

kung diese Art der Kooperation (durch Wettbewerb!) auf alle Gesellschaftsmitglieder hat. Um diesen Mechanismus noch besser nutzen zu können, werden sie über den Weg der Regelbildung ehrlicher, respektieren Eigentum und entwickeln mehr Hilfsbereitschaft.

Genau das Gegenteil wird jedoch in der 2. These unterstellt. Dabei wird die Gefahr gesehen, dass der Fokus auf eigennutzorientiertes Handeln im Markt, auf eigene Vorteile durch Behinderung anderer u.a. dazu führen kann, dass die Normen, die der Markt für sein Funktionieren benötigt, über die Zeit verschwinden. Damit schafft sich das Marktsystem in gewisser Weise sogar selbst ab, weil es durch die Normerosion immer höhere Transaktionskosten tragen muss. Bei fehlendem moralischen Fundament wird es immer schwerer, Verträge konsistent und „wasserdicht" abzuschließen und durchzusetzen. Die These des *feudalen Segens* besagt, dass das feudale Erbe, letztlich alle Traditionssysteme, für die Normen gesorgt haben, die dem Markt in weiten Teilen Transaktionskostenvorteile bescheren. Man kann das weiterdenken. Damit die Normen nicht erodieren, benötigt das ökonomische Gesamtsystem einer Gesellschaft nach wie vor traditionelle oder zentralgesteuerte Elemente. Genau dort – in Familien, Unternehmungen, auch im Rahmen staatlicher Steuerungen – werden diejenigen Normen der Gegenseitigkeit gestützt und immer wieder bestätigt, die die Marktkoordination benötigt. Das heißt natürlich noch lange nicht, dass sich genau das richtige Ausmaß an „Nischen" alternativer Koordinierung im institutionellen Wettbewerb bildet, damit die stabilisierende Funktion tatsächlich eintritt. Politische Eingriffe, z.T. aus ganz anderen Motiven, stützen oder schwächen die Koordinierungsformen überdies. Sogar die Verflechtungen der Koordinierungssysteme untereinander, die analytisch so schwierig zu fassen sind, können selbst Funktionalität erlangen. Im Zuge der Wirtschaftskrise entstand vor allem in der Soziologie und Philosophie die These, dass das Marktsystem deshalb einen so ungünstigen Weg eingeschlagen hätte, weil sich durch neue Möglichkeiten der Unternehmungen, durch vergrößerte Mobilität und anderes fast schon staatsferne Parallelwelten großer Unternehmungen und Märkte gebildet hätten, die nur ihren eigenen Logiken folgen und Verhaltensweisen an den Tag legen, die letztlich das Normengerüst zum Wanken bringen.

Weil verschiedene Regeln das Moralsystem kennzeichnen und widerstrebende Effekte auftreten können, können auch beide Varianten – das Marktsystem zieht sich durch immer „bessere" Normen wie Münchhausen selbst aus dem Sumpf (legt in gewissem Sinne den Morast dysfunktionaler Moralregeln trocken) und triumphiert über andere Systeme oder das Marktsystem zerstört sich durch erodierte Normen selbst – zugleich auftreten und verschiedene Kräfte verursachen. Welcher Effekt überwiegt, hängt davon ab, welche konkreten Institutionalisierungen sich bilden, welche Rolle der Staat übernimmt und wie die genauen Verflechtungen der Koordinationsmodi aussehen.

(2) „Die" Moral für alles und jedes gibt es eher nicht. Die Menschen urteilen kontextabhängig. Was in der Familie als fair, gerecht und angemessen gilt, muss im Markt nicht identisch beurteilt werden. Am Beispiel von Geldgeschäften, Zinsen für Kredite und dem Verständnis von Eigentum haben wir das schon im zweiten Kapitel angesprochen. Neben übergeordneten Prinzipien – so wie in den 10 Geboten – sind viele Regeln unmittelbar gebunden an den Kontext. Spezielle Ausformungen von Regeln entstehen demnach durchaus in den Koordinationsmechanismen in unterschiedlicher Art und Weise, stehen über generelle Konsistenzanforderungen aber auch in Verbindung mit den allgemeinen gesellschaftlichen Regeln. Das Normensystem ist ähnlich interdependent wie die Koordinierung selbst.

Weil Gerechtigkeit, Sichtweisen über „angemessenes, richtiges" Verhalten auch abhängig sind vom Modus der Koordinierung, ist es nicht verwunderlich, dass auch die Transaktionskosten der einzelnen Modi davon beeinflusst werden. Aus diesem Grund allein dürfen für so umfassende Fragen die psychologischen Aspekte nicht zu Gunsten einer unreflektierten Annahme stets rationalen und eigennutzorientierten Handelns der Menschen übersehen werden.

GLINIARS (2004) diskutiert folgerichtig das Arbeitsteilungsphänomen vor diesem erweiterten theoretischen Hintergrund. Er formuliert es so, dass sich in den jeweiligen Koordinationssystemen unterschiedliche soziale Identitäten herausbilden. Diese wiederum fördern sehr heterogene Motive und Verhaltensweisen. Er bezieht sich insbesondere auf sozialpsychologische Ansätze von TAJFEL (1981) und TURNER (1987). Die allgemeine Position zu Wahrnehmungsbesonderheiten über die Strukturierung von Eindrücken nach den Merkmalen Klarheit, Einfachheit und Prägnanz wird in diesen Ansätzen auf die Bildung sozialer Gruppen übertragen und präzisiert. Seine These ist, dass der Markt mit seinen anonymen Umgebungen keine soziale Identität im Sinne der Zugehörigkeit zu einer bestimmten Gruppe schafft. Unternehmungen werden sich in seiner Sicht genau dann durchsetzen, d.h. Transaktionskostenvorteile gegenüber anonymem Wettbewerb erlangen, wenn sie als Institution mit der spezifischen Art der internen Organisation des Produktionsprozesses genau solche sozialen Identitäten ermöglicht, mit der die Aufgaben mit hoher Leistungsbereitschaft in einem System der Gegenseitigkeit mit geringen Transaktionskosten erfüllt werden. Für „günstige" Selbstkategorisierungen spielt es u.a. eine Rolle, wie groß die Unternehmung ist, wie sie intern strukturiert ist, wie die MitarbeiterInnen entlohnt werden, wie hoch ihr Lohn ist und wie die individuellen und gruppenbezogenen Aufgaben spezifiziert sind. GLINIARS geht sehr weit, wenn er davon spricht, es finde bei der Selbstkategorisierung zu Gruppen eine Art *Depersonalisierung* statt, eine Selbststereotypisierung im Normengerüst der Gruppe bzw. Institution. Wichtig ist in erster Linie, dass in den verschiedenen Koordinierungsformen sehr unterschiedliche Kategorien und Regeln unterstützt werden, Menschen auch nicht „schizophren" sind, wenn sie in den verschiedenen Umgebungen ganz unterschiedlich agieren. Die normative Steuerung von Motiven, Kreativität und Leistungsbereitschaft jedenfalls beeinflusst in höchstem Maße die Güte der Koordination der Arbeitsteilung in verschiedenen Modi und ist somit entscheidend für die relative Vorteilhaftigkeit der Systeme bei verschiedenen Arten arbeitsteilig zu lösender Aufgaben. Gleichzeitig bestimmen diese Zusammenhänge Grenzen und bestimmte Ausformungen der Systeme. Auch in diesem Zusammenhang gibt es keine Gewähr dafür, dass sich stets die besten Koordinationssysteme mit der jeweils „besten" sozialen Identität auch tatsächlich bilden.

4.8.3   Koordinationsmechanismus Unternehmung

In mehreren Kapiteln und Abschnitten haben wir über mögliche Vorteile von unternehmerischer Koordinierung der Arbeitsteilung nachgedacht. Unternehmungen können eher hierarchisch-zentralverwaltet in einer Art Befehlssystem organisiert sein. Eine andere Möglichkeit, so haben wir gesehen, besteht darin, ein System gegenseitiger Pflichten und Rechte zu installieren, das eher als ein Traditionssystem interpretiert wird. Mischvarianten sind denkbar, aber ein dominanter Modus wird so oder so wahrgenommen. Die Verflechtungen zu Märkten und dem Staat wurden ebenfalls angesprochen. Auch wenn einiges einen starken Wiederholungscharakter hat, sollen nachfolgend noch einmal wesentliche Gründe dafür genannt und z.T. etwas anders nuanciert werden, unter welchen Umständen es Transaktionskostenvorteile hat, wenn die Arbeitsteilung abgekoppelt vom Markt innerhalb von Unternehmungen stattfindet. Viele dieser Vorteile liegen auf einer psychologischen Ebene, weil die Art der Organisation in systematischer Art und Weise Motive, Einstellungen und Verhaltensweisen der AkteurInnen beeinflusst. Die Redundanz, d.h. der Wiederholungscharakter, ist deshalb sinnvoll, weil diese Zusammenhänge für die Diskussion sozialpolitischer Optionen noch besondere Bedeutung erlangen werden.

(1) Die Vorstellung, Unternehmungen könnten als System von verflochtenen sozialen Rollen verstanden werden, die sich in Tätigkeitsbeschreibungen und der Zuweisung bestimmter Verantwortlichkeiten verkörpern, wurde u.a. von LEIBENSTEIN (1960) in die wirtschaftstheoretische Diskussion eingeführt. Als schwierig erwies es sich, eine geeignete theoretische Basis dafür zu finden. Viele Ansätze beziehen sich auf Evolutions- bzw. Wettbewerbsargumente. NELSON/WINTER (1982) verwenden evolutionäre Vorstellungen. Sie argumentieren, dass sich die Leistungsfähigkeit von Unternehmungen nicht auf deren technische Ausstattung und die Summe der individuellen Fähigkeiten der MitarbeiterInnen reduzieren lässt. Stattdessen erfolge die Koordinierung und Steuerung der arbeitsteiligen Produktionsprozesse durch aufeinander abgestimmte *organisationale Routinen*. Damit meinen sie all die betrieblichen Usancen und Verfahrensweisen, die unternehmensintern genutzt werden. Dazu zählen sie auch alle Formen der informellen Kommunikation. Ihr Hauptpunkt ist, dass diese Routinen gleichsam einen Speicher des organisationalen Wissens darstellen, eine Art Gedächtnisspeicher der Unternehmung. Weil das den AkteurInnen in der Regel gar nicht bewusst wird, sprechen sie von implizitem oder *tazitem* Wissen. Durch ständige Verwendung und Anpassung der Routinen und durch die sozialen Interaktionen wird dieses Wissen durch die Verrichtung selbst immer weiter getragen. Kollektives Lernen findet statt und schafft die organisationale Wissensbasis. NELSON und WINTER sehen das bei bestimmten Produktionsabläufen als essenziellen Vorteil gegenüber anonymisierten Verfahren, die extrem viel explizite Kommunikation erfordern. In diesem Sinne werden sich Unternehmungen u.a. bei organischer Interdependenz der einzelnen Arbeitsteilungsschritte bilden. Organisationsroutinen werden statt marktlicher, preislicher Leistungssteuerung die Koordinierung übernehmen.

In einer ähnlichen Argumentation wird im Rahmen der Theorie interner Arbeitsmärkte darauf hingewiesen, dass die Ausschaltung des Wettbewerbs Konflikte entschärfen hilft, die der Kooperation der Beteiligten hinderlich sein könnten. Im Laufe der Zusammenarbeit entstehen durch die Ansammlungen spezifischer Kenntnisse Verhandlungsspielräume. Ausgiebige Verhandlungen und Konflikte können zur Wahrnehmung eines besonders scharfen Gegensatzes zwischen Unternehmensleitung und MitarbeiterInnen führen. Das kann die Leistungsbereitschaft negativ beeinflussen. Deshalb können kollektive Lösungen, klare Regeln der Lohnfestsetzung etc. vorteilhaft sein. Dabei wird i.d.R. nicht jeder kurzfristigen Änderung der Bedingungen auf dem Arbeitsmarkt gefolgt. Man vermeidet u.a., dass geradezu in den Aufbau von Drohpositionen „investiert" wird und es viele Aktivitäten der Beeinflussung von VerhandlungspartnerInnen gibt. Innerbetrieblicher Frieden wird als Voraussetzung für Kooperation, Motivation und auch Kreativität interpretiert. In der Betriebswirtschaftslehre und der Organisationspsychologie wird in all diesen Zusammenhängen über Unternehmenskultur, corporate identity oder – fast schon altmodisch – von Betriebsklima gesprochen. Diese Begriffe beschrieben nicht allein Oberflächenphänomene, sondern dokumentieren in vielfältiger Weise die psychologischen Wirkungen der Organisationsstruktur auf das individuelle und kollektive Lernen, auf Motive, Kooperationsbereitschaft u.v.a.m.

Methodisch sind die Evolutionsvorstellungen etwas heikel, weil sie oft auf der Idee beruhen, es bilden sich immer genau solche Routinen und Standards, die der *Gruppe* am besten dienen. Gruppenevolution ist nun aber heftig umstritten. Immer wieder wird dabei gefragt, wieso sich Vorteilhaftes für die Gruppe bilden soll, wenn AbweichlerInnen sich individuelle Vorteile verschaffen könnten. Rettungsversuche sehr komplexer Evolutionsmodelle auf der Basis der Individualselektion erwiesen sich als ähnlich schwierig. Erst mit der Einbeziehung grundlegender sozialpsychologischer Überlegungen zur Wahrnehmung und deren Verhaltensimplikationen bekommen die Überlegungen zur partiellen Überlegenheit unternehmensinterner Koordination durch einen eher „systemischen" Ansatz ein theoretisch besser gesichertes Fundament.

(2) Diese allgemeinen Aussagen kann man sich an Beispielen noch einmal verdeutlichen. Die verhaltenssteuernde Kraft von Regeln und Institutionen beschränkt sich nicht allein darauf, dass ungewünschtes Verhalten verboten oder besonders Gewünschtes belohnt wird. Institutionen, auch Unternehmungen, haben unmittelbare Verhaltenswirkungen. Sie prägen Werte, Einstellungen, Zuordnungen zu Gruppen und Motive. Die Grundlagen dazu wurden bereits Anfang bis Mitte des letzten Jahrhunderts durch die Gestalttheorie ausgearbeitet. Entscheidend zum Eingang als wesentliche Grundlage der modernen Sozialpsychologie hat ASCH (1987) beigetragen. Um es noch einmal zu wiederholen, weil es so entscheidend für das Verständnis alternativer Koordinationssysteme ist: Im Mittelpunkt der Überlegungen stehen bestimmte Organisationsprinzipien der menschlichen Wahrnehmung (die bei Tieren auch nicht wesentlich anders sind). Diese Prinzipien basieren auf der Bildung einfacher, klarer, prägnanter Regeln, d.h. auf der Bildung von Schemata und Kategorien. Diesen Kategorien und Regeln sortieren wir dann unsere Sinneseindrücke zu und kanalisieren sie dadurch. Sogar Verfälschungen können dabei auftreten. Erst wenn sich aktuelle Eindrücke so gar nicht dem aktuell verwendeten Schema in einfacher Art und Weise zuordnen lassen,

kann es zu einer gravierenden Änderung der Kategorie kommen. Mit den Regeln, Kategorien etc. ist verbunden, dass wir soziale Sachverhalte und kulturelle Gegebenheiten einsortieren und dadurch in bestimmter Weise interpretieren. Dadurch erlangen die Regeln, Kategorien und Institutionen reale Bedeutung und eine gewisse objektive Eigenständigkeit. Sie werden über diesen Weg Teil der sozialen Wirklichkeit der Menschen. Es sei hier nur an zwei Beispiele noch einmal erinnert.

Gruppenbildung: Je nachdem, welcher Gruppe wir uns zuordnen, wird dies direkte Wirkungen auf unser Verhalten haben. Das wurde empirisch und experimentell wiederholt in vielen Untersuchungen bestätigt. Ordnen sich Individuen einer bestimmten Gruppe zu, beeinflusst es ihre Selbsteinschätzung und ihr Verhalten gegenüber Gruppen- und Nichtgruppenmitgliedern. ASCH zeigt z.B. in einem viel beachteten Experiment, wie schwer es ist, sich dem Konformitätsdruck zu entziehen. In dem Experiment bekamen VersuchsteilnehmerInnen drei Linien verschiedener Länge gezeigt und sollten Einschätzungen über die relative Länge abgeben. Alle außer einer TeilnehmerIn waren instruiert und gaben falsche Einschätzungen ab. Die „wahre" Versuchsperson irritierte das in erheblichem Maße. Sie kniff die Augen zusammen, nahm eine andere Blickposition ein oder putzte ihre Brille, weil das selbst Gesehene zunächst nicht konsistent zu den Aussagen der Gruppe schien. Die Mehrheit der Versuchspersonen schloss sich schließlich der falschen Gruppenmeinung an und war letztendlich sogar davon überzeugt, dass die Gruppe richtig liegt.

Interessant ist auch ein von TURNER et al. durchgeführtes Experiment. Versuchspersonen wurden anonym (!) in zwei Gruppen A und B eingeteilt. Gesagt wurde ihnen, das geschähe nur aus Vereinfachungsgründen zur späteren Auswertung. Dann sollten sie Geldbeträge verteilen. Es reichte schon die völlig willkürliche Einteilung in die zwei Gruppen, dass Versuchspersonen, die A zugeteilt wurden, systematisch andere A-Gruppenmitglieder mehr Geld zuteilten als den B-Versuchspersonen. Und noch ärger: Sie nahmen sogar notfalls eigene finanzielle Nachteile in Kauf, nur um A-Personen gegenüber denen aus B zu bevorzugen. Diese Effekte können Unternehmungen nutzen. Wenn sie es schaffen, geeignete Gruppenzugehörigkeiten durch organisationale Vorgaben zu unterstützen, dann wird dies die Kooperationsbereitschaft untereinander stärken. Es ist auch vorteilhaft, wenn sich die MitarbeiterInnen als Teil der Gesamtgruppe „Unternehmung" sehen. Dazu ist es aber unabdingbar, Konflikte möglichst aus der Unternehmung auszulagern, um nicht gerade die Gruppenbildung wie bei A und B von ArbeitnehmerInnen und Unternehmensleitung als zwei getrennte Kategorien zu unterstützen.

Intrinsische Motivation und Kreativität: Diese Argumente kennen wir bereits. Man schreibt sich selbst Gründe für das eigene Verhalten zu. Ständig rechtfertigen wir unsere eigenen Handlungen. Diese Zuschreibung von Gründen folgt den allgemeinen Wahrnehmungsgesetzmäßigkeiten, indem wir es klaren, einfachen Kategorien zuordnen. Ich mache etwas entweder für Geld, oder ich tue es, weil ich dazu gezwungen werde, ich agiere, weil es mir Spaß macht oder weil ich eine Verpflichtung gegenüber einer sozialen Gruppe eingegangen bin. Welcher Regel gefolgt wird, hängt ganz entscheidend davon ab, welche Kategorie vom institutionellen Kontext unterstützt wird. In Marktumgebungen oder in Unternehmungen mit strikter Leistungsentlohnung erlangt das Geldmotiv besondere Bedeutung. Man fühlt sich bei einer solchen Zuordnung vom Geld (also extrinsisch) motiviert. Ohne Belohnung sind wir dann nicht bereit, diese Tätigkeit auszuführen. Anders ist es in Unternehmungen, die sehr stark abgekoppelt von Märkten operieren, eher Zeitlöhne zahlen und bei denen der Arbeitsplatz auch nicht als sonderlich gefährdet wahrgenommen wird. Solch ein Kontext erlaubt kaum eine Eigenrechtfertigung über das Geld, das Einkommen. Eher unterstützt wird die Zuschreibung des eigenen Verhaltens zur Kategorie, nach der man die Tätigkeit ohne äußeren Antrieb, sondern allein aus eigenen Interessen an der Tätigkeit ausübt (kann es Schöneres und Befriedigenderes geben als a) ein Buch zu schreiben, b) ein Computersystem funktionsfähig zu machen, c) neue Medikamente entwickeln helfen, d) die Toilette zu putzen oder e) Schrauben und Nägel zu sortieren?). Es gibt PsychologInnen, die die These vertreten, es sei möglich, dass wir wirklich für *jede* Tätigkeit Freude entwickeln können, sei sie auf den ersten Blick auch noch so unangenehm oder stupide. Es komme nur auf den geeigneten Kontext an. Wichtig ist jedenfalls, dass es für Unternehmungen sehr von Vorteil sein kann, wenn MitarbeiterInnen intrinsisch motiviert sind. Es kann Lohnkosten einsparen, und es führt dazu, dass schlecht kontrollierbare und auf Kreativität und Mitdenken angewiesene Tätigkeiten gut ausgeführt werden. Also spart es auch Kosten für Evaluationen und Kontrollen.

Festzuhalten bleibt, dass die konkrete institutionelle Umgebung, der Modus der Koordinierung der Arbeitsteilung psychologische Wirkungen mit sich bringt. Diese Wirkungen beeinflussen wesentlich die Transaktionskosten der verschiedenen Koordinierungsmechanismen und damit auch, welche Form sich unter welchen Bedingungen im institutionellen Wettbewerb durchsetzen wird.

4.8.4 Märkte und Tauschringe

In einer Modellwelt, in der alle Akteure über exogen vorgegebene Wünsche und Präferenzen verfügen, die auch nicht von den koordinierenden Institutionen beeinflusst werden, versteht man die Unterschiede zwischen Märkten und Tauschringen nur sehr schwer. In Märkten vollzieht sich – idealtypisch – die Koordinierung gemäß der Knappheit. Eine wichtige Einflussgröße dafür ist, wie wichtig den Gesellschaftsmitgliedern die Güter oder Dienstleistungen sind, die jemand herstellt. Bevorzugen sie Schokolade vor Gummibärchen, werden – ohne hier auf Unterschiede beim Arbeitsangebot zu schauen – SchokoladerührerInnen an der Conchise (so lehrreich kann Werbung sein!) pro Stunde oder Monat mehr bekommen als GummibärchengelatinemischerInnen.

In Tauschringen wird jede Form von Arbeit meistens als völlig gleichwertig angesehen. Eine Stunde Babysitting zählt so viel wie eine Stunde Rasenmähen, Einkaufen oder Wäschebügeln. In kleinen Netzwerken klappt das oft überaus gut. Man kann einen derart operierenden Tauschring als ein Traditionssystem mit Rechten und Pflichten verstehen. Aysel hat das Recht auf ein paar Stunden Arbeit von Beatus, wenn sie gleich viel Zeit für andere Tätigkeiten einbringt und z.B. etwas für Clemens erledigt. Das funktioniert oft routinisiert mit festen PartnerInnen, die sich gegenseitig unterstützen. Begleitet wird es durch eine feste Gruppenzuordnung mit hoher Kooperationsbereitschaft untereinander. Bei größeren Gruppierungen wird es jedoch häufig schwieriger. Es geht dann oft „nicht auf", z.B. könnten viel mehr Hausputzstunden als Müllentsorgungsstunden von den Mitgliedern des Tauschringes angeboten werden. Allein das macht diejenigen unzufrieden, die bei anderen putzen, selbst aber mangels Angebot keine Hilfe beim Mülltransport bekommen.

Einige Tauschringe haben den Weg gewählt, Punkte für verschiedene Tätigkeiten zu vergeben. Über diesen Umweg kommen Knappheiten doch wieder hinein, wenn jetzt der Mülldienst mehr Punkte bringt als die Putzerei, man also länger als eine Stunde putzen muss, um mit den eingesetzten Punkten jemanden für eine Stunde Müllwegbringen zu bekommen. Der Tauschring wird durch die Größe anonymer und über die Bepunktung wird in gewisser Weise Geld als Tauschmedium eingeführt. Wenn nun die Mitglieder des Tauschrings das Netzwerk aus diesem Grund nicht mehr als System der Gegenseitigkeit sehen, sondern als Markt, dann geht oft der Vorteil des Netzwerkes verloren. Die Kooperationsbereitschaft sinkt, ebenso die Bereitschaft für ein Engagement zur Organisation des Netzwerkes. Wenn dann der immer noch vergleichsweise kleine Kreis an TeilnehmerInnen die Produktionsabläufe schlechter arbeitsteilig organisieren kann als der „richtige", große und anonyme Markt, dann kann man die Auflösung des Tauschringes prophezeien.

4.8.5 Arbeitsmarkt und Unternehmenskoordination

Zum Abschluss der Diskussion zur relativen Vorteilhaftigkeit einzelner Institutionen und zum Gesamtgefüge komplementärer Regeln und Systeme soll noch einmal – auch wenn es mittlerweile schon arg redundant wirken mag – an wenigen Beispielen verdeutlicht und wiederholt werden, auf welchen Ebenen komplexe Interdependenzen zwischen dem Arbeitsmarkt und Traditions- oder Hierarchiesystemen von Unternehmungen entstehen (man denke an den Schlager: „Immer wieder, immer wieder – kommt die Erinnerung").

(1) *Fluktuation:* Als ein wichtiges Kennzeichen von Unternehmungen haben wir kennengelernt, dass routinisiertes Verhalten den Speicher impliziten Wissens einer Unternehmung darstellen kann. Formen des informellen und formellen Austauschs, die Klarheit der Aufgabenverteilung, sich auf andere verlassen zu können etc. sind nur einige Elemente davon. Durch längere Mitarbeit werden ArbeitnehmerInnen über ihre Rolle in diesem Routinen-Geflecht „wertvoller" für eine Unternehmung. Die MitarbeiterInnen gewinnen an implizitem, manchmal auch an explizitem spezifischem Wissen. Das eröffnet Verhandlungsspielräume, die wiederum klare unternehmensinterne Lohnsetzungsregeln erfordern, um die Marktnähe nicht zu groß werden zu lassen – denn dies könnte Dissonanzen zur Unternehmung als System der Gegenseitigkeit auslösen. Mehrere Gründe sprechen aus Sicht der Unternehmung dafür, dass sie sich in gewisser Weise von Arbeitsmarktgegebenheiten zu lösen versucht. Erstens verlangen Fairness-Standards, dass die MitarbeiterInnen einer Firma gleichbehandelt werden, z.B. durch gleich hohe Lohnzuschläge auf Tariflöhne. Zweitens ist Fluktuation teuer, weil WissensträgerInnen die Firma verlassen. Bis Neulinge sich in die routinisierten Abläufe einfinden, die Kommunikationsformen und -wege einhalten etc., dauert es eine gewisse Zeit. Das hindert den Produktionsprozess und bindet andere MitarbeiterInnen durch Einarbeitungsaufgaben. Deshalb lohnt es sich in hohem Maße, wenn die Unternehmung es verhindern kann, dass gut eingearbeitete MitarbeiterInnen kündigen. Als eine denkbare Lösung haben wir die Zahlung höherer Löhne diskutiert. Das kann zudem auch noch den Gerechtigkeitsanforderungen dienlich sein. In den Effizienzlohnmodellen zeigt sich, dass die Verhinderung von Fluktuation und „gerechte" Löhne zu einem Gleichgewicht auf dem Arbeitsmarkt führen, das durch einen Angebotsüberschuss gekennzeichnet ist.

(2) *Motivation:* Identische Wirkung hat es, wenn ArbeitnehmerInnen zu hohen Leistungen motiviert werden sollen. Um die Distanz zur Marktkoordination zu wahren, wird tendenziell bei hochqualifizierten MitarbeiterInnen darauf verzichtet, zu intensiv Leistungslohnelemente einzusetzen. Nachträgliche „Belohnungen" oder ein 14. Monatsgehalt je nach Unternehmenserfolg stärken mit ihrem sehr speziellen Leistungsbezug eher die Gruppenzuordnung als die Wahrnehmung „Leistung gegen individuelle Bezahlung". Ob es nun um die Disziplinierung von ArbeitnehmerInnen geht oder um die Rekrutierung besonders Befähigter aus einem Pool heterogener BewerberInnen: Folge sind wieder Löhne, bei denen der Arbeitsmarkt ein Gleichgewicht oberhalb des Schnittpunktes von Angebot und Nachfrage erreicht. Dieses Gleichgewicht ist ineffizient und wird aus der Sicht fast aller Gerechtigkeitstheorien als gesellschaftlich ungerecht wahrgenommen. Unternehmensintern hingegen ist diese Personalpolitik höchst rational und erscheint auch den MitarbeiterInnen als gerecht.

(3) *Diskriminierung auf dem Arbeitsmarkt:* Ein Angebotsüberschuss auf einem Primärarbeitsmarkt ist damit verknüpft, dass nicht alle, die formal qualifiziert sind, auch eine Stelle bekommen. Die Chancenlosen versuchen es auf einem Arbeitsmarkt nächstniedriger Qualifikation etc. Über Durchreichungseffekte gibt es zum Schluss ein sehr hohes Arbeitsangebot auf der Stufe der gering Qualifizierten. Diese werden entweder extrem geringe Einkünfte durch die fehlende Knappheit haben, oder sie sind erwerbslos und auf (i.d.R. eher geringe) Transfers des Staates angewiesen. Damit entsteht unmittelbar ein Problem, dass die betroffenen Menschen nur schlecht am gesellschaftlich üblichen Leben durch ihre geringen finanziellen Spielräume partizipieren können. Das allein fordert arbeitsmarkt- und sozialpolitisches Handeln. Dazu kommt, dass immer dann, wenn Märkte nicht „aufgehen", eine Marktseite unbestraft diskriminieren kann. Wenn es genügend BewerberInnen gibt und viele auch gleich qualifiziert und fleißig erscheinen, dann kann eine UnternehmensleiterIn fast hemmungslos ihren persönlichen Vorurteilen oder Sympathien folgen – etwa keine Frauen einstellen oder keine AusländerInnen oder nur MitarbeiterInnen mit abstehenden Ohren auswählen etc. Der Markt bestraft es in dem Sinne nicht, dass die diskriminierende Personalpolitik keine Wettbewerbsnachteile mit sich bringt. Alle Unternehmungen zahlen ja aus Eigeninteresse so hohe Löhne und können sich somit selbst auch aussuchen, wen sie beschäftigen. Über diesen Weg kann es – insbesondere bei gesellschaftlich geteilten Vorurteilen – dazu kommen, dass bestimmte Bevölkerungsgruppen systematisch benachtei-

ligt werden. Das wiederum kann Ausbildungsentscheidungen nachfolgender Generationen negativ beeinflussen und hat somit ebenfalls gesellschaftlich unerwünschte indirekte Folgen z.B. hinsichtlich der „Integrationsbemühungen". Auch dieses Teilproblem neben der Lohnspreizung bzw. Arbeitslosigkeit fordert politische Eingriffe. Diese Eingriffe dürfen jedoch nicht die vermuteten Rigiditäten des Arbeitsmarktes allein berühren, sondern haben zu berücksichtigen, vor welchen Anforderungen die Pflicht-Recht-Systeme der Unternehmungen stehen. Es kann nicht zielführend sein, nur über Mindestlöhne, Qualifizierung der Erwerbslosen etc. nachzudenken. Stattdessen geht es um den Mechanismus firmeninterner Lohnbildung. Staatlich erzwungene Auflagen über eine hohe Einkommensteuerprogression – manche sprechen gar von Höchstlöhnen – können hilfreich sein, weil es die Möglichkeiten der Unternehmensleitung von außen so restringiert, dass die MitarbeiterInnen die Verursachung dem Staat und nicht der Unternehmung zuschreiben. Das hilft, die Wahrnehmung der Marktferne nicht zu sehr ins Wanken zu bringen.

(4) *Betriebliche Sozialpolitik:* Betriebliche Sozialpolitik dient firmeninternen Zwecken und ist stark auf den jeweiligen Koordinationsmodus abgestellt. Tendenziell „feudale" Betriebe gab es z.T. noch zu Beginn der Industrialisierung.[68] Alfred KRUPP wird beispielsweise wie ein Grundherr eines alten feudalen Landgutes charakterisiert. Einerseits hat er seine Unternehmung sehr autoritär geführt und sich auch nicht gescheut, bis ins Privatleben seiner MitarbeiterInnen Vorschriften zu erlassen. Politisches Handeln der ArbeiterInnen kam für KRUPP sowieso nicht in Frage, zumal wenn es seinen eigenen Ansichten widersprach. Andererseits hat er sich „gekümmert" und fühlte Verantwortung für seine MitarbeiterInnen. Er verbesserte z.B. die Lebensbedingungen der ArbeiterInnen durch den Bau von Werkswohnungen und kleinen -häusern ganz entscheidend. Diese Wohnungen, die er zu günstigen Konditionen vermietete, hatten einen deutlich besseren Standard als die erbärmlichen Behausungen, die sich die ArbeiterInnen sonst leisten konnten. Auch in der Lohnfindung war er großzügiger als andere Unternehmer (Frauen in der Unternehmensleitung gab es damals nicht, deshalb keine -Innen). Diese Form einer Feudalunternehmung war gekennzeichnet durch das „Wohlwollen" der Unternehmerpersönlichkeit, dem dafür „Dank" und „Fleiß" geschuldet wurde. Eine gewisse Marktabkopplung gab es, gekennzeichnet durch soziale Wohltaten für die MitarbeiterInnen.

---

[68] Vgl. zu den folgenden Ausführungen LAMPERT/ALTHAMMER (2004: Kap. 3).

Zu gleicher Zeit etablierte sich zaghaft auch ein anderes Gegenseitigkeitssystem einer Unternehmung, das partizipativer und demokratischer angelegt war. Initiator war Ernst ABBÉ, einer der Gründer der Zeiss-Werke. Er setzte z.b. erste Formen der Mitbestimmung in seiner Firma ein. Die meisten Unternehmungen zu Beginn der Industrialisierung und Marktdurchdringung nutzten dagegen rigoros alle Marktgegebenheiten aus. Durch einfache, standardisierte Produktionsverfahren konnten sie das zu der damaligen Zeit vielfach auch tun, ohne Gefahr zu laufen, dass die Produktivität leidet. Heutzutage ist die betriebliche Sozialpolitik ein Instrumentenkasten zur Stützung der Unternehmenswahrnehmung als möglichst etwas Marktfernes und zur Linderung von Effizienzlohnproblemen. Sie trifft jedoch eher die sowieso Begünstigten, also die Hochqualifizierten. Geringer Qualifizierte profitieren höchstens insofern, als sie auf der Welle der Konsistenzanforderung an unternehmerisches Handeln mitgetragen werden (müssen), jedoch auch stets der Gefahr ausgesetzt sind, dass ihr Produktionsbereich aus der Firma ausgelagert wird.

Was wird gemacht in der betrieblichen Sozialpolitik – je nach Größe und Branche der Unternehmung? Es gibt Zusagen von Betriebsrenten. Die sind i.d.R. gekoppelt an eine Mindestzeit der Betriebszugehörigkeit – z.B. zehn Jahre. Das hilft, Bindungen in einem nicht-anonymen Kontext aufzubauen, und es verhindert natürlich Fluktuation, weil MitarbeiterInnen viel verlieren können, wenn sie vorzeitig die Unternehmung verlassen. Unternehmungen gewähren z.T. auch Kredite für den Immobilienerwerb – in der Hoffnung, das mache die eigenen MitarbeiterInnen immobiler. Betriebssport, z.T. Betriebsorchester werden finanziert, vermehrt wird vom Unternehmen kostenlose Kinderbetreuung angeboten. Alles nutzt dem Zweck, eine Stammbelegschaft zu halten, die mit kleinen Fluktuationen gut umgehen kann, d.h., das tazite Wissen wird gestützt, weil nicht zu viele Personen und WissensträgerInnen die Unternehmung gleichzeitig verlassen und auch nicht temporär aus dem Berufsleben ausscheiden (deshalb z.B. die Kinderbetreuung).

Nun ergänzt die betriebliche Sozialpolitik nicht einfach nur die staatlichen Maßnahmen. Dass das teilweise als eine Art Entlastung des Staates angesehen werden kann, ändert nichts daran, dass auch einige Interdependenzen zu beachten sind. Hohe Ansprüche an eine betriebliche Altersversorgung lassen z.B. die späteren Zahlungen aus der gesetzlichen Rente für manche als geradezu lächerlich klein angesichts der eingezahlten Summen in das System erscheinen. Schnell ist der „Peanuts"-Begriff bei der Hand. Das erhöht nicht gerade die Akzeptanz der Sozialversicherungen durch die sogenannten Besserverdienenden und kann sich im politischen Willensbildungsprozess und in Abstimmungen niederschlagen.

Änderungen bei der gesetzlichen Rente, bei familienpolitischen Maßnahmen, bei Mitbestimmungs- und Kündigungsregeln haben zudem jeweils Auswirkungen auf die unternehmerischen Ziele zum Erhalt ihres spezifischen Koordinierungssystems. Werden etwa die Konditionen zum temporären Ausstieg aus dem Erwerbsleben nach der Geburt von Kindern durch großzügigere Elterngeld- oder Elternzeitregeln besser, dann wird die Unternehmung auch ihre eigenen Maßnahmen anpassen müssen, um weiterhin als generös und um das Miteinander bemüht von den eigenen MitarbeiterInnen gesehen zu werden.

Werden hingegen staatliche Vorruhestandsregeln günstiger, kann sich die Unternehmung einen Teil potentiell hoher Abfindungszahlungen sparen, wenn sie sich – warum auch immer – von älteren ArbeitnehmerInnen trennen möchte. Das kann sogar Senioritätslohnsysteme stützen, bei denen ArbeitnehmerInnen zu Beginn der Karriere einen Lohn unterhalb ihrer Produktivität erhalten, im Zuge langer Jahre der Betriebszugehörigkeit aber durch schnellere Lohn- als Produktivitätssteigerungen oberhalb ihrer Produktivität entlohnt werden. Das setzt voraus, dass sich MitarbeiterInnen auf starke Lohnerhöhungen zu späteren Zeitpunkten verlassen können. Glaubhaft wird es für sie nur, wenn sich die Unternehmung tatsächlich immer so verhält bzw. bei vorzeitiger Trennung von MitarbeiterInnen den Einkommensverlust durch hinreichend hohe Abfindungen kompensiert. Bei günstigen Vorruhestandsregeln durch den Staat (zur Entlastung des Arbeitsmarktes gedacht, weil sich das Arbeitsangebot verringert) spart die Unternehmung Kosten, weil es für die Ausscheidenden letztlich nur auf das Gesamteinkommen ankommt. Die Unternehmung kann kostengünstig ihre Reputation halten und dadurch vor allem Fluktuation verhindern sowie firmenspezifisches Wissen binden. Denn wer möchte schon die Ansprüche an hohe Löhne oder eine hohe Abfindung verlieren, wenn er/sie bei einer anderen Firma wieder beim Zeitpunkt 0 der Firmenzugehörigkeit startet?
Bezahlt wird dieser Unternehmensvorteil von allen, die in die gesetzliche Rentenversicherung einzahlen oder von den SteuerzahlerInnen. Das muss weder effizient noch gerecht sein. Begünstigt sind jedenfalls hauptsächlich wieder die besonders Qualifizierten, die sowieso schon durch die hohen Löhne privilegiert sind. Staat, Markt und Unternehmungen gehorchen nicht nur unterschiedlichen Koordinierungslogiken, sondern passen die eigenen Regeln ständig an, wenn sich auf einer der anderen Systemebenen Änderungen einstellen. Unternehmungen und Familien reagieren auf Marktgegebenheiten und die konkreten politischen Maßnahmen. Und auch umgekehrt wird die Marktkoordination durch die

Usancen in Traditions- und Zentralverwaltungssystemen beeinflusst. Der Staat als spezielles Hierarchiesystem reagiert unmittelbar und auch in der Antwort auf diese Interdependenzen, z.b. wenn sich im Zuge unternehmerischer Personalpolitik Effizienzlohnprobleme verschärfen und die Arbeitslosigkeitsprobleme zunehmen. Dies macht vor allem die staatliche Sozialpolitik zu einer Art Seiltanzübung, bei der es die Balance zu halten gilt, damit Risiken verschiedener Koordinierungsformen abgesichert, die Allokation insgesamt verbessert und zudem noch Gerechtigkeitszielen gedient wird.

Aus all den vergangenen Ausführungen erwächst unmittelbar die Frage nach den politischen *Möglichkeiten* des Staates. Welche Bereiche soll er vielleicht gleich selbst übernehmen, welche soll er wie mit Rahmenbedingungen versehen, wo sollte er wie intervenierend eingreifen? Dazu ist es unumgänglich, etwas genauer auf die politische Steuerung zu schauen. Dies geschieht im nächsten Hauptkapitel, dem Kapitel 5.

4.8.6 Verteilung, Partizipation, Ausschließung und Diskriminierung

Bevor wir zu einigen Spezifika der politischen Steuerung kommen, ist es sinnvoll, in einer Art Exkurs oder spezieller Zusammenfassung noch einmal einige Argumente zu sammeln und zu ergänzen im Hinblick auf allgemeine Partizipationsvorstellungen. Bislang war insbesondere von Verteilungsproblemen die Rede, die bei Marktkoordinationsfehlern u.U. noch verstärkt wurden. Ist eine ungleiche Verteilung aber bereits Ausschließung? Hindert Ungleichheit grundsätzlich an der Teilhabe und ist sie diskriminierend? Manche werden das bejahen in dem Sinne, dass ärmere Menschen weniger Mittel zur Verfügung haben als andere und dadurch auch nur einen geringeren „Anspruch" an die produzierten Güter und Dienstleistungen erhalten.

Die Meinung dazu ist jedoch keineswegs einheitlich. Wenn bislang explizit Diskriminierung in diesem Lehrbuch als Begriff verwendet wurde, ging es auch nicht allein um Einkommensungleichheiten. Eine etwas andere Beschreibung zielt auf gruppenspezifische Ausschließung, wenn von Diskriminierung die Rede ist. Und eine Gruppe einkommensschwacher Menschen ist nur eine unter vielen Möglichkeiten, welche Personen aufgrund eines speziellen Status oder spezieller Merkmale anders als andere behandelt werden. Oft ist von Diskriminierung dann die Rede, wenn sich die Menschen in bestimmter, koordinationsrelevanter Hinsicht (wie etwa im Hinblick auf ihre Qualifikation, ihre Berufserfahrung, ihre Leistungsfähigkeit) nicht unterscheiden, dennoch unterschiedlich behandelt werden je nach Geschlecht, Religionszugehörigkeit,

Nationalität etc. Zu solchen Phänomenen hatten wir einige Versatzstücke immer mal wieder in einzelnen Passagen konstatieren müssen. Es lohnt sich, eine kurze, wenngleich oberflächliche Gesamtschau über die gängigsten ökonomischen Diskriminierungstheorien zu geben. Wir können das überwiegend am Beispiel der Erwerbstätigkeit machen. Die Argumente lassen sich häufig zwanglos auf das Wohnen, auf Versicherungen, Kredite, auch auf einige Gütermärkte übertragen.[69]

Wenn wir nur auf den Produktions- und Arbeitsbereich schauen und politische Partizipation erst einmal beiseiteschieben, müssen wir uns in einem ersten Schritt kurz mit Messproblemen beschäftigen. Gibt es Diskriminierung, wer wird diskriminiert und in welchem Ausmaß? Allein die Frage, wer überhaupt benachteiligt oder ausgeschlossen wird, ist weniger trivial, als man vielleicht vermuten könnte. Im Kapitel über Gerechtigkeit werden wir es im Abschnitt über ein Chancengerechtigkeitskonzept genauer sehen. Es kommt erstaunlicherweise darauf an, an welcher Stelle und auf welcher Aggregationsebene wir messen – im Betrieb auf Abteilungsebene, auf der Ebene der Gesamtunternehmung oder über alle Unternehmungen hinweg. Um das Ausmaß zu bestimmen, haben wir es mit folgender Schwierigkeit zu tun. Wir suchen nach unterschiedlicher Behandlung von Menschen mit ansonsten identischen Merkmalen. Im Erwerbsleben kann das heißen, dass wir Lohndifferenzen suchen bei gleicher Produktivität, gleicher Ausbildung und gleicher Berufserfahrung z.B. Allein auf Lohndifferenzen etwa von Männern und Frauen zu schauen, geht nicht, weil sich Berufsorientierungen, Qualifikationen, Berufserfahrung individuell, aber auch gruppenspezifisch unterscheiden können.

Also versucht man all diese Unterschiede mit statistischen Methoden „herauszurechnen" – was mit mancherlei methodischen Problemen verknüpft ist. Wenn man es macht und die Ergebnisse methodisch einigermaßen valide Erkenntnisse bieten, dann wird zum Schluss ein *modifizierter Diskriminierungskoeffizient* Aufschluss über das Ausmaß an Diskriminierung geben (vgl. z.B. SCHUBERT 1993). Er gibt an, welcher Anteil der Lohndifferenz z.B. zwischen Frauen und Männern nicht durch unterschiedliche Ausbildung, Berufserfahrung etc. erklärt werden kann. Immerhin verbleiben für Deutschland Lohndifferenzen zwischen den Geschlechtern von etwa 20%, die anscheinend nur noch durch Diskriminierung erklärt werden können. Aber nochmals:

Die Methodik hat ihre Tücken. LORENZ (1993: 141) beschreibt ein Problem sehr treffend. Man kann die typische Frage, was Frauen verdienen würden, wenn sie wie Männer entlohnt würden, ja einfach umdrehen. Was würden

---

[69] Einen guten, wenngleich nicht ganz vollständigen Überblick gibt LORENZ (1993).

Männer verdienen, wenn sie Löhne wie die Frauen erhielten? Dabei *kann* als Ergebnis herauskommen, dass mit der einen Methode Frauen und mit der anderen Männer diskriminiert zu werden scheinen. Ähnliches kann passieren, wenn man fragt, ob Frauen, die gleich viel wie die Männer als Lohn erhalten, produktiver als die Männer sind. Wenn ja, würden sie diskriminiert. Wenn sie weniger produktiv wären, gäbe es Männerdiskriminierung. Auch hier kann es passieren, dass bei einer solchen Frage Männerdiskriminierung ausgewiesen wird, während die Beantwortung der Frage nach unerklärten Einkommensdifferenzen deutliche Diskriminierung gegenüber Frauen anzeigt. Schauen wir also lieber nur auf einige theoretische Ideen zum Phänomen der Diskriminierung.

a) Diskriminierung im idealen Markt und im Traditions- und Hierarchiesystem

In jedem Nicht-Schlaraffenland gibt es angesichts der begrenzten Ressourcen weniger Güter und Dienstleistungen, als es den maximalen Versorgungsvorstellungen der Individuen entspricht. Wer verspürte nicht Wünsche nach mehr Leistungen des Gesundheitssystems, mehr und besseren Bildungseinrichtungen, mehr kulturellen Angeboten, mehr von besonders geschätzten Konsumgütern etc. Bei begrenzten Ressourcen geht aber leider nicht „alles, und am besten auch noch umsonst". Es muss entschieden werden, welche Mengen in welchen Qualitäten es von den einzelnen Gütern und Leistungen geben und wer die Güter dann erhalten soll.

In irgendeiner Weise wird also immer rationiert werden müssen. Bei Märkten geschieht dies über den Preis. Wer genügend Einkommen hat und bereit ist, den herrschenden Preis zu entrichten, der/die erhält das Gut im Gleichgewicht bei Angebot und Nachfrage. Wenn man in einen Discounter geht, eine Salami über den Scanner ziehen lässt und den angezeigten Preis bezahlt, dann bekommt man die Wurst. Es kommt nicht darauf an, ob man ein Mann oder eine Frau ist, ob man deutsche StaatsbürgerIn ist oder nicht, ob man einen festen Wohnsitz hat o.a. In anderen Rationierungsformen muss das nicht so sein. Bei Leistungen, die der Staat zur Verfügung stellt, muss ebenso entschieden werden, wer die vorhandenen Leistungen in welchem Umfang bekommen soll, sofern es mehr Wünsche als Möglichkeiten gibt. Wenn Einkommen und Zahlungsbereitschaft keine Rolle spielen sollen, könnte es nach dem Warteschlangenprinzip gemacht werden. Auch nach Geschlecht, Alter oder anderen Kriterien könnte die Zuteilung erfolgen – schon sind wir in gänzlich anderen Gruppenkontexten, die für den Zugang eine Rolle spielen. Für das Rechte-Pflichten-System der Traditionskoordinierung ist es ebenso offensichtlich, dass Rollen gruppenspezifisch verteilt werden.

Geschlechterrollen und soziale Klassen haben hierbei eine besondere Bedeutung.

Im Referenzmodell perfekter Märkte können Entlohnungsunterschiede nur durch kompensierende Lohndifferentiale erklärt werden. Wenn Männer die „unangenehmeren", schmutzintensiveren und anstrengenderen Tätigkeiten ausüben, wenn sie längere Ausbildungszeiten in Kauf nehmen, oder wenn Frauen in großer Zahl ganz bestimmte Tätigkeiten stark präferieren („Overcrowding"), dann werden Männer mehr als Frauen verdienen. Aber ist das dann diskriminierend? Viele verneinen diese Frage und freuen sich über ein weiteres Schlaraffenlandergebnis: Diskriminierung gibt es im System perfekter Märkte nicht.

Etwas anders gelagert als bei arbeitsteiligen Herstellungs- und Verteilungsprozessen ist die unterschiedliche Behandlung je nach Gruppenzugehörigkeit bei Rechten, bei denen keine Produktionsentscheidungen gefällt werden müssen. Partizipationsrechte im politischen Raum etwa müssen natürlich nicht grundsätzlich rationiert werden. Das wird dennoch gemacht, etwa mit dem Mindestalter hinsichtlich des aktiven oder passiven Wahlrechts, auch bei der Beschränkung des Wahlrechts hierzulande auf deutsche StaatsbürgerInnen und bei der Ablehnung doppelter Staatsbürgerschaften. Das hat eher etwas mit politischer Willensbildung zu tun und Regeln, die gewährleisten sollen, dass sich Mehrheitseinschätzungen in Wahlergebnissen auch widerspiegeln. Ob dafür tatsächlich tragfähige und nach Maßgabe der Menschenrechte noch akzeptable Ausschließungen erfolgen, sei hier nicht diskutiert.

Alexander RÜSTOW (2005: 51f.) spricht in einem etwas anderen Zusammenhang jedenfalls kritisch davon, dass auch etablierte Demokratien pseudointegrativ sein können, also in diesem Sinne so eine Art *Vulgärdemokratie* darstellen. Das geschehe vor allem dann, wenn innerer Zusammenhalt durch scharfe Abgrenzung zu einem vermeintlichen „Außen" erzielt wird. Außen kann sich auf andere Gesellschaften, aber auch auf Minderheiten im Inland beziehen, die „rundum" im politischen und ökonomischen Bereich mehrheitsüberlagert werden, u.a. durch scharfe Unterschiede der Binnen- und Außenmoral bei den Mitgliedern der Mehrheitsgruppe oder durch den formellen Ausschluss von Partizipationsmöglichkeiten der Minderheiten dort, wo eigentlich keine Rationierung notwendig wäre, aber dennoch diskriminiert wird.

b) Diskriminierung bei Marktinterventionen in allokativ perfekte Märkte
Würden Märkte allokativ perfekt funktionieren, dann strebten sie stets ein Gleichgewicht bei Angebot = Nachfrage an. VerkäuferInnen müssen alle Kaufinteressierten bedienen, um keine Nachteile zu erleiden und nicht auf ihren

Waren sitzen zu bleiben. Anders ist es, wenn der Staat – wie bei Höchstmieten oder Mindestlöhnen – Preise oberhalb oder unterhalb des Schnittpunktes von Angebot und Nachfrage festlegt und auch durchsetzt. In diesem Fall entstehen Angebots- oder Nachfrageüberschüsse. Bei einem Höchstpreis ist die Nachfrage größer als das Angebot. Nun können die HerstellerInnen sich „aussuchen", wem sie etwas verkaufen und wem nicht. Höhere Preise können sie bei striktem Höchstpreis sowieso nicht realisieren, also schaden sie sich durch Diskriminierung auch nicht. Und wenn etwa eine Wohnungseigentümerin partout nicht gern an ältere Herren mit Baseballkäppi oder an rotblonde Frauen mit Rauhaardackel vermieten möchte, dann findet sie im Rahmen von Höchstmieten immer andere, mit denen sie einen Vertrag abschließen kann. Tatsächlich wird es natürlich aller Erfahrung nach in erster Linie um Unterscheidungen nach Alter, Geschlecht, Ethnie, vermuteter Religionszugehörigkeit, sexueller Orientierung etc. gehen.

c) BECKERS Diskriminierungsmodell

Das bekannteste und einflussreichste ökonomische Modell zur Diskriminierung wurde von Gary BECKER (1971) formuliert. Fangen wir mit einem Beispiel an. Privatdetektiv Argus könnte einen ungefährlichen Beschattungsauftrag von Brendan annehmen. Dabei verdiente er sicher 800,- €. Alternativ könnte er auch mit Celine ins Geschäft kommen. Eine ebenso ungefährliche und auch finanziell abgesicherte Aufgabenerfüllung für sie brächte ihm 1000,- €. Beide Möglichkeiten sind in jeder Hinsicht vergleichbar. Entscheidet sich A für den Vertrag mit B, dann entgeht ihm der Mehrgewinn von 200,- €. Darin steckt schon die Grundidee des BECKER-Modells. Wenn jemand bereit ist, entweder etwas extra zu bezahlen, um den Handel mit jemandem zu vermeiden, oder er/sie auf mögliche finanzielle Vorteile verzichtet, muss das nach BECKER nicht-pekuniäre Motive betreffen. Es kann sich um Vorurteile handeln, aber auch um Wünsche und Abneigungen, mit wem man gern oder ungern etwas zu tun haben möchte. Und dafür leistet man eine Zahlung.

In einem meiner Seminare formulierte es eine Studentin einmal sehr drastisch. Sie meinte in einem Referat zu BECKER, das wäre so, als ob z.B. ein Mann – nennen wir ihn Anonymus, da er es öffentlich kaum zugeben würde – meint, alle Frauen röchen unangenehm. Damit er bereit ist, dennoch mit Frauen gemeinsam z.B. zu arbeiten, müsste man ihm zusätzliches Geld anbieten, um den Geruch auszuhalten. Oder anders herum: Lieber verzichtet er auf Einkommen, als mit den üblen Düften der Frauen konfrontiert zu sein. Quintessenz dieser Trivialidee des Modells ist, dass sowohl die Diskriminierten als auch der/die Diskriminierende selbst Nachteile erleiden. Diskriminierte bekommen keine Güter, keine Jobs oder beides nur zu schlechteren

Konditionen. Diskriminierende zahlen den Preis durch höhere Kosten, entgangenen Gewinn o.ä. Diskriminierung ist nach diesem Modell einfach Konsequenz eines „Geschmacks", einer Präferenz.

Die Formulierung allein stieß auf viel Kritik. Zu salopp sollte man vielleicht auch wirklich nicht in der Begriffswahl sein. Es ging BECKER jedoch nicht darum zu untersuchen, wie Vorurteile entstehen oder wie solche „Geschmäcker" zustande kommen. Das alles hat er aus der Betrachtung ausgeklammert und einfach Begriffe aus dem Rahmen des traditionellen mikroökonomischen Modells dafür eingesetzt, da er sich in erster Linie um die Analyse bemühte, wie sich denn Vorurteile oder spezielle nicht-pekuniäre Vorlieben im marktlichen Wettbewerb auswirken. Seine Kernergebnisse: Wenn UnternehmerInnen z.B. Frauen diskriminieren wegen solcher spezieller Präferenzen der Führungs- und Entscheidungsverantwortlichen, werden Frauen einen Lohnabschlag im Marktgleichgewicht hinnehmen müssen. Sie müssen Gehaltsverzicht leisten, damit diskriminierende UnternehmerInnen sich sozusagen das „Leid" der Zusammenarbeit abkaufen lassen. Ob Frauen als Unternehmerinnen tatsächlich auch Frauen als Mitarbeiterinnen benachteiligen, bliebe zu prüfen. Thesen dazu gibt es jedenfalls.

Gibt es im *Kollegium* Vorurteile bzw. Vorlieben und Abneigungen, dann folgt hautsächlich Segregation. Bei dem Frauen-Männer-Beispiel hieße es, dass in manchen Betrieben nur Männer, in anderen nur Frauen arbeiten. Wäre es anders, müssten die UnternehmerInnen zum Ausgleich des „Leidens" den Männern Lohnzuschläge zahlen, was ihnen Wettbewerbsnachteile bescherte.

Das Hauptproblem des Ansatzes werden VertreterInnen anderer Wissenschaftsdisziplinen vielleicht am ehesten in der Begriffswahl und der speziellen mikroökonomischen Methodik sehen. Für ÖkonomInnen liegt der wesentliche Einwand darin, dass diese Form der Diskriminierung auf Dauer eigentlich gar keinen Bestand haben dürfte. Zahlt z.B. der diskriminierende Unternehmer Aristide Männern mehr als Frauen trotz identischer Produktivität, dann braucht es nur einen einzigen Unternehmer oder eine Unternehmerin, der/die nicht vorurteilsgeladen ist. Diese Firma könnte nämlich verstärkt „billige" Frauen einstellen, hätte Kostenvorteile bei gleicher Produktivität und könnte die diskriminierenden Unternehmen unter Wettbewerbsdruck setzen. Starrköpfige UnternehmerInnen werden durch Verluste aus dem Wettbewerb ausscheiden, andere adaptieren die erfolgreiche Strategie. Zum Schluss bekommen Männer und Frauen den gleichen Lohn. Wettbewerb ist demnach sogar Garant für langsames Verschwinden von diskriminierendem Verhalten.

Das ist ein ernst zu nehmendes Argument gegen BECKERs Gleichgewichtsvorstellung der Lohnabschläge für die diskriminierte Gruppe. In Modifikationen des Modells wurden z.B. die Annahmen über die Form des Wettbewerbs geändert. Wenn man es als Quasi-Monopol modelliert oder als „Männer-Kartell", dann kann das Ergebnis im Gleichgewicht tatsächlich stabile Diskriminierung bestimmter Gruppen nach sich ziehen.

d) Statistische Diskriminierung

Eine wichtige Richtung nahm die Diskriminierungstheorie mit der Analyse asymmetrischer Informationen auf dem Arbeitsmarkt. Ein Informationsproblem unter vielen liegt darin, dass eine Unternehmung bei einer Stellenbesetzung aus einer ganzen Anzahl von heterogenen BewerberInnen die geeignetste ArbeitnehmerIn auswählen möchte. Die spätere Produktivität der BewerberInnen kann sie aber nur schätzen. Sichere Informationen liegen nicht vor. Auch wissen KandidatInnen es teilweise besser, wie leistungsfähig und motiviert sie für die Aufgaben sein werden. Die Unternehmungen können auf Signale durch Arbeitszeugnisse, Abschlussnoten o.a. achten. Viele Firmen führen zudem Tests wie Einstellungsinterviews oder Assessment-Center für die Auswahlentscheidung durch. Ohne es im Detail darzustellen: In einem der grundlegenden Modelle wird am Frauen-Männer-Beispiel zunächst unterstellt, dass sich die durchschnittliche Produktivität von Männern und Frauen nicht unterscheidet. Individuell ist das Leistungsvermögen der Menschen aber sehr unterschiedlich. Eine Unternehmung, die im perfekten Wettbewerb agiert, führt Tests durch, und die beiden Gruppen zeigen auch die gleichen *durchschnittlichen* Testergebnisse. Es gibt nur einen einzigen Unterschied, und der betrifft die Zuverlässigkeit der Tests als Prognose für die tatsächliche spätere Leistung. Es reicht aus, wenn man von den Testergebnissen der Männer bessere Rückschlüsse auf die spätere Leistung ziehen kann als von den Testergebnissen der Frauen, dass im Arbeitsmarktgleichgewicht zumindest Frauen mit sehr guten Testergebnissen niedrigere Löhne als vergleichbare Männer erhalten. Einen allgemeinen Lohnnachteil für Frauen erhält man dann, wenn man unterstellt, dass Unternehmungen risikoscheu handeln. Dann nämlich werden sie bei zwei vergleichbaren BewerberInnen immer den- oder diejenige einstellen, dessen/deren Produktivität besser vorhersagbar ist. Im Beispiel hieße das, dass die Entscheidungen immer gegen die Frauen getroffen werden. Damit Frauen Chancen auf Beschäftigung haben, müssen sie Lohnabschläge in Kauf nehmen. Frauen, die im Durchschnitt gleich produktiv wie die Männer sind, bekommen geringere Löhne.

Nun bleibt aber die Frage, warum es denn überhaupt schlechter prognostizierbar sein soll, wie leistungsstark Frauen sind. Unmittelbar nach Einstellung, vielleicht direkt im Anschluss an eine Ausbildung, werden sich wohl kaum solche Unterschiede begründen lassen. Nun ist jedoch die längerfristige Produktivität einer MitarbeiterIn insbesondere bei spezifischen Investitionen und viel tazitem Wissen innerhalb der Unternehmung entscheidend vom Erwerbs*verlauf* abhängig. Ein durchgehender Verbleib in der Firma ist gekoppelt mit einer relativ sicheren Prognose der zukünftigen Leistungsfähigkeit mit Hilfe der Testergebnisse.

Schwierig wird es bei Erwerbsunterbrechungen durch Erziehungszeiten o.a. Wenn Frauen eher Erziehungszeiten mit einem temporären Rückzug aus dem Erwerbsleben als Männer in Anspruch nehmen, dann kann für einen Mann ziemlich sicher ein durchgehender Erwerbsverlauf unterstellt werden. Bei Frauen würde der Dialekt-Hesse jedoch sagen: „Mer waaß es net". Manche Frauen verzichten (freiwillig oder unfreiwillig) auf Nachwuchs. Einige gehen nach der Geburt ihrer Kinder zügig wieder ihrer Erwerbstätigkeit nach, andere nutzen Elternzeiten oder entscheiden sich für einen noch längeren Rückzug aus dem Erwerbsleben. Bei Neueinstellungen ist es bei jüngeren Frauen weniger sicher als bei gleichaltrigen Männern, dass der Erwerbsverlauf durchgängig ist. Das wiederum macht die Prognose der Produktivitätsentwicklung unsicherer. Zusätzliche Optionen von Frauen, die auch gesellschaftlich akzeptiert werden, erschweren ihnen sozusagen das gleichberechtigte Leben im Erwerbsbereich. Diese Kleinigkeit reicht nämlich schon aus für das Ergebnis, dass die gesamte Leistungsfähigkeit von Frauen schlechter einschätzbar ist und sie deshalb im Gleichgewicht weniger Lohn bekommen, schlechtere Aufstiegschancen haben etc.

Es kann sich ein Teufelskreis mit einer „self-fulfilling prophecy" einstellen: Durch schlechtere Prognosemöglichkeiten verdienen Frauen weniger als Männer; dadurch lohnt es sich eher für Mütter als für Väter, für eine gewisse Zeit für die Betreuung und Erziehung ihrer Kinder aus dem Beruf auszuscheiden; Frauen nutzen häufiger und länger als Männer Erziehungszeiten; Einstellungstests von Frauen liefern unsicherere Prognosekraft als die von Männern wegen der verstärkten Möglichkeit zu Erwerbsunterbrechungen – und alles geht von vorn los in einem ewigen, sich selbst stabilisierenden Diskriminierungskreislauf. Ähnliche Kreisläufe kann man hinsichtlich der Berufswahl und der Ausbildung konstruieren.

Das Modell wird z.T. deshalb kritisiert, weil das alles so vorurteilsfrei ausschaut. Die UnternehmerInnen handeln ja völlig rational und anscheinend ohne jegliche böse Absichten. Würden sie es anders machen, drohte ihnen durch Wettbewerbsnachteile schlimmstenfalls sogar das Ausscheiden aus dem Markt. Wir selbst „diskriminieren" ja sogar oft in ähnlicher Art, wenn wir etwa für eine bestimmte Gummibärchenmarke mehr Geld ausgeben als für andere, weil wir meinen, die Qualität und den Geschmack der Bären des Markenprodukts besser einschätzen zu können als bei einer uns unbekannten HerstellerIn. Diskriminieren wir dadurch die No-Name-Unternehmung oder gar die traurig blickenden roten, gelben und grünen Gummibärchen in uns unbekannter Verpackung? Beim Arbeitsmarkt geht uns der Begriff sicher eher über die Lippen. Und die Ungleichbehandlung ist für die Betroffenen und die Gesellschaft sowieso nicht deshalb leichter erträglich, nur weil es sich um statistische Diskriminierung handelt. LANG und LEHMANN (2012) kritisieren das Modell weniger wegen der vermeintlichen Vorurteilsfreiheit. Am Beispiel der Rassendiskriminierung bemängeln sie, dass sowohl das Modell „rationaler Vorurteile" als auch andere Diskriminierungstheorien kaum erklären könnten, warum es gleichzeitig zu Lohndifferenzen und dazu noch zu höheren Arbeitslosenzahlen der benachteiligten Gruppe kommen kann. Sie ergänzen das Modell der statistischen Diskriminierung, indem sie zusätzlich Suchkosten einbeziehen. Politisch leiten sie aus ihren Überlegungen ab, dass es zusätzlicher Anstrengungen bedürfe, ArbeitgeberInnen über die tatsächlichen Leistungen während der schulischen und nachschulischen Ausbildung von BewerberInnen zu informieren. Auch *affirmative action*, eine in den USA implentierte Politik positiver Diskriminierung zur Stärkung benachteiligter Gruppen z.B. im Bildungssystem und im Arbeitsleben, sehen die beiden Autoren als ausbauwürdig an. Dazu werden wir uns im 6. Kapitel noch nähere Gedanken machen, wenn es um konkrete Gerechtigkeitsüberlegungen geht.

e) Monopsonistische Diskriminierung

Das zugehörige Modell von Joan ROBINSON wurde ausführlich im Abschnitt über monopolistische bzw. monopsonistische Preisdifferenzierung besprochen. Deshalb sei nur noch einmal erwähnt, dass im Monopson unterschiedliches Angebotsverhalten verschiedener Gruppen (durch unterschiedliche Mobilität, unterschiedliche Einbindung in Pflichten des familiären Traditionssystems) gewinnbringend ausgebeutet werden kann, indem Lohnhöhe und Beschäftigungsausmaß gruppenspezifisch festgelegt werden. Sind Frauen weniger mobil als Männer, werden sie bei gleicher Leistungsfähigkeit diskriminierend weniger Lohn erhalten – zur Gewinnfreude der MonopsonistIn.

f) Radikale Theorie der Diskriminierung und Effizienzlohndiskriminierung

Die „Radicals" sind in der Tendenz eher kapitalismuskritische ÖkonomInnen. Ihr Diskriminierungsmodell bewegt sich im Rahmen von Effizienzlohn- bzw. Insider-Outsider-Ansätzen. Wir haben z.B. das Modell von STIGLITZ und SHAPIRO im Effizienzlohnzusammenhang behandelt. Es ging um die Disziplinierung von Arbeitskräften, wenn die Unternehmensleitung die Anstrengung und Leistung ihrer MitarbeiterInnen nicht perfekt und nicht kostenlos kontrollieren kann. Ergebnis waren Effizienzlöhne, also solche Löhne, die im Gleichgewicht oberhalb des Schnittpunktes von Angebot und Nachfrage liegen. Bei einem solchen Gleichgewicht kann sowieso schon verlustfrei diskriminiert werden, weil sich die Firmen bei einem Überschuss des Arbeitsangebots aussuchen können, wen sie einstellen und wen nicht. Taxifahrende AkademikerInnen mit „Migrationshintergrund" trotz vermeintlichen AkademikerInnenmangels in ihren Fachrichtungen geben nur eines unter vielen Indizien, in welcher Art und Weise das geschieht.

Bei den Radicals nimmt die Diskussion noch eine etwas andere Wendung. Es wird u.a. die These vertreten, dass es für die Sicherung einer hohen Arbeitsleistung gewinnbringend sein kann, Interessengegensätze innerhalb der Belegschaft zu schaffen oder zu schüren. Dazu reichen übrigens auch schon Fragen der Verhandlungsstärke bei Lohnauseinandersetzungen, um ähnliche Vorteile auszumachen. Eine Möglichkeit zur Spaltung der Belegschaft kann darin bestehen, einer Gruppe – vielleicht den männlichen Beschäftigten – einen höheren Lohn als den Frauen zu zahlen. Jetzt laufen Männer in Gefahr, Lohnzuschläge zu verlieren, sollten sie gemeinsam mit den Frauen für bessere Lohnbedingungen eintreten. Die Privilegien bringen die Männer dazu, eher die Firmeninteressen als die der Kolleginnen zu vertreten. Ähnliches gilt für ihre eigene Leistungsbereitschaft, die sich durch die Vergünstigungen erhöhen mag. Das kann sich alles derart günstig auf die Höhe der Produktivität und den Umsatz auswirken, dass die Unternehmung trotz der höheren Männerlohnkosten (nur Männereffizienzlöhne in diesem Fall) einen Vorteil hat. Bei scharfem Wettbewerb bleibt der Unternehmung vielleicht nicht mal etwas anderes übrig, weil sie ansonsten Kostennachteile hat und langfristig Schwierigkeiten haben könnte, überhaupt im Markt bestehen zu können. Ein kleines Problem des Ansatzes liegt aber darin, dass es keine Rolle spielen sollte, *welcher* Gruppe Privilegien eingeräumt werden. Hohe Löhne für Frauen hätten im Modell die identische Wirkung. Es kommt ja nur auf die Spaltung der Belegschaft an. Wenn man wissen will, warum es nun gerade immer die Frauen sind, die die benachteiligte Rolle einnehmen, bräuchte man zusätzliche Argumente.

Wenn soziale Probleme angesprochen sind, die mit Begriffen wie Ungleichheit, Diskriminierung, Exklusion oder sozialer Ausschließung umschrieben werden, muss man immer darauf achten, was genau gemeint ist. Zum Abschluss des vierten Kapitels nur noch ein kleines Beispiel. ANHORN/STEHR (2011: 7) sprechen von Sozialer Ausschließung als einem zentralen gesellschaftsanalytischen Begriff. Soziale Ausschließung führe dazu, dass den Betroffenen langfristig der Zugang zu wichtigen Gütern der Gesellschaft stark beschränkt würde. Das gelte für verschiedene Dimensionen: Zugang zu Bildungseinrichtungen, zum formalen Arbeitsmarkt u.a. Die sozial Ausgeschlossenen würden als reine KostenverursacherInnen abgestempelt und eine wirkliche Integration in die Gesellschaft würde gar nicht mehr angestrebt. Man muss bei solchen Formulierungen aufpassen. Wo endet die Definition, und wo beginnt eine These? Schon die Definition des Begriffes „Gut" werden Ökonominnen nicht „gut" finden. Ein Arbeitsplatz ist in ihrer Sicht genauso kein Gut wie Bildung oder Gesundheit. Wichtiger als diese Begriffswahl ist die Abgrenzung zu einer Verursachungsthese. Zuschreibungen, Abwertungen und Schuldzuweisungen kann und wird es sicher geben, aber das müsste erst noch theoretisch und empirisch genauer unterfüttert werden. Das gilt natürlich auch für die Behauptung, dass die Gesellschaft gar keine Integration *will*. Aus der Perspektive der Kritischen Theorie liest man diese These ab und zu von eher kapitalismusskeptischen VertreterInnen. Es gibt aber auch andere theoretische Positionen sowohl innerhalb der Kritischen Theorie selbst als auch in anderen Grundorientierungen und Wissenschaftsverständnissen.

RÜSTOW (2005) z.B. geht in seinem geschichtlich-soziologisch-ökonomischen Monumentalwerk „Freiheit und Herrschaft" auch sehr kritisch mit der Zivilisation und ihren inhärenten Machtstrukturen ins Gericht. Er stellt die Geschichte der Menschheit als eine Abfolge von Unter- und Überschichtung vor, als eine der permanenten gesellschaftlichen Durchsetzung von Macht- und Herrschaftsinteressen, was sich bis auf viele interne gesellschaftliche Bereiche ausdehnen könne – Staatsverfassung, Bildungssystem, Unternehmungen u.v.a.m. Er sieht jedoch auch immer wieder systematische Tendenzen zu Gemeinschaft und Demokratisierung. Sogar die Eigeninteressen der Mächtigen führen nach RÜSTOW auf diesem Wege zur Schwächung ihrer Position. Für ihn ist der Weg nicht eindeutig vorgezeichnet, welche der Kräfte Oberhand gewinnen. Deshalb ist es aus seiner Sicht auch zumindest *möglich*, durch demokratische Marktwirtschaften solche ökonomischen und politischen Strukturen zu begünstigen, die Über- und Unterschichtung sowie soziale Ausschließung unterbinden oder zumindest klein halten. Mit dieser Überzeugung entwarf er – als Begriffsbegründer des Neoliberalismus und bekanntlich scharfem Kritiker rein wirtschaftsliberaler Positionen – das Konzept der Sozialen Marktwirtschaft. Wollten wir all das wirklich diskutieren, müssten wir uns in viele andere Disziplinen vertiefen – die Soziologie, Politikwissenschaften u.a. Das kann und soll nicht geleistet werden. Ähnlich ist es mit dem Inklusionsbegriff. Er ist ebenso schillernd und vielschichtig wie Ausschließung und Diskriminierung. Ganz salopp soll der Begriff in Abgrenzung zu Integration so verstanden werden: Inklusion = alle sind von vornherein „drinnen" und partizipieren in Würde; Integration = zuvor Ausgeschlossene werden hinein geholt und „angepasst".[70]

---

[70] Auch wenn keine explizite Auseinandersetzung mit Begriffen erfolgen soll, ist eines vielleicht doch bemerkenswert. Inklusion bedeutet im heutigen Sprachgebrauch, dass niemand diskriminierend ausgeschlossen sein soll und alle Menschen ihr Leben in Würde

Unumgänglich neben der Begriffsklärung aber ist es, auch die Schwierigkeiten der politischen Steuerung anzusprechen, da Ausschluss, Exklusion, Diskriminierung und Ungleichheit nicht nur bei der Marktkoordination entstehen. Das ist auch deshalb dringend notwendig, weil sozialer Ausschluss und Diskriminierung von Gruppen auf vielen Ebenen auch einfach als Systemeffekte evolvieren können. Es „passiert", ohne dass finstere Verschwörungen im Gange sind oder Mächtige explizit Herrschaft und Zwang ausüben. Wenn etwa bei nicht gut funktionierenden Arbeitsmärkten zufällig ein Teil der ArbeitsanbieterInnen erwerbslos wird z.B. wegen Effizienzlohnsetzung, dann kann das Merkmal Arbeitslosigkeit aus den bekannten Gründen der Prägnanz (Kap. 2 und 4) einen eigenen Gruppenkontext generieren – mit der Entpersonalisierung der Gruppenmitglieder verbunden, mit der Zuschreibung von bestimmten Eigenschaften u.v.a.m. durch andere. Es kann zudem aber auch in eine spezielle Art der Selbstkategorisierung münden. Die psychologische Theorie des „Gerechte-Welt-Glaubens" liefert ähnliche Erkenntnisse. Wenn es nun auf vielen Märkten und in verschiedenen und hochgradig interdependenten Arenen weitere Diskriminierungsmöglichkeiten geben sollte, dann kann die erste Zufallsauswahl und die Bildung der Gruppe der Arbeitslosen diese Menschen weiter treffen, indem sie Nachteile bei der Wohnungssuche, im Bildungs- und Gesundheitssystem, bei Versicherungen, Banken etc. erfahren. Es können selbstverstärkende Effekte auftreten und multiple Diskriminierungen, die sich gegenseitig stützen.

Grundlegende Literatur

COASE, RONALD (1937): The Nature of the Firm. In: Economica 16 (4), S. 386-405.

COASE, RONALD (1960): The Problem of Social Cost. In: Journal of Law and Economics 3 (1), S. 1-44.

GLINIARS, THORSTEN (2004): Arbeitsteilung und soziale Identität in der Theorie der Unternehmung. Marburg: Metropolis.

KREPS, DAVID (1990): Game Theory and Economic Modelling. Oxford: Clarendon Press.

---

selbstbestimmt gestalten können sollen. Inklusion wird als *Einschluss* gedeutet. VAN DER LOCHT (2008: 3) führt dazu aus: „Tatsächlich ist der Begriff aber älter und legt anderes offen. In der mittelalterlichen Kirche gab es die sogenannten Inklusen (Eingeschlossene). Das waren nach übereinstimmender Aussage verschiedener Lexika Mönche oder Nonnen, die sich freiwillig einschließen oder gar einmauern ließen, um sich in Askese oder Gebet zu versenken. [...] Inklusion bedeutet also nicht Einbeziehung in das große Ganze, sondern Wegschließen von der Welt." Inklusion ist also ein Musterbeispiel dafür, welche Begriffswandlungen es mit bestimmten Wörtern gegeben hat. Neoliberalismus ist ein anderes Beispiel dafür, wie eine ursprüngliche Bedeutung auf den Kopf gestellt wurde.

KUBON-GILKE, GISELA (1997): Verhaltensbindung und die Evolution ökonomischer Institutionen. Marburg: Metropolis.

KUBON-GILKE, GISELA; AMELINGMEYER, JENNY; PAUST, MICHAEL und WEILER, FRANK (1995): Alles optimal?! Übungsbuch zur traditionellen und modernen Mikroökonomik. Marburg: Metropolis.

LORENZ, WILHELM (1993): Diskriminierung, in: Ramb, Bernd-Thomas und Tietzel, Manfred (Hrsg.): Ökonomische Verhaltenstheorie. München: Vahlen, S. 119-147.

MAS-COLELL, ANDREU; WHINSTON, MICHAEL D. und GREEN, JERRY R. (1995): Microeconomic Theory. Oxford u.a.: Oxford University Press.

RASMUSEN, ERIC (1989): Games and Information. An Introduction to Game Theory. Oxford: Basil Blackwell.

RASMUSEN, ERIC (1994): Games and Information. An Introduction to Game Theory. 2. Auflage. Oxford: Basil Blackwell.

SCHLICHT, EKKEHART (1998): On Custom in the Economy. Oxford u.a.: Oxford University Press.

SCHLICHT, EKKEHART (2010): Lohnbildung in modernen Arbeitsmärkten: Weder gerecht noch effizient. In: Wirtschaftsdienst 4, S. 221-227.

SESSELMEIER, WERNER; FUNK, LOTHAR und WAAS, BERND (2010): Arbeitsmarkttheorien. Eine ökonomisch-juristische Einführung. Dritte, vollständig überarbeitete Auflage. Heidelberg: Physica.

THALER, RICHARD H. und SUNSTEIN, CASS R. (2009): Nudge. Wie man kluge Entscheidungen anstößt. Aus dem Amerikanischen von Christoph Bausum. Berlin: Econ.

VARIAN, HAL R. (1985): Mikroökonomie. München – Wien: Oldenbourg.

5 Koordinierung durch politische Steuerung

5.1 Koordinationsprobleme des Marktes und Umverteilungsziele bei allwissender, wohlwollender Politik

Wir haben im vergangenen 4. Kapitel viele Gründe dafür kennengelernt, dass Märkte nicht uneingeschränkt leistungsfähig dafür sind, die Arbeitsteilung in einer Gesellschaft so zu organisieren, dass die Güterversorgung und die Lenkung der Ressourcen bestmöglich in Anbetracht der Wünsche der Gesellschaftsmitglieder gelingt. Auch im zweiten Kapitel wurden schon einige weitere systematische Probleme angesprochen.

Es schloss sich unmittelbar die Frage an, ob es nicht durch andere Entscheidungs- und Steuerungsmechanismen besser als mit dem Markt gelingt, der vielfach mit reichlich Problemen durch externe Effekte, asymmetrische Informationen, unvollständige Verträge und vieles andere mehr zu kämpfen hat. Für Steuerungen innerhalb von Unternehmungen haben wir bereits einige Argumente dazu gesammelt, dass es dort auch Nachteile der Koordinierung geben kann, vor allem Begrenzungen für die Unternehmungsgröße. Schauen wir jetzt also auf den Staat.

Noch bis in die 60er Jahre des letzten Jahrhunderts nahmen ÖkonomInnen bei der Beschäftigung mit diesem Thema vereinfachend an, dass PolitikerInnen stets das Beste für die Gesellschaft erreichen wollen. VolkswirtInnen sahen ihre Aufgabe letztlich nur darin, der Politik die geeigneten Instrumente zu empfehlen, damit dem Ziel des Allgemeinwohls tatsächlich gedient wird (vgl. VAN SUNTUM 1999: 244f.). Wenn man nun noch unterstellen würde – was teilweise tatsächlich gemacht wurde – dass die Politik auch noch umfassend über alle Ressourcen, Bedürfnisse, Produktionsmöglichkeiten etc. informiert ist, dann wechseln wir aus dem perfekten (fiktiven) Konkurrenzmarktsystem gleich in die nächste „Friede-Freude-Eierkuchen"-Welt, nachdem wir die Vorstellung der vermeintlich immer effizienten Märkte leicht gesenkten Hauptes verlassen mussten.

Allerdings verstehen wir unter solchen Voraussetzungen einer perfekt informierten und wohlwollenden Politik genauso wenig, warum es dann *überhaupt* Märkte geben soll, wenn die Politik doch alles weiß und perfekt steuert im Sinne des Allgemeinwohls. Diese Idealvorstellung politischer Entscheidungsfindung ist tatsächlich so ähnlich zu verstehen wie ein perfektes System an Konkurrenzmärkten. Beide „perfekten" Lösungen kämen auch zu völlig identischen Lösungen, welche Güter und Dienstleistungen von wem, wann, wie, womit usw. hergestellt werden sollen. Auch im Fall der wundersamen politischen Lösung des ökonomischen Problems wäre die Frage nach der Koexistenz verschiedener Koordinierungssysteme an sich schon unsinnig, weil wir ein generell überlegenes System mit der Politik schon gefunden hätten.

Inzwischen sind die Analysen politischer Entscheidungen differenzierter geworden. Auch für politische Prozesse werden spezifische Probleme identifiziert. In Analogie zu Marktversagen wird dabei häufig von Staatsversagen gesprochen. Erstens wird nicht mehr unterstellt, dass der Staat perfekt informiert ist, was an sich schon plausibel erscheint. Im Zusammenhang mit öffentlichen Gütern haben wir auch einige Gründe dafür bereits kennengelernt, dass es systematische Schwierigkeiten geben kann – abgesehen von der Hürde der schieren Informationsmenge – wodurch es dem Staat nicht gelingt, alle notwendigen Informationen für die Steuerung zu gewinnen. So hatten wir nicht unbedingt Gewähr, dass die BürgerInnen überhaupt wahrheitsgemäß ihre Bedürfnisse dem Staat gegenüber äußern. In einem Teilgebiet der Ökonomik, der Neuen Politischen Ökonomie (vgl. z.B. BERNHOLZ/BREYER 1994), wird zweitens untersucht, ob die Annahme, dass die Politik stets in besten Absichten dem Allgemeinwohl dient, nicht revidiert werden muss. Um diese Frage beantworten zu können, werden die politischen Entscheidungsprozesse selbst ins Zentrum der Überlegungen gestellt. PolitikerInnen wird dabei unterstellt, dass sie durchaus auch ihren Eigeninteressen folgen, und zwar konkret vor allem danach streben, erneut gewählt zu werden – unabhängig davon, ob das dafür Nötige tatsächlich dem Allgemeinwohl dient oder nicht.

Was überhaupt ist das Allgemeinwohl? Naheliegend erscheint es vielen, wenn es verstanden wird im Sinne der *demokratisch legitimierten Ziele der Politik*, denn Wahlen müssten ja zumindest den Willen der Mehrheit wiedergeben. Ist das sicher? Schön wäre es ja, aber wir werden im nächsten Abschnitt sehen, dass allein schon diese Schlussfolgerung nicht zutreffen muss. Der Willen der Mehrheit muss sich nicht zwingend in demokratisch durch Wahlen und Abstimmungen legitimierten Zielen spiegeln.

5.2 Demokratische Regeln: Das ARROW-Paradoxon und Verteilungsabstimmungen

Politische Entscheidungen sind nicht selten von Unzufriedenheiten und Protesten begleitet. Dass Minderheiten gern andere Ergebnisse gehabt hätten, mag verständlich sein. Es entsteht aber teilweise darüber hinaus der Eindruck, als sei selbst der Mehrheit nicht immer ganz geheuer, was denn da von ihnen selbst mitentschieden wurde. Dahinter kann sich ein systematisches Problem verbergen. Die Aggregation der vielen persönlichen Wünsche, Vorlieben, Präferenzen und Sichtweisen per demokratischer Abstimmung spiegelt womöglich gar nicht immer gut das wider, was die Bevölkerung tatsächlich wünscht. Kann es möglich sein, dass man mit der Bestimmung einer Gesamtpräferenz über Wahlverfahren deutlich von der Mehrzahl der individuellen Bewertungen abweicht? Wie so etwas im demokratischen Prozess tatsächlich passieren kann, soll nachfolgend mit einem kleinen Beispiel aus dem Hochschulbereich illustriert und anschließend in einen allgemeineren Zusammenhang gebracht werden.

Hochschulen sind kleine selbstverwaltete Einheiten, in denen in Gremien per Abstimmung viele Entscheidungen getroffen werden. Wie in der Gesellschaft insgesamt, gibt es nach Entscheidungen von Hochschulgremien, wie z.B. bei Berufungsverfahren, immer mal wieder Unmut über die Entschlüsse, die die Kommissionen getroffen haben. Es wird sich an dem Beispiel zeigen, dass das gegenseitige Unverständnis hinsichtlich der Entscheidungen und auch die Schwierigkeiten des Entscheidungsprozesses selbst zu einem Großteil an einem de facto nicht immer und für alle zufriedenstellend zu lösenden Grundsatzproblem in demokratischen Abstimmungsverfahren liegen.

Wir werden zunächst davon abstrahieren, dass Demokratie nicht rein formal verstanden werden sollte. Demokratie könnte sich sonst auch als die Unterdrückung (der Meinung) vieler durch eine Gremienmehrheit äußern. Demokratie wäre dann im schlimmsten Fall die Diktatur der Mehrheit über die größtmögliche Minderheit. Im Verständnis WERTHEIMERs sollte Demokratie stattdessen als Verantwortung für das Ganze unter Berücksichtigung der Interessen von Gremienminderheiten bzw. nicht an der Entscheidung beteiligter Personen praktiziert werden (vgl. WERTHEIMER 1991: 69).[71] Wenden

---

[71] Die Position WERTHEIMERs wird in folgenden Passagen seines Ausführungen über Demokratie (vgl. jeweils WERTHEIMER 1991, angepasst an die geltenden Rechtschreibregeln) besonders deutlich:

„Das Mehrheitsrecht in einer Demokratie impliziert auch ein charakteristisches Verhalten gegenüber Minderheiten. Die Rechte von Minderheiten schlicht zu leugnen oder zu übergehen, seine Augen zu verschließen vor ihren Bedürfnissen, ist nicht demokratisch. ‚Wir haben die Mehrheit, na also' ist kein demokratisches Verhalten. Eine ungerechte Entscheidung gegen eine Minderheit aufgrund eines Mehrheitswillens ist nicht Demokratie." (S. 69).

„Für sich genommen ist das Mehrheitsrecht keinesfalls ein demokratisches Ziel, sondern lediglich ein technisches Mittel, lediglich, technisch betrachtet, eine Lösung, die beste verfügbare, aber weit entfernt davon, eine vollkommene Lösung zu sein. Vom Standpunkt der Logik ist es nicht der *Inhalt* des Mehrheitsprinzips, der wirklich demokratisch ist, sondern allein seine *Funktion* als das technische Mittel auf dem Weg

wir uns gleich mehreren Problemen der Abstimmungsverfahren als zunächst rein formalen Regeln zu.

a) Der Kern einer Abstimmung als Gleichgewichtskonzept

Das Konzept des Kerns eines Entscheidungs- oder Allokationsproblems wird insbesondere in der ökonomischen Theorie des Allgemeinen Gleichgewichts angewendet, spielt aber auch eine große Rolle in Modellen der Theorie kooperativer Spiele und der Neuen Politischen Ökonomie.

Es geht darum, die *Robustheit* einer Entscheidung bzw. Allokation zu überprüfen, indem untersucht wird, inwiefern sich Teilgruppen oder Koalitionen gegenüber einer gegebenen Situation verbessern können (vgl. z.B. VARIAN 1985: 242). In formaler Darstellung heißt das Folgendes. Eine Koalition S verbessert sich bei einer Entscheidungsgrundlage (Anfangsausstattung) W gegenüber einer gegebenen Entscheidung x dann, wenn es eine Allokation/Neuentscheidung x′ gibt, für die gilt:

$$\sum_{i \text{ in } S} x'_i = \sum_{i \text{ in } S} W_i \quad (x' \text{ ist für S zulässig}) \quad (1)$$

x'_i wird für alle i in S x_i vorgezogen (2)

Eine zulässige Allokation x liegt im *Kern* des Entscheidungsproblems, wenn sie durch keine neue Koalition vorteilhafter für beteiligte Koalitionsmitglieder gestaltet werden kann. Während man für das Allgemeine Gleichgewicht einer Volkswirtschaft zeigen kann, dass der Kern einer perfekt funktionierenden Konkurrenzwirtschaft nicht leer ist, d.h. dass ein Gleichgewicht existiert

---

zum Ziel, dass mehr gerechte Entscheidungen gefällt werden. Nicht der Wille der Mehrheit, sondern die bessere Entscheidung ist das Erstrebte." (S. 70-71).

„Bei den Zusammenkünften demokratischer Körperschaften mag es nicht gerade ungewöhnlich sein, dass ein Mitglied sagt: ‚Warum reden wir überhaupt über diesen Punkt? Bei Ihnen handelt es sich doch nur um eine kleine Minderheit. Was die Mehrheit wünscht, ist klar. Lasst uns auf demokratische Weise weitermachen, lasst uns abstimmen. Und wenn Sie widersprechen möchten, indem Sie sich gemäß der augenblicklich geltenden Verfahrensregel zu Wort melden, dann werden wir den Regeln der Geschäftsordnung folgend zuerst über den Antrag auf Schluss der Debatte abstimmen. Wenn Sie die Formalie wünschen, können Sie sie haben, aber was nützt es? Sie wissen, dass wir in jedem Fall die Mehrheit haben.' Oft handelt es sich dabei um blinden und verächtlichen Gebrauch des mit Demokratie wirklich Gemeinten." (S. 72).

Die gleiche Argumentation gilt natürlich auch, wenn eine kleine Gruppe Entscheidungsgewalt durch eine Gremienmehrheit hat und entsprechend offensichtliche Mehrheitsmeinungen der Organisationsmitglieder unberücksichtigt lässt. Die WERTHEIMER-Position ähnelt in vielem der zuvor erwähnten Charakterisierung der „Vulgärdemokratie" durch RÜSTOW.

und dass es stets im Kern liegt, gibt es spezifische Entscheidungsprobleme, die durch einen leeren Kern gekennzeichnet sind. Dafür gibt es dann kein Gleichgewicht. Jedes reine Verteilungsproblem bei drei Personen ist z.b. so gekennzeichnet, aber auch Abstimmungen über Berufungslisten können bei bestimmten, insbesondere intransitiven Präferenzen durch einen leeren Kern charakterisiert sein.

In dem Drei-Personen-Fall ist es trivial. Wenn Agnes, Bruno und Cordula einen Betrag von 90,- € per Abstimmung unter sich aufteilen sollen und keine spontane Bereitschaft zur vermeintlich fairen Drittelung des Geldes gegeben ist, dann könnten sich A und B zu einer Koalition zusammenschließen und sich jeweils 45,- € sichern. Sie haben die Mehrheit von zwei Dritteln. Für C ist das schlecht, sie geht leer aus. Sie könnte nun A eine alternative Koalition vorschlagen, bei der sie sich selbst vielleicht 40,- € und der neuen Koalitionspartnerin 50,- € zuspricht. Das ist sowohl für A als auch für C besser als die vorherige Koalitionslösung. Das wiederum ruft den übergangenen und nun benachteiligten Bruno auf den Plan. Er kann wiederum C etwas mehr als 40,- € versprechen, dann würden beide in der neuen Koalition gewinnen. Jede Koalition kann aufgebrochen werden, weil es stets eine neue Konstellation gibt, bei der die beiden neuen KoalitionärInnen auf Kosten der/des Ausgebooteten profitieren. Der Kern dieser Abstimmung ist also leer.

Schauen wir mit einem Beispiel auf ein ganz ähnliches Problem eines Entscheidungsgremiums von 11 gleichberechtigten Personen. Das Gremium hat die Aufgabe, über Plätze einer Berufungsliste zu entscheiden, wobei 3 Teilgruppen sehr unterschiedliche Sichtweisen über noch drei zur Auswahl übrig gebliebene BewerberInnen haben. Für Listenplätze kommen im Beispiel in Frage: Adele (A), Beatrice (B) und Christoph (C). Alle KandidatInnen erfüllen die formalen Voraussetzungen, sind also jeweils promoviert, haben wissenschaftlich auf hohem Niveau gearbeitet etc., verfolgen aber recht unterschiedliche inhaltliche Schwerpunkte. Die KandidatInnen werden von den drei Teilgruppen I, II und III wie folgt eingeschätzt:

I (5 Personen): $A > B > C$

II (4 Personen): $B > C > A$

III (2 Personen): $C > A > B$

Das Zeichen „>" ist ähnlich wie bei der an früherer Stelle geführten Diskussion von Massenphänomenen als „wird vorgezogen" zu verstehen. Wenn eine Gruppe also mit $A > B$ urteilt, dann zieht sie für eine Berufung bei ihren Kriterien Adele gegenüber Beatrice vor. Sofern die relative Mehrheit über die Liste entscheidet und hier erst einmal nur die Relevanz des 1. Platzes in Betracht gezogen wird, könnte Gruppe II befürchten, dass ihre favorisierte

Kandidatin B nicht auf dem ersten Platz landet. Damit nicht das für sie sogar schlechteste Ergebnis A resultiert, könnte sie eine Koalition mit III eingehen und für C (zweitbeste Wahl für Gruppe II) votieren. Das nutzt den Gruppen II und III, gleichzeitig ist es aber schlecht für I, die C auf gar keinen Fall für die Professur berufen will. I kann nun vor der eigentlichen Abstimmung II explizit oder implizit ein Angebot machen, für B zu stimmen, was für II außerordentlich attraktiv und auch für I als zweitbestes Ergebnis gegenüber der C-Wahl der vorherigen Koalitionslösung günstiger ist. Dies wiederum ist aber für III das schlechteste Ergebnis, und III kann als Reaktion I ein Angebot mit einem Votum für A unterbreiten. Dadurch verbessern sich beide in dieser neuen Koalition. Da dies nun für II wiederum ganz besonders unattraktiv ist, versucht diese Gruppe erneut eine Koalition mit III und dem Votum für C usw.

Dieses strategische Problem findet kein Ende und kein Gleichgewicht, d.h., es gibt keine einzige Reihung, bei der sich nicht eine neue Koalition mit einem abweichenden Votum verbessern könnte. In diesem Fall ist der Kern des Entscheidungsproblems also ebenfalls leer. Eine Entscheidung kommt entweder gar nicht zustande oder hängt relativ zufällig vom strategischen Geschick der VerhandlungspartnerInnen, cholerischen Ausfällen, alten Rechnungen, gegenseitigen Verpflichtungen oder dem Ermüdungszustand der verschiedenen Gremienmitglieder ab. Dieses Problem stellt sich wohlgemerkt nicht bei transitiver, eindeutiger und klarer Mehrheitsbeurteilung. Bei den nicht seltenen Fällen der hier behandelten Situation eines leeren Kerns gibt es jedoch bei dem skizzierten Mehrheitswahlverfahren keine befriedigende Lösung wegen der Zufälligkeit des Ergebnisses oder weil selbst bei großem Bemühen gar keine Entscheidung zustande kommt.

b) Aggregationsprobleme

Dieses Phänomen des leeren Kerns hat mit einem noch allgemeineren Problem zu tun, wie nämlich aus vielen einzelnen Präferenzen durch eine Abstimmungs- und damit Aggregationsregel eine soziale Entscheidung resultiert, die bestimmten Anforderungen genügt. Kenneth ARROW (1963) hat in einem berühmten Unmöglichkeitstheorem ein sehr pessimistisches Bild gezeichnet. Er hat vier einfache und plausibel klingende Voraussetzungen formuliert, die ein Wahlverfahren erfüllen sollte (vgl. KREPS (1990: 174-181) oder BERNHOLZ/BREYER (1994: 26) zu der nachfolgenden Zusammenfassung):

(1) Universelle Gültigkeit. In dem Wahlverfahren soll eine transitive soziale Ordnung $>^*$ über soziale Ergebnisse X für jeden Vektor individueller Präferenzen ($>_i$) resultieren und auch nur von den individuellen Präferenzen abhängen.

(2) PARETO-Effizienz (schwaches PARETO-Prinzip). Wenn $x >_i x'$ für alle i gilt, dann soll diese einstimmige Bewertung aller Individuen pro x auch in der sozialen Bewertung zum Ausdruck kommen, d.h., es soll dann ebenso gelten: $x >^* x'$.

(3) Unabhängigkeit von der irrelevanten Alternative. Wenn man beliebige zwei x und x' aus X nimmt, dann soll die soziale Reihung dieser beiden Ergebnisse nicht davon abhängen, ob die Personen irgendwelche ganz andere Ergebnisse, die hier nicht gefragt sind, anders bewerten oder ob weitere irrelevante Alternativen dazu kommen. Ganz trivial: Wenn ein Mensabetrieb darüber abstimmen lässt, was es mittags für ein Gericht geben soll und die Mehrheit an diesem Tag lieber Fisch als Fleisch isst, sollte sich die Reihung zwischen diesen beiden Möglichkeiten nicht umdrehen, wenn nun auch Grünkernbratlinge zur Verfügung stehen, die die Befragten überhaupt nicht mögen und für die sie sich keinesfalls entschieden. Die Bedingung (3) fordert, dass man die Gruppenpräferenz aus paarweisen Vergleichen der Alternativen ermitteln kann.

(4) Nicht-Diktatur. Kein einzelnes Individuum soll eine DiktatorIn in dem Sinne sein, dass ihre persönliche Präferenz $x >_i x'$ unmittelbar $x >^* x'$ als soziales Ergebnis impliziert, und zwar unabhängig von den Präferenzen aller anderen Individuen.

ARROW zeigte, dass es bei mindestens drei verschiedenen potentiellen sozialen Ergebnissen (also auch z.B. im Rahmen einer Listenerstellung) *nicht möglich* ist, ein Wahlverfahren zu konzipieren, das alle vier Voraussetzungen sicher und unter allen Umständen gleichzeitig erfüllt.[72]

Ob Mehrheitswahl oder andere Verfahren: Es gibt immer Umstände, bei denen eine oder mehrere der genannten Voraussetzungen nicht erfüllt sind (bzw. nicht erfüllt sein müssen), was dann auch das soziale Ergebnis, also einen Wahlausgang, z.T. in einem merkwürdigen Licht erscheinen lässt. Bei dem Problem des leeren Kerns ist z.B. das einfache Mehrheitswahlverfahren problematisch, weil entweder kein oder ein zufälliges Ergebnis resultieren

---

[72] Dieses Problem dominiert die gesamte moderne Wohlfahrtstheorie. Das Unmöglichkeitstheorem ARROWs zeigt in einem axiomatischen Zugang zu dem Problem eine deutliche Dilemmasituation auf:

„In essence, this theorem tells us that we cannot have everything: If we want our aggregation rule (...) to be defined for any possible constellation of individual preferences, to always yield Pareto optimal decisions, and to satisfy the convenient, and key, property that social preferences over any two alternatives depend only on individual preferences over these alternatives (...), then we have a dilemma. Either we must give up the hope that social preferences could be rational [...] or we must accept dictatorship." (MAS-COLELL/WHINSTON/GREEN 1995: 789).

kann, aber andere, letztlich alle, Verfahren sind nicht minder anfällig für „merkwürdige" Ergebnisse. Insofern ist auch WERTHEIMER zuzustimmen, der das Mehrheitswahlrecht nur als ein *Instrument* für möglichst sinnvolle Entscheidungen und nicht als demokratisches Ziel an sich ansieht und die Schwächen des Systems als Aggregationsregel benennt. Er verweist aber auch darauf, dass es aus seiner Sicht keine demokratisch überzeugenden Alternativen zu dieser Abstimmungsregel gibt, womit er die besonderen Verantwortungen von (Gremien-)Mehrheiten begründet.

Ein schönes Beispiel für problematische Ergebnisse aus Wahlen ist das CONDORCET-*Paradoxon* (vgl. z.B. MAS-COLELL/WHINSTON/GREEN 1995: 796). Angenommen, wir haben immer noch nicht unser Berufungsverfahren mit den potentiellen ListenkandidatInnen A, B und C abgeschlossen, weil die impliziten Koalitionsverhandlungen via Diskussion der Vor- und Nachteile der BewerberInnen sich schier endlos hinziehen. Aus lauter Verzweiflung ändert das Gremium nun die Regeln zu einem paarweisen Abstimmen, also zwei KandidatInnen treten in der Abstimmung gegeneinander an und die SiegerIn wird gegen die verbliebene KandidatIn zur Wahl gestellt. Die Beteiligten hoffen, damit endlich ein Ergebnis zu bekommen. Schauen wir uns an, was dabei passieren kann.

Fall 1: Das Gremium entscheidet, erst einmal über die offensichtlichen MinderheitenkandidatInnen B und C abzustimmen. Die SiegerIn muss dann noch dann gegen A antreten. Bei den bereits skizzierten Präferenzen und ehrlichem Abstimmen heißt das:

> B gegen C: Gruppen I und II votieren für B, III für C, B gewinnt mit 9 zu 2 Stimmen.
>
> B gegen A: Gruppen I und III wählen A, II ist für B, insgesamt gewinnt A mit 7 zu 4 Stimmen.

Dieses Ergebnis überrascht und beunruhigt zunächst nicht, wird doch zum Schluss die Person auf den ersten Listenplatz gesetzt, die auch von vornherein von der größten Gruppe favorisiert worden war.

Fall 2: Das Gremium beschließt, zunächst über die beiden KandidatInnen mit den jeweils potentiell meisten und wenigsten Stimmen (A und C) zu entscheiden. Dann erfolgt die Wahl zwischen der SiegerIn der ersten Abstimmungsrunde und B:

> A gegen C: I stimmt für A, II und III jedoch für C, so dass C mit 6 gegen 5 Stimmen gewinnt. Die GewinnerIn Adele aus Fall 1 scheitert nun gleich im ersten Wahldurchgang.

C gegen B: Wie in Fall 1 bereits skizziert, gewinnt diesmal Beatrice mit 9 zu 2 Stimmen.

Hier können wir schon etwas unruhig werden, da es offensichtlich auf die Abstimmungs*reihenfolge* ankommt, wer sich für den ersten Listenplatz durchsetzt. Immerhin hat B noch eine relativ große Gruppe hinter sich. Das Unbehagen wird durch Fall 3 jedoch noch gestärkt.

Fall 3: Das Gremium entscheidet sich, erst einmal nur über die beiden offensichtlichen FavoritInnen abzustimmen und dann nur noch einmal „zur Sicherheit" die SiegerIn gegen C zur Wahl zu stellen:

A gegen B: A gewinnt – wie bekannt – mit 7 zu 4 Stimmen.

A gegen C: C gewinnt – wie bekannt – mit 6 zu 5 Stimmen.

Zum Schluss wird bei dieser Reihenfolge der Abstimmung der Favorit der kleinsten Gruppe (C), der nur zwei Personen angehören (Gruppe III), aus einem Gremium von 11 Personen demokratisch und mit absoluter Mehrheit auf den ersten Listenplatz gesetzt. Wirkt das nicht fast diskriminierend gegenüber den „hoch gehandelten" Frauen A und B? Je nachdem, in welcher Reihenfolge also über die KandidatInnen abgestimmt wird, kann jede oder jeder auf den ersten Platz kommen. Ihre persönlichen Interessen können diejenigen Gremienmitglieder besonders gut durchsetzen, die das Verfahren gut durchschauen und mit geschickten Anträgen zur Geschäftsordnung und gut gebündelten Entscheidungsvorlagen die Tagesordnung beeinflussen können. Wenn alle das Verfahren und die Vorstrukturierung der Ergebnisse durch die Abstimmungsreihenfolge verstehen, haben wir überhaupt nichts gegenüber einer direkten Mehrheitswahl gewonnen, weil jetzt die Abstimmung über die Wahlreihenfolge durch einen leeren Kern gekennzeichnet ist und wir dort bereits u.U. zu überhaupt keiner Entscheidung kommen.

Ein identisches Problem taucht auf, wenn die Abstimmungsergebnisse antizipiert werden und bereits in den ersten Runden strategisch abgestimmt wird. Das lässt das Koalitionsproblem ungelöst. Insgesamt zeigt sich, dass auch das Verfahren des paarweisen Abstimmens bei intransitiven Präferenzen unbefriedigend ist, weil damit *jedes* Ergebnis möglich wird. Auch ganz kleine Gruppen können sich bei den skizzierten Intransitivitäten mit ihren Interessen durchsetzen, sofern es überhaupt eine Einigung auf eine Abstimmungsreihenfolge gibt. Es soll an dieser Stelle betont werden, dass dabei alle Gremienmitglieder nach bestem Wissen und Gewissen handeln *können*. Das ändert nichts am insgesamt unbefriedigenden Wahlverfahren.

c) Regeln für Wahlverfahren und für gesellschaftliche Abstimmungen

Bei informierten WählerInnen löst sich das Problem demnach nicht durch eine *endogene* Änderung des Wahlverfahrens. Natürlich kann an Hochschulen auch keine Berufungskommission so einfach neue Abstimmungsregeln erfinden und einführen. Das Problem potentiell intransitiver Präferenzen besteht zudem unabhängig davon, und das ARROW-Theorem gilt ja für *jedes* Wahlverfahren. Wenn weitere Gremien involviert sind, mag das partiell helfen, aber die Probleme des leeren Kerns bzw. des ARROW-Unmöglichkeitstheorems gelten auf allen Ebenen. In weitergehenden Gremien (vielleicht mit anderen Mehrheitsanforderungen und anderer personeller Besetzung) können „gute" und „schlechte" Ergebnisse sowohl bestätigt als auch korrigiert werden, es können schlechte Ergebnisse korrigiert, aber auch gute Ergebnisse gekippt werden, all das bei potentiell völlig gewissenhafter Überlegung aller Gremienmitglieder. Das ARROW-Theorem zeigt ein reines Aggregationsproblem auf, zunächst völlig unabhängig von den Motiven, der Sorgfalt und den Strategien der Gremienmitglieder.

Damit überhaupt Entscheidungen getroffen werden können und Entscheidungen bestimmte Rationalitätsanforderungen erfüllen, kann man u.U. zum Schluss kommen, die Forderung nach Nicht-Diktatur zu lockern und entsprechende diktatorische Elemente in die Abstimmungsregel einzubauen. Dies wird aber zumindest immer dann zu einem heftigen und konfliktträchtigen Problem, wenn es transitive Präferenzen und eindeutige Mehrheitsmeinungen gibt, die in einem solchen Regelwerk von der diktatorischen Minderheit – aus welchen hehren Motiven heraus auch immer – blockiert werden können. Die Abstimmungsprozeduren an Hochschulen innerhalb der Fachbereichsräte zur Listenerstellung nutzen einige diktatorische Elemente, erstens und noch vergleichsweise harmlos mit der Wahl durch ein Vertretungsgremium – was aber am Problem nichts ändert. Die strategischen Probleme werden dadurch sogar teilweise größer wegen der kleinen Zahl an Abstimmungsberechtigten[73]. Es gibt zweitens in vielen Verfahrensordnungen von Hochschulen außerdem BeraterInnen, die selbst kein Stimmrecht haben und letztlich darauf setzen müssen, dass ihr Votum fair im Beratungsprozess aufgegriffen wird. Drittens kann sich letztlich eine bestimmte Gruppe – die

---

[73] In der Politischen Ökonomie wird zudem diskutiert, dass bei direkter Demokratie wegen hoher Entscheidungs- und Externalitätskosten die Gefahr besteht, dass sich relativ kleine Minderheiten insbesondere bei komplexen Entscheidungen mit ihrem gebündelten Interesse durchsetzen könnten. Indirekte Demokratien sind denkbare Lösungen für das Problem. Allerdings sind sie selbst wiederum trotz der demokratischen Kontrolle der Entscheidungsgremien mit eigenen Schwierigkeiten wie der Orientierung an der MedianwählerIn behaftet, was dazu führen kann, dass die Entscheidungen die ARROW-Anforderungen verletzen. (vgl. dazu BERNHOLZ/BREYER 1994, Kapitel 14).

ProfessorInnen innerhalb des Fachbereichsrates – mit ihrer Mehrheit durchsetzen, was bei nicht völlig gemischten Gruppenmeinungen dazu führt, dass diese Gruppe gar keine Koalition mit anderen Mitgliedern des Gremiums für eine Entscheidung benötigt und die notwendige Zahl von Wahldurchgängen notfalls nur abwarten muss.

Das hieße für ein Gremium mit 6 ProfessorInnen und 5 nichtprofessoralen Mitgliedern, dass sich eine Koalition von 4 ProfessorInnen, sofern sie sich über die Beurteilung einig sind, immer durchsetzen kann. Das kann, muss aber nicht in jedem Fall helfen, um zu einem nichtleeren Kern zu kommen – ob das Ergebnis im Sinne der Hochschule ist, sei dahingestellt. Bei einem kleineren Fachbereich mit z.B. nur 3 ProfessorInnen im Fachbereichsrat reicht eine „Minimehrheit" von 2 Personen aus dem gesamten Gremium. Das ist formal bei solchen vorgegebenen Regeln und der prinzipiellen Nichtlösbarkeit bei der Suche nach geeigneten Abstimmungsprozeduren nicht grundsätzlich zu beanstanden, aber auf ein besonders demokratisches Verfahren und das „Aushalten von Mehrheiten" sollte sich bei einem solchen Regelwerk niemand berufen, da das gesamte Verfahren notgedrungen eben einige diktatorische Elemente – nicht einer einzelnen Person, aber kleiner Minderheiten – beinhaltet.

Demokratische Regeln, die diese Form der Diktatur (wirklich nur im Sinne ARROWs zu verstehen) abschwächen, müssen nicht gleichzeitig bessere und demokratischere Ergebnisse nach sich ziehen, wie uns ARROWs Theorem zeigt. Wir sollten uns aber nicht auf naive Demokratieverständnisse zurückziehen nach dem Motto „Demokratie ist, was eine (Gremien-)Mehrheit entscheidet", denn dass Regeln vielfach diktatorische Elemente enthalten, ist offensichtlich, und dass bei Mehrheitswahlen gleichberechtigter WählerInnen u.U. vieles herauskommen kann, was den individuellen Präferenzen relativ wenig entspricht, wurde gerade ausführlich gezeigt. ARROW wies bereits früh darauf hin, dass das Axiom der Nicht-Diktatur am häufigsten von Abstimmungsregeln verletzt wird. Demokratische Legitimation ist halt ganz schwierig zu beurteilen.

Innerhalb einer Organisation mag das spezifische Anforderungen an Kooperationsbereitschaft und Fairness stellen, die in dem nicht-anonymen Kontext der Organisation im Modus „System an Pflichten und Rechten" oder als „Hierarchiesystem" auch via Maßnahmen der normativen Verhaltenskontrolle vielleicht sogar tatsächlich begünstigt werden können. Noch viel schwieriger wird es, wenn es gesellschaftsweite Abstimmungen betrifft. Ob per Volksabstimmung oder über Vertretungswahl in Gremien nach verschiedenen Regeln: Das ARROW-Paradoxon zeigt, dass es grundsätzliche Schwierigkeiten bereiten kann, individuelle Wünsche und Präferenzen so durch demokratische Abstimmungen für eine Entscheidungsfindung zusammenzufassen, dass das Ergebnis tatsächlich der mehrheitlich vertretenen Meinung der WählerInnen entspricht. Das alles deutet an, dass es im Fall nicht funktionierender Marktsteuerungen – Märkte führen nicht zur gesellschaftlich gewünschten und „besten" Allokation – auch nicht sicher ist, dass eine demokratisch legitimierte politische Entscheidung stattdessen stets die gesellschaftlich beste Entscheidung trifft, überhaupt im ersten Schritt die gesellschaftlichen Ziele im Vorfeld von Entscheidungen in Erfahrung bringen kann. Beide Systeme können gesellschaftliche Ziele verfehlen. Völlig diktatorische politische Entscheidungen sind natürlich auch keine ernsthafte Alternative – dabei sind die Gefahren für gesellschaftlich unerwünschte Entscheidungen noch viel größer.

Kann man in einem solchen Fall sowohl marktlicher als auch politischer suboptimaler Lösungen nur mit den Schultern zucken und es mit „wohl dumm gelaufen" kommentieren? Ganz so fatalistisch muss man nicht sein. SEN (1970) bietet zumindest einen Ausweg aus dem Dilemma des ARROW-Paradoxons für die politische Entscheidungsfindung an. Er hält ARROWs Forderung nach Transitivität der Gruppenpräferenz für zu strikt bzw. für zu weitgehend. Transitivität wäre gegeben, falls folgende Schlussfolgerung zulässig ist: Wenn Alternative A mindestens so gut wie B ist und B mindestens so gut wie C, dann ist A auch mindestens so gut wie C. Für SEN reicht es aus, wenn die Präferenzrelation einer Gruppe immer die *Auswahl einer besten Alternative* ermöglicht. Diese Forderung setzte er mit seinem Konzept einer *gesellschaftlichen Entscheidungsfunktion* um. Eine gesellschaftliche Entscheidungsregel wird dann von SEN als gesellschaftliche Entscheidungsfunktion bezeichnet, wenn die gesellschaftliche Präferenzrelation aus den vorhandenen Alternativen eine Auswahlfunktion erzeugt. Mit dieser Abschwächung gelingt es, die ARROW-Bedingungen an Abstimmungsregeln zu erfüllen (vgl. BERNHOLZ/BREYER 1994: 33f.). Zufrieden zurücklehnen kann man sich dennoch nicht. Es gibt zwar nun immer eine Auswahlmenge mit mindestens einem Element, aber oft enthält sie auch sehr viele Elemente. Damit haben wir immer noch keine entscheidende Hilfe bei der Frage, *welche* der Alternativen denn nun gewählt werden soll.

In anderen „Rettungsversuchen" bei der Frage, ob sich individuelle Wünsche durch Abstimmungen gut aggregieren lassen für eine Gesamtentscheidung, wurde die Bedingung der Unabhängigkeit der irrelevanten Alternative kritisch hinterfragt. Da diese Forderung anscheinend weder normativ noch logisch gut begründet werden kann, mag sie eher aus Praktikabilitätsgründen eingeführt worden sein. Sie sagt ja aus, dass die gesellschaftlichen Präferenzen hinsichtlich einer Alternative mit zwei Möglichkeiten ausschließlich davon abhängen sollen, wie die Individuen genau dieses Möglichkeitenpaar bewerten. Immerhin wird es dabei möglich, alle denkbaren Entscheidungsregeln einer Gesellschaft in zwei Gruppen einzuteilen. Bei *binären Verfahren* ist die spezielle Bedingung der Unabhängigkeit von der irrelevanten Alternative erfüllt, bei nicht-binären Verfahren ist sie verletzt. Binäre Verfahren haben den großen Vorteil, mit recht wenigen Informationen auszukommen. Die kollektive Präferenz kann man in dem Fall einfach aus dem paarweisen Vergleich einzelner Alternativen zusammensetzen, und man benötigt für diesen Vergleich auch „nur" Kenntnisse über die Präferenzen der Individuen über diese Alternativenpaare.

Wir könnten jetzt in beliebiger Erweiterung und Komplexitätserhöhung fortfahren. Es soll aber genügen, einige Kernergebnisse aus der Diskussion binärer Entscheidungsregeln unter Berücksichtigung der Auswirkungen der Entscheidung einer Person auf andere zu skizzieren (vgl. BERNHOLZ/BREYER 1994: 33ff.). In großen Demokratien mit vielen EinwohnerInnen werden politische Entscheidungen komplex. Diese Komplexität ist auch nicht ohne weiteres reduzierbar, wenn man politische Entscheidungen generieren möchte, die den Wünschen der Bevölkerung tatsächlich entsprechen. Mit leichter Lockerung der ARROW-Axiome verschwinden zumindest die größten Dilemmastrukturen. Für fast alle Probleme ist es gemäß den Analysen der Neuen Politischen Ökonomie nicht sinnvoll, solche Verfassungsregeln aufzustellen, bei der *Sachentscheidungen* die Zustimmung z.B. der einfachen Mehrheit aller Wahlberechtigten bedürfen. Ein BürgerInnenentscheid zu Stuttgart 21, zum Bau eines Kraftwerks, einer Umgehungsstraße oder der Renovierung eines Schwimmbades würde demnach eher problematisch sein. In einer direkten Demokratie entscheidet bei Volksbegehren nämlich womöglich de facto eine kleine Minderheit und verursacht dadurch unter Umständen auch erhebliche externe Kosten für die anderen. Das spricht dann eher für Verfahren der indirekten Demokratie. Dann wird zwar auch wieder eine Minderheit – Abgeordnete – mit Entscheidungsmacht ausgestattet, aber immerhin müssen sich die VertreterInnen turnusgemäß Wahlen stellen und können deshalb zumindest in Grenzen auch wieder kontrolliert werden. Spezifische Probleme im Parteienwettbewerb u.a. können aber nicht geleugnet werden.

5.3 Mechanismus Design

Bei öffentlichen Gütern hatten wir über das Problem gesprochen, dass Akteure nicht unbedingt Anreize haben, dem Staat die Wahrheit zu sagen hinsichtlich ihrer Wünsche, Präferenzen und Zahlungsbereitschaften. Mit dem GROVES-Mechanismus und der CLARKE-Steuer haben wir zwei (theoretische) Verfahren kennengelernt, wie man durch bestimmte „Spielregeln" die Beteiligten dazu bringen könnte, die Wahrheit zu sagen. Das kann man verallgemeinern. Mechanismus Design, manchmal auch als Mechanismus-Entwurf bezeichnet, berührt ganz grundsätzlich die Frage nach der Gestaltung von Regeln, damit im Zuge spezifischer Interaktionen möglichst gewünschte (effiziente und/oder gerechte) Ergebnisse herauskommen. Solche Mechanismen spielen als Bedingungen für Märkte, als unternehmensinterne Regeln, aber auch für die politische Steuerung eine erhebliche Rolle.

Drei Theoretiker, die den Ansatz des Mechanismus Design entwickelten und formalisierten, wurden 2007 mit dem Nobelpreis für Wirtschaftswissenschaften geehrt – es handelt sich also um einen vergleichsweise „jungen", aber weitreichenden und intensiv diskutierten Theoriezweig der Ökonomik. Wir können zur kurzen Charakterisierung durchaus auch einmal Wikipedia folgen (eine sehr gute formale Darstellung bieten FUDENBERG/TIROLE 1991: Kap. 7). Unter dem entsprechenden Stichwort finden wir im gängigen Internet-Lexikon u.a. folgende stimmige und verständliche Charakterisierung, die hier mit kleineren Modifikationen zusammengefasst wird:

Die Mechanismus-Design-Theorie ist ein Teilgebiet der Spieltheorie. Es geht darum, Regeln – und damit Anreize – für Spiele mit vielen Beteiligten festzulegen, um ein gewünschtes Gesamtergebnis zu erzielen, wenn die Spieler ausschließlich ihre eigenen Interessen verfolgen. Als Mechanismus versteht man einen Satz von Regeln, um Interaktionen zwischen Spielern zu steuern. Die *besten* Regeln für diese Anforderung sollen gefunden werden – das ist die Design-Aufgabe. Die Spieler müssen nach dieser Theorie einen Anreiz dafür erhalten, dass sie sich aus Eigeninteresse entsprechend den Regeln verhalten. Das Resultat dieses Mechanismus wird dann als Implementierung des gewünschten Gesamtergebnisses bezeichnet. Die Güte der Lösung hängt von dem Lösungskonzept, also von den etablierten Regeln, ab. Die Analyse erfolgt in gewisser Weise auf einer Meta-Ebene, bei der Methoden der Spieltheorie genutzt werden, um (neue) Regeln für ein Spiel zu entwickeln.

Dabei geht man *rekursiv* vor: Es wird nicht gefragt, wie die Spieler ein definiertes Spiel tatsächlich spielen werden. Das hat man nur im Hinterkopf, weil es darum geht zu bestimmen, wie ein Spiel gestaltet werden sollte, um ein bestimmtes Ergebnis zu begünstigen. Die für das Spiel konzipierten Regeln werden als *Mechanismus* bezeichnet. Ein klassisches Anwendungsgebiet der Mechanismus-Design-Theorie ist die Gestaltung von Regeln in einem Markt. Das spielt vor allem dann eine große Rolle, wenn Märkte nicht automatisch eine optimale Allokation der Ressourcen garantieren, sondern wenn sie Koordinierungsprobleme aufweisen. Mit Hilfe von Mechanismen soll ein „nichtoptimaler" Markt funktionsfähiger werden. Institutionen, die wir im 4. Kapitel als effizienzsichernd identifiziert haben, sind im Sinne der Spieltheorie solche Mechanismen. Ob das Design absichtsvoll und planerisch erfolgt oder ob es sich evolutionär im institutionellen Wettbewerb herausbildet, spielt erst einmal keine Rolle.

Die Gestaltung und Durchsetzung solcher Mechanismen für Märkte ist z.B. im Zusammenhang mit Regulierungen eine genuin staatliche Aufgabe, aber auch die politischen Akteure benötigen Mechanismen, also Spielregeln, damit sie gesellschaftlich gewünschte Entscheidungen treffen. Das Prinzip des Mechanismusdesigns ist folgerichtig auch in ganz anderen Bereichen wichtig. Stets wird untersucht, ob und wie (i.d.R.) gesetzliche Rahmenbedingungen so verändert werden können, dass ein bestimmtes, gewolltes Verhalten gefördert oder ein ungewolltes unterbunden wird. Eine praktische nicht-staatliche Anwendung der Mechanismus-Design-Theorie berührt die Koordinierung innerhalb und zwischen Unternehmungen, etwa die Frage, wie vertragliche, aber auch informelle Beziehungen zu GeschäftspartnerInnen gestaltet werden sollen, um die gewünschten Ergebnisse zu erzielen (die vereinbarten Regeln sind dann wieder der „Mechanismus", der entworfen werden soll).

Beim GROVES-Mechanismus ging es um Anreize zu „Sag-die Wahrheit". Dabei handelt es sich um einen *direkten* Mechanismus. Bei solchen Mechanismen wird auch in anderen Fällen als bei der Bekundung von Präferenzen für ein öffentliches Gut jedes beteiligte Individuum nach seiner privaten Information gefragt. Den Angaben der Befragten wird dann das Ergebnis einer sozialen Auswahlfunktion, einer speziellen Allokation, zugeordnet – so wie bei der Frage, ob die quittegelbe Donald-Duck-Straßenlaterne für unsere AnwohnerInnen einer bestimmten Straße zur Verfügung stehen sollte. Ein zentrales Ergebnis der Theorie des Mechanismus-Designs ist, dass *jede* soziale Auswahlfunktion, die implementierbar ist, immer auch durch einen direkten Mechanismus erreicht werden kann. Dieses Ergebnis wird als *Revelationsprinzip* bezeichnet. Der direkte Mechanismus übernimmt in gewisser Weise das Spielen der zum Typ des Spielers gehörenden gleichgewichtigen Strategie. Ist es unter einem indirekten Mechanismus optimal, für einen Typ eine bestimmte Strategie zu spielen, so ist es unter dem direkten Mechanismus am besten, seinen Typ wahrheitsgemäß zu annoncieren. Der GROVES-CLARKE-Mechanismus zeigt ein solches Lösungskonzept, bei der die Beteiligten – sofern sie den Mechanismus wirklich durchschauen – als dominante Strategien ihren Typ bzw. ihre Zahlungsbereitschaften ehrlich angeben. Mit Lügen schaden sie sich selbst.

Dominante Strategien existieren allerdings nur für wenige Regelsysteme. Bei *anreizkompatiblen Mechanismen* geht es darum, Regeln so zu setzen, dass Spielbeteiligte situationsgebunden ein bestimmtes Verhalten zeigen. Im Zentrum der Überlegungen steht meist der Zusammenhang zwischen dem Verhandlungsergebnis und den Angaben der Akteure über ihre jeweilige private Information. Wikipedia verweist in diesem Kontext auf das gleiche Beispiel wie bei den direkten Mechanismen. Zur Erkundung von Zahlungsbereitschaften kann man Methoden anreizkompatibler Mechanismen nutzen. Eine

KäuferIn gibt z.B. zunächst an, was sie für ein Produkt zu zahlen bereit ist. Anschließend wird dann zufällig ein Preis in einer Art Lotterie gezogen. Liegt der Preis unterhalb der angegeben Zahlungsbereitschaft, so müssen die Auskunftspersonen das Produkt zu dem Preis kaufen, ansonsten besteht keine Kaufpflicht. In diesem Fall ist ein Mechanismus dann anreizkompatibel, wenn es im eigenen Interesse der EntscheiderIn liegt, ihren Vorbehaltspreis, also ihre „Schmerzgrenze", preiszugeben. Wenn es einen Mechanismus gibt, der eine soziale Auswahlfunktion implementiert, dann gibt es ebenfalls einen direkt wahrheitsgemäßen (oder anreizkompatiblen) Mechanismus, welcher die gleiche Funktion implementiert.

Da „idealen" Märkten die verlockende Eigenschaft zugesprochen wird, im Preis seien alle relevanten Informationen *verkörpert*, kann man das auch als Mechanismus zur Offenbarung von Informationen bezeichnen. Es kann deshalb kaum verwundern, wenn Überlegungen angestellt werden, das für Mechanismus-Design-Probleme zu nutzen. Firmen verwenden bereits Informationen aus „Prognosemärkten". Der Sonntags-Ökonom der Frankfurter Allgemeinen Sonntagszeitung (vom 12.12.2010: 36) berichtet z.B. über die Filmindustrie. Seit mehr als einem Jahrzehnt können Filmfans auf der Hollywood Stock Exchange Aktien zu einigen Kinofilmen handeln. Die Dividende der Aktien richtet sich nach den späteren Einspielergebnissen der Filme. Das alles wird nur mit Spielgeld abgewickelt, ist also keine echte Börse, an der man viel Geld gewinnen oder verlieren kann. Dennoch schauen amerikanische KinochefInnen ziemlich genau auf die Kurse, bevor sie ihre Programme festlegen. Der Markt scheint eine recht ordentliche Prognose darüber zu erlauben, welche Filme erfolgreich sein werden und welche nicht. Einfache Befragungen von FilmenthusiastInnen kommen zu deutlich schlechteren Prognosen.

Die FASZ berichtet weiter, dass ein amerikanisches Militärforschungsinstitut die Idee übernahm. Es ließ die MitarbeiterInnen auf ähnliche Weise außenpolitisch relevante Informationen abschätzen. Das stellte sich jedoch als moralisch allzu problematisch heraus, da dieser Mechanismus als eine Art Wette auf Terroranschläge interpretiert und heftig kritisiert wurde. Das Projekt wurde deshalb wieder eingestellt. Aber die Grundidee wurde keineswegs vergessen. Wenn solche Märkte durch inkorporierte Informationen bessere Prognosen als Umfragen erlauben, dann könnte man etwa „Wahlbörsen" einführen. Prominente Ökonomen wie ARROW, SUNSTEIN oder VARIAN forderten gar dazu auf, solche Wahlbörsen in den USA per Gesetz zu erleichtern. Ähnlich wird überlegt, ob man über diesen Weg nicht illegalen WaffenhändlerInnen auf die Schliche kommen könnte. Illegaler Waffenhandel ist sehr profitabel. InsiderInnen erwarten hohe Gewinne für die moralisch verwerflich handelnden Unternehmungen und beginnen mit den eigenen Aktien zu spekulieren, was die Kurse dieser Unternehmung tatsächlich in die Höhe treibt. Hohe Kurse einzelner Rüstungsunternehmungen also als Indiz für illegales Handeln? Natürlich kann man nicht sicher sein. Dennoch ist es verlockend, zur Aufdeckung dort vielleicht genauer als anderswo durch ermittelnde Behörden nachschauen zu lassen.

Das Problem ist, dass Märkte eben nicht immer als ideale Koordinierungsmechanismen funktionieren und selbst die Verkörperung symmetrisch verteilter Informationen in den Preisen nicht unter allen Umständen sicher ist. Blasen auf Aktien- und Immobilienmärkten sind nur einige der Indizien dafür. Die vielen in diesem Buch diskutierten Ursachen für Koordinierungsschwierigkeiten zeigen viele weitere Gründe. Wenn das Instrument Markt für die Offenbarung von Präferenzen und für Prognosen als sinnvoller Mechanismus eingesetzt werden soll, muss zumindest gesichert sein, dass wiederum Mechanismen und Regeln für den Markt durchgesetzt werden, damit er diesen Zwecken dienen kann. Eine unregulierte Wettbewerbsumgebung muss keineswegs immer automatisch den besten Mechanismus darstellen.

Schauen wir noch auf einige Beispiele für Mechanismus-Design. Alle Regeländerungen oder Regelerfindungen für Sportarten gehören dazu. Im Volleyball wurde z.B. darüber diskutiert, wie Spiele für Zuschauer und für Fernsehübertragungen interessanter werden könnten, u.a. um mehr Einnahmen zu bekommen. Folge waren Regelanpassungen. So wurde u.a. vor einigen Jahren beschlossen, dass im letzten Satz des Spiels eine neue Zählweise vereinbart wurde. Nicht mehr nur das aufschlagende Team konnte punkten, sondern auch die annehmende Mannschaft. Dadurch wurde das Spiel schneller und spannender. Ähnliche Überlegungen zur Attraktivität des Spiels gab und gibt es im Basketball. Die ballführende Mannschaft muss z.B. innerhalb geringer Zeit ihren Angriff abgeschlossen haben, ansonsten wechselt der Ballbesitz zur gegnerischen Mannschaft. Ein Unentschieden gibt es beim Basketball nicht. Ist der Punktestand nach Ablauf der regulären Spielzeit ausgeglichen, schließt sich eine Verlängerung von jeweils fünf Minuten an, bis ein Team mit mindestens einem Punkt Vorsprung gewonnen hat. Dieser Mechanismus führt die beiden Mannschaften beim Basketball zu einem schnelleren und offensiveren Spiel, mithin auch zu größerem Publikumsinteresse. Die vielen Regeländerungen im Fußball zu Abseitsstellungen, Auswechslungen, Regeln für die Torhüter beim Halten des Balles, Sudden Death oder Elfmeterschießen bei Turnieren nach einem Unentschieden zu Ende der regulären Spielzeit etc. sind entsprechend zu verstehen. Regeln für Gesellschaftsspiele wie Monopoly, Hase und Igel, Scotland Yard oder die Siedler von Catan mag jede LeserIn selbst hinsichtlich der Mechanismus-Design-Aufgabe beurteilen.

Ein weiteres anschauliches Beispiel betrifft Verteilungsregeln. Nehmen wir an, das Ziel bestehe darin, alle Beteiligten zufrieden mit der Verteilung eines

Gutes zu machen. Ich denke offensichtlich beim Schreiben des Buches immer ans Essen, also nehmen wir mal wieder einen Kuchen, den es zu teilen gilt – diesmal aber einen Kuchen gegebener Größe, der also nicht schrumpft oder wächst je nach Verteilung (vgl. die Gerechtigkeitstheorie von RAWLS, die im 6. Kapitel vorgestellt wird; dort schrumpft in einem Beispiel tatsächlich ein Kuchen). Es geht hier um einen schon gebackenen, realen und sehr leckeren Pfirsich-Käsekuchen, der mit Dinkelmehl angerührt und mit Stevia gesüßt wurde. Eine kleine Platte davon steht auf dem Tisch. Alejandro und Beate haben Interesse an einem möglichst großen Stück davon. Wie können Verteilungsregeln, also Mechanismen, aussehen, damit zum Schluss A und B zufrieden sind? Eine zielführende Möglichkeit ist, dass z.B. Alejandro den Kuchen in zwei Stücke teilt und Beate als Erste ihr gewünschtes Stück nach dieser Teilung auswählt. Das zweite Stück kann sich A nehmen. Es ist zu vermuten, dass Alejandro alles daran setzen wird, gleich große Stücke zu schneiden. Wäre eines größer, setzte er sich der Gefahr aus, dass Beate sich das größere aussucht und schmecken lässt. Die resultierende Verteilung bei diesem Mechanismus hat die größten Chancen, dass sowohl A als auch B zufrieden sein werden. Zumindest wird sich keiner der beiden übervorteilt vorkommen.

Eine besondere Bedeutung erlangte die Theorie des Mechanismus Design für Auktionen. Ob Güter zwischen Privatpersonen über Auktionen gehandelt werden oder ob der Staat Lizenzen (z.B. Verschmutzungszertifikate, Mobilfunkfrequenzen) versteigert: Es sollten für ein effizientes Ergebnis solche Regeln gefunden werden, die alle Beteiligte dazu veranlassen, ihre Wertschätzungen beim Bieten wahrheitsgemäß zu offenbaren. Die VICKREY-*Auktion* ist ein Beispiel für einen solchen Mechanismus. Alle BieterInnen geben gleichzeitig verdeckte, schriftliche Gebote ab und diejenige mit dem höchsten Gebot erhält das zu versteigernde Gut. Sie muss jedoch nur den Preis des *zweit*höchsten Gebots zahlen. Auktionen bei eBay funktionieren nach einem ähnlichen Prinzip. Die Regeln sind bei der VICKREY-Auktion so gestaltet, dass es für jede BieterIn die beste Strategie ist, exakt so viel zu bieten, wie ihr das Gut wert ist.

Müsste die GewinnerIn ihr eigenes Gebot als Preis bezahlen, also das, was sie schriftlich einreicht, wird sie sich strategisch anders verhalten. Sie wird abschätzen wollen, was die anderen wohl zu zahlen bereit sind und ein Angebot knapp darüber abgeben – damit sie möglichst wenig berappen muss. Dabei ist es aber angesichts unsicherer Erwartungen über die Wertschätzung des Gutes der anderen nicht sicher, dass tatsächlich zum Schluss die Person mit der höchsten Zahlungsbereitschaft das Gut erhält. Das aber wiederum könnte eine ineffiziente Lösung nach sich ziehen. Mit dem Preis in Höhe des zweithöchsten Gebotes kann es vermieden werden. Voraussetzung ist allerdings, dass sich die BieterInnen nicht absprechen können. Es gibt Beispiele für aus der Sicht des Staates gänzlich misslungene Auktionen von TV-Rechten, bei denen die SiegerInnen geradezu absurd niedrige Preise zahlen mussten, weil die Gebote offensichtlich vorher verabredet worden waren. Das hatte in etwa die Form: 1. Gebot 10 Millionen €, 2. Gebot 13,- €. Wenn das 2. Gebot das zweithöchste war, bekommt BieterIn 1 den Zuschlag und muss lachhafte 13,- € für das Gut oder ein Recht bezahlen. Wenn solche BieterInnenkoalitionen möglich sind, muss ein Mechanismus gefunden werden, der auch diese Nebenbedingung berücksichtigt.

Im hier besonders interessierenden politischen Bereich versucht die Theorie des Mechanismus Design Indizien dafür zu finden, welchen Regeln der politische Prozess selbst unterworfen werden müsste, damit im Interesse des Gemeinwohls Entscheidungen von (auch eigennutzorientierten) PolitikerInnen getroffen werden. Das betrifft einerseits Wahlverfahren – auch mit dem Damoklesschwert des ARROW-Paradoxons im Hintergrund. Andererseits geht es um die gesamte politische Verfassung. Wer darf über was entscheiden? Gibt es eine Trennung zwischen Gesetzgebung und der Durchsetzung von Gesetzen? Ist eine föderale Struktur günstiger als eine zentralistische? Müssen PolitikerInnen Nebeneinkünfte offenlegen? Werden Verbände mit Pflichtmitgliedschaften gesetzlich verordnet, die die Interessen ihrer Mitglieder im politischen Prozess vertreten sollen?

Inhaltlich wurden viele Fragen in diesem Zusammenhang im *Ökonomischen Konstitutionalismus* diskutiert. BUCHANAN (1989) formuliert als Ausgangsproblem die „ewige Frage der Sozialordnung", d.h., wie es möglich wird, dass eine Gesellschaft harmonisch, friedlich und in Wohlstand zusammenlebt und gleichzeitig alle Individuen Freiheit und Eigenständigkeit genießen. Das ist eine große Aufgabe, aber dennoch eine im Zusammenhang mit Mechanismus Design naheliegende Frage. BUCHANAN entwirft entsprechend verfassungsrechtliche Vorstellungen. Darin kommt z.B. zum Ausdruck, dass in politischen Verfassungen – etwa dem Grundgesetz – allgemeine und nicht hinterfragbare Regeln wie die Menschenrechte Eingang finden müssen. Solche „Generalregeln" leitet er – ähnlich wie RAWLS – über Überlegungen zu einem Gesellschaftsvertrag unter dem Schleier der Ungewissheit ab. Es betrifft alle Regeln, die in einer solchen Urgesellschaft zwischen gleichen und gleichberechtigten Menschen Konsens erlangen müssten. Die allgemeinen und politisch nicht oder extrem schwer änderbaren Regeln schränken die Möglichkeiten u.a. von PolitikerInnen ein (so wie es in Deutschland z.B. nicht möglich ist, Regelungen des Grundgesetzes mit einer einfachen Parlamentsmehrheit zu ändern). Darüber hinaus leitet BUCHANAN ab, dass eine Trennung von Legislative, Exekutive und Judikative zwingend notwendig ist. Konstitutionelle Regeln müssen Entscheidungsmöglichkeiten einzelner Personen und einzelner Gremien begrenzen, Machtzentren verhindern und Anreize setzen, damit aus individuellen Entscheidungen in Politik (und Wirtschaft) Förderliches für Wohlstand, Frieden, Gerechtigkeit und Freiheit resultiert.

Ein größeres Problem bei vielen Anwendungsideen des Mechanismus Design und auch speziell beim Ökonomischen Konstitutionalismus besteht darin, dass analytisch die wohlbekannte Annahme der Ökonomik dominiert, Individuen handelten so, „als ob" sie rational ihren Nutzen maximierten, wiederum begleitet von der speziellen Unterstellung, dass die Präferenzen als exogen und stabil angenommen werden. Regeln werden allein als „Anreize" gesehen. Förderliches Verhalten soll belohnt, gesellschaftlich schädliches bestraft werden. Diese analytische Einengung kann ähnlich zu den späteren Ausführungen zu Gerechtigkeit und den Unterschieden verschiedener Koordinationsmechanismen zur Organisation der Arbeitsteilung einige Fehlschlüsse provozieren. BOWLES und HWANG (2008) weisen z.B. auf mögliche *crowding-out*-Effekte hin, wenn allein auf Anreize abgestellt wird. Wird ein Mechanismus z.B. so konstruiert, dass die Spielregeln auf Geldstrafen oder monetären Entlohnungen beruhen, dann könne das – was ja hinreichend viele Experimente dokumentieren – z.B. intrinsische Motivation zerstören. Nun gibt es auch Umstände, die ein *crowding-in* im Sinne des Aufbaus von Motivation und Loyalität begünstigen. Ein Mechanismus, der das alles berücksichtigt, könnte Ziele jedenfalls besser erreichen helfen. Das ist natürlich für Konzeption und Einführung alles andere als eine triviale Aufgabe. So sprechen BOWLES und HWANG denn auch davon, dass man *sophisticated* Mechanismen bräuchte, um die wirklich geeigneten Spielregeln und Mechanismen zu finden und zu implementieren. Ob das als Detailplanung und -steuerung überhaupt möglich ist, darf bezweifelt werden. Grobe Linien und grundsätzliche Zusammenhänge mit endogenen Präferenzen können dennoch in die Überlegungen eingehen.

Weder im Konstitutionalismus noch in der traditionellen Mechanismus-Design-Theorie wird aber z.B. ganz klar, was eine Regel von einer Nicht-Regel unterscheidet. Wenn etwa im Einzelfall die *Abweichung* von einer Regel dem gesellschaftlichem Nutzen dient, wenn einige Regeln im Konflikt zueinander stehen und spezielle Ausnahmen für die Regeleinhaltung zugelassen werden: Sind dann die Ausnahmen neue Regeln? Wenn man das nicht klärt, läuft man Gefahr, dass es doch nur um konkrete Verhaltensanweisungen geht, was aber dem gängigen Regelbegriff nicht entspricht. Die in früheren Passagen angeführten Zusammenhänge zwischen Regeln als spezielle Kontexte und ihrer unmittelbaren Wirkung auf Präferenzen und Bewertungen dürfen ebenfalls nicht einfach übergangen werden, wenn man doch ableiten möchte, welche Regeln der Gesellschaft und dem Zusammenleben insgesamt förderlich sind.

Bei konkreten Fragen kann der Ökonomische Konstitutionalismus durchaus hilfreich sein, z.B. ob Umweltschutz Verfassungsrang erlangen sollte. Schwieriger wird es, wenn es um das Design einer Gesamtverfassung geht.

BUCHANANs Verfassungsentwurf entspricht in hohem Maße den politischen Systemen „entwickelter" westlicher Staaten und ihren Demokratieformen. Das kann, muss aber z.b. nicht passen für Transformations- und Entwicklungsländer, die bislang weitgehend anderen Koordinierungsmodi als dem Markt unterlagen. Die Regeln dieser Systeme haben auch Einstellungen, Motive und Normen geformt. Zu diesen Werthaltungen müssen BUCHANANs abgeleitete Verfassungen nicht zwangsläufig das „beste" Design darstellen. Wichtig ist, sich mit dem bestehenden Wertesystem einer Gesellschaft zu beschäftigen, die dafür geeigneten Regelsysteme zu suchen, zu bedenken, dass sich Regeln nach Klarheits- und Prägnanzgesichtspunkten bilden, sich dahingehend auch von Einzelanweisungen für bestimmtes Verhalten unterscheiden und dass neue Regeln Einstellungen, Präferenzen und Motive wiederum beeinflussen.

Das alles führt zu einer wohl noch viel größeren Schwierigkeit der Design-Vorstellung im Sinne komplett absichtsvoller Planung: Es gibt die lang und breit diskutierten Wechselwirkungen zwischen systemischen Risiken und typischen Marktkoordinierungsproblemen etwa des Finanz- und Versicherungssektors und Verteilungsproblemen, der Steuerpolitik, der Sozialpolitik, der Arbeitsmarktpolitik, der Evolution globaler Arbeitsteilung usw. STURN (2011) führt dazu aus, dass in diesen Kontexten unterschiedliche Typen von Informations-, Anreiz- und Koordinationsproblemen auftreten, welche es sehr wahrscheinlich machen, dass entsprechende Theorien *multiple Gleichgewichte* und ungleichgewichtige Dynamiken in ihrem Horizont haben müssten. Und im Prinzip müssten die Regulierungsdesigns und die sie umgebenden institutionellen Rahmenbedingungen und Milieus (z.B. zur Stützung von Koordinationsprozessen) all dies inklusive der Kontextwirkungen auf das Verhalten der Akteure im Blick haben. Diese Anforderung erscheint denn doch reichlich anspruchsvoll zu sein. Eigentlich muss die Politik dabei ja *alles* wissen, um geeignete Regeln setzen zu können. Dann aber könnte sie die gesamte Steuerung auch gleich selbst übernehmen.

Das ist utopisch. Es geht wohl eher um zielführende Grundorientierungen der Politik im Sinne des „Praxisbezugs" von Theorien, in denen nach STURN andere Kategorien wie *Urteilskraft* einen Platz haben müssen und die über diesen Weg mit der Tatsache fehlender Perfektion umgehen können, ohne zu oft in falsche Richtungen zu steuern. Trivial wird das alles trotzdem nicht, denn auch Urteilskraft ist nicht einfach „gesunder Menschenverstand". Der kann uns manchmal ganz schön in die Irre führen. Ökonomische Interdependenzen fordern u.a. wirtschaftstheoretische Durchdringung, um überhaupt die wichtigsten Wirkungszusammenhänge berücksichtigen zu können.

5.4 Lobbyismus, Wahlbeteiligung, Informationskosten und die rationale Ignoranz von WählerInnen

Politische EntscheidungsträgerInnen sind i.d.R. nicht vollständig über die Präferenzen der WählerInnen informiert. Diese Informationen können auch nicht kostenlos gewonnen werden – wenn überhaupt. Auch die WählerInnen haben Informationsdefizite z.b. hinsichtlich der Wahlprogramme der Parteien und der Wahrscheinlichkeit, dass diese Partei auch tatsächlich die von ihr formulierten Vorschläge umsetzt. Das eröffnet Spielräume für Interessengruppen, Verbände, Gewerkschaften etc. zur lobbyistischen Beeinflussung der Politik. Ein gemeinsames Interesse allein reicht allerdings nicht, damit ein Verband entsteht oder Einfluss gewinnt. Wenn es etwa ein Verband erreicht, dass für eine bestimmte Gruppe – Hoteliers z.B. – Steuererleichterungen beschlossen werden, dann profitieren auch die InhaberInnen von Beherbergungsbetrieben, die dem Verband nicht angehören und ihn auch nicht durch Beiträge finanzieren. Wir haben es mal wieder mit einem typischen Trittbrettfahrerproblem zu tun.

Die lobbyistische „Leistung" des Verbandes ist mit erheblichen externen Effekten gekoppelt, so dass die Ergebnisse der politischen Einflussnahme fast als öffentliches Gut erscheinen. Wir haben die Probleme mit öffentlichen Gütern im vierten Kapitel ausführlich diskutiert. Ähnlich zur These, dass unregulierte Märkte es nicht zu steuern vermögen, die öffentlichen Güter in gewünschter Menge zu produzieren, so gilt auch hier, dass sich gerade große latente Gruppen ganz schlecht in Verbänden organisieren lassen. Es funktioniert nur entweder bei erzwungener Mitgliedschaft (wie in Deutschland bei Industrie- und Handelskammern, Handwerkskammern, der Ärzte- und der Apothekerkammer u.a.) oder wenn die Verbände ihren Mitgliedern auch private, teilbare Güter anbieten können – wie etwa von Gewerkschaften organisierte Urlaubsreisen, Rabatte für Versicherungen, eigene Kreditvergabe. Je kleiner die Interessengruppe ist und je höher das individuelle Interesse an einer bestimmten politischen Lösung wird, desto größer wird die Chance der Verbandsbildung. Es ist deshalb kein Wunder, wenn wenige, aber besonders stark Interessierte wie die energieerzeugenden Unternehmungen eher lobbyistisch tätig werden können als das Heer bedürftiger, vielleicht arbeitsloser Menschen oder die vielen Familien Deutschlands, die sich verbandlich bislang nur schwach organisieren konnten.

Worin liegen aber genau die Möglichkeiten der Beeinflussung, wenn doch Wiederwahl generelles Ziel von PolitikerInnen ist und nicht jede beliebige politische Reform von der Mehrheit der Bevölkerung akzeptiert wird? BERNHOLZ/BREYER (1994: 169ff.) nennen folgende Ursachen für den Verbandseinfluss auf politische Entscheidungen:

- Verbände liefern Informationen an die Politik. Das kann wichtig werden, wenn sich PolitikerInnen unsicher sind über die Wirkung bestimmter Maßnahmen, wenn die Politik die Präferenzen der Bevölkerung nicht genau einschätzen kann und auch die WählerInnen nicht genau wissen, welche Maßnahmen sie überhaupt betreffen und wie sie genau wirken. Verbände kennen z.b. ihre Branche genau, kennen Beschäftigtenzahlen, Umsätze und vermitteln ihre Vorstellungen zur Wirkung politischer Maßnahmen. Verbände könnten nun einerseits wichtige Informationen nur für eine „politische Gegenleistung" weitergeben, andererseits können sie gefilterte Informationen der Politik und Öffentlichkeit geben, um für sie günstige politische Entscheidungen zu bekommen.

- Verbände können auch deshalb Einfluss bekommen, weil ihre Mitglieder Macht z.b. gegenüber LieferantInnen und Gewerkschaften ausüben können. Gewerkschaften wiederum können mit Streik drohen etc. Wenn die Bevölkerung vor allem gern der Politik den Schwarzen Peter für ungewünschte gesellschaftliche und wirtschaftliche Entwicklungen zuschiebt, werden politische EntscheidungträgerInnen verbandlichen Forderungen nach deren Androhung von Machtausübung leichter nachgeben.

- Eine naheliegende Beeinflussungsmöglichkeit liegt in der Parteienfinanzierung durch Verbände. Gerade wenn Parteien (u.a. auch wegen Trittbrettfahrerprobleme) nur wenige Mitglieder haben, können sich Verbände in gewisser Weise genehme Maßnahmen fast schon erkaufen. Das kann plump mit der Androhung geschehen, die Finanzierungsquelle versiegen zu lassen. Subtilere Methoden sind aber ebenso denkbar, wenn Verbandsloyale in Parlamentsausschüssen mitwirken, in Ministerien arbeiten oder wenn sich Ministerien direkt von Verbänden Gesetzesvorlagen formulieren lassen.

Damit sich halbwegs der Mehrheitswille in politischen Entscheidungen widerspiegelt, ist eine notwendige – leider keine hinreichende – Voraussetzung, dass alle Gruppen gleich stark im Lobbyismusgeschäft agieren. Das ist in realen politischen Systemen nicht der Fall. Schlecht organisiert und vertreten sind arbeitslose, unterprivilegierte Menschen, auch einige Berufsgruppen. Es ist bezeichnend, dass die VertreterInnen der Sozialen Arbeit durch den relativ geringen Organisationsgrad in ihren Verbänden kaum Einfluss haben – und das obwohl sie in ihrem Selbstverständnis gleich doppelt für die Interessen ihrer Profession, aber auch für diejenigen der AdressatInnen der Sozialen Arbeit politisch eintreten wollen.

Interessant zu überprüfen wäre es, ob es nicht sinnvoll sein könnte, neben den Industrie- und Handelskammern und Handwerkskammern, die sogar den *gesetzlichen Auftrag* zur politischen Vertretung ihrer Mitglieder haben, auch ArbeitnehmerInnenkammern, eine Sozialarbeitskammer etc. einzurichten. Nur so kann eine Art Machtbalance der Lobby-Gruppen entstehen. Dass Verbände nicht grundsätzlich von Übel sind, deuten empirische Ergebnisse zu Ländervergleichen an. Länder mit starken Verbänden und Gewerkschaften, also korporatistisch organisierte Ökonomien, weisen oft besonders hohe Wohlstandsniveaus und auch eher gleichmäßigere Einkommensverteilungen als Länder aus, die allein auf unregulierte Märkte setzen, auch politisch nur atomistisch kleine Gruppen haben möchten und Verbandsgründungen behindern sowie auf keinen Fall Verbände mit Pflichtmitgliedschaften einführen. Die Kanalisierung politischer Entscheidungen zu Gunsten auch sinnvoller institutioneller Regelungen kann für die Gesellschaft durchaus vorteilhaft sein. Das heißt ja nicht, dass es nicht noch viel besser ginge.

Die Einflussmöglichkeiten von Verbänden oder einzelnen starken Firmen bzw. Personen liegen nicht allein daran, dass z.B. die WählerInnen es nicht wissen *können*, wie sich bestimmte Maßnahmen auswirken. Ursache kann auch sein, dass sich WählerInnen gar nicht erst um Informationen bemühen. Warum aber entscheiden sie sich u.U. für politische „Dummheit", wenn politische Entscheidungen Einfluss auf ihr Leben, ihre finanziellen und allgemein partizipativen Möglichkeiten haben? Zu hohe, unerfüllte Ansprüche an PolitikerInnen mit der Folge von Politikverdrossenheit und Ohnmachtsgefühlen mögen einen Grund darstellen, erklären es aber nicht vollständig.

Eine andere Erklärung findet David FRIEDMAN (1999: Kap. 19) in einem typischen ökonomischen Modell mit der Annahme rationalen Verhaltens der WählerInnen. Ob er sein Modell tatsächlich im „als-ob"-Sinn versteht oder als wahre Psychologie des Menschen, erschließt sich nicht so recht aus seinen Ausführungen. Sein Argument kann man sich an einem Beispiel leicht verdeutlichen. Angenommen, die Autorin (A) dieses Lehrbuches fühlt sich nach der vielen Schreibarbeit völlig erschöpft und sagt sich selbst, sie sei „reif für die Insel". Ihr Begehr ist ein langer Luxusaufenthalt in einem karibischen Urlaubsparadies. 10000,- € bräuchte sie, hat das Geld als arme evangelische Kirchenmaus (= Professorin einer evangelischen Hochschule) aber nicht zur Verfügung. Einen Kredit mag sie nicht aufnehmen. Also geht sie zu ihrer/m Parlamentsabgeordneten und bittet sie/ihn, folgende Regelung politisch durchzusetzen. Alle 1000 Studierenden ihrer Hochschule sollen jeweils mit 10,- € Extrasteuer (= Solidaritätsbeitrag zur Lehre oder Le(e)hrsteuer) belastet werden. Die Einnahmen sollen dann an A ausbezahlt werden. Das ist eine plumpe Idee. Alle durchschauen es sofort, dass es A nur um ihren persönlichen Vorteil geht. Dieser Vorschlag wird deshalb im demokratischen System wohl eher nur sehr geringe Chancen haben.

Aber die Autorin ist ja schlau – zumindest bildet sie es sich ein. Also ersinnt sie verwegene und sehr verwickelte Argumente, dass diese Sondersteuer und ihre Verwendung spätere Berufschancen der AbsolventInnen verbessert, überhaupt Arbeitsplätze schafft, soziale Gerechtigkeit über hochqualifizierte Arbeit der SozialarbeiterInnen auch im politischen Bereich begünstigt usw. Je komplizierter sie es macht und dabei natürlich immer das Gemeinwohl als potentielles Ergebnis herausstellt, desto mühseliger ist es herauszubekommen, ob die Argumente wirklich stimmen. 10,- € als einmalige Sondersteuer sind nun nicht exorbitant hoch, auch für die schmalen Budgets der Studierenden nicht.

In FRIEDMANs Vorstellung wird jetzt abgewogen, ob es sich für 10,- € wirklich lohnt, Zeit und Mühen darauf zu verwenden, die wahren Wirkungen der Maßnahme herauszubekommen. Er verneint das. Wenn es mehr als 10,- € Opportunitätskosten verursacht, die Maßnahme der Sondersteuer in ihrer Wirkung zu verstehen, verzichten die Studierenden auf die genaue Wirkungsanalyse. A hat dagegen ein ziemlich hohes Interesse. Bei ihr geht es schließlich um 10000,- € und den karibischen Luxusurlaub. Fazit: Je weniger die einzelnen WählerInnen durch neue Steuern, Gebühren oder durch einzelne Leistungskürzungen belastet werden, desto weniger Mühe geben sie sich, die Wirkung zu durchschauen. Eine gewisse Komplexität müssen die Argumente für einen politischen Eingriff haben. Denn wenn es gar nichts kostete, die wahren NutznießerInnen einer „Sondersteuer" o.ä. zu identifizieren, dann wüssten es alle sowieso und lehnten den politischen Vorschlag mehrheitlich ab bzw. wählten die vorschlagende PolitikerIn oder Partei nicht wieder. FRIEDMAN nennt das Kalkül zur Informationsgewinnung *rationale Ignoranz der WählerInnen*. Interessenverbände, auch Einzelne, die sehr viel gewinnen können, werden viel daran zu setzen, Informationen und Argumente so zu streuen, damit es – selbstverständlich schön kompliziert – letztlich so aussieht, als diene ihr Vorschlag dem Gemeinwohl. Nicht von ungefähr kommen Subventionsforderungen von Firmen und Branchen immer mit dem Argument des Arbeitsplatzerhalts, der Unabhängigkeit von ausländischen AnbieterInnen etc. Und wenn es doch so gerecht und förderlich ist, wie kann man dann – allerdings rational uninformiert – dagegen sein?

FRIEDMANs Modell mag manchen amüsant, anderen eher ärgerlich vorkommen. Keinesfalls darf es zu einer unkritischen Haltung verleiten. Im politischen Bereich von „als-ob"-Rationalität der Entscheidungen mit exogen gegebenen Präferenzen und Motiven auszugehen, ist analytisch heikel. In perfekten Märkten konnten wir es rechtfertigen, weil der Wettbewerb bestimmte Ergebnisse treibt, die man mit dieser einfachen Einnahme recht leicht rekonstruieren kann. Diesen speziellen Wettbewerbsmechanismus gibt es bei Abstimmungen aber nicht. Also müsste eigentlich genauer nach Motiven und Entscheidungen von WählerInnen geforscht werden.

Man kann sogar noch einen Schritt weitergehen. Wenn alle BürgerInnen wirklich vollständig rational ihre Entscheidungen träfen, könnte man eigentlich gar nicht verstehen, warum sie sich überhaupt an einer Abstimmung beteiligen. Die erwarteten Erträge der Wahlbeteiligung sind verschwindend gering. Durch die Millionen Stimmberechtigten in vielen Ländern ist die Wahrscheinlichkeit, dass die eigene Stimme den Wahlausgang maßgeblich bestimmt, fast Null. Dazu müsste ja ohne die eigene Stimme völlige Stimmengleichheit zwischen zwei Lagern herrschen bzw. ein Lager mit einer einzigen Stimme Vorsprung gewinnen. Und der Nutzen, wenn die favorisierte Partei statt einer anderen gewinnt, muss auch nicht sonderlich hoch sein. Wenn es also nur die geringste Mühe macht, sich über Parteiprogramme zu informieren, zum Wahllokal zu gehen und die Stimme abzugeben, sollte man bei rational kalkulierenden BürgerInnen erwarten, dass dann niemand wählen geht.

Die Realität von Wahlen mit sehr hoher Wahlbeteiligung von teilweise über 80% straft diese einfachen Überlegungen Lügen. Die Rationalitätsannahme versucht man in komplexeren Modellen dadurch „zu retten", indem man Heterogenität der WählerInnen einführt – z.B. unterschiedliche Kosten der Wahlbeteiligung – oder unterstellt, das Wählen *selbst* stifte Nutzen. Letzteres wird teilweise so gesehen, als ob Wählen eine Art Clubgut ist, bei dem man sogar umso mehr Interesse am Mitmachen hat, je mehr Leute sich beteiligen. Das passiere in einer Art „Wir"-Gefühl und dem Stolz hinterher, dabei gewesen zu sein. Wählen ist dann so ähnlich wie Singen in der Kirche. Das ist für viele in einer vollen Kirche auch ergreifender und spirituell anregender, als wenn sie allein in einer fast leeren Kirche Nr. 33 des Gesangbuches der evangelisch-lutherischen Kirchen Niedersachsens singen: „Jauchzet, ihr Himmel, frohlocket, ihr Engel, in Chören". Gottesdienst als Clubgut? Die Religionsökonomik verfolgt ähnlich angreifbare methodische Wege mit ihrer flotten Annahme stets rationaler Entscheidungen der Individuen. Zumindest muss die Rechtfertigung vorgeschaltet werden, welche Systemeigenschaften Ergebnisse derart kanalisieren, dass man sie mit der Rationalitätsannahme so trivial modellieren kann.

5.5 Parteienwettbewerb

Wer sich (düster) an die Überlegungen zur monopolistischen Konkurrenz bzw. zum heterogenen Polypol aus dem 3. Kapitel erinnert, dem/der werden Modelle zu Transpostkosten und räumlicher Konkurrenz einfallen. Wir hatten in diesem Zusammenhang über Standortentscheidungen von Restaurants in einem Straßendorf nachgedacht für den Fall unterschiedlich hoher Kosten der BewohnerInnen, zu den Restaurants zu laufen oder fahren. Ganz ähnlich wird Parteienwettbewerb häufig als Standortproblem modelliert. Hier geht es aber nicht um die Lokation einer Unternehmung, sondern um den *politischen* Standort. Der einfachste Fall mag zur Illustration genügen. Stellen wir uns vor, wir lebten in einem Land mit zwei großen Parteien, die auch nicht durch Parteineugründungen bedroht werden. Wir schauen also auf ein Zwei-Parteien-Modell und nehmen die allereinfachste Annahme, dass Parteien ausschließlich an der Maximierung ihrer Stimmen interessiert sind. Die WählerInnen haben ganz unterschiedliche ideologische Positionen und politische Vorlieben. Wenn sie gleichverteilt auf einer Geraden von ganz links bis ganz rechts dargestellt werden können und wenn wir noch die Positionen der Parteien dazu einzeichnen, erhalten wir folgendes Bild:

Abb. 5.1: Zwei-Parteien-Modell mit Stimmenmaximierung

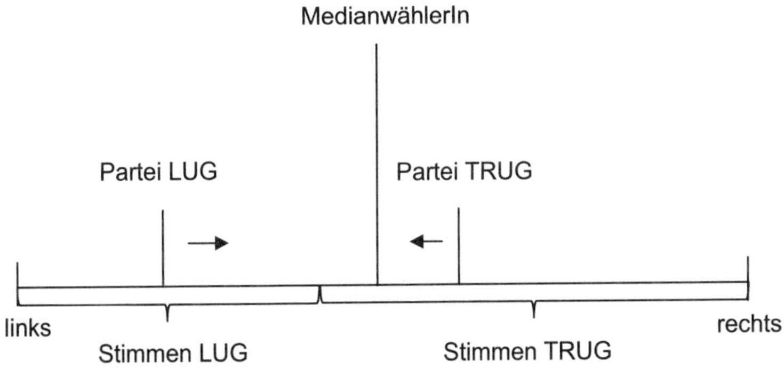

Es gibt eine moderat linke und eine schon eher liberal-konservative rechte Partei ziemlich weit weg vom rechten Rand. LUG ist die linke Partei: (Liga unabhängiger GerechtigkeitskämpferInnen), TRUG die rechte (Traditionelle RechtsUnion für Gemeinschaftsglück). Wenn alle WählerInnen zur Urne schreiten, dann wählen sie jeweils die Partei, die ihrer eigenen ideologischen Vorstellung am nächsten kommt. Alle WählerInnen links von LUG wählen diese Partei, alle am rechten Rand werden sich für TRUG entscheiden. Diejenigen in der Mitte entscheiden, wer ihrer Position am ehesten entspricht. Da TRUG weiter in der Mitte positioniert ist, werden sich mehr WählerInnen für diese Partei entscheiden, d.h., die rechte Partei gewinnt. Nun kann aber für die nächste Wahl LUG ihr Wahlprogramm strategisch anpassen und z.B. urplötzlich Leistungsgerechtigkeitsaspekte entdecken. Damit rückt sie ihre

Position weiter nach rechts. Die ganz Linken in der Bevölkerung entscheiden sich mangels Alternative zähneknirschend immer noch für LUG. Aus der Mitte wandern einige von TRUG zu LUG, sofern jetzt die LUG-Position ihren Vorstellungen näher kommt. Da TRUG genauso strategisch entscheidet, sitzen zum Schluss beide Parteien genau auf der Mittelposition und vertreten die politische Sicht der MedianwählerIn.

Auch wenn das Ergebnis Assoziationen zum „Kampf um die Mitte" der Parteien hierzulande weckt, handelt es sich doch nur um das allereinfachste Modell. Etwas komplizierter wird es, wenn man mehr Parteien betrachtet – dann gibt es nicht einmal in jedem Fall ein Gleichgewicht. Die Vorhersagen sind aber im Einzelfall dennoch gar nicht so uninteressant. Wenn sich z.B. in einem vormaligen 4-Parteiensystem eine 5. Partei etabliert (wie vor einigen Jahren die LINKE in Deutschland), dann werden die Positionen der anderen nicht unberührt bleiben. Vorhersage eines 5-Parteien-Modells nach Eintritt einer linken Partei ist, dass die zuvor am weitesten links stehende Partei jetzt noch weiter „zurück" nach links gehen wird, weil ihr die neue linke Partei den linken Wählerrand abgräbt. Und? Passt das zu Positionsänderungen der SPD nach dem Erstarken der Linken auch in Westdeutschland? Das Urteil überlasse ich den LeserInnen. Was würde die geneigte LeserIn zudem erwarten, wenn sich eine „richtig konservative" Gruppierung rechts der CDU/CSU erfolgreich im Parteienspektrum etablieren könnte? „Richtig rechts" widerstrebt mir zu diskutieren.

Man unterscheidet Modelle mit exogen vorgegebener Parteienzahl von solchen, bei der Parteieintritte und -austritte für Wahlen möglich sind. Wichtig ist natürlich auch das Wahlrecht, ob es etwa ein Mehrheitswahlrecht ist oder ein proportionales Wahlrecht. Außerdem können die Ziele der Parteien etwas anders sein als nur Stimmenmaximierung anzustreben. Denkbar ist auch, dass sie den Abstand zur nächsten Partei möglichst groß werden lassen wollen. Zwar verwerflich, aber auch nicht auszuschließen ist es, dass sich Parteien nur auf Kosten der SteuerzahlerInnen bereichern wollen. Oder sie verschreiben sich tatsächlich und ausschließlich ihren ideologischen Zielen.

Bei den WählerInnen kann man auch unterschiedliche Annahmen verwenden. Haben sie Kosten des Wählens? Gibt es wie in Belgien eine Wahlpflicht? Wählen sie strategisch oder einfach gemäß ihren Präferenzen? Und wenn dann eine Regierung gebildet wurde: Wird diese ihre Versprechen einlösen, oder ist sie nicht daran gebunden und macht etwas ganz anderes nach dem Motto „was interessiert mich mein Geschwätz zu Zeiten vor der Wahl"? Und schließlich kommt es sogar darauf an, ob die Parteien ihre Wahlprogramme gleichzeitig veröffentlichen oder sequentiell entscheiden. Im zweiten Fall kann eine Partei darauf reagieren, was andere Parteien vorschlagen. Das kann einen strategischen Vorteil bedeuten.

Beim ARROW-Paradoxon sahen wir, dass es keine demokratische Regel gibt, die sicher seine vier plausibel klingenden axiomatischen Forderungen erfüllen konnten. Volksabstimmungen schnitten bei Sachentscheidungen sogar tendenziell besonders schlecht ab. Nun sahen wir aber eben am Wahlverhalten und an möglichen strategischen Überlegungen von Parteien und ihren KandidatInnen für die Volksvertretung, dass zwar vielleicht nicht gerade beliebige Entscheidungen getroffen werden können. Die Bandbreite von Ergebnissen ist dennoch beträchtlich, d.h., auch parlamentarische Systeme können manch „merkwürdige" und sicher nicht immer effiziente und gerechte Gestaltungen nach sich ziehen. Das politische System vermag es letztlich ebenso wenig wie ein reines, unreguliertes Marktsystem, im Rahmen der seiner Möglichkeiten stets die gesellschaftlich angestrebten allokativen und distributiven Ziele – von Nachhaltigkeitsaspekten u.a. ganz zu schweigen – zu erreichen.

Eine reine Laissez-faire-Politik kann angesichts der Transaktionskosten von Märkten und der möglichen Ineffizienz des im Wettbewerb entstandenen institutionellen Gefüges mit Sicherheit keine Lösung sein. Trotz aller Schwierigkeiten beider Systeme wird es nur mit einem „klugen Mix" an Markt, endogen entstandenen Traditions- und Befehlsarrangements und politischen Rahmenbedingungen und Eingriffen gelingen, einen befriedigenden und als gerecht wahrgenommen Entwicklungspfad einzuschlagen, bei dem alle Mitglieder der Gesellschaft aktiv und in Würde teilhaben können. Auf alle Fälle ist die sehr plakative Dichotomie von Markt- und Staatsversagen eher hinderlich in der Diskussion. Extrem liberale DenkerInnen misstrauen politischen Entscheidungen komplett. Für sie ist Staatsversagen überwältigend groß. Märkte hingegen werden eher mit einer rosaroten Brille des Idealmodells betrachtet. ProtagonistInnen staatlicher Zentrallenkung sehen es genau umgekehrt. Für sie ist jede Marktlösung indiskutabel schlecht. Sie holen ihre rosarote Brille heraus, wenn sie fast schon liebevoll vom Primat der Politik sprechen, als sei es das Allheilmittel für gesellschaftlich gewünschte Entwicklungspfade. Leider: weder das eine noch das andere folgt aus unseren Überlegungen, sondern ein kompliziertes Mischungsverhältnis sich gegenseitig unterstützender Regeln und Institutionen.

5.6 Vage Versprechen und Zufallsentscheidungen

BürgerInnen fordern häufig, dass sich PolitikerInnen deutlicher positionieren sollen. Damit meinen sie beispielsweise, dass klar gesagt werden soll, was die Parteien konkret umsetzen wollen. Außerdem sollen sie sich an diese Aussagen nach (gewonnener) Wahl auch halten. HOMBURG (2011) argumentiert nun, dass genau dies nicht erwartet werden kann, weil sich Parteien sonst systematisch in einen strategischen Nachteil hineinmanövrieren. Er beginnt seinen Beitrag damit, dass er das MedianwählerInnenmodell dahingehend kritisiert, dass es zwar etwa für Fragen nach der Größe oder der Struktur des Bildungs- oder Gesundheitssystems nützlich sei, aber nicht für Umverteilungsentscheidungen. Das erinnert stark an das Problem des leeren Kerns aus dem Unterkapitel 5.1.

Angenommen, die politischen Parteien haben in Form von Steuersenkungen oder Transfererhöhungen 300 Geldeinheiten – nennen wir sie Taler – auf nur drei WählerInnen Ambros (A), Bevis (B) und Cuthbert (C) (bzw. drei homogene Gruppen) zu verteilen. Eine angestrebte Gleichverteilung bedeutete, eine Partei zöge mit dem Tripel (100; 100; 100) in den Wahlkampf. Damit möchte sie A, B und C mit jeweils 100 Talern begünstigen. Bietet jedoch eine andere Partei (150; 150; 0), dann gewinnt sie mit zwei Stimmen, weil A und B dies der Gleichverteilung vorziehen, sofern sie nicht durch ethische Prinzipien die Gleichverteilung an sich präferieren. Daraus wurde u.a. gefolgert, dass Demokratien hinsichtlich ihrer Steuer- und Transferpolitik eben doch dazu tendieren, eine maximale Minderheit zu Gunsten der Mehrheit auszubeuten. Allerdings kennen wir das Problem des leeren Kerns. Ganz so einfach ist es also nicht, weil z.B. nun eine Politikofferte mit dem Tripel (151; 0; 149) die Verteilung von je 150 auf A und B dominiert (vgl. HOMBURG 2011: 1), da Ambros und Cuthbert diesen Vorschlag vorziehen und wählen.

HOMBURG analysiert das strategische Problem mit einem der ältesten spieltheoretischen Ansätze, dem Colonel-Blotto-Spiel. Das ursprüngliche Beispiel ist blutrünstig und behandelt ein militärstrategisches Problem, wie viele Bataillone ein fiktiver Colonel Blotto auf verschiedene Schlachtfelder schicken sollte. Das betrachten wir lieber nicht. Reden wir also nicht von Bataillonen und Schlachtfeldern, sondern von Talern und WählerInnen und verkleinern unser anfangs skizziertes Problem noch einmal. Es gilt jetzt – so das Beispiel HOMBURGs (2011: 2ff.) – 6 Taler auf drei WählerInnen zu verteilen. Dafür gibt es insgesamt 28 Möglichkeiten. Dass einige Verteilungen grundsätzlich nachteilig sind, sieht man sofort. Würde man A alles geben wollen, also (6; 0; 0) vorschlagen, dann verliert diese Strategie gegen sehr viele andere wie etwa (0; 2; 4) oder gegen (2; 2; 2). Solche „Konzentrationsstrategien" sind demnach denkbar ungeeignet.

> „Es verbleiben allein die Strategie (4; 2; 0) und ihre Permutationen. Sie werden von keiner anderen Strategie dominiert, sondern gewinnen gegen jede andere Strategie mindestens so oft, wie sie verlieren. Gleichwohl taugen auch diese Strategien nicht als Siegertyp, denn (4; 2; 0) unterliegt (0; 3; 3), und auch jede ihre Permutationen findet ihren Meister." (HOMBURG 2011: 3).

Die gewiefte LeserIn wird es ahnen: Das Spiel findet kein Gleichgewicht mit reinen Strategien. In dieser einfachen Form gibt es aber dennoch ein Gleichgewicht, allerdings mit gemischten Strategien. Dabei randomisieren die SpielerInnen, hier die Parteien. Sie kündigen lediglich Wahrscheinlichkeitsverteilungen an, statt sich auf eine Strategie eindeutig festzulegen. Für HOMBURG eröffnet allein dieses Ergebnis die Möglichkeit zu einem tieferen Politikverständnis. So interpretiert er (2011: 3) etwa den Bundestagswahlkampf der CDU im Jahr 2009 als „fast genial", weil die Partei es nicht mal im Ansatz zu erkennen gegeben habe, was sie denn bei einem Wahlsieg genau umsetzen will.

„Die Nicht-Optimalität reiner Strategien verlangt von den politischen Akteuren, erratisch zu handeln und bisweilen das Gegenteil dessen zu tun, was die Öffentlichkeit zuvor erwartete. Man denkt sofort [...] an den sozialdemokratischen Kanzler Schröder, der den Spitzensteuersatz beträchtlich senkte oder an die Unionskanzlerin Merkel, die diesen Steuersatz erhöhte." (HOMBURG 2011: 3).

Das eigentliche Colonel-Blotto-Spiel ist noch etwas diffiziler. HOMBURG skizziert es zunächst als Problem mit reellen Zahlen, verlässt also das besonders schwierige Ganzzahligkeitsproblem der Optimierung. Jetzt können WählerInnen durch ein Zahlenkontinuum repräsentiert werden, und auch das zu verteilende Budget lässt sich beliebig unterteilen. Das Ergebnis ist bemerkenswert. Eine Partei ist dann erfolgreich, wenn sie nicht wenigen WählerInnen viel verspricht, sondern jeder der WählerInnen höchstens das Doppelte des durchschnittlich zu verteilenden Budgets pro Kopf in Aussicht stellt (vgl. HOMBURG 2011: 5).

„Interessanter – und durchaus schockierend – ist ein anderer Aspekt der politischen Interpretation: Ausgehend von einer homogenen Wählerschaft erzeugt der demokratische Prozess aus sich heraus Ungleichheiten, ist also entgegen landläufiger Meinung nicht egalitätsfördernd, sondern egalitätsfeindlich. [...] Manche Wähler erhalten Vorteile bis zur Höhe 2b [Anm. der Verfasserin: 2b ist der doppelte durchschnittlich zu verteilende Budgetbetrag], während andere leer ausgehen. Damit wird Gleichheit in Ungleichheit verwandelt." (HOMBURG 2011: 5-6).

HOMBURG gibt Beispiele dafür: die Opel-Rettungsaktion vor einigen Jahren, der Umsatzsteuernachlass für Hoteliers nach der Wahl 2009 etc. Für ihn wird so erklärlich, warum etwa das Einkommensteuergesetz aus einer Sammlung von Ungleichbehandlungen besteht, die sich eigentlich niemandem richtig erschließt. Ähnliches werden wir für die Sozialpolitik erkennen. Es gibt sehr viele Ungereimtheiten und Ungleichbehandlungen im Rahmen der Sozialen Sicherung. Für HOMBURG ist klar, dass ein einfaches und transparentes Steuer-

und Transfersystem zwar ein schönes Ziel darstellt, dass aber jede Partei, die dieses Ziel in reiner Strategie verfolgt, unweigerlich die Wahl verlieren wird. Ich fürchte, so langsam verlieren wir unsere politische Naivität, vor allem die Hoffnung auf stets allgemeinwohlverpflichtete politische Setzungen.

5.7 Einfluss der Bürokratie

In der Politik geht es nicht allein darum, den WählerInnenwillen herauszubekommen, die Mittel für öffentliche Güter über Steuern und Gebühren zu erheben und dann Aufträge für die Produktion der öffentlichen Güter zu geben. Vielfach gehen diese Bereiche direkt und komplett in die staatliche Kontrolle über. Behörden werden mit der Herstellung der öffentlichen Güter betraut. Diese Behörden können nun eigene Ziele verfolgen. In der Politischen Ökonomie wird gern unterstellt, dass die Leitung einer Behörde vornehmlich an Einkommen, Macht und Prestige interessiert ist. All das kann sich die ChefInnenebene durch möglichst viele MitarbeiterInnen sichern. Denn dann gibt es im Normalfall viele Hierarchiestufen. Wenn man selbst an der Spitze der Hierarchie sitzt, dann wird dies im üblichen Besoldungssystem mit einem hohen Einkommen verbunden sein. Einfluss und Prestige sind nette Begleiterscheinungen. Wenn das wirklich so wäre, versuchten Behörden möglichst viele Bereiche an sich zu ziehen. Da sie häufig über bessere Informationen über die Präferenzen der Gesellschaftsmitglieder als die PolitikerInnen oder WählerInnen haben, werden sie systematisch den Bedarf zu hoch ausweisen. Das alles kann dazu führen, dass sich der Staatssektor immer weiter ausweitet und dabei erstens ineffizient große Mengen an öffentlichen Gütern produziert und zweitens auch Bereiche in die staatliche Steuerung überführt werden, bei denen Märkte gar keine substantiellen Probleme aufweisen.

5.8 Nationale vs. supranationale Sozialpolitik

Eine sehr spezielle Entwicklung führt seit einiger Zeit zu weiteren Schwierigkeiten der politischen Gestaltung. Es geht dabei um verstärkte internationale Verflechtungen. Die sind zwar insofern dann sogar im Grundsatz erfreulich, wenn es um die bessere Ausnutzung der Ressourcen durch vertiefte Arbeitsteilung geht – zumindest, wenn alle davon profitieren könnten. Aber es gibt auch sehr ernsthafte Probleme. Das erste weite Feld stellt sich im Nachhaltigkeitszusammenhang, vor allem, wenn es um ökologische Nachhaltigkeit geht. Klimaschutz wirkt z.B. nicht nur national, sondern weltweit. Die einzelnen Länder verursachen durch ihre Maßnahmen erhebliche externe Effekte aufeinander. Da die Politik überwiegend national finanziert wird, müssen dann sämtliche Kosten des Klimaschutzes national getragen werden. Nutznießerin ist aber die ganze Welt. Ohne politische Abstimmungen lugt das Trittbrettfahrerproblem mal wieder ganz heimtückisch um die Ecke. Diesmal trägt nicht der marktliche Wettbewerb „Schuld" an suboptimalen Lösungen, sondern die speziellen politischen Mechanismen mit Wiederwahlambitionen der PolitikerInnen sind verantwortlich.

Internationale Abkommen nach Verhandlungen sind prinzipiell denkbar – die Klimagipfel der letzten Jahre sind Musterbeispiele für solche Versuche. Ein erhebliches Problem liegt aber immer noch darin, dass die gegenseitigen Zusicherungen nicht wirklich bindend sind. Neue Regierungen können die Vereinbarungen ablehnen – so wie etwa viele RepublikanerInnen in den USA die Prognosen zum Klimawandel für Humbug halten und Vereinbarungen zur Reduktion des CO_2-Ausstoßes rigoros ablehnen. Und selbst wenn Regierungen nicht wechseln, kann es immer wieder „Umstände" wie kurzfristige Einbrüche in bestimmten Branchen oder gar Wirtschaftskrisen geben, die die Klimaziele in den Hintergrund geraten lassen. Es gibt keine übernationalen, weltweiten Möglichkeiten, solche internationalen Vereinbarungen auch einzuklagen. Sie bleiben damit mehr Absichtserklärungen und wirken höchstens auf einer moralischen Ebene. Viele Vereinbarungen werden tatsächlich nicht eingehalten. Entweder kommen zynische Kommentare aus der Politik nach dem gerade schon benannten Motto „was kümmert mich mein Geschwätz von gestern" oder es werden vage Sachzwänge für verfehlte Ziele verantwortlich gemacht.

Das Versprechen von Ländern, jeweils einen bestimmten Prozentsatz des staatlichen Budgets für Entwicklungshilfe vorzusehen, ist nur eines unter vielen Beispielen. Ein weiteres betrifft Menschenrechte. Die Menschenrechtscharta der UNO wurde von sehr vielen Staaten ratifiziert. Dennoch werden in vielen Ländern Menschenrechte in erheblichem Maße verletzt. Man kann die Staaten dafür so gut wie nicht zur Verantwortung ziehen, obwohl sie die Charta ratifiziert haben. Die Staatengemeinschaft hat sich in recht hohem Maße dafür entschieden, sich nicht „in die inneren Angelegenheiten" der Länder einzumischen. Nur bei allergröbsten Problemen wie Bürgerkriegen versucht die Staatengemeinschaft militärische, dennoch immer noch vergleichsweise moderat gehaltene Abhilfe durch Befriedungs- und Kompromisslösungen zu schaffen. Es fehlt in gewisser Weise eine übernationale Gerichtsbarkeit, die die Länder zum Einhalten von Verträgen zwingt. Der Internationale Gerichtshof kann nur sehr eingeschränkt tätig werden.

Das zweite große Problemfeld entstand mit der zunehmenden Mobilität der Produktionsfaktoren. KapitalbesitzerInnen können damit drohen, ihren Standort ins Ausland zu verlegen, wenn sie unter für sie ungünstigen Regulierungs- und Besteuerungsbedingungen arbeiten. Andere Länder locken teilweise sogar mit Subventionen und Vergünstigungen. Das sieht man schon national bei dem Wettbewerb der Bundesländer um Firmensitze und Produktionsstätten. Das Kapital ist schon länger mobil. Geldkapital sowieso, aber Kapital im volkswirtschaftlichen Sinne meint meistens Sachanlagen. Und auch die Verlegung bzw. der kostengünstige Neubau von Anlagen deutet die gewachsene Kapitalmobilität an. Poetisch spricht man schon länger vom Kapital als „scheuem Reh", dass stets Deckung – vor ungünstigen Bedingungen – sucht. „Verantwortungsloser, schlauer, flinker Fuchs" träfe es ebenso. Mittlerweile ist auch der Faktor Arbeit, letztlich weite Teile der Menschheit, mobiler geworden. Gewandert wurde natürlich schon immer – sonst hätten wir keine Völkerwanderung gehabt, auch keine Auswanderungswellen Richtung USA oder Australien. Geändert hat sich jedoch erstens, dass die Menschen trotz aller weiterhin geltenden Limitierungen über mehr Freiheiten verfügen. Sie können – z.T. sicherlich immer noch teilweise rigide begrenzt durch Regelungen aufnehmender Länder – entscheiden, wo sie leben und arbeiten möchten. Gerade Hochqualifizierte werden umworben. ArmutsmigrantInnen hingegen werden keineswegs hofiert, sondern mehr oder weniger stark behindert.

Jedes einzelne Land steht vor einem gewissen Dilemma. Einerseits haben sich Staaten an bestimmte ethische Standards, Vorstellungen zu Menschenrechten etc. gebunden. Andererseits kennen sie die Kosten der Unterstützung und der zumindest kurzfristig notwendigen Alimentierung bedürftiger MigrantInnen. Um das zu finanzieren, müssen bestimmte Steuersätze festgelegt werden. Wenn nun aber hohe Steuern Hochqualifizierte in immer größerem Ausmaß dazu bringen, lieber in anderen Ländern mit geringerer Steuerbelastung zu arbeiten, dann verliert das Ursprungsland erstens Humankapital und zweitens einen Teil der Steuerbasis. Wenn gleichzeitig eine etwas bessere Behandlung und Unterstützung von Flüchtlingen oder ArmutsmigrantInnen vorgesehen ist, lenkt dies die Migrationsströme in dieses Land. Es ist ja auch überhaupt nicht verwerflich, dass die Entwurzelten – wenn sie denn schon ihr Land verlassen mussten – danach streben, sich möglichst schnell eine Existenz in Würde und vielleicht bescheidenem Wohlstand zu sichern.

Treten beide Effekte ein, dass Hochqualifizierte ab- und Bedürftige zuwandern, dann kann es dazu führen, dass der Staat einerseits die Steuern senkt, um die Qualifizierten zu halten und andererseits die Zuwanderung versucht drastisch zu beschränken, u.a. durch schlechtere Alimentierung und Unterstützung. Dadurch sollen die Migrationsströme in andere Länder „umgelenkt" werden. Da aber bei mobilen Faktoren alle Länder vor dem gleichen Problem stehen, ist zu befürchten, dass es einen ruinösen Wettbewerb gibt, bei dem sich die Staaten gegenseitig bei den Steuern unterbieten und der rigoros schlechten Behandlung von Flüchtlingen überbieten. SINN (2003) sieht die

Gefahr, dass es über diesen Weg zu einer Erosion der Sozial- und Steuersysteme kommen könnte. Zum Schluss wird ein ineffizientes Gleichgewicht erreicht, welches in keinem Land die gewünschten Standards erfüllt.

Ein einfaches, von Kaushik BASU konstruiertes und hier minimal durch Ländernamen abgewandeltes Beispiel kann das Problem illustrieren (vgl. dazu BASU 2011: 172-176). Betrachten wir zunächst das Land Armundreich (A), dessen BewohnerInnen immobil sind, die zumindest innerhalb der Ländergrenzen, also in ihrem Inland A, bleiben. Daneben liegt Land Bellevietien (B). Dort ist es genauso. Jeweils die Hälfte der Bevölkerung beider Länder ist arm und die andere Hälfte reich. Ohne irgendwelche staatlichen Interventionen lebten die Armen dicht am Rande des Subsistenzniveaus. Sie schaffen es zwar zu überleben, mehr aber auch nicht. Dieses gerade so existenzsichernde Einkommen normieren wir zur Vereinfachung und setzen es gleich Null. Die Reichen haben alle 1000 (Dollar, Euro oder irgendeine andere Währung). Das soll nur heißen, dass die Reichen 1000 mehr als die Armen haben. Über die Gründe der Einkommensdifferenzen wissen wir nichts. Es kann an unterschiedlichen Bildungsniveaus und Produktivitäten liegen, aber auch daran, dass wir es in beiden Ländern mit einer jeweils sehr diskriminierenden Gesellschaft zu tun haben. Nun gebe es in beiden Ländern jeweils eine Regierung, die die Reichen besteuern und Transfers an die Armen leisten kann. Das Einkommen Y vor der Besteuerung sei Y(t), t bezeichnet dabei den Steuersatz. Es wird damit unterstellt, dass das Bruttoeinkommen der Reichen davon abhängt, wie viel der Staat ihnen anschließend an Steuern wieder abzwackt. Hohe Steuern können z.B. Anreize und Motivationen negativ berühren, sich überhaupt um ein hohes Einkommen zu bemühen, viel und engagiert zu arbeiten. Nach der Steuer verbleiben den Reichen noch als Nettoeinkommen $(1-t)Y(t)$, denn $tY(t)$ müssen sie als Steuer an den Staat abführen. Um alles möglichst einfach zu halten, unterstellt BASU in seinem Beispiel, dass sich an den Arbeitsanreizen und dem Engagement der Reichen dann nichts ändert, solange sie nicht mehr als 30% ihres Einkommens an den Staat abführen müssen. Also ist $Y(t) = 1000$ für alle t, die geringer oder gleich 0,3 sind. Wenn der Staat $t = 0,3$ festsetzt, haben die Reichen demnach brutto 1000 verdient und netto verbleiben ihnen 700. Sollte die Regierung mehr Gleichheit anstreben, müsste sie einen höheren Steuersatz festlegen. Der aber führt in unserem Beispiel dazu, dass die Reichen weniger Bruttoeinkommen erwirtschaften, das Bruttoinlandsprodukt sinkt. BASU unterstellt, dass speziell bei einem völlig egalisierenden Steuersatz von $t = 0,5$ die Reichen jeweils nur noch $Y = 400$ erwirtschaften. Wenn die Regierung daran interessiert ist, dass es der gesamten Bevölkerung und speziell den Armen, materiell möglichst gut geht, dann wird sie $t = 0,3$ festsetzen. In diesem Fall haben nach Steuern und Transfers die Reichen 700 und die Armen 300. Bei $t = 0,5$ wäre Y auf 400 gesunken,

Arme und Reiche hätten zum Schluss jeweils 200, beiden Gruppen ginge es also schlechter.

So haben sich nun beide Regierungen in A und B dazu entschieden, 30% als Steuersatz zu nehmen. Armutsvermeidung muss nicht dann am besten erreicht werden, wenn man alle Einkommen komplett angleicht, und die Regierungen aus A und B haben sich am absoluten materiellen Wohlstand der Armen als Zielgröße in ihrer Steuerpolitik orientiert.

In einem weiteren Schritt können wir das Regierungsproblem bei der Wahl des „richtigen" Steuersatzes noch etwas verkomplizieren. Wenn wir für das Beispiel zulassen, dass Arbeit in dem Sinne mobil wird, dass Wanderungen von A nach B und umgekehrt möglich sind (hier nicht gleich für die gesamte Bevölkerung, nur für „produktive" Arbeit – das betrifft hier die Reichen), dann ist es kein Gleichgewicht mehr, wenn beide Länder ihren Steuersatz auf 30% festsetzen. Wenn Bellevietien z.B. etwas den Steuersatz senkt, wandern bei hoher Mobilität alle Produktiven aus Armundreich dorthin. In gewisser Weise wird Land A dann eher zu „Armkeinreich". Indizien für solche Wanderungen gibt es nicht nur in solchen Beispielen. Die geplante „Reichensteuer" in Frankreich mit einem Spitzensteuersatz von 75% für BürgerInnen, die mehr als eine Million Euro im Jahr verdienen, führte dazu, dass prominente Zeitgenossen wie Gérard DEPARDIEU ihrem Land Lebewohl sagten und viele sehr gut entlohnte ManagerInnen ihren Wohnsitz nach Belgien oder England verlegten bzw. dies zumindest Ende 2012 ankündigten. DEPARDIEU nahm die Einladung an, russischer Staatsbürger zu werden. Dort beträgt die Einkommensteuer nur 13% des Bruttoeinkommens. Zurück zum Beispiel. Was passiert durch die Wanderungsbewegungen? In B steigt das Einkommen durch mehr produktive Individuen. Davon können auch die Armen in diesem Land B profitieren (die Armen aus A lässt man ja nicht in B hinein), selbst wenn die nunmehr höhere Anzahl von Reichen vielleicht nur noch 25% Steuern zahlen muss. Dem Land A nutzen die 30% Steuern nichts mehr, da alle $Y > 0$ nunmehr in B erwirtschaftet werden. Die Reichen sind weg, und die Armen bleiben auf ihrem 0-Niveau. Land A muss also bei der Steuersenkung nachziehen. Wenn A unter das Steuerniveau von B geht, wandern jetzt alle Produktiven dorthin. Die Gleichgewichtssteuerrate kann in einer solchen Konstellation nur bei $t = 0$ liegen. Ohne internationale Koordinierung ist das Nettoeinkommen der Reichen geradeso, als ob es gar keine Regierung mit Umverteilungsambitionen gäbe.

BASU zieht daraus den Schluss, dass man nicht nur bei globalen Problemen des Umweltschutzes, der Nachhaltigkeit generell und der Sicherung von Menschenrechten eine international koordinierte Politik benötigte, sondern dringend auch im Hinblick auf Maßnahmen zur Überwindung der Armut.

Im Prinzip könnte man sich also auch hier wiederum internationale Abkommen vorstellen, die das Problem lösen. Die fehlende übernationale Möglichkeit zur Erzwingung der Versprechen steht jedoch wiederum im Wege. Bislang ist es nicht einmal im Hinblick auf die Mobilität qualifizierter und produktiver ArbeitnehmerInnen gelungen, Entwicklungsländer für die externen Effekte zu kompensieren, die dadurch entstehen können, dass ihre Hochqualifizierten von anderen Ländern angeworben werden. In der Literatur ist dieses Problem des *brain drain* ausgiebig diskutiert wurden, dabei auch in dem hier skizzierten Sinne. Die Vorstellung von Kompensationen über eine spezielle Steuer, die an die Entwicklungsländer fließt, wurde schon vor langer Zeit formuliert und immer wieder mal neu in die Debatte eingebracht. Politische Konsequenzen hatte es bislang noch nicht (vgl. KUBON-GILKE/GILKE 2011). Eine komplette Erosion des Steuer- und Transfersystems sieht zur Zeit man noch nicht. Wenn die Mobilität weiter zunimmt, könnten diese Tendenzen jedoch stärker werden.

Immer, wenn man mit nationalen Lösungen unzufrieden ist, werden nicht nur internationale Abkommen diskutiert, sondern häufig gleich noch die Verlagerung von Entscheidungs- und Durchsetzungsmöglichkeiten auf eine übernationale Ebene gefordert. Das international gebräuchliche Schlagwort dafür ist *global governance*. Einige solcher Institutionen gibt es ja durchaus wie den Internationalen Währungsfonds, die Weltbank oder auch die EU. Auf diese Institutionen werden bestimmte nationale Entscheidungskompetenzen verlagert. FRIEDEN (2012) zeigt nun jedoch, dass wir mit so einer Art „Weltpolitik" und einem „Weltparlament" noch lange nicht den Stein der Weisen entdeckt haben müssen. Und er sieht nicht allein Durchsetzungs- und Erzwingungsprobleme. Er fragt sowohl danach, unter welchen genauen Bedingungen übernationale Steuerung sinnvoll sein kann und zudem, auf welchen Wegen übernationale *governance* tatsächlich schon entstanden ist. Die Notwendigkeit und Wünschbarkeit übernationaler Entscheidungen sieht FRIEDEN als sehr komplexes Problem, bei dem es sowohl rein ökonomische als auch polit-ökonomische Zusammenhänge zu bedenken gebe. Am Beispiel der EU und der Währungsunion führt er z.B. aus:

> „The common justification for this view, that monetary union requires fiscal centralization, is logically flawed. If the sub-units of a monetary union (states, provinces, countries) are charged appropriately for their borrowing, there is little or no substance to the argument that they are imposing externalities on other subunits in the union. The problem in the eurozone was that the commitment not to bail out member states that got into trouble was not credible." (FRIEDEN 2012: 5).

Gegenseitige Externalitäten, denen man nicht anders als mit *global governance* begegnen kann, sieht er als notwendige Bedingung zur Rechtfertigung übernationaler Steuerung. Hinreichend sei das aber noch nicht, da man politökonomische Zusammenhänge nicht aus dem Auge verlieren dürfe. Damit nationale PolitikerInnen Anreize zur Schaffung supranationaler Institutionen haben, müssen nationale Interessen das befördern. Und dabei setzten sich häufig die mächtigen und gut organisierten Interessengruppen besonders ein. Ohne solchen Druck geschehe eher nichts aus nationaler Interessenlage heraus. Deshalb ist es vielleicht auch nicht verwunderlich, dass man bei der Armutspolitik kaum internationale Anstrengungen findet, eher bei Fragen internationaler Finanzmärkte. Die Überlegung, wem genau die internationalen Abkommen und Kompetenzverlagerungen genau nutzen und wer da wohl Interessen lobbyistisch eingebracht hat, mögen die geneigten LeserInnen selbst überlegen. Bedenken muss man jedenfalls, dass auch bei der Schaffung übernationaler Entscheidungsstrukturen PolitikerInnen die Gestaltungshoheit haben. Entschieden wird dabei nicht grundsätzlich im einfachen Sinne pro Allgemeinwohl bzw. aggregierter sozialer Wohlfahrt. Warum soll das auf „Weltniveau" denn auch anders sein als auf allen anderen politischen Ebenen.

5.9 Aleatorische und epistemische Unsicherheit: Zur Unmöglichkeit der Steuerungsdetailplanung

Immer diese Fremdwörter! Muss es denn sein? Erfinden muss man nicht unbedingt neue, mögen sie auch noch so gelehrt klingen. Gängige, oft genutzte Begriffe des üblichen wissenschaftlichen Jargons muss man dennoch verstehen, damit man die damit verknüpften Überlegungen und Diskussionen nachvollziehen kann. Aleatorische und epistemische Unsicherheit sind solche gängigen Begriffe, denen man in verschiedenen Wissenschaften begegnen kann und die für unsere Überlegungen wichtig sind.

Unsicherheit ist als Begriff zunächst einfach: Man weiß nicht genau, wie einige Prozesse ablaufen, welche Ergebnisse daraus entstehen, oder man kann die Folgen des eigenen Handelns nicht genau vorhersagen. Würfele ich bei der abendlichen Spielrunde im Freundeskreis beim Quiz *Trivial Pursuit* als nächstes eine 3 und kann damit eine der geliebten Geschichts- oder Sportfragen erreichen (Hauptsache nicht Rock und Pop oder gar etwas zu Kinofilmen)? Gibt es nun sicher den Klimawandel oder ist die aktuelle Entwicklung vielleicht doch, wie es die US-republikanischen Mitglieder der *Tea Party* vermuten, nur eine kleine Episode ohne systematische Wirkung? Sollte ich einen Schirm mitnehmen, weil es vielleicht regnet? Schließt sich das Ozonloch nie wieder? Wenn in China ein Sack Reis umfällt, wird dann in Deutschland der Kartoffelpreis steigen? Wenn ich ein aus meiner Sicht wunderbares Buch schreibe, wird es dann eine große KäuferInnenschar finden oder im Regal verstauben? Wenn ich mit dem linken Bein zuerst aufstehe, wird dann der Tag unweigerlich ein Desaster für mich?

Nun aber zu den Fremdwörtern, die vor dem Unsicherheitsbegriff stehen. Im Adjektiv „aleatorisch" steckt alea. Wer sich früh umfassend mit Asterix-Comics gebildet hat oder gar Latein-Unterricht genießen konnte, wird schon ahnen oder wissen, um was es geht. Steuereintreiber Incorruptus spricht es nämlich aus: „alea iacta est". Das sagt er im Asterix-Film "Asterix und Obelix gegen Cäsar", als er gegen den Rat von Gaius Bonus seinen Plan umsetzen will, bei den Galliern Steuern einzutreiben. In anderen Asterix-Heften und -Filmen findet sich dieser Ausspruch ebenso. Wörtlich heißt alea iacta est: „Der Würfel ist geworfen (worden)", die übliche Übersetzung ist ganz leicht inkorrekt und lautet gängig: „Der Würfel ist gefallen". Alea heißt also Würfel, Zufall oder Risiko, und aleatorische Unsicherheit resultiert aus zufälligen Ereignissen. Ich weiß eben vorher nicht, ob nach einem Wurf einer fairen Münze die Zahl obenauf liegt. Die Wahrscheinlichkeit für die Zahl ist 50%.

Epistemisch könnte man übersetzen mit „erkenntnis- oder wissensmäßig". Die epistemische Unsicherheit rührt also nicht aus Zufallsereignissen, sondern hat mit unvollständigem Wissen und unvollständigen Modellen zu tun. Vielfach wird argumentiert, dass epistemische Unsicherheit verschwinden könne, wenn man nur eine bessere Wissensbasis hätte. Wüsste man mehr über Zusammenhänge und hätten wir mehr Daten zur Verfügung, könnten wir sowohl privat als auch politisch besser prognostizieren, planen und entscheiden.

Ganz so einfach ist das alles mit der Unsicherheit und ihren üblicherweise unterschiedenen Formen leider doch nicht. Albert Einstein soll einmal gesagt haben: „Gott würfelt nicht". Was, wenn aber doch? Gläubige Menschen haben ja oft ein Problem mit Zufällen. 2012 haben die koptischen Christen einen neuen Papst nach dem Ableben des vorherigen bestimmen müssen. Bei den Kopten ist es üblich, dass unter mehreren verbliebenen Kandidaten (nur Männern) das Los entscheidet. Das Ergebnis wird als Ausdruck der Letztentscheidung durch Gott verstanden. Ähnliche Deutungen von Zufällen findet man in mehreren Religionen oder Glaubenszusammenhängen. Sie werden als Ergebnis göttlicher Weisheit gedeutet, die wir gar nicht verstehen könnten, weshalb es uns eben als Zufall vorkomme, da wir keine Erklärung finden. Und wenn Gott nun selber doch auch würfelt? Zufälle finden wir jedenfalls verwirrend, weil sie so schwer in konsistente Weltbilder einzufügen sind.

Wüssten wir wirklich alles, also z.B. Beschaffenheit, Temperatur etc. eines Würfels, des Würfelbechers und der Würfelunterlage, bestimmten wir Tempo,

Rotation und Länge des Schüttelns völlig genau, wüssten wir die Anfangsposition des Würfels u.a.m., dann wäre das Ergebnis zumindest in sehr vielen Fällen wie hier beim Würfeln deterministisch. Wir könnten mit Sicherheit sagen, dass der nächste Wurf unter den genau bestimmten Bedingungen eine drei zeigen wird. Aleatorische Unsicherheit kann also durchaus auch noch epistemische Elemente fehlender Kenntnisse enthalten. Wenn wir sehr wenig wissen und uns im Klaren sind über die Unzugänglichkeit der Modelle, überwiegt häufig der Eindruck epistemischer Unsicherheit. Wissen wir mehr, aber nicht alles, können wir vielleicht schon Wahrscheinlichkeiten zuordnen, dann gerät man in den Bereich aleatorischer Unsicherheit. Ob die Welt und das Universum insgesamt deterministisch sind oder nicht, ist nach wie vor wissenschaftlich in der Diskussion. In der Physik debattiert man z.B. immer noch über mögliche Zufallselemente, denen EINSTEIN so skeptisch gegenüberstand.

Ein kleines Beispiel, warum der Zufallsbegriff selbst auch nicht immer ganz passend verwendet wird: Als DARWIN seine Evolutionstheorie formulierte, hatte er schon ziemlich konkrete Vorstellungen über den Auslesemechanismus. Über Mutationen bzw. Variationen hatte er hingegen noch keine richtig gute Theorie. Er äußerte das auch ganz offen und sprach davon, dass er bei Variationen deshalb *vorläufig* von Zufall sprechen wolle. Er setzte darauf, dass man später mehr über Variationen wissen wird und dann den Zufallsbegriff nicht mehr benötigt. Tatsächlich war es bei DARWIN eher typische epistemische Unsicherheit. Er konnte vieles zu Phänomenen der Variation auch noch gar nicht wissen, da z.B. die MENDELsche Entdeckung der Vererbungsgesetze erst später erfolgte. Inzwischen weiß man deutlich mehr über Gesetzmäßigkeiten bei Variationen, über Richtung und Schrittgröße, letztlich über die systematische Gerichtetheit von Veränderungen. Dennoch hält sich der Zufallsbegriff in Büchern zur Evolutionstheorie hartnäckig (vgl. KUBON-GILKE/SCHLICHT 1998). Solange man nicht alle Details kennt und berücksichtigt, werden immer noch Zufallselemente bei den Variationen und Mutationen unterstellt werden müssen, der reine Erkenntnisstand ist dennoch sicherlich besser geworden.

In der Ökonomik unterscheidet man z.T. noch zwischen Ungewissheit und Unsicherheit. Bei Unsicherheit ist eher die aleatorische Variante angesprochen. Da wird unterstellt, man könne Ereignissen zumindest Wahrscheinlichkeiten zuordnen. Die reine Unsicherheit im aleatorischen Sinne bekümmert ÖkonomInnen i.d.R. nicht weiter. Die Entscheidungen würden nur etwas komplizierter und man müsse schauen, ob Menschen dem Risiko gegenüber neutral sind, ob sie das Risiko lieben oder verabscheuen. Mit der Orientierung an Erwartungswerten bei Auszahlungen oder Nutzen wird das formalisiert. Es ändert nichts Substantielles am Allgemeinen Gleichgewicht bei

Märkten, die alle von vollständiger Konkurrenz gekennzeichnet sind. Ungewissheit sehen ÖkonomInnen schon als größeres Problem, da die Entscheidungsgrundlage über die Wahrscheinlichkeitsverteilung fehle.

Auch hier muss man jedoch in doppelter Hinsicht aufpassen. Dass Wahrscheinlichkeiten im Prinzip zugeordnet werden können, bedeutet erstens noch nicht, dass wir sie auch wirklich gut abschätzen und mit ihnen als Entscheidungsgrundlage umgehen können. Schwerwiegende Fehler in privaten wie politischen Entscheidungen können die Folge sein. Der zweite Denkfehler mit fatalen Konsequenzen kann darin liegen zu glauben, dass immer mehr Wissen und immer mehr Details die Prognosekraft sicher verbessern wird und damit private und vor allem auch politische Entscheidungen mit größerer Sicherheit zu gewünschten Ergebnissen führen.

Schauen wir auf das erste Problem des Abschätzens von Wahrscheinlichkeiten und erzählen dazu einige Beispielgeschichten. Angenommen, Alexius (A) ist Kandidat einer Spielshow. Spielleiterin ist die überaus intelligente, sprachgewandte, charmante, aber arg dünne Bulimia (B). A hat sich über mehrere Runden der Show durchgekämpft, jetzt geht es um den Hauptgewinn, einen dreiwöchigen Wellness-Wander-Weinproben-Wohlfühl-Traumurlaub im Odenwald, umrahmt von mehreren abendlichen Lesungen der Sagen über die wilden Weibchen vom Rodenstein aus dem wunderbaren Buch von Werner BERGENGRUEN: Das Buch Rodenstein, unheimliche Geschichten. A steht vor drei verschlossenen Türen. Nur hinter einer Tür ist ein Bild des Urlaubsortes in der Nähe des Wanderweges „Wildweibchenstein", hinter beiden anderen ein großes Foto seines Heimatortes. Das sind die beiden Nieten und deuten an, dass er keinen Urlaub als Geschenk antreten kann. A soll nun raten, hinter welcher Tür sich der Urlaubshauptgewinn verbirgt. Nehmen wir an, A entscheidet sich für Tür 1. Nun schreitet Bulimia zu den Türen 2 und 3 (immer zu den *nicht* gewählten Türen) und sagt: „Alexius, ich zeige Ihnen mal etwas." Sie öffnet eine der Türen – nehmen wir an, dass es Tür 3 ist – und A sieht ein Foto seiner eigenen Stadt. Nun fragt B unseren Alexius, ob er seine Entscheidung noch einmal überdenken möchte. Bleibt er bei Tür 1 oder nimmt er nun Tür 2?[74] Die Spielleiterin handelt immer gleich, also völlig schematisch: Eine KandidatIn wählt eine Tür, von den anderen beiden Türen öffnet Bulimia immer eine mit Blick auf eine Niete. Viele von uns werden denken, die Wahrscheinlichkeit, dass sich der Traumurlaub hinter Tür 1 oder 2 in

---

[74] Bekannt wurde das Problem als Ziegen- oder als Monty-Hall-Problem. Die Ziegen waren die Nieten hinter den Türen (ein Auto war meistens der Hauptgewinn). Monty Hall war der Spielleiter (vgl. zum Problem und der Lösung u.a. RANDOW (1992) und MLODINOW (2009: 79ff.).

unserem Beispiel versteckt, müsse jeweils ½ sein und es sollte letztlich egal sein, ob A seine Entscheidung ändert oder nicht.

Trivial? Dieses Problem der angemessenen Entscheidung führte in den 1980er Jahren zu einer der heftigsten Auseinandersetzungen unter Laien und unter WissenschaftlerInnen, die man sich überhaupt nur vorstellen kann. Es ging bis zu persönlichen Beleidigungen, alles war ungewöhnlich emotional aufgeheizt. Dass es nicht zu Handgreiflichkeiten kam, ist fast ein Wunder.

Was war der Anlass? Eine amerikanische Journalistin namens Marilyn von SAVANT (die damals als Mensch mit dem höchsten Intelligenzquotienten der Welt galt) beantwortete in einer Kolumne einer Zeitschrift regelmäßig Denksportaufgaben unter dem Motto „Fragen Sie Marilyn". Eine LeserIn stellte Marilyn die Frage nach der besten Strategie für eine KandidatIn in der vorgestellten Spielshow. Sie antwortete, dass ein Wechsel in der Entscheidung besser ist, da sich hinter der zuerst *nicht* gewählten Tür eine größere Chance auf den Hauptgewinn verbirgt als hinter der ersten Wahl. Folge: wüste Beschimpfungen der Journalistin („wo hat sie wohl ihren Intelligenzquotienten geklaut?"). Der deutsche Wissenschaftsjournalist Thomas von RANDOW (1992) beschäftigte sich später intensiv mit dem Problem und kam zum eindeutigen Ergebnis, dass Frau SAVANT recht hat. Folge: In Hunderten von Briefen wurde auch er als Dummkopf oder Spinner beschimpft. Nicht nur Laien äußerten sich so. Frau SAVANT bekam z.B. von über 1000 promovierten AkademikerInnen Post, die ihr einen groben Denkfehler, Dummheit und Schlimmeres unterstellten. Unter diesen BriefeschreiberInnen waren sogar viele MathematikprofessorInnen. Das deutet an, wie schwierig es selbst für ExpertInnen auf diesem Gebiet ist, mit Wahrscheinlichkeiten umzugehen, denn Frau SAVANT hatte tatsächlich die richtige Antwort gegeben. Warum ist das so?

In der ersten Stufe ist die Wahrscheinlichkeit für den Hauptgewinn hinter einer der Türen 1/3. Mit der Wahrscheinlichkeit von 2/3 liegt man daneben. Die ModeratorIn (bei uns eine Frau, Bulimia) öffnet nun im zweiten Schritt *nicht zufällig* eines der beiden nicht gewählten Tore. Sie nimmt immer eine Tür mit einer Niete. Vorher war es ein reiner Zufallsprozess, jetzt nicht mehr. Man bekommt eine zusätzliche Information über das zuvor nicht Gewählte. Immer noch sind in unserem Beispiel die Türen 2 und 3 für Alexius mit der Wahrscheinlichkeit von 2/3 belegt, dass sich hinter einer dieser Türen der Hauptgewinn verbirgt. Jetzt bekommt er über diese beiden und *nur* über diese Türen eine zusätzliche Information und weiß danach, hinter welcher dieser beiden Türen kein Hauptgewinn ist. Dann verbleibt für die nicht geöffnete Tür immer noch die Wahrscheinlichkeit von 2/3 des zuvor nicht Ausgesuchten, dass sich dahinter der Hauptgewinn verbirgt. Für Alexius heißt das: Hauptgewinn hinter Tür 1 hat die Wahrscheinlichkeit von 1/3, Hauptgewinn hinter Tür 2 aber 2/3.

Immer noch nicht überzeugt? Mit mehr Türen wird es vielleicht deutlicher. Angenommen, Alexius steht vor 100 Türen und soll raten, wo sich der Urlaub verbirgt. Vielleicht nimmt er wieder Tür 1. Seine Chance zu gewinnen ist 1/100. Von den verbliebenen *nicht* gewählten 99 Türen öffnet Bulimia nun hintereinander 98, alle mit Nieten, hier vielleicht alle Türen außer Tür Nr. 27. Die 99 nicht gewählten Türen haben zusammen die Wahrscheinlichkeit von 99/100, dass hinter einer dieser Türen der Hauptgewinn steckt. Nun werden 98 der 99 nicht ausgesuchten Türen aufgemacht und zeigen alle Nieten. Es ist dann keineswegs gleich wahrscheinlich, ob man Tür 1 nimmt (Wahrscheinlichkeit nach wie vor 1/100) oder Tür 27 wählt (Wahrscheinlichkeit 99/100). Einige SkeptikerInnen glauben es nach solchen Verdeutlichungen immer noch nicht und konnten erst mit Gewinnstatistiken und langen Reihen von Selbstversuchen überzeugt werden, dass es sich im Durchschnitt tatsächlich lohnt, von der anfangs gewählten Entscheidung abzurücken (vgl. MLODINOW 2009: 78ff.). Pech haben kann man natürlich immer noch, denn selbst die Chance von 99:100 ist kein sicheres Ergebnis.

Das zweite Beispiel ist weniger dramatisch emotional begleitet gewesen, deutet aber unsere großen Schwierigkeiten mit dem Umgang mit Wahrscheinlichkeiten auch mehr als deutlich an. MLODINOW (2009: 38ff.) fasst sehr treffend ein Experiment von KAHNEMAN und TVERSKY zusammen. Sie beschrieben vielen Versuchspersonen eine Frau namens Linda, nennen wir sie hier anders, und zwar Aglaja (A). A ist 31 Jahre alt, sehr intelligent und geradlinig. Sie hat ein Studium der Philosophie absolviert. In der Zeit ihres Studiums lagen ihr Themen wie Diskriminierung und soziale Gerechtigkeit besonders am Herzen. Sie hat auch an Demonstrationen gegen Kernkraft teilgenommen. Das wird den Versuchspersonen also erzählt und sie werden dann gefragt, welche Aussagen über Aglaja wohl besonders wahrscheinlich sind. Unter diesen Aussagen befanden sich auch folgende zwei Sätze:

(a) Aglaja ist Bankangestellte und in der Frauenbewegung aktiv.

(b) Aglaja ist Bankangestellte.

85% aller Versuchspersonen ordneten die Wahrscheinlichkeiten genau in dieser Reihenfolge: (a) wird als wahrscheinlicher im Vergleich zu (b) interpretiert. Nun *kann* aber die Wahrscheinlichkeit für (a) gar nicht größer als die für (b) sein, da die Wahrscheinlichkeit, dass zwei Ereignisse gemeinsam auftreten (Beruf *und* aktiv in der Frauenbewegung) niemals größer sein kann als die Wahrscheinlichkeit für jedes einzelne Ereignis. Die Einschätzung der Versuchspersonen ist ein Konjunktionsfehler. Die Organisation des Gehirns verführt zu solchen Denkirrtümern. Wir konstruieren Geschichten bzw. nutzen „mentale Modelle". Wir verwenden eine „Verfügbarkeitsheuristik" und orientieren uns an Beispielen, die in unserem Gedächtnis gespeichert sind. Bestimmte Details erhöhen die Glaubwürdigkeit oder Stimmigkeit eines solchen Modells. Es gibt systematische Unterschiede zwischen der reinen Logik der Wahrscheinlichkeit und unserem Umgang mit unsicheren Ereignissen. Ähnlich ist es, wenn man englischsprechende Individuen fragt, ob es mehr sechsbuchstabige Wörter in der englischen Sprache gibt, die auf -ing enden oder die als fünften Buchstaben ein n haben. Die meisten glauben an mehr „ing-Wörter", obwohl alle diese sechsbuchstabigen Wörter an fünfter Stelle das n stehen haben und es viele weitere Wörter mit sechs Buchstaben und dem vorletzten Buchstaben n gibt. Es fallen einem halt einfach viele „-ings" ein. Deshalb kommen Fehleinschätzungen dieser Art zustande.

Das mag jetzt harmlos klingen, aber solche systematischen Fehlurteile gibt es nach MLODINOW (2009: viele Beispiele im ganzen Buches) z.B. gar nicht so selten selbst bei Gerichtsurteilen und bringt unter Umständen Unschuldige ins Gefängnis. Auch ÄrztInnen seien anfällig für diese Art von Fehlern, wie ähnliche Experimente zu Wahrscheinlichkeitseinschätzungen zu Krankheiten und Erfolgen bestimmter Therapien zeigen (vgl. MLODINOW 2009: 42). WEGWARTH und GIGERENZER (2011) zeigen die Probleme durch „Risikoanalphabetismus" gerade im Gesundheitsbereich mit erschreckender Deutlichkeit auf. Politische Entscheidungen sind davon ebenso wenig frei. Eine gute Geschichte, die plausibel klingt, wird zur Grundlage des Handelns, auch wenn sie weniger wahrscheinlich ist als eine weniger zufriedenstellende Erklärung mit allerdings höherer Wahrscheinlichkeit.

Aus dem Bereich der Medizin sind Tests zum sogenannten „Petra-Problem" illustrativ. Nennen wir diese Petra hier mal Andrea (A). Man stellte u.a. MitarbeiterInnen und AbsolventInnen medizinischer Fakultäten folgende Geschichte mit einer Frage zum Schluss vor:

> Andrea ist 39 Jahre alt und fühlt sich gesund. Sie weiß, dass in ihrer Altersklasse etwa 0,1% der Frauen an Brustkrebs erkranken, und geht regelmäßig zu einer Vorsorgeuntersuchung. Mittels der Technik der Mammographie kann man in 95% der Fälle Brustkrebs erkennen (d.h. der Test führt zu einem positiven Ergebnis). In 5% Prozent der Fälle, in denen kein Brustkrebs vorliegt, ist der Test ebenfalls positiv, d.h., er zeigt fälschlich eine Krebserkrankung an. Bei Andrea wurde mittels dieses Tests Brustkrebs diagnostiziert. Wie gross ist die Wahrscheinlichkeit, dass Andrea tatsächlich an Brustkrebs erkrankt ist?

Wenn man diese Wahrscheinlichkeit berechnet, muss Andrea nicht unmittelbar extrem große Ängste entwickeln. Die Wahrscheinlichkeit, dass sie tatsächlich Brustkrebs hat, wenn ihr Test positiv ausfällt, liegt etwas unter 2%. Das kann man durch das Bestimmen der a-posteriori-Wahrscheinlichkeit nach dem BAYES-Kriterium erkennen. Zwei Informationen, erstens über die Häufigkeit von Brustkrebs in der Altersklasse sowie zweitens zur Prognosegenauigkeit der Mammographie, werden dabei genutzt. Die in Statistik allesamt gut geschulten Versuchspersonen fanden dennoch nur zu etwa einem Fünftel die richtige Lösung. Etwa 45% waren gar der Meinung, dass die Krebswahrscheinlichkeit bei Andrea 95% beträgt. Erst wenn die Häufigkeitsverteilungen grafisch aufbereitet wurden, ergaben sich etwas bessere Ergebnisse.

Vielleicht noch ein kleines drittes Beispiel für systematische Fehlurteile. Auch hier hat Daniel KAHNEMAN (der übrigens als Psychologe (!) 2002 den Nobelpreis für Wirtschaftswissenschaften verliehen bekam) Pionierarbeit geleistet. KAHNEMAN befragte in den 1960er Jahren israelische Luftwaffenausbilder (mal wieder ein Beispiel, in dem es nur Männer gibt) über die Wirkung von Belohnungen und Strafen. Eine typische Antwort war, dass nach guten Flugmanövern die Piloten gelobt worden seien. Dann seien sie anschließend jedoch stets schlechter geflogen. Bei schlechten Flugleistungen habe man die Piloten angebrüllt und beschimpft. Das habe zu besseren Ergebnissen bei den nächsten Flügen geführt. Daraus zog der typische Fluglehrer das Fazit: Belohnung klappt nicht, Bestrafung umso besser. Nun widersprach das eigentlich der psychologischen Theorie, wonach Belohnungen und Lob überaus nützliche Motivationsinstrumente darstellen können. Der Fehler der Fluglehrer war folgender: Brüllen und Schimpfen ging einer verbesserten Leistung zwar voraus, wurde aber irrtümlich damit auch als *Ursache* der besseren Leistung identifiziert. Das ist ein typischer Irrtum auch in der Politik. Tatsächlich hat es etwas mit der sogenannten *Regression zum Mittelwert* zu tun (vgl. MLODINOW 2009: 21).

[…]: In einer beliebigen Reihe von Zufallsereignissen folgt auf ein außergewöhnliches Ereignis wahrscheinlich rein statistisch ein gewöhnliches Ereignis. Und so funktioniert das Ganze: Die Flugschüler verfügen alle über eine je individuelle Fertigkeit, Kampfjets zu fliegen. Ihre Flugfertigkeiten zu verbessern, bezog viele Faktoren ein und erforderte ein ausgiebiges Training. Und wenngleich sich also ihre Leistungen durch das Flugtraining allmählich steigerten, so machte sich diese Veränderung doch nicht von einem Manöver zum nächsten bemerkbar. Jede besonders gute oder besonders schlechte Leistung war daher vor allem eine Frage des Zufalls. Wenn einem Piloten eine außerordentlich gute Landung […] gelang, dann waren die Chancen hoch, dass er am nächsten Tag näher an seinem normalen Leistungsniveau liegen, das heißt schlechter fliegen würde. Und wenn ihn der Fluglehrer am Tag zuvor gelobt hatte, sah es so aus, als habe ihm das Lob nicht gut getan. Doch wenn ein Pilot eine besonders miserable Landung hinlegte […], dann standen die Chancen gut, dass er am nächsten Tag näher an seinem normalen Leistungsniveau liegen, das heißt besser fliegen würde. Wenn ein Fluglehrer jedes Mal „du tollpatschiger Affe" brüllte, nachdem einer seiner Schüler Mist gebaut hatte, dann sah es so aus, als habe die Standpauke gewirkt. Auf diese Weise konnte sich ein *scheinbares* Muster entwickeln: Wenn ein Schüler gute Leistungen erbringt, tut ihm Lob nicht gut; wenn er schlechte Leistungen erbringt und sein Lehrer ihn lautstark mit einem niederen Primaten vergleicht, verbessern sie sich." (MLODINOW 2009: 21).

Es gibt noch viel mehr Beispiele, die alle zeigen, wie schwer wir es haben mit unserem „gesunden Menschenverstand" Wahrscheinlichkeiten und Kausalitäten abzuschätzen, selbst wenn wir prinzipiell Erkenntnishilfen, Methoden und Theorien zur Verfügung haben. Auch ExpertInnen auf diesem Gebiet selbst, die Justiz und die Politik sind nicht frei von solch systematischen Fehlurteilen, die dann natürlich auch Fehlentscheidungen provozieren.

KAHNEMAN (2012) fasst in seinem Buch zum „langsamen und schnellen Denken" viele Ergebnisse seiner langjährigen Experimente und theoretischen Überlegungen sehr pointiert zusammen. Einerseits verläuft entsprechend seiner Arbeiten unser Denken vielfach in Routinen und schnell ab. Das ist für gute Reaktionen auch sicherlich evolutionär vorteilhaft. Dabei unterlaufen uns aber auch systematische Kategorisierungs- und Entscheidungsfehler, weil es eher um automatische, unbewusste und assoziative Vorgänge geht. Wir können andererseits auch konzentrierter und mit mehr Zeitaufwand zu Entscheidungen kommen. Aber erstens unterlassen wir es oft, wenn es schon intuitiv im schnellen Denken eine Lösung zu geben scheint und aktivieren selbst dann nicht die andere Möglichkeit, wenn das schnelle Denken Fehler produziert.[75] Wir bemerken die Fehler meistens auch gar nicht. Zweitens hilft uns das angestrengte und sorgfältige Denken gerade im Zusammenhang mit Wahrscheinlichkeiten oft auch nicht weiter. Die soeben angesprochenen Experimente deuten alle auf unsere systematischen Schwierigkeiten im Umgang mit Wahrscheinlichkeiten hin. In unserem Beispiel mit Alexius und Bulimia (dem Ziegenproblem) zeigte sich ja z.B., dass selbst ExpertInnen nicht gegen die Intuition Schlüsse zogen und ihre teilweise falsche Lösung auch noch mit hoher emotionaler Erregung verteidigten.

Bleibt noch das zweite Problem zu erörtern. Verbessern mehr Informationen die Entscheidungsbasis, können wir dadurch epistemische Unsicherheit überwinden? Wir scheinen ja durch den rasanten technischen und wissenschaftlichen Fortschritt auf einem solchen Weg zu sein. Nicht nur von der Medizin, auch von der Politik wird zudem immer stärker gefordert, sie solle

---

[75] Ein immerhin netter Nebeneffekt liegt nach KAHNEMAN darin, dass unser intuitives Denken „menschenfreundlicher" entscheiden lässt als das systematische Nachdenken mit mehr Zeit zum Überlegen. Im zweiten Fall werden wir offensichtlich egoistischer.

evidenzbasiert sein. Je mehr Daten gesammelt und ausgewertet würden und desto ausgefeiltere ökonometrische Verfahren benutzt würden, desto bessere Evidenz sei zu gewinnen. So lautet die Grundidee. Und was wird nicht alles an Informationen allein schon von Unternehmungen gesammelt? Welche Bücher wir uns im Internet angeschaut haben, was wir bei Flugzeugreisen trinken und essen, an welchen Preisausschreiben wir uns beteiligen, wo wir uns gerade befinden und welche Wege wir gefahren oder gegangen sind (mit Handy auf Empfang). Es werden immer raffiniertere und ausgefeiltere Datenprofile über uns erstellt, damit z.B. Firmen gezielt werben können. Einige befürchten schon die gläserne KonsumentIn, gar einen Kontrollverlust, da diese Datensammelwut in die Autonomie freier Entscheidungen eingreife.

In der Politik gibt es jedenfalls ähnliche Phantasien wie bei Unternehmungen, mit immer mehr Daten genauere Entscheidungsgrundlagen zu bekommen und so mit größerer Sicherheit zielführende Maßnahmen ergreifen zu können. Es gibt ja durchaus auch Bereiche – wie etwa bei der Wettervorhersage –, bei denen die Prognoseleistung in den letzten Jahren deutlich besser wurde. In vielen Fällen lag man aber auch völlig daneben: Beispiele sind Vorhersagen bzw. ausgebliebene Prognosen zu Wirtschafts- und Finanzkrisen, Erdbeben und anderen Naturereignissen. Sichere Prognosen durch immer mehr und immer bessere Daten? SILVER (2012) zeigt mit guten Argumenten, dass das unerreichbare Allmachtsphantasien sind. In seinem Buch spricht er sich nicht etwa gegen Prognosen an sich aus. Die Alternative im Sinne von Prophezeiungen selbsternannter ExpertInnen, die aus einer Mischung von Ideologie und Eitelkeit genährt werden, sei noch viel gefährlicher für politische Entscheidungen. SILVER war mit recht einfachen Prognosemethoden sogar selbst in vielen Fällen sehr erfolgreich und betont, es helfe schon viel, die grundsätzlichen Überlegungen von Thomas BAYES zu berücksichtigen, wie man neue Informationen systematisch dazu nutzt, Wahrscheinlichkeitseinschätzungen und Prognosen zu aktualisieren und zu verbessern. Es gibt jedoch keine absolute Berechenbarkeit der Welt, sei die Datenmenge auch noch so groß. Ein totaler Datendeterminismus im Sinne der Aufhebung sowohl epistemischer als auch aleatorischer Unsicherheit ist nicht einmal vorstellbar. Diese nicht aufhebbare Unzulänglichkeit müssten sich auch StatistikerInnen eingestehen. Nach SILVER bräuchte es eine Art hippokratischen Eid auch für StatistikerInnen (und PolitikerInnen) nach dem ganz bescheidenen Motto, zumindest keinen Schaden anzurichten (vgl. auch Frankfurter Allgemeine Sonntagszeitung vom 9.12.2012: 31). Dabei hilft es schon viel, diese Unzulänglichkeit überhaupt nur einzusehen.[76] SILVER weist darauf hin, dass

---

[76] Man muss nicht allein auf offensichtliche Prognoseirrtümer der Vergangenheit schauen, damit man skeptisch bleibt im Hinblick auf Prognosen von ExpertInnen. Die „peinlichs-

all die vielen Daten nicht davor schützen, dass wir ihnen eine bestimmte Bedeutung geben und auch Kausalitäten zuordnen, die in Einzelfällen komplett falsch sein können (unsere Aglaja der vorherigen Ausführungen lässt z.B. grüßen). Bei der Interpretation und Bedeutungszuweisung werden wir immer von unserer subjektiven Sicht der Dinge geprägt sein. Unser eigener Kontext entscheidet mit über die Interpretationsmöglichkeiten der Daten. Geschichten und Beispiele prägen die Interpretation der Informationen. Je stimmiger das sich dadurch ergebende Bild wird, desto höher schätzen wir bekanntlich die Plausibilität einer bestimmten Interpretation der gesammelten Informationen ein.

Dazu kommt noch, dass wir über bestimmte Zusammenhänge mehr Daten und Interpretationen haben als über andere. Und dann gibt es einen systematischen „Verfügbarkeitsbias" wie auch bei unserem gerade diskutierten Beispiel zur Aglaja-Geschichte. Die verfügbaren Daten werden bis in das letzte Detail hin ausgebeutet, alle privaten bzw. politischen Anstrengungen in diesen Bereich gelenkt. Das kann aber fatal sein, wenn dadurch andere, vielleicht viel wichtigere, aber nicht so gut zu erkennende Zusammenhänge aus dem Blick der Entscheidungen geraten. Das ist so ähnlich wie bei dem schon angesprochenen Multitasking-Problem und Leistungslöhnen in Unternehmungen. Wenn ich nur einen Teil der Gesamtleistung erkennen und messen kann und alle Lohninstrumente auf diesen Teil des Messbaren konzentriere, werden MitarbeiterInnen womöglich andere wichtige Teiltätigkeiten etwas weniger intensiv und sorgfältig durchführen. Das kann dem Erfolg einer Unternehmung oder einer Organisation sehr abträglich sein.

Und auch in der Politik haben wir selbst bei strikt am Allgemeinwohl interessierten PolitikerInnen ein Problem, wenn mit immer mehr Daten und stärkerer Forderung nach Evidenzbasierung ein *Bias* in eine bestimmte politische Richtung eingeschlagen wird.[77] Neben dem politischen Schwerpunkt auf einem aktuellen Symptom ohne genaue Verursachungsanalyse wird auch noch mit zwar vermeintlich evidenzbasierten, aber dennoch wenig passenden Entscheidungen Symptomkurieren betrieben. Weiß man z.B. viel über die statistische Wirkung zum „Fordern" bei HARTZ-IV-EmpfängerInnen, aber ist die Wirkung des „Förderns" nicht oder nicht so genau zu evaluieren, droht in der Politik ein Schwerpunkt auf Sanktions- statt auf Präventions- und Förde-

---

ten" und gröbsten Fehleinschätzungen wurden sehr nett bei Spiegel online gesammelt (vgl. http://www.spiegel.de/unispiegel/studium/die-schlimmsten-fehlprognosen-von-wissenschaftlern-und-managern-a-868979.html) (Abruf: 10.12.2012).

[77] Weitere statistische Probleme im Zusammenhang mit Evidenzbasierung finden sich im Kapitel 6 dieses Buches im Zusammenhang mit der Theorie DWORKINs zu Chancengerechtigkeit.

rungsaktivität, womöglich mit fatalen Konsequenzen. Das passiert übrigens schon allein deshalb leicht, weil – wie bei unseren Beispiel zur Pilotenausbildung von eben – vergessen wird, dass gute Ergebnisse (z.B. fast alle HARTZ-IV-EmpfängerInnen nehmen in einem bestimmten Zeitraum die vereinbarten Gesprächstermine wahr) oft Ausreißer nach oben sind und trotz Lob oder Förderung auch wieder „normale" Ergebnisse (einige mehr versäumte Termine) auftreten. Bei schlechten Ergebnissen „hilft" Tadel (Strafen, Sperren von Geldern etc.) allein schon deshalb, weil nach Ausreißerergebnissen nach unten (höhere Quote bei Terminversäumnissen) eben sowieso auch wieder normale Ereignisse zu erwarten sind. Die Kausalität „auf Strafe folgt Wohlverhalten" ist daraus keinesfalls zwingend ableitbar, aber die Deutung ist durchaus üblich.

Unsicherheit und Ungewissheit bleiben also auch im politischen Prozess und sind nicht vollständig überwindbar. Sich der Grenzen und Fehleranfälligkeit genauer Prognosen auf der Grundlage von sehr vielen Daten bewusst zu werden, könnte zumindest vor allzu großem Schaden bewahren. Man wird keine perfekte Politik im Sinne einer Feinsteuerung sämtlicher ökonomischer und politischer Prozesse gestalten können. Wenn man das berücksichtigt, werden die *grundsätzlichen* Vorstellungen über Wirkungszusammenhänge, sicher auch bestimmte empirische Tests dazu, wichtig. Es kann demnach nur um Leitideen und Grundsatzentscheidungen über Richtung und Orientierung der Politik gehen. Die Natur des Problems gerät ansonsten vor lauter Detailsteuerungsillusion oder gar -wahn leicht aus dem Blick. Man schreibt es fälschlicherweise KEYNES zu, der gesagt haben soll: „It is better to be roughly right than to be precisely wrong."[78] Dies sollte auch die Devise in der Politik, speziell der Sozialpolitik angesichts all der aufgezeigten komplizierten Verwobenheiten sein. Noch neigt die Politik eher zum Sammeln von immer mehr Daten und zur Hoffnung, damit doch eine genauere und zielsichere Detailsteuerung zu ermöglichen.

Grundlegende Literatur

ARROW, KENNETH (1963): Social Choice and Individual Values. New York: Wiley.

BERNHOLZ, PETER und BREYER, FRIEDRICH (1994): Grundlagen der Politischen Ökonomie. Band 2: Ökonomische Theorie der Politik. Tübingen: Mohr (Siebeck).

KAHNEMAN, DANIEL (2012): Schnelles Denken, langsames Denken. München Siedler.

---

[78] Wikiquote weist unter dem Stchwort John Maynard KEYNES auf die falsche Zuschreibung hin. Tatsächlich geht es auf den Philosophen Carveth REID zurück, der Ende des 19. Jahrhunderts formuliert hat: „It is better to be vaguely right than exactly wrong. (vgl. http://en.wikiquote.org/wiki/John_Maynard_Keynes#Misattributed, Abruf am 11.1.2013).

KREPS, DAVID (1990): Game Theory and Economic Modelling. Oxford: Clarendon Press.

KREPS, DAVID (1994): Mikroökonomische Theorie. Landsberg/Lech: Verlag Moderne Industrie.

MAS-COLELL, ANDREU; WHINSTON, MICHAEL D. und GREEN, JERRY R. (1995): Microeconomic Theory. Oxford u.a.: Oxford University Press.

6 Gerechtigkeit und Freiheit

In mehreren langen Kapiteln haben wir das grundsätzliche ökonomische Problem kennengelernt, verschiedene Möglichkeiten der Organisation arbeitsteiliger Herstellungsprozesse beschrieben und über Vor- und Nachteile marktlicher, staatlicher und anderer Koordinierungssysteme für die Arbeitsteilung diskutiert. Das sollte dazu dienen zu verstehen, wodurch die Systeme sich genau unterscheiden und worin die unterschiedlich hohen Transaktionskosten der Modi liegen, die dann dafür verantwortlich dafür sind, welcher der Mechanismen sich tatsächlich im Wettbewerb der Institutionen und Systeme durchsetzt. Bislang standen Allokationsprobleme im Zentrum der Überlegungen. Es ging also hauptsächlich um die arbeitsteilige Produktion gesellschaftlich gewünschter Güter und Dienstleistungen angesichts knapper Ressourcen. Diese Ressourcen müssen für eine effiziente Güterversorgung in die „richtige" Verwendung gelenkt werden. Perfekte marktliche und staatliche Steuerungen kämen in dieser Hinsicht beide zur bestmöglichen Lösung und dadurch auch zu identischen Allokationsergebnissen. Reale Märkte und tatsächliche politische Steuerungen sind i.d.R. nicht perfekt. Dadurch gibt es verschiedene Umstände, unter denen sich jeweils bestimmte Organisationsformen und Institutionen der fiktiv besten Lösung am besten nähern.

Über Gerechtigkeit wurde hingegen bislang wenig gesagt. Fairness in Unternehmungen wurde thematisiert, aber auch nur im Hinblick auf die Funktionalität für die Allokation. Lohndifferenzen auf perfekten Arbeitsmärkten haben wir auch angesprochen und dazu die Vorstellung von SMITH skizziert, dass diese Unterschiede nur noch kompensierenden Charakter haben und zumindest ihm durchaus gerecht erschienen. Darüber hinaus wurde gezeigt, dass reale Arbeitsmärkte Steuerungsprobleme offenbaren und im Gleichzug mit den Ineffizienzen auch zunehmende Lohnungleichheiten und/oder Arbeitslosigkeit folgen. Ohne weitere Begründung wurde dies recht flott im 4. Kapitel als ungerecht bewertet.

In diesem 6. Kapitel soll es explizit um Gerechtigkeitsfragen gehen, da Gerechtigkeit ein mindestens so wichtiges Ziel der Sozialpolitik wie auch der Sozialen Arbeit oder des Bildungssystems ist wie die Allokation. Es wird ein recht kurzes Kapitel werden. Das ist aber kein Indiz dafür, dass Allokation vielleicht zehn Mal so wichtig wäre. Die Kürze liegt eher daran, dass zwar

Fragen zur Vermögens- und Einkommensverteilung immer einer der wichtigen ökonomischen Themenbereiche waren, aber explizite Gerechtigkeitsfragen in der theoretischen Auseinandersetzung lange Zeit so gut wie ausgeblendet wurden. Die Wirtschaftswissenschaften übten überhaupt eine vielleicht eine sich selbst attestierte vornehme, aber nicht nachvollziehbare und auch nicht sinnvolle Zurückhaltung bei ethischen Fragen (vgl. ROTHSCHILD 1992). Die Formulierung normativer Ziele zur Verteilung von Ressourcen, Einkommen, Chancen oder anderem überließ man eher anderen Disziplinen oder erwartete Vorgaben aus der politischen Entscheidungsfindung.

Das Ausblenden solcher Fragen hatte einen erstaunlichen Nebeneffekt. Durch die sehr verkürzte Reflexion normativer Fragen wurde im Wesentlichen nur ein *Zielkonflikt* zwischen Effizienz und Gerechtigkeit ausgemacht: Wer Gerechtigkeit – vor allem im Sinne umverteilender Maßnahmen – möchte, riskiert nach dieser These erhebliche allokative Verzerrungen und Verschlechterungen in der materiellen Versorgung. Das alles wurde nicht nur ohne ausführliche Diskussion des Gerechtigkeitsbegriffes und möglicher Gerechtigkeitsziele einer Gesellschaft diskutiert. Darüber hinaus wurde auch noch hauptsächlich das Referenzmodell der vollständigen Konkurrenz für die Behauptung des Zielkonfliktes herangezogen.

Mittlerweile haben sich die Gewichtungen und analytischen Zugänge geändert. Zwei Entwicklungen haben dazu besonders beigetragen. In realen Märkten rückten die auch hier diskutierten Probleme der Marktsteuerung in den Vordergrund. Bei asymmetrischen Informationen etwa konnte die These einer eindeutigen Dichotomie von Gerechtigkeit und Effizienz nicht mehr aufrecht erhalten werden. Ineffiziente Kreditmärkte z.B. können durch Vermögensumverteilungen oder staatlich geförderte Genossenschaften bzw. Mikrofinanzinstitutionen funktionsfähiger werden. Gleichzeitig kommt es zu mehr Gleichheit und zu höherer Effizienz. Ähnliches gilt für die funktionale Rolle hoher Steuerprogressionen und der Unterstützung Bedürftiger für die Allokation auf dem Arbeitsmarkt in einer Reihe von Effizienzlohnüberlegungen.

Die zweite Linie theoretischer Überlegungen, die dazu führte, dass man sich in den Wirtschaftswissenschaften explizit Gerechtigkeitsfragen zuwandte, hängt unmittelbar mit der Entwicklung der Institutionenökonomik zusammen. Auch der „Aufschwung" der experimentellen Spieltheorie und der Verhaltensökonomik nährte diesen Trend. Aus allen diesen Richtungen wurden Zweifel an der universellen analytischen Eignung des homo-oeconomicus-Konzeptes laut. Viele ökonomisch relevante Fragen konnten nicht mehr hinreichend gut verstanden werden, und auch die Prognosen u.a. über Ergebnisse von strategischen Spielen passten nicht zu den tatsächlichen Entscheidungen. Präferenzen und auch die Präferenzbildung wurden daraufhin stärker fokussiert. Dabei spielte es für die Herausbildung bestimmter Präferenzen und Motive oft eine Rolle, ob Individuen Situationen gerecht oder ungerecht empfanden. Je nach Kontext kommen höchst unterschiedliche Ergebnisse zustande – ein weiteres Indiz für die institutionelle Gebundenheit von Einstellungen, Bewertungen und Motiven. Die erste Linie („Marktversagen") begünstigte es, dass verstärkt philosophische Überlegungen zu Gerechtigkeit reflektiert wurden – auch in der Politikberatung z.b. hinsichtlich der Gestaltung der Sozialen Sicherung. Die zweite Linie („endogene Präferenzen") führte dazu, dass verstärkt sozialpsychologische Studien und Theorien zum Gerechtigkeitsempfinden Eingang in ökonomische Modelle fanden.

Es gibt viele eigenständige, voluminöse Abhandlungen und Lehrbücher zu philosophischen Ansätzen über Gerechtigkeit. Schauen wir nachfolgend nur auf solche Ansätze, die in ökonomischen Diskursen aufgegriffen und „benutzt" werden. Trotz aller Öffnungen für die Diskussion um Gerechtigkeit: In der ökonomischen Literatur werden Gerechtigkeitsfragen nach wie vor wesentlich auf Verteilungs- und Diskriminierungsprobleme reduziert, weil diese einige der zentralen ökonomischen Fragen berühren.

6.1 Gerechtigkeits- und Freiheitstheorien

Die zwischenzeitliche Zurückhaltung der Ökonomik bei allen normativen Fragen erscheint zunächst etwas befremdlich. Die Ökonomik als Disziplin entstammt nämlich der Moralphilosophie und hatte daher auch anfangs eine deutlich normative Komponente. Im Verlauf der Formalisierung und Mathematisierung im 19. und 20. Jahrhundert hat man jedoch mehrheitlich versucht, die Ökonomik als rein *positivistische* Wissenschaft zu verstehen und alle normativen Elemente zu ignorieren. Die Ökonomik sah sich selbst lange Zeit als „exakte" Wissenschaft, die sich allein mit Tatsachen, aber keinen Wertungen beschäftigt. Manche sahen das gar als Garant dafür, dass die Wirtschaftswissenschaften so etwas wie die „Königsdisziplin" der Sozialwissenschaften geworden seien. Mittlerweile hat sich jedoch die Erkenntnis durchgesetzt, dass der Versuch zur Ausblendung des Normativen misslungen ist und auch gar nicht erfolgreich sein kann. Deshalb muss es gar nicht verwundern, dass die stärkere Zuwendung zu Gerechtigkeitsfragen aus ganz verschiedenen Theoriediskursen gespeist wird. Dennoch sieht es BREYER (2008: 129) nach wie vor als entscheidendes Manko der Ökonomik an, dass sie keine überzeugende Position zur Frage der sozialen Gerechtigkeit hat.

Das macht sich nicht nur daran fest, dass viele Politikempfehlungen immer noch allein an Effizienzüberlegungen orientiert sind, sondern auch daran, dass, wenn überhaupt offengelegt, extrem heterogene Gerechtigkeitskonzepte den politischen Vorschlägen als Grundlage dienen. HAYEK (1983) bezeichnete soziale Gerechtigkeit gar als „weasel word", also als einen inhaltsleeren Begriff, da er völlig beliebig verstanden werden kann. Wer formuliert denn auch ernsthaft ein Ziel „Ungerechtigkeit"? Jede/r strebt nach Gerechtigkeit, hat aber möglicherweise völlig abweichende Vorstellungen darüber als andere Menschen.

6.1.1 Regelgerechtigkeit

Die liberale Extremposition bezweifelt grundsätzlich, dass Zugangschancen oder die Einkommensverteilung nach den Marktergebnissen korrigiert werden müssen. Die Ergebnisse des Markttausches seien per se gerecht, und jede Veränderung wird als Freiheitseinschränkung für autonome Menschen interpretiert. Die Gerechtigkeitsidee dahinter basiert darauf, dass der Markttausch als ein gerechtes Regelsystem gesehen wird. Wenn die Regeln des Tausches gerecht seien, könne das Ergebnis dessen nicht ungerecht sein. Prominenteste Vertreter dieser speziellen *prozeduralen Gerechtigkeitsauffassung* sind NOZICK (1974), FRIEDMAN (1962) und HAYEK (1991).[79]

NOZICK rechtfertigt seine Idee der Regelgerechtigkeit mit folgender Begründung: Angenommen, in einem (fiktiven) Urzustand hätten alle Gesellschaftsmitglieder gleich viel Ressourcen. Die Anfangsverteilung ist also in seiner Interpretation fair. Die Individuen einigten sich dann auf Regeln des Tausches. Wenn sie einstimmig den Regeln zustimmen, müssen nach NOZICK auch die Regeln fair sein. Was aber bei fairer Ursprungsaufteilung der Ressourcen und fairem Tausch dann herauskommt an tatsächlicher Verteilung der Güter und Ressourcen, das könne nicht ungerecht sein. VANBERG (2008a und b) verwendet dazu gern folgende Analogie. Nehmen wir an, viele Menschen spielen gern Fußball. Die SportfreundInnen einer kleinen Gemeinschaft einigen sich auf Regeln, wie sich Mannschaften zusammensetzen und wie gespielt wird, also wie lange das Spiel dauert, wann es Ecken, Freistöße, Elfmeter etc. gibt, ob Auswechslungen möglich sind u.v.a.m. Diesen Regeln stimmen alle zu. Dann spielen sie engagiert und mit Spaß 90 Minuten Fußball und zum Schluss hat Mannschaft Grün-Gelb Gummiberg 3:1 gegen das Team Eintracht Bärfurt gewonnen. Man kann nach VANBERG doch jetzt unmöglich unzufrieden mit dem Ergebnis sein und nachträglich festlegen, dass aus Gerechtigkeitsgründen jedes Spiel unentschieden ausgehen muss und deshalb das Spielergebnis vielleicht zu einem 2:2 korrigiert werden sollte. In dem Fall

---

[79] Theorien zu prozeduraler Gerechtigkeit sind keineswegs ganz homogen in ihren Aussagen. Die Idee gerechter Regeln ist nicht daran gebunden, dass damit zwangsläufig Tauschregeln im Sinne perfekter Märkte gemeint sein müssen.

bräuchte man ja gar nicht anfangen zu spielen. Und so wäre es eben auch auf Märkten. Faire Regeln reichen in dieser Vorstellung völlig aus. HAYEK spricht vom Markt denn auch als einem *Spiel der Katallaxie*, einem Tauschspiel, das aus seiner Sicht ein für alle Beteiligte wünschenswertes und daher *zustimmungsfähiges* Arrangement darstellt. In der sozialpolitischen Orientierung folgt aus dieser Gerechtigkeitsidee allerhöchstens eine Art Minimalsozialstaat mit der Sicherung der Existenz der ganz großen Pechvögel. Verhungern oder Erfrieren soll selbst bei dieser extrem liberalen Gerechtigkeitsvorstellung niemand. Zumindest traut sich niemand, so etwas in aller Öffentlichkeit zu formulieren.

Die Argumente NOZICKs werden besonders angreifbar, wenn intertemporale Aspekte betrachtet werden. Sollten anfangs alle Ressourcen gleich verteilt sein und faire Regeln des Tausches eingehalten werden, dann wird zum Schluss im Normalfall wegen unterschiedlicher Präferenzen die Verteilung nach all den Tauschvorgängen ungleich sein. Was ist nun mit der nächsten Generation? Die Kinder der ersten Generation starten schon mit ungleichen Voraussetzungen. Hohe Erbschaftssteuern zur Wiederherstellung des Ursprungszustandes für jede Generation oder nachträgliche Umverteilung der Einkommen angesichts ungleichmäßiger Startvoraussetzungen lehnt diese Theorierichtung der Regelgerechtigkeit ab, aber ihre Beispiele und Begründungen erscheinen vielen KritikerInnen der Position wenig plausibel und lassen viele Fragen offen.

6.1.2 Chancengerechtigkeit

Noch recht nah an die Idee der reinen Regelgerechtigkeit kommt der Rechtsphilosoph DWORKIN (1984). Er formulierte ein Gleichheitsideal, das auch von nicht wenigen (immer noch liberalen) ÖkonomInnen geteilt wird. Seine Grundforderung ist, dass jeder Mensch mit gleicher Rücksicht und gleichem Respekt zu behandeln sei. Es reiche aber nicht, Minderheiten vor diktatorischen Mehrheiten zu schützen und Diskriminierungen möglichst zu verhindern. Ein jeder (autonome und freie) Mensch habe zudem das gleiche Recht, ein „erfolgreiches" Leben zu führen.

Da der Mensch nach DWORKIN auch Eigenverantwortung übernehmen soll, müsse eine Umverteilung vor allem die gleiche Ressourcenausstattung betreffen, um gleiche Chancen für alle Individuen zu ermöglichen. Es geht DWORKIN dabei nicht allein um materielle Ressourcen. Ein Problem in dem NOZICK-Ansatz sieht er nämlich darin, dass es selbst in einem Urzustand gar nicht möglich ist, alle Ressourcen gleich zu verteilen, da manche Ressourcen an die Person selbst gebunden sind. Bei Ackerland und Anteilen an Fabriken kann man sich vielleicht noch vorstellen, dass solche Ressourcen gleichmäßig aufgeteilt werden könnten. Wie aber steht es, wenn Menschen geistige oder körperliche Handicaps haben? Man kann diesen Menschen ja nicht einfach körperliche Stärke von jemand anderem geben, dem man sie entzieht. DWORKIN schlägt deshalb in seinem Ansatz der Chancengerechtigkeit vor, Nachteile, ob durch Sozialisation, Behinderung o.a. verursacht, so zu *kompensieren*, dass tatsächlich die Möglichkeiten für ein erfolgreiches Leben für alle Menschen identisch werden. Eine nachträgliche Umverteilung hält er unter solchen Voraussetzungen nicht für notwendig, sinnvoll und angeraten. Mit seiner Kompensationsidee hinsichtlich nicht umverteilungsfähiger Ressourcen ist auch verbunden, dass er bei Diskriminierungen zum Ausgleich eine Art *institutioneller Gegendiskriminierung* als fair ansieht. In langen rechtsphilosophischen Ausführungen rechtfertigt er z.B., dass StudienplatzbewerberInnen gesellschaftlich benachteiligter Gruppen einen leichteren Zugang zum Studium bekommen, also etwa schon mit schlechteren Schulabschlussnoten einen Studienplatz erhalten sollten als andere Interessierte an dem Studium. Das wäre keine Benachteiligung einer BewerberIn, die mit den gleichen Noten keinen Platz erhält, sofern diese nicht auch einer benachteiligten Gruppe angehört.

DWORKINs Vorstellung zu Chancengerechtigkeit ist nicht frei von „Haken und Ösen". Er unterscheidet implizit zwischen unverschuldeten und verschuldeten Nachteilen. Die unverschuldeten Anteile sollen kompensiert werden. Nach dieser Kompensation sieht er die Individuen in der Verantwortung für sich selbst, denn er unterstellt ja autonome und freie Menschen. Die Konsequenzen ihrer Entscheidungen müssten diese dann selbst tragen. Wer also kompensierend einen Studienplatz trotz schlechter Schulabschlussnoten und deshalb vielleicht auch noch weitere Unterstützungen erhält, aber das Studium verbummelt, für den/die sieht er keinen Anlass mehr, weitere ergänzende Vorteile oder Kompensationen vorzusehen. Was aber macht jemand freiwillig und was nicht? Wo fängt Verschulden an? Die Antworten darauf könnten nicht unterschiedlicher sein.

NOZICK geht in seinem Standardwerk auch darauf ein, ob man Nachteile für Chancengerechtigkeit ausgleichen sollte. Er verneint dies. Er findet keine Entscheidungsgrundlage dafür, wo man überhaupt anfangen oder aufhören sollte zu kompensieren. Sein hier leicht abgewandeltes Beispiel deutet seine manchmal doch etwas reichlich plakative Art der Darstellung an. Unterstellen wir mal, die von A bis Z perfekte Alessia-Zoé (jung, attraktiv, intelligent, gebildet, charmant, ausgeglichen, wohlhabend …) wird sowohl von Berthold als auch von Claus mit verliebten Blicken umworben. Nun ist Claus attraktiver, netter, zuvorkommender, großzügiger, liebevoller, intelligenter, sportlicher, gebildeter und auch reicher als Berthold (ist er wirklich, und zwar im Vergleich zu allen anderen Männern – nur mit dem Reichtum hapert es etwas: Deshalb hat sich zum Glück für mich Alessia-Zoé anders entschieden und den millionenschweren 90-jährigen Diethelm geheiratet). Muss ihm dann Claus oder gar die Gesellschaft etwa eine Schönheitsoperation bezahlen, damit er chancengleich um Alessia-Zoé werben kann? Oder muss man ihm so viel Geld geben, wie es Claus besitzt? Oder ihm sogar mehr als Claus geben, weil er Intelligenznachteile hat? Eine Charmeschulung wäre angesichts seiner Nettigkeitsnachteile eigentlich auch nötig. NOZICKs Schluss ist einfach. Wenn man nicht bestimmen kann, wo man mit Kompensationen aufhört, sollte man erst gar nicht damit anfangen. Er lehnt also Kompensationen und Gegendiskriminierungen komplett ab. Im Prinzip argumentiert NOZICK strikt individualistisch, weil er gesellschaftliche und kontextuelle Einflüsse auf die Menschen als irrelevant einschätzt und uns alle als völlig autonome und selbstverantwortliche Individuen ansieht, deren Entscheidungsfreiheiten auch möglichst nicht beschnitten werden sollten.

Man kann aber auch einen völlig anderen Schluss ziehen. Wer der Ansicht ist, *gar kein* Verhalten sei dem freien Willen eines Individuums geschuldet, kann auch an keiner Stelle so etwas wie „Verschulden" ausmachen. Wenn wir Menschen alle durch Sozialisation, gesellschaftliche Machtverhältnisse, besondere Kontexte etc. jeweils zu bestimmten Verhaltensweisen getrieben werden, dann kann es so etwas wie Eigenverantwortung nicht mehr substantiell geben. Unsere BummelstudentIn von eben mag durch „Umstände" in eine Studier-Lethargie gefallen sein. Wenn nun aber gar nichts mehr eigenverantwortlich entschieden werden kann, dann müssten auch sämtliche Ungleichheiten kompensiert werden. So eine Position legt es nahe, sehr egalisierende Vorstellungen zu Chancengerechtigkeit, aber gleichzeitig auch zur nachträglichen Einkommensverteilung zu formulieren. In dieser extremen DWORKIN-Interpretation spielt individualistisches Denken keine Rolle mehr. Eher ist es eine kollektivistische Interpretation in dem Sinne, dass die Individuen wie Marionetten am Faden der Gesellschaft und ihrer inhärenten Machtverhältnisse hängen und eigenständige Bewegungen, d.h. Entscheidungen, ihnen gar nicht möglich sind.

Zwischen den extremen Positionen „keinerlei Kompensation von Unterschieden" und „vollständige Kompensation von Unterschieden" kann man beliebig viele Vorstellungen unterbringen. Die konkreten Ideen hängen allein davon ab, welches Ausmaß an Selbstbestimmung und freiem Willen den Menschen unterstellt wird und an welcher Stelle genau der Wechsel von „Schicksal" zu eigenverantwortetem Verhalten gezogen wird. Eine spezielle Zwischenposition nimmt der libertäre Paternalismus ein. Eigenverantwortung wird auch von dieser liberalen Spielart eingefordert. Es soll niemand zu etwas durch den Staat gezwungen werden. Die menschliche Autonomie wird aber insofern angezweifelt, als psychologische Mechanismen bedacht werden, die kontextuell bestimmtes Verhalten begünstigen oder lähmen. Der libertäre Paternalismus (vgl. Kap. 4) schlägt deshalb bekanntlich vor, Regeln und Institutionen derart unter Berücksichtigung psychologischer Erkenntnisse zu konzipieren, dass die Individuen möglichst vorteilhafte Entscheidungen für sich selbst treffen.

Die Frage nach Autonomie und Eigenverantwortung kommt überdies nicht umhin, sich mit strukturellen Bedingungen auseinanderzusetzen. In einer friktionslosen, perfekten Marktwelt mit umfassend geräumten Märkten ist das weniger relevant als in der Realität der vielfachen Koordinierungsprobleme. In Effizienzlohnmodellen wird – wie wir schon sahen und ausführlich diskutierten – gezeigt, dass Arbeitsmärkte endogen, also aus sich heraus, nicht zwangsläufig ein Gleichgewicht bei Angebot und Nachfrage erreichen. Unfreiwillige Arbeitslosigkeit kann als Reaktion auf unternehmerisches Lohnsetzungsverhalten entstehen, und das sogar bei völlig identischen ArbeitnehmerInnen. Sollten aber beispielsweise stets 5% aller Arbeitsuchenden in einem Effizienzlohngleichgewicht keine Stelle erhalten, dann können die Betroffenen unmöglich Schuld an ihrem Los der Arbeitslosigkeit und prekärer Einkommensverhältnisse tragen. Sie sind zwar prinzipiell verantwortungsfähig, aber die Gegebenheiten des Arbeitsmarktes haben ausgerechnet ihnen per Zufall die Chance genommen, diese rein persönlichen Befähigungen auch umsetzen zu können, obwohl sie nicht weniger qualifiziert sind und auch nicht weniger fleißig, engagiert oder motiviert bei ihrer Arbeit wären als andere, die das Glück hatten, einen Job zu bekommen.

DWORKINS Konzept steht noch vor einem weiteren Problem. Weiß man überhaupt sicher, wer bzw. welche Gruppe Diskriminierung ausgesetzt ist und dann Kompensationen benötigt? Manche mögen die Frage verblüffend finden, aber an dieser Stelle lauert zum wiederholten Male ein Aggregationsproblem – ähnlich wie bei den schon in früheren Abschnitten behandelten „Merkwürdigkeiten" bei öffentlichen Gütern oder dem ARROW-Paradoxon. Wir haben jetzt schon wieder ein Paradoxon vor der analytischen Tür stehen, diesmal das sogenannte SIMPSON-Paradoxon.

Kann man sich Folgendes vorstellen? Abel hat sowohl bei Heim- als auch Auswärtsspielen die beste Elfmetertrefferquote seiner Mannschaft Zwietracht Bolzfurt. Dennoch ist es sein Stürmerkollege Björn, der insgesamt am besten Elfmeter schießt, d.h. am häufigsten trifft. Auch wenn man es erst gar nicht glauben mag, solche Konstellationen gibt es. Hier reicht es, wenn Zwietracht Bolzfurt in Heim- und Auswärtsspielen unterschiedlich viele Elfmeter zugesprochen bekommt und wenn die Trefferquote auswärts durch pfeifende und gestikulierende Fans hinter dem Tor generell schlechter als daheim ist. Ähnliche Phänomene von gravierenden Unterschieden einzelner Tatbestände im

Gerechtigkeit und Freiheit

Vergleich zu einer Gesamtbetrachtung kann es auch im Bewerbungsverfahren um Studienplätze geben, beim Wirksamkeitstest von Medikamenten und medizinischen Therapien, beim Prüfungserfolg an Universitäten, bei der Frage, ob Rauchen die Gesundheit schädigt, bei der Statistik zu Krankheiten im Umfeld von Atomkraftwerken ...

Im Jahr 1973 wurde gegen die Graduate School Berkeley eine Diskriminierungsklage erhoben. Sie hatte 44% aller Bewerber in diesem Studienjahr aufgenommen, aber nur 30% der Bewerberinnen. Das deuteten die Klägerinnen als klare Benachteiligung von Frauen bei der Zulassung. Die Klage wurde letztlich zurückgewiesen, da die Einrichtung nachweisen konnte, dass in fast allen Studiengängen die Aufnahmequote der Frauen höher als die der Männer war. Aber wie kann es sein, dass im Extremfall jeder Studiengang einen höheren Anteil von Frauen für das Studium zulässt, die gesamte Graduate School aber einem höheren Anteil von Männern (gemessen an den Bewerbungszahlen) die Ausbildung ermöglichte? Schauen wir auf ein Zahlenbeispiel (vgl. zu solchen Beispielen Wikipedia zum Stichwort „SIMPSON-Paradoxon" oder KRÄMER 1999: 197-200), das sich auch häufiger im Internet findet. Eine kleine Hochschule habe nur zwei Studiengänge, erstens Soziale Arbeit (SA) und zweitens Management sozialer Einrichtungen (MSE). Aus der Auswertung der vorliegenden Bewerbungs- und Zulassungszahlen ermittelte die Hochschule Folgendes:

	Bewerbungen		Angenommen				Mehrheit
	männl.	weibl.	männl.	männl. in %	weibl.	weibl. in %	
SozArb	100	1000	10	10%	110	11%	F>M
MSE	400	100	60	15%	20	20%	F>M
Summe	500	1100	70	14%	130	11,8%	M>F

Um einen Studienplatz in Sozialer Arbeit bewerben sich 100 Männer und 1000 Frauen. 120 Plätze stehen zur Verfügung. Es werden 10 Männer und 110 Frauen zugelassen. Das heißt jeweils in Prozent der Bewerbungszahlen, dass 10% aller Bewerber und 11% aller Bewerberinnen zugelassen werden. Eine Frauenbenachteiligung sehen wir erst einmal nicht. Für das Managementstudium bewerben sich 400 Männer und 100 Frauen. 80 Studienplätze vergibt die Hochschule. 60 Plätze gehen an Männer, d.h., die Zulassungsquote für Männer beträgt 15%. Die restlichen 20 Plätze erhalten die Frauen, sie werden also gemessen an den Bewerbungen zu 20% zugelassen. Auch hier ist die Zulassungsquote für Frauen höher. Schaut man hingegen auf die Bewerbungs- und Zulassungssituation der gesamten Hochschule, bekommen wir ein ganz anderes Bild. Es bewerben sich 500 Männer und 1100 Frauen insgesamt. 70 Männer und 130 Frauen erhalten einen Studienplatz, und das sind 14% aller Männer und nur 11,8% aller Frauen, die sich bewerben. Riecht das nicht geradezu nach Frauendiskriminierung?

Woran machen wir es nun fest, ob überhaupt und wenn ja, *wer* von der Hochschule diskriminiert wurde? Nehmen wir die einzelnen Studiengänge, sind in beiden Fällen die Frauenquoten höher. Nehmen wir die Hochschule im Aggregat, ist die Männerquote höher. Bei unterschiedlichen Größen der Aggregatteile, hier Studiengänge, und unterschiedlicher Geschlechterverteilung bei den InteressentInnen für die Studiengänge sind die geschilderten Diskrepanzen der Quoten denkbar. Und wir können ja hier eigentlich noch gar nicht aufhören zu überlegen. Als nächstes macht uns vielleicht Kummer, dass sich Frauen eher für das Soziale selbst als für das Management sozialer Einrichtungen interessieren und es bei den Männern anders herum ist. Also kann man weiter fahnden. Liegt es an familiärer Sozialisation, der Schule, der Werbung, gesellschaftlichen Machtverhältnissen, verborgenem und offenem Paternalismus etc., dass Frauen sich um andere Ausbildungen als Männer bemühen? Müssen vielleicht noch höhere Frauenquoten gefordert werden, um geeignet „gegendiskriminieren" zu können, oder sind das einfach freie Entscheidungen autonomer Menschen gemäß ihren Interessen, für die sie selbst Verantwortung tragen sollen? Zu all diesen Fragen werden wir spontan höchst unterschiedliche Antworten finden, und ähnlich heterogen ist es, wenn wir Anfragen an die Hirnforschung, die Psychologie oder die Soziologie stellen, ob es denn eine klare Grenze zwischen unverschuldeter und verschuldeter Ungleichheit gibt. DWORKINs Konzept mag auf den ersten Blick vielleicht überzeugend klingen. Schwierig wird es dennoch daraus abzuleiten, welche Kompensationen und Gegendiskriminierungen genau nötig sind, um nicht zu verantwortende Nachteile auszugleichen. Debatten aus dem Jahr 2011 um eine Frauenquote für Führungspositionen in Unternehmungen können vor diesem Hintergrund auch recht gut beleuchtet werden.[80]

Eine kleine Nebenbemerkung sei noch gestattet, bevor weitere Gerechtigkeitstheorien angesprochen werden. Das SIMPSON-Paradoxon zeigt, dass man

---

[80] Vergleiche mit skandinavischen Ländern sind in diesem Zusammenhang nicht ganz problemfrei. Norwegen hat z.B. eine Frauenquote für Positionen in Aufsichtsräten von Unternehmungen. Man muss allerdings berücksichtigen, dass die Unternehmens- und Rechtsstrukturen dort etwas anders als z.B. in Deutschland sind. Beim operativen Management ist der Anteil von Frauen in verantwortlichen Positionen auch nicht sonderlich hoch – wenngleich etwas höher als in Deutschland. Aufsichtsräte haben in Norwegen nur einen geringen Einfluss.

Statistiken nicht unbedingt fälschen muss, um genau das Ergebnis zu bekommen, welches man gern hätte. Es reicht häufig aus, strategisch das günstigste Aggregationsniveau zu wählen. Auch dazu noch ein kleines Beispiel. Die Pharmaunternehmung „MUMPS" (Magdeburger Union für medizinisch-pharmazeutische Serienfertigung) entwickelt ein neues Medikament gegen Parotitis epidemica. Sie will zeigen, dass dieses Präparat wirksamer als ein vorhandenes ist. Es werden Tests durchgeführt, und das Unternehmen präsentiert folgende Ergebnisse:

Geschlecht	Medikament	#Erfolg	#Misserfolg	%Erfolg
männlich	neu	60	20	75%
männlich	alt	100	50	67%
weiblich	neu	40	80	33%
weiblich	alt	10	30	25%

Die Testergebnisse werden für Frauen und Männer getrennt ausgewiesen. Für beide Gruppen ist das neue Medikament „erfolgreicher" als das alte. Das ist ein prima Argument für unsere MUMPS-Unternehmung, dass man das neue, natürlich sehr teure Medikament nun statt des etablierten einsetzen sollte. Alles in der Medizin soll seit einiger Zeit „evidenzbasiert" sein, und es ist doch offensichtlich nach den vorliegenden statistischen Ergebnissen evident, dass das neue Medikament wirksamer ist als das alte. In dieser Hinsicht schummelt unser Pharmaunternehmen auch gar nicht. Diese Testergebnisse wurden von glaubhaften, neutralen WissenschaftlerInnen gefunden und bestätigt. Es klingt auch richtig gut, dass die Ergebnisse geschlechtsspezifisch ausgewiesen werden, deutet es doch an, dass die Erkenntnis ernst genommen wird, wonach Frauen und Männer nicht identisch auf Medikamente reagieren müssen.

Nehmen wir aber nun die Ergebnisse der Testreihen zusammen, aggregieren also über die Geschlechter, kippt das Bild komplett. Das neue Medikament war in 100 Fällen erfolgreich, in 100 Fällen nicht, hatte also eine Erfolgsquote von 50%. Das alte Medikament erwies sich in 110 Fällen als erfolgreich und nur in 80 Fällen nicht. Das alte Medikament ist also im Aggregat mit einer 58%-Erfolgsquote nunmehr im Vorteil gegenüber dem neuen. Was ist denn nun evident? Soll man das alte oder das neue Präparat einsetzen? Oder beide? Für Frauen ein anderes als für Männer? Dass unser Pharma-Unternehmen die disaggregierten Daten nimmt, ist strategisch verständlich. Phänomene nach dem SIMPSON-Paradoxon können darüber hinaus noch ganz andere strategische Überlegungen auf den Plan rufen. Wenn man Ergebnisse halbwegs gut antizipieren kann, ist es verlockend, die Testgruppengrößen sogleich entsprechend strategischen Überlegungen zu wählen, um die gewünschten Ergebnisse auf irgendeiner der Aggregationsstufen zu bekommen. Oder man probiert es mit unterschiedlicher Gruppengröße so lange aus, bis man das gewünschte Ergebnis erzielt hat. Aggregation, so haben wir gesehen, macht uns immer wieder Kummer bei der Frage, wie solche politischen Entscheidungen getroffen werden können, die dem Allgemeinwohl dienen. Für die Umsetzung der DWORKINschen Gerechtigkeitsvorstellung zur Chancengerechtigkeit trifft es genauso zu wie bei der Frage, welche demokratischen Entscheidungen zustande kommen oder welche und wie viele öffentliche Güter der Staat zur Verfügung stellt.

6.1.3 Neoliberalismus und die Christliche Sozialethik

Zurück aber zu den höchst unterschiedlichen Gerechtigkeitsvorstellungen. Bislang bewegten wir uns in sehr liberaler Tradition mit den Ideen zur Regelgerechtigkeit und der spezifischen Vorstellung DWORKINs zur Chancengleichheit. In eine ähnliche, weiterhin liberale, „freiheitsorientierte" Richtung geht ein Konzept, dass in Deutschland nach dem 2. Weltkrieg entwickelt wurde, nachdem es zuvor in den 30er und den 40er Jahren erste Ideenskizzen dazu gab. Gemeint ist die Soziale Marktwirtschaft. Diese Vorstellung entfernt sich deutlich von der extremen wirtschaftsliberalen Position, nachdem der Markt an sich schon stets „gute" und gerechte Ergebnisse nach sich zieht und möglichst nicht durch Eingriffe behindert werden sollte.

Die Begründer des Konzeptes der Sozialen Marktwirtschaft entstammen der Tradition des Neoliberalismus, die von Alexander RÜSTOW (2001) begründet wurde.[81] Er unterstellte dem reinen Liberalismus eine heillos naive Harmonievorstellung und äußerte sich an anderer Stelle (1960), dass es doch auch viel Wichtigeres gäbe als die Wirtschaft: Religion, Moral, Gemeinsinn, Familie u.a. RÜSTOW sah das Marktsystem als prinzipiell durchaus geeignet

---

[81] Nochmals soll darauf hingewiesen werden, dass Neoliberalismus fast schon ein Schimpfwort in der Zwischenzeit geworden ist und überwiegend eine Art Marktradikalismus mit sehr schwachem Staat und minimaler politischer Gestaltungskraft damit assoziiert wird. Ursprünglich meinte der von RÜSTOW eingeführte Begriff etwas ganz anderes. Weltwirtschaftskrisen, Ungleichheit und Armut, Konzentrationsprozesse in der Wirtschaft u.a. mehr zeigten nach RÜSTOW mehr als deutlich die für ihn auch theoretisch evidenten Mängel eines rein wirtschaftsliberalen Verständnisses von Markt und Staat. Ganz ähnlich schätzt es übrigens STIGLITZ (2012) aus heutiger Sicht ein.

an, die materiellen Grundlagen für eine Gesellschaft zu sichern, allerdings bedürfe dieses System eines starken, unabhängigen Staates. Es sei zwingend notwendig, dass der starke Staat Regeln festlegt und durchsetzt, die *Machtkonzentrationen* im ökonomischen *und* politischen Bereich verhindern.[82] Sofern die Marktergebnisse als sehr ungerecht wahrgenommen würden, hielt er in Grenzen auch Umverteilungsmaßnahmen über progressive Steuern und ein Transfersystem für sinnvoll, um das gesamte System nicht zu destabilisieren. Chancengerechtigkeit über Vermögensumverteilung via Erbschaftssteuern und ein durchlässiges, gutes Bildungssystem war für ihn allerdings noch viel wichtiger. Vertreter der Sozialen Marktwirtschaft (vgl. MÜLLER-ARMACK 1990/1946 oder EUCKEN 1990/1952) nahmen diese Grundüberzeugung auf. Deren ethische Position orientierte sich stärker an der *Christlichen Sozialethik*, vor allem an der katholischen Soziallehre mit drei Grundsätzen:

(a) *Personalität*. Die Wahrung der *Würde des Menschen* ist oberstes und nicht hinterfragbares Ziel.

(b) *Subsidiarität*. Menschen sollen Selbstverantwortung übernehmen, auch Verantwortung für die Gemeinschaft tragen, sofern ihnen das möglich ist. Kann ein Einzelner diese Verantwortung nicht übernehmen, soll sie übergehen auf die nächste kleinstmögliche Einheit. Nach dem Individuum wird also gefragt, ob die Familie für dieses Individuum die Verantwortung tragen kann. Ist das der Fall, dann soll sie es auch tun. Kann auch die Familie dies nicht leisten, geht die Anfrage an einen immer größeren Kreis. So kann es zum Schluss der Überprüfung Fälle geben, bei der notgedrungen die gesamte Gesellschaft in der Pflicht ist, die Verantwortung zu tragen, weil weder das Individuum selbst, noch seine Familie, noch sein unmittelbarer Gemeinwesenumkreis dazu in der Lage ist.

(c) *Solidarität*. Wenn die Gesellschaft Leistungen erbringt, dann soll sie keine Gegenleistungen einfordern, sondern solidarisch die Verantwortung übernehmen.

Diese Prinzipien werden vor allem mit der *Gottesebenbildlichkeit* des Menschen begründet. Dadurch seien Menschen prinzipiell in der Lage, Verant-

---

[82] Man muss bedenken, dass die „Väter" der Sozialen Marktwirtschaft all die Schrecken und Unmenschlichkeiten des Bolschewismus und Nationalsozialismus erlebten. Ihr großes Anliegen war es, eine politische und ökonomische Ordnung für das Deutschland nach dem Krieg zu schaffen, die ein nochmaliges Abgleiten in ein totalitäres (Schreckens-) Regime verhindert. Dafür sahen sie es als unabdingbar an, sowohl politische als auch ökonomische Macht strikt zu begrenzen. Sie befürchteten, dass eine einzige Machtkonzentration in einem der beiden Bereiche ausreicht, um über „Ausstrahlungseffekte" wieder ein totalitäres Regime zu begünstigen.

wortung für sich und für die Gestaltung der Gemeinschaft zu übernehmen (vgl. PÄPSTLICHER RAT FÜR GERECHTIGKEIT UND FRIEDEN 2006). Sofern diese Selbstverantwortungsfähigkeit bei Individuen noch nicht vollständig entwickelt worden ist, soll der Staat insbesondere durch das Bildungssystem die Befähigung und damit die Chancengleichheit unterstützen. Neben dieser Forderung schlossen sie sich RÜSTOW an, der eine machtbegrenzende Wirtschaftsordnung als Hauptmittel zur Gewährung von Gerechtigkeit (und Freiheit) etablieren wollte. RÜSTOWs weitergehende Idee, zur Gewährung von Chancengerechtigkeit neben einem leistungsstarken Bildungssystem auch eine strikte Erbschaftssteuer einzuführen, damit gravierende Vermögensunterschiede immer wieder ausgeglichen werden, fand weniger Gegenliebe bei den Hauptvertretern (wirklich nur Männer) der Sozialen Marktwirtschaft.

Diese im ursprünglichen, nicht im heutigen Verständnis neoliberale Position zu Gerechtigkeit sah die Christliche Soziallehre nicht allein als ihre eigene und spezielle ethische Grundlage der Überlegungen an. Die Protagonisten waren überzeugt davon, dass diese Position einen allgemeinen Konsens einer christlich geprägten Gesellschaft darstellt. Deshalb haben sie diese ethische Position auch gar nicht erst sonderlich zur Diskussion gestellt. Sie nahmen ja an, dass die Gesellschaft in großer Mehrheit die christliche Soziallehre sowieso akzeptiert. Heutzutage wird man anders nachdenken müssen, da die Pluralität der Werte zugenommen hat, die Bindung an Kirchen und christliches Moralverständnis gesunken ist. In neueren Diskussionen des Konzepts der Sozialen Marktwirtschaft wird deshalb überlegt, dass man erst einmal Verständigung in der Gesellschaft bräuchte, welches Gerechtigkeitsideal überhaupt mehrheitlich, möglichst sogar einvernehmlich als politisches Ziel gesetzt wird. Erst dann könne man daran gehen, das Konzept der Sozialen Marktwirtschaft den neuen ökonomischen Herausforderungen und dem vielleicht gewandelten Gerechtigkeitsverständnis anzupassen.

6.1.4 Die Gerechtigkeitstheorie von John RAWLS

Andere Gerechtigkeitstheorien begründen z.T. noch stärkere Umverteilungsnotwendigkeiten in einer Marktgesellschaft. Eine besondere Rolle nimmt die Theorie der Gerechtigkeit von John RAWLS (1979) ein. Führende ÖkonomInnen, die auch in relevanten wirtschafts- und sozialpolitischen Beratungskommissionen mitarbeiten, beziehen sich in ihren Reformvorschlägen mittlerweile überwiegend auf diese Konzeption (vgl. z.B. BREYER et al. 2004). RAWLS argumentiert vertragstheoretisch. Er unterstellt einen fiktiven gesellschaftlichen Urzustand, in dem kein Individuum vorhersagen könne, ob es später einmal selbst zu den Wohlhabenden oder zu den Benachteiligten der Gesellschaft gehören wird. Die Sorge, am unteren Ende der gesellschaftlichen Ordnung zu landen, sei deshalb bei allen Menschen dieser Urgesellschaft sehr ausgeprägt. Wenn sie – wie RAWLS unterstellt – risikoscheu sind, werde sich diese Gesellschaft über ein Gesellschafts- und Wirtschaftssystem vertraglich verständigen, das den jeweils Ärmsten der Gesellschaft eine möglichst gute materielle Basis garantiert. Schließlich kann ja jede und jeder zu der Gruppe der Ärmsten gehören.

Neben einem allgemeinen *Egalitätsprinzip* zur Gleichheit der Menschen hinsichtlich grundsätzlicher Rechte, vor allem geht es dabei um Freiheitsrechte, formuliert RAWLS auch ein *Differenzprinzip*, wonach Einkommensungleichheiten akzeptabel sind, sofern sie durch entsprechende Anreize zur Produktion die materielle Basis derart groß werden lassen, dass den Ärmsten letztlich die bestmögliche Versorgung garantiert wird. Die Logik entspringt der Funktionsweise des Angebots-Nachfrage-Mechanismus des Marktes und der Dualität von Gesamtproduktion und Gesamteinkommen einer Volkswirtschaft. Ganz salopp gesprochen geht es wieder um die „Torte" des Sozialprodukts.

Bei interventionsfreien Märkten, die auch keinerlei Verteilungskorrektur unterliegen, ergibt sich aus der Lösung des Allokationsproblems vielleicht folgende „Tortengröße": Die Tortenstücke sind reichlich ungleich groß ausgefallen. Die personell gleich großen Gruppen A und B erhalten sehr große Tortenstücke. Sie bekommen offensichtlich hohe Einkommen durch ihre Knappheit und können sich dadurch viele der insgesamt hergestellten Güter leisten. Gruppe C umfasst auch so viele Personen wie A oder B, bekommt aber von dieser Sozialproduktstorte ein viel kleineres Stück.

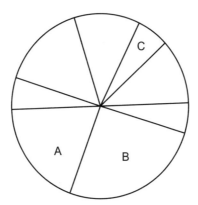

Wäre es nicht naheliegend, jeder Gruppe bzw. jedem Menschen ein gleich großes Tortenstück zu geben? Müsste es dann nicht der ärmsten Gruppe materiell viel besser gehen und bei Gleichverteilung die bestmögliche Versorgung der jeweils Ärmsten gegeben sein? RAWLS verneint dies, weil er ein spezielles Problem der Umverteilung in Marktgesellschaften sieht.

Eine völlige Egalisierung der Einkommen könne dazu führen, dass die Lenkung der Ressourcen in die Produktion gewünschter Güter nicht mehr sonderlich gut gelingt. Es wäre schon ein arger Zufall, wenn unsere genuinen Interessen, wie wir unsere Zeit verbringen möchten, genau zu dem passen, welche Güter und Dienstleistungen wir in welchen Mengen gern nutzen würden. Dann bräuchten wir entsprechend viele BäckerInnen aus Leidenschaft oder solche geleitet durch die Interessen der Menschen ihrer Umgebung, damit genau die Mengen an Brötchen, Brot und Kuchen hergestellt werden, die unseren Wünschen angesichts der knappen Ressourcen entsprechen. Genauso ist es mit der Müllentsorgung, mit Kinofilmen, Kinderwagen, Eichelschweinschnitzeln, Mobiltelefonen, Gartenzwergen, Ingwer-Limetten-Gummibärchen usw.

Bei Ineffizienzen und fehlgeleiteten Ressourcen wird nun aber weniger hergestellt als bei funktionierender Steuerung auf *allen* Märkten inklusive des Arbeitsmarktes. In BäckerInnensprache: Die Torte des Sozialprodukts als Summe der preisbewerteten Güter insgesamt wird bei Gleichverteilung in der liberalen und marktvertrauenden RAWLS-Vorstellung viel kleiner – weniger Güter werden produziert, und im Gleichschritt entstehen geringere Einkommen. Dann hätten wir folgendes Bild der Versorgung:

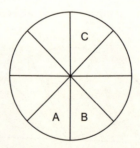

Jede gesellschaftliche Gruppe, also auch A, B und C, eigentlich jedes Individuum, erhält einen identischen Anteil. Die Tortenstücke sind alle gleich groß. Nach dem RAWLS-Kriterium der absoluten materiellen Versorgung der Ärmsten hat Gruppe C allerdings dann nichts gegenüber der vorherigen Situation gewonnen, sondern sogar einen Nachteil, wenn das gleichmäßig geschnittene Tortenstück der Mini-Torte weniger Kuchen (Kalorien) bedeutet als ein kleines Stück einer ungleich geschnittenen großen Torte. Ein Achtel eines Cup-Cakes ist weniger als ein Sechzehntel einer üblich großen Schwarzwälder Kirschtorte. Nach RAWLS ist Umverteilung keineswegs grundsätzlich abzulehnen. Solange die Ärmsten absolut profitieren, soll man umverteilen. Das würde der Gesellschaftsvertrag vorsehen. Man soll nach dem Differenzprinzip aber dann aufhören, noch gleichmäßiger die Einkommen zu verteilen, wenn die Ärmsten dadurch absolut weniger zur Verfügung bekommen.

6.1.5 BASUS Quintilsaxiom

BASU (2011: 167ff.) thematisiert in seinem eher pragmatischen Ansatz zur Gerechtigkeit unter anderem Unterschiede zwischen Armut und Ungleichheit. In Indien beispielsweise sei der Prozentsatz der Menschen, deren Konsum unter der Armutsgrenze liege, in den letzten Jahrzehnten deutlich zurückgegangen, aber die Ungleichheit sei gleichzeitig größer geworden. Ähnlich wie RAWLS sieht er seine eigene grundsätzliche normative Position. Er folgt auch RAWLS in vielen Überlegungen ganz konkret. Solange Ungleichheit Armut dämpfen hilft, ist sie für BASU tolerabel bzw. sogar funktional. Er sieht sich dennoch in sehr deutlichem Gegensatz zu „Marktfundamentalisten":

„It is often said, usually by market fundamentalists, that as long as poverty is declining, there is nothing to complain about. I want to clarify that the rule I just stated for ‚tolerable inequality' is not the same as this. It is quite unbecoming that when the rich are making such huge gains in India, the poor should be asked to be grateful as long as they get any positive gain." (BASU 2011: 168).

Er weist zudem darauf hin, dass je nach institutionellem Kontext und gesellschaftlichem Normenüberbau ganz unterschiedliche Ungleichheiten als tolerabel gerechtfertigt werden können, die jeweils Armut minimieren. Diese Position passt sehr gut zu den in diesem Buch abgeleiteten Zusammenhängen im Hinblick auf die Interdependenz der verschiedenen Koordinationsformen der Arbeit und ihrer institutionellen „Unterfütterung". BASU schlägt eine einfache normative Regel als Orientierungspunkt für die Politik vor. Diese sieht vor, die Wohlfahrt von Nationen ausschließlich anhand der Einkommen der ärmsten 20% der Bevölkerung zu messen und auch die Politik darauf auszurichten. Daher kommt auch sein Begriff „Quintilsaxiom", da er die Politik auf das Wohlergehen des ärmsten Fünftels der Bevölkerung konzentriert sehen möchte. Das ist nicht genau mit dem Ziel identisch, die Armut zu bekämpfen und dafür bestimmte Armutsmaße als Kriterium heranzuziehen. Er sieht sein

Quintilsaxiom als grundsätzliches nationales wie auch internationales Ziel „in the spirit of John Rawls's famous maximin criterion" (BASU 2011: 169). Explizit soll es bei ihm auch für internationale Ungleichheiten angewendet werden. In weiteren Ausführungen seines Kapitels weist er auf fast schon grotesk anmutende internationale Wohlstandunterschiede hin. Was man weltweit toleriert, hätte national schon lange zu Aufständen und Bürgerkriegen geführt, so eine seiner Thesen. Deshalb sei sein Quintilsaxiom auch geeignet als Leitlinie für die internationale Entwicklungspolitik.

6.1.6 Befähigungen, Wahlfreiheit und das „gute Leben"

Obwohl RAWLS momentan eine fast dominante Position in der ökonomischen Gerechtigkeitsdebatte einzunehmen scheint, wird auch deutliche Kritik vorgebracht, und es werden alternative Gerechtigkeitsvorstellungen formuliert, die in letzter Zeit auch in der Ökonomik an Bedeutung gewannen. DÖRR und GOLDSCHMIDT (2013) sehen z.B. ein grundsätzliches Problem letztlich bei allen vertragstheoretischen Konstrukten, die ihre normative Position über die freiwillige, fiktive Zustimmung aller Individuen aus einem wie auch immer definierten Urzustand ableiten. Unterstellt wird ja bei RAWLS, dass im Urzustand alle Menschen unter dem Schleier der Ungewissheit *einstimmig* seiner Idee der Gerechtigkeit zustimmen würden. Die *hypothetische* Zustimmungsfähigkeit übersieht nach DÖRR und GOLDSCHMIDT nun jedoch leicht die ganz konkrete tatsächliche Verteilung von Ressourcen sowie die materiellen und immateriellen Lebenschancen der jetzt lebenden Personen in einer bestimmten Gesellschaft. Wenn aber ein politisch festgelegtes Regelwerk und die normative Orientierung der Politik tatsächlich im Interesse der Menschen im hiesigen gesellschaftlichen Gefüge sein und damit auch aktuell zustimmungsfähig werden soll, dann müsse man die individuellen Lebenslagen und die ganz konkreten Möglichkeiten der Menschen in den Blickpunkt der Politik rücken. Dies gelte es auch in der theoretischen Auseinandersetzung um Gerechtigkeit zu berücksichtigen.

In letzter Zeit sind vor allem die Vorstellungen SENs (2009) in den Blickpunkt des sozialpolitischen Interesses gerückt, der diese Kritik an RAWLS ebenso formuliert, obwohl er RAWLS als Person sehr schätzte und auch dessen Theorie grundsätzlich als wegweisend und wichtig beurteilt. SEN teilt zwar auch wie etwa DWORKIN viele Elemente des liberalen Freiheits- und Selbstverantwortungsbegriffs, fokussiert aber die Aufgabe des Staates als *aktivierender Vermittler*. Einerseits habe der Staat formale Handlungs- und Entscheidungsfreiheiten zu garantieren. Andererseits sei es aber auch notwendig, dass die tatsächlichen Chancen der Menschen, die sie in Anbetracht ihrer persönlichen und sozialen Umstände vorfinden, partiell erst noch entwickelt werden müssen. SEN fordert dabei über RAWLS und DWORKIN hinausgehend, dass es in erster Linie darum ginge, die Menschen zur Nutzung der Güter zu *befähigen*, was erst die besseren Lebenschancen dieser Menschen schaffe.

SEN setzt sich intensiv mit dem Zusammenspiel von Gerechtigkeits- und Freiheitsidealen auseinander. Er kritisiert z.B. RAWLS mit seiner Absolutsetzung der Freiheit als nicht hinterfragbares Grundrecht. Das war die Basis des Egalitätsprinzips. SEN sieht sich ähnlich wie BASU selbst weniger als Philosoph als ein eher pragmatisch orientierter Gerechtigkeitstheoretiker. In diesem Sinne fragt er, ob z.b. in Fällen bitterster Armut oder von Hungerkatastrophen wirklich *immer* die Freiheit prioritär sein muss. Er wertet Freiheit keineswegs ab, stellt aber die lexikografische Rangfolge in Frage, wonach immer und unter allen Umständen erst die Freiheit vor anderen Zielen kommt.

Trotz dieser Einschränkung räumt er der Freiheit einen ganz außerordentlich hohen Wert zu. So wählt er ein Beispiel zur Illustration, welches in leichter Abwandlung etwa so formuliert ist: Alwin hat im Szenarium 1 alle Möglichkeiten freier Handlungen. Er verfügt über ein hinreichend hohes Einkommen und ist in keinerlei Weise in seiner Freiheit eingeschränkt. Er entscheidet sich unter vielen Möglichkeiten dafür, den ganzen heutigen Tag daheimzubleiben und zu faulenzen, also gar nichts zu tun. Im Szenarium 2 wird er in seinem Haus von hinterhältigen Spitzbuben (bzw. Spitzmädeln) überfallen, entführt und alsbald (lebendig) in einen dreckigen Graben geworfen. Im 3. Szenarium schließlich wird er ebenfalls überfallen, die Bösewichter (BösewichtInnen?) zwingen ihn aber „nur", sein Haus nicht zu verlassen und sich keinesfalls in irgendeiner Weise zu betätigen. Variante 2 ist definitiv schlechter als 1. Alwin wird zu etwas gezwungen, wozu er sich freiwillig nicht entschieden hätte. Wie aber ist es mit dem Vergleich zwischen 1 und 3? Schaut man nur auf das Ergebnis, scheint beides identisch zu sein. Alwin ist daheim und macht nichts. Bei Szenarium 1 hätte er aber die Möglichkeit gehabt, etwas anderes zu tun, bei 3 fehlt die Alternative. Für SEN ist das Szenarium 1 eindeutig zu bevorzugen, weil die Faulenzerei-Entscheidung in Freiheit getroffen werden konnte. Deshalb will er seinen Befähigungsansatz auch so verstanden wissen, dass es um die Befähigung der Menschen geht, Güter und Leistungen zu nutzen, dass sie aber auch die Freiheit haben müssen, dies – so sie es wünschen – nicht oder nur eingeschränkt zu tun. Es geht ihm um die *Auswahlmenge* und die *potentiellen Möglichkeiten* der Menschen. Dafür sieht er den Staat als aktivierenden Vermittler in der Pflicht. Einkommensumverteilung ist nur eines unter vielen Instrumenten, diese Befähigung zu unterstützen. Das Bildungs- und Gesundheitssystem steht ganz zentral vor dieser Aufgabe, damit auch der gesamte Bereich der Sozialen Arbeit. Bei der Befähigung geht es SEN in erster Linie darum, dass den Menschen alle ihre Potentiale zur Nutzung von Gütern und Dienstleistungen tatsächlich auch zur Verfügung stehen.

Während völlig egalitäre Verteilungen in der aktuellen Debatte innerhalb der Ökonomik so gut wie nicht vertreten werden, gibt es aber zumindest einige TheoretikerInnen aus dem Bereich der Befähigungsansätze, die viel weitergehende Forderungen nach mehr Einkommensangleichung stellen. Sie beziehen sich in erster Linie auf NUSSBAUMs (1998) Theorie des guten Lebens und auf die vergleichsweise „jungen" Wahlfreiheitstheorien, wie sie z.b. WEIKARD (1999) vertritt. NUSSBAUM hat ähnlich wie SEN Befähigungen im Zentrum ihrer Überlegungen, wird aber deutlich konkreter (und dadurch auch angreifbarer). Sie präsentiert eine umfassende Vorstellung dazu, was Menschen zu einem *guten Leben* benötigen und formuliert daraus Ansprüche an den Staat. Nicht nur Bildung und soziale Arbeit sollen dazu beitragen, dass alle Menschen ein solch gutes Leben führen können. Sie sieht auch die Notwendigkeit zur deutlichen Angleichung der Einkommen, damit die nötigen „Grundgüter" von allen erworben werden können.

Es ist lohnend, ihren Ansatz noch etwas genauer zu betrachten.[83] Sie ist z.B. der Auffassung, dass es zwar ein bestimmtes Maß an Privateigentum geben sollte, jedoch müsse der Staat gewährleisten, daß keine BürgerIn Mangel leidet (vgl. NUSSBAUM 1999: 26). In ihrer Theorie formuliert sie eine Vorstellung, die sehr weit über die Gerechtigkeitsauffassung des klassischen Liberalismus hinausgeht. Sie hält die liberalen Gerechtigkeitskonzepte von RAWLS oder SEN tatsächlich auch für unzureichend. Die reine Bereitstellung von Grundgütern reiche nicht aus, sondern es müsse neben der Befähigung zur Erlangung und Nutzung dieser Güter auch eine allgemein geteilte Vorstellung eines guten Lebens entwickelt und politisch umgesetzt werden. Daraus leitet sie ihre konkrete Fähigkeitsliste ab, die ihrer Ansicht nach das gute menschliche Leben definiert. Diese Liste zeigt Parallelen zu SEN, obwohl NUSSBAUM kritisiert, dass SEN in seiner Theorie einen viel zu großen Interpretationsspielraum zulässt. Ihre eigene Fähigkeitsliste umfasst unter anderem ein einheitliches Gesundheitssystem, die Bereitstellung von gesunder Luft und gesundem Wasser, die Garantie zur Sicherheit des Lebens sowie den Anspruch auf angemessene Unterkunft.

Sie geht davon aus, dass nicht jeder Mensch eine Vorstellung vom guten Leben hat. Deshalb formuliert sie diese Auflistung, der sie Verbindlichkeitsstatus für staatliches Handeln zuspricht. Ein Beispiel aus der indischen Gesellschaft vermag ihre Überlegungen zu verdeutlichen (vgl. NUSSBAUM 1999: 120; zum ursprünglichen Beispiel vgl. SEN 1997): In Indien bekommen Frauen in vielen Regionen typischerweise weniger als Männer zu essen. Frauen sind in

---

[83] Diese Passage folgt weitgehend BENDER/KUBON-GILKE (2013: 35ff.).

Indien im Durchschnitt schwächer und häufiger krank. Männer, so die dortige Sichtweise, benötigten mehr Kraft zum Arbeiten, was die ungleiche Verteilung der Nahrungsmittel rechtfertige. NUSSBAUM argumentiert nun, dass die Frauen aber womöglich nur deshalb schwächer seien und weniger gut arbeiten könnten, weil sie weniger zu essen bekämen, d.h. weil die Nahrungsmittelverteilung ungerecht ist. Frauen könnten genauso gut arbeiten, wenn sie die gleiche Menge an Nahrungsmitteln bekämen wie die Männer. Wer sage denn, so ihre weiteren Überlegungen, dass sie nicht vielleicht sogar noch besser arbeiten könnten als Männer, wenn ihnen die gleiche Menge zur Verfügung stünde? Auf SEN geht NUSSBAUM konkret ein: Im Rahmen des Argumentes über freie Entscheidungen würden die indischen Frauen bei der Nahrungsmittelverteilung gefragt, ob sie dies für gerecht halten. NUSSBAUM vermutet, dass die meisten indischen Frauen das bejahen würden. Sie würden die Verteilung als gerecht ansehen, was die Aufhebung der Ungerechtigkeit in NUSSBAUMs Sinne, d.h. die ungleiche Nahrungsmittelverteilung, ausschließt. Die indischen Frauen haben in ihrem gegebenen Kontext und in ihrem Erfahrungshorizont aus NUSSBAUMs Sicht keine Vorstellung vom „wirklich" guten Leben, d.h. von einer gerechten (gleichen) Verteilung z.B. der Nahrungsmittel. SEN forderte, eine Regierung müsse ausreichende Ernährung *ermöglichen*. Ob sich jemand aber tatsächlich hinreichend gut ernährt, dürfe ihm oder ihr aus Gründen zu gewährender Handlungsfreiheit nicht vorgeschrieben werden. Askese dürfe nicht verboten werden. NUSSBAUM dagegen argumentiert, dass dieses Handeln in einer Theorie des guten menschlichen Lebens als *Vorschrift* für die Politik abgeleitet werden sollte. Um das gute Leben realisieren bzw. finanzieren zu können, basiert ihr gesamtes Konstrukt auf weitgehender ökonomischer Gleichheit. Durchgeführt und überwacht werden soll es durch den Staat, denn nur dadurch sei es jeder Person möglich, ein gerechtes und gutes menschliches Leben zu führen.

Ganz unproblematisch ist es sicher nicht, auf die Kontextgebundenheit der Bewertungen gerechter Verteilungen der anderen, vor allem der vermeintlich Benachteiligten, zu schauen und davon zu sprechen, dass Individuen über das eigentlich gute Leben womöglich gar keine Vorstellung haben. Es klingt zumindest elitär, wenn man aber selbst zu glauben meint, dies zu wissen und vorgeben zu können. Auch gebildete, wohlhabendere Menschen agieren kontextgebunden und entwickeln auf dieser Basis Gerechtigkeitsideen und Vorstellungen zu einem gelingenden Leben. Von vornherein eine bestimmte Konzeption als die „wahre" Idee des guten Lebens zu kennzeichnen, übersieht entweder die eigene Gebundenheit an den Kontext oder müsste noch deutlicher darauf hinweisen, dass ein für alle „verbindliches" Gerüst an Notwendigem für das gute Leben im gesellschaftlichen Diskurs erst gefunden werden muss. Die normative Codierung durch die gerade herrschenden Regeln und des eingeschlagenen Pfades einer Gesellschaft wird dann immer noch die Sicht über gutes, gelingendes Leben in eine bestimmte Richtung treiben. In der vielleicht oft verkürzten Interpretation ihrer Überlegungen verbleiben zumindest all die Probleme, die wir im Hinblick auf die Meritorik- und Paternalismusüberlegungen im Kapitel 4.4 schon ausgiebig diskutiert haben.

NUSSBAUMS Ansatz ist nicht allein als grundlegende Gerechtigkeitsvorstellung beachtet worden, sondern dient z.b. auch der Sozialen Arbeit als eine unter mehreren Orientierungslinien für Ziele und Aufgaben. Man sollte ihre Theorie sicher nicht als kleine, pragmatische Schwester des SEN-Ansatzes abwerten. Ein spezielles Verdienst ihrer Theorie liegt zudem noch darin, dass sie mit ihrer Betonung der Würde des Menschen gegenüber einer einseitig gesellschaftsbezogenen „Gleichheit von irgendetwas" in gewisser Weise die individuumsbezogene Care-Ethik (Ethik der Sorge) mit gesellschaftsethischen Modellen versöhnt.

WEIKARD sieht den liberalen Freiheitsbegriff ebenfalls als problematisch an. Freiheit wird im liberalen Verständnis im Wesentlichen als Abwesenheit von Zwang interpretiert. Das ist durch die Betonung des „nicht" ein negativer Freiheitsbegriff, ohne dass das Adjektiv „negativ" als Wertung oder gar Abwertung zu verstehen ist. WEIKARD führt aus, dass dieses Freiheitsverständnis aus seiner Sicht nicht ausreicht. Wenn in einer Gesellschaft Freiheit dahingehend gewährt ist, dass es nicht verboten ist, unter einer Brücke zu schlafen, dann ist es erst einmal negative Freiheit (kein Verbot). Sollten die Möglichkeiten in der Gesellschaft aber derart ungleich verteilt sein, dass etwa Attila die Wahl hat, unter einer Beton-, einer Holz- oder einer Steinbrücke zu schlafen und Belinda sich aussuchen kann, ob sie in einer Villa, im Hotel oder unter einer Brücke schläft, dann ist ein solcher Freiheitsbegriff fast schon zynisch. Deshalb schlägt WEIKARD vor, dass ein eher positiver Freiheitsbegriff verwendet werden sollte. Individuen müssen danach die Möglichkeit haben, unter annähernd *gleichen Alternativenmengen* auswählen zu können, was nur mit einer deutlichen Einkommensangleichung innerhalb einer Gesellschaft zu realisieren sei.

Die Formalisierung seines Konzepts ist keineswegs trivial. Attila und Belinda haben jeweils die Wahl zwischen drei Möglichkeiten. Die sind aber sehr heterogen. Deshalb führt er zusätzlich noch ein Abstandsmaß zwischen Gütern ein, um tatsächlich gleiche Auswahlmöglichkeiten zu identifizieren. Man kann sein Konzept sowohl zeitpunktbezogen verstehen als auch im Nachhaltigkeitszusammenhang, was er selber ins Zentrum seiner Überlegungen stellt. Danach sollen die nächsten Generationen keine schlechteren Wahlmöglichkeiten als die heutige haben.

6.1.7 Freiheitseinschränkungen aus Gründen der Gerechtigkeit

Die Vorstellungen zu Gerechtigkeit sind fast alle gekoppelt an Überlegungen zur Freiheit. Freiheit wird in vielen Ansätzen selbst als zentrale Gerechtigkeitsdeterminante angesehen. So ist es z.b. bei RAWLS aus diesen Gründen heraus erklärlich, warum er seinem Egalitätsprinzip bei der Gewährung individueller Rechte, vor allem von Freiheitsrechten, strikten Vorrang vor Verteilungsüberlegungen und seinem Differenzprinzip einräumt. Theorien zur Regelgerechtigkeit oder zur Chancengerechtigkeit sehen mit ihren eigenen Ansätzen auch die Möglichkeit zur Gewährung weitgehender Freiheitsrechte. Und das sei die Basis gerechter Gesellschaften. Theorien, die die positive Freiheit betonen, begründen darüber ihre stärker egalitären Vorstellungen und nehmen dafür Einschränkungen der negativen Freiheit in Kauf – jemand Reiches bekommt einen Teil seines Einkommens als Steuer weggenommen, um Ärmeren Auswahlchancen zu ermöglichen. Damit verliert der oder die Reiche aber freie Möglichkeiten der Verwendung seiner bzw. ihrer Einkünfte. Komplexer noch werden die Überlegungen, wenn Zielkonflikte ausgemacht werden und im Namen der Gerechtigkeit auch noch andere und weitergehendere Freiheitseinschränkungen gefordert werden. NUSSBAUMs Argument lief z.B. daraus hinauf, dass der Staat bestimmte Standards der Lebensführung notfalls erzwingen müsse, da Menschen unter Umständen gar keine Vorstellung über das richtige gute Leben haben und in gewisser Weise zu ihrem Glück gezwungen werden müssten. Die Diskussion wird dabei nicht nur aus den aus der Meritorik-Debatte bekannten Gründen so komplex. Implizit sind der Frage, ob Freiheitseinschränkungen sinnvoll für Gerechtigkeit sein können, ganz verschiedene Menschenbilder unterlegt. Diejenigen, die negativer Freiheit einen sehr hohen Stellenwert zumessen, gehen in der Regel davon aus, dass Menschen von vornherein voll verantwortungsfähig sind und vernünftige Entscheidungen für sich selbst treffen können. Ansätze, die die gesellschaftliche Gebundenheit von Werten und Normen betonen und z.B. die Rolle des sozialen Status für die Entwicklung von individuellen Vorstellungen über ein gelingendes Leben in den Vordergrund rücken, sehen durch den Staat beeinflusste oder gelenkte individuelle Entscheidungen viel weniger kritisch. Zu allem Überdruss mischen sich teilweise Funktionalitätsüberlegungen mit reinen Gerechtigkeitsargumenten, wenn etwa darüber diskutiert wird, ob aus freien Entscheidungen wirklich immer gesellschaftlich gewünschte Zustände entstehen werden. Diese unterschiedlichen Herangehensweisen und auch Hintergründe sollten bedacht werden, wenn man die folgenden neueren Gerechtigkeitsansätze zu beurteilen versucht.

6.1.8 Wohlgeordnete Freiheit und Gerechtigkeit

Wolfgang KERSTING ist einer der bekanntesten deutschsprachigen Gerechtigkeitstheoretiker in heutiger Zeit. Sein Konstrukt der „wohlgeordneten Freiheit" bewegt sich zwischen extrem liberalen Regelgerechtigkeitsideen, DWORKINs Konzept der Chancengerechtigkeit und den vitalpolitischen Vorstellungen Alexander RÜSTOWs und anderer Vertreter der Sozialen Marktwirtschaft. KERSTING ist Philosoph und vertrat bis zu seinem Ruhestand im Jahr 2011 einen entsprechenden Lehrstuhl an der Universität Kiel. Seine Hauptarbeitsgebiete sind Fragen gesellschaftlicher Ordnung, der Gerechtigkeit und der Sozialpolitik. Als Vertreter liberaler Freiheitsvorstellungen erhielt er u.a. 2012 den Freiheitspreis der Friedrich-Naumann-Stiftung verliehen.

In seinem Ansatz (vgl. u.a. KERSTING 2012) weist er darauf hin, dass zu Beginn der Einführung der Sozialen Marktwirtschaft Gerechtigkeit meistens mit einer freiheitlichen Grundordnung gleichgesetzt wurde. Damals sei es als Inbegriff von Freiheit und auch Gerechtigkeit verstanden worden, wenn jedes Individuum sich frei entfalten und selbstverantwortlich handeln könne. So ähnlich unterstellten es ja bekanntlich auch die Vertreter der Sozialen Marktwirtschaft in der damaligen Zeit, die die in diesem Zusammenhang passenden Vorstellungen aus der christlichen Soziallehre für allgemein akzeptierte gesellschaftliche Gerechtigkeitspositionen auszumachen glaubten.

Nach KERSTING ist diese Grundsatzidee der Gerechtigkeit der Nachkriegsjahre in der Zwischenzeit jedoch verloren gegangen. Die Ursache sieht er in im expansiven Sozialstaat, der die freiheitlichen Elemente immer mehr habe verblassen lassen. Gerechtigkeit sei zu einem anderen Begriffsverständnis innerhalb der Gesellschaft mutiert, das sich eher mit „wünschbarem, staatlichen Verteilungshandeln" beschäftigt (vgl. KERSTING 2012: 112). Es habe ein Wechsel von einer bedürfnisorientierten Fürsorge hin zu einem Programm einer „betreuenden Zufriedenheitssicherung" (so KERSTING 2012: 113) stattgefunden. Seine Wortwahl deutet bereits die überaus kritische Haltung KERSTINGs zu dieser Entwicklung an. Das wird noch stärker in folgenden Worten erkennbar:

> „Damit verbunden ist eine Entwertung der Tugenden der alten Ethik und der alten Religion. Der Bürger dieses staatlichen Umverteilungsunternehmens verliert Gelassenheit und Vertrauen. Er leidet an einer menschlichen Selbstenteignung. Er kennt keine Versagenserfahrungen mehr, kann daher auch nicht mehr an diese Versagenserfahrungen verarbeitenden Lernprozessen reifen. Alles Negative – objektive Widrigkeiten, subjektive Niederlagen, genetische Benachteiligungen, Talentmangel und Sozialisationsnachteile – wird in die Währung der Gerechtigkeit konvertiert, wird zur Benachteiligung, zum Ungerechten, dessen

schleunige Abschaffung in Gestalt kompensatorischen Ausgleichs von der Politik gefordert wird. Nichts ist in der wohlfahrtsstaatlichen Gesellschaft gewinnbringender, als sich zum Opfer der Verhältnisse zu erklären. Ungerechtigkeitsentdeckung wird zu einem einträglichen Geschäft. Und der Gerechtigkeitspolitiker ist der sogenannte Handicapper, der durch komplementäre Erschwerungs- und Erleichterungsaktionen die Unterschiede auszugleichen versucht." (KERSTING 2012: 113).

Einige LeserInnen werden angesichts der Wortwahl vielleicht leicht irritiert sein, da es in vielen Gerechtigkeitstheorien tatsächlich und auch mit ernst zu nehmenden Argumenten gerade um die Begründung einer Umverteilung von Einkommen und Vermögen geht. KERSTING ist nun überzeugt davon, dass ein Sozialstaat deutscher oder skandinavischer Prägung kein guter Lebensraum für BürgerInnen ist (vgl. KERSTING 2012: 114). Die zunehmende Absicherung vor allen negativen Folgen individueller Entscheidungen sei damit verbunden, dass individuelle Freiheitsrechte schwinden und unter dem Deckmantel der Gerechtigkeit der Staat immer größere Lebensbereiche unmittelbar bestimmt und reguliert. KERSTING schlägt vor diesem Hintergrund seiner Argumente vor, zum alten Gerechtigkeitsverständnis zurückzukehren. In seiner Theorie der wohlgeordneten Freiheit (vgl. zu den nachfolgenden Ausführungen KERSTING 2012: 116ff.) ist die freiheitliche Ordnung zentral. Die Ordnung soll hauptsächlich der Institutionalisierung der Menschenrechte dienen. Elemente dieser Ordnung sollten nach KERSTING freie Märkte, Herrschaft des Gesetzes und gewaltenteilig organisierte Demokratie als Staatsform sein. Den freien Markt sieht er als Ort und gleichsam Garanten diskriminierungsfreien Tausches von Gütern und Leistungen an. Dabei muss er de facto – sofern das nicht nur ein sehr allgemein gehaltenes Statement pro Marktwirtschaft sein soll – ein sehr einfaches Marktmodell unterstellen, was Marktversagensphänomene aller Art, Arbeitslosigkeit und Diskriminierung auf Arbeitsmärkten, soziale Undurchlässigkeit etc. in Abrede stellt. Das hatten wir alles bereits sehr ausführlich diskutiert. Nur im Referenz- oder Idealmodell allokativ perfekt funktionierender Märkte könnten wir ein solches Friede-Freude-Eierkuchen-Ergebnis erwarten. Genau das wird aber in wirklichen Märkten nicht, zumindest nicht perfekt zutreffen, so dass die Idee völlig freier Märkte als Teilgaranten freiheitlicher und gerechter Gesellschaften mindestens hinsichtlich des Ordnungs- und Regulierungsrahmens modifiziert werden müsste. Darauf weist, wie in diesem Buch bereits ausgeführt wurde, BASU (2011) deutlich hin, wenn er vom *Mythos der unsichtbaren Hand* des Marktes spricht.

Im Zusammenhang mit der Entwicklung von Normen und Moralregeln folgt KERSTING tendenziell der „doux-commerce-These", die hier ebenfalls bereits mehrfach angesprochen wurde. Er sieht den freien Markt als eine Art

Schule für das Erlernen verantwortlichen Handelns und für rationale Entscheidungen. Funktionale ethische Einstellungen würden entstehen bzw. gefördert. Und sogar die kognitiven Möglichkeiten von uns Menschen würden dadurch verbessert. Das liest sich alles nicht nur wie ein besonders gut geratener Eierkuchen zusätzlich zu Friede und Freude. Der Eierkuchen bekommt sogar noch eine wunderbar leckere Preiselbeeren-Sahne-Schicht obendrauf gepackt. Hauptsache, dass uns nicht doch schlecht wird vor lauter Köstlichkeit und unbezwingbarer Gier nach solch schönen, sättigenden Speisen.

Wie die Vertreter der Sozialen Marktwirtschaft gesteht KERSTING durchaus zu, dass es einen starken Staat geben müsse. Denn nur eine strenge Wettbewerbsordnung garantiere, dass Märkte den formulierten Zielen tatsächlich dienen. Nur dann könne man auch die „segensreichen" Effekte im Hinblick auf unsere ethische Grundorientierung erwarten. In KERSTINGs Vorstellung ist der Rechtsstaat für den sozialen Frieden verantwortlich, da er letztlich für Gleichbehandlung aller BürgerInnen stehe. Gewaltenteilung sei zur Verhinderung politisch übermäßiger Macht notwendig. Er versteht den demokratischen Prozess sowieso als Ausdruck der politischen Selbstbestimmung der BürgerInnen. Das wiederum verkennt zumindest in einer sehr plakativen Interpretation eventuell all die systematischen Probleme, wie sie in der Neuen Politischen Ökonomie und hier im Buch im 5. Kapitel angesprochen wurden. Ganz so einfach ist das mit der freiheitlich-gerechten Ordnung vielleicht doch nicht.

Wenn man KERSTINGs Schlüssen folgt, dann liest es sich zunächst ziemlich ähnlich wie die Regelgerechtigkeitsideen von NOZICK u.a. Er betont aber explizit, dass es nicht ausreiche, BürgerInnen vor dem Gesetz gleich zu behandeln. Sie müssten tatsächlich alle ähnlich gute Lebenschancen erhalten. Einkommen, Positionen, Ämter etc. dürfen nicht dadurch leichter erlangt werden, weil man vielleicht einen besonderen sozialen Status hat, aus einem wohlhabenden Elternhaus stammt, männlich ist, einer bestimmten Religion angehört oder deutsche Vorfahren hat. Die Bildungspolitik und das Bildungssystem sieht KERSTING besonders aufgefordert, diesem Ziel zu dienen. Er strebt jedoch keine Nivellierung als spezielles Konzept der Chancengleichheit an, sondern eine „Kultur der Differenz" (vgl. KERSTING 2012: 121). Er argumentiert dabei durchaus anders als DWORKIN oder RÜSTOW. Für KERSTING ist Chancengerechtigkeit nicht mit Startgleichheit zu verwechseln. Startgleichheit streben RÜSTOW und andere im vitalpolitischen Konzept an, und auch DWORKIN bezieht sich darauf. Für KERSTING geht es stattdessen darum, dass jede/r die Chance auf eine „[...] qualifizierte, die individuelle Begabungssituation berücksichtigende und entwickelnde Ausbildung [erhält]" (KERSTING 2012: 122). Startchancengerechtigkeit passt für sein Konzept als Begriff deshalb am besten. Implizit unterstellt er einen hohen und von vornherein vorhandenen Autonomiegrad von Menschen und eher geringere gesellschaftliche Einflüsse auf Begabungen, Interessen und Bemühungen. Diese Diskussion hatten wir beim Ansatz DWORKINS bereits ausführlich geführt.

6.1.9 Ethik der Nachhaltigkeit

Im Zusammenhang mit ökologischer und sozialer Nachhaltigkeit spielen Fragen von Freiheitseinschränkungen für jetzt lebende Menschen eine wichtige Rolle, da es u.a. darum geht, wie man später lebenden Menschen noch gute Lebensmöglichkeiten sichern kann. Ein sehr lesenswertes Werk zum allgemeinen Problem der Nachhaltigkeit hat Felix EKARDT (2011) verfasst. In seinem Buch geht er auch intensiv auf Gerechtigkeitsfragen ein. Für ihn ist eine universelle Gerechtigkeitstheorie Grundbedingung einer transdisziplinären Nachhaltigkeitstheorie.

In ausführlichen Auseinandersetzungen mit diversen Gerechtigkeitstheorien von RAWLS, SEN, NUSSBAUM, utilitaristischen Ansätzen u.a. identifiziert er deren jeweilige Schwächen, vor allem ihre aus seiner Sicht naturalistischen Fehlschlüsse und damit das unzulässige Wechseln von der Seins- auf die Sollensebene. Allein die Tatsache von Ungleichheit könne nicht deren Ungerechtigkeit begründen. Er selbst entwirft auf der Grundlage erkenntnistheoretischer Überlegungen eine, wie er sie selbst bezeichnet, *objektive Ethik der Nachhaltigkeit*. Objektiv versteht er in dem Sinne, dass Tatsachenaussagen objektiv wahr und Normaussagen objektiv richtig sein können, dass also diese Aussagen rational erkennbar sind und von jedem Menschen eingesehen werden *könnten* (vgl. EKARDT 2011: 55). Auf dieser Basis entwickelt er eine „erneuerte Diskursethik" (134ff.).

Menschen nutzen nach EKARDT auch bei Gerechtigkeitsurteilen *Begründungen*. Sie versuchen mit wenn-dann-Aussagen und anderen Argumenten die Richtigkeit einer bestimmten Position zu Gerechtigkeit vor sich selbst und gegenüber anderen zu begründen. Allein dies sei Ausfluss der Vernunft oder zumindest Vernunftfähigkeit von Menschen. Allerdings könne der Mensch z.B. angesichts der Informationsfülle irren. Man wisse deshalb nie, ob man die wahren Zusammenhänge tatsächlich in seinem eigenen Begründungszusammenhang gefunden hat.

> „Wenn keiner weiß, wer im Streit über Gerechtigkeit die besten Gründe hat, wenn aber gleichzeitig Vernunft möglich und auch alternativlos zu sein scheint, dann muss man wohl für jeden, der irgendwie Vernunft besitzt, und damit für jedes Menschenwesen annehmen, dass er (sic!) es sein könnte, der die besten Gründe kennt. Dann aber ist diejenige Grundordnung alternativlos, die diesen Streit *ermöglicht* (…). Deswegen müssen Gerechtig-

keitsprinzipien allgemein zustimmungsfähig und ergo unparteiisch sein, und wir müssen unsere Diskurspartner als Gleiche achten." (EKARDT 2011: 135-136).

Die Achtung aller Menschen als Gleiche betrifft nicht allein heute lebende Menschen, sondern auch die in der Zukunft als *potentielle* DiskurspartnerInnen. Das führt bei EKARDT mit weiteren Spezifikationen und Begründungen letztlich zu universalen Prinzipien und einer inhaltlichen Theorie der Gerechtigkeit mit folgendem Inhalt: umfassende Freiheitsgarantie incl. aller Freiheitsvoraussetzungen (Leben, Gesundheit, Existenzminimum u.a.) und weiterer freiheitsförderlicher Bedingungen, Wahrung der Menschenwürde, Unparteilichkeit. Die Freiheit müsse *global* allen Menschen Entfaltungsmöglichkeiten bieten, und dies muss *dauerhaft*, also auch für später lebende Menschen gelten. In dem Sinne wird eine nachhaltige Freiheit mit deutlichem Fokus auf die Menschenrechte abgeleitet. Kennzeichen ist u.a., dass keine vordefinierten konkreten Endzustände wie „Glücksniveaus" o.ä. anzustreben sind, sondern *liberale Prinzipien* unter Wahrung aller Möglichkeiten der Menschen weltweit und in der Zukunft formuliert werden. Das kann natürlich auch bedeuten, dass die Wahrung solcher Interessen für die Zukunft unter Umständen aber doch gewisse Freiheitseinschränkungen i.S. einer Verringerung der Alternativenmenge für heute bereithalten muss. All dies wird in EKARDTs Ansatz nicht auf eine Art Öko-Diktatur hinauslaufen. Stattdessen formuliert er, dass „Freiheiten nur um der Freiheit einschließlich ihrer elementaren Voraussetzungen und weiterer freiheitsförderlichen Bedingungen sowie um des Junktims von Freiheit und Handlungsfolgenverantwortlichkeit willen beschränkt werden" dürfen (EKARDT 2011: 281). In diesem Sinne leitet er ab, dass es einer adäquaten Governance-Struktur bedarf, die die immer wieder und sogar verstärkt auftretenden Abwägungsprobleme und Interessenkonflikte bei weitgehend frei entscheidenden Menschen befriedigend zu lösen weiß. Wie schwierig diese Aufgabe ist, wird die geneigte LeserIn angesichts der Ausführungen im 5. Kapitel leicht erkennen.

6.1.10 Werte und Präferenzen

Kaushik BASU ist uns in diesem Buch schon an mehreren Stellen begegnet. Er hat wesentliche Beiträge zur Diskriminierungstheorie und zur Entwicklungspolitik geleistet, auch zu Marktversagen durch Massenphänomene u.v.a.m. Deshalb tauchte sein Name auch in mehreren Kapiteln auf. In diesem Kapitel haben wir bereits sein an RAWLS angelehntes Quintilsaxiom kennengelernt. BASU ist ein indischer Ökonom, der an der Cornell-Universität in den USA lehrt und forscht sowie als Chief Advisor des indischen Finanzministeriums zudem in der indischen Regierung beratenden Einfluss hatte. 2012 wurde er zum Chefvolkswirt der Weltbank ernannt. Er hat sich in seinen Büchern und Aufsätzen u.a. mit vielen normativen Fragen beschäftigt, hat die Bedeutung der Institutionenökonomik i.w.S. für die Erklärung der ökonomischen und gesellschaftlichen Entwicklungspfade thematisiert und hat in seinem neuesten Buch (2011) neben vielen anderen Ansätzen mit seinem Quintilsaxiom eine spezielle Gerechtigkeitsorientierung vorgeschlagen, die hier ja schon kurz erwähnt wurde. Zwei seiner weiteren theoretischen Überlegungen sind bemerkenswert.

Erstens weist er darauf hin, dass es von Land zu Land sehr verschieden sein kann, ab welchem Steuersatz Menschen mit einer Verringerung ihres ökonomischen Engagements beginnen. Menschen reagierten keineswegs „von Natur aus" alle im gleichen Maße auf ökonomische Anreize und handelten auch nicht nur stets eigennützig. Er weist in diesem Zusammenhang darauf hin, dass Menschen sehr häufig im Interesse einer Gruppe agieren, der sie sich zugehörig fühlen. Evidenz dafür gibt es aus vielen Wissenschaften und empirischen sowie experimentellen Arbeiten. Er nennt das *public good urge* (vgl. BASU 2011: 48). Er stellt dieses Phänomen in den Zusammenhang mit der Identitätsbildung von Individuen und den Normen einer Gruppe. Sitten, Gebräuche, Gesetze und allgemein die Institutionen einer Gesellschaft beeinflussen Sichtweisen der Individuen über Gesellschaft, Staat, Politik und die eigenen Beiträge zum Gemeinwohl. Präferenzen und Einstellungen sind demnach *endogen* (BASU verweist dabei auf viele Erkenntnisse der Sozialpsychologie, die wir aus dem 4. Kapitel bereits kennen). Gesellschaften können demnach durch multiple Gleichgewichte gekennzeichnet sein, eines vielleicht mit einer großen Bereitschaft, der Gesellschaft dienlich zu sein, ein anderes mit stärker eigenutzgetriebenem Verhalten. Wenn eine Regierung es durch Kontextschaffung erreicht, dass prosoziale Motive gestärkt werden, dann ist nach BASU auch nicht ausgeschlossen, dass selbst bei einem Steuersatz von über 30% die Reichen ihre Anstrengungen nicht einschränken, d.h. die Quintilsorientierung könnte dann höhere Steuersätze und mehr Gleichheit nach sich ziehen. Die Einflussnahme durch Politik und Gesetze sieht BASU als ausgesprochen relevant an, um tatsächlich der Armutsvermeidung und stärkeren Egalität gleichzeitig dienen zu können.

Zweitens geht BASU einen etwas anderen Weg bei der Diskussion von Freiheit als RAWLS. In liberalen Ansätzen wird der Vertragsfreiheit bekanntlich besonders hohes Gewicht beigemessen. Auch BASU vertritt in seinem tendenziell immer noch liberalen Ansatz den Standpunkt, dass zunächst nichts dagegen spricht, Verträge zum gegenseitigen Vorteil zuzulassen. Er zeigt an einem Beispiel aus Indien auf, dass manche Einschränkungen tatsächlich Nachteile für viele, wenn nicht alle bringen können. Die indische Regierung hatte z.B. ärmeren Menschen zu sehr günstigen Konditionen Bauland überlassen, hat aber gleichzeitig den späteren Wiederverkauf des Landes bzw. der Immobilien untersagt. Die erste Maßnahme ist nach BASU sozialpolitisch rechtfertigungsfähig und zu begrüßen, die zweite Maßnahme sei hingegen nachteilig, da ärmere Menschen vom Weiterverkauf hätten profitieren können (reiche Personen auch). Durch das Verkaufsverbot seien die Ärmeren in ihrer Mobilität eingeschränkt wurden, sie hätten Beschäftigungschancen nicht wahrnehmen können etc. Dennoch findet er eine ganze Reihe von Argumenten, warum dennoch bestimmte Einschränkungen der Vertragsfreiheit geboten sind (vgl. BASU 2011: Kap. 7). Er verdeutlicht es mit mehreren Beispielen. Das Verbot von Kinderarbeit hatten wir schon diskutiert. Das *kann* in seiner Analyse u.U. (aber nicht grundsätzlich) bei multiplen Gleichgewichten sinnvoll sein. Eine einzelne Familie, auch das einzelne Kind, könne u.U. durchaus profitieren, wenn Kinder „selbstbestimmt" einer Erwerbstätigkeit nachgehen. Wenn aber viele Kinder arbeiten, ist das Arbeitsangebot groß und der Lohn bei gegebener Nachfrage sehr niedrig. Dann *müssen* Kinder arbeiten, um die Existenz armer Familien zu sichern. Wird Kinderarbeit verboten, reduziert sich das Arbeitsangebot, und die Löhne können u.U. dadurch derart steigen, so dass zum Schluss im neuen Gleichgewicht alle armen Familien und speziell deren Kinder profitieren. Mit seinem „Argument der großen Zahl" zeigt er bekanntlich zudem, dass ein singulärer einzelner Vertragsvorteil zum Nachteil umschlagen kann, wenn viele solcher Verträge geschlossen werden (Selbstversklavung, Akzeptanz sexueller Übergriffe am Arbeitsplatz bei höheren Löhnen, Vertragsklausel mit Verbot der Gewerkschaftangehörigkeit – man denke an das Beispiel von Aurora Mehl aus dem 4. Kapitel – etc.). BASU sieht das so ähnlich wie das auch schon angesprochene Folterverbot. Es gäbe möglicherweise immer irgendwelche Einzelfälle ethischer Dilemmata, bei denen Folter einer Person die einzige „beste aller schlechten" Lösungen zu sein scheint. Das würde aber sofort anders, wenn man vom Einzelfall gleich auf eine ganze Klasse von Fällen schließen würde. Ganz ähnlich argumentiert er im Hinblick auf supermodulare Beziehungen. Auch dabei können Gleichgewichte entstehen, die suboptimal sind, und eine Einschränkung von Freiheiten mit dem Verbot bestimmter Vereinbarungen kann sinnvoll sein.

In diesem Zusammenhang geht BASU sogar noch einen Schritt weiter, indem er ein normatives Kriterium zur Bewertung von Präferenzen vorschlägt (vgl. BASU 2011: 151ff.). Er beschreibt zunächst moralisch unakzeptable Präferenzen – mit jemandem nicht gemeinsam arbeiten oder in Nachbarschaft leben zu wollen, der oder die eine andere Hautfarbe hat, einer anderen Religionsgemeinschaft angehört, übergewichtig ist etc. Auch eine „Präferenz", andere Menschen sadistisch zu foltern, sexuell zu belästigen u.a. gehört nach

Gerechtigkeit und Freiheit 449

BASU in diese Kategorie. Alle anderen Präferenzen bezeichnet er als vertretbar oder akzeptabel – lieber Äpfel als Bananen zu essen, lieber ein Lehrbuch zu schreiben als in Urlaub zu fahren, eine geringe Arbeitszeit zu wünschen, lieber arbeitslos zu sein als bei der Arbeit würdelos behandelt zu werden u.a. Bei den akzeptablen Präferenzen unterscheidet er weiter. ÖkonomInnen sprechen oft davon, man müsse einen Preis für seine Präferenzen bezahlen, also die Äpfel kaufen, auf Einkommen bei geringerer Arbeitszeit verzichten, ähnlich bei der Abneigung gegen würdeloses Behandlung am Arbeitsplatz. Für bestimmte Präferenzen, so BASU, dürfe es aus ethischen Überlegungen heraus aber keine Preise geben. Niemand soll Nachteile erleiden (also einen Preis zahlen müssen), um *nicht* sexuell am Arbeitsplatz belästigt zu werden, um einer Gewerkschaft beizutreten u.a.m. Diese Präferenzen nennt er „unverletzlich" und begründet damit zusätzlich die Einschränkung von Vertragsfreiheiten. So dürfe z.B. keine Unternehmung Arbeitsverträge anbieten, die allen Personen höhere Löhne verspricht, sofern sie sich bereit erklären, keiner Gewerkschaft beizutreten oder eine lebenslange Vertragsbindung im Sinne der Selbstversklavung zu akzeptieren. Alle, die das ablehnten, müssten sonst über einen niedrigen Lohn einen Preis zahlen, was bei unverletzlichen Präferenzen aber gerade unterbunden werden soll und muss. Dann aber sei es geboten, bestimmte Verträge von vornherein nicht zuzulassen.

BASU bezeichnet sich selbst als links-liberal. Sein Fokus liegt, wenn man es zusammenfassend charakterisiert, auf zwei Punkten neben der Entlarvung des Mythos des stets zum besten Wohle einer Gesellschaft operierenden Systems möglichst interventionsfreier Märkte: erstens auf dem Quintilsaxiom und der normativen Zielsetzung der Armutsvermeidung, zweitens auf der Frage nach normativen Orientierungspunkten zur Einschränkung individueller Freiheiten, Verträge und Absprachen. Allein ungleiche Verhandlungspositionen können nach BASU Intervention noch nicht rechtfertigen. Wenn es anders wäre, wären alle Armen von vornherein vom ökonomischen Geschehen in Marktgesellschaften ausgeschlossen, da niemand einen Vertrag mit ihnen abschließen würde. Der Grund liegt darin, dass im anderen Falle diese Verträge von Gerichten wegen der ungleichen Verhandlungsposition für ungültig erklärt würden.

BASUs Diskussion unverletzlicher Präferenzen deutet an, dass es bestimmte Werte gibt, die sich nicht über den Marktmechanismus vermitteln lassen – wie etwa die Menschenrechte. Schon ARROW (1972) schlug vor, zwischen Werten und Präferenzen zu unterscheiden. Reine „Geschmäcker" wie die nach bestimmter Kleidung, bestimmten Wohnformen oder nach speziellen Lebensmitteln könne man dem Marktmechanismus anvertrauen, bei den Werten und normativen Grundpositionen benötige man hingegen kollektive, politische Entscheidungen. Wenn man BASU folgt, ist das auch aus Gründen der Gerechtigkeit mit einigen Einschränkungen bei individuellen Freiheiten, vor allem mit Verboten bestimmter Verträge, verbunden.

6.1.11 Inklusive vs. extraktive Gesellschaften

Die Diskussion um Freiheit und Gerechtigkeit nimmt noch eine etwas andere Wendung, wenn man die Funktion der Freiheit für das gesellschaftliche Zusammenleben in den Vordergrund stellt und gleichsam Gerechtigkeitsideale damit verknüpft.

ACEMOGLU und ROBINSON (2012) sehen extraktive Gesellschaften, die auf der Ausbeutung der Mehrheit durch eine mächtige Minderheit beruhten, als Hindernis für die wirtschaftliche Entwicklung. Der Mehrheit würde de facto die Möglichkeit genommen, eigenverantwortlich und mit Engagement und Initiative für sich selbst ein besseres Leben zu gestalten. Entweder ist die Mehrheit mehr oder weniger „versklavt" und kann gar keine eigene Entscheidung treffen oder aber ihre Erfolge gingen sogleich durch die Ausbeutung komplett an die Mächtigen. Und das zerstöre jeden Anreiz und jede Perspektive.

Die beiden Autoren sehen das nicht „machiavellistisch" im strengsten Sinne, wonach überhaupt nur solche Gesellschaften denkbar sind, deren Ordnung auf Willkür, Ausbeutung und Irreführung beruht. Sie verweisen stattdessen auf „inklusive Gesellschaften", in denen so gut wie allen Menschen Freiheitsrechte eingeräumt werden und in denen die Individuen sowohl bei Erfolgen als auch Misserfolgen die Konsequenzen genießen bzw. tragen. Das stärke die Motivation der Menschen, ihr Leben selbst aktiv zu gestalten. Sie entwickelten Engagement und Zielstrebigkeit. Dies wiederum sei die wichtigste Voraussetzung für wirtschaftliche Prosperität und einen vorteilhaften gesellschaftlichen Entwicklungspfad. Notwendig seien vor allem inklusive politische Institutionen, die all die notwendigen Freiheitsrechte garantieren.

Ähnliche Ideen entwickelten auch bereits die Vertreter der Sozialen Marktwirtschaft, allen voran der uns schon gut bekannte Alexander RÜSTOW. In seinem Monumentalwerk „Freiheit und Herrschaft" (2005) zeichnet er die gesamte Menschheitsgeschichte als Abfolge von Über- und Unterschichtung nach, in gewissem Sinne von Inklusion und Ausbeutung ähnlich zu ACEMOGLU und ROBINSON (2012). Strikte Überschichtung gebiert in seiner Sicht Herrschaftsstrukturen, in denen große Bevölkerungsteile ausgebeutet werden z.B. im Sinne, dass sie die Früchte ihrer Anstrengungen nicht behalten dürfen. Der Hauptpunkt bei ACEMOGLU und ROBINSON ist es ja auch gerade, dass „inklusive Gesellschaften" solche Institutionen und Ordnungen aufweisen, in denen es allen Menschen möglich ist, eigenverantwortlich ihr eigenes Leben zu gestalten. Die Institutionen der Gesellschaft sind dann selbst inklusiv. Es findet keine (übermäßige) Konfiskation irgendwelcher Ergebnisse individueller Bemühungen statt. Ganz ähnlich ging es RÜSTOW darum, Ordnungsbedingungen für die ganze Gesellschaft zu konzipieren, die den Weg in eine extraktive, ausbeuterische Ordnung verhindern. Deshalb erstaunt auch nicht seine besonders starke Betonung der Forderung, die Ordnung müsse machtfrei oder zumindest machtbalanciert sei. Eine spezielle Wendung bekommt die Diskussion noch, wenn es um den Zusammenhang von Verteilung und Freiheitsrechten geht. Freiheit ist einerseits in dieser Sichtweise der Grundpfeiler für Gerechtigkeit und Wohlstand. Andererseits könnten sehr ungleiche Verteilungen und insbesondere Chancenungleichheiten Machtzentren entweder im wirtschaftlichen oder politischen Bereich entstehen lassen, die den erfolgreichen Pfad gefährden und ausbeuterische Strukturen erstarken lassen. RÜSTOWs Lösung sah u.a. eine hohe Erbschaftssteuer vor, um immer wieder allen Beteiligten ähnlich gute Chancen einzuräumen. Auch STIGLITZ (2012) argumentiert in eine solche Richtung, wenn er die zunehmende Ungleichheit vor allem der Vermögens- aber auch der Einkommensverteilung als Gefahr für die Demokratie ansieht, da die Reichen ökonomische Macht anhäuften und damit auch zunehmenden politischen Einfluss und politische Macht gewännen. Sowohl RÜSTOW als auch STIGLITZ sehen dadurch durchaus die Notwendigkeit, bestimmte Freiheiten wie die völlig freie Verwendung des Eigentums (z.B. Vererbung an Nachfahren) auch notfalls einschränken zu müssen, um dem allgemeinen Ziel demokratisch-inklusiver Gesellschaften zu dienen.

Man muss übrigens nicht zwingend so komplizierte Bücher lesen, um die Argumente zu verstehen. Geschichten um Dagobert Duck reichen z.T. aus. So heißt es in den einleitenden Worten der Sonderedition (Bd. 2) der Reihe „Lustiges Taschenbuch" mit dem Titel „Aus dem Leben eines Milliardärs" in der ersten Geschichte zu Beginn: „Dagobert Duck ist reich, sehr reich. Und Reichtum ist bekanntlich eine Form von Macht, wie wir wissen, deswegen übt er dank seiner Fantastalliarden nicht nur in Entenhausen beträchtlichen Einfluss aus." Nicht nur, dass Dagobert die kommunale Politik Entenhausens weitgehend bestimmt, er hat es dank seines Reichtums und der Machtfülle sogar geschafft, wie uns die Geschichte weiter (Seite 16) lehrt, dass er sich unter Berufung auf ein durch Karl den Kahlen im 14. Jahrhundert erlassenes Gesetz sämtlichen Steuern entziehen kann, weil sein Geldspeicher nach diesem (eigentlich gar nicht mehr gültigem) Gesetz durch die Mauerdicke exterritorialen Status besitzt.

Wenn man sich anschaut, wie stark heutzutage finanzmächtige Lobbyistengruppen Regulierungen z.B. des Bankensektors de facto zu ihren ausschließlichen Gunsten beeinflussen können, ist man nah an Dagoberts Möglichkeiten, sich selbst allen gesellschaftlichen Pflichten und auch Verantwortlichkeiten für negative Folgen eigener Entscheidungen zu entziehen, aber dennoch umfangreiche politische Einflussmöglichkeiten zu besitzen. STIGLITZ (2012) präsentiert viele solcher Beispiele, angefangen von der Festlegung von Regulierungsprinzipien bis hin zur Politik der amerikanischen Zentralbank.

Die heterogenen Vorstellungen zu Gerechtigkeit zeigen neben den verschiedenen Positionen zur Allokationsleistung von Märkten, dass es innerhalb der Ökonomik momentan bei weitem keinen Konsens darüber gibt, welche konkrete Wirtschaftsordnung mit welchen konstituierenden und eingreifenden Elementen geschaffen werden sollte, ob Marktwirtschaften sozialstaatlicher Ergänzungen oder Korrekturen bedürfen und falls das bejaht wird, wie der Sozialstaat genau beschaffen sein sollte. Da die Debatte um ethische Orientierungen in der Ökonomik nach wie vor eher am Rande geführt wird und die unterschiedlichen Positionen nur ab und zu deutlich werden, wird die Debatte um die ethische Orientierung und Zielsetzung nach wie eher als Aufgabe anderer Disziplinen formuliert, die dann die „Vorgaben" für die ÖkonomInnen liefern sollten, um daraus letztlich eine dazu kompatible Gestaltung der Wirtschaft- und Sozialpolitik des Staates abzuleiten. Das ist für die Ökonomik selbst unbefriedigend, und es steht zu hoffen, dass die normativen Fragen in absehbarer Zeit wieder stärker in den Vordergrund der Diskussionen rücken.

6.2 Systemakzeptanz und der „ungerechte" Markt

Neben genuinen ethischen Überlegungen und solchen zur Funktion von Freiheit und Gleichheit gibt es noch eine weitere Richtung der Gerechtigkeitsdebatte. Es wird darüber diskutiert, wie an anderer Stelle bereits ausgeführt, dass ein Marktsystem ein bestimmtes Moralfundament benötigt, um funktionsfähig zu sein (vgl. z.B. HIRSCHMAN 1993). Ohne ein Mindestmaß an Ehrlichkeit, Vertragstreue, Hilfsbereitschaft etc. wären die Transaktionskosten der Marktsteuerung exorbitant hoch. Jede noch so kleine Vereinbarung müsste „wasserdicht" vertraglich abgesichert, überwacht und evtl. gerichtlich erzwungen werden. Das bindet sehr viele Ressourcen. Unbeweisbare Tatsachen können außerdem überhaupt nicht mehr Vertragsgegenstand sein. Das bedeutete, dass viele im Prinzip gegenseitig vorteilhafte Produktions- und Tauschvorgänge gar nicht stattfinden könnten.

Dies führte dann auch in der Wirtschaftstheorie zu der Frage, wie sich Moralsysteme überhaupt entwickeln. Wenn man über die Entwicklungsbedingungen für Moralregeln Ideen bekommt, kann man Aussagen treffen, ob sich Normen und gesellschaftliche Werte vielleicht durch zunehmende Ungleichheit verändern: HIRSCHMAN vertritt diese These und er betont besonders die Gefahr der Erosion der *funktionalen Normen*, wenn Ungleichheiten zunehmen und sich vor allem verfestigen. Das eröffnet eine ganz andere Rechtfertigung für Sozialpolitik als eine Orientierung an allgemeinen, philosophisch begründeten Gerechtigkeitsidealen. Für unsere Überlegungen ist das noch in anderem Zusammenhang von Interesse. Es könnte auch sein, dass die „Inseln" alternativer Koordinierung via Befehl und Pflicht nicht allein manche ökonomischen Koordinierungsprobleme besser lösen können als Märkte, sondern überdies Beiträge zum Aufbau bzw. der Stabilisierung des marktnotwendigen moralischen Fundaments beitragen. Die im zweiten Kapitel bereits erwähnte These des „feudalen Segens" untermauert diese Position. Danach können Bereiche der Pflichten-Rechte-Koordinierung wie im familiären oder unternehmerischen Umfeld Altruismus, Rücksichtnahme, Dienst für die Gemeinschaft u.a. aufbauen, was dann im Kontext der Märkte hilfreich ist, um Transaktionskosten begrenzen zu können. Würden jetzt immer mehr Bereiche in eine Marktsteuerung überführt, könnte es nach dieser These sein, dass die Unterstützung für ein funktionales Moralsystem nicht mehr ausreicht.[84]

Es gibt zwei große Diskussionsstränge innerhalb der Ökonomik zu der Frage, wie sich Normen, Usancen und Moralregeln entwickeln. SCHLICHT (1984) unterscheidet die einer moralphilosophischen Tradition zugeordneten Gerechtigkeitstheorien als Modelle der *emotiven Gerechtigkeitsauffassung* von Modellen der *kognitiven Gerechtigkeitsauffassung*, die eher moralpsychologischen Ursprungs sind. Die emotive Variante dominiert die moderne Wohlfahrtstheorie und letztlich die gesamte Ökonomik. Die Begründung von Gerechtigkeitsvorstellungen erfolgt in diesem Strang über *Gerechtigkeitsemotionen*, über Wünsche der Individuen und daraus abgeleiteter *Werturteile*. Besonders deutlich zeigt sich diese Vorstellung bei einem alten „Theoriebekannten", nämlich bei Adam SMITH. In seinem Werk „Theorie der ethischen Gefühle" leitet er über die grundlegende Emotion der *Sympathie* in Verbindung mit dem Eigennutz, speziell dem Stolz, die Herausbildung von Gerechtigkeitsregeln ab (vgl. SCHLICHT 1984).

Seine Vorstellung lautet: Menschen sind sich selbst nah, also am Eigennutz orientiert. Sympathie zeigen sie in Situationen, in denen Eigennutz keine wesentliche Rolle spielt, sie also als „neutrale BeobachterInnen" agieren. Sie versetzen sich in die Lage anderer und stellen sich vor, sie wären in der gleichen Situation – gegeben ihre jetzigen geistigen und körperlichen Möglichkeiten. Sieht man z.B. einen Menschen mit geistiger Behinderung, der nicht gut behandelt und nicht unterstützt wird, so fühlt man aus Sympathie Mitleid. Zwar kann der geistig behinderte Mensch unter Umständen selbst fröhlich

---

[84] Vgl. auch DEATON (2003) und WILKINSON/PICKETT (2009) zur aktuellen Debatte um den Zusammenhang von Gleichheit und Glück.

sein, singen und tanzen, dennoch empfinden Menschen Mitleid mit ihm. Sie stellen sich nicht vor, sie wären genau dieser Benachteiligte, sondern sie wären sie selbst mit ihren jetzigen Fähigkeiten in der Situation des behinderten Menschen und wünschen sich unter dieser Voraussetzung, niemals in der Lage des anderen zu sein. In „neutralen" Situationen ziehen sie es vor, wenn benachteiligten Individuen Unterstützung widerfährt und diese nicht diskriminiert werden.

Die sympathischen BeobachterInnen wissen auch, dass sie von anderen Menschen in ihrem Tun beobachtet werden. Der Stolz bringt sie dazu, sich selbst gegenüber Benachteiligten so zu verhalten, wie es die neutrale sympathische BeobachterIn schätzt. Über die Gegenseitigkeit von Sympathie, Eigennutz und Stolz in der gesamten Gesellschaft entwickeln sich nach SMITH die allgemeinen Moralregeln der Gesellschaft. Ähnliche funktionale Überlegungen auf der Grundlage von Werturteilen können Ansätzen der Wohlfahrtstheorie zugeordnet werden, die von der Nutzenmaximierung einer repräsentativen AgentIn, bestimmten Wohlfahrtsfunktionen oder Sozialvertragsüberlegungen ausgehen (vgl. SUCHANEK 2001). Die Gleichsetzung von Gerechtigkeit mit Wohlergehen in einem weiten Sinne kennzeichnet auch andere Gerechtigkeitstheorien, die allerdings z.T. auf einer anderen Wertbasis argumentieren.

Der zweite Argumentationsstrang zur Frage, wie sich Moralregeln bilden und wovon es abhängt, was Menschen als gerecht oder ungerecht empfinden, geht auf sozialpsychologische Zusammenhänge ein. Diese Linie hat in den vergangenen Jahren deutlich an Gewicht gewonnen, u.a. durch den libertären Paternalismus, die „Glücksforschung" und den Aufschwung der Verhaltensökonomik innerhalb der Wirtschaftswissenschaften. Ein Problem bei den meisten Ansätzen einer emotiven Gerechtigkeitsauffassung besteht darin, dass sie sich wenig mit den individuellen und kollektiven Gerechtigkeitsurteilen auseinandersetzen und häufig allein auf die *Funktionalität* der Gerechtigkeit rekurrieren. Diese Position übersieht, dass gerechtes und funktionales Verhalten weit auseinanderfallen können. Nicht alles, was dem Wohlergehen dient, wird von Individuen als gerecht empfunden.

Gerechtigkeit kann, wenn man einer bestimmten psychologisch unterlegten Linie folgt, auch *ausschließlich* im Kontext von Tatsachenurteilen untersucht werden, was einige moralpsychologische Theorien dann auch aufgreifen.[85] SCHLICHT (1984) bezeichnet diese Modelle als Ausdruck einer *kognitiven Gerechtigkeitsauffassung*. Wichtig sind dafür allgemeine psychologische Theorien über die Regelbildung, die wir schon mehrfach angespro-

---

[85] Vgl. HEIDBRINK (1992) zu einem Überblick über wesentliche moralpsychologische Theorien der Gerechtigkeit in diesem Kontext.

chen haben. Auch wenn es bereits bekannte Argumente sind, seien sie hier noch einmal wiederholt – allein um lästige Querverweise mit viel Blätterei in vorangegangenen Kapiteln zu vermeiden.

Eine gerechte Situation ist dadurch gekennzeichnet, dass den für die entsprechenden Sachverhalte gültigen Regeln gefolgt wird. Dabei wird in der Theorie besonders betont und in der Empirie bestätigt, dass Gerechtigkeitsurteile auf verschiedenen Ebenen gefällt werden. Man mag die Bezahlung bestimmter Berufsgruppen wie etwa der PilotInnen für ungerecht hoch halten. Würden dabei nur die Flugzeuglenker, nicht aber die -lenkerinnen so hohe Löhne erhalten, so erschiene diese Ungleichbehandlung wiederum als ungerecht.

Regeln sind kognitive Gebilde, und es gibt systematische Wirkungszusammenhänge bei der Bildung und Stabilisierung von Regeln (vgl. KUBON-GILKE 1997: Kap. 4). In der Gestalttheorie und nahe liegenden Ansätzen wird bekanntlich argumentiert, dass sich Regeln auf die Art und Weise bilden, dass Tatbestände in möglichst einfacher und klarer Weise erfasst werden und Komplexität reduziert wird (vgl. z.B. ASCH 1987: 52ff.).

In populären Intelligenztest wird z.B. häufig eine Reihe von Zahlen vorgegeben und man bekommt die Aufgabe, die „richtige" Fortsetzung zu finden. Nehmen wir an, ein Intelligenztest zeigt uns zum Aufgalopp eine simple erste Zahlenreihe:

3, -3, 3, -3

Die einfachste, klarste Fortsetzung wäre es, wenn als 5. Ziffer wieder eine 3 käme. Nun gibt es aber ganz viele verschiedene Formeln, die alle zu dem oben aufgeschriebenem Wechsel von +3 und -3 führen, die aber nicht immer so weitergehen müssen. Als 5. Zahl kann bei einer komplizierteren Formel auch -45 herauskommen. Das wird schon als Musterantwort beim Intelligenztest nicht akzeptiert, obwohl es eigentlich sogar besonders clever sein müsste, eine viel kompliziertere Formel zu unterlegen, bei der die Reihe nicht mit -3 weitergeht. Unsere Wahrnehmung ist so organisiert, dass wir stets auf der Suche nach der klarsten Struktur von Eindrücken sind. Kleinere Abweichungen werden nivelliert. Falls neue Ereignisse oder Erkenntnisse so gar nicht zur bislang prägnanten Struktur passen, kann es Neudeutungen und erhebliche Regeländerungen geben, damit ein neues prägnantes Gesamtbild entsteht. Mit sozialen Regeln verhält es sich ganz genauso. Durch die „Gesetze" der Wahrnehmung, die bei allen Menschen in gleicher Weise gegeben sind, und durch die Interaktion der Gesellschaftsmitglieder etablieren sich Normen und Usancen. Ähnliche Phänomene haben wir schon angesprochen, als es um Verhaltenswirkungen von Institutionalisierungen ging, z.B. um Motivationseffekte bestimmter unternehmensinterner Vorgaben wie Lohnformen oder Hierarchien.

Ausnahmen von Regeln werden als Unregelmäßigkeiten wahrgenommen und im sozialen Kontext als Ungerechtigkeit bezeichnet. In der gestalttheoretischen Perspektive bleibt es nicht allein bei der Diskussion der rein kognitiven Phänomene, die bei der emotiven Gerechtigkeitsauffassung höchstens am Rande Beachtung finden. Darüber hinaus wird gezeigt und deutlich betont, dass Gerechtigkeitsregeln *emotive Kraft* haben. Gerade diese emotionale „Begleitung" der Regeln ist dafür verantwortlich, dass Menschen gerechte Situationen anstreben und sich bei wahrgenommenen Ungerechtigkeiten unzufrieden fühlen. Sie nehmen deshalb auch unter Umständen sogar persönliche Nachteile in Kauf, um den Regeln Geltung zu verschaffen.

Eine einfache Erklärung für die emotionalen Folgen von Ungerechtigkeit liefert die Theorie der kognitiven Dissonanz (vgl. FESTINGER 1957), wonach das – gut belegte – Streben nach *Konsistenz und Sinnhaftigkeit* gerechte Situationen erstrebenswert macht. Die gestaltpsychologische Sicht geht noch einen Schritt weiter. Der dort verwendete Begriff der „Gefordertheit" ist weitreichender als der der kognitiven Konsistenz[86], er klingt allerdings sperriger und ist häufig missverstanden worden. Es geht dabei nicht nur um die Emotion als eine Art Nebenprodukt der kognitiven Grundlagen der Regelbildung. Es wird stattdessen darauf hingewiesen, dass Emotionen und Kognitionen untrennbar miteinander in hydraulischer Art und Weise verbunden sind, Verhaltensanforderungen aus den wahrgenommenen Situationen und Regeln erwachsen (als „gute Fortsetzung") und dass Gefordertheiten kontextabhängig wahrgenommen werden. Die gestalttheoretische Perspektive deutet übrigens auf die schon angesprochenen schwerwiegenden konzeptionellen Probleme des ökonomischen Effizienzbegriffs hin. Wenn die Fähigkeiten und Motive des Menschen nicht bereits vorhanden sind, sondern im Kontext verschiedener Institutionalisierungen und auch bestimmter Einkommens- und Vermögensverteilungen entwickelt oder zurückgedrängt werden, dann kann die Frage nach dem Gelingen der ökonomischen Koordinierung nicht mehr an exogenen Wünschen und Präferenzen der Menschen ansetzen, weil diese sich mit anderen Verteilungen und Institutionen systematisch ändern können. Ohne eine allgemeine Ethik über gewünschte Entfaltungsmöglichkeiten, Präferenzen und Motivationen sind unter diesen Voraussetzungen keine Beurteilungen mehr möglich.

---

[86] DENZAU und NORTH (1994) verwenden in ähnlicher Diskussion den Begriff der „mental models", der in der Ökonomik inzwischen weite Akzeptanz erfahren hat. Auch die kognitiven Grundlagen, die für mental models verwendet werden, sind weniger weitreichend als das ältere, sicherlich etwas sperrig klingende gestalttheoretische Konzept der Gefordertheit.

Die VertreterInnen der These des Zusammenhangs zwischen gesellschaftlicher Gleichheit und moralischem Normensystem verweisen insbesondere auf Erkenntnisse der sozialpsychologischen Gerechtigkeitsforschung. Neben den theoretischen Grundlegungen aus der Gestalttheorie oder allgemein aus kognitiv orientierten sozialpsychologischen Ansätzen werden in dieser Forschungsrichtung explizit die vielen empirischen Ergebnisse der psychologischen Gerechtigkeitsforschung herangezogen (vgl. dazu MIKULA 2002). Dabei bestätigen sich Thesen der Theorien, wonach sehr stark der Kontext bestimmt, was Menschen als gerecht und als ungerecht wahrnehmen, welche Regeln sie sozialen Gegebenheiten unterlegen. Auch die Regelbildung nach Gesichtspunkten wie Klarheit, Prägnanz bestätigt sich.

Zunehmende Ungleichheit ist kognitiv für viele Gerechtigkeitsregeln dissonant, wird als Ungerechtigkeit im Sinne der Regelabweichung interpretiert. Das kann in der Tat die Systemakzeptanz schwächen und funktionale Normen für Märkte gefährden. Insofern gibt es einige starke Indizien dafür, dass HIRSCHMANS Warnung vor zu stark ausgeprägter Ungleichheit als Systembedrohung durch Nichtakzeptanz nicht von der Hand zu weisen ist. In Deutschland etwa ist die Zustimmung zum realen System der Sozialen Marktwirtschaft innerhalb weniger Jahre von über 75% auf gerade mal 40% aller Voten gefallen. Wir bekommen über solche Argumente eine andere Begründung für die Sinnhaftigkeit von sozialpolitisch umverteilenden Maßnahmen als nur über enge Allokationseffekte und vorgegebene allgemeine Gerechtigkeitsstandards zu debattieren.

6.3 Gerechtigkeitswahrnehmung, Motive, Verhalten und die Lösung von Koordinationsproblemen

Während sich die Bedeutung der Verteilung (Chancen, Einkommen, Vermögen) für die wahrgenommene Gerechtigkeit eines ganzen Systems mehr als nur andeutet, ist es mit der Frage nach dem „feudalen Segen" noch etwas komplizierter. Wir haben als ein Kernergebnis der sozialpsychologischen Gerechtigkeitsforschung festgehalten, dass Gerechtigkeitsurteile in Abhängigkeit vom Kontext gefällt werden. Das heißt aber auch, dass die Menschen der Arbeitsteilung in Unternehmungen, innerhalb der Familie, über den Staat oder über den Markt ganz verschiedene Regeln unterlegen können. Die Varianten müssen kognitiv nur klar genug voneinander trennbar sein. Sollte die Trennung vollständig sein und die Zusammenhänge der verschiedenen Koordinierungsmechanismen gar nicht mehr gesehen werden, dann werden Fairness-Standards in Unternehmungen nicht zwangsläufig Gerechtigkeitsideen für den Markttausch tangieren – zwei Kontexte und zwei Gerechtigkeitsregeln. Effekte sind dennoch plausibel, wenngleich noch nicht hinreichend empirisch unterlegt. Ein Marktsystem wird deshalb so bezeichnet, weil Märkte als dominanter Modus der Koordinierung wahrgenommen werden – mit Einsprengseln traditioneller und hierarchischer Organisation der Arbeitsteilung. Die Größe der marktalternativen Systeme kann dann eine Rolle spielen, wenn es um allgemeine Usancen des Umgangs miteinander geht. Lügen und Betrügen im Markt und gleichzeitig Ehrlichkeit und Halten von Versprechen in anderen Kontexten ist zwar denkbar, aber sicher nicht frei von Dissonanzen, wenn es um das eigene Selbstbild geht (welche Art Mensch bin ich?). Dann ist es von erheblicher Bedeutung, dass die Alternativen wie familiäre Koordinierung als Rechte-Pflichten-System nicht zu unbedeutend werden. Sofern der nicht-anonyme Zusammenhang von Familien und Gruppen innerhalb von Unternehmungen (und Behörden) nichtmarktlicher Koordinierung *allgemeine* gesellschaftliche Normen deutlich formt, ist das von entscheidender Bedeutung für die Transaktionskosten der anonymen Markttransaktionen, letztlich für die Funktionsfähigkeit der Gesamtkoordinierung.

6.4 Schlussfolgerungen für die Sozialpolitik und die Umverteilung

Wir haben in den bisherigen (langen) Ausführungen ein weitreichendes Anforderungsprofil für sozialpolitische Programme in Marktökonomien entwickelt. Erstens ist neben anderen Politikfeldern auch die Sozialpolitik angefragt, wenn es um die Lösung allokativer Probleme von Märkten geht, die etwa durch externe Effekte oder asymmetrische Informationen ausgelöst werden. Dabei müssen auch Interdependenzen und Verkettungen zwischen einzelnen Märkten bedacht werden. Zweitens gibt es sehr heterogene allgemeine Gerechtigkeitsvorstellungen als Leitideen für die Sozialpolitik, die alle zu verschiedenen Vorschlägen hinsichtlich der sozialpolitischen Gestaltung führen. Regelgerechtigkeitsvorstellungen im NOZICK-Sinne sind eher mit Ideen zu einem „Minimalsozialstaat" verbunden als Ansätze zur Chancengerechtigkeit oder zur Notwendigkeit von Einkommensumverteilungen zur Verbesserung der materiellen Situation der Ärmsten, zur Stärkung der Befähigung der Gesellschaftsmitglieder oder zur Gewährung annähernd gleicher Auswahlchancen. Diese beiden Ebenen – Allokation und Gerechtigkeit i.S. von Einkommens- oder Chancengerechtigkeit – werden traditionell in der Theorie der Sozialpolitik behandelt. Wir haben ein noch viel weiteres Feld eröffnet.

Drittens müssen nämlich die komplexen Wechselwirkungen verschiedener Modi der Koordinierung der Arbeitsteilung bedacht werden. Markt, Hierarchie und Tradition stehen nicht einfach nebeneinander, wenn sie sich durch komparative Vorteile im Wettbewerb der Institutionen herausgebildet haben. Sie greifen z.b. auf identische Instrumente zurück (Lohn im Spannungsfeld zwischen Arbeitsmarkt und unternehmerischer Personalpolitik als eines von vielen Beispielen). Unternehmungen agieren selbst wieder auf Märkten und unterliegen dadurch speziellen Anforderungen und Nebenbedingungen. Familienmitglieder erstellen nicht allein im Familienzusammenhang Leistungen. Sie nutzen Marktgüter, sind erwerbstätig und haben zu entscheiden, wer aus der Familie in welchem zeitlichen Ausmaß in einem anderen Modus die Mittel erwirtschaftet, um solche Marktgüter zu erwerben, die dann im häuslichen Produktions- und Koordinierungsprozess weiter bearbeitet oder benutzt werden. Eine sinnvolle sozialpolitische Maßnahme für Märkte kann gleichzeitig „Verwerfungen" für andere Koordinierungsformen mit sich führen, was es zu bedenken gilt, damit nicht insgesamt eine dysfunktionale Lösung implementiert wird, die sowohl allokativ als auch aus Gerechtigkeitssicht ungewünscht ist.

Viertens – und hier kann man fast graue Haare vor lauter Verwicklungen bekommen – wird durch den Einfluss der Sozialpolitik auf die Güte der jeweiligen Steuerung der verschiedenen Modi auch deren komparative Vorteilhaftigkeit beeinflusst. Wenn es sozialpolitisch z.B. gelingt, wesentliche Risiken der Marktsteuerung wie schwankende Einkommen, Arbeitslosigkeit u.a. abzusichern, verbessert es die Vorteilhaftigkeit dieses Modus gegenüber anderen, vor allem, wenn die anderen spezifischen Risiken nur sehr begrenzt berücksichtigt werden. Das kann zur Konsequenz haben, dass z.B. familiäre Arbeitsteilung geschwächt wird. Familienmitglieder gehen verstärkt einer Erwerbstätigkeit nach und haben dadurch Ansprüche z.B. an die Sozialversicherungen. Da sie dann die Absicherung der Marktrisiken mitfinanzieren, wird es umso schwieriger, ähnliche Probleme von nicht-erwerbstätigen oder von nur in geringem Umfang erwerbsfähigen Familienmitgliedern in den Griff zu bekommen – z.B. im Hinblick auf materielle und pflegerische Unterstützung im Alter.

Das kann dazu führen, dass Familien vor immer größeren Problemen stehen, intern einen Teil der Leistungen im Pflichtensystem zu erbringen. Wenn aber gleichzeitig Familien, bestimmte Unternehmensformen etc. essenziell dafür sind, welche allgemeinen Normen sich in der Gesellschaft bilden und dies wieder die Transaktionskosten der Marktsteuerung beeinflusst, darf die Sozialpolitik nicht aus dem Auge lassen, dass es darum gehen muss, die allokativen und verteilungsrelevanten Aspekte aller drei idealtypischen Modi und ihrer konkreten Ausformungen in den Blick zu nehmen, unter Umständen sogar selektiv einen Modus zu begünstigen z.B. durch die Familienpolitik oder durch gemeinwesenorientierte Maßnahmen, damit die für Märkte funktionalen Normen unterstützt werden bzw. nicht in Gefahr geraten. Und zu allem Überfluss müssen dabei die erwähnten Verflechtungen einzelner Märkte und der verschiedenen Modi untereinander bedacht werden. Ob und welche Lösungen es für all das geben könnte, werden wir nun im nächsten Kapitel untersuchen. Dabei wird selbstverständlich auch das derzeitige deutsche System der Sozialen Sicherung dargestellt.

Grundlegende Literatur

BASU, KAUSHIK (2011): Beyond the Invisible Hand. Groundwork for a New Economics. Princeton/Oxford: Princeton University Press.

BENDER-JUNKER, BIRGIT und KUBON-GILKE, GISELA (2011): Gerechtigkeit. In: Herrmann, Volker, Hoburg, Ralf, Evers, Ralf und Zitt, Renate (Hrsg.): Theologie und soziale Wirklichkeit – Grundbegriffe. Stuttgart: Kohlhammer, S. 107-115.

HEIDBRINK, HORST (1992): Gerechtigkeit. Eine Einführung in die Moralpsychologie. München: Quintessenz.

HIRSCHMAN, ALBERT O. (1993): Entwicklung, Markt und Moral. Abweichende Betrachtungen. Aus dem Amerikanischen von Joachim Milles und Hartmut Stahl. Frankfurt a.M.: Fischer.

MIKULA, GEROLD (2002): Gerecht und ungerecht: Eine Skizze der sozialpsychologischen Gerechtigkeitsforschung. In: Jahrbuch Normative und institutionelle Grundfragen der Ökonomik 1, S. 257-278.

SCHLICHT, EKKEHART (1984): Die emotive und die kognitive Gerechtigkeitsauffassung. In: Ökonomie und Gesellschaft 2, S. 141-157.

7 Ziele, Aufgaben, Möglichkeiten und Grenzen der Sozialpolitik im Spannungsfeld unterschiedlicher Koordinationssysteme

Was ist sozial? Facebook wird als soziales Netzwerk bezeichnet. Im Duden heißt es, dass alles sozial ist, was dem Gemeinwohl dient. Dient Facebook also dem Gemeinwohl, weil sozial als Adjektiv vorangestellt wird? Ältere Lexika definieren viel allgemeiner. Sozial wurde danach früher synonym zu „gesellig" oder „verträglich" verstanden. Ursprünglich war das Soziale – überspitzt formuliert – eine Art Stammtischgemeinschaft. So etwas Ähnliches ist Facebook ja vielleicht auch. In dieser sehr allgemeinen und früher gängigen Interpretation als „Geselligkeit" ist das Soziale *jede* gesellschaftliche Ordnung und Struktur, die sich etabliert hat. Mit Gerechtigkeit, Freiheit o.ä. als spezielles Kennzeichen hat das zunächst noch nichts zu tun. Auch feudale Ordnungen mit allen Unfreiheiten bis hin zur (Halb-)Sklaverei sind in diesem Sinne sozial. Das Verständnis des Sozialen änderte sich Mitte des 19. Jahrhunderts mit einer Bedeutungsverschiebung des Begriffs. Seit dieser Zeit wird das Adjektiv „sozial" inhaltlich konkreter hinsichtlich Gerechtigkeits- und Freiheitsvorstellungen verstanden. Auf dieser Grundlage fand das Allgemeinwohl Eingang in die Definition des Sozialen.

Der Grundgesetzartikel „Die Bundesrepublik Deutschland ist ein sozialer Rechtsstaat" fußt sicherlich auf der Allgemeinwohlvorstellung und folgt nicht der „Geselligkeitsdefinition". Wir haben jedoch im vorherigen kurzen Kapitel gesehen, dass „sozial" auch eine Leerformel sein kann, weil sich viele, z.T. deutlich widersprechende Vorstellungen zu Gerechtigkeit und Freiheit dahinter verbergen können. Als unsozial oder ungerecht möchte sicherlich niemand gelten. Dennoch kommen Menschen, Gruppen, Parteien und Kulturen zu höchst unterschiedlichen Ideen darüber, wie denn die Politik dem Sozialen, dem Allgemeinwohl, dienen kann – allein wegen der vielen, differenzierten inhaltlichen Füllungen des Begriffs.

7.1 Geschichte der deutschen Sozialpolitik

Soziales Engagement gab und gibt es in jedem Koordinierungssystem und zu allen Zeiten. Doch erst seit dem Wechsel aus dem Feudal- in ein Marktsystem im 19. Jahrhundert wurde Sozialpolitik als Aufgabe der gesamten Gemeinschaft eines Landes, letztlich des Staates, bedeutsam – allerdings erst nach zeitlicher Verzögerung mit ersten zaghaften Maßnahmen, später umfassender umgesetzt. Vor dem Übergang zu überwiegend marktlicher Steuerung war in den feudalen Strukturen Mildtätigkeit und Unterstützung Bedürftiger entweder nur Gebot für Privatleute, oder Organisationen wie die Kirchen kümmerten sich um die Unterstützung Bedürftiger. Kommunen unterhielten rudimentäre Unterstützungssysteme. Gilden und Zünfte sicherten in geringem Maße die Existenzen ihnen zugehöriger Menschen. Vor allem waren die Grundbesitzer in der „Pflicht". BäuerInnen hatten besonders viele Verpflichtungen in dem speziellen Traditionssystem des Feudalsystems. Sie mussten Naturalabgaben leisten und vor allem die Männer Fron- und Kriegsdienste verrichten. Im Gegenzug gewährten ihnen die Gutsherren eine bescheidene Existenzgrundlage und auch eine gewisse Unterstützung im Bedarfsfall, wenn keine bäuerlichen Leistungen erbracht werden konnten – bei Krankheit und im Alter. Man könnte es als eine Art „Recht" der BäuerInnen interpretieren, weil sich viele Grundbesitzer zumindest in geringem Maße dieser Pflicht auf Gegenseitigkeit tatsächlich stellten.

Allerdings war es kein Recht, das von den BäuerInnen auch eingeklagt hätte werden können. Es ging eher um die Usancen in dem Feudalsystem, das den Beteiligten Rechte und Pflichten auferlegte – meist informeller Natur. Rechtlich verankert war die Hilfe und Unterstützung für die BäuerInnen nicht. Es hätte wohl auch wenig genutzt, da die Grundherren gleichzeitig auch die Richter waren. Schwarze Schafe gab es unter den Begüterten, meist Adeligen, zur Genüge. Sie erzwangen notfalls mit Gewalt die Pflichten, verweigerten jedoch Hilfen. Sie trennten sich nach Belieben von ihren Schutzbefohlenen, verschacherten sie als Söldner usw. Für die BäuerInnen war es fast eine Art unfreiwillige Lotterie, ob sie an Grundherrn gebunden waren, die ihre informell auferlegten Pflichten erfüllten, sie menschenwürdig behandelten oder nicht.

Hinsichtlich der Partizipation bzw. Inklusion neigen manche WissenschaftlerInnen zu einer gewissen Romantisierung der „guten alten Zeit". Sie stellen Feudalstrukturen – ähnlich wie Marktenthusiasten das Marktsystem – als eine spezielle Friede-Freude-Eierkuchen-Welt dar, weil so gut wie jede Person in irgendeiner Weise in den Produktionsprozess eingebunden war. Auch für Menschen mit Behinderungen wurden irgendwelche Tätigkeiten gefunden, die sie gut verrichten konnten. Das ist sicherlich eine wichtige

Form der Partizipation, da diese Individuen mit Handicaps sowohl in den Arbeits- als auch Gemeinschaftsbereich eingebunden waren. Dennoch sollte man Vorsicht beim Gesamturteil walten lassen.

Denn erstens gab es auch zu diesen Zeiten Entwurzelte, die als BettlerInnen oder als BewohnerInnen von Armenhäusern kaum ihre Existenz sichern konnten. Sie fielen aus dem Rechte-Pflichten-System heraus. Zweitens waren viele Menschen unfrei. Insbesondere die BäuerInnen lebten unter Bedingungen der Halb-Sklaverei. Sie konnten ihren Wohn- und Arbeitsort nicht frei wählen, und nicht einmal Entscheidungen zur Ehe und Familiengründung konnten sie unabhängig treffen.[87] Politische Mitsprache war weiten Bevölkerungsteilen gänzlich unmöglich. Freiheit war untrennbar mit Eigentum verbunden. Wer nichts hatte, der/dem wurde auch keine weitgehende freie Entscheidung über die eigene Lebensgestaltung zugesprochen. Dann noch von Inklusion oder Teilhabe zu sprechen, ist fast schon verwegen. Friede-Freude-Eierkuchen-Welten, so steht es zu befürchten, gibt es in keinem der idealtypischen Koordinationssysteme – weder in reinen Marktumgebungen noch in zentralverwalteten Ökonomien und auch nicht in Traditionssystemen, die über Rechte und Pflichten gesteuert werden.[88]

Auf dem Weg zum Übergang vom Feudal- zum Marktsystem wirkten verschiedene Kräfte gleichzeitig und in einer hydraulischen Art und Weise zusammen. Die Vorteile des anonymen Tausches wurden immer größer, möglicherweise durch geänderte Normen – so wie es Max WEBER hinsichtlich der Bedeutung der protestantischen Ethik für die Auferstehung des Kapitalismus vermutete. Andere Möglichkeiten der Produktion entstanden durch Ideen

---

[87] Indizien für die Ungleichheit und Ausschließung liefert u.a. die Geschichte der Nachnamen in Deutschland. Lange Zeit gab es neben den Rufnamen nur „Beinamen" zur Auszeichnung oder zur Charakterisierung wie Karl der Große oder, um seinen Vater zu nehmen, Pippin der Kurze. Erst wurden für gewöhnliche Menschen die Beinamen als solche selbst zusätzlich noch kenntlich gemacht so wie etwa Otto, genannt der Schulze. Erst mit der Vererbung von Eigentum und mit höherer Mobilität der Menschen entwickelten sich als institutionalisierte Regel Nach- und Familiennamen, die i.d.R. vom Vater auf den Sohn übergingen. Es begann mit dem Adel im 12. Jahrhundert, kurze Zeit später hatten auch Bürgerliche Nachnamen. Viel später erst (ab dem 14. Jahrhundert) war das bei Bauern der Fall – sie waren erstens immobil und hatten zweitens kein Eigentum, das hätte vererbt werden können (vgl. z.B. eine „Ahnenforschungsseite" im Internet: http://www.heinlenews.de/nachname.htm (Abruf: 27.12.2012)

[88] Sehr drastisch wird z.B. die Lage des Volkes zu Zeiten des Sonnenkönigs LUDWIG XIV. beschrieben. Die Ungleichheit zwischen Adel und allen anderen – vor allem dem Bauernstand – war exorbitant. Der unglaubliche Reichtum auf der einen Seite und die erbärmlichen Lebensumstände der anderen erscheinen heute fast unvorstellbar. BäuerInnen waren zudem unfrei, und der Adel schaute voller Verachtung auf das Volk, das er mehr als „Vieh in Menschengestalt" abwertete (vgl. MESENHÖLLER 2010).

zur Nutzung von Erfindungen wie der Dampfmaschine. Diese Vorteile führten an sich schon zu Änderungen in der Koordinierung. Das alles war begleitet – mit Vor- und Nachläufern – von geänderten Vorstellungen zum politischen und sozialen System. Vor allem Freiheitsideale gewannen erheblich an Gewicht. Besondere Bedeutung erlangten dabei sowohl der politische als auch der wirtschaftliche Liberalismus, wobei beide Richtungen keineswegs nur widerspruchsfreie Forderungen an die politische Gestaltung stellten[89].

Der politische Liberalismus wurde im Laufe der Zeit so stark, dass Freiheitsrechte Verfassungsrang bekamen. Der wirtschaftliche Liberalismus setzte sich mehr und mehr durch. So wurden in Preußen erstmals 1808 ein fast allgemeines und freies Männerwahlrecht und 1810 die Gewerbefreiheit eingeführt. Diese Reformen waren grundlegend, weil sie die bislang gültige Ordnung in gewisser Weise auf den Kopf stellten. Zuvor noch, im Jahr 1807, fand die sogenannte Bauernbefreiung auf rechtlicher Ebene ihren Niederschlag. Die extremen wirtschaftlichen, sozialen und persönlichen Abhängigkeiten der BäuerInnen passten so gar nicht mehr in das liberale Bild und das langsam aufkommende Marktsystem. LAMPERT/ALTHAMMER (2004: 30) beschreiben es so, dass mit der Bauernbefreiung die eigentliche Auflösung des tausendjährigen Feudalsystems vollzogen wurde.

Kompliziert wurde es, weil nicht nur die formalen Freiheiten zu vergeben waren, sondern darüber hinaus auch geregelt werden musste, wie denn die neuen Eigentumsverhältnisse aussehen sollen. Wem gehört nun das Land, dass die vormals unfreien BäuerInnen bewirtschaftet hatten? Die Bauern (tatsächlich ging es mal wieder um die Männer) kamen bei den konkreten Regeln nicht besonders gut weg. Eigentum an Land für Frauen? Decken wir das verschämte Mäntelchen des Schweigens darüber. Sofern Bauern überhaupt Landeigentum übertragen wurde, waren die Parzellen meist so klein, dass es einer Familie durch die Bewirtschaftung nicht gelingen konnte, ihre Existenz zu sichern. Nun hatten sie zwar mehr Freiheiten, waren aber natürlich gleichzeitig aus der Sorgepflicht der Gutsherren entlassen. Die Bauernbefreiung pervertierte in gewissem Maße, weil die nicht konkurrenzfähigen Kleinbauern nun ihr Land meist gegen einen extrem niedrigen Preis an die Grundbesitzer verkaufen mussten. In Ostelbien wurde es als „Bauernlegen" bezeichnet, wenn den oft hochverschuldeten und planerisch wie wirtschaftlich

---

[89] Die folgenden Ausführungen orientieren sich eng an LAMPERT/ALTHAMMER (2004: 1. Kapitel); viele Erläuterungen aktueller sozialpolitischer Regelungen späterer Unterpunkte sind Wikipedia und den Internetseiten der zuständigen Ministerien entnommen. Einen vorzüglichen Überblick über die Geschichte der Sozialpolitik bieten BOECKH/ HUSTER/BENZ (2011), ebenfalls einen sehr guten Überblick über das aktuelle Sozialsystem in Deutschland.

überforderten Bauern das Messer an die Kehle gesetzt wurde und sie gegen „einen Apfel und ein Ei" ihren Grund verkaufen mussten. Die vormals Leibeigenen wurden nun zu Entwurzelten, die massenhaft neue Existenzgrundlagen suchten. Sie strebten in die Städte und in Gegenden, in denen es Fabriken und vermeintliche Arbeitsmöglichkeiten gab. Die ersten größeren Fabriken rekrutierten vor der Bauernbefreiung ihre ArbeiterInnen noch vor allem aus der Vielzahl der Menschen, die schon zuvor außerhalb des Systems standen: aus dem Heer der BettlerInnen, entlassenen Soldaten u.a. Nun kamen die freien, aber völlig verarmten und schutzlosen ehemaligen BäuerInnen dazu. Die fehlende Fürsorge durch die Grundherren führte ja dazu, dass es für die Betroffenen noch schwieriger und unsicherer wurde, ihre Existenz im Krankheitsfall oder im Alter zu sichern. Die einzige Möglichkeit bestand zunächst darin, dass die eigenen Kinder diese Aufgabe übernahmen. Da nun auch niemand mehr in die Familienplanung hineinreden durfte – das Recht hatten zuvor die Grundherren z.B. hinsichtlich des Heiratsalters – ist es nachträglich gar nicht so verwunderlich, dass es geradezu zu einer Bevölkerungsexplosion kam. Im Deutschen Reich z.B. wuchs die Bevölkerung von 24,8 Millionen Menschen im Jahr 1816 auf 64,5 Millionen im Jahr 1910. Folge war, dass die Zahl der Arbeitsuchenden relativ schnell sehr groß wurde, die Nachfrage sich jedoch immer noch in eher engeren Grenzen entfaltete und die Fabrikbesitzer zudem monopsonistische Spielräume bei der Lohnsetzung nutzen konnten. Effizienzlohnprobleme traten damals bei den hoch standardisierten Industrietätigkeiten so gut wie nicht auf.

Die gewiefte LeserIn ahnt, welche Folgen das alles hatte: extrem niedrige Löhne, sehr schlechte Arbeitsbedingungen, lange Arbeitszeiten, weder Schutz vor willkürlichen Entlassungen noch Ansprüche auf Lohnfortzahlung im Krankheitsfall oder bei Erwerbsunfähigkeit. Frauen- und Kinderarbeit wurden zur Regel, und zwar noch zu viel schlechteren Konditionen (Frauen bekamen Löhne, die etwa 60% der Löhne für Männer entsprachen). Um 1860 betrug die wöchentliche Arbeitszeit 78 Stunden. Viele Kinder ab etwa acht Jahren mussten täglich über 10 Stunden in den Fabriken arbeiten. Unter solchen Umständen konnten Familien nicht viele Gedanken an Bildung „verschwenden". Die wirtschaftliche und soziale Lage der ArbeiterInnen war desaströs. Sie konnten gerade so ihre Existenz sichern, wenn die ganze Familie zu sehr ungünstigen Bedingungen in den Fabriken arbeitete. Und alles war in hohem Maße unsicher, da sie u.a. von einem auf den anderen Tag die Kündigung erhalten konnten.

Aus all dem entstand die sogenannte Arbeiterfrage, manchmal auch als soziale Frage des aufkommenden Kapitalismus beschrieben. Eigentum und Freiheit waren nun im neuen liberalen Verständnis voneinander unabhängig. Es wurde durch die Verarmung der ArbeiterInnen, die unter unwürdigen

Bedingungen leben mussten, aber eine im problematischen Sinne rein formale, negativ verstandene Freiheit, bei der die ArbeiterInnen zwar vieles rechtlich an Freiheitsrechten zugesprochen wurde, was sie zuvor nicht hatten, aber eine wirkliche Auswahl aus verschiedenen Möglichkeiten der Lebensgestaltung stand ihnen de facto nicht offen.

Im Übergang von einem System in ein anderes brachen Schutzmechanismen zusammen, neue waren noch nicht entstanden. Ungleichheit, Ausgrenzung und Armut großer Bevölkerungskreise stiegen zunächst, und zwar dramatisch. Weite Kreise der Wohlhabenden hatten mit alldem keine sonderlichen Probleme. Sie nahmen die Zustände eher gleichmütig hin. Die Emporkömmlinge setzten eher auf Abgrenzung von der ArbeiterInnenklasse. Die vormals schon Privilegierten einte noch ein ausgeprägtes Klassenbewusstsein, das trotz all der Umbrüche nicht von heute auf morgen verschwand. Die Situation der ArbeiterInnen wurde eher mit Desinteresse gesehen, höchstens Ängste vor Aufständen brachte einige zum Nachdenken darüber, ob nun nicht der Staat Aufgaben zu übernehmen habe, die vordem durch die Fürsorgepflicht der Grundherren übernommen wurden bzw. werden sollten. Ausnahmen bestätigen die Regel, und sie gewannen mit der Zeit an Gewicht. Immer mehr Menschen empfanden die extremen Ungleichheiten als dissonant zum neuen Freiheitsverständnis, zu liberalen Grundpositionen oder zu ihren ethischen Prinzipien. So speiste sich die KritikerInnenschar an den sozialen Zuständen auch aus ganz verschiedenen politischen und sozialen Lagern:

– Die meisten Unternehmer (keine Frauen darunter) kämpften zwar eher um gesellschaftliche Anerkennung und setzten ihre eigenen Interessen rigoros und ohne Rücksicht auf die Belange der ArbeiterInnen durch, aber schon früh meldeten sich Unternehmerpersönlichkeiten zur sozialen Frage. Sie setzten in ihren Fabriken eigene günstigere soziale Standards um, verbesserten die Lage ihrer ArbeiterInnen und unterbreiteten teilweise auch politische Vorschläge für erste sozialpolitische Programme. Die bekanntesten dieser sozial engagierten Unternehmer sind Ernst ABBÉ, Robert BOSCH und Alfred KRUPP. Deren Vorstellungen waren allerdings ziemlich unterschiedlich. An früherer Stelle wurde bereits darauf hingewiesen, dass KRUPP eher ein patriarchalisches, feudales Verständnis zeigte, also sich in gewissem Sinne „wohltätig" zeigte, aber auch Wohlverhalten privat wie politisch einforderte. ABBÉ hingegen hatte modern anmutende Partizipationsvorstellungen. Er räumte ArbeiterInnen Selbstbestimmungsrechte ein, und er ermunterte sie auch fast schon zu politischer Aktivität. Er selbst hatte bereits damals politisch die Idee eines sozialen Rechtsstaates im Kopf.

– Kirchenvertreter meldeten sich ebenfalls. Die evangelische Kirche tat sich als Staatskirche allerdings schwer, die staatliche Ordnung zu kritisieren und staatliches sozialpolitisches Engagement zu fordern. Von evangelischer Seite kamen vor allem Appelle an die Reichen, sie müssten ihren sozialen Pflichten nachkommen. Auch erste kirchliche Hilfswerke – u.a. dank des Einsatzes von Johann Hinrich WICHERN – entstanden. Zur Forderung nach einer staatlichen Sozialpolitik konnte sich die offizielle Kirche aus Staatsräson jedoch nicht durchringen. Eine ganz wesentliche Entwicklung wurde durch einen evangelisch sehr stark geprägten Reformer dennoch angestoßen. Friedrich Wilhelm RAIFFEISEN leistete bahnbrechende Arbeit zum Aufbau von Vereinen auf Gegenseitigkeit, mit deren Hilfe Kredite, Versicherungen, die Versorgung mit Wohnraum sowie die preisgünstige Lebensmittelversorgung gelangen. Er war einer der wichtigsten Initiatoren und Wegbegleiter der Genossenschaftsidee. Auch im Katholizismus spielten Appelle an die Mildtätigkeit sowie die Selbsthilfe der ArbeiterInnen eine große Rolle. Katholische Persönlichkeiten wie Wilhelm Emmanuel Freiherr VON KETTELER engagierten sich darüber hinaus aber auch politisch. KETTELER forderte u.a. die Abschaffung von Kinderarbeit. Dennoch sah auch er noch nicht den Staat hauptsächlich in der Pflicht. Von der Kirche erwartete er, dass sie Krankenhäuser und Armenhäuser unterhalten sollte. Und auch der genossenschaftlichen Selbsthilfebewegung gab er Impulse. Letztlich sah er es als den einzigen langfristig zielführenden Weg an, dass die ArbeiterInnen mit Hilfe der Kirche in die Lage gebracht werden, sich durch Selbsthilfe in eine bessere Situation zu versetzen. Das verstand er als Ausdruck des Subsidiaritätsprinzips. Er prägte trotz dieses Subsidiaritätsverständnisses maßgeblich das sozialpolitische Programm der damals im Reichstag vertretenen Zentrumspartei. Durch die Formulierung der katholischen Sozialehre gewann die katholisch orientierte Bewegung in ganz Europa an Gewicht. Besonders wichtig wurden Anregungen aus diesem Kreis der Befürworter der christlichen Sozialehre für die erste Sozialenzyklika „Rerum novarum" von Papst Leo XIII. aus dem Jahr 1891.

– An den Universitäten formierten sich ebenfalls einige Kräfte zur Durchsetzung sozialpolitischen Engagements des Staates. 1872 wurde der „Verein für Socialpolitik" gegründet. Vor allem einige der Gründungsmitglieder wie die Universitätsprofessoren Lujo BRENTANO und Gustav SCHMOLLER gewannen an Einfluss. Durch die Kongresse, die der Verein organisierte und durchführte, sowie über Veröffentlichungen aus dem Verein – der übrigens noch heute die bedeutendste Vereinigung von VolkswirtInnen des deutschsprachigen Raums ist – wurden wesentliche Anregungen für die tatsächliche, wenngleich zögerlich einsetzende staatliche Sozialpolitik gegeben. SCHMOLLER sah das insbesondere als funktional für das gesellschaftliche Miteinander. Ihn trieben nicht allein ethische Gesichtspunkte. Seine Sorge war, dass die extreme Armut der ArbeiterInnen und die stark ausgeprägte gesellschaftliche Ungleichheit Klassenkampf und revolutionären Bestrebungen Auftrieb gibt. Deshalb schlug er vor, den (liberalen) Staat zu ergänzen und Sozialgesetze zu erlassen, damit „den Gefahren der sozialen Zukunft die Spitze abgebrochen wird". Eine seiner Hauptforderungen zielte auf die Schaffung von Sozialversicherungen, damit die Existenzrisiken der ArbeiterInnen verringert werden. Das sozialpolitische Programm des Staates wollte er eigentlich auf ein bis zwei Generationen beschränken. Er hatte – wie schon einmal erwähnt – die Vorstellung, dass die ArbeiterInnen in ihrer vermuteten Unmündigkeit, wenn nicht gar Dummheit, es erst einmal durch Zwang lernen müssten, wie wichtig es ist, für die Wechselfälle des Lebens Vorsorge zu treffen.

– Die meisten Beamten und Abgeordneten (wieder nur Männer) standen dem Problem und den Forderungen nach sozialem Ausgleich so wie ja auch weite Teile des Bürgertums und Adels verständnislos gegenüber. Ein wichtiger Vorschlag wurde aus diesem Kreis jedoch unterbreitet. Es war der Regierungssekretär Ludwig GALL, der bereits im Jahr 1825 erste Ideen dazu entwickelte, dass der Staat in die Infrastruktur investieren müsse, um für bessere Beschäftigungsmöglichkeiten zu sorgen. Andere Beamte und Politiker machten sich verdient um Bemühungen zum Kinderschutz und des allgemeinen ArbeiterInnenschutzes. Auch dies formulierten sie oft mit eher funktionalen Argumenten. So wurde es als ein Problem gesehen, dass Knaben durch langes, gesundheitsgefährdendes Arbeiten in den Fabriken an Wehrtauglichkeit verlieren. Die Eindämmung von Kinderarbeit wurde gefordert, damit dem Staat viele gesunde, kräftige Soldaten zur Verfügung stehen. Gegen große Widerstände setzte es schließlich Reichskanzler Otto Fürst VON BISMARCK durch, dass die Basis für eine systematische staatliche Sozialpolitik gelegt wurde. Unter seiner Verantwortung entstanden das Unfallversicherungsgesetz, das Krankenversicherungsgesetz sowie das Invaliditäts- und Altersversicherungsgesetz.

– Einigen ging das alles nicht weit genug. Sie wollten das aufkommende neue System des Marktes kapitalistischer Prägung wieder abschaffen, die alte feudale Ordnung aber gleichsam nicht wiederbeleben. Sie folgten Idealen, die sie weder im Feudalismus noch im Markt-Kapitalismus als umsetzbar ansahen. Die aktuellen Ungleichheits- und Armutsprobleme ihrer Zeit dienten ihnen als Indizien für grundsätzliche Systemschwächen und sie formulierten Theorien, warum diese Probleme aus ihrer Sicht systematisch auftreten, die Ungleichheit immer größer werden müsste und das kapitalistische System zum zwangsläufigen Kollaps verurteilt sei. Die wichtigsten Persönlichkeiten der sozialrevolutionären Richtung waren Friedrich ENGELS und Karl MARX. Insbesondere die politische Position, die im Kommunistischen Manifest aus dem Jahr 1848 formuliert wurde, gewann direkten und indirekten Einfluss auf die Sozialpolitik. Direkte Wirkung hatte es dadurch, dass sich viele Menschen der Position von ENGELS und MARX anschlossen und somit in der Gesellschaft revolutionäres Potential aufgebaut wurde. Indirekte Wirkung erzeugte es durch Hinweise auf eklatante Missstände, aber insbesondere durch die Sorge unter den Begüterten, dass die revolutionären Gedanken von immer größeren Kreisen der Bevölkerung unterstützt werden und sie ihre Privilegien verlieren könnten.

Warum kamen eigentlich keine Frauen in der Aufzählung von Persönlichkeiten vor, durch die Impulse für staatliche Sozialpolitik gesetzt wurden? Frauen konnten keine große Rolle spielen. Die alten Feudalstrukturen prägten immer noch die Geschlechterbilder, was sich auch gesetzlich verankert hatte. So genossen Frauen im 19. Jahrhundert weder passives noch aktives Wahlrecht. Damit konnten sie gar nicht in den Parlamenten vertreten sein. Der Zugang zu Universitäten war ihnen versperrt, deshalb gab es auch keine WissenschaftlerInnen, die sich zu Wort hätten melden können. Und auch die unternehmerischen Optionen waren durch Einschränkungen in den Möglichkeiten, Eigentum zu bilden und zu nutzen, für Frauen so gut wie nicht vorhanden. Liberale Ideen brauchten sehr lange Zeit, bis es zu ersten Durchbrechungen der Abhängigkeit von Frauen von ihren Eltern oder Ehemännern kam.

Die z.T. von wenigen einflussreichen Vordenkern entwickelten Leitideen und Reformvorschläge überzeugten auch andere, und es entstanden soziale Bewegungen. Bedeutsam wurde die Arbeiterbewegung. Die erste Richtung dieser Bewegung trachtete danach, politische Rechte durchzusetzen und politisch mitzuwirken. Daraus entstand als besonders bedeutende Kraft die Sozialdemokratische Arbeiterpartei Deutschlands. Die zweite Richtung war unmittelbarer Selbsthilfe gewidmet. Als Gegenkraft zur unternehmerischen Macht bei der Bestimmung der Arbeitskonditionen bildeten sich Gewerkschaften. Außerdem wurden große Selbsthilfeorganisationen wie Produktiv- und Konsumgenossenschaften gegründet.

Die christlich soziale Bewegung verfolgte ebenfalls hauptsächlich den Weg zur Unterstützung der Selbsthilfe. Sie fand eher als die Arbeiterbewegung Unterstützung z.B. in der Beamtenschaft. Schon damals formierte sich auch eine liberale soziale Bewegung.

Arbeiterparteien konnten sich erst bilden, als nach und nach – so wie in Sachsen und dem Norddeutschen Bund – das Koalitionsverbot gelockert bzw.

aufgehoben wurde. Zuvor waren u.a. Zusammenschlüsse von Arbeitern (Arbeiterinnen erst recht) zur Durchsetzung ihrer gemeinsamen Interessen nicht zugelassen. 1875 wurde die Sozialistische Arbeiterpartei gegründet. Sie ging u.a. aus der Sozialdemokratischen Arbeiterpartei hervor und war zum Gründungszeitpunkt einzige Arbeiterpartei. Die Partei wurde stark und errang 1877 bei den Reichstagswahlen so viele Mandate, dass BISMARCK das sogenannte Sozialistengesetz durchsetzte. Offiziell hieß es „Gesetz zur Abwehr der gemeingefährlichen Bestrebungen der Sozialdemokratie". 1878 wurde das Gesetz vom Reichstag verabschiedet und blieb mit mehrfachen Verlängerungen bis 1890 in Kraft. Konsequenz war, dass politische und wirtschaftliche Arbeiterorganisationen rigoros zerschlagen wurden. Presse- und Versammlungsfreiheit wurden – ganz gegen liberale Vorstellungen – eingeschränkt. Viele Aktivisten (auch hier keine oder nur sehr wenige öffentlich wahrgenommene Frauen) der Arbeiterbewegung wurden zu Gefängnisstrafen verurteilt, viele ausgewiesen oder zur Emigration gezwungen. Dennoch konnte die Bewegung nicht komplett unterdrückt oder zerstört wurden. Nach Wiederzulassung wurde 1890 die SPD zur stärksten Fraktion des Reichstages. Als politische Kraft sorgte die Partei in vielen Ländern zur Abschaffung des Drei-Klassen-Wahlrechts, das zuvor vor allem den Grundbesitzern viel politischen Einfluss sicherte. Sozialreformen sind ebenso in hohem Maße ihrem Engagement geschuldet.

Die katholisch soziale Bewegung fand ihr Sammelbecken in der Zentrumspartei, die evangelische soziale Bewegung fand weniger allgemeine Zustimmung, war also auch zu keiner sehr durchsetzungskräftigen Organisation in der Lage. Niederschlag fand die Bewegung eher in der Inneren Mission oder in evangelischen Arbeitervereinen. Die liberale soziale Bewegung, die u.a. auch von dem einflussreichen Universitätsprofessor Gustav SCHMOLLER Unterstützung fand, konnte sich politisch auch nicht sehr schlagkräftig formieren, übte dennoch einen erheblichen Einfluss auf das sozialpolitische Programm aus.

Die Arbeiterbewegung formierte sich bekanntlich nicht allein durch Parteien, sondern auch durch Gewerkschaften. Auch hierbei bildeten sich verschiedene Richtungen, die deutlich unterschiedliche ideologische Ansichten vertraten. Gewerkschaften unterlagen ähnlich ungünstigen Bedingungen wie die Arbeiterparteien. Lange Zeit war es gegen schwere Gefängnisstrafen verboten, dass sich ArbeiterInnen zum Zwecke der kollektiven Durchsetzung von Lohninteressen zusammenschließen. Erst ab 1869 weichten diese Verbote nach und nach auf. Wieder war die Aufhebung des Koalitionsverbots Basis für die Gründung und vor allem die Etablierung von Arbeiterorganisationen. Es bildeten sich erstens *sozialistische* Gewerkschaften. Sie waren den Vorstellungen von MARX und ENGELS nah, wahrten aber ihre Unabhängigkeit von der sozialistischen Partei. Die Anerkennung als gleichwertiger Tarifpartner war ihnen anscheinend wichtiger als der Klassenkampf – so wird es zumindest heute gedeutet. Die Gruppe *christlicher* Gewerkschaften bildete zweitens fast einen Gegenpol. Sie lehnte den Klassenkampf grundsätzlich ab, betonte eine Art „Sozialpartnerschaft" und wollte selbst Streiks nur im allergrößten Notfall einsetzen. Das half der Gruppe als Bewegung aber insofern nichts, da sie von den Unternehmungen nicht weniger als die sozialistischen Gewerkschaften abgelehnt wurde. Noch weniger Mitglieder als die christliche Variante hatten drittens die *liberalen* Gewerkschaften, die auf Streiks gänzlich verzichten wollten und stets die Interessenharmonie von KapitalbesitzerInnen und ArbeiterInnen in den Vordergrund stellten. Alle Vereinigungen schafften es immerhin, politische Energie durch ihre Organisationen zu bündeln. Auch ihre vielfältigen Bestrebungen zur Selbsthilfe unterstützten es, dass sich so langsam erste sozialstaatliche Regelungen durchsetzen ließen.

Da sich die soziale Schieflage und die Armutsprobleme in erster Linie als ArbeiterInnenfrage offenbarten, ist es nicht verwunderlich, dass sich das damalige sozialpolitische Programm auf den Arbeitsmarkt und speziell die Situation der ArbeiterInnen bezog. Im 19. Jahrhundert wurde bereits die Grundlage unseres heutigen erwerbszentrierten Sozialstaatsmodells gelegt. Es begann Mitte des 19. Jahrhunderts mit ersten Maßnahmen zum ArbeitnehmerInnenschutz. 1839 wurde – übrigens ganz ähnlich wie in England, das einen gewissen Vorsprung in der Entwicklung eines Marktsystems hatte – in Preußen das „Regulativ über die Beschäftigung jugendlicher Arbeiter in Fabriken" erlassen. Die damit verordnete Arbeitszeitbegrenzung für Jugendliche war wohl tatsächlich hauptsächlich der Sorge um die Wehrtauglichkeit der jungen Männer geschuldet. Es dauerte aber nur bis zum Jahr 1845, bis allgemeinere Vorschriften erlassen wurden, z.B. zum Schutz aller ArbeiterInnen vor gesundheitlichen und sittlichen (!) Gefahren aus der Berufsausübung.

Kurze Zeit später kam der Lohnschutz hinzu. Hierbei ging und geht es bis heute nicht um den Schutz oder gar die Festlegung der Lohnhöhe, sondern um die pünktliche Lohnzahlung in landesüblicher Währung. Es war zuvor gar nicht so selten, Löhne in Form produzierter Waren, von Forderungen an andere Unternehmungen oder mit einer Art „Monopoly"-Geld auszuzahlen. Das wurde verboten. Noch bis Mitte des 20. Jahrhunderts gab es übrigens ähnliche Verfahren z.B. in den Salpeterminen der chilenischen Atacama-Wüste. Die Löhne wurden dort in einer eigenen Phantasiewährung gezahlt, Geld, das auch nur in unternehmenseigenen Läden akzeptiert wurde und weitere Ausbeutungs- oder Verflechtungsvorteile für die Minenleitungen mit sich brachte.

1883 fiel der Startschuss in Deutschland für die staatliche Sozialversicherung. Als erstes wurde eine Pflichtkrankenversicherung für ArbeiterInnen gegründet. Für Angestellte war das zunächst nicht vorgesehen – bei ihnen meinte man wohl, dass sie es bereits gelernt hätten oder an sich schon klug genug wären, Vorsorge zu treffen. 1884 folgte das Unfallversicherungsgesetz und 1889 das Gesetz zur Invaliditäts- und Alterssicherung. Die Reihenfolge ist kein Zufall. Durch die weitaus geringere Lebenserwartung im 19. Jahrhundert unter den ArbeiterInnen als heute erreichten damals gar nicht sehr viele ein Alter, bei dem sie sich um ihre Existenzgrundlagen mangels fehlender Arbeitseinkommen sorgen mussten. Krankheit stellte ein schlimmeres finanzielles Risiko als das Alter dar.

Es dauerte nicht sehr lange, bis alle ArbeitnehmerInnen in den Kreis der Pflichtversicherten der Sozialversicherungen überführt wurden. Nur Beamte waren und sind bis heute nicht betroffen, da sie vom Staat „alimentiert" werden. Es steckt eine fast feudale, zumindest traditionale Vorstellung dahinter: Menschen verpflichten sich zur gewissenhaften und staatstreuen Ausübung von Tätigkeiten – geben sich sozusagen mit ihrer ganzen Person in den Dienst des Staates und erfüllen getreulich die ihnen übertragenen Pflichten –, und der Staat übernimmt die gesamte Sorge um die Existenz der Menschen – durch Garantie einer lebenslangen Beschäftigung und einer umfassenden Versorgung auch im Krankheitsfall und im Alter. Das allein deutet schon an, dass wir es bei staatlicher Koordinierung mit einer anderen Systemlogik als im Marktsystem zu tun haben. Gehorsam bzw. Pflichten und Rechte spielen eine viel größere Rolle als Knappheitsgesichtspunkte.

Damals schon zeigte sich das Grundgerüsts des deutschen Sozialsystems selbst der heutigen Prägung. ArbeitnehmerInnen und ArbeitgeberInnen zahlten anteilig Beiträge in die Pflichtversicherungen ein, deren individuelle Höhe sich wiederum nach der Lohnhöhe der ArbeitnehmerInnen richtete. Konkrete Regeln wurden natürlich immer wieder angepasst und geändert, die Struktur blieb. Das ist allein deshalb interessant, weil es zwischendurch schlimmste gesellschaftliche und politische Verwerfungen gab, insbesondere durch den Nationalsozialismus und durch beide Weltkriege. Dennoch wurde in keiner der potentiellen tabula-rasa-Gelegenheiten nach Ende der Kriege die Systemlogik vollständig geändert. Ergänzungen und Ausdehnungen sozialstaatlicher Programme standen dagegen seit Anbeginn selbstverständlich auf der Tagesordnung. Wenn sich neue Risiken als bedrohlich zeigen, dann werden neue Sicherungssysteme gesucht. Seit 1927 gibt es eine Arbeitslosenversicherung. Und es dauerte bis 1994, bis die gesetzliche Pflegeversicherung nach ähnlicher Logik eingeführt wurde.

Nach dem Ersten Weltkrieg und zu den Zeiten der Weimarer Republik wurde das ArbeiterInnenschutzreglement um viele Aspekte ergänzt. Einzelne der bestehenden Regeln wurden ausgeweitet. Zusätzlich wurden Gesetze zur kollektiven Lohnfindung zwischen ArbeitgeberInnenverbänden und Gewerkschaften erlassen, ein Reichsamt zur Arbeitsvermittlung wurde gegründet, die

Arbeitslosenpflichtversicherung sowie erste Formen der Mitbestimmung eingeführt. Zudem wurden erste spezielle Regeln für die Beschäftigung behinderter Menschen gesetzlich formuliert. Seit 1924 gibt es erste Regeln für die Sicherung der Existenz all derjenigen, die nicht über die Sozialversicherungen Leistungen erhalten können. Verordnungen und etwas später verabschiedete Gesetze zur „Fürsorge" waren Vorläufer des Sozialhilfegesetzes und wichtiger späterer Regeln des Sozialgesetzbuches.

Nach den Brüchen in der Zeit zwischen 1933 und 1945 – in denen nicht vollständig die alten Strukturen zerstört, allerdings sämtliche demokratischen Elemente aufgehoben und die Gesetze zur Rassendiskriminierung systematisch eingearbeitet wurden – setzte man als erstes alte Regeln wieder in Kraft. Aus der akuten Notlage heraus entstanden Programme zur Linderung der ärgsten Notfälle, Hilfsmaßnahmen für HeimkehrerInnen und Regeln zur Kriegsopferversorgung. Wegen der schlechten Lage auf dem Wohnungsmarkt wurde 1950 ein erstes Wohnungsbaugesetz verabschiedet. Die sozialversicherungsrechtlichen Vorschriften sowie Mitbestimmungsregeln wurden teilweise ausgeweitet, zumindest reformiert. Seit 1954 wird Kindergeld gezahlt, 1969 folgte das Berufsbildungsgesetz. 1985 wurde ein Gesetz zur Gewährung von Erziehungsgeld und -urlaub verabschiedet. Seit 1999 gilt in Deutschland das Familienförderungsgesetz. Und ab 2001 wurden nach und nach die als „HARTZ-Regelungen" bekannten vier Gesetze für moderne Dienstleistungen am Arbeitsmarkt im Sozialsystem verankert.

In einer Übersicht seien noch einmal die Meilensteine genannt. Sie sind nicht rein chronologisch sortiert, sondern nach Bereichen – ob es also den ArbeitnehmerInnenschutz, die Sozialversicherungen oder andere Bereiche berührt:

- 1839 Regulativ über die Beschäftigung jugendlicher Arbeiter in den Fabriken
- 1891 Arbeiterschutzgesetz
- 1926 Kündigungsschutzgesetz
- 1883 Krankenversicherung für Arbeiter
- 1889 Alterssicherung
- 1927 Arbeitslosenversicherung
- 1994 Pflegeversicherung
- 1918 Tarifvertragsgesetz

- 1922 Grundsätze öffentlicher Fürsorge
- 1961 Bundessozialhilfegesetz
- 2005 SGB XII
- 1954 Kindergeldgesetz
- 1985 Erziehungsgeld / Erziehungsurlaub
- 2007 Gesetz zum Elterngeld und zur Elternzeit
- 2013 (lt. Bundestagsbeschluss 2012) Betreuungsgeld

Die Vorstellungen Gustav SCHMOLLERs liefen darauf hinaus, dass der Staat nur für eine Übergangszeit sozialpolitisches Engagement zeigen muss. Eingetreten ist das genaue Gegenteil. Der soziale Sektor wurde immer größer. Immer mehr Risiken und Notlagen gingen in die Verantwortung des Staates über. Allein von 1960 bis 2010 stiegen die Sozialausgaben von umgerechnet 32,6 Milliarden Euro auf 760,6 Milliarden Euro. Pro EinwohnerIn Deutschlands gerechnet zahlte der Staat 2010 über 9300,- € jährlich aus dem Sozialbudget an den Kreis der Berechtigten (vgl. Institut der deutschen Wirtschaft 2012). Die Berechtigten selbst erhielten teilweise natürlich mehr. Das sagt vielleicht noch relativ wenig, weil sich auch das Nettoinlandsprodukt und damit die Einkommen in der Zeit seit 1960 erheblich verändert haben, zudem inflationäre Phasen zu bedenken sind. Den Anstieg sieht man deutlicher an der Quote der Sozialausgaben am Bruttoinlandsprodukt. 1960 betrug die Quote etwas über 20%. 2008 waren es 30,7%, nachdem zuvor schon die einmal die 30%-Marke überschritten worden war und zwischenzeitlich die Quote leicht gesunken war.

Mittlerweile geht es auch nicht mehr allein um die Sicherung der Existenz von ArbeitnehmerInnen. Die deutsche Sozialpolitik versucht, *allen Risiken in den verschiedenen Koordinierungsinstanzen* gerecht zu werden, also z.B. auch zur Absicherung von Menschen beizutragen, die hauptsächlich in Traditionssystemen Leistungen erbringen. Familienmitglieder unterliegen speziellen Regeln in den Sozialversicherungen. Zudem gibt es zunehmend eigenständige Regeln zur Unterstützung von Familien. Gründe für die immer weitere Ausdehnung des Sozialstaates gibt es viele. Erstens mögen Gründe wichtig sein, die in dem Abschnitt zur Politischen Ökonomie diskutiert wurden, als wir uns über die Rolle der Bürokratie Gedanken machten. Bürokratien haben Interesse daran, „größer" zu werden und schlagen deshalb auch viele neue sozialpolitische Programme vor. Irgendeinen Bedarf findet man immer, um den sich der Staat kümmern könnte. Zweitens kann die immer stärkere

Durchdringung mit Märkten dazu geführt haben, dass die Abdeckung von Risiken in traditionellen Umgebungen immer schlechter gelingt. Wer über den Arbeitsmarkt schon heftig zur Kasse gebeten wird, um die staatliche Sicherung zu finanzieren, ist kaum in der Lage, vielleicht auch nicht einmal willens, etwa die zuvor als Hausfrau tätige Mutter im Alter finanziell substantiell zu unterstützen. Auch die Pflege älterer Menschen ist schwierig, wenn die Trennung von Wohn- und Arbeitsort sowie die normierten Arbeitszeiten zu wenig Flexibilität bieten. Folge ist, dass diese Absicherung der in Traditionssystemen Tätigen so langsam auch verstärkt zur staatlichen Aufgabe wird. Drittens kann es sein, dass die Gewöhnung an staatliche Fürsorge immer neue Begehrlichkeiten weckt und Ansprüche begünstigt, denen sich PolitikerInnen wegen der Wahlchancen auch klaglos stellen. Und viertens und vielleicht am wichtigsten ist es denkbar, dass das Marktsystem immanent immer neue Risiken generiert und sich Ungleichheiten verstärken. All dem versucht man mit sozialstaatlichen Maßnahmen zu begegnen.

Das gesamte System, das sich im Verlauf der Zeit in Deutschland etabliert hat, ist letztlich durch eine sehr hohe Umverteilungsquote gekennzeichnet. Knapp ein Drittel des Bruttoinlandsprodukts durchläuft die Umverteilungsmaschinerie des Sozialsystems. Klingt das nicht eigentlich beruhigend hinsichtlich der individuellen Partizipationsmöglichkeiten? Oder für manche doch eher beängstigend? Wie auch immer: Erstens merken wir es als ArbeitnehmerInnen an den Abzügen für die Einkommensteuer und die Sozialversicherungen; zweitens zeigt sich trotz der umfassend erscheinenden sozialen Sicherung, dass seit mehreren Jahren verstärkt Armuts- und Ungleichheitsprobleme in Deutschland beklagt werden. Um das alles besser analysieren zu können, müssen wir uns als nächstes darüber Gedanken machen, was man unter Armut und Unterversorgung überhaupt versteht und wie man das jeweilige Ausmaß dieser Probleme misst. Danach müssen wir uns das jetzige Sozialsystem zumindest in den Grundzügen näher anschauen. Denn erst dann ist ein Urteil darüber möglich, ob es immer noch „mehr" Sozialstaat des gleichen Strickmusters sein muss oder ob die derzeitigen sozialen Probleme eher daran hängen, dass die Maßnahmen das Gewünschte nicht erreichen, im schlimmsten Fall die Ungleichheit und Exklusion sogar verschlimmern. Erst dann kann man abschließend – mit all den Kenntnissen aus diesem Lehrbuch – den Versuch wagen, alternative Sozialstaatsmodelle zu würdigen und perspektivenreiche Reformwege zu identifizieren.

7.2 Armut und Unterversorgung

Wie viele andere Begriffe auch werden Armut und Unterversorgung höchst unterschiedlich verstanden. Es ist notwendig, sich Klarheit über Definitionen, Konzepte und Messungen von Armut zu verschaffen und dies auch etwas ausführlicher zu behandeln. Denn das Verständnis dieser Begriffe hat neben allokativen Konsequenzen einen entscheidenden Anteil daran, welche sozialpolitischen Ziele in einer Gesellschaft verfolgt werden (sollen). Meint man mit Armut hungernde und frierende Menschen? Ist Unterversorgung synonym zu Armut zu verstehen? Oder meinen beide Begriffe, dass Menschen nicht am üblichen gesellschaftlichen Leben teilhaben können? Die verschiedenen Positionen zeigen sich besonders deutlich an den Konzepten zur Messung der Armut.

7.2.1 Armutsmessung

Wie wird Armut gemessen? Die statistische Erhebung und die Auswertung der Daten sollen schließlich Aufschluss darüber geben, welche Dimension die sozialen Probleme in einer Gesellschaft tatsächlich annehmen wird und wie dringend notwendig sozialpolitische und andere Maßnahmen sind, um die Vorstellungen zu Gerechtigkeit und Partizipation in einer überwiegend marktlich koordinierten Gesellschaft umzusetzen. Regelmäßig werden z.B. von den Ländern der EU Armutsberichte erstellt. Nach jeder Veröffentlichung werden Länder miteinander verglichen. Welches Land hat große, welches weniger gravierende Armutsprobleme? National interessiert daneben vor allem der zeitliche Verlauf, ob die Armutsquote größer geworden und ob bestimmte Gruppen womöglich verstärkt betroffen sind. Im Jahr 2000 beschloss die damalige rot-grüne Koalition diesen regelmäßigen Bericht über Armut und Reichtum in Deutschland in Auftrag zu geben. Das entsprach der Verpflichtung, der sich Deutschland 1995 auf dem Weltgipfel für soziale Entwicklung in Kopenhagen unterwarf. Auch nach dem Regierungswechsel 2005 wurde beschlossen, dass dieser Bericht weitergeführt werden soll. Jeweils zur Hälfte einer Legislaturperiode soll er vorliegen. Darin soll jeweils umfassend über Lebenslagen, z.B. über Gesundheit, Bildung, Arbeit u.a. berichtet werden. In der Presse wird allerdings meistens nur ein spezieller Aspekt in den Mittelpunkt der Meldungen gestellt: die Armuts- bzw. Armutsrisikoquote, gemessen an der Einkommensposition von Haushalten.

Bis 2010 wurden von den Bundesregierungen drei Armutsberichte vorgelegt. Sie werden jeweils vom Bundesministerium für Arbeit und Soziales vorbereitet. Zur Unterstützung hat das Ministerium einen ständigen BeraterInnenkreis mit VertreterInnen der Länder, Kommunen, Verbände, Institutionen und aus Betroffenenorganisationen berufen. Der dritte Bericht wurde im Sommer 2008 unter dem Titel „Lebenslagen in Deutschland – Der 3. Armuts- und Reichtumsbericht der Bundesregierung" veröffentlicht. Die zu Grunde liegenden Zahlen sind allerdings häufig älteren Datums. Der Bericht 2008 nutzte z.b. Statistiken und Erhebungen bis zum Jahr 2005. 2012 wurde der Entwurf des vierten Armuts- und Reichtumsberichtes publik. Der Bundesregierung wurde im Zuge der Überarbeitung des Berichts von Sozialverbänden und der politischen Opposition vorgeworfen, sie habe bewusst Schönfärberei betrieben, indem Passagen zu zunehmender Ungleichheit in Deutschland modifiziert oder gestrichen wurden. Diese Einschätzung wird – wie fast immer – nicht von allen geteilt. Das Institut der deutschen Wirtschaft formulierte z.b. in einer IW-Nachricht vom 28. November 2012, dass die zuvor im Bericht enthaltene These, wonach die Armen immer ärmer und die Reichen immer reicher würden, gar nicht zuträfe. In der Meldung wurde auf eine Studie des – nicht arbeitgebernahen – Instituts für Wirtschaftsforschung verwiesen. Dort wird erläutert, dass seit 2005 ein Rückgang der Einkommensungleichheit zu verzeichnen sei. Man kann nur fragen: „Ja, was denn nun? Mehr oder weniger Ungleichheit, mehr oder weniger Armut?" Wir werden sehen, dass wir eine Radio-Eriwan-Antwort bekommen nach dem Motto „es kommt darauf an", und zwar darauf, wie definiert und gemessen wird.

Der 3. Bericht wies für Deutschland eine Armutsrisikoquote von 13% aus. Je nach Datengrundlage liegt die Quote für Deutschland in den letzten Jahren relativ konstant zwischen 14 und 16%. Ähnliche Quoten wie Deutschland hatten im Berichtszeitraum Frankreich, Österreich und Finnland, bessere nur Dänemark, Schweden, Slowenien und die Slowakei (jeweils 12%) sowie die Tschechische Republik und die Niederlande (jeweils 10%). Was aber sagt eine solche Prozentzahl genau aus? Und welche konkrete Problemanzeige bedeutet es, wenn etwa Familien, vor allem Alleinerziehende und ihre Kinder, noch deutlich höhere Quoten haben, für Familien mit Migrationshintergrund ein über 20%iges Armutsrisiko berechnet wurde und die Quote für Langzeitarbeitslose gar bei über 70% liegt? Dazu sollten wir uns mit Konzepten der Armutsmessung beschäftigen und einige methodische Probleme in den Blick nehmen, damit wir zulässige Schlüsse für die Sozialpolitik ziehen können.

Als man mit der Armutsmessung begann, war als erste Frage zu klären, ob man darauf schauen sollte, wie Menschen wirklich leben oder wie sie angesichts ihrer finanziellen Möglichkeiten leben *könnten*. Die meisten von uns kennen Dagobert Duck. In diesem Buch tauchte er auch schon auf. Er besitzt nur einen einzigen Anzug, nur ein Paar Gamaschen, einen einzigen Zwicker und als Kopfbedeckung auch nur einen – schon etwas speckig aussehenden – Zylinder. Er ernährt sich meistens von (billigen) Linsen aus der Dose und wird ja überhaupt als eine unglaubliche Geizkragenente beschrieben, die auch bei sich selbst extrem sparsam ist. Sieht man auf Dagoberts tatsächlichen Konsum, könnte man auf die Idee kommen, er wäre ganz schrecklich arm, weil er kaum Kleidung besitzt und sich so einseitig und billig ernährt. Aber Dagoberts Möglichkeiten angesichts der Fantastilliarden Taler in seinem Geldspeicher lassen vielleicht doch einige zweifeln, ob wir ihn wirklich als arm bezeichnen sollten.

Ganz entschieden ist die Debatte zwischen tatsächlichem und potentiellem Leben als Maßgröße für Armut nicht, aber überwiegend wird doch eher darauf geschaut, was sich die Menschen mit ihrem Einkommen und Vermögen leisten *könnten*.[90] Es wird also weniger auf den tatsächlichen Lebensstandard geachtet, sondern eher auf die „Minimalanrechte" an Teilhabe durch das zur Verfügung stehende Einkommen. Auch MillionärInnen haben ja die Freiheit, asketisch und bescheiden zu leben. Sie sind aber nicht dazu gezwungen. Wenn sich die Millionärin Alice ausschließlich nur von einigen Salatblättchen am Tag ernährt, um ihre Kleidergröße XS zu halten, können wir zwar den Kopf schütteln, aber es ihre Entscheidung – auch wenn sie vielleicht durch kritikwürdige Schönheitsideale dazu angeregt wird. Alice könnte im Prinzip auch jeden Tag opulent mit Kaviar, Trüffeln, Gänseleber, Champagner etc. tafeln. Ihr stehen alle Möglichkeiten angesichts des hohen Einkommens offen.

Erste Messversuche zum Ausmaß der Unterversorgung, vor allem in den USA, verwendeten das Konzept der *absoluten Armut*. Die Idee dahinter ist, dass man sich zunächst überlegt, welche Güter und Dienstleistungen jemand in welchen Mengen mindestens benötigt, um seine Existenz zu sichern. Das kann das einfache physische Überleben durch genug Nahrung, Kleidung und Wohnraum meinen, aber man kann auch Teilhabe und soziale sowie kulturelle Bedürfnisse berücksichtigen. Im Grundsatz ist man in den USA bei dieser Art der Armutsmessung geblieben. Das Maß ist zunächst offen dafür, was denn als existenziell wichtig angesehen wird. Die Diskussion in Deutschland um die HARTZ-IV-Regelsätze ist in diesem Zusammenhang gut zu verstehen, weil die Vorstellungen zum notwendigen Minimum für ein würdevolles und partizipatives Leben sehr unterschiedlich sind.[91] Der Begriff der Würde ist allerdings leider ähnlich diffus wie der der Gerechtigkeit.

---

[90] In den USA ist diese Debatte neuerdings wieder aufgenommen worden. MEYER/SULLIVAN (2012) versuchen z.B. die „wirklich" Benachteiligten zu identifizieren. Sie setzen sich dabei mit dem gängigen Armutsmaß der USA sowie mit einem inzwischen ergänzten Maß auseinander, das dort verwendet wird, und sehen eine Messung des tatsächlichen Konsums doch als eher geeignet an.

[91] Heute findet man in deutschsprachigen Lehrbüchern häufig einen deutlich engeren Begriff der absoluten Armut. BOECKH/HUSTER/BENZ (2011: 263) definieren z.B. als Bezugspunkt für absolute Armut nur noch das physische Existenzminimum. Eine umfassende Diskussion des Begriffs und der Messmethoden gibt ATKINSON (1998).

Wenn man sich entschieden hat, ob man das rein physische oder ein soziokulturelles Existenzminimum bestimmen will, müssen die entsprechenden Güter und ihre Mengen festgelegt werden. Außerdem benötigt man die Preise dieser Güter, weil man ja wissen will, ob sich Haushalte diese Minimalausstattung an Gütern und Dienstleistungen mit ihrem Einkommen auch leisten können. Formal berechnet man bei Maßen zur absoluten Armut:

$$Y^* = (1 + h) \cdot \mathbf{p} \cdot \mathbf{x}^*$$

Y^* bezeichnet das Einkommen der Armutsgrenze. Wer weniger zur Verfügung hat, kann seine Existenz nicht sichern und wird als arm bezeichnet. Wer ein höheres Einkommen hat, gilt nicht als arm. $\mathbf{x}^*$ ist der Vektor der existenzsichernden Gütermengen (z.B. monatsweise – hier mit beliebigen Zahlen: 20 Äpfel, Wochenkarte für den öffentlichen Nahverkehr, 4 Kisten Mineralwasser, Wohnung mit 25qm pro Person, Monatsbeitrag für den Sportverein, 1 Kinobesuch, 2kg Rindfleisch, 5kg Saisongemüse, 12 Bananen, ½ kg Butter, 4 kg Brot, 10kg Kartoffeln, 1 Kleidungsstück, 1 Taschenbuch, Abonnement einer Tageszeitung, Rundfunkgebühr, Telefon- und Internetflatrate usw. usw.) und $\mathbf{p}$ der Vektor der Preise dieser Güter. (1+h) schließlich ist ein zusätzlich eingeführter Multiplikationsfaktor mit h > 0.

Mit (1+h) wird das als zwingend notwendig erachtete Einkommen etwas gegenüber dem Minimum der Existenzsicherung aufgebläht. Dafür kann es zwei Gründe geben. Angenommen, in unserem Güterbündel existenzsichernder Gütermengen sind weder Zigaretten noch alkoholische Getränke vorgesehen. Auch Besuche im Fitnessstudio haben wir als nicht notwendig zur gesellschaftlichen Teilhabe eingeschätzt und im Güterbündel nicht berücksichtigt. Was aber ist, wenn Armin nun genau ein Einkommen in Höhe von Y^* zur Verfügung hat, sich aber tatsächlich Zigaretten und Bier kauft sowie seinen Bierbauchkörper im Fitnessstudio wieder in Form zu bringen versucht? Dann fehlt Armin ja das Geld für die von uns als unbedingt notwendig identifizierten Güter. Das ist sozusagen die „freundliche" Rechtfertigung für den Multiplikationsfaktor. Menschen sollen nicht alle Freiheiten der Lebensgestaltung nach individuellen Vorstellungen verlieren. Es wird eine Art Einkommenspuffer in das Maß eingebaut, welches es ermöglichen soll zu messen, ob die Existenzsicherung auch angesichts individueller Vorlieben, „Süchte" und spezieller Präferenzen gelingt. Außerdem kann (1+h) als Vorsichtsfaktor interpretiert werden, falls die ArmutsforscherInnen wichtige Güter vergessen haben sollten.

Die eher unfreundliche „Pi-mal-Daumen"-Rechtfertigung stammt aus den Anfängen der Armutsmessung, als statistische Grundlagen und Datenverarbeitungsmöglichkeiten eher dürftig waren. In den USA hatte man herausgefunden, dass arme Haushalte etwa ein Drittel ihres Einkommens für Nahrungsmittel ausgeben (müssen). Daraus wurde ein sehr einfacher Schluss gezogen: Man hat berechnet, welche Nahrungsmittel in welchen Mengen existenzsichernd sind. Alle anderen nötigen Güter wie Wohnraum, Kleidung etc. hat man bei der Bestimmung von x^* weggelassen. Stattdessen wurde die Mindesteinkommenssumme für Lebensmittel einfach mit 3 multipliziert, um einen groben Anhaltspunkt dafür zu bekommen, wie hoch ein Einkommen mindestens sein muss, um die gesamte Existenz zu sichern.

Mittlerweile wird diese Variante der Armutsmessung i.S. der absoluten Armut international weniger oft verwendet. Das liegt an verschiedenen Problemanzeigen. SEN, der uns schon in früheren Kapiteln mit wegweisenden Ideen zum ARROW-Paradoxon, aber vor allem zu einem speziellen Gerechtigkeitskonzept begegnete, hat auch hier wichtige Beiträge geliefert. Er argumentiert, dass Güter zu verschiedenen Zeiten und in verschiedenen Entwicklungsstufen von Gesellschaften höchst unterschiedliche Funktionen erfüllen. Bis Anfang der 70er Jahre des letzten Jahrhunderts waren z.B. private Telefonanschlüsse in Deutschland nur bei einer Minderheit von Haushalten vorhanden. Kommuniziert wurde hauptsächlich über persönliche Gespräche und über Briefe. Wer kein Telefon hatte, war bei diesen üblichen Kommunikationswegen nicht vom gesellschaftlichen Leben ausgeschlossen. Mitte der 70er Jahre änderte sich das grundlegend. Innerhalb kurzer Zeit waren nun private Telefonanschlüsse in einem Großteil der Haushalte verfügbar. Die Abdeckung stieg schnell auf fast 80%. Das aber wiederum änderte grundlegend die Kommunikationswege. Kinder gingen nicht mehr bei ihren FreundInnen vorbei, um sich zu verabreden. Briefe wurde ebenfalls seltener geschrieben. Stattdessen kommunizierte man nun über das Telefonnetz. Wer unter diesen Voraussetzungen selbst keinen Telefonanschluss hatte, war schnell von der Kommunikation ausgeschlossen.

Heutzutage kann man Ähnliches mit einem anderen Medium feststellen. Wer keinen Internet-Anschluss hat und über keine eigene Email-Adresse verfügt, der wird bei vielerlei Benachrichtigungen einfach „vergessen". Es ist schlichtweg mühselig, neben einer Rundmail an fast alle der AdressatInnen zusätzlich für einzelne ohne Email-Adresse die Mitteilung noch auszudrucken, in einen Briefumschlag zu stecken, zu frankieren und zu einem der mittlerweile spärlichen Briefkästen zu bringen. Schnell sind diejenigen von der Kommunikation im wahrsten Sinne des Wortes abgehängt, die nicht über das Standardmedium verfügen.

Kommunikation und Transport können als typische Fälle angesehen werden, wie sich Standards ändern und bestimmte Güter für diese Standards genutzt werden müssen. Über diese Güter muss man verfügen können, will man am gesellschaftlichen Leben teilhaben können. SEN meint es aber sogar noch umfassender. Güter können z.B. auch die Funktion erfüllen, sich ohne Scham in einer Gesellschaft bewegen zu können. Das kann man weit interpretieren. Wenn sich Jugendliche schämen, falls sie sich bestimmte Markensportschuhe oder ein bestimmtes Handy nicht leisten können, dann ist die Schlussfolgerung im Befähigungsansatz, dass die Menschen so viele Mittel zur Verfügung haben müssen, um sich „schamfreien" Konsum leisten zu *können*. Wenn sie sich unter diesen Umständen anders entscheiden, dann ist das jedoch allein ihre eigene Angelegenheit.

Nach SEN müsste eigentlich das für die soziokulturelle Existenz und für gesellschaftliche Teilhabe nötige Güterbündel ständig angepasst werden, weil sich schamfreier Konsum, Standards bei Kommunikation und Mobilität u.a. ständig ändern. Er schlug jedoch vor, dass man es sich auch einfacher machen könnte. Güterfunktionen wechseln mit dem Wohlstand einer Gesellschaft, da sich damit auch Standards des Lebens ändern. Dann könnte man doch auch direkt messen, ob ein Haushalt über einen hinreichenden Einkommens*anteil* verfügt. Das ist die Grundidee von Konzepten, die die *relative Armut* messen. Gefragt wird, ob eine Person bzw. ein Haushalt mindestens einen bestimmten Prozentsatz des durchschnittlichen Einkommens erhält. Wer weniger hat, wird als arm bezeichnet. In der EU hat es sich als Standard der Messung etabliert, dass all diejenigen zu den Armen gerechnet werden, die weniger als 60% des mittleren Einkommens zur Verfügung haben.

KritikerInnen dieses Messkonzeptes haben ein generelles Problem bei der Vorstellung, mit Armut einerseits Situationen in ganz armen Regionen der Welt wie etwa der Sahelzone zu meinen, bei denen Menschen verhungern, andererseits aber auch für Deutschland Armut auszuweisen, wenn sich Menschen kein Handy, Auto oder Sportschuhe mit einem bestimmten Firmenlogo leisten können. Diese Kritik entzündet sich dabei gar nicht unbedingt daran, mangelnde Partizipation und Teilhabe als gesellschaftliches Problem zu verstehen. Die ZweiflerInnen würden nur nicht den Armutsbegriff sowohl für Hungerkatastrophen als auch für mangelnde Wohlstandsteilhabe nutzen. Zur Skandalisierung von Ungleichheiten hilft der Begriff aus Sicht dieser KritikerInnen auch nicht besonders gut, weil diese Armutsdefinition nicht mit dem üblichen gesellschaftlichen Armutsbegriff übereinstimmt.[92]

---

[92] Armut mit Hunger gleichzusetzen, wäre einerseits grundsätzlich überaus problematisch, hilft aber auch nicht entscheidend weiter, da der Hungerbegriff ähnlich nebulös ist und für empirische Studien höchst unterschiedliche Definitionen verwendet werden. Es reicht von bitterster Hungersnot bis hin zu nicht gestilltem Appetit in irgendeiner Stunde des eigenen Lebens. Im ersten Fall gäbe es in Deutschland kein Hungerproblem, im zweiten Fall würde fast jeder hierzulande Hunger leiden.

Einige SkeptikerInnen gehen aber doch noch weiter, wenn sie selbst die Teilhabeinterpretation für angreifbar halten. Würden sich nämlich sämtliche Einkommen in einer Gesellschaft verdoppeln und die Preise alle gleich bleiben, dann ginge es zwar allen Menschen materiell besser, aber an der Armutsquote würde sich nichts ändern, da immer noch die identische Zahl von Haushalten weniger als 60% des nun gestiegenen mittleren Einkommens zur Verfügung hätte (vgl. u.a. FRANZ 2012: 12). FRANZ befürwortet deshalb doch die US-amerikanische Messmethode. Das hierzulande verwendete Maß würde ein überzogenes Ausmaß an Bedürftigkeit suggerieren. Dieser kritische Blick weist darauf hin, dass mit Maßen der relativen Armut eigentlich nur ein degeneriertes Maß für die Verteilung der Einkommen in der Gesellschaft verwendet wird. Die VerteidigerInnen dieses Armutskonzepts argumentieren, dass sich mit der deutlichen Wohlstandserhöhung auch die gesellschaftlichen Standards verschieben. Deshalb sei es überaus sinnvoll, stets nach der relativen Position zu fragen. Für nationale Betrachtungen ist das auf diese Weise möglicherweise rechtfertigungsfähig. Ob man damit aber im Vergleich *zwischen* Staaten auf einem sehr unterschiedlichen Niveau des materiellen Wohlstands nicht doch eher Äpfel mit Birnen vergleicht, bleibt umstritten.

Selbst für die nationale Betrachtung ist das konkrete Maß zur Berechnung der relativen Armut trotz aller prinzipiellen Akzeptanz durch viele Menschen, vor allem der ArmutsforscherInnen selbst, in der Kritik, da einige schwerwiegende methodische Probleme noch nicht gelöst wurden. Diese methodischen Unklarheiten führen dazu, dass zumindest Vorsicht bei der Interpretation der Zahlen angeraten ist. Das heißt keineswegs, dass man Armutsphänomene generell in Frage stellen könnte. Nur das konkrete Maß erweist sich als problematisch. Schauen wir auf einige wichtige methodische Schwierigkeiten.

(a) *Festlegung der Bezugsgruppe*: Relative Armut wird als Konzept damit begründet, dass es um Teilhabe bzw. Nichtteilhabe am üblichen Standard geht. Wer bzw. welche Gruppe definiert nun den Standard? Mit wem vergleicht man sich, innerhalb welcher Gruppe soll bzw. will man teilhaben können? Gemessen wird es üblicherweise national. Ist das aber plausibel? Wenn man vom Rhein-Main-Gebiet allein schon in mittelhessische, ländliche Gemeinden fährt, entsteht schnell der Eindruck, als ob man in sehr verschiedenen Welten unterwegs ist. Der Lebensstandard unterscheidet sich. Preise und Mieten liegen z.T. weit auseinander. Hauswirtschaftliche oder gärtnerische Tätigkeiten sind ausgeprägter im ländlichen Raum. Ähnlich ist es immer noch bei Nachbarschaftshilfen, bei Vereinsaktivitäten etc. Vergleichen sich nun wirklich alle EinwohnerInnen Deutschlands miteinander oder alle HessInnen oder nur alle MittelhessInnen, und

muss man mindestens 60% vom mittleren Einkommen des ganzen Landes haben oder eher von der Region, in der man lebt und in der sich eigene Standards entwickeln? Oder in die andere Richtung: warum eigentlich Deutschland? Wieso nicht ein Vergleich mit allen EU-BürgerInnen oder gleich mit allen Menschen dieser Erde? So ganz eindeutig ist es nicht, wen die Menschen als Mitglied einer Referenzgruppe betrachten. Wo ziehen wir genau eine sinnvolle Grenze, welche konkrete Bezugsgruppe zur Bestimmung des mittleren Einkommens gewählt werden soll? Die Auswirkungen der Bezugsgruppenwahl sind beträchtlich. Nähme man die EU insgesamt, würde sich ein viel geringeres mittleres Einkommen als bei der nur auf Deutschland bezogenen Rechnung ergeben – und die Armutsquote in Deutschland wäre viel geringer als jetzt ausgewiesen. Nimmt man die ganze Welt, wird die Armut komplett verschwinden.
Nach der Wiedervereinigung hat man zunächst für die neuen und die alten Bundesländer getrennt gerechnet – mit dem nachvollziehbaren Argument unterschiedlicher Standards und Bezugsgruppen in Ost und West durch die langen Jahre der kompletten Trennung und der jeweils eigenständigen Entwicklung. Durch die niedrigeren Einkommen im Osten war auch das durchschnittliche Einkommen nach der Wiedervereinigung dort nicht sonderlich hoch. Unter 60% dieses Durchschnitts fielen nicht so arg viele Menschen. Ergebnis war eine moderate Armutsquote. In Westdeutschland war der Durchschnitt der Einkommen höher. Durch Ungleichheiten in der Einkommensverteilung gab es viele Menschen unterhalb der 60%-Grenze. Das wurde in der Armutsquote für Westdeutschland sichtbar. Als dann für alle Bundesländer gemeinsam gerechnet wurde, ergab sich ein neues mittleres Einkommen. Aus Sicht des Ostens stieg dieses Einkommen durch die „einkommensreicheren" Westdeutschen, aus Sicht des Westens sank der Wert. Folge war, dass plötzlich viel mehr Ostdeutsche als arm deklariert wurden, weil jetzt deutlich mehr Menschen im Osten unter 60% des neu berechneten Durchschnitts fielen. In Westdeutschland sank dagegen die ausgewiesene Armut durch den gleichen nivellierenden Effekt der neuen Durchschnittsberechnung für alle Bundesländer.
Eine weitere Schwierigkeit liegt darin, ob man wirklich alle Menschen in einem Land oder einer Region erfasst. Üblich ist es, als InländerInnen alle diejenigen zu bezeichnen, die ihren ständigen Wohnsitz im Inland haben. Deutsche nach dieser Definition sind also alle „offiziell" in Deutschland wohnenden Menschen mit ständigem Wohnsitz. Immerhin schaut man dabei nicht auf die Nationalität der BewohnerInnen, hat also nicht nur die deutschen Staatsangehörigen im Blick. Nicht erfasst werden aber z.B. die sogenannten „Illegalen", denen kein Recht auf ständigen

Wohnsitz gewährt wird. Dieser Personenkreis kann durch seinen unsicheren Status und die ständige Bedrohung, das Land verlassen zu müssen, besonders leicht in Arbeitsbeziehungen, bei der Anmietung von Wohnungen u.a. ausgebeutet werden und lebt häufig in äußerst prekären wirtschaftlichen Verhältnissen. Bezöge man sie in die Berechnung der Armutsquote ein, sänke das Durchschnittseinkommen, sie selbst würden aber auch überproportional zu den Personen zu zählen sein, die unterhalb der Einkommensgrenze von 60% des Durchschnitts leben.

(b) *Offizielle vs. tatsächliche Einkommen*: Für die Berechnung der den Haushalten zur Verfügung stehenden Einkommen ist man auf Statistiken z.B. der Finanzämter oder transferzahlender Behörden bzw. der Sozialversicherungen angewiesen. Nicht erfasst ist z.B. Schwarzarbeit. Einige Einkünfte könnten tatsächlich also höher sein als die offiziell gemessenen. Auch Überschätzungen des *verfügbaren* Einkommens sind denkbar, z.B. weil man die Verschuldungssituation der Haushalte nicht kennt. Einige Berechnungen beziehen sich in Deutschland auf Daten des Sozioökonomischen Panels. Dieses Panel stellt Mikrodaten durch wiederholte repräsentative Haushaltsbefragungen zur Verfügung (vgl. z.B. Statistisches Bundesamt und Wissenschaftszentrum Berlin (Hg.) 2011). Diese Daten geben vielfach bessere Einblicke als solche von Behörden, aber eine ganz sichere Grundlage bezüglich tatsächlicher Einkommen können auch die Daten aus dem Panel nicht garantieren.

(c) *Festlegung des Durchschnittssatzes*: Üblich in der EU, auch in der OECD, ist es, 60% des mittleren Einkommens als Armutsgrenze zu definieren. Das wirkt zunächst beliebig. Warum müssen es gerade 60% sein, um am gesellschaftlichen Leben minimal teilhaben zu können und in dem Sinne nicht arm zu sein? Warum nicht 53,8%, 71,3% oder auch nur 36,1%? Es ist ein schwieriges Abwägen zu bestimmen, welchen Anteil am Durchschnitt man denn tatsächlich benötigt, um gesellschaftlich nicht ausgeschlossen zu sein. Die allgemeine 60%-Quote wird zwar (vage) begründet, wirkt dennoch etwas beliebig und stellt mehr eine Konvention als ein wissenschaftlich valides Konzept dar. Je höher die Prozentgrenze gesetzt wird, desto höher ist natürlich die ausgewiesene Armut. Es gibt einige ArmutsforscherInnen in Deutschland, die argumentieren, dass eigentlich 70% des Durchschnitts notwendig für Partizipation sind. Diese WissenschaftlerInnen erhalten aus ihren Berechnungen natürlich besonders erschreckende Armutsquoten.

(d) *Berechnung des Durchschnitts*: Dieser Punkt wirkt zunächst trivial. Viele denken beim Durchschnitt erst einmal an das arithmetische Mittel.

Dabei werden alle Einkommen addiert und durch die Anzahl der Haushalte geteilt. Tatsächlich hat man sich geeinigt, einen anderen Weg zu gehen. Man berechnet das mittlere Einkommen als den Medianwert. Der Median gibt an, welches Einkommen genau die Person bzw. der Haushalt hat, der in einer Reihe aller Haushalte, geordnet vom kleinsten bis zum größten Einkommen, genau die mittlere Position einnimmt. Die Konsequenzen können gravierend sein. Dazu sei ein Beispiel einer kleinen Kommune mit sieben Singles betrachtet. Zur Vereinfachung rechnen wir bei den Armutsquoten mit einer Armutsgrenze von 50% des durchschnittlichen Einkommens.

Person	Adolar	Babette	Cajetan	Daphne	Eike	Fiona	Gesa
Ein-kommen	1000	1000	1500	1800	2000	6000	10000

Beim arithmetischen Mittel addieren wir zunächst sämtliche Einkommen und erhalten 23300,- €. Dann dividieren wir durch 7 und bekommen als durchschnittliches Einkommen abgerundet 3328,- €. Nehmen wir die 50%-Grenze, dann zählen alle als arm, die weniger als 0,5·3328 = 1664,- € zur Verfügung haben. Das sind in unserem Fall Adolar, Babette und Cajetan, also 3/7 aller BewohnerInnen. Das ist eine happig große Armutsquote, und alle Alarmglocken der Ungerechtigkeit müssten zu bimmeln beginnen.

Wenn wir den Median berechnen, ändert sich das Ergebnis drastisch. Die mittlere Position von arm nach reich nimmt Daphne ein. Rechts von ihr gibt es drei Singles mit höherem Einkommen, drei sind links angeordnet und verfügen über weniger. Daphne in der Mitte hat ein Einkommen von 1800,- €. Davon 50% als Armutsgrenze sind 900,- €. Da keine der BewohnerInnen weniger als 1000,- € zur Verfügung hat, ist bei dieser Messung *niemand* arm. Die Armutsquote ist Null: welch Gerechtigkeitsparadies! Es zeigt sich generell, dass bei dieser Art von schiefen Verteilungen, bei denen es große Ausreißer bei den hohen Einkommen gibt, der Medianwert immer niedriger als das arithmetische Mittel ist. Früher hat man in Deutschland mit dem arithmetischen Mittel gemessen. Machte man das auch jetzt, würde sich die aktuelle Armutsquote erhöhen. Man kann es fast als eine Art Kompromiss ansehen, dass früher beim arithmetischen Mittel die 50%-Marke als Armutsgrenze gesetzt wurde, nun jedoch mit dem Median eine Grenze von 60% verwendet wird.

Den Medianwert zu nehmen, kann man durchaus inhaltlich rechtfertigen. Er ist also nicht allein aus strategischen Gründen (um möglichst niedrige Werte ausweisen zu können) ausgewählt worden, und er ist auch nicht „ungenauer" als das arithmetische Mittel. Die Überlegung ist vielmehr im Zusammenhang mit der Aufgabe zu sehen, gesellschaftliche Teilhabemöglichkeiten zu messen. Die superreichen Einkommensausreißer spielen u.U. gar keine Rolle für das „übliche gesellschaftliche Leben". Man fühlt sich in Deutschland kaum ausgeschlossen, wenn man keine Luxusyacht, keine Villen in allen noblen Ferienorten dieser Welt und keinen Fuhrpark mit 4 Limousinen, 6 Sportwagen etc. sein eigen nennt. Also wird in der Armutsforschung argumentiert, dass die Ränder der Verteilung für den Standard der Gesellschaft nicht ausschlaggebend sind, sondern der „mittlere" Haushalt am besten widerspiegelt, wie man in dieser Gesellschaft lebt, welche Güter man für welche Funktionen nutzt und was man mindestens benötigt, um diesem Standard gerecht werden zu können.

Dennoch ist es bemerkenswert, welch gravierenden Unterschiede für Armutsquoten entstehen können. Früher hat es Kraut und Rüben gegeben, wenn man internationale Vergleiche anstellen wollte. Frankreich hat z.B. mit dem arithmetischen Mittel gerechnet, Großbritannien mit dem Median. Außerdem haben die Briten Wohnkosten herausgerechnet. Offiziell kam dann heraus, dass das Armutsproblem in Frankreich größer sein muss angesichts der ausgewiesenen Armutsquoten. Hat man aber auf ein einheitliches Maß entweder mit der französischen oder der britischen Methode umgerechnet, kippte das Ergebnis, d.h., Großbritannien hatte dann eine deutlich höhere Armutsquote als Frankreich. Von daher kann man es durchaus als großen Fortschritt bezeichnen, dass man sich international über viele Länder hinweg darauf geeinigt hat, mit dem Medianwert und der 60%-Grenze zu rechnen (vgl. ATKINSON 1998).

(e) *Gewichtung der Haushaltsgrößen*: Bislang haben wir vermieden, über verschieden große Haushalte zu sprechen. Nun gibt es aber sowohl Singles als auch zusammenlebende Paare, Familien mit Kindern, Mehrgenerationenhaushalte, Wohngemeinschaften etc. Wenn nun ein Single 500,- € zur Verfügung hat, geht es dann einem 6-Personen-Haushalt mit 3000,- € genauso gut oder schlecht wie der Einzelperson? Spontan werden wohl viele vermuten, dass es dem großen Haushalt eigentlich besser gehen müsste. Intuitiv wird dabei unterstellt, dass es so etwas wie Haushaltsersparnisse gibt. 6 Personen, die zusammenleben, benötigen nicht 6 Kühlschränke, 6 Waschmaschinen, 6 Bäder usw. Ähnlich verhält es sich mit Heiz- und Stromkosten. Einkaufsrabatte können ebenfalls besser genutzt

Sozialpolitik im Spannungsfeld unterschiedlicher Koordinationssysteme

werden. Diese Haushaltseinsparungen versucht man für Armutsmaße zu berücksichtigen. Dazu werden sogenannte *Äquivalenzskalen* berechnet und verwendet, mit denen verschiedene Haushaltsgrößen sozusagen auf einen Nenner gebracht werden.

Bleiben wir bei dem Beispiel, bei der wir einen Single – Aegidius – betrachten, der über 500,- € verfügt. Bernadette und Caspar leben mit ihren vier Kindern Damian, Esther, Frauke und Gerlinde zusammen in einem 6-Personen-Haushalt. Die Kinder sind 2, 6, 8 und 12 Jahre alt. Die Familie hat im Monat 3000,- € zur Verfügung. Bei der Konstruktion von Äquivalenzskalen wird gefragt, wie viele Singles einem größeren Haushalt äquivalent sind, bei welchem Einkommen ein größerer Haushalt genauso gut oder schlecht dasteht wie eine Person, die allein lebt. Also wird in unserem Beispiel folgendes „x" bestimmt:

6-Personenhaushalt $\cong$ x Personen äquivalenter alleinlebender Erwachsener

Die OECD hat früher wie folgt umgerechnet (mit E: Erwachsene, K: Kinder): Die erste erwachsene Person (Haushaltsvorstand – natürlich nicht zwingend ein Mann, und es geht selbstverständlich auch nicht nur um sehr traditionell verstandene Familien mit einem Ehepaar und ihren Kindern) wird mit 100% = 1 gewichtet. Weitere erwachsene Personen werden mit 0,7 gewichtet und alle Kinder jeweils mit 0,5. Das hieße für Bernadette, Caspar und ihre vier Kinder: E1 (Bernadette z.B.) = 1, E2 = 0,7, K1 = 0,5, K2 = 0,5, K3 = 0,5, K4 = 0,5. Addiert man die Gewichte, erhält man 3,7, d.h.: 6 Personen mit zwei Erwachsenen und vier Kindern entsprechen nach dieser Skala 3,7 „Äquivalenzsingles". Die allein lebende Vergleichsperson Aegidius hatte 500,- € Einkommen. Der sechsköpfigen Familie ginge es danach gleich gut oder schlecht, wenn sie 3,7 · 500 = 1850,- € zur Verfügung hätte. Würden sie tatsächlich 3000,- € pro Monat ausgeben können, wäre die Schlussfolgerung, dass es der Familie deutlich besser als Aegidius geht.

Die OECD hat dieses Gewichtungsschema vor einigen Jahren geändert. Nun wird die zweite erwachsene Person (Erwachsene sind alle, die 14 Jahre oder älter sind) nur noch mit 0,5 und jedes Kind bis zu 14 Jahren nur noch mit 0,3 gewichtet. Damit werden viel ausgeprägtere Haushaltseinsparungen unterstellt. Für das Beispiel bedeutete es folgende Gewichtung: B: 1,0, C: 0,5, D: 0,3, E: 0,3, F: 0,3 und G: 0,3. In der Addition der Gewichte ergibt dies 2,7. Wenn wir jetzt nach Gleichstellung mit dem Single fragen, der über 500,- € verfügt, bekommen wir 2,7 · 500 = 1350,- €. Je stärker man für einen Haushalt Einsparungen vermutet und deutliche

Gewichtungsunterschiede verwendet, desto niedriger ist das Äquivalenzeinkommen größerer Haushalte und desto seltener fallen z.B. Familien unter die Armutsgrenze. Es ist zunächst eine statistische Frage zu bestimmen, wie groß Haushaltseinsparungen tatsächlich sind, ob also z.B. Kinder tatsächlich nur mit 30% gewichtet werden „dürfen". Ganz frei von Willkürvermutungen kann man sich auch hier nicht machen. Je nachdem, welches Ergebnis man „möchte", werden sich verschiedene Gewichtungsschemata als nützlich erweisen. Auch dabei ist es aber immerhin ein Fortschritt, wenn international zumindest gleich gewichtet wird. Sonst könnte man letztlich keine Quoten sinnvoll miteinander vergleichen.

(f) *Headcount*: Bei der Berechnung der Armutsquoten wird einfach gezählt, wie viele Menschen weniger als 60% des mittleren Äquivalenzeinkommens zur Verfügung haben. Man weiß damit aber nicht, wie groß der Abstand zur Armutsgrenze ist. Wenn in zwei Ländern gleich hohe Armutsquoten berechnet wurden, in Land A das durchschnittliche Einkommen der Armen aber viel niedriger, bzw. die Verteilung der Einkommen innerhalb der Gruppe der Armen viel ungleichmäßiger als in Land B ist, dann sollte sich das eigentlich in einer höheren Armutsquote niederschlagen. Man sieht jedoch am gängigen Maß der relativen Armut nicht, ob die Armen eher an der Schwelle zu Nicht-Armut stehen oder unter bittersten Existenznöten leiden.

(g) *Zeitpunktrechnung*: Die Armutsquoten werden jeweils für ein bestimmtes Jahr berechnet. Dadurch ist nicht zu erkennen, wie durchlässig die Gesellschaft in dem Sinne ist, dass man in höhere Einkommensklassen aufsteigen, aber auch in niedrigere abrutschen kann. Schauen wir auf zwei fiktive Länder: A = Auberginien und B = Broccolia. Beide Länder haben jeweils eine außerordentlich erstaunliche Einkommensverteilung über die Zeit hinweg. In beiden Ländern gibt es je zwei gleich große Gruppen, die sich hinsichtlich des Einkommens unterscheiden.

Land A: Gruppe A1 hat jedes Jahr, also permanent, ein Einkommen von 50000,- € zur Verfügung, Gruppe A2 kommt in jedem Jahr auf 20000,- €. Wenn jede Gruppe, wie unterstellt, gerade 50% der Bevölkerung ausmacht und wir zur Vereinfachung wieder die Armutsgrenze bei 50% des durchschnittlichen Einkommens ansetzen, dann bekommen wir als durchschnittliches Jahreseinkommen 35000,- €, und die ausgewiesene Armutsgrenze liegt bei $0{,}5 \cdot 35000 = 17500{,}-$ €. Da alle ein höheres Einkommen haben, ist die Armutsquote in dieser völlig undurchlässigen und auch ungleichen Gesellschaft Null.

Im *Land B* ist die Durchlässigkeit dagegen unglaublich hoch. Dort wechseln die Haushalte jedes Jahr den Status von der ärmeren zur reicheren Gruppe und umgekehrt. Gruppe B1 hat in geraden Jahren jeweils ein Einkommen von 10000,- € und in ungeraden Jahren eines von 60000,- €. Gruppe B2 hat genau umgekehrt in geraden Jahren ein Einkommen von 60000,- € und in ungeraden von 10000,- €. Auch in Broccolia beträgt das durchschnittliche Einkommen pro Jahr 35000,- €, und entsprechend gilt auch die gleiche Armutsgrenze wie in Auberginien von 17500,- €. Da in jedem Jahr eine der beiden Gruppen nur 10000,- € verdient, wird Jahr für Jahr eine unglaublich hohe Armutsquote von 50% ausgewiesen. Wenn wir über zwei Jahre schauten, hätten aber beide Gruppen identisch hohe Einkommen. Durch die vollständige Durchlässigkeit wirkt Broccolia sogar extrem egalitär. Alle haben in diesem grünen Gleichheitsparadies beim Blick auf 24 statt auf 12 Monate identisch hohe Einkommen und Partizipationsmöglichkeiten. Längsschnittbetrachtungen ergäben bei unterschiedlicher sozialer Durchlässigkeit ein komplett anderes Bild als reine Zeitpunktberechnungen für jeweils ein Jahr. Ist es da ein Wunder, dass ich Auberginen verabscheue und sie aus meiner Küche verbanne?

In Deutschland ist übrigens die soziale Durchlässigkeit über die Zeit gesunken. Bis in die 70er Jahre des letzten Jahrhunderts gelang u.a. über den Weg guter Ausbildung vielen der Aufstieg in höhere Einkommensklassen. Vor allem durch die zunehmende Arbeitslosigkeit seit etwa 40 Jahren, aber auch durch Probleme im Bildungssystem, sind die Hürden mittlerweile deutlich höher geworden (vgl. dazu KUBON-GILKE/KLÖS 2013). Einige sprechen deshalb sogar schon von *vererbter Armut*, weil Kinder aus sozial benachteiligten Familien heutzutage viel seltener den sozialen Aufstieg schaffen. Bei völliger Zementierung, also einer neuerlichen Art von Klassengesellschaft, kann man die reinen Zeitpunktrechnungen am ehesten rechtfertigen.

(h) *Einkommen als Armutsindikator*: Die letzte methodische Schwierigkeit hat mit der Frage zu tun, ob man mit dem Einkommen tatsächlich einen hinreichenden Anhaltspunkt dafür bekommt, wie gut man am gesellschaftlichen Leben teilhaben kann. Da wir mittlerweile gelernt haben (sollten), dass in realen Wirtschaftssystemen nicht allein über den Markt die arbeitsteilige Produktion koordiniert wird, ist schon aus dieser Tatsache heraus Skepsis angebracht, ob mit dem Einkommen wirklich alle relevanten Dimensionen der Partizipation erfasst werden können.

Da Märkte einen großen Teil der Koordinierung übernehmen, spielt das Einkommen natürlich eine sehr große Rolle. Wenn wir in ein Sportgeschäft gehen, ein paar Markenschuhe aussuchen und uns damit zur Kasse begeben, dann bekommen wir sie, wenn wir genügend Geld haben. Lebensmittel, Kleidungsstücke und vieles anderes werden über Märkte gehandelt, und dafür sind Preise in Euro zu entrichten. Für die Konsummöglichkeiten solcher Güter sind die Einkommen der Haushalte vielfach entscheidend. Aber selbst auf Märkten können wir nicht immer ganz sicher sein, ob man ein Gut oder eine Dienstleistung tatsächlich erhält, wenn man bereit und in der Lage ist, den gültigen Preis dafür zu zahlen bzw. die Bedingungen zu akzeptieren. Im 4. Kapitel wurde ausführlich dargelegt, dass es vielfach Diskriminierungsprobleme geben kann, wenn Märkte z.B. wegen asymmetrisch verteilter Informationen in kein Gleichgewicht bei Angebot und Nachfrage kommen. Auch staatliche Preisfestlegungen können damit verbundene Nachfrageüberhänge zur Folge haben. Konsequenz für manche Benachteiligte: Sie bekommen keine Wohnung, obwohl sie die Miete zahlen können und wollen; sie bekommen keinen Kredit, obwohl sie die Konditionen akzeptieren; eine Versicherung verweigert einen Vertrag, obwohl Interessierte am Versicherungsschutz die Prämie zahlen können und wollen. Allein das Einkommen gibt in solchen Fällen ineffizienter Marktlösungen kein eindeutiges Indiz, ob die Menschen tatsächlich über die Güter verfügen können, die gesellschaftliche Partizipation und Inklusion sichern.

Dazu kommt, dass manche Leistungen gar nicht über Märkte koordiniert, sondern in traditionellen oder hierarchischen Systemen produziert und verteilt werden. Weite Bereiche der Versorgung werden z.B. staatlich organisiert, wie etwa große Teile der Bildung, die innere und äußere Sicherheit, in vielen Ländern auch das Gesundheitssystem. Ebenfalls im vierten Kapitel wurde gezeigt, warum Märkte in all diesen Fällen große Koordinierungsprobleme aufweisen und sich alternative Organisationssysteme als besser erweisen können. Nun gibt das Einkommen aber gerade kein besonders gutes Indiz darüber, wer welchen Zugang zu staatlich bereitgestellten Gütern besitzt. Wenn ein staatliches Gesundheitssystem die Leistungen z.B. so rationiert, dass ab einem bestimmten Alter nur noch ein eingeschränktes Leistungsspektrum genutzt werden kann, dann können sich überhaupt nur noch die Superreichen ausweichend über privat bezahlte Operationen o.ä. alternative Lösungen leisten. Selbst relativ einkommensstarke Haushalte werden ab einem bestimmten Alter ausgeschlossen sein. Ähnlich verhält es sich mit Leistungen und Gütern, die in Haushalten oder nachbarschaftlichen Netzwerken selbst erstellt werden und in einem System von Rechten und Pflichten zur Verfügung gestellt werden. Auch dies kann ein Armutsmaß übersehen, das allein auf die Höhe der Einkommen abstellt.

Das letzte Problem bei der Messung relativer Armut führte in der Forschung dazu, dass man verstärkt *Lebenslagenkonzepte* in Armutsberichten verwendet. Das wird auch in den Berichten, die die Bundesregierungen vorlegen, so gemacht. Neben dem Einkommen schaut man auf wesentliche Dimensionen der Teilhabe, die durch die Einkommenshöhe nur unzureichend erfasst werden – wie etwa den Bildungsstand oder die gesundheitliche Versorgung. Mehrdimensionale Konzepte haben allerdings alle ein Problem der Gewichtung.

Nehmen wir an, wir hätten vier Dimensionen der Teilhabe für ein Maß als relevant identifiziert: Einkommenshöhe, gesundheitliche Verfassung, Bildungsabschluss und soziale Kontakte. Wir könnten jeden Punkt mit ¼ gewichten. Wir könnten aber auch dem Einkommen ein höheres Gewicht geben wegen der Dominanz von Märkten in unserem Wirtschaftssystem. Ebenfalls denkbar ist es, dass wir jeden Menschen als arm klassifizieren, der in mindestens zwei Dimensionen einen Minimalstandard nicht erreicht.

Schauen wir uns mal wieder Dagobert Duck an. Sein Einkommen ist immens hoch. Ein spezielles Armutskriterium trifft also auf ihn also schon mal nicht zu. Da er aber schon als ganz junge Ente in Klondyke Gold schürfen musste, konnte er keinen qualifizierten Schulabschluss erwerben. Eine Berufsausbildung hat er auch nicht gemacht. Als Misanthrop (eher wohl Entenstatt Menschenfeind) hat er auch keinen Freundeskreis. Selbst seine Familie steht ihm bis auf seine gutmütige Schwester Dorette (Oma Duck) eher kritisch gegenüber. Wenn er dann noch durch das nasskalte Goldschürfen in jungen Jahren eine rheumatische Erkrankung bekommen haben sollte, also chronisch beeinträchtigt ist, dann würde er in drei von vier Dimensionen den Mindeststandard nicht erreichen. Dagobert Duck muss also doch ein ganz schrecklich armer Erpel sein, der unsere Unterstützung verdient. Diese Gewichtungsunsicherheiten führen dazu, dass Lebenslagenkonzepte die Maße der reinen Einkommensarmut noch nicht vollständig abgelöst haben. Bleiben wir also zunächst mal bei diesen Versuchen, Armut am Einkommen festzumachen.

Man kann das verallgemeinern. Das Gewichtungsproblem ist Teil einer noch grundsätzlicheren Schwierigkeit, in der es um Befähigungen und Lebenslagen einerseits und das Nutzen dieser Fähigkeiten und Möglichkeiten als freiwillige Entscheidung andererseits geht. DÖRR und GOLDSCHMIDT (2013: 16) formulieren dieses Problem in aller Deutlichkeit:

> „Während die Erfassung von tatsächlichen Lebenshaltungen relativ unproblematisch ist, gestaltet sich eine valide Messung von Spielräumen deutlich schwerer. Denn hierbei muss der Möglichkeitenraum von den Ergebnissen getrennt werden. Bezogen auf die Chancengerechtigkeit stellt sich die Frage, ob jemand eine Teilhabemöglichkeit (freiwillig) nicht wahrnimmt oder sie erst gar nicht hat."

Während im Grundsatz Lebenslagenansätze zur Messung der Armut i.d.R. als sinnvoll angesehen werden, führen diese Probleme der Operationalisierung doch meistens dazu, nach wie vor in erster Linie auf die Einkommen und materiellen Ressourcen zu blicken und das Konzept der relativen Armut zu verwenden.

Eine grundlegende Kritik an dieser Messmetode wiederum lautete nun bekanntlich, es wäre nur ein *degeneriertes Maß für die Einkommensverteilung*. Wenn man diese Sicht teilt, ist es naheliegend, doch gleich auf genuine Verteilungsmaße zurückzugreifen, die einige der methodischen Schwierigkeiten des Maßes für relative Armut nicht aufweisen. International üblich zur Verteilungsmessung sind die LORENZ-Kurve und der GINI-Koeffizient.

Schauen wir zur Veranschaulichung auf ein einfaches Beispiel (das Beispiel ist KRÄMER (1999: Kap. 4) entlehnt). In einem ganz kleinen Weiler im Odenwald gibt es drei Bauernhöfe. Bewirtschaftet wird jeweils ein Hof von August, Balduin und Chlodwig. Die drei Bauern suchen nicht nur alle eine Frau, sondern auch ihre Existenz zu sichern. Allerdings sind die Voraussetzungen ungleich. August besitzt z.B. nur eine Kuh, Balduin hat zwei und Chlodwig 6 Kühe. C hat also von diesem Nutzvieh 5 mehr als A und gleichzeitig die sechsfache Anzahl im Vergleich zu (dem armen?) August.

Was wäre nun, wenn die EU in ihrer unendlichen Landwirtschaftsgüte jedem der drei Bauern 30 Kühe schenkte? Das ist einfach: August hat dann 31, Balduin 32 und Chlodwig 36 Kühe. Absolut gesehen hat Chlodwig natürlich immer noch 5 Kühe mehr als August. Dennoch erscheint uns die Verteilung viel gleichmäßiger, weil C nicht gleich sechsmal so viele Kühe wie A besitzt. Die üblichen statistischen Maße zur Messung der Streuung, also der Abweichungen von einem Durchschnittswert – wie Standardabweichung und Varianz –, würden jedoch in beiden Fällen identische Größen ausweisen. Diese Maße sind dadurch gekennzeichnet, dass sich ihr Wert nicht ändert, wenn man gegenüber der Ausgangsverteilung zu jeder Zahl eine Konstante dazuzählt – das wäre hier die Addition von je 30 Kühen. Diese Maße sind deshalb für das Ziel zur Suche nach einem Maß für die Einkommens- oder Vermögensverteilung eher unzweckmäßig. Streuung und Verteilung betreffen eben zwei unterschiedliche Fragen.

Deshalb hat sich ein anderer Standard international etabliert. Man misst die Verteilung weltweit jeweils durch die schon genannte LORENZ-Kurve und den GINI-Koeffizienten. Wenn man eine Suchmaschine im Internet nur mit dem Begriff GINI-Koeffizient füttert, bekommt man denn auch selbst nur mit dem deutschsprachigen Begriff über 50000 Einträge (im Januar 2013 zumindest), u.a. mit statistischen Ergebnissen aus den verschiedensten Ländern. Die UNO gibt zudem einen Überblick über die Koeffizienten sämtlicher Länder der Erde. Was aber wird dabei genau gemessen?

In der LORENZ-Kurve werden die aufsteigend nach ihrem Vermögen bzw. ihrem Einkommen sortierten, kumulierten Haushalte an der Abszisse und die kumulierten Vermögen (hier Kühe) oder Einkommen an der Ordinate abgetragen. Die Haushalte werden von arm zu reich geordnet. Dann wird notiert, welchen Anteil die ärmste Gruppe am gesamten Vermögen oder Einkommen hat. Danach wird gefragt, welchen Anteil die ärmste plus die zweitärmste Gruppe besitzt, also die beiden ärmsten Gruppen haben etc. Am Bild sieht man es leichter:

Abb. 7.1: LORENZ-Kurve 1

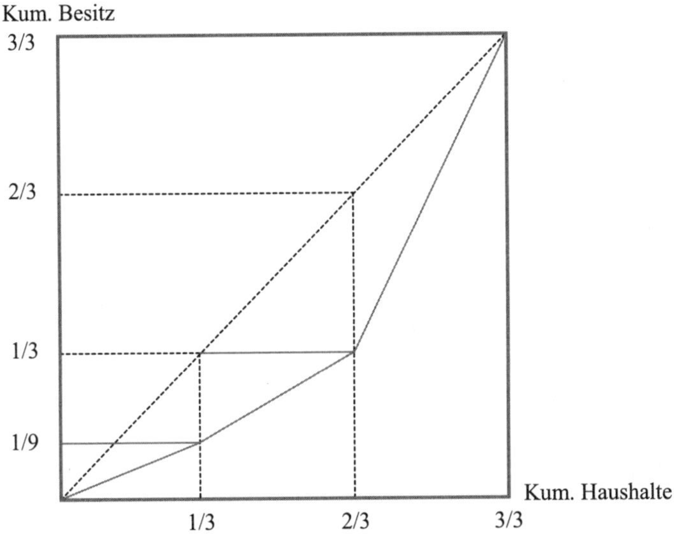

An der Abszisse stehen die Haushalte. August ist in dem kleinen Weiler der Ärmste. Da er ein Drittel der Gesamtbevölkerung ausmacht, steht August allein an der Position 1/3. Er und Balduin sind Ärmster und Zweitärmster, also die beiden Ärmsten dieses kleinen Anwesens. Beide zusammen definieren die Position 2/3. Und da in dem Weiler nur drei Personen leben, stehen auf der letzten Position A, B und C zusammen. Das sind 100% = 3/3 der Einwohner.

Insgesamt gibt es 9 Kühe. August besitzt eine. Er, als ärmstes Drittel der Bewohner, besitzt also nur 1/9 des gesamten Kuhbestandes. August und Balduin, als die beiden Ärmsten, haben zusammen drei Kühe, A besitzt eine und B hat zwei. Die drei Kühe der beiden, als die ärmsten zwei Drittel der Bevölkerung, entsprechen bei insgesamt 9 Kühen einem Drittel aller vorhandenen Kühe. Die ärmsten 2/3 der Bevölkerung besitzen also nur ein Drittel des gesamten Kuhbestandes. Wenn Chlodwig noch kumulierend ergänzt wird, haben wir es mit allen, mit 3/3 der Bewohner, zu tun. C kommt mit seinen 6 Kühen also zu A und B hinzu. Und alle zusammen besitzen selbstverständlich alle Kühe. 3/3 der Haushalte müssen also auch 3/3 der insgesamt 9 Kühe besitzen. Die jeweiligen Anteile werden jedem kumulierten Drittel zugeordnet und in der obigen Grafik miteinander verbunden. Diese durch Linien verbundenen Punkte werden nach dem Statistiker Max Otto LORENZ als LORENZ-Kurve bezeichnet. Bei größeren Grundgesamtheiten als gerade nur drei Gruppen oder Personen wie in unserem Beispiel verschwinden die Ecken, und man erhält tatsächlich eine Kurve.

Als Vergleich dient die Fiktion einer absoluten Gleichverteilung. Dabei besäße das ärmste Drittel der Einwohner genau ein Drittel der Kühe, die ärmsten zwei Drittel hätten 2/3 der Viehbestände, und alle zusammen hätten 3/3. Die fiktive Gleichverteilung können wir entlang der Winkelhalbierenden, der 45°-Linie, ablesen. Die wahre Verteilung weicht von der Gleichverteilung in unserem Beispiel deutlich ab. Es spannt sich sozusagen ein zweidimensionaler (zugegebenermaßen in diesem Fall etwas eckiger) Bierbauch zwischen Gleichverteilung und tatsächlicher Verteilung auf. Je größer dieser Bierbauch, also je größer die Fläche zwischen Gleichverteilung und tatsächlicher Verteilung ist, desto ungleichmäßiger ist die Verteilung der Einkommen oder Vermögensbestände einer Gesellschaft. Diese Fläche kann man berechnen. Über diese Berechnung konstruiert man den GINI-Koeffizienten, bezeichnet nach dem italienischen Statistiker Corrado GINI.

In welchem Wertebereich kann die Fläche zwischen Gleichverteilung und LORENZ-Kurve überhaupt liegen? Bei tatsächlicher Gleichverteilung gibt es keinen „Ungleichheitsbierbauch", d.h., die Fläche ist Null. Die ärgste Ungleichheit hätte man, wenn einer Person oder einer Gruppe alles gehörte. In unserem Beispiel hätte dann das ärmste Drittel gar keinen Anteil am Vermögen, die ärmsten zwei Drittel auch nicht, und erst durch den Dritten bekommen wir das immer gültige Ergebnis, dass allen zusammen alles gehören muss. Dann ist unser zweidimensionaler Bierbauch zur Fläche eines großen Dreiecks angewachsen. Die Seitenlängen des Dreiecks sind jeweils 1 (= 3/3 = 100%). Die Fläche eines Dreiecks berechnet man bekanntlich als Seitenlänge mal Seitenhöhe, dividiert durch zwei. Also erhalten wir im schlimmsten Fall der Ungleichheit $(1 \cdot 1)/2 = 0{,}5$. Die Werte der Fläche zwischen Gleichverteilung und LORENZ-Kurve liegen also zwischen 0 (Gleichverteilung) und 0,5 (vollständige Ungleichverteilung). GINI hat nun diese Fläche noch mit 2 für sein Maß der Ungleichheit multipliziert, d.h., sein Maß für Ungleichheit liegt zwischen 0 und 1. Je näher man sich 1 nähert, desto ungleichmäßiger wird die Verteilung.

Schauen wir jetzt erst noch einmal auf die LORENZ-Kurve nach der gütigen EU-Aktion mit dem Geschenk von je 30 Kühen an A, B und C. Der gesamte

Sozialpolitik im Spannungsfeld unterschiedlicher Koordinationssysteme 495

Kuhbestand beträgt nun 99. 31 davon gehören A, 32 B, und 36 Kühe nennt C sein Eigen. Demnach hat A als ärmstes Bevölkerungsdrittel einen Anteil von 31/99, A und B besitzen gemeinsam 63/99, und alle drei haben natürlich 99/99 aller Kühe. Vor dem EU-Geschenk bekamen wir die LORENZ-Kurve I, nun haben wir in einer neuen Kurve die Variante II. Wir sehen, dass sich II viel enger an die Gleichverteilungslinie schmiegt und wir statt Bierbauch fast schon einen attraktiven Waschbrettverteilungsbauch vor uns haben. Da die Fläche zwischen Gleichverteilungsgeraden und LORENZ-Kurve viel kleiner geworden ist, muss auch der GINI-Koeffizient deutlich kleiner sein.

Abb. 7.2: LORENZ-Kurve 2

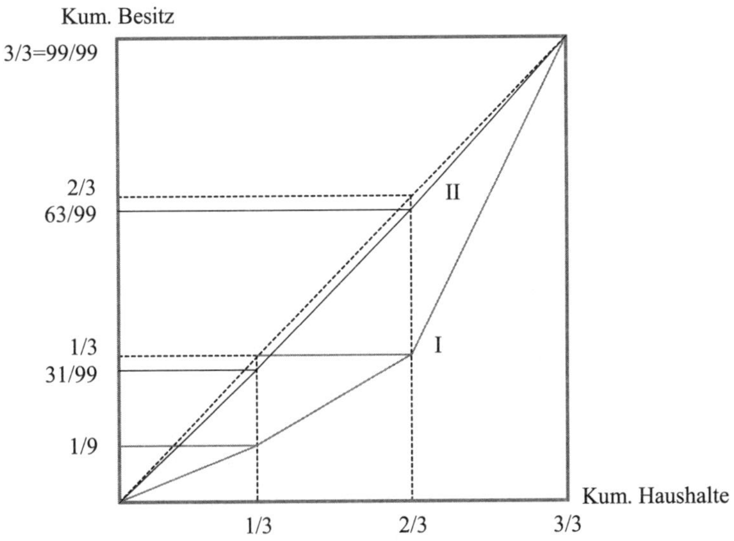

Ein kleines Problem gibt es noch, wenn wir allein den Koeffizienten betrachten, nicht aber die zugehörige Kurve. Das Ausmaß der sozialen Probleme eines Landes hängt sicher davon ab, wo die größte „Ausbeulung" der LORENZ-Kurve auftritt. Schauen wir auf folgende beiden Varianten III und IV:

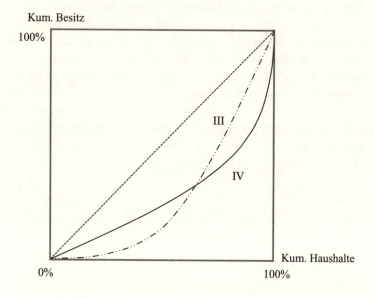

Abb. 7.3: LORENZ-Kurve 3

Die Flächen zwischen den beiden LORENZ-Kurven und der Gleichverteilungsgeraden sind bei III und IV gleich groß, also haben wir identische GINI-Koeffizienten. Bei III sehen wir jedoch, dass hier gerade die Allerärmsten besonders von der Ungleichheit betroffen sind. Ihr Anteil am gesamten Vermögen oder Einkommen ist minimal. Bei IV gibt es eher eine Art Mittelstandsbeule mit den Verteilungsausreißern am oberen Einkommensrand. Die meisten von uns werden III noch problematischer als den Fall IV sehen, aber diese Unterschiede – ist es eher ein Bierbauch oder eine üppige Oberweite? – sind am GINI-Koeffizienten allein nicht ablesbar. Dennoch ist es das übliche, weltweit benutzte Maß für Ungleichheit. Hilfreich ist es allemal, wenn wir auch die LORENZ-Kurven dazu sehen können.

Schauen wir nun auf reale, also tatsächlich gemessene GINI-Koeffizienten. Den umfassendsten Überblick bietet der regelmäßig veröffentlichte Human Development Report der UNO. Der erscheint jeweils auch in deutscher Sprache. 2010 erhielt er den Titel „Der wahre Wohlstand der Nationen: Wege zur menschlichen Entwicklung". Im Statistikanhang, Tabelle 3 des Berichts aus dem Jahr 2010 (S. 186ff.), ist u.a. auch der GINI-Koeffizient für alle Länder der Erde für den Zeitraum 2000 bis 2010 abzulesen. Die Datenbasis der einzelnen Länder ist sicherlich nicht immer gut vergleichbar. Die Zahlen beziehen sich teilweise auch auf unterschiedliche Erhebungsjahre in einzelnen Ländern. Dennoch gibt es bei der Einkommensverteilung Indizien dafür, wo die Ungleichheit besonders groß ist. Eine vergleichsweise gleichmäßige Einkommensverteilung weisen in erster Linie einige der hochindustrialisierten Länder auf, vor allem die Länder Skandinaviens. Die UNO gibt für Norwegen einen GINI-Koeffizienten von 0,258, für Dänemark von 0,247, für Finnland von 0,269 und für Schweden von 0,25 an. Deutschland und andere kontinentaleuropäische Länder folgen. Für Deutschland weist die UNO einen GINI-Koeffizienten von 0,283 aus. Aktuelle andere Berechnungen auf teilweise abweichender Datengrundlage kommen für 2010 auf einen Wert von knapp über 0,3.

Auch in den skandinavischen Ländern ist die Ungleichheit etwas gestiegen. Von den „reichen" Ländern haben die USA und einige erdölexportierende Länder des Nahen Ostens Werte von über 0,4. Auch China, obwohl zumindest offiziell noch „sozialistisch", kommt auf einen ähnlich hohen GINI-Koeffizienten von 0,41. Das zeigt bereits eine sehr ausgeprägte Ungleichverteilung der Einkommen. Beunruhigend wirkt es, dass es gerade viele Entwicklungsländer sind, die durch extrem hohe Ungleichheit, also sehr hohe GINI-Koeffizienten gekennzeichnet sind. Auch die Staaten Südamerikas mit ihren starken Elementen alter feudaler Traditionen zeigen eine sehr ungleiche Einkommensverteilung. Einige Werte dazu: Liberia 0,526, Botswana 0,601, Brasilien 0,55, Kolumbien 0,585, Gabun 0,528. Werte von über 0,5 waren früher sogar Anlass für die UNO, deutliche Warnungen auszusprechen und die entsprechenden Länder als hochgradig bürgerkriegsgefährdet zu bezeichnen. Die extreme gesellschaftliche Ungleichheit wurde als ernste Gefahr für den sozialen Frieden dieser Länder interpretiert.

Bei den ärmeren Ländern gibt es durchaus auch einige mit deutlich geringeren Ungleichheitsproblemen, aber es ist dennoch auffällig, dass Länder im Übergang zu einem überwiegend marktwirtschaftlichen System besondere Ungleichheiten aufweisen – vor allem, wenn der Übergang aus einem dominant traditionsorientierten, feudalistischen System erfolgt. Die Armut einiger Entwicklungsländer verhindert es vielfach überdies auch noch heute, dass eine umfassende soziale Unterstützung finanziert werden kann. Das war übrigens zu Zeiten der Industrialisierung in Europa auch nicht anders. Zunächst entstanden durch alte Klassenstrukturen und durch erhebliche Umbrüche bei dem Systemwechsel massive Ungleichheiten.

Die etwas gleichmäßigere Einkommensverteilung erfolgte erst im Zuge der Etablierung des Marktsystems und vor allem durch dessen sozialpolitische Flankierung. Manche HistorikerInnen sprechen gar davon, dass der „Abstieg" der Reichen mit der Industriellen Revolution – eigentlich mit der Etablierung des Marktsystems – begann. Damals stiegen, wenngleich mit zeitlicher Verzögerung, die Einkommen der Ärmeren schneller als die der Reichen. Abstieg heißt also nur, dass sich die *relative* Position der Reichen etwas verschlechterte. Sie konnten sich dennoch materiell stetig verbessern. In den letzten Jahren drehte sich die Entwicklung um, d.h., die Einkommen und vor allem die Vermögen der Reichen stiegen um ein Vielfaches schneller als die der Armen. Ob es aktuell zumindest bei den Einkommen wieder nivellierende Tendenzen gibt, wird nicht einheitlich gesehen, da widersprüchliche statistische Ergebnisse vorliegen. Schwankungen in der Verteilung mit dem Verlauf von Konjunkturen und Krisen gab es schon immer, so dass man etwas vorsichtig sein muss, ob sich hier wirklich schon eine Trendumkehr zeigt und woran dieser ggf. liegen könnte – systematisch geänderte Knappheitsverhältnisse oder z.B. eine Verschiebung politischer Einflussmöglichkeiten zu Gunsten der Reichen. Momentan sieht man jedenfalls weltweit, dass sich die Verteilungsschere in der Tendenz wieder weiter öffnet (vgl. z.B. STIGLITZ 2012).

Deutschland weist also einen Wert des GINI-Koeffizienten von etwa 0,3 auf. Auch wenn der Koeffizient gestiegen ist, sieht es im internationalen Vergleich noch fast paradiesisch aus. Können wir uns bzw. die PolitikerInnen sich zufrieden zurücklehnen? Leider nein. Erstens ist eine relativ gute Position im internationalen Vergleich noch kein Garant dafür, dass die nationalen Gerechtigkeitsziele auch nur annähernd erreicht wurden. Zweitens ist die Ungleichheit gemäß vieler Studien in den letzten Jahren bekanntlich größer geworden, d.h., der GINI-Koeffizient ist gestiegen. Drittens müssen wir fragen, ob uns dieses Maß jetzt wirklich einen hinreichend guten Eindruck darüber vermittelt, wie ausgeprägt die Probleme der Armut und Nichtpartizipation sind.

Wir haben uns mit der Verteilung direkt beschäftigt, weil das Maß der relativen Armut als Anteil der Bevölkerung unterhalb der Grenze von 60% des Medianeinkommens in vielerlei Hinsicht methodisch nicht befriedigt. SEN hat sich nun durch weitere Arbeiten in mehrfacher Weise darum verdient gemacht, das Maß für Armut und Unterversorgung weiter zu präzisieren. In einem ersten Schritt versuchte er, relative Armut und Verteilungsmaß miteinander zu kombinieren. Die Position der Reichen sah er als wenig entscheidend für das Armutsmaß an, aber einiges innerhalb der Gruppe der Armen müsse noch bedacht werden zur Armutsmessung. Sein Armutsindex ist wie folgt konstruiert:

$$S = H(I + (1 - I)G)$$

Mit: S = SENs Armutsindex, H = Armutsquote, I = Armutslücke, G = GINI-Index der Einkommensverteilung unterhalb der Armutsgrenze.

Mit H wird die traditionelle Methode zur Messung der relativen Armut benutzt. H sagt aus, wie viel Prozent der Bevölkerung eines Landes weniger als z.B. 60% des Medianeinkommens zur Verfügung haben. I misst, wie weit der Abstand zwischen dem durchschnittlichen Einkommen der Armen zur Armutsgrenze ist. Es macht einen Unterschied, ob dieser Abstand im Durchschnitt 100,- € oder 1000,- € beträgt. In beiden Fällen können gleich viele Menschen unterhalb der Armutsgrenze leben und als arm ausgewiesen werden. Bei einem durchschnittlichen Abstand von 1000,- € sollte das Armutsmaß aber ein ärgeres Armutsproblem ausweisen als bei dem geringeren durchschnittlichen Abstand. Das berücksichtigt SENs Maß. Es macht genauso einen Unterschied, ob die Armen alle ähnlich viel zur Verfügung haben, sich also alle dicht um das durchschnittliche Einkommen der Armen gruppieren oder ob es bei der Gruppe der Armen selbst noch gravierende Verteilungsunterschiede gibt, bei denen einige ganz dicht an der Einkommensschwelle zu „nicht arm" stehen, einige oder viele aber absolute Habenichtse sind, denen extrem wenig Einkommen zur Verfügung steht. Deshalb integriert das Maß auch noch den GINI-Koeffizienten der Einkommensverteilung innerhalb der Gruppe der Armen G. Nur als Nebenbemerkung: Die Subtraktion des kleinen Terms $I \cdot G$ in der Klammer erfolgt, um Doppelzählungen zu vermeiden.

Wichtig ist, dass in dieses – zweifellos komplexere – Maß sowohl die Tiefe als auch die Schärfe der Armut eingehen. Es wird also berücksichtigt, dass neben der reinen Armutshäufigkeit auch bedacht werden sollte, was sich unterhalb der Armutsgrenze abspielt. So hat sich z.B. in Ostasien nicht nur die Quote für extreme Armut zwischen 1981 und 2001 deutlich reduziert, sondern auch das Durchschnittseinkommen der Armen ist erheblich gestiegen. Wenn neben einer gesunkenen Armutshäufigkeit die Tiefe und Schärfe der Armut abnehmen, dann genießt das oft erstaunlich wenig politische und öffentliche Würdigung. Möglicherweise liegt es daran, dass nach wie vor die eher einfachen Armutsmaße verwendet werden und somit alles, was unterhalb der Armutsgrenze passiert, recht wenig Aufmerksamkeit genießt.

SEN hat noch in einem weiteren Zusammenhang Konzepte mit entwickelt, die vor allem für weltweite Vergleiche genutzt werden.[93] Gerade für internationale Vergleiche ist es oft wenig hilfreich, allein auf die Höhe der Einkommen zu schauen. Das Ausmaß an Haushaltsproduktion unterscheidet sich von Land zu Land. So ist nach wie vor der Anteil der Subsistenzwirtschaft in Entwicklungsländern sehr hoch. Außerdem unterscheidet es sich von Land zu Land

---

[93] Bahnbrechend war neben dem hier explizit Angesprochenen SENs Analyse von Hungerkatastrophen, die hier nicht näher erläutert wird. Bemerkenswert ist, dass allein ein Mangel an Nahrungsmitteln nicht die Ursache von Hungersnöten ist. Mit vielen Beispielen, vor allem aus südostasiatischen Staaten und Ländern der Sahelzone, zeigte SEN, dass die Katastrophen vielfach an einem Verteilungsproblem lagen. Bestimmte Bevölkerungsschichten verfügten schlichtweg nicht über genügend Mittel zum Erwerb von Nahrungsmitteln. Es gab sogar Fälle, in denen aus notgeplagten Regionen noch Nahrungsmittel exportiert wurden. Die Ernten unterschieden sich in Hungerjahren oft nicht sehr von den Vorjahren. Vielmehr waren häufig schlechtere Erwerbsmöglichkeiten, höhere Arbeitslosigkeit und/oder gesunkene Reallöhne Hauptgründe für Hungerkatastrophen.

deutlich, welchen Anteil der Staat bei der Produktion und Bereitstellung von Gütern hat. In sozialistischen Ländern z.B. gab und gibt es auch Ungleichheiten und Ausschluss. Der lässt sich aber eher weniger an den (vorwiegend politisch determinierten) Einkommen ablesen. Der Zugang zu vielen Gütern wie guten Wohnungen oder zur Möglichkeit von Urlaubsreisen hatte in den realen sozialistischen Systemen eher damit zu tun, ob man politisch/ideologisch genehm war. Die Führungsspitze der SED hatte z.B. nicht so viel mehr Einkommen als andere DDR-BürgerInnen, dennoch bewohnte dieser Personenkreis die schönsten Häuser etwa direkt an den Seen in der Nähe Berlins.

Wegen all dieser internationalen Unterschiede hat SEN für internationale Vergleiche – vor allem in Zusammenarbeit mit Mahbub UL HAQ – trotz der bereits erwähnten Gewichtungsprobleme das Lebenslagenkonzept aufgegriffen und den Human Development Index bzw. den Human Poverty Index mitentwickelt, der seit etwa 1990 regelmäßig von der UNO für alle Länder der Erde berechnet wird. Ziel ist es, den Entwicklungsstand der Länder zu bestimmen und dabei die wesentlichen Dimensionen menschlicher Bedürfnisse zu erfassen (vgl. DEUTSCHE GESELLSCHAFT FÜR DIE VEREINTEN NATIONEN (Hrsg.) 2010). Anfangs wurden beim HDI allerdings nur nationale Durchschnittswerte verwendet und drei Teilindices bestimmt: a) die Lebenserwartung bei Geburt, b) ein kombinierter Bildungsindex (mittlere Anzahl von Schuljahren und die mittlere Dauer der gesamten Ausbildung in Jahren) und c) das Pro-Kopf-Einkommen in US-$. Im Human Poverty Index verwendet man etwas andere Teilindices wie z.B. die Alphabetisierungsrate statt Bildungsabschluss und Schuljahre. Durch die konkrete Konstruktion liegt der HDI zwischen 0 und 1. Je näher der Wert an 1 ist, desto höher wird der Entwicklungsstand eines Landes ausgewiesen. Die Länder der Erde werden in vier Klassen eingeteilt: sehr hoch, hoch, mittel und gering entwickelt. Die Gruppe der Länder mit sehr hoher menschlicher Entwicklung wird 2010 von Norwegen mit einem HDI von 0,938 angeführt. Deutschland steht auf Rang 10 mit 0,885. In der Gruppe derjenigen mit hohem Entwicklungsstand stehen die Bahamas mit einem Wert von 0,784 an erster Stelle, die Gruppe des mittleren Niveaus beginnt mit Fidschi (0,669), die der Länder mit niedriger menschlicher Entwicklung mit Kenia (0,470). An letzter, der 169., Stelle aller Länder steht Simbabwe mit einem unglaublich niedrigen Wert von 0,140.

Auch wenn sich bereits durch den HDI gewaltige Unterschiede zwischen Staaten und Regionen andeuten, wurde das Maß weiter verfeinert. Man schaute u.a. auch Möglichkeiten der politischen Partizipation und vor allem auf die Ungleichheiten innerhalb der Länder, die man anhand der Durchschnittswerte zuvor gar nicht einbezogen hatte. 2010 gab es drei wichtige Innovationen. Für 139 Länder wurde erstens eine IHDI berechnet, ein *Inequality-adjusted* HDI. Ungleichheiten in den Bereichen Gesundheit, Bildung und Einkommen werden dabei mit erfasst, um das Ausmaß verpasster menschlicher Entwicklung zu erkennen. Die Index-Werte werden dadurch für alle Länder kleiner. Norwegen steht aber weltweit immer noch an erster Stelle. Und Simbabwe ist nach wie vor mit Abstand Schlusslicht. Einige Länder wechseln durch Unterschiede in der Ungleichheit die Position. Auffällig ist, dass die Abstände zwischen Ländern mit hoher und geringer Entwicklung größer werden, d.h., die Länder mit einem geringen HDI weisen zudem meistens noch stärkere Ungleichheiten auf. Das ähnelt den Befunden zu den gemessenen GINI-Koeffizienten.

Für 138 Länder wurden 2010 zweitens Indexwerte für geschlechtsspezifische Ungleichheit (GII: *Gender Inequality Index*) bestimmt. Dabei wurden die Bereiche reproduktive Gesundheit, Teilhabe und Erwerbsbeteiligung berücksichtigt. Bei südostasiatischen und arabischen Staaten führte das zu den größten „Abzügen", diese Länder „stürzten ab" in der Entwicklungsrangfolge der Staaten. Als drittes wurde ein Index für mehrdimensionale Armut (MPI: Multidimensional Poverty Index) entwickelt und berechnet. Mit diesem Index sollen überlappende Deprivationen bei Gesundheit, Bildung und Lebensqualität erfasst werden. Das Ergebnis ist erschreckend. Der Bericht zur menschlichen Entwicklung 2010 fasst die Ergebnisse so zusammen, dass in 104 Entwicklungsländern etwa ein Drittel der Bevölkerung, und das sind sage und schreibe 1,75 Milliarden Menschen, von mehrdimensionaler Armut betroffen ist. Auch wenn es regionale Unterschiede gibt, so zeigt sich doch als Muster, dass über die Hälfte dieses Personenkreises in Afrika südlich der Sahara und in Südostasien lebt. Trotz aller methodischen Probleme mit diesen mehrdimensionalen Maßen: Für internationale Vergleiche ist alles andere noch unbefriedigender, und zudem zeigt sich dadurch besonders deutlich, dass wir die unterschiedlichen Methoden, Definitionen etc. im Auge haben müssen, wenn wir nicht Gefahr laufen, aus nationalen Messungen relativer Armut Schlussfolgerungen zu ziehen, die über den Anspruch der *nationalen* Inklusion hinausgehen.

Bislang wurden Maße für die Armut dargestellt, mit denen eine Art „objektive Messlatte" verbunden ist. Es wird von der Wissenschaft, von der Politik u.a. definiert, was Armut „ist" und dann versucht, das Ausmaß davon zu berechnen. Die Objektivierung an sich sehen einige ArmutsforscherInnen schon kritisch. Sie argumentieren, dass es mehr darauf ankomme, wie die Menschen ihre Situation selbst einschätzen. Fühlen sie sich arm oder diskriminiert, ausgeschlossen bzw. in ihrer Existenz bedroht? Die Interpretation der eigenen Lage sei entscheidend dafür, welche Verantwortung Menschen für sich selbst und ihr Umfeld tragen können, auch dafür, ob sie sich selbst als zufrieden oder glücklich einschätzen. Das alles wird im großen Feld der Messung *subjektiver Armut* erkundet. Einige der wichtigsten Ergebnisse sind:

- Die eigene Einschätzung hängt wesentlich von den zuvor erreichten Einkommens- und Lebensstandards ab. Wenn Anneke und Berenike beide je 800,- € Einkommen haben, Anneke aber schon einmal 1800,- € verdient hat und Berenike bislang immer über nur wenig Einkommen verfügte, dann wird es gemäß den Trends von Umfragen zu subjektiver Armut so sein, dass Anneke sich viel eher als arm bezeichnen wird. Ein höheres früheres Einkommensniveau wirkt gleichermaßen als subjektiver Partizipationssperrhaken. Allein der Verlust an Möglichkeiten fördert das Unterversorgungsempfinden, oft begleitet von Schuldzuweisungen an sich, an bestimmte übelwollende ArbeitgeberInnen oder an die ganze Gesellschaft. Anneke und Berenike werden – unter sonst gleichen Bedingungen – anders mit ihrer Situation umgehen.

- Die Menschen in Deutschland sind heute nicht glücklicher als etwa 1953. Damals konnten sich die Menschen viel weniger leisten. Die Einkommen waren deutlich niedriger, und man musste viele Stunden am Tag arbeiten für Lebensmittel, für die Miete und andere essenzielle Dinge des täglichen Lebens. Nur wenige Menschen hatten große Wohnungen, ein Automobil oder konnten sich Urlaubsreisen leisten. Das ist heute anders. Die durchschnittliche Wohnungsgröße und die Motorisierung sind gestiegen, und ein viel höherer Anteil von Menschen an der Gesellschaft leistet sich Urlaube, darunter auch solche in ferne Länder. Was also macht Menschen glücklich? Offensichtlich ist es nicht das das materielle Niveau allein – zumindest dann nicht, wenn die physische Existenz erst einmal gesichert ist. Es stellte sich heraus, dass die *relative Position* besonders bedeutsam ist. Im ersten Spiegelstrich ging es um den Vergleich mit sich selbst über die Jahre. Anneke und Berenike nehmen sich jeweils selbst als Referenzperson und schauen, ob sich die relative Position jetzt zu früher verbessert oder verschlechtert hat. Menschen vergleichen sich aber auch untereinander. Weitgehend unabhängig vom Niveau fühlen sie sich zufrieden, wenn sie über dem Durchschnitt liegen oder ihn zumindest erreichen. Arm, unzufrieden und ausgeschlossen fühlen sie sich tendenziell, wenn sie weniger Einkommen als der Durchschnitt zur Verfügung haben. Große Ungleichheiten bekümmern besonders. Wenn es also um die Zufriedenheit der Gesellschaftsmitglieder gehen sollte in der Sozialpolitik, müsste sie nicht nur auf Grund „objektiver" Gerechtigkeitsvorstellungen die Bruttoeinkommen zumindest etwas angleichen.

Maße zur subjektiven Armut haben leider auch so ihre Tücken. Es kommt sehr darauf an, *wie* man fragt und erstaunlicherweise auch, *wann* man das tut. Nur ein Beispiel dafür: Fragt man Menschen nach ihrer Lebenszufriedenheit, so macht es einen signifikanten Unterschied, ob jemand einen Job hat oder arbeitslos ist. Die Beschäftigten fühlen sich deutlich zufriedener. Der Sonntags-Ökonom der Frankfurter Allgemeinen Sonntagszeitung vom 9. Januar 2011 (S. 26) – der (!) übrigens an diesem Tag Lisa Nienhaus hieß – beschreibt es so, dass Arbeitslosigkeit zu einem lang anhaltenden Unglückseffekt führt. An Nachteile durch eine Behinderung oder an (hoffentlich) die Vorteile der Ehe gewöhnen sich die Menschen viel schneller. Arbeitslosigkeit vermittelt vielleicht ein robustes Gefühl der Unzulänglichkeit oder auch ein besonderes Hadern mit den ökonomisch-gesellschaftlichen Bedingungen. Diese Ergebnisse sind an für sich sowohl plausibel als auch unstrittig. Sie definieren damit eine unmittelbare Handlungsaufforderung an die Arbeitsmarkt- und Sozialpolitik zur Bekämpfung der Arbeitslosigkeit. Es gibt ja gleich zwei Probleme: Erstens haben arbeitslose Menschen im Durchschnitt weniger finanzielle Mittel als Beschäftigte zur Verfügung, und zweitens ist die Arbeitslosigkeit selbst ein Grund dafür, sich diskriminiert, ausgegrenzt und als nicht vollwertiges Mitglied der Gesellschaft zu sehen.

Nun hat es vor einiger Zeit eine Untersuchung gegeben (vgl. KNABE et al. 2010), bei denen Beschäftigte und Erwerbslose Tagebuch führten. Die Befragten sollten ihre Gefühle während jeder der über den Tag verteilten Tätigkeiten beschreiben, ob sie sich also als u.a. glücklich, entspannt, genervt oder traurig empfinden. Und schon ist es mit dem Job gar nicht mehr so schön. Arbeit – im gängigen Verständnis – erwies sich als besonders wenig vergnüglich. Das Ergebnis ihrer Studie fassen die vier Autoren schon im Aufsatztitel zusammen: *Dissatisfied with life, but having a good day*: [...]. Erwerbs- und Hausarbeit wurden mit sehr negativen Gefühlen beschrieben. Essen, am PC spielen, Fernsehen oder ein Spaziergang wurden mit viel angenehmeren Gefühlen in Verbindung gebracht. Fazit: Für eine Gesamtbetrachtung ist der Status als Beschäftigte/r ein deutlicher Glücksbringer. Man ist aber eher unzufrieden bis unglücklich, wenn man diese Arbeit gerade verrichtet. Das kann man psychologisch ja durchaus auch alles verstehen, aber die ArmutsforscherInnen haben jetzt das Problem zu entscheiden, was denn für eine Armutsquotenberechnung relevant ist: Langzeitbetrachtung, Betrachtung der momentanen Lebensumstände oder die ganz aktuellen Befindlichkeiten während jeder Betätigung am Tage.

Es ist aus alldem nicht überraschend, dass es nach wie vor parallel sehr verschiedene Vorstellungen über die Definition von Armut gibt und noch mehr Ideen zur Messung. Solange die jeweiligen Konzepte und die statistischen Methoden transparent gemacht werden, ist das kein Problem, denn dann stellen sich die verschiedenen Ansätze dem wissenschaftlichen Wettbewerb. Das kann zu tieferer Durchdringung von Problemen der Unterversorgung und des gesellschaftlichen Ausschlusses beitragen. Intransparenz ist hingegen sehr problematisch, da es dann schnell ideologisch wird und die eigene Methodik jeweils so gewählt wird, dass es entweder einer gewünschten Skandalisierung oder einer beabsichtigen Verharmlosung der Probleme dient.

7.2.2 Unterversorgung als Partizipationsproblem

Auch wenn die ArmutsforscherInnen fern einer Einigung über den Armutsbegriff und die Messung des Ausmaßes sind, so gibt es doch immerhin in gewisser Weise einen Trend dazu, die gesellschaftliche Teilhabe als Ziel zu formulieren und all das – ob mit dem Begriff der Armut unterlegt oder auch nicht – zu identifizieren, was die gesellschaftliche Partizipation verhindert oder zumindest erschwert. Die daraus gewonnenen Einsichten werden direkt als Problemanzeige bzw. als Handlungsempfehlung an PolitikerInnen, auch an die WählerInnen, weitergegeben, da Abhilfebedarf gesehen wird.

In entwickelten Marktökonomien dominiert der wettbewerbliche Tausch als Koordinierungsinstanz der Arbeitsteilung. Deshalb ist es zumindest schon ein ziemlich gutes Indiz, wenn man für solche Länder die Einkommen der Menschen als notwendige Voraussetzung zur Teilhabe so sehr wie in den aktuellen Armutsberichten in den Mittelpunkt der Betrachtung rückt. Der relative Anteil am durchschnittlichen Einkommen bestimmt in hohem Maße mit, ob man die Güter und Dienstleistungen, die Partizipation benötigt, erwerben kann.

Internationale Vergleiche sind allerdings selbst innerhalb der Klasse der Länder mit hohem Bruttoinlandsprodukt heikel, wenn man nur auf diese Quoten abhebt, da der Mix an den drei Systemen Markt, Hierarchie und Tradition sehr unterschiedlich sein kann. Für nationale Fragen sind sie eher vertretbar. Ganz und gar ungeeignet ist diese Beschränkung für Ländervergleiche, wenn die Staaten unterschiedlichen dominanten Systemen der Organisation arbeitsteiliger Prozesse folgen.

Überwiegend zentral verwaltete Ökonomien koordinieren ganz anders, und das Einkommen ist kein gutes Indiz dafür, welche Menschen partizipieren, welche unterversorgt und ausgeschlossen sind. Auch Feudalsysteme können u.U. eine hinreichende Versorgung zu Wege bringen, obwohl die Einkommen extrem ungleich verteilt sind. Naturalabgaben und -tausch sind in diesem weitgehend nicht-anonymen Kontext oft viel wichtiger, werden aber als Einkommen meistens gar nicht erfasst. Sinnvoll ist dann eher, auf eine Art Gesamtversorgung zu schauen, wie es ansatzweise im Lebenslagenkonzept vorgeschlagen und umgesetzt wird. Geldeinkommen und marktvermittelte Güter sind ein – sicherlich oft auch großer – Brocken zur Sicherung der Gesamtversorgung. Dazu kommen aber all die Güter und Dienste, die der Staat bereitstellt oder (mit-)finanziert: Bildungseinrichtungen, das Gesundheitswesen, Infrastruktur, öffentlicher Nahverkehr, Theater und andere kulturelle Angebote, Sicherheit, Justizwesen u.a. Und immer noch nicht genug. Jetzt fehlt noch alles, was sich Haushalte und andere Gemeinschaften in einem Rechte- und Pflichtensystem durch eine Form von „Eigenversorgung" selbst erschaffen können. Alles zusammen definiert, was insgesamt vorhanden ist. Dann bleibt immer noch der schwierige Weg zu bestimmen, wer jetzt welchen Anteil an all den zur Partizipation notwendigen Gütern hat. Ist das alles zur Zufriedenheit erkundet, kann man die tatsächliche Verteilung mit den Verteilungszielen der Gesellschaft vergleichen, ohne die Beziehungen zu allokativen Aufgaben aus dem Gedächtnis zu verlieren. Einkommensumverteilung wird eines der Instrumente sein. Die Anpassung staatlicher Leistungen und die Unterstützung traditionell koordinierender Gruppen gehören aber ebenso dazu.

Für alles müssen Steuern erhoben werden, die z.T. zur direkten Umverteilung verwendet, z.T. zu Marktinterventionen, der Familienförderung u.a. eingesetzt werden. Ein großer Brocken des Steuerberges wird gebraucht, um all die staatlichen Leistungen für die BürgerInnen zu finanzieren. In demokratischen Systemen entscheiden die BürgerInnen nun direkt oder indirekt selbst darüber, wie hoch die Steuersätze sind, was genau besteuert wird und wofür die Einnahmen verwendet werden. Tunlichst sollten die BürgerInnen auch noch ehrlich ihre Steuern zahlen, da sonst viele der eingenommenen Mittel in die Überwachung und notfalls in die Bestrafung der SteuersünderInnen fließen müssen. Nun hatten wir mehrfach schon die HIRSCHMAN-Thesen angesprochen, dass zu große Ungleichheit die Akzeptanz des Wirtschafts- und Politiksystems ins Wanken bringt. Eine Folge kann sein, dass die Steuer- und Transferbezugsmoral sinkt. Dann wird es teurer und schwieriger, die Partizipationsziele im gegebenen System zu erreichen. Jetzt ziehen wir in gewisser Weise an zwei Enden des Zielstricks. Umverteilung soll der Inklusion dienen und möglichst auch der Steuerehrlichkeit. Viel Steuern mit viel Umverteilung und viel staatlicher Sorge um die Individuen kann u.U. aber auch ins Gegenteil umschlagen. Dann haben wir nicht viel gewonnen.

Es ist schon eine ganze Zeit her, dass ein deutscher Finanzminister eine grobe Schätzung versucht hat, wonach jährlich dem deutschen Staat etwa 100 Milliarden Euro durch Unehrlichkeit verloren gehen – durch Steuerhinterziehung, Schwarzarbeit, falschen Bedürftigkeitsangaben etc. Dabei sehen die Menschen in Deutschland durchaus ein, dass Steuern gezahlt werden müssen. In der Steuerakzeptanz liegt Deutschland bei internationalen Vergleichen im Mittelfeld, allerdings doch ziemlich weit hinter Dänemark, Japan oder Kanada. Die Unterschiede erklären sich erstens über historisch unterschiedlich gewachsene Staats- und Politikverständnisse. Und auf ein paar Dinge reagieren die Menschen zweitens geradezu „allergisch", und ihre moralische Verpflichtung zur Steuerzahlung leidet gewaltig. Ist das Steuersystem selbst im Verdacht, sehr unfair zu sein, finden es BürgerInnen auch unfair, wenn sie selbst zur Kasse gebeten werden. Die Steuermoral sinkt. Ähnlich verhält es sich mit der Transparenz. Ein Steuerdurcheinander mit unsinnigen, teils widersprüchlichen Regeln ist Gift für die Steuermoral. Weniger als 20% der Steuerpflichtigen in Deutschland finden die Steuergesetze und die Besteuerungspraxis gerecht. Transparent wahrscheinlich noch weniger – vielleicht nur noch die SteuerberaterInnen, die im Vorschriften- und Gesetzesdickicht ihr Auskommen haben. Dazu kommt, dass viele den Umgang mit den Steuereinnahmen beklagen. Er wird als zu verschwenderisch und mit falscher Priorität angesehen. Zu viel Geld werde für falsche Projekte und Maßnahmen ausgegeben.

Schnell wird all das zum selbstverstärkenden Effekt. Fangen einige aus Unzufriedenheit mit der Trickserei und Betrügerei an, dann strahlt das aus. Die Steuermoral ist nämlich stark abhängig vom Tun der anderen. Es kommt darauf an, ob ich *glaube*, dass die anderen brav und ehrlich ihre Steuern zahlen. Nur dann werde ich mich ähnlich verhalten.

Dabei scheint es übrigens systematische Fehleinschätzungen zu geben, die kognitionspsychologisch auch plausibel sind. Sich selbst hält man meistens für ehrlicher und moralischer als die anderen. Futter bekommt die vermutete Unehrlichkeit anderer durch die großen Skandale, wenn millionenschwere ManagerInnen versuchen sehr große Einkommen vor der „Steuer zu retten". Wenn nun die allgemeine Steuermoral durch zunehmende Ungleichheit, durch ein schlechtes, intransparentes Steuersystem, durch verschwenderisches Staatsgebaren und die Fehleinschätzung über das Verhalten der anderen SteuerzahlerInnen sinkt, dann könnte der Staat auf mehr Überwachung und Repression setzen. Aber das ist erstens die teuerste Variante, das Steueraufkommen einzutreiben und zweitens zerstört es noch mehr die intrinsische Motivation – hier eher die gefühlte Verpflichtung – einen Beitrag zum allgemeinen Partizipationsziel zu leisten. Was heißt das alles? Die politische Aufgabe besteht jetzt nicht allein darin, für die Güter und Dienste und deren angemessener Verteilung zu sorgen, um Partizipation auf hohem Versorgungsniveau in allen Koordinierungslogiken zu sichern. Dazu muss das alles auch noch durch ein als fair empfundenes Steuersystem finanziert und durch eine jeweils effiziente Entscheidungsfindung sowie von der Verwaltung ebenfalls verschwendungsarm umgesetzte Entscheidung passieren. Die Sorgenfalten auf unserer sozialpolitischen Stirn wachsen sich zu tiefen Furchen aus. Versuchen wir nachfolgend, sie wieder glatter zu bügeln – vielleicht nicht gleich mit rein steriler und wenig menschlicher sozialpolitischer Administration im Sinne eines Botox-Maskengesichts.

7.3 Theorie der Sozialpolitik

In einer umfassenden theoretischen Analyse der Sozialpolitik müsste es *mindestens* um all die Fragen und Zusammenhänge gehen, die wir bislang behandelt haben. Was ist bzw. war das alles? Rekapitulieren wir nur die Themenbereiche.

(a) *Sozialpolitische Ziele*: Um überhaupt erst einmal allein die Ziele zu identifizieren, bedarf es zwingend einer Auseinandersetzung mit ethischen Positionen, vor allem mit Gerechtigkeitstheorien. Dabei müssten sowohl philosophische Überlegungen zu einer Form „objektivierter", allgemeingültiger Gerechtigkeit eine Rolle spielen als auch sozialpsychologische Überlegungen zum Gerechtigkeits- und Moralempfinden der Menschen, die ja schließlich in demokratischen Systemen über die Soziale Sicherung Entscheidungen treffen. Zudem ist die Frage der Fristigkeit der Ziele zu klären. Sind also Nachhaltigkeitsforderungen relevant oder orientiert sich die Sozialpolitik eher kurzfristig? Drittens ist zu klären, ob sozialpolitische Maßnahmen helfen könnten, auch allokative Ziele, d.h. die Effizienz der Koordinierung arbeitsteiliger Produktionsabläufe zu fördern und ob die Sozialpolitik das tun *soll*, wenn sie einen Beitrag leisten kann. Viertens geht es um Vorstellungen für das gesellschaftliche Miteinander, in gewissem Sinne zum gewünschten Normensystem, dem Ausmaß an Altruismus sowie gegenseitiger Verantwortung und Solidarität u.a.

(b) *Wirkungsanalyse und Systemzusammenhänge*: Allein Ziele zu formulieren, reicht nicht. Nun muss noch theoretisch geklärt werden, wie es gelingen kann, die Ziele auch zu erreichen. Was alles muss man dazu wiederum wissen? Zählen wir es einfach auf:
- Wirkungen der Sozialpolitik im perfekten Marktsystem,
- Wirkungen der Sozialpolitik bei Marktversagen ohne endogene Lösungen,
- Wirkungen der Sozialpolitik bei Marktversagen mit endogenen Lösungen,
- Interdependenz zwischen Gerechtigkeits-, Nachhaltigkeits- und Effizienzzielen,
- Besonderheiten der politischen Steuerung und „Staatsversagens",
- Wirkungen der Sozialpolitik bei interdependenten Koordinationsmodi der Arbeitsteilung,
- Besonderheiten der Interdependenz von Institutionenwettbewerb und staatlicher Politik,

- Analyse der Möglichkeiten zur Risikoabsicherung in verschiedenen Koordinationssystemen,
- Analyse der Möglichkeiten zur Inklusion in verschiedenen Koordinationssystemen,
- Analyse der Möglichkeiten zur Zielerreichung in allen Koordinationssystemen gleichzeitig;
- Wirkungen der Sozialpolitik auf gesellschaftliche Normen, Altruismus und Solidarität,
- Wirkungen der Sozialpolitik auf die Fähigkeit zur Selbstverantwortung,
- Wirkungen der Sozialpolitik auf die Fähigkeit zur Verantwortung für das Gemeinwesen,
- Politikberatung und -findung im kompletten Mix an staatlichen Eingriffen und Wettbewerb.

Diese Fragen haben wir größtenteils bearbeitet – mehr oder weniger intensiv – und haben deshalb auch einen geradezu fulminanten Anlauf gebraucht, bis wir nach sechs Kapiteln endlich zur Sozialpolitik an sich kamen. Erstaunlicherweise finden sich einige wichtige diese Überlegungen bislang kaum in der gängigen Theorie der Sozialpolitik. Deshalb wirkt es teilweise eher deskriptiv, wenn nicht gar steril, was dazu in Zusammenfassungen formuliert wurde. Entweder gehen AutorInnen nur auf spezielle Fragen des eben skizzierten Katalogs ein – meist davon abhängig, welcher wissenschaftlichen Disziplin sie selbst angehören. Oder sie skizzieren allgemeine, überblicksartige Überlegungen. Eine dritte Variante ist, dass sich die Bücher und Beiträge auf die politische Ebene konzentrieren und theoretische Fragen nur am Rande behandeln. Das alles gibt durchaus keinen Anlass zur Kritik. Es gibt gute Gründe für die Beschränkung bei der Darstellung theoretischer Überlegungen, um stattdessen besondere Aufmerksamkeit der konkreten Konstruktionen sozialpolitischer Programme zu widmen. In diesem Lehrbuch wurde ein anderer Weg gewählt. Die eher allgemein und deskriptiv gehaltenen Ideen zur Theorie der Sozialpolitik sind natürlich keineswegs unwichtig. Deshalb seien sie nachfolgend auch zumindest kurz angesprochen.

7.3.1 Sozialpolitischer Bedarf

Die zentrale Frage lautet, warum man speziell in modernen Gesellschaften Sozialpolitik „braucht". Das kann eine sehr allgemeine Antwort finden, wenn man der These folgt, dass im Zuge zunehmender Arbeitsteilung verstärkt gegenseitige Abhängigkeiten entstehen und *immer* eine gewisse Schichtung in Arme und Reiche, Exkludierte und Inkludierte, Begünstigte und Benachtei-

Sozialpolitik im Spannungsfeld unterschiedlicher Koordinationssysteme 509

ligte entstehen wird oder noch allgemeiner, dass stets gewisse Machtüberformungen gegeben sein werden. Zu große Ungleichheiten und Unfreiheiten erfordern sozialpolitisches Handeln. Nun hatten wir gesehen, dass die Ausprägungen der Ungleichheit und die Art des gesellschaftlichen Miteinanders aber doch sehr verschieden sind, je nachdem, ob man die Arbeitsteilung hauptsächlich über Märkte, über Rechte und Pflichten in einer traditionellen Koordinierung oder in einem hierarchischen System zentraler Steuerung organisiert. Deshalb wird meistens der Blick speziell auf ein bestimmtes Wirtschaftssystem im Sinne des dominanten Koordinationstyps gerichtet. Für marktliche Systeme – in mancherlei Hinsicht verallgemeinerungsfähig für alle Organisationssysteme der Arbeitsteilung – werden folgende Ursachen für sozialpolitischen Bedarf als Thesen benannt (vgl. eine Zusammenfassung in LAMPERT/ALTHAMMER 2004: 141ff.).

(a) *Permanenter Grundbedarf*: Zu jeder Zeit, in allen Gesellschaften und systemunabhängig gibt es immer Menschen, die ohne Hilfe anderer ihre Existenz nicht sichern können.

(b) *Bedarf im Anschluss an Katastrophen*: Erdbeben, Überschwemmungen u.a. ereignen sich oft unabhängig vom Wirtschaftssystem und dem Entwicklungsstand einer Gesellschaft. Solche Ereignisse begründen unmittelbar, dass Notleidende Unterstützung benötigen. Katastrophen können sicherlich unter Umständen auch systemabhängig auftreten, wenn in einem System z.B. bestimmte Formen des Raubbaus an der Natur eher auftreten als in anderen Koordinationsformen. Der Untergang vieler antiker Hochkulturen wie etwa die der Mayas wird dadurch erklärt, dass der Raubbau an der Natur und ihren Ressourcen Katastrophen heraufbeschworen habe. Die konkreten *Folgen* des Erdbebens und des Tsunamis in Japan Anfang 2011 sind sicherlich auch nur system- und entwicklungsbedingt zu verstehen.

(c) *Bedarf durch Entwicklung und Veränderung*: Im Zuge der gesellschaftlichen und wirtschaftlichen Entwicklung entstehen Brüche. Es kann zu sozialer Desintegration kommen. Der Strukturwandel bei wirtschaftlicher Veränderung wird stets die Lebenslagen bestimmter Gruppen negativ beeinflussen. Beispiele sind Arbeitslosigkeit nach strukturellen Veränderungen oder der Knappheitsverlust der eigenen Qualifikation bei technischen Innovationen. Man denke nur an Gerhart HAUPTMANNs Drama „Die Weber", das um 1890 herum entstand. In beiden Fällen geht das Einkommen entweder drastisch zurück oder fällt komplett weg. Im Zuge der Globalisierung mit der Begleiterscheinung besonders rascher Änderungen und permanenter Brüche kann diese Bedarfskategorie an Gewicht gewinnen. DURDŽIĆ/ENSTE/NEUMANN (2012: 17) sprechen zudem davon, dass das Vertrauen der Menschen in unsere liberale und demokratische Ordnung durch solche Veränderungen und Brüche stets Gefährdungen ausgesetzt ist. Um das Vertrauen nicht zu verlieren, ist die Sozialpolitik mit all ihren Institutionen in besonderem Maße gefordert.

(d) *Verteilungsbedarf:* Auch in diesem Zusammenhang erfolgt wieder der Hinweis auf Ungleichheiten in *allen* Systemen. Dennoch wird hauptsächlich für die heutigen marktorientierten Systeme mit weitgehenden staatlichen Bereichen argumentiert. Dann folgt der Verteilungsbedarf erstens wegen ausgeprägter Ungleichheiten in der Vermögens- und der Einkommensverteilung. Zweitens entsteht er durch räumliche Ungleichheiten, etwa in der Kindergarten- und Schuldichte, bei der Gesundheitsversorgung und der Infrastruktur für Kommunikation und Mobilität. Der letzte Punkt zu räumlichen Disparitäten speziell ist vielfach politischen Entscheidungen geschuldet.

(e) *„Geweckter" Bedarf:* Bedarfsweckung kann es erstens durch eine Art „Gewöhnung" an die staatliche Daseinsvorsorge geben, die in Folge in immer mehr Bereiche des Lebens ausgedehnt wird. Zweitens kann es am speziellen Willensbildungs- und Entscheidungsprozess demokratischer Systeme liegen, vor allem in korporatistisch organisierten Gesellschaften, in denen Verbände, Gewerkschaften und Kammern erheblichen Einfluss haben. Die AnbieterInnen sozialpolitisch finanzierter Leistungen wie Versicherungen oder die Gesundheitsberufe erzeugen nach dieser These systematisch Bedarf zu Gunsten ihrer Profession. Drittens können sozialpolitische Ziele und Standards anderer Länder Begehrlichkeiten wecken, indem sie zum Vorbild werden. Viertens schließlich kann es Selbstverstärkungseffekte geben, indem zusätzliche Sozialleistungen selbst das gesellschaftliche Gerechtigkeitsverständnis pro Egalisierung von Einkommen oder allen möglichen Varianten zur Bekämpfung der Chancenungleichheit verändern. Das wiederum wird politische Programme zur Gewährung zusätzlicher sozialer Leistungen begünstigen (so etwa argumentiert KERSTING 2012).

(f) *Materieller Bedarf bei Marktversagen:* Je ungenügender die materielle Versorgung durch erhebliche Marktkoordinierungsschwierigkeiten ist, desto höher ist der Bedarf (auch) an sozialpolitischen Eingriffen zur Verbesserung der Allokation.

Aus all diesen Bedarfen wird dann abgeleitet, um was sich die Sozialpolitik so alles kümmern sollte und in welchen Bereichen sie aktiv sein sollte. Die Schlussfolgerungen lesen sich wie eine Beschreibung eines konkreten kontinentaleuropäischen oder eines skandinavischen Sozialsystems. Findet die geneigte LeserIn das erstaunlich, oder ist sie skeptisch und argwöhnt Eurozentrismus?

7.3.2 Entwicklungsbedingungen der Sozialpolitik

Bedarfe sind nicht alles. In gewisser Weise ist das erst einmal nur die Frage nach „Was hättet Ihr denn gerne?" Nun muss untersucht werden, welche Möglichkeiten es gibt, den Gesamtbedarf tatsächlich zu decken. Dabei schaut man erstens auf die Dringlichkeit der Probleme. Das hat fast immer etwas mit einem Abwägungsproblem zu tun. Wenn sozialpolitische im Vergleich zu anderen Zielen besonders wichtig sind bzw. so gesehen werden, dann steigen die Chancen, dass auch sozialpolitisch gehandelt wird.

Zweitens hängt die Möglichkeit zu Sozialpolitik davon ab, ob Fähigkeiten vorhanden sind, anstehende soziale Probleme zu lösen. Diese Fähigkeiten hängen vor allem daran, ob genügend wirtschaftliche Mittel zur Verfügung stehen. Sehr arme Entwicklungsländer können kaum genügend Steuern oder Beiträge erheben, um Sozialpolitik zu finanzieren. Empirisch zeigt sich tatsächlich, dass gerade sehr arme Länder so gut wie kein sozialpolitisches Programm und kaum Umverteilungsmöglichkeiten haben (vgl. RAVALLION 2010). Die Weltbank sieht ein gewisses Dilemma darin, dass in ihrer Interpretation zunächst erst einmal reine Wachstumsstrategien umgesetzt werden müssen, bis ganz arme Länder in der Lage zum sozialen Ausgleich sind. In der Balance zwischen Verteilungs- und Wachstumszielen spiele das Ausgangswohlstandsniveau eine entscheidende Rolle. Nur das biete eine Voraussetzung für spätere Umverteilung und Sozialpolitik. Doch Vorsicht: Nicht jede sozialpolitische Maßnahme steht dem Wachstumsziel entgegen. Manche können durch ihre positive Effizienzwirkung geradezu Voraussetzung für die wirtschaftliche Entwicklung sein. Vielleicht ist ja die Kausalität sogar gerade anders herum und manche Länder sind deshalb arm, *weil* die Sozialpolitik fehlt. Womöglich ist nur eine Kombinationsstrategie tragfähig, die aber gerade zu Beginn vor erheblichen nationalen Finanzierungsschwierigkeiten steht. Die Fähigkeit zur Umsetzung sozialpolitischer Forderungen kann zudem beeinträchtigt sein, wenn die notwendigen Institutionen fehlen, also z.B. keine Steueradministration vorhanden ist oder keine effiziente Bürokratie zur Durchführung und Kontrolle von Maßnahmen.

Neben Dringlichkeit und Fähigkeit ist drittens noch relevant, wie groß die Bereitschaft der TrägerInnen politischer Verantwortung ist, sich der bestehenden Probleme anzunehmen. Aus all dem folgt, dass sozialpolitische Umsetzungen hinsichtlich des Finanzvolumens und der Struktur der Sozialen

Sicherung international höchst unterschiedlich sind und wohl auch zukünftig sein werden.

7.3.3 Entwicklungstendenzen staatlicher Sozialpolitik

Zu Beginn der Dominanz von Märkten stellte sich im 19. Jahrhundert bekanntlich die ArbeiterInnenfrage. Darauf konzentrierte sich in Deutschland das sozialpolitische Engagement des Staates. Gekoppelt war es mit den speziellen Staatsformen des Jahrhunderts und der stark noch durch den Feudalismus geprägten gesellschaftlichen Schichtung. Damals war staatliche Sozialpolitik rudimentär, auf ArbeiterInnen konzentriert und staatsautoritär. Mit vielen Brüchen und restaurativen Zwischenetappen incl. der Besonderheiten der Zentralisierung und der völkischen Orientierung im Nationalsozialismus wurde daraus in der Zwischenzeit eine umfassende Gesellschaftspolitik in einem demokratischen Rechtsstaat. Begleitet wurde das von zunehmender Verrechtlichung. Sozialpolitik ist keine „Gnade" politischer Autoritäten mehr, sondern definiert Teilhaberechte. Immer mehr Bereiche gerieten im Laufe der Zeit in den Fokus, d.h., die soziale Sicherung betrifft längst nicht mehr allein spezielle Gruppen von ArbeitnehmerInnen. Durch die Ausweitung institutionalisierte sich die Sozialpolitik. Große Sozialverwaltungen entstanden, die Sozialversicherungen u.a. Auch die erhebliche Bedeutung der Wohlfahrtsverbände z.B. bei der professionellen Sozialen Arbeit kennzeichnet die zunehmende Verrechtlichung und Institutionalisierung. Es gibt sogar einigen Argwohn, dass große Sozialverbände mehr aus Eigeninteresse als aus Sorge um das Allgemeinwohl Sozialpolitik einfordern, weil das durch den institutionalisierten Rahmen ihre eigene Existenz sichert und die Expansion der Organisation ermöglicht.

Da Ähnliches auch in anderen Ländern beobachtet werden kann, wird eine „Tendenz" ausgemacht zu stetiger Erweiterung der Sozialpolitik, zu immer weiterer Verrechtlichung, Institutionalisierung und sogar Zentralisierung. Dafür werden nicht allein gesellschaftliche, ökonomische und demokratisch-politische Gründe ausgemacht, sondern auch die spezifischen Interessen von Bürokratien und den selbst erst so langsam durch die Sozialpolitik entstandenen großen Institutionen. Letzteres hieße, dass die Sozialpolitik etwas Münchhausenhaftes an sich hätte. Sie führt erst zur Institutionalisierung und zieht sich dann durch die Interessen in dem Sinne am eigenen Zopf aus dem Sumpf enger Daseinsfürsorge, indem der Einfluss dieser Institutionen in der Politik zu stetiger Vergrößerung des sozialpolitischen Sicherungsprogramms führt. Weniger sozialpolitisch-kritische Geister weisen eher darauf hin, dass die Risiken und Ausschließungsphänomene in Marktgesellschaften immer größer werden und deshalb die Ausdehnung des Sozialstaates unausweichlich sei.

7.3.4 Sozialpolitik und interdependente Koordinationssysteme

Einige Aspekte, die in früheren Kapiteln schon behandelt wurden bzw. die sich durch die Ausführungen zumindest andeuten, werden in den Überlegungen zu sozialpolitischen Bedarfen, zu Voraussetzungen und zu Entwicklungstendenzen nur wenig thematisiert. Sie seien hier auch nur benannt, weil die Zusammenhänge an anderer Stelle im Detail ausführlich gewürdigt wurden oder werden.

Die Sozialpolitik in „modernen" und sogenannten entwickelten Staaten Europas hat nach wie vor nicht nur eine rein marktorientierte Ausrichtung. Das wäre im Zuge der Ausdehnung der Sozialpolitik auch wenig plausibel, da es selbst in „den entwickeltesten" Marktökonomien noch große Inseln zentraler oder traditioneller Koordinierung mit dem Staat selbst, mit Unternehmungen, mit Familien u.a. gibt. Nicht nur in Märkten entstehen soziale Probleme, sondern auch in den anderen Teilsystemen. Das Ausmaß der nichtstaatlichen Gesamtproblemlösung von Ungleichheit und fehlender Partizipation hängt aber einerseits davon ab, wie stark sich die Personen in alternativen Systemen marktorientiert mit Teilzeitarbeit o.ä. engagieren müssen. Andererseits spielt es eine Rolle, welche Möglichkeiten ihnen eröffnet werden angesichts der Tatsache, dass die Gesellschaftsmitglieder in erheblichem Maße, aber auch sehr differenziert zur Finanzierung der staatlichen Sozialpolitik herangezogen werden.

Nun werden Gerechtigkeitsvorstellungen, sogar die konkreten Bedarfe und Wünsche nach sozialpolitischen Programmen, maßgeblich durch die verschiedenen Koordinierungsmechanismen selbst und auch durch die bisherige Geschichte der sozialpolitischen Absicherung bestimmt. Das hat mal wieder etwas mit den Gesetzmäßigkeiten der Wahrnehmung, Besonderheiten der Regelbildung und der Abhängigkeit von Motiven und Werthaltungen vom jeweils wahrgenommen (gesellschaftlichen) Kontext zu tun. Was wir als fair oder „richtig" ansehen und von PolitikerInnen einfordern, hängt in hohem Maße vom jetzigen Gesamtsystem ab – Märkten, Hierarchie- und Traditionsmodi sowie vom derzeit bestehenden sozialen System. Dadurch werden Veränderungen nicht beliebig, weder was Ausdehnungsgeschwindigkeit noch -richtung betrifft. Es entstehen *Pfadabhängigkeiten*. Die Entwicklungstendenzen können damit nicht komplett losgelöst von den derzeitigen Bedingungen der einzelnen Staaten verallgemeinert werden – selbst wenn sich einige sehr grobe gemeinsame Linien andeuten. Beachtet man die Spezifika nicht, ist die Gefahr jedoch beträchtlich, dass man gerade das Zusammenwirken der verschiedenen Koordinationssysteme und dessen Bedeutung für sozialpolitische Notwendigkeiten und Anpassungspfade etwas aus dem Auge verliert.

7.4 Kernbereiche der Sozialpolitik in Deutschland

7.4.1 Bereiche, Träger und Logiken sozialer Sicherungssysteme

Wenn man sämtliche Formen der Sozialpolitik umfassend darstellen wollte, dürfte man sich nicht auf staatliche Aktivitäten beschränken, wie es dann im Anschluss einschränkend geschieht. Auch andere Akteure sind für sozialpolitische Aufgaben gefordert bzw. sozialpolitisch aktiv, wie es folgende Übersicht zeigt:

Abb. 7.4: Träger der Sozialpolitik

Die verschiedenen AkteurInnen sind teilweise direkt den verschiedenen Koordinationsmechanismen zugeordnet. Betriebliche Sozialpolitik etwa dient häufig unternehmensinternen Zwecken und berücksichtigt dabei die Gegebenheiten auf dem Arbeitsmarkt. Bei Netzwerken, Nachbarschaften und Familien mit all ihren Formen gegenseitiger Unterstützung ist es auch evident, dass dies alles im Rahmen traditioneller Formen der Koordinierung mit Pflichten und Rechten geschieht. Gerade die spezielle Form der Gegenseitigkeit ist ein Kennzeichen insbesondere der nicht-anonymen Formen der Organisation der Arbeitsteilung.

Im Mittelpunkt der anschließenden Überlegungen steht jedoch die staatliche Sozialpolitik. Die staatliche Variante steht vor zwei wesentlichen Problemen. Erstens müssen wir bedenken, dass all die Probleme staatlicher Steuerung, die wir bei den Passagen zur Politischen Ökonomie angestellt haben, berücksichtigt werden müssen: ARROW-Paradoxon, Parteienwettbewerb, Einfluss von LobbyistInnen und der Bürokratie. Das ist auch für sozialpolitische

Programme bedeutsam. Selbst wenn wir dafür akzeptable Lösungen finden, steht die Politik zweitens vor dem Problem, ein sozialpolitisches System mit jeder Menge an Einzelregelungen zu entwerfen und umzusetzen, das den Anforderungen und spezifischen Risiken aller hochgradig untereinander verflochtenen Organisationsformen der Arbeitsteilung gerecht wird.

Bei der deutschen staatlichen Sozialpolitik sind Bund, Länder, die Gemeinden und die Sozialversicherungen als Parafisci die wichtigsten Träger. Die EU spielt für die soziale Sicherung eine zwar nicht unbedeutende, aber (noch) keine ganz entscheidende Rolle. Die tatsächliche Sozialpolitik der EU konzentriert sich neben der Festlegung sozialer Mindeststandards und Gleichstellungsvorgaben vor allem auf den Arbeitsmarkt und auf Qualifizierungsmaßnahmen zur Gewährung von Chancengleichheit. Manche KritikerInnen sehen das sozialpolitische Programm der EU sowieso eher als verkapptes wirtschafts- und wettbewerbspolitisches Agieren.

Wichtige EU-Instrumente sind seit der Unterzeichnung des Vertrages von Amsterdam im Jahr 1997 vor allem Vereinbarungen zur Beschäftigungspolitik. Ein besonderes, institutionalisiertes Verfahren stellt die Europäische Beschäftigungsstrategie (EBS) dar. Der Rat der Europäischen Kommission legt die Richtung der Beschäftigungspolitik fest. Dies sollen die Mitgliedsländer umsetzen. Sie haben aber de facto keine Umsetzungs-, sondern nur eine Berichtspflicht. Deshalb bezeichnet man es auch als „weiche" Steuerung durch die Methode der offenen Koordinierung ohne Zwangscharakter. Schon länger – seit 1957 – gibt es den Europäischen Sozialfonds (ESF), das wichtigste Finanzierungsinstrument der EU. Immerhin umfasst der Fonds etwa 10% des EU-Haushalts, das waren 2009 etwa 75 Mrd. Euro. Verteilt werden die Mittel nach Maßgabe des relativen Wohlstands der EU-Regionen. Förderungen in einzelnen Ländern sind nur möglich, wenn es auch nationale Beteiligungen an den Kosten gibt. Gefördert werden ausschließlich Projekte, die in Förderschwerpunkten festgelegt werden. Seit dem Jahr 2000 soll der Sozialfonds enger an die Ziele der Europäischen Beschäftigungsstrategie gekoppelt werden. Durch die Finanzierungsbedingungen wird der Sozialfonds als die „härtere" EU-Durchgriffsmöglichkeit charakterisiert. Wenn er stärker an die Europäische Beschäftigungsstrategie gekoppelt wird, bekommt die EU tatsächlich ein größeres Gewicht für die Sozialpolitik der Mitgliedsländer. Dennoch verbleibt der überwiegende Teil in der nationalen Verantwortung (vgl. IRMER/ YOLLU-TOK 2012 zum Einfluss von EU-Institutionen auf die deutsche Sozial-, speziell die Arbeitsmarktpolitik).

Die sozialpolitische „Zurückhaltung" der EU liegt insbesondere am Subsidiaritätsprinzip, aus dem folgt, dass i.d.R. nicht die größte Einheit, die EU, die Sicherung gewährleisten sollte. Dazu kommt noch für Deutschland, dass das Bundesverfassungsgericht gleich mehrfach – z.B. im Lissabon-Urteil – die

Sozialpolitik eindeutig als nationalstaatliche Aufgabe festgestellt und damit dem weitgehenden Einfluss der EU entzogen hat. Ein weiterer Grund für das relativ zurückhaltende sozialpolitische Engagement der EU ist, dass die historische Entwicklung der sozialen Sicherungssysteme in den EU-Ländern ausgesprochen heterogen war. Immer noch unterscheiden sich die Systeme substantiell. Deshalb stünde eine Angleichung vor ziemlich großen Schwierigkeiten. Bemühungen zu Vereinheitlichungen gibt es durchaus. So fanden z.B. Anfang 2011 Gespräche zur Angleichung des Rentenalters statt. Allein daran sieht man gut auch die Schwierigkeiten einer solchen Vereinheitlichung, wenn man bedenkt, zu welch unterschiedlichen Reaktionen es in verschiedenen Ländern hinsichtlich der Erhöhung des Renteneintrittsalters kam.

Die substantiellen Unterschiede der Sozialsysteme hängen u.a. mit sehr verschiedenen Vorstellungen zum notwendigen Ausmaß der sozialen Sicherung und vor allem mit zwei sehr gegensätzlichen Leitbildern der Sozialen Sicherung zusammen, die in den einzelnen Ländern die Systemgestaltung beeinflusst haben: 1. das BEVERIDGE- oder Wohlfahrtsstaatsmodell, bei dem die soziale Sicherung überwiegend durch steuerfinanzierte, kostenlose Bereitstellung von Gütern (z.B. im Gesundheits- und Bildungswesen) plus finanzieller Unterstützung Benachteiligter geschieht und 2. das BISMARCK- oder Sozialversicherungsmodell, in dem ein bestimmter Versichertenkreis definiert und über Beiträge und Versicherungsprämien die soziale Sicherung gewährleistet wird. All dies hat letztlich zur Konsequenz, dass die europäische Sozialpolitik eben neben den gebundenen Finanzierungshilfen des Europäischen Sozialfonds hauptsächlich durch die „Methode der offenen Koordinierung" arbeitet. Diese trägt den vielen nationalen Besonderheiten Rechnung, ist letztlich doch eher unverbindlich und setzt auf Lernprozesse und Problemanzeigen statt auf zentral festgelegte Standards. Die verkappte Wirtschaftspolitik wird z.B. darin gesehen, dass sich eine stärkere Einmischung vor allem am Arbeitsmarkt durch den Europäischen Sozialfonds zeigt. Mit diesem Finanzierungsinstrument werden de facto in erster Linie beschäftigungspolitische Ziele verfolgt.

Die tatsächlichen sozialstaatlichen Systeme verschiedener Länder sind jeweils Mischsysteme aus dem BISMARCK- und dem BEVERIDGE-Typ, und sie haben zudem noch weitere, eigenständige Elemente integriert. Aber die Schwerpunkte werden in den Ländern unterschiedlich gesetzt, und auch das Ausmaß der Sicherung ist nicht gleich. Es ist hilfreich für das Verständnis des deutschen Sozialstaatstyps, grundsätzliche Ideen zu unterscheiden. In einer gängigen Typisierung werden – neben einigen anderen Versuchen der Clusterbildung, die wir später eingehender zu würdigen haben – vier wesentliche Systeme unterschieden:

	Systeme der sozialen Sicherung			
	Skandinavisches Modell	Kontinental-europäisches Modell	Angel-sächsisches Modell	Süd-europäisches Modell
Gesicherter Personenkreis	Alle BürgerInnen	ArbeitnehmerInnen	Alle BürgerInnen	Bedürftige
Hauptziel	Soziale Sicherheit	Sicherung des Lebensstandards	Mindestsicherung	Armutsvermeidung
„Recht auf"	Arbeit	Einkommen	Residuale Absicherung	Arbeit und soziale Sicherung
Finanzierung	Steuern	Beiträge	Steuern	Beiträge

In Anlehnung an die Darstellung in BIZER/SESSELMEIER (2004: 76)

Im skandinavischen Grundtyp der sozialen Sicherung, der manchmal auch als sozialdemokratisch beschrieben wird, sind prinzipiell alle BürgerInnen sowohl zur Finanzierung vorgesehen (sofern sie über genügend Mittel verfügen) als auch im Bedarfsfall anspruchsberechtigt. Eine umfassend verstandene soziale Sicherheit für alle BürgerInnen ist das Ziel. Implizit ist das System rund um das Grundverständnis eines Rechts auf Arbeit konzipiert. In der Übersicht steht das in Anführungszeichen, weil dieses Recht weder explizit in den gesetzlichen Grundlagen genannt wird noch unter diesen Voraussetzungen einklagbar ist. Aber die gesamte Konstruktion der sozialen Sicherung konzentriert sich darauf, Erwerbstätigkeit zu ermöglichen bzw. zu erleichtern. Das beginnt mit einem guten Bildungssystem, unter anderem zur Qualifizierung für den Arbeitsmarkt. Es geht weiter über umfassende und kostenlose Möglichkeiten der Kinderbetreuung, damit Eltern nach der Geburt eines Kindes schnell wieder ins Erwerbsleben zurückkehren können, und endet noch lange nicht mit gezielter Förderung und Unterstützung erwerbsloser Menschen durch Weiter- und Fortbildungen, durch Bewerbungstrainings, durch psychologische Unterstützung, Arbeitsvermittlung etc. Die Förderung der Erwerbsmöglichkeiten sowie Forderung nach Eigeninitiative bilden den Kern des sozialpolitischen Programms. Finanziert wird das alles über das Steuersystem. Aus den Steuereinnahmen werden die Transfers und die staatlichen Dienstleistungen finanziert.

Das kontinentaleuropäische Modell folgt einer völlig anderen Logik. Das ganze System ist rund um den Arbeitsmarkt „gestrickt". Es geht hauptsächlich um die Absicherung von ArbeitnehmerInnen. ArbeitnehmerInnen und ArbeitgeberInnen zahlen anteilig Beiträge in Sozialversicherungen ein. Damit sollen finanzielle Risiken z.B. bei einer längeren Erkrankung oder bei Arbeitslosigkeit aufgefangen werden. Interessanterweise ist gerade *kein* implizites Recht auf Arbeit in diesem System angelegt, obwohl es die eindeutige Arbeitsmarktausrichtung gibt. Es geht eher darum, dass ArbeitnehmerInnen bei Arbeitslosigkeit, im Krankheitsfall oder im Alter nicht zu arge finanzielle Einbußen erleiden sollen. Wenn über den Arbeitsmarkt keine Einkommen erzielt werden können, soll die soziale Sicherung als Ersatz einspringen und dafür sorgen, dass die Betroffenen finanziell nicht zu sehr abstürzen. In gewisser Weise geht es also um die Sicherung eines einmal erreichten Lebensstandards durch *Ersatzeinkommen über die Sozialversicherungen*. Das heißt auch, dass jemand, der/die relativ viel verdient hat, mehr aus den Sicherungssystemen bekommt als jemand, der/die wenig Einkommen hatte. Damit gibt es ein implizites, ebenfalls in Anführungszeichen zu verstehendes, Recht auf Einkommen in diesem sozialpolitischen System. Durch die Sozialversicherungskonstruktion wird das Sozialsystem weitgehend durch Beiträge und nicht über Steuern finanziert.

Das angelsächsische Modell sieht zunächst fast skandinavisch aus, da es auch alle BürgerInnen erfasst und über Steuern finanziert wird. Es ist aber eher wirtschaftsliberal als sozialdemokratisch angelegt. Es soll keine umfassende soziale Sicherheit gewährt werden – extrem Liberale würden ja sogar bestreiten, dass so etwas möglich bzw. sinnvoll sein kann –, sondern nur eine Absicherung für die allerschlimmsten Fälle. Mehr als eine rudimentäre Sicherung der Existenz auf sehr niedrigem Niveau ist nicht vorgesehen. Nur wer gar nicht in der Lage ist, aus eigener Kraft seine Existenz über Erwerbsarbeit zu sichern, bekommt Unterstützung. Das südeuropäische Modell ist ebenfalls mit eher schwacher sozialer Absicherung verbunden und konzentriert sich darauf, gröbste Armut zu vermeiden, wobei ein implizites „Mischrecht" auf Arbeit und auf soziale Sicherheit zwar formuliert ist, aber nur in geringem Maße durch die Sozialpolitik tatsächlich unterstützt wird. Verglichen werden die Staaten dabei gern nach zwei von ESPING-ANDERSEN verwendeten Kriterien, die, um ein paar Vorurteile zu bemühen, als Begriffe reichlich soziologisch-kompliziert klingen. Der Vergleich der Staaten wird dabei auf die Kriterien der *De-Kommodifizierung* und *De-Stratifizierung* reduziert (vgl. zu den nachfolgenden Ausführungen SESSELMEIER/WYDRA-SOMAGGIO 2012). Was aber soll das sein?

De-Kommodifizierung hat mit dem englischen Begriff commodity = Ware zu tun. Es geht darum, inwieweit Menschen in einem bestimmten Sozialstaat zur Existenzsicherung darauf angewiesen sind, ihre Arbeit als „Ware auf dem Arbeitsmarkt zu verkaufen". Allgemeiner dreht es sich um die Frage, wie weit die Menschen entkoppelt von Risiken und Zwängen typisch kapitalistischer Märkte leben können, vor allem von den Arbeitsmarktrisiken. Dem skandinavischen Modell wird z.B. ein besonders hoher Grad an De-Kommodifizierung zugeschrieben. Der Sozialstaat umfasse alle BürgerInnen, sichere gegen Arbeitsmarktrisiken ab und bemühe sich um eine marktunabhängige Existenzsicherung. Zumindest für sozialversicherungspflichtige Erwerbspersonen biete auch das kontinentaleuropäische Modell einen hohen Grad an De-Kommodifizierung, aber das gelte eben nicht für alle BürgerInnen. Das angelsächsische Modell schneidet in dieser Hinsicht eher schlecht ab.

De-Stratifizierung ist von der Wortherkunft zunächst noch etwas „merkwürdiger" im Hinblick auf unsere Fragen. In der Archäologie etwa geht es bei Stratifizierung um die Altersbestimmung von Ablagerungen. Ursprünglich stammt der Begriff aus der Geologie und bezeichnet die Bestimmung von Gesteinsschichtungen. Für die Soziologie (und dann auch für die Ökonomik) geht es natürlich nicht um solche Dinge, sondern um die *soziale* Schichtung. Gefragt wird, wie durchlässig die sozialen Sicherungssysteme im Hinblick auf die Lebenslagen von Menschen sind und ob sie sozialen Status abbauen helfen oder sogar aufbauen. Das kontinentaleuropäische Modell wird z.B. in dieser Hinsicht kritisch gesehen, da die Logik der Lebensstandardsicherung Statusunterschiede in der sozialen Sicherung reproduziere. Durch das hohe Ausmaß an Ungleichheit in der angelsächsischen Variante wird diesem Modell im Gegensatz zum stärker egalisierenden skandinavischen Typ ebenso ein eher geringer Grad an De-Stratifizierung attestiert.

Reale Sozialsysteme sind immer Mischformen der Idealtypen. Kein skandinavisches Land orientiert sich ausschließlich am skandinavischen Modell, und auch Deutschland hat nicht nur Elemente des kontinentaleuropäischen Modells sozialpolitisch verankert. Jedes Land folgt jedoch einer Art Hauptlogik, und dafür ist die Typisierung in die vier Musterformen für die weitere Analyse hilfreich. Es ist dennoch zumindest denkbar, dass vielleicht einmal nach vielen Reformschritten auch ein skandinavisches Land im sozialpolitischen Cluster kontinentaleuropäisch werden kann oder umgekehrt.

7.4.2 Systematik sozialpolitischen Handelns in Deutschland

Wenn man die folgende Übersicht über die Systematik der Sozialpolitik in Deutschland betrachtet, dann ist zu bedenken, dass das deutsche System nach wie vor in weiten Teilen der Logik des kontinentaleuropäischen Modells folgt und dass auch geschichtlich von Beginn an durch die soziale Frage im 19. Jahrhundert ein sehr spezieller Fokus auf der Existenzsicherung von ArbeitnehmerInnen lag. Zum einen wurde das bereits damals mit besonderen Risiken durch den Arbeitsmarkt begründet. Zum anderen wurde zumindest zu Beginn der Debatte um die Einführung von Sozialversicherungen eine Art „Erziehungsmotiv" diskutiert. Dabei wurde – wie schon erläutert – unterstellt, dass ArbeiterInnen es (in ihrem begrenzten Horizont!) nicht verstünden, wie notwendig eine Vorsorge für den Alters- oder Krankheitsfall sei. Deshalb müsse der Staat ein Zwangssystem vorsehen. Vertreter dieser These (wieder mal nur Männer, zumindest in offiziellen Publikationen) wie Gustav SCHMOLLER waren ja sogar davon überzeugt, dass die Sozialversicherungen später wieder abgeschafft werden könnten, wenn die ArbeiterInnen es denn „gelernt" hätten, wie wichtig diese Vorsorge ist. In gewisser Weise – und für uns heute hoffentlich reichlich bizarr – hat man ArbeiterInnen gar nicht als mündige Menschen gesehen, eher als Gruppe von Hominiden (höchstens) auf dem Entwicklungsstand kleiner Kinder. Wenn man es sehr kritisch betrachtet, wird man den Eindruck nicht los, dass den ArbeiterInnen fast das Menschsein abgesprochen wurde. Das damalige, tief auch in WissenschaftlerInnen verankerte Klassendenken mag dem Vorschub geleistet haben.

Abb. 7.5: Sozialpolitik in Deutschland

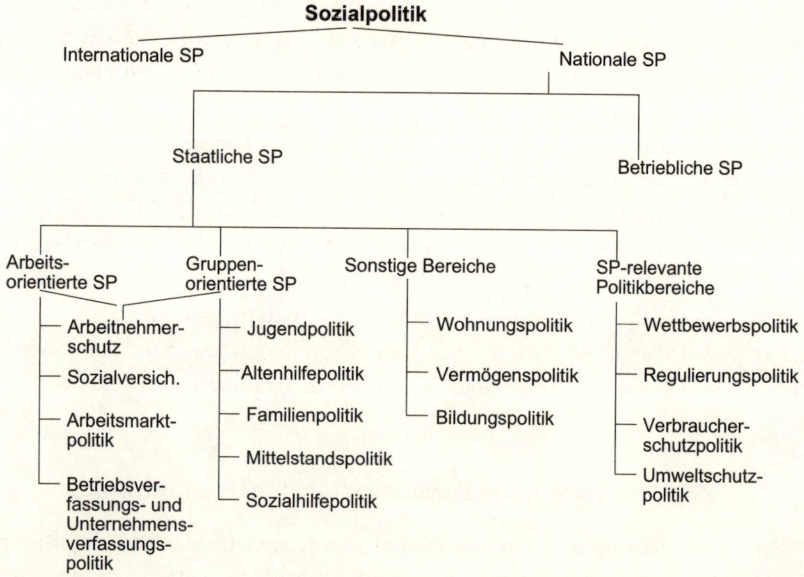

```
                          Sozialpolitik
              ┌───────────────┴───────────────┐
        Internationale SP                 Nationale SP
                                  ┌───────────┴───────────┐
                            Staatliche SP            Betriebliche SP
        ┌──────────┬──────────────┬──────────────┐
   Arbeits-     Gruppen-      Sonstige Bereiche   SP-relevante
   orientierte SP  orientierte SP                 Politikbereiche
   ├ Arbeitnehmer-   ├ Jugendpolitik    ├ Wohnungspolitik    ├ Wettbewerbspolitik
   │  schutz
   ├ Sozialversich.  ├ Altenhilfepolitik ├ Vermögenspolitik  ├ Regulierungspolitik
   ├ Arbeitsmarkt-   ├ Familienpolitik   └ Bildungspolitik   ├ Verbraucher-
   │  politik                                                │  schutzpolitik
   │                 ├ Mittelstandspolitik                   └ Umweltschutz-
   └ Betriebsver-    └ Sozialhilfepolitik                       politik
     fassungs- und
     Unternehmens-
     verfassungs-
     politik
```

In Anlehnung an LAMPERT/ALTHAMMER 2004: 165

Die Konzentration auf Existenzsicherungsprobleme von ArbeiterInnen, später allen ArbeitnehmerInnen, macht es zumindest verständlich, dass ein wesentlicher Teil der gesamten sozialen Sicherung in Deutschland von Anfang an im Marktsinne arbeitszentriert war und es in der Weiterführung der Systeme auch heute noch ist. Das verdeutlicht die Übersicht. Diese Darstellung orientiert sich eng am Lehrbuch von LAMPERT/ALTHAMMER (2004: 165) und ist eine unter einer Vielzahl möglicher Systematisierungen. Sie zeigt aber nachvollziehbar und pointiert die Logik des arbeitszentrierten deutschen Sozialsystems. Deshalb wurde keine „eigene" Systematisierung vorgenommen. Alternative Unterteilungen können sich an institutionellen Zuständigkeiten orientieren, am Aufbau des Sozialgesetzbuches (SGB), am Alter der unterstützten Personen u.v.a.m.

7.4.3 Kurzcharakterisierung einzelner Bereiche der sozialen Sicherung[94]

Nachfolgend werden die wesentlichen sozialpolitischen Regeln in Grundzügen und in ihrer Logik vorgestellt. Zahlen zu Beitragssätzen, zur Höhe von Unterstützungsleistungen finden sich im Anschluss nur zur Verdeutlichung von Größenordnungen. In einigen Bereichen wird ganz darauf verzichtet, Details der Regelungen darzustellen. Der Grund für die Zurückhaltung ist trivial: Diese gesetzlichen Festlegungen ändern sich fast schneller als man schreiben oder lernen kann. Jahresweise werden Beitragsbemessungsgrundlagen der Sozialversicherungen geändert. Das Tempo der Beitragssatzänderungen z.B. in der Krankenversicherung ist noch höher. Kindergeld, Wohngeld, BAföG, HARTZ-IV-Sätze, Elterngeldregeln, Kurzarbeitergeld u.v.a.m.: All das ist permanent in der Reformdiskussion und erfährt häufige Änderungen, zudem noch zu den verschiedensten Zeitpunkten. Deshalb ist es für eine eher allgemein gehaltene Darstellung und Analyse des Sozialsystems sinnvoller, sich auf die strukturellen Elemente zu beschränken und nur beispielhaft konkrete Zahlen zu nennen (hier meistens für 2010 bis 2013). Die Bereiche, in denen in besonderem Maße verschiedene Koordinierungsinstanzen berührt werden, werden nachfolgend etwas ausführlicher als andere vorgestellt.

---

[94] Vgl. LAMPERT/ALTHAMMER 2004, BOECKH/HUSTER/BENZ 2011 sowie FREVEL/ DIETZ 2004 zu einer ausführlicheren Darstellung aller Regelungen der sozialen Sicherung incl. ihrer gesetzlichen Grundlagen. Sozialpolitische Regeln werden häufig reformiert, Beitragssätze angepasst u.v.a.m. Überwiegend gut, umfassend und auch aktuell finden sich Charakterisierungen und konkrete Ausgestaltungen sozialpolitischer Felder bei Wikipedia. Zu sehr aktuellen Grundinformationen über Regeln, Neuregelungen, Statistiken, gesetzlichen Grundlagen, Literatur u.a. gibt es eine sehr ergiebige und stets aktuelle andere Quelle im Internet, die wie folgt erreicht werden kann: http://www.sozialpolitik-aktuell.de. Aktualisierte Daten, Informationen zu Änderungen von Beitragssätzen zu Sozialversicherungen und Links zu Ministerien gibt es ab 2014 in Unterverzeichnissen unter http://www. eh-darmstadt.de/hochschule/lehrende/kubon-gilke/lehre.

7.4.3.1 ArbeitnehmerInnenschutz

Historisch standen bekanntlich Regelungen zum ArbeitnehmerInnenschutz am Beginn des sozialpolitischen Engagements des Staates. Abhängig arbeitende Menschen in der Marktkoordination – nicht in Traditionssystemen, eingeschränkt im hierarchischen Staatskontext – sollen gegen Gefahren geschützt werden, die aus der Ausübung der Tätigkeit und auch aus dem speziellen Abhängigkeitsverhältnis zu Unternehmungen bzw. Organisationen erwachsen. Begründet wird die Notwendigkeit nach wie vor nicht allein über ethische, humanitäre Gesichtspunkte, sondern auch sehr funktional. Beeinträchtigte Gesundheit etwa wird als Problem der „Volksgesundheit" und der Leistungsfähigkeit der gesamten ArbeitnehmerInnenschaft gesehen. Das könnte man in einem weiten Verständnis der Problemklasse der externen Effekte zuordnen. Einzelne Unternehmungen internalisieren nicht alle Kosten der Überforderung ihrer MitarbeiterInnen. Deshalb müssten gesundheitliche Gefährdungen z.B. durch extrem lange Arbeitszeiten gesetzlich verhindert werden. Unter den ArbeitnehmerInnenschutz fallen heute in erster Linie nachfolgend skizzierte Regelungen als „Mindestsicherungen", d.h., Tarifverträge o.ä. können für ArbeitnehmerInnen noch günstige Konditionen festlegen. Diese sind dann bindend. Wenn nichts vereinbart wurde, gilt die gesetzliche Grundlage:

(a) *Arbeitszeitschutz*: ArbeitnehmerInnen sollen vor Überforderung geschützt werden. Arbeitszeiten von über 70 Stunden pro Woche wie Mitte des 19. Jahrhunderts sind heute nicht erlaubt. Im Arbeitszeitgesetz ist für den Kreis der Nichtführungskräfte verankert, dass die regelmäßige werktägliche Arbeitszeit nicht länger als acht Stunden betragen soll. Werktage sind Montag bis Sonnabend (als in Norddeutschland Aufgewachsene widerstrebt mir nach wie vor der süddeutsche Begriff des Samstags). Eine Verlängerung um zwei Stunden pro Tag ist möglich, wenn innerhalb eines halben Jahres ein zeitlicher Ausgleich erfolgt, so dass im Durchschnitt die acht Stunden erreicht werden. Nur für Führungskräfte gibt es keine einklagbare Höchstarbeitszeit, auch Vergütung von Überstunden kann dieser Personenkreis nicht beanspruchen.[95]

---

[95] Führungskräfte sind laut Gesetz alle MitarbeiterInnen, die eigenständig Personal einstellen oder entlassen können oder die Prokura besitzen. Außerdem zählen nach dem Betriebsverfassungsgesetz alle dazu, die für den Bestand einer Unternehmung oder Organisation von Bedeutung oder gar unentbehrlich sind. Die reine „Bedeutung" kann im Prinzip viele Menschen zu Führungskräften machen. Ganz klar ist es demnach nicht, für wen nun genau die Arbeitszeitregeln verbindlich sind und für wen nicht.

Höre ich etwa jemanden lachen, der oder die keine Führungsaufgaben aktuell wahrnimmt? Dieses Gesetz leidet erstens darunter, dass der Nachweis überall dort schwerfällt, wo es keine Zeiterfassung gibt. Zweitens: wo keine KlägerIn, da kein Urteil. Usancen in Unternehmungen sind oft anders und laufen den gesetzlichen Vorschriften zuwider. ArbeitnehmerInnen melden sich offiziell ab und arbeiten dennoch weiter, sie arbeiten daheim etc. Drittens ist es nicht einmal immer im Interesse der ArbeitnehmerInnen, wenn das Gesetz strikt befolgt wird. Gilt z.B. eine wöchentliche Arbeitszeit von 42 Stunden laut Tarifvertrag, dann ist das 8-Stunden-Gebot nicht mehr mit einer 5-Tage-Woche vereinbar. Viele mögen aber lieber einen freien Sonnabend als immer einen frühen Feierabend. Sie arbeiten dafür auch klaglos an den fünf Tagen etwas länger als acht Stunden. Viertens hält sich der Staat fast am wenigsten an die Vorgaben und definiert sehr kreativ, was Arbeitszeit überhaupt ist. Streits um Dienstpläne von ÄrztInnen oder um Überstundenberge bei der Polizei sind bekannt, auch der Fall eines städtischen Angestellten aus Sachsen, der regelmäßig weit über 50 Stunden Dienst leisten und bis zum Europäischen Gerichtshof gehen musste, um die Unrechtmäßigkeit solcher Dienstpläne feststellen zu lassen. Ähnliches gilt für die Anrechnung von Bereitschaftszeiten z.B. von PolizistInnen in Massen- oder Containerunterkünften. Immerhin haben viele große nichtstaatliche Organisationen und Unternehmungen interne Regelungen geschaffen, die schnelles Ausgleichen von Überstunden vorsehen. Es gibt sogar Firmen, die AbteilungsleiterInnen mit Abmahnung drohen, wenn deren MitarbeiterInnen zu viele Überstunden anhäufen.

An Sonn- und Feiertagen darf nach dem gleichen Gesetz eigentlich nicht gearbeitet werden. Es gibt aber jede Menge Ausnahmen. Technische, wirtschaftliche und organisatorische Gründe werden akzeptiert. Wie sollten auch Krankenhäuser oder Pflegeheime ohne Sonntagsarbeit ihre Leistungen erbringen? Es gibt zwar nach wie vor auch Ladenschlussgesetze, die aber immer mehr aufweichen. Man kann es sich heute schon kaum noch vorstellen, dass fast bis in die letzten Jahre des 20. Jahrhunderts hinein die Geschäfte alle um 18.00 Uhr schlossen, am Sonnabend sogar schon um 14.00 Uhr. Mittlerweile ist selbst der Sonntag nicht mehr tabu, was insbesondere KirchenvertreterInnen mit Sorge sehen.

Nach dem Jugendarbeitszeitschutzgesetz ist Kindern unter 15 Jahren Arbeit grundsätzlich verboten. Es gibt ganz wenige Ausnahmen. Wenn Kinder z.B. an Filmproduktionen beteiligt sind, dann werden gar zu gern Zwillinge engagiert, weil jedes einzelne Kind nur wenige Stunden am Tag vor der Kamera stehen darf. Durch die Presse ging 2011 der Fall des damals noch minderjährigen Fußballprofis Julian Draxler von Schalke 04, der in einem Pokalspiel in der Verlängerung ein Tor schoss. Das Tor fiel kurz vor 23.00 Uhr, und Jugendliche dürfen laut Gesetz nur in der Zeit zwischen 6.00 und 20.00 Uhr arbeiten. Der Einsatz des 17-jährigen Profis war also eigentlich gesetzeswidrig, was aber unter JuristInnen im Hinblick auf den Einsatz als Fußballspieler nicht ganz einheitlich gesehen wurde.[96] Jugendlichen ist Nacht-, Sonnabends-, Sonn- und Feiertagsarbeit untersagt. Werdende Mütter dürfen nicht zu Mehrarbeit herangezogen werden. Nach dem Mutterschutzgesetz dürfen sie sechs Wochen vor und acht Wochen nach der Geburt des Kindes nicht ihrer Erwerbstätigkeit nachgehen. Weniger dem Arbeitszeitschutz als der Familienpolitik ist es zuzurechnen, dass Eltern Elternzeit nach der Geburt eines Kindes beanspruchen können.

Auch zum Urlaub gibt es gesetzliche (Mindest-)Regelungen. Nach dem Bundesurlaubsgesetz stehen jeder erwachsenen ArbeitnehmerIn 24 Werktage Urlaub zu. Jugendliche haben Anspruch auf mehr freie Tage. Dieser Urlaub darf auch nicht beliebig gestückelt werden, etwa jeden Monat zwei Tage davon. Damit der gewünschte Erholungseffekt für ArbeitnehmerInnen eintritt, muss die Unternehmung laut Gesetz mindestens zwei Wochen Urlaub am Stück gewähren und sogar darauf dringen, dass ArbeitnehmerInnen dies auch von sich heraus so planen.

(b) *Gefahrenschutz*: ArbeitnehmerInnen sollen vor Krankheiten, Unfällen sowie körperlichen und psychischen Schäden bewahrt werden. Wesentliche Rechtsgrundlagen stehen im Arbeitsschutzgesetz und in der Gewerbeordnung. Nach dem Arbeitsschutzgesetz ist jede ArbeitgeberIn dazu verpflichtet, für die Sicherheit und Gesundheit der Beschäftigten Sorge zu tragen. Die Kosten für die Maßnahmen muss die Unternehmung tragen, sie dürfen also nicht den ArbeitnehmerInnen aufgebürdet werden. Für viele Branchen gibt es spezifische Vorschriften, so z.B. für die chemische Industrie. Auch Produktionsbereiche, in denen außergewöhnliche Temperaturen entstehen bzw. notwendig sind oder Bereiche mit besonderer Lärmentwicklung unterliegen sehr genauen Regelungen zu Mindeststandards des Schutzes. Bei Reformen in letzter Zeit ging es speziell z.B. um Bildschirmarbeitsplätze. In dem Bereich des Gefahrenschutzes ist der EU-Einfluss spürbar, da sich die neuen Regelungen und Reformen zu den Schutzvorschriften an EU-Richtlinien orientieren, die allerdings oft wenig konkret formuliert sind.

---

[96] Vielen Dank an Benedikt Bender für dieses Beispiel.

(c) *Lohnschutz*: Da die Lohnfindung als wesentliche Aufgabe des Tarifrechts gesehen wird und Arbeitsverträge einen geschützten Bereich darstellen, geht es beim Lohnschutz *nicht* um die Lohnhöhe. Gesichert werden soll die pünktliche und korrekte Auszahlung der Löhne. Altertümlich anmutende Vorschriften finden sich noch immer. So dürfen nach wie vor Löhne nicht in Gastwirtschaften ausgezahlt werden. Das war vielleicht früher mal in Zeiten der Lohntüten mit Barauszahlung der Gehälter ein Problem, weil dann ein beträchtlicher Teil des Lohnes gleich in den Gastwirtschaften verblieb. Heutzutage mit der bargeldlosen Lohnzahlung wird man eher keinen dringenden Regelungsbedarf sehen. Wichtiger ist nach wie vor, dass in landesüblicher Währung entlohnt werden muss und dass strenge Fristen bei der Lohnzahlung eingehalten werden müssen. Regelungen zum Lohnschutz finden sich in verschiedenen Gesetzen. Das Verbot, Löhne in Form von Gütern auszuzahlen, ist beispielsweise der Gewerbeordnung zu entnehmen. Der Schutz eines Lohnteiles vor Pfändung steht in der Zivilprozessordnung und der besondere Schutz im Falle des Unternehmenskonkurses in der Konkursordnung. Die aktuelle Diskussion um Mindestlöhne wird eher der Arbeitsmarkt- und Sozialpolitik allgemein zugerechnet, weniger als neues Lohnschutzelement interpretiert.

(d) *Bestandsschutz von Arbeitsverhältnissen*: Eine der größten Unsicherheiten und Härten des aufkommenden Marktsystems bestand darin, dass ArbeiterInnen ihren Arbeitsplatz kurzfristig verlieren konnten. Die Unternehmungen konnten im 19. Jahrhundert zunächst jederzeit und völlig einschränkungslos Kündigungen aussprechen. Es wird als eine große soziale Errungenschaft angesehen, dass man diese Risiken für ArbeitnehmerInnen durch Kündigungsschutzbestimmungen begrenzte. Wesentlich für die heutigen Bestimmungen ist das Kündigungsschutzgesetz. ArbeitnehmerInnen sollen davor bewahrt werden, ungerechtfertigt, willkürlich und kurzfristig ihre Stelle zu verlieren.
Die konkreten Regeln sind ausgesprochen komplex, z.T. sogar zeigen sich leichte Widersprüche. Unter anderem hängt es an der Größe der Unternehmung, innerhalb welcher Fristen und mit welchen Mitspracherechten der Belegschaft gekündigt werden darf. Festhalten kann man, dass einer MitarbeiterIn nicht gekündigt werden darf, wenn erstens keine Gründe, die in der Person selbst liegen, gegeben sind (mangelnde Eignung, fehlende Arbeitsfähigkeit oder grobe Pflichtverletzungen). Zweitens darf keine Kündigung ausgesprochen werden, wenn keine „dringenden betrieblichen Erfordernisse" wie mangelnde Aufträge, Änderungen in den Produktionsabläufen oder der -technik vorliegen. Den Nachweis muss jeweils die ArbeitgeberIn erbringen. Besonders schwer, teilweise

gar unmöglich, sind Kündigungen von Betriebsratsmitgliedern, der Personal- und Jugendvertretung, auch von werdenden Müttern, MitarbeiterInnen in der Elternzeit und Menschen mit Schwerbehinderungen. Wenn es einen Betriebsrat gibt, so ist er vor jeder Kündigung zu hören. In einigen Fällen hat er ein Widerspruchsrecht.

Im BGB sind die mindestens einzuhaltenden Fristen für ordentliche Kündigungen geregelt. Sie richten sich nach der Länge der Unternehmenszugehörigkeit. Je länger jemand bei einer Firma beschäftigt ist, desto länger ist auch die Kündigungsfrist. Sollten in Tarifverträgen für die ArbeitnehmerInnen günstigere Vereinbarungen getroffen worden sein, so sind die Tarifvertragsregeln bindend. Außerordentliche Kündigungen, alltagssprachlich auch als fristlose Entlassungen bezeichnet, setzen schwerwiegende Pflichtverletzungen wie Geheimnisverrat oder Diebstahl voraus. Was alles dazuzählt, ist nicht ganz eindeutig. 2010 gingen z.B. Arbeitsgerichtsprozesse und -urteile durch die Medien, wonach bereits bei Bagatellfällen außerordentliche Kündigungen durch Arbeitsgerichte nicht beanstandet wurden. Jeder Diebstahl wurde als Vertrauensmissbrauch gewertet, der als unzumutbar für die Unternehmung eine Kündigung rechtfertige – und wenn es sich nur um ein aufgegessenes halbes Brötchen eines Buffets oder gar nur um die Mitnahme weggeworfener (!) Produkte eines Supermarktes handelte. Die Diskussion dieser Fälle unter JuristInnen und in der Öffentlichkeit führte dazu, dass höhere Instanzen diese Urteile meist aufhoben. Inzwischen scheint sich also ein etwas gewandeltes Verständnis bei der Definition „schwerwiegender Pflichtverletzungen" etabliert zu haben.

Bei allen Regeln ist jeweils die Arbeitsmarktrückwirkung mit zu bedenken, um den Gesamteffekt einer gesetzlichen Vorgabe zu überprüfen. Das werden wir an späterer Stelle noch ausführlicher diskutieren. Vorweg vielleicht schon einmal so viel: Gerade spezielle Schutzregelungen für bestimmte Gruppen schaffen häufig unmittelbar Diskriminierungsprobleme. Spezifischer Schutz erhöht aus Sicht der Unternehmungen die Kosten bei der Beschäftigung dieses Personenkreises. Eine Studentin einer meiner Vorlesungen kommentierte es treffend, indem sie meinte, dass spezifischer Kündigungsschutz zur *Kündigung vor der Einstellung* führen könne, d.h., der gesetzlich besonders geschützte Personenkreis wird gar nicht erst eingestellt.

Vor allem werden wir in der späteren ökonomischen Wirkungsanalyse zu untersuchen haben, ob die Funktionsfähigkeit der Arbeitsmärkte positiv oder negativ durch Kündigungsschutzregelungen tangiert wird. Im schlimmsten Fall kann eine wohlmeinende Regel zum Schutz der ArbeitnehmerInnen zu zunehmender Arbeitslosigkeit und zu noch mehr sozialer Ungleichheit führen. Das ist auch der Grund, warum z.b. aktuell die Lockerung der Kündigungsschutzregeln für Deutschland diskutiert wird und es voreilig ist, grundsätzlich sozialpolitisch motivierten Widerspruch einzulegen, bevor man die Wirkungen nicht mit bedacht hat.

7.4.3.2 Sozialversicherungen

Die Sozialversicherungen sollen sowohl die jeweils in früheren Kapiteln ausführlich angesprochenen allokativen als auch distributive Probleme lösen. Allokativ zeigte sich als eines der größten Probleme, dass Informationen zwischen Versicherungen und VersicherungsnehmerInnen asymmetrisch verteilt sind und im Zuge dessen massive Ineffizienzen reiner Marktlösungen entstehen können, bei denen viele Interessierte keinen Versicherungsschutz erhalten, obwohl ihre Zahlungsbereitschaft im Prinzip hinreichend groß wäre und sie bei gleich verteilten Informationen auch einen Versicherungsvertrag abschließen könnten. Außerdem wird die These vertreten, dass es systemendogene Risiken des Marktsystems wie Arbeitslosigkeit gibt, die sich in einer Marktwirtschaft als *nicht versicherbar* im Markt selbst herausstellen.

Das Konstruktionsprinzip der Sozialversicherungen sieht nun jeweils vor, dass ein Großteil oder sogar alle ArbeitnehmerInnen pflichtversichert sind, also Versicherungszwang ausgeübt wird. Das kann sich als allokativ sinnvoll, wenn nicht gar als notwendig herausstellen. ArbeitnehmerInnen und ArbeitgeberInnen teilen sich in der deutschen Sozialversicherungsvariante die Versicherungsbeiträge. Die Höhe der Beiträge für die einzelnen Versicherungen richtet sich nach den Einkommen der Beschäftigten bis zu einem gewissen Höchstbetrag, der durch eine Beitragsbemessungsgrenze bestimmt wird. Unterhalb dieser Grenze gilt: Es muss jeweils ein bestimmter Prozentsatz des versicherungspflichtigen Bruttoeinkommens an die Sozialversicherungen abgeführt werden. Diese spezielle Regelung soll Verteilungszielen dienen. Die Beitragsbemessungsgrenze definiert die maximalen Zahlungen in eine Sozialversicherung. Der Höchstbetrag errechnet sich jeweils aus dem festgelegten Beitragssatz multipliziert mit dem Einkommen der Bemessungsgrenze.

Sofern aus den Versicherungen Erwerbseinkommen ersetzt wird wie bei der Rente oder dem Arbeitslosengeld, definiert diese Grenze auch die maximalen Ansprüche an finanziellen Leistungen. Eine üppig verdienende ManagerIn zahlt also nicht nur bis zur Bemessungsgrenze ein, sondern erhält auch „nur" auf dieser Grundlage Unterstützung. Bei den einzelnen Sozialversicherungen sind einige Besonderheiten zu beachten z.B. hinsichtlich der Teilung der Beiträge zwischen ArbeitgeberInnen und ArbeitnehmerInnen und dem Kreis der Pflichtversicherten. Schauen wir etwas detaillierter:

7.4.3.2.1 Rentenversicherung (RV)

Die RV wird durch ein Umlagesystem finanziert. Dabei werden nicht wie in einem Kapitaldeckungsverfahren die Beiträge der einzelnen Sozialversicherungspflichtigen durch Kapitalmarktanlagen angespart und später verzinst wieder an die gleichen Personen ausgezahlt. Stattdessen werden die laufenden Renten aus den laufenden Einnahmen der Rentenversicherung bezahlt. Das ist also ein generationenübergreifendes System, bei dem die aktuellen ArbeitnehmerInnen mit ihren Beiträgen zur RV die Renten der derzeitigen RentnerInnengeneration finanzieren und selbst wieder darauf angewiesen sind, dass die Nachfolgegeneration dann später ihre Renten finanziert. Die gesetzliche RV – geregelt im Sozialgesetzbuch (SGB) VI – ist die größte der deutschen Sozialversicherungen, gemessen an der Anzahl der Mitglieder und dem Finanzvolumen. Sie hatte Ende 2009 gemäß der Statistik der Rentenversicherung 52,205 Millionen Pflichtmitglieder und hatte in diesem Jahr Ausgaben von etwa 250 Milliarden Euro zu tätigen. Eingenommen wurden 2009 239,3 Milliarden Euro. Etwa ¾ der Einnahmen stammen aus den Beiträgen der Versicherten, der überwiegende Teil des restlichen Viertels aus Zuschüssen des Bundes aus Steuermitteln. Versicherungspflichtig sind bis auf wenige Ausnahmen bei geringfügiger Beschäftigung alle ArbeitnehmerInnen bis auf Beamte sowie einige Gruppen selbständiger Personen. „Normal" beitragspflichtige ArbeitnehmerInnen mussten zwischen 2007 und 2011 19,9% ihres beitragspflichtigen Bruttoeinkommens an die Rentenversicherung abführen. 2012 sank der Satz auf 19,6 %, und 2013 erfolgte wegen der günstigen Lage auf dem Arbeitsmarkt eine nochmalige Senkung auf 18,9%. Das ist der niedrigste Beitragssatz seit 1990. Die Absenkung ist nicht unumstritten, da wegen der demografischen Entwicklung und eher schlechteren Konjunkturprognosen eine baldige Wiederanhebung als notwendig erachtet wird. ArbeitgeberInnen und ArbeitnehmerInnen zahlen von den Beiträgen jeweils die Hälfte. Für GeringverdienerInnen gibt es Ausnahmen. Bei Verdiensten bis 450,- € monatlich wird ein ermäßigter Beitragssatz erhoben, den die ArbeitgeberInnen allein tragen.

Die Beitragsbemessungsgrenze der RV wird i.d.R. jährlich angepasst. Für 2013 wurde sie mit monatlich 5800,- € für die alten Bundesländer festgelegt. In den neuen Bundesländern sind es monatlich 4900,- €.[97] Die niedrigeren

---

[97] Etwas andere Grenzen gelten für die knappschaftliche Rentenversicherung. Dort liegen die Bemessungsgrenzen bei 7100,- € im Westen und 6050,- € im Osten. Die Deutsche Rentenversicherung Knappschaft-Bahn-See ist ein Versicherungsträger im Verbund der deutschen Rentenversicherung. In ihr sind Beschäftigte u.a. des Bergbaus und der Seefahrt versichert. Die Versicherung Knappschaft-Bahn-See stellt einen Verbund aus Rentenversicherung, Rentenzusatzversicherung, Kranken- und Pflegeversicherung, der Seemannskasse und einem eigenen medizinischen Netz dar.

Durchschnittsgehälter im Osten als Begründung für die unterschiedlichen Höchstgrenzen zu nehmen, ist nicht sonderlich überzeugend, da sich die Beiträge sowieso am Einkommen orientieren. Wer wenig verdient, zahlt auch geringe Versicherungsbeiträge. Die verschieden hohen Beitragsbemessungsgrenzen in Ost und West führen nur dazu, dass GutverdienerInnen in den neuen Bundesländern ein höheres Nettoeinkommen haben als ArbeitnehmerInnen im Westen mit gleich hohem Einkommen.

Kümmernisse über die Begrifflichkeit und Klärungsbedarf gibt es bei der Frage, wer überhaupt abhängig beschäftigt ist. ArbeitnehmerInnen mit Standardarbeitsverträgen gehören selbstverständlich dazu, auch solche mit Zeitverträgen. Es werden aber auch all diejenigen zu Pflichtmitgliedern der RV deklariert, die zwar formal selbständig sind, aber überwiegend nur für eine einzige Unternehmung arbeiten. Das wird als „Scheinselbständigkeit" gedeutet und wie bei anderen Standard-ArbeitnehmerInnen ein spezielles Abhängigkeitsverhältnis zu dieser Unternehmung unterstellt. Zudem werden einige Gruppen von Selbständigen in die Rentenversicherung „gezwungen", die entweder tendenziell niedrige oder zumindest sehr unsichere Einkommen haben. Bei manchen Gruppen ist es allerdings nicht ganz einsichtig, warum gerade dieser Personenkreis pflichtversichert ist. Versicherungspflichtig sind (jeweils selbständige) Hausgewerbetreibende, KüstenschifferInnen, LehrerInnen, ErzieherInnen, KünstlerInnen, PflegerInnen und HandwerkerInnen. Diejenigen, die ein Existenzgründungsdarlehen über die Regeln des Sozialgesetzbuches (SGB) VI erhalten, gehören ebenso zu den Zwangsversicherten. Für einige Gruppen von „Zwangsversicherten" wurden eigenständige Körperschaften eingerichtet.

Zu diesem Kreis der RV-Mitglieder zählt man übrigens auch nicht erwerbstätige Elternteile, die in sich in den ersten drei Jahren nach Geburt eines Kindes um die Erziehung und Betreuung kümmern. Ebenso zählen zur Versicherungsgemeinschaft: alle nicht erwerbsmäßig tätigen Pflegepersonen, wenn sie jemanden mit Anspruch auf Leistungen aus der Pflegeversicherung mindestens 14 Stunden pro Woche häuslich betreuen, und vor allem fast alle, die Lohnersatzleistungen aus den Sozialversicherungen erhalten, so etwa die BezieherInnen von Arbeitslosengeld. Zur Rentenversicherung gehören auch viele, die Mittel aus anderen staatlichen Unterstützungssystemen erhalten.

Es ist möglich, freiwillig der Rentenversicherung beizutreten. Das können alle nicht versicherungspflichtigen Personen machen, die ihren ständigen Wohnsitz in Deutschland haben sowie im Ausland ansässige deutsche StaatsbürgerInnen. Beamte sind grundsätzlich nicht in der RV. Sie werden ja in der Koordinierungslogik der staatlichen Tradition „alimentiert", und das auch nach ihrer beruflich aktiven Zeit. Sie werden deshalb im Alter, ihre Angehörigen auch nach dem Tod der BeamtIn bzw. PensionärIn, nach beamtenrechtlichen Vorschriften aus dem laufenden Staatshaushalt versorgt.

Neben dem Ersatz des Arbeitseinkommens bei Erreichen der Altersgrenze oder bei Erwerbs- und Berufsunfähigkeit besteht eine wichtige Aufgabe der RV darin, die Erhaltung, Verbesserung oder Wiederherstellung der Arbeitskraft zu fördern, was sich u.a. darin äußert, dass Rehabilitationsmaßnahmen oder Kuren z.T. von den Rentenversicherungsträgern finanziert werden. Den weitaus größten Ausgabenblock umfassen jedoch die Renten. Die monatlichen Rentenzahlungen an eine RentnerIn richten sich nach einer *Rentenformel*, die sich als Produkt aus vier Faktoren ergibt:

Monatsbetrag einer Zugangsrente = PE · ZF · RF · RW.

Mit: PE = Persönliche Entgeltpunkte,
ZF = Zugangsfaktor,
RF = Rentenartfaktor,
RW = aktueller Rentenwert.

Die Persönlichen Entgeltpunkte – PE – ergeben sich aus der Zahl der Beitragsjahre, jeweils gewichtet mit dem Verhältnis des eigenen Lohnes zum Durchschnittsverdienst. Unterschieden werden vollwertige Beitragsjahre von beitragsgeminderten und beitragsfreien. Beitragsfreie Jahre betreffen z.B. einen gewissen Zeitraum der Ausbildung und bestimmte Tätigkeiten im häuslichen Bereich wie die Betreuung und Erziehung von Kleinkindern. Diese Jahre werden durch das „Mitzählen" rentenwirksam, auch wenn in dieser Zeit keine eigenen Beiträge geleistet wurden. Beitragsgeminderte Zeiten sind „Mischzeiten". Ist ein Monat mit Beitragszeiten und Anrechnungszeiten (z.B. Beschäftigung und gleichzeitiger Schulbesuch oder Arbeitslosigkeit etc.) belegt, so werden zuerst einmal die Entgeltpunkte aus der Beschäftigung errechnet. Dann wird noch geprüft, wie viele Entgeltpunkte diesem Monat aufgrund der Anrechnungszeit gemäß der beitragsfreien Zeit zuzuordnen wären. Um es noch einmal zu wiederholen: Bestimmte Tätigkeiten in anderen Koordinationssystemen wie der Familie werden somit zumindest in geringem Umfang einbezogen und erhöhen die Zugangsrente, obwohl in diesen Zeiten keine tatsächlichen Beiträge in die Versicherung eingezahlt wurden.

Die persönlichen Entgeltpunkte werden jeweils aus dem Verhältnis des eigenen Verdienstes zum Gesamtdurchschnittsverdienst eines Jahres berechnet. Wenn Arnfried als Werkzeugmacher z.B. 80% des Durchschnittsverdienstes als Gehalt hatte, zählt dieses Jahr nicht mit einem, sondern nur mit 0,8 Punkten. Bülent als Chemikant hat dagegen vielleicht genau entsprechend dem Durchschnitt verdient. Für ihn zählt dieses Jahr mit 1. Charlene als Abteilungsleiterin einer Versicherung hat überdurchschnittlich verdient. Dann zählt das Jahr für sie bei 120% Durchschnittsverdienst 1,2. Die Punkte können sich natürlich auch wieder höchstens an der Beitragsbemessungsgrenze orientieren. Wenn Dietrich als Manager monatlich immer das 10fache des Durchschnitts verdient hat, dann gehen seine Beitragsjahre nicht jeweils mit 10 ein, sondern mit dem Verhältnis der Beitragsbemessungsgrenzen zum jeweiligen Durchschnittsverdienst. Trotz der Kappung nach oben erkennt man die Logik der Einkommenssicherung bzw. der Sicherung des Lebensstandards im deutschen Sozialsystem auch in der Rentenversicherung. Besserverdienende, die mehr eingezahlt haben, haben auch Ansprüche auf höhere Renten im Vergleich zu einer GeringverdienerIn mit gleicher Anzahl von Beitragsjahren.

Der Zugangsfaktor – ZF – erfasst, ob jemand vorzeitig, aufgeschoben oder im vorgesehenen Alter die Rente antritt. Bei vorgesehenem Renteneintritt beträgt dieser Faktor eins, bei vorzeitigem Rentenbezug gibt es wegen des dann längeren Rentenbezugs Abschläge. Der vorgesehene Renteneintritt lag lange bei 65 Jahren (bis 1916 übrigens noch bei 70 Jahren, was nur wenige Menschen damals überhaupt erreicht haben). Inzwischen gelten Übergangsregelungen, bis in einigen Jahren das momentan (aber nach wie vor umstrittene) vorgesehene Renteneintrittsalter von 67 Jahren bindend wird. Bis es soweit ist, sind natürlich auch wieder Änderungen der Altersregeln denkbar, vielleicht sogar zu erwarten, da die Erhöhung der Altersgrenze nach wie vor heftig umstritten ist. Schiebt man den Renteneintritt über den vorgesehenen Zeitpunkt hinaus, gibt es leichte Rentenzuschläge von 0,005 wegen des dann kürzeren Bezugszeitraums. Jeder Monat, den man vorzeitig Rente beansprucht, führt zu einem Abzug von 0,003 vom ZF und zu einer Kürzung der Rente um 0,3%, d.h., ein Jahr frühere Verrentung bedeutet durch die Verkleinerung des Zugangsfaktors 3,6% weniger Rente pro Monat. Ähnliche Regeln gelten für Erwerbsminderungs- und Erziehungs- sowie Hinterbliebenenrenten.

Der Rentenartfaktor – RF – definiert, um welche Art von Rente es sich handelt. Ist es z.B. eine Alters-, Erwerbsunfähigkeits-, Hinterbliebenen- oder Erziehungsrente? Alters- und Erwerbsunfähigkeitsrente gehen mit dem Faktor 1 in die Rechnung ein, fast alle anderen Renten mit niedrigeren Werten. Erwerbsunfähigkeit liegt bei vollständiger Erwerbsminderung vor. In diesem Fall können Betroffene aus gesundheitlichen Gründen überhaupt keiner beruflichen Tätigkeit mehr nachgehen. Ist die Erwerbsfähigkeit nur teilweise gemindert, kann also „nur" dem bislang ausgeübten Beruf nicht mehr nachgegangen werden, dann beträgt der RF 0,5. Witwen bzw. Witwer sind ebenfalls abgesichert. Voraussetzung ist allerdings, dass die Ehe mindestens ein Jahr lang bestand. Diese Regel soll verhindern, dass kurz vor dem erwarteten Ableben einer RentenbezieherIn noch „Versorgungsehen" geschlossen werden. Ausnahmen gibt es, wenn etwa ein Unfall Todesursache war.

Drei Monate lang bekommt die hinterbliebene EhepartnerIn (bzw. der oder die Hinterbliebene einer eingetragenen Lebenspartnerschaft) die volle Rente ausgezahlt. Dann gilt: „Es kommt darauf an". Wenn der/die Verstorbene Mindestversicherungszeiten nachweisen kann (sog. *Wartezeit* von 5 Jahren, zu der neben den Beitragszeiten auch Kindererziehungszeiten sowie Anrechnungszeiten z.B. von Ausbildungsjahren gehören), wenn der/die Hinterbliebene das 45. Lebensjahr noch nicht erreicht hat[98], wenn er/sie auch nicht erwerbsgemindert oder -unfähig ist und auch kein Kind unter 18 Jahren bzw. kein behindertes Kind (ohne Altersbegrenzung) erzieht oder betreut – kurzes Durchschnaufen –, dann wird die sogenannte „kleine" Witwer- bzw. Witwenrente gezahlt. Ihr RF beträgt 0,25 und wird nach einer Gesetzesänderung mittlerweile (Stand: 2013) auch nur noch befristet für 2 Jahre gezahlt und zudem nur dann, wenn keine Wiederverheiratung vorliegt.

Ist die Wartezeit von 5 Jahren erfüllt und trifft eine der weiteren Bedingungen der kleinen Witwen-/Witwerrente nicht zu, dann gibt es die „große" Witwen-/Witwerrente unbefristet mit einem RF von 0,55 (Ausnahmen gibt es wegen früherer gesetzlicher Regelungen, als der RF noch mit 0,6 in die Berechnung einging). Die kleine wird zur großen Hinterbliebenenrente umgestellt, wenn die überlebende PartnerIn das 45. Lebensjahr vollendet hat. Noch komplizierter wird es dadurch, dass eigene Einkommen der Hinterbliebenen teilweise angerechnet werden, um Doppelzahlungen zu vermeiden und wenn die Rente des/der Verstorbenen vermeintlich nicht zum Unterhalt zwingend nötig ist. 2012 hat es dabei Änderungen gegeben. Inzwischen ist es z.B. so, dass eine Witwe oder ein Witwer bis zu 1235,- € in den alten Bundesländern und bis zu 1096,- € in den alten Ländern brutto verdienen kann, ohne dass es zu einer Kürzung der Hinterbliebenenrente käme. Sollte ein/e Hinterbliebene/r z.B. 3000,- € eigenes Einkommen erzielen, wird die Witwen- bzw. Witwerrente um etwas weniger als 425,- € gekürzt. Es gibt lt. Darmstädter Echo vom 30. Juni 2012 (S. 8) in Deutschland sogar etwa eine halbe Million sogenannter „NullrentnerInnen". Das sind solche Personen, die wegen ihres besonders hohen eigenen Einkommens gar keine Hinterbliebenenrente erhalten. Sollte deren Einkommen sinken – weil sie z.B. selbst in den Ruhestand gehen –, dann haben sie wieder Ansprüche auf die Hinterbliebenenrente.

Auch bei Waisen ist es kompliziert. Grundsätzlich gilt zwar für Halbwaisen ein RF von 0,1 und bei Vollwaisen von 0,2. Durch spezielle Zuschläge können sich die Beträge der Renten aber teilweise fast verdoppeln. Berech-

---

[98] Diese Altersgrenze steigt seit 2012 stufenweise von 45 auf 47 Jahre je nach Todesjahr des Versicherten. Bei Todesfällen ab 2029 gilt nach aktueller Regelung (im Jahr 2013) das 47. Lebensjahr.

nungsgrundlage sind die Beitragsjahre des verstorbenen Elternteils, die zur höchsten Rente geführt hätten.

Erziehungsrenten werden mit dem vollen ZF von 1 angesetzt. Die Erziehungsrente gehört ebenso wie die Hinterbliebenenrenten zu den „Renten wegen Todes". Sie wird aber aus den Versicherungsleistungen des *überlebenden* Elternteiles finanziert. Diese sehr spezielle Rente versorgt einen verbleibenden Elternteil bei *Scheidungs*kindern, solange die Kinder unter 18 Jahren und die BezieherInnen der Rente unter 65 Jahren alt sind. Es gibt aber sehr ähnliche Verfahren der Anrechnung eigener Einkommen wie bei Witwern und Witwen.

Der aktuelle Rentenwert – RW – schließlich errechnet sich aus der aktuellen Lohnentwicklung und soll die Anpassung des Renten- an das Lohnniveau sichern, also der Rentendynamisierung dienen. Diese Anpassung wurde allerdings in mehreren Jahren wegen der Finanzierungslücken der RV ausgesetzt. 2011 hätten die Renten wegen rückläufiger Löhne in der Wirtschaftskrise eigentlich auch sinken müssen. Dies wurde ebenso nicht umgesetzt, sondern die Renten stabil gehalten mit der Option, spätere Verlangsamungen bei der Rentenanpassung als Ersatz zu nutzen. Lange Zeit orientierte sich der RW an der Bruttolohnentwicklung, später an den Nettolöhnen. Das führte zu einer deutlichen Verlangsamung der Rentenanpassungen. Ähnlich wirkt es, dass seit 2005 ein kleiner „Nachhaltigkeitsfaktor" eingeführt wurde. Wenn die Beitragssätze zur Rentenversicherung steigen, wirkt sich das jeweils mindernd auf den RW aus. 2013 ist es gesunken, das kann RentnerInnen eine minimale Rentenfreude bescheren. Mit dem Nachhaltigkeitselement sollen zusätzliche Lasten durch Finanzierungslücken der RV von allen Beteiligten, also ArbeitnehmerInnen, Unternehmungen und auch RentnerInnen geschultert werden. Einige AutorInnen sehen darin und den damit verbundenen Niveauabsenkungen bereits eine Abkehr von der Logik der Lebensstandardsicherung, zumal das abgesenkte Niveau bei der Einkommenssicherung gekoppelt ist mit dem Ziel der Beitragsstabilität. Bis 2030 soll der Beitrag zur Rentenversicherung 22% nicht übersteigen (vgl. z.B. KOCH 2012: 158). Als Problem wird u.a. ausgemacht, dass die Absenkung des Rentenniveaus die durchschnittlichen Renten immer weiter in Richtung der Grundsicherung treibt. 2012 betrug der RW in Westdeutschland 28,06 € und in den neuen Bundesländern 24,92 €.

Berechnen wir doch einmal die Musterrente eines Westdeutschen. Nehmen wir an, dass Arthur-Erwin aus Wuppertal 45 Jahre lang Pflichtmitglied der RV war und als Filialleiter einer päpstlichen Herrenboutique (wer kennt noch den LORIOT-Sketch?) immer genau den Durchschnittsverdienst aller als eigenes Einkommen hatte. Jedes Jahr zählt also mit einem PE von 1, und er kommt damit auf 45 persönliche Entgeltpunkte. Er geht zum vorgesehenen Zeitpunkt in Rente (bei ihm mit 65 Jahren), sein ZF beträgt 1. Und er erhält die dann übliche Altersrente, deren RF ebenfalls 1 ist. Dann ist die Rechnung mit einem RW von 28,07 € einfach:

Arthurs Bruttozugangsrente = 45 · 1 · 1 · 28,07 = 1263,15 €

Der Begriffsvorsatz „brutto" deutet an, dass noch Abzüge zu erwarten sind. Renten müssen versteuert und auch Beiträge zur Krankenversicherung müssen geleistet werden. Diejenigen mit unterdurchschnittlichen Verdiensten, mit kürzeren Versicherungszeiten, gebrochenen Erwerbsbiografien etc. erhalten weniger als Arthur. Deshalb wird übrigens auch befürchtet, dass in den nächsten Jahren die Altersarmut zunehmen wird – vor allem, weil Zeiten der Arbeitslosigkeit mit relativ geringem Gewicht in die Rentenberechnung eingehen und die hohen Arbeitslosenzahlen sich so langsam verstärkt auch in Versorgungsproblemen der RentnerInnengeneration auswirken werden. Die stärkere Lohnspreizung mit einem größeren Bereich von GeringverdienerInnen wird für die Altersabsicherung ebenfalls mit Sorge gesehen. Dazu kommt, dass durch Nettolohnbezug, durch den Nachhaltigkeitsfaktor, durch Anpassungsaussetzungen u.a. ein immer geringerer Teil des vorherigen Einkommens abgesichert wird. 1995 wären es bei unserem standardisierten Rentner Arthur noch knapp 50% seines letzten Bruttoverdienstes gewesen, 2012 nur noch etwas über 45% – mit weiterer Tendenz zum Sinkflug der Sicherung des Einkommensniveaus im Alter. Die Quoten der Absicherung der Nettoeinkommen sehen nicht viel besser aus. Wir hatten darüber bei der Berechnung des Rentenwertes schon gesprochen.

StandardrentnerInnen gibt es nicht gerade viele. Die meisten Menschen kommen z.B. auf deutlich weniger als 45 Beitragsjahre. Viele Millionen Menschen haben in ihrem Berufsleben auch weniger als den Durchschnitt aller Erwerbstätigen verdient. Und in dem Fall zählen die einzelnen Jahre bekanntlich weniger. Wenn dann noch das Rentenniveau sukzessive sinkt, werden unsere sozialen Sorgenfalten tiefer. KOCH (2012: 159) weist z.B. darauf hin, dass jemand, der/die stets 70% des Durchschnittseinkommens verdient hat, 2010 bereits 38,7 Beitragsjahre benötigte, um nur auf das Grundsicherungsniveau zu kommen. 2030 wären das nach üblichen Extrapolationen sogar über 46 Jahre. Und selbst eine DurchschnittsverdienerIn in allen Beitragsjahren benötigte 2010 etwas über 27 Jahre, um eine gerade so existenzsichernde Rente beziehen zu können.

Die Rentenversicherung im deutschen Umlagesystem steht in der Tat trotz der im Jahr 2012 konjunkturell bedingten günstigen Finanzierungsbedingungen auch vor erheblichen Problemen, die die ausschließliche Absicherung im Alter durch die Rente aus der GRV immer schwieriger machen. Vor allem die demografische Entwicklung stellt das System vor allergrößte Herausforderungen. Die Menschen werden älter, beziehen also länger Rente. Gleichzeitig altert die Gesellschaft rasch. Der Anteil der RentnerInnen an der Gesamtbevölkerung und gemessen an der Zahl der RV-Mitglieder wird immer größer. Bei den Erwerbstätigen gibt es eine fast gegenläufige Entwicklung im Vergleich zum stetig ansteigenden Zeitraum der durchschnittlichen Rentenzahlungen. Durch längere Ausbildungszeiten, durch Erziehungszeiten u.a., auch durch viele vorzeitige Renteneintritte und durch Zeiten der Arbeitslosigkeit ist die Zahl der durchschnittlichen aktiven Beitragsjahre gesunken, die zur Rentenfinanzierung notwendig sind.

Es gibt schon Extrapolationen, wann der Zeitpunkt erreicht sein müsste, ab dem jede/r Erwerbstätige genau eine RentnerIn zu finanzieren hat. Welche Beitragssätze in die Rentenversicherung das nach sich ziehen müsste, mag man sich kaum ausmalen. Lösungen versucht man u.a. dadurch zu finden, dass das Renteneintrittsalter nach hinten hinausgeschoben wird, dass man sich Gedanken über einen anderen, eigenständigen und stärkeren Nachhaltigkeits- oder Demografiefaktor in der Rentenformel macht oder dass man die Versicherten noch mehr ermuntert und staatlich fördert, private Zusatzversicherungen abzuschließen. Letzteres wird in besonderem Maße mit der RIESTER- und der RÜRUP-Rente versucht. Ein bisschen wirkt es so, als ob das staatliche Versicherungssystem angesichts der Fülle von Problemen fast in dem Sinne abgeschrieben wird, dass man bezweifelt, es könne auf Dauer sowohl finanziert werden als auch nur einigermaßen den Lebensstandard der RentnerInnengeneration sichern.

Die schrittweise Erhöhung des Renteneintrittsalters macht sich jetzt schon bemerkbar. Apollonia ist z.B. im Jahr 1948 geboren. Sie muss bereits zwei Monate über ihren 65. Geburtstag hinaus im Erwerbsleben verbleiben, ohne Rentenabschläge in Kauf nehmen zu müssen. Bolko, Jahrgang 1956, muss dafür schon 10 Monate länger arbeiten. Alle, die 1964 oder später geboren wurden, müssen nach jetziger Regelung bis 67 erwerbstätig sein, um die volle Altersrente beziehen zu können. Die reinen AltersrentnerInnen, die zum vorgesehenen Zeitpunkt in die Rente wechseln, haben keine Abschläge in Kauf zu nehmen. Sie können auch beliebig hohe Einkommen zusätzlich erzielen, ohne dass es Rentenkürzungen nach sich zöge. Eine AltersrentnerIn wie Apollonia des Jahrgangs 1948, die 65 Jahre und zwei Monate alt ist und 2013 in den Ruhestand wechselt, dürfte z.B. 2013 neben ihrem Altersruhegeld noch 5000,- € aus einer Erwerbstätigkeit erzielen, es hätte keine Folgen für ihre Altersbezüge. Individuell gilt als Altersgrenze für die abzugsfreie Hinzuverdienstmöglichkeit in beliebiger Höhe die offiziell für diesen Jahrgang gültige Regelung zum Renteneintritt.

Die Zuverdienstmöglichkeiten für *Früh*rentnerInnen (ab 63 Jahren) waren bis 2012 sehr ungünstig. Sie durften nur 400,- € ergänzend verdienen, um die volle Rente zu erhalten. Wer mehr Einkommen erzielte, konnte eine „Teilrente" bekommen, die gestuft war (1/3, 1/2, 2/3). Dann konnte es aber passieren, dass jemand mit recht hohen Rentenansprüchen, der oder die knapp über 400,- € Nebenverdienst hatte, gleich mehrere hundert Euro weniger Rente erhielt. Das wirkte de facto fast wie ein Beschäftigungsverbot für FrührentnerInnen. 2012 schlug Ministerin VON DER LEYEN im Rahmen ihres „Lebensleistungsmodells" vor allem wegen der Erhöhung des offiziellen Renteneintrittsalters eine sogenannten „Kombirente" vor. Es steckt womöglich die Erwartung dahinter, dass es mit höherem Renteneintrittsalter mehr Frühverrentungen geben wird und dies das Problem der Altersarmut verschärft. Die Hinzuverdienstgrenze sollte sich nach diesem Vorschlag am letzten Einkommen einer FrührentnerIn orientieren. Die Hinzuverdienstbegrenzung sollte so geregelt werden, dass sich ein Gesamteinkommen aus Hinzuverdienst und Rente bis zur Höhe des maßgeblichen letzten Bruttoverdienstes hätte ergeben können. Auf starre Teilrentenstufen sollte verzichtet werden. Tatsächlich trat 2013 erst einmal nur in Kraft, dass die Zuverdienstgrenze um 50,- € angehoben wurde. Ab 2013 können FrührentnerInnen also 450,- € eigenes Einkommen haben, ohne dass das auf die Rente angerechnet wird.

Die Hauptrichtung der Politik zur Sicherung der Existenz im Alter setzt auf eine Kombination aus gesetzlicher Rente und staatlich geförderter privater Vorsorge z.B. über RIESTER-Verträge. Allerdings gibt es gerade zu dieser Frage nach wie vor sehr unterschiedliche Positionen, ob der Umstieg bzw. die Ergänzung durch private, kapitalmarktgetragene Rentenversicherungen tatsächlich sinnvoll ist. Das Pro-Argument dreht sich überwiegend um die durchschnittlich höhere Verzinsung von Kapitalmarktanlagen, die ausgenutzt werden sollte. Gegen die Variante bzw. Ergänzung spricht erstens, dass die Risiken für die Versicherten steigen, zweitens, dass die konkreten Regeln und Bedingungen zu einem Wirrwarr an Vertragsformen und -konditionen geführt haben, die die Betroffenen eher verunsichern und die dazu führen, dass sie u.a. durch schlechte Beratung viel Geld verlieren. Drittens, so lautet das Argument, ist es im Zuge der demografischen Entwicklung keineswegs sicher, dass die Wertpapiere der älteren Bevölkerungsschichten später noch zu einem hohen Kurs von den Jüngeren aufgekauft werden. Verkäufe ins Ausland stehen vor ähnlichen Problemen, wenn die dortige demografische Entwicklung parallel verläuft. Und die höhere Gesamtbelastung für die Alterssabsicherung wird letztlich eher nur verschleiert, wenn man neben der RV noch private Sicherungssysteme installiert und staatlichen Restriktionen sowie Förderungen unterwirft.

Mit der RIESTER-Rente – geregelt in einem Altersvermögensgesetz – wurde jedenfalls der Einstieg in eine kapitalmarktgedeckte und staatlich geförderte wie gesicherte Altersversicherung gewagt. Anspruch auf die staatlichen Zulagen haben jedoch nur all die Gruppen, die auch in der gesetzlichen RV Pflichtmitglied sind sowie Beamte. Nicht versicherungspflichtige Selbständige, AltersrentnerInnen und z.b. Studierende ohne Versicherungspflicht werden nicht gefördert. Die Begünstigungen sind an strenge Bedingungen geknüpft. Die Leistungen müssen tatsächlich – bis auf ganz wenige Ausnahmen zur vorzeitigen Entnahme – als Renten- und nicht als Einmalzahlungen erfolgen, und die regelmäßigen Auszahlungen dürfen auch erst mit Beginn der Altersrente starten. Die Renten müssen über die Zeit konstante oder steigende Beträge vorsehen. Stirbt der/die Versicherte vor Ende der vereinbarten Garantiezeit, bezieht die EhepartnerIn die Rente für die Laufzeit weiter. Reine Lebensversicherungen zählen also nicht zu den geförderten Absicherungsvarianten. Eine AnbieterIn einer solchen Rente muss zudem garantieren können, dass mindestens so viel ausgezahlt wird wie eingezahlt wurde. Nur dann wird sie als „RIESTER-AnbieterIn" zertifiziert.

Die staatlichen Vergünstigungen richten sich nach Eigenbeiträgen der Versicherten und deren Familienkonstellation. So wird eine Zulage pro Kind zu einer Grundförderung gewährt, weil – so das Argument aus der Politik – es Familien oft schwerer fällt, noch zusätzliche finanzielle Belastungen zur Altersabsicherung zu tragen. Die staatliche Grundförderung kann (Stand 2012) bis zu 154,- € pro Jahr betragen, für Eltern gibt es zusätzlich bis zu 185,- € oder 300,- € je nach Geburtsjahr der Kinder. Wer bei Versicherungsabschluss jünger als 25 Jahre ist, erhält als „Schmankerl" einen Bonus als BerufseinsteigerIn in Höhe von 200,- €. Zudem werden für alle RIESTER-SparerInnen Steuervorteile gewährt, weil die eigenen Beiträge als Sonderausgaben bei der Einkommensteuer das zu versteuernde Einkommen verringern. Das Guthaben auf dem RIESTER-Konto ist in der Ansparphase pfändungssicher.[99] Insgesamt kann man zu den Regelungen vielleicht festhalten: warum einfach, wenn es auch so schön kompliziert geht?

---

[99] Die RIESTER-Rente wurde zunächst nur sehr zögerlich angenommen. Erst nach Vereinfachungen der Regeln – ganz im Sinne des libertären Paternalismus – stieg die Zahl der Abschlüsse. Dass die gesetzliche Alterssicherung angesichts all der beschriebenen Probleme ergänzt werden muss, ist den meisten Menschen durchaus bewusst. Dennoch ist interessant, was PFARR/SCHNEIDER (2011) untersuchten. Sie fragten, welche Einflussgrößen den Abschluss eines RIESTER-Vertrages begünstigen. Die Kinderzulagen gehören eindeutig dazu. Interessanterweise ist es gerade nicht die Gruppe der Jüngeren, die „riestert", obwohl sich für diese Menschen die demografische Entwicklung als besonders problematisch für die gesetzliche Altersversorgung erweist. Daneben gibt es Unterschiede beim Geschlecht und beim Bildungsstand. Männer mit höherem Einkommen schließen eher einen Vertrag ab als solche mit geringerem Einkommen. Bei Frauen spielt die Höhe des Einkommens keine wesentliche Rolle, dafür aber der Bildungsstand.

Die RÜRUP-Rente trifft in erster Linie Selbständige, da sie auch den in der RIESTER-Rente nicht geförderten Personenkreis mit Vorteilen ausstattet. Sie hat weniger rigide Voraussetzungen und Sicherungskomponenten, wird aber auch etwas anders und weniger stark gefördert.

Ob nun mit oder ohne Ergänzung durch staatlich geförderte private Vorsorge: Die geschilderten Probleme führten ab 2012 zu einer intensiven politischen Diskussion über Altersarmut. Die zuständige Ministerin Ursula VON DER LEYEN stellte eine Zuschussrente in Aussicht und wollte eine Kombirente für FrührentnerInnen, über die zuvor schon berichtet wurde. Per Zuschussrente sollten GeringverdienerInnen ihre kleine Altersrente auf bis zu 850,- € aufstocken können, sofern sie 45 Jahre Mitglied der gesetzlichen Rentenversicherung waren und davon wenigstens 35 Beitragsjahre nachweisen können. Zu den Mitgliedsjahren gehören bekanntlich auch Zeiten des Wehr- und Ersatzdienstes oder Kindererziehungs- und Pflegezeiten. Aus dem Kreis potentieller NutznießerInnen wären Langzeitarbeitslose, Hartz-IV-EmpfängerInnen i.d.R. herausgefallen. Außerdem sollten Ansruchsberechtigte wenigstens fünf Jahre der privaten Altersvorsorge nachweisen müssen, z.B. durch eine RIESTER-Rente. Die späteren Einkünfte aus privater und betrieblicher Altersvorsorge sollten nach diesem Vorschlag bei GeringverdienerInnen nicht auf die Zuschussrente angerechnet werden.

Nach heftigen Koalitionsstreitigkeiten und vor allem auch innerparteilichen Auseinandersetzungen in der CDU über ihr Zuschussrentenkonzept einigte man sich letztlich auf ein modifiziertes Rentenzuschlagskonzept, das die „Lebensleistung" belohnen soll. Lebensleistung wird – sicherlich mit guten Argumenten angreifbar – mit mindestens 40 Beitragsjahren GKV und zusätzlich eigener privater Vorsorge gleichgesetzt, wobei immerhin Kindererziehung bzw. Pflege von Angehörigen nach wie vor berücksichtigt sind. Dieser Personenkreis soll nach dem Kompromiss 10,- bis 15,- € mehr Rente als die Grundsicherung erhalten. De facto werden es nur sehr wenige Menschen sein können, die erstens diese Ansprüche an Mindestbeitragsjahre erfüllen und zweitens dennoch nur eine Rente unterhalb des Grundsicherungsniveaus erreichen. Es ist also als Konstrukt zur Vermeidung von Altersarmut doch wohl eher ein Trugbild. Optimistische Schätzungen, wonach sehr viele RentnerInnen davon profitieren können müssten, wurden jedenfalls angezweifelt, und Gegenrechnungen ergaben einen verschwindend kleinen Kreis von Personen, für die dies in Frage kommt.

Zusätzlich zu langen Beitragszeiten müssen die Betroffenen mit ihren offensichtlich ja stets geringen Einkommen auch noch Eigenvorsorge betrieben haben. Woher nehmen, wenn nicht stehlen? Wenn das Einkommen von GeringverdienerInnen gerade so zum Leben reicht, sind die Möglichkeiten zur Eigenvorsorge mehr als bescheiden. Der Kreis potentieller NutznießerInnen wird dadurch noch kleiner. Zu allem Überdruss entstand 2012 weiterer Streit darüber, ob es den Rentenaufschlag als Plus zum regional höchsten Grundsicherungsniveau geben soll oder zum bundesdeutschen Durchschnitt der Grundsicherung. Wenn es nach dem Durchschnitt berechnet wird und man lebte als bedürftige RentnerIn im (miet-)teuren München, reichte der Rentenaufschlag nicht einmal an das dortige Grundsicherungsniveau heran. Dann bleibt wirklich so gut wie niemand mehr übrig, der für diese spezielle Art der Lebensleistung mit einem Rentenaufschlag „belohnt" würde. Selbst dieser Kompromiss wurde im Januar 2013 wieder in Frage gestellt, da die CSU Grundsatzbedenken anmeldete, bei der Rente Versicherungsleistungs- und Bedürftigkeitsprinzip zu vermischen. Die CSU lehnte letztlich den Kompromiss zur Austockungsrente mit diesem Argument ab und schlug stattdessen vor, Kindererziehungszeiten (vor allem für Kinder, die vor 1992 geboren wurden) deutlich besser bei der Rente zu berücksichtigen.

Die SPD stand dem ersten Vorschlag VON DER LEYENs zwar in Details kritisch, aber tendenziell dennoch anerkennend gegenüber. Den Koalitionskompromiss sahen die VertreterInnen dieser Partei hingegen als sehr wenig geeignet zur Bekämpfung der Altersarmut an. Ihr eigener Vorschlag Ende des Jahres 2012 sah eine Mindestrente von 850,- € vor, der Zuschlag zur jeweiligen Altersrente sollte ähnlich wie im Koalitionskonzept aus Steuermitteln finanziert werden. Auch im SPD-Konzept wurde der Begünstigtenkreis für die Mindestrente auf langjährig Versicherte beschränkt. In ihm wurden mindestens 35 Beitragsjahre gefordert. In beiden Vorschlägen erkennt man, dass die großen Parteien trotz Steuerfinanzierung der Ergänzungen immer noch der Logik des Versicherungsprinzips folgen und zusätzliche staatliche Leistungen an Zahlungen in das Rentenversicherungssystem zu binden beabsichtigen. Weiterhin ist ein solches System wenig de-stratifizierend, sondern reproduziert eher Status- und Schichtunterschiede.

7.4.3.2.2 Unfallversicherung (UV)

Die Unfallversicherung gehört zu den „alten", d.h. früh (als Nr. 2) nach der Krankenversicherung eingeführten Sozialversicherungen. Ursprünglich bezog sie sich nur auf einen eingeschränkten Kreis von ArbeitnehmerInnen. Mittlerweile sind viel mehr Gruppen darin gegen finanzielle Risiken nach Unfällen oder durch Berufskrankheiten abgesichert. Zu den Pflichtversicherten gehören:

- alle abhängig Beschäftigten unabhängig von der Höhe ihres Lohnes, auch unabhängig vom Arbeitsort (also auch „HeimarbeiterInnen"),
- Erwerbslose,

- Hausgewerbetreibende, SchaustellerInnen, ArtistInnen, selbständige LandwirtInnen, FriseurInnen,
- Kinder während des Besuchs von Krippen, Kindergärten oder Schulen,
- Auszubildende und Studierende,
- Zivilschutzangehörige, BlutspenderInnen, LebensretterInnen, Ehrenamtliche in ihren Tätigkeiten im Dienste der Gebietskörperschaften,
- Menschen, die sich bei der Verfolgung von StraftäterInnen oder zum Schutz widerrechtlich angegriffener Personen engagieren.

Die nicht pflichtversicherten Selbständigen können sich der UV freiwillig anschließen. Geregelt ist das alles im Sozialgesetzbuch (SGB) VII. Dort finden sich auch die Bestimmungen zur Finanzierung. Die ist etwas anders als bei den anderen Sozialversicherungen. Träger sind verschiedene Berufsgenossenschaften (34 gewerbliche und 10 landwirtschaftliche) sowie 34 (!) Unfallversicherungsträger der öffentlichen Hand. Beiträge werden ausschließlich von den Unternehmungen und dem Staat gezahlt. Begründet wird es damit, dass die Gefährdung durch Unfälle oder Berufskrankheiten von den Unternehmungen ausgeht bzw. von Tätigkeiten, die der Staat verlangt oder als besonders förderlich für das Gemeinwohl ansieht. Zur Deckung der Gesamtausgaben wird ein nachträgliches Umlageverfahren angewendet. Eine Unternehmung weiß also am Anfang eines Jahres noch nicht, welche Beiträge sie entrichten muss. Die Umlage richtet sich nach verschiedenen Kriterien. Für eine Unternehmung spielt es z.B. eine Rolle, welche Lohnsumme sie insgesamt auszahlt und in welcher Gefahrenklasse sie veranlagt wird. Die Gefahrenklassen und ihre Kriterien werden wiederum von den Berufsgenossenschaften festgelegt. 2009 gab es umfangreiche Reformen, z.B. eine Verringerung der Zahl an Berufsgenossenschaften – derer es ja nach wie vor viele gibt – sowie zu Gefahrenklassen und -tarifen.

Schauen wir noch kurz auf die Aufgaben und Leistungen der UV. Sie soll erstens Arbeitsunfälle und Berufskrankheiten verhüten helfen. Als Mittel dafür stehen ihr technische Aufsicht und Überwachung der Unfallsicherheit in Unternehmungen zur Verfügung. Zweitens soll sie die Unfallursachenforschung finanzieren und organisieren. Drittens soll Erste Hilfe bei Arbeitsunfällen sichergestellt sein, viertens die Wiederherstellung der Erwerbsfähigkeit einer/s Verletzten bzw. einer berufsbedingt erkrankten Person. Und fünftens – ein besonders dicker finanzieller Brocken – geht es nach Unfällen oder dem Auftreten von Berufskrankheiten um die Entschädigung Betroffener bzw. auch deren Hinterbliebener.

Zu Wiederherstellung und Entschädigung gehören: Finanzierung von Heilbehandlungen oder Pflege, Finanzierung von Ausbildung und Umschulung sowie der sozialen Rehabilitation, Ersatz ausgefallenen Erwerbseinkommens bis zu 78 Wochen lang bzw. bis zum Ende einer stationären Behandlung, falls die länger dauert, Übergangsgeldzahlungen, Gewährung einer Verletztenrente, sofern die Erwerbsfähigkeit um mindestens 20% gemindert ist. Hinterbliebene erhalten „Sterbegeld" und eine Hinterbliebenenrente je nach Verwandtschaftsgrad und Alter. Diese Regeln sind angelehnt an die Bestimmungen der Rentenversicherung, die Prozentsätze unterscheiden sich jedoch in den meisten Fällen. Sofern Eltern hinterlassen werden, die der/die Verstorbene in erheblichem Maße unterhalten hat, erhalten beide Eltern zusammen 30% des Verdienstes als Rente, ein Elternteil allein bekommt 20%.

Bemerkenswert an der Unfallversicherung ist, dass es bei der Absicherung finanzieller Risiken von Unfallfolgen eigentlich nur um zwei Koordinationsmechanismen geht, um Märkte bzw. um in Märkten operierende, alternative Koordinierungsinstanzen der Unternehmungen und um die staatlich-hierarchische Steuerung bzw. im Dienste für Staat und Gesellschaft erlittene Unbill. Unfälle in Traditionssystemen wie im familiären Umfeld sind nicht äquivalent abgesichert. Dabei gehen natürlich von den üblichen Hausarbeiten auch erhebliche Gefahren aus. Die meisten Unfälle passieren sogar im eigenen Haushalt. Ob der häusliche Bereich eines Tages in die gesetzliche Unfallversicherung integriert wird und wie sich das in der Finanzierung niederschlägt, lässt sich noch nicht prognostizieren. Sollte die Ausdehnung der sozialen Sicherung auf alle Lebens- und Arbeitsbereiche weitergehen, muss man allerdings tendenziell mit der Vergrößerung des Pflichtversichertenkreises rechnen.

7.4.3.2.3 Krankenversicherung (KV)

Anders als in der Rentenversicherung sind nur solche ArbeitnehmerInnen sozialversicherungspflichtig, deren regelmäßiges Einkommen eine bestimmte Höhe nicht überschreitet, alle anderen können sich privaten Krankenkassen anschließen. Die Grundlagen der gesetzlichen Krankenversicherung sind im SGB V geregelt. Eine grundsätzliche Versicherungspflicht haben seit 2009 alle in Deutschland wohnhaften Menschen zu beachten. Niemand kann sich also für Nichtversicherung entscheiden, wenn er/sie nicht in der gesetzlichen Krankenversicherung Pflichtmitglied ist. Für 2013 wurde die Versicherungspflichtgrenze bundeseinheitlich auf 4350,- € monatlich festgelegt. Wer weniger verdient, ist Pflichtmitglied in der gesetzlichen Krankenversicherung. Wer mehr verdient, hat die Option, in eine private Krankenversicherung zu wechseln. Im Vergleich zum Vorjahr ist das ein Anstieg um 225,- €. Grund sind gestiegene durchschnittliche Löhne, die als Bezugsgröße dienen. Die Grenze wird immer auf 75% der Beitragsbemessungsgrenze der Rentenversicherung in den alten Bundesländern gesetzt. Die Versicherungspflichtgrenze ist nicht mit der Beitragsbemessungsgrenze identisch. Diese Grenze beträgt im Jahr 2013 3937,50 € pro Monat.

Die Beitragsbemessungsgrenze war im Jahr 2011 ausnahmsweise einmal gegenüber dem Vorjahr gesunken. Das hatte damit zu tun, dass sich im Zuge der Wirtschaftskrise vor allem im Jahr 2009 das durchschnittliche Bruttogehalt der ArbeitnehmerInnen verringert hatte. Beitragsbemessungsgrenze und auch die Pflichtversicherungsgrenze sind bei der KV in den neuen und den alten Bundesländern stets identisch.

ArbeitnehmerInnen und ArbeitgeberInnen zahlen bei der KV mittlerweile die Beiträge nicht mehr ganz paritätisch. In den letzten Jahren hat es geradezu eine Reformflut oder auch -wut zu Arten, Anteilen und der Höhe der Beiträge gegeben. Für 2011 wurde beispielsweise folgende Regel festgeschrieben, die auch 2013 weiterhin gültig ist: Einen Grundbeitrag teilen sich beide Seiten zu je 50%. Das betrifft insgesamt 14,6% des versicherungspflichtigen Bruttoeinkommens. Davon tragen ArbeitgeberInnen also 7,3%, ebenso die ArbeitnehmerInnen. Dazu kommt ein Zusatzbeitrag von jeweils 0,9% des Einkommens, den die ArbeitnehmerInnen allein zu finanzieren haben. Ergänzend gilt noch, dass die Krankenkassen im Bedarfsfall von ihren Mitgliedern Zusatzbeiträge (nicht einkommensabhängig) verlangen können. Auch diese zahlen nur die ArbeitnehmerInnen. KritikerInnen an der Reform sehen dies als Einstieg in ein System von „Kopfpauschalen", bei denen jede/r Versicherte eine einkommensunabhängige Versicherungsprämie entrichten muss. Neben den ArbeitnehmerInnen- und ArbeitgeberInnenbeiträgen finanzieren sich die gesetzlichen Krankenkassen noch durch Beiträge von RentnerInnen und der RV sowie aus Beiträgen der Agentur für Arbeit.

Die KV hat nicht nur die Aufgabe, die Gesundheitsdienstleistungen im Rahmen von Diagnose und Therapien sowie die dafür nötigen Güter wie Medikamente oder technische Hilfsmittel und Geräte zu finanzieren. Zudem übernimmt sie z.B. die Fortzahlung des Gehalts im Krankheitsfall, wenn eine ArbeitnehmerIn länger als sechs Wochen erkrankt (für diesen speziellen Fall gibt es einige Besonderheiten bezüglich Beitragserhebung, Leistungsumfang und Finanzierung zu beachten, die hier nicht im Detail beschrieben werden).

Es gibt einen gewissen Wettbewerb zwischen den einzelnen Krankenkassen im System der Pflichtversicherungen. Zwischenzeitlich konnten sie verschieden hohe Versicherungsprozentsätze festlegen. Das wurde wieder geändert. 2010 hat man die Beitragssätze in einer leichten Wende rückwärts also wieder vereinheitlicht, und die Kassen bekamen stattdessen die Möglichkeit zur Erhebung von Zusatzbeiträgen, so dass sich die Zahlungsverpflichtungen zwischen den einzelnen Krankenkassen durch die Zuschläge unterscheiden konnten. Möglich wird der Wettbewerb vor allem, weil unter Beachtung von Kündigungsfristen ein Wechsel von Krankenkassen innerhalb des Pflichtsystems zulässig ist. Die Einführung oder Erhebung von Zusatzzahlungen ist mit einem Sonderkündigungsrecht für die Versicherten gekoppelt.

Die gesetzlichen Krankenkassen unterliegen einem Vertragszwang, können also im Prinzip keine/n Versicherungspflichtige/n abweisen. In der Vergangenheit haben es einzelne Versicherungen dennoch versucht. So hat eine Versicherung ihren Mitgliedern vor einigen Jahren z.B. den Hinweis geschickt, dass man auch die gesetzliche Krankenkasse wechseln könne. Das hat sie jedoch nicht etwa allen ihren Mitgliedern geschickt, sondern nur den RentnerInnen – also potentiell sehr teuren Versicherten. Was sagt das? Nun: Nachtigall, ick hör' dir trapsen.[100]

Um Kostenunterschiede auszugleichen, die darin liegen, dass die einzelnen Kassen verschiedene Risikomischungen durch ihren Versichertenkreis haben, fließen die Einnahmen zunächst in einen Fonds und werden dann je nach Risikozusammensetzung der einzelnen Versicherungen neu verteilt. Die Wirkung besteht erstens darin, dass die Krankenkassen mit „billigen" Versicherten de facto einen Teil ihrer Beitragseinnahmen verlieren und die anderen Kassen zusätzliche Mittel erhalten. Zweitens ist ein für die ökonomisch gewiefte LeserIn sicherlich nicht unerwarteter Effekt eingetreten, dass die Mitglieder gern als kränker deklariert werden, als sie eigentlich sind. Sogar eigene BeraterInnen der Versicherungen schwärmen in die Arztpraxen und Kliniken aus, um zu „beraten", wie man die PatientInnen am besten bestimmten Krankheiten zuordnet. Je mehr chronisch Kranke die Kasse nämlich melden kann, desto höher sind ihre Ansprüche an Mittel aus dem Fonds. Zur Finanzierung all der Ausgaben für Dienstleistungen, Medikamente etc. schließen die einzelnen Kassen u.a. Verträge mit den kassenärztlichen Vereinigungen, z.T. auch mit ArzneimittelherstellerInnen.

Die gesetzliche Krankenversorgung steht vor großen Herausforderungen. Die sehr spezielle Konstruktion, wonach sich alle mit hohen Einkommen auch einer Privatversicherung anschließen können, führt vor allem zu spezifischen Kostenproblemen. Alle GutverdienerInnen mit hohem Erkrankungsrisiko bleiben in der gesetzlichen Versicherung, sofern sie in einer Privatversicherung wegen Vorerkrankungen etc. nur sehr ungünstige Konditionen geboten bekommen. Ähnlich ist es, wenn dieser Personenkreis eine größere

---

[100] Durch ähnliche Verhaltensweisen von Versicherungen ist auch der Fall eingetreten, dass es trotz des Versicherungszwangs dennoch Menschen ohne Krankenversicherungsschutz in Deutschland gibt. Das betrifft vor allem ärmere oder mittellos gewordene frühere Selbständige, denen die Krankenversicherungen häufig sehr hohe Hürden zum Eintritt aufzubauen versuchen.

Familie hat. In der gesetzlichen Krankenversicherung sammeln sich also alle Pflichtversicherten und ein teurer Versichertenrest der Wohlhabenderen. Das zwingt zu relativ hohen Versicherungsbeiträgen und eröffnet den Privatversicherungen Wettbewerbsvorteile. Die jeweils Gesündesten mit der Wechseloption entscheiden sich für die Privatversicherung. Hier wirken die gleichen Mechanismen wie bei einer reinen Marktlösung mit asymmetrischen Informationen. Die „Last" der teuren Finanzierung der Absicherung aller tragen dann hauptsächlich die Pflichtversicherten in der gesetzlichen Krankenkasse durch sehr hohe Beiträge bzw. durch einen deutlich eingeschränkten Leistungskatalog.

Im Jahr 2012 erzielte der Gesundheitsfonds einen beträchtlichen Überschuss von über drei Mrd. Euro. Das widerspricht nicht den vorherigen Ausführungen, sondern hatte konkret mit der guten Arbeitsmarktlage und dadurch hohen Einnahmen der Krankenversicherungen zu tun. Der Überschuss wurde der Liquiditätsreserve des Gesundheitsfonds zugefügt, obwohl Sozialversicherungen eigentlich gar keine „Gewinne" einbehalten dürfen. Nur die Praxisgebühr von 10,- € pro Quartal wurde 2013 wieder abgeschafft – auch weil sie das Ziel zur Vermeidung „überflüssiger" Arztbesuche verfehlte.

Neben diesem Konstruktionsproblem im Zusammenhang mit privaten und gesetzlichen Versicherungen gibt es weitere Ursachen dafür, warum gerade der Gesundheitsbereich geradezu hektisch reformiert wird. Man kann sich des Eindrucks nicht erwehren, als ob das Reformtempo immer größer wird. Woher kommen die grundsätzlichen Finanzierungsprobleme?

Erstens wird wieder einmal auf die demografische Entwicklung verwiesen. Die Menschen werden älter und damit nähmen vor allem teure Erkrankungen zu. Auch wären die Menschen dann länger krank. Das Argument ist umstritten, weil es auch die alternative These gibt, dass sich bei zunehmender Lebenserwartung einfach nur der durchschnittliche Erkrankungszeitpunkt nach hinten verschieben könnte. Zweitens wird auf den technischen Fortschritt verwiesen. Neue Medikamente werden entwickelt, auch neue Geräte zu Diagnose und Therapie. Da den Menschen Gesundheit besonders am Herzen liegt, möchten sie auch in den „Genuss" der neuen Möglichkeiten kommen. Nur ein einziges Beispiel: Vor wenigen Jahren konnte man bei Thrombosen im Auge und deren Folgen wenig ausrichten, höchstens mit Lasertechnik versuchen, weitere Sehverschlechterungen zu vermeiden. Mittlerweile gibt es Medikamente, die aus der Genforschung stammen und die wirksam helfen, das Sehvermögen so gut wie vollständig wieder herzustellen. Das entsprechende Mittel wird ins Auge gespritzt, notfalls mit häufiger Wiederholung. Pro Injektion sind das – je nach Medikament – zwischen 150,- und 1500,- €. Zusätzliche Diagnosen und Behandlungen jeweils im OP führen im Vergleich zur zuvor eingeschränkten Möglichkeit schnell zu Zusatzkosten von mehr als

50000,- €. Dass die um ihr Augenlicht Fürchtenden die Behandlung unbedingt möchten, ist verständlich. Je besser die Diagnose- und Therapiemöglichkeiten werden, desto teurer wird es, alles Mögliche auch zu finanzieren – selbst wenn es vereinzelt auch Kosteneinsparungen wie durch minimalinvasive Operationen gibt.

Nun plagt uns wieder das altbekannte Knappheitsproblem. Will man auf Leistungen im Dienste der Gesundheit keinesfalls verzichten und gibt es neue Möglichkeiten zu Diagnose und Therapie, muss außerhalb des Schlaraffenlandes geschaut werden, ob dann alles andere auch noch im Rahmen der begrenzten Möglichkeiten realisiert werden kann oder ob wir auf anderes verzichten müssten. Wenn es uns das wert ist, macht es gar nichts, wenn die Versicherungsbeiträge steigen – denn dann erhalten wir genau das Gewünschte. Für die USA gibt es Berechnungen, wonach es gar nicht mehr sehr lange dauert, bis der durchschnittliche Haushalt etwa 1/4 seines Einkommens für Güter und Leistungen im Dienste der Gesundheit verwendet. Es ist aber auch denkbar, dass uns andere Dinge ebenfalls essenziell wichtig sind. Und dann gilt es zu entscheiden, welche Güter und Dienstleistungen im Gesundheitssystem es *nicht* geben soll und auch keine finanzielle Absicherung für solche Kosten im Gesundheitssystem vorgesehen sein sollten. Das alles führt dazu, dass permanent sowohl über Beitragserhöhungen als auch über den Leistungsumfang nachgedacht wird.

Zu allem „Unglück" kommt noch dazu, dass gerade das Gesundheitswesen extrem schwer zu steuern ist, um die Mittel halbwegs effizient zu verwenden. Alles ist durchsetzt von Problemen der marktlichen und der staatlichen Steuerung. Externe Effekte und vor allem viele miteinander verwobene Probleme asymmetrischer Informationen liegen alle gleichzeitig vor: zwischen ÄrztInnen und PatientInnen, zwischen ÄrztInnen und Versicherungen, zwischen Versicherungen und ihren Mitgliedern, zwischen der Pharmaindustrie und ApothekerInnen, dito zwischen MedizintechnikherstellerInnen und dem genannten Personenkreis, zwischen allen und politischen EntscheidungsträgerInnen. Wenn noch weitere Instanzen wie die kassenärztlichen Vereinigungen eingeschaltet werden, kommen sie in diesem Durcheinander noch dazu. Es ist schon schwer genug, eine akzeptable Lösung für jedes einzelne dieser Probleme zu finden. Noch viel ärger wird es, weil diese im vorliegenden Fall untereinander auch noch abhängig sind.

Das Ausmaß an Ineffizienz zu beurteilen ist schwer. Man sieht immerhin an internationalen Vergleichen, dass mit ähnlich viel Mitteleinsatz die Gesundheitsversorgung unterschiedlich gut gelingt. Deutschland landet dabei mal wieder im Mittelfeld. Wir könnten jetzt ein „neues Fass" aufmachen und all das genauer analysieren. Das möchte ich jedoch der Gesundheitsökonomik überlassen, die allein diesem Problemfeld umfangreiche Lehrbücher widmet.

Immerhin lohnt zumindest ein Blick auf das historisch gewachsene Gesundheitssystem Deutschlands in seinen Grundstrukturen, das all den angesprochenen Problemen Rechnung tragen soll (vgl. LAMPERT/ALTHAMMER 2004: 255). Es sieht fast aus wie ein Schnittmusterbogen in einem Modeheft. Und Letzteres zumindest verstehe ich als Nähabstinenzlerin in meiner gnadenlosen Ignoranz nie ...

Abb. 7.6: Gesundheitssystem in Deutschland

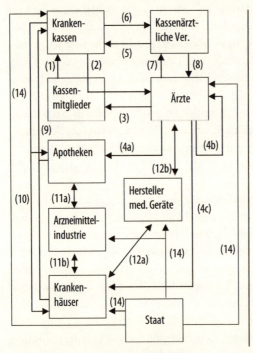

Quelle: LAMPERT/ALTHAMMER 2004: 255.

Besonderheiten wie der Gesundheitsfonds sind in diesem älteren Überblick nicht einmal berücksichtigt. Das Bild beschreibt nur die *Basis*struktur des deutschen Gesundheitssystems. Bei der Verfolgung der Pfeile ist es ansonsten selbsterklärend, und wir interessieren uns ja in diesem Abschnitt sowieso in erster Linie für die Sozialversicherungen und nicht für das gesamte Gesundheitssystem. Also schreiten wir weiter zur nächsten Sozialversicherung.

7.4.3.2.4 Pflegeversicherung (PV)

Die PV ist die jüngste der Sozialversicherungen und explizit als „Teilkaskoversicherung" konzipiert. Sie soll also von vornherein nicht die gesamten Pflegekosten abdecken. In Kraft trat die PV erst 1995 mit der Verabschiedung des Sozialgesetzbuches (SGB) XI. Nach dem dort verankerten Pflegeversicherungsgesetz ist sie der gesetzlichen Krankenversicherung angegliedert. Vorher wurde politisch über 20 Jahre lang darüber gestritten, ob man eine neue Sozialversicherung braucht und wie man sie im Bedarfsfall gestalten sollte. Im Vorfeld zeigten sich eklatante Finanzierungsprobleme im Pflegefall. Aus eigenen Mitteln konnte nur eine Minderheit der Betroffenen die Kosten tragen. Über 60% der Gepflegten mussten in der Zeit vor der gesetzlichen Pflegeversicherung Sozialhilfe in Anspruch nehmen. Das wurde erstens als unwürdig für Betroffene empfunden. Zweitens belastete es vor allem die Haushalte der Landkreise und kreisfreien Städte – als Zuständige für Sozialhilfeleistungen – in beträchtlicher Höhe. Also wurde Abhilfe gesucht, eine weitere Sozialversicherung bot sich für viele als geeignete Lösung an und wurde letztlich auch so beschlossen. Die einzelnen gesetzlichen PVen sind zwar den Krankenkassen angeschlossen, sind aber als jeweils eigenständige Körperschaften des öffentlichen Rechts organisiert und haben auch eigene Selbstverwaltungsorgane.

Versicherungspflichtig sind grundsätzlich alle BürgerInnen, also z.B. auch Beamte und Selbstständige. Bei der Pflege wurde in Deutschland erstmalig eine Versicherungspflicht für *alle* BürgerInnen eingeführt, in der Krankenversicherung zog man erst später nach. In der „sozialen Pflegeversicherung" sind aber nur all die Pflichtmitglieder, die auch der gesetzlichen Krankenversicherung angehören. Wer nicht einer Pflegeversicherung über eine der gesetzlichen Krankenkassen zugeordnet ist, muss sich privat äquivalent versichern. Privat Vollversicherte müssen bei ihrer Versicherungsunternehmung z.B. einen zusätzlichen Pflegeversicherungsvertrag abschließen. In der gesetzlichen Pflegeversicherung werden sowohl die Beitragssätze als auch die Leistungen politisch festgelegt – was immer eine Konstellation ist, die besondere Finanzierungsprobleme nach sich zieht. Denn es muss ja nicht zwingend so sein, dass der gesetzlich verpflichtende Leistungskatalog mit den vorgeschriebenen Beitragssätzen auch bezahlt werden kann.

Die Leistungen richten sich hauptsächlich nach 3 Pflegestufen (wenn man die Stufe 0 mitzählt, sind es 4 Pflegestufen), die sich wiederum an dem Ausmaß des Pflegebedarfs ausrichten und die im Fall der gesetzlich Versicherten i.d.R. vom Medizinischen Dienst der Krankenkassen bescheinigt werden und danach, ob ambulante oder stationäre Pflege in Anspruch genommen wird. Es macht zudem einen Unterschied, ob Angehörige oder Ehrenamtliche pflegen oder professionelle Pflegedienste gegen Bezahlung die Pflege übernehmen. Bis 2012 war der Medizinische Dienst allein für Begutachtung und Zuweisung von Pflegestufen zuständig, seit 2013 können es auch sogenannte neutrale GutachterInnen übernehmen. Lange Zeit blieb unklar, wie diese zertifiziert werden sollen und an welche Richtlinien sie sich genau zu halten haben. Inzwischen gibt es eigene Weiterbildungsangebote etwa zur Fachkraft für Pflegebedürftigkeit (mit TÜV-Abschluss), bzw. durch Besuch eines zusätzlichen Aufbaumoduls kann man Pflegesachverständige/r werden, ebenso mit TÜV-Zertifikat. Auch erst seit 2013 gibt es bestimmte Fristen für Pflegekassen und alle gutachtenden Instanzen, innerhalb derer die Begutachtung stattgefunden haben muss. Vorher mussten AntragstellerInnen z.T. unzumutbar lange Wartezeiten in Kauf nehmen.

Die Einstufung in eine der Pflegestufen richtet sich maßgeblich am Zeitbedarf für die Pflege aus, wobei minutiös festgelegt ist, mit welcher Zeit etwa für Körperpflege oder Nahrungsaufnahme kalkuliert wird. Die Berechnung von Zeitintervallen für bestimmte Pflegetätigkeiten unterstützt in gewisser Weise reine „Funktionspflege". Für Zuwendung, Zuhören u.ä. als Teil eines ganzheitlichen Pflegekonzepts ist deshalb kaum Raum. Konkret (Referenzjahr 2011) gab es lange Zeit die folgenden Festlegungen:

– Pflegestufe I – erhebliche Pflegebedürftigkeit.
  Der durchschnittliche Hilfebedarf muss mindestens 90 Minuten pro Tag ausmachen. Auf die Grundpflege müssen dabei mehr als 45 Minuten täglich entfallen.

– Pflegestufe II – schwere Pflegebedürftigkeit.
  Voraussetzung für die Zuordnung der Stufe II ist ein durchschnittlicher Hilfebedarf von mindestens 180 Minuten pro Tag mit einem Grundpflegebedarf von mehr als 120 Minuten täglich.

– Pflegestufe III – schwerste Pflegebedürftigkeit.
  Hier muss der durchschnittliche Hilfebedarf mindestens 300 Minuten pro Tag umfassen. Der Anteil an der Grundpflege muss mehr als 240 Minuten täglich betragen. Und es muss auch nachts (zwischen 22 und 6 Uhr) regelmäßig Grundpflege anfallen.

Anfang 2012 trat ein Pflegezeitgesetz in Kraft. Es sollte dazu dienen, Erwerbstätigkeit und Pflege von Angehörigen besser miteinander vereinbaren zu können. In Deutschland werden z.B. mehr als 1,6 Millionen Menschen von Angehörigen und ambulanten Diensten zu Hause gepflegt. Seit Anfang 2012 können ArbeitnehmerInnen ihre Arbeitszeit für maximal zwei Jahre auf bis zu 15 Stunden pro Woche reduzieren, um nahe Angehörige zu pflegen. Dafür ist ein Lohnausgleich als eine Art Vorschuss vorgesehen. Wer etwa nur noch

50 Prozent arbeitet, soll weiter 75 Prozent des letzten Bruttogehalts bekommen. Das zu viel gezahlte Geld wird nach der Pflegezeit verrechnet: Die Betroffenen arbeiten wieder 100 Prozent, bekommen aber weiter nur drei Viertel des Gehalts, bis das Zeitkonto ausgeglichen ist. Dieses Gesetz sieht demnach keine Aufstockung des Gehalts durch Steuermittel vor. Einzige Hilfestellung bietet der Staat mit zinslosen Krediten an Unternehmungen durch die Kreditanstalt für Wiederaufbau. Die Firmen zahlen ja eine Zeitlang z.B. 2/3 des Gehalts für 50% Arbeitszeit. Sie vorfinanzieren also in gewisser Wiese die Pflegezeit. Wenn das schwierig für (vor allem kleinere) Unternehmungen ist, können sie den Kredit beantragen. 2012 wurden diese Möglichkeiten jedoch so gut wie nicht genutzt. Spiegel online berichtete am 28.12.2012, dass beim zuständigen Bundesamt für Familie und zivilgesellschaftliche Aufgaben erst 135 Anträge für die Familienpflegezeit gestellt worden waren. Wohlgemerkt: das ist die Zahl von Anträgen für ein ganzes Jahr!

Die Bundesvereinigung der Deutschen Arbeitgeberverbände kritisierte nach Bekanntwerden dieser Ergebnisse dann auch sogleich das Gesetz scharf und meinte, dass das eindeutig die Überflüssigkeit der Regelungen demonstriere. ArbeitgeberInnen und ArbeitnehmerInnen könnten, je nach Einzelfall und Betrieb, grundsätzlich ja sowieso selbst für Pflegezeiten etwas vereinbaren. Aus den Gewerkschaften kam eher die Kritik an „überkomplexen Regelungen" des Gesetzes. Zudem sei kein Rechtsanspruch mit dem Gesetz verbunden, ArbeitnehmerInnen verblieben im Status von BittstellerInnen und so fehlten dem Gesetz „die soziale Prägekraft" und der „soziale Mindeststandard". Aus der Opposition kam die ergänzende Forderung, dass der Staat auch einen Teil des ausgefallenen Einkommens ersetzen sollte, da 2/3 des Verdienstes oft nicht zum Lebensunterhalt reichten. Das Ministerium wies (natürlich) alle Anschuldigungen zurück und verwies auf die nötige Anlaufzeit solch „großer gesellschaftlicher Vorhaben".[101] Zudem ist ein Hinweis des Ministeriums sicher nicht von der Hand zu weisen: Es gibt gar keine Meldepflicht für solche Vereinbarungen zwischen Unternehmungen und ArbeitgeberInnen. Nur wenn Unternehmungen Unterstützungen durch die zinslosen Kredite benötigen, erfährt das Bundesamt überhaupt davon, dass den Regeln des Gesetzes gefolgt wird. Wozu man das Gesetz dann aber überhaupt braucht, bleibt offen.

2012 wurde ein Pflege-Neuausrichtungsgesetz beschlossen. Neben kleineren Änderungen zu einzelnen Leistungen und Vertragsformen mit ambulanten Pflegediensten werden nunmehr vor allem für die Pflege demenzkranker Menschen bessere Leistungen gewährt. Seit 1. Januar 2013 erhalten Men-

---

[101] Vgl. http://www.spiegel.de/wirtschaft/soziales/pflegezeit-deutsche-stellten-2012-weniger-als-200-antraege-a-874892.html (Abruf: 28.12.2012).

schen mit erheblich eingeschränkter Alltagskompetenz, die keiner der drei Pflegestufen zugeordnet sind (Pflegestufe 0), *zusätzlich* zu dem bisherigen Betreuungsgeld in Höhe von 100,- € (Grundbedarf) beziehungsweise 200,- € (erhöhter Bedarf) im Monat, noch Geld- oder Sachleistungen aus der gesetzlichen Pflegeversicherung. So erhalten Demenzkranke, die von Angehörigen betreut werden, künftig Pflegegeld in Höhe von 120,- € im Monat. Übernimmt ein Pflegedienst die Betreuung, stellt die Pflegeversicherung dafür 225,- € monatlich zur Verfügung. Alle Demenzkranke, die schon einer höheren Pflegestufe zugeordnet wurden, bekommen Zuschläge zu den bisher gewährten Mitteln und Leistungen.

Ein einziges Beispiel für die Leistungen für die anderen Pflegebedürftigen soll genügen. Bei stationärer Pflege und Pflegestufe III werden seit 2013 1550,- € durch die Versicherung getragen, bei kleineren Stufen entsprechend weniger. Das deckt üblicherweise etwa die Hälfte der tatsächlichen Kosten für einen Pflegeplatz. Der Rest muss aus Renten, Vermögensveräußerung, Zuzahlungen von Angehörigen oder – wenn nach dem Subsidiaritätsprinzip niemand sonst mehr in Frage kommt – Existenzsicherungsmitteln durch die Kreise und kreisfreien Städte finanziert werden. In Fällen, in denen der tatsächliche Pflegeaufwand deutlich größer ist, können die Versicherer zusätzliche Pflegesachleistungen u.a. gewähren.

Nach dem Pflegereport 2012, der auf der Analyse von 2000 Pflegefällen basiert und auf erhobenen Zahlen des Zentrums für Sozialpolitik an der Universität Bremen beruht, müssen Männer über den gesamten Pflegezeitraum hinweg im Durchschnitt 21000,- € zuzahlen, Frauen durch längere Inanspruchnahme im Durchschnitt sogar 45000- €. Im Gesamtdurchschnitt betrug der Eigenanteil 31000,- €. Im Einzelfall lag dieser Anteil durch lange Pflegebedürftigkeit bei über 300000,- € (vgl. Focus online vom 27.11.2012). Bei solchen Summen ist im Falle langer stationärer Pflege z.B. das Geld aus dem Verkauf des Eigenheims unter Umständen nach einigen Jahren komplett aufgebraucht, und viele Ärmere sind schnell auf die kommunalen Existenzsicherungsmittel angewiesen.

Es macht den Eindruck, als sei man genau da wieder angenommen, wo es einst den Start um die Diskussion einer zusätzlichen Sozialversicherung gab. Weder Private noch Kommunen können die Zuzahlungslast noch schultern. Deshalb wurde im Pflege-Neuausrichtungsgesetz noch eine Ergänzung vorgesehen, eine Art RIESTER-Versicherung für Pflege. Tatsächlich spricht man salopp vom „Pflege-BAHR" – benannt nach dem zuständigen Gesundheitsminister (es gibt sogar eine Internet-Seite zur Pflege mit diesem Namen). Private Pflegezusatzversicherungen sollen helfen, das Problem der hohen Zuzahlungen zu lösen. Folgende Voraussetzung muss ein förderungswürdiger Vertrag erfüllen:

- Die versicherte Leistung muss ein Pflegetagegeld sein.
- Die monatliche Eigenleistung des Versicherungsnehmers muss mindestens 10,- € betragen.
- Der Tarif muss in allen Pflegestufen (0 bis 3) Leistungen erbringen.
- Das vereinbarte Tagegeld in Pflegestufe 3 muss mindestens 600,- € pro Monat betragen.
- Die Versicherung muss Personen ab 18 Jahren versichern und zwar ohne Beitragszuschläge oder Ausschlüsse von Krankheiten (Kontrahierungszwang), Ausnahme: bereits bestehende Demenz oder Pflegebedürftigkeit.
- Es darf keine Wartezeit von mehr als 5 Jahren vereinbart sein.

Ist all das erfüllt, wird eine Zulage in Höhe von (geradezu unglaublich hohen) 5,- € monatlich gewährt. Sie wird dann rückwirkend am Jahresende als Einmalbetrag vom Rentenversicherungsträger der VersicherungsnehmerIn an die Versicherungsgesellschaft überwiesen.

Was zahlen die VersicherungsnehmerInnen für all die *nicht* privat zu finanzierenden Leistungen? Die Beitragsbemessungsgrenze ist mit der der gesetzlichen Krankenversicherung identisch. Ähnlich zur KV werden die Beiträge nicht ganz paritätisch von ArbeitgeberInnen und ArbeitnehmerInnen getragen. 2013 galten folgende Regeln: Der Grundbeitrag in Höhe von 2,05% des sozialversicherungspflichtigen Bruttoeinkommens wird je zur Hälfte von ArbeitnehmerInnen und ArbeitgeberInnen finanziert. Bis 2012 waren es 1,95%. Die Steigerung wurde insbesondere mit den verbesserten Leistungen für Demenzkranke gerechtfertigt. Pflichtversicherte ohne eigene Kinder müssen noch zusätzlich 0,25% ihres Einkommens abführen. Dies finanzieren sie allein, also ohne Anteil der ArbeitgeberIn. In Sachsen gibt es eine noch etwas andere Regelung, weil ein höherer Beitrag der ArbeitnehmerInnen in die Pflegeversicherung es kompensieren soll, dass man dort einen Feiertag im Gegensatz zu anderen Bundesländern bei Einführung der Pflegeversicherung nicht abgeschafft hat. Diese „Last" sollte nicht einseitig an die ArbeitgeberInnen gehen. Sächsische ArbeitnehmerInnen mit eigenen Kindern zahlen 1,525% ihres Bruttoeinkommens, die Unternehmungen 0,525%. Den Zuschlag für Kinderlose tragen wie überall die Versicherten allein.

Auch für die PV werden erhebliche Finanzierungsprobleme für die nahe Zukunft prognostiziert. Und wieder kommt die demografische Entwicklung ins Spiel. Immer mehr und immer länger lebende Menschen: Der Anteil Pflegebedürftiger wird nach vielen Schätzungen steigen. Vor allem Demenzerkrankungen mit erheblichem Pflegebedarf werden diesen Prognosen entsprechend zunehmen und müssen finanziert werden. Ob die Anpassungen durch das Pflege-Neuausrichtungsgesetz dafür ausreichen, ist zweifelhaft. Deshalb rechnet man damit, dass die Beiträge zur Pflegeversicherung weiter steigen werden müssen, will man das jetzige Absicherungsniveau halten oder gar verbessern. Finanzierungsprobleme entstehen auch durch die hohe Personalintensität der Pflege. Mindestlohnregelungen u.a. machen die Pflege im Vergleich zu früher teurer. Schon jetzt fehlen Fachkräfte, so dass man allein aus Gründen der Knappheit damit rechnen sollte, dass die Löhne für das Pflegepersonal eigentlich weiter steigen müssten.

7.4.3.2.5 Arbeitslosenversicherung (AV)

Auch die AV gehörte nicht zu den allerersten Sozialversicherungen, sondern wurde 1927 erstmalig gesetzlich verankert. Nach dem Zweiten Weltkrieg führte sie ab der Wirtschaftswunderzeit bis in die 70er Jahre ein gewisses Schattendasein mit niedrigen Beitragssätzen und keinem sehr großen Ausgabenvolumen. Vollbeschäftigung war in dieser Zeit so gut wie erreicht. Arbeitslosigkeit wurde gar als ökonomisch so gut wie überwundenes Problem angesehen, und die Versicherung gegen finanzielle Einbußen durch Arbeitslosigkeit schien deshalb fast schon ein Anachronismus zu sein. Das änderte sich zu Beginn der Ölkrisen. Die Arbeitslosenzahlen stiegen in bedrohliche Höhen, und das Risiko der Erwerbslosigkeit wurde entsprechend größer – zumal die Chance auf eine neue Stelle nach dem Arbeitsplatzverlust in Zeiten hoher Arbeitslosigkeit gering ist. Erwerbseinkommen geht verloren, damit für viele auch die Existenzgrundlage, weil sie über keine anderen Einkommen wie Mieteinnahmen, Zinseinkünfte oder Dividenden verfügen. Diesem speziellen Existenzrisiko durch Erwerbslosigkeit soll die Arbeitslosenversicherung begegnen. Durch die Entwicklung auf dem Arbeitsmarkt kam sie aus dem Schatten wieder ins Rampenlicht und wurde zu einer besonders wichtigen Sozialversicherung. Die wichtigsten heutigen Regelungen für Erwerbslose finden sich im SGB II und III.

Beitragspflichtig zur AV sind grundsätzlich alle, die gegen Entgelt oder zu ihrer Berufsausbildung beschäftigt sind bis auf BeamtInnen. Für die NichtbeamtInnen gibt es so gut wie keine Ausnahmen oder Grenzen dieser Pflicht, auch keine Einkommensgrenzen der Pflichtmitgliedschaft. Nur bei geringfügiger Teilzeitbeschäftigung und zusätzlich sehr niedrigem Lohn ist man nicht pflichtversichert. Jugendliche mit Behinderungen gehören auch noch zu dem Kreis der Pflichtversicherten, wenn sie an einer Berufsförderungsmaßnahme teilnehmen, Zivil- und Wehrdienstleistende bis 2011 ebenso. Zudem noch GefängnisinsassInnen, die Arbeitslohn erhalten und solche Menschen, die gerade Krankengeld o.ä. beziehen. Selbständige und einige andere Gruppen können sich der AV freiwillig anschließen.

2011 wurde ein Beitragssatz von 3% vom sozialversicherungspflichtigen Bruttoeinkommen festgelegt – gegenüber 2,8% der beiden Vorjahre. Dieser Satz von 3% war 2013 weiterhin gültig. In Zeiten besonders hoher Arbeitslosigkeit hatte es schon deutlich höhere Sätze gegeben. So waren es 2006 stolze 6,5%. Die Beiträge teilen sich ArbeitgeberInnen und ArbeitnehmerInnen je zur Hälfte. Die Beitragsbemessungsgrenze entspricht genau der Grenze der Rentenversicherung, also 2013 5800,- € pro Monat in den alten Bundeländern und 4900,- € in den neuen. Wie in der Rentenversicherung definiert diese Grenze die maximalen Beiträge und hier auch die maximalen Leistungen.

Die Leistungen sind an Bedingungen geknüpft. Erstens muss man natürlich arbeitslos sein. Daneben muss man sich bei der Arbeitsagentur auch als arbeitslos gemeldet haben, man muss der Arbeitsvermittlung zur Verfügung stehen und bereit sein, mindestens 15 Stunden pro Woche einer Beschäftigung nachzugehen. Ebenso muss man bereit sein, an „zumutbaren" Maßnahmen zur Qualifizierung teilzunehmen. Und zumutbar ist vieles. Die letzte Hürde besteht darin, dass eine gewisse Mindestversicherungszeit zuvor erreicht sein musste, die sogenannte *Anwartschaft*. Die Regelanwartschaftszeit wird erfüllt, wenn jemand in den letzten zwei Jahren vor der Arbeitslosmeldung und dem Beginn der Arbeitslosigkeit (Rahmenfrist) mindestens zwölf Monate in einem Versicherungspflichtverhältnis (Beschäftigung, aber auch z.B. Zeiten des Krankengeldbezugs) gestanden hat. In einigen Ausnahmefällen gilt eine verkürzte Anwartschaftszeit.

Hat jemand alle diese Voraussetzungen erfüllt, werden Leistungen gewährt. Höhe und vor allem die Länge des Leistungsbezugs sind immer wieder Gegenstand von gesetzlichen Änderungen. Lange Jahre war der Bezug auf ein Jahr begrenzt. Das war zu Zeiten hoher Beschäftigung auch kein Problem, da die Menschen nach Verlust ihres Arbeitsplatzes oft schnell eine neue Stelle fanden und das Arbeitslosengeld nur den Übergang absichern musste. Als die Arbeitslosenzahlen stiegen und auch Langzeitarbeitslosigkeit zu einem ernsthaften Problem wurde, hat man die Bezugsdauerregeln geändert und bis zu drei Jahre lang Leistungen gewährt – je nach vorherigen Berufs- und Beitragszeiten und dem Alter der Betroffenen. Das wurde mit den sogenannten HARTZ-Reformen wieder geändert. 2013 galten folgende Regeln für die Bezugsdauer (vgl. auch Wikipedia zu diesem Stichwort):

Erwerbspersonen, die jünger als 50 Jahre alt sind oder weniger als 30 Monate sozialversicherungspflichtig beschäftigt waren, wird höchstens ein Jahr lang Arbeitslosengeld gezahlt:

Nach versicherungspflichtiger Beschäftigung von mindestens ... Monaten	maximale Bezugsdauer in Monaten
12	6
16	8
20	10
24	12

Für ältere ArbeitnehmerInnen galten 2013 (immer noch) einige Sonderregelungen, durch die sich die Bezugsdauer etwas erhöhen konnte. Zudem sind Sperrzeiten zu beachten. Die Ansprüche ruhen für einige Zeit, wenn man z.B. selbst gekündigt hat, sich nicht sofort arbeitslos gemeldet hat oder wenn man „zumutbare" Arbeit ablehnt. Für die Ruhezeiten – die so nett klingen, es aber gar nicht sind – erhält man keine, in wenigen Fällen eingeschränkte Leistungen.

Die Höhe der Leistungen richtet sich nach dem gemittelten Nettoeinkommen des letzten Jahres vor Eintreten der Arbeitslosigkeit und danach, ob unterhaltspflichtige Kinder in der Familie leben bzw. zu unterstützen sind. Erwerbslose mit mindestens einem Kind erhalten 67% dieses Nettogehaltes, alle anderen 60%.

Früher gab es im Anschluss an das Arbeitslosengeld nach einer Bedürftigkeitsprüfung Arbeitslosen*hilfe*. Diese wurde nicht über die AV, sondern über Steuermittel finanziert und sicherte einen niedrigeren Prozentsatz des letzten Nettoeinkommens ab. Mit den HARTZ-Reformen ist die Arbeitslosenhilfe abgeschafft worden. Stattdessen gibt es das Arbeitslosengeld II. Der Begriff ist unglücklich, weil Arbeitslosengeld I eine Versicherungsleistung nach dem Sozialgesetzbuch (SGB) III ist, Arbeitslosengeld II damit gar nichts zu tun hat, sondern aus Steuermitteln im Rahmen der Grundsicherung für Arbeitsuchende des SGB XII gewährt wird. Deshalb werden wir diese Leistungen auch erst an späterer Stelle anschauen. Zumindest so viel: Die frühere Arbeitslosenhilfe versuchte immer noch eine Lebensstandardsicherung, indem weiterhin ein bestimmter Prozentsatz des Nettoeinkommens abgesichert war – 57% bzw. 53% je nachdem, ob Kinder im Haushalt lebten oder nicht. Das wurde komplett geändert und auf einen einheitlichen Grundsicherungsbetrag für alle umgestellt, wobei natürlich Familienangehörige einen eigenständigen Sicherungsbedarf definieren. Für fast alle Langzeitarbeitslose brachte diese Umstellung von Arbeitslosenhilfe auf Arbeitslosengeld II finanzielle Einbußen. Neben der Verschlechterung der finanziellen Situation sind die Anforderungen an die Arbeitslosen gestiegen, z.B. hinsichtlich der „Zumutbarkeit" zur Annahme neuer Stellen, sowohl was die Akzeptanz von Jobs unter dem eigenen Qualifikationsniveau angeht als auch die räumliche Entfernung vom Wohnort. Auch die Prüfung der Bedürftigkeit und damit verbunden die Anrechnung eigener anderer Einkommen und Vermögen wurde mit der Reform rigider als zu Zeiten der Arbeitslosenhilfe.

7.4.3.3 Arbeitsmarktpolitik

Die Darstellung der Arbeitsmarktpolitik fällt nicht ganz leicht, da erstens hehre Ziele angestrebt werden, die Maßnahmen dafür jedoch nicht alle sehr geeignet sind. Man ist geneigt, Darstellung und Wirkungsanalyse zu kombinieren, um sofort die Probleme zu benennen. Diese Probleme haben damit zu tun, dass sie – durchaus etwas erstaunlich angesichts der theoretischen Entwicklungen in den letzten 40 Jahren – nach wie vor sehr stark der Leitidee eines „im Prinzip" funktionierenden Arbeitsmarktes folgen. Nachfolgend soll die Mischung der Ebenen dennoch weitgehend vermieden werden. Es wird sich also erst etwas später zeigen, dass das Maßnahmenbündel angesichts tatsächlicher Arbeitsmarktzusammenhänge teilweise nicht zielführend ist. Zweitens ist zu beachten, dass der Arbeitsmarkt mehr noch als andere Märkte Interdependenzen zu anderen Ökonomie- und Politikfeldern aufweist. Im Politikbereich sind etwa die Bildungs- oder die allgemeine Wirtschaftspolitik für Arbeitsmarktfragen bedeutsam. Dennoch ist es natürlich notwendig, die konkrete Arbeitsmarktpolitik zu benennen. Wenn wir uns zunächst also mit der reinen Beschreibung begnügen und erst später eine Wirkungsanalyse vornehmen, dann sollten die grundsätzlichen Probleme zumindest schon mal „im Hinterkopf" sein. Wir belassen es wie bei den anderen sozialpolitischen Feldern bei einer Strukturbeschreibung. Eine gute und sehr ausführliche Darstellung incl. gesetzlicher Regelungen z.B. des SGB geben BOECKH/HUSTER/ BENZ (2011: Kap. 4) und vor allem die Beiträge in BOTHFELD/SESSELMEIER/ BOGEDAN (Hrsg.) (2012).

7.4.3.3.1 Arbeitsmarktausgleichspolitik

In der Arbeitsmarktausgleichspolitik soll dem Problem begegnet werden, dass die Passung von Angebot und Nachfrage durch Zeitverzögerungen von Entscheidungen und auf Grund von Informationsunsicherheiten oftmals nicht gut gelingt. Arbeitsuchende wissen unter Umständen nicht, wo es adäquate Stellen gibt. ArbeitgeberInnen möchten qualifizierte und für freie Stellen passende BewerberInnen finden. Allein über Stellenanzeigen und mittlerweile die „Börsen" im Internet – so die Befürchtung – gelingt dies nicht in gewünschtem

Ausmaße. Deshalb ist der Agentur für Arbeit die Aufgabe der Arbeitsvermittlung zugeordnet, auch der Arbeits- und Berufsberatung, der Mobilitäts- sowie der Ausbildungs- und Weiterbildungsförderung.

Die Arbeitsvermittlung wird manchmal auch als Kernaufgabe des Arbeitsmarktausgleichs bezeichnet. Arbeitsuchende sollen mit ArbeitsanbieterInnen zusammengebracht werden – so ist es im SGB III als Aufgabe skizziert. Das Ziel besteht letztlich darin, dass Arbeitsverträge abgeschlossen werden. Ursprünglich wurde der Agentur, die früher Arbeitsamt hieß, dafür sogar ein Monopol zugestanden, weil man befürchtete, dass sowohl gewinnorientierte als auch gemeinnützige ArbeitsvermittlerInnen sowie Einrichtungen der Tarifparteien oder Kommunen es durch die Parallelvermittlungsversuche nicht schaffen, die notwendigen Informationen an alle Beteiligte auch wirklich umfassend geben zu können. Spezialisierung wurde geradezu als Problem der Aufspaltung in viele kleine Vermittlungsumgebungen gedeutet – sowohl hinsichtlich der Berufe als auch im Bezug auf die räumliche Reichweite. Für eine umfassende Vermittlung wurde deshalb ein Monopol für ganz Deutschland als sinnvoll erachtet.

Im Zuge zunehmender Arbeitslosigkeit geriet dieses Monopol jedoch in die Kritik. Die Vermittlungsleistungen wurden als unzureichend angesehen und Ineffizienzen des Monopolbetriebs bei internen Abläufen bemängelt. Deshalb wurden dann doch PrivatvermittlerInnen zugelassen. Manche erwarteten geradezu wundersame Wirkungen davon – durch Effizienzsteigerung erhofften einige gar einen drastischen Rückgang der Arbeitslosigkeit. Das war aber mehr frommer Wunsch als ernsthafte Prognose. Zumindest erfüllten sich die Erwartungen nicht. Seit 1994 gibt es jedenfalls auch private VermittlerInnen. Gebühren durften sie anfangs ausschließlich von ArbeitgeberInnen verlangen. Seit 2002 sind auch Gebühren für Arbeitsuchende zulässig. Je nach Dauer der vorherigen Arbeitslosigkeit erhalten Betroffene mittlerweile sogar Vermittlungsgutscheine mit einem Wert bis zu 2500,- € von der Arbeitsagentur. Dafür können sie eine oder mehrere private Vermittlungen engagieren. Den kompletten Betrag erhalten die VermittlerInnen bei Einlösung des Gutscheins nur dann, wenn erstens ein Arbeitsvertrag geschlossen wurde und zweitens das Arbeitsverhältnis mindestens sechs Monate Bestand hatte. So lange müssen die privaten AnbieterInnen auf die letzte Rate bei Gutscheineinlösung auch warten.

Die konkrete Umsetzung ist problematisch. Genauere statistische Angaben zu Anträgen, Bewilligungen und Ablehnungen, zu Einlösungen u.a. liegen nur für einen kleinen Zeitraum vor. In einer Antwort der Bundesregierung (Drucksache 17/4986) auf eine Anfrage von Abgeordneten der Fraktion Bündnis 90/ Die Grünen (Drucksache 17/4753) zeigt sich für den kurzen evaluierten Zeitraum 2010, dass weniger als 10% der ausgegebenen Vermittlungsgutscheine eingelöst wurden. Auch zeigt sich, dass einige Gruppen – speziell Langzeitarbeitslose und Menschen mit Behinderung – sehr unterdurchschnittlich profitieren. Die Anreize begünstigen zudem in starkem Maße Mitnahmeeffekte und Missbrauch. Dadurch kommt es zu kontraproduktiven Wirkungen. Viele Personen verloren nach den für die Einlösung notwendigen sechs Monaten die Stelle wieder. Im Magazin „Der Spiegel" vom 3.1.2011 war gar davon die Rede, die privaten Arbeitsvermittlungen bildeten eine Art „Rotlichtmilieu" bei den Existenzsicherungsregeln (S. 20). Besonders frappant sind Fälle, bei denen mehrere Personen gleich zwei (Schein-)Firmen gründeten, eine Vermittlungsfirma und eine für Leiharbeit. Das erste Unternehmen vermittelte an das zweite und strich die Provision dafür ein. Nach Eingang des Geldes wurden die vermittelten Personen wieder entlassen (vgl. Der Spiegel vom 3.1.2011: 19).

Die Arbeitsagentur muss sich an bestimmte Grundsätze halten. Sie muss unentgeltlich vermitteln, soll unparteilich sein – also auch nur in ganz besonderen Fällen etwa die Religionszugehörigkeit abfragen. Und eigentlich selbstverständlich: Sie darf nur solche Jobs vermitteln, bei denen kein Gesetz verletzt oder gegen die „guten Sitten" verstoßen wird. So wird man sicherlich keine Mafia-MörderInnen, GeldwäscherInnen oder MenschenhändlerInnen vermitteln. Bei anderen Beschäftigungsverhältnissen ist es nicht immer so klar, was etwa gegen gute Sitten verstößt. Strittig kann u.U. sein, ob jede noch so geringe Lohnhöhe akzeptabel sein muss.

Die Leistungsfähigkeit und die Effizienz der Vermittlung durch die Arbeitsagentur hängen sowohl an Arbeitsmarktbedingungen, an der Güte der verwaltungsinternen Organisation als auch daran, ob sich ArbeitgeberInnen und ArbeitnehmerInnen überhaupt an die Agentur wenden. Arbeitslose *müssen* das tun, da ihr Arbeitslosengeld z.B. davon abhängt, dass sie sich als arbeitsuchend melden. In anderen Bereichen sieht das nicht besonders gut aus. Lehrstellen werden mittlerweile z.B. in viel stärkerem Maße über Börsen der Kammern (IHK und Handwerkskammer) vermittelt. Bei qualifizierten Fachkräften spielen Börsen, Headhunter, allgemein die Internetkoordinierung und nach wie vor Zeitungsannoncen häufig eine größere Rolle.

Bei der *Beratung* durch die Arbeitsagentur soll das Problem gelöst werden, dass frühzeitig Ausbildungsentscheidungen getroffen werden müssen, sich aber oft erst nach der Qualifizierung herausstellt, wie groß die Chancen auf eine Stelle in diesem Bereich sind. Marktbedingungen ändern sich rasch, ganze Branchen wachsen oder schrumpfen. Das verändert die Möglichkeiten auf dem Arbeitsmarkt, und zwar hinsichtlich der Zahl der Stellen und auch bezüglich der Lohnhöhe. Die Arbeitsagentur soll nun die erwartete Entwicklung berücksichtigen und zudem z.B. SchulabgängerInnen je nach Neigung und Vorqualifizierung beraten. Die Unsicherheit bei Beschäftigungsprognosen ist aber sehr hoch. Die Arbeitsagentur liegt oft genug daneben. In früheren Jahren konnte nicht einmal der Bedarf des Staates an Lehrpersonal für Schulen z.B. immer richtig vorhergesagt werden.

Mitte der 1970er Jahre hat man beispielsweise in Niedersachsen AbiturientInnen dringend zum Lehramtsstudium geraten. Angesichts einer Pensionierungswelle an Schulen würden in drei bis fünf Jahren jede Menge LehrerInnen gebraucht und eingestellt, und zwar in sämtlichen Fächern. Diesem Rat sind tatsächlich viele AbsolventInnen der Gymnasien gefolgt. Alle, die sich damals z.B. für Germanistik in Kombination mit einem beliebigen anderen Fach entschieden, haben zwar sicherlich viel gelernt und in vielerlei Hinsicht durch das Studium profitiert, für die berufliche Zukunft war es aber desaströs, denn so gut wie keine AbsolventIn wurde nach dem Referendariat tatsächlich in den Schuldienst übernommen. Der Bedarf war falsch prognostiziert worden. Zumindest zu Zeiten der beruflichen Orientierung der – ur-uralten – Autorin dieses Lehrbuches haben die BerufsberaterInnen zudem noch sehr geschlechtsspezifisch beraten. Auch naturwissenschaftlich und technisch interessierten wie begabten Mädchen wurden eher „helfende" oder kaufmännische Berufe empfohlen. Es steht zu hoffen, dass sich dies im Laufe der Jahre verändert hat.

Bei der *Ausbildungs- und Mobilitätsförderung* regelt das SGB III die Förderung der beruflichen Ausbildung und auch der Weiterbildung. Wenn man BOSCH (2012) folgt, waren bei der Einführung des Arbeitsförderungsgesetzes im Jahr 1969 noch großzügige Weiterbildungsrechte sowohl für Beschäftigte als auch Arbeitslose vorgesehen. Das sei über die Zeit immer weiter eingeschränkt worden. Mit der Einführung der HARTZ-Gesetze sei es sogar zu einer veränderten Steuerungslogik gekommen. Erstens konzentriert es sich nunmehr auf Erwerbslose, und zudem soll nur noch bei einer hohen Chance zur Wiedereingliederung in den Arbeitsmarkt eine Förderung via Weiterbildung erfolgen. Als generelles Ziel ist zumindest nach wie vor formuliert, dass durch Aus- und Weiterbildung sowohl individuelle Potentiale ausgeschöpft als auch Arbeitsmarktungleichgewichte abgebaut werden sollen. Wenn z.B. in einer schrumpfenden Branche nicht mehr alle Qualifizierten einen Job finden, dann soll über Bildungsförderung der Weg in einen anderen Bereich geebnet werden, der im Zuge seiner Expansion Arbeitskräfte sucht.

Maßnahmen aus diesem gesamten Bereich zu Aus- und Weiterbildung sind beispielsweise die Berufsausbildungshilfe und die gerade erwähnte Vergabe von Bildungsgutscheinen. Die Ausbildungshilfe greift dann, wenn Auszubildende außerhalb des Elternhauses wohnen müssen und wenn zu erwarten steht, dass die Ausbildung auch erfolgreich abgeschlossen wird. In dem Fall werden Hilfen für den Lebensunterhalt, für Fahrt- und Ausbildungskosten gewährt. Bei der Förderung der beruflichen Weiterbildung gibt es im Gegensatz zu ursprünglichen Ansprüchen aus dem Arbeitsförderungsgesetz besonders viele *Kann*-Leistungen, auf die also kein prinzipieller Anspruch besteht. In den Gesetzestexten heißen die Kann-Leistungen ebenso wie bei den zuständigen Verwaltungen Ermessensleistungen. Es können Kosten für Fahrten, für Lehrgänge, für Unterbringung und auch für die Betreuung von Kindern übernommen werden. Unter bestimmten Voraussetzungen, die hier nicht detailliert aufgelistet werden, bekommen Erwerbspersonen sogenannte Bildungsgutscheine. Bei einer zugelassenen Bildungseinrichtung kann dieser Gutschein eingelöst werden. Zulassung erhalten nur solche Einrichtungen, die sich einem Qualitätssicherungsverfahren unterwerfen.

Trotz umfangreicher Kontroll- und Sanktionsrechte der Arbeitsagentur haben sich nach Einführung dieser speziellen Regelung einige schwarze Schafe bei den BildungsanbieterInnen durchmogeln können, die das Geld über die Gutscheine bekamen, aber wenig dafür boten. Die NutzerInnen dieser Weiterbildungsangebote haben wenig profitieren können. Das muss schon merkwürdig ausgesehen haben: Schwarze Schafe unter WeiterbildungsanbieterInnen, deren goldene Verdienstnasen hell geleuchtet haben. Die Grundidee der Gutscheine ist aber plausibel. Die Bildungsinteressierten können verstärkt selbst entscheiden, welches Weiterbildungsangebot für sie passend ist und zu einer entsprechenden BildungsträgerIn gehen. Bei staatlich gelenkter Aus- und Weiterbildung gab es teilweise auch hinreichend abstruse Situationen – Sprachunbegabte und -desinteressierte sollten sich zu FremdsprachenkorrespondentInnen weiterbilden, IngenieurInnen zu KinderbuchillustratorInnen etc.

Dennoch ist das Gesamturteil über die aktuellen Regelungen ambivalent. Viele empirische Studien legen den Schluss nahe, dass Weiterbildungsmaßnahmen keinen sonderlichen Einfluss auf die Wiedereingliederung in den Arbeitsmarkt hatten, teilweise wurde sogar ein negativer (!) Effekt ausgemacht. Dass diese Maßnahmen zumindest teilweise nicht viel nutzen, wird oft mit einem *lock-in*-Effekt erklärt. TeilnehmerInnen an Weiterbildungsmaßnahmen schränken eine Zeitlang gegenüber anderen Erwerbslosen die Suche nach einem neuen Arbeitsplatz ein und können eventuell später den Zeitverlust nicht mehr einholen. Es gibt aber in etwas längerer Perspektive zwei gegensätzliche Effekte zu beachten: erstens Vorteile durch die höhere formale Qualifikation, zweitens Nachteile bei der *Learning-by-doing*-Komponente der Qualifikation im Beruf selbst, weil die Erwerbslosigkeitszeiten sich durch die Weiterbildung eventuell verlängern. Wenn man den Untersuchungszeitraum nicht zu kurz wählt, dann scheinen sich längerfristig in der Tendenz doch positive Beschäftigungseffekte zu zeigen. Ähnliche Ergebnisse erhält man auch für andere Länder (vgl. BOSCH 2012: 113-114). Diese Untersuchungen rehabilitieren nach BOSCH die Politik der beruflichen Weiterbildung. Zum Schluss sei noch erwähnt, dass auch ArbeitgeberInnen u.U. Vergünstigungen bekommen, wenn sie einer MitarbeiterIn Weiterbildung ermöglichen und als Ersatz für eine gewisse Zeit eine arbeitslose Person beschäftigen.

Maßnahmen der *Arbeitsplatzerhaltung- und Arbeitsplatzbeschaffungspolitik* sollen helfen, strukturelle Arbeitsmarktungleichgewichte zu verhindern oder zu reduzieren. Das wohl wichtigste Instrument zum Erhalt von Arbeitsplätzen ist die Gewährung von Kurzarbeitergeld. Unterschieden wird in *konjunkturelles und saisonales Kurzarbeitergeld*. Die konjunkturelle Variante hat sich als vielleicht wichtigstes und auch wirksamstes Instrument im Zuge der Wirtschaftskrise 2008 bis 2010 herausgestellt. Es wird gewährt, wenn in Betrieben oder Betriebsabteilungen die regelmäßige betriebsübliche wöchentliche Arbeitszeit infolge wirtschaftlicher Ursachen oder eines unabwendbaren Ereignisses vorübergehend verkürzt wird. Für die Gewährung des Kurzarbeitergeldes müssen Voraussetzungen der §§ 169 bis 182 des SGB III erfüllt sein. Der Arbeitsausfall muss „unvermeidbar", für länger als vier Wochen und für mehr als 10% der Arbeitszeit mindestens eines Drittels der gesamten Belegschaft relevant sein. ArbeitnehmerInnen erhalten dann als Kurzarbeitergeld 67% des Nettolohnes, wenn mindestens ein Kind mit im Haushalt lebt, sonst wieder die schon bekannten 60%.

Im Gesetz ist eigentlich eine maximale Bezugsdauer von 6 Monaten, in Ausnahmefällen bis zu 12 Monaten vorgesehen. Im Zuge der Wirtschaftskrise ab 2008 wurde das Instrument aber derart wichtig, dass man die zeitlichen Grenzen befristet ausgeweitet hat und folgende Sonderregelungen erließ: Mit dem Gesetz zur Sicherung von Beschäftigung und Stabilität in Deutschland sowie durch das Beschäftigungschancengesetz wurden für einen befristeten Zeitraum vereinfachte Zugangsvoraussetzungen zum Bezug von Kurzarbeitergeld festgelegt. Dieses Gesetzesprogramm ist durch das Dritte Gesetz zur Änderung des SGB IV und anderer Gesetze mit Wirkung vom 1.7.2009 ergänzt worden. Wikipedia fasst das nett zusammen: Mit der ersten Verordnung zur Änderung der Verordnung über die Bezugsfrist für das Kurzarbeitergeld vom 29. Mai 2009 wurde durch das Bundesministerium für Arbeit und Soziales die Bezugsfrist für das konjunkturelle Kurzarbeitergeld in der Zeit vom 1. Januar 2009 bis zum 31. Dezember 2009 auf 24 Monate verlängert. Durch die zweite Änderungsverordnung vom 08.12.2009 wurde die Bezugsfrist für das konjunkturelle Kurzarbeitergeld in der Zeit vom 01.01.2010 bis zum 31.12.2010 auf 18 Monate verlängert. Die dritte Änderungsverordnung vom 01.12.2010 verlängerte die Bezugsfrist für das konjunkturelle Kurzarbeitergeld in der Zeit vom 01.01. bis 31.12.2011 auf 12 Monate. Alles klar? Ist das nicht ein schönes Beispiel dafür, dass man manchmal kaum so schnell schreiben und lernen kann, wie sich Gesetze ändern je nach Notwendigkeit oder politischer Einschätzung? 2012 gab es jedenfalls erneut Debatten um die Bezugsdauer, und 2013 konnten Unternehmungen wegen der Anfang des Jahres erwarteten Konjunkturschwäche für 2013 auch wieder Kurzarbeitergeld bis zu 12 Monaten beantragen. Die durch Kurzarbeit frei werdenden Zeitkapazitäten der ArbeitnehmerInnen können übrigens auch für Maßnahmen im Bereich der Gesundheitsprävention oder des betrieblichen Gesundheitsschutzes genutzt werden, um die Gesundheit der ArbeitnehmerInnen zu fördern. Und nebenbei ein (wiederholtes) Lob an Wikipedia: Dort wird teilweise schneller und vor allem umfassender aktualisiert als bei Internet-Informationen der Ministerien.

Das *Saison-Kurzarbeitergeld* hat als Ziel, die ganzjährige Beschäftigung in der Bauwirtschaft und in anderen Wirtschaftszweigen zu fördern, bei denen in bestimmten Monaten wegen der Witterungsbedingungen üblicherweise die Tätigkeit nicht ausgeübt werden kann. Es ist eigentlich nur eine Sonderform des konjunkturellen Kurzarbeitergeldes, durch das speziell Entlassungen in den Wintermonaten und der damit einhergehende Anstieg der Arbeitslosigkeit im Winter vermieden werden sollen. Ähnliches gab es schon früher mit dem sogenannten Schlechtwettergeld und dem Winterausfallgeld.

Zu guter oder auch zu schlechter Letzt gibt bzw. gab es im Bereich der Arbeitsmarktausgleichspolitik noch spezielle Förderungen für „Problemgruppen". Und welche Gruppen haben oder *sind* gar ein Problem? Man glaubt es kaum: Frauen (welch problembehaftete Minderheit!), ältere ArbeitnehmerInnen, Menschen mit Behinderungen, Jugendliche ohne abgeschlossene Ausbildung u.a.m. Für betroffene Personen gibt es spezielle Berufsförderungsleistungen z.B. zur Rehabilitation von behinderten Menschen. Es werden Ausbildungszuschüsse gewährt, Werkstätten für Behinderte (so die offizielle Bezeichnung) werden finanziell gefördert, es gibt Eingliederungshilfen bis zu 50% des Tariflohnes oder Lohnzuschüsse bei der Einstellung vor ArbeitnehmerInnen über 55 Jahren. Inzwischen ist man zwar etwas sensibler bei der (diskriminierenden) Definition von Problemgruppen, aber ganz verschwunden sind solche speziellen Kategorisierungen mit Spezialmaßnahmen noch nicht. Vor allem mit den Regeln des SGB II und III ist zumindest eine gewisse Abkehr von der Problemgruppensicht festzustellen.

Die aktive Arbeitsmarktpolitik wie auch die Beschäftigung von Arbeitslosen in eigenen staatlichen Betrieben sowie Arbeitsbeschaffungsmaßnahmen werden besonders kritisch gesehen. Vor allem werden die Wirksamkeit und die Sparsamkeit der Maßnahmen angezweifelt, z.B. weil befürchtet wird, dass durch staatliche Betriebe nur private Betriebe verdrängt werden und letztlich kein positiver Effekt auf dem Arbeitsmarkt wirksam ist. Wenn die Unterstützung der Problemgruppen wegen systematischer Markträumungsprobleme nur dazu führt, dass sogleich neue „Problemgruppen" entstehen, die nun wegen fehlender Förderung keine Stelle erhalten, hat man gesamtgesellschaftlich auch nur wenig gewonnen.

Über Untersuchungen zu Wiedereinstiegschancen Erwerbsloser in den Arbeitsmarkt, die in staatlich geförderten Bildungsmaßnahmen Zusatzqualifikationen erwarben, hatten wir bereits kurz gesprochen. Im Vergleich zu Personen mit gleichen Merkmalen – Alter, Geschlecht, Qualifikation und Berufserfahrung – hatten diese Menschen in kurzfristiger Betrachtung ja sogar teilweise *schlechtere* Wiedereinstiegsmöglichkeiten. Würde das allgemein zutreffen, dann wäre das Geld im Sinne des beruflichen Wiedereinstiegs vollends verschwendet worden. Die Maßnahmen verursachten hohe Kosten und schadeten den arbeitslosen Menschen de facto sogar. Wir haben aber auch gesehen, dass in längerer Frist die Chancen dieses Personenkreises auf dem Arbeitsmarkt wieder besser werden, eine neue Stelle zu erhalten. Gerade im Bereich der aktiven Arbeitsmarktpolitik wird oft sehr ideologisch argumentiert, und die extrem widersprüchlichen Studien zur Wirkung der Maßnahmen werden entsprechend selektiv zur Stützung der jeweils eigenen Argumente zu Rate gezogen.

7.4.3.3.2 Arbeitsmarktordnungspolitik

Die *Arbeitsmarktordnungspolitik* regelt durch gesetzliche Vorgaben die Verhandlungen über Löhne und andere Konditionen des Arbeitsverhältnisses zwischen ArbeitgeberInnen und ArbeitnehmerInnen. Es wird nämlich befürchtet, dass ArbeitnehmerInnen eine zu schwache Machtposition in Verhandlungen haben, weil sie erstens in größerer Zahl als die Unternehmungen konkurrieren und zweitens, weil sie i.d.R. einem Angebotszwang unterliegen. Wer kann schon als beleidigte Leberwurst bei einem geringen Lohngebot sagen, dass sie/er dann halt auf die Erwerbstätigkeit komplett verzichtet? Die Existenz muss gesichert werden, so dass „Erwerbsarbeit: ja oder nein" für fast niemanden eine ernsthafte Alternative darstellt. Um monopsonistische Ausbeutung zu verhindern, wird im *Tarifvertragsgesetz* (aus dem Jahre 1949) geregelt, dass Gewerkschaften und ArbeitgeberInnenverbände überbetrieblich über die Arbeitskonditionen verhandeln. Damit soll eine Simulation einigermaßen gleich starker Positionen von Angebot und Nachfrage auf dem Arbeitsmarkt erreicht werden.

Ein Tarifvertrag enthält Rechtsnormen, die den Inhalt, den Abschluss und die Beendigung von Arbeitsverhältnissen sowie betriebliche und betriebsverfassungsrechtliche Fragen ordnen können. Das ist der sogenannte normative Teil eines Tarifvertrages. Außerdem regelt er in einem schuldrechtlichen Teil die Rechte und Pflichten der Tarifvertragsparteien – dass z.B. während der Laufzeit des Vertrages keine Arbeitskämpfe stattfinden dürfen. Im normativen Teil geht es u.a. um Löhne und Lohnsysteme, um Arbeitszeiten, Urlaub, Form und Fristen bei Kündigungen und um betriebliche Sozialpolitik wie

Zusatzversorgungseinrichtungen. Die Regeln werden nur dann bindend, wenn sie für die ArbeitnehmerInnen bessere Konditionen mit sich bringen als gesetzliche Mindestvorschriften z.B. hinsichtlich Arbeitszeit oder Urlaubsanspruch.

Ein Tarifvertrag gilt für ein Arbeitsverhältnis *unmittelbar,* d.h., die Regelungen müssen nicht in jeden einzelnen Arbeitsvertrag eingefügt werden. Außerdem gilt er *zwingend.* Ungünstigere Konditionen in einzelnen Arbeitsverträgen sind unwirksam, wenn beide Arbeitsvertragsparteien tarifgebunden sind. Hingegen sind Abweichungen zu Gunsten der ArbeitnehmerIn nach dem Günstigkeitsprinzip erlaubt. Damit ein Tarifvertrag für ein Arbeitsverhältnis gilt, müssen die Unternehmung in den fachlichen und örtlichen, die ArbeitnehmerIn in den persönlichen Geltungsbereich des Tarifvertrags fallen. Die Tarifbindung folgt aus der Mitgliedschaft in einer der Tarifvertragsparteien, also entweder dem Arbeitgeber(Innen)verband oder der Gewerkschaft – jeweils nach Zuständigkeit. Tarifgebunden ist auch eine ArbeitgeberIn, die einen Tarifvertrag direkt mit der Gewerkschaft abschließt.

Ein Sonderfall ist die Allgemeinverbindlichkeitserklärung eines Tarifvertrags. Dann gilt der Vertrag zwingend auch für diejenigen, die nicht einer der Tarifvertragsparteien angehören. Die Allgemeinverbindlichkeitserklärung erfolgt durch das Bundesministerium für Arbeit und Soziales, und zwar im Einvernehmen mit den Tarifvertragsparteien auf Antrag einer Seite. Voraussetzung ist, dass die tarifgebundenen ArbeitgeberInnen mindestens 50% der davon betroffenen ArbeitnehmerInnen beschäftigen und die Ausweitung „im öffentlichen Interesse" ist. In gewisser Weise werden damit räumlich begrenzte und branchenbezogene Mindestlöhne festgesetzt.

Man kann sich des Eindrucks nicht erwehren, dass die Bedeutung von Tarifverträgen in Deutschland schwindet. Das hat viel mit Forderungen nach Flexibilisierung zu tun, was als Allheilmittel gegen Arbeitslosigkeit gesehen wird. Wir werden es in der Wirkungsanalyse noch als Trugschluss identifizieren. In Westdeutschland arbeiteten z.B. 2009 nur noch rund 56% der Beschäftigten in einem Betrieb, der einem Branchentarifvertrag unterlag, in Ostdeutschland sogar nur etwa 38%. Viele ungebundene Unternehmungen orientieren sich in der Entlohnung aber dennoch an den geltenden Tarifverträgen – das müssen sie teilweise aus Gründen des Wettbewerbs u.U. auch tun. Nicht-Gewerkschaftsmitglieder werden in Firmen sowieso i.d.R. gleichgestellt. Das wiederum gebietet schon die Notwendigkeit zu Fairness für eine hohe Leistungsbereitschaft innerhalb von Unternehmungen, wobei es jedoch z.T. deutliche Unterschiede zwischen Stammbelegschaft und LeiharbeiterInnen gibt.[102] Man kann es als künstliche Aufspaltung in InsiderInnen und OutsiderInnen bezeichnen. Die „Radicals" – eine bestimmte kapitalismuskritische Gruppe unter WirtschaftstheoretikerInnen – werten es als Versuch, die Belegschaft zu spalten, um der Unternehmensleitung besonders hohe Verhandlungs- und Durchsetzungsmacht zu sichern. Darüber hatten wir bei den Ausführungen zur Diskriminierungstheorie bereits gesprochen. Ende 2012 forderte Wirtschaftsminister RÖSLER u.a. eine weitere Flexibilisierung des Arbeitsmarktes. In der Wirkungsanalyse werden wir es genauer beleuchten, warum dies ein fataler Irrweg sein kann. Begonnen hatten die Deregulierungsbemühungen 1994. Damals veröffentlichte die OECD die OECD Jobs Study und empfahl allen Ländern Maßnahmen zur Deregulierung (und zur Effizienzsteigerung der aktiven Arbeitsmarktpolitik). In der EU schloss man sich diesen Empfehlungen an. Das war der Start in den „aktivierenden" Sozialstaat, für „Flexicurity"-Programme u.a.m., alles gekoppelt mit möglichst „freien" und unregulierten Arbeitsmärkten. Kündigungsschutz, Tarifvereinbarungen und

---

[102] Im Februar 2011 veröffentlichte der DGB eine Studie zum Lohnabstand zwischen LeiharbeiterInnen und Stammbelegschaft, auch zur (prekären) Einkommenssituation von LeiharbeiterInnen. So verdienten LeiharbeiterInnen im Schnitt nur etwa halb so viel wie Vollzeitbeschäftigte. Nur 19,1% kommen der Studie zufolge auf monatlich mehr als 2000,- € brutto. Festangestellte schafften dies in 70% aller Fälle. Viele LeiharbeiterInnen könnten von ihrer Arbeit nicht leben, heißt in der Studie. 92000 Menschen seien Mitte 2010 auf HARTZ IV angewiesen, zählten also zu den sogenannten „AufstockerInnen". Das sei fast jede/r achte. „Das Verarmungsrisiko der Leiharbeiter ist damit fast vier bis fünf Mal größer als in der Gesamtwirtschaft", äußerte der Autor der Studie, Wilhelm ADAMY, der Süddeutschen Zeitung in einem Interview am 7.2.2011. In keiner anderen Branche sei das Risiko der HARTZ-IV-Bedürftigkeit so groß. Grundlage der Studie ist die Entgeltstatistik der Bundesagentur für Arbeit. ADAMY hat nach eigenen Angaben die Werte von fast 500000 LeiharbeiterInnen ausgewertet. Verleih-Arbeitskräfte erhielten demnach 2009 in den alten Bundesländern im Schnitt 1456,- € brutto im Monat. Mehr als 10% im Westen und gut 20% im Osten hätten weniger als 1000,- € im Monat verdient – trotz Vollzeitjob. Armut trotz Arbeit sei dort an der Tagesordnung, selbst wenn sich HARTZ IV eventuell durch einen Zweitjob am Abend oder durch eine Erwerbstätigkeit anderer Familienangehöriger verhindern ließe. Besonders groß ist der Lohnabstand laut DGB in der Industrie: Hier verdienten die LeiharbeiterInnen nicht einmal halb so viel wie Stammarbeitskräfte. Der DGB monierte zudem, dass viele Betroffene nicht qualifikationsgerecht eingesetzt würden, obwohl gut 60 Prozent von ihnen einen Berufsabschluss hätten.
Das Institut der Deutschen Wirtschaft kritisierte die Untersuchung. Sie sei weder repräsentativ noch berücksichtige sie, dass die Zahl der regulären Beschäftigungsverhältnisse nicht gesunken sei. Zudem gäbe es durchaus viele LeiharbeiterInnen, die hohe Löhne erhielten und es nicht verallgemeinerungsfähig sei, dass LeiharbeiterInnen so viel weniger als die Stammbelegschaft erhielten. Im Zuge der HARTZ-IV-Neuregelungen wurde dennoch oder immerhin ein Mindestlohn für LeiharbeiterInnen beschlossen.

andere Institutionalisierungen des Arbeitsmarktes sind schon seit 1994 im Visier der DereguliererInnen (vgl. SESSELMEIER/WYDRA-SOMAGGIO 2012).

7.4.3.3.3 Beschäftigungspolitik

Die *Beschäftigungspolitik* ist eigentlich eher makroökonomische Geld- und Fiskalpolitik und soll in erster Linie den Konjunkturverlauf steuern. Über makroökonomische Zusammenhänge haben wir bislang in diesem Lehrbuch nicht diskutiert und werden das auch nicht ausführlich tun. Die Idee hinter dieser Politik ist aber einfach zu verstehen. Mit Variationen von Steuern, Staatsausgaben, Sozialversicherungsabgaben, der Geldmenge u.a.m. soll die gesamtwirtschaftliche Konsum- und Investitionsnachfrage in Rezessionszeiten verstärkt und in Boomzeiten zur Inflationsvermeidung gedämpft werden. Das soll einen gleichmäßigen Wirtschaftsablauf mit stetigem Wachstum begünstigen. Da man sich damit auch positive Rückwirkungen auf den Arbeitsmarkt verspricht, wird dies (auch) der Arbeitsmarktpolitik im Bereich der Sozialpolitik zugeordnet. Ziel ist also Vollbeschäftigung.[103] Gleichzeitig sollen aber auch möglichst hohe Arbeitseinkommen gesichert, Freiheiten bei der Berufswahl nicht eingeschränkt und zudem gewährleistet werden, dass die ArbeitnehmerInnen möglichst qualifikationsadäquate Beschäftigungsverhältnisse finden. Diese Ziele sind offensichtlich in den letzten Jahren nicht sonderlich gut erreicht worden. Die Arbeitslosigkeit ist zwar gesunken, ist aber immer noch auf hohem Niveau. Mit geringerer Arbeitslosigkeit ging zudem einher, dass die Lohnspreizung größer wurde, sich vor allem der sogenannte Niedriglohnbereich deutlich vergrößerte. Und auch Überqualifizierungsphänomene sind verstärkt aufgetreten. Die Ausrichtung auf eine KEYNESianische Beschäftigungspolitik durch Variation von Steuern und Transfers ist jedenfalls seit 1994 durch die OECD-Jobs-Studie auf dem Rückzug und wurde durch die Deregulierungsstrategie weitgehend abgelöst. Eine gewisse Renaissance sehen einige in den Maßnahmen zur Bekämpfung der Wirtschafts- und

---

[103] Die Definition von Vollbeschäftigung unterlag im Laufe der Zeit einem gewissen Wandel. Noch in den 1950er Jahren wurde es so gesehen, dass Vollbeschäftigung bei maximal 1% Arbeitslosigkeit erreicht sei. Da immer einige Menschen den Job wechseln und temporär ohne Beschäftigung sind, wird Vollbeschäftigung nie mit 0% Arbeitslosigkeit gleichgesetzt. In den 1960er Jahren sah man 2% Arbeitslosigkeit schon als Vollbeschäftigung an, 1980 wurde es auf 3% korrigiert. Die Bundesarbeitsagentur definiert sie heute bei einer Arbeitslosenquote von 3-4%, und aus der Politik kamen kurz nach der Jahrtausendwende schon Äußerungen, dass 5% Arbeitslosigkeit eigentlich auch bereits Vollbeschäftigung seien. Die aktuellen Vermutungen, in Deutschland entwickele sich die Wirtschaft zu Vollbeschäftigung zurück, muss man also differenziert betrachten. Was an den Äußerungen ist Verbesserungen am Arbeitsmarkt geschuldet, was hingegen einfachen Umdefinitionen des Begriffs Vollbeschäftigung?

Finanzkrisen. Traditionell keynesianisch wurde dabei bislang aber auch nicht gerade Politik betrieben.

Einige Regeln der Vollbeschäftigungspolitik zielen unmittelbar auf die Arbeitsbeziehungen, so z.B. Beschäftigungsförderungsgesetze, Gesetze zu Teilzeitarbeit oder zu befristeten Arbeitsverträgen.

7.4.3.4 Betriebsverfassungs- und Unternehmensverfassungspolitik

Die Verfassungspolitik regelt insbesondere die Mitbestimmungsmöglichkeiten von ArbeitnehmerInnen und damit deren Beteiligung an der Leitung von Unternehmungen. Neben der betrieblichen gibt es eine überbetriebliche Mitbestimmung, die ArbeitnehmerInnen bzw. deren VertreterInnen das Recht einräumt, an Entscheidungen mitzuwirken, die alle ArbeitnehmerInnen unmittelbar betreffen wie etwa die Verwaltung der Sozialversicherungen. Die wesentlichen Regeln für die betriebliche Mitbestimmung sind im Betriebsverfassungsgesetz und im Personalvertretungsgesetz (in erster Linie für öffentliche Verwaltungen) zu finden. Die Mitbestimmung ist je nach Unternehmensgröße und je nach der Rechtsform von Betrieben unterschiedlich. In *Tendenzbetrieben* wie Kirchen, Parteien, Gewerkschaften und der Presse gelten nur eingeschränkte Mitwirkungsmöglichkeiten.

Nach dem Betriebsverfassungsgesetz sind in allen privaten Betrieben mit fünf oder mehr wahlberechtigten Beschäftigten in geheimer und unmittelbarer Wahl Betriebsräte zu wählen. Wenn es mehr als fünf Jugendliche bzw. Auszubildende in der Firma gibt, werden für diese spezielle VertreterInnen gewählt. Für einen Betriebsrat müssen jedoch die ArbeitnehmerInnen bzw. eine im Betrieb vertretene Gewerkschaft die Initiative ergreifen. Die ArbeitgeberIn muss nicht von sich aus aktiv werden. Es gibt sogar Fälle, wo Unternehmensleitungen – widerrechtlich – versuchen, die Wahlen zu torpedieren, indem sie all die ArbeitnehmerInnen drangsalieren, bedrohen oder benachteiligen, die dieses Recht nutzen wollen.

Mitbestimmungsrechte werden in sozialen, personellen und wirtschaftlichen Angelegenheiten eingeräumt, wobei es gewisse Abstufungen in diesen Rechten gibt. Unterschieden werden Informations-, Anhörungs-, Beratungs-, Vorschlags-, Einspruchs- und Zustimmungsrechte. Diese gelten zudem noch unterschiedlich je nach Betriebsgröße. Mitbestimmungsrechte bei personellen Einzelmaßnahmen – Einstellung, Eingruppierung, Versetzung z.B. – sind für Unternehmungen ab 20 MitarbeiterInnen vorgesehen. Der Betriebsrat muss informiert werden und er muss seine Zustimmung geben, die er unter bestimmten Umständen auch verweigern darf. Vor allem ist der Betriebsrat vor jeder Kündigung zu hören. Auch hier gibt es Umstände, dass der Betriebsrat einer ordentlichen Kündigung widersprechen kann. Ab 100 Beschäftigten werden Mitbestimmungsrechte auch in wirtschaftlichen Angelegenheiten zugestanden. In diesen Betrieben wird vom Betriebsrat ein sogenannter Wirtschaftsausschuss aus Mitgliedern der Belegschaft gebildet, der von der Unternehmung über alles unterrichtet werden muss, was ArbeitnehmerInneninteressen berührt. Dazu gehört vor allem die wirtschaftliche Lage des Unternehmens. Die Abhängigkeit der konkreten Rechte von der Unternehmensgröße hat auch einige Merkwürdigkeiten mit sich gebracht. So gibt es Unternehmungen, die sich in rechtlich viele kleine Betriebe aufsplitten – offensichtlich auch, um zu üppige Mitbestimmung ihrer ArbeitnehmerInnen zu verhindern.

Eine deutsche Besonderheit ist das Montanmitbestimmungsgesetz aus dem Jahr 1951. Dies regelt besonders weitgehende Mitbestimmungsrechte der ArbeitnehmerInnen in Aufsichtsräten und Vorständen in Aktiengesellschaften und GmbHs speziell des Bergbaus und der Eisen und Stahl erzeugenden Industrie. Haben diese Unternehmungen mehr als 1000 Beschäftigte, dann gibt es eine paritätische Besetzung der Aufsichtsräte. Meistens sind es je fünf VertreterInnen der ArbeitgeberInnen- und ArbeitnehmerInnenseite. Dazu kommt ein „neutrales" elftes Mitglied aus Reihen der Hauptversammlung der AnteilseignerInnen, dem mindestens je drei VertreterInnen der AnteilseignerInnen und der ArbeitnehmerInnen ihre Zustimmung geben müssen.

Für andere sehr große Unternehmungen gilt das 1976 erstmalig in Kraft getretene Mitbestimmungsgesetz. Aktiengesellschaften, GmbHs, bestimmte Kommanditgesellschaften und einige andere Rechtsformen sind betroffen. Wenn diese Firmen mehr als 2000 Beschäftigte haben, werden die Aufsichtsräte auch paritätisch besetzt, wobei allerdings eine VertreterIn der Belegschaft aus den Reihen leitender Angestellter stammen muss.

Die bislang gar nicht so kurze Darstellung der arbeitsmarktzentrierten Sozialpolitik Deutschlands ist nicht einmal umfassend. Skizziert wurden die wichtigsten Gesetze, Regeln und Bestimmungen. Nun hatten wir mehrfach davon gesprochen, dass sich die Sozialpolitik immer mehr als umfassendere Sicherungsinstanz für *alle* Koordinierungsformen der Arbeitsteilung versteht. Und es gibt Menschen in unserer Gesellschaft, die prinzipiell nicht, noch nicht oder nicht mehr arbeitsmarktkoordiniert in Unternehmungen, Organisationen oder Verwaltungen Erwerbseinkommen erzielen. Und es kann auch Personen geben, die in gar keinem Koordinationssystem – Markt, Zentralsteuerung oder Tradition – einen Ort zur Sicherung ihrer Existenz finden. Für diese Gruppen bzw. Individuen gibt es eigenständige Sicherungsinstrumente, die in der Übersicht als „gruppenorientierte" Sozialpolitik bezeichnet wurde – mit Querverweis zur Arbeitszentrierung, da die Erwerbspersonen natürlich auch eine Gruppe, sogar eine ganz besonders große, definieren.

Die gruppenorientierte Sozialpolitik richtet sich also an soziale Gruppen, die in besonderer Weise vor Problemen des sozialen Ausschlusses stehen und bei denen die arbeitszentrierten Mittel der Sozialpolitik nicht oder nur zum Teil greifen. Diesen Regelungen gehen wir anschließend nach, wobei wegen der speziellen Bedeutung für die Interdependenz der Koordinierungsinstanzen und der Schwierigkeiten daraus für die Soziale Sicherung nur die Familienpolitik und die Existenzsicherungspolitik etwas genauer dargestellt werden. Bedenken muss man dabei jeweils, dass viele der nachfolgend diskutierten „Sonderbereiche" den Eigenheiten des deutschen arbeitsmarktzentrierten Systems mit ihren spezifischen De-Kommodifizierungs- und De-Stratifizierungskonsequenzen geschuldet sind.[104] Skandinavische Lösungen, die von vornherein z.b. schon stärker de-kommodifizierend angelegt sind, sind auch weniger auf Sonderregelungen für marktferne Produktions- und Lebensformen angewiesen.

7.4.3.5 Jugend- und Altenhilfe

In der Jugendpolitik geht es um zwei Ziele. Erstens sollen die Rechte von Kindern und Jugendlichen auf Erziehung, menschenwürdiges Leben, Sozialisation und Entfaltung der Persönlichkeit geschützt bzw. durchgesetzt werden. Zweitens wird definiert und zu einem großen Teil dann auch finanziert, was an planmäßigen sozialpädagogischen Hilfen außerhalb der Bereiche Familie sowie Schule und Ausbildung vorgesehen ist. Bis 1990 war die Jugendhilfe eher eine Frage von Kontrolle und Eingriff durch den Staat. Lange Zeit war z.B. bei der Vormundschaft für nicht-ehelich geborene Kinder vorgesehen, dass dies teilweise dem Jugendamt übertragen war und die „FürsorgerInnen" regelmäßig bei den Müttern vorbeischauten, ob denn alles mit rechten Dingen in der Betreuung und Erziehung zugeht. Das waren für die Frauen „unter Beobachtung" meistens sehr angstbesetzte Termine, da sie stets befürchteten, dass sie ihre eigenen Kinder nicht mehr betreuen dürfen. Nach immer größerer Kritik an einer solchen generellen Ausrichtung als Kontroll- und Sanktionsinstrument gibt es seit 1990 – mittlerweile mehrfach geändert – das im SGB VIII verankerte Kinder- und Jugendhilfegesetz (KJHG). Unterstützung und Hilfsangebote werden nunmehr als zentrale Anliegen definiert.

Das SGB VIII regelt bundeseinheitlich die Leistungen gegenüber Kindern und Jugendlichen sowie deren Erziehungsberechtigten. Träger der öffentlichen Jugendhilfe sind dann jedoch die Bundesländer als überörtliche sowie die Landkreise und kreisfreien Städte als örtliche Träger. Sie sind für die Leistungserbringung verantwortlich und richten dafür Landesjugendämter und Jugend-

---

[104] Vergessen, was das ist? Dann aber hurtig zurück zu Kap. 7.4.1.

ämter ein. Diese Ämter sollen eng mit Arbeitsagenturen, Jugendgesundheitsbehörden, der Polizei sowie den Vormundschafts- und Jugendgerichten zusammenarbeiten. Die konkreten Leistungen werden meistens von Wohlfahrtsverbänden als freie Träger erbracht. Ihnen wird in vielen Bereichen sogar Vorrang eingeräumt, was mit dem Subsidiaritätsprinzip begründet wird.

Das allerdings ist eine sehr spezielle Interpretation des Prinzips, da es in erster Linie die *Durchführung*, aber nicht so sehr die Finanzierung betrifft. Verantwortung der kleinstmöglichen Einheit wird also speziell hinsichtlich der fachlichen, nicht vorrangig der finanziellen Seite relevant. Ganz stimmt das aber auch nun wieder nicht. Weil Wohlfahrtsverbände oder kleine Organisationen anders als der Staat *wahrgenommen* und eher einem System von gegenseitigen Pflichten und Rechten zugeordnet werden, ist es offensichtlich einfacher, Freiwilligenarbeit oder auch Spenden über diesen Weg zu akquirieren, was die Finanzierungsbasis verbessern helfen kann. Vielen wird es eher absurd erscheinen, für ein gewinnorientiertes Unternehmen ehrenamtlich, d.h. ohne Entlohnung, tätig zu sein als für einen nicht gewinnorientierten Verein. Und auch dem Staat wird weniger schnell etwas „geschenkt", wenn man ihn selbst für Leistungen in der Pflicht sieht. Auch hieran sieht man, dass die Koordinationsinstanzen mit ganz unterschiedlichen Motivationen, Verhaltensweisen und Einstellungen verknüpft sind. Ähnlich wird gemeinnützigen Organisationen auch eher sowohl auf Seiten der MitarbeiterInnen als auch der SpenderInnen die grundlegende ethische Orientierung geglaubt und danach gehandelt.[105] In gewisser Weise wird das für einige Bereiche der Sozialpolitik regelrecht strategisch ausgenutzt.

Die vielen Leistungen und Aufgaben der Kinder- und Jugendhilfe seien hier nur in groben Zügen aufgelistet, aber nicht vollständig und schon gar nicht im Detail beschrieben (andere Lehrbücher, auch Wikipedia, skizzieren es ausführlicher):

---

[105] Unter anderem sieht man die Differenz eindrucksvoll an den Zahlen der Beschäftigten. Ein Diakonievertreter wies anlässlich eines Vortrags an der EH Darmstadt am 28.3.2011 darauf hin, dass neben etwa 435000 Beschäftigten im Hauptamt ca. 400000 im Ehrenamt tätig sind. Interessant ist überdies, dass gerade wegen der unmittelbaren Verknüpfung der Koordinationsebenen der tertiäre Sektor allgemein, speziell der Bereich nicht-gewinnorientierter Unternehmungen, dadurch gekennzeichnet gesehen wird, dass es ein Neben- und Miteinander von Markt, Staat sowie gemeinschaftlicher und familiärer Arbeit gebe – also der Koordinationsmodi Markt, Zentralverwaltung und Tradition. Das trifft sicher auch für die anderen Arenen zu, aber bei den NPOs ist die Verwobenheit der Modi besonders spürbar, auch die starke interne Fokussierung innerhalb der Einrichtungen des Pflichtcharakters, um Freiwilligkeit, Verantwortungsgefühle und Gruppenorientierung in der Wahrnehmung zu unterstützen.

- Jugendarbeit, Jugendsozialarbeit, erzieherischer Kinder- und Jugendschutz,
- Familienförderung,
- Kindertagesbetreuung,
- Hilfen zur Erziehung,
- Eingliederungshilfe für seelisch behinderte Kinder und Jugendliche,
- Hilfen für junge Volljährige,
- Inobhutnahme und Herausnahme von Kindern aus Familien,
- Vormund- und Beistandschaft.

Daneben wird im SGB VIII u.a. geregelt, welche Behörde für die einzelnen Aufgaben zuständig ist, in welcher Form und in welchem Umfang die AnbieterInnen der Jugendhilfe Qualitätssicherung betreiben müssen sowie in welchem Verhältnis die Leistungen zu anderen sozialen Hilfen stehen, wann die Leistungen des KJHG also vor- oder nachrangig sind. Im SGB VIII wird nur ein gesetzlicher Rahmen bestimmt. Konkret ist es in speziellen Landesausführungsgesetzen formuliert. Von Bundesland zu Bundesland können sich die Bestimmungen und Möglichkeiten der Jugendhilfe somit innerhalb des bundeseinheitlichen Rahmens unterscheiden.

Spezielle Regeln gibt es noch für Kinder und Jugendliche aus Familien bzw. Lebensgemeinschaften mit geringem Einkommen. Gemeint sind in erster Linie Erziehende, die Anspruch auf Leistungen nach SGB II oder III haben oder die Wohngeld beziehen. Bei ihnen entstehen Ansprüche auf Leistungen des sogenannten Bildungs- und Teilhabepakets. In diesem Rahmen werden Geld- und Sachleistungen u.a. für Klassenfahrten für die Schulausstattung, für Nachhilfeunterricht und für die Teilhabe am sozialen und kulturellen Leben (Beitrag für den Sportverein, Theaterbesuch) auf Antrag gewährt. Dieses „Paket" ist schon von der Grundkonstruktion durchwoben mit multiplen Problemen asymmetrischer Informationen. FINIS SIEGLER (2012) zeigt gerade in diesem Zusammenhang die Ineffizienz und die ungelösten Steuerungsprobleme auf. Zu befürchten ist jedenfalls, dass die hochgesteckten Ziele des Bildungs- und Teilhabepakets durch seine spezielle Konstruktion zu Beantragung, Gutscheinen und deren Einlösung nicht annähernd erreicht werden können.

Kinder und Jugendliche nehmen überwiegend noch nicht am arbeitsteiligen Produktionsprozess teil, ältere Menschen nicht mehr. Beide Gruppen haben unter Umständen Unterstützungsbedarf, weil es weder in Traditionssystemen wie den Familien noch im Markt automatische Lösungen gibt. Die stärkere Marktdurchdringung vieler Bereiche hat allein schon die zeitlichen

Möglichkeiten beschränkt, sich der Erziehung von Kindern oder der Unterstützung Älterer zu widmen. Dazu kommt, dass mit dem Erwerbseinkommen die staatliche soziale Sicherung finanziert wird, also auch die finanziellen Möglichkeiten der Familien eingeschränkt sind, sowie dass deren Bereitschaft zur *zusätzlichen* umfassenden Unterstützung von Familienmitgliedern schwindet. Mehr und mehr wird es als gesellschaftliche Aufgabe gesehen, notwendige Unterstützung für Ältere zu gewähren und zu finanzieren. Die zunehmende Mobilität der Menschen im Zuge der Marktdurchdringung verstärkt es noch, dass Familien es nicht mehr leisten können, auch allen älteren Menschen ein partizipatives, würdevolles Leben zu ermöglichen.

Alte Menschen, so das Ziel der sogenannten Altenpolitik, sollen ein menschenwürdiges und wirtschaftlich abgesichertes Leben führen und dabei ihre Persönlichkeit in soziokultureller Hinsicht entfalten können. Die Altenhilfe greift dann, wenn dies im Rahmen der Mittel aus den Sozialversicherungen oder eigenen Mitteln der älteren (oder erwerbsgeminderten) Menschen nicht in hinreichendem Maße gelingt. Die einzelnen Maßnahmen sind an diesem allgemeinen Ziel ausgerichtet und versuchen, die spezifischen Lebensumstände älterer Menschen zu berücksichtigen.

Zur Altenhilfe zählt man erstens präventive Maßnahmen im Rahmen allgemeiner gesellschaftspolitischer Regelungen. Dazu gehören Bildungsangebote zur Vereinfachung des Übergangs in den Ruhestand, die Gesundheitsfürsorge oder Regelungen zur „Humanisierung" der Arbeitswelt. Zweitens sollen die finanziellen Einkommensgrundlagen im Alter gesichert werden. Falls Ansprüche an die Sozialversicherungen, speziell an die Rentenversicherung, nicht ausreichend sind, wird eine Grundsicherung im Alter alternativ bzw. ergänzend gewährt. Diese Grundsicherung darf man weder verwechseln mit den Leistungen an erwerbsfähige Hilfebedürftige (Arbeitslosengeld II oder umgangssprachlich HARTZ IV), die im SGB II geregelt sind, noch mit dem Sozialgeld (ebenfalls eine Regelung aus dem SGB II). Dass zukünftig immer mehr Menschen in den Bereich der Grundsicherung zu fallen drohen, hat u.a. die im Kapitel zur gesetzlichen Rentenversicherung angesprochenen Diskussionen um Rentenaufstockung oder eine Mindestrente für langjährig Versicherte vorangetrieben.

Die Grundsicherung ist eine eigenständige Sozialleistung und der Hilfe zum Lebensunterhalt vorrangig. Das Gesetz dazu ist im SGB XII verankert. Die Grundsicherung stellt eine steuerfinanzierte, bedarfsorientierte Basisleistung im Alter und bei Erwerbsminderung dar. Der grundlegende Bedarf für den Lebensunterhalt all der Menschen soll abgesichert werden, die – wie erwähnt – aus Altersgründen oder in Folge einer Erwerbsminderung aus dem Erwerbsleben ausgeschieden sind und deren Einkünfte für den notwendigen Lebensunterhalt nicht ausreichen. Wichtig ist dabei, dass im Gegensatz zu anderen existenzsichernden Leistungen des Staates die Einkommen naher Familienangehöriger nur in geringerem Maße herangezogen werden. Einige Ausnahmen gibt es wie so oft. So erhalten grundsätzlich Anspruchsberechtigte dann keine Leistungen, wenn die eigenen Eltern oder auch die eigenen Kinder mehr als 100000,- € Einkommen im Jahr erzielen. Auch wer die Bedürftigkeit in den letzten zehn Jahren vorsätzlich oder grob fahrlässig herbeigeführt haben sollte (wie das auch immer definiert werden mag), geht leer aus. Zudem wird nichts gezahlt an ausländische Staatsangehörige, sofern sie Leistungen nach dem Asylbewerberleistungsgesetz erhalten.

Anspruchsberechtigt sind Personen mit dauerhaftem Aufenthalt in Deutschland, die älter als 65 Jahre alt sind oder die das 18. Lebensjahr vollendet haben und voll erwerbsgemindert sind, sofern sie ihren Lebensunterhalt nicht selbst bestreiten können. Der tatsächliche Bezug einer Alters- oder Erwerbsminderungsrente ist nicht notwendig. Ob die Voraussetzungen für den Bezug von Grundsicherungsleistungen vorliegen, prüfen die Rentenversicherungen im Auftrage der zuständigen kommunalen Verwaltung.

Grundlage für die Höhe der Leistungen ist ein einheitlicher Regelsatz, der im Wesentlichen dem Regelsatz für die Hilfen zum Lebensunterhalt der Sozialhilfe entspricht. Regionale Unterschiede gibt es u.a. wegen des stark unterschiedlichen Mietniveaus in Deutschland. Zuschläge sind möglich für den Mehrbedarf stark gehbehinderter Menschen sowie für Kindererziehung oder besonders kostenintensive und unumgängliche besondere Ernährung. Schließlich werden seit 2005 in Sonderfällen auch Mietschulden als Grundsicherungsleistung übernommen.

Eigenes Einkommen – das betrifft so gut wie alle Einkommensquellen, sogar tatsächliche Unterhaltsleistungen selbst der Kinder mit relativ niedrigem eigenem Einkommen – und Vermögen wird angerechnet, da Grundsicherungsleistungen nur Bedürftige bekommen, die ihren Lebensunterhalt nicht oder nicht vollständig bestreiten können, und zwar entweder aus eigenem Einkommen und Vermögen oder aus dem Einkommen und Vermögen des nicht getrennt lebenden Ehegatten, der PartnerIn einer eheähnlichen Gemeinschaft oder der gleichgeschlechtlichen LebenspartnerIn, soweit es deren Eigenbedarf übersteigt.

Grundsicherung im Alter muss beantragt werden und wird auch erst ab Antragstellung gezahlt. Die Bewilligung der Leistung erfolgt in der Regel für ein Jahr. Danach muss ein neuer Antrag gestellt werden, und die Bedürftigkeit wird erneut ins Visier der Überprüfung genommen. Der unterstützte Personenkreis ist in den letzten Jahren deutlich größer geworden, damit auch das Ausgabenvolumen für die Transfers. Vor allem viele Frauen mussten Anträge stellen und erhalten Leistungen. Das hat insbesondere mit den unterdurchschnittlichen Verdiensten von Frauen, ihren Erwerbsverläufen und ihren häufigen und umfassenden Tätigkeiten im Koordinationssystem Familie zu tun. Das hat auch die Diskussionen um Ergänzungen der Altersrente hervorgebracht.

Um 2010 waren etwa 20% der Sozialhilfeausgaben Leistungen im Rahmen der Grundsicherung im Alter. Durch die Probleme, die bereits bei der Rentenversicherung angesprochen wurden, rechnet man mit zunehmender Altersarmut in den nächsten Jahren. Das hätte zur Folge, dass noch viel mehr Menschen diese Unterstützung benötigen werden, wenn es keine Reformen bei den Rentenzahlungen selbst oder ergänzenden Hilfen über Steuermittel gibt.

Der Vollständigkeit halber sei erwähnt, dass zur Altenpolitik drittens noch Maßnahmen zum Erhalt bzw. der Stärkung einer eigenständigen Lebensführung gehören (Wohnungsangebote, häusliche Dienste u.a.) und viertens Maßnahmen zur Integration (verbilligte Telefonanschlüsse, Besucher- und Bücherdienste, Altentagesstätten, Altenheime). Wenn die seit einigen Jahren verstärkt propagierte Maxime „ambulant vor stationär" tatsächlich konsequent umgesetzt wird und sich die Altenpolitik u.a. darum bemüht, selbständiges Wohnen zu unterstützen, dann können diese Bereiche im Zuge des demografischen Wandels deutlich an Gewicht gewinnen. Erste Anzeichen sieht man in Reformen der Pflegeversicherung. Nach dem Pflege-Neuausrichtungsgesetz werden inzwischen solche Wohn- und Lebensformen gefördert, die pflegebedürftigen Menschen ein Leben außerhalb traditioneller Pflegeheime erlaubt. Das wird für ältere Menschen insgesamt wichtiger, nicht nur für Pflegedürftige. Selbständiges Wohnen wird nur dann für viele möglich sein, wenn alternative Wohnformen, Servicezentren für ältere Menschen, Barrierefreiheit im öffentlichen Raum u.a.m. sinnvolle Unterstützung bieten können.

Wie für die sonstige Grundsicherung auch sind prinzipiell die Landkreise und kreisfreien Städte zuständig. Im Zuge der Reformen zu den HARTZ-IV-Sätzen und dem Bildungspaket für bedürftige Kinder – die den Kreisen und kreisfreien Städten zusätzliche finanzielle Lasten beschert haben – wurde es ausgehandelt, dass der Bund zukünftig die Finanzierung der Grundsicherung im Alter übernimmt. Allerdings sollte dafür wiederum der Zuschuss des Bundes an die Agentur für Arbeit gekürzt werden, was zur Befürchtung Anlass gab, dass deshalb wohl die Beitragssätze für die Arbeitslosenversicherung in absehbarer angehoben werden müssen. Wer finanziert in dem Fall also das neu ausgehandelte Paket? Die geneigte LeserIn mag es selbst überprüfen.

7.4.3.6 Familienpolitik

Nun wird es richtig kompliziert, und das sogar schon bei der reinen Darstellung. Verwunderlich ist es nicht. Der Großteil der sozialen Sicherung ist zentriert um marktvermittelte und um unternehmensintern koordinierte Arbeit. Leistungen im Rahmen der Familie und anderen Traditionssystemen waren lange Zeit nicht im speziellen Fokus.[106] Mittlerweile soll einerseits den speziellen Risiken dieser Koordinierungsform begegnet werden, andererseits soll das ganze Teilsystem „Familie" innerhalb der Gesellschaft auch noch vor der Erosion bewahrt werden. Als Ziel wird nämlich formuliert, dass Familien geschützt und gefördert werden sollen, u.a. wegen ihrer „unentbehrlichen" Funktion für die gesamte Gesellschaft und wegen der grundgesetzlich geschützten Lebensform (Art. 6 GG, ähnlich Art 16, Abschnitt 3, der Allgemeinen Erklärung der Menschenrechte).

Damit dies gelingt, muss man die vielfältigen Interdependenzen zu anderen Koordinationsmodi berücksichtigen. Die tatsächliche Familienpolitik wirkt ein bisschen wie ein Sammelsurium. Teilweise versucht man, familiäre Belange in der arbeitsmarktzentrierten sozialen Sicherung zu berücksichtigen, auch in der Steuerpolitik. Wir hatten schon Beispiele bei der Höhe des Arbeitslosengeldes, der Förderung der RIESTER-Rente oder der Zusatzbelastung Kinderloser in der Pflegeversicherung angesprochen. Daneben gibt es eine Vielzahl eigenständiger familienpolitischer Maßnahmen, die über Steuern finanziert werden. Deshalb haben wir es auch mit so verschiedenen Regeln wie Kindergeld, steuerlichem Kinderfreibetrag, Ehegattensplitting bei der Einkommensteuer, Gewährung von Erziehungsgeld, Regeln des Elternzeitgesetzes zum temporären Ausscheiden aus dem Erwerbsleben, Mutterschutzregeln für Arbeitnehmerinnen, Eigenheimförderung für junge Familien, Mitversicherung von Familienangehörigen in den Sozialversicherungen, Regeln

---

[106] Wie sich Partnerschaften bilden, wird in einfachen ökonomischen Suchmodellen analysiert. Nehmen wir an, dass die Studentin Anneliese in einer Zeitung eine Überschrift über einen „braun-grünen Zärtling" gelesen hat. Da sie sich selbst auch gern erdfarben kleidet, erscheint ihr ein solcher geradezu als Traummann. Zunächst sieht sie sich an ihrer Hochschule um. Niemand passt so recht auf diese Beschreibung. Also sucht sie weiter z.B. im Sportverein oder ihrer Praktikumsstelle. Wenn sich immer noch niemand findet, nimmt sie vielleicht sogar Kosten in Kauf, indem sie sich für sie selbst langweilige Volkshochschulkurse über die Geschichte des Traktorenbaus anmeldet, Partnerschaftsbörsen im Internet aufsucht etc. Erst wenn die zusätzlichen Kosten weiterer Suche den erwarteten zusätzlichen „Ertrag" einer noch besseren Passung eines Partners zum braungrünen Zärtling übersteigen, gibt sie sich zufrieden und entscheidet sich für einen Partner, der hoffentlich ähnlich entscheidet. Pech für Anneliese übrigens, dass sie den Artikel nicht komplett gelesen hat. Sie hätte dann nämlich erfahren, dass der braun-grüne Zärtling gar kein Männertyp ist, sondern Pilz des Jahres 2013 wurde.

für ArbeitnehmerInnen, deren Kinder erkranken, kostenlosen oder kostengünstigen Kinderbetreuungsangeboten u.v.a.m. zu tun.

Die Familienpolitik ist halt in ganz besonderem Maße davon betroffen, dass starke Verschränkungen von traditioneller und vor allem marktlicher Koordinierung gegeben sind und familienpolitische Unterstützung dadurch letztlich in *allen* Systemen vor erheblichen Schwierigkeiten steht bzw. in ihnen unterschiedlich wirkt. Einige Familienmitglieder sind in beiden Sphären tätig, z.T. in unterschiedlicher zeitlicher Intensität. Bei einer Hausfrau oder einem Hausmann findet die Tätigkeit zwar im Wesentlichen im Traditionssystem Familie statt, dennoch gibt es auch bei ihnen vielfache Berührungspunkte zu dem Marktsystem. Kinder und/oder Pflegebedürftige werden versorgt und erhalten in der Familie Leistungen, teilweise ergänzt durch staatliche und marktvermittelte Güter und Dienstleistungen. Durch die Familienpolitik wird u.a. beeinflusst, wie stark sich einzelne Familienmitglieder der Arbeit im Traditionssystem überhaupt widmen *können*, damit sie und die Familie umfassend gesellschaftlich teilhaben und in Würde leben können. Das hängt u.a. davon ab, welche Einkommen ihnen zur Verfügung stehen, welche Zeit für häusliche Aktivitäten angesichts des Wunsches oder der Notwendigkeit zur Erwerbstätigkeit noch eingeplant werden kann, um bestimmte Leistungen und Güter selbst zu erstellen und wie sie vor existenziellen Risiken z.B. bei Krankheit abgesichert werden. Wir werden nachfolgend sehen, dass es mit einem marktzentrierten sozialpolitischen System, vor allem einem sehr arbeitsmarktorientierten und einem vom Erwerbsbereich selbst abgesehen nicht völlig de-kommodifizierenden, kaum *möglich* ist, auch für die im Traditionssystem überwiegend Tätigen eine befriedigende Absicherung zu bieten. Durch die Versuche, dies mit dem gegebenen marktbezogenen Versicherungssystem doch zu leisten, stellt man gleichsam die Absicherung von Marktrisiken vor erhebliche zusätzliche Probleme. Nur ein Beispiel für die Verwobenheiten: Ende 2012 schlug die SPD – mehr in einer Art Gedankenexperiment – vor, dass junge Väter und Mütter zwischen 25 und 40 Jahren eine staatlich bezuschusste 30-Stunden-Woche für zwei bis drei Jahre nach der Elternzeit im Erwerbsbereich beanspruchen können sollten. ArbeitsmarktpolitikerInnen und auch die HaushaltsexpertInnen der Gebietskörperschaften (vor allem natürlich die aus anderen Parteien) protestierten sogleich heftig und argumentierten, dass das erstens schwerwiegende Probleme für die wirtschaftliche Entwicklung und den Arbeitsmarkt selbst verursache und zweitens die öffentlichen Kassen völlig überfordere. Tenor: Deutschland könne sich das gar nicht leisten. Im Rahmen unseres Sozialversicherungssystems ist diese Kritik zumindest nicht von vornherein von der Hand zu weisen.

Beginnen wir nun aber mit einigen grundsätzlichen Überlegungen. Zunächst plagt uns mal wieder eine Definitionsfrage. Wen genau meint man denn, wenn man von Familie spricht? In einem sehr konservativen, traditionellen Verständnis könnten Ehepaare mit ihren (minderjährigen) Kindern gemeint sein. Wenn man gesellschaftliche Realitäten akzeptiert, könnte man auch *alle* partnerschaftlichen Gemeinschaften meinen – entweder wirklich alle von einem Paar jeglichen Zuschnitts (Arndt (24) und Babsie (24), Cord (55) und Dankward (58), Else (40) und Flavia (28), Guido (79) mit Sohn Heino (47)) bis hin zur großen Wohngemeinschaft. Oder man meint eingeschränkt nur Mehrgenerationenhaushalte oder noch enger nur Lebensgemeinschaften mit Kindern. Wenn man gar von *allen* Haushalten als Familien spräche, wären sogar Singles eine – wirklich ziemlich spezielle – Einpersonenfamilie. Soweit geht man normalerweise nicht, aber es ist nach wie vor nicht ganz einheitlich, welcher Personenkreis genau mit dem Begriff der Familie gemeint ist. Überwiegend werden heutzutage Lebensgemeinschaften mit Kindern als Familie gesehen. Einen vollständigen Konsens gibt es aber nach wie vor nicht, was z.B. die Diskussion auf dem CDU-Parteitag 2012 deutlich machte. Dort wurde es höchst unterschiedlich gesehen, ob das steuerliche Ehegattensplitting auch für gleichgeschlechtliche Paare angewendet werden sollte oder nicht. Gerade durch die zunehmende Alterung der Gesellschaft und durch steigenden Pflegebedarf wird seit einiger Zeit deutlicher auf den allgemeinen Mehrgenerationenaspekt abgehoben. Verwirrend ist allerdings, dass in verschiedenen familienpolitischen Programmen kein einheitlicher Familienbegriff verwendet zu werden scheint, denn z.T. sind nur Ehepaare anspruchsberechtigt, z.T. Ehepaare mit Kindern, z.T. alle Eltern.

Der Familienpolitik wird zwar eine bestimmte unmittelbare Zielsetzung zugeordnet, aber die Formulierung ist vage. Die anfangs genannten Ziele Förderung und Schutz der Familie klingen nett und nachvollziehbar, sind aber sehr inhaltsoffen. Als politische Leitlinie heißt es im zuständigen Ministerium, dass *Rahmenbedingungen für Lebensläufe geschaffen werden sollen, in denen Familie und Familienentwicklung nachhaltig gelebt werden können*. Das klingt immer noch nicht gerade sonderlich präzise, deutet immerhin zumindest etwas deutlicher an, dass es um den Bestand einer nicht marktförmigen Arbeits- und Lebensweise geht. Was aber bedeutet es genau, „Familie zu leben"? Und was steckt dahinter, dass das auch noch „nachhaltig" möglich sein soll? Es wird auch nicht deutlicher, wenn wir erstens beachten, dass die Familienpolitik sowohl zur Bevölkerungs- als auch der Sozialpolitik zugerechnet wird und sich die Ziele beider Bereiche teilweise widersprechen. Zweitens darf nicht übersehen werden, dass sich zwei partiell fast schon unversöhnlich gegeneinanderstehende Prinzipien der Familienpolitik ausmachen lassen, die beide sozialpolitisch gerechtfertigt werden.

Beim ersten Prinzip dominieren Aspekte der Bedarfsgerechtigkeit sowie der Sicherung des Lebensstandards von Familien, zumindest der ärmeren

Familien. Finanzielle Belastungen von Eltern sollen kompensiert werden, die durch die Geburt und die Erziehung von Kindern entstehen. Auch die Betreuung nicht-leiblicher Kinder in Familien soll keine zu hohen finanziellen Einbußen mit sich bringen. Das dahinter stehende Prinzip bezeichnet man auch als *Familienlastenausgleich*.

Finanzielle Belastungen entstehen erstens durch Ausgaben für Kinder: Vergrößert sich die Familie, gibt es u.U. größeren Wohnbedarf, d.h., evtl. muss eine höhere Miete für eine größere Wohnung in Kauf genommen werden. Dazu kommen Ausgaben für Ernährung, Kleidung, Hygienebedarf, externe Betreuung der Kinder, Ausgaben für Erziehung, Bildung, Spiel, Sport, Kultur etc. Den größten Anteil an der „Familienlast" nimmt zweitens jedoch entgangenes Einkommen ein. Entscheidet sich z.B. ein Elternteil, von der Koordinierungsinstanz Markt bzw. Unternehmung komplett in den Haushaltsbereich zu wechseln, um sich um die Erziehung von Kindern, die Pflege von Angehörigen o.ä. zu kümmern, fällt das Einkommen aus der arbeitsmarktvermittelten Tätigkeit weg.

Einen kompletten Ersatz des entgangenen Einkommens durch selbst erstellte Leistungen zu schaffen, fällt schwer, da für die Haushaltsleistungen z.B. auch „Vorprodukte" aus der Marktsphäre erworben werden müssen. Haushalte sind i.d.R. keine reinen Selbstversorger. In welchen Familien wird noch Gemüse selbst angebaut, Obst eingeweckt, werden Kleidungsstücke selbst genäht oder gestrickt, Möbel selbst gebaut oder Nutztierhaltung betrieben? Selbst das Kochen scheint auf dem Rückzug zu sein, abgesehen von der Hobby-Kocherei auf hohem Niveau. Mittlerweile fehlen den meisten zu all diesen Aktivitäten nicht nur die Kompetenzen, sondern eventuell auch die zeitlichen Möglichkeiten. Räumliche und technische Voraussetzungen sind z.T. ebenfalls nicht gegeben. Zudem müssen ja auch die zusätzlichen Betreuungsleistungen in der Familie erbracht werden. Dies bindet Zeit zur Genüge.

Das alles darf nicht missverstanden werden. Leistungen, die innerhalb von Haushalten in dem Traditionssystem gegenseitiger Rechte und Pflichten erbracht werden, haben natürlich nach wie vor einen erheblichen Wert. Wenn das nicht so wäre, könnte in den Familien die Entscheidung für eine Tätigkeit innerhalb dieses Systems auch kaum getroffen werden. Die Gesellschaft profitiert ebenfalls, z.B. durch externe Effekte der Erziehung. Ob die Gesellschaft diese Tätigkeiten als äquivalent zu einer Tätigkeit mit monetärem Einkommen wertschätzt, ist allerdings eine ganz andere Frage. Wie auch immer: Teile des monetären Einkommens gehen den Familien verloren, wenn sich Elternteile entschließen, ganz oder teilweise ihre Arbeit in den Familienbereich zu verlagern. Die Einkommensverluste sind die *Opportunitätskosten* der Betreuung, und diese Kosten machen häufig den größten Teil der Belastungen von Familien aus.

Auch wenn die Opportunitätskosten von Familien größer sind, die im Rahmen ihrer beruflichen Tätigkeit über höhere Einkommen verfügt haben, wird bei dem Prinzip des Familienlastenausgleichs meistens nicht davon ausgegangen, es müssten *sämtliche* finanziellen Nachteile ausgeglichen werden. Denn erstens gibt es ja nun tatsächlich neue Werte durch die häusliche Tätigkeit selbst, natürlich auch durch die Freude am Nachwuchs. Zweitens wird nach dem Subsidiaritätsprinzip die Eigenverantwortung der Eltern eingefordert, und drittens gilt der Blick vorrangig den Familien, denen die finanziellen Lasten Probleme bereiten, nach wie vor in Würde am üblichen gesellschaftlichen Leben teilhaben zu können. Das hat zumindest tendenziell die Folge, dass einkommensschwache Familien in besonderer Weise unterstützt werden, wohlhabendere Eltern wegen ihrer prinzipiellen Verantwortungsfähigkeit und der „freien" Kinderentscheidung weniger im Rahmen des Lastenausgleichs durch die Gesellschaft erhalten sollten. Wenn man die entgangenen Einkommen als Opportunitätskosten in den Vordergrund stellt, dann sind diese Kosten für die GutverdienerInnen allerdings höher, so dass u.U. auch gefolgert werden kann, reiche Familien bräuchten einen höheren Lastenausgleich.

Die positiven externen Effekte, die Familienmitglieder durch ihre Arbeit im häuslichen Bereich für die Gesellschaft erbringen, führen zu einem ganz anderen familienpolitischen Prinzip. Mit dem zweiten bedeutsamen Prinzip des *Familienleistungsausgleichs* sollen Familien dafür Mittel erhalten, dass sie durch die Entscheidung für Kinder und ihr Engagement für die Familienmitglieder Positives für die gesamte Gesellschaft leisten. Sofern den Eltern und Kindern durch Erziehung, Betreuung, Pflege etc. private „Vorteile" entstehen, wird kein Bedarf für staatliche Förderung ausgemacht, wohl aber hinsichtlich all der Vorteile, die der Gemeinschaft entstehen, wenn etwa Kinder an die gesellschaftlichen Normen herangeführt werden und sich zwanglos in das Gemeinschaftsgefüge einpassen, wenn sie Normen wie Ehrlichkeit oder Gewaltverzicht akzeptieren und sich danach richten, wenn sie letztlich zu verantwortungsbewussten MitbürgerInnen für sich selbst und ihr Umfeld reifen. Familien sollen anteilig Kompensationen für diese erzieherischen und betreuerischen Leistungen erhalten, die der gesamten Bevölkerung und dem gesellschaftlichen Miteinander dienen. Das kann durchaus zu völlig anderen Vorstellungen als nach dem Familienlastenausgleich führen. Wenn etwa wohlhabende Eltern mehr für die Erziehung und Bildung ihrer Kinder tun (können), indem sie die lieben Kleinen in private internationale Kindergärten oder Schulen schicken, Ballett-, Musik-, Reitstunden ihren Kindern gönnen u.a., dann ist es ja zumindest denkbar, dass dies verstärkt auch den gesellschaftlichen Sozialisationsinteressen dient. Dann aber müsste den reichen

Familien tatsächlich *mehr* Unterstützung gewährt werden als ärmeren Familien.

Und zu all dem gibt es noch bevölkerungspolitische Ziele. Vor allem soll die Geburtenrate positiv beeinflusst werden, wenn – wie in Deutschland – eine ungünstige demografische Entwicklung mit einer Überalterung der Gesellschaft „droht".[107] Es ist gar nicht erstaunlich, dass die verschiedenen Ziele und Prinzipien zu uneinheitlichen Einzelmaßnahmen und gesetzlichen Regelungen geführt haben. Schauen wir sie uns etwas detaillierter an und sortieren erst einmal:

Die besondere Bedeutung der Familienpolitik wird daran festgemacht, dass gleich mehrere Grundgesetzartikel unmittelbar Ziele definieren. Im Artikel 6 des Grundgesetzes (GG) ist bekanntlich der Schutz der Familie als Recht verankert. Ehe und Familie werden unter den besonderen Schutz der staatlichen Ordnung gestellt. Auch Artikel 1 des GG ist relevant. Dabei geht es um den Schutz der Menschenwürde und die freie Entfaltung der Persönlichkeit. Das spielt natürlich nicht allein für die Familienpolitik, sondern für die gesamte soziale Sicherung eine Rolle, ebenso wie die Sozialstaatsklausel der Artikel 20 und 28 GG. Bei der Fülle konkreter und relevanter Instrumente der Familienpolitik kann man nach Zuständigkeit unterscheiden:

A. *Bundeszuständigkeit*

1. Regelung der Rechtsbeziehungen zwischen Familienmitgliedern (Ehe-, Familien-, Unterhalts-, Jugend-, Mutterschutzrecht)

2. Besteuerungsgrundsätze, Ehegatten- und Familiensplitting

3. Kindergeld und Kinderfreibetrag

4. Elterngeld / Erziehungsgeld

5. Elternzeit

6. BAföG

7. Sozialversicherungsregelungen für Familienangehörige

---

[107] Diese häufig benutzte Begrifflichkeit sollte man nicht kritiklos nutzen. Überalterung, gar Vergreisung sind als Begriffe sehr negativ konnotiert. Eigentlich ist es doch sehr schön, wenn die Menschen im Durchschnitt länger leben und hoffentlich auch mehr Lebensjahre weitgehend gesund und vital sind. Demografische Veränderungen sollte man nicht als Problem an sich kennzeichnen. Die Sozialpolitik ist allerdings gefordert, wenn die aktuellen Regelungen nur zu einem bestimmten demografischen Muster passen und sich dieses Muster verändert. Genauso könnte man in der Kennzeichnungslogik die Sozialpolitik selbst zum Problemfall abstempeln, was aber ebenso unpassend wäre.

B. Länder- und Gemeindezuständigkeit

1. Begrüßungsgeld für Neugeborene
2. Kindergärten, Kinderbetreuung
3. Schulen und weiterbildende Institutionen
4. Sportanlagen und Spielplätze

Einige Regelungen haben wir schon im Zusammenhang mit den Sozialversicherungen oder der Jugendpolitik kennengelernt. Schauen wir zumindest auf einige weitere ausgewählte und besonders wichtige Instrumente der Familienpolitik.

Besteuerungsregeln

Als erstes – für manche vielleicht etwas verblüffend – wird ein Bereich angesprochen, bei dem gerade etwas *nicht* im Vergleich zu anderen Koordinierungsinstanzen gemacht wird und der bei der Darstellung familienpolitischer Regelungen auch gern übersehen wird. Es geht nicht um die Gewährung von Unterstützung, sondern um den *Verzicht* auf Forderungen des Staates an die BürgerInnen. Was mag das genau sein?

Nun, es betrifft, wie an der Zwischenüberschrift schon zu erkennen, die Besteuerung. Diese setzt an der Produktion und dem Einkommen an. In Kontenschreibweise erhält man für die *marktvermittelte und die staatlich organisierte Güterproduktion* eines Landes folgendes Bild, wobei die Gütermengen sowohl von Konsum- als auch Investitionsgütern jeweils entweder mit ihren Marktpreisen bewertet werden oder mit den Kosten, die dem Staat bei der Erstellung seiner Leistungen entstehen. Das ist zugegebenermaßen etwas ungenau, da man noch einige Bereinigungen vornimmt, um das Nettoinlandsprodukt zu Faktorkosten zu ermitteln, das auch als Volkseinkommen bezeichnet wird.

Nettoinlandsprodukt	
Summe aller Einkommen	Wert der Konsumgüter + Wert der Investitionsgüter (netto) + Staatsausgaben + Exporte minus Importe
= **Nettoinlandsprodukt** = **Volkseinkommen**	= **Nettoinlandsprodukt** = **Volkseinkommen**

Die Besteuerung setzt in Deutschland allein an den Gütern an, die über Märkte organisiert hergestellt und verteilt werden sowie an Einkommen, die der Staat seinen BeamtInnen und Angestellten zahlt. Für Marktgüter muss man z.b. Mehrwertsteuer, teilweise auch spezielle Mengen- oder Umsatzsteuern entrichten etc. Außerdem werden alle Einkommen besteuert, die im Rahmen des Herstellungsprozesses dieser Bereiche entstehen (linke „Spiegel"-Seite des skizzierten gesamtwirtschaftlichen Produktionskontos).

Diese Einkommen bestehen aus Löhnen, Gehältern, Mieten, Zinsen, Dividenden und ausgeschütteten Gewinnen. Im Inlandsprodukt gar nicht erfasst, aber auch nicht besteuert, werden hingegen alle Leistungen, die sich Haushalte selbst erstellen. Sie werden überwiegend – bis auf kleine Ausnahmen bei selbstgenutzten Immobilien – nicht als geldwerte Leistung in der Einkommensteuer erfasst. Das begünstigt traditionelle Arbeit in Familien in besonderem Maße. Kleine Nebenbemerkung: Da diese Leistungen im Inlandsprodukt nicht berücksichtigt werden, wird der wirtschaftliche Wohlstand eines Landes systematisch zu niedrig ausgewiesen. Ganz problematisch sind Wachstumsraten. Es ist denkbar, dass im Zuge der zunehmenden Marktdurchdringung immer mehr über Märkte mit dem Medium Geld vermittelt wird und immer weniger im Haushalt selbst entsteht. Im Extremfall kann die Summe der Güter und Dienstleistungen gleich bleiben. Wachstum des Inlandsprodukts wird allein deshalb ausgewiesen, weil nur die marktvermittelten Herstellungsprozesse „zählen", die innerhalb der Haushalte aber nicht.

Doch zurück zur Steuer. Nehmen wir mal an, Anouschka (A) und Bjarne (B) wohnen mit ihren jeweiligen Familien nebeneinander in zwei schmucken Reihenhäusern und arbeiten beide als Hausfrau bzw. Hausmann. Anouschka lebt mit drei leiblichen Kindern aus erster Ehe und neuerdings auch mit Clementine (C) in einer eingetragenen Lebenspartnerschaft zusammen. Clementine hat als selbständige Obsthändlerin ein durchschnittliches monatliches Einkommen von 4000,- €. Bjarne lebt mit Gattin Dahlia (D) und den gemeinsamen drei Kindern zusammen. Dahlia verdient als Chefdisponentin eines international tätigen Blumengroßhandels ebenso 4000,- €. A und B kaufen für ihre Familien ein, kochen, putzen, betreuen ihre Kinder, waschen die Wäsche, leisten also die typischen im Haushalt anfallenden Arbeiten. Dazu könnten noch Pflegeleistungen u.v.a. kommen. Die Produkte oder Dienstleistungen entstehen, werden aber nicht besteuert.

Da sowohl A als B in den eigenen vier Wänden die Decke auf den Kopf fällt und sie beide auch an der mangelnden gesellschaftlichen Anerkennung leiden, kommen sie beim gemeinsamen Warten auf ihre Kinder vor der Musikschule auf eine zündende Idee. Sie schließen gegenseitig Arbeitsverträge ab. Anouschka kümmert sich umfassend um Bjarnes Haushalt, Bjarne um Anouschkas. Dafür zahlen sie sich gegenseitig 3000,- € Gehalt pro Monat.

Geld braucht eigentlich gar nicht wirklich zu fließen, weil es ja um identische Summen geht. Nun machen die beiden genau dasselbe wie zuvor. Es entstehen natürlich auch die identischen Güter und Dienstleistungen. Mittags stehen schmackhafte Essen auf dem Tisch, Wohnung und Wäsche sind sauber, und die Kinder werden bestens versorgt, herumkutschiert, betreut und gebildet. Machen A und B es selbst für ihre Familien, wird keine Steuer fällig. Stellen sie sich gegenseitig mit einem offiziellen Arbeitsvertrag ein, muss Einkommensteuer gezahlt werden, und auch die Sozialversicherungen verlangen kräftig Beiträge von beiden. Somit wird es auch nicht unbedingt so sein, dass die Geldzahlungen netto tatsächlich an beide gleich sind. Die Höhe der Steuer richtet sich je nach Veranlagungsart und rechtlicher Möglichkeiten z.B. auch nach den Einkünften der EhepartnerInnen. Hier haben die PartnerInnen C und D ja ein identisch hohes Einkommen.

Ganz ähnlich wirkte es übrigens, wenn sich Anouschka entschlösse, eine Arbeitsstelle in einer Unternehmung anzunehmen. Weil sie und Clementine – die weiterhin ihren Obstladen betreibt – gemeinsam dann insgesamt weniger Zeit für familiäre Aufgaben haben, gehen sie mit der ganzen Familie oft ins Restaurant oder nutzen Fertiggerichte, geben die Wäsche zur Säuberung und zum Bügeln in Reinigungen und engagieren eine Putzhilfe sowie jemanden für die Kinderbetreuung. Immer noch haben wir dieselben Leistungen: Alle werden satt, es schmeckt (hoffentlich), die Wäsche und die Wohnung sind sauber und die Kinder gut betreut. Doch jetzt zahlt Anouschka Steuer aus ihrer Erwerbstätigkeit und muss Sozialversicherungsabgaben leisten. Auch die Köche im Restaurant, die Angestellten in der Wäscherei, die Putzhilfe sowie die BetreuerIn der Kinder werden zur Finanzierung staatlicher Aufgaben zur Kasse gebeten. Das gilt auch für die BesitzerInnen der Restaurants oder Wäschereien – die allerdings nicht immer in die Sozialversicherungen einzahlen müssen. Und es wird Mehrwertsteuer für einige der Leistungen fällig. Die Selbstproduktion innerhalb des Traditionssystems Familie wird damit massiv steuerlich begünstigt.

Man vergisst gern, dass die Einkommen nur ein Spiegelbild der Produktion sind. Wegen der großen Marktdurchdringung werden sie im Normalfall in Geld ausgezahlt bzw. überwiesen. Das Einkommen kann aber auch in den hergestellten Gütern selbst gebunden sein, wenn der Tausch gar nicht mit dem Medium Geld abgewickelt wird wie in den Traditionssystemen. Das stellt gewissermaßen einen Naturallohn für das dar, was man geleistet hat. Die Nicht-Besteuerung der Eigenleistungen für sich und für Familienmitglieder ist ein entscheidender Vorteil für Familien. Es gibt sogar vereinzelt die

Meinung, sie sei hauptverantwortlich dafür, dass es überhaupt noch Familien im traditionellen Sinne der Koordinierung in Marktwirtschaften gibt.[108]

Ehegattensplitting

Bei der Besteuerung gibt es in Deutschland eine weitere Besonderheit: das Ehegattensplitting. Das Prinzip dazu wurde schon in Preußen 1891 erstmalig für die Steuerfestlegung verwendet. Hierzulande können sich Ehepaare dazu entschließen, bei der Einkommensteuer gemeinsam veranlagt zu werden. Um die Gesamtsteuer zu ermitteln, gibt es folgendes Verfahren. Im ersten Schritt wird das zu versteuernde Einkommen beider EhepartnerInnen ermittelt, zusammengezählt, dann halbiert und jeweils eine Hälfte den beiden EhepartnerInnen fiktiv zugeordnet. Das ist das Splitting. Der Begriff steht also nicht etwa für Scheidung, was einmal eine meiner StudentInnen vermutete.

Für jeweils diese Hälfte des gesamten zu versteuernden Einkommens wird die fällige Steuer nach dem geltenden Einkommensteuertarif berechnet. Dann wird dieser Steuerbetrag wiederum verdoppelt, und man hat damit dann den jährlich fälligen Steuerbetrag für beide zusammen bestimmt. Die vorherige Einteilung in Lohnsteuerklassen dient allein dem Zweck, nicht zu große monatliche Über- oder Unterzahlungen an Steuern zu bekommen, die dann nach der Einkommensteuererklärung wieder vom Finanzamt rückerstattet werden müssen oder große Nachforderungen an das Ehepaar verursachen.

Das zu versteuernde Einkommen eines Ehepaares wird beim Splittingverfahren mit dem gleichen Steuersatz belastet, wie das halb so hohe Einkommen einer/s Unverheirateten. So betrug beispielsweise im Einkommensteuertarif 2010 der effektive Steuersatz eines Ehepaares mit einem gemeinsamen zu versteuernden Einkommen von 48000,- € etwa 16%. Ein/e Alleinstehende/r mit einem Einkommen in Höhe von 24000,- € hat genau denselben gleichen Steuersatz.

Eine Splitting*wirkung* zu Gunsten eines Ehepaares gegenüber zwei Singles tritt nur ein, wenn zwischen den beiden eine Einkommensdifferenz besteht. Je mehr sich die Verdienste unterscheiden, desto mehr profitiert das Paar. Durch das Splittingverfahren werden Ehepaare mit unterschiedlicher Verteilung der Einkünfte gleichbehandelt. Es spielt keine Rolle, ob eine PartnerIn allein 60000,- € verdient, beide je 30000,- € oder irgendeine andere Aufteilung zu einem Gesamteinkommen von den 60000,- € führt. Bezieht *jede* EhepartnerIn ein Einkommen oberhalb der Progressionszone, hat der Splittingtarif

---

[108] Es soll an dieser Stelle nicht darüber diskutiert werden, wie man prinzipiell das Veranlagungsproblem einer potentiellen Einkommensteuer für selbst erstellte Leistungen lösen könnte.

keine entlastende Wirkung. Dies gilt bislang grundsätzlich auch für zusammenlebende unverheiratete Personen, auf die der Splittingtarif gar nicht angewendet wird.

Schauen wir auf ein Beispiel. Ayshe und Blasius sind verheiratet. Beide gehören der katholischen Kirche an, Blasius schon immer und Ayshe nach ihrer Konversionsentscheidung seit fünf Jahren. Beide sind erwerbstätig und verdienen jeweils 36000,- € im Jahr. Das soll im Beispiel bereits das steuerpflichtige Einkommen sein, der Bruttolohn auf ihrem Gehaltszettel ist höher. Nach dem Einkommensteuertarif von 2011 (vgl. http://www.grundtabelle.de/Grundtabelle-2011.pdf) wurden diese Einkommen jeweils im Durchschnitt mit 21% durch die reine Einkommensteuer belastet (7599,00 € nach der Einkommensteuertabelle).[109] Die Einkommensteuer hat einen progressiven Verlauf, d.h., hohe Einkommen werden zu einem höheren Prozentsatz als niedrige Einkommen besteuert. Bei einem Grenzsteuersatz, also dem Satz für den letzten verdienten Euro, von hier 34% hieße das: Jede kleine Gehaltserhöhung führte dazu, dass davon mindestens 34% an den Staat gehen. 10,- € mehr Lohn bedeuten 3,40 € mehr Einkommensteuer. Rechnet man im konkreten Fall unseres Ehepaares den Solidaritätszuschlag und die Kirchensteuer zur reinen Einkommensteuer dazu, steigt der durchschnittliche Steuersatz auf 22%, und der Grenzsteuersatz erhöht sich auf 36%. Beide zahlen zum Schluss jeweils 8003,12 € Steuern, zusammen also 16006,24 €. Splitting ändert daran nichts. Netto haben die beiden zum Schluss jeweils 27996,88 € zur Verfügung. Unser Ehepaar lebt mit einem Gesamtnettoeinkommen nach der Steuer von 55993,76 € sicherlich komfortabel, muss aber auch recht ordentlich Steuern zahlen. Sozialversicherungsbeiträge werden natürlich auch noch fällig.

Nun nehmen wir mal an – alle Vorurteile hervorgeholt – dass Blasius die Leitung einer großen Abteilung in einem anderen Unternehmen angeboten bekommt. Dieses Unternehmen hat seinen Sitz in einer anderen Stadt. Die Tätigkeit wäre sehr verantwortungsvoll und auch zeitraubend. Da Ayshe dort keine alternative Beschäftigung finden kann und die beiden keine Fernbezie-

---

[109] Ganz einheitlich sind die Angaben verschiedener Quellen erstaunlicherweise nicht. Bei der Tabelle des Finanzministeriums scheint „günstig" gerundet worden zu werden. Außerdem wird manchmal mit, manchmal ohne Solidarbeitrag und Kirchensteuer gerechnet. Zumindest weisen SteuerberaterInnen auf ihren Internetseiten teilweise etwas abweichende Durchschnitts- und Grenzbelastungen aus. Von daher ist mit dem Beispiel etwas leicht Fiktives verbunden. Zumindest wird nicht der Anspruch erhoben, die Cent-Beträge und die Kommazahlen der Grenz- und Durchschnittssteuersätze „finanzamtskorrekt" anzugeben. Das Beispiel soll nur die Wirkung des Splittings demonstrieren. Für 2013 hätten wir etwas andere Zahlen erhalten, da es Änderungen bei Grundfreibetrag und anderem gegeben hat. Da es nur um das Prinzip geht, können wir getrost mit leicht veralteten Rechengrößen hantieren.

hung möchten, überlegt A, ihre Aktivitäten komplett in den familiären Bereich zu verlegen. B würde nun 52700,- € im Jahr verdienen. Müsste er das komplett allein versteuern, betrüge seine Einkommensteuer mit Solidaritätszuschlag und Kirchensteuer nach den Regeln aus dem Jahr 2011 14690,43 €. Dann wäre sein Durchschnittssteuersatz 28%, der Grenzsteuersatz 44%. So richtig attraktiv scheint den beiden das Angebot unter diesen Bedingungen dann doch nicht, wenn Ayshe tatsächlich nunmehr Hausfrau wird. Das gemeinsame Einkommen ist deutlich kleiner geworden, und es müssen dennoch ziemlich hohe Steuern gezahlt werden.

Beim Splittingverfahren wird nun aber das zu versteuernde Einkommen geteilt. Ayshe und Blasius verdienen jetzt „steuer-fiktiv" jeweils 26350,- € im Jahr. Dieses Einkommen ist mit einem Durchschnittssteuersatz von 17% und einem Grenzsteuersatz von 30% verknüpft. Die so berechnete Steuer müssen beide jeweils zahlen. Es gibt noch ein paar Besonderheiten zu beachten, die hier aber nicht so wichtig sind. Laut Splittingtabelle (vgl. http://www.steuer schroeder.de/splittingtabelle.htm) zahlen die beiden gemeinsam 10316,45 € Steuern im Jahr. Gegenüber der Individualbesteuerung von Blasius sparen sie demnach über 4300,- € pro Jahr an Steuern. Das sieht schon viel besser aus, als wenn Blasius sein komplettes Einkommen allein zugerechnet bekäme und versteuern müsste. Und jetzt ist die Entscheidung pro Einverdienerhaushalt etwas attraktiver, zumal Ayshe nun auch „kostenlos" Mitglied der Sozialversicherungen ist und z.B. die Leistungen des Gesundheitssystems ohne eigene Beiträge in Anspruch nehmen kann. Zwar ist das gesamte Einkommen geringer als im Fall doppelter Einkommen von je 36000,- €, aber erstens sinkt jetzt die Steuerbelastung deutlich im Vergleich zur Alleinanrechnung des Einkommens, und zweitens überlegen die beiden, was sie an zusätzlicher Zeit gewinnen und welche Leistungen sie jetzt selbst im Haushalt erstellen können im Vergleich zur Erwerbstätigkeit beider.

Die Splittingvorteile sind umso größer, je größer die Einkommensdifferenzen eines Ehepaares sind. Hier verdient Ayshe jetzt gar nichts mehr über die Erwerbstätigkeit und Blasius hat ein hohes Einkommen. Dann schlägt Splitting maximal zu Buche. Deshalb weisen besonders die KritikerInnen des Verfahrens darauf hin, dass Ehegattensplitting massiv traditionelle Ehen des „Ernährermodells" mit nur einem Erwerbseinkommen stützt. Und Ernährer ohne „-Innen" deutet an, dass diese Rolle wohl meistens die Männer einnehmen und die Frauen die häuslichen Arbeiten durchführen.

Den Splittingvorteil kann man sich wie folgt etwas allgemeiner als nur an einem Beispiel erklären: Durch das Verfahren wird zweimal der Vorteil gewährt, dass nicht das gesamte Einkommen zum Spitzensteuersatz besteuert wird, sondern dass ein Teil des Einkommens einem niedrigeren (Grenz-) Steuersatz unterliegt. Dieser Vorteil ist gerade so groß, wie der jeweilige

(Grenz-)Steuersatz für Einkommensanteile unter dem Eckwert des maximalen Steuersatzes liegt. Daraus ergibt sich, dass der Splittingvorteil unmittelbar mit dem Verlauf des Steuertarifs verbunden ist (vgl. dazu und dem Folgenden auch Wikipedia zu dem Stichwort „Ehegattensplitting").

2010 betrug der maximale Splittingvorteil 15694,- €. Dazu musste allerdings die AlleinverdienerIn ein „Fabeleinkommen" von 501462,- € im Jahr erzielt haben. Der maximale Vorteil wird dann größer, wenn die Progression im Einkommensteuertarif zunimmt. Gibt es also eine „Reichensteuer" bzw. wird sie erhöht z.B. mit Grenzsteuersätzen bis zu vielleicht 60% (politische Vorstellungen ab dem Jahr 2011 z.B. der SPD reichen etwa bis an diese Grenze), dann werden die Splittingvorteile sehr hoch.

Die Besonderheiten beim Tod einer EhepartnerIn, bei Wiederverheiratung nach einer Scheidung und hinsichtlich des Kindesunterhaltes seien hier nicht im Detail diskutiert. Teilweise sind die Regelungen dazu auch immer noch juristisch umstritten.

In einigen anderen Ländern wird das Splittingsystem auf weitere unterhaltsberechtigte Familienmitglieder, etwa in Frankreich auf Kinder, ausgedehnt. Das nennt man dann Familiensplitting. Auch für Deutschland machen sich einige politische Gruppierungen dafür stark. Unter anderem forderte es Ministerin VON DER LEYEN auf dem Bundesparteitag der CDU im Dezember 2012. BefürworterInnen begründen ihre Position häufig mit dem Prinzip des Familienlastenausgleichs und der Förderung von Kindern. Lastenausgleich ist aber etwas heikel, da die größten Vorteile von Splittingverfahren bei sehr hohen Einkommen entstehen. Der Familienleistungsausgleich passt womöglich sogar besser zu dieser Forderung. Die Gerechtigkeitsfrage ist bei dem Verfahren schwer zu beantworten. Auch wenn die Begünstigung der Gutverdienenden manchem suspekt vorkommen mag, müssen auch noch Fragen der Steuergerechtigkeit bedacht werden. Und da geht es u.a. darum, dass das jeweilige Existenzminimum nicht besteuert werden soll. Leben aber zwei oder mehr Menschen von nur einem Einkommen, müssen diese existenzminimalen Einkommen auch für alle steuerfrei bleiben.

Die Parteienpositionen dazu seien nicht verschwiegen, wobei hier der Stand um die Jahre 2010/2011 bis 2013 genannt wird – Parteien ändern bekanntlich gern auch immer wieder mal Einschätzungen und Forderungen:

Die CSU möchte am Ehegattensplitting festhalten. Sie argumentiert, die Verfassung gebiete wegen des *besonderen Schutzes von Ehe und Familie* sogar zwingend ein Ehegattensplitting. Die FDP möchte prinzipiell ebenso am Splittingverfahren festhalten, aber auf alle Fälle müsse es auf nichteheliche Lebensgemeinschaften mit Kindern und auch für gleichgeschlechtliche Familien gelten. Die CDU war lange Zeit ebenfalls für eine Beibehaltung des Ehegattensplittings. Bereits seit 2006 gibt es jedoch innerhalb der Partei Überlegungen, ein Familiensplitting einzuführen, das auch für nichteheliche Lebensgemeinschaften mit Kindern gelten soll. CSU und FDP sind diesbezüglich skeptisch, weil sie dadurch das Splitting für Ehegatten in seiner Wirksamkeit beschädigt sehen.

Die SPD hat trotz häufiger und intensiver Diskussionen zum Thema keine ganz einheitliche Position zum Ehegattensplitting. Dort wird im Zuge von Gerechtigkeitsdiskussionen, z.B. hinsichtlich der Einführung einer „Reichensteuer", diskutiert, das Ehegattensplitting in den höheren Einkommensgruppen zu kappen. Daneben aber gibt es die Diskussion in der SPD, das Ehegattensplitting zugunsten einer Individualbesteuerung mit übertragbarem Grundfreibetrag zu verändern. Die Abschaffung des Ehegattensplittings wurde als Teil des *Fortschrittsprogramms* der SPD im Jahr 2011 vorgesehen. Die Grünen schlagen die Abschaffung des Ehegattensplittings vor und favorisieren eine Individualbesteuerung mit einem übertragbaren Höchstbetrag von z.B. 10000,- €. Die Linke ist ebenfalls für eine Abschaffung des Ehegattensplittings, wobei die Übertragbarkeit der Grundfreibeträge beibehalten werden soll. Von den kleineren Parteien ist noch die Piratenpartei interessant. Ihre Ideen zielen ebenso auf die Abschaffung des Ehegattensplittings. Steuerliche Vergünstigungen für Einzelpersonen oder Lebensgemeinschaften möchten sie stattdessen an die Versorgung von Kindern und von „schwachen Menschen" gebunden wissen.

In diese Diskussion mischen sich auch Interessengruppen und Verbände ein. Gerade Sozialverbände haben Einwände gegen das Splittingverfahren. So gab es u.a. einen gemeinsamen Appell von 16 deutschen Verbänden gegen das Ehegattensplitting und auch gegen das politisch diskutierte Familiensplitting. Letzteres lehnen sie ab, weil auf Steuereinnahmen zu Gunsten weniger, sehr wohlhabender Familien verzichtet würde.

Unterhaltsrecht

Was sollen konkrete Unterhaltungsregeln, vor allem solche zwischen geschiedenen EhepartnerInnen für eine Rolle spielen für die Frage, ob das Traditionssystem der Familie dauerhaften Bestand hat und einen nennenswerten Anteil an der Gesellschaft und ihren arbeitsteiligen Prozessen behält? Betrachten wir dazu folgende einfache Darstellung der Haushaltsproduktion:

Abraham und Bellamarie gehen eine Partnerschaft ein. Sie können bestimmte Güter selbst herstellen und dabei Marktgüter transformieren, also mit Hilfe von Marktgütern Essen zubereiten, Kinder betreuen und erziehen etc. Mit vielen Marktgütern allein kann man oft noch nichts anfangen: Wer beißt schon in den Kopf Kohl oder isst das rohe Ei samt Schale? Der Staubsauger in der Ecke sorgt auch nicht allein für eine saubere Wohnung. Selbst der Staubsaugroboter muss noch eingeschaltet und aufgeladen werden. Aus den „Vorprodukten" des Marktes werden durch weitere Herstellungsprozesse im Haushalt wie durch das Kochen erst konsumierbare Güter.

A und B können einige dieser Leistungen aber auch in bereits weiterverarbeiteter Form über den Markt beziehen, indem sie Restaurants besuchen, Fertiggerichte kaufen, Putzdienste engagieren oder professionelle Kinderbetreuung gegen Bezahlung in Anspruch nehmen. Es ist wie immer eine Frage der komparativen Vorteile, welche Tätigkeiten häuslich selbst übernommen werden und welche PartnerIn sie tätigt.

Abb. 7.7: Haushaltsproduktion

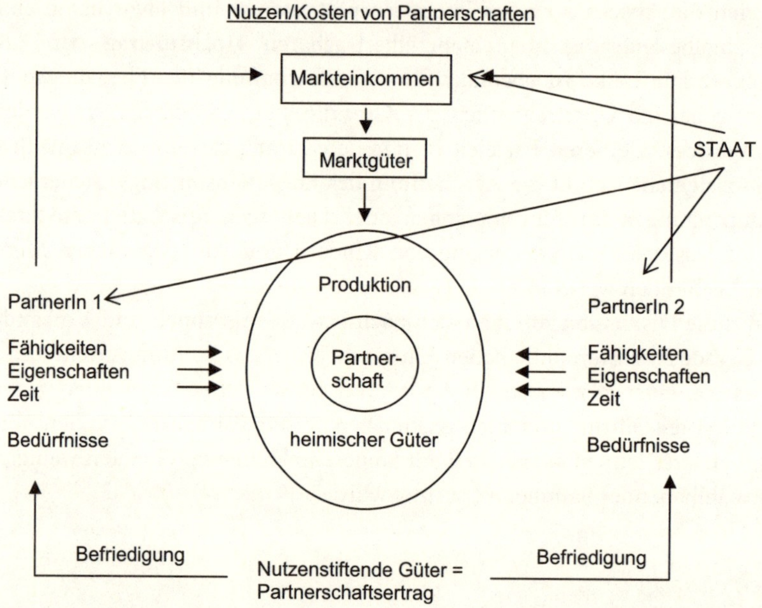

Nutzen/Kosten von Partnerschaften

Quelle: Hartwig 1993: 35

Der Staat beeinflusst maßgeblich diese Vorteile, indem er etwa einige Leistungen kostenlos anbietet (Schulen, Kinderbetreuung o.a.) oder die Erwerbsmöglichkeiten der beiden PartnerInnen systematisch lenkt z.B. durch seine Arbeitsmarktpolitik und die Gestaltung der Sozialen Sicherung.

Auch das Unterhaltsrecht spielt eine nicht unwichtige Rolle. Die PartnerIn einer Gemeinschaft, die verstärkt häusliche und familiäre Aufgaben übernimmt, muss *beziehungsspezifische Investitionen* besonders bedenken, die im Prinzip beide PartnerInnen tätigen. Spezifität bedeutet, dass bei einem Scheitern der Beziehung diese Investitionen an Wert drastisch verlieren. Im schlimmsten Fall sind sie völlig wertlos geworden. Würde Bellamarie z.b. als Hausfrau arbeiten, dann betrifft dieser Verlust erstens emotionale Aspekte (nun ja, Zuneigung als Investition zu bezeichnen, mag wirklich nicht jeder/m gefallen und kann merkwürdige Assoziationen wecken). Das Emotionale muss Abraham natürlich ebenfalls bedenken. Zweitens tangiert es aber auch vor allem das Problem, dass lange Erwerbsunterbrechungen i.d.R. hohe Einkommensverluste nach sich ziehen. Der Einkommensvorsprung einer durchgängig erwerbstätigen Person kann i.d.r. nicht wieder aufgeholt werden. Durch diese Spezifität wird eine PartnerIn, hier ist es Bellamarie, ausbeutbar, da das Scheitern der Beziehung für diese Person dann besonders nachteilig ist. Je ungünstiger Unterhaltsregeln und Trennungsregeln generell für die im Haushalt Tätigen sind, desto stärker wird der Weg *aller* PartnerInnen in die Marktumgebungen hinein und weg von der Haushaltsproduktion sein. Vom Staat an Familien ausgezahltes Betreuungsgeld würde übrigens gerade anders herum wirken. In den Jahren 2008 bis Ende 2012 gab es deutlich reduzierte Unterhaltsansprüche der Ex-EhepartnerInnen. Zuvor hatten die nicht-erwerbstätigen EhepartnerInnen nach einer Scheidung langjährige Versorgungsansprüche. Ab 2008 orientierte sich das Unterhaltsrecht in Deutschland deutlich stärker am Prinzip der Eigenverantwortung. So hieß es im Gesetz: *Nach der Scheidung obliegt es jedem Ehegatten, selbst für seinen Unterhalt zu sorgen.* Ausnahmen gab es, aber sehr eingeschränkt im Vergleich zu vorherigen Regelungen. Wenn das Ehegattensplitting die typische Hausfrauenehe begünstigen mag, dann hatte dieses Unterhaltsrecht genau die gegenteilige Wirkung. Um nicht im Falle des Scheiterns einer Ehe in eine prekäre Lage zu geraten, gab es Anreize für Ehemann *und* Ehefrau zur möglichst durchgehenden Erwerbstätigkeit. Sollten die Splittingvorteile und die rosarote Verliebtheitsbrille plus kurzfristige Orientierung ein Hausfrauendasein begünstigen, dann kann in einer solchen Rechtslage die Kombination von Splitting und den Unterhaltsregeln zu einer sehr ernsthaften Versorgungsfalle vor allem für Frauen werden.[110]

---

[110] Der Nettoeffekt ist nicht ganz einfach zu bestimmen. Einen Versuch dazu machte das Institut der Deutschen Wirtschaft. Nach deren Ergebnissen scheinen die Unterhaltsregeln durchaus Einfluss zu haben, zumindest nähern sich die Einkommen von Paaren untereinander an. So heißt es in der Presseerklärung des IW Nr. 12 vom 30. März 2011 wörtlich: „Das Gefälle der Pro-Kopf-Einkommen in Deutschland ist in den vergangenen Jahren deutlich stärker geworden. Die Ungleichheit der Bruttoeinkommen stieg von 1998 bis 2008 um 13 Prozent, die der Nettoeinkommen – also der Bruttoverdienste abzüglich Steuern und Sozialabgaben – sogar um 15 Prozent. Wenn man speziell die Entwicklung der Einkommensverteilung von Paar-Haushalten näher betrachtet, zeigt sich allerdings, dass die individuellen Einkommen kaum auseinandergedriftet sind: Von 1998

Ende 2012 kündigte die Bundesregierung an, dass eine gravierende Änderung des Unterhaltsrechts für Geschiedene geplant sei. Danach soll die Dauer einer Ehe wieder deutlich stärker die Unterhaltsansprüche bestimmen. Begründet wurde das damit, dass vor allem Hausfrauen (eigentlich natürlich auch -männer) nicht ins finanziell Bodenlose fallen sollen. Lange Jahre Hausarbeit führen nicht selten dazu, dass eine Rückkehr ins Erwerbsleben entweder gar nicht oder nur zu schlechten Konditionen gelingt. Eine solche Kehrtwende im Unterhaltungsrecht würde es zusammen mit dem Ehegatten-Splitting und dem Betreuungsgeld begünstigen, dass sich verstärkt wieder traditionelle Ernährer-Hausfrau-Ehen bzw. -Familien als Muster etablieren.

Kindergeld / Kinderfreibetrag

Es lohnt sich, zu dem Thema Kindergeld einen kurzen Blick in die Geschichte zu werfen. In Deutschland gab es eine Art Kindergeld erstmals zur Zeit des Nationalsozialismus unter der Bezeichnung „Kinderbeihilfe". Aber wie kaum anders zu erwarten, wurde sie nur „arischen" Familien gewährt. Kinderreiche Familien erhielten im September 1935 zunächst eine einmalige Zahlung. Die monatliche Kinderbeihilfe wurde im April 1936 eingeführt. Einen Anspruch darauf hatten definiert-arische ArbeiterInnen- und Angestelltenfamilien mit einem Monatseinkommen unter 185,- Reichsmark. Sie bekamen ab dem fünften (!) Kind monatlich 10 Reichsmark. Diese Kinderbeihilfe gab es ab 1938 dann bereits ab dem dritten Kind.

Nach dem 2. Weltkrieg begannen in der Bundesrepublik Deutschland im Jahr 1954 nach Verabschiedung des Kindergeldgesetzes die Familienausgleichskassen, die bei den Berufsgenossenschaften angesiedelt waren, damit, dass für das dritte und jedes weitere Kind ein Kindergeld von 25,- DM ausgezahlt wurde. Diese finanziellen Transfers wurden damals allein durch ArbeitgeberInnenbeiträge finanziert und gingen zunächst auch nur an den Personenkreis, bei dem mindestens eine PartnerIn erwerbstätig war. Schon ab 1955

bis 2008 hat zwar die Ungleichheit der von Paaren insgesamt erzielten Einkommen um 18 Prozent zugenommen; die Einkünfte der einzelnen in Paar-Haushalten lebenden Personen waren zuletzt jedoch nur um 6 Prozent ungleicher verteilt als Ende der 1990er Jahre. Der innerhalb der Paar-Haushalte realisierte Ausgleich ist somit schwächer geworden. Seltener als früher kompensiert ein gut verdienender Partner das geringe oder fehlende Einkommen des Anderen. Stattdessen gibt es mehr Paare, in denen entweder beide Partner gut oder aber beide wenig verdienen. Ein wesentlicher Grund dafür ist das veränderte Erwerbsverhalten. Waren 1998 bei knapp 14 Prozent der Paare beide erwerbslos oder einer höchstens teilzeitbeschäftigt, stieg dieser Anteil bis 2008 auf 16 Prozent. Am anderen Ende des Spektrums erhöhte sich der Anteil von Paaren mit zwei Vollzeit- oder einem Vollzeit- und einem Teilzeitverdiener von gut 53 auf fast 57 Prozent – nicht zuletzt weil inzwischen mehr Frauen beruflich auf eigenen Füßen stehen".

zahlte man dieses Kindergeld durch die Arbeitsämter dann auch an Erwerbslose. Ab 1961 bekamen Familien bereits für das zweite Kind Kindergeld. 1964 wurden die Familienausgleichskassen aufgelöst. Die Zuständigkeit für das Kindergeld wurde komplett auf die Bundesanstalt für Arbeit übertragen. Finanziert wird es seither aus Mitteln des Bundes. Seit 1975 gibt es das Kindergeld bereits für das erste Kind. Zur gleichen Zeit schaffte man den Steuerfreibetrag ab, der jedoch 1983 wieder eingeführt wurde. Seit 1988 bekommen auch Pflegeeltern Kindergeld für alle die Kinder, die von ihnen betreut werden. Das ist unabhängig davon, dass die Pflegeeltern vom Jugendamt bereits Mittel erhalten.

2013 galten folgende Regeln: Kindergeld wird gezahlt für Kinder bis zu einem Alter von 18 Jahren. Befinden sie sich dann jedoch noch in der Ausbildung, kann sich dies auf ein Alter bis zu 25 Jahren erhöhen. Dazu darf aber das Einkommen der Kinder im Falle einer Zweitausbildung selbst einen bestimmten Betrag pro Jahr nicht übersteigen.[111] Für die ersten beiden Kinder zahlt der Staat monatlich je 184,- €, für das dritte 190,- € und ab dem vierten Kind jeweils 215,- €. Wie bei anderen Regeln auch müssen Anspruchsberechtigte ihren dauerhaften (und natürlich „legalen") Wohnsitz in Deutschland haben. Deutsche Staatsangehörige haben u.U. auch Ansprüche, wenn sie im Ausland wohnen.

Alternativ zum Kindergeld kann ein Steuerfreibetrag genutzt werden. Das Finanzamt rechnet jeweils automatisch aus, was für die Erziehenden günstiger ist und nimmt die bessere Variante für die Familien bzw. Elternteile. Der Kinderfreibetrag soll sich erstens am *Existenzminimum und somit an dem Grundbedarf eines Kindes* orientieren. 2013 lag er pro Kind je Elternteil bei 2184,- € und entsprechend bei 4368,- € für beide Elternteile zusammen, sofern sie gemeinsam zur Steuer veranlagt werden. Neben dem Grundfreibetrag zur Existenzsicherung wird zweitens noch ein weiterer für *Betreuung und Erziehung oder Ausbildung* berücksichtigt (BEA-Freibetrag). Er beläuft sich seit dem Jahr 2010 auf 1320,- € pro Jahr, Elternteil und Kind. Bei Zusammenveranlagung beider Elternteile bei der Einkommensteuer sind es also 2640,- €. Der gesamte Freibetrag für das gemeinsame Kind eines zusammenveranlagten Ehepaares beläuft sich demnach auf 7008,- €. Pro Monat sind das 584,- €.

Dieses Geld wird beim zu versteuernden Einkommen nicht berücksichtigt und reduziert so die Steuerlast der Eltern. Noch einmal sei darauf hingewiesen, dass der Kinderfreibetrag und auch der Freibetrag für Betreuung, Erziehung oder Ausbildung nur dann zum Ansatz kommen, wenn er insgesamt

---

[111] Vor 2012 gab es noch eine komplizierte Einkommensüberprüfung volljähriger Kinder unter 25 Jahren, da damals bereits bei der Erstausbildung Zuverdienstgrenzen definiert und zur Anrechnung gebracht wurden.

günstiger als das Kindergeld ist. Das heißt, das gezahlte Kindergeld wird auf die daraus resultierende Steuerersparnis angerechnet. Daher beantragen auch Besserverdienende Kindergeld. Selbst wenn sich der Kinderfreibetrag günstiger als das Kindergeld darstellt, hat niemand durch den Antrag einen Nachteil durch die Günstigkeitsprüfung.

Für wen lohnt sich diese Regel besonders? Als eine Art Faustregel gilt, dass der Steuerfreibetrag im derzeitigen Steuertarif nur für solche Eltern Vorteile bringt, deren Jahreseinkommen ca. 60000,- € übersteigt. Ab etwa dieser Grenze ist die steuerliche Entlastung durch den Freibetrag höher als das Kindergeld. Hier könnte man ein Musterbeispiel für eine bestimmte Interpretation des Familienleistungsausgleichsprinzips ausmachen: Reiche Familien profitieren von der Familienpolitik im Bereich Kindergeld vs. Kinderfreibetrag stärker als arme Familien.

Bei Kindern unter 18 Jahren und bei Kindern mit bestimmten Behinderungen ist die Höhe der Einkünfte und Bezüge des Kindes selbst für die Gewährung des Kinderfreibetrags irrelevant. In den anderen Fällen entfällt der Anspruch sowohl auf Kindergeld und Kinderfreibetrag, wenn die Einkünfte und Bezüge eines Kindes den Grenzwert von 8004,- € pro Jahr übersteigen.

Schauen wir auch hier noch einmal auf ein Beispiel: Familie Armelend hat ein relativ niedriges Erwerbseinkommen. Der Grenzsteuersatz liegt bei 25%. Der Grenzsteuersatz ist deshalb hier relevant, weil der Freibetrag vom zu versteuernden Einkommen abgezogen wird. Bei 584,- € Freibetrag pro Monat würde diese Familie 146,- € weniger Steuern zahlen. Das ist deutlich weniger als alternativ das Kindergeld schon für das erste Kind mit 184,- € wäre, also entscheidet sich die Familie bzw. das Finanzamt automatisch für sie für die Kindergeldmöglichkeit.

Familie Bonus-Barreich hat ein hohes Einkommen mit Gehältern, Mieteinnahmen und Dividenden. Ihr Grenzsteuersatz beträgt 40%. In diesem Fall würde die Familie durch den Kinderfreibetrag von 584,- € monatlich 233,60 € weniger Steuern bezahlen. Die Entlastung durch die Steuerersparnis ist deutlich größer als der Vorteil aus dem Kindergeld.

Rekapitulieren wir: Durch die alternative Finanzierung können reichere Haushalte also de facto angesichts ihrer „eigentlichen" Steuerpflichten mehr Mittel vom Staat für die Kinder erhalten als ärmere Haushalte. Gerechtigkeitsurteile sind hier aber dennoch auch wieder ambivalent, wenn wir wieder an die Steuergerechtigkeit denken, vor allem daran, dass das Existenzminimum nicht besteuert werden soll, natürlich auch das der Kinder nicht.

Eine der Ideen der SPD bezog sich Anfang des Jahres 2013 bei der Festlegung ihres Wahlkampfprogrammes auf eine Reform von Kindergeld und Steuerfreibeträgen. Die SPD schlug vor, das Kindergeld einkommensabhängig zu gewähren – mit deutlichen Zuschlägen zu jetzigen Kindergeldhöhe für

GeringverdienerInnen. Dafür sollte im Gegenzug der BEA-Freibetrag wieder abgeschafft werden.

Elternzeit

Als Elternzeit wird das Ruhen des Arbeitsverhältnisses einer Mutter, eines Vaters oder einer anderen berechtigten Person während höchstens 36 Monaten nach der Geburt oder der Adoption eines Kindes bezeichnet. In anderen Ländern wird teilweise der Begriff Elternurlaub benutzt. Einerseits weist der Urlaubsbegriff auf das befristete Ausscheiden aus dem Unternehmen hin, andererseits wird er aber auch vielleicht zu schnell mit „Freizeit" assoziiert. Deshalb hat man in Deutschland die Elternzeitformulierung vorgezogen.

Die Rechtsgrundlagen der Elternzeit sind in den §§ 15ff. des Bundeselterngeld- und Elternzeitgesetzes (BEEG) formuliert. Während der Elternzeit, in der eine ArbeitnehmerIn auch nicht teilweise berufstätig ist, ruht das Arbeitsverhältnis einer Mutter, eines Vaters oder einer anderer berechtigten Person für maximal 36 Monate. Ein vielleicht zu Beginn eines Arbeitsverhältnisses vereinbarter Verzicht der ArbeitnehmerIn auf die Elternzeit ist unwirksam.

Anspruchsberechtigt für die Elternzeit sind folgende Personengruppen: 1. die Eltern des Kindes, 2. die Personen, die mit einem Kind in einem Haushalt leben, das sie mit dem Ziel der Adoption aufgenommen haben, 3. die Personen, die ein Pflegekind aufgenommen haben, 4. die Person, die ein Kind der Ehe- oder LebenspartnerIn in ihren Haushalt aufgenommen hat, 5. die Großeltern oder Urgroßeltern des Kindes, wenn die Eltern wegen einer schweren Krankheit, Schwerbehinderung oder Tod ihr Kind nicht betreuen können.

Voraussetzung für die Gewährung von Elternzeit ist, dass ein wirksames Arbeitsverhältnis und ein Betreuungsverhältnis zu dem geborenen oder adoptierten Kind aktuell besteht und das Kind in dem Haus der Person lebt, die die Elternzeit in Anspruch nehmen will. *Beide* Eltern bzw. Anspruchsberechtigte können die Elternzeit ganz oder zeitweise auch gemeinsam nehmen. Beide haben zudem Anspruch auf den vollen Zeitraum, d.h. die 36 Monate.

Was muss man als Elternteil dafür tun? Die ArbeitnehmerIn kann durch eine einfache Erklärung gegenüber ihrer ArbeitgeberIn das Recht auf die Inanspruchnahme begründen. Dabei müssen einige Grundsätze bedacht werden: Die ArbeitnehmerIn muss, sofern die Elternzeit direkt im Anschluss an die Geburt eines Kindes bzw. am Ende der Mutterschutzfrist beginnen soll, spätestens bis sieben Wochen vor der Inanspruchnahme der ArbeitgeberIn schriftlich mitteilen, dass sie die Elternzeit nehmen wird und wie lange die Erwerbsunterbrechung dauern soll. Nur aus dringenden Gründen ist ausnahmsweise eine angemessene kürzere Erklärungsfrist möglich. Dabei muss sich die ArbeitnehmerIn zunächst für einen Zeitraum von zwei Jahren festlegen. Die Elternzeit kann insgesamt auf zwei Zeitabschnitte verteilt werden. Wollen Elternteile sie auf weitere Zeitabschnitte verteilen, benötigen sie die Zustimmung der ArbeitgeberIn. Mit dem Einverständnis der Firma kann ein Jahr der Elternzeit auch zwischen dem 3. und dem 8. Lebensjahr des Kindes genommen werden.

In der Elternzeit hat die ArbeitgeberIn keine Pflicht zur Lohnfortzahlung, aber sie kann der ArbeitnehmerIn grundsätzlich nicht kündigen. Nur bei Betriebsstilllegung oder anderen sehr gewichtigen Gründen gibt es Ausnahmen. RückkehrerInnen haben nach Ende der Elternzeit zwar Anspruch auf Weiterbeschäftigung gemäß Arbeitsvertrag, nicht jedoch auf genau die vorherige Stelle.

Die Elternzeit beginnt rechtlich mit der Geburt oder der Adoption des Kindes, praktisch jedoch erst mit dem Ende der Mutterschutzfrist und dauert bis auf die geschilderten Ausnahmen grundsätzlich bis zur Vollendung des dritten Lebensjahres des Kindes (abweichende Regeln bei Adoptionen). Eine vorzeitige, d.h. früher als geplante Beendigung oder auch eine Verlängerung der Elternzeit ist nur mit Zustimmung der ArbeitgeberIn möglich. Willkürlich darf der Antrag aber nicht abgelehnt werden. Die ArbeitgeberIn *muss* zustimmen, wenn keine betrieblichen Belange entgegenstehen. Probleme kann es bei vorzeitiger Rückkehr geben, wenn z.B. für die nicht besetzte Stelle jemand mit einem befristeten Arbeitsvertrag eingestellt wurde. Eine Verlängerung der Elternzeit kann dann nicht abgelehnt werden, wenn die ArbeitnehmerIn einen wichtigen Grund wie Ausfall einer eigentlich vorgesehenen Betreuung vorweisen kann. Das könnte z.B. dann passieren, wenn Großeltern, die sich zur Betreuung bereit erklärt hatten, schwer erkranken oder gar versterben.

Bei der Elternzeit steckt der Teufel – wie bei vielen sozialpolitischen Regeln – im Detail. Eine komplizierte Frage ist damit verbunden, welche Regeln für Betroffene in den (Sozial-)Versicherungen vorgesehen sind. Es beginnt einfach und nachvollziehbar. Während der Elternzeit bleibt nämlich die Mitgliedschaft in den Sozialversicherungen einfach beitragsfrei bestehen. Privat krankenversicherte Elternteile in Elternzeit müssen jedoch den vollen Beitrag weiterzahlen. Dadurch werden sie sogar doppelt belastet, weil sie in dieser Zeit keinen ArbeitgeberInnenzuschuss erhalten. Gerade für Gutverdienende, die sich privat krankenversichert haben, entstehen zusätzliche, z.T. erhebliche finanzielle Belastungen.

Bei der Rentenversicherung muss beachtet werden, wie diese Zeit in die Rentenformel zur Berechnung der persönlichen Rente eingeht. Nur zur RV dazuzugehören ist eine Sache, wie es sich für die spätere Rente auswirkt, eine ganz andere. So ist es geregelt: Die Elternzeit wird in der gesetzlichen Rentenversicherung mit einem fiktiven Bruttoeinkommen – man nimmt das Durchschnittseinkommen der Versicherten – als Pflichtversicherungszeit angerechnet. Bei einer zusätzlichen Teilzeitbeschäftigung sind dem tatsächlichen Verdienst entsprechende Sozialversicherungsbeiträge zu entrichten. Die Anrechnung in der gesetzlichen Rentenversicherung erfolgt dann entsprechend der Höhe des fiktiven plus des tatsächlichen Einkommens. Völlig gleichgestellt den tatsächlich Erwerbstätigen sind die ElternzeitnutzerInnen durch die fiktiven Werte i.d.R. nicht.

Elterngeld und Erziehungsgeld

Seit dem 1.1.2007 wird Elterngeld gewährt. Das ist sozusagen der finanziell vom Staat unterstützte Zeitraum der Elternzeit. Die Regeln finden sich ebenfalls im BEEG. In den ersten gesetzlichen Regeln zur Unterstützung der Familien während der ersten Betreuungsjahre des Nachwuchses war früher ein einheitlicher Betrag für alle vorgesehen. Diese Mittel hatten einen etwas anderen Namen. Von 2004-2007 wurde sogenanntes Erziehungsgeld ausgezahlt. Gewährt wurde damals ein Regelbetrag von 300,- €, sofern bestimmte Einkommensgrenzen nicht überschritten wurden. Dieses Geld erhielten die Anspruchsberechtigten maximal 24 Monate lang. Alternativ konnte ein Budget von 450,- € beantragt werden, das dann aber nur 12 Monate lang gewährt wurde.

Nach Einführung des Elterngeldes gerieten auf den ersten Blick vor allem Gering- bzw. Nullverdiener ins Hintertreffen, da nun dieser Personenkreis nur noch 300,- € für 12 bzw. 14 Monate erhielt. Andere profitierten deutlich. Das führte zu merkwürdigen Effekten, indem um den Zeitpunkt der Regeländerung herum versucht wurde, Geburten zu beschleunigen bzw. möglichst über den Stichtag zu verzögern – je nach Vorteil. Nach der Reform galt dann jedenfalls bis 2010: Für ein Elternteil, das aus dem Erwerbsleben zeitweise für die Betreuung des Kindes ausschied, gab es als Lohnersatz 67% des letzten Nettoeinkommens, und zwar bis zu einer Höchstgrenze von 1800,- €. Der Mindestbetrag wurde auf 300,- € festgelegt. Wenn nur ein Elternteil das Elterngeld beanspruchte, wurde es maximal 12 Monate lang gezahlt. Bei beiden Elternteilen verlängerte sich der Zeitraum auf höchstens 14 Monate, wobei dann mindestens zwei Monate vom zweiten Elternteil in Anspruch genommen werden mussten. Im Gesetz stand und steht dazu *nicht*, dass das etwa „Vatermonate" seien. Während der Elternzeit war schon damals eine Teilzeitbeschäftigung bis zu 30 Std. in der Woche möglich. Auch HARTZ-IV-EmpfängerInnen bekamen anfangs die Leistungen. 2011, 2012 und 2013 wurden einige bedeutsame Änderungen wirksam.

Erstens wurde der Prozentsatz des Lohnersatzes für Einkünfte oberhalb von 1200,- € „scheibchenweise" gekürzt. In den Fällen, in denen das durchschnittlich erzielte monatliche Einkommen aus Erwerbstätigkeit vor der Geburt höher als 1200,- € ist, sinkt dieser Regel entsprechend der Prozentsatz des Lohnersatzes von 67% um 0,1 Prozentpunkte für je 2,- €, um die das maßgebliche Einkommen den Betrag von 1200,- € überschreitet, auf bis zu 65 Prozent. Kompliziert? Nein, ganz einfach. Bei einem Verdienst von 1202,- € werden 66,9% Lohnersatz geleistet, bei 1204,- € sind es 66,8% usw., bis die 65% erreicht sind. BezieherInnen ganz hoher Einkommen (über 250000,- € im Jahr) erhalten kein Elterngeld.

HARTZ-IV-EmpfängerInnen erhalten nach der Reform zweitens ebenfalls nichts mehr. Von der Logik des Elterngeldes und der Existenzsicherung her war das eine naheliegende Änderung. Dennoch wird es von vielen als massiv ungerecht empfunden. Es geht aber, wenn wir nur auf die Logik schauen, um Lohnersatz, und HARTZ-IV-EmpfängerInnen erhalten keinen Lohn. HARTZ IV wiederum soll die Existenz sichern für alle im Haushalt lebenden Personen. Dann ist für ein „Extra" in dieser Logik ebenfalls kein Platz mehr, da für die Kinder ein Grundbedarf zumindest prinzipiell schon berücksichtigt wird. Das Unbehagen in der Bevölkerung angesichts der Kürzungen für viele Familien am unteren Ende der Einkommensskala ist trotz dieser „Logik" nicht zu übersehen gewesen.

Für 2013 wurde drittens eine neue Berechnungsmethode zur Ermittlung der relevanten Nettoeinkommen beschlossen. Nunmehr werden nicht mehr die konkreten individuellen Einkommen herangezogen. Im zuständigen Ministerium heißt es dazu:

> „Im Kern wird es im Rahmen der Einkommensermittlung eine pauschalierte Ermittlung der Abzüge für Steuern und Abgaben geben. Die Abzüge für Steuern werden künftig sowohl bei Beschäftigten als auch bei Selbständigen anhand eines amtlichen Programmablaufplans für die maschinelle Berechnung der Lohnsteuer, Kirchensteuer und des Solidaritätszuschlags vorgenommen. Die Abzüge für die Sozialabgaben erfolgen in pauschalierter Form." (http://www.bmfsfj.de/BMFSFJ/familie,did=187874.html, Abruf: 29.12.2012).

Die Pauschalsätze liegen für viele Betroffene leicht über den tatsächlichen Beiträgen. Dadurch wird ein etwas niedrigeres Nettoeinkommen ausgewiesen und eine entsprechend etwas geringere Summe als Elterngeld ausgezahlt. Zudem wurde für 2013 beschlossen, dass ein kurzfriger Steuerklassenwechsel zur Erhöhung des ausgewiesenen Nettoeinkommens der ElterngeldbezieherIn nicht mehr anerkannt wird. Der Steuerklassenwechsel muss nunmehr mindestens sieben Monate vor der Geburt des Kindes erfolgt sein.

Solange Frauen im Durchschnitt weniger verdienen als Männer, lohnt es sich bei den Elterngeldregeln in der Regel, wenn die Mütter das Elterngeld für die maximal mögliche Zahl an Monaten in Anspruch nehmen. Schauen wir mal wieder auf ein Beispiel: Ahmed ist geradezu ein Liebling der aktuellen Regierungspartei, da er als musterintegriert gilt und der Regierung ein selbstzufriedenes, öffentlichkeitswirksames „Also, es geht doch!"-Statement ermöglicht. Ahmed kam als Kleinkind aus Marokko nach Deutschland, wurde gleich in den Kindergarten geschickt und hat nach der Grundschule erfolgreich das Gymnasium besucht. Er hat nach dem Abitur Elektrotechnik studiert und arbeitet nun als Ingenieur in einer renommierten größeren Firma. Er ist mittlerweile deutscher Staatsangehöriger. Als junger Mann verdient er bereits netto 3600,- €. Seit längerer Zeit ist er mit Brigitte liiert. Brigitte arbeitet nach ihrem Publizistik-Studium für eine Frauenzeitschrift (wäre Automobilzeitschrift weniger vorurteilsgeladen?) in der Life-Style-Redaktion und verdient monatlich netto 2400,- €.

Die beiden hatten schon länger den Wunsch, eine Familie zu gründen. Und so wächst die Familie zur Freude beider nach einiger Zeit tatsächlich: Töchterchen Cheyenne wird geboren. Nun stellt sich für die Eltern die Frage der Kindererziehung. Eine frühe Betreuung in einem Hort oder einer Krippe ziehen sie weniger in Betracht. Zumindest in der ersten Zeit möchten sie die Betreuung Cheyennes gern selbst übernehmen und überlegen nun, wer von beiden die Erwerbstätigkeit für wie lange unterbrechen und Elterngeld in Anspruch nehmen sollte. Sie lassen sich dabei nicht einmal von Geschlechterklischees leiten, sondern nur davon, dass der vorherige Lebensstandard nicht zu sehr sinken sollte. Sie können eine einfache Rechnung anstellen. Als sie zu zweit lebten, konnten sie sich viel leisten. Sie hatten einen hohen Lebensstandard, gönnten sich eine große, schöne Mietwohnung, unternahmen viele Reisen, gingen abends gern in gute Restaurants und kleideten sich gut und teuer. Rechnen wir es auch schnell aus:

Nettoeinkommen Ahmed:	3600,- €
Nettoeinkommen Brigitte:	2400,- €
Gemeinsames Haushaltsnettoeinkommen =	6000,- €

Angesichts dieses Nettoeinkommens werden einige von uns vielleicht schon ganz grün oder gelb vor Neid oder laufen puterrot an vor sozialpolitischer Sorge ob des Reichtums der beiden. Aber gönnen wir es ihnen trotz unseres sozialpolitischen und gerechtigkeitszentrierten Blickes dennoch und schauen nicht auf grundsätzliche Probleme der Einkommensverteilung. Nach der Geburt ihrer Tochter überlegen A und B zunächst, wie sich die finanzielle Situation ändert, wenn Ahmed sich um Cheyenne kümmert und in Elternzeit geht. Zur Rechenvereinfachung nehmen wir die bis 2010 gültige einfache 2/3-Regel beim Einkommensersatz sowie die relevanten Mindest- und Höchstbeträge.

Was wäre, wenn Ahmed Elterngeld beansprucht und in die Elternzeit geht? 2/3 von 3600,- € wären 2400,- €. Da dieser Betrag über der Höchstgrenze liegt, erhielte er vom Staat die maximale Förderung von 1800,- € monatlich ausgezahlt. Brigitte ist weiterhin für ihre Frauenzeitschrift tätig und bekommt dafür wie zuvor 2400,- €, das Familieneinkommen beträgt 1800 + 2400 = 4200,- €. Das sieht zwar immer noch ausgesprochen angenehm aus für eine dreiköpfige Familie, aber für die beiden bedeutet es einen deutlichen Rückgang. Auf fast ein Drittel des gemeinsamen Einkommens müssen sie verzichten. Zudem fallen für Cheyenne ja auch noch zusätzliche Kosten an.

Wenn Brigitte das Elterngeld nimmt, ist das finanziell für die kleine Familie von Vorteil: Ahmed hat dann weiterhin sein Erwerbseinkommen von 3600,- €. Brigitte bekommt als Elterngeld 2/3 von 2400 = 1600,- €, d.h., gemeinsam verfügen sie über 3600 + 1600 = 5200,- €. 1000,- € mehr pro Monat sind ein schlagkräftiges Argument dafür, dass Ahmed berufstätig bleibt und sich Brigitte in Elternzeit um Cheyenne kümmert. Sie wird für mindestens 12 Monate ihre Arbeitsstelle beim Verlag verlassen. Vielleicht nimmt Ahmed die zusätzlichen 2 Monate in Anspruch, die finanziert werden, falls beide Elternteile Elternzeit nehmen. Auf keinen Fall wird er es länger machen, wenn den beiden neben der großen Freude an und mit Cheyenne der Lebensstandard der Familie besonders wichtig ist. Welche Folgen das alles wiederum für Lohnunterschiede zwischen Männern und Frauen haben kann und was hinsichtlich der Ungleichheits-, Arbeitslosigkeits- und Armutsprobleme folgt, werden wir in der Wirkungsanalyse noch genauer anschauen.

Betreuungsgeld

Ab 1.8.2013 soll nach einem Bundestagsbeschluss (Dezember 2012) Betreuungsgeld gewährt werden. Es richtet sich an Eltern, die ihr Kind im Alter von ein bis drei Jahren in Vollzeit erziehen und betreuen, also keine der ab 2013 garantierten Plätze z.B. in einer Krippe in Anspruch nehmen. Grundlage ist der neu geschaffene Absatz 4 im § 16 des SGB VIII. Das Betreuungsgeld soll zunächst 100,- € pro Monat betragen, später 150,- €. Zusätzliche 15,- € gibt es, wenn die Eltern sich die Mittel nicht auszahlen lassen, sondern für die Ausbildung des Kindes ansparen oder schon so früh für die Alterssicherung des Nachwuchses einsetzen. Ob Eltern, die HARTZ IV beziehen, oder Eltern mit Migrationshintergrund Bargeld oder Sachleistungen erhalten sollen, war Ende 2012 noch nicht entschieden. Bedenken hinsichtlich der Diskriminierung bestimmter Gruppen müsste man in einem solchen Fall sicher anmelden. Ob und in welcher Form das Betreuungsgeld tatsächlich eingeführt wird und dann dauerhaft existiert, steht (Stand Anfang 2013) in den Sternen. Die SPD hat nach dem Bundestagsbeschluss pro Betreuungsgeld Ende 2012 die sofortige Abschaffung im Falle eines Wahlsieges bei der nächsten Bundestagswahl angekündigt, auch Klagen vor dem Verfassungsgericht stehen zur Debatte, ohne dass man klare Prognosen zum Urteil der Verfassungsrichter wagen könnte. Diese familienpolitische Leistung ist und bleibt höchst umstritten. Wir werden an späterer Stelle genauer darauf eingehen, warum die Maßnahme sowohl für Kinder als auch vor allem für Mütter von Nachteil sein kann.

Diskussionslinien in der Politik

Schauen wir zum Abschluss der familienpolitischen Überlegungen noch einmal auf Pläne, Ideen und Diskussionen zum Thema, wie sich die Familienpolitik weiterentwickeln könnte und sollte. Nach Auskunft des Familienministeriums gab es Anfang 2013 in Deutschland 156 (!) einzelne familienpolitische Maßnahmen. Das „Gießkannenprinzip" der verschiedenen Förderinstrumente wird üblicherweise damit begründet, dass es um gesellschaftliche Kompromisse gehe und letztlich die Maßnahmenvielfalt auch die Verschiedenartigkeit der Lebensformen widerspiegele. Dennoch stellt sich die Frage nach Wirkung bzw. auch nach Widersprüchen der gesamten Familienpolitik. Im Auftrag des Familien- und des Finanzministeriums arbeitete ein ExpertInnengremium an einer Kosten-Nutzen-Analyse des familienpolitischen Maßnahmenbündels. Erste Ergebnisse kamen im Februar 2013 an die Öffentlichkeit. Die ExpertInnen formulierten ein ernüchterndes Ergebnis. Viele Maßnahmen wurden als weitgehend wirkungslos, wenn nicht gar kontraproduktiv eingeschätzt.[112]

Aktuell stehen dennoch eher einzelne Detailanpassungen im Zentrum der Politik, wenngleich die Ergebnisse der Studie z.B. die SPD zur Forderung veranlassten, die gesamte Familienpolitik auf den Prüfstand zu stellen. Aus bildungsökonomischen Erwägungen heraus und wegen besonders guter Ergebnisse skandinavischer Länder hinsichtlich Integration, Armutsvermeidung und Chancengerechtigkeit im Bildungsbereich wurden bereits erste Änderungen bei der Finanzierung der Kinderbetreuung beschlossen. Es hapert allerdings noch an der Umsetzung. Es sollen aber dennoch weitergehende politische und gesetzliche Vorgaben gemacht werden. Die Hauptkosten der Kinderbetreuung liegen für die meisten Familien bekanntlich im entgangenen Erwerbseinkommen. Durch verbesserte institutionelle Bedingungen und (Teil-)Finanzierung der Kinderbetreuung ist ein früherer Wiedereinstieg in

---

[112] Vgl. http://www.tagesschau.de/inland/familienfoerderung106.html (Abruf: 5.2.2013).

das Erwerbsleben möglich, was die „Kosten" eines Kindes reduziert. Damit erhofft man sich neben der besseren Existenzsicherung und Vorteilen für die Finanzierung der Sozialversicherungen auch einen positiven Effekt auf die Geburtenzahl.

Heftig umstritten ist es ja trotz des Beschlusses des Bundestags nach wie vor, ob auch in Vollzeit erziehenden Elternteilen ein Betreuungsgeld gezahlt werden soll. Begründet wird es u.a. über den Familienleistungsausgleich. Auch Gerechtigkeitsüberlegungen spielen eine gewisse Rolle. Es gibt sehr grundsätzliche Positionen dazu, etwa über die Care-Ethik oder den ganz kurz im sechsten Kapitel angesprochenen Gerechtigkeitsansatz von NUSSBAUM. Danach ist es keine rein *private* Aufgabe, Kinder zu erziehen oder alte Menschen zu pflegen, sondern eine öffentliche. Auch wenn das privat geleistet wird, müsse es dennoch von der Öffentlichkeit bezahlt werden. Das passt durchaus zu den allokativ relevanten externen Effekten der Erziehung und Pflege und dem Familienleistungsausgleich als Prinzip.

Auch etwas pragmatischere Gleichbehandlungsvorstellungen werden zur Begründung gegeben. Wenn Erwerbstätigen Vergünstigungen durch garantierte und subventionierte Kinderbetreuung gewährt wird, dann müssten auch diejenigen etwas erhalten, die selbst ihre Kinder durchgängig betreuen und erziehen. Warum ist das überhaupt umstritten?

Erstens wird ein Logikargument vorgebracht. Jemand bekommt etwas, weil er eine andere staatliche Leistung *nicht* in Anspruch nimmt. Das könnte Schule machen. Wenn Anastasia z.B. nicht gern in Schwimmbäder geht, weil sie Hygieneprobleme befürchtet oder sie nur in sehr warmes Wasser ab 30 Grad Celsius aufwärts eintauchen mag, dann könnte sie ja fordern, dass der Staat ihr etwas dafür gibt, *nicht* das Schwimmbad zu besuchen sondern daheim zu baden. Das klingt für die meisten von uns wohl ziemlich absurd, oder?

Zweitens honoriert auf der einen Seite eine Leistung wie das Betreuungsgeld sicherlich Leistungen der Familie für die Gesellschaft und ist auch eine Anerkennung für die Familienarbeit. Es wird jedoch auf der anderen Seite befürchtet, dass damit Probleme von Frauen im Bereich der Erwerbsarbeit verstärkt werden. Auch dies müssen wir bei der Wirkungsanalyse noch einmal in die Betrachtung nehmen. Was die Bezahlung von Erziehung oder auch Pflege dafür bedeutete, welche Ansprüche die Gesellschaft formuliert, soll nicht weiter vertieft werden, obwohl es ein wichtiger Aspekt ist. Was ist, wenn aus Sicht der Gesellschaft die Erziehung „misslingt"? Müssen die Eltern das Geld dann zurückzahlen? Vielleicht sogar noch eine Strafe befürchten? Und wie wird das Einfluss nehmen auf die Frage, wie schnell Kinder den Familien entzogen werden? Die skandinavischen Entwicklungen in dieser Hinsicht deuten durchaus Problemanzeigen an, dass sich durch gewandelte

Ansprüche an die Familien auch die Kontrollen und die Einmischung der Gesellschaft via juristischer und exekutiver Instanzen deutlich erhöhen.

In der aktuellen politischen Diskussion wird selbst das Elterngeld in Frage gestellt, und zwar nicht dessen Ausgestaltung im Detail, sondern ganz grundsätzlich. Aus der CDU gibt es z.b. Stimmen, die das Ziel der Maßnahme für verfehlt ansehen, wobei sie in erster Liniie auf die ausgebliebene Erhöhung der Geburtenrate Bezug nehmen. Es gibt in dieser Hinsicht tatsächlich auch zwei gegenläufige Effekte. Durch die einkommensabhängige Gewährung des Elterngeldes kann einerseits den hohen Opportunitätskosten entgangener Einkommen begegnet werden, andererseits profitieren Eltern dann besonders, wenn sie sich beruflich bereits etabliert haben und gut verdienen. Ersteres kann im besten Fall leicht pro Erhöhung der Geburtenrate wirken, der zweite Effekt kann jedoch Verschiebungen des durchschnittlichen Alters von Frauen bei der Geburt ihres ersten Kindes auslösen, wenn sie zunächst vor der Familiengründung ihre berufliche Position aufbauen möchten und deshalb später Kinder bekommen. Das kann dann auch die Anzahl an Kindern pro Familie betreffen, weil die älteren Mütter schneller biologische Grenzen für Schwangerschaften erreichen.

Theoretisch soll später nur die Arbeitsmarktwirkung im Rahmen allgemeiner Wirkungsanalysen untersucht werden. Jetzt bereits ist Raum für empirische Ergebnisse. Es gibt eine Studie der OECD zum internationalen Vergleich der Wirkungen verschiedener familienpolitischer Systeme. Dabei schneidet das deutsche System relativ schlecht ab. In Deutschland wird zwar überdurchschnittlich viel Geld für die Familienförderung ausgegeben mit ca. 3% des Bruttoinlandsproduktes, aber die Ergebnisse sind international unterdurchschnittlich. Besonders schlecht schneidet die Bundesrepublik Deutschland bei einem Vergleich der Geburtenraten ab, bei der Beschäftigungsquote vor allem der Frauen, bei der professionellen Kleinkindbetreuung und bei der Lohndifferenz zwischen Frauen und Männern.

Nach der OECD liegt das an der falschen Gewichtung, bei der zwar relativ viele Mittel an Familien ausgezahlt werden, aber bislang immer noch unterdurchschnittlich im Vergleich zu anderen Ländern Dienstleistungen der Kinderbetreuung durch den Staat finanziert werden. Dadurch könnten Eltern letztlich zu wenig für ihre eigene wirtschaftliche Lage tun. Befürchtet wird, dass auch deshalb Eltern in Deutschland häufiger als in anderen Ländern in prekären Lebensverhältnissen lebten. Reformen wie z.B. die Verkürzung der finanzierten Betreuungszeit durch das Elterngeld werden prinzipiell als richtig eingeschätzt. Am besten schneidet in dieser Hinsicht die skandinavische Familienpolitik ab, ganz besonders deutlich in Island – zumindest diejenige vor dem wirtschaftlichen Zusammenbruch des Landes. Dort gab es vor einigen Jahren besonders hohe Geburtenraten, eine sehr hohe Erwerbsquote beider Geschlechter und sehr wenig Familien- und Kinderarmut. Alle skandinavischen Länder schneiden nach diesen Kriterien deutlich besser als Deutschland ab. Die OECD schlägt u.a. vor, das Kindergeld nicht zu erhöhen und die Mittel umzuwidmen in Betreuungsangebote – von der frühkindlichen Betreuung bis hin zur Ganztagsschule.

In das „Sammelsurium-Konstrukt" der Familienförderung Deutschlands werden viele Steuermittel gegeben (vom Staat aktiv ausgegeben oder auf Steuereinnahmen verzichtet). Allein das Betreuungsgeld wird mit etwa 1,2 Mrd. Euro veranschlagt (vgl. http://www/Betreuungsgeld-aktuell.de, Abruf: 3.12.2012). Wenn man den Stand von 2010 nimmt, dann sind es für die Familienpolitik insgesamt mehr als 200 Milliarden Euro.[113] Die „Förderung der Ehe" hat mit deutlich über 60% den größten Anteil. Dazu gehören das Ehegattensplitting, die vielen speziellen Regeln für Familien in den Sozialversicherungen oder Hinterbliebenenrenten. Einen großen Anteil an der gesamten Familienförderung haben auch noch Kindergeld und Steuervergünstigungen. Kinderbetreuung und Jugendhilfe führen dagegen nur ein prozentuales Schattendasein.

Wenn man sich all die familienpolitischen Leistungen anschaut, deren Entwicklung sowie die Formulierung immer weitergehender Ideen (wie z.B. zur staatlichen Finanzierung von Haushaltshilfen für junge Mütter u.a.) nachzeichnet, dann kann man durchaus die Frage stellen, ob es tatsächlich angemessen ist, wenn der Staat nicht nur finanzielle Hilfen bietet, sondern immer stärker in die Souveränität familiärer Entscheidungen eingreift. Das thematisiert z.B. OTT (2013) und zeigt dabei, dass vor allem die elterliche „Souveränität" immer stärker eingeschränkt zu werden scheint. Ob der Staat sich aber tatsächlich besser als Sachwalter für die Kinder als deren Eltern eignet, bleibt zu diskutieren.

7.4.3.7 Ausgewählte weitere Bereiche der gruppenorientierten Sozialpolitik

Bislang war bei der gruppenorientierten Sozialpolitik von Alten, Jungen und Familien die Rede. Es ist sicher nicht sehr verwunderlich, dass weitere Gruppen im Zentrum spezieller sozialpolitischer Programme stehen.

In der *Mittelstandspolitik* geht es in einer weiten Begriffsbestimmung darum, dass eine zu starke gesellschaftliche Polarisierung in arm und reich vermieden werden soll. Die tatsächliche Mittelstandspolitik wird aber meist enger verstanden in dem Sinne, dass der *selbständige* Mittelstand vor absoluter und relativer Verschlechterung seiner ökonomischen Situation geschützt

---

[113] Vgl. http://www.tagesschau.de/inland/familienministerium100.pdf (Abruf: 5.2.2013).

werden soll. Es geht also um Angehörige freier Berufe, um Familienunternehmungen, landwirtschaftliche Betriebe und Ähnliches. Da diese Politikvariante auch starke wettbewerbspolitische Begründungen erfährt und Probleme fehlender Partizipation nicht im Fokus stehen, gehen wir hier nicht näher darauf ein. Nur so viel dazu: Im Zusammenhang mit der Einführung der Sozialen Marktwirtschaft nach 1949 wurde Mittelstandsförderung noch als zentrale sozialpolitische Aufgabe verstanden. Die Förderung von Kleingewerbe, Handwerk etc. wurde damals als beste Grundlage dafür angesehen, dass die dort Tätigen und vor allem die hauptsächlich Entscheidungsbefugten (also die Selbständigen selbst) ihr Leben verantwortlich „gelingend" gestalten können. Diese grundsätzliche Idee ist in der Zwischenzeit aus der sozialpolitischen Debatte so gut wie verschwunden.

Als eigenständiger Bereich gruppenorientierter Sozialpolitik wird zudem mittlerweile die sogenannte *Behindertenpolitik* angesehen, die in der Übersicht nicht explizit aufgeführt wurde. Menschen mit körperlichen und geistigen Beeinträchtigungen sollen wie alle anderen auch am üblichen gesellschaftlichen Leben teilhaben können. Die fast schon zu erwartenden Definitionsprobleme haben wir auch in diesem Bereich gruppenspezifischer Sozialpolitik. Konkret geht es darum, was denn als Behinderung überhaupt zu verstehen ist. Allein die Frage, ob jemand behindert *ist* oder durch unangemessene Strukturen u.a. behindert *wird*, gibt Anlass für heftige Diskussionen. Die Reduzierung des Menschen auf die Behinderung wird ebenfalls moniert, wenn von Behinderten die Rede ist statt von Menschen mit Behinderungen, Menschen mit Beeinträchtigungen oder Menschen mit Handicaps.

Die Geschichte der deutschen Behindertenpolitik birgt einige ganz besonders düstere Kapitel. Die etwas „romantische" Vorstellung, dass in alten Feudal- und Traditionssystemen auch behinderte Menschen einen Platz innerhalb der Gesellschaft hatten und inkludiert waren, ist heikel, da es stark auf die Stellung der ganzen Familie im System ankam. Die weit verbreitete Halbsklaverei vor allem der bäuerlichen Familien galt natürlich für alle Familienmitglieder. Ob es einen Vorteil bringt, wenn Inklusion zumindest *innerhalb* des ansonsten unfreien Teilsystems gegeben ist, ist diskussionswürdig.

Die schlimmste Zeit war sicherlich zu Zeiten des Nationalsozialismus gegeben. Behindertenpolitik wurde durch völlig falsch verstandenen bzw. absichtlich so gewendeten DARWINismus[114] und konkret durch das Euthanasieprogramm zur Behindertenvernichtungspolitik. Wer z.B. schon einmal in Hadamar war und sich dort informierte, war und ist sicher fassungslos über die Massentötungen von behinderten Menschen im Dritten Reich.

---

[114] Der Soziologe Herbert SPENCER formulierte in Verkennung der eigentlichen Intention DARWINs den fatalen Begriff des „survival of the fittest".

Nach dem 2. Weltkrieg knüpfte man zunächst an einige ältere Vorstellungen der Behindertenpolitik vor der Zeit des Nationalsozialismus an. Es gab in den ersten Jahren nach dem Krieg durch die vorherige Vernichtung gar nicht sehr viele behinderte Menschen – zumindest nicht solche mit bestimmten Handicaps, überwiegend nur Kriegsversehrte. Die Kriegsversehrten stellten zwar eine große Gruppe dar, aber für sie wurden eigenständige Regelungen getroffen. Deshalb war die allgemeine Politik für Menschen mit Beeinträchtigungen – auch wenn es sehr zynisch wirkt – zunächst nicht unbedingt im Fokus der sozialpolitischen Anstrengungen angesichts anderer massiver Aufgaben des Wiederaufbaus nach 1945. Erst nach und nach wurden Regeln implementiert und verfeinert. Nach 2001 erfolgte in Deutschland ein gewisser Verständniswandel. Standen zuvor individuelle Defizite im Zentrum der Definition von Behinderung und auch der Behindertenpolitik mit der Folge von hauptsächlich „fürsorgenden und versorgenden" Hilfsangeboten, so hat sich der Fokus verschoben. 2001 traten die Regeln des Sozialgesetzbuches IX (SGB IX) in Kraft. Da ist von Rehabilitation und Teilhabe behinderter Menschen die Rede. Mit dem neuen Gesetz sollte gleichsam eine umfassende Reform in der deutschen Behindertenhilfe vollzogen oder zumindest in die Wege geleitet werden, die trotz aller weiterhin bestehenden Unzulänglichkeiten und Ergänzungsnotwendigkeiten einen gewissen Fortschritt andeuten.

Im SGB IX wird ein dreigliedriger Behinderungsbegriff verwendet, wenn es um „Abweichungen" körperlicher Funktionen, geistiger Fähigkeiten oder der seelischen Gesundheit vom altersgemäßen Standard geht und Betroffene deshalb in der Teilhabe am gesellschaftlichen Leben Einschränkungen erfahren. Behinderte Menschen werden klassifiziert. Ab einem Behinderungsgrad von 50% ist von Schwerbehinderung die Rede. Wieder etwas anders ist die Begriffsverwendung der WHO, der Weltgesundheitsorganisation.

Das Bundesministerium für Arbeit und Soziales (BMAS) lobte sich selbst, als es in seinem Internetauftritt 2011 schrieb, dass ein notwendiger Paradigmenwechsel in der Behindertenpolitik stattgefunden habe. Wie viele andere verweist auch das Ministerium stets erst einmal auf das Grundgesetz (GG). Denn im Artikel 3 GG ist explizit formuliert, dass niemand wegen seiner Behinderung benachteiligt werden darf. Weiter schreibt das Ministerium von hehren Zielen, nämlich von Gleichbehandlung und von der Förderung von Chancengleichheit als eine Voraussetzung für Selbstbestimmung und Teilhabe behinderter und von Behinderung bedrohter Menschen.

Die Vorschrift des Grundgesetzes bindet als individuelles Grundrecht eigentlich tatsächlich Gesetzgebung, vollziehende Gewalt und Rechtsprechung unmittelbar, und das nicht nur auf Bundesebene, sondern auch in Ländern und Gemeinden sowie sonstigen Institutionen und Organisationen der staatlichen Kontrolle. Natürlich dürfen Privatpersonen das Grundgesetz auch nicht umgehen, Firmen selbstverständlich ebenfalls nicht. Neben dem SGB IX bietet das Behindertengleichstellungsgesetz (BGG) aus dem Jahr 2002 einige sehr grundlegende gesetzliche Möglichkeiten und Zwänge zur Umsetzung des Benachteiligungsverbots des Grundgesetzes und für eine verbesserte Teilhabe von Menschen mit Behinderungen. Das BGG enthält z.b. Passagen zu Barrierefreiheit in einem umfassenden Sinn – also nicht nur in baulicher Hinsicht.

Eine Fortsetzung all dessen wurde mit dem Allgemeinen Gleichbehandlungsgesetz (AGG) vollzogen. Das SGB IX bietet bereits einen weitgehenden Schutz für schwerbehinderte Menschen im Arbeitsleben (oder hat das zumindest zum Ziel), das AGG weitet diesen Schutz jetzt auf alle Menschen mit Behinderung aus. Er erstreckt sich auf sämtliche Bereiche des Arbeitslebens: z.B. hinsichtlich BewerberInnenauswahl, Zugang zu beruflichen Bildungschancen oder Beförderungen. Im Alltagsleben soll mit diesem Gesetz Diskriminierungen vor allem bei sogenannten Massengeschäften ein Riegel vorgeschoben werden – z.B. bei Kaufverträgen, Hotelbuchungen und Ähnlichem. Auch Benachteiligungen bei privaten Versicherungen sind nicht zulässig.

Letzteres ist etwas heikel. Bei Informationsasymmetrien zwischen VersicherungsnehmerInnen und Versicherungsunternehmungen – so hatten wir es bereits ausführlich diskutiert – nutzen die Unternehmungen gern statistische Erkenntnisse über Gruppen als „Indizien" für Individualrisiken. Eine gewisse Effizienzverbesserung gegenüber reinen Durchschnittstarifen kann dadurch sogar eintreten. Aus Gleichbehandlungsgründen ist es dennoch z.T. ausgesprochen problematisch. Bestimmte Klassifizierungen der Versicherungen wurden lange Zeit nicht moniert. Bei der KFZ-Haftpflichtversicherung etwa richten sich die Beiträge oft nach Wohnort, Berufsstatus oder Alter. Erst als Versicherungen einen speziellen „AusländerInnentarif" einführen wollten, wurde auf das Diskriminierungsverbot verwiesen und solche Verträge wurden deshalb untersagt. Unterscheidungen zwischen Jungen und Alten, zwischen OffenbacherInnen und FrankfurterInnen, zwischen BeamtInnen und NichtbeamtInnen erlauben und zwischen In- und AusländerInnen, zwischen Männern und Frauen, zwischen Menschen mit oder ohne Behinderung nicht? Entscheide die geneigte LeserIn selbst, ob man alles verbieten oder bestimmte Klassifikationen zulassen sollte, wenn die allgemeine Gleichstellung als Ziel gesetzt ist. Und wie kann man dann damit umgehen, dass es nach Verboten bestimmter Tarifkonstruktionen bestimmte Versicherungen unter Umständen eventuell für alle gar nicht mehr geben wird, weil die Marktversagensprobleme dann nicht mal mehr partiell gelöst werden können? Festzuhalten bleibt, dass nicht nur „Behinderung" eine überaus problematische und oft auch diskriminierende Klassifikation darstellt und sehr gut zu überlegen ist, ob Versicherungen dies nutzen dürfen oder nicht. Seit Ende Dezember 2012 sind z.B. auch Uni-Sex-Tarife für Versicherungen zwingend. Frauen und Männer dürfen innerhalb der EU nicht mehr in unterschiedliche Risikoklassen eingeteilt werden.[115]

Die nationale Politik soll und muss sich teilweise an internationalen Abkommen und Festlegungen orientieren. Deutschland hat z.B. das UNO-Übereinkommen über die Rechte von Menschen mit Behinderung und das Zusatzprotokoll dazu als einer der ersten Staaten 2007 unterzeichnet und, nachdem die gesetzlichen Voraussetzungen mit dem Ratifizierungsgesetz 2009 geschaffen wurden, am 24. Februar 2009 mit Hinterlegung der Urkunde in New York ratifiziert. Seit März 2009 sind deshalb diese Konvention und das Zusatzprotokoll für Deutschland (eigentlich) verbindlich. Dieses Übereinkommen wird als erstes *universelles* Rechtsinstrument interpretiert, das auf die Lebenssituation von weltweit über 600 Millionen behinderter Menschen zugeschnitten ist. Es definiert soziale Standards, an denen die Vertragsstaaten ihr politisches Handeln ausrichten sollen und sich zukünftig daran auch messen lassen müssen. Damit soll ein gesellschaftlicher Wandel eingeleitet werden, der den Zielen Teilhabe, Selbstbestimmung und uneingeschränkte Gleichstellung dienen soll. Ein Fast-Scharaffenlandziel: Alle BürgerInnen sollen befähigt werden, ihr Leben selbstbestimmt nach den eigenen Vorstellungen und Wünschen führen zu können.

Wie weitreichend das eigentlich sein müsste, kann man daran erkennen, was konkret inhaltlich gefordert ist. Das Abkommen verbietet *jede* Form der Diskriminierung von Menschen mit Behinderungen. Es garantiert unter anderem das Recht auf ein unabhängiges und selbstbestimmtes Leben, gleiches Recht auf eine eigene Familie, das Recht auf Beschäftigung, das Recht auf einen angemessenen Lebensstandard und sozialen Schutz, gleichen Zugang zu Bildung, gleiches Recht auf Teilhabe am öffentlichen und kulturellen Leben sowie Schutz vor Gewalt, Ausbeutung und Missbrauch.

Die Definition von Behinderung wird in dem UNO-Abkommen breit gefasst. Dadurch soll gewährleistet sein, dass keine Teilgruppe vom Schutz der Konvention ausgeschlossen wird. Unter „Menschen mit Behinderungen" werden jene verstanden, die langfristig körperlich, psychisch, geistig oder sinnesbeeinträchtigt sind, was im Zusammenspiel mit verschiedenartigen Beschrän-

---

[115] Im März 2011 urteilte der Europäische Gerichtshof, dass ab 21.12.2012 Versicherungen geschlechtsneutrale Tarife und Leistungen anbieten müssen. Man kann davon ausgehen, dass das allgemeine Gebot der Gleichbehandlung auch weitere (statistisch begründete) Differenzierungen tangieren wird. Da sich im Zuge des Differenzierungsverbots Ineffizienzen auch verstärken können, muss es nicht nur monopolistische Preisstrategie der Versicherungen sein, die Tarife der vormals günstig versicherten Gruppe deutlich anzuheben, nicht aber die der zuvor teuer versicherten Individuen gleichzeitig zu senken.

kungen seitens der Mehrheitsgesellschaft ihre volle, tatsächliche und gleichwertige Teilnahme in der Gesellschaft behindern kann. Die Konvention *verpflichtet* die künftigen Vertragsstaaten zur Unterbindung jeglicher Form der Diskriminierung auf Grund einer körperlichen oder geistigen Behinderung. Gesetze und sogar *Sitten*, die behinderte Menschen benachteiligen, sollen beseitigt und Vorurteile gegenüber behinderten Menschen bekämpft werden.

Ein Recht auf Arbeit oder Beschäftigung kann schon generell in Deutschland momentan nicht umgesetzt werden – wenn es denn überhaupt formuliert wäre. Würde man dies speziell nur für behinderte Menschen durchzusetzen versuchen, hätte es selbst diskriminierende Züge. Es ist in Marktumgebungen auch tatsächlich schwer, eine solche Anforderung als allgemeines Recht mit Gesetzesvorgaben zu konstruieren, ohne schwerwiegende dysfunktionale Nebenwirkungen in Kauf nehmen zu müssen. Es gibt nicht wenige, die ein einklagbares Recht auf Arbeit als gänzlich inkompatibel mit dem Steuerungsmechanismus des Marktes einschätzen, und das vor allem dann, wenn es noch mit einer Einkommensgarantie gekoppelt sein sollte. Garantie eines absoluten Lebensstandards allein ist auch alles andere als trivial. Das alles soll nun auch noch diskriminierungsfrei geschehen. Es stellt damit die gesamte Politik, auch die Sozialpolitik, vor extrem große Herausforderungen. Ob das überhaupt geleistet werden *kann*, ist durchaus in dieser umfassenden Zielformulierung nicht sicher. Das gilt letztlich für alle Formen der Organisation einer arbeitsteiligen Gesellschaft.

Die bisherigen gesetzlichen Vorgaben in Deutschland sind trotz aller Reformen noch weit davon entfernt, die Forderungen der UN-Konvention zu erfüllen. Wie in der Familienpolitik entsteht schnell wieder der Sammelsurium-Eindruck mit den verschiedensten und teilweise sogar inkompatiblen Einzelzielen, Regelungen, Zuständigkeiten, Finanzierungsinstanzen etc. Und der vermeintliche Paradigmenwechsel ist längst noch nicht in allen gesetzlichen Grundlagen erkennbar. Da wir uns speziell mit den Verschränkungen der drei Koordinationssysteme auseinandersetzen, seien hier nur einige wenige Regeln im Bereich „Arbeit und Behinderung" genannt, aber auch nicht im Detail beschrieben. Alle Vorgaben und Unterstützungen der Politik für behinderte Menschen zu diskutieren ist eher Aufgabe für ein eigenständiges, wahrscheinlich sehr umfangreiches Lehrbuch.

Nach § 33 SGB IX sind unterstützende Leistungen zur Teilhabe am Arbeitsleben vorgesehen. Damit ist nicht Arbeit an sich gemeint – die kann ja auch im Haushalt stattfinden, im Hobbykeller oder in Werkstätten für behinderte Menschen. Es geht stattdessen in erster Linie um mit Geld entlohnte Tätigkeiten im Rahmen des „üblichen" Erwerbslebens.

Alle ArbeitnehmerInnen, denen ein Grad der Behinderung von mehr als 50% bescheinigt wurde, haben laut Gesetz das Anrecht auf zusätzliche 5 bezahlte Urlaubstage. Erweiterte Ruhe- und Pausenzeiten sind ebenfalls vorgesehen. Kündigungen sind deutlich schwerer als für andere Beschäftigte. Sofern Unternehmungen nicht eine bestimmte Quote ihrer Stellen mit beeinträchtigten MitarbeiterInnen besetzen, müssen sie eine Ausgleichsabgabe zahlen – was viele Unternehmungen tatsächlich tun, entweder weil sie aus Vorurteilen oder anderen Gründen heraus diese Menschen nicht einstellen möchten, weil sie meinen, es sei durch Produktivitätsnachteile immer noch günstiger, die Abgabe in Kauf zu nehmen, statt eine ArbeitnehmerIn mit einer Behinderung einzustellen oder weil sie zur gesuchten Qualifikation niemanden finden – da vielleicht schon im Bildungssystem einiges im Argen liegt. Beeinträchtigte Menschen und auch die Unternehmungen können Hilfestellungen der Integrationsfachdienste in Anspruch nehmen. Es gibt Lohnkostenzuschüsse, aber auch Fördermöglichkeiten und Assistenz etwa auf technischem Gebiet.

Die Umsetzung des allgemeinen Ziels zur umfassenden Einbeziehung beeinträchtigter Menschen in den Arbeitsmarkt und die normalen betrieblichen Abläufe ist bisher alles andere als gut gelungen. „Beschützende" Werkstätten u.a. haben nach wie vor einen erheblichen Anteil bei der Beschäftigung behinderter Menschen. Der Grund dafür ist nicht ganz so einfach auszumachen. Einiges mag daran liegen, dass in vielen Unternehmungen die Kenntnisse über Fördermöglichkeiten unvollständig, diejenigen über Verpflichtungen zu mehr Urlaub etc. aber umfassend vorhanden sind.

Außerdem ist in der Tat nicht gesichert, dass die Produktivitätsnachteile behinderter ArbeitnehmerInnen durch die Beeinträchtigungen selbst, aber vor allem auch durch den Mehrurlaub und die Zusatzruhezeiten durch die staatlichen Förderungen vollständig kompensiert werden. In diesem Fall sind behinderte Menschen immer im Kostennachteil gegenüber anderen ArbeitnehmerInnen. Ganz arg ist es bei nicht geräumten Arbeitsmärkten. Dann reichen schon Vorurteile über behinderte Menschen aus, seien sie auch noch so absurd, dass sie nicht eingestellt werden. Folge bei umfassendem Kündigungsschutz ist die schon einmal erwähnte „Kündigung vor der Einstellung". Allein mit den jetzigen Vorgaben wird das Ziel der Integration in den „normalen" Arbeitsmarkt nicht erreicht werden können. Reine Arbeitsmarktpolitikanpassungen reichen in diesem Fall aber nicht einmal, da sich auch u.a. in der Bildungspolitik einiges ändern müsste, um dem Ziel der Teilhabe am Arbeitsleben von Menschen mit Beeinträchtigungen tatsächlich deutlich näher zu kommen.

7.4.3.8 Grundsicherungspolitik

Wir könnten nun noch weitere Gruppen identifizieren, für die spezielle Gesetze geschaffen wurden oder die in besonderer Weise in bestimmten sozialpolitischen Teilsystemen berücksichtigt werden. Wir belassen es aber bei den bislang angesprochenen Gruppen, nicht nur, weil das Durcheinander – eleganter: die Vielschichtigkeit – der Sozialpolitik immer ausgeprägter wird. Eine Gruppe dürfen wir jedoch nicht übergehen. Wenn es nicht gar zu abwertend klänge, könnte man es salopp als „Rest" bezeichnen. Es mag ja Menschen, vielleicht sogar viele, geben, die weder über die Erwerbstätigkeit oder andere Faktoreinkommen (Löhne, Mieten, Zinsen etc.) noch über die Sozialversicherungen und auch nicht über gruppenspezifische Unterstützungen abgesichert und damit auch nicht in der Lage sind, ihre soziokulturelle Existenz zu sichern und am gesellschaftlichen Leben teilzuhaben. Das Ziel besteht aber in Deutschland explizit darin, dass das wirklich *alle* hierzulande lebenden Menschen können sollen. Für die Personen, die durch die bisherigen Raster der Existenzsicherung gefallen sind, ist eine Grundsicherung durch den Staat vorgesehen. Früher wurde der zugehörige Bereich des Sozialstaats als Sozialhilfepolitik gekennzeichnet. Der Begriff lebt noch etwas fort, aber Existenzsicherungs- oder Grundsicherungspolitik ist angesichts neuer Gesetzesformulierungen und -vorgaben vielleicht eher angebracht. Beschäftigen wir also zum Abschluss der gruppenspezifischen Sozialpolitik mit der sozialen Mindestsicherung, die eine gewisse Lückenfüllerposition einnimmt.

Wir sprechen über Personen, die kein für die gesellschaftliche Teilhabe hinreichend hohes eigenes Einkommen aus Vermögen oder einer Erwerbstätigkeit haben und die auch nicht durch irgendeine andere vorrangige soziale Leistung abgesichert sind. Wenn weder Ansprüche an Sozialversicherungen noch an andere bislang genannte Unterstützungen bestehen, aber dennoch Bedürftigkeit festgestellt wird, dann greift als letzte Instanz der sozialen Sicherung („letzte" im Sinne des Subsidiaritätsprinzips) die Grundsicherung. Nach Fürsorgeregelungen, die nach dem Ersten Weltkrieg entstanden, wurde nach einem gewissen Paradigmenwechsel die Sozialhilfe als Ersatz eingeführt, nunmehr mit konkreten Rechtsansprüchen einkommensschwacher Personen. Das relativ junge Sozialhilfegesetz aus dem Jahr 1961 wurde 2005 wieder abgeschafft und in das Sozialgesetzbuch (SGB) überführt. Im Zuge dieser Reformen wurde auch das Instrument der Arbeitslosenhilfe gestrichen. Dafür wurden für diesen Personenkreis an die Grundsicherungslogik angepasste Regelungen im SGB ergänzt. Dabei änderte sich vieles. Schauen wir nur auf die heutigen Bestimmungen und die Strukturen. BOECKH/HUSTER/BENZ (2011: Kap. 4.2.5) sowie BOTHFELD/SESSELMEIER/BOGEDAN (Hrsg.) (2012) geben jeweils eine sehr detaillierte und gut strukturierte Übersicht.

Aus dem Sozialhilfegesetz und dem Gesetz über eine bedarfsorientierte Grundsicherung im Alter und bei Erwerbsminderung wurden die Bestimmungen des SGB XII. Das trifft alle, die nicht erwerbstätig sein „können". Für diejenigen, die nicht erwerbstätig sein dürfen, gibt es teilweise eigene Gesetzesbestimmungen – so wie etwa im Asylbewerberleistungsgesetz. Bedürftige *erwerbsfähige* Menschen (u.a. die früheren BezieherInnen von Arbeitslosenhilfe, sofern sie immer noch erwerbsfähig sind) haben dagegen je nach Länge der Arbeitslosigkeit wiederum die Regeln des SGB II und III zu beachten. Sortieren wir es etwas zumindest im SGB-Bereich und starten mit dem SGB XII.

Die Unterstützung bedürftiger Menschen wird, wie schon bekannt, mit der Menschenwürde, aber auch mit der Sicherung des sozialen Friedens begründet. Wenn konkret die Armutsbekämpfung angesprochen ist, bekommen wir es mit den Fragen zu tun, was Armut genau ist und wie man sie messen kann. Erst damit wird es möglich, Betroffenenkreise und den konkreten Unterstützungsbedarf zu konkretisieren. Die Heterogenität der Vorstellungen dazu hatten wir ausführlich zu Beginn des siebten Kapitels angesprochen. Wie sieht die Umsetzung aus? Erstens wurde das Bundessozialhilfegesetz weitgehend identisch im SGB XII übernommen. Mit den Leistungen sollen Menschen fehlendes Einkommen zur Sicherung der Existenz ersetzt oder ergänzt bekommen, um ihre gesellschaftliche Teilhabe zu gewährleisten. Zudem gab es im früheren Sozialhilfegesetz explizit Hilfen in besonderen Lebenslagen. Zwischen Hilfen zum Lebensunterhalt und Hilfen in besonderen Lebenslagen unterschied dementsprechend das Gesetz. Im SGB XII fand allerdings nicht allein die frühere Sozialhilfe ihren Platz. Das SGB XII umfasst insgesamt folgende Leistungsarten bzw. gesetzliche Teilregelungen (gut in Wikipedia zusammengefasst):

– Hilfe zum Lebensunterhalt (laufende Sozialhilfe zur Sicherung des soziokulturellen Existenzminimums), geregelt in den §§ 27-40 SGB XII,

– Grundsicherung im Alter und bei Erwerbsminderung, die bereits im Rahmen der Altenhilfepolitik vorgestellt wurde (§§ 41-46 SGB XII),

– Hilfen zur Gesundheit, u.a. vorbeugende Gesundheitshilfe, Hilfe bei Krankheit, Hilfe bei Schwangerschaft und Mutterschaft (§§ 47-52 SGB XII),

– Eingliederungshilfe für behinderte Menschen (§§ 53-60 SGB XII),

– Hilfe zur Pflege (§§ 61-66 SGB XII),

– Hilfe zur Überwindung besonderer soz. Schwierigkeiten (§§ 67-69 SGB XII),

– Hilfe in anderen Lebenslagen, konkret: Blindenhilfe, Altenhilfe (bereits vorgestellt), Hilfe in sonstigen Lebenslagen und Bestattungskosten (§§ 70-74 SGB XII).

Das SGB XII unterscheidet formal nicht mehr wie zuvor das Sozialhilfegesetz die Hilfe zum Lebensunterhalt und die (früheren) Hilfen in besonderen Lebenslagen. Es ist aber mehr eine Begriffsfrage, denn das meiste zu besonderen Lebenslagen bezeichnet man jetzt als Hilfen nach dem 5. bis 9. Kapitel des SGB XII. Sie umfassen alle oben genannten Unterstützungsleistungen ab § 47 SGB XII. Es bestehen weiterhin Unterschiede bei der Einkommens- und Vermögensanrechnung bei den einzelnen Hilfearten des SGB XII.

Bezugsberechtigt sind nach den Regeln des SGB XII ausschließlich *nicht erwerbsfähige* Personen, wie immer solche mit dauerhaftem Wohnsitz in Deutschland. Welche Leistungen erhalten sie?

Der Regelsatz für die monatliche Unterstützung wurde 2009 mit 359,- € festgelegt. Ende 2010 und Anfang 2011 entbrannte ein heftiger Streit über Berechnungsmethoden und die Festlegung des monatlichen Regelsatzes – zunächst diskutiert für BezieherInnen von Arbeitslosengeld nach dem SGB II, die Neuregelungen gelten jedoch auch für alle, die Grundsicherung nach dem SGB XII erhalten. Nach ursprünglichen Plänen der Bundesregierung aus dem Jahr 2010 sollte der Regelsatz um 5,- € steigen, was die Opposition als völlig unzureichend geißelte. Man einigte sich zum Schluss im Februar 2011 darauf, den Satz in zwei Stufen in den nächsten beiden Jahren um insgesamt 8,- € anzuheben. Inzwischen fanden diverse Anpassungen statt und für 2013 sind folgende Zahlungen vorgesehen: Die Grundsicherung (Hartz IV) für Alleinstehende erhöhte sich zum 1. Januar 2013 gegenüber dem Vorjahr noch einmal um acht Euro monatlich. Ein/e Alleinstehende/r erhält dann 382,- €. Auch die anderen Regelsätze wurden angepasst. Die Bundesregierung veröffentlichte dazu die folgende Zusammenstellung:[116]

Übersicht über die Regelbedarfsstufen im Jahr 2013	
Regelbedarfsstufe 1 (Alleinlebend)	382,- €
Regelbedarfsstufe 2 (Paare / Bedarfsgemeinschaften)	345,- €
Regelbedarfsstufe 3 (Erwachsene im Haushalt anderer)	306,- €
Regelbedarfsstufe 4 (Jugendliche von 14 bis unter 18 Jahren)	289,- €
Regelbedarfsstufe 5 (Kinder von sechs bis unter 14 Jahren)	255,- €
Regelbedarfsstufe 6 (Kinder von 0 bis 6 Jahre)	224,- €

---

[116] Vgl. http://www.bundesregierung.de/Content/DE/Artikel/ArtikelNeuregelungen/2012/2012-12-19-neuregelungen-2012-2013.html;jsessionid=AD13C7FFFCCD91CD3C4332FB46B80950.s2t1?nn=437032#doc628980bodyText2, Abruf: 30.12.2012.

Das mit der Reform verbundene Bildungspaket wurde ausgeweitet. Mit diesem Paket sollen bedürftige Kinder unterstützt werden hinsichtlich Bildung, Mahlzeiten in Schulen und förderlichen Freizeitaktivitäten. Es ist nicht allein den Kindern von Bezieherinnen des Alg II oder der Grundsicherung nach SGB XII vorbehalten, sondern z.b. auch Kindern von WohngeldbezieherInnen.

Zurück zur Grundsicherung: Auch erst seit 2007 gibt es keine Differenzierung der Regelsätze mehr zwischen den alten und den neuen Bundesländern. Die Länder können allerdings abweichende Regelsätze bestimmen. So wie bei der Diskussion der Armutsmaße muss geregelt werden, wie nicht nur Personen, sondern ganze Haushalte finanziert werden, wenn Haushaltsersparnisse vermutet werden und die Existenzsicherung Ziel ist.

– Der Regelsatz für den sogenannten Haushaltsvorstand beträgt – wie kaum anders zu vermuten – 100% des Eckregelsatzes. Für Kinder unter 14 Jahren wurden bis 2010 70% und für die übrigen Haushaltsangehörigen 90% des Eckregelsatzes genommen. Auch hier gab und gibt es Streitpunkte z.B. darüber, ob Kinder so einfach einen Abschlag bekommen dürfen oder ob deren Bedarfe explizit bestimmt werden müssen. Das Bundesverfassungsgericht verlangte 2010 eine explizite Berechnung des Bedarfs von Kindern. Das bereits angesprochene Bildungs- und Teilhabepaket hat seinen Ausgangspunkt in diesem Urteil des Verfassungsgerichts. Leben Ehepaare oder LebenspartnerInnen zusammen, werden jeweils 90% des Eckregelsatzes zur Leistungsgrundlage. Die bisherigen einmaligen Leistungen der Hilfe zum Lebensunterhalt, z.B. für Bekleidung und Einschulung, wurden bis auf wenige Ausnahmen als Pauschale in den Regelsatz einbezogen. Auch Anschaffungskosten für Möbel, Küchengeräte etc. sollen die LeistungsbezieherInnen im Normalfall durch Ersparnisse aus den Regelsatzleistungen selbst finanzieren. Ob sich all die Vereinbarungen zur Haushaltsumrechnung in den 2013 gültigen Regelsätzen widerspiegeln, darf die geneigte LeserIn selbst nachrechnen.

– Die Unterkunftskosten in Höhe der tatsächlichen Aufwendungen werden extra übernommen. Das kann man erstens begründen mit dem besonders hohen Anteil der Ausgaben für die Miete, aber auch mit den sehr unterschiedlichen Miethöhen etwa im Vergleich von München und einem ländlichen Gebiet in Mecklenburg-Vorpommern. Werden die Unterkunftskosten jedoch als „unangemessen hoch" eingeschätzt, müssen sie nur so lange vom Staat finanziert werden, bis ein Wechsel in eine günstigere Wohnung möglich oder zumutbar ist. Das kann die Quadratmetermiete betreffen, aber auch die Größe der Wohnungen, mit der die Miethöhe variiert. Die Zumutungen daraus mögen manchem schon arg genug vorkommen. Ärger noch wird es, wenn man andere geradezu absurde Folgen sieht – etwa wenn große Wohnungsbaugesellschaften Wohnungen künstlich verkleinern (Zimmer nicht zugänglich machen), nur damit die bedürftigen MieterInnen weiterhin darin wohnen dürfen. Das ist natürlich sogar heillos ineffizient, weil diese Wohnfläche völlig ungenutzt bleibt und eigentlich niemand einen Nachteil hätte, könnte man sie nutzen.

- Die Heizkosten in Höhe der tatsächlichen Aufwendungen, soweit sie angemessen sind, werden ebenfalls übernommen. Unter bestimmten Voraussetzungen können die Sozialhilfeträger die Unterkunfts- und Heizkosten auch pauschaliert erbringen. Es ist immer wieder in der Diskussion, von der Übernahme der tatsächlichen Unterbringungskosten incl. der größten Nebenkostenanteile abzurücken und pauschalierte Zahlungen zu leisten. Eingewendet wird u.a., dass das die Bildung von Ghettos und sozialen Brennpunkten begünstige, da die HilfeempfängerInnen dann auf die billigsten der verfügbaren Wohnungen auswichen.

- Bestimmten Personengruppen wird ein Mehrbedarf zugestanden. Diese Personengruppen entsprechen in etwa den Gruppen, die früher schon im Sozialhilfegesetz genannt wurden. Die Leistungen für Alleinerziehende wurden erweitert. Der Mehrbedarf wird jeweils als prozentualer Aufschlag zum Regelsatz bestimmt.

- Einmalige Leistungen werden vor allem für eine *Erstausstattung* des Haushalts erbracht. Geübte MikroökonomInnen ahnen eine Konsequenz: ungewöhnlich viele eigene Wohnungen z.B. für Jugendliche aus Familien, die Mittel im Rahmen der Regeln des SBG II und XII erhalten. Eigentlich „lohnen" sich angesichts der Regelsatzbestimmungen und der Einmalleistungen sogar Scheidungen oder Trennungen mit einem fiktiven zweiten Haushalt und natürlich Bedarf zur Erstausstattung. Das ist zwar rechtlich in einem sehr strengen Sinne Transferbezugserschleichung, aber aus Anreiz- und Existenzsicherungsgründen bei diesen Bestimmungen nachvollziehbar. Folge ist jedoch, dass „Sozialdetektive" unterwegs sind, um aufzuspüren, ob tatsächlich allein gelebt wird. Ein Sonderbedarf, der eigentlich vom Regelsatz erfasst, jedoch im Einzelfall unabweisbar geboten ist, soll mittlerweile nur noch als Darlehen gewährt werden, das auch während des Sozialhilfebezugs zurückgezahlt werden soll.

- Weiterhin können Beiträge für die Kranken- und Pflegeversicherung sowie für die Altersvorsorge übernommen werden.

- Zur Vorbeugung von Wohnungsnotfällen sollen zudem Mietschulden übernommen werden.

Wie nicht anders zu erwarten, werden eigene Einkünfte und eigenes Vermögen angerechnet. Was alles angerechnet wird, gibt auch immer wieder Anlass zu Diskussionen. Wie ist es etwa mit einem eigenen PKW, mit der Eigentumswohnung oder dem eigenen Haus, mit angesparten Teilen einer Lebensversicherung oder dem Guthaben z.B. einer RIESTER-Rente? Neben Zumutbarkeitsfragen spielt es in diesem Zusammenhang eine Rolle, welche Anreizwirkungen ausgehen, wenn man etwa Spar- und Vorsorgebemühungen der Menschen im Bedürftigkeitsfall durch komplette Anrechnung „bestraft".

Lassen wir es dabei und gehen nicht auf Besonderheiten der Sozialhilfe etwa in Pflegeheimen ein oder im Krankenversicherungsbereich. Nur noch so viel: Zuständig für Verwaltung und Finanzierung sind hauptsächlich die Landkreise und die kreisfreien Städte.

Kommen wir aber noch zu einigen speziellen Regeln des SGB II, der Grundsicherung für Erwerbsfähige. Es geht um das Arbeitslosengeld II (Alg II, umgangssprachlich auch als HARTZ IV bezeichnet). Begrifflich ist, wie bereits erwähnt, Alg II unpräzise und unglücklich, weil Arbeitslosengeld eigentlich eine Versicherungsleistung ist, die Grundsicherung aber aus Steuermitteln finanziert wird. Arbeitslosigkeit ist auch gar keine Voraussetzung für den Bezug von Arbeitslosengeld II. Von Alg I und II zu sprechen, ist deshalb etwas irreführend. Das Alg II regelt die Grundsicherung für erwerbsfähige Arbeitslose nach dem SGB II. Es wurde Anfang 2005 durch das *Vierte Gesetz für moderne Dienstleistungen am Arbeitsmarkt* eingeführt. Es fasst die frühere Arbeitslosenhilfe und die Sozialhilfe – für Erwerbsfähige – zusammen und soll das soziokulturelle Existenzminimum sichern.[117] Um es beziehen zu können, ist – wie erwähnt – Arbeitslosigkeit keine Voraussetzung. Und es kann auch ergänzend zu anderem Einkommen oder dem Arbeitslosengeld I bezogen werden. Kinder, die in einer sogenannten Bedarfsgemeinschaft mit BezieherInnen von Alg II leben, bekommen Sozialgeld, das überwiegend nach denselben Regeln berechnet und gewährt wird. Dazu hatte das Bundesverfassungsgericht 2010 ja, wie beschrieben, geurteilt, dass für die Kinder eigene Existenzsicherungsberechnungen angestellt werden müssen und nicht einfach ein prozentualer Anteil des Erwachsenenbedarfs genommen werden darf. Schauen wir auch hier noch etwas genauer.

---

[117] Wenn es für die Betroffenen nicht so bedeutsam und in den langfristigen Folgen geradezu dramatisch wäre, könnte man folgendes fast als Kuriosum ansehen. Zunächst waren nach Abschaffung der Arbeitslosenhilfe Übergangslösungen vorgesehen. In gewissem Sinne wurden die damit verbundenen Zuschläge für Langzeitarbeitslose zur Grundsicherung gewährt, um eine Art „Armutsgewöhnung" zu unterstützen.

Leistungen nach dem SGB II erhalten alle die Personen, die das 15. Lebensjahr vollendet und die Altersgrenze nach § 7a noch nicht erreicht haben, die erwerbsfähig sind, die hilfebedürftig sind und die ihren gewöhnlichen Aufenthalt in der Bundesrepublik Deutschland haben. Leistungen erhalten auch alle, die mit erwerbsfähigen Hilfebedürftigen in einer sogenannten Bedarfsgemeinschaft leben. Dieses Konstrukt hat wiederum mit Subsidiaritätsvorstellungen zu tun, dass gemeinsam lebende Menschen sich gegenseitig unterstützen sollen, sofern ihnen das möglich ist.

Eine Bedarfsgemeinschaft im Sinne des SGB II besteht aus *einer* (trotz des Begriffs der *-gemeinschaft*) *oder mehreren* Personen. Zu einer Bedarfsgemeinschaft gehören: 1. erwerbsfähige Hilfebedürftige, 2. die im Haushalt lebenden Eltern oder ein im Haushalt lebender Elternteil eines unverheirateten, erwerbsfähigen Kindes, welches das 25. Lebensjahr noch nicht vollendet hat und die im Haushalt lebende PartnerIn dieses Elternteils. 3. gehört die PartnerIn der einkommensschwachen Person dazu. Wer ist alles PartnerIn? Nun, es kann sich sowohl um die nicht dauernd getrennt lebende EhegattIn handeln als auch um die nicht dauernd getrennt lebende LebenspartnerIn, eine Person, die mit dem erwerbsfähigen Hilfebedürftigen in einem gemeinsamen Haushalt so zusammenlebt, dass der „wechselseitige Wille anzunehmen ist", Verantwortung füreinander zu tragen und füreinander einzustehen sowie auch die dem Haushalt angehörenden unverheirateten Kinder der genannten Personen, wenn die Kinder das 25. Lebensjahr noch nicht vollendet haben und ihren Lebensunterhalt nicht aus eigenem Einkommen oder Vermögen sichern können.

Keine Leistungen erhalten Personen, die langfristig in einer (voll-)stationären Einrichtung untergebracht sind, die Vermögen oberhalb festgelegter Grenzen haben, die sich ohne vorherige Zustimmung der persönlichen AnsprechpartnerIn außerhalb des zeit- und ortsnahen Bereichs aufhalten (!), die als Auszubildende nach dem Bundesausbildungsförderungsgesetz (BAföG) oder nach dem §§ 60-62 SGB III zumindest *dem Grunde nach* förderungsfähig sind oder diejenigen, die Altersrente beziehen oder erwerbsgemindert sind.

Hilfebedürftigkeit wird auch Erwerbstätigen „zugestanden", die aufgrund ihres geringen Erwerbseinkommens ohne zusätzliche Sozialleistungen nicht existieren könnten oder die besonders wenig Alg I erhalten. Das sind sogenannte „AufstockerInnen". Da es mittlerweile sehr viele erwerbstätige Arbeitslosengeld-II-BezieherInnen in Deutschland gibt, sprechen einige davon, dass das Alg II faktisch die Funktion eines Kombilohns übernommen hat – auch eine kritische Frage an die spätere Wirkungsanalyse. Anreize zu solcher Aufstockung sind durchaus gegeben, weil die Möglichkeiten zum Nebenverdienst und auch die Vermögensanrechnung im SGB II etwas günstiger für die Betroffenen geregelt sind als in der früheren Sozialhilfe. Gerade in Gewerkschaftskreisen wird das alles sehr kritisch gesehen, weil es den Weg in Niedriglohnsektoren und zunehmende Lohnspreizung ebne.

Die Grundsicherungsleistungen nach SGB II sind – wie nicht anders zu erwarten – nachrangig gegenüber anderen Sozialleistungen. Deshalb muss, wer andere Sozialleistungen in Anspruch nehmen und dadurch seine Hilfsbedürftigkeit vermeiden, beseitigen, verkürzen oder verringern kann, diese Sozialleistungen auch tatsächlich beantragen. Weigert sich eine HilfeempfängerIn, den für den Bezug der anderen Leistung erforderlichen Antrag zu stellen, so kann für sie oder ihn die Behörde den Antrag stellen. Auf diese Weise ist auch zumindest eingeschränkt eine „Zwangsverrentung" möglich, also die Beantragung einer Altersrente sogar gegen den Willen der HilfeempfängerIn. Das ist für solche Menschen unter Umständen dann nachteilig, wenn mit der vorzeitigen Altersrente ein dauerhafter Rentenabschlag verbunden ist. Bei der Rentenformel hatten wir ja gesehen, wie sich ein vorzeitiger Rentenbezug auswirkt. Eigentlich gar nicht erwähnen muss man hier, dass natürlich auch eigenes Erwerbseinkommen vorrangig ist, d.h., es wird auch u.U. Zwang ausgeübt, so gut wie jede (legale) Beschäftigungsmöglichkeit auch zu nutzen.

Eine Besonderheit sind noch sogenannte 1-Euro-Jobs. Eigentlich heißen sie *Arbeitsgelegenheiten mit Mehraufwandsentschädigung* (AGH-MAE). Das ist eine *zusätzliche* (im Sinne einer marktergänzenden) und im öffentlichen Interesse stehende Tätigkeit, die EmpfängerInnen von Arbeitslosengeld II leisten. Weitere Bezeichnungen sind noch Zusatzjob oder Brückenjob.

Explizites Ziel der AGH-MAE ist es, Langzeitarbeitslose wieder an den sogenannten „Ersten Arbeitsmarkt" heranzuführen. Ob dieses Ziel durch diese Maßnahme erreichbar ist und ob die tatsächliche Umsetzung dieses Zieles wirklich gelingt, ist äußerst umstritten. Auch die Empirie ist nicht eindeutig. Bisherige Ergebnisse stimmen zumindest eher skeptisch, erstens ob es nicht doch zur Verdrängung von anderer Erwerbsarbeit und auch von PrivatanbieterInnen führt und zweitens, ob es wirklich Vorteile den 1-Euro-JobberInnen bringt, wieder eine „reguläre" Stelle zu finden. Es gibt aber interessante statistische Folgen: MAE-Arbeitskräfte gelten nicht als arbeitslos (im Sinne des SGB III) und werden somit auch nicht in der Arbeitslosenstatistik erfasst. Das ist nett für jede Regierung, wenn es dadurch so aussieht, als sei die Arbeitslosenquote niedrig. 1-Euro-JobberInnen erhalten neben dem Alg II eine „Mehraufwandsentschädigung" (MAE). Sie soll ihnen die durch die Ausübung der Arbeitsgelegenheit zusätzlich entstehenden Aufwendungen ersetzen, weil diese in der Regelleistung ja nicht berücksichtigt sind. Der Mehraufwand wird mit Beträgen zwischen 1,00 € und 2,50 € pro Stunde entschädigt. Bei einer AGH-MAE entsteht jedoch *kein* reguläres Arbeitsverhältnis. Die Entschädigung stellt daher auch kein Arbeitsentgelt dar. Das aber ist durchaus bemerkenswert: 1-Euro-JobberInnen haben kein reguläres Arbeitsverhältnis, sind aber gleichsam nicht arbeitslos.

Zurück zu den eigentlichen Leistungen. Das Arbeitslosengeld II muss beantragt werden. Ohne Antrag gibt es nichts, auch nachträglich nicht für die Zeiten vor der Antragstellung. Wenn man es beantragt hat und anspruchsberechtigt ist, dann hält das Alg II für Berechtigte folgende Leistungen bereit, die sehr denen des SGB XII ähneln:

– Eine Regelleistung zur Sicherung des Grundbedarfs der Existenz (§ 20 SGB II),

– Finanzierung spezieller Mehrbedarfe (§ 21),

– Leistungen für Unterkunft und Heizung (§ 22),

– Beiträge zu Kranken- und Pflegeversicherung (§ 5 Abs. 1 Nr. 2a SGB V), sowie zur Rentenversicherung (§ 3 Nr. 3a SGB VI).

Nur unter sehr bestimmten Voraussetzungen gibt es noch ergänzende Darlehen bei unabweisbarem einmaligem Bedarf sowie Einmalsonderleistungen.

Der Regelsatz betrug 2009 und 2010 für eine/n Alleinstehende/n monatlich 359,- €. Die Spezifika der Bedarfsgemeinschaften für die Berechnung seien hier nicht im Detail geschildert. Nach Neuberechnung aller existenzsichernden Bedarfe nach dem Bundesverfassungsgerichtsurteil zu den Leistungen für Kinder und Jugendliche gab es, wie schon erwähnt, nach den Plänen der Regierung ab 2011 hinsichtlich des Regelsatzes 5,- € mehr. Vereinbart wurde die zweistufige Anhebung um 8,- € plus ein eigenständiges Bildungspaket für bedürftige Kinder. Alles wurde noch gekoppelt mit Einigungen zu Mindestlöhnen für Leiharbeit. Zudem werden nunmehr Bildungsangebote für Kinder finanziert, auch Freizeitangebote sowie warme Mittagsmahlzeiten in den Schulen. All das schnürte man als das und schon gut bekannte Teilhabe- und Bildungspaket. Die zunächst angedachte kleine finanzielle Erhöhung um 5,- € und der vorgesehene Berechtigtenkreis für die Bildungspakete stießen Anfang 2011 auf deutliche Kritik und der erste Vorschlag der 5-€-Erhöhung wurde zunächst im Bundesrat mit Mehrheit abgelehnt. Danach wurde der beschriebene Kompromiss gefunden. Es entbrannte auch ein heftiger Streit über die Berechnungsmethode des Regelsatzes – etwa darüber, ob in der Vergleichsgruppe der NiedriglohnbezieherInnen zur Bedarfsfeststellung auch die „AufstockerInnen" enthalten sein dürfen oder nicht. Dieser Streit schwelt noch weiter. Die nächsten Urteile des Bundesverfassungsgerichts werden sich auch um die Berechnungsmethode des Regelsatzes drehen. Zumindest ist die Fortschreibung der Regelsätze nach SGB XII auch für Betroffene nach SGB II erfolgt.

Die Regelleistung soll eigentlich jeweils zum 1. Juli eines Jahres um den Prozentsatz angepasst werden, um den sich der aktuelle Rentenwert in der gesetzlichen Rentenversicherung verändert. Wer vergessen haben sollte, was das noch einmal war, möge bitte zum Unterkapitel „Rentenversicherung" zurückgehen (aber wieder nicht über Monopoly-Los, auch nicht ins Gefängnis). Die Detailregelungen zu Unterkunftskosten etc. könnten Bücher füllen. Es reicht hier zu erwähnen, dass sie denen des SGB XII ähneln. Auch im SGB II gibt es u.a. wieder Grenzen, welche Wohnungsgrößen „angemessen" sind und wie hoch die Mieten sein dürfen.

Eines ist aber noch wichtig zu erwähnen. *Sozialgeld* nach § 28 SGB II ist eine spezielle Leistung des deutschen Sozialsystems, welches die Sozialhilfe aus dem SGB XII für hilfebedürftige Personen ersetzt, die nicht erwerbsfähig sind, mit einem erwerbsfähigen Hilfebedürftigen, der selbst dem Grunde nach Leistungen nach dem SGB II beanspruchen kann, in einer Bedarfsgemeinschaft leben und keinen Anspruch auf Grundsicherung nach SGB XII haben. Daneben haben auch nicht erwerbsfähige, minderjährige Kinder von nach dem BAföG förderungsfähigen Auszubildenden Anspruch auf das Sozialgeld.

Wenn bestimmte Voraussetzungen erfüllt sind, erhalten z.B. laut Gesetz „Schülerinnen und Schüler [...] eine zusätzliche Leistung für die Schule in Höhe von 100,- €" pro Jahr. Das soll kein „Schulgeld" sein, sondern es geht um Leistungen, die die Kosten für die Anschaffungen von Schulmaterialien auffangen sollen.

Nach der Entscheidung des Bundesverfassungsgerichts aus dem Jahr 2010 *müssen* auch unabweisbare, laufende, nicht nur einmalige Sonderbedarfe finanziert werden, die nicht von Regelleistungen erfasst sind, jedoch zur Gewährleistung eines menschenwürdigen Existenzminimums zwingend zu decken sind. Das gebiete allein schon das Grundgesetz.

Die Bundesagentur für Arbeit erließ danach eine Geschäftsanweisung, die genau festlegte, was alles zu den Härtefallleistungen gehört. Das umfasste u.a. nicht verschreibungspflichtige Arznei- oder Heilmittel, Putz- und Haushaltshilfe für RollstuhlfahrerInnen, Kosten zur Wahrnehmung des Umgangsrechts (das können notfalls auch regelmäßige Flüge ins Ausland sein, um die im Ausland lebenden eigenen Kinder treffen zu können), Nachhilfeunterricht, wenn es einen besonderen Anlass gibt, wie langfristige Erkrankung oder einen Todesfall in der Familie. Nicht dazu gehören z.B. Ausgaben für Bekleidung und Schuhe in Übergrößen oder für einen besonderen krankheitsbedingten Ernährungsaufwand. Einen gewissen Willkürcharakter kann man dieser Geschäftsanweisung womöglich nicht absprechen.

Ist es nicht nach derart viel zu gruppenspezifischer Sozialpolitik Zeit zum Durchatmen? Auch wenn es noch viel Berichtenswertes über Sinnvolles oder Absonderliches in den Detailregelungen gibt, wird der Abschnitt dazu nun geschlossen. Wenn man Rückschau hält, dann lohnt aber ein spezieller Blick, nämlich dahingehend, welche Art und welches Ausmaß von Kontrollen und Zwängen diese konkreten Regeln alle nach sich ziehen – speziell die hinsichtlich SGB II und SGB XII. Wenn es an späterer Stelle noch um alternative Sozialstaatsmodelle gehen wird, dann ist nicht nur interessant zu untersuchen, ob sie Effizienzvorteile und eine gleichmäßigere Einkommensverteilung nach sich ziehen, sondern auch, wie stark der Zwangscharakter nach Logik der Systeme sein „muss".

7.4.3.9 Sonstige Bereiche

In den „sonstigen Bereichen" der Sozialpolitik geht es besonders um die Güter, bei denen der Staat – ob paternalistisch begründet oder nicht – der Ansicht ist, dass diese für eine Existenzsicherung besonders wichtig sind oder – und noch bedeutsamer – die er selbst verantwortet. Letzteres ist deshalb interessant und wichtig, weil der Staat in einem Modus koordiniert und die Einkommenshöhe für unentgeltlich oder stark verbilligt angebotene Leistungen des Staates häufig nicht entscheidend ist. Dann kann man aber mit der Frage nach einem existenzsichernden Einkommen nicht weit kommen, sondern muss direkt auf die Menge und die Verteilung der staatlich bereitgestellten Güter und Leistungen schauen.

Bei den „Sonderbereichen" nehmen die Versorgung mit Wohnraum sowie Bildung eine zentrale Rolle ein. Man kann das auch exemplarisch für beide Begründungen von „Sonderbereichen" nehmen. Zudem spielten gerade diese beiden Bereiche im ursprünglichen Konzept der Sozialen Marktwirtschaft eine herausragende Rolle. RÜSTOWs schon angesprochene Idee der Lebenslagen- oder Vitalpolitik setzte z.B. hauptsächlich auf Chancengerechtigkeit. Dafür wurde die Bildungs- neben der Vermögenspolitik als besonders wichtig identifiziert. Wohn- und Lebensraum wiederum waren in seiner Vorstellung von Bedeutung, da beides in erheblichem Maße die Entfaltungsmöglichkeiten von Menschen bestimme. Deshalb war die „Siedlungspolitik" auch ein weiterer wichtiger Baustein im vitalpolitischen Konzept (vgl. z.B. MAIER-RIGAUD 2013). Heute finden wir in den beiden Bereichen folgende Regelungen, die dieser Ursprungsidee jedoch nur sehr eingeschränkt folgen und ihr nur wenig Rechnung tragen. Beginnen wir mit dem Wohnen.

Wohnungspolitik: Wohnungen sind überwiegend marktvermittelte Güter, wenngleich der Staat stark in den Markt interveniert. Das Einkommen ist vielfach für den Zugang zu Wohnungen entscheidend. Die Zuteilung von

Sozialwohnungen nach anderen Kriterien etc. spielt zwar eine gewisse Rolle, ist aber dennoch nicht zentral.

Wohnen ist teuer, d.h., ein Großteil der individuellen Einkommen muss für Miete bzw. den Abtrag von Hypothekendarlehen nach Erwerb etwa einer Eigentumswohnung verwendet werden. Gelingt es erstens, Wohnen „bezahlbar" zu machen, verbleiben auch ärmeren Menschen genügend Mittel zur Deckung sonstiger existenzieller Bedarfe. Zweitens wird der Unterbringung und Form des Wohnens eine besondere Rolle für die Sicherung einer menschenwürdigen Existenz zugeschrieben. Als Drittes werden spezifische Marktprobleme wie starke time-lags beim Wohnungsbau ausgemacht, die es zu bekämpfen gelte. Und viertens werden spezielle Probleme in der starken sozialen Trennung von Menschen in verschiedenen Wohnvierteln incl. der „Entmietung" nach sogenannten Luxussanierungen ausgemacht.

Üblicherweise unterscheidet man eine Wohnungs*bau*- und eine Wohnungs*bestands*politik. Historisch gesehen gab es Zeiten, in denen man in der Tat Märkten Grenzen setzen musste. In der Nachkriegszeit etwa gab es die Situation, dass viele Gebäude zerstört waren und gleichzeitig viele Menschen aus Schlesien, Ostpreußen etc. nach Westdeutschland kamen (sog. Flüchtlinge, die damals für einige Zeit etwa den Status heutiger MigrantInnen in der Gesellschaft hatten und auch vorurteilsgeladen diskriminiert wurden). Da zu befürchten war, dass kurzfristig zumindest die ärmeren Menschen angesichts der Knappheit unversorgt bleiben, gab es eine rigide Wohnungsbewirtschaftung mit Zwangszuweisungen etc. Erst nach und nach entspannte sich die Knappheitssituation – auch durch staatliche Wohnungsbauprogramme, und der Wohnungsmarkt wurde tatsächlich mehr „Markt". Nach wie vor ist er aber starken Regulierungen ausgesetzt.

In der Wohnungspolitik geht es konkret um das Mietrecht (u.a. um Kündigungsmöglichkeiten und Kostenverteilungen), um Mietbeihilfen (geregelt im Wohngeldgesetz), die Festlegung von Höchstmieten durch Mietspiegel, um sozialen Wohnungsbau und Anreize für Privatpersonen zum Bau oder Modernisieren von Wohnungen. Auch das Baurecht, Regeln des Wohnungseigentumsgesetzes, des Wohnungsbauprämiengesetzes oder des Vermögensbildungsgesetzes werden zur Wohnungspolitik gerechnet. Man mag schon fragen, ob es überhaupt noch einen Lebensbereich gibt, der nicht spezifische Rechtsgrundlagen hat. Details sollen hier nicht beschrieben werden, aber die Wohnungspolitik wird in der Wirkungsanalyse noch einmal aufgegriffen (zu konkreten Regeln und einer weitergehenden Systematisierung vgl. LAMPERT/ ALTHAMMER 2004: Kap. XI)

Bildungspolitik: Bildung ist einer der Bereiche, in denen der Staat maßgeblich in seiner Logik steuert und Leistungen zur Verfügung stellt. Das ist wegen sehr hoher externer Effekte der Bildungsdienstleistungen und -güter auch nachvollziehbar und notwendig. Der Staat nutzt (noch) vorwiegend die Eigensteuerung oder die Objektförderung, indem er Einrichtungen die Finanzierung unter engen inhaltlichen und gestalterischen Grenzen sichert. Langsam ist auch ein Weg zu mehr Subjektförderung durch Bildungsgutscheine etc. geebnet. Wäre das jetzt schon Kernprinzip, würde Bildung vielleicht etwas weniger als „Sonderbereich" der Sozialpolitik betrachtet werden müssen. Nun geht es aber immer noch um staatliche Leistungen und Angebote, die essenziell die Lebens- und Teilhabemöglichkeiten der Menschen tangieren und für die die reine Einkommensbetrachtung keine hinreichenden Indizien bietet, welche Ausschließungs- und Diskriminierungsprobleme existieren und wie sie gelöst werden sollen. Also muss man direkt auf den Bildungssektor schauen.

Formal gibt es wenig Grund, für Deutschland Ausschließung zu beklagen. Bis auf sogenannte Illegale dürfen alle Personen mit ständigem Wohnsitz in Deutschland bzw. ihre Kinder die Bildungsangebote zu gleichen Konditionen nutzen. Keine Gruppe muss mehr dafür bezahlen als andere (Schulgeld oder Studiengebühren etwa nur für die Mädchen oder nur für AusländerInnen gibt es nicht). Das ist durchaus nicht in allen Ländern so. In China etwa gab oder gibt es Regeln, wonach Kinder von WanderarbeiterInnen nicht wie andere Zugang zum Schulsystem bekommen, zumindest nicht zu gleichen Konditionen. In einigen Ländern werden Mädchen systematisch von bestimmten Bildungsangeboten ausgeschlossen.

In Deutschland steht prinzipiell allen alles offen. Jede/r „darf" Abitur machen, studieren usw. Ein selbstzufriedenes „na also" ist dennoch ganz und gar nicht angebracht, denn gerade im Bildungsbereich konstatieren Vergleichsstudien für Deutschland erstaunliche Probleme. Ganz weit hinten in der Rangfolge erscheint die Bundesrepublik hinsichtlich der Frage, welche Rolle der soziale Status der Eltern für den Bildungserfolg der Kinder hat. So gut wie in keinem anderen Land ist laut OECD der Einfluss des Elternhauses derart entscheidend wie in Deutschland. Hierzulande haben Kinder aus ärmeren und benachteiligten Elternhäusern, auch generell solche aus einem „bildungsfernen" Elternhaus, sehr viel schlechtere Chancen auf einen guten Schul- und Berufsqualifizierungsabschluss als in anderen Ländern. Selbst sehr marktorientierte Bildungssysteme mit heftig hohen Gebühren schneiden diesbezüglich besser ab. Auch im Hinblick auf die SchülerInnenleistungen wurden nach den PISA-Vergleichsstudien dem deutschen System Mängel zugeschrieben. Da via Bildungspolitik nicht signifikant weniger Mittel in den Bildungsbereich als in anderen Ländern fließen, muss es eher an der Struktur und den konkreten Regeln der bildungspolitischen Setzungen liegen (vgl. zu all den Punkten und auch zur Struktur des Systems KUBON-GILKE 2006).

Die Bildungspolitik richtet sich in erster Linie an der Gewährung der Chancengleichheit aus. Das ist zumindest das offiziell formulierte Ziel. Sie regelt konkret die Struktur des Bildungssystems und deren Finanzierung. Sowohl die BAföG-Regeln als auch die Diskussion um Veränderungen bei Studiengebühren, Kindergartengebühren, Debatten zur Gliederung des Schulsystems, zur Ausbildungsplatzabgabe oder zu der Einführung von Bachelor- und Master-Abschlüssen haben zentrale sozialpolitische Bedeutung. Wenn man über die verschiedenen Koordinationslogiken hinweg argumentiert, müsste man die Bildungspolitik auch direkt der Sozialpolitik zuordnen. Meist geschieht das nicht, weil man sich mehr auf rein marktspezifische Koordinierungen konzentriert bei der Frage, wie sozialpolitisch interveniert oder korrigiert werden sollte.

Gerade bei der Bildungspolitik ist es wichtig zu beachten, dass hier wieder einmal zwei, wenn nicht gar alle drei Koordinationslogiken stark interagieren. Ergebnisse aus dem Bildungsbereich tangieren sehr stark arbeitsmarktrelevante Zusammenhänge, aber auch die unternehmensinterne Koordinierung und andere traditionelle Modi der Organisation der Arbeitsteilung. Deshalb gilt auch in ganz besonderem Maße hierbei, dass die vermeintlichen direkten Verteilungseffekte der Bildungspolitik erst einer ökonomischen Wirkungsanalyse unterzogen werden müssen, weil die einzelnen Regulierungen z.T. mit direkten Markteingriffen verbunden sind, die völlig andere Verteilungseffekte als die eigentlich intendierten nach sich ziehen. Kompliziert wird es so richtig dadurch, dass wir dabei nicht einfach prinzipiell perfekt funktionsfähige Arbeitsmärkte unterstellen können. Die tatsächlichen interaktiven Wirkungen sind entscheidend davon abhängig, welche Mechanismen tatsächlich auf Märkten, in Hierarchie- und Traditionssystemen greifen.

Lassen wir es vorerst dabei. Es soll auch nicht mehr um all die Politikbereiche gehen, die eher indirekt sozialpolitisch relevant sind. Nur beispielhaft: Die Wettbewerbspolitik hat Einfluss darauf, wie effizient Märkte funktionieren und zu welchen Preisen KundInnen Güter erwerben können. Das beeinflusst natürlich maßgeblich, welche Einkommen überhaupt nötig sind, um in Würde in unserer Gesellschaft teilhaben zu können. Man denke nur an die Bedeutung von Strompreisen und die Heizkosten. Die VerbraucherInnenschutzpolitik wiederum hat Einfluss, ob die Menschen auch ihre Existenz in hinreichend guter Gesundheit sichern können. Ähnliches trifft für die Umweltschutzpolitik zu. Was hat letztlich keine sozialpolitische Bedeutung? Alles und jedes darstellen? Das macht wenig Sinn. Es reicht aus, mit unseren profunden Kenntnissen über mikroökonomische Zusammenhänge aus den ersten Kapiteln des Buches – vor allem über das Interagieren der verschiedenen Organisationslogiken zur Steuerung der Arbeitsteilung – zu wissen, dass letztlich jede politische Entscheidung, wenn auch mit Umwegen, sozialpolitisch unter Beobachtung stehen muss.

7.5 Allokations- und Verteilungswirkungen ausgewählter sozialpolitischer Programme

Die Beurteilung unseres Sozialstaats und Vorstellungen zu Reformen hängen zunächst stark von einer sehr grundlegenden Einschätzung ab. Geht man – wie einige „radikale" VertreterInnen vor allem der Kritischen Theorie – davon aus, dass *jede* Marktgesellschaft inhärent durchsetzt ist von unauflösbaren Herrschafts- und Machtstrukturen, die wiederum für Soziale Ausschließung von Gruppen und Individuen Verantwortung tragen, dann braucht man kaum einen Blick auf die Regeln der Sozialen Sicherung zu werfen. Sie sind nämlich aus dieser Perspektive nur *Ausdruck* der Herrschaftsstruktur und verfestigen oder stärken sogar die (beabsichtigte?) Ausschließung von Gruppen durch die Mächtigen dieses Gesellschafts- und Wirtschaftssystems. Die vielfach in der Tat dysfunktionalen Regeln hat man mit einer solchen vorgelagerten Einschätzung flott finsterer Absicht zugeordnet nach dem Motto: „Es wundert uns nicht, dass die Sozialpolitik Ungleichheiten partiell verstärkt, denn das ist ja genau die Absicht der Herrschenden und Mächtigen – ob explizit oder implizit." Ein Blick auf den Sozialen Sektor allein erscheint in dieser Perspektive eigentlich fast schon unsinnig, da ja die gesamten gesellschaftlichen Strukturen, das gesamte Gesellschafts- und Wirtschaftssystem auf den Prüfstand müssten, um die vermuteten Herrschaftsstrukturen zu brechen.

Wenn ich es despektierlich mit einem wahrlich tendenziösen Vergleich beschreibe: Mein Großvater war ein großer Fußballfan und schaute sich gern Spiele an – direkt im Stadion oder im Fernsehen. Wenn „seine" Mannschaft kurz vor Schluss in Rückstand lag, sagte er stets: „Ist sowieso alles Schiebung", verließ vorzeitig das Stadion oder schaltete den Fernsehapparat ab. Die „Alles-Schiebung"-Sicht kann nun gedeutet werden im Sinne, dass es beim Fußball *nie* anders sein wird (Kapitalismus bzw. Marktsystem kann es ohne exkludierende Machtausübung nicht geben) und dass man besser gleich etwas anderes spielen sollte – vielleicht Rugby, Boule, Schwarzer Peter oder Halma (anderes Wirtschafts- und Gesellschaftssystem). Ob die anderen Spiele (anderen Systeme) tatsächlich weniger anfällig für Schiebung, Macht, Herrschaft und Exklusion sind, bliebe zu untersuchen. Reale Systeme entwickelten zumindest bislang alle ihre speziellen Ausschließungsmechanismen. Und noch despektierlicher mit Wilhelm BUSCH: Wer mit des Argwohns Brille schaut, sieht Raupen selbst im Sauerkraut. Das heißt ja nicht, dass er gar keine Raupen gäbe.

Aber wirklich immer und überall in unserem Wirtschafts- und Gesellschaftssystem?

In einer etwas moderateren Sicht, z.T. ebenfalls von VertreterInnen der Kritischen Theorie geäußert, aber auch von vielen anderen Theorierichtungen getragen, wird darauf hingewiesen, dass Ausschließung durch gesellschaftliche „Kernstrukturen" entsteht oder begünstigt wird, dass es aber auch innerhalb unseres konkreten Systems Möglichkeiten der Gegensteuerung gibt, um Ausstrahlungen auf weitere gesellschaftliche Bereiche, Verfestigungen oder „Einfrierungen" des Sozialen Ausschlusses zu verhindern (vgl. ANHORN/ STEHR 2011: 6). Mit dieser Position wird es wichtig, konkrete sozialpolitische Programme im Marktsystem zu beurteilen.

Man kann also auch abgeschwächt oder gar alternativ die These vertreten, dass es natürlich Macht und Herrschaft gibt, auch „Schiebung", dass aber erstens nicht jede dysfunktionale Regel des Sozialsystems angesichts des komplexen Problem- und Koordinierungssystems speziell dem Marktsystem an sich geschuldet sein *muss* – sondern einfach evolvieren kann – und dass zweitens auch Chancen bestehen, ein Gesamtsystem im Rahmen der gesellschaftlichen Grundorientierung so zu gestalten, dass es zumindest vergleichsweise akzeptabel wird und allen Menschen ein Leben in Freiheit und Würde ermöglicht. So sahen es u.a. auch die *ursprünglichen* Neoliberalen, also nicht die „Marktradikalen", mit denen heute Neoliberalismus assoziiert wird. Auch sie wiesen schon früh darauf hin, dass Armut und Ausschluss mit gesellschaftlichen Problemen zu tun haben und nicht etwa nur in Eigenschaften oder Verhaltensweisen betroffener Individuen zu suchen seien.

Sie erkannten mehr als genug Mängel im ökonomischen und politischen Bereich demokratisch-marktwirtschaftlicher Systeme. Dennoch aber unternahmen sie den Versuch, Grundlagen für eine machtbalancierte, chancengerechte und marktorientierte Gesellschaft zu entwerfen, deren materiellen Grundlagen gesichert sind. Die Machtbalance sahen sie als ganz entscheidend an. Nach den Schreckensregimes des Stalinismus und Nationalsozialismus setzten sie alles daran zu erreichen, dass es möglichst keine Bedingungen mehr geben sollte, die den Weg wieder in totalitäre Regimes mit besonders drastischen Formen des Ausschlusses ebnen. Nimmt man die moderate zweite Position zu sozialem Ausschluss ein, ist die Analyse auf verschiedenen Ebenen nötig – auf der konstitutionellen Ebene bei der Frage, unter welchen Rahmenbedingungen Politik und Wirtschaft operieren müssen, um nicht zu große Machtzentren entstehen zu lassen, sowie auf der konkreten politischen Ebene, welche Einzelbereiche oder Einzelmaßnahmen der Politik in welcher Weise zu Inklusion beitragen müssen und können. Da man die zweite Position zumindest nicht von vornherein ausschließen sollte, lohnt der Blick auf tatsächliche Wirkungszusammenhänge sozialpolitischer Detailregelungen.

Im zweiten, dritten und vierten Kapitel wurde bereits an Beispielen demonstriert, wie in dem jeweils gerade dargestellten Theorierahmen sozialpolitische Maßnahmen wirken. Jetzt drehen wir in gewisser Weise ebenso beispielhaft den Spieß um und schauen auf bestimmte politische Maßnahmen. Die werden mit verschiedenen theoretischen Überlegungen unterlegt, um die Aussagen etwas präziser dem jeweiligen Theoriekontext zuordnen zu können, auch um zu zeigen, dass Aussagen dann ambivalent werden, wenn verschiedene Theorien zu widersprüchlichen Aussagen führen, aber weder Konsens über den relevanten Theorierahmen besteht noch die Empirie eindeutige Schlüsse zulässt.

Da viele Zusammenhänge bereits behandelt wurden, werden diverse Rückverweise gemacht, damit nicht zu viel Redundanz entsteht. Das erfordert sozusagen Fingerfertigkeit beim Suchen und Blättern. Das mag lästig erscheinen, aber man kann es auch in freundlicher Interpretation als Nebenfunktion des Lehrbuches ansehen, feinmotorische Fähigkeiten zu stärken. Also frisch an die Arbeit. Nicht nur Fingerfertigkeit ist gefragt. Der Lehrbuchabschluss verlangt noch einmal besonders viel Konzentration. Es muss jetzt verstärkt noch als zuvor „ausgehalten" werden, dass sich nicht alles mit einfachen Beispielen erklären lässt, sondern allerhand Abstraktion bei der Berücksichtigung verwickelter gegenseitiger Abhängigkeiten gefordert ist.

7.5.1 Sozialversicherungen

Große hirnakrobatische Übungen benötigt man (noch) nicht, um ein unmittelbares Verteilungsproblem in der Konstruktion der Sozialversicherungen zu entdecken. Das deutsche System der Sozialversicherungen wird gern als „solidarisch" bezeichnet, weil einkommensstärkere ArbeitnehmerInnen mehr Beiträge einzahlen als ärmere. Bekanntlich zahlt man als ArbeitnehmerIn einen bestimmten Prozentsatz des Erwerbseinkommens als Beitrag. Bei der gesundheitlichen Versorgung sollen alle die gleichen Leistungen erhalten, d.h., einige zahlen dann mehr für diese Leistungen als andere. Bei der Arbeitslosen- und Rentenversicherung sind auch die Leistungen für die Besserverdienenden üppiger – denn das System folgt ja der Logik der Einkommenssicherung. Die spezifische Konstruktion unterschiedlich hoher Beiträge in die Versicherungen dient manchen sogar als eine Art Feigenblatt für vielleicht ansonsten eher moderate Umverteilungen durch das System aus Steuern und Transfers. Sind die Sozialversicherungen aber wirklich solidarisch? Folgende Gründe lassen Skepsis aufkommen:

(a) *Versichertenkreis*: Die Sozialversicherungen sind nach wie vor sehr erwerbszentriert. Pflichtversichert sind in erster Linie ArbeitnehmerInnen. Selbst bei allgemeiner Versicherungspflicht können VielverdienerInnen teilweise auf private Versicherungen (Kranken- und Pflegeversicherung) ausweichen.

(b) *Progressionsverzicht*: Während die Einkommensteuer progressiv verläuft, d.h. der Grenzsteuersatz mit höherem Einkommen steigt, ist der Beitragsprozentsatz in den Sozialversicherungen für alle bis zur Bemessungsgrenze gleich. Danach sinkt der durchschnittliche Beitragssatz sogar. Es lohnt noch ein etwas genauerer Blick.

(c) *Beitragsbemessungsgrenze*: Schauen wir auf ein Beispiel. Zum Jahreswechsel von 2010 auf 2011 gab es – wie in jedem Jahr – einige Änderungen in den Festlegungen für die Sozialversicherungen. Die Beiträge zur Krankenversicherung stiegen von 14,9% auf 15,5% des beitragspflichtigen Bruttolohnes, die zur Arbeitslosenversicherung von 2,8% auf 3%. Insgesamt stiegen die Beiträge also um 0,8 Prozentpunkte. In der gesetzlichen Krankenversicherung sank ausnahmsweise die Beitragsbemessungsgrenze um etwa 37,- € auf 3712,50 €. Was hatte das in jenem Jahr für Folgen für verschiedene ArbeitnehmerInnen? Schauen wir auf folgende Konstellationen:

– Angus ist Alleinverdiener. Er lebt mit seiner Frau Arlene und Tochter Anke zusammen und verdiente 2011 monatlich brutto 2500,- €. Durch die Änderungen bei den Sozialversicherungen sank sein verfügbares Einkommen um 94,- € (unter sonst unveränderten Bedingungen).

– Branka lebte in diesem Jahr allein und verdiente 1500,- € brutto im Monat. Sie wurde zusätzlich mit etwa 52,- € im Jahr 2011 belastet.

– Ähnlich hoch war der zusätzliche Abzug für Chiara. Sie ist alleinerziehend, lebt mit Sohn Conradin zusammen und verdiente monatlich 2000,- €.

– Dietlinde hat es zu etwas gebracht. Sie ist alleinstehend, hat keine Kinder und verdiente 2011 als Hauptabteilungsleiterin 8000,- € im Monat. Für sie waren die Sozialversicherungsänderungen gar nicht so schlimm – vor allem durch die Regeln zur Beitragsbemessungsgrenze. Im ganzen Jahr betrug ihre zusätzliche Belastung nur 1,32 €.

– Edzard ist lediger Manager auf höherer Ebene mit einem Gehalt von damals 15000,- € im Monat. Er hatte eine lachhaft geringe Mehrbelastung von neun Cent im Monat bzw. von 1,08 € im ganzen Jahr. Auch

für ihn ist es grundsätzlich günstig, dass es einen Höchstbetrag durch die Beitragsbemessungsgrenze gibt.
- Flora schließlich verdiente nicht sehr viel als Teilzeitkraft in einem Schreibbüro. Brutto bekam sie 1000,- € im Monat. Sie erzielte aber durch ein Erbe hohe Miet- und Zinseinnahmen von monatlich 6000,- €. Sie zahlte prozentual überhaupt nur etwas in die Sozialversicherungen für die 1000,- € Erwerbseinkommen. Die Einkommen aus Zinsen und Mieten spielen für die Beiträge keine Rolle. Damit bekam sie z.b. die Leistungen des Gesundheitssystems für weniger Geld als Branka, die nur über das Erwerbseinkommen von 1500,- € verfügte.

Seit 2012 stiegen die Beitragsbemessungsgrenzen jährlich wieder. Die Beitragssätze, so haben wir gesehen, entwickelten sich unterschiedlich. Der Rentenversicherungsbeitrag sank z.b., der für die Pflegeversicherung wurde angehoben. Ob das alles wirklich ein System im Sinne der Solidarität darstellt, kann man bezweifeln. Zumindest dem Ausgleich zwischen Arm und Reich dient es eher weniger. Dennoch wird das System der Sozialversicherungen hierzulande überwiegend als fair und „richtig" empfunden. Systemänderungen lehnt die Mehrheit der Bevölkerung ab. Diejenigen mit einem höheren Verdienst sollen höhere Beiträge zahlen als KleinverdienerInnen. So weit, so gut. Aber erstens ist in diesem System eben keine Progression vorgesehen, d.h., die Beitragssätze steigen nicht wie bei der Einkommensteuer mit höherem Einkommen. Zweitens gibt es Beitragshöchstgrenzen. Und das führt – wie gesehen – dazu, dass die prozentuale Belastung hoher Einkommen sogar viel niedriger ist, als bei denjenigen, die ein Einkommen unterhalb der Beitragsbemessungsgrenze erhalten. „Eigentlich" wäre es besser, so man denn Verteilungskorrekturen beabsichtigt, diese über das Steuer- und Transfersystem zu schaffen als über das Sozialversicherungssystem. Das könnte auch die Möglichkeiten verbessern, andere Ziele zu erreichen. Für das Gesundheitssystem wird z.B. die These vertreten und durchaus auch untermauert, dass es mit diesem Konstruktionsprinzip der Versicherungen gar nicht gelingen *kann*, gleichzeitig einen solidarischen Ausgleich zwischen Gesunden und Kranken sowie zwischen Armen und Reichen zu schaffen und zudem noch all die Probleme asymmetrischer Informationen bei den Krankenversicherungen in den Griff zu bekommen (vgl. z.B. BREYER/ZWEIFEL/KIFMANN 2005: Kap. 6 und 7). Das ganze System ist nun aber sehr verankert in den gesellschaftlichen Gerechtigkeitsvorstellungen, so dass sich solche grundlegenden Änderungen kaum durchsetzen lassen – wie etwa die Diskussion um die Einführung der Kopfpauschale für Krankenversicherungen eindrucksvoll demonstrierte.

Die Fairness des Systems wird zudem gern damit begründet, dass auch ArbeitgeberInnen anteilig – wenngleich nicht immer ganz paritätisch – Beiträge zahlen. Hat jemand Zweifel? Diese sind berechtigt. Denn wir haben im dritten Kapitel ausführlich besprochen, wie es in Konkurrenzmärkten wirkt, wenn Steuern erhoben werden. Am Beispiel einer Mengensteuer haben wir dabei herausgefunden, dass sie die Grenzkosten der Unternehmungen erhöhen, sich damit die Angebotskurve verschiebt und letztlich bei normalem Nachfrageverlauf höhere Preise resultieren. So etwas Ähnliches sollte man auch hier erwarten. Je höher der ArbeitgeberInnenanteil an den Sozialversicherungen ist, desto niedriger verläuft in diesem Fall die Arbeitsnachfrage. Folge sind relativ niedrige Gleichgewichtslöhne. Also einfache Regel: Zahlen ArbeitnehmerInnen alles, erzielen sie hohe Löhne; zahlen die ArbeitgeberInnen viel, sind die Löhne niedriger. *Wer* etwas an das Finanzamt oder die Sozialversicherungen überweist, sagt überhaupt nichts darüber aus, wer die Last einer Steuer oder eines Sozialversicherungsbeitrages trägt. Politisch sind es dann eher Scheingefechte um den ArbeitgeberInnenanteil, und die Fairnessüberlegungen gründen sich eher auf einer Fiktion als auf realen Solidaritätswirkungen.

Trivial ist die Analyse für den Fall, dass Arbeitsmärkte stets ein Gleichgewicht von Angebot und Nachfrage anstreben (Kap. 3). Dann gilt generell, dass es für die Frage, wer die „Last" einer Steuer oder von Beiträgen zu schultern hat, nicht darauf ankommt, wer die Steuer tatsächlich *zahlt*. Etwas diffiziler, aber in der Richtung ähnlich wird es, wenn der Arbeitsmarkt wie bei Effizienzlohnmodellen (Kap. 4) ein Gleichgewicht oberhalb des Niveaus von Angebot und Nachfrage anstrebt. In diesem Fall sind Mengeneffekte (also Ausmaß der Arbeitslosigkeit bzw. der Überqualifizierung) durch Veränderungen der Beitragssatzanteile zwischen ArbeitgeberInnen und ArbeitnehmerInnen nicht völlig auszuschließen. Die Richtung der Effekte ist aber nicht klar, d.h., höhere ArbeitgeberInnenbeiträge müssen nicht zwangsläufig zu mehr Arbeitslosigkeit durch vermeintlich höhere Lohngesamtkosten führen. Es kommt darauf an, welche personalpolitischen Instrumente Unternehmungen einsetzen können und vor allem, wodurch Fairnessüberlegungen und damit die MitarbeiterInnenmotivation geleitet werden.

Während die jeweiligen Anteile für ArbeitgeberInnen und ArbeitnehmerInnen weniger relevant sind, ist es die Konzentration auf Erwerbseinkommen schon. Arbeit wird belastet – wer auch immer die Beiträge zahlt –, Kapital nicht. Durch die einseitige Belastung verändert sich das Faktorpreisverhältnis zu Ungunsten der Arbeit – und das kann Konsequenzen z.B. für die Verfahrenswahl haben. Es lohnt sich durch die einseitige Belastung eines Faktors ganz besonders, viel Kapital für die Produktion einzusetzen, um die „teure" Arbeit zu ersetzen. Auch für den internationalen Wettbewerb, in dem Unternehmungen stehen, sind die über die Arbeit verursachten höheren Kosten von Bedeutung. Durch die Verzerrung können Ineffizienzen entstehen, und in einigen makroökonomischen Modellen folgen daraus unangenehme Folgen für die Höhe bzw. die Möglichkeit von gesamtwirtschaftlicher Arbeitslosigkeit. Wenn man den vermeintlichen Solidaritätsgedanken nicht aufgeben möchte, müsste unter solchen Umständen zumindest eine „Bürgerversicherung" in Erwägung gezogen werden, bei der alle EinkommensbezieherInnen unabhängig von der Art und der Quelle ihres Einkommens zur Kasse gebeten werden, aber natürlich dann auch anspruchsberechtigt sind.

Es sind nicht allein die Grundsatzentscheidungen pro oder contra Fokussierung des Arbeitsmarktes, die Auswirkungen haben. Fast jede Detailregelung hat Konsequenzen. Im Frühjahr 2011 wurde z.b. darüber diskutiert, ob man nicht Vorruhestandsregeln ändern sollte. Zuvor wurde der Vorruhestand (in verschiedenen Varianten) gefördert. Durch den vorzeitigen Rentenbezug mussten die VorruheständlerInnen allerdings Rentenabschläge hinnehmen. Erst nach dem offiziellen Renteneintrittsalter können RentnerInnen ohne Begrenzung zuverdienen. Das zusätzliche Einkommen muss zwar versteuert werden, führt aber zu keinen Rentenkürzungen. In der Vorruhestandszeit galt bis 2012 die 400€-Grenze. Wer mehr verdiente, bekam nicht die volle Rente – um bis zu 2/3 wurde sie gekürzt je nach Eigenverdienst. Ab 2011 wurde nun überlegt, ob man das nicht lockern sollte. Zuverdienste sollten nun auch bei vorzeitigem Renteneintritt möglich sein bis zur Differenz des letzten Nettoentgelts zur aktuellen Rente. Wie wir bei der Beschreibung der Gesetzlichen Rentenversicherung schon erfuhren, ist 2013 keine Grundsatzänderung erfolgt, sondern nur die Zuverdienstgrenze auf 450,- € angehoben worden.

Wäre eine großzügigere Zuverdienstregelung eine „harmlose" Änderung? Man ahnt oder weiß es schon, dass dies nicht der Fall ist. Durch bessere Zuverdienstmöglichkeiten ändern sich für Firmen die Bedingungen für Senioritätsentlohnungssysteme, also auch die Notwendigkeit zu hohen Abfindungen für Ältere. Das spezielle Lohnsystem wiederum etabliert sich als Lösung verschiedener Probleme asymmetrischer Informationen oder hoher firmenspezifischer Wissensanteile. Wenn sich nun Möglichkeiten oder Notwendigkeiten zu Abfindungen bzw. generell zu Senioritätsentlohnung ändern, dann wird das Alternativinstrument „Lohnhöhe" geschwächt oder gestärkt. Je stärker die Lohnhöhe als Instrument eingesetzt werden muss, desto größer sind die Funktionsschwierigkeiten des Arbeitsmarktes, mithin die Arbeitslosigkeitsprobleme.

7.5.2 Wohnungspolitik

Die Wirkungen wohnungspolitischer Maßnahmen können wir flott abhandeln. Es reicht der Verweis auf das zweite Kapitel. Nur noch einmal zur Erinnerung einige Kernergebnisse der Modelle, die auch alle eine recht gute Prognosekraft haben, weil wenig Zweifel an der konkreten Funktionsweise von Wohnungsmärkten bestehen:

- Wohngeld an Bedürftige kann im Extremfall vollständig zu Gunsten der VermieterInnen wirken. Bei senkrechtem Angebotsverlauf steigen die Mieten bei völliger Segregation von Teilmärkten um genau den Betrag der Wohnungssubvention. Wenn VermieterInnen im Durchschnitt zu den Wohlhabenden gehören, vergrößert sich die Schere zwischen „arm" und „reich". Sofern die MieterInnen ihre eigene Unterstützung über zusätzliche Steuern mitfinanzieren müssen, können sie sogar *absolut* ins Hintertreffen geraten. Bei flacherer Steigung der Angebotskurve „teilen" sich beide Marktseiten den Vorteil.

- Höchstmieten können durch Diskriminierungsmöglichkeiten nicht geräumter Märkte die Segregation vergrößern, d.h., arme Mietinteressierte bekommen noch schwerer eine akzeptable Wohnung, und wohlhabende InteressentInnen bekommen die Wohnungen günstig. Dem SPD-Vorschlag 2013 zur deutlich stärkeren Begrenzung der Möglichkeiten zur Mieterhöhung kann man deshalb durchaus mit Skepsis begegnen, ob er dem Ziel wirklich dienen kann, ärmere Menschen auf Dauer mit „bezahlbarem" Wohnraum zu versorgen.

- Guter Kündigungsschutz wirkt ähnlich wie Höchstmieten. Durch das Interesse der VermieterInnen an möglichst „guten" und solventen MieterInnen bevorzugen sie einen großen BewerberInnenpool. Es funktioniert dann so ähnlich wie bei Effizienzlohnmodellen oder dem Mix aus Lohn- und Qualifizierungswettbewerb auf dem Arbeitsmarkt. Man landet im Wohnungsmarkt unterhalb des Schnittpunktes von Angebot und Nachfrage in einem Gleichgewicht – und wieder gibt es die bekannten Diskriminierungsphänomene.

- Wohnungsbelegung durch den Staat kann bestimmte Diskriminierungen umgehen. Jede Rationierung jenseits der Zuteilung via Preis ist aber damit verbunden, dass andere Kriterien herangezogen werden müssen, was ebenso Ausschluss nach sich zieht bzw. nach sich ziehen kann.

- Eine Ergänzung zu bisherigen Überlegungen ist noch wichtig. Durch Marktsteuerungsprobleme (externe Effekte u.a.) kann es in den Stadtteilen zu Infrastrukturproblemen kommen. Das betrifft Einkaufsmöglichkeiten, die Gesundheitsversorgung, Bibliotheken oder Schwimmbäder, Schulen, Gebäude für kulturelle Veranstaltungen, auch Straßen und Gebäude der öffentlichen Verwaltung. Hierfür sind jeweils keine zufriedenstellenden reinen Marktlösungen zu erwarten. Stadtteilpolitik incl. Gemeinwesenarbeit wird somit zu einem Kern der kommunalpolitischen Aufgaben. Nur im Zusammenspiel der konkreten Wohnungs- mit der Infrastrukturpolitik können Lebensräume entstehen, die dem inklusiven und gelingenden Leben für alle Menschen dienlich sein können.

7.5.3 Bildungspolitik

Die Bildungspolitik ist deutlich weniger einfach zu analysieren als die Wohnungspolitik. Das liegt in erster Linie daran, dass alle drei Koordinierungssysteme – Tradition, Zentralsteuerung und Markt – betroffen sind. Daneben wird die Beurteilung schwierig und komplex, weil zudem noch mindestens zwei der Bereiche mit verschiedenen *immanenten* Koordinierungsproblemen der marktlichen und staatlichen Steuerung geradezu durchsetzt sind. Vor allem asymmetrische Informationen lassen manche konkreten bildungspolitischen Regeln oder Vorgaben höchst problematisch erscheinen. Ohne diese Probleme erschienen sie als vollkommen „harmlos". Doch fangen wir mit einfachen Zusammenhängen an – und wiederholen dabei wegen der großen Bedeutung auch einiges. Redundanz kann ja manchmal nützlich sein, um Argumente zu festigen.

Bildung ist nichts völlig Homogenes. Es geht u.a. um Selbstentfaltung, um Sozialisation, um moralische Werte, um grundlegende Wissensbestände und um berufliche Qualifikation. Diese Komponenten sind nicht einmal unabhängig voneinander. Auf individueller Ebene ist zu bedenken, dass Bildung sicher nicht allein für berufliche Belange relevant ist. Es gibt auch viele andere „nichtpekuniäre" Vorteile für die Menschen, z.B. im Hinblick auf Ernährungsverhalten, Erziehungskompetenzen, Befriedigung aus der beruflichen Tätigkeit, Partnerschaft, Zugang zu Literatur, Malerei und Musik, Politikverständnis u.v.a.m. (vgl. OREOPOULOS/SALVANES 2011). Wichtiger noch für unsere Fragen ist, dass fast alle Aspekte der Bildung mit erheblichen positiven externen Effekten verbunden sind. Dritte profitieren, oft ist das die gesamte Gesellschaft. Dann aber, so haben wir im 4. Kapitel gelernt, wird eine Marktkoordinierung ohne staatliche Eingriffe i.d.R. bei derart vielen Betroffenen ineffizient sein: Es gibt zu wenig Angebote angesichts der gesellschaftlichen Vorteile. Also benötigt der Bereich zumindest hohe Subventionen oder der Staat übernimmt ihn vollständig und steuert zentral.

Nun ist das Ausmaß der externen Effekte aber unterschiedlich, je nachdem, ob man eine Grundschule besucht, einen Kurs an der Volkshochschule zur Geschichte der Wandalen in Spanien und Nordafrika belegt, Konfliktlösungsstrategien kennenlernt, ob man ein Ingenieurstudium oder eine Lehre in einem Betrieb absolviert. Wenn reine *Ausbildung*santeile und Berufsqualifikationen wichtiger werden und zudem bei allgemeiner (statt spezifischer) Qualifizierung die Vorteile der Ausbildung über hohe Löhne zu einem großen Teil an die Ausgebildeten selbst gehen, dann sind die externen Effekte geringer als etwa in der Grundschule bei der Vermittlung von Basiskompetenzen und ihrer sozialisatorischen Wirkung. Das hieße aber, dass Schulbildung (ganz ähnlich die Betreuung und Bildung von Vorschulkindern) weitgehend von der Gesellschaft finanziert werden müsste, Hochschulausbildung und andere berufsqualifikatorische Bildungsmaßnahmen jedoch nur in geringerem Ausmaß.

Das hat man in Deutschland lange Zeit „verkehrt herum" gemacht und ist nach wie vor noch nicht komplett auf den richtigen Weg umgeschwenkt. Kindergärten kosten die Eltern etwas, ein Studium in fast allen Bundesländern nichts. Wenn man nicht mehr Geld in die Bildung geben will, dann müsste nach dieser Logik bei kleinen Kindern alles vom Staat übernommen werden, sicher auch der gesamte Schulbereich. Weitergehendere Berufsqualifikationen können aber anteilig von den Auszubildenden finanziert werden – sofern man es schafft, Chancengerechtigkeit nicht zu gefährden. Letzteres könnte durchaus durch staatliche Kredit- und Versicherungsprogramme, Lohnkompression nach einer betrieblichen Ausbildung oder eine nachträgliche AkademikerInnensteuer sichergestellt werden.

Damit es ja nicht zu einfach wird, müssen wir zudem noch beachten, dass partiell sogar negative externe Effekte enstehen können.[118] Zum einen beeinflusst der Bildungsabschluss in erheblichem Maße den gesellschaftlichen Status und die Anerkennung durch andere Gesellschaftsmitglieder. Insbesondere, wenn der Arbeitsmarkt Funktionsprobleme hat, wenn es Arbeitslosigkeit gibt bzw. Überqualifizierungsphänomene auftreten, spielt die *relative* Position bei Bildungsabschlüssen eine große Rolle für die individuellen Möglichkeiten auf dem Arbeitsmarkt. *Systemendogen* bekommt die Bildung dann umso stärker den Charakter eines *Positionsgutes*, je ausgeprägter Arbeitslosigkeits- oder Überqualifizierungsprobleme sind. In diesem Fall wird es zum Interesse von Individuen bzw. sozialen Gruppen zur Sicherung eigener Vorteile und zum Erhalt der sozialen Position, andere am chancengleichen Zugang zu Bildung zu hindern. Manche sehen den BürgerInnenentscheid in Hamburg vor wenigen Jahren gegen eine längere gemeinsame Schulzeit von

---

[118] Die folgende Passage folgt weitgehend KUBON-GILKE/KLÖS (2013).

Kindern als Ausdruck dessen, dass sich das BildungsbürgerInnentum aus massivem Eigeninteresse mit Kampagnen und vor allem mit einer eigenen hohen Wahlbeteiligung durchsetzen konnte, um letztlich ihren eigenen Kindern bessere Chancen zu verschaffen.

Etwas anders gelagert ist das Problem, wenn Bildung als Produktivitätssignal bei asymmetrischen Informationen dient. Dabei können unter Umständen Konstellationen auftreten (bei hinreichend schwachen Wirkungen der Bildung auf die spätere Produktivität), dass im spieltheoretischen Sinne ineffiziente Trennungsgleichgewichte (*separating equilibria*) entstehen. Bildung dient dann allein dem Signal einer besonders hohen Produktivität. Ohne Signal würde die Durchschnittsproduktivität, mit Signalen würde je nach Abschluss entlohnt, wenn es im Gleichgewicht eine Selbstselektion derart gibt, dass je nach individueller Produktivität verschiedene Abschlüsse als Signal angestrebt werden. In diesem Fall kann die Bildung außer Kosten der Dienstleistungserbringung keinen positiven Effekt entfalten und sollte in diesem Sinne auch nicht durch die Bildungspolitik gestützt werden.

Noch etwas anders liegt der Fall, wenn dieser „Filter" durch Bildung nicht nur als Signal für potentielle ArbeitgeberInnen dient, sondern gleichsam dazu nützt, bestimmte Fähigkeiten an sich selbst zu entdecken. Auch dabei können insgesamt bei mehrstufigen Filtern während der Ausbildungszeit Ineffizienzen und „Mobilitätsparadoxien" entstehen (vgl. KONRAD 2004). Es entsteht letztlich insgesamt der Eindruck einer gewissen Janusköpfigkeit der Bildung. Einerseits dient ein chancengerechtes, durchlässiges und leistungsstarkes Bildungssystem wegen starker positiver externer Effekte sowohl wirtschaftlichen als auch allgemein normativen Zielen. Andererseits hilft es entscheidend mit, gesellschaftliche Positionen zu verteilen und eine gesellschaftliche „Sortier- und Filterfunktion" zu übernehmen. Und dabei gibt es nicht grundsätzlich nur und ausschließlich Diskrepanzen bei individuellen und gruppenbezogenen Interessen zu geringer Durchlässigkeit mit gesamtwirtschaftlichen Zielen, wie das Beispiel der Signalisierung andeutet. Dennoch wird man im Gesamturteil zum Ergebnis kommen, dass durch die erheblichen positiven externen Effekte, Ziele der Daseinsfürsorge und der Gerechtigkeit ein deutliches gesamtgesellschaftliches Interesse pro Durchlässigkeit und öffentliche Finanzierung zumindest der grundlegenden vorschulischen und schulischen Bildung besteht und dass der Staat auch Mitverantwortung für akademische und allgemein berufsqualifikatorische Aus- und Weiterbildungsangebote übernehmen muss.

Als nächstes ist zu klären, wie man den staatlich (mit-)finanzierten Teil steuert – direkt durch Vorgaben des Staates, durch konkrete Lehrpläne, verbeamtete ErzieherInnen und LehrerInnen oder mit Wettbewerbselementen zwischen Bildungseinrichtungen. Im Extremfall verteilt der Staat nur noch

Bildungsgutscheine an alle, die sich bilden (oder für die Bildung von Kindern sorgen sollen) und überlässt es privaten AnbieterInnen, sich um Bildungshungrige (und deren Gutscheine) zu bemühen. Die Wahl zwischen Eigenleistung durch den Staat, Objekt- oder Subjektförderung ist leider nicht nur eine Frage des Geschmacks, was man denn schöner findet. Die konkrete institutionelle Gestaltung ist wichtig, weil es viele Informationsasymmetrien gibt. Diejenigen, die sich bilden, können die Qualität der Bildungsdienstleistungen (Aktualität des Stoffs, korrekt erklärte Zusammenhänge, Didaktik) oft schlechter einschätzen als die Lehrenden. Die Leitung einer Einrichtung kann auch nicht genau erkennen, ob sich ihre MitarbeiterInnen so verhalten, damit Bildungsziele möglichst gut erreicht werden. Und zu allem Überdruss möchte der Staat auch noch wissen, ob mit seinen Subventionen oder Steuerungen wirklich das gemacht wird, was er eigentlich möchte.

Gerade für das Schulsystem Deutschlands werden von BildungsökonomInnen Defizite ausgemacht, weil die institutionellen Strukturen nicht optimal sind – in gewisser Weise ein ungünstiger Mix an Tradition, Markt und zentraler Steuerung entstand, der die Transaktionskosten nicht minimiert. Für den Schulbereich etwa schlagen viele von ihnen deshalb vor, den Schulen mehr Freiheiten zu geben, keine Lehrpläne, sondern nur Lernziele vorzugeben, ggf. mit Zentralprüfungen Indizien für die Leistungskraft von Schulen zu gewinnen, Qualitätswettbewerb zwischen privaten und öffentlichen Schulen nicht zu verhindern u.a.m. Die Dreigliedrigkeit des Schulsystems wird hinsichtlich der Chancengleichheit kritisch gesehen. Wie kompliziert die Analyse ist, können wir an einem Beispiel verdeutlichen. Nehmen wir dafür die Berufsqualifikation in Betrieben, weil hier so besonders deutlich alle Koordinierungsmodi interagieren.[119]

Die Bildungspolitik ist im Bereich der Berufsbildung ausgesprochen problematisch, weil sie prinzipiell funktionsfähige Märkte bzw. den funktionsfähigen institutionellen Mix durch unangemessene Restriktionen behindert. Werden wir mal konkret. Im deutschen Berufsbildungsgesetz gibt es zwei Regelungen, die in ihrer Kombination dysfunktionale Folgen haben.

Einerseits wird per Gesetz eine „angemessene Vergütung" verlangt, die durch Rechtsprechung an die Tarifentlohnung gekoppelt wurde. Das kann für Jugendliche mit zunächst sehr niedriger Produktivität in der Ausbildungsphase ihrer angestrebten Qualifikationen zu Schwierigkeiten bei der Lehrstellensuche führen. Die Produktivität *kann* in diesem Fall so niedrig sein, dass die Beiträge der Auszubildenden zum Ertrag der Unternehmung geringer sind als die Ausbildungskosten (Anlernen, Vergütung, Begleitung, Schulung etc.). Das ist vor allem bei solchen Berufen der Fall, bei denen wegen der

---

[119] Das Beispiel ist in wesentlichen Teilen KUBON-GILKE/GILKE (2010) entlehnt.

Technik- und Methodenentwicklung die beruflichen Kompetenzanforderungen gestiegen sind und damit sich auch Anforderungen und Ausbildungsinhalte hinsichtlich Abstraktionsvermögen, naturwissenschaftlichen und technischen Kenntnissen u.a.m. geändert haben. Dadurch liegen wegen der Hospitations- und Anlernzeiten in vielen Berufsfeldern die Kosten des Anlernens über den unmittelbaren produktiven Beiträgen der Auszubildenden; der Nettoertrag der Ausbildung ist negativ.

Das ist vor allem deshalb problematisch, weil ein Ausbildungsvertrag mit Ablegen der Abschlussprüfung automatisch endet.[120] So schreibt es das Gesetz vor. Somit ist es aber auch nicht möglich, die Auszubildenden frühzeitig über die Ausbildungszeit hinaus direkt vertraglich an die Unternehmung zu binden und eventuell angefallene hohe Ausbildungskosten bei vorzeitigem Verlassen der Unternehmung zurückzufordern, so wie es bei Weiterbildungen, staatlichen Studiengängen – etwa an den Bundeswehr- und Verwaltungshochschulen oder bei dualen Studiengängen – üblich ist. Damit wird die Ausbildung im Dualen Berufsausbildungssystem für die Unternehmungen bei *allgemeinen Qualifikationen* zu einem potentiellen Verlustgeschäft. Denn damit die Ausgebildeten die Unternehmung nicht verlassen, müssen sie über Lohnzuschläge in Höhe ihrer gestiegenen Produktivität an das Unternehmen gebunden werden. Niedrigere Vergütungen während der Ausbildung und/ oder Bindung der Ausgebildeten an die Unternehmung mit der Möglichkeit zur temporären Lohnkompression könnten das skizzierte Problem zwar lösen, aber der Berufsbildungsrahmen unterbindet *beide* Möglichkeiten[121]. Reaktionen kann es via Erhöhung der Spezifität geben. Dabei würden die Ausbildungsgänge immer mehr den Anforderungen spezieller Großunternehmungen oder einiger weniger kleiner Firmen zugeschnitten. Das aber wiederum ist mit dem neuen Problem verbunden, dass immer mehr Berufsbilder und Abschlüsse entstehen. Auf diesem Weg wird die angestrebte *umfassende Beruflichkeit* der Ausbildung durch Branchen- und betriebliche Komponenten eingeschränkt, die einen Betriebswechsel nach der Ausbildung erschweren.

Die Analyse wird noch komplexer, wenn man bedenkt, dass es auch Berufsfelder gibt, bei denen die Auszubildenden ziemlich unmittelbar zur Leistungserstellung beitragen. Das ist etwa im Baugewerbe, der Gastronomie, dem Handel, auch bei einigen Berufen im Gesundheits- und Pflegesystem relevant (wobei Letzteres nicht dem System der Dualen Berufsausbildung unterliegt). Sind bei solchen Berufen die Ausbildungskosten relativ niedrig

---

[120] Als *Einzel*regelung kann das sogar sinnvoll sein, weil es de facto Kündigungsschutz nach Beendigung der Ausbildung ausschließt und dies u.U. Ausbildungsanreize tendenziell fördert.

[121] Vgl. KUBON-GILKE 2006: Kap. 3 zu einer ausführlicheren Diskussion.

im Vergleich zum produktiven Beitrag, dann ist es für Firmen teilweise sogar außerordentlich profitabel, Ausbildungsplätze zu schaffen – die Auszubildenden dann aber eher als „billige" Hilfskräfte einzusetzen. Das muss der Qualität der Ausbildung erstens nicht sehr dienlich sein, wird aber zweitens auch starke Probleme bei der Übernahme der Auszubildenden nach sich ziehen. Zu Übernahmequoten in einzelnen Branchen und Berufen gibt es bislang keine sehr aussagekräftigen Erhebungen. Es ist also mehr Anschauung und indiziengestützte Vermutung, dass die Übernahmequoten vor allem in der Gastronomie sehr schlecht sind. Dort vor allem scheint erstens der produktive Beitrag der Auszubildenden schnell beträchtlich zu sein und zweitens als eine Folge der Vorteil recht groß zu sein, wenn Betriebe fertig Ausgebildete kaum übernehmen, sondern stattdessen – und nicht ergänzend – neue Auszubildende einstellen.

In diesem Beispiel der institutionellen Einbettung der Dualen Berufsausbildung müsste das Zusammenwirken aller institutionellen und rechtlichen Regeln auf den Prüfstand, um dauerhafte Lehrstellenprobleme mit allen zugehörigen Diskriminierungs- und Ausschließungsproblemen zu beseitigen, ohne aber zugleich andere Verteilungs- und Gerechtigkeitsprobleme zu schaffen. Gelingt dies nicht und weisen auch staatliche berufsqualifizierende Bildungssysteme Dysfunktionalitäten auf, entstehen Folgeprobleme wie etwa der seit 2010 verstärkt befürchtete Fachkräftemangel. Wenn es genuine Arbeitsmarktprobleme gibt, wird diese Analyse noch viel komplexer, aber es ändert nichts an der grundsätzlichen Problematik unangemessener Reglementierungen der betrieblichen Berufsqualifikation durch das Berufsausbildungsgesetz, die effiziente Lösungen verhindern.

Das Duale Ausbildungssystem der deutschen Prägung ist nun aber offensichtlich funktional. Die Leistungsfähigkeit des Systems wird z.B. von der OECD gewürdigt. Auch in einer theoretischen Analyse zeigen sich die Vorteile. Bei Qualifikationen, die starke Learning-by-doing-Anteile aufweisen, ist ein betriebliches Anlernen generell sinnvoll. Nun gibt es auch in diesem Bereich ein Problem asymmetrischer Informationen, da die Auszubildenden die Qualität der Ausbildung häufig erst nach der Qualifikationsphase oder gar nicht einschätzen können. Zur Verhinderung der Qualitätserosion sind die staatlich kontrollierten und standardisierten Berufsschulanteile, die einheitlichen Prüfungsanforderungen und -fragen sowie die beratende, organisierende, qualifizierende und kontrollierende Arbeit der Industrie- und Handelskammern sowie der Handwerkskammern effizient (vgl. KUBON-GILKE 2006, Kap. 2 und Kap. 6.2.5)[122]. Dieses System gerät nun durch technische Entwick-

---

[122] Die Forderung nach mehr Ausgaben für die Bildung und nach einem höheren Studierendenanteil müssen vor diesem Hintergrund differenziert beurteilt werden. Erstens ist

lungen, die gestiegene Komplexität der Berufsfelder, veränderte Anforderungen an Grundwissen, Abstraktionsvermögen, Teamfähigkeit oder Sprachenkompetenz durch das gültige Berufsbildungsgesetz wie zuvor beschrieben in Gefahr. Die reinen Hospitations- und Lernzeiten nehmen zu, die der eigenen produktiven Beiträge sinken. Alle sollen aber „angemessen" entlohnt werden und können nicht über die Prüfung hinaus vorzeitig länger an die Unternehmung gebunden werden. Dann aber folgt: Nicht alle Lehrstellensuchenden finden einen Ausbildungsplatz, und bestimmte Gruppen können aus Diskriminierungs- und Ausschließungsproblemen wieder einmal besonders von Benachteiligungen betroffen sein.

Es kann nur eine Teillösung darstellen, das Schulsystem so zu reformieren, dass letztlich die Eingangsvoraussetzungen für eine Ausbildung von allen BewerberInnen erfüllt werden (obwohl das sicherlich eine wesentliche Aufgabe neben der Verfolgung anderer, umfassenderer Bildungsziele ist). Es kommt aber zudem unabdingbar darauf an, die Koordinierungsprobleme des Lehrstellenmarktes zu beheben und das Berufsbildungsgesetz den neuen Gegebenheiten anzupassen – möglichst ohne neue Verteilungs- und Chancengerechtigkeitsprobleme zu schaffen. Die Bildungspolitik reagiert jedoch i.d.R. nur auf die Symptome. Unversorgte Jugendliche bekommen zusätzliche sozialarbeiterische und pädagogische Unterstützung, sie werden in Vorbereitungsklassen u.ä. „geparkt", oder sie werden in staatlicher Regie ausgebildet. Daneben werden Ausbildungsplatzabgaben, marginale Lohnsubventionen für *zusätzliche* Lehrstellen oder für die Einstellung von Jugendlichen aus „Problemgruppen" u.a. mehr ersonnen, um Betriebe doch zu „zwingen" oder dazu zu bewegen, Ausbildungsplätze bereitzuhalten. Abgaben bei Nichterfüllung einer Ausbildungsquote gibt es bislang noch nicht, sie werden aber z.B. von Gewerkschaften gefordert. Die anderen Maßnahmen wurden bereits partiell eingeführt.

Die pädagogische und sozialarbeiterische Unterstützung der Benachteiligten mag für diese Individuen jeweils aus verschiedenen und vielfältigen Gründen heraus sehr sinnvoll sein. Das Gesamtproblem löst es dennoch überhaupt nicht, weil immer die *relativ* am schlechtesten geeigneten oder so eingeschätzten Jugendlichen keinen Ausbildungsplatz erhalten. Also kann nach einer gruppenspezifischen Förderung nun ein ganz anderer Personen-

in Deutschland durch das Duale Ausbildungssystem der private (hier unternehmerische) Anteil an der Bildungsfinanzierung größer als in anderen Ländern, und die gesamten Bildungsausgaben müssten beachtet werden, nicht nur die des Staates. Zweitens verfügen andere Länder häufig über kein effizientes System der learning-by-doing geprägten beruflichen Qualifikation und haben aus diesem Grund diese Bereiche in staatlich kontrollierte schulische und hochschulische Bereiche überführt. Das deutet eher ein Problem als eine besonders vorteilhafte Bildungspolitik an.

kreis betroffen sein, der Unterstützung benötigt. Bei einem strukturell verursachten Lehrstellenproblem durch effizienzverhindernde Restriktionen staatlicher Setzungen wird vielleicht mit unterstützenden Maßnahmen eine Gruppe in den Arbeitsmarkt „geschoben", gleichzeitig schiebt dies eine andere Gruppe hinaus – ein ewiger Unterstützungskreislauf, fast ein Perpetuum mobile der Dysfunktionalität, beginnt.

Eine weitere Reaktion ist es, staatliche Einrichtungen der gesamten beruflichen Qualifikation ergänzend vorzuhalten. Die Ausbildung in staatlicher Regie ist jedoch i.d.R. qualitativ weniger geeignet, da Learning-by-doing in simulierten Umgebungen aller Erfahrung nach schlechter als unter realen Bedingungen umgesetzt werden kann. Es gibt auf drei Ebenen Phänomene, die das eigentlich hoch effiziente Duale Ausbildungssystem existenziell bedrohen. Um die Argumente noch einmal zusammenzufassen und zu pointieren, skizzieren wir diese Ebenen noch einmal kurz:

Erstens können den Unternehmungen immer weitere Zwangs- und „Straf"-Maßnahmen zugemutet werden, die es zunehmend verwaltungsaufwendiger und dadurch kostenintensiver und weniger lukrativ machen, betrieblich auszubilden. Jede staatlich (mit-)verursachte Dysfunktionalität führt zu weiteren und schärferen Interventionen.

Zweitens kann die beschriebene spezielle Reaktion auf das Berufsbildungsgesetz erfolgen, bei der die Ausbildungen immer spezifischer werden, aber dann nur schwer die qualitätssichernde Funktion der Berufsschulen und Kammern gesichert und organisatorisch umgesetzt werden kann.

Drittens können ausgebaute staatliche Parallelausbildungssysteme im Zuge rückläufiger SchulabsolventInnenzahlen ihre Kapazitäten auslasten wollen und sogar gezielt in Konkurrenz zu Unternehmungen Ausbildungen anbieten. Zum Schluss werden womöglich ganze Bereiche selbst dann direkt in rein schulische und hochschulische Bereiche überführt, wenn die Qualität der Dualen Ausbildung eigentlich besser und sogar volkswirtschaftlich kostengünstiger ist. Das alles kann derart eskalieren und geradezu in *Interventionsspiralen* einmünden, dass ein effizientes, leistungsfähiges Institutionengeflecht kollabiert und durch staatliche Übernahme einzelner Bereiche dysfunktional ergänzt oder vollständig ersetzt wird. Die skizzierten Gefährdungen resultieren daraus, dass die Systemzusammenhänge komplex sind und irrige Ursachenzuschreibungen häufig zu einem reinen Symptomkurieren und zu einer noch größeren Ausweitung von Problemen führen. Dadurch werden weitere Gefährdungen effizienter Institutionenarrangements ausgelöst. Geradezu pervertiert würden diese Entwicklungen, wenn andere Länder – wie vielfach beabsichtigt – das Duale System der Berufsausbildung deutscher Prägung einführen wollen, um eigene Probleme in der Qualifizierungsphase besser zu lösen und gleichzeitig das System in Deutschland selbst immer stärker unter Druck gerät und zu erodieren droht.

Ist das alles nicht zum Gruseln? Und es geht wirklich noch komplizierter, wenn wir nun auch noch die Funktionsprobleme des Arbeitsmarktes einbeziehen, nach denen es endogen Gleichgewichte mit Arbeitslosigkeit und Überqualifizierungsproblemen gibt (vgl. etwa die Argumente zu Effizienzlohnproblemen aus dem 4. Kap.). An der genuinen Problematik des Bereiches der betrieblichen Ausbildung ändert es nichts. Der (fromme) Wunsch, dass eine gute Berufsqualifikation es wenigstens schafft, Arbeitslosigkeit zu verhindern, geht leider mit einem funktionsfähigen akademischen, schulischen und betrieblichen Ausbildungssystem allein auch nicht in Erfüllung. Das schauen wir uns im Bereich der Arbeitsmarktpolitik noch einmal an.

Ähnliches wie bei der Dualen Ausbildung findet sich im Bildungsbereich leider an vielen Stellen – etwa in der Struktur und Finanzierung von Hochschulen oder bei Vorgaben für Entlohnungssysteme für die in der Lehre tätigen MitarbeiterInnen. Erinnert sich die geneigte LeserIn noch an unschönen Konsequenzen, wenn Hochschulen ihren ProfessorInnen bestimmte Leistungslöhne zahlen *müssen*, weil der Staat dies vorschreibt? Wenn nicht, lohnt sich tatsächlich mal Zurückblättern, denn bei Multitasking und nur partieller Beobachtbarkeit der Leistungen kann die Folge ein heillos ineffizienter Mix hinsichtlich der Wahrnehmung verschiedener Arbeitsaufgaben werden, der dem Gesamtziel einer Hochschule in Bezug auf Quantität und Qualität an Lehre, Forschung und Selbstverwaltung fast schon abträglich ist. Dumm nur, dass die Hochschulen aus solchen Vorgaben gar nicht ausbrechen *dürfen*.

Nehmen wir ein kleines Beispiel dafür. Alexa leitet eine kleine und sehr feine nichtstaatliche (kirchliche) Hochschule und freut sich über regelmäßige, gute Ergebnisse ihrer Hochschule bei Studiengangsrankings. Da sie u.a. volkswirtschaftlich gut geschult ist, weiß sie, dass es nicht allein an intern guter Organisation, guter Auswahl von ProfessorInnen etc. liegt (obwohl sie dennoch stolz auf „ihren" Lehrkörper ist), sondern dass es den großen Vorteil hat, als nichtstaatliche Hochschule nicht an das staatliche Besoldungssystem gebunden zu sein. Alexa hat bislang aus guten Gründen alles daran gesetzt, weiterhin die Entlohnung im Wesentlichen als Fixlohn zu gestalten. Bis auf einige Funktionszulagen bekommen die ProfessorInnen ein festes Monatsgehalt.

In staatlichen Hochschulen gibt es deutlich mehr Leistungselemente bei der Bezahlung von ProfessorInnen. Wer Drittmittel einwirbt, viel in renommierten Fachzeitschriften publiziert, häufiger mal die Hochschule wechselt, bekommt ein höheres Gehalt und kann auch mehr MitarbeiterInnen beschäftigen. Durch ein Urteil des Bundesverfassungsgerichts mussten die Grundgehälter an staatlichen Hochschulen inzwischen zwar wieder erhöht werden, was durch eine Teilreduktion bei den Zulagen kompensiert wurde, aber am Prinzip hat sich nichts geändert.

Die besonders honorierten Teilleistungen geraten nun jedoch zunehmend in den Fokus der HochschullehrerInnen, d.h., sie widmen ihre Arbeitszeit etwas um, z.B. mit einem stärkeren Anteil für die Forschung. Lehre wird nicht sonderlich bei den Zulagen berücksichtigt – wohl wegen der erheblichen Messprobleme bei asymmetrischen Informationen. Das aber bedeutet: weniger Mühe in der Lehre (häufiger von AssistentInnen vertreten lassen, keine Anpassung des Lehrstoffs an aktuelle theoretische Entwicklungen, keine sonderlichen didaktischen Bemühungen). Zudem wird die Fluktuation an den Hochschulen größer. Für die Gesamtleistung der Hochschule muss das natürlich keineswegs sinnvoll sein. Ohne „Schuld" auf organisatorischer oder individueller Ebene werden Quantitäts- und Qualitätsziele verfehlt. Deshalb kann sich Alexa tatsächlich darüber erfreut zeigen, dass ihre Hochschule den Zwängen der neuen Besoldungsform (noch) nicht unterliegt. Leistungsentlohnung ist bei Multitasking und asymmetrischen Informationen eben keineswegs ein sinnvolles Instrument zur Leistungssteigerung, sondern fast schon Garant für Ineffizienzen.

So könnten wir im Bildungsbereich fast beliebig fortfahren. Die oft „kleinteiligen", symptomkurierenden Einzelmaßnahmen und Gesetze sind angesichts der sehr komplexen Mischung an Koordinationsmodi und all ihrer speziellen Koordinierungsprobleme jeweils mit ein Grund dafür, dass die Bildungspolitik in besonderem Maße vielfach ungeeignet und dysfunktional steuert. Hier wären sehr grundlegende Reformen nötig. Einige zaghafte Schritte wurden gegangen, leider nicht immer in die richtige Richtung (wie etwa beim Besoldungssystem für Hochschulen, ähnlich bei neuen Vorgaben zu deren hierarchischer Struktur). Verlassen wir aber den Bereich. Die Beispiele mögen genügen, um zu erkennen, was es alles zu bedenken gibt in der Wirkungsanalyse. Kommen wir stattdessen zu einem mindestens ähnlich komplexen Bereich, der Arbeitsmarktpolitik.

7.5.4 Arbeitsmarktpolitik

Die Arbeitsmarktpolitik berührt ökonomische Bereiche, in denen die Komplexität geradezu einen Gipfel zu erreichen scheint. Wir haben schon gesehen, wie stark Regeln der Sozialversicherungen Arbeitsmarktprobleme dämpfen oder verstärken können. Ähnliches gilt für die Bildungs- und die Familienpolitik. Wenden wir uns nun dem Arbeitsmarkt selbst zu. Die Arbeitsmarktpolitik ist natürlich auch entscheidend für Lohnhöhen, Lohnspreizung, Diskriminierung und das Ausmaß an Arbeitslosigkeit. In der Darstellung der

Einzelmaßnahmen wurde bereits darauf hingewiesen, dass sich dieser Politikbereich (erstaunlicherweise) immer noch weitgehend am Modell prinzipiell funktionsfähiger Märkte orientiert. Nur eher leichte „Verwerfungen" durch zeitlich asynchrone Entscheidungen oder durch unvollständige (aber symmetrische) Informationen stehen im Zentrum der Arbeitsmarktordnungs- und Arbeitsmarktausgleichspolitik.

Wenn man die theoretischen und empirisch auch recht gut abgesicherten Erkenntnisse zu Effizienzlohnsetzung, zum Mix an Qualifikations- und Lohnwettbewerb berücksichtigte, müssten einige Regeln gravierend geändert werden. Das liegt in erster Linie daran, dass es systematische und schwerwiegende Probleme in der Koordination der Arbeit gibt, bei denen zumindest auf einigen Teilarbeitsmärkten endogen Gleichgewichte oberhalb des Niveaus von Angebot = Nachfrage erreicht werden. Die Arbeitsmarktpolitik hätte eigentlich die Aufgabe, die Mechanismen ins Zentrum ihrer Bemühungen zu stellen, durch die die Firmen dazu veranlasst werden, höhere als markträumende Löhne „freiwillig" zu zahlen. Schauen wir nur auf einige Probleme der tatsächlichen Arbeitsmarktpolitik in Deutschland.

– *Mindestlöhne*: Wäre der reale Arbeitsmarkt Abbild des Referenzmodells eines perfekt steuernden Marktes, der stets ein Gleichgewicht von Angebot und Nachfrage erreicht, könnte man starke Einwände gegen Mindestlöhne formulieren. Denn die führten in dem einfachen Modell nur zu mehr Arbeitslosigkeit, weil bei den höheren vorgeschriebenen Löhnen durch die Mindestlohnsetzung dem Arbeitsangebot nicht mehr eine entsprechend große Nachfrage gegenüberstünde. KritikerInnen an Mindestlohnforderungen weisen denn auch gern darauf hin, dass durch die Abschaffung der Arbeitslosenhilfe zu Gunsten des Arbeitslosengeldes II die *impliziten* Mindestlöhne in Deutschland gesunken seien. Durch die schlechtere soziale Absicherung hätte es nach der Reform verstärkt Anreize zur Akzeptanz auch schlecht entlohnter Jobs gegeben. Dadurch sein das Arbeitsangebot gestiegen, die Löhne gefallen – mit der Folge zunehmender Beschäftigung. Die niedrigeren Löhne seien zwar „der Preis" für die höhere Beschäftigung, aber das sei doch viel eher akzeptabel als Arbeitslosigkeit. Und mit HARTZ IV gebe es ja zudem die „Aufstockungsmöglichkeit".
Nun sprechen allerdings sowohl empirische Befunde als auch andere theoretische Arbeitsmarktbetrachtungen nicht unbedingt für diese These eindeutig dysfunktionaler Mindestlöhne. In Ländern, die Mindestlöhne einführten, ist keineswegs als Folge überall die Arbeitslosigkeit angestiegen. Die Ergebnisse sind nicht eindeutig. In einigen Ländern stieg die Arbeitslosigkeit, in anderen sank sie. Es kommt entscheidend sowohl auf die Rahmenbedingungen des Arbeitsmarktes selbst in den verschiedenen Ländern

als auch auf die sozialpolitische Flankierung an. Vor allem in Ländern mit relativ schlechter sozialer Absicherung erwiesen sich Mindestlöhne als überwiegend nicht nachteilig.

Im Effizienzlohnzusammenhang ist das auch nachvollziehbar. Bei asymmetrischen Informationen, bei Fluktuationskosten, bei Qualifikationswettbewerb um heterogene ArbeitnehmerInnen etc. entstehen nicht-markträumende Gleichgewichte auf Teilarbeitsmärkten, Lohnspreizungen, Überqualifizierungen u.a., was insgesamt alles zu sowohl ineffizienten als auch ungerechten Löhnen führt. Bei Effizienzlöhnen für Qualifizierte spielt es auch gar keine Rolle, ob es den Erwerbstätigen in den schlechter entlohnten Segmenten gut oder schlecht geht. Im Gegenteil: Mindestlöhne können u.U. via bessere Existenzgrundlage sogar Präsenz- und Motivationsprobleme lindern, und sie können durch Auslagerung von Konflikten aus den Betrieben die spontane Leistungsbereitschaft positiv beeinflussen. In einem solchen Fall kann sowohl Lohnspreizung als auch die Arbeitslosigkeit durch Mindestlöhne *sinken*. In ersten empirischen Untersuchungen zu Branchenmindestlöhnen in Deutschland wurde zumindest für Westdeutschland kaum eine Beschäftigungswirkung festgestellt. Das mag mit ein Grund dafür sein, dass ohne ganz große Auseinandersetzungen z.B. für 2013 höhere Mindestlöhne für GebäudereinigerInnen (9,- € in den alten und 8,82 € in den neuen Bundesländern) und für DachdeckerInnen (11,20 € bundeseinheitlich) festgesetzt wurden. Dennoch muss beachtet werden, dass es erstens in Ostdeutschland solche Beschäftigungswirkungen tatsächlich doch gab (vor allem wohl durch neue, arbeitsparsame Anbringungs- und Verlegetechniken im Dachdeckerhandwerk) und dass zweitens auch die Entlohnung der Mitarbeiterinnen oberhalb des Mindestlohnniveaus reagiert. Die Gesamtwirkung ist nicht eindeutig. Es zeigt sich, dass die *Höhe* des Mindestlohns nicht irrelevant dafür ist, ob Beschäftigungseffekte eintreten oder nicht (vgl. ARETZ/ARNTZ/GREGORY 2012).

Die Kombilohnwirkung durch die Aufstockung der Niedriglöhne durch das Alg II bei Verzicht auf Mindestlöhne muss nicht besser sein. Es kommt z.B. sehr auf die konkrete Konstruktion der Aufstockungsmöglichkeiten an, wie stark mögliche „Mitnahmeeffekte" durch die Unternehmungen sein können, die sich im ungünstigsten Fall sozusagen einen Teil des Lohnes an ihre MitarbeiterInnen durch den Staat zahlen lassen. In diesem Fall kann ein ergänzender Mindestlohn eine denkbare Gegenmaßnahme darstellen. Es spricht zumindest nichts dagegen, es mit moderaten Setzungen „auszuprobieren", in welche Richtung Mindestlöhne in Deutschland wirken. Es wird nur ziemlich komplex, weil man auf Probleme eines Instrumentes mit neuerlichen Regulierungen reagieren muss. Bei Aufstockung plus Mindestlohn gibt es jetzt z.B. die Schwierigkeit, wie man mit Teilzeitjobs hinsichtlich der Aufstockung umgeht. Es würde immer komplexer und teilweise auch einschränkender für die ArbeitnehmerInnen, wenn sich die Politik etwa zu einer Mindestarbeitszeit für die Aufstockung des Erwerbseinkommens entschlösse und es scharf kontrollierte, wer aus „nachvollziehbaren" Gründen wie Kinderbetreuung Teilzeitarbeit wählt und wer nicht. Schauen wir noch etwas genauer auf die Konsequenzen alternativer Arbeitsmarktmodelle und wiederholen dabei auch noch einmal entscheidende Argumente.

– Durch strukturellen Wandel z.b. als Globalisierungsfolge haben in Deutschland u.a. Branchen an Bedeutung verloren, die durch einfache industrielle Tätigkeiten gekennzeichnet sind. Wichtiger wurden im Gegenzug Bereiche, die in hohem Maße besonders qualifiziertes Personal einsetzen. Dort spielen die Heterogenität der ArbeitnehmerInnen, ihre individuellen Gestaltungsspielräume bei der Arbeit, ihre Motivation und Kreativität eine größere Rolle. Das hat zur Folge, dass Effizienzlohnprobleme vermehrt die Entlohnungsstrategien von Unternehmungen bestimmen. Daraus resultieren – wie beschrieben – nicht-markträumende Gleichgewichte in diesen Segmenten des Arbeitsmarktes sowie die benannten Überqualifizierungsphänomene, eine größere Lohnspreizung und/oder über die Durchreichungseffekte Arbeitslosigkeit bei den wenig qualifizierten Erwerbspersonen sowie anderen Pechvögeln der Durchreichung.[123] Weitere Komplizierungen entstehen noch dadurch, dass Effizienzlohnarbeitsplätze und „traditionelle" Stellen teilweise ko-existieren. BARTLING, FEHR und SCHMIDT (2012) endogenisieren zusätzlich das Design von Stellen in Unternehmungen. Sie zeigen dabei in einer theoretischen Analyse und durch spieltheoretische Experimente, dass Unternehmungen dann ihren MitarbeiterInnen viele Freiräume und Entscheidungsmöglichkeiten einräumen, wenn erstens diese Freiheiten die Produktivität der MitarbeiterInnen erhöhen, wenn die Firmen über die Angestellten nachträglich gute Indizien über deren Leistung erhalten, wenn viele ArbeitnehmerInnen eine gute Bezahlung mit großer Arbeitsanstrengung erwidern und wenn die Firmen ihren MitarbeiterInnen Löhne oberhalb des markträumenden Niveaus von Angebot = Nachfrage zahlen. In diesem Sinne können die drei Autoren sowohl die Vorteilhaftigkeit der „guten" Stellen mit viel individuellem Freiraum als auch hohen Löhnen erklären, aber auch die Fälle plausibel machen, bei denen Unternehmungen „schlechte" Stellen mit wenig Freiraum und niedrigerer Bezahlung wählen. Eine etwas andere Erklärung findet FRANK

---

[123] Vgl. STIGLITZ (2006) zu den Folgen einer verfehlten Privatisierungsstrategie vor allem für Entwicklungsländer, wenn die institutionellen Anforderungen für eine effiziente und gerechte marktwirtschaftliche Struktur nicht berücksichtigt werden.

(2004: Kap. 6). Er argumentiert, dass Unternehmungen aus Fairnessgründen (um hohe Motivation der MitarbeiterInnen zu sichern) weniger Unterschiede in der Entlohnung machen als es den Produktivitätsunterschieden entspricht. Das nennt man Lohnkompression. Das kann einerseits die typischen Effizienzlohnphänomene auslösen, andererseits aber auch dazu führen, dass man zwischen Stammbelegschaft und LeiharbeiterInnen starke Lohnunterschiede feststellt, da sich die Entlohnung der Externen dann eher an Markt- und Produktivitätsbedingungen orientiert. Auch hier bekommen wir „gute" und „schlechte" Stellen in Unternehmungen.

Angemessen wäre es nun, politische Interventionen zu konzipieren, die in diesem gesamten Kontext Lösungen anbieten – wie etwa die Erhöhung der Einkommensteuerprogression oder die Stärkung der kollektiven Lohnverhandlung. Die entscheidende Ursache der Koordinierungsschwierigkeiten liegt auf der Ebene der effizienzlohngeprägten Hochlohnarbeitsmarktsegmente. Dort müssten politische Setzungen und Interventionen ansetzen bzw. greifen. Die politische Reaktion ist jedoch typischerweise anders. Es wird in der Regel allein auf das Symptom der niedrig entlohnten oder arbeitslosen Geringqualifizierten geschaut. Die Ursachenebene wird nicht im Hochlohn-, sondern im Niedriglohnbereich durch Missachtung der komplexen Interdependenzen verortet. Entweder wird als Lösung ersonnen – und in Deutschland ja auch durchgesetzt –, Betroffene über eine Absenkung impliziter Mindestlöhne (Abschaffung der Arbeitslosenhilfe z.B. und strengere Zumutbarkeitsvorgaben) direkt oder indirekt in Niedriglohnbereiche zu zwingen[124], es werden Lohnsubventionen in Erwägung gezogen und auch gewährt, oder es werden Projekte zur Höherqualifizierung dieser Personen initiiert bzw. arbeitslose Personen werden in staatliche Parallelbeschäftigungsverhältnisse übernommen.

Staatliche Bildungsförderungen kann man zwar im Zusammenhang mit genuinen Bildungszielen heraus begrüßen, aber das Arbeitsmarktproblem löst man dadurch nicht. Im Extremfall kann sich durch zusätzliche komparative Kostenvorteile das Effizienzlohnproblem sogar noch verschärfen, weil die betroffenen Branchen, in denen besonders hochqualifizierte ArbeitnehmerInnen vorrangig beschäftigt werden, über die Bildungssubventionierung weiter an Gewicht in der Ökonomie gewinnen. Eine weitere Verschärfung tritt dann auf, wenn die Qualifizierungsmaßnahmen dys-

---

[124] Geradezu konterkariert wird diese Maßnahme zudem teilweise von der Festlegung expliziter Mindestlöhne: ähnliche Wirkung – insgesamt deutlich mehr Regularien. Effizienz- und Gerechtigkeitsziele erreicht man dadurch allein in beiden Fällen (explizite *oder* implizite Mindestlöhne) i.d.R. nicht, zumindest nicht als singuläre Maßnahmen. In Kombination mit anderen Instrumenten wird man differenzierter argumentieren müssen.

funktional sind. Bei heterogenen ArbeitnehmerInnen z.b. kann bekanntlich die Dauer der Erwerbsunterbrechung aus Sicht der Unternehmungen bei Einstellungsentscheidungen wichtiger sein als eine zusätzliche Qualifikation. In diesem Fall sinken zumindest kurzfristig sogar die Einstellungschancen von Personen mit einer Zusatzqualifikation, sofern sie während der Ausbildungszeit ihre Bewerbungsanstrengungen etwas reduzieren (müssen). Die langfristige Wirkung kann dagegen individuell günstig sein. Das Arbeitslosigkeitsproblem löst sich dadurch dennoch nicht auf.

Da dieser Personenkreis de facto in kurzer Sicht durch die fehlende Berufspraxis an Wettbewerbsfähigkeit gegenüber anderen Erwerbspersonen einbüßt, kann es im Wettbewerb um berufserfahrenes, qualifiziertes und leistungsfähiges Personal zu einer weiteren Erhöhung von Effizienzlöhnen mit verstärkten Überqualifizierungsphänomenen, einer noch größeren Lohnspreizung und weiter zunehmender Arbeitslosigkeit der relativ am geringsten qualifizierten Personen kommen. Wenn dann immer wieder allein auf die *Symptome* geschaut wird und inadäquate politische Reaktionen erfolgen, werden immer größere Erwerbstätigenkreise entweder staatliche Alimentierung benötigen, oder sie werden in ergänzende staatliche oder staatlich geförderte Beschäftigungsverhältnisse übernommen. Geeignete Maßnahmen zur Lösung des eigentlichen Effizienzlohnproblems benötigten erstens weit weniger staatliche Mittel, hätten zweitens nicht die problematischen psychologischen Folgewirkungen einer reinen finanziellen Teilabsicherung und könnten drittens generell all die Steuerungsprobleme beseitigen helfen, deren Folgen der Staat nur unzureichend bewältigen kann. Die tatsächlichen staatlichen Reaktionen führen tendenziell zu einer stetigen Problemverschärfung und zum Schluss zu einem ineffizienten Mix an privatwirtschaftlicher und staatlicher Beschäftigung/Alimentierung. Das alles soll die aktive Arbeitsmarktpolitik incl. der Bildungsförderung nicht in Abrede stellen. Sie reicht nur nicht aus und muss durch andere politische Maßnahmen ergänzt werden.

In diesem Zusammenhang ist zudem für unsere Anliegen noch wichtig, dass die falsche Ursachenzuschreibung und die inadäquaten politischen Reaktionen weitere gesellschaftliche Probleme hervorrufen oder verschärfen können[125]. Nicht geräumte Arbeitsmärkte eröffnen stets Diskriminierungsmöglichkeiten. Wenn etwa MigrantInnen eher von Durchreichungs-

---

[125] Weitere „Spiralschritte" in der Interventionsabfolge sowie Ausstrahlungseffekte betreffen z.B. die Sozialversicherungen, die Festlegung des Renteneintrittsalters, die als notwendig erachtete spezielle Förderung älterer ArbeitnehmerInnen etc. Ähnlich können z.B. familienpolitische Maßnahmen Diskriminierungsprobleme auf Arbeitsmärkten auslösen oder verstärken.

und Arbeitslosigkeitsproblemen betroffen sind als andere BürgerInnen, dann kann dies Resignation und Perspektivlosigkeit, mithin Integrations- und Inklusionsprobleme verschärfen (auch wieder spezielle und teilweise allein symptomkurierende Integrationsmaßnahmen und -programme auf den Weg bringen) und den gesellschaftlichen Zusammenhalt etwa über gegenseitige Schuld- und Ursachenzuschreibungen schwächen. In der iwd-Vorschau des Instituts der deutschen Wirtschaft vom 14.2.2013 wird explizit darauf hingewiesen, dass tatsächlich besonders viele MigrantInnen in einem Job arbeiten, für den sie überqualifiziert sind.

— *Kündigungsschutz*: Bei den Mindestlöhnen darf man angesichts neuerer Arbeitsmarkttheorien die entsprechenden Gewerkschaftsforderungen nicht vorschnell verwerfen. Beim Kündigungsschutz sind gewerkschaftliche Positionen aber auch mit Problemanzeigen verbunden. Es ist sicherlich ein sozialpolitisches Verdienst, den extrem hohen Risiken eines willkürlichen und vor allem sehr kurzfristigen Arbeitsplatzverlustes nach Kündigungen durch die Unternehmungen einen Riegel vorgeschoben zu haben. Wie weitreichend das jedoch sein darf, ist erst noch zu untersuchen.
Eine kontraproduktive Wirkung bei sehr weitreichendem Kündigungsschutz kann auf alle Fälle entstehen. Wenn nämlich den Unternehmungen vor allem bei sehr qualifizierten ArbeitnehmerInnen hohe Fluktuationskosten entstehen, gibt es sowieso schon Gründe für die Firmen, hohe Effizienzlöhne mit den bekannten Folgen zu zahlen. Verlässt nun eine gut eingearbeitete ArbeitnehmerIn den Betrieb, hängen die Folgekosten u.a. an den Konsequenzen für den Fall, dass man sich bei der Neueinstellung „irrt". Kann man sich leicht wieder von einer neuen, aber für die Stelle eher doch weniger geeigneten BewerberIn trennen, sind weniger Kosten damit verbunden, als wenn die Trennung von neuen MitarbeiterInnen durch relativ rigide Probezeitregeln und sehr ausgeprägten Kündigungsschutz kaum oder nur unter Inkaufnahme erheblicher Kosten möglich ist. Dann wird es umso wichtiger, die eingearbeitete Kraft zu halten. Das begünstigt noch höhere Effizienzlöhne, also noch mehr Überqualifizierung, Lohnspreizung und eventuell sogar noch mehr Arbeitslosigkeit. Erfahrungen einiger skandinavischer Länder mit *flexicurity*-Programmen scheinen diesen Zusammenhang zu bestätigen. Dort hat man den Kündigungsschutz deutlich gelockert. Die Lockerung hat man flankiert mit einer zumindest kurz- bis mittelfristigen guten sozialen Absicherung Betroffener sowie vielen Hilfen bei Umorientierung und der Suche nach einer anderen Stelle (genauer beschrieben und analysiert werden diese Programme von SESSELMEIER/WYDRA-SOMAGGIO 2012). Ziemlich unmittelbar auf diese Änderungen sanken die Arbeitslosenzahlen in den Reformländern deut-

lich. Wenn man hierzulande ohne ergänzende Maßnahmen nur den Kündigungsschutz aufweichte, würde es wohl einige Probleme zumindest kurzfristig noch deutlich verschärfen, d.h., es müsste eine Kombinationsstrategie aus Änderungen im Kündigungsschutzrecht, besserer (kurzfristiger) Absicherung der Gekündigten plus Unterstützung bei der Suche bzw. Qualifizierung für eine alternative Tätigkeit geben. Nur über diesen Weg ist die Lockerung des Kündigungsschutzes unmittelbar sozialpolitisch vertretbar und kann mittelfristig den Arbeitsmarkt positiv beeinflussen. Jede Reform des Kündigungsschutzes hat zudem zu beachten, ob nicht andere Probleme die gerade gültigen Regeln auch wieder funktional machen. So wird z.B. argumentiert, dass der gute Kündigungsschutz in Krisenzeiten stabilisierend wirke, weil die Firmen nicht ganz einfach und schnell MitarbeiterInnen entlassen können. Damit – so das Argument – werde verhindert, dass die gesamtwirtschaftliche Nachfrage zu sehr sinkt und sich die Krise verschärft.

Ganz kritisch zu sehen sind gruppenspezifische Kündigungsschutzregeln. Wenn Frauen allgemein, Erwerbstätige in der Erziehungszeit, Betriebsratsmitglieder und behinderte Menschen einen noch besseren Kündigungsschutz als andere erhalten, können Diskriminierungsprobleme deutlich zunehmen, die Arbeitslosigkeit bei den eigentlich geschützten Personenkreisen kann steigen, und Firmen können auf die Idee verfallen, Betriebsratsgründungen (legal oder illegal) zu hintertreiben.

– *Tarifvertragsrecht*: Die Tarifbindung in Deutschland lässt immer mehr nach. Forciert wird das alles durch die politisch gängige Forderung und Unterstützung nach mehr „Flexibilisierung". Das aber ist aus mehreren Gründen ein problematischer Weg. Erstens ist es im Effizienzlohnzusammenhang von großem Vorteil, wenn Konflikte weitgehend aus den einzelnen Unternehmungen ferngehalten werden. Innerbetriebliche Streitereien um Lohnhöhen und -anpassungen fokussieren innerbetrieblich den Lohn und können Effizienzlohnprobleme durch den möglichen Wechsel von intrinsischer zu extrinsischer Motivation verschärfen – wieder mit der Konsequenz zunehmender Überqualifizierung und Lohnspreizung, evtl. zunehmender Arbeitslosigkeit. Zweitens liegt der Charme der Lohn- und Preissteuerung in Märkten gerade darin, dass es einheitliche Preise und Löhne gibt. Florierende Unternehmungen sollen ruhig durch niedrige Löhne profitieren, wenn sie dadurch zusätzliche Beschäftigungsmöglichkeiten im Rahmen ihrer Expansion schaffen. Und bis auf kurzfristige Lohnzurückhaltung bei absehbar kurzfristigen Krisen müssen auch wenig profitable Unternehmungen die aus ihrer Sicht recht hohen Löhne „aushalten", um per Wettbewerbsdruck ihre Strategien anzupassen.

Ganz unterbinden wird man dabei strukturelle Härten allerdings auch nicht können. Denn wenn Firmen an der Verlustgrenze durch die Lohnkostenentwicklung tatsächlich scheitern, dann müssen sich deren MitarbeiterInnen natürlich umorientieren – und das gelingt zumindest nicht von heute auf morgen. Flexibilisierung bei der Entlohnung ist in etwa so, als ob man bei zwei Bäckereien mit identischem Sortiment und identischer Qualität in einer der beiden mehr für die Brötchen zahlen müsste als in der anderen, weil sie höhere Produktionskosten hat. Wäre es nicht günstiger, die kosteneffiziente Bäckerei würde sich vergrößern und würde evtl. mehrere Filialen betreiben und die andere die Strategien der erfolgreichen Konkurrentin adaptieren? Im Erwerbsbereich sollen die profitablen Firmen eigentlich nicht nach ihren „Möglichkeiten" zahlen, sondern angesichts der Gewinne bei Zahlung des einheitlichen Lohnes expandieren und mehr Personen einstellen. Zudem schwächt Flexibilisierung unter Umständen die Verhandlungsposition von ArbeitnehmerInnen. Das wird u.a. dann problematisch, wenn der Arbeitsmarkt monopolistische bzw. monopsonistische Züge bekommt.

– *Mitbestimmung*: Regeln zu Mitsprache und Mitbestimmung sehen auf den ersten Blick ähnlich wie Kündigungsschutzregeln nur vorteilhaft aus: demokratisch, partizipativ, machteinschränkend und „harmlos arbeitnehmerfreundlich". Das sind sie aber nicht (nur). In Deutschland wunderte man sich z.B. in den vergangenen Jahren immer mal wieder darüber, warum Firmen so zaghaft Gewinnbeteiligungssysteme implementieren. In anderen Ländern seien sie viel weiter verbreitet und dienten u.a. der gewünschten Flexibilisierung. Einige Positionen dazu verwiesen sogar auf Probleme z.B. mit asymmetrischen Informationen. Gewinnbeteiligung könne den Zwang zu nicht-markträumender Lohnsetzung verringern, mithin segensreich für die Reduzierung der Arbeitslosenzahlen sein.
Warum macht man es dennoch in Deutschland in so geringem Maße? Muss man Unternehmensleitungen überzeugen oder gar zwingen? Sind die ManagerInnen hierzulande gar dümmer als in anderen Ländern? Unternehmungen Dummheit oder Borniertheit vorzuwerfen, macht wenig Sinn – zumal wenn international operierende Konzerne in verschiedenen Ländern auch noch unterschiedliche Regeln zur Gewinnbeteiligung vorsehen. Besser ist es, ein Blick in die Institutionenökonomik zu werfen. Dort gab es vor allem in den Jahren um 1970-1990 eine intensive Debatte um arbeiterselbstverwaltete Betriebe (vgl. z.B. FEHR 1988). Die Unternehmungen gehören in einer solchen Rechtskonstruktion nicht den KapitalbesitzerInnen, die dann Arbeit einstellen („mieten"), sondern den ArbeitnehmerInnen, die sich Kapital mieten oder daran Eigentum erwerben. Das

sieht demokratischer und partizipativer als die kapitalistische Variante unseres Marktsystems aus.
Eine gleichmäßigere Einkommensverteilung kann ebenso vermutet werden. Und verboten sind ja solche Rechtskonstruktionen keineswegs. Bei Anwaltssozietäten, bei ArchitektInnengemeinschaften u.a. gibt es solche Varianten sogar geradezu als Musterrechtsform. Warum aber nicht im industriellen Bereich? Gerade eher links oder links-liberal orientierte ÖkonomInnen bemühten sich um theoretische Grundlegungen, um damit vielleicht einem „demokratischen Marktsystem" – leicht nach dem früheren jugoslawischen Vorbild – den Weg ebnen zu können. Aber ihre Ergebnisse waren desillusionierend. Die Antworten sind auch für Mitbestimmungsfragen relevant. Gleichzeitige Unternehmensleitung durch MitarbeiterInnen und Verteilung des Gewinns auf die Arbeitenden ist so etwas Ähnliches wie ausgeprägte Mitbestimmung plus Gewinnbeteiligung. Die theoretische Auseinandersetzung mit Arbeiterselbstverwaltungen zeigte u.a., dass die nicht kapitalistische Variante Fehlentscheidungen provoziert, die in scharfem Wettbewerb bestraft werden (vgl. wiederum FEHR 1988 zu einer ausführlichen Analyse).
Ein Trivialbeispiel dazu: Nehmen wir an, die Unternehmung „Aus und Beut" (A) ist kapitalistisch organisiert. Sie hat zehn MitarbeiterInnen, denen sie jährlich je 50000,- € bezahlen muss (Gleichgewichtslohn des Arbeitsmarktes bzw. Tariflohn). Die Lohnkosten betragen also insgesamt 500000,- €. Außerdem fallen noch weitere 100000,- € Kosten anderer Art an. Der jährliche Umsatz beläuft sich auf 1600000,- €, d.h., unsere Unternehmung macht demnach einen Jahresgewinn von 1 Mio. Euro. Dieser Gewinn wird an die kapitalistischen AnteilseignerInnen ausgezahlt. Nun überlegt die Firma, noch jemanden einzustellen. Wiederum müsste sie einen Lohn von 50000,- € zahlen. Der Umsatz durch die 11. MitarbeiterIn stiege um 70000,- €. Das lohnt sich, wenn keine weiteren Kosten anfallen bzw. die zusätzlichen weiteren Kosten sehr gering sind. Denn der Gewinn erhöhte sich durch die Expansion um bis zu 20000,- €. Die elfte MitarbeiterIn wird also eingestellt. Nun schauen wir auf die Firma mit dem ursprünglichen Namen „Behemoth, Bestimmer und Teile" (B). Sie gehört mittlerweile den Arbeitenden, die sich Kapital mieten. Auch der Umsatz dieser Firma beläuft sich im Jahr auf 1600000,- €. Kosten für das Kapital plus weitere Kosten muss sie mit 400000,- € einplanen. Dann bleiben als Überschuss 1200000,- €, die auf die zehn MitarbeiterInnen gleichmäßig aufgeteilt werden. Jede/r erhält also in dem Jahr 120000,- €. Schön für die arbeitenden EigentümerInnen, gell? Das ist natürlich erst einmal viel besser als die 50000,- € in der kapitalistischen Firma. Nun geht es so weiter wie oben bei der kapitalistischen Firma. Durch Aufnahme einer elften und

angesichts der Einkommensaussichten überaus interessierten MitarbeiterInnen-EigentümerIn kann der Umsatz um 70000,- € gesteigert werden. Wenn sich an den Kosten für Kapital und den sonstigen Kosten nichts ändert, gibt es nun einen zu verteilenden Überschuss von 1270000,- €. Der muss nun allerdings durch 11, nicht mehr durch 10 geteilt werden. Jede der EigentümerInnen erhält nun etwa 115454,55 € im Jahr. Das aber ist weniger als der Anteil zuvor, als der etwas kleinere Überschuss nur durch 10 geteilt werden musste. Die 10 EigentümerInnen lehnen deshalb mit hoher Wahrscheinlichkeit die Ausweitung des Betriebes und Aufnahme neuer EigetünerInnen ab. Dieses Ergebnis zeigt ein Problem. Arbeiterselbstverwaltungen erreichen durch ihre Entscheidungen i.d.R. nicht das Gesamtgewinnmaximum, sondern das Maximum der *Gewinnanteile*.

Ist B mit A in Konkurrenz, wird das auf Dauer nachteilig, denn bei scharfem Wettbewerb setzen sich die Firmen mit dem höchsten Gesamtgewinn durch. Man kann es auch drehen und wenden, wie man will: Die Ineffizienz bei der Größenentscheidung verschwindet nicht komplett – selbst wenn man über „Eintrittsgebühren" für Neulinge in der Unternehmung nachdenkt, über Risikoverteilungsfragen etc. Die Ergebnisse passen außerdem zu dem empirisch beobachteten Phänomen, dass Versuche mit Arbeiterselbstverwaltungen in Deutschland sehr oft scheiterten. Viele gingen in Konkurs, andere wählten schnell wieder eine andere Rechtskonstruktion und wurden erneut kapitalzentriert. Nur unter speziellen Konstellationen – hohe Spezifität der Arbeit, besondere normative Überformung mit außerordentlich altruistischen, gruppenorientierten Verhaltensweisen – können sich ArbeiterInnenselbstverwaltungen behaupten. Ähnlich wie bei der Diskussion externer Effekte, öffentlicher Güter und speziell des Allmendeproblems zeigt sich sehr deutlich, dass egalisierende Selbstverwaltungen zwar stets Gefährdungen ausgesetzt sind, dass sie aber in bestimmten nicht-anonymen Kontexten durchaus stabil und leistungsfähig sein können. Darauf weist u.a. auch ABRAMITZKY (2011) in seiner Analyse der trade-offs israelischer Kibbuzim hin.

Für unsere Frage heißt das dennoch für den großen Marktbereich: Wenn in Deutschland weitgehende Mitbestimmungsrechte gesetzlich verankert sind, dann werden sich im institutionellen Gleichgewicht nur in geringem Maße Gewinnbeteiligungssysteme etablieren *können*. Würde beides gesetzlich erzwungen, wären erhebliche Effizienzverluste in Folge zu erwarten. Wir haben ein kleines Abwägungsproblem: Bei Mitbestimmung werden Effizienzlohnprobleme verstärkt auftreten, weil das Gewinnbeteiligungsinstrument nicht eingesetzt werden kann. Das ist unschön hinsichtlich Lohnspreizung und Arbeitslosigkeit. Wird die Mitbestimmung eingeschränkt, verliert man im Erwerbsleben eine Partizipationsebene.

Das alles ist bei den Beispielen schon kompliziert genug, berührt aber dennoch vor allem erst einmal nur die Koordinierungsinstanzen (Arbeits-)Markt und Hierarchie/Zentralsteuerung in Unternehmungen. Noch ärger wird es, wenn wir bedenken, dass natürlich auch der familiäre Bereich betroffen ist bezüglich alternativer Möglichkeiten der Tätigkeit in verschiedenen Koordinierungsinstanzen, der Alimentierung von Familienangehörigen, der Unsicherheiten und Flexibilitätsanforderungen u.v.a.m. Und in alles hinein interveniert die Arbeitsmarktpolitik, aber natürlich dann auch wieder die Familienpolitik durch die gegenseitige Verwobenheit. Graue Haare kann man bekommen. Aber wacker durchgehalten bei dem komplizierten Fazit unserer Sozialpolitik in Deutschland: Vielleicht ein Espresso zur Stärkung oder einen beruhigenden Kräutertee zwischendurch, bevor wir nun auf die Familienpolitik selbst noch einmal schauen?

7.5.5 Familienpolitik

Die Familienpolitik ist ein weiteres Musterbeispiel für die Verwobenheit von traditioneller und marktlicher Koordinierung. Das macht es ja generell besonders schwer, den Unsicherheiten, Risiken, Exklusions- und Armutsproblemen in beiden Koordinationslogiken gleichzeitig zu begegnen. Noch komplexer wird es, wenn man Martha NUSSBAUMs Gerechtigkeitstheorie als ethische Grundlage wählt. Mit ihrer Nähe zur Care-Ethik betont sie in ihrem Ansatz als Ziel bekanntlich die Sicherung eines menschenwürdigen Lebens.[126] Das rechtfertigt individuell unterschiedliche Behandlung je nach Unterstützungsbedarf. Jede/r könne und wird in Lebenslagen geraten – ist in der Kindheit immer automatisch betroffen und oft auch im Alter –, bei denen er/sie für ein Leben in Würde sorgendes Verhalten anderer benötigt. Ist das aber eine *allgemeine*, also eine sozialpolitische, Aufgabe zur Sicherung der Menschenwürde und keine rein private, dann, so eine Schlussfolgerung, müsse

---

[126] In gewisser Weise geht NUSSBAUM über andere Gerechtigkeitstheorien hinaus, die fast alle „Gleichheit von irgendetwas" begründen. Sie hat einen individualistischeren Ansatz mit der Fokussierung der Würde des Menschen gewählt. Dadurch „schert sie weniger über einen Kamm" als andere oder versucht es zumindest. Und das Scheren über einen Kamm ist ja sowieso heikel. Erstens kommt es auf den Kamm an. Zweitens auf die Richtung, in die man den Kamm hält. Hält man ihn nach unten, enden alle Haare auf gleicher Länge. Haare, die oben auf dem Kopf sitzen, sind dann aber länger als solche am unteren Teil des Hinterkopfes. Hält man den Kamm immer in gleicher Entfernung in alle Richtungen vom Kopf weg, sind alle Haare gleich lang, aber die Frisur erweckt den Eindruck, als ende jedes Haar an anderer Stelle. Gleichheit von irgendetwas ist halt meistens Ungleichheit von etwas anderem.

auch die Gesellschaft die Kosten tragen und etwa sorgende Angehörige für diese Tätigkeiten entlohnen. Machte man dies tatsächlich, hätten wir es mit allen drei Koordinationsmodi gleichzeitig zu tun, in die die familienpolitischen Maßnahmen hineinwirken. Neben der Familie selbst und Markt- bzw. Unternehmensebenen ist jetzt die Gesellschaft via Staat als Entlohnungsinstanz unmittelbar involviert. Durch die vielfältigen Interdependenzen bekommen wir durch die Sorge-Ethik noch mehr Sorgen für die Gestaltung der Sozialpolitik – auch wenn es dubios klingt, dass Sorge Sorgen bereitet.

Schauen wir noch einmal auf die Verwobenheiten und dann auf die diversen Maßnahmenbündel. Familienmitglieder wirken neben den häuslichen Tätigkeiten in Unternehmungen und dem Staat. Häusliche Leistungen entstehen, indem Marktgüter transformiert werden durch die Zubereitung von Mahlzeiten, die Versorgung von Kindern und/oder Pflegebedürftigen u.v.a.m. Auf dem Arbeitsmarkt bzw. innerhalb der Modi der Unternehmenskontrolle werden einige Weichen dafür gestellt, wie stark sich einzelne Familienmitglieder der Arbeit im Traditionssystem überhaupt widmen *können*, damit sie und die Familie umfassend gesellschaftlich teilhaben können. Das Einkommen via Erwerbstätigkeit ist eine wesentliche Determinante dafür. Die Familienpolitik interveniert an dieser Stelle durch Kindergeld, Elterngeld etc. unmittelbar. Die Bedingungen auf dem Arbeitsmarkt und die konkreten Muster der Arbeitsteilung z.B. zwischen den Geschlechtern beeinflussen Ausbildungsentscheidungen und Möglichkeiten bzw. Notwendigkeiten zu statistischer Diskriminierung durch Unternehmungen.

In Unternehmungen werden betriebliche Maßnahmen der Familien- und Sozialpolitik vielfach aus Eigeninteressen heraus geschaffen. Sie sollen z.B. helfen, Effizienzlohnprobleme zu lindern. Wenn der Staat nun mehr Bereiche selbst regelt, wird das Möglichkeiten und Ausmaß der firmeninternen Anstrengungen nicht unbeeinflusst lassen. Es bleibt aber nicht dabei, dass nur mehr oder weniger viel Familienpolitisches im Betrieb selbst geregelt ist. Wenn nämlich Möglichkeiten in den Unternehmungen beschnitten werden, Probleme, die aus Informationsasymmetrien, Motivations- und Fluktuationszusammenhängen entstehen, zu lösen, dann wird das Instrument „Lohnhöhe" vielleicht noch entscheidender. Effizienzlöhne können dadurch steigen, und die Arbeitslosigkeit kann sich über höchst verwickelte Wege nach dem ersten Auslöser einer geänderten familienpolitischen Regel erhöhen.

Wenn jetzt zudem noch die Gesellschaft durch den Staat die familienbezogenen Dienstleistungen für Kinder und Pflegebedürftige *entlohnt*, wird die Familie selbst zur Unternehmung und wechselt eventuell sogar ihre Koordinierungslogik. Und es tauchen Kontrollprobleme auf, wenn die Gesellschaft nun Ansprüche an die Qualität der Sorge stellt und bei „schlechten" Erziehungsergebnissen etc. Geld verweigert oder sogar Bestrafungen vorsieht.

Ohweh: Qualitätssicherung in der Familie kann zum Thema werden, die Inobhutnahme von Kindern kann eventuell zunehmen.

Das gesamte Zusammenspiel „privat vs. öffentlich" ist tangiert, auch individuelle Freiheitsrechte. Und wenn die Gesellschaft etwas den Familien für Leistungen an Familienangehörige zahlt, gibt es eigentlich noch weniger Gründe, die häuslich für den privaten Bereich selbst erstellten Güter und Dienstleistungen nicht als geldwertes Einkommen zu besteuern. Alle Einkommen – auch die Entlohnung der Sorge für Angehörige durch die Gesellschaft und die Naturaleinkommen selbst erstellter Leistungen – müssen neben Erwerbseinkommen als Folge der neu interpretierten „Familienunternehmungen" womöglich bald darauf versteuert werden. Die Erhebungs- und Einkommensumrechnungsprobleme mögen zwar erheblich sein, das muss aber keinen grundsätzlichen Hinderungsgrund darstellen. Das alles wiederum wird jedenfalls Konsequenzen für familieninterne Normen haben, aber auch für das gesamte gesellschaftliche Normengefüge. Die Existenz der Familie an sich als Institution kann sich ändern oder im Extremfall sogar so gut wie verschwinden. Es sieht unschön nach „alles hängt mit allem zusammen" aus. Das macht ein Urteil nicht gerade einfach.

Die Entscheidung pro oder contra einer verstärkten öffentlichen Übernahme von zuvor zunächst rein privat zugeschriebenen Risiken ist nicht trivial. Wenn umfassender sozialer Schutz für alle Menschen im Ziel der Sozialen Sicherung ist, kann man es sicherlich rechtfertigen. Eine erste Schwierigkeit entsteht, wenn öffentliche Sorge und individuelle Fähigkeiten zu selbstverantwortlichem Handeln interagieren. Dann müsste die umfassende Sicherung so *gestaltet* sein, dass sie die Fähigkeiten zur Selbsthilfe, Bildungsinteressen und Engagement für das Gemeinwesen nicht negativ berührt. „Tafeln" mit der Möglichkeit des günstigen Einkaufs oder gar billiger fertiger Mahlzeiten sowie eine rein finanzielle Alimentierung der aus Märkten Ausgeschlossenen sind dann womöglich eher weniger günstig als etwa sozialarbeiterische Unterstützung als „Hilfe zur Selbsthilfe", gemeinwesenorientierte Soziale Arbeit, Stadtteilpolitik, kostenlose Betreuungsangebote für Kinder oder die Förderung von Bildungsanstrengungen. Wenn man (auch) das Ziel verfolgt, die Familie als Gesamtinstitution eines Traditionsmodells zu stabilisieren, kann man sogar generelle Zweifel an der allumfassenden staatlichen Sicherung anmelden. Je mehr Familien Rechte zur Unterstützung einfordern können, desto stärker kommen sie womöglich indirekt in die Pflicht, Kontrolle und Gängelung über sich ergehen zu lassen – etwa nach dem sozialpsychologisch experimentell oft konstatierten Motto hier konkret: wem die Gesellschaft etwas gibt, der schuldet ihr auch etwas. Man mag es nicht schön finden, sondern sogar sehr unsolidarisch: Die Gerechtigkeitsurteile der Menschen folgen häufig solch einfachen Regeln. Und diese Menschen geben per Wahl Aufträge an die Politik.

Die Familien- und Sozialpolitik soll und will in allen Koordinationssystemen existenzielle Risiken absichern und das soziokulturelle Existenzminimum im Sinne der Teilhabe gewähren. An mehreren Beispielen haben wir gesehen, dass Geldleistungen und Einkommensersatz z.B. für die Betreuung von Kindern zwar kurzfristig Versorgungsprobleme mildern können, dass aber mittelfristig sehr ungünstige Arbeitsmarktwirkungen zu einem nachteiligen Gesamteffekt führen können. Vermeintlich gute Elterngeldregeln oder auch ein Erziehungsgeld führen z.B. zu systematischen Nachteilen von Frauen, vor allem für alleinerziehende Mütter, auf dem Arbeitsmarkt. Je besser die finanziellen „Ersatzleistungen" speziell für die Mütter sind, desto mehr werden sie ins Lohn- und Karrierehintertreffen gegenüber Männern geraten und auf Dauer (!) Nachteile bei Beschäftigung und Lohnhöhe haben. Das kann auf mittlere bis längere Sicht Armutsprobleme speziell von Familien, wieder besonders von Alleinerziehenden, erhöhen. Wenn man die Interdependenz mit dem Arbeitsmarkt und den Logiken der unternehmerischen Koordination mit in die Analyse einbezieht, wird man tendenziell der staatlichen Finanzierung von Betreuungsmöglichkeiten gegenüber Einkommensersatzleistungen den Vorrang geben.

Die gesamte Familienpolitik wirkt ambivalent. Elterngeld und evtl. Betreuungsgeld befördern Lohnunterschiede und Frauenerwerbslosigkeit, ebenso die Regeln des Ehegattensplittings. Das 2012 noch gültige Unterhaltsrecht hingegen beinhaltete starke Anreize für Erwerbstätigkeit sowohl von Frauen als auch Männern und für möglichst geringe Erwerbsunterbrechungen. Das wirkt wieder nivellierend hinsichtlich der Männer-Frauen-Entlohnung und im Bezug auf Unterschiede von Armutsquoten der Geschlechter.

Wundern muss die Ambivalenz eigentlich niemanden. Durch die ständigen Ergänzungen und Änderungen im System der Familienpolitik, Änderungen in anderen sozialpolitischen Bereichen und den verschiedenen Zielen und Prinzipien der Familienpolitik wäre es im Gegenteil verwunderlich, wenn es ein konsistentes Programm gäbe, das sowohl die Risiken und Unterstützungsbedarfe von Familien(mitgliedern) im Fokus hat als auch verhindert, dass die Maßnahmen Ausschließungsprozesse in den anderen Koordinierungssystemen befördern.

Die Familienpolitik leidet ähnlich wie die Bildungs- und Arbeitsmarktpolitik darunter, dass meistens nur Symptome gesehen werden, die dann spezielle Regelungen nach sich ziehen. Ein Beispiel aus dem Zusammenwirken der Arbeitsmarkt- und Familienpolitik bezieht sich unmittelbar auf die schlechtere Entlohnung von Frauen und auf die schlechteren Karrieremöglichkeiten. Im Winter 2010 und Frühjahr 2011 führte man in Deutschland eine intensive Debatte darüber, ob man nicht angesichts der Statistiken über den sehr geringen Anteil von Frauen in Führungspositionen Quoten vorschreiben müsste. Auf EU-Ebene setzte sich 2012 die Diskussion fort. Nach wochenlangem internem Streit schlug die EU-Kommission im November 2012 eine Frauenquote für Europas börsennotierte Unternehmungen vor. Das Gremium nahm in diesem Zusammenhang einen Gesetzesentwurf der EU-Justizkommissarin an, die sich seit langer Zeit für eine Quotierung stark gemacht hatte. Der Entwurf schreibt den rund 5000 börsennotierten Firmen in der EU vor, bis 2020 Aufsichtsratsposten zu 40 Prozent mit Frauen zu besetzen. Bei Fehlverhalten sollen die Unternehmungen sanktioniert werden, i.d.R. durch Geldstrafen. Deren Höhe soll zunächst jeweils national festgelegt werden. Ab 2020, so die Vorstellungen, soll es zudem Vertragsverletzungsverfahren geben, falls EU-Mitgliedsländer ihrer Überwachungspflicht aus der Richtlinie nicht nachkommen.

Norwegen wird für solche Quotenregelungen gern als Vorbild herangezogen. Wenn die schlechteren Chancen an hartnäckigen Vorurteilen hängen, an sozialisatorisch bedingtem zurückhaltenderen Verhalten von Frauen oder an „männerbündischer", machtinteressierter Abschottung, dann spricht einiges für die Quotierung – wenngleich die Erfahrungen Norwegens gar nicht so besonders vielversprechend zu sein scheinen. Sofern die Nachteile für Frauen wesentlich durch problematische familienpolitische Regelungen verursacht werden, sollte man diese besser ins Visier nehmen, anstatt eine unschöne Folge einer ungünstigen familienpolitischen Setzung mit einer neuerlichen Regulierung zu bekämpfen. Sollten Ursachen entweder nicht gefunden oder nicht wirksam bekämpft werden, kann eine Quote natürlich dennoch rechtfertigungsfähig werden.

7.5.6 Existenzsicherung

Wie in fast allen Bereichen kommt es auch im Bereich der Existenzsicherung auf die konkrete Gestaltung der Maßnahmen an, ob sie sozialpolitischen Zielen dienen oder ihnen im ärgsten Fall sogar entgegen laufen. Dafür ist es u.a. entscheidend, welche weiteren Leistungen aus Sozialversicherungen, aus gruppenspezifischen Förderungen u.a. gewährt werden. Das beeinflusst z.B. die Höhe impliziter Mindestlöhne, die Unterstützung der familiären Organisation der Arbeitsteilung oder auch Gleichbehandlungsfragen. Da vieles davon schon angesprochen wurde, soll sich dieser Abschnitt auf ein Spezialproblem beschränken, das manchmal als „Sozialhilfefalle" bezeichnet wird.

Die Sozialhilfe war früher noch mehr als die heutigen Existenzsicherungsregeln dadurch geprägt, dass ein existenzsichernder Transfer geleistet wurde, eigene Einkommen aber fast vollständig darauf angerechnet wurden. Nur minimale Zuverdienste ließen die Unterstützung durch den Staat unangetastet. Wer darüber hinaus etwas verdiente, musste in gleicher Höhe Transferkürzungen hinnehmen. Schauen wir es uns in stilisierter Form mal an. Stilisiert heißt hier, dass keinerlei anrechnungsfreie Zuverdienste zugelassen werden. In der folgenden Grafik sind die Brutto- und die Nettoeinkommen an den Achsen notiert. Gäbe es keinerlei Unterstützung und müssten auch keine Steuern gezahlt werden, dann entspräche das Brutto- stets dem Nettoeinkommen. Das ist als Referenz in der Grafik entlang der 45°-Linie abzulesen.

Im stilisierten Sozialhilfemodell wird allen, die keine Einkommen erzielen, ein Geldtransfer in Höhe des Existenzminimums (E) gewährt. Erzielt eine TransferempfängerIn kleinere Einkommen, reduziert sich der Unterstützungsbetrag des Staates genau um den Eigenverdienst. Das Existenzminimum wird auch nicht besteuert. Ab dem Schnittpunkt mit der 45°-Linie (da ist das eigene Einkommen gerade so hoch wie das Existenzminimum) fängt die Besteuerung an, hier mit einem progressiven Verlauf unterstellt. Das bedeutet, dass von höheren Einkommen ein höherer Prozentsatz für die Steuer abgezwackt werden muss als bei kleineren Verdiensten.

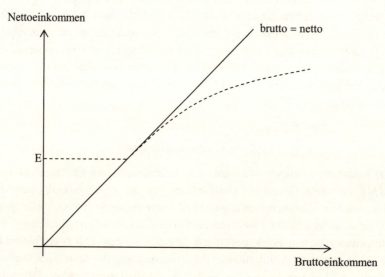

Abb. 7.8: Existenzsicherung und „Sozialhilfefalle"

Wieso soll das eine Falle sein? Diese bedrohlich wirkende Formulierung entspringt einer einfachen Logik: TransferempfängerInnen haben überhaupt nichts von eigener Erwerbstätigkeit, solange sie im Bereich von 0 bis E nur wenig verdienen. Mit Erwerbstätigkeit plus Ergänzung haben sie zumindest kurzfristig nie mehr als durch den Transfer des Staates allein finanziell zur Verfügung. Wenn dann die Tätigkeiten des Niedriglohnbereiches noch als unangenehm empfunden werden, wenn zusätzliche Kosten für Fahrten, Kleidung oder Ernährung anfallen, wenn Kinderbetreuung u.a. neu und unter Inkaufnahme zusätzlicher Kosten organisiert werden muss, kann die „geringfügige" Erwerbstätigkeit sogar in einen absoluten Nachteil umschlagen. Es bedarf schon sehr hehrer ethischer Prinzipien, Arbeitsfreude oder viel Hoffnung auf steigende Chancen für eine später besser entlohnte Tätigkeit, dass Menschen sich unter solchen Umständen freiwillig bereitfinden, schlecht bezahlte Jobs anzunehmen. Es gab genug Menschen, die das trotz dieser Nachteile gemacht haben. Aber andere haben es durchaus auch versucht zu vermeiden, die gering entlohnten Jobs anzunehmen.[127]

Die tatsächliche Sozialhilfekonstruktion war einige Jahre lang sogar noch viel haarsträubender. Zwar gab es kleinere anrechnungsfreie Zuverdienstmöglichkeiten, aber die waren erstens von der Größenordnung „Peanuts", und zweitens begann die Besteuerung schon *vor* dem Existenzminimum E. Das bedeutete, dass es Konstellationen gab, bei denen reine TransferempfängerInnen sogar mehr Geld zur Verfügung hatten als Menschen, die ein eigenes Einkommen knapp unterhalb der E-Grenze des Bruttoeinkommens hatten. Die Arbeitsanreize sind dann natürlich extrem schlecht, wenn man gleich in mehrerer Hinsicht Nachteile erleidet, sofern man eine solch schlecht entlohnte Tätigkeit akzeptiert.

Die Konsequenzen waren fatal. SozialhilfebezieherInnen wurden als „DrückebergerInnen" oder als gesellschaftliche „SchmarotzerInnen" etikettiert, verunglimpft oder gar beschimpft, obwohl sie nichts anderes taten als sich selbst nicht zu schaden. Was aber folgte? Wie kaum anders zu erwarten: Kontrolle, Druck und Zwang. Wenn die vermeintlichen FaulenzerInnen nicht „freiwillig" einer Erwerbstätigkeit nachgehen, dann werden gern unmittelbar Druckinstrumente ersonnen. Die Agentur für Arbeit, die Soziale Arbeit als Profession in vielen Arbeitsfeldern und andere Instanzen bekommen Schnüffelaufgaben – etwa ob Schwarzarbeit betrieben wird oder ob solvente LebenspartnerInnen den Unterhalt sichern können. Zudem erfolgen Strafen, wenn „zumutbare" Arbeit nicht angenommen wird, Termine für Beratungsgespräche nicht wahrgenommen werden u.ä. Mit Menschenwürde hat das alles nicht mehr viel gemein. Das Abstempeln der TransferempfängerInnen

---

[127] Bedarfsorientierte ergänzende Leistungen spielen in fast allen Sozialstaaten eine mehr oder weniger große Rolle, obwohl ihnen eine so problematische Rolle für die Anreize zum Einkommenserwerb zugeschrieben werden. BÜTTLER et al. (2012) beschreiben z.B. Leistungen, die in der Schweiz bedarfsabhängig und ergänzend geleistet werden und untersuchen deren Auswirkungen. Sie sehen die damit verbundenen Anreizeffekte als heterogen an, vor allem, wenn man den gesamten Lebenszyklus der Menschen betrachtet.

kann darüber hinaus die Selbstwahrnehmung der Betroffenen tangieren. Sie können im Extremfall sich selbst im Zuge von Kategorisierungsprozessen einer FaulenzerInnen-Gruppe zuordnen, sie können die Kooperation mit der vorurteilsgeladenen Gesellschaft aufkündigen oder der starken Versuchung zu Schwarzarbeit nachgeben.

Mit den Regeln des Alg II ist es nicht ganz viel besser geworden. Die Zuverdienstmöglichkeiten sind immer noch bescheiden, wenngleich etwas besser als zuvor. Problematischer noch ist die konkrete Konstruktion, die gerade nur die kleinen Zuverdienste attraktiv macht. Bis 2011 wurden 100,- € gar nicht angerechnet. Wer zwischen 100,- € und 800,- € verdiente, bekam 80% des Nettoerwerbseinkommens angerechnet, bei jedem höheren Verdienst sogar 90%. PEICHL et al. (2011) geben ein Beispiel für die Regeln und Grenzen vor 2013: Wenn jemand Alleinstehendes einen Bruttostundenlohn von 8,- € erhielt, so bekam er/sie in einem Vollzeitjob nur etwa 330,- € mehr als beim Bezug des Alg II. Wenn man 160 Arbeitsstunden pro Monat unterstellt, waren das 2,- € effektiver Stundenlohn! Wählte die gleiche Person die Variante Mini-Job, dann kam sie bei einer Arbeitszeit von 11 Stunden in der Woche immerhin auf 160,- € mehr als durch HARTZ IV. Dann stieg der effektive Stundenlohn auf 4,- €. Der Wechsel von Mini-Job auf Vollzeitstelle ist extrem unattraktiv.[128] Aufstockung wird zur Regel, nicht zur Ausnahme.

---

[128] Mini-Jobs sind Beschäftigungsverhältnisse mit einem Einkommen bis 450,- € (bis Ende 2012 waren es 400,- €), die für ArbeitnehmerInnen bis 2012 keine Beiträge in die Sozialversicherungen und für ArbeitgeberInnen geringe Pauschalen vorsahen. Mini-Jobs, die ab dem 1. Januar 2013 beginnen, werden allerdings versicherungspflichtig in der gesetzlichen Rentenversicherung. Hierdurch erwerben die Beschäftigten Ansprüche an die Rentenversicherung mit vergleichsweise niedrigen eigenen Beiträgen. ArbeitgeberInnen zahlen für eine geringfügig entlohnte Beschäftigung einen Pauschalbeitrag zur Rentenversicherung in Höhe von 15% Prozent des Lohnes. Für Angestellte ist nur die geringe Differenz zum allgemeinen Beitragssatz von 18,9 Prozent im Jahr 2013 auszugleichen. Das sind 3,9% Eigenanteil für Minijobber. Alternativ zur vollen Rentenversicherungspflicht können sich Minijobber von der Versicherungspflicht in der Rentenversicherung auch befreien lassen. Hierfür muss ein/e Beschäftigte/r der ArbeitgeberIn schriftlich mitteilen, dass er bzw. sie (meist sind es Frauen, die einen solchen Job annehmen) die Befreiung von der Versicherungspflicht wählt. Dann entfällt der Eigenanteil und nur der Pauschalbeitrag von 15% zur Rentenversicherung durch die ArbeitgeberIn wird entrichtet. Hierdurch verlieren Minijobber, die nicht anderweitig der Versicherungspflicht in der Rentenversicherung unterliegen, eine Reihe von Ansprüchen auf Leistungen der gesetzlichen Rentenversicherung. Um die Attraktivität dieser Jobs wiederum zu mildern (man ermöglicht sie, aber man möchte sie nicht?) gibt es zudem Midi-Jobs. Diese stellen einen sogenannten Gleitzonenfall dar. Wer (Stand 2013) zwischen 450,01 € und 850,- € monatlich verdient, für die oder den gilt, dass die von ArbeitnehmerInnen zu tragenden Beiträge zur Sozialversicherung ausgehend von etwas über 10% linear immer höher werden, bis sie bei der Einkommensgrenze von 850,- € schließlich bei über 20% liegen. Der

Im Oktober 2010 einigte sich die Koalition auf eine Neuregelung, die gegenüber den ursprünglichen Regeln des Alg II nur minimale Änderungen vorsah. Bei Zuverdiensten zwischen 800,- € und 1000,- € können nun 20% statt 10% behalten werden. Das ist der berühmte Tropfen auf den heißen Stein. „AufstockerInnen" und Alg II als indirekter Kombilohn folgen aus dieser Konstruktion immer noch fast zwangsläufig.

Kleinere finanzielle Ausgleiche von Mehraufwendungen etwa bei den 1-Euro-Jobs sind ebenso eher weitere Tröpflein auf den glühend heißen Stein. Anrechnung eigener Einkommen, Zwang und Kontrolle stehen weiterhin im Vordergrund. Die Einmündungschancen in den ersten Arbeitsmarkt sind durch die individuelle Bevorzugung von Mini-Jobs und 1-Euro-Jobs auch nicht sonderlich gut. Zudem ist der prinzipiell betroffene Personenkreis durch Wegfall der Arbeitslosenhilfe angewachsen. Gerade die zuvor Erwerbstätigen und nunmehr Langzeitarbeitslosen sehen sich der Etikettierung als SchmarotzerInnen eher hilflos und manchmal wohl auch fassungslos ausgesetzt. Aus verschiedenen wissenschaftlichen Disziplinen wird die Grundkonstruktion der Existenzsicherungspolitik der Variante „Sozialhilfefalle" aus diesen Gründen heraus massiv kritisiert – so auch von vielen ÖkonomInnen.

7.6 Negative Einkommensteuer, Grundsicherungsmodelle und Kombilohn als sozialpolitische Alternativen

Unser Sozialsystem hat sich im Laufe der Zeit „entwickelt". Es begann mit ArbeiterInnenschutz und ersten Sozialversicherungen, erstreckte sich bald auf den gesamten Erwerbsbereich und weitete sich mehr und mehr auf andere Probleme der Existenzsicherung weiterer Personenkreise und Gruppen aus. Mittlerweile sollen auch die Risiken der traditionell orientierten Koordinierungssysteme wie der Familien abgefedert werden. Immer mehr Bereiche, immer mehr Ziele, immer mehr *Ergänzungen*: Die Soziale Sicherung wurde nie einer Generalreform unterzogen, sondern wuchs einfach. Sie wurde größer, bekam Ableger und neue Zweige, und daneben wurden einige neue sozialpolitische Pflänzchen gezogen. Durch die verschiedenen Ziele, Ebenen, Bereiche und Logiken entstanden sehr viele heterogene und wahrlich nicht immer widerspruchsfreie Regeln, die – wie wir an einigen Beispielen sahen – im Zusammenwirken durchaus nicht immer die angestrebten Ziele erreichen müssen.

ArbeitgeberInnenbeitrag bleibt in der gesamten Gleitzone konstant bei knapp 20%. Das soll für ArbeitnehmerInnen den Wechsel aus einem versicherungsfreien Mini-Job in ein versicherungspflichtiges Teilzeitarbeitsverhältnis attraktiver machen, indem sie bei dem Teilzeitverhältnis nicht plötzlich mit hohen Sozialabgaben belastet werden, wenn das Arbeitsentgelt die Grenze von 450,- € übersteigt.

Es gibt eher Schätzungen als eine wirkliche Bestandsaufnahme, dass in Deutschland weit mehr als 150 verschiedene Sozialleistungen gewährt werden, für die über 40 verschiedene Ämter, Behörden o.ä. zuständig sind (vgl. SESSELMEIER 1997: 47). Manche der Leistungen werden gegeneinander aufgerechnet, andere nicht. Je nach Leistungsanspruch kann es dadurch zu deutlichen Ungleichbehandlungen kommen. Das allein tangiert schon Gerechtigkeitsurteile. Und zu allem Überdruss ist der Verwaltungsaufwand durch die verschiedenen Leistungen und die vielen involvierten Instanzen natürlich sehr hoch.

Von daher ist es nicht sonderlich überraschend, dass auch Überlegungen angestellt wurden, ob man es denn nicht auch ganz anders, einfacher und zielgenauer hinbekommt. Ein besonderer Charme scheint in letzter Zeit von Modellen der unbedingten Grundsicherung auszugehen. Zumindest werden sie häufig in die Diskussion gebracht. Deren Grundidee ist trivial. Jede BürgerIn erhält vom Staat einen Geldbetrag in Höhe des Existenzminimums (E) zur Verfügung gestellt. Eigenes Einkommen wird darauf grundsätzlich nicht angerechnet. Ab einem bestimmten Niveau muss jedoch die Summe aus Grundeinkommen und eigenem Erwerbs- oder anderweitigem Einkommen versteuert werden. Nehmen wir zunächst mal an, das alles müsse über die Einkommensteuer finanziert werden. Das Transfer- und Steuersystem bekommt dann etwa folgendes Aussehen:

Abb. 7.9: Unbedingtes Grundeinkommen

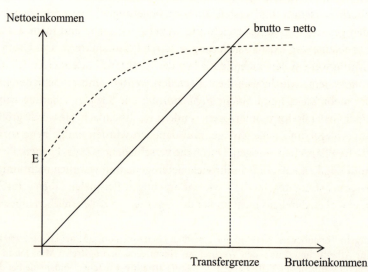

Wenn das transfergesicherte Existenzminimum auch als *zusätzliches* Erwerbseinkommen grundsätzlich steuerfrei bleiben soll, verläuft die Kurve der Nettoeinkommen zunächst parallel zur 45°-Grad-Linie. Zum Grundeinkommen kommt einfach komplett dazu, was man z.b. über Erwerbstätigkeit an Einkünften erzielt. Ab einem bestimmten Bruttoeinkommen beginnt dann die Besteuerung, die hier wieder mit einem progressiven Verlauf skizziert ist. Die Transfergrenze gibt an, ab welchem Bruttoeinkommen man mehr Steuern zahlt als Mittel vom Staat zu erhalten. Hier im Bild ist das ein ziemlich hohes Einkommen, d.h., man benötigt *viele sehr hohe* Einkommen, damit die Nettosteuerzahlungen überhaupt reichen, all die Nettoauszahlungen zu finanzieren. Auch wenn das niedliche Milchmädchen – vielleicht ist es auch ein Milchjüngelchen – etwas mitgerechnet hat, kann man sich das Problem in etwa klar machen, wenn man eine Forderung einer kleineren linken Partei im vorletzten hessischen Landtagswahlkampf aufgreift. Die Gruppierung forderte ein unbedingtes Grundeinkommen von 1500,- € pro Monat für jede EinwohnerIn Deutschlands. Dann könnten alle frei entscheiden, ob sie sich im häuslichen Bereich engagieren, bei der Freiwilligenarbeit, noch zusätzlich einer Erwerbstätigkeit nachgehen o.a. tun oder auch lassen. Klingt doch prima, oder? Warum nur ist vorher keiner darauf gekommen?

Die geneigte LeserIn wird es ahnen: Ganz ohne Haken und Ösen ist das nicht. Der Vorschlag missachtet z.b. eine einfache Buchhaltungslogik, dass nämlich die gesamten Einkommen eines Landes immer Spiegelbild der Produktion sind. Das hatten wir im Bereich der Familienpolitik schon einmal ausführlich besprochen. Alle, die es vergessen haben, müssen nun mit dem Rückblättern beginnen. Schauen wir hier nur mal auf Zahlen:

Im Jahr 2011 betrug das Volkseinkommen in Deutschland (Nettoinlandsprodukt zu Faktorkosten = Summe sämtlicher Einkommen) 1962,7 Mrd. Euro (vgl. Institut der deutschen Wirtschaft 2012: Tabelle 2.1 auf S. 21). Wenn man nun 1500,- € monatlich wirklich *jedem* Individuum (von der Wiege bis zur Bahre) mit dauerhaftem Wohnsitz in Deutschland zahlte, dann benötigte man das für etwa 82 Mio. EinwohnerInnen. Was hat ein solches System für einen jährlichen Finanzbedarf? Das ist einfach auszurechnen:

$$1500,\text{-} \, € \cdot 12 \cdot 82 \text{ Mio.} = 1476 \text{ Mrd. Euro}$$

Jetzt kann uns schon ein spontanes „oha" über die Lippen kommen. Wollte man es nämlich aus der laufenden Einkommensteuer finanzieren, hieße das beim Volkseinkommen des Jahres 2011, dass man einen durchschnittlichen Steuersatz für die Faktoreinkommen von etwa 75% (!) bräuchte. Wenn der Staat noch anderes zu finanzieren hat, kann man eigentlich sein Faktoreinkommen gleich ganz abgeben und erhält im Gegenzug dann 1500,- € vom

Staat. Alle haben 1500,- €, keine/r weniger, aber auch keine/r mehr. Wird das die Anstrengungen im Erwerbsbereich aber wirklich unberührt lassen? Werden die BäckerInnen wirklich alle weiterhin um zwei Uhr nachts aufstehen und Brötchen für die Gesellschaft backen, wenn sie zum Schluss nicht mehr Einkommen haben als alle anderen, auch wenn die anderen eventuell nichts produzieren? Sollte die Produktion durch die komplett egalitären Einkommen im Marktsystem sinken, dann reicht alsbald das gesamte Einkommen gar nicht mehr, um für alle 1500,- € zu finanzieren.

Kann man das System retten? Der Staat könnte sich verschulden – das ginge bei einer Schuldenbremse in der Verfassung aber nur sehr bedingt und wird auch im Nachhaltigkeitszusammenhang kritisch diskutiert.[129] Der Staat könnte auch an die Besitztümer gehen mit einer Steuer auf die Vermögensbestände. Das kann eine Zeitlang funktionieren, aber es wird u.U. die Vermögensbildung einschränken und auf Dauer durch die sehr eingeschränkten Produktionsanreize die Kapitalsubstanz aufzehren. Es würde zudem doppelt und dreifach besteuern, da die Ersparnisse schon aus versteuertem Einkommen geleistet werden, die Zinsen darauf noch einmal versteuert werden und das Vermögen ja auch aus bereits versteuertem Gesamteinkommen entstanden ist. Eine Bestandsteuer kann man durchaus rechtfertigen, natürlich auch Erbschaftssteuern. Es kommt auf das „wie" und auch auf die Höhe an. Eine sehr ausgeprägte Bestandsbesteuerung ist unter ungünstigen Bedingungen allerdings u.U. problematisch für die zukünftige Herstellung von Gütern. Manche sehen sogar Gerechtigkeitsprobleme, wenn sie argumentieren, dass Vermögens- und Erbschaftssteuern die Freiheit der Einkommensverwendung einschränken und Sparsamkeit gegenüber hemmungslosem Luxuskonsum bestraft.

Man kann zur Rettung der Idee eines bedingungslosen Grundeinkommens auch die Steuerbasis erweitern und z.B. die haushaltseigenen Leistungen des

---

[129] In der Diskussion um Nachhaltigkeit wird häufig darauf verwiesen, die Staatsverschuldung belaste die nächsten Generationen über Gebühr. Ganz stimmt speziell dieses Argument nicht. Es vergisst nämlich erstens, dass staatliche Infrastruktur, die jetzt entsteht, auch nachfolgenden Generationen ein hohes Produktionsniveau u.a. ermöglicht. Zweitens wird eine einfache Buchhaltungslogik unterschlagen. Wenn sich der Staat durch Ausgabe von Wertpapieren verschuldet, dann hat irgendjemand diese Wertpapiere auch erworben. Zinsen und die spätere Rückzahlung gehen an die BesitzerInnen der Staatspapiere, evtl. auch an deren Erben. Deshalb ist staatliche Verschuldung womöglich mehr ein Problem innerhalb der jetzigen Generation als zwischen den Generationen, da es nur einen kleinen Bevölkerungsteil gibt, der in größerem Ausmaß Vermögensbildung betreiben kann. Insofern kann Staatsverschuldung zum Auseinanderdriften der Einkommens- und Vermögensverteilung beitragen. Eine hohe Auslandsverschuldung kann noch zu ganz anderen Problemen führen, die an dieser Stelle nicht im Detail diskutiert werden sollen.

Kochens, Betreuens, Putzens etc. als geldwertes Einkommen ansehen und der Steuerpflicht unterwerfen. Die möglichen Folgen haben wir bei der Familienpolitik schon angesprochen. Oder man könnte alles eher über indirekte Steuern wie der Mehrwertsteuer zu finanzieren versuchen. Die ist aber in der derzeitigen Konstruktion wiederum nicht progressiv ausgestaltet, passt also vielleicht nicht zu den Gerechtigkeitsvorstellungen. Und eine starke Erhöhung der Mehrwertsteuer wird deutliche Preiswirkungen haben, so dass man erst schauen müsste, was dann 1500,- € tatsächlich noch wert sind, um ein menschenwürdiges Leben führen zu können. Bei den Preiswirkungen allein wird es schon schwierig mit der Abschätzung. Wenn man die Produktionsanreize noch mit bedenkt, dann bleibt die grundlegende Skepsis hinsichtlich eines derart hohen bedingungslosen Grundeinkommens.

Im Prinzip kann man übrigens durchaus die Mehrwertsteuer zur progressiv angelegten Konsumsteuer umgestalten. Das kann sogar durch die Vermeidung von Doppelbesteuerungen sehr funktional sein. An den grundsätzlichen Problemen eines bedingungslosen Grundeinkommens beträchtlicher Höhe ändert es aber nicht viel. Und zu guter Letzt oder auch schlechter Letzt: All die allokativen Probleme durch Effizienzlöhne u.a. bleiben natürlich weitgehend ungelöst, wenn man das komplette sozialpolitische Programm durch eine unbedingte Grundsicherung ersetzte.

Das alles heißt nicht, dass so etwas grundsätzlich nicht funktionieren *kann*. Ein völliger Anrechnungsverzicht eigener Einkommen und eine sehr üppige finanzielle Grundsicherung werden jedoch Probleme bereiten. Es ist zumindest nicht zu verwegen, eine entsprechende Prognose zum Scheitern einer solchen Idee zu wagen.

Fast eine Art Kompromiss stellt ein Modell dar, das aber eigentlich schon älter als die Idee der bedingungslosen Grundsicherung ist. Das ist das *Modell der negativen Einkommensteuer*. Die Grundidee folgt einer bestechend einleuchtend erscheinenden Logik. Bei einer Einkommensteuer sind üblicherweise Freibeträge vorgesehen, damit das Existenzminimum nicht besteuert wird. Das entlastet aber nur diejenigen, deren Einkommen tatsächlich auch über dem Freibetrag bzw. dem Existenzminimum liegt. SESSELMEIER (1997: 47) spricht von einer logischen Fortsetzung des Einkommensteuertarifs, wenn man durch einen „negativen" Ast den Bereich der Steuer ausdehnt und die Unterstützung Bedürftiger einbezieht. Alle müssen nun nur noch ihre Einkommen beim Finanzamt melden. BezieherInnen hoher Einkommen müssen Steuern zahlen, diejenigen ohne oder mit nur niedrigem Einkommen bekommen vom Finanzamt etwas ausbezahlt. Das ist dann die „negative Steuer", also eine Zahlung des Staates an Bedürftige. Dabei müssen drei Größen bedacht werden: 1. die Höhe des zu garantierenden Existenzminimums E, 2. der negative Steuersatz – auch als *Transferentzugsrate* bezeichnet – und 3. daraus resultierend das kritische Einkommen bzw. die Transfergrenze, ab der dann Steuern an den Staat gezahlt werden müssen. Im Bild ergibt sich folgende grundsätzliche Konstruktion:

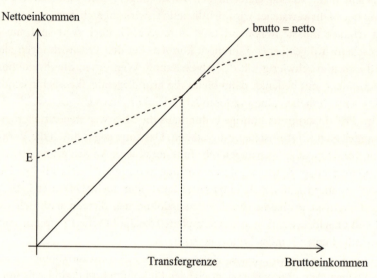

Abb. 7.10: Negative Einkommensteuer

Schauen wir doch einmal zur Verdeutlichung auf ein Beispiel. Im Land Apartien, in dem gerade der Euro eingeführt wurde, wurde nach viel Diskussion das existenzsichernde Mindesteinkommen E auf 600,- € festgelegt. Der negative Steuersatz, also die Transferentzugsrate, beträgt 50%. Das heißt, dass immer die Hälfte des selbst verdienten Einkommens auf den staatlichen Transfer angerechnet wird. Wer gar kein Einkommen hat, erhält die Existenzsicherung von 600,- € pro Monat. Wer 200,- € Erwerbseinkommen hat, bekommt die Hälfte davon, also 100,- €, angerechnet. Das Finanzamt zahlt noch 600 − 100 = 500,- € aus. Zusammen mit den 200,- € Eigenverdienst hat der/die Betroffene nunmehr 700,- € zur Verfügung – steht also besser da als bei der Sozialhilfefalle. Wer 600,- € verdient, bekommt noch 300,- € vom Staat und hat zum Schluss 900,- €. Bei 1200,- € ist Schluss mit der Auszahlung des Finanzamtes. 1200,- € ist also die Transfergrenze. Wer noch mehr verdient, muss Steuern an das Finanzamt abführen – hier mal wieder in progressiver Ausgestaltung eingezeichnet. Je höher man E festlegt, desto höher liegt bei gegebener Transferentzugsrate die Transfergrenze. Zwei der drei Größen kann man setzen und variieren, die dritte folgt dann immer zwangsläufig.

Wenn man an das unbedingte Grundeinkommen von eben denkt, dann hat man ein E von 1500,- und zunächst eine Entzugsrate von 0, die dann mit höherem Einkommen steigt. In diesem Sinne ist die Idee der bedingungslosen Grundeinkommen eine Spezialvariante der negativen Einkommensteuer. Die Sozialhilfefalle ist auch eine sehr spezielle Lösung. In ihr ist die Transferentzugsrate 100%.

Ein besonderer Typ der negativen Einkommensteuer wird als *Sozialdividendenkonzept* beschrieben. Er geht auf einen sehr frühen Vorschlag von Lady RHYS-JONES aus dem Jahr 1943 zurück. Nach dieser Vorstellung erhalten die Steuerpflichtigen zunächst einen Transfer in Höhe des garantierten Mindesteinkommens und müssen dann alle Einkommen – also Transfer plus eigene Einkommen aus Erwerbstätigkeit etc. – versteuern. Bei jedem negativen Steuersatz, der kleiner als 100% ist, erhalten immer auch solche Personen noch Mittel vom Staat, deren Gesamteinkommen das Existenzminimum überschreitet. In Apartien bekommt ja jede/r etwa ausgezahlt, der/die weniger als 1200,- € verdient, auch wenn das Existenzminimum „nur" 600,- € benötigt.

Ein zweiter Typus wurde von dem (erzliberalen) Milton FRIEDMAN knapp 20 Jahre später in die Diskussion gebracht: der *poverty-gap*-Typ. Er schlug vor, statt E das kritische Einkommen, also die Transfergrenze, zu bestimmen. Wenn man diese Grenze selbst auf die Höhe des Existenzminimums setzte und wieder eine Transferentzugsrate von 50% nähme, dann läge E nur noch bei der Hälfte des eigentlichen Existenzminimums, die Armutslücke würde also nur zu 50% geschlossen. So ähnlich sah FRIEDMANs Vorschlag tatsächlich aus. Manche charakterisieren es so, dass die Sozialdividendenlösung eher an die Versorgung bedürftiger Menschen denkt, der poverty-gap-Typ eher an Subsidiarität orientiert ist. De facto kann man aus beiden Grundtypen aber auch zu einer identischen Lösung für die Konstruktion der negativen Einkommensteuer kommen (vgl. zu dieser Typisierung SESSELMEIER/KLOPFLEISCH/ SETZER 1996: Kap. 2.3.1 und 2.3.2).

Durch die hohe Variabilität in der konkreten Ausgestaltung erfreut sich die Grundidee einer recht großen Beliebtheit. Sehr liberale ÖkonomInnen präferieren tendenziell eine Variante mit geringem E und geringer Transferentzugsrate, während die an anderen Gerechtigkeitsprinzipien orientierten VerfechterInnen eher ein höheres E vorziehen und notfalls bei Finanzierungsschwierigkeiten eine höhere Entzugsrate in Kauf nehmen. Als ganz großer Vorteil wird von allen angeführt, dass es weniger verzerrend auf dem Arbeitsmarkt wirke, weil es die Arbeit nicht einseitig belaste. Noch wichtiger erscheint den meisten ProtagonistInnen, dass man nunmehr auf die Zwänge und Kontrollen verzichten könne. Das wurde bereits im allerersten Vorschlag von Lady RHYS-JONES als vorteilhaft hervorgehoben. Wer eigenes Erwerbseinkommen hat, steht bei jeder Transferentzugsrate unter 100% besser da als ohne eigene Einkommen. Bei der 50%-Lösung kann man immerhin jeweils die Hälfte des selbst verdienten Geldes über den Transfer hinaus bis zur Transfergrenze behalten. Das vermittele Anreize, auch schlecht entlohnte Jobs anzunehmen. Der Staat müsse also nicht zwingen und auch nicht kontrollieren. Das entlaste nicht nur von Verwaltungskosten, sondern sei zudem mit der Menschenwürde viel eher vereinbar. Bedenken muss man, dass in das System bei einigermaßen hohem E mehr Mittel fließen müssen als bei Sozialhilfekonstruktionen. BefürworterInnen gehen zum Teil soweit vorzuschlagen, sämtliche anderen Sozialleistungen zu streichen, auf Sozialversicherungen zu verzichten und die komplette Sicherung nur noch über die negative Einkommensteuer mit der einzig zuständigen Behörde des Finanzamtes zu leisten.

Über die Art der Finanzierung gibt es Debatten wie bei der bedingungslosen Grundsicherung, ob man eher Einkommensteuern oder besser indirekte Steuern – zumindest ergänzend – nehmen sollte. Bislang wurden die Vorstellungen, auch wenn sie von rechts bis links und aus verschiedenen Theorielagern kommen, politisch nicht ernsthaft aufgegriffen, obwohl in vielen Parteiprogrammen Begriffe wie Bürgergeld oder Mindesteinkommen auftauch(t)en.

Es gibt fast schon eine Art Konjunkturverlauf bei den Diskussionen um negative Einkommensteuern. Der erste Vorschlag von RHYS-JONES entstand in den vierziger Jahren des letzten Jahrhunderts, FRIEDMANs Vorschlag wurde in den sechziger Jahren formuliert und diskutiert. In den achtziger Jahren griff es wieder der (eher konservative) Kronberger Kreis in Deutschland auf. Mitte bis Ende der neunziger Jahre erwachte eine neue Debatte durch Simulationen von Arbeitsmarktwirkungen, die der Negativen Einkommensteuer im Vergleich zu anderen sozialstaatlichen Lösungen günstige Wirkungen auf die Höhe der Beschäftigung attestierten (vgl. SESSELMEIER/KLOPFLEISCH/SETZER 1996). Es bleibt abzuwarten, ob es (erst) 2020 neue Anläufe geben wird.

Kommen wir zum Schluss noch zu dem Vorschlag von *Kombilöhnen* oder allgemeiner von *Lohnsubventionen*. Hierbei ist nun nicht mehr die generelle Sicherung aller Menschen im Visier der Politik, sondern wieder die Erwerbsarbeit und ein spezielles beschäftigungspolitisches Instrumentarium. Indirekt geht es aber auch um die Grundsicherung, da z.B. die deutsche Konstruktion des Alg II in ganz erheblichen Maße Minijobs und Aufstockung begünstigt, also implizit eine Art Kombilohnvariante darstellt.

Durch Geldleistungen an Unternehmungen und/oder ArbeitnehmerInnen sollen bei Lohnsubventionen die Lohnkosten gesenkt werden. Wenn es ergänzend zum übrigen deutschen Sozialsystem gemacht wird, erscheint das auf den ersten Blick fast schon reif für absurdes Theater: Durch die einseitige Konzentrierung auf den Erwerbsbereich verzerren die Beiträge der Sozialversicherungen zu Ungunsten des Faktors Arbeit und machen ihn teurer. Durch Lohnsubventionen wird in die Gegenrichtung verzerrt, um die Verteuerung rückgängig zu machen. Das sieht verdächtig nach einer neuerlichen Spirale eskalierender Interventionen aus. Jedes Symptom bekommt eine neuerliche politische Maßnahme verpasst. Das Ursprungsproblem wird aber unangetastet gelassen.

Nun, ganz so einfach ist es denn doch nicht mit einem Urteil über Lohnsubventionen. Wie immer: „it depends...". Zunächst muss man schauen, wie die Subventionierung angelegt ist. Sie kann permanent oder temporär sein. Die permanente Variante wird eine höhere Beschäftigungswirkung als die temporäre haben. Außerdem kann entweder allgemein oder zielgruppenorientiert subventioniert werden (vgl. SESSELMEIER 1997 zu all den Unterscheidungen und einer sehr ausführlichen, differenzierten Wirkungsanalyse). Allgemein bedeutet, dass *jedes* Arbeitsverhältnis gefördert wird. Zielgruppenorientierung kann sich auf Neueinstellungen, „Problemgruppen" wie Frauen (!), Erwerbspersonen ohne Schulabschluss bzw. ohne abgeschlossene Berufsausbildung, auf behinderte Menschen oder auf den Niedriglohnbereich generell beziehen. Eine spezielle Variante der Lohnsubventionierung ist der sogenannte *marginale* oder *inkrementelle* Lohnzuschuss. Dabei wird nur die Beschäftigungs*ausweitung* gefördert. Es gibt also in diesem Fall nur Subventionen für zusätzliche Arbeitsstellen. Im Ausbildungsbereich hat man so etwas z.B. in Hessen für zusätzlich von Unternehmungen geschaffene Lehrstellen im Vergleich zu Vorjahren ausprobiert. Erwähnt sei zum Schluss, dass entweder ein fester Betrag pro ArbeitnehmerIn gezahlt werden kann oder sich die Höhe der Subvention nach der Lohnhöhe einer ArbeitnehmerIn richtet.

Je nachdem, wie man es macht und wie der Arbeitsmarkt in seiner Interdependenz mit anderen Koordinierungsmodi und angesichts immanenter Koordinierungsprobleme tatsächlich funktioniert, sind die Wirkungen von negativer Einkommensteuer und Lohnsubventionen höchst unterschiedlich. Von der Subventionierung speziell gehen sowieso schon verschiedene Effekte aus, die dann jeweils verschieden hoch ausfallen werden – und manchmal sogar das Vorzeichen wechseln. Schauen wir doch erst einmal, was man sich davon „erhofft".

Man verspricht sich durch Lohnsubventionen erstens Niveaueffekte. Über die Verbilligung der Arbeit könne das Produktionsniveau steigen und damit auch das Beschäftigungsniveau. Im perfekten Markt und auch in rein monopsonistischen Umgebungen *kann* es so etwas geben. Allerdings müssen zusätzlich Preiswirkungen auf den Absatzmärkten bedacht werden. Eindeutige Aussagen sind nicht ganz einfach zu treffen. Zweitens werden durch Lohnsubventionen Substitutionseffekte ausgelöst – zwischen Arbeit und Kapital, bei spezifischen Subventionen auch zwischen verschiedenen ArbeitnehmerInnengruppen. Im günstigsten Fall bestimmter Marktumgebungen kann sich dadurch die Beschäftigung insgesamt erhöhen, aber es können bei selektiven

Subventionen auch dubiose Effekte im Hinblick auf Änderungen der Lohnspreizung auftreten.

Drittens ist noch zu bedenken, dass es unter Umständen Mitnahmeeffekte gibt. Dabei werden von Unternehmungen Subventionszahlungen für Beschäftigte (liebend gern) empfangen, die man ohne Lohnsubventionen auch eingestellt hätte. In dem Fall müsste man untersuchen, ob ein ergänzender Mindestlohn solche Effekte verhindert oder begrenzt, wie man dann mit Teilzeitjobs umgeht u.v.a.m. Der Mitnahmeeffekt ist bei allgemeinen Lohnsubventionen gar nicht einmal unbeabsichtigt, kann aber ein Problem bei marginalen Subventionen werden. PEICHL et al. (2011: 23) sehen Kombilohnmodelle als eine Art Zwickmühle an. Wenn sie großzügig ausgestaltet sind, können sie durchaus wirksam sein, dann können aber auch Mitnahmeeffekte beträchtlich sein. Weniger üppige Varianten reduzieren zwar die Mitnahmerisiken, sind aber auch weitgehend wirkungslos. Der Nettobeschäftigungseffekt resultiert letztlich aus allen drei beschriebenen Einzeleffekten – die wiederum je nach Funktionsweise der Arbeitsmärkte höchst unterschiedlich ausfallen können.

Inzwischen sehen wir alle sicherlich schon recht lustig aus. Ob der Komplexität und zu lösender Probleme haben wir graue Haare und Sorgenfalten bekommen und bei den Versuchen des Faltenbügelns und Renaturalisierens unserer Haarfarbe glüht unser Kopf mittlerweile schon vor Anstrengung und vielen Argumentationsschleifen. Also was haben wir (immer noch)? Einen grauen Kopf mit faltigem Gesicht, der zudem noch raucht und glüht! Schön sieht das ja nicht gerade nicht aus.

Eine konkretere Analyse von Lohnsubventionen erforderte fast ein eigenes Lehrbuch. Die Möglichkeiten der negativen Einkommensteuer und auch von Lohnsubventionen wurden in der Arbeitsmarkttheorie bereits im Rahmen perfekter Märkte, im Rahmen verschiedener Effizienzlohn- und Insider-Outsider-Ansätze, der Suchkostentheorie und in verschiedenen makroökonomischen Modellen einer Wirkungsanalyse unterworfen (vgl. SESSELMEIER 1997). Es mag genügen zu erwähnen, dass man mehr oder weniger nur solche Formen der Beschäftigungspolitik identifizieren kann, die in manchen Umgebungen nützlich sind und in den anderen zumindest nicht zu abträglich den beschäftigungspolitischen Zielen sind. Dabei schneiden die negative Einkommensteuer und *allgemeine* Lohnsubventionen noch am besten ab, wenngleich Letztere die genuinen Marktversagensphänomene teilweise sogar etwas verschlimmern können.

Wenn man die 2010 auf den Weg gebrachten Reformen zu Alg II in den Kontext der Grundsicherung bzw. der negativen Einkommensteuer bringt, dann kann man sie wie folgt charakterisieren (vgl. zu den Vorschlägen PEICHL et al. 2011): Das Institut der Deutschen Wirtschaft schlug vor, die anrechnungsfreie Zone von 100,- € auf 20,- € zu senken. Bei Kleinstjobs bis 200,- € sollten 100% angerechnet werden, um diese Jobs möglichst unattraktiv zu machen. Zwischen 200,- € und 1000,- € sollten dafür nur noch 60% des eigenen Verdienstes angerechnet werden, danach wieder 90%. In einem ersten FDP-Vorschlag sollte es bei 100,- € anrechnungsfreiem Einkommen bleiben, danach aber sollten bis 1000,- € nur 60% in Anrechnung kommen. In einer zweiten FDP-Variante sollte der Grundfreibetrag bei 40,- € liegen. Dann kommt ein 100%-Anrechnungsbereich bis 200,- €, dann einer mit einer Transferentzugsrate von 60% bis 1000,- €, und danach sollten es nur noch 50% sein.

Diskutiert wurde auch, ob man nicht eine zusätzliche Arbeitszeitbedingung in die Alg-II-Regelungen einbaut, um das Problem der Kleinst- und Mini-Jobs zu lösen. Unter anderem wurde ins Gespräch gebracht, eine Mindestarbeitszeit von 30 Stunden pro Woche vorzusehen. Alle Einkommen mit geringerer Stundenzahl würden dann zu 100% Transferentzug führen. PEICHL et al. haben in einer Simulation versucht, die Beschäftigungseffekte der verschiedenen konkreten Vorschläge zu bestimmen. Alle Modellvorschläge haben danach gewisse Nachteile. Dennoch erhalten die Autoren als Ergebnis ihrer Simulation – die natürlich auf bestimmten Annahmen zur Funktionsweise des Arbeitsmarktes fußt –, dass einige Modelle einen positiven Gesamteffekt erwarten lassen – so etwa der zweite FDP-Vorschlag. Die tatsächliche „Mini-Reform" der Koalition schätzen sie als ungeeignet ein. Sie selbst sprechen sich übrigens für das Workfare-Prinzip aus, das auf dem Prinzip von Leistung und Gegenleistung beruhe. Dabei würde der Bezug von Sozialleistungen an Gegenleistungen durch Arbeit i.w.S. gekoppelt. Dann nämlich würde jeder Job attraktiv, bei dem mehr als bei der Grundsicherung verdient werden kann. Das mag so sein, aber KritikerInnen wenden ein, dass man so nur eine Form des Zwanges durch eine andere ersetzt.

All das eben Beschriebene hat den Charakter kleiner Reformschritte. Denkbar ist natürlich zumindest grundsätzlich, dass viel grundsätzlichere Reformen hin zu einer allgemeinen Grundsicherung oder einer negativen Einkommensteuer stattfinden. Neben all den marktinternen Wirkungen muss man jedoch bei Generalreformen oder sehr weitreichenden Maßnahmenänderungen die normativen Wirkungen auch noch mit bedenken. Bei einer negativen Einkommensteuer z.B. wie auch bei der bedingungslosen Grundsicherung gerät fast schon mit Sicherheit die steuerliche Bevorzugung (Nichtbesteuerung) der selbsterstellten Güter ins Visier. Werden *alle* in völlig gleicher Weise unterstützt, gibt es keinen Grund mehr im Rahmen einfacher und prägnanter Regeln, nicht auch *alle* im Rahmen ihrer Leistungsfähigkeit zur Finanzierung heranzuziehen. Man egalisiert in gewissem Sinne über Traditions- und Marktsysteme hinweg. Und das wird die Wahrnehmung von Tradition und Markt womöglich nachhaltig beeinflussen und damit auch deren Transaktionskosten verändern. Das bedeutet, dass auch der Mix an Tradition, Markt und Zentralverwaltung justiert wird mit Folgen für das gesamte gesellschaftliche Normengerüst.

Einen größeren Reformschritt in Richtung Negativer Einkommensteuer schlagen LÖFFLER et al. (2012) dennoch vor. Sie propagieren ein integriertes Steuer- und Abgabensystem, u.a., um die regressiven Effekte der Sozialversicherungsbeiträge zu beseitigen. Das Steuersystem sollte ihrer Ansicht nach vereinfacht werden, z.B. durch einen progressiven Fünf-Stufen-Tarif mit sehr breiter Bemessungsgrundlage. Das Sozialversicherungssystem belaste aktuell vor allem die BezieherInnen mittlerer Einkommen. Zudem sei es intransparent und mit hohen Transaktionskosten verbunden. Sie führen aus:

> „Deshalb werden die bisher überwiegend beitragsfinanzierten Sozialversicherungen in ein steuerfinanziertes Sozialsystem überführt, das eine Garantierente und eine Grundversorgung vergleichbar mit den Leistungen der heutigen Arbeitslosen-, Kranken- und Pflegeversicherung bereitstellt. Durch die Zusammenführung von Sozialabgaben und Einkommensteuer werden die Regelungen zur geringfügigen Beschäftigung und zur Gleitzone überflüssig." (LÖFFLER et al. 2012: 198).

Solche Konzepte werden regelmäßig unterbreitet. Wenn man nur die letztlich fast folgenlose Diskussion um eine Vereinfachung des Steuertarifs heranzieht, ist zu erahnen, wie wenig chancenreich ein solcher „Generalvorschlag" im demokratischen Willensbildungsprozess ist.

7.7 Wohlfahrtsstaaten im Vergleich

Ideen, alles Vorgefundene der Sozialen Sicherung über Bord zu werfen und durch ein ganz einfaches Generalkonzept wie der negativen Einkommensteuer oder des bedingungslosen Grundeinkommens zu ersetzen, hatten bislang keine Chance auf politische Umsetzung. Reformen, Erweiterungen des Bestehenden und anderes gibt es aber ständig. Richtung und Ausmaß der Reformen sind u.a. davon abhängig, wie alternative Systeme (Grundlogik oder auch in der konkreten Ausgestaltung) Lösungen erreichen und welche Güte diese haben. Deshalb lohnt noch einmal ein kurzer Blick auf andere wohlfahrtsstaatliche Systeme.

Allein die verschiedenen Formen, Ausgestaltungen und Finanzierungen konkreter sozialstaatlicher Programme konstituieren nämlich zudem eine Ursachengruppe für differenzierte und zeitlich nicht immer völlig parallele Reformdiskussionen zur gesamten Sozialpolitik in verschiedenen Staaten, da sich Finanzierungsprobleme oder ökonomische Konsequenzen implementierter Sozialsysteme deutlich voneinander unterscheiden. Mit diversen Systematisierungs- und Clusterversuchen werden deshalb Gemeinsamkeiten einzelner Länder und Ländergruppen mit ihren konkreten Sozialstaatsumsetzungen gesucht (vgl. auch SESSELMEIER 2008).

Ein wesentlicher Anlass dafür, diese Debatte hier noch einmal aufzugreifen, besteht neben dem einfachen Gegenüberstellen darin, ähnliche Reformdebatten in den Ländern zu charakterisieren und dabei auch systematische Funktionsprobleme einzelner Sozialstaatskonstrukte noch deutlicher zu identifizieren. Fangen wir mit bereits Bekanntem an und gehen dann noch etwas in die Tiefe. Unterschieden wird z.B., ob die Systeme eher präventiv oder eher nachholend ausgleichend und alimentierend angelegt sind. Eine frühe Sortierung unterschied bekanntlich den BISMARCK- vom BEVERIDGE-Typ eines Sozialstaates, wobei die BISMARCK-Variante für ein Sozialversicherungssystem vor allem für ArbeitnehmerInnen steht und der BEVERIDGE-Sozialstaat dadurch gekennzeichnet ist, dass er alle BürgerInnen umfasst und vorwiegend aus dem Staatsbudget finanziert wird (vgl. ROHWER 2008 zum Vergleich der Sozialstaaten auf dieser Klassifikationsgrundlage).

Neuere Clustervorschläge versuchen differenzierter zu systematisieren und gehen insbesondere auf den Mix an politisch-institutionellen Regelungen ein. Nach ESPING-ANDERSEN (1990, 1999) werden – wie schon kurz skizziert – ein liberales (angelsächsisches), ein konservatives (kontinentaleuropäisches) und ein sozialdemokratisches (skandinavisches) Modell ausgemacht. Der deutsche Sozialstaat wird dabei dem kontinentaleuropäischen Modell zugeordnet mit einem starken Fokus auf die Gruppe der Erwerbstätigen und einer Sozialversicherungsvariante mit einer impliziten Lebensstandardgarantie. Das sozialdemokratische Sozialstaatskonstrukt wird als umfassender angelegt gesehen und ziele mehr auf aktive und präventive Sicherung mit deutlichen Schwerpunkten in den Bereichen Bildungssystem und Arbeitsmarkt ab. Zudem seien die Leistungen nicht lebensstandardsichernd, sondern auf vergleichsweise hohem Niveau bedarfsorientiert. Das angelsächsische Modell beschränke sich auf eine Mindestsicherung für die gesamte Bevölkerung und enthalte sich weitgehend der aktiven Marktbeeinflussung, vor allem des Arbeitsmarktes (vgl. zusammenfassend SESSELMEIER 2008: 32-38).

Andere AutorInnen charakterisieren Sozialstaaten im Zusammenspiel der ökonomischen Leistungsfähigkeit und den konkreten wohlfahrtsstaatlichen Arrangements. Dabei unterscheiden sie in erster Linie *koordinierte Marktwirtschaften* mit vielen nicht-marktregulierten Beziehungen (über den Staat selbst, über Verbände, Kammern, Gewerkschaften etc.) und aktiver Marktbeeinflussung durch den Staat von nicht koordinierten Marktwirtschaften. All diese Ansätze gibt es zudem in Verfeinerungs- und Ausdifferenzierungsvarianten sowie mit Erweiterungen oder mit stärker politisch oder sozialpsychologisch und soziologisch orientierten Sortierungen. Grob orientieren sich viele Versuche zur Beurteilung von Sozialstaaten nach wie vor an den Kriterien De-Kommodifizierung und De-Stratifizierung, bei denen es bekanntlich einerseits um die (Arbeits-)Marktabhängigkeit der Existenzsicherung geht, andererseits um soziale Durchlässigkeit.

Werden die Staaten der EU in ihren konkreten Sozialstaatskonstrukten miteinander verglichen, zeigen sich nach BLUM et al. (2010) zwar in manchen Ländern einige Gemeinsamkeiten, dennoch seien die Unterschiede viel deutlicher ausgeprägt. Dieser Pluralismus (oder Durcheinander?) steht ihrer Analyse nach eigentlich im Widerspruch zu den gängigen Typisierungsversuchen. Eine neue, sinnvollere Clusterbildung sehen die AutorInnen ebenfalls nicht. Deutlich zeigt sich die Heterogenität sogar bei den neuen Mitgliedsstaaten der EU aus Mittel- und Osteuropa, bei denen man am ehesten durch die Umgestaltung des gesamten Wirtschaftssystems die Ausrichtung an einem bestimmten Leitgedanken oder Grundmodell hätte vermuten können, da die historische Bedingtheit der allmählichen Gestaltung des Sozialstaats dort anders ausgeprägt ist und eher ein völliger Neubeginn mit einem Tabularasa-Gesamtkonzept für den Sozialstaat möglich erschien.

Für die Fragen nach den Zeitpunkten, den Inhalten und der Schärfe der Sozialstaatsdebatten kann diese Clusterbildung dennoch hilfreich sein. Allerdings liegen die Argumente dafür eher auf einer sozialpsychologischen Begründungsebene, da die jeweiligen Sozialstaatsumsetzungen als Kontext sehr deutlich Gerechtigkeitsvorstellungen und das Anspruchsdenken von Gesellschaften prägen. Jedes System wird um einen zentralen, prägnanten Fokalpunkt gruppiert. Das hatten wir bei der Diskussion von Gerechtigkeitsregeln und der normativen Überformung der Koordinierungssysteme Markt, Tradition und Zentralsteuerung schon mehrfach angesprochen. Reformnotwendigkeiten und -pläne werden letztlich danach beurteilt, ob sie dem – nach kognitiven Gesetzmäßigkeiten gebildeten – Leitmotiv (etwa der Lebensstandardsicherung) entsprechen oder im Widerspruch stehen. Je stärker die Reform von der wahrgenommenen und in der Gesellschaft allgemein oder zumindest mehrheitlich geteilten Grundsatzlogik abweicht, desto stärker werden Dissonanzen empfunden und desto stärker wird in einzelnen Ländern der Sozialstaatsdiskurs geführt. Das kann darin gipfeln, dass ähnliche Reformschritte in einzelnen Ländern sehr unterschiedliche politische Widerstände hervorrufen werden.[130]

---

[130] Ein prägnantes Beispiel dafür ist die Diskussion um die Kopfpauschale in der Krankenversicherung, die in Deutschland heftig umstritten ist, während in einer Volksabstimmung in der Schweiz zu Gunsten der dort etablierten Kopfpauschale entschieden wurde. Ein weiteres Beispiel ist die Streichung der Arbeitslosenhilfe in Deutschland zu Gunsten

7.8 Wirtschaftstheoretische Sozialstaatsvorstellungen

Neben Debatten, die sich speziell mit der Passung bestimmter Reformen, mit Ergänzungen sozialstaatlicher Programme sowie mit der Frage nach konkreten Zusammenhängen der wirtschaftlichen Entwicklung mit sozialpolitischen Umsetzungen beschäftigen, gibt es theoriegeleitete *Grundsatzüberlegungen* zu sozialstaatlichen Möglichkeiten innerhalb marktwirtschaftlich organisierter Ökonomien. Das Konzept der negativen Einkommensteuer vermittelt nur ein einziges Beispiel zu Schlussfolgerungen dieser sehr grundsätzlichen Betrachtung.

Die unterschiedlichen Urteile darüber, wie ein Sozialsystem in einem Marktsystem inklusive der „Inseln alternativer Koordinierung der Arbeitsteilung" aussehen *sollte*, hängen an Differenzen in der Vorstellung, wie Märkte funktionieren, z.b. wie gravierend die Koordinierungsschwierigkeiten etwa bei asymmetrischen Informationen gesehen werden. Zudem treten unterschiedliche Gerechtigkeitsvorstellungen bei den Leitideen hinzu. Da wir ja alle – naja, ich vielleicht nicht so sehr – mittlerweile ein profundes Wissen über wirtschaftstheoretische Zusammenhänge, über ethische Grundpositionen und über den Sozialstaat angesammelt haben, kann es jetzt „prinzipiell" werden.

Um die grundsätzlichen Auseinandersetzungen in ihren wirtschaftstheoretischen Hintergründen genauer erfassen zu können, unternehme ich nachfolgend in einer Matrix und der anschließenden Erläuterung den Versuch, drei Hauptrichtungen der Sozialstaatsüberlegungen in ihren theoretischen Überzeugungen und ihrer ethischen Orientierung zu identifizieren (vgl. KUBON-GILKE 2011 und GOLDSCHMIDT/FUCHS-GOLDSCHMIDT 2011). Diese Unterteilung kann auch der Klärung dienen, warum sich die theoretischen Diskussionen systematisch ändern, wenn der wirtschaftliche Verlauf eher stetig, mit deutlich identifizierbaren Konjunkturphasen oder noch stärker krisenhaft ist.

---

einer reinen Existenzsicherung. Die Abkehr von der Logik der Lebensstandardsicherung, die der Arbeitslosenhilfe noch unterlag, hat die Wahrnehmung zunehmender Ungerechtigkeiten gefördert und Proteste hervorgerufen (vgl. YOLLU-TOK 2010). Fokalpunkte sind wesentlich durch den Status quo bestimmt. Neben der „Grundlogik" spielen dabei auch die gegebenen Anspruchs- und Leistungsniveaus eine Rolle. Legalität muss nicht gleichbedeutend mit Legitimität sein. Das mag auch erklären, warum die Erhöhung des Renteneintrittsalters von 60 auf 62 Jahre in Frankreich auf so erbitterten Widerstand stieß. Welche konkreten Änderungen besonders hohe Dissonanzen mit der Grundlogik und Akzeptanzprobleme von Reformen und Anpassungen auslösen, ist genauer zu analysieren. KOCH (2012) sieht z.B. bereits die Absenkung von Sicherungsniveaus beim Lebensstandard wie bei den Renten und die dortige Betonung der Beitragsstabilität als Logikbruch an. Auch BECKER/HALLEIN-BENZE (2012) sehen Akzeptanzprobleme, da fest verankerte Reziprozitätsvorstellungen mit den Reformen und Ergänzungen im Gegensatz stehen.

Die Ableitung sozialstaatlicher Modelle wird in dieser Matrix mit drei unterschiedlichen Theoriepositionen in Verbindung gebracht. In der Ökonomik wurden die Aufgaben von Sozialstaaten bislang überwiegend in einem relativ engen Zielsystem diskutiert und die Aufgaben i.d.R. in allokative und distributive Aspekte aufgespalten. Dynamische Zusammenhänge, Nachhaltigkeitsfragen u.a. waren nicht zentral für Sozialstaatsdiskussionen. Die Auffächerung der Diskussion innerhalb dieses eher engen Zielsystems, die dann auch grundlegende Kontroversen beinhaltete, hing an der Ausformulierung der Modellwelten je nach theoretischer Positionierung.

(1) *Marktsystemimmanente Stabilität:* In einer „Friede-Freude-Eierkuchen-Musterwelt" mit perfekt funktionierenden Märkten in allen Bereichen und auf allen Ebenen wird von den VerfechterInnen dieser Sicht dem Marktsystem immanent Wohlfahrtsmaximierung und Stabilität zugeschrieben. Die Sozialpolitik müsste unter diesen Voraussetzungen in erster Linie darauf achten, mit ihren Regelungen nicht in diese perfekte Marktsteuerung verzerrend einzugreifen, um keine Ineffizienzen zu provozieren. Für diese first-best-Ökonomie mit systemimmanenter Stabilität bietet bei der unterstellten perfekten Allokation (A) eine interventionsfreie Marktsteuerung allein die Gewähr für wohlstandsschaffende und krisenfreie ökonomische Entwicklungen. Nur Markteingriffe und andere exogene Einflüsse werden letztlich als *Ursachen* für „Fehlentwicklungen" ausgemacht. Allein die Sprachwahl in diesem Theorierahmen ist manchmal herb: Ein umfassendes Sozialsystem, das über (hohe) Steuern finanziert wird, wird etwa als „Subventionierung der Freizeit" beschrieben, wenn statt Freizeit nicht gar der Begriff Faulheit gewählt wird. Das „üppige" Sozialsystem zerstöre Arbeitsanreize und hätte negative Allokationsfolgen.

Diese in einem sehr speziellen Sinn extrem liberale Position ist häufig mit einer bestimmten Sichtweise zur Gerechtigkeit (G) gekoppelt. Vergessen, was es da so alles gibt? Dann aber flugs zurück ins 6. Kapitel! Dominant ist in der 1. Sozialstaatsposition die Forderung nach *Regelgerechtigkeit* im liberalen Verständnis. Sofern die Anfangsressourcenverteilung gerecht ist und gerechte Regeln des Tausches eingehalten werden, so bekanntlich die Vorstellung der im 6. Kapitel dargestellten prozeduralen Gerechtigkeitstheorien, dann kann die Endverteilung nicht ungerecht sein, d.h., es gibt unter diesen Umständen keinen Umverteilungsbedarf. Sozialpolitik (S) abseits einfacher Grundeinkommensvarianten erscheint dann in diesem Modell auch geradezu als ein Störenfried des harmonischen Marktgefüges.

Sozialpolitik im Spannungsfeld unterschiedlicher Koordinationssysteme 675

	(1) *Marktsystemimmanente Stabilität*	(2) *Automatische Stabilisierung via Sozialstaat*	(3) *Inklusion via Sozialstaat*
Allokation (A)	Perfekte Marktsteuerung, first-best-Effizienz, Krisen nur durch exogene Setzungen und Schocks	Eigenständige makroökonomische Effekte, mikroökonomisch z.T. wie (1), z.T. auch Marktversagen, second-best-Probleme	Wie (2) plus Interdependenzen zwischen Verteilung und Verantwortungsfähigkeit – Systemakzeptanz – Motivation – Normensystem
Gerechtigkeit (G)	Regelgerechtigkeit (NOZICK, HAYEK, FRIEDMAN), Urteil über abweichende Gerechtigkeitsideen: trade-off zwischen Gerechtigkeit und Effizienz	z.T. wie (1), kompatibel mit RAWLS u.a. Theorien, die partielle Umverteilung vorsehen, trade-offs weniger ausgeprägt, Begründung für „solidarische" Sozialversicherung	Christliche Soziallehre, DWORKIN, SEN, NUSSBAUM, WEIKARD, Inklusionstheorien, wenige trade-offs zwischen Effizienz und Gerechtigkeit
Verhaltensannahmen (V)	Präferenzen exogen, homo oeconomicus wg. analytischer Vereinfachung	Wie (1), ggf. partialanalytische Variationen (Transaktionskosten u.a.)	Einbeziehung psychologischer Theorien als analytische Notwendigkeit
Theorieanlehnung (T)	Neoklassisches Referenzmodell, Chicago School	KEYNESianismus in älteren und neueren Varianten, neuere Arbeitsmarkttheorie, Institutionenökonomik	Neue Institutionenökonomik i.w.S., Soziologie, Verhaltensökonomik, Neoliberalismus im Sinne RÜSTOWs
Sozialstaat (S)	Sozialstaat tendenziell als Fremdkörper, wg. trade-offs besondere Rechtfertigung eines Minimalsozialstaats, Hauptziel: Sicherung des Existenzminimums	Sozialstaat stark alimentierend, z.T. umverteilend, kein unmittelbarer Fokus auf Chancengerechtigkeit, Hauptziel: Alimentierung, Lebensstandardgarantie zur Nachfragestabilisierung	Sozialstaat mit systemstabilisierender Funktion: Umverteilung, Bildungs-, Gesundheitspolitik u.a. mit Anforderungen zur Förderung von Verantwortungsfähigkeit und Partizipation, Hauptziel: umfassende Teilhabe, Vitalpolitik

Aus ethischen Gründen notwendig und in dieser Theorieposition auch rechtfertigungsfähig wird höchstens die Gewährung eines Existenzminimums ausgemacht. Deshalb passt die negative Einkommensteuer auch prinzipiell zur extrem liberalen oder konservativen Sichtweise. Bei anderen Vorstellungen zur Gerechtigkeit in der Gesellschaft mit mehr Umverteilungsbedarf wird die Gefahr allokativer Verzerrungen gesehen. Es wird ein deutlicher trade-off zwischen Gerechtigkeit und Allokation ausgemacht, sofern anderen als den Regelgerechtigkeitstheorien gefolgt werden sollte (vgl. VANBERG 2008a und b). Theoretisch angelehnt (T) sind die Sozialstaatspositionen am neoklassischen Referenzmodell mit der Standardverhaltensannahme (V) des homo oeconomicus. Die Begründung richtet sich weniger an psychologischen Erkenntnissen zur tatsächlichen Entscheidungsfindung von Individuen aus, sondern an der analytischen Vereinfachung, die das Modell rationaler Entscheidungen biete. Durch die generelle Unterstellung perfekter Märkte besteht in dieser Modellierung die Aufgabe für die Analyse allein darin, eine möglichst einfache – notfalls auch psychologisch „falsche" – Annahme zu wählen, die eine prognosefähige Rekonstruktion der Marktprozesse erlaubt. Mit Hinweis auf die Theorie bekundeter Präferenzen und auf evolutionstheoretische Überlegungen wird speziell die homo-oeconomicus-Annahme gerechtfertigt (vgl. z.B. ALCHIAN 1950).

(2) *Modelle der automatischen Stabilisierung*: Sehr viel heterogener stellt sich die Theorieposition dar, bei der der Sozialstaat vor allem die Aufgabe übernimmt, systemimmanente Krisen zu verhindern bzw. zu mildern und Wege aus Krisen einzuleiten. Die unterschiedlichen Theoriehintergründe können zwar überwiegend einer hier nicht näher behandelten makroökonomisch-KEYNESianischen Ausrichtung zugeordnet werden, die Auffächerung in eine ursprüngliche sowie in eine *post-, neo-* oder *neu-KEYNESianische* Position ist aber beträchtlich sowohl hinsichtlich unterstellter mikroökonomischer Zusammenhänge als auch bezüglich der Thesen zu genuin makroökonomischen Krisenursachen.

Mikroökonomisch werden teilweise gar keine Aussagen wegen der eigenständigen makroökonomischen Systemeigenschaften getroffen, teilweise wird die neoklassische Idealwelt nicht verlassen, höchstens einzelne „Rigiditäten" unterstellt. Weiter entfernen sich die Ansätze dem Modell (1) zu Fragen der Allokation, wenn statt einfacher Rigiditäten systematische Dysfunktionalitäten der Marktsteuerung thematisiert werden mit Bezug zu second-best-Theorien, asymmetrischen Informationen, Transaktionskostenansätzen u.a. Entsprechend vielfältig sind die Theorieanlehnungen (T), die zwar grundsätzliche Unterschiede zu (1) bei makroökonomischen

Modellierungen aufweisen, im mikroökonomischen Bereich jedoch nur in einigen Strömungen. Ähnlich verhält es sich mit Gerechtigkeitsvorstellungen (G), sofern dazu überhaupt eine Aussage erfolgt. Solange die KEYNESianische Grundüberlegung mikroökonomisch noch „neoklassiknah" ist, verwundert es nicht, wenn dann auch Regelgerechtigkeitsvorstellungen vertreten werden können.

Im Rahmen der makroökonomischen Modelle zur Krisenanfälligkeit des Systems werden in jedem Fall letztlich Politikforderungen gestellt, die zumindest mit anderen Gerechtigkeitsvorstellungen kompatibel sind, weil bestimmte umverteilende Maßnahmen als nachfragestabilisierend eingeschätzt werden. So können die Sozialstaatsfolgerungen u.a. RAWLSianischen Gerechtigkeitsüberlegungen folgen: Fokus ist dabei – wir kennen es ja aus dem 6. Kapitel – das absolute materielle Wohlergehen der Ärmsten. Das erfordert u.U. durchaus Umverteilung, die aber in der RAWLSianischen Argumentation dort endet, wo sie derart in Märkten interveniert, dass zu wenig Verteilungsmasse (Höhe des Sozialprodukts) durch Fehlanreize entsteht und damit die Ärmsten zwar einen höheren Anteil bekommen könnten, die absolute Versorgung dieser Gruppe aber durch weitergehende Umverteilung sinkt. Dysfunktionalitäten der Marktsteuerung führen unmittelbar zu modifizierten Aussagen hinsichtlich der Grenzen der Redistribution, da die Umverteilung in solchen Fällen auch allokativ funktional sein *kann*, d.h., die Sozialstaatsvorschläge können sich in den verschiedenen Ausprägungen dieser Art der Modellierung erheblich unterscheiden.

Mit dem zweiten Modell des Sozialstaats sind zwar verschiedene Gerechtigkeitspositionen kompatibel, aber der Fokus ist doch generell ein anderer als im ersten Modell. Besondere Betonung erfährt die Nachfragestabilisierung, die durch das Steuersystem und die sozialstaatlichen Regelungen erfolgen soll. Einkommensabhängige Steuern und Sozialversicherungen sowie Transfers an diejenigen, die deutliche Einkommensverluste erleiden, auch Regeln wie zum Kurzarbeitergeld u.a. sollen dies ermöglichen. In diesem Sinne dient der Sozialstaat zur Vermeidung oder Bekämpfung systemimmanenter ökonomischer „Großkrisen". Gestärkt wird das Argument, wenn im Versicherungsbereich unterstellt wird, dass wegen endogener und marktlich unversicherbarer Risiken dieser Einkommensausgleich nicht über Privatversicherungen gelingen kann, sondern staatlichen Handlungsbedarf definiert. Die Ausgestaltung der Versicherung ist im Sinne der makroökonomischen Stabilisierung in diesem Modell dann besonders funktional, wenn die Prämien einkommensabhängig sind und wenn die Leistungen den Lebensstandard zu einem möglichst hohen Prozentsatz absichern. In diesem Fall gehen marktbe-

dingte Einkommensrückgänge nicht mit zu drastischen Einschränkungen der Konsummöglichkeiten der betroffenen Individuen einher.
Grundsätzlich sind die Überlegungen dieses Modells einer automatischen Stabilisierung der Ökonomie zwar dem Rationalitätsmodell nicht wesensfremd, aber auf der Ebene der Verhaltensannahmen (V) werden die Argumente deutlich gestärkt, wenn über *begrenzte Rationalität* und andere verhaltensökonomische Vorstellungen Koordinationsprobleme von Märkten identifiziert werden, die Mitverursacher für die makroökonomischen Probleme sein können. Da jedoch die makroökonomische Stabilisierung zentral ist, erscheinen sowohl die konkreten Sozialversicherungs- als auch die interventionistischen Maßnahmen z.B. auf dem Arbeitsmarkt eher als Nebenprodukt der Argumentation und nicht als genuine Auseinandersetzung mit ethischen Positionen. Deshalb ist es auch nicht verwunderlich, wenn weder auf der Gerechtigkeitsebene noch auf der der Verhaltensannahmen ein ausführlicher immanenter Diskurs geführt wird und die speziellen Annahmen zu Fairness oder zu Determinanten des Verhaltens teilweise einen gewissen ad-hoc-Charakter aufweisen.

(3) *Vitalpolitik und das Modell der Inklusion via Sozialstaat*: Der Sozialstaat bekommt in dieser Vorstellung die Aufgabe, all die Voraussetzungen dafür zu schaffen, damit alle Individuen in bestmöglicher Verantwortung für sich selbst und die Gemeinschaft handeln können. Mit der Förderung der Individuen in ihren Kompetenzen und mit geeigneten strukturellen Voraussetzungen soll es möglich sein, dass alle Menschen unmittelbar (und nicht nachholend oder in die Gesellschaft und deren arbeitsteilige Prozesse rückführend) partizipativ und selbstbestimmt ihre Existenz sichern sowie das Leben der Gemeinschaft mitbestimmen und mitgestalten können. Im Verlauf der Wirtschaftskrise ab 2008 erlebte diese Sozialstaatsvariante eine gewisse Renaissance. Der Sozialstaat bekommt bei diesem Anspruch eine viel umfassendere Aufgabe als nur die der Existenzsicherung oder der finanziellen Alimentierung des Lebensstandards durch Staat und die Sozialversicherungen. Die Vorstellungen zur Allokation (A) sind ähnlich heterogen wie beim zweiten Modell, aber es erfolgen wesentliche Ergänzungen, Erweiterungen oder gar Neuorientierungen, indem z.B. analytisch relevante Interdependenzen zwischen der Einkommensverteilung und dem Verhalten der Individuen diskutiert werden. Sowohl Selbstverantwortungsfähigkeit, Solidarität innerhalb der Gesellschaft und Arbeitsmotivation als auch das gesamte Normensystem einer Gesellschaft werden durch die Verteilung und durch die Struktur der Sozialen Sicherung beeinflusst gesehen. Nur in diesem Modellrahmen

werden die Interdependenzen und verschiedenen normativen Überformungen der drei grundsätzlichen Möglichkeiten der Koordinierung mit in Betracht gezogen.

Das Modell der Inklusion bzw. das vitalpolitische Konzept thematisieren explizit Gerechtigkeitsvorstellungen,[131] und zwar erstens im Hinblick auf sozialpsychologische Zusammenhänge zwischen Einkommens- sowie Vermögensverteilung einerseits und deren Folgen für Normen und Verhalten andererseits. Zweitens werden neben diesen sozialpsychologisch untermauerten Einflussgrößen auf die Gerechtigkeitsvorstellungen in der Gesellschaft von vielen VertreterInnen auch theologische und philosophische Theorien herangezogen, um das Inklusionsziel des Ansatzes zu begründen. Dabei spielen dann letztlich für die Ableitung des Sozialstaatsmodells sowohl rein funktionalistische als auch genuin ethische Überlegungen eine Rolle. Das allgemeine gesellschaftliche Ziel besteht nach diesem Modell darin, eine Soziale Marktwirtschaft zu etablieren, in der *alle Menschen in weitgehend machtfreien oder zumindest machtbalancierten Beziehungen selbstbestimmt entscheiden und handeln können* (vgl. RÜSTOW 2009).[132]

Politisch und ökonomisch sollen Machtkonzentrationen verhindert werden, damit erstens die Individuen tatsächlich selbstbestimmt im Rahmen ihrer Selbstverantwortungsfähigkeit in den dafür geeigneten Strukturen agieren können und zweitens um zu verhindern, dass es Ausstrahlungseffekte der Machtzentren auf andere Bereiche gibt, was längerfristig im Extremfall die Entstehung totalitärer Regimes begünstige. Inklusion wird verstanden als Ermöglichung weitestgehend selbstverantwortlichen Han-

---

[131] Die neoliberalen Grundideen dieser Sozialstaatsvorstellungen sind bezüglich der Allokation noch eng an der neoklassischen Referenzwelt angelehnt. Sie betonen aber wie das zweite Modell die Krisenanfälligkeit des Systems und vor allem, dass wirtschaftlicher Wohlstand kein Selbstzweck ist, sondern allein die materielle Voraussetzung für die Erfüllung der „wichtigeren" Ziele bieten soll (so RÜSTOW 1960). Aus diesem Grund ist es für diese theoretische Ausrichtung auch essenziell, eine eigenständige ethische Position zu entwickeln. Weiterentwicklungen des Ansatzes nehmen zur Allokation demgegenüber andere Zusammenhänge auf, die vor allem in der Institutionenökonomik i.w.S. diskutiert werden.

[132] Alexander RÜSTOW, Namensgeber der Begriffe „Neoliberalismus" und „Vitalpolitik" forderte konkret als Aufgaben eines starken und souveränen Staates neben einer straffen „Marktpolizei" zur Sicherung eines reinen Leistungswettbewerbs u.a. ein chancengerechtes Bildungssystem, eingreifende Agrarpolitik und die Vergesellschaftung bzw. Verstaatlichung nicht nur der Rüstungsindustrie, sondern *aller* Wirtschaftszweige, die Charakteristika natürlicher Monopole aufweisen. Zudem forderte er als Neoliberaler zur Sicherung der Chancengerechtigkeit bzw. Startgleichheit eine progressive Erbschaftssteuer mit Steuersätzen bis zu 100% (!) (vgl. RÜSTOW 2009: Kap. „Der dritte Weg": 43ff.).

delns zur Sicherung der Existenz und zur Übernahme von Verantwortung für das gesamte Gemeinwesen. Das von Alexander RÜSTOW entworfene vitalpolitische Konzept fokussiert genau in diesem Sinne des grundsätzlichen normativen Anliegens der Sozialen Marktwirtschaft Rahmenbedingungen für die Gesellschaft, innerhalb derer es *allen* Individuen und kleinen Gemeinschaften wie Familien möglich sein soll, ein für sich befriedigendes, gutes Leben zu gestalten.[133] Viele der ganz konkreten Vorschläge zu Ordnungsvorgaben für eine Soziale Marktwirtschaft aus dem ursprünglich neo- bzw. dem ordoliberalen Gedankenfeld konzentrierten sich in der Nachkriegszeit auf den wirtschaftlichen Bereich. Im Zentrum stand die Diskussion von Ordnungsbedingungen für den Wettbewerb, durch die Machtkonzentrationen vermieden werden können. Alle Unternehmungen sollten sich mit gleichen Chancen und unter gleichen Bedingungen den in diesem Sinne privilegienfreien Marktbedingungen stellen können. Diese Wettbewerbsordnung wurde als Garant gesehen, dass durch die Leistungsfähigkeit der Marktsteuerung im Gleichschritt eine gute materielle Versorgung der Gesellschaft gesichert wird. Der große Vorteil der Marktwirtschaft sei (neben der Sicherung individueller Freiheiten zu selbstbestimmten Entscheidungen) ihre überlegene Produktivität (vgl. RÜSTOW 1960: 9).

Der wirtschaftliche Bereich war nun aber nicht die einzige (Teil-)Ordnung, die thematisiert wurde. Für RÜSTOW war z.B. die materielle Grundlegung für die selbstverantwortliche und gelingende Gestaltung des Lebens nur eine notwendige, keinesfalls aber eine hinreichende Bedingung. Sein Ziel war ja eine umfassende menschenwürdige Ordnung, für die er dem Staat eine aktive und starke Rolle zuschrieb[134]. Die Wirtschaft habe allein eine dienende Rolle und sei kein Selbstzweck, d.h. die Wirtschaft habe für die Menschen da zu sein, nicht umgekehrt die Menschen für die Wirtschaft.[135] So wie ein Unternehmen mit gleichen Chancen am

---

[133] „[D]er Wohlstand [...] [sollte] dazu dienen [...], dem einzelnen Menschen, der einzelnen Familie, ein menschenwürdiges und menschlich erfreuliches Leben zu ermöglichen." (RÜSTOW 1962a/1963: 34). Zu den normativen Grundlagen vgl. ebenso FELD/GOLDSCHMIDT/ZWEYNERT (2011: 16ff.) und GOLDSCHMIDT (2011).

[134] Vgl. z.B. RÜSTOW (1962b/1963). In diesem Vortrag forderte RÜSTOW z.B. von der Politik einen „Sozialplan" ein. Das ist nicht im Sinne einer staatlichen Detailsteuerung und Durchgriffsplanung gemeint, sondern enthält die Forderung nach einer konsistenten und planvollen Sozialpolitik vor allem im Sinne zielführender Ordnungsbedingungen. Sozialpolitik kann man dabei umfassend verstehen, da Bildung und der chancengerechte Zugang dazu Kernelemente eines solchen Sozialplans aus vitalpolitischer Sicht sind.

[135] Vgl. RÜSTOW (1960) in seiner Grundposition zu Wirtschaft als Dienerin der Menschlichkeit.

Wettbewerb teilnehmen können soll, so sollen auch die anderen Ordnungen privilegienfrei sein.[136] Damit alle Individuen aber chancengleich in Marktprozesse eingebunden werden können, benötigt man nach RÜSTOW auch auf einer individuellen oder gruppenbezogenen Ebene Chancengleichheit und ggf. Förderung von Befähigungen zu selbstverantwortlichem Handeln (vgl. DÖRR/GOLDSCHMIDT 2013). Die Vitalpolitik soll in diesem Sinne möglichst die gesamte Situation von Menschen in den Blick nehmen, also umfassend die Lebenslagen berücksichtigen und entsprechende Ordnungsbedingungen zur Entfaltung der jeweils eigenen Vorstellungen eines guten Lebens unter Sicherung der menschlichen Würde konzipieren und durchsetzen. Die entscheidende Frage sei stets, wie sich der Mensch in seiner Situation fühlt. Die überwirtschaftlichen Werte seien viel wichtiger und die gelte es zu stärken: Familie, Religion, Wohnumfeld, Naturverbundenheit, Betriebssolidarität, Moralregeln der Gesellschaft, Kultur u.a.m. (vgl. RÜSTOW 1960: 8).

Dazu bedarf es erstens sozialstaatlicher Aktivitäten in den Bereichen Bildung, Gesundheit, Soziale Arbeit u.a., die die individuelle Selbstverantwortlichkeit unterstützen, sofern noch nicht alle individuellen Potentiale entfaltet sind oder sie zwischenzeitlich Einschränkungen erfahren haben. Zweitens sind aber auch über politische Rahmensetzungen sowie gegebenenfalls Interventionen die *strukturellen Voraussetzungen* zu schaffen, damit prinzipiell verantwortungsfähige Menschen eigenständig ihre Existenz sichern können. Die dazu notwendigen Formen von Interventionen werden dann innerhalb dieses Modells durchaus sehr unterschiedlich gesehen, je nachdem, welche Allokationsvorstellungen den Argumenten unterlegt sind. Die Idee mikroökonomisch stets funktionierender Märkte benötigt nur eine geeignete Rahmensetzung vor allem zur Verhinderung von Machtkonzentration. In der Vorstellungswelt RÜSTOWs bekam neben der Bildungs- und Vermögenspolitik die „Siedlungspolitik" eine besondere Aufgabe zugewiesen, um geeignete Grundlagen (Einfamilienhäuser mit Gärten (!), um genau zu sein) zur Entfaltung der Menschen und zur Gestaltung des gelingenden Lebens zu schaffen.[137] Systematische endo-

---

[136] MAIER-RIGAUD spricht davon, dies sei die zweite Dimension des Freiburger (also ordoliberalen) Imperativs, bei der es um die Herstellung einer *menschenwürdigen Ordnung* neben politisch gesetzten Ordnungsrahmen für die wirtschaftliche Seite (erste Dimension des Imperativs) gehe (vgl. MAIER-RIGAUD 2013: 2).
[137] In seinen konkreten Vorschlägen merkt man die Zeitgebundenheit der Argumente. Familien- und Frauenbild lesen sich heute antiquiert, und es entsteht der Eindruck sozialromantischer Sehnsüchte nach bäuerlich-feudalen, aber dennoch „freien" Wirtschaftsformen. Das allgemeine Ziel der Inklusion wird von RÜSTOW deutlich formuliert und hergeleitet. Konkrete Vorschläge zu Mädchenschulen, die auf die späteren Aufgaben für

gene Probleme der Marktkoordinierung erfordern hingegen auch Interventionen z.B. auf dem Arbeits-, Kredit- und Versicherungsmarkt.

Die ursprünglichen Inklusionsideen der „Väter" der Sozialen Marktwirtschaft hatten auf der Ebene der Gerechtigkeit (G) vorwiegend die christliche Soziallehre als Basis. Aus der Vorstellung der Gottesebenbildlichkeit des Menschen und anderen christlichen Grundpositionen folgern viele VertreterInnen der Sozialstaatsposition (3), dass an erster Stelle die Würde jedes Menschen einschränkungslos zu achten sei (Personalität). Aus dem christlichen Verständnis heraus wird betont, dass Menschen prinzipiell selbstverantwortlich als Gottesebenbild handeln *können und sollen*, sofern es ihnen möglich ist. Verantwortung soll stets die kleinste Einheit übernehmen, die dazu in der Lage ist (Subsidiarität). Notwendige Hilfen für Menschen, die nicht in der Lage zu selbstverantwortlichem Handeln sind, sollen grundsätzlich ohne Gegenforderungen gewährt werden (Solidarität). Über das Subsidiaritätsprinzip kann die bereits erwähnte Forderung abgeleitet werden, dass die Menschen durch die Sozialpolitik erstens individuell oder im Familienzusammenhang in ihrer Verantwortungsfähigkeit gestärkt werden müssen und zweitens, dass die Sozialpolitik für die strukturellen Bedingungen zu sorgen hat, innerhalb derer selbstverantwortungsfähige Menschen tatsächlich erfolgreich ihr Leben gestalten können. Das bedeutet auch, dass die allokativen Probleme von Marktsteuerungen – insbesondere die des Arbeitsmarktes – durch staatliche Rahmensetzungen und Interventionen möglichst weitgehend beseitigt werden müssen. Neben der christlichen Soziallehre können weitere Gerechtigkeitstheorien dem Modell der automatischen Inklusion zugeordnet werden. Das sind vor allem ähnliche Positionen zur Ermöglichung von Verwirklichungschancen, wie sie von SEN und NUSSBAUM vertreten werden, aber auch Wahlfreiheitstheorien, u.a. von WEIKARD formuliert, können als Grundlage des Inklusionsgedankens dienen (vgl. DÖRR/GOLDSCHMIDT 2013 sowie SESSELMEIER/YOLLU-TOK 2013).

Hinsichtlich der Verhaltensannahmen (V) unterscheidet sich die dritte Position sehr grundsätzlich vom ersten und zweiten Modell. Der Zusammenhang von Sozialstaat, Einkommensverteilung, dem Mix verschiedener Koordinierungsmodi einerseits und dem Normensystem, den Motiven und Verhaltensweisen der Individuen andererseits wird explizit

---

die Familie vorbereiten sollen, auch die Erwägung eines Einstellungsverbots für junge Mütter zur Stärkung der Familie lassen die Zeitgebundenheit seiner konkreten Gesellschaftsvorstellungen erkennen. Das aber ändert nichts an der Qualität der grundsätzlichen Idee der Inklusion und Selbstbestimmung (vgl. dazu auch MAIER-RIGAUD 2013 und DÖRR/GOLDSCHMIDT 2013).

thematisiert. Dazu wird die einfache homo-oeconomicus-Welt verlassen, in der üblicherweise Einstellungen, Präferenzen, Verpflichtungsgefühle etc. als exogene Größen betrachtet werden. Im dritten Modell erzwingen die unterstellten Interdependenzen eine erweiterte oder gänzlich andere Modellierung.[138] Dazu werden empirische Erkenntnisse zu Einstellungsänderungen u.a. genutzt, vor allem aber auch grundsätzliche sozialpsychologische, soziologische u.a. Überlegungen als Basis ökonomischer Modelle berücksichtigt.

Die Endogenisierung der Einstellungen und Präferenzen erfolgt nicht wegen der größeren Realitätsnähe an sich, sondern wird als analytisch notwendig eingeschätzt. Sozialstaatliche Standards und Entwicklungen haben derart weitreichende Konsequenzen, dass das einfache Rationalwahlmodell aus ihrer Sicht Fehlprognosen und z.T. eine sehr problematische Politikberatung im sozialen Bereich provoziert. Die Theorieanbindung unterscheidet sich entsprechend deutlich von den beiden ersten Modellen, indem explizit ein interdisziplinäres Forschungsprogramm favorisiert und in neueren Interpretationen auf die Neue Institutionenökonomik i.w.S. (KUBON-GILKE 1997), die Psychologie, Soziologie, Verhaltensökonomik u.a.m. Bezug genommen wird.

Nach der Vorstellung des Modells der Inklusion via Sozialstaat kann es bei sozialpolitischen Programmen nicht allein um eine Nachfragestabilisierung gehen. Die Stabilisierung des gesamten gesellschaftlichen Gefüges müsse Ziel sein, bei der Systemakzeptanz der Individuen sowie Normenerhalt bzw. -aufbau zentral sind. Auch müsse das Menschliche im Vordergrund stehen. Nicht der Mensch habe bekanntlich der Wirtschaft zu dienen, sondern umgekehrt die Wirtschaft den Menschen. Da Märkte eben nur eine gute materielle Versorgung sichern könnten und bestimmte Freiheitsrechte durch sie zur Entfaltung kommen, benötige man zusätzlich zwingend zur Förderung des Menschlichen politisches Handeln. Nur so könnten insgesamt all die Bedingungen entstehen, innerhalb derer Menschen in der Lage seien, für sich selbst ein gutes Leben zu gestalten. Und wohlgemerkt: Es geht nur um Voraussetzungen, nicht etwa um Zwangsbeglückungen durch den Staat. Inklusion ist entsprechend all dieser Ausführungen sowohl ethischer „Selbstzweck" als auch funktional

---

[138] Prinzipiell kann man sich die Modellierung solcher Zusammenhänge sogar im Rationalwahlmodell vorstellen. Die Berücksichtigung psychologischer Effekte über spezielle Argumente der Nutzenfunktion oder über ergänzende Restriktionen ist aber weder einfacher noch konsistenter als die Modellierung mit endogenen Präferenzen. Ganz im Gegenteil erwecken die in das Modell „gepressten" Argumente aus Psychologie oder Soziologie besonders häufig den Eindruck einer ad-hoc-Modellierung.

zum Erhalt des (möglichst machtfreien) wettbewerblichen Systems, das der materiellen Versorgung als Voraussetzung für weitergehende gesellschaftliche Ziele dient und auch eine eigenständige ethische Rechtfertigung als Freiheitsvoraussetzung erfährt. MÜLLER-ARMACKs „irenische Formel" zur Sicherung einer friedensfähigen Gemeinschaft ist ein Musterbeispiel für diese weitreichende Zielsetzung.[139]

Die drei Sozialstaatspositionen unterscheiden sich neben allen genannten Differenzen hinsichtlich des Sozialstaates in Bezug auf die Frage nach den Interdependenzen und Kausalitätsrichtungen von Wirtschafts- und Sozialstaatskrisen. Im ersten Modell wird die Verursachung (abseits anderer exogener Störungen) einseitig dem Sozialstaat zugeschrieben, da ein interventionsfreies Marktsystem nicht als krisenanfällig eingeschätzt wird. Dieses erste Modell wird in der Sozialstaatsdebatte besonders in Zeiten auffällig oft als Begründungsrahmen herangezogen, in denen die wirtschaftliche Entwicklung als stabil und stetig wahrgenommen wird.

Das zweite Modell sieht die Kausalität anders herum, indem modelliert wird, dass wettbewerbliche Ökonomien immanent krisenhafte Verläufe haben und der Sozialstaat zur Stabilisierung und Lösung beiträgt. Diese Vorstellung war und ist besonders in Zeiten stärkerer konjunktureller Ausschläge wie etwa in den Jahren ab 1970 ausgeprägt. Viele der momentan mit „Schuldenbremse" u.a. hinsichtlich der Finanzierungsdilemmata diskutierten Sozialstaatsprobleme gibt es in dieser Vorstellung eigentlich gar nicht, weil z.B. Defizite in Staatshaushalten oder den Sozialversicherungen in Zeiten von Rezessionen oder Depressionen nicht etwa ein Problem, sondern eine *Lösung* zur Stabilisierung der Ökonomie darstellen, indem dadurch Konjunkturausschläge gemildert werden und neues Wachstum initiiert wird.

Das dritte Modell schließlich sieht eine gegenseitige Beeinflussung von Sozialstaat und Wirtschaft auf vielen Ebenen (Finanzierung, Normensystem, individuelle Fähigkeiten, Allokation u.a.m.). Es ist interessant, die Entstehung und Revitalisierung dieser Vorstellungen zeitlich einzuordnen. Die neoliberale Grundposition und das Konzept der Sozialen Marktwirtschaft entstanden als Antwort auf Weltwirtschaftskrisen und auf die Erfahrungen und Leiden im Zusammenhang mit totalitären Regimes und den Weltkriegen Anfang und Mitte des letzten Jahrhunderts. Dieses dramatische Krisenausmaß hatte jeweils eine größere Theoriepluralität zur Folge, wenn nicht gar

---

[139] MÜLLER-ARMACK hat sich dezidiert gegen eine Sozialpolitik ausgesprochen, die in die Preisbildung eingreift, er empfahl jedoch einen begrenzten direkten Einkommensausgleich zwischen hohen und niedrigen Einkommen (MÜLLER-ARMACK 1990/1946: 118ff.). Mindestlöhne schließt er nicht aus, will diese aber in Höhe der jeweiligen Markträumungsgarantie eng limitieren.

zwischenzeitlich eine vollständige Neuorientierung theoretischer und normativer Positionen. Die reale und medial weiter dramatisierte Krise seit 2008 führte zu einer erneuten Diskussion um die Idee der Sozialen Marktwirtschaft, bei der auch der Zusammenhang zwischen Normen, Einstellungen etc. und der wirtschaftlichen Entwicklung wieder in den Brennpunkt der Überlegungen geriet.

Im Zuge sehr ausgeprägter Krisen gerät die erste Position in die Defensive, d.h., es gibt wenige VertreterInnen, die in solchen Zeiten einen Sozialstaatsabbau als Lösung der Wirtschaftskrise fordern. Die zweite Position wird allein schon durch staatliche Konjunkturprogramme in Krisenzeiten gestärkt, vor allem, wenn sie erfolgreich zu sein scheinen. Das erfolgreiche Instrument des „Kurzarbeitergeldes" ist ein Musterbeispiel. Die dritte Position erstarkt u.a. deshalb, weil Ängste und Unzufriedenheiten durch Exklusionsprobleme im Zusammenhang mit Arbeitslosigkeit und verstärkter Ungleichheit in der Einkommensverteilung zunehmen.

7.9 Sozialstaatsgefährdungen und Reformwege

Die Systematisierungen realer Sozialstaaten, neue (utopische?) Konzepte sowie die ausführlicher diskutierte theoretische Verortung der sozialpolitischen Überlegungen und Vorschläge zeigen die Ebenen auf, auf denen Diskussionen um Abbau, Ergänzungen oder Reformen sozialstaatlicher Arrangements ausgelöst werden. Auf allen Ebenen spielen Zusammenhänge zur wirtschaftlichen Entwicklung eine bedeutsame Rolle. Zusammenfassend und ergänzend können folgende wesentliche Ursachen benannt werden, wenn wir allein auf die wirtschaftstheoretische Verortung schauen:

- Ein grundsätzliches Problem entsteht bei einer starken Position des Modells (1), weil in dieser Vorstellung die *Realität* der Märkte mit einem hypothetischen Ideal verglichen und stillschweigend die Realität mit dem Referenzmodell gleichgesetzt wird (vgl. SCHLICHT 2010). Eine solch unreflektierte Gleichsetzung als Basis politischer Empfehlungen ist jedoch entweder naiv, fahrlässig oder dient speziellen Verteilungsinteressen. Wenn auf dieser Grundlage ein Abbau des Sozialstaats und Umbau in Richtung „Minimalsozialstaat" erfolgt, kann dies schwerwiegende und ungewünschte Allokations- und Verteilungskonsequenzen haben, weil die realen Koordinationsprobleme von Märkten negiert werden.

- Sozialstaatliche Arrangements werden ebenfalls in Frage gestellt, wenn die gängigen sozialpolitischen Ziele angezweifelt werden. So fällt auf, dass entweder in Zeiten besonderer wirtschaftlicher Blüte neue Ziele des Sozialstaates formuliert werden (Nachhaltigkeit, gesellschaftlicher Zusammenhalt u.a.) oder gerade im Gegenteil in Krisenzeiten das Zielsystem aus Allokation und Verteilung – in einem vergleichsweise engen Verständnis – neu diskutiert wird.

– Besonders heterogen wird die Diskussion um Ziele und Ausgestaltungen von Sozialstaaten, wenn Selbstverantwortung, Lebenslage und Partizipation in einem umfassenden Verständnis verwendet und auch noch Fragen der politischen, demokratischen Partizipation erörtert werden. So stellt WIDMAIER (1999: Kap. 4) die These auf, dass ein spezifisches Ausschlussproblem dadurch verursacht wird, dass die aus Allokations- und Gerechtigkeitsüberlegungen abgeleiteten Ziele zu „von oben" verordneten Prinzipien der Sozialpolitik werden und dadurch u.a. Abhängigkeitsverhältnisse von der Sozialbürokratie entstehen. Inklusion auf allen Ebenen mit der Entwicklung selbständiger Handlungsfähigkeit aller BürgerInnen verlange grundsätzlich jedoch auch andere Formen der politischen Partizipation, um gleichzeitig Freiheit und Gleichheit gewähren zu können. Sozialpolitik versteht er deshalb als Ermöglichung solidarischer, ziviler Hilfe zur Selbsthilfe, geschaffen über einen sozialen Dialog in einer freiheitlichen diskursiven Auseinandersetzung. Demokratie ist danach eine Lebensform und dialogischer Prozess, nicht Herrschaft vor allem der Sozialverwaltungen (WIDMAIER 1999: 215f.). Die Umsetzung all dieser Vorstellungen zöge notwendigerweise eine weitgehende Neukonzeption der Sozialpolitik nach sich.

– Unmittelbar spürbare und Handlungsdruck erzeugende Probleme bestehender Systeme entstehen im Zuge von Finanzmarkt- und Wirtschaftskrisen durch Finanzierungsschwierigkeiten etwa der Sozialversicherungen. Diese Probleme können je nach Sozialstaatslogik und wirtschaftlicher Entwicklung unterschiedlich gravierend ausfallen.

– Ein wesentlicher Unterschied zwischen verschiedenen Staaten kann darin liegen, dass die Leistungsfähigkeit des Marktsystems (im Effizienzsinne) durch den jeweiligen Wettbewerbsrahmen und die spezifischen interventionistischen Maßnahmen unterschiedlich ist, weil das u.a. dafür verantwortlich ist, welche Folgen Wirtschaftskrisen etwa auf dem Arbeitsmarkt haben.

– Länder unterscheiden sich im Ausmaß der Marktdurchdringung bei der Koordinierung der Arbeitsteilung. So ist es z.B. bekanntlich ein sehr spezielles und gravierendes Gestaltungsproblem für die Soziale Sicherung, wenn es neben der Marktkoordinierung noch große „Traditionsinseln" gibt, in denen viele Leistungen durch die Familien selbst erbracht werden. Sofern die Soziale Sicherung wie in Deutschland hauptsächlich über die Erwerbstätigkeit organisiert und finanziert wird, ist es von der Grundlogik ja schon schwierig, außerhalb des Erwerbssystems handelnde Personen mit den spezifischen Risiken der alternativen Koordinierungsformen innerhalb des erwerbszentrierten Sozialsystems abzusichern.

- Alle Sozialstaaten haben in Betracht zu ziehen, dass eine steigende internationale Faktormobilität nationale Entscheidungen unter neue Nebenbedingungen stellt (so etwa SINN 2003 zu sozialstaatlichen Erosionsproblemen durch Steuer- und Transferwettbewerb). Ob supranationale *governance*, also die Abgabe öffentlicher Aufgaben an überstaatliche Institutionen (Regelfestlegung und -durchsetzung, Bereitstellung öffentlicher Güter) ein Allheilmittel ist, ist dabei durchaus nicht sicher (vgl. FRIEDEN 2012). Allein schon vereinbarte Vorgaben zu erfüllen, zeige an vielen Beispielen eine erstaunliche Kreativität bei deren Interpretationen. Vieles davon käme letztlich nahe an eine reine Fiktion.[140]

- Die Soziale Sicherung ist mitverantwortlich für die Akzeptanz des gesamten wirtschaftlichen und politischen Systems und hat Einfluss auf das gesellschaftliche Normensystem. Resignation und Systemablehnung haben weitreichende politische Folgen, können aber auch familiär und individuell Bildungsinteressen dämpfen, Schwarzarbeit und abnehmende Steuer- und Transfermoral begünstigen u.a.m. und somit alle anderen Sozialstaatsgefährdungen verstärken.

Wenn man nun die gesamte Auswahl an Gefährdungen reflektiert, stellt sich die Frage, ob sukzessive Anpassungen bestehender Systeme oder radikale Systemwechsel angeraten sind, wenn sich ein konkretes Sozialstaatsmodell sowohl hinsichtlich der Ziele als auch der spezifischen Gefährdungen als besonders reformbedürftig erweist.

Sozialsysteme sind ja niemals völlig starr. Permanent werden Teile reformiert und angepasst. Das wissen wir inzwischen bereits zur Genüge und haben dafür viele Beispiele in der konkreten deutschen Sozialpolitik gefunden. Dennoch spielt die unterlegte Grundlogik eine wesentliche Rolle, in welche Richtung, in welcher Größenordnung und in welchem Tempo Reformen durchsetzbar sind. Es gibt ein prägnantes Leitmotiv der Sozialen Sicherung, welches in der Bevölkerung Gerechtigkeitswahrnehmung und die Wertung von Reformvorschlägen systematisch bestimmt. Das kann als eine Art „mentales

---

[140] Am Beispiel der Regel zu ausgeglichenen Haushalten für US-Bundesstaaten führt FRIEDEN (2012: 6) aus: „[…] many only require that the governor *present* a balanced budget, and other include receipts from borrowing as revenues."

Modell" oder als fokale Logik mit allen emotionalen, motivationalen sowie präferenz- und verhaltensbeeinflussenden Elementen verstanden werden. Da Sozialsysteme in Höhe und Art über politische Prozesse implementiert werden, wird diese fokale Grundlogik eines Systems dazu führen, dass zumindest grundsätzliche Änderungen im System nur als *gerichtete Variationen* mit dem Ausgangspunkt des Bestehenden in den westlichen Demokratievarianten möglich sind (vgl. KUBON-GILKE/SCHLICHT (1998) zur Gerichtetheit evolutionärer Prozesse).

Für Deutschland kommt bekanntlich hinzu, dass die Sozialstaatlichkeit mehrfach zum nichtübertragbaren nationalen Recht erklärt wurde wie etwa mit dem Lissabon-Urteil. Deshalb kann auch nicht erwartet werden, dass große Reformschritte gegen die nationale Logik durch EU-Vereinheitlichungen kurzfristig Erfolgsaussichten haben. Die Pfadabhängigkeiten, die durch die wahrgenommenen Fokalpunkte generiert werden, können sogar Zweifel daran wecken, ob mittel- bis langfristig trotz der offensichtlich unterschiedlichen Leistungsfähigkeit eine Konvergenz sozialstaatlicher Systeme zu erwarten ist. Deshalb wurde ja in diesem Lehrbuch die europäische Ebene bei der Darstellung sozialstaatlicher Regeln sogar weitgehend ausgeklammert. Die an früherer Stelle erwähnte starke Heterogenität der EU-Sozialsysteme unterstreicht diese Skepsis. Mit der Methode der offenen Koordinierung versucht man innerhalb der EU zumindest bestimmte Problemanzeigen zu generieren, und zwar gerade für solche Länder, die mit ihren Sozialstaatsregeln gemeinsam formulierte Ziele nur unterdurchschnittlich erreichen (vgl. IRMER/YOLLU-TOK 2012).[141] Es nutzt jedoch nichts, einzelne Regeln der „erfolgreichen" Staaten einzuführen, da das sowohl innerhalb des gesamten nationalen Systems keine Passung haben muss als auch, weil es der nationalstaatlichen Grundlogik widersprechen kann und in diesem Fall auf massiven Widerstand stoßen wird.

Aus all diesen Gründen verwundert es nicht, wenn sich die meisten Reform- und Anpassungsbemühungen eher immanent im System bewegen. Ein prominentes Beispiel ist dazu der Reformvorschlag der Initiative Soziale Marktwirtschaft. Die Forderungen – an der Gerechtigkeitstheorie von John RAWLS orientiert – bewegen sich innerhalb der etablierten Form der Sozialen Sicherung und sehen interne, wenn auch z.T. erhebliche, Veränderungen bei den Sozialversicherungen und anderen sozialpolitischen Leistungen vor (vgl.

---

[141] IRMER und YOLLU-TOK (2012) bezeichnen die Methode der offenen Koordinierung als „weiche" Form der Steuerung. Ein „härteres" Instrument sei der Europäische Sozialfonds, der allerdings nur das spezielle Ziel im Visier hat, Beschäftigungsmöglichkeiten zu verbessern. Projekte werden bekanntlich auch nur teilfinanziert, verlangen also nationale Ko-Finanzierungen.

BREYER et al. 2004). Über Effizienzgewinne des bestehenden Systems sollen im RAWLSschen Sinne letztlich die besonders Bedürftigen profitieren. Vielleicht nur ein kleiner Überblick, was BREYER et al. am konkreten System ändern würden, wenn ihre ethische Position, gepaart mit spezifischen Vorstellungen zur Funktionsweise des Marktsystems, zu Grunde gelegt wird: Sie schlagen vor, die Arbeitslosenversicherung komplett abzuschaffen, weil das endogene Risiko Erwerbslosigkeit nicht versicherbar sei. Pflege- und Krankenversicherung sollen zusammengeführt werden, dabei die Pflegestufe 1 wegfallen. Prämien sollen ihrem Vorschlag gemäß nicht mehr einkommensabhängig sein, sondern pro Versicherungsmitglied einen einheitlichen Betrag vorsehen. Im Gegenzug soll u.a. das Kindergeld angehoben werden, um soziale Härten zu vermeiden und tatsächlich dem Wohlergehen der Ärmsten zu dienen.[142] Die Rentenversicherung soll beim Umlagesystem bleiben, aber einen eigenständigen und deutlich stärker wirkenden Nachhaltigkeits- bzw. Demografiefaktor in die Rentenformel integrieren. Bei der Grundsicherung muss man bedenken, dass der Vorschlag kurz *vor* der Einführung der Alg-II-Regeln erfolgte. Die damalige Sozialhilfe wollten BREYER et al. für erwerbsunfähige Menschen in etwa so belassen, ggf. nur den Betrag anpassen. Für erwerbsfähige Menschen sollte der Satz halbiert (!) werden. Bis zur Höhe der Sozialhilfe für Erwerbsunfähige sollten Eigenverdienste komplett anrechnungsfrei bleiben. Und auch darüber hinaus sei darauf zu achten, dass es genügend Anreize zur Aufnahme einer Erwerbstätigkeit gebe. Damit schlugen sie eine sehr speziell konstruierte „Art" negative Einkommensteuer vor. Wenn Erwerbsfähige dennoch keinen Job finden, sollten ihnen die Kommunen (ergänzende) Arbeitsmöglichkeiten bieten, bei denen dann insgesamt der Sozialhilfebetrag für Erwerbsunfähige ausgezahlt würde. Ausgeprägte Kontrollen brauche es in diesem System nach Einschätzung der Autoren (wieder einmal nur Männer) nicht.

Dass sich die Vorschläge trotz Rücksicht auf bestimmte Funktionsprobleme doch immer noch an der Idee prinzipiell gut steuernder Märkte orientieren, brauchen wir nicht weiter zu begründen. Die Vorschläge sind noch vergleichsweise eng dem tatsächlichen Sozialsystem angelehnt. Und dennoch:

---

[142] An diesen Vorschlag anknüpfende Vorstellungen, auch solche mit Bezug auf die stabilisierende Wirkung des Transfersystems bei Wirtschaftskrisen, gehen noch darüber hinaus, indem Überlegungen angestellt werden, ob das Kindergeld nicht besser einkommensabhängig gewährt werden sollte. Höhere Kindergeldzahlungen an Bedürftige würden in diesem Fall bei dem Vorschlag von BREYER et al. nicht nur im Zuge von Effizienzgewinnen, sondern unmittelbar über Kindergeldkürzungen der Wohlhabenden finanziert. Sehr grob passt dazu die Idee der SPD aus dem Jahr 2013, das Kindergeld in Abhängigkeit der Einkommen der Eltern auszuzahlen. Je geringer das Familieneinkommen ist, desto höher soll das Kindergeld sein.

Obwohl es sich um einen Vorschlag „führender" Ökonomen in Wissenschaft und Politikberatung handelte, gingen die Ideen so gut wie gar nicht in den Reformprozessen ein. Selbst diese Änderungen sind mit dem Gerechtigkeitsverständnis der Gesellschaft offensichtlich kaum im politischen Prozess umsetzbar, selbst wenn wir keine Zweifel an der Güte der Position hätten.

7.10 Probleme der sozialpolitischen Steuerung

In Vorlesungen fragen mich StudentInnen nach der Darstellung etwa der möglichen dysfunktionalen Wirkungen der Wohnungs- oder Familienpolitik ab und zu, warum der Staat das denn dann um Gottes willen so *mache* oder kontraproduktive Regelungen belasse und nicht endlich Besseres beschließe. Es gäbe doch ExpertInnen zur Genüge. Stecken finstere Absichten oder Dummheit dahinter? Ich bemerke bei solchen Fragen geradezu Unruhe und Unbehagen im Hörsaal angesichts mancher Fehlsteuerungen, die soziale Probleme eher vergrößern als verkleinern. Die Ursachen für die Schwierigkeiten in der politischen Steuerung werden die geneigten LeserInnen zumindest ahnen. Gehen wir dennoch noch einmal darauf ein und fangen mal wieder sehr allgemein an.

Internationale Vergleiche zeigen, dass korporatistisch organisierte und koordinierte Ökonomien mit staatlicher Rahmensetzung und partiellen Marktinterventionen, mit einer starken Rolle von Verbänden und Gewerkschaften, mit kollektiven Lohnverhandlungen, einem ausgebauten sozialstaatlichen System u.a.m. ausgesprochen leistungsfähig sein können. Sie weisen häufig hohe Wohlstandsniveaus und im Vergleich zu anderen Marktökonomien geringere Ungleichheitsprobleme auf. Der Grund für die komparativen Systemvorteile wundert angesichts der langen Ausführungen in den früheren Kapiteln nicht: Weder eine unregulierte Marktsteuerung noch eine vollständig staatliche Lenkung sind in der Lage, in gewünschtem Maße Allokations-, Gerechtigkeits-, Nachhaltigkeits-, Wachstumsziele etc. zu erreichen. Die Stichworte „Marktversagen" und „Staatsversagen" verweisen auf viele Beispiele für entsprechende Steuerungsprobleme. Deshalb ist eine geeignete komplementäre, also sich gegenseitig ergänzende Mischung an Wettbewerb und politischer Steuerung chancenreich zur besseren Zielerreichung.

Die strikte, dichotomische Unterscheidung von Markt- und Staatsversagen reicht allerdings für die Diskussion komplementärer Institutionen nicht aus – ist sogar fast schon irreführend, und zwar aus drei Gründen. Erstens gibt es die bekannten vielfältigen Interdependenzen und wechselseitigen Reaktionen von Akteuren aus beiden Arenen aufeinander. Zweitens bilden sich Institutionen auch endogen im Wettbewerb und weisen u.U. sowohl marktliche, traditionelle als auch zentral steuernde Elemente auf, haben demnach selbst schon einen *hybriden Charakter*. Drittens beeinflussen sowohl staatliche Rahmensetzungen und Interventionen die endogene Entstehung und Stabilisierung von institutionellen Arrangements in erheblicher Weise so wie auch die endogenen, evolutionären Prozesse der Institutionalisierungen Rückwirkungen auf politische Handlungen und Entscheidungsoptionen haben.

Wir hatten an ganz früher Stelle schon einmal die Nobelpreisträgerin Elinor OSTROM (2010) zu Wort kommen lassen. Ihr Hauptargument lautete, dass in einem komplexen ökonomischen System polyzentrische *Governance*-Strukturen typisch seien, die nicht mit Hilfe der getrennten Analyse der Markt- und Staatsebene verstanden werden könnten. In der Wirtschaftstheorie gibt es, wie an früherer Stelle ebenfalls schon gezeigt wurde, lange, ausgiebige Diskussionen zu dem Thema komplementärer Institutionen. Diese Diskurse sind u.a. eingebettet in aktuelle Theorien zu institutionellen Arrangements von Allmenden und öffentlichen Gütern, in die Theorie des Zweitbesten und in das weite Gebiet der Institutionenökonomik. Vor allem die heutzutage erstaunlich wenig rezipierte Theorie verketteter Märkte (Interlinkages) zeigt die Vorteile komplementärer Institutionalisierungen auf. Eine Kernaussage dieses Modells lautet ja bekanntlich, dass eine einzige nicht behebbare Marktimperfektion eine Reihe weiterer Interventionen, Marktverschränkungen und -verzerrungen notwendig machen kann, es also keineswegs zielführend sein muss, sämtliche anderen Märkte möglichst „weitgehend" in Richtung perfekter Konkurrenzmärkte zu gestalten oder zu belassen.

Die prinzipielle Vorteilhaftigkeit eines bestimmten funktional-komplementären Gefüges bedeutet nun jedoch leider nicht automatisch, dass *jede* reale institutionelle Struktur einer Gesellschaft – formelle und informelle Normen, Unternehmensformen, staatliche Rahmungen und Interventionen – die institutionellen Voraussetzungen für eine leistungsfähige und gerechte Ökonomie erfüllt. Selbst wenn aktuell die institutionellen komplementären Gegebenheiten funktional sein sollten (und das deutsche Sozialsystem ist trotz vieler angesprochener Probleme keineswegs kompletter Unsinn, sondern bietet auch erhebliche Vorteile – zumindest gegenüber einem völlig deregulierten Zustand), gibt es permanent Gefährdungen. Welche Ursachen kann es aber haben, dass sich im institutionellen Wettbewerb und im Rahmen politischer Entscheidungsprozesse auch ineffiziente, dysfunktionale institutionelle Gleichgewichte und Anpassungspfade einstellen können?

Häufig liegt es daran, dass die politische Reaktion auf unbefriedigende Marktergebnisse unangemessen ist. Schlecht funktionierende, d.h., ineffiziente und ungerechte Institutionen müssten durch die Politik identifiziert werden, um dann das *gesamte Regelgefüge* anzupassen. Stattdessen werden aktuelle Symptome von Koordinierungsproblemen oft als unabhängige Einzelphänomene gesehen. Als politische Reaktionen werden eher kleinere Modellprojekte initiiert, oder es erfolgen unmittelbare staatliche Interventionen in dem vermeintlichen Problembereich bis hin zur kompletten Übernahme eines solchen Teils in die staatliche Steuerung. Im Extremfall kann man ja gar von *eskalierenden Interventionen* sprechen, wenn durch die unangemessenen politischen Reaktionen sogar neue Probleme der Marktkoordination auftreten, wiederum die Symptome des einzelnen Marktes im Zentrum der politischen Aktivitäten stehen und letztlich selbst dann Parallelwelten der staatlichen und marktlichen Koordinierung entstehen, wenn bei prinzipiell funktionsfähiger Marktsteuerung eine Neuregulierung und Anpassung des gesamten institutionellen Settings eigentlich vorteilhaft gewesen wäre.

In diesem Sinne können Ineffizienzspiralen und dysfunktionale Parallelsteuerungen entstehen, durch die eine vormals funktionsfähige Ökonomie den angestrebten und vielleicht auch vormals eingeschlagenen Entwicklungspfad dauerhaft verlässt. Zur weitgehenden Vermeidung solcher Gefährdungen komplementärer Institutionenarrangements bedarf es wiederum eines funktionalen Regelgefüges für politische u.a. Entscheidungen.

Schauen wir zunächst noch einmal auf verschiedene Gründe dafür, dass wettbewerblich entstandene Institutionalisierungen nicht stets effiziente Lösungen garantieren und damit staatlichen Handlungsbedarf auslösen.

(a) *Verhinderung institutioneller Lösungen durch staatliche Vorgaben:* Sofern der Staat die Entstehung bzw. Stabilisierung von effizienzsichernden institutionellen Lösungen durch Vorgaben und Verbote verhindert oder durch andere institutionelle Setzungen dysfunktional macht, dann konstituiert das einen trivialen Grund dafür, dass selbst bei funktionierendem Institutionenwettbewerb keine bestmögliche Institutionenstruktur entstehen kann. Es kann z.B. staatliche Vorgaben zur Monopolverhinderung oder -kontrolle geben, die Monopolgewinne unmöglich machen. Im Referenzmodell (statisch) perfekter Märkte mag das weitgehend sinnvoll sein, bei Koordinationsproblemen von Märkten nicht zwingend. So werden – wie angesprochen – Qualitätsprämien (positive Differenz des tatsächlichen Preises zu einem fiktiven Preis eines perfekten Marktes) als eine unter mehreren Lösungen diskutiert, mit deren Hilfe das Problem asymmetrischer Qualitätsinformationen zwischen AnbieterInnen und NachfragerInnen auf Gütermärkten gelöst werden kann (vgl. KUBON-GILKE 1997: Kap. 3.5). Es ist ein schwieriges Abwägungsproblem, welcher Grad an dafür notwendigen Monopolspielräumen funktional ist und welcher nur reine Monopolrenten sichert. Es gibt jedenfalls weder Gewähr dafür, dass die konkreten staatlichen Setzungen das Instrument der Qualitätsprämien tatsächlich möglich machen noch, dass sie nicht über das Ziel hinausschießen und unangemessene Monopolspielräume bieten. Problematisch ist die Verhinderung des Instruments der Qualitätsprämien jedoch nur dann, wenn es keine alternativen und äquivalent wirkenden Mechanismen (Rechtsformen, Zertifizierungssysteme u.a.) zur Lösung des Problems asymmetrischer Informationen gibt oder diese ebenfalls durch staatliche Regeln unterbunden werden.

Ganz ähnlich verhält es sich mit parallelen Regeln zu Mitbestimmung und Gewinnbeteiligung von MitarbeiterInnen. Das haben wir ausführlich an früherer Stelle diskutiert. Durch die relativ starke Mitbestimmung werden jedenfalls keine ausgeprägten Gewinnbeteiligungssysteme im deutschen System Bestand haben können, weil sie mit Fehlanreizen hinsichtlich einer optimalen Betriebsgröße verknüpft sind. Würden nun gleichzeitig Gewinnbeteiligung und weitgehende Mitbestimmungsrechte der ArbeitnehmerInnen gesetzlich verfügt, wären Ineffizienzen in der Folge nicht auszuschließen.

Am Beispiel des Berufsbildungsgesetzes wurde ebenfalls bereits detailliert argumentiert, dass die gleichzeitige gesetzliche Vorgabe einer angemessenen Vergütung und eines vorgeschriebenen Vertragsendes bei *allgemeiner Qualifizierung* erhebliche Probleme auf dem Lehrstellenmarkt generieren kann. Ohne Vorgabe wäre die Lösung im Kontext perfekter Konkurrenz institutionell offen. Mit einer der beiden Vorgaben würde sich als institutionelles Muster herausbilden, bei dem das jeweils andere Instrument funktional eingesetzt wird. Also würde z.B. bei der staatlichen Durchsetzung einer relativ guten Vergütung folgen, dass dann langfristigere Verträge mit tendenziell asymmetrischen Bindungen zu Lasten der ArbeitnehmerInnen typisch werden – was die Funktionsfähigkeit des Lehrstellenmarktes sichern könnte. Besonders deutlich zeigen sich die Probleme staatlicher Restriktionen in den am stärksten staatlich kontrollierten (und finanzierten) Bereichen wie bei der Sozial- oder Bildungsarbeit. Diese Bereiche werden mittlerweile verstärkt durch den Einsatz wettbewerblicher Elemente gesteuert. Gleichzeitig gibt es Vorgaben für die Organisationen hinsichtlich Vergütungshöhe und -form, zu Preisgestaltungsspielräumen der Einrichtungen etc. Das kann zu höchst ineffizienten Lösungen führen, wenn genau die Regeln durchgesetzt werden, die dem Koordinationsproblem des Wettbewerbs nicht angemessen sind. Vergütungsregeln für Lehrende an staatlichen Hochschulen bilden dafür ein Musterbeispiel, verkennen sie doch wesentliche Probleme asymmetrischer Informationen, von Multitasking-Phänomenen, motivationalen Zusammenhängen u.a.m. (vgl. KUBON-GILKE/GILKE 2010). Durch falsche Marktanalogien werden unangemessene Institutionalisierungen vorgeschrieben, die eine Wettbewerbslösung u.U. sogar gegenüber einer imperfekten kameralistischen Direktsteuerung nachteilig macht.

(b) *Lock-in-Effekte:* Wenn vielfältige Koordinationsprobleme dazu führen, dass verkettete Märkte und ein ganzes Gefüge komplementärer Institutionen funktional sind, dann gibt es häufig Probleme im Institutionenwettbewerb, wenn sich Bedingungen, Ziele und Problemkonstellationen ändern. Um den Weg zu einem neuen effizienten Gleichgewicht einzuschlagen, bedarf es dann i.d.R. *gleichzeitig* vielfältiger institutioneller Reformen. In der Terminologie der Evolutionstheorie sind Schrittweite und Richtung einer Variation dafür verantwortlich, ob man von einem speziellen lokalen Maximum endogen ein globales Maximum erreicht oder immer wieder ins niedrige lokale Maximum zurückkehrt. Es gibt durchaus einige Gründe für die Existenz gerichteter Variationen sowohl in der Biologie als auch im Bereich des Institutionenwettbewerbs (vgl. KUBON-GILKE/SCHLICHT 1998). Dennoch hat man keine Gewähr für die sichere Einmündung in einen Pfad, der die höchste Funktionalität garantiert. Im institutionellen Kontext wurden ähnliche Phänomene im Bereich des Systems informeller gesellschaftlicher Normen oder von Religionen untersucht.

KURAN (2004) formuliert z.B. die These, dass islamische Regeln zu Zins- und Wucherverbot, die Einstellung zu Wissenschaft, Technik und Handel etc. islamisch geprägter Gesellschaften in bestimmten ökonomischen Umgebungen und früheren Zeiten vielleicht einmal funktional waren, dass aber lock-in-Effekte des sehr komplexen Institutionengeflechts eine Anpassung an neue Gegebenheiten verhindern und sich heutzutage eine aus seiner Sicht dysfunktionale Regelungsstruktur deshalb als stabil und robust erweist. Probleme dieser Art sind im institutionellen Wettbewerb häufig gegeben, insbesondere wenn man in Betracht zieht, dass institutionelle Reformen motivationale Konsequenzen haben, Präferenzen beeinflussen können u.a.m. Im Rahmen der Diskussion von mentalen Modellen oder moralischen Kosten wird deshalb auch verstärkt auf dysfunktionale lock-in-Effekte und Pfadabhängigkeiten bei der Evolution ökonomisch relevanter Institutionen hingewiesen.

(c) *Langfristiger vs. kurzfristiger Wettbewerb:* Institutionen entfalten nicht alle unmittelbar ihre Wirkung – vor allem, wenn es nicht nur um reine Anreizeffekte bei konstanten Präferenzen geht, sondern z.B. Einstellungs-, Präferenz- und Motivationswirkungen eine Rolle spielen. Müssen sich Unternehmungen aber z.B. kurzfristig im Wettbewerb behaupten, kann es sein, dass sich die eigentlich vorteilhaften Institutionen gar nicht bilden bzw. stabilisieren können, wenn die günstige Wirkung auf die

Unternehmen erst mittel- bis langfristig einträte. Für den politischen Wettbewerb mit dem schnellen Turnus von Wahlen kann Ähnliches von Bedeutung sein.

(d) *Externe Effekte:* Wie im Wettbewerb auf Güter- und Faktormärkten kann es auch im institutionellen Wettbewerb externe Effekte und Gefangenendilemmasituationen geben. Trivial sind Netzwerkexternalitäten, bei denen es für den individuellen Vorteil nicht allein auf das Gut (die Institution) ankommt, sondern besonders auf die Anzahl von NutzerInnen (an eine institutionelle Regelung gebundene Personen). Sowohl auf Gütermärkten als auch im institutionellen Wettbewerb können Netzwerkexternalitäten ineffiziente Gleichgewichte zur Folge haben. Eine andere Form der Externalität wirkt subtiler und kann vielleicht mit dem Beispiel des Arbeitsmarktes deutlich werden. Angenommen, es gibt asymmetrische Informationen auf dem Arbeitsmarkt, ArbeitnehmerInnen sind heterogen, Fluktuation verursacht Kosten u.a.m. Unternehmungen haben in all diesen Fällen Anreize, Lohnstrukturen und -höhen zu wählen, die in diesen Konstellationen den höchsten Gewinn garantieren. Folgen sind Effizienzlöhne, die sich beispielsweise aus einem Zusammenspiel von Lohn- und Qualifikationswettbewerb ergeben. Bei Effizienzlöhnen sind die betroffenen Arbeitsmärkte nicht geräumt, die Löhne liegen im Gleichgewicht auf einem Niveau, das durch einen Arbeitsangebotsüberschuss gekennzeichnet ist. Nach SCHLICHT (2010) bietet dieser Modellrahmen die beste Erklärung für das gleichzeitige (und verstärkte) Auftreten von Überqualifikation (in gewisser Weise Qualifikationsarbeitslosigkeit) und einer zunehmenden Lohnspreizung. Weil die Zusammenhänge so wichtig sind, sei das Kernargument noch einmal wiederholt: Bei den qualifizierten ArbeitnehmerInnen sind die Arbeitsmärkte durch Effizienzlöhne gekennzeichnet, also nicht geräumt. Diejenigen, die dort zu den herrschenden Bedingungen keine Stelle finden, wandern auf Arbeitsmarktsegmente etwas niedrigerer Qualifikation ab und haben dort bessere Chancen im Qualifikationswettbewerb. Verdrängt werden dort wiederum einige mit der eigentlich „passenden" Qualifikation. In einem Durchreichungseffekt findet man zum Schluss auf vielen Arbeitsmärkten Überqualifizierungsphänomene. Der Niedriglohnbereich bildet am unteren Ende dieser Kaskade eine Art Sammelbecken für alle nicht Vermittelten höherer Qualifikation und für alle Erwerbspersonen ohne oder mit nur geringer Formalqualifikation. Diese Märkte – häufig solche für einfache Dienstleistungen – sind kaum durch Effizienzlohnprobleme gekennzeichnet. Entweder die Personen auf dem untersten Arbeitsmarktsegment erhalten eine sehr geringe Entlohnung durch das hohe Sammelbecken-Arbeitsangebot oder explizite und implizite Mindestlöhne führen zu Arbeitslosigkeit in diesem Personenkreis. In beiden Fällen ist ohne Ursachenbekämpfung häufig eine staatliche (Teil-)Alimentierung unumgänglich. Die damit verbundenen sozialen Kosten (in diesem Sinne externe Effekte) werden nun nicht von den effizienzlohnsetzenden Unternehmungen internalisiert. Deshalb kann es sich gesamtwirtschaftlich als deutlich vorteilhaft herausstellen, wenn über kollektive Lohnverhandlungen oder eine starke Einkommensteuerprogression die Notwendigkeit und Vorteilhaftigkeit von Effizienzlöhnen verringert wird (vgl. SCHLICHT 2010).

In all den Fällen, in denen spontane Institutionalisierungen durch evolutionäre, wettbewerbliche Prozesse *nicht* die vorteilhaftesten Institutionenmuster generieren, kann es sinnvoll und/oder notwendig sein, wenn es Ergänzungen durch staatlich gesetzte Institutionen, durch Marktinterventionen oder partiell auch durch die Übernahme eines ganzen Bereiches in die staatliche Steuerung gibt. Nur für die Fälle, bei denen staatliche Vorgaben von vornherein ineffizient sind bzw. ineffiziente Ergebnisse des Institutionenwettbewerbs nach sich ziehen, geht es in erster Linie um Rücknahmen oder Anpassungen der dysfunktionalen Regeln. Eine reine und vollständige Deregulierung staatlicher Flankierungen ist zumindest immer dann von Nachteil, wenn tatsächlich funktional-komplementäre staatliche Ergänzungen zu den spontanen Institutionen implementiert werden können.

Bei konkreten Politikfeldern zeigt sich dabei kein einheitliches Bild. Das deutsche Sozialsystem ist offensichtlich in vielerlei Hinsicht durchaus „erfolgreich". Viele Problembereiche sind aber ebenso erkennbar. Man sollte sich zumindest hüten, das System als komplett dysfunktional zu kennzeichnen. Die Reformen im Rahmen der Agenda 2010 betrafen z.B. sowohl dysfunktionale als auch funktionale Teilregeln. Umfassende, strenge Regeln des Kündigungsschutzes können Effizienzlohnprobleme und damit Ungleichheits- und Arbeitslosigkeitsprobleme verschärfen, müssen also tatsächlich überprüft und gegebenenfalls modifiziert werden, ohne sie gleich vollständig über Bord zu werfen. Die Flexibilisierung von Lohnverhandlungen und eine Schwächung der kollektiven Lohnsetzung müssen ebenfalls kritisch analysiert werden. Kollektive Vereinbarungen sind i.d.R. mit einer stärkeren Lohnkompression verbunden und entlasten Unternehmungen durch das Auslagern von Konflikten – was wiederum die Notwendigkeit von hohen Effizienzlöhnen einschränkt. Im Kontext der genuinen Koordinationsprobleme des Arbeitsmarktes kann man prognostizieren, dass eine weitere Flexibilisierung von Lohnverhandlungen und eine Absenkung der Steuerprogression tendenziell sowohl die Überqualifizierungsprobleme als auch die Lohnspreizung vergrößert. Wenn in Folge auch noch durch die wahrgenommene Ungerechtigkeit dieser Entwicklung die Systemakzeptanz schwindet und wesentliche systemrelevante Normen erodieren, dann kann dies ernsthafte gesellschaftliche Probleme zur Folge haben.

Es bleibt nun aber noch zu überprüfen, ob man denn als Regelfall erwarten kann, dass staatliche Setzungen oder staatliche Ergänzungen des wettbewerblich entstandenen Institutionensystems i.d.R. die Anforderungen für eine größere Leistungsfähigkeit des Regelgesamtsystems erfüllen. Leider ist diesbezüglich keine allzu optimistische Einschätzung möglich, dass so etwas der Regelfall ist.

Bereits am Anfang dieses Unterabschnitts erfolgte der Hinweis, dass korporatistisch organisierte Ökonomien häufig leistungsstärker – allein gemessen am Wohlstandsniveau – als weitgehend „freie" Marktsysteme sind und i.d.R. auch eine gleichmäßigere Einkommensverteilung aufweisen. Nach den skandinavischen Ländern nehmen Länder mit kontinentaleuropäisch geprägten Sozialsystemen gute Plätze in der Rangfolge ein. Somit scheint es zumindest nicht ausgeschlossen, dass über das Zusammenspiel des Institutionenwettbewerbs mit politischen Entscheidungen funktional-komplementäre, komplexe Institutionenarrangements entstehen. Dennoch gibt es eine Reihe von Gründen, warum dies erstens nicht zwingend gelingt und zweitens, warum bei Änderungen von Zielen und Bedingungen notwendige Reformen misslingen können und im schlimmsten Fall ein perspektivenreicher Entwicklungspfad einer Ökonomie dauerhaft verlassen wird. In diesem Zusammenhang sind u.a. alle Probleme relevant, die in der Neuen Politischen Ökonomie bereits intensiv diskutiert wurden wie etwa die Enthüllung und Aggregation von Präferenzen, Konsequenzen des strategischen Verhaltens von Parteien, Bürokratien und WählerInnen u.v.a.m. (vgl. BERNHOLZ/BREYER 1994). Vieles davon haben wir bereits im 5. Kapitel kennengelernt, als es darum ging zu überprüfen, vor welchen generellen Problemen eine politische Steuerung steht. Von speziellem Interesse für die Frage nach Reaktionen auf ungelöste Koordinierungsprobleme im evolutionär entstandenen Markt-Traditions-Hierarchie-Mix sind die folgenden Phänomene:

(a) *Komplexität und Nicht-Robustheit*: Bei multiplen Koordinierungsproblemen erweisen sich äußerst komplexe, viele Bereiche berührende und untereinander vielfach verwobene institutionelle Ensembles als funktional. Es ist bereits ein generelles Informations-, Verstehens- und Planungsproblem, in diesem speziellen Markt-Politik-Mix zielführende politische Entscheidungen zu finden. Wir haben ja schon graue Haare und Falten bei der Durchdringung der komplexen Verwobenheiten bekommen. Erschwert wird dies noch dadurch, dass bereits kleinere Änderungen äußerer Bedingungen u.U. gänzlich *andere* Lösungen benötigen, ein einmal gefundenes Regelgeflecht also nicht robust hinsichtlich der Funktionalität sein muss. DÖRNER (2003) zeigt nun an vielen Beispielen sehr anschaulich und zum Teil auch drastisch, dass häufig bereits „klein" anmutende komplexe Entscheidungssituationen (nicht nur politisch) Verantwortliche überfordern und zum Teil absurde bis desaströse Ergebnisse aus tatsächlichen Entscheidungen resultieren.

Ähnliches diskutiert man in der Organisationstheorie u.a. mit Überlegungen zur „begrenzten Rationalität". Man könnte nur dann Reformwege ohne weitere Überlegungen deutlich optimistisch betrachten, wenn das institutionelle Ensemble in der Funktionalität stetig wäre, so dass jede Änderung auf Verbesserung oder Verschlechterung überprüft werden und die Anpassung sukzessive notfalls durch einen Prozess via „Versuch und Irrtum" erfolgen könnte. Es wurde an früherer Stelle jedoch darauf verwiesen, dass genau dies nicht zu erwarten ist. Es sei noch einmal an STURNs (2011) These erinnert, dass es Problemfelder gibt, die polyzentrische Institutionalisierungsprozesse auf vielen Ebenen und Feldern erfordern und bei denen inkrementelle Regelanpassungen keine Lösung bieten können, sondern nur eine Art „Politik aus einem Guss" die Anforderungen zu erfüllen vermag.

STURN verdeutlicht dies im Zusammenhang mit ökologischer Nachhaltigkeit. Selbst bei nicht ganz so dramatischen und globalen Zusammenhängen zeigt sich jedoch bereits das Problem der Reaktion auf neue Bedingungen und Ziele sowie die fehlende Beachtung komplexer Ursachen im Zusammenwirken aller Institutionen[143]. Dadurch werden weitere Gefährdungen effizienter Institutionenarrangements ausgelöst. Es gibt neben dem Genannten ein spezielles Komplexitätsproblem zu durchdringen, wenn mikroökonomische Problemkonstellationen (selbst schon hinreichend komplex) sich durch Glättungs-, Eliminations- und Systemeffekte im makroökonomischen Aggregat wiederum noch einmal ganz anders darstellen (vgl. SCHLICHT (1985: 79-93) zu qualitativen Unterschieden mikro- und makroökonomischer Gesetzmäßigkeiten). Mikroökonomische Probleme können dadurch u.U. makroökonomisch verschwinden, es können zusätzliche Probleme auftreten, oder die Probleme

---

[143] Die Komplexität scheint bereits vielfach an der Stelle zu hoch für eine Wirkungsanalyse zu sein, wenn *überhaupt* Preis- und Mengenwirkungen politischer Maßnahmen beachtet werden müssen. So ist es immer noch weit verbreitet, Arbeitslosigkeit als schier nicht behebbares Problem „fehlender Arbeitsplätze" anzusehen und implizit die Anzahl zu besetzender Stellen weitgehend exogen, allein bestimmt durch die Produktionstechnik bzw. den technischen Fortschritt determiniert zu sehen.

zeigen gänzlich andere Wirkungszusammenhänge. Allein die Frage nach der geeigneten Analyseebene einer als unbefriedigend wahrgenommenen ökonomischen Situation ist zu beantworten, im Anschluss auf dieser Ebene eine Wirkungsanalyse durchzuführen und dann politisch adäquat zu handeln.

(b) *Ethische Orientierungspunkte und Ziele der Institutionalisierung:* Bevor konkrete Probleme identifiziert und institutionelle Lösungen implementiert werden, muss ja zunächst Klarheit darüber erlangt werden, welche gesellschaftlichen Ziele es überhaupt anzustreben gilt. Welcher Gerechtigkeitsvorstellung soll z.b. gefolgt werden? Erfordern neue Vorstellungen und Erkenntnisse zu ökologischer, sozialer und ökonomischer Nachhaltigkeit eine Anpassung bislang verfolgter Ziele, und über welchen Weg findet man diese Ziele? In der Nachkriegszeit gingen z.b. die Wegbereiter der Ideen der Sozialen Marktwirtschaft noch davon aus, dass es durch die christliche Prägung der Gesellschaft Konsens in Deutschland sei, wenn die ethische Position der christlichen Soziallehre die Basis aller konkreten Zielformulierungen und Institutionalisierungen wird. Ob das damals tatsächlich so war, sei dahingestellt. Heutzutage haben wir zumindest eine recht heterogene Gesellschaft mit verschiedenen religiösen und anderen normengebundenen Orientierungen. Die Mobilität der Menschen ist sehr ausgeprägt, d.h., es muss ständige Austauschprozesse geben, um einen ethischen Orientierungspunkt für politische Rahmungen und Interventionen zu setzen. Dazu sind u.U. auch neue konstitutionelle und organisatorische Formen der demokratischen Entscheidungsfindung notwendig[144]. Insbesondere müsste eine geeignete demokratisch-konstitutionelle Struktur für die Lösung globaler und generationenübergreifender Probleme gefunden werden – bisherige Wahlverfahren z.B. sind überwiegend auf nationaler Ebene angesiedelt. Zudem sind sie zeitpunktbezogen, so dass zukünftige Generationen i.d.R. keine Stimme

---

[144] Das allein stellt eine komplexe Aufgabe dar. Die Probleme parlamentarischer Wahl- und Entscheidungswege sind bekannt. Aber auch Volksabstimmungen, Bürgerforen u.a. benötigen ein bestimmtes institutionelles Setting und sind womöglich nicht einmal für alle Entscheidungssituationen zielführend. Bei der Infrastrukturplanung, bei Bebauungsplänen, dem Bau von Energiegewinnungsanlagen u.a. etwa spricht man bei den weitreichenden BürgerInnenbeteiligungen, Mitsprache-, Klage- und Vetorechten bereits vom „Banana"-Prinzip: *build absolutely nothing anywhere near anybody.* In diesem Sinne können manche Formen der demokratischen Willens- und Entscheidungsfindung auch zu Handlungsunfähigkeit führen. Sowohl Reformen an sich als auch ein geeigneter, zielführender Mix an Reformschritten durch die Politik sind an konstitutionelle und institutionelle Voraussetzungen geknüpft.

haben[145]. Gelingt es bereits auf der Zielebene nicht, Klarheit zu gewinnen, und sind die institutionellen Gegebenheiten des politischen Entscheidungsprozesses problematisch, ist die Gefahr des „Durchwurstelns" und des Symptomkurierens durch politische Entscheidungen besonders ausgeprägt.

(c) *Pfadabhängigkeiten institutioneller Reformen*: Ein Reißbrettentwurf eines institutionellen Gesamtgefüges ist aus verschiedenen Gründen heraus nicht möglich. Im Rahmen der Agenda 2010 mit den vielfältigen Deregulierungs- und Re-Institutionalisierungsmaßnahmen wurde bekanntlich die Abschaffung der Arbeitslosenhilfe zu Gunsten einer Grundsicherung aller erwerbslosen und gleichzeitig erwerbsfähigen Personen beschlossen. Dies traf auf heftige Proteste Betroffener, der Gewerkschaften, der Sozialverbände etc. Die Empörung ist einerseits der schlechteren finanziellen Alimentierung eines großen Teils der Betroffenen und den verschärften Vorgaben im Rahmen des Mottos von Fördern und Fordern geschuldet. Die weite Empörung breiter Bevölkerungskreise hat andererseits damit zu tun, dass eine *Grundlogik* des deutschen Sozialstaatssystems verlassen wurde, nämlich die der Lebensstandardsicherung. Die gesamte Struktur des Sozial- und Arbeitsmarktsystems prägt – wie nun schon oft genug ausgeführt – Gerechtigkeitsvorstellungen in einer Gesellschaft. Ein Bruch mit der Grundlogik erscheint in besonderem Maße ungerecht. Dass Langzeitarbeitslose mit vielen Jahren der Erwerbstätigkeit nicht besser durch das System abgesichert werden als Personen, die nie oder nur kurzzeitig erwerbstätig waren, widerspricht in Deutschland einer weit geteilten Vorstellung von Gerechtigkeit. In Ländern mit anderer Geschichte und mit einer abweichenden Struktur der sozialstaatlichen Sicherung sind andere Grundlogiken gegeben, und deshalb wird eine identische Maßnahme in verschiedenen Ländern u.U. höchst unterschiedlich eingeschätzt. Aus diesem Grund wird eine spezifische Regel auch verschiedene Chancen haben, durch den politischen Entscheidungsprozess dauerhaft implementiert zu werden. Zudem hat sie unter Umständen auch ganz verschiedene Wirkungen auf das Normengefüge in der Gesellschaft und die Systemakzeptanz.

---

[145] Noch viel weiter gehende Überlegungen fragen zudem nach der Stimme der Natur selbst oder bestimmten Teilen wie etwa Stimmen nur für die Primaten. Konstitutionelle Lösungen zu finden wird in diesem Kontext sicherlich nicht einfacher, und es stellt sich auch die Frage, welche Ziele und Vorstellungen heutige SachwalterInnen zukünftigen Generationen oder anderen Spezies unterstellen (können oder sollten). Die einfachste, aber nicht zwangsläufig sinnvollste Strategie läge in der möglichst uneingeschränkten Konservierung aller Lebensräume und aller Potentiale der Zukunft.

So ist es auch (leider) nicht möglich, die institutionellen Rahmungen und Setzungen „erfolgreicher" Länder einfach zu imitieren oder gar nur partielle Maßnahmen dieser Systeme zu übernehmen. Einzelmaßnahmen haben nicht notwendigerweise eine Passung in das konkrete und komplexe komplementäre Institutionengeflecht. Eine Generalreform mit der Übernahme eines kompletten Systems kann im Rahmen des eigentlich eingeschlagenen Pfades schwerwiegende normative Nachteile haben und sich über den demokratischen Entscheidungsfindungsprozess womöglich auch gar nicht durchsetzen lassen – in diesem Fall muss Letzteres sicherlich kein Nachteil sein. Ein Reißbrettentwurf verlangte es zumindest, all diese Effekte um Fokalpunkte, um die komplexen sozialpsychologischen Wirkungen von Regelfindungen und -anpassungen mit zu bedenken. Die wahrgenommene Systemlogik eines institutionellen Arrangements verursacht deutliche Pfadabhängigkeiten bei Reformschritten. Akzeptanz und Wirkung einer Reform sind davon abhängig, wie die genaue Struktur des gültigen Systems ist und welche Grundlogik in der Bevölkerung, auch von den EntscheidungsträgerInnen und BeraterInnen, wahrgenommen wird.

(d) *Staatliche Institutionen als Einnahmequellen:* Den Staat als fiktiven (demokratisch legitimierten) wohlwollenden Diktator in einem „als-ob"-Sinne zu beschreiben, ist sicherlich naiv. Die Neue Politische Ökonomie verweist auf vielfältige Problemfelder, die eine solche Analogie verbieten. Vieles davon haben wir kennengelernt. Ein spezifisches Problem liegt darin, dass institutionelle Ergänzungen oder Übernahmen privatwirtschaftlicher Bereiche als Einnahmequellen für Gebietskörperschaften dienen können und vielleicht auch aus diesem Grund implementiert werden, selbst wenn es den gesellschaftlichen Zielen nur suboptimal dient. Zu befürchten sind solche politischen Entscheidungen vor allem dann, wenn andere Finanzierungsformen entweder im demokratischen Entscheidungsprozess abgelehnt oder von vornherein aus ideologischen oder anderen Gründen nicht in Erwägung gezogen werden. Es zeigt sich z.B., dass die Regulierung und Kontrolle von Monopolen und Oligopolen im Bereich der Energieversorgung in Deutschland aktuell deutlich suboptimal ist. Notwendig wäre es, die grundsätzlichen Probleme (Elemente natürlicher Monopole, Netzeffekte, Ziele im Nachhaltigkeitszusammenhang etc.) zu identifizieren und darauf eine geeignete Form institutioneller Rahmungen, Regulierungen und Interventionen zu konstruieren. Ansätze in diese Richtung gibt es durch die Arbeit der Bundesnetzagentur durchaus. Die Re-Kommunalisierung der Energieversorgung, die man momentan beobachtet, ist vielleicht nur eine vordergründige Lösung, auch wenn ihre Begründung im Zusammenhang mit Nachhaltigkeits- und anderen Zielen einen gewissen Charme zu haben scheint.

Einerseits kann man fragen, ob das nicht mit dem reinen Gebot der Sicherung der Daseinsvorsorge und dem Verzicht auf wirtschaftliche Betätigung der Kommunen kollidiert. Selbst wenn man das nicht als ernsthaftes Problem ansieht, ist es andererseits nicht auszuschließen, dass die kommunalen Einrichtungen sich dann *selbst monopolistisch verhalten* und ganz ähnliche Ineffizienzen verursachen. Wenn der Staat sich selbst in der Monopolkontrolle regulieren soll, werden die Regulierungsprobleme aus naheliegenden Anreizgründen eher verstärkt als gemindert. Sollte es z.B. tatsächlich auf allen Ebenen in der Verfassung verankerte Schuldenbremsen geben, kann eine staatliche Monopolisierung als Retterin (insbesondere kommunaler) Finanznöte außerordentlich verlockend werden. Die 2010 vom Europäischen Gerichtshof monierte staatliche Monopolstellung im Bereich der Glücksspiele ist ein weiteres anschauliches Beispiel. Das (paternalistische) Ziel, Gewinnsucht durch das staatliche Monopol zu verhindern, wird durch das tatsächliche Verhalten der staatlichen Glücksspielmonopolbetriebe – Werbung für Glücksspiele, Ziehungen im öffentlich-rechtlichen Fernsehen etc. – nach dem Urteil des Europäischen Gerichtshofes gerade *nicht* verfolgt (in gewisser Weise fast schon hintergangen). Ob kommunale Energieversorger tatsächlich – wie als Ziel formuliert – der Nachhaltigkeit dienen, ist ebenso nicht von vornherein gesichert.

Die Übernahme wettbewerblicher Bereiche in staatliche Kontrolle ist also u.U. eher Einnahmeinteressen geschuldet als gesellschaftlichen Zielen, die wettbewerblich nicht oder nur unbefriedigend erreicht werden. Auch dieser Problembereich erforderte es, alle konstitutionellen Vorgaben und die Entscheidungskompetenzen der politischen Ebene im Rahmen demokratischer Grundsatzpositionen neu zu justieren. Diskussionen um das Primat von Politik oder Wirtschaft sind in diesem Zusammenhang nicht immer förderlich. Es geht stets um den geeigneten Mix an komplementären wettbewerblichen und demokratisch legitimierten politischen Institutionen.

(e) *Colonel Blotto lässt grüßen*: Erinnert sich die geneigte LeserIn noch an Colonel Blotto aus dem Kapitel 5.6? Wenn nicht, dann lohnt Zurückblättern. Es ging um das Problem, dass in Demokratien bei Verteilungsentscheidungen, z.B. bei der konkreten Umsetzung von Steuer- und Transfersystemen, vielfach keine Gleichgewichte mit reinen Strategien vorliegen, sondern im Gleichgewicht von den Parteien gemischte Strategien gespielt werden. Dabei bleiben Politikvorhaben vage und die tatsächlichen Entscheidungen nach gewonnener Wahl folgen dem Zufall. Nach HOMBURG (2011) erklärt dies recht gut das „Durcheinander" und die Inkonsistenzen im Steuer- und Transfersystem, bei dem teilweise willkürlich bestimmte Gruppen bevorteilt oder benachteiligt zu werden scheinen. Wenn tatsächlich ein konsistentes Steuer- und Sozialsystem durch einen Politikvorschlag als reine Strategie nicht mehrheitsfähig ist, dann werden die tatsächlichen Reformschritte zufallsabhängig. Das kann, muss aber natürlich nicht zu Verbesserungen führen.

(f) *Kompetenz- und Ressorttrennungen:* Föderalismus, ministerielle Ressorttrennungen und Arbeitsteilung zwischen den verschiedenen Gebietskörperschaften sind zwar bei geeigneter Konzeption vielfach sehr sinnvoll und notwendig, dennoch befördern sie in gewisser Weise partielle Interventionen und symptomkurierende Politikreaktionen. Sie erschweren häufig die Gesamtkonzeption eines funktional-komplementären Ensembles staatlicher Setzungen in Ergänzung oder als Ersatz wettbewerblicher Lösungen. Auch wenn die arbeitsteiligen Entscheidungsvorbereitungen bzw. Entscheidungen nicht grundsätzlich angezweifelt werden können, stellt sich z.B. die Frage, welche organisatorischen Änderungen es im typisch hierarchischen Organisationsaufbau von Behörden geben müsste. Es wird dabei in erster Linie darum gehen, verstärkt themengebundene (temporäre) Arbeitsgruppen zu installieren und mit gewissen Entscheidungskompetenzen auszustatten – ganz analog zu organisatorischen Innovationen vieler Unternehmungen der letzten Jahre, die ähnlich strukturierte Probleme zu bewältigen hatten. Ein geeigneter organisatorischer Unterbau der Ministerien ist eine notwendige Bedingung für Politiken, die jeweils ganze Bündel von Maßnahmen und Regulierungen beinhalten müssen. Ähnliches trifft für die Zusammenarbeit verschiedener Gebietskörperschaften zu. Ein spezielles Problem stellt sich durch die globalen Verflechtungen, z.T. aber rein nationalen Reaktionsmöglichkeiten, vor allem, weil internationale Zusammenschlüsse wie EU oder UNO noch keine befriedigende konstitutionelle Lösung für globale politische Entscheidungssituationen finden konnten. Bei immer stärkerer Faktormobilität kann ein ungelöstes Problem internationaler Abkommen zu speziellen Handlungsrestriktionen einzelner Staaten führen, z.B. weil die Länder einem Steuer- und Transfersystemwettbewerb des Typs „Gefangenendilemma" unterliegen, der ein von allen Beteiligten unerwünschtes, ineffizientes Gleichgewicht zur Folge hat. Möglich ist auch, dass im Rahmen der gegenwärtigen internationalen Abstimmung Trittbrettfahrerprobleme bei der Lösung globaler ökologischer Aufgaben nicht unterbunden werden können. Und leider erweist sich auch die Internationalisierung politischer Entscheidungen nicht als eindeutiger Königsweg. Alle zuvor diskutierten Probleme tauchen ja sowieso auf der übernationalen Ebene und z.T. dort sogar verstärkt auf.

(g) *„Krötenschlucken" und Lobbyismus:* Politische Entscheidungen werden lobbyistisch beeinflusst. Teilweise ist diese Interessenvertretung sogar gewünscht und per Vorgabe für Verbände bzw. Kammern mit Pflichtmitgliedschaften gesetzlich formuliert. Zudem können sich gut organisierte Verbände (auch ohne Pflichtmitgliedschaften) besonders gut durch Beratung und andere Formen der Beeinflussung platzieren. Anderen, schlecht organisierten Gruppen gelingt das weniger. Nun reicht es für die hier aufgeworfenen Fragen nicht allein aus, wenn alle Gruppen ähnlich stark in diesem Prozess sind und z.B. dadurch auch die Interessen ärmerer Personenkreise, arbeitsloser oder behinderter Menschen mit größerem Gewicht vertreten werden können. Wenn ein Institutionengefüge von vornherein nicht funktional ist oder durch neue Bedingungen an Funktionalität verloren hat, dann müssen sämtliche Regeln auf den Prüfstand, um eine Justierung angesichts der Anforderungen und neuen Bedingungen vorzunehmen. Das kann auch damit einhergehen, dass bestimmte „Errungenschaften" einzelner Gruppen an Funktionalität eingebüßt haben und einer kritischen Revision unterzogen werden müssten. Das müsste in einer Ursachenanalyse zunächst mal überhaupt deutlich werden, dass es nicht allein um die Rücknahme bestimmter Besitzstände geht.

Insgesamt zeigt sich, dass das Beharrungsvermögen gegebener Regelungen deutlich durch diese spezielle Form der lobbyistisch unterstützten Besitzstandswahrung zunimmt. Wenn etwa im Effizienzlohnzusammenhang einerseits Kündigungsschutzregeln partiell gelockert werden müssten, andererseits Steuererhöhungen oder eine (Wieder-)Stärkung gewerkschaftlicher Lohnfindungseinflüsse zielführend wären, hätten sowohl die ArbeitnehmerInnenseite und die Gewerkschaften als auch die ArbeitgeberInnenseite und ihre Verbände „Kröten zu schlucken". Einseitige Maßnahmen – vermeintlich entweder zu Lasten der ArbeitnehmerInnen- oder ArbeitgeberInnenseiten – werden bei erfolgreicher Lobbyarbeit so gut wie gar nicht durchsetzbar sein, aber auch die Anpassung des Gesamtgefüges mit vordergründigen einzelnen Nachteilen für beide Seiten wird sich nur mit Mühen im parlamentarischen Prozess umsetzen lassen. Die neoliberale Grundposition, dass eine Macht- und Einflussbalance aller Personen und Gruppen Gewähr für eine funktionsfähige Ökonomie und eine friedensfähige Gesellschaft bietet, greift dadurch etwas kurz. Die Verhinderung von Machtzentren ist vielleicht eine notwendige, aber keine hinreichende Bedingung dafür, dass funktionalkomplementäre Institutionenarrangements implementiert und neuen Bedingungen angemessen angepasst werden können.

(h) *Ideologie und emotionale Bindung an Institutionen:* Ähnlich zur Bedeutung des Gesamtkontextes des ökonomischen, sozialen und politischen Systems für die Wahrnehmung von Ungerechtigkeiten und Dissonanzen, die zu politischem Handeln auffordern, können sogar einzelne politische Maßnahmen durch ihre Begriffe und Traditionen fast unangreifbar werden. Anekdotisch hierzu: In einer Lehrveranstaltung habe ich erläutert, warum Mietbeihilfen u.U. dysfunktional sein und Ungleichheiten sogar verschärfen können. Auf die Abschlussfrage nach vielleicht sicher oder zumindest eher zielführenden Maßnahmen zur Unterstützung einkommensschwacher MieterInnen äußerten *mehrere* Studierende, dass sie weiterhin Mietbeihilfen möchten, auch wenn sie die möglichen Probleme und unerwarteten Wirkungszusammenhänge durchaus verstanden hätten – sie diese aber „emotional kaum verkraften könnten". Die StudentInnen haben dabei sogar deutlich erkannt, dass sie zu ihrer Schlussfolgerung zur uneingeschränkten Beibehaltung von Mietbeihilfen deshalb verleitet wurden, weil sie es *schön* fänden, wenn das bekannte und wohlklingende Instrument tatsächlich stets so *wirkt*, wie sie es sich *wünschen* bzw. wie sie es bislang eingeschätzt haben. Ob es nun Ideologie oder solch eine emotionale Bindung an ein Instrument im gegebenen Kontext z.B. der Sozialpolitik ist: WählerInnen, PolitikerInnen u.a. unterliegen grundsätzlich solchen (sozialpsychologisch auch gut erklärbaren) Beurteilungsmechanismen. Auch dies kann inadäquaten Maßnahmen und Institutionalisierungen Beharrungsvermögen verleihen. Werden die Dissonanzen immer größer und wird der Kontext in einem Wahrnehmungsumschlag gänzlich anders interpretiert, dann sind u.U. wiederum extrem große, revolutionäre Reformschritte denkbar, die auch nicht notgedrungen funktional sein müssen (vgl. KUBON-GILKE 1997: Kap. 4 zu den sozialpsychologischen Grundlagen der skizzierten Entscheidungsprobleme).

(i) *Politikberatung:* Zum Schluss darf man nicht verkennen, dass nicht allein PolitikerInnen selbst, WählerInnen, lobbyistische Gruppen und vielleicht auch die Medien konkrete politische Maßnahmen im parlamentarischen Prozess beeinflussen, sondern dass auch die wissenschaftliche Politikberatung in den Entscheidungsprozess involviert ist. Angenommen, die wissenschaftlichen BeraterInnen seien nicht selbst wieder lobbyistisch oder anderweitig beeinflusst und werden auch allein über ihr Renommee und nicht wegen einer ideologischen Position um Beratung gebeten.[146] Nun bilden sich ja auch in den Wissenschaften bestimmte Mainstream-Richtungen, dominante Paradigmata und fokale Analysekategorien heraus. In diesem Rahmen werden auch die Wirkungsanalysen der staatlichen Institutionalisierungen angesiedelt. In der Ökonomik etwa hatte lange Zeit ein erweitertes neoklassisches Denken diesen Platz des Mainstream inne. Das hat dazu beigetragen, z.B. die immanenten Funktionsprobleme des Arbeitsmarktes zu unterschätzen bzw. die institutionellen und regulativen Lösungen eher als nicht so wichtige „Ausnahme" im Rahmen der allgemeinen Deregulierungsforderung anzusehen.[147] Die problematische Gleichsetzung realer Arbeitsmärkte mit dem fiktiven Referenzmodell der neoklassischen „Musterwelt" verleitete zu diesen Deregulierungs- statt zu eigentlich notwendigen Re-Regulierungsvorschlägen. Änderungen politikberatender Positionen sind am ehesten dann zu erwarten, wenn es wissenschaftsimmanente Erkenntnisse zu Koordinierungsproblemen gibt, die hinreichend dissonant zu den bisherigen Politikvorschlägen sind oder wenn reale ökonomische Phänomene immer schlechter mit dem dominanten Modellrahmen erklär- und prognostizierbar werden. In diesem Fall können sich neue Paradigmata etc. durchsetzen, die u.U. auch differenziertere und zielführende Beratungsvorschläge begünstigen. Wissenschaftliche Pluralität, Interdisziplinarität und Wettbewerb der wissenschaftlichen Positionen müssten durch institutionelle Vorgaben selbst geeignet befördert werden, damit nicht erst schwerwiegende Wirtschafts- oder ernsthafte Theoriekrisen Anpassungen auslösen.

Und nun? Verzweifeln? Den Kopf in den Sand stecken? Sich ärgern, überhaupt so ein langes Lehrbuch zu all den Problemen durchgeblättert oder gar gelesen zu haben? Graue Haare, puterrote Wangen und tiefe, sorgenvolle Gesichtsfalten akzeptieren (ein Foto von mir ist deshalb vorsichtshalber nicht im Buch zu finden)? Sicherlich kann man angesichts der Probleme und Inter-

---

[146] Das ist sicherlich eine etwas heroische, verwegene Annahme, zumal wenn wir zuvor sowohl im ökonomischen als auch im politischen Bereich unterstellt hatten, dass (auch) eigennutzgetriebene Handlungen bedacht werden müssen. Es wäre fast schon schizophren, wenn ÖkonomInnen unterstellten, nur sie selbst handelten allein im Sinne des Gemeinwohls. KIRCHGÄSSNER (2011) zeigt auf, welche Konsequenzen es für die Theorie, aber auch für die effiziente Gestaltung des Wissenschaftsbetriebes hat, wenn man auch für die wissenschaftliche Politikberatung die Eigeninteressen der BeraterInnen beachtet.

[147] STURN (2011) weist darauf hin, dass es allein schon im Bereich der Externalitäten ein analytischer Fehlschluss ist, nur von lokalen Störungen und weitgehend irrelevanten „Ausnahmen", von *freakish anomalies*, auszugehen.

dependenzen aller Ebenen eine fatalistische Einstellung bekommen. Zwingend ist es nicht.

Ich „oute" mich zum Schluss, obwohl die aufmerksame LeserIn meine Position wahrscheinlich längst ahnt. Eine Revitalisierung der Ideen der Sozialen Marktwirtschaft, das Modell der „Inklusion via Sozialstaat" kann aus meiner Sicht für den Reformweg der Sozialpolitik eine gute Orientierung geben. Eine Lösung aus einem Guss, die alle Probleme perfekt ein für alle Mal löst, kann es sicher nicht geben. Dazu ist die Komplexität zu hoch, die Interdependenzen zwischen allen Koordinierungssystemen und die immanenten Koordinierungsschwierigkeiten zu ausgeprägt. Zudem können leichte Änderungen von Nebenbedingungen das gesamte Gefüge ins Wanken bringen. Worum geht es also? Erstens um die Orientierung an Inklusion. Nicht nachträgliche finanzielle Absicherung ist zentral, auch nicht das Wiedereingliedern zuvor Ausgeschlossener aus gesellschaftlichen und ökonomischen Prozessen. Stattdessen geht es um das mit der christlichen Sozialethik begründungsfähige Konzept, möglichst alles in der Sozialpolitik zu unternehmen, damit wir alle als prinzipiell verantwortungsfähige Menschen von vornherein und stets in alle politischen, ökonomischen und gesellschaftlichen Bereiche einbezogen sind und dort wirken können.

Das ist natürlich keine triviale Aufgabe. Die Ideen der „Väter" der Sozialen Marktwirtschaft erscheinen heute fast schon naiv, weil sie glaubten, für den ökonomischen Bereich reiche es, wenn man ein gutes Kartellgesetz hätte und daneben Chancengerechtigkeit via gutes Bildungssystem garantiert, vielleicht noch mit einer Prise Umverteilung zur Würzabrundung des wohlstandssichernden, partizipativen und machtbalancierten Menüs aus Staat und Markt ergänzt. Gemüse aus dem eigenen Garten hätten wir dann auch alle, denn Gärten als Entfaltungsräume waren ja Kern einer der Ideen RÜSTOWs sowie seine Legitimation für Siedlungs- als Teil der Vitalpolitik.

In der Zwischenzeit weiß man deutlich mehr über immanente Marktsteuerungsprobleme, auch über prinzipielle Schwierigkeiten politischer Steuerungen und vor allem über die Koexistenz und Interdependenz verschiedener Systeme der Organisation arbeitsteiliger Prozesse. Zudem haben sich Bedingungen geändert, u.a. durch eine höhere Mobilität und eine ganz andere Struktur der Branchen und Bereiche. Heute ist der Arbeitsmarkt z.B. viel stärker als früher von Effizienzlohnproblemen geprägt. Aus all dem folgt, dass für hinreichenden materiellen Wohlstand, Zufriedenheit und Inklusion eine spezifische korporatistisch strukturierte Ordnung notwendig ist, die aus Marktelementen, endogen entstandenen und exogen gesetzten Institutionalisierungen, politischen Rahmensetzungen, Steuerungen, Interventionen sowie eigenen staatlichen Kontrollbereichen zusammengesetzt ist und all den verwickelten und verflochtenen Beziehungen Rechnung trägt. SESSELMEIER (2012: 106) zieht mit ähnlicher Argumentation das Fazit, das die sozialpolitischen Reformen in Deutschland der letzten Jahre unter einer zu starken Fokussierung auf reinen Marktlösungen und unter der Nichtberücksichtigung von Akzeptanzproblemen bei pfadbrechenden Reformen gelitten hätte. Auch er fordert eine Neuausrichtung auf das Inklusionsziel hin, wobei es auch die einzelnen Reformschritte und notwendige Begleitungen genau zu überlegen gelte, um die Akzeptanzfrage nicht zu übersehen.

Angesichts der Fragilität eines solchen Gebildes hinsichtlich der Funktionsfähigkeit bei Änderungen von Bedingungen muss das Gesamtsystem zudem flexibel sein und problemadäquate Neujustierungen erlauben. Das kann kein Reißbrettentwurf eines detaillierten Gesamtentwurfs sein. Hinsichtlich der Komplexität ist so etwas weder möglich noch wegen der notwendigen Flexibilität sinnvoll. Eher geht es um große Linien, grundsätzliche Wirkungszusammenhänge und darum, stets das Inklusionsziel im Fokus zu haben. Die großen Linien müssen nach „Urteilskraft" festgelegt werden. Das ist sicher nicht der „gesunde Menschenverstand", der einen ja oft genug in die Irre führt – allein schon beim eigentlich ganz einfachen Urteil über so etwas wie eine Höchstmiete. Gemeint ist, dass man sich für Konzepte der Sozialpolitik der grundsätzlichen Zusammenhänge bewusst ist und wissenschaftliche Expertise zu Marktversagen und z.B. zum Zusammenhang marktlicher und familiärer Ebene in die Entscheidung über das Gesamtsystem – also über Einzelressorts der Ministerien hinweg – einfließen lässt. Das kann man auch als „Politik aus einem Guss" kennzeichnen, geht es doch weit über das derzeitig leider noch vorherrschende Symptomkurieren hinaus.

Grundlegende Literatur

BOECKH, JÜRGEN; HUSTER, ERNST-ULRICH und BENZ, BENJAMIN (2011): Sozialpolitik in Deutschland. Eine systematische Einführung. 3., grundlegend überarbeitete und erweiterte Ausgabe. Wiesbaden: VS Verlag für Sozialwissenschaften.

BREYER, FRIEDRICH; FRANZ, WOLFGANG; HOMBURG, STEFAN; SCHNABEL, REINHOLD und WILLE, EBERHARD (2004): Reform der sozialen Sicherung. Berlin u.a.: Springer.

KUBON-GILKE, GISELA (1997): Verhaltensbindung und die Evolution ökonomischer Institutionen. Marburg: Metropolis.

KUBON-GILKE, GISELA (2011): Eine Krise kommt selten allein – der Diskurs um den Sozialstaat im Zuge der wirtschaftlichen Entwicklung. In: Jahrbuch Normative und institutionelle Grundfragen der Ökonomik 10, S. 123-148.

KUBON-GILKE, GISELA und GILKE, CLAUS (2010): Ineffizienzspiralen und dysfunktionale Parallelsteuerungen. Diskussionsbeiträge aus der Evangelischen Fachhochschule Darmstadt Nr. 7.

LAMPERT, HEINZ und ALTHAMMER, JÖRG (2004): Lehrbuch der Sozialpolitik, 7. Auflage, Heidelberg u.a.: Springer.

SESSELMEIER, WERNER (2008): Soziale Inklusion in Europa: Gemeinsamkeiten, Unterschiede, Schlussfolgerungen. Böckler Forschungsmonitoring 6. Düsseldorf: Hans Böckler Stiftung.

STURN, RICHARD (2011): Die Natur der Probleme – Institutionen ökologischer Nachhaltigkeit. In: Jahrbuch Normative und institutionelle Grundfragen der Ökonomik 9, S. 9-38.

Aktuelle Informationen zu sozialpolitischen Änderungen finden sich auf den homepages zuständiger Ministerien und häufig sehr ausführlich und auch präzise bei Wikipedia.

8 Fazit und Ausblick

Es ist schade, dass wir zwischenzeitlich nicht den tiefgründigen Gesprächen zwischen Angela und Benedikt lauschen durften, die sich gern über Gott und die Welt unterhalten. Der – wenngleich unterschiedliche – christliche Hintergrund beider ist spürbar. Sie haben keineswegs identische Positionen zum Sozialen. Zu behaupten, beide verträten jeweils nur eine Art christliche Sozialethik „light", ist sicher fehl am Platze. Das wertete ihre Bemühungen überheblich und auch vorschnell ab. Modifikationen bzw. Nuancierungen zur christlichen Sozialethik, wie sie in der Nachkriegszeit verstanden wurde, sind jedoch spürbar. Benedikt geht es ganz ähnlich wie einem Papst gleichen Namens mit dessen Sozialenzyklika *Caritas in veritate* viel um Barmherzigkeit. Er meint, dass die Kirche zwar keine „technischen Lösungen" anzubieten habe und auch keineswegs beanspruche, sich in die staatlichen Belange einzumischen. Eines sei aber wichtig: Es bedürfe sicher keines „Sozialklempnertums", sondern der *Caritas*, der demütig und überzeugt vorgebrachten Nächstenliebe. Benedikt zitiert gern diesen Papst: „Die ‚Stadt des Menschen' wird nicht nur durch Beziehungen auf der Grundlage von Rechten und Pflichten gefördert, sondern noch mehr und zuerst durch Verbindungen, die durch Unentgeltlichkeit, Barmherzigkeit und Gemeinsamkeit gekennzeichnet sind", so schrieb es dieser Papst und so führt es Benedikt in den Gesprächen mit Angela an.

Angela wiederum betont ganz wie eine deutsche Bundeskanzlerin mit gleichem Vornamen Eigenverantwortung gottesebenbildlicher Menschen. Deshalb hat sie auch ein weites Verständnis von Subsidiarität und sieht den Staat keineswegs in der Pflicht, sich um sämtliche Lebensbereiche mit schützender und lenkender Hand zu kümmern. Sie setzt auf Wachstum, wirtschaftliche Entwicklung und Wohlstand als Garanten für die Sicherung der Existenz aller BürgerInnen bei Wahrung ihrer menschlichen Würde. Also finden wir auch Einsprengsel aus der RAWLSianischen Gerechtigkeitstheorie bei ihr. Das Materielle wird Benedikt etwas anders beurteilen. Aber wie gesagt: Wir sind bei den Gesprächen keine lauschenden Mäuschen. Vielleicht hätten wir auch noch viel mehr von einer evangelischen VertreterIn hören mögen, denn aus diesem Kreis finden sich in den Äußerungen zu Bildung, zur Wirtschaft und zur Gesellschaft besonders deutliche Worte zur gesellschaftlichen Verantwortung der ChristInnen und zum vorrangigen Ziel der Inklusion. Aber auch aus evangelischen Kreisen werden mehr Probleme benannt sowie Ziele und ethische Grundpositionen vertreten, als dass zu konkreten Gestaltungsvorschlägen Aussagen getroffen würden. Das bietet auch gar keinen Anlass zu grundsätzlichem Missfallen oder Kritik. Skandalisieren und Moralisieren allein hilft jedoch noch nicht, da mit der Problemanzeige noch keine Lösung gefunden wurde und nicht jede plausibel und „gut" klingende Maßnahme tatsächlich sozialen Zielen dient. In diesem Sinne kann man auch Friedrich Wilhelm GRAF (Lehrstuhlinhaber für evangelische Theologie an der LMU München) zustimmen, der sich in einem Interview der Frankfurter Allgemeinen Sonntagszeitung am 27. März 2011 (S. 27) dahingehend äußerte, dass das Christentum schließlich eine „denkende" Religion sei, woran man unbedingt festhalten solle, und dass es sich angesichts der Komplexität eigentlich verbiete, sich auf „moralische Pathosbotschaften" zu beschränken.

ExpertInnentum erfordert nun aber intellektuelle Anstrengung, arbeitsteilige Analyse, vor allem viel Lernen. Deshalb heißt es für uns, ob christlich geprägt oder nicht: Wir müssen eigenständig aus all dem, was wir in der Zwischenzeit über Ökonomie, den Staat, über Gerechtigkeitstheorien und Sozialpolitik erfahren haben, ein Fazit ziehen. Und gelernt haben sollten wir so einiges – ob ich beim Schreiben oder die LeserInnen beim Studium. Was war das noch mal alles?

Begonnen haben wir mit fundamentalen Überlegungen zum grundlegenden ökonomischen Problem der Arbeitsteilung. Wir haben die Vorteile und Grenzen der Arbeitsteilung diskutiert und ein systematisches Organisations- bzw. Koordinierungsproblem kennengelernt. Danach wurden die prinzipiellen Möglichkeiten der Organisation präsentiert und erste Argumente zur relativen Vorteilhaftigkeit der verschiedenen Systeme vorgestellt. Eine erste Schlussfolgerung lautete, dass in jedem realen Wirtschafts- und Gesellschaftssystem ein Mix an Marktsteuerung, traditioneller und zentralverwalteter Steuerung evolvieren wird – bei uns mit einer Dominanz von Märkten und großen Inseln der Hierarchie und Tradition. Alle Systeme sind mit speziellen Ausschließungs- und Diskriminierungsproblemen verbunden. Bei traditionellen und hierarchischen Steuerungen sind diese Prozesse nicht allzu schwer in ihren Prinzipien zu durchschauen, bei Märkten ist es etwas diffiziler. Märkte sind dominant in unserem Wirtschaftssystem und nicht so leicht in der Funktionsweise zu verstehen. Das gab Anlass, im dritten Kapitel sehr ausführlich die Marktsteuerung zu diskutieren, im vierten Kapitel zudem noch viele Funktionsprobleme von Märkten anzusprechen. In diesem 4. Kapitel ging es anschließend verstärkt darum, unter welchen Umständen sich angesichts der marktlichen Probleme andere Koordinierungsmodi als „besser" erweisen und vor allem darum, wie komplex die gegenseitigen Abhängig-

Fazit und Ausblick 713

keiten zwischen Märkten selbst, aber auch zwischen den verschiedenen Koordinierungssystemen sind, welche generellen Ungleichheits-, Armuts- und Ausschließungsprobleme damit verbunden sein können und wie politische Eingriffe in diesem Geflecht wirken.

Da einige Bereiche u.a. wegen der marktlichen Dysfunktionalitäten direkt in eine staatliche, hierarchische Verantwortung übernommen werden und in andere Systeme hinein durch politische Rahmungen und Interventionen Einfluss ausgeübt wird, haben wir uns im fünften Kapitel mit den spezifischen Problemen der politischen Steuerung beschäftigt. Es zeigte sich, dass weder eine reine, unregulierte Marktkoordinierung noch eine rein staatlich zentralverwaltete Steuerung friktionsfrei sind. Eine Mischung aus *allen* Koordinationsmodi mit spezifischen staatlichen Eingriffen ist nötig, will man allokative und distributive Ziele erreichen, eventuell auch noch Nachhaltigkeitsziele u.a.m. Allokationsaspekte hatten wir in den ersten fünf Kapiteln im Fokus. Wenn es um Sozialpolitik geht, müssen auch Gerechtigkeitsfragen zum Thema werden. Das haben wir im 6. Kapitel angeschaut und dabei außerordentlich verschiedene Positionen und Theorien kennengelernt. Wir haben aber auch über psychologische Zusammenhänge diskutiert. Dabei war besonders wichtig, dass die Menschen Gerechtigkeitsurteile durch (prägnante) Regeln fällen. Diese Regeln wiederum bilden sich u.a. beeinflusst durch das existierende Sozial- und Wirtschaftssystem.

Mit Abschluss des 6. Kapitels hatten wir alle wesentlichen theoretischen Überlegungen (arbeitsteilig sozusagen durch die verschiedenen Kapitel) beieinander. Nun kam noch das große 7. Kapitel zur Sozialpolitik selbst, zu deren Geschichte, zur Theorie der Sozialpolitik und zur Darstellung der Struktur des deutschen Sozialsystems. Nachdem wir das alles entfaltet hatten, ging es im weiteren Verlauf des 7. Kapitels ans „Eingemachte". Und es wurde noch etwas abstrakter als zuvor. Selbst alberne oder amüsante Beispiele konnten nicht mehr helfen. Wir haben nämlich einzelne sozialpolitische Bereiche und zudem einige „utopische" Reformvorschläge zumindest rudimentär einer Wirkungsanalyse unterworfen und dabei über alle Koordinierungsinstanzen hinweg und unter Berücksichtigung vielfältiger Interdependenzen argumentiert. Dabei sind wir ergraut und sorgenfaltig geworden – ich jedenfalls. Aber ich bin ja auch schon ur-ur-alt, wie die geneigte LeserIn weiß.

Und immer weiter: Es folgte der Versuch zur Unterscheidung sehr grundsätzlicher Positionen zum Sozialstaat, jeweils mit Unterlegung allokativer, gerechtigkeitsorientierter und methodischer Positionen. Zum Schluss ging es noch um die Frage, welcher Weg perspektivenreich sein könnte. Das wurde auch zum persönlichen „Outen", da ich hier recht eindeutig das neoliberale Konzept in seiner ursprünglichen Bedeutung mit der Orientierung an der „Inklusion via Sozialstaat" favorisiert habe. Die Umsetzung erfordert einerseits die Förderung individueller Fähigkeiten, um Verantwortung für sich selbst und die Gesellschaft übernehmen zu können. Andererseits ist es auch zwingend notwendig, in die Koordinierungsmodi so zu intervenieren bzw. Rahmen zu setzen, damit es überhaupt für alle wirklich möglich wird, durch Übernahme von Verantwortungen für sich selbst und für andere partizipativ in Würde und mit materiell hinreichend guter Absicherung leben zu können, damit die Gesellschaft dadurch auch „friedensfähig" wird oder bleibt.

Das alles erfordert ein bestimmtes komplexes institutionelles Gefüge. Orientieren kann man es sicher nur an der grundsätzlichen Urteilskraft, d.h. an wesentlichen Zusammenhängen und entscheidenden Interdependenzen. Das System benötigt sowieso hinreichend Flexibilität, um an neue Bedingungen und Aufgaben angepasst werden zu können. Reformen berühren einzelne sozialpolitische Bereiche, aber auch z.B. konstitutionelle Regeln, damit in der Politik keine zu argen Sackgassen oder gar Wege in Abgründe eingeschlagen werden. Wie es *genau* gehen könnte, ist umfassend nicht skizziert worden. Das erforderte auch noch viel mehr theoretische Auseinandersetzung mit weiteren Bereichen der Sozialen Sicherung, mit spezifischen Risiken und Ausschließungsproblemen. Hier ging es neben den vielen desillusionierenden Problemanzeigen mehr um die Generalrichtung als um einen konsistenten detaillierten Gesamtplan. Für mich reichte es zumindest, wieder (künstlich) etwas Farbe in die Haare zu bringen und einige wenige Stirnfalten zu glätten. Botox war dafür (noch) nicht nötig.

Ich hoffe, dass es den LeserInnen nun so geht wie Zyta und Zyprian, die sich mit Apollonius und Afra von A bis Z durch das Buch „gekämpft" haben. Sie merken nämlich in ihren wöchentlichen Stammtischgesprächen bei der geselligen Kegelrunde mit Xavier und Ursina, dass sie sich nun zumindest kein sozialpolitisches X mehr für ein U vormachen lassen. Das Outen pro Vitalpolitik im Grundsatz verleitet mich etwas zum Moralisieren ganz zum Schluss. In der Bibel findet man bei Jakobus 1,22: „Seid Täter des Worts und nicht Hörer allein; sonst betrügt ihr Euch selbst". Machen wir aus den Hörern noch LeserInnen, dann hieße das z.B., sich selbst auch nach eigenen Schlussfolgerungen aus dem hier und anderswo Gelesenen einzumischen, sei es über die Wissenschaft mit Publikationen, über konkrete soziale oder pädagogische Arbeit oder über politisches Engagement.

Etwas mehr Persönliches ganz zum Schluss: Kleine Kinder können bekanntlich viel besser Memory spielen als Erwachsene. Also heißt es für die „Großen", dass sie mehr lernen müssen bzw. mehr Eselsbrücken benötigen. Bei konkreten sozialpolitischen Fragen hat man mit dem vorliegenden Lehrbuch tatsächlich eine Art Memory-Aufgabe zu lösen. Sogar ein sehr großes Memory liegt vor uns. Angenommen, aus Medien, Politik und/oder eigener Wahrnehmung identifizieren wir ein neues soziales Problem oder vermuten, ein bereits existierendes sei größer geworden. Was müssen wir dann tun? 1. gilt es zu fragen, ob das Problem wirklich existiert, ob andere es ähnlich als Problem sehen und welches Ausmaß es ggf. annimmt. 2. ist zu bestimmen, welcher Koordinationsmechanismus (Markt, Tradition oder Hierarchie) in erster Linie betroffen ist und wie er im konkreten Fall mit den anderen Subsystemen interagiert. 3. muss geklärt werden, ob es bereits sozialpolitische Maßnahmen in dem Bereich gibt und wie diese wirken. Verstärken sie sogar das Problem, lindern sie es, sind sie ausreichend oder völlig fehl am Platz? Und 4. geht es darum, evtl. Volumina im Rahmen existierender Politikinstrumente zu variieren oder völlig neue Instrumente hinsichtlich der Wirksamkeit zu überprüfen und eventuell ins Gespräch zu bringen. Zu alldem gibt es an den verschiedensten Buchstellen Hilfestellungen: zu allokativen Wirkungen von Maßnahmen, sehr eingeschränkt zu Nachhaltigkeitsfragen, zu Verteilungs- und Partizipationskonsequenzen, zur Definition und Messung bestimmter Unterversorgungsphänomene, zur Interdependenz der verschiedenen Organisationssysteme zur Koordinierung arbeitsteiliger Prozesse, zu politischen Steuerungsproblemen, zu ethischen Grundpositionen und zu konkreten Regeln der Sozialen Sicherung in Deutschland. Die Memory-Aufgabe besteht darin, jeweils die für das konkrete Problem relevanten Passagen für eine Vertiefung und analytische Anwendung zielsicher zu bestimmen. Immerhin helfen Gliederung und Register bei dieser Zuordnungsaufgabe. Ein Grundverständnis für alle Zusammenhänge ist dennoch unerlässlich.

Noch ärger ist es, wenn wir wirklich eine Betrachtung des Gesamtsystems machen und überlegen, ob man alternativ zum deutschen Sozialstaatsmodell nicht etwas ganz anderes implementieren könnte oder einen kompletten, grundlegenden Reformprozess in Angriff nehmen sollte. Dann reicht es nicht mehr, wie beim Memory einzelne Karten (einzelne Passagen) zu finden, die zueinanderpassen. In dieser „Totalanalyse" ginge es wirklich um *alles*, was behandelt wurde. Das erfordert viel Verständnis für die Inhalte, für die Zusammenhänge und Logiken der Kapitel. Es benötigt auch sehr viel Durchhaltevermögen beim Erarbeiten.

Vieles hätte noch deutlich vertiefter behandelt werden können. Manches wurde gar nicht angesprochen, was aus gendertheoretischer Perspektive, aus philosophischer, theologischer, juristischer, soziologischer, politologischer, sozialpsychologischer u.a. Theorie zur Analyse des Sozialstaats bzw. der Probleme der Exklusion beiträgt. Das alles fehlt in diesem Lehrbuch nicht etwa, weil mir die Luft ausgegangen wäre oder mir keine Beispielsvornamen mit den Anfangsbuchstaben A und B mehr einfallen. Adolf und Benito sollten aber auf gar keinen Fall Positionen benennen dürfen. Akihito und Barack hätten vielleicht noch Interessantes beizutragen gehabt, Alvaro aus Kolumbien und Ben Ali (früher) aus Tunesien vielleicht auch. Aber viel schlauer hätten sie uns auch nicht gemacht. Sicher hätten Athina, Aert, Adriana, Alexander, Anna, Anselm, Albrecht, Annerose, Achilleos, Ai Wei, André, Aretha, Amelie, Albert, Amitabh, Annedore, Aljosha, Aron, Alex, Agrippina, Arnulf, Abdullah, Arzu, Annemarie, Aenne, Atalanta, Alard, Aga, Aishwarija, so wie auch Baptist, Barbara, Bixente, Bernina, Bille, Bobby, Benjamin, Bonita, Brandon, Berengar, Bergfried, Bartholomäus, Burglinde, Barry, Bill, Braczko, Bellana, Budimir und all die vielen anderen A- und B-Vornamen-Menschen gern ihre sozialpolitischen Geschichten erzählt, aber sie ähneln doch zu sehr den bereits vorgestellten Berichten der anderen.

Der Verzicht auf noch mehr interdisziplinäre Analysen in diesem Buch bedeutet übrigens nicht, dass diese Theorien anderer Disziplinen weniger wichtig wären. Stattdessen ging es hier im Schwerpunkt um die Frage, wie Lösungen des grundlegenden Koordinierungsproblems jeder arbeitsteiligen Gesellschaft mit Möglichkeiten und Notwendigkeiten sozialpolitischer Programme zusammenhängen. Allein dafür entstanden die sieben vorangegangenen Kapitel. Ziel war es, eine weitgehende *ökonomische* Auseinandersetzung mit dem Sozialstaat darzustellen.

Am Ende steht ein Preisausschreiben: Jede mir per E-Mail oder in anderer schriftlicher Form zugesandte Kritik (positiv wie negativ) an Inhalten, Darstellung, Beispielen etc. landet in einer Lostrommel. Da zuvor viel gelesen werden muss, wird einmal im Jahr jeweils im Wonnemonat Mai ein erster Preis gezogen. Beginnen wird es für die zweite Auflage 2014. Der Hauptgewinn wird nie eine Geldzahlung sein – ich mache es lieber im Sinne eines Traditionssystems. Ich gestehe mir sozusagen das Recht zu, von den LeserInnen Rückmeldungen erwarten zu dürfen und fühle mich im Gegenzug zu Gesprächen, Privatseminaren, „Nachhilfe", Vorträgen o.ä. verpflichtet – nur ganz sicher nicht zu handarbeitlichen oder sportlichen Aktivitäten. Um es schön vage zu halten: Die Art der fachlichen Gegenleistung ist je nach Interessen auszuhandeln. Eine Einladung zum Kaffee oder zu einem Essen soll diese fachliche Qual als Hauptgewinn aber im wahrsten Sinne des Wortes auf jeden Fall schmackhaft machen – genug gekocht und gegessen wurde im Buch ja schon.

Literatur

ABRAMITZKY, RAN (2011): Lessons from the Kibbutz on the Equality-Incentives Trade-off. In: Journal of Economic Perspectives 25 (1), S. 185-208.

ACEMOGLU, DARON; ROBINSON, JAMES A. (2012): Why Nations Fail. The Origins of Power, Prosperity, and Poverty. New York: Crown Business.

ADAMS, JOHN S. (1963): Toward an Understanding of Inequality. In: Journal of Abnormal and Social Psychology 67, S. 422-436.

AKERLOF, GEORGE A. (1970): The Market for „Lemons": Qualitative Uncertainty and the Market Mechanism. In: Quarterly Journal of Economics 84, S. 488-500.

AKERLOF, GEORGE A. (1984): Labor Contracts as Partial Gift Exchange. In: Quarterly Journal of Economics 97, S. 543-569.

AKERLOF, GEORGE A.; KRANTON, RACHEL E. (2010): Identity Economics. How Our Identities Shape Our Work, Wages, and Well-Being. Princeton/Oxford: Princeton University Press.

ALCHIAN, ARMEN A. (1950): Uncertainty, Evolution, and Economic Theory. In: Journal of Political Economy 58 (3), S. 211-221.

AMABILE, TERESA M. (1983): The Social Psychology of Creativity. New York u.a.: Springer.

ANHORN, ROLAND und STEHR, JOHANNES (2011): Der andere Blick. Soziale Ausschließung. In: Meyer, Bernhard (Hrsg.): Zoom, Evangelische Hochschule Darmstadt, S. 5-8.

ARETZ, BODO; ARNTZ, MELANIE und GREGORY, TERRY (2012): Mindestlohn senkt Beschäftigungschancen von Facharbeitern in Ostdeutschland. In: ZEWnews, Dezember 2012, S. 1-2.

ARROW, KENNETH J. (1963): Social Choice and Individual Values. New York: Wiley.

ARROW, KENNETH J.; BERNHEIM, B. DOUGLAS; FELDSTEIN, MARTIN S.; MCFADDEN, DANIEL L.; POTERBAR, JAMES M. und SOLOW, ROBERT (2011): 100 Years of *American Economic Review*: The Top 20 Articles. In American Economic Review 101 (1), S. 1-8.

ASCH, SOLOMON E. (1987): Social Psychology (Erstauflage 1952). Oxford u.a.: Oxford University Press.

ATKINSON, ANTHONY B. (1998): Poverty in Europe. Irjo Jahnsson Lectures. Oxford: Blackwell.

BARTLING, JENS; FEHR, ERNST; SCHMIDT, KLAUS M. (2012): Screening, Competition, and Job Design: Economic Origins of Good Jobs. In: American Economic Review 102 (2), S. 834-864,

BASU, KAUSHIK (2007): Group Identity, Productivity, Social Norms and Development, Arbeitspapier, Cornell University, Department of Economics, verfügbar unter: http://web.up.ac.za/UserFiles/Keynote%20%20K%20Basu%20paper.pdf (Abruf: 8.11.2012).

BASU, KAUSHIK (2011): Beyond the Invisible Hand. Groundwork for a New Economics. Princeton /Oxford: Princeton University Press.

BAZERMAN, MAX H. und TENBRUNSEL, ANN E. (2011): Blind Spots. Why We Fail to Do What's Right and What to Do about It. Princeton/Oxford: Princeton University Press.

BECKER, GARY S. (1971): The Economics of Discrimination. 2. Auflage. Chicago: University of Chicago Press.

BECKER, JENS und HALLEIN-BENZE, GERALDINE (2012): Einstellungen zur Rentenpolitik – Akzeptanz-, Funktions- und Reformdiskussionen. In: Sozialer Fortschritt 61 (11-12), S. 306-312.

BENDER, BENEDIKT und KUBON-GILKE, GISELA (2013): Gerechtigkeit als normative Orientierungspunkt für Wissenschaften und Politik, Manuskript, EH Darmstadt.

BENDER-JUNKER, BIRGIT und KUBON-GILKE, GISELA (2011): Gerechtigkeit. In: Herrmann, Volker, Hoburg, Ralf, Evers, Ralf und Zitt, Renate (Hrsg.): Theologie und soziale Wirklichkeit – Grundbegriffe. Stuttgart: Kohlhammer, S. 107-115.

BERNHOLZ, PETER und BREYER, FRIEDRICH (1994): Grundlagen der Politischen Ökonomie, Band 2: Ökonomische Theorie der Politik. Tübingen: Mohr (Siebeck).

BINMORE, KENNETH (1991): Fun and Games. A Text on Game Theory. Lexington: D.C. Heath.

BINSWANGER, HANS CHR. (1998): Dominium und Patrimonium – Eigentumsrechte und -pflichten unter dem Aspekt der Nachhaltigkeit. In: Held, Martin und Nutzinger, Hans G. (Hrsg.): Eigentumsrechte verpflichten – Individuum, Gesellschaft und die Institution Eigentum. Frankfurt u.a.: Campus, S. 126-142.

BIZER, KILIAN und SESSELMEIER, WERNER (2004): Reformprojekt D. Wie wir die Zukunft gestalten können. Darmstadt: Primus.

BIZER, KILIAN; FÜHR, MARTIN und HÜTTIG, CHRISTOPH (Hrsg.) (2002): Responsive Regulierung. Tübingen: Mohr Siebeck.

BLUM, SONJA; DEHLING, JOCHEN; HEGELICH, SIMON und SCHUBERT, KLAUS (2010): Politisch limitierter Pluralismus. Die Wohlfahrtssysteme der 27 Mitgliedsländer der Europäischen Union. Friedrich-Ebert-Stiftung. Internationale Politikfeldanalyse. Berlin und Bonn: FES.

BOECKH, JÜRGEN; HUSTER, ERNST-ULRICH und BENZ, BENJAMIN (2011): Sozialpolitik in Deutschland. Eine systematische Einführung. 3., grundlegend überarbeitete und erweiterte Ausgabe. Wiesbaden: VS Verlag für Sozialwissenschaften.

BORTIS, HEINRICH (o.J.): Adam Smith: Optimistischer Liberalismus. Manuskript, Universität Fribourg. http://www.uni-fr.ch/withe/assets/files/Bachelor/Theoriegeschichte/AdanSmith.pdf (Abruf 22.11.2012)

BOSCH, GERHARD (2012): Berufliche Weiterbildung in Deutschland 1969 bis 2010: Entwicklung und Reformoptionen. In: Bothfeld, Silke; Sesselmeier, Werner; Bogedan, Claudia (Hrsg.): Arbeitsmarktpolitik in der sozialen Marktwirtschaft. Vom Arbeitsförderungsgesetz zum Sozialgesetzbuch II und III. 2., aktualisierte und erweiterte Ausgabe. Wiesbaden: Springer VS, S. 106-125.

BOTHFELD, SILKE; SESSELMEIER, WERNER und BOGEDAN, CLAUDIA (Hrsg.) (2012): Arbeitsmarktpolitik in der sozialen Marktwirtschaft. Vom Arbeitsförderungsgesetz zum Sozialgesetzbuch II und II. 2, aktualisierte und erweiterte Ausgabe. Wiesbaden: Springer VS

BOTHFELD, SILKE; SESSELMEIER, WERNER und BOGEDAN CLAUDIA (2012): Arbeitsmarktpolitik – ein emanzipatorisches Projekt in der sozialen Marktwirtschaft. In: Bothfeld, Silke; Sesselmeier, Werner; Bogedan, Claudia (Hrsg.): Arbeitsmarktpolitik in der sozialen Marktwirtschaft. Vom Arbeitsförderungsgesetz zum Sozialgesetzbuch II und III. 2., aktualisierte und erweiterte Ausgabe. Wiesbaden: Springer VS, S. 338-350.

BOWLES, SAMUEL und HWANG, SUNG-HA (2008): Social Preferences and Public Economics: Mechanism Design When Social Preferences Depend on Incentives. Working Paper. University of Massachusetts – Amherst. Economics Department Working Papers Series 1-1-2008. Verfügbar unter: http://works.bepress.com/samuel_bowles/10

BRAUN, BERNHARD (2010): 2007-2010: Anteil der US-Bürger ohne Krankenversicherung nähert sich immer mehr der 20%-Marke, in: http://www.forum-gesundheitspolitik.de/artikel/artikel.pl?artikel=1873 (Abruf: 26.11.2012).

BREYER, FRIEDRICH (2008): Die Chancen der Sozialen Marktwirtschaft und die Rolle der Ökonomen. In: Perspektiven der Wirtschaftspolitik 9, S. 125-138.

BREYER, FRIEDRICH und BUCHHOLZ, WOLFGANG (2008): Ökonomie des Sozialstaats. 2. Auflage. Heidelberg u.a.: Springer.

BREYER, FRIEDRICH; FRANZ, WOLFGANG; HOMBURG, STEFAN; SCHNABEL, REINHOLD und WILLE, EBERHARD (2004): Reform der sozialen Sicherung. Berlin u.a.: Springer.

BREYER, FRIEDRICH; ZWEIFEL, PETER und KIFMANN, MATHIAS (2005): Gesundheitsökonomik, 5. Auflage. Heidelberg u.a.: Springer.

BUCHANAN, JAMES M. (1989): Die Verfassung der Wirtschaftspolitik. Nobel-Lesung vom 8. Dezember 1986. In: Recktenwald, Horst C. (Hrsg.): Die Nobelpreisträger der ökonomischen Wissenschaft. Band 1: 1969-1988. Düsseldorf: Verlag Wirtschaft und Finanzen.

BÜTTLER, MONIKA; INDERBITZIN, LUKAS; SCHULZ, JONATHAN F. und SIEGLOCH, SEBASTIAN (2012): Die Auswirkungen bedarfsabhängiger Leistungen: Ergänzungsleistungen in der Schweiz. In: Perspektiven der Wirtschaftspolitik 13 (3), S. 179-195.

CHIANG, ALPHA C. und WAINWRIGHT, KEVIN (2005): Fundamental Methods of Mathematical Economics. 4. Auflage. New York: McGraw-Hill.

COASE, RONALD (1937): The Nature of the Firm. In: Economica 16 (4), S. 386-405.

COASE, RONALD (1960): The Problem of Social Cost. In: Journal of Law and Economics 3 (1), S. 1-44.

COASE, RONALD (1972): Durable Goods Monopolists. In: Journal of Law and Economics 15, S. 143-150.

CODERE, HELEN (1968): Exchange and Display. In: International Encyclopedia of the Social Sciences 5, S. 239-243. Auch verfügbar unter: http://www.encyclopedia.com/doc/1G2-3045000384.html.

DEATON, ANGUS (2003): Health, Inequality and Economic Development. In: Journal of Economic Literature 41 (1), S. 113-158.

DENZAU, ARTHUR T. und NORTH, DOUGLASS C. (1994): Shared Mental Models: Ideologies and Institutions. In: Kyklos 47 (1), S. 3-31.

DEUTSCHE GESELLSCHAFT FÜR DIE VEREINTEN NATIONEN E.V. (Hrsg.) (2010): Der wahre Wohlstand der Nationen: Wege zur menschlichen Entwicklung. Bericht über die menschliche Entwicklung 2010. Jubiläumsausgabe zum 20. Erscheinen. Bonn: Uno-Verlag.

DÖRNER, DIETRICH (2003): Die Logik des Mißlingens. Strategisches Denken in komplexen Situationen. Reinbek: Rowohlt.

DÖRR, JULIAN und GOLDSCHMIDT, NILS (2013): Lebenslagenkonzepte und Vitalpolitik: Liberalismus für den Menschen. Erscheint in: Goldschmidt, Nils; Kubon-Gilke, Gisela, Sesselmeier, Werner (Hg.): Vitalpolitik und Inklusion, Münster: Lit-Verlag.

DURANT, WILL und DURANT, ARIEL (1981): Kulturgeschichte der Menschheit, Bd. 6: Das frühe Mittelalter. Frankfurt/M.: Ullstein.

DURDŽIĆ, AZRA; ENSTE, DOMINIK H. und NEUMANN, MICHAEL (2012): Das Vertrauen in die Zukunft stärken – Erkenntnisse aus zehn Jahren RHI-Forschung. In: Rodenstock, Randolf (Hrsg.): Vertrauen in der Moderne. München: Roman Herzog Institut, S. 14-44.

DWORKIN, RONALD (1984): Bürgerrechte ernstgenommen. Frankfurt: Suhrkamp.

EDGEWORTH, FRANCIS Y. (1881): Mathematical Psychics: An Essay on the Application of Mathematics to the Moral Sciences. London: Kegan Paul.

EGGERTSSON, THRAINN (1990): Economic Behavior and Institutions. Cambridge: Cambridge University Press.

EICHHORST, WERNER; SESSELMEIER, WERNER, und YOLLU-TOK, AYSEL (2004): Die Akzeptanz von Arbeitsmarktreformen am Beispiel von Hartz IV. In: Sesselmeier, Werner, Schulz-Nieswandt, Frank (Hrsg.): Konstruktion von Sozialpolitik im Wandel. Implizite normative Elemente. Berlin: Duncker & Humblot, S. 15-45.

EINAV, LIRAN und FINKELSTEIN, AMY (2011): Selection in Insurance Markets: Theory and Empirics in Pictures. In: Journal of Economic Perspectives 25 (1), S. 115-138.

EKARDT, FELIX (2011): Theorie der Nachhaltigkeit. Rechtliche, ethische und politische Zugänge – am Beispiel von Klimawandel, Ressourcenknappheit und Welthandel. Baden-Baden: Nomos.

ERASMUS VON ROTTERDAM (2003/1509): Das Lob der Torheit. Übersetzt von Alfred Hartmann. Mit den Holbeinschen Randzeichnungen: Wiesbaden: Panorama-Verlag.

ERDSIEK, DANIEL und SAAM, MARIANNE (2013): Überqualifikation von Hochschulabsolventen im Beruf variiert deutlich nach Studienfächern. In: ZEWnews Januar/Februar, S. 4.

ESPING-ANDERSEN, GÖSTA (1990): The Three Worlds of Welfare Capitalism. Princeton: Princeton University Press.

ESPING-ANDERSEN, GÖSTA (1999): Social Foundation of Postindustrial Economies. Oxford: Oxford University Press.

EUCKEN, WALTER (1990/1952): Grundsätze der Wirtschaftspolitik. 6. Auflage. Tübingen: Mohr Siebeck.

FEESS, EBERHARD (1997): Mikroökonomie. Eine spieltheoretisch- und anwendungsorientierte Einführung. Marburg: Metropolis.

FEHR, ERNST (1988): Ökonomische Theorie der Selbstverwaltung und Gewinnbeteiligung. Frankfurt a.M./New York: Campus.

FELD, LARS; GOLDSCHMIDT, NILS und ZWEYNERT, JOACHIM (2011): Kulturelle, soziale und gesellschaftliche Grundlagen wirtschaftlichen Wachstums. Gutachten im Auftrag der Enquete-Kommission Wohlstand, Wachstum, Lebensqualität. Unter Mitarbeit von Andreas Lenger.

FESTINGER, LEON (1957): A Theory of Cognitive Dissonance. Evanston, IL: Row, Peterson.

FINIS SIEGLER, BEATE (2012): Gut gemeint – aber auch gut gemacht? – Das Bildungs- und Teilhabepaket aus steuerungstheoretischer Sicht. In: Nachrichtendienst für öffentliche und private Fürsorge (NDV), Teil 1: September, S. 425-431, Teil 2: Oktober, S. 484-489.

FRANK, ROBERT H. (1994): Microeconomics and Behavior. 2. Auflage. New York: McGraw-Hill.

FRANK, ROBERT H. (2004): What Price the Moral High Ground? Ethical Dilemmas in Competitive Environments. Princeton/Oxford: Princeton University Press.

FRANZ, WOLFGANG (2012): Ungleichheit. In: ZEWnews, November 2012, S. 12.

FREVEL, BERNHARD und DIETZ, BERTHOLD (2004): Sozialpolitik kompakt. Wiesbaden: VS Verlag für Sozialwissenschaften.

FRIEDEN, JEFFRY (2012): Global Economic Governance After the Crisis. In: Perspektiven der Wirtschaftspolitik 13 (Special Issue), S. 1-12.

FRIEDMAN, DAVID (1999): Der ökonomische Code. Wie wirtschaftliches Denken unser Handeln bestimmt. Frankfurt: Eichborn.

FRIEDMAN, MILTON (1962): Capitalism and Freedom. Chicago: The University of Chicago Press.

FUDENBERG, DREW und TIROLE, JEAN (1991): Game Theory. Cambridge: MIT Press.

GINTIS, HERBERT (2009): The Bounds of Reason. Game Theory and the Unification oft he Behavioral Sciences. Princeton/Oxford: Princeton University Press.

GLINIARS, THORSTEN (2004): Arbeitsteilung und soziale Identität in der Theorie der Unternehmung. Marburg: Metropolis.

GOLDSCHMIDT, NILS (2011): Vom Glück und von Gärten – Moderne Ordnungsökonomik und die normativen Grundlagen der Gesellschaft. In: Caspari, Volker; Schefold, Bertram (Hg.): Wohin steuert die ökonomische Wissenschaft? Ein Methodenstreit in der Volkswirtschaftslehre. Frankfurt/New York: Campus, S. 145-166.

GOLDSCHMIDT, NILS und FUCHS-GOLDSCHMIDT, INGA (2011): Von der *built-in-flexibility* zur *built-in-inclusion*: Zum systemischen Verständnis automatischer Stabilisatoren in der Sozialpolitik. In: Jahrbuch Normative und institutionelle Grundfragen der Ökonomik 10, S. 149-172.

GRAF, FRIEDRICH WILHELM (2011): „Ein Gott zum Kuscheln", Interview in der Frankfurter Allgemeinen Sonntagszeitung v. 27.3.2011.

GRONBACH, SIGRID (2012): Soziale Gerechtigkeitsleitbilder in der Arbeitsmarktpolitik – von der Verteilung zur Teilhabe. In: Bothfeld, Silke; Sesselmeier, Werner; Bogedan, Claudia (Hrsg.): Arbeitsmarktpolitik in der sozialen Marktwirtschaft. Vom Arbeitsförderungsgesetz zum Sozialgesetzbuch II und III. 2., aktualisierte und erweiterte Ausgabe. Wiesbaden: Springer VS, S. 43-56.

GROSSMAN, SANFORD J. und STIGLITZ, JOSEPH E. (1980): On the Impossibility of Informationally Efficient Markets. In: American Economic Review 70 (3), S. 393-408.

GÜTH, WERNER und KLIEMT, HARTMUT (2011a): Sozial-ökologische Dilemmata und ihre experimentelle Analyse. In: Jahrbuch Normative und institutionelle Grundfragen der Ökonomik 9, S. 243-261.

GÜTH, WERNER und KLIEMT, HARTMUT (2011b): Rationalwahlmodelle in der wirtschaftspolitischen Beratung. In: Jahrbuch Normative und institutionelle Grundfragen der Ökonomik 10, S. 63-87.

HART, OLIVER (1975): On the Optimality of Equilibrium when Markets are Incomplete. In: Journal of Economic Theory 11, S. 418-443.

HARTWIG, KARL-HANS (1993): Partnerschaften – Ökonomie zwischenmenschlicher Beziehungen. In: Ramb, Bernd-Thomas und Tietzel, Manfred (Hrsg.): Ökonomische Verhaltenstheorie. München: Vahlen, S. 33-61.

HAYEK, FRIEDRICH A. v. (1945): The Use of Knowledge in Society. In: American Economic Review 35 (4), S. 519-530.

HAYEK, FRIEDRICH A. v. (1972): Die Theorie komplexer Phänomene. Tübingen: Mohr Siebeck.

HAYEK, FRIEDRICH A. v. (1983): Beware this Weasel Word. In: The Times vom 11.6.1983.

HAYEK, FRIEDRICH A. v. (1991): Die Verfassung der Freiheit. Tübingen: Mohr Siebeck.

HEIDBRINK, HORST (1992): Gerechtigkeit. Eine Einführung in die Moralpsychologie. München: Quintessenz.

HEILBRONER, ROBERT (1962): The Making of Economic Society. Englewood Cliffs, New Jersey: Prentice Hall Inc.

HIRSCHMAN, ALBERT O. (1993): Entwicklung, Markt und Moral. Abweichende Betrachtungen. Aus dem Amerikanischen von Joachim Milles und Hartmut Stahl. Frankfurt a.M.: Fischer.

HOCH, MARTIN (Hrsg.) (1963): Alexander Rüstow. Rede und Antwort. 21 Reden und viele Diskussionsbeiträge aus den Jahren 1932 bis 1962 als Zeugnisse eines ungewöhnlichen Gelehrtenlebens und einer universellen Persönlichkeit. Mit einem Geleitwort von Wilhelm Röpke. Ludwigsburg: Martin Hoch.

HOLLER, MANFRED und ILLING, GERHART (2008): Einführung in die Spieltheorie. 6. Auflage. Heidelberg u.a.: Springer.

HOMBURG, STEFAN (2011): Colonel Blotto und seine ökonomischen Anwendungen. In: Perspektiven der Wirtschaftspolitik 12 (1), S. 1-11.

INSTITUT DER DEUTSCHEN WIRTSCHAFT (2012): Deutschland in Zahlen 2012. Köln: Institut der deutschen Wirtschaft Medien.

INSTITUT FÜR DEMOSKOPIE ALLENSBACH (2010): Einstellungen zur Sozialen Marktwirtschaft in Deutschland am Jahresanfang 2010. Ergebnisse aus repräsentativen Trendfortschreibungen. Bonn: Bertelsmann Stiftung. Online verfügbar unter: http://www.ifd-allensbach.de/uploads/tx_studies/7472_Soziale_Markt wirtschaft.pdf (Abruf: 26.11.2012).

IRMER, MARION und YOLLU-TOK, AYSEL (2012): Die Europäischen Institutionen als Drahtzieher der Arbeitsmarktpolitik in Deutschland? Zur Bedeutung der Europäischen Beschäftigungsstrategie und des Europäischen Sozialfonds im arbeitsmarktpolitischen Geschehen. In: Bothfeld, Silke; Sesselmeier, Werner; Bogedan, Claudia (Hrsg.): Arbeitsmarktpolitik in der sozialen Marktwirtschaft. Vom Arbeitsförderungsgesetz zum Sozialgesetzbuch II und III. 2., aktualisierte und erweiterte Ausgabe. Wiesbaden: Springer VS, S. 323-337.

JÄHRLING, KAREN (2012): Gleichstellung und Aktivierung – Wahlverwandtschaft oder Stiefschwestern? In: Bothfeld, Silke; Sesselmeier, Werner; Bogedan, Claudia (Hrsg.): Arbeitsmarktpolitik in der sozialen Marktwirtschaft. Vom Arbeitsförderungsgesetz zum Sozialgesetzbuch II und III. 2., aktualisierte und erweiterte Ausgabe. Wiesbaden: Springer VS, S. 171-190.

JONES, ERIC (1988): Growth Recurring. Economic Change in World History. Oxford: Oxford University Press.

KAHNEMAN, DANIEL (2012): Schnelles Denken, langsames Denken. München Siedler.

KERSTING, WOLFGANG (2012): Wohlgeordnete Freiheit. Grundriss einer gerechten Gesellschaft. In: Rodenstock, Randolf (Hrsg.): Vertrauen in der Moderne. München: Roman Herzog Institut, S. 111-125.

KETTNER, MATTHIAS (Hrsg.) (2009): Wunscherfüllende Medizin: Ärztliche Behandlung von Selbstverwirklichung und Lebensplanung (Kultur der Medizin). Frankfurt/New York: Campus.

KIRCHGÄSSNER, GEBHARD (2011): Der Ökonom als Berater: Objektivität, Ideologie und Eigeninteresse. In: Jahrbuch Normative und institutionelle Grundfragen der Ökonomik 10, S. 219-241.

KNABE, ANDREAS; RÄTZEL, STEFFEN; SCHÖB, RONNIE und WEIMANN, JOCHEN (2010): Dissatisfied With Life, but Having a Good Day: Time-use and Well-being of the Unemployed. In: Economic Journal 120 (547), S. 867-889.

KNUTH, MATTHIAS (2012): Grundsicherung „für Arbeitsuchende": ein hybrides Regime sozialer Sicherung auf der Suche nach stabiler Governance. In: Bothfeld, Silke; Sesselmeier, Werner; Bogedan, Claudia (Hrsg.): Arbeitsmarktpolitik in der sozialen Marktwirtschaft. Vom Arbeitsförderungsgesetz zum Sozialgesetzbuch II und III. 2., aktualisierte und erweiterte Ausgabe. Wiesbaden: Springer VS, S. 70-88.

KOCH, ANGELIKA (2012): Armut im Alter – (K)ein Thema in Deutschland? Die Zuschussrente als Instrument der Armutsvermeidung. In: Evangelische Hochschulperspektiven 8: Welt – Geld – Gott, S. 153-167.

KONRAD, KAI A. (2004): Mobilität in mehrstufigen Ausbildungsturnieren. In: Franz, Wolfgang, Hans-Jürgen Ramser und Manfred Stadler (Hrsg.): Bildung, Tübingen: Mohr Siebeck, S. 67-81.

KRÄMER, WALTER (1999): Statistik verstehen. Eine Gebrauchsanweisung. Frankfurt a.M./New York: Campus.

KREPS, DAVID (1990): Game Theory and Economic Modelling. Oxford: Clarendon Press.

KREPS, DAVID (1994): Mikroökonomische Theorie. Landsberg/Lech: Verlag Moderne Industrie.

KUBON-GILKE, GISELA (1990): Motivation und Beschäftigung. Eine sozialpsychologische Beurteilung der Effizienzlohntheorien und ihrer Kritik. Frankfurt a.M./ New York: Campus.

KUBON-GILKE, GISELA (1997): Verhaltensbindung und die Evolution ökonomischer Institutionen. Marburg: Metropolis.

KUBON-GILKE, GISELA (2002): Effizienz, Gerechtigkeit und die Theorie des guten Lebens. In: Jahrbuch Normative und institutionelle Grundfragen der Ökonomik 1, S. 329-357.

KUBON-GILKE, GISELA (2004): Das Arrow-Unmöglichkeitstheorem und das Phänomen des leeren Kerns in Abstimmungsverfahren. Arbeitspapiere aus der Evangelischen Fachhochschule Darmstadt 1. ISSN: 1612-8532.

KUBON-GILKE, GISELA (2006): Wi(e)der Elitebildung. Bildung aus ökonomischer Sicht. Marburg: Metropolis.

KUBON-GILKE, GISELA (2011): Eine Krise kommt selten allein – der Diskurs um den Sozialstaat im Zuge der wirtschaftlichen Entwicklung. In: Jahrbuch für normative und institutionelle Grundfragen der Ökonomik 10, S. 123-148.

KUBON-GILKE, GISELA (2012a): Ökonomik der Nachhaltigkeit – Anmerkungen zu Ethik und Menschenbild. In: 2. Jahrbuch Nachhaltige Ökonomie. Im Brennpunkt: Green Economy, S. 199-221.

KUBON-GILKE, GISELA (2012b): Die Debatte um die Ökonomisierung des Sozialen. Befähigungen vs. Anreize: Neoliberale und neoklassische Sozialpolitikberatung und ihre Konsequenzen für den Sozialstaat. In: Evangelische Hochschulperspektiven 8: Welt – Geld – Gott, S. 137-151.

KUBON-GILKE, GISELA; AMELINGMEYER, JENNY; PAUST, MICHAEL und WEILER, FRANK (1995): Alles optimal?! Übungsbuch zur traditionellen und modernen Mikroökonomik. Marburg: Metropolis.

KUBON-GILKE, GISELA und GILKE, CLAUS (2010): Ineffizienzspiralen und dysfunktionale Parallelsteuerungen. Diskussionsbeiträge aus der Evangelischen Fachhochschule Darmstadt Nr. 7.

KUBON-GILKE, GISELA und GILKE, CLAUS (2011): Fachkräftemangel und die Anwerbung qualifizierter Arbeitnehmer als Zuwanderungssteuerung. Argumente pro und contra aus ökonomischer Perspektive. Manuskript, erschien 2011 als Arbeitspapier der Universität Kostroma in russischer Sprache.

KUBON-GILKE, GISELA und KLÖS, HANS-PETER (2013): Bildungsverständnis und Bildungspolitik. Aktuelle Debatten, bildungsökonomische und vitalpolitische Vorstellungen. Erscheint in: Goldschmidt, Nils; Kubon-Gilke, Gisela, Sesselmeier, Werner (Hg.): Vitalpolitik und Inklusion, Münster: Lit-Verlag.

KUBON-GILKE, GISELA und SCHLICHT, EKKEHART (1993): Gefordertheit und institutionelle Analyse am Beispiel des Eigentums. In: Gestalt Theory 15 (3/4), S. 257-273.

KUBON-GILKE, GISELA und SCHLICHT, EKKEHART (1998): Gerichtete Variation in der biologischen und sozialen Evolution. In: Gestalt Theory 20 (1), S. 48-77.

KURAN, TIMUR (2004): Islam and Mammon. The Economic Predicaments of Islamism. Princeton – Oxford: Princeton University Press.

LAFFONT, JEAN-JACQUES und TIROLE, JEAN (1993): A Theory of Incentives in Regulation and Procurement. Cambridge (Mass.): MIT Press.

LAMPERT, HEINZ und ALTHAMMER, JÖRG (2004): Lehrbuch der Sozialpolitik, 7. Auflage. Heidelberg u.a.: Springer.

LANG, KEVIN und LEHMANN, JEE-LEON K. (2012): Racial Discrimination in the Labor Market: Theory and Empirics. In: Journal of Economic Literature 50 (4), S. 959-1006.

LEIBENSTEIN, HARVEY (1960): Economic Theory and Organizational Analysis. New York: Harper & Brothers.

LEIBENSTEIN, HARVEY (1966): Allocative Efficiency vs. „X-Efficiency". In: American Economic Review 56 (June), S. 392-415.

LEPPER, MARK R. und GREENE, DAVID (1978): The Hidden Costs of Reward: New Perspectives on the Psychology of Human Motivation. Hillsdale, NJ: Erlbaum.

LEYERS, ERIC (2000): Entstehung und Grenzen des Geldwesens. Aachen: Shaker.

LIPSEY, RICHARD G. und LANCASTER, KELVIN J. (1955-56): The General Theory of Second Best. In: Review of Economic Studies (XXIV). S. 11-32.

LÖFFLER, MAX; PEICHL, ANDREAS; PESTEL, NICO; SCHNEIDER, HILMAR und SIEGLOCH, SEBASTIAN (2012): Effizient, einfach und gerecht: Ein integriertes System zur Reform von Einkommensteuer und Sozialabgaben: In: Perspektiven der Wirtschaftspolitik 13 (3), S. 196-213.

LORENZ, WILHELM (1993): Diskriminierung. In: Ramb, Bernd-Thomas und Tietzel, Manfred (Hrsg.): Ökonomische Verhaltenstheorie. München: Vahlen, S. 119-147.

MAIER-RIGAUD, REMI (2013): Vitalpolitik und Sozialstaatskritik: Zwei Gesichter Alexander Rüstows? Erscheint in: Goldschmidt, Nils; Kubon-Gilke, Gisela, Sesselmeier, Werner (Hg.): Vitalpolitik und Inklusion, Münster: Lit-Verlag.

MALINOWSKI, BRONISLAW (1922): Argonauts of the Western Pacific. An Account of Native Enterprise and Adventure in the Archipelagoes of Melanesian New Guinea. With a Preface by Sir James G. Frazer. New York: Dutton. Verfügbar in einer Open Access Library unter: http://www.archive.org/stream/argonaut sofweste00mali#page/n5/mode/2up (Abruf 1-1-2013).

MARSHALL, ALFRED (1986/1890): Principles of Economics. London: Macmillan.

MAS-COLELL, ANDREU; WHINSTON, MICHAEL D. und GREEN, JERRY R. (1995): Microeconomic Theory. Oxford u.a.: Oxford University Press.

MAURER, ANDREA und SCHMID, MICHAEL (2010): Erklärende Soziologe. Grundlagen, Vertreter und Anwendungsfelder eines soziologischen Forschungsprogramms. Wiesbaden: VS Verlag für Sozialwissenschaften.

MAYO, GEORGE E. (1949): The Social Problems of an Industrialized Civilization. Easton, PA: Hive.

MESENHÖLLER, MATHIAS (2010): Das Zentrum der Macht. In: Geo Epoche 42: Der Sonnenkönig, S. 40-56.

MEYER, BRUCE D. und SULLIVAN JAMES X. (2012): Identifying the Disadvantaged: Official Poverty, Consumption Poverty, and the New Supplemental Poverty Measure. In: Journal of Economic Perspectives 26 (3), S. 111-135.

MIKULA, GEROLD (2002): Gerecht und ungerecht: Eine Skizze der sozialpsychologischen Gerechtigkeitsforschung. In: Jahrbuch Normative und institutionelle Grundfragen der Ökonomik 1, S. 257-278.

MLODINOW, LEONARD (2009): Wenn Gott würfelt. Oder wie der Zufall unser Leben bestimmt. 2. Auflage. Reinbek bei Hamburg: Rowohlt.

MOHR, KATRIN (2012): Von „Welfare to Workfare? Der radikale Wandel der deutschen Arbeitsmarktpolitik. In: Bothfeld, Silke; Sesselmeier, Werner; Bogedan, Claudia (Hrsg.): Arbeitsmarktpolitik in der sozialen Marktwirtschaft. Vom Arbeitsförderungsgesetz zum Sozialgesetzbuch II und III. 2., aktualisierte und erweiterte Ausgabe. Wiesbaden: Springer VS, S. 57-69.

MÜCKE, PETER (2002): Unternehmensgrenzen und Arbeitsmärkte. Ein Beitrag zur Interaktion normativer Verhaltenssteuerung und marktlicher Kontrolle. Marburg: Metropolis.

MÜLLER-ARMACK, ALFRED (1990/1946): Wirtschaftslenkung und Marktwirtschaft. München: Kastell.

NELSON, RICHARD R. und WINTER, SIDNEY G. (1982): An Evolutionary Theory of Economic Change. Cambridge, Mass.: Belknap Press of Harvard University Press.

NOZICK, ROBERT (1974): Anarchy, State, and Utopia. Oxford u.a.: Blackwell.

NUSSBAUM, MARTHA (1998): Gerechtigkeit oder das Gute Leben. Frankfurt a.M.: Suhrkamp. Gender Studies.

ODENTHAL, KERSTIN (2011): Bestrebungen zur Gründung einer Weltumweltorganisation – aus der Sicht eines juristisch kohärenten Institutionensystems. In: Jahrbuch Normative und institutionelle Grundfragen der Ökonomik 9, S. 267-292.

OREOPOULOS, PHILIP und SALVANES, KJELL G. (2011): Priceless: The Nonpecuniary Benefits of Schooling. In: Journal of Economic Perspectives 25 (1), S. 159-184.

OSCHMIANSKY, FRANK und EBACH, MAREIKE (2012): Vom AFG 1969 zur Instrumentenreform 2009: Der Wandel des arbeitsmarktpolitischen Instrumentariums. In: Bothfeld, Silke; Sesselmeier, Werner; Bogedan, Claudia (Hrsg.): Arbeitsmarktpolitik in der sozialen Marktwirtschaft. Vom Arbeitsförderungsgesetz zum Sozialgesetzbuch II und III. 2., aktualisierte und erweiterte Ausgabe. Wiesbaden: Springer VS, S. 91-105.

OSTROM, ELINOR (2010): Beyond Markets and States: Polycentric Governance of Complex Economic Systems. In: American Economic Review 100 (3), S. 641-672.

OSTROM, ELINOR (2011): Reflections on „Some Unsettled Problems of Irrigation". In: American Economic Review 101 (1), S. 49-63.

OTT, NOTBURGA (2013): Familienpolitik – Paternalistische Eingriffe in familiale Entscheidungen? In: Jahrbuch Normative und institutionelle Grundfragen der Ökonomik 12, S. 183-200.

PÄPSTLICHER RAT FÜR GERECHTIGKEIT UND FRIEDEN (Hrsg.) (2006): Kompendium der Soziallehre der Kirche. Freiburg: Herder.

PEICHL, ANDREAS; PESTEL, NICO; SCHNEIDER, HILMAR und SIEGLOCH, SEBASTIAN (2011): Reform der Hartz IV-Hinzuverdienstregelungen: Ein verfehlter Ansatz. In: Perspektiven der Wirtschaftspolitik 12 (1), S. 12-26.

PFARR, CHRISTIAN und SCHNEIDER, UDO (2011): Anreizeffekte und Angebotsinduzierung im Rahmen der Riester-Rente. Eine empirische Analyse geschlechts- und sozialisationsbedingter Unterschiede. In: Perspektiven der Wirtschaftspolitik 12 (1), S. 27-46.

PHILLIPSON, NICHOLAS (2010): Adam Smith: an Enlightened Life. New Haven & London: Yale University Press.

POLANYI, KARL (1978/1944): The Great Transformation. Politische und ökonomische Ursprünge von Gesellschaften und Wirtschaftssystemen. Übersetzt von Heinrich Jelinek. Frankfurt a.M.: Suhrkamp.

PUFENDORF, ULRICH VON (1960): Die Dringlichkeit einer aktiven Bildungspolitik. In: Aktionsgemeinschaft Soziale Marktwirtschaft (Hrsg.): Was wichtiger ist als Wirtschaft. Tagungsprotokoll Nr. 15, Vorträge auf der fünfzehnten Jahrestagung der Aktionsgemeinschaft Soziale Marktwirtschaft am 29. Juni 1960 in Bad Godesberg. Ludwigsbug: Martin Hoch, S. 55-71.

RAMB, BERND-THOMAS und TIETZEL, MANFRED (Hrsg.) (1993): Ökonomische Verhaltenstheorie. München: Vahlen.

RANDOW, GERO VON (1992): Das Ziegenproblem. Denken in Wahrscheinlichkeiten. Reinbek bei Hamburg: rororo.

RASMUSEN, ERIC (1989): Games and Information. An Introduction to Game Theory. Oxford: Basil Blackwell.

RASMUSEN, ERIC (1994): Games and Information. An Introduction to Game Theory. 2. Auflage. Oxford: Basil Blackwell.

RAVALLION, MARTIN (2010): Do Poorer Countries Have Less Capacity for Redistribution? In: Journal of Globalization and Development 1 (2), Article 1 (Online Journal).

RAWLS, JOHN (1979): Eine Theorie der Gerechtigkeit. Frankfurt a.M.: Suhrkamp.

RICARDO, DAVID (1823): The Principles of Political Economy and Taxation. 3. Auflage. London: John Murray. Online verfügbar unter: http://www.econlib.org/library/Ricardo/ricP.html (Abruf 5. 2. 2013).

RIENER, GERHARD und WIEDERHOLD, SIMON (2011): Costs of Control of Groups. Ifo Working Paper No. 113.

ROBINSON, JOAN (1933): The Economics of Imperfect Competition. London: Macmillan.

ROHWER, ANJA (2008): Bismarck vs. Beveridge: Ein Vergleich von Sozialversicherungssystemen in Europa. In: Ifo Schnelldienst 61 (21), S. 26-29.

RÖPKE, WILHELM (1958/1937); Die Lehre von der Wirtschaft. 8. Auflage. Erlenbach-Zürich/Stuttgart: Eugen Rentsch Verlag.

ROTHSCHILD, KURT W. (1992): Ethik und Wirtschaftstheorie. Tübingen: Mohr (Siebeck).

RÜSTOW, ALEXANDER (1960): Wirtschaft als Dienerin der Menschlichkeit. In: Aktionsgemeinschaft Soziale Marktwirtschaft (Hrsg.): Was wichtiger ist als Wirtschaft. Tagungsprotokoll Nr. 15. Vorträge auf der fünfzehnten Jahrestagung der Aktionsgemeinschaft Soziale Marktwirtschaft am 29. Juni 1960 in Bad Godesberg. Ludwigsbug: Martin Hoch, S. 7-16.

RÜSTOW, ALEXANDER (1963/1959): Sozialpolitik dieseits und jenseits des Klassenkampfes. Vortrag auf der 12. Arbeitstagung der Aktionsgemeinschaft Soziale Marktwirtschaft am 22. Januar in Bad Godesberg. In: Alexander Rüstow (1963): Rede und Antwort, Ludwigsburg: Martin Hoch, S. 116-134.

RÜSTOW, ALEXANDER (1963/1962): Zielgemeinschaft tut not, Vortrag auf der 17. Arbeitstagung der Aktionsgemeinschaft Soziale Marktwirtschaft am 30. Januar 1962 in Bad Godesberg. In: Alexander Rüstow (1963): Rede und Antwort, Ludwigsburg: Martin Hoch, S. 30-49.

RÜSTOW, ALEXANDER (2001): Das Versagen des Wirtschaftsliberalismus. Das neoliberale Projekt. 3. Auflage. Marburg: Metropolis.

RÜSTOW, ALEXANDER (2005): Freiheit und Herrschaft. Eine Kritik der Zivilisation. Kurzfassung der drei Bände „Ortsbestimmung der Gegenwart. Eine universalgeschichtliche Kulturkritik" (1950-1957). Erste englischsprachige Auflage: 1980. Münster: LIT Verlag.

RÜSTOW, ALEXANDER (2009): Religion der Marktwirtschaft. Walter Eucken Archiv, Reihe Zweite Aufklärung, Band 4. Münster: Lit Verlag.

SAMUELSON, PAUL A. und NORDHAUS, WILLIAM D. (2005): Volkswirtschaftslehre. Das internationale Standardwerk der Makro- und Mikroökonomie. Übersetzung aus dem Amerikanischen von Regina Berger, Annemarie Pumpernig und Brigitte Hügner. Landsberg/Lech: mi-Fachverlag.

SCHLICHT, EKKEHART (1984): Die emotive und die kognitive Gerechtigkeitsauffassung. In: Ökonomie und Gesellschaft 2, S. 141-157.

SCHLICHT, EKKEHART (1985): On Isolation and Aggregation in Economics. Heidelberg u.a.: Springer.

SCHLICHT, EKKEHART (1998): On Custom in the Economy. Oxford u.a.: Oxford University Press.

SCHLICHT, EKKEHART (2010): Lohnbildung in modernen Arbeitsmärkten: Weder gerecht noch effizient. In: Wirtschaftsdienst 4, S. 221-227.

SCHUBERT, RENATE (1993): Ökonomische Diskriminierung von Frauen. Eine volkswirtschaftliche Verschwendung. Frankfurt a.M.: Fischer.

SCHULZ-NIESWANDT, FRANK und SESSELMEIER, WERNER (2004): Einleitung: Was ist Konstruktion von Sozialpolitik im Wandel? In: Sesselmeier, Werner, Schulz-Nieswandt, Frank (Hrsg.): Konstruktion von Sozialpolitik im Wandel. Implizite normative Elemente. Berlin: Duncker & Humblot, S. 7-14.

SCHUMPETER, JOSEPH A. (1976/1942): Capitalism, Socialism and Democracy. With a New Introduction by Tom Bottomore. New York: Harper & Row (erste Auflage 1942).

SEN, AMARTYA (1970): Collective Choice and Social Welfare. San Francisco: Holden-Day.

SEN, AMARTYA (1997): Family and Food: Sex Bias in Poverty. In: Sen, Amartya: Resources, Values, and Development. Cambridge (Mass.)/London: Harvard University Press, S. 346-368.

SEN, AMARTYA (2009): Die Idee der Gerechtigkeit. Aus dem Englischen von Christa Krüger. München: Beck.

SESSELMEIER, WERNER (1997): Einkommenstransfers als Instrumente der Beschäftigungspolitik. Frankfurt a.M. u.a.: Peter Lang.

SESSELMEIER, WERNER (2008): Soziale Inklusion in Europa: Gemeinsamkeiten, Unterschiede, Schlussfolgerungen. Böckler Forschungsmonitoring 6. Düsseldorf: Hans Böckler Stiftung.

SESSELMEIER, WERNER (2012): Widersprüche sozialer Integration in Zeiten der Ökonomisierung sozialer Sicherung. In: Sozialer Fortschritt 61 (5), S. 104-110.

SESSELMEIER, WERNER; FUNK, LOTHAR und WAAS, BERND (2010): Arbeitsmarkttheorien. Eine ökonomisch-juristische Einführung. Dritte, vollständig überarbeitete Auflage. Heidelberg: Physica.

SESSELMEIER, WERNER; KLOPFLEISCH, ROLAND und SETZER, MARTIN (1996): Mehr Beschäftigung duch eine Negative Einkommensteuer. Frankfurt: Peter Lang.

SESSELMEIER, WERNER und WYDRA-SOMAGGIO, GABRIELE (2012): Arbeitsmarktpolitik im wohlfahrtsstaatlichen Vergleich. In: Bothfeld, Silke; Sesselmeier, Werner; Bogedan, Claudia (Hrsg.): Arbeitsmarktpolitik in der sozialen Marktwirtschaft. Vom Arbeitsförderungsgesetz zum Sozialgesetzbuch II und III. 2., aktualisierte und erweiterte Ausgabe. Wiesbaden: Springer VS, S. 27-42.

SESSELMEIER, WERNER und YOLLU-TOK, AYSEL (2013): Vitalpolitik und die Anschlüsse an Inklusions- und Befähigungsansätze. Erscheint in: Goldschmidt, Nils; Kubon-Gilke, Gisela, Sesselmeier, Werner (Hg.): Vitalpolitik und Inklusion, Münster: Lit-Verlag.

SHAPIRO, CARL und STIGLITZ, JOSEPH E. (1984): Unemployment as a Worker Discipline Device. In: American Economic Review 74 (3), S. 433-444.

SILVER, NATE (2012): The Signal and the Noise. Why So Many Predictions Fail – But Some Don't. London/New York: Penguin Press.

SINN, HANS-WERNER (2003): The New Systems Competition. Oxford: Blackwell.

SMITH, ADAM (1983/1776): Der Wohlstand der Nationen. Herausgegeben von H.C. Recktenwald. 3. deutschsprachige Auflage. München: dtv.

SOETE, BIRGIT; BLASCH, JULIA und SCHUBERT, RENATE (2011): Eine Krise kommt selten allein – Zusammenhänge zwischen den ökologischen und ökonomischen Krisen 2007-2009. In: Jahrbuch Normative und institutionelle Grundfragen der Ökonomik 10, S. 93-121.

STATISTISCHES BUNDESAMT UND WISSENSCHAFTSZENTRUM BERLIN FÜR SOZIALFORSCHUNG (Hrsg.) (2011): Datenreport 2011. Ein Sozialbericht für die Bundesrepublik Deutschland. Band I. Berlin/Wiesbaden: Bundeszentrale für politische Bildung.

STIGLITZ, JOSEPH (2006): Making Globalization Work. The Next Steps to Global Justice. London u.a.: Pengiun Group – Allen Lane.

STIGLITZ, JOSEPH (2012): Der Preis der Ungleichheit. Wie die Spaltung der Gesellschaft unsere Zukunft bedroht. München: Siedler.

STURN, RICHARD (2011): Die Natur der Probleme – Institutionen ökologischer Nachhaltigkeit. In: Jahrbuch Normative und institutionelle Grundfragen der Ökonomik 9, S. 9-38.

STURN, RICHARD (2013): Grenzen der Konsumkentensouveränität und die Perspektiven der Meritorik. In: Jahrbuch Normative und institutionelle Grundfragen der Ökonomik, S. 15-38.

SUCHANEK, ANDREAS (2001): Ökonomische Ethik. 2. Auflage. Tübingen: Mohr Siebeck.

SWEDBERG, RICHARD (1993): Explorations in Economic Sociology. New York: Russell Sage Foundation.

TAJFEL, HENRY (1981): Human Groups and Social Categories: Studies in Social Psychology. Cambridge: Cambridge University Press.

THALER, RICHARD H. und SUNSTEIN, CASS R. (2009): Nudge. Wie man kluge Entscheidungen anstößt. Aus dem Amerikanischen von Christoph Bausum. Berlin: Econ.

THUM, CLAUDIO (2000): Die öffentliche Bereitstellung öffentlicher Güter. Frankfurt M.: Peter Lang.

TIROLE, JEAN (1988): The Theory of Industrial Organization. Cambridge: MIT Press.

TURNER, JOHN C. (1987): Rediscovering the Social Group. Oxford: Basil Blackwell.

VAN DER LOCHT, VOLKER (2008): Wider die Inklusion und Integration – Eine Expedition in die Welt der Sprache. In: newsletterBehindertenpolitik 33, S. 3-4.

VAN SUNTUM, ULRICH (1999): Die unsichtbare Hand. Ökonomisches Denken gestern und heute. Heidelberg u.a.: Springer.

VANBERG, VIKTOR (2008a): Das Paradoxon der Marktwirtschaft: Die Verfassung des Marktes und das Problem der „sozialen Sicherheit". In: Vanberg, Viktor: Wettbewerb und Regelordnung. Herausgegeben von Nils Goldschmidt und Michael Wohlgemuth. Tübingen: Mohr Siebeck, S. 155-172.

VANBERG, VIKTOR (2008b): Wettbewerb und Regelordnung. Herausgegeben von Nils Goldschmidt und Michael Wohlgemuth. Tübingen: Mohr Siebeck.

VARIAN, HAL R. (1985): Mikroökonomie. München – Wien: Oldenbourg.

VARIAN, HAL R. (2011): Grundzüge der Mikroökonomik. 8. Auflage. München: Oldenbourg.

WEGWARTH, ODETTE und GIGERENZER GERD (2011): Statistical illiteracy in doctors. In: Gigerenzer, Gerd und J.A. Muir Gray (eds.): Better doctors, better patients, better decisions. Envisioning health care 2020. Cambridge, MA/London: MIT Press, S. 137-151.

WEIKARD, HANS-PETER (1999): Wahlfreiheit für zukünftige Generationen. Marburg: Metropolis.

WEIKARD, HANS-PETER (2011): Towards a Global Climate Constitution. In: Jahrbuch Normative und institutionelle Grundfragen der Ökonomik 9, S. 89-106.

WEILER, FRANK (1996): Das „Infant-Industry-Argument" für protektionistische Maßnahmen. Theoretische Einordnung und wirtschaftspolitische Relevanz. Marburg: Metropolis.

WEISE, PETER (2002): Effizienz versus Gerechtigkeit: Tragweite und Folgen eines Trade-offs. In: Jahrbuch Normative und institutionelle Grundfragen der Ökonomik 1, S. 51-70.

WERTHEIMER, MAX (1991): Zur Gestaltpsychologie menschlicher Werte. Opladen: Westdeutscher Verlag.

WIDMAIER, HANS-PETER (1999): Demokratische Sozialpolitik. Tübingen: Mohr Siebeck.

WILKINSON, RICHARD und PICKETT, KATE (2009): Gleichheit ist Glück: Warum gerechte Gesellschaften für alle besser sind. 3. Auflage. Hamburg: Haffmans & Tolkemitt.

YOLLU-TOK, AYSEL (2010): Die fehlende Akzeptanz von Hartz IV. Eine Realanalyse individuellen Verhaltens jenseits des Homo oeconomicus Modells. Baden-Baden: Nomos.

ZHOU, LEI; BISWAS, BASUDEB; BOWLES, TYLER und SAUNDERS, PETER J. (2011): Impact of Globalization on Income Distribution Inequality in 60 Countries. In: Global Economy Journal 11 (Issue 1), Article 1 (Online Journal).

Personenregister

ABBÉ 353, 466
ABRAMITZKY 650
ACEMOGLU 66f., 450
ADAMS 293
ADAMY 564
AKERLOF 264, 283, 293, 336
ALCHIAN 87, 676
ALTHAMMER 352, 464, 509, 520f., 546, 620
AMABILE 300
ANHORN 364, 624
ARETZ 642
ARNTZ 642
ARROW 259, 370, 374f., 378ff., 384, 387, 397, 426, 449, 480, 514
ASCH 346f., 455
ATKINSON 478, 486

BAHR 550
BARTLING 287, 643
BASU 230, 246ff., 316, 323f., 327, 403f., 435ff., 443, 446ff.
BAUMOL 202
BAYES 413, 415
BAZERMAN 318
BECKER, GARY 359f.
BECKER, JENS 673
BENDER 319, 438, 524
BENZ 464, 478, 521, 555, 609
BERGENGRUEN 409
BERNHOLZ 370, 374, 378, 380f., 390, 697
BERTRAND 215ff.
BEVERIDGE 516, 671
BINMORE 208
BINSWANGER 75
BISMARCK 468, 470, 516, 671
BIZER 258, 517
BLASCH 241
BLUM 672
BOECKH 464, 478, 521, 555, 609
BOGEDAN 555, 609
BORTIS 229
BOSCH, G. 558f.
BOSCH, R. 466
BOTHFELD 555, 609

BOWLES 388
BRAUN 268
BRENTANO 467
BREYER 23, 370, 374, 378, 380f., 390, 421, 432, 627, 689, 697
BROOKS 270
BUCHANAN 387, 389
BUCHHOLZ 23
BUSCH 623
BÜTTLER 657

CHIANG 100
CLARKE 255f., 381, 383
CLINTON 268
CLOONEY 279
COASE 180, 235f., 240, 242, 328
CODERE 55
CONDORCET 64, 376
COURNOT 171ff., 200, 202, 212, 216f., 223, 225

DARWIN 408, 603
DEATON 453
DENZAU 456
DEPARDIEU 404
DIETZ 521
DÖRNER 698
DÖRR 436, 491, 681f.
DURANT, A. 59
DURANT, W. 59
DURDŽIĆ 510
DURKHEIM 51f.
DWORKIN 416, 423ff., 428, 430, 436f., 442, 444f., 675

EDGEWORTH 161f., 166ff.
EGGERTSSON 75
EICHHORST 320
EINAV 274
EINSTEIN 408
EKARDT 445f.
ENGELS 469f.
ENSTE 510
ERASMUS VON ROTTERDAM 10

ERDSIEK 290
ESPING-ANDERSEN 518, 671
EUCKEN 431

FEESS 170
FEHR 287, 643, 648f.
FELD 680
FERGUSON 49
FESTINGER 456
FINIS SIEGLER 570
FINKELSTEIN 274
FRANK 91, 643
FRANZ 482
FREVEL 521
FRIEDEN 405, 687
FRIEDMAN, D. 204f., 392f.
FRIEDMAN, M. 422, 665f., 675
FUCHS-GOLDSCHMIDT 673
FUDENBERG 382
FÜHR 258

GALL 468
GIBBARD 253
GIGERENZER 412
GILKE 60, 405, 634, 693
GINI 492, 494ff.
GINTIS 299
GLINIARS 297, 343f.
GOLDSCHMIDT 436, 491, 673, 680ff.
GRAF, F.W. 712
GRAF, S. 279
GREEN 376
GREENE 300
GREGORY 642
GROSSMAN 259
GROVES 253f., 255f., 381, 383
GÜTH 86, 257

HALLEIN-BENZE 673
HART 340
HARTWIG 588
HARTZ 82, 142, 416f., 473, 478, 521, 538, 553f., 558, 564, 571, 573, 595f., 598, 611, 614, 641, 658
HAUPTMANN 509
HAYEK 86, 258f., 422f., 675
HEIDBRINK 454
HEILBRONER 55
HICKS 129ff., 217, 264

HIRSCHMAN 64f., 341, 452, 457, 505
HOLLER 208
HOMBURG 397ff., 703
HUSTER 478, 521, 555, 609
HÜTTIG 258
HWANG 388

ILLING 208
IRMER 515, 688

JONES 74

KAHNEMAN 411, 413f.
KALDOR 129ff., 217, 264
KERSTING 442ff., 510
KETTELER, V. 467
KETTNER 322
KEYNES 281, 417, 565, 675ff.
KIFMANN 627
KIRCHGÄSSNER 706
KLIEMT 86, 257
KLOPFLEISCH 665f.
KLÖS 8, 319, 489, 632
KNABE 503
KOCH 533f., 673
KONRAD 633
KRÄMER 427, 492
KREPS 83, 208, 374
KRUPP 352, 466
KUBON-GILKE 38, 52, 74f., 88, 168, 170, 185, 219, 277, 292, 297f., 306, 319, 405, 408, 438, 455, 489, 622, 632, 634ff., 673, 683, 688, 692ff., 705
KURAN 694

LAFFONT 206
LAMPERT 352, 464, 509, 520f., 546, 620
LANCASTER 340
LANG 363
LEHMANN 363
LEIBENSTEIN 203, 345
LEO XIII. 467
LEPPER 300
LEYERS 47, 55f., 59, 76f.
LINDAHL 253
LIPSEY 340
LÖFFLER 670
LORENZ, M.O. 494
LORENZ, W. 162, 356

LORIOT 304, 533
LUDWIG XIV. 463

MAIER-RIGAUD 619, 681f.
MALINOWSKI 56
MARSHALL 51f., 84
MARX 49, 50f., 65, 469f.
MAS-COLELL 375f.
MAURER 297
MAYO 293
MENDEL 408
MESENHÖLLER 463
MEYER 478
MIKULA 457
MILL 317, 318
MLODINOW 409, 411ff.
MÜCKE 335
MÜLLER-ARMACK 431, 684
MUSGRAVE 317

NASH 211f., 214, 216, 221f., 250
NELSON 345
NEUMANN 510
NORDHAUS 225f., 251
NORTH 336, 456
NOWITZKI 279
NOZICK 422ff., 444, 458, 675
NUSSBAUM 438ff., 445, 600, 651, 675, 682

OBAMA 268
OREOPOULOS 631
OSTROM 257, 336, 339, 691
OTT 602

PAINE 64
PARETO 129ff., 168, ff., 375
PEICHL 658, 668f.
PETTY 35
PFARR 537
PHILLIPSON 35
PICKETT 453
PIGOU 237, 317
PLATON 35
POLANYI 55

RAIFFEISEN 309, 467
RANDOW 409f.
RASMUSEN 208, 270
RAVALLION 511

RAWLS 386f., 432ff., 441, 445ff., 675, 677, 688, 711
REID 417
RHYS-JONES 665f.
RICARDO 43
RIESTER 535ff., 550, 574, 614
ROBERTSON 64
ROBINSON, JAMES 66f., 450
ROBINSON, JOAN 185, 363
ROHWER 671
RÖPKE 51, 52
RÖSLER 564
ROTHSCHILD 420
RÜRUP 535, 538
RÜSTOW 7, 32, 66f., 227, 358, 365, 372, 430, 432, 444, 450f., 619, 679ff., 707

SAAM 290
SALVANES 631
SAMUELSON 225f., 251
SATTERTHWAITE 253
SAVANT 410
SCHLICHT 35, 55, 60, 69, 75, 85, 158, 228, 408, 453f., 685, 688, 694ff., 698
SCHMID 297
SCHMIDT 287, 643
SCHMOLLER 467f., 470, 474, 520
SCHNEIDER 537
SCHUBERT 241, 356
SCHULZE-DELITZSCH 309
SCHULZ-NIESWANDT 319
SCHUMPETER 65f.
SEN 380, 436ff., 445, 480f., 498ff., 675, 682
SESSELMEIER 319f., 517f., 555, 565, 609, 646, 660, 663, 665ff., 671, 682, 707
SETZER 665, f.
SHAPIRO 283, 285f., 292, 363
SILVER 415
SINN 402, 687
SMITH 35ff., 43, 46, 48ff., 74, 158, 228f., 281, 288, 331, 341, 419, 453f.
SOETE 241
SPENCER 603
STEHR 364, 624
STIGLITZ 259, 283, 285f., 292, 363, 430, 451f., 498, 643
STURN 242, 315, 317f., 336, 340, 389, 698, 706

SUCHANEK 454
SULLIVAN 478
SUNSTEIN 313f., 318, 384
SWEDBERG 51

TAJFEL 343
TENBRUNSEL 318
THALER 313f., 318
THUM 316
TIROLE 177, 206, 382
TURNER 343, 347
TVERSKY 411

UL HAQ 500

VAN DER LOCHT 366
VAN SUNTUM 369
VANBERG 422, 676
VARIAN 239, 372, 384
VICKREY 386
VON DER LEYEN 536, 538f., 586

WAINWRIGHT 100
WEBER 463
WEGWARTH 412
WEIKARD 241, 438, 440, 675, 682
WEILER 49
WEISE 129, 131
WERTHEIMER 371f., 376
WHINSTON 376
WICHERN 467
WIDMAIER 686
WILKINSON 453
WINTER 345
WYDRA-SOMAGGIO 518, 565, 646

XENOPHON 35

YOLLU-TOK 320, 515, 673, 682, 688

ZHOU 293
ZWEIFEL 627
ZWEYNERT 680

Sachregister

1-Euro-Jobs 616f., 659

Absatzgarantie 136f.
Agentur für Arbeit 542, 556, 564, 573, 618, 657
Aggregation 111, 120, 356, 371, 374, 376, 429f., 697
Aggregationsproblem 374, 378, 426
Aktueller Rentenwert 530, 533f., 618
Alimentierung von BeamtInnen 472
Allgemeines Gleichbehandlungsgesetz 605
Allgemeinverbindlichkeitserklärung 563
Allgemeinwohl 369f., 406, 416, 430, 461, 512
Allokation 130f., 152, 157, 159f., 180, 230, 240f., 243, 266, 309, 328, 330ff., 355, 372, 380, 382f., 419f., 458, 510, 674ff., 684, 686
als-ob-Annahme 86f., 115, 252, 257, 280, 297, 312, 335, 392f., 701
Altenhilfe 520, 568, 571, 610
Altersarmut 534, 536, 538f., 573
Altersrente 534f., 537ff., 573, 615f.
Altruismus 453, 507f.
Anfangsausstattung 159, 161f., 166, 169f., 227, 372
Angebot 24, 28, 62, 67f., 77, 82, 89f., 107, 110f., 120ff., 126ff., 134, 142, 144f., 147f., 152, 154, 157f., 160, 190, 195, 201, 230f., 280f., 289ff., 308f., 351, 357ff., 363, 426, 433, 490, 555, 562, 628, 630, 641, 643
Angebotskurve 109f., 120f., 124, 126ff., 132, 138ff., 144, 149, 151f., 154, 176, 187, 190, 628, 630
Angelsächsisches Modell der sozialen Sicherung 517ff., 671
Anwartschaft 553
Äquivalenzeinkommen 488
Arbeiterbewegung 469f.
Arbeiterfrage 465
ArbeitnehmerInnenschutz 283, 471, 473, 520, 522
Arbeitsangebot 73, 154, 156, 185f., 189ff., 197f., 245, 284f., 288, 290, 294, 349, 351, 354, 364, 448, 641, 695f.

Arbeitseinkommen (s. auch Erwerbseinkommen) 472, 530, 565
Arbeitsförderungsgesetz 558
Arbeitsgelegenheiten mit Mehraufwandsentschädigung 616
Arbeitslosengeld I 554, 614f.
Arbeitslosengeld II 554, 571, 612, 614ff., 642, 658f., 666, 668f.
Arbeitslosenhilfe 554f., 609f., 614, 641, 644, 659, 672f., 700
Arbeitslosenversicherung 290, 313, 472f., 552, 554, 573, 625f., 670, 689
Arbeitslosigkeit 27, 67f., 156, 230, 280f., 286, 288, 290ff., 301f., 338ff., 352, 355, 366, 419, 426, 443, 459, 489, 503, 509, 518, 526f., 530, 534f., 552ff., 561, 563, 565, 598, 610, 614, 628f., 632, 639ff., 650, 652, 685, 696
Arbeitsmarkt 67f., 152ff., 160, 185ff., 194ff., 228, 266, 280ff., 301f., 331, 334, 337, 339, 345, 350ff., 361, 363f., 366, 419f., 426, 434, 443, 459, 471, 473, 475, 514f., 526, 528, 544, 552, 555ff., 575, 608, 614, 622, 628ff., 636, 638ff., 652, 654, 659, 665ff., 678, 682, 686, 695f., 706f.
Arbeitsmarktausgleichspolitik 555, 561, 641
Arbeitsmarktordnungspolitik 562, 641
Arbeitsmarktpolitik 31, 79, 242, 389, 503, 515, 520, 525, 555, 561f., 564f., 588, 608, 639ff., 645, 651, 654
Arbeitsnachfrage 153ff., 197f., 287f., 294, 628
Arbeitsplatzbeschaffungspolitik 560
Arbeitsplatzerhaltungspolitik 560
Arbeitsschutzgesetz 524
Arbeitsteilung (s. auch Spezialisierung) 28f., 33ff., 71ff., 77, 81, 88, 90, 112, 152, 171, 189, 230, 281, 313, 328, 330, 333, 335f., 341ff., 348, 369, 388f., 400, 419, 457ff., 504, 507ff., 514f., 567, 622f., 652, 655, 673, 686, 703, 712
Arbeitsvermittlung 472, 517, 553, 556
, private 557
, staatliche 556
Arbeitszeit 39ff., 44, 61f., 92, 94, 154ff., 250, 449, 465, 471, 475, 522f., 548f., 560, 562f., 640, 643, 658, 669

Arbeitszeit
-gesetz 522
-schutz 522ff.
Armut 31, 37, 142, 147, 268, 338, 404, 406, 430, 435, 437, 447, 449, 466, 468, 471, 475ff., 498f., 501, 504, 518, 564, 598, 602, 610, 612, 624, 651, 654
Armut
, absolute 478, 480
, relative 481f., 488, 491f., 498, 501
, subjektive 501f.
, vererbte 489
Armutsbericht 476, 491, 504
Armutsindex (SEN) 498f.
Armutsindikator 489
Armutslücke 498, 665
Armutsmessung 476ff.
Armutsquote 31, 476, 482ff., 488f., 498, 503, 654
Armutsrisikoquote 476f., 564
ARROW-Paradoxon 370, 378ff., 387, 397, 426, 480, 514
Asylbewerberleistungsgesetz 572, 610
Auktion 386f.
Ausbildungsförderung 615
Ausbildungssystem, Duales 635ff.
Ausschließung 33, 81, 355, 358, 364f., 463, 512, 621, 623f., 636f., 654, 712ff.

BAföG 521, 579, 615, 618, 622
Bauernbefreiung 464f.
Baumolsche Kostenkrankheit 202
Baurecht 620
BECKERs Diskriminierungsmodell 359ff.
Bedarfsgemeinschaft 611, 614f., 617f.
Bedarfsgerechtigkeit 576
Bedingungsloses Grundeinkommen (s. auch unbedingte Grundsicherung) 662f., 665, 670
Befähigungsansatz der Gerechtigkeit 436ff., 458, 481, 675
Befehl 55, 58f., 62f., 67f., 74ff., 81, 90, 170f., 296, 333, 336, 338, 344, 397, 453
Behindertengleichstellungsgesetz 605
Behindertenpolitik 603ff.
Beitragsbemessungsgrenze 527ff., 531, 542, 551, 553, 626f.
Beitragspflicht 528, 552, 626
BERTRAND-Wettbewerb 215ff.

Berufsbildungsgesetz 473, 634, 637f., 693
Berufsbildungssystem, Duales (s. auch Ausbildungssystem, Duales) 303, 635f.
Berufsgenossenschaft 540, 590
Beschäftigungschancengesetz 560
Beschäftigungspolitik 515, 565f., 668
Bestandsschutz von Arbeitsverhältnissen 525ff.
Besteuerungsregeln und Familienpolitik 580ff.
Betreuungsgeld 318, 474, 550, 589f., 598ff., 602, 654
Betriebsrat 526, 566f., 647
Betriebsrente 295, 353
Betriebsverfassungspolitik 520, 566ff.
Beveridgemodell der sozialen Sicherung 516, 671
Bezugsgruppe 482ff.
Bildung 50, 232, 245, 303ff., 318f., 321f., 324, 328, 357, 363ff., 403, 438, 465, 476, 490f., 500f., 504, 516, 537, 558f., 562, 570f., 573, 577f., 599, 605f., 612, 617, 619, 621f., 631ff., 644f., 653, 680f., 687, 693, 711
Bildungsgutscheine 305, 558f., 621, 634
Bildungsökonomik 306ff., 599, 634
Bildungspolitik 318, 321, 444, 520, 555, 608, 619, 621f., 631ff., 654, 675, 681
Bildungssystem 31, 240, 242, 307, 363, 365f., 398, 419, 431f., 437, 444, 489, 517, 608, 621f., 633, 636, 671, 679, 707
BISMARCKmodell der sozialen Sicherung 468, 516, 671
boiling-in-oil-Vertrag 270ff.
Bruttoinlandsprodukt 403, 474f., 504, 601
Budgetgerade 116ff., 126, 166
Bundesurlaubsgesetz 524
Bürgergeld 666
Bürokratie 400, 474, 511f., 514, 686, 697

Care-Ethik 440, 600, 651f.
Ceteris-paribus-Klausel 84, 88, 118, 126, 158
Chancengerechtigkeit 356, 416, 423ff., 441f., 444, 458, 491, 599, 619, 624, 632f., 637, 675, 679f., 707
Christliche Sozialethik 430ff., 707, 711
CLARKE-Steuer 255f., 381
COASE-Conjecture 180
COASE-Theorem 240f.

Sachregister

Colonel-Blotto-Spiel 398f., 702
CONDORCET-Paradoxon 376f.
COURNOT-Modell (Monopol) 171ff., 181
COURNOT-NASH-Modell (Oligopol) 212ff.

De-Kommodifizierung 518f., 568, 575, 672
Demografie 528, 534ff., 544, 551, 573, 579, 689
Demokratie 31, 232, 242, 329, 353, 358, 365, 370ff., 376, 378ff., 389, 392, 397ff., 430, 443f., 451, 473, 505, 507, 510, 512, 624, 648f., 670, 686, 688, 699, 701f.
De-Stratifizierung 518, f., 539, 568, 672
Differenzprinzip 433ff., 441
Diskriminierung 29, 33, 66, 73, 147ff., 177ff., 230, 258, 281, 287f., 293f., 301, 309, 315, 317, 323, 327f., 338, 351f., 355ff., 377, 403, 411, 421, 423ff., 443, 446, 454, 473, 490, 501, 503, 526, 561, 564, 598, 605ff., 620f., 630, 636f., 640, 645, 647, 652, 712
Diskriminierung
, auf dem Arbeitsmarkt 185ff., 301, 338, 351f., 640, 645, 647
, effizienzlohnbedingte 363ff.
, monopsonistische 185ff., 363
, radikale Theorie der 363ff.
, statistische 361ff., 652
Diskriminierungskoeffizient 356
Dominium 75f.
Doppelte Koinzidenz der Wünsche 77
Doux-Commerce-These 64, 341, 443
Drei-Klassen-Wahlrecht 470
Duopol 212ff.
Durchschnittsberechnung bei Armutsquoten 481ff.
Durchschnittskosten 103, 105ff., 110, 128, 199, 200f., 205, 224f.
Durchschnittssteuersatz 584f.

EDGEWORTHbox 161, 162, 166, 167, 168, 169
Effizienz 92f., 128ff., 137, 152, 157, 159f., 168ff., 175ff., 199ff., 210, 217, 227ff., 235ff., 257, 260, 264ff., 272f., 275, 288, 291, 296, 304, 306f., 309, 315ff., 328, 330ff., 338, 354, 369, 382, 386, 397, 419ff., 456, 506f., 511, 545, 556, 564, 605, 619, 622, 636, 638, 643f., 648, 650, 674f., 686, 689, 692, 694, 698

Effizienz
, des Allgemeinen Gleichgewichts 168ff.
, partialanalytische 128ff.
Effizienzlohn 287, 291, 295ff., 339, 350, 353, 355, 363ff., 420, 426, 465, 628, 630, 639, 641ff., 650, 652, 663, 668, 695f., 704, 707
Effizienzlohnmodelle 295, 297, 350, 426, 628, 630
Effizienzlohntheorie 291f., 295
Egalitätsprinzip 433, 437, 441
Ehegattensplitting 574, 576, 579, 583ff., 589f., 602, 654
Eigentum 60, 64f., 74ff., 79, 161, 257, 262, 302, 341ff., 438, 451, 463ff., 469, 648
Eigentumsrechte 60, 63, 73, 75f., 235f., 240f., 329, 336f.
Eigenverantwortung 32, 423, 425f., 450, 578, 589, 711
Eingliederungshilfe 561, 570, 610
Einkommen 27f., 69, 75, 81, 84, 112, 115f., 118, 126f., 129, 142ff., 146, 150, 153, 157, 159, 194f., 217, 231, 235, 259, 273, 288, 290, 295, 301, 321, 339, 348, 354f., 357, 359f., 403f., 420, 426, 433ff., 440f., 444, 449, 458f., 474, 476ff., 517f., 527f., 541ff., 549, 551ff., 564, 570ff., 575, 577f., 580ff., 595ff., 601, 607, 609f., 614f., 619ff., 625ff., 650, 652f., 669f., 677f., 684, 689, 705
Einkommensteuer 399, 404, 441, 475, 537f., 581f., 591, 626f., 660f., 663, 666, 670
Einkommensteuerprogression 352, 583, 586, 626f., 644, 696
Einkommensumverteilung 146, 423, 437, 443, 458, 505
Einkommensverteilung 27, 142, 147, 260, 392, 420, 422, 425, 435, 451, 456f., 482f., 488, 492, 494, 496ff., 504, 510, 589, 597, 619, 649, 662, 678f., 682, 685, 697
Elterngeld 354, 474, 521, 579, 595ff., 601, 652, 654
Elternurlaub 593
Elternzeit 354, 362, 474, 524, 526, 574f., 579, 593ff., 598
Energieversorgung, Re-Kommunalisierung der 701
Entfremdung 50, 52
Entscheidungsregel 380
, binäre 380f.
, nicht-binäre 381

Entwicklungsbedingungen der Sozialpolitik 511f.
Entwicklungsländer 204, 269, 309, 389, 405, 497, 499, 501, 511, 643
Erbschaftssteuer 227, 423, 431f., 451, 662, 679
Ertragsgesetz 105ff.
Erwerbseinkommen 527, 541, 552, 567, 571, 585, 592, 59f., 615f., 625, 627f., 643, 653, 658, 661, 664f.
Erwerbsminderung 531, 571f., 610
Erwerbsunfähigkeit 311, 465, 531
Erwerbsunfähigkeitsrente 531
Erwerbsunterbrechung 362, 589, 593, 645, 654
Erziehungsgeld 473f., 574, 579, 595, 654
Erziehungsrente 531, 533
Erziehungszeit 362, 532, 535, 539, 647
Ethik 318, 430ff., 440, 442, 445f., 456, 463, 600, 651f., 707, 711
Ethische(n) Gefühle, Theorie der 453
Europäische Union 269, 405, 476, 481, 483f., 492, 494f., 515f., 524, 564, 606, 655, 672, 688, 703
Evolution der Koordinationsmechanismen 73f.
Existenzminimum 446, 586, 591f., 618, 656f., 660f., 663, 665, 675f.
, physisches 478
, soziokulturelles 479, 610, 614, 654
Existenzsicherung 309, 479, 518ff., 550, 557, 568, 591, 596, 600, 609, 612ff., 619, 655ff., 664, 672f., 678
Exklusion 364, 366, 475, 623, 651, 685, 715
Externe Effekte 23, 30, 231ff., 241ff., 246, 249f., 255, 257, 303, 306, 310f., 315, 328, 331, 335, 369, 390, 400, 405f., 458, 522, 545, 577, 600, 621, 630, 632, 650, 695f.
Externe Effekte
, identitätsabhängige 243f.
, negative 232ff., 240ff., 244, 314, 632
, positive 232ff., 238, 251, 578, 631, 633
, widespread 242f.

Fairness 68, 71f., 275, 280, 293, 337, 350, 379, 419, 457, 563, 628, 644, 678
Faktormobilität 687, 703
Familie, Definition der 576
Familienförderungsgesetz 473
Familienlastenausgleich 577f., 586

Familienleistungsausgleich 578, 586, 592, 600
Familienpolitik 31, 320, 459, 520, 524, 568, 574ff.
Familiensplitting 579, 586f.
Feudaler Segen, These des -n -s 342, 453, 457
Feudalismus 59, 64f., 74f., 77, 342, 352, 453, 457, 461ff., 468, 472, 497, 512, 603, 681
Feudalstruktur 29, 462, 469
Feudalsystem 65, 74, 462, 464, 504
Fixkosten 102, 104, 132, 153, 185f., 188, 196, 199f., 219, 221
Fixlohn (s. auch Lohn, fixer) 639
Fluktuation 283, 294f., 302, 305f., 338, 350, 353f., 640, 652
Fluktuationskosten 294, 642, 646, 695
Fortschrittsprogramm der SPD 587
Franchising 275, 277f.
Frauenquote 428, 655
Freiheit 65ff., 226, 246, 248, 271, 287, 307, 312, 315f., 318, 365, 387f., 402, 419ff., 433, 441, 443, 450f., 461, 463ff., 470, 478f., 565, 573, 605, 624, 634, 643, 653, 662, 680, 682ff., 686
Fürsorge 442, 465f., 473ff., 512, 568, 571, 604, 609, 633

Garantieregeln 275, 278, 334
Gefahrenklassen 540
Gefahrenschutz 524
Gefangenendilemma 208, 210, 215, 263, 315, 695, 703
Gegendiskriminierung 424, 425, 428
Geld 65, 74ff., 82, 98, 137, 140, 270f., 299, 302, 337, 348f., 402, 471, 581f.
Gender Inequality Index 501
Genossenschaften 309, 420, 467, 469
Gerechte-Welt-Glauben 366
Gerechtigkeit 27, 29ff., 68, 72, 81, 128, 131, 146, 158, 170, 229f., 246, 273f., 281, 293, 303, 316, 329ff., 343, 350f., 355f., 363, 386, 388, 393, 397, 411, 419ff., 454, 461, 476, 478, 480, 498, 502, 507, 510, 513, 586f., 592, 600, 627, 633, 644, 651, 653, 660, 662f., 665, 672ff., 682, 686, 688, 690, 699f., 711ff.
Gerechtigkeitsauffassung
, emotive 453f., 456
, kognitive 453ff.

Sachregister

Gerechtigkeitsforschung 457
Gerechtigkeitswahrnehmung 457f., 687
Geschicklichkeit 35f., 153
Gesellschaftliche Entscheidungsfunktion 380
Gestaltgesetze 341
Gesundheitsfonds 544, 546
Gesundheitsökonomik 545
Gesundheitssystem 31, 232, 240, 267f., 357, 366, 398, 437f., 490, 545f., 585, 627, 635
Gewerbefreiheit 464
Gewerbeordnung 524f.
Gewerkschaften 194, 280, 390ff., 449, 469f., 472, 510, 549, 562f., 566, 616, 637, 646, 671, 690, 700, 704
Gewerkschaften
, christliche 471
, liberale 471
, sozialistische 470
Gewinnmaximierung 85f., 97, 107ff., 127f., 153f., 172ff., 179, 181, 186f., 191, 193, 195, 197f., 200f., 213, 221ff., 239f., 298, 650
Gewinn-Verlust-Wahrnehmung 314
GIBBARD-SATTERTHWAITE-Theorem 253
gift exchange 293
GINI-Koeffizient 492, 494ff.
Gleichgewicht 68, 120, 121ff., 126ff., 133ff., 152ff., 208, 210, 212, 214, 216ff., 221ff., 229, 231, 248, 250, 258f., 264, 281, 284f., 287ff., 302, 308f., 320, 323, 327f., 332, 339f., 350f., 357ff., 372ff., 383, 396, 399, 403f., 426, 448, 490, 628, 630, 633, 639, 641, 649f., 691, 694f., 702f.
Gleichgewicht
, Allgemeines 160ff., 206, 227, 259, 330, 372, 408
, multiple Gleichgewichte 211, 250, 320, 389, 447f.
Globalisierung 32, 292f., 509, 643
Glücksforschung 454
Glücksspielmonopol, staatliches 702
Gottesebenbildlichkeit des Menschen 431, 682, 711
Governance 339, 405f., 446, 687, 691
Grenzertrag 94f., 153f., 185, 196
Grenzkosten 90ff., 102ff., 128, 132, 136, 138, 141, 172, 174ff., 180ff., 199ff., 223ff., 239, 251, 628

Grenznutzen 113f., 117f., 161, 234
Grenzproduktivität 101, 154f., 186f., 192f., 285
Grenzsteuersatz 227, 584ff., 592, 626
Grenzumsatz 108f., 172ff., 177, 181, 187, 200f., 223
GROVES-Mechanismus 253ff., 381, 383
Grundeinkommen 660ff., 665, 670, 674
Grundgesetz 387, 461, 574, 579, 604f., 618
Grundsicherung 533f., 538f., 554, 571ff., 609, 611f., 614, 616, 618, 659ff., 666, 668f., 689, 700
Grundsicherung im Alter 571ff., 610
Grundsicherungspolitik 609ff.
Gruppe, soziale 568
Gruppenbildung 347
Güter
, demeritorische 310ff.
, meritorische 310ff.
, öffentliche 251ff., 370, 381, 390, 400, 426, 430, 650, 687, 691
, private 231, 237, 251f., 316, 390, 653
Gütesiegel 276

HARTZ IV 82, 142, 416f., 478, 521, 538, 564, 571, 573, 595f., 598, 611, 614, 641, 658
HARTZ-Regelungen 473, 553f., 558, 564
Hauptsätze der Wohlfahrtstheorie 170, 227, 330, 332
Haushaltsgröße 486f.
Haushaltsoptimum 116ff., 126, 165, 167
Haushaltsproduktion 499, 587ff.
Headcount 488
Herrschaft 66f., 76, 365f., 443, 450, 623f., 686
Hierarchie 24, 30, 32, 281, 296, 298f., 303, 305, 307, 334ff., 338, 344, 350, 355, 357, 379, 400, 455, 458, 490, 504, 509, 513, 522, 541, 622, 640, 651, 697, 703, 712f., 715
Hinterbliebenenrente 531ff., 540f., 602
Höchstmiete 146ff., 359, 620, 630, 708
Höchstpreis 133ff., 159, 200ff., 311, 359
Homo oeconomicus 297, 420, 675f., 683
Homo oeconomicus institutionalis 258
Human Development Index 500f.
Human Development Report 496
Human Poverty Index 500

Identität, soziale 297, 323, 343f.
Ignoranz, rationale 393
Indifferenzkurve 114ff., 161ff., 169, 170
Industrielle Revolution 497
Inequality Adjusted HDI 500
Informationen, asymmetrische 258ff., 328, 331, 334f., 338, 361, 369, 420, 458, 490, 527, 544f., 570, 605, 627, 629, 631, 633f., 636, 640, 642, 648, 652, 673, 676, 692f., 695
Informationskosten 390ff.
Inklusion 32, 365f., 450, 462f., 490, 501, 505, 508, 603, 624, 646, 675, 678f., 681ff., 686, 707f., 712f.
Inklusion via Sozialstaat 675, 678ff., 707, 713
Innere Mission 470
Input 91ff., 110, 130, 185
Insider-Outsider-Modell 363, 564, 668
Institutionalisierungen
  , polyzentrische Institutionalisierung 243, 273, 275, 332, 335, 338, 340, 343, 455f., 512, 691ff., 696, 698f., 705ff.
Institutionenwettbewerb 171, 274, 306f., 331f., 334f., 339f., 342, 348, 382, 419, 458, 507, 690ff.
Integration 288, 352, 364f., 573, 599, 608, 646
Interdependenz 24, 157f., 208, 212, 227, 242f., 280, 300, 335, 340, 343, 345, 350, 353, 355, 389, 458, 507, 555, 644, 652, 654, 675, 678f., 683f., 690, 707, 714
Interdependenz
  – der Koordinationsformen 63ff., 81, 83, 90, 302, 329, 435, 507, 513, 568, 574, 667, 707, 713, 715
  , substantielle 47
Interlinkages 691
Internalisierung externer Effekte 314, 522
Inzidenzanalyse (s. Wirkungsanalyse) 31
Irenische Formel 684
Isokostengerade 98f., 101
Isolation 85ff., 121, 126, 207, 257, 280
  , kausale 85
  , zeitliche 85
Isolationsprinzip 85, 88, 207, 257
Isoquante 95f., 98f., 101

Jobeljahr 227
Jugendarbeitszeitschutzgesetz 523
Jugendhilfe 568ff., 602

KALDOR-HICKS-Kriterium 129, 130, 217, 264
Kameralistik 304, 694
Kampf der Geschlechter 210
Kartell 176, 214ff., 361, 707
Katallaxie, Spiel der 423
Kern eines Entscheidungsproblems 372ff., 398
Keynesianismus 281, 675ff.
Kinder- und Jugendhilfegesetz 568, 570
Kinderarbeit 245, 250, 448, 465, 467f.
Kinderfreibetrag 574, 579, 590ff.
  – für Ausbildung und Erziehung oder Ausbildung 591
  – für das Existenzminimum 591
Kindergartengebühren 306, 622
Kindergeld 473, 521, 574, 579, 590ff., 602, 652, 689
Knappheit 54, 152ff., 160, 190, 228, 281, 349, 351, 433, 472, 498, 509, 545, 552, 620
Knappschaft-Bahn-See 528
Koalitionsverbot 469f.
Kognitive Dissonanz 300, 350, 456ff., 466, 672f., 705
Kombilohn 615, 642, 659, 666, 668
Kombirente 536, 538
Kommunikationskosten 47
Kommunistisches Manifest 469
Komparativ-statische Analyse 126f.
Kompensation von Nachteilen 424ff., 428
Komplementarität 280, 320, 322ff., 327, 333, 338ff., 350, 443, 690ff., 697, 701ff.
Komplexität 69, 84, 229, 298, 381, 393, 455, 637, 640, 668, 697f., 707f., 712
Komplexitätseffekt 313
Konkurrenz 68f., 81, 84, 90ff., 171ff., 229, 231, 258, 259, 267ff., 274, 330ff., 340, 394, 409, 420, 638, 650, 693
Konkurrenz
  , heterogene 223
  , potentielle 175, 195ff., 206, 230
Konkursordnung 525
Konsistenzstreben 283f., 337, 343, 353, 456

Konstante in Modellen 83ff., 207, 213, 492, 694
Konstitutionalismus 387f., 624, 699, 700, 702f., 714
Konsumentenrente 131, 133f., 136ff., 140f., 176ff., 182ff., 200ff.
Kontinentaleuropäisches Modell der sozialen Sicherung 511, 517, 519, 671, 697
Kontraktkurve 169f.
Kontrolle, normative 335ff., 344, 379
Kontrollproblem 70f., 652
Kooperation 57, 299, 332, 335f., 342, 345ff., 349, 379, 658
Koordinationsmechanismus 45, 57, 67f., 73f., 76, 78f., 81ff., 227ff., 388, 514, 541, 715
Koordinationsmodus 67, 274, 281, 334, 343, 352, 507, 569, 574, 640, 652, 667, 713
Koordinationsproblem, ökonomisches 33ff., 53ff., 82, 88, 120, 128, 133, 160, 206, 242f., 280, 369, 370ff., 457ff., 678, 685, 692ff.
Koordinierungsmodus 329
Koordinierungsspezialisierung 71
Kopfpauschale 542, 627, 672
Kosten 43, 45, 90, 97ff., 120, 131ff., 153, 175, 177, 186, 199, 201f., 205f., 212, 216, 219f., 222f., 231ff., 244, 252ff., 259ff., 264, 267ff., 271f., 274, 289ff., 300, 302, 306f., 325, 354, 360, 378, 381, 394, 396, 401f., 515, 522, 524, 526, 543, 545, 558f., 562, 574, 580, 600, 608, 612f., 618, 620, 629, 633ff., 646, 649f., 652, 657, 661, 666, 694, 696
Kostenfunktion 102ff., 132, 174
Krankenversicherung 72, 266ff., 271ff., 313, 315, 468, 471, 473, 521, 528, 534, 539, 541ff., 613f., 617, 626f., 670, 672, 689
Krankenversicherung
, gesetzliche 313, 468, 471, 541ff., 547, 551, 626
, private 541, 594
Kreativität 66, 71, 78, 297f., 300f., 305, 310, 334, 336, 344, 346, 348, 643, 687
Kredite 78, 115, 261f., 295f., 308f., 324f., 343, 353, 356, 390, 392, 467, 490, 549, 632
Kreditmarkt 147, 159, 266, 273, 308f., 420, 682
Kritische Theorie 365, 623, 624

Kündigungsschutz
-bzgl. Arbeit 283, 339, 473, 525ff., 564, 608, 635, 646ff., 696, 704
-bzgl. Wohnen 146, 148ff., 630
Kündigungsschutzgesetz 473, 525
Kurzarbeitergeld 521, 560f., 677, 685
, konjunkturelles 560f.
, saisonales 560f.

Langzeitarbeitslosigkeit 553
Learning-by-doing 559, 636ff.
Leben, Theorie des guten -s 438f.
Lebenslagenkonzept 477, 491f., 500, 504
Lebensleistungsrente 536, 538f.
Lebensstandardsicherung 517, 519, 531, 533, 554, 576, 671ff., 700
Lehrstellenmarkt 637, 693
Leiharbeit 557, 564, 617, 644
Leistungslohn 295, 299, 351
Lernen 48f., 345f., 635, 712
Liberalismus 316, 430, 438
, politischer 464
, wirtschaftlicher 464
Limitationalität 96f.
LINDAHL-Steuer 253
Lobbyismus 390f., 406, 451, 514, 704f.
Lock-in-Effekt 321, 559, 694
Lohn 32, 58, 67f., 72f., 97f., 153ff., 185ff., 228, 244f., 250, 280f., 284ff., 336ff., 344f., 348, 350ff., 360ff., 416, 419, 426, 448f., 455, 459, 465, 470ff., 525, 530, 533, 540f., 548, 552, 562, 564, 581, 584, 594ff., 601, 609, 628, 630, 632, 635, 641ff., 647ff., 654, 658, 666ff., 690, 695f., 704
Lohn
, fixer (s. auch Fixlohn) 69, 71
-höhe 68, 154f., 284, 286, 292, 295, 300f., 304f., 337, 363, 471f., 525, 539, 557, 629, 640, 647, 652, 654, 667, 695
-system 307, 562, 629
Lohndifferentiale, kompensierende 158, 228, 281, 288f., 358
Lohndiskriminierung 185, 193f.
Lohnkompression 632, 635, 644, 696
Lohnschutz 471, 525
Lohnspreizung 288, 292f., 301, 352, 534, 565, 616, 640, 642ff., 650, 668, 695f.
Lohnsubvention 637, 644, 666ff.
Lohnzuschuss 561, 667
LORENZ-Kurve 492ff.

Macht 365, 387, 391, 400, 425, 428, 431, 444, 451, 469, 509, 562, 623f., 679ff., 704
-balance 392, 451, 624, 679, 704, 707
-freiheit 32, 451, 679, 684
Markenprodukt 275, 362
Markt 28ff., 46, 55, 59ff., 81ff., 227ff., 623ff.
-interdependenzen 149, 228
-räumung 121ff., 148, 150, 204, 287, 293f., 296, 298, 300, 561, 641ff., 648, 684
-versagen 88, 133, 176, 273f., 296, 306, 311, 315f., 333f., 339, 370, 421, 443, 446, 507, 510, 605, 668, 675, 690, 708
Marktformen 24, 88f., 108, 133, 152, 171, 194, 206, 212, 218, 274
Marktgleichgewicht 120, 121ff., 126ff., 133ff., 148, 152ff., 160ff., 176, 217, 221ff., 227, 260, 275, 288f., 291, 293, 332, 360f., 642f.
Marktwirtschaft, Soziale
(s. Soziale Marktwirtschaft)
Massenphänomen 244ff., 315, 316, 373, 446
Mechanismen, anreizkompatible 383f.
Mechanismus Design 381ff.
Medianeinkommen 484ff., 498
Mentale Modelle 411, 456, 688, 694
Meritorik 310ff., 440f.
Methode der offenen Koordinierung 515f., 688
Mietrecht 620
Mietsubventionen 150ff.
Mikrokreditinstitutionen 309
Mindesteinkommen 480, 664ff.
Mindestlohn 352, 359, 525, 552, 563f., 617, 641f., 646, 668, 684
, expliziter 644, 696
, impliziter 641, 644, 655, 696
Mindestpreis 132f., 136ff., 159f., 201, 204
Mindestpreis mit Absatzgarantie 136f.
Mindestrente 539, 571
Minimalkostenkombination 98ff., 110, 117
Mitbestimmung 339, 353f., 473, 566f., 648ff., 693
Mitbestimmungsgesetz 567
Mittelstandspolitik 520, 602
Mobilität 32, 65, 69, 243, 342, 363, 401f., 404f., 448, 463, 481, 510, 571, 633, 699, 707
Mobilitätsförderung 556, 558

Monopol 23, 89, 133, 171ff., 194f., 198ff., 212ff., 223, 230, 267, 316, 331, 361, 556, 648, 692f., 701f.
Monopol
, Ineffizienz des -s 176, 226, 230, 556
, natürliches 199, 203, 230, 679, 701
Monopolistische Konkurrenz 220, 225f., 394
Monopolregulierung 199f., 230, 701f.
Monopson 89, 171, 185ff., 193, 199, 363, 465, 562, 648, 667
Monopson und Lohndiskriminierung 185ff., 363
Montanmitbestimmung 567
Moral 38, 65f., 73, 75, 78, 228, 248, 314, 319, 335, 341ff., 358, 384, 401, 430, 432, 443, 448, 452ff., 457, 505ff., 631, 681, 687, 694, 712, 714
moral hazard 262ff., 270, 273ff., 282, 286, 291ff., 300, 308
Moralische Überformung 341ff.
Moralphilosophie 421, 453
Moralpsychologie 453f.
Motivation 49ff., 71ff., 78, 87, 293, 297ff., 314, 336f., 346, 348, 351, 388, 403, 450, 455f., 506, 569, 628, 642ff., 647, 652, 675, 678, 688, 693f.
Motivationseffekt 298, 314, 455
Mutterschutz 524, 574, 579, 593f.

Nachfrage 24, 28, 30, 35, 45, 61f., 67f., 77, 81f., 89f., 112ff., 133ff., 171f., 176, 185ff., 195, 199, 201, 206, 212f., 220f., 230f., 234, 280f., 284f., 289ff., 308f., 318, 351, 357ff., 363, 426, 433, 448, 465, 490, 555, 562, 565, 628, 630, 641, 643, 647, 675, 677, 683
Nachfragekurve 118ff., 165, 174
Nachhaltigkeit 62, 75f., 242f., 280, 311, 329, 397, 400, 404, 440, 445f., 507, 576, 662, 669, 674, 686, 690, 698f., 701f., 713, 715
Nachhaltigkeitsfaktor in der Rentenversicherung 533ff., 689
Nachtwächterstaat 229
NASH-Gleichgewicht 211, 214, 216, 221f., 250
Naturaltausch 77, 504
Negative Einkommensteuer 659ff., 673, 676, 689

Sachregister

Neoklassik 675ff., 679, 706
Neoliberalismus 32, 227, 365f., 430ff., 624, 675, 679, 684, 704, 713
Nettoinlandsprodukt 474, 580, 661
Netzwerkexternalität 695
Neue Politische Ökonomie 370, 372, 381, 444, 697, 701
Nicht-Anonymität 257, 300f., 329, 334f., 353, 379, 458, 504, 514, 650
Nichtrivalität im Konsum 251
Niedriglohnbereich 194, 565, 616, 644, 657, 667, 695
Normen 63f., 67, 74, 83, 211, 279, 319ff., 340ff., 389, 435, 441, 443, 447, 452ff., 463, 508, 562, 578, 653, 670, 679, 683, 685, 691, 694, 697, 700
Normensystem 64f., 73f., 87, 232, 343, 457, 507, 675, 678, 682, 684, 687
No-Shirking-Condition 286f.
Nutzenfunktion 87, 113f., 117, 246, 683
Nutzenmaximierung 87f., 231, 237f., 252, 257, 280, 293, 301, 313, 336, 454

Ökonomische Rente 131ff., 141, 148, 168, 175ff., 189, 200, 202, 206, 231, 237, 266ff., 274, 288, 331
Ökosteuer 240
Oligopol 23, 89, 175, 198, 206ff., 212, 216f., 230, 701
Opportunitätskosten 577f., 601
Output 91ff., 101ff., 110, 130
Outsourcing 305, 337

PARETO-Effizienz 129f., 170, 375
PARETO-Kriterium 130f., 168, 170
Parteienfinanzierung 391
Parteienwettbewerb 381, 394ff., 514
Partizipation 9, 44, 323, 333, 355f., 358, 462f., 466, 475f., 481, 484, 489f., 500ff., 513, 603, 650, 675, 686, 715
Paternalismus 311, 316, 428, 440, 619, 702
, libertärer 314, 425f., 454, 537
Patrimonium 75f.
peak-load-pricing 181
Personalität 431, 682
Personalvertretung 566
Persönliche Entgeltpunkte 530, 533
Persönliches Budget 305
Pfadabhängigkeit 74, 320, 339, 513, 688, 694, 700f.

Pflegestufen 547f., 550f., 689
Pflegeversicherung 273, 313, 472f., 528f., 547ff., 573f., 613, 617, 626f., 670, 689
Pflicht (s. auch Tradition) 24, 28, 55ff., 63, 67ff., 81, 87, 90, 112, 170f., 257, 281, 296, 300, 303, 305, 314, 330, 334, 336, 338, 344, 348f., 352, 357, 363, 374, 379, 431, 437, 451, 453, 458f., 462ff., 472, 476, 490, 505f., 509, 514, 524f., 562, 569, 577, 607, 683, 711
Pflichtversicherung 159, 273, 313, 316, 472, 527, 529, 542, 595
PIGOU-Steuer 237
Pivotaler Mechanismus 255f.
Politikberatung 421, 508, 683, 690, 705f.
Polypol 89f., 108f., 206, 208, 217f., 225
, heterogenes 218, 394
Poverty-gap-Typ der negativen Einkommensteuer 665
Präferenzbildung 72f., 311, 420
Präferenzen 44f., 61f., 72f., 85ff., 112ff., 118, 126ff., 135, 143f., 154, 161, 165, 169f., 248ff., 253, 280, 297, 300f., 310ff., 318, 329, 332ff., 340, 349, 360, 371ff., 396, 400, 420f., 423, 446ff., 456, 479, 675f., 683, 688, 694, 697
Präferenzen
, ethisch akzeptable 449
Prägnanz 336, 341, 343, 366, 389, 457
Preisdifferenzierung 177ff., 194, 363
, perfekte 177f.
, persönliche 179
, räumliche 178f.
, zeitliche 179ff.
- und monopolistische Rabatte 181ff.
Preisdiskriminierung 177ff.
Preismechanismus 62, 67ff., 85, 87, 118, 134, 160, 231f., 241, 244
Primärarbeitsmarkt 288f, 291, 302, 351
Produktion 24, 28f., 32ff., 47, 49f., 54ff., 74, 81, 90ff., 111, 126ff., 141, 155ff., 173, 177, 181f., 192, 194, 197, 199, 201, 203, 212f., 216, 224, 228, 231f., 239, 241ff., 296, 324f., 330, 337, 343, 345, 350, 353, 356, 400f., 419, 433f., 452, 459, 462f., 489, 500, 507, 524f., 568, 570, 580, 582, 628, 661f.
Produktionsfunktion 92ff., 101ff., 153f., 185, 188f., 196
Produktionsmöglichkeiten 33ff., 49, 54, 90ff., 100, 103, 120, 127, 153, 185, 369

Sachregister

Produktionsmöglichkeitenkurve (-gerade) 39ff.
Produktionsvorteile
, absolute 39ff.
, komparative 42ff., 57, 60ff.
Produzentenrente 132ff., 176, 183, 188, 200, 202
Progression der Einkommensteuer (s. auch Einkommensteuerprogression)
Proportionenproblem 53
Qualifikation 68, 185, 280, 285, 288, 290ff., 327f., 351, 355f., 509, 555, 559, 562, 608, 631ff., 645, f.
Qualifikationswettbewerb 68, 641f., 695
Qualität 54, 58, 71, 98, 131, 218, 223, 259ff., 264ff., 274ff., 304f., 315, 324, 330, 333f., 338, 357, 559, 570, 634, 636, 638ff., 648, 652f., 692
Qualitätsprämie 275, 279, 334, 692f.
Quintilsaxiom 435f., 446f., 449

Rabatt 181ff., 390, 486
Radicals 363f., 564
RAWLS' Gerechtigkeitstheorie 432ff., 438, 441, 445, 675, 677, 688, 711
Reaktionsfunktion 214, 222
Rechte 24, 28, 56ff., 74f., 232, 236, 245, 248, 250, 281, 296, 300, 303, 305, 315f., 330, 334, 344, 349, 357f., 371, 379, 387, 401ff., 433, 441, 443, 446, 449ff., 458, 462ff., 469, 472, 490, 505, 509, 514, 562, 566ff., 574, 577, 653, 683, 699, 711
Rechtsform 92, 275, 277f., 305, 307, 334, 338, 566f.
Regelgerechtigkeit 422f., 430, 441ff., 458, 674ff.
Regulierung 199ff., 216f., 230, 243, 273, 303, 338, 383, 389, 401, 443, 451f., 520, 620, 622, 642, 655, 692, 701ff.
Regulierung
, responsive 258
, Theorie der 206
Rentenartfaktor 530, 531
Rentenformel 530, 535, 594, 616, 689
Rentenversicherung 313, 354, 528ff., 551, 553, 571ff., 594f., 617f., 625, 629, 658, 689
Reputation 71, 275ff., 284, 338, 354

Ressourcen 39, 46, 52, 54, 64, 128ff., 159, 227f., 303, 310ff., 330, 357, 369, 382, 400, 419, 420, 422ff., 434, 436, 452, 492, 509, 674
Revelationsprinzip 383
Reziprozität 55, 75, 296, 673
RIESTER-Rente 535, 536ff., 574, 614
Risiko 31, 47, 69, 135, 159, 259ff., 295f., 309, 314, 329, 331, 355, 361, 389, 407f., 412, 433, 459, 468, 472, 474f., 508, 512, 515, 517ff., 525, 527, 536, 539, 541, 543, 552, 564, 574f., 605f.,646, 650ff., 659, 668, 677, 687, 689, 714
Risikowahrnehmung 314
Robustheit 372, 697
Routine, organisationale 345
RÜRUP-Rente 535, 538

Sachherrschaft 75f.
Schattenkosten des Budgets 201
Schattenpreis 237, 240
Scheinselbständigkeit 529
Schwarzarbeit 484, 505, 657f., 687
Schwarzmarkt 135
Schweinezyklus 124f.
Second-best-Theorie (s. auch Zweitbestes, Theorie des -n) 330ff., 340, 675f.
Segregation 360, 630
Sekundärarbeitsmarkt 288ff.
Selbstbindung 70, 278, 313, 316, 319
Selbstversorgung 37, 61, 577
Selektion, adverse 262, 264ff., 271, 273f., 282, 291, 293, 308
SHAPIRO-STIGLITZ-Modell 283, 285f., 292, 363
shifting support scheme 272
shirking 292
SIMPSON-Paradoxon 426ff.
Skandinavisches Modell der sozialen Sicherung 511, 517ff., 671
Solidarität 51, 431, 507f., 627ff., 678, 682
Sozialdemokratische Arbeiterpartei 469f.
Sozialdividendenkonzept der negativen Einkommensteuer 665
Soziale Arbeit 232, 278, 303ff., 391, 419, 427, 437, 438, 440, 512, 653, 657, 681
Soziale Bewegungen 469, 470
Soziale Marktwirtschaft 27, 32, 365, 430ff., 442, 444, 450, 457, 603, 619, 679ff., 688, 699, 707

Sachregister

Soziale Sicherung, System der 507, 514ff., 659ff.
Sozialenzyklika 467, 711
Sozialgeld 571, 614, 618
Sozialgesetzbuch (SGB) 473f., 521, 528f., 540f., 547, 552, 554ff., 558, 560f., 568, 570f., 598, 604f., 607, 609ff.
Sozialhilfe 473f., 520, 547, 572f., 609ff., 655ff., 664ff., 689
Sozialistengesetz 470
Sozialistische Arbeiterpartei 470
Sozialpolitik
, betriebliche 72, 352f., 514, 562
, nationale 400ff.
, staatliche 355, 467ff., 512ff.
, supranationale 400ff.
- der EU 515f.
, Entwicklungstendenzen der 512
, Geschichte der 462ff.
, Theorie der 458, 507ff., 713
, Träger der 514
Sozialpolitischer Bedarf 508ff., 513
, geweckter 510
, katastrophenbedingter 509
via Entwicklung und Veränderung 509
Sozialpsychologie 298, 301, 341, 346, 447
Sozialquote 474
Sozialstaatsgefährdung 685ff.
Sozialstaatsmodell 29, 31, 471, 475, 619, 679, 687, 715
Sozialsystem 23, 27, 29, 403, 464, 472f., 475, 511, 516, 518f., 521, 531, 618, 624, 659, 666, 670ff., 687ff., 691, 696f., 700, 703, 713
Sozialversicherungen 27, 140, 240, 273, 313, 333, 353, 459, 468, 471ff., 484, 512, 515, 517ff., 527ff., 565f., 571, 574f., 579ff., 594f., 600, 602, 609, 625ff., 640, 645, 655, 658f., 666, 670f., 675, 677f., 684, 686, 688
Sperrzeiten 554
Spezialisierung 28f., 33ff., 94, 103, 556
Spezifität 588f., 635, 650
Spieltheorie 207ff., 297, 382, 420
Spinngewebetheorem 124
Staatsversagen 370, 397, 507, 690
Stabilisierung, automatische durch den Sozialstaat 675f.
Stabilität des Marktgleichgewichts 121ff.
Stabilität, marktsystemimmanente 674ff.

Standardisierung 54
Steuerehrlichkeit 505
Steuerhinterziehung 505
Steuermoral 506
Steuern, indirekte 663, 666
Strategie, dominante 210, 215, 264, 383
Stücksteuern 138ff., 628
Stücksubventionen 141
Studiengebühren 306, 621f.
Subsidiarität 431, 467, 515, 550, 569, 578, 609, 615, 665, 682, 711
Substituierbarkeit 96f., 110
Südeuropäisches Modell der sozialen Sicherung 517f.
Supermodularität 322ff.
Sympathischer Beobachter 454
Systemakzeptanz 27, 318, 452ff., 505, 675, 683, 687, 697, 700

Tarifvertrag 522f., 526, 562ff., 647
Tarifvertragsgesetz 473, 562
Tausch 37, 39, 45, 52ff., 69f., 74ff., 85, 115, 128, 131, 152, 157, 159, 161ff., 169, 182, 210, 229, 259, 334, 340f., 422f., 443, 452, 457, 463, 504, 582, 674
Tauschbeschränkungen 45ff.
Tauschgleichgewicht 227, 161ff.
Tauschring 349f.
Teilhabe, gesellschaftliche 355, 397, 463, 476, 478ff., 484, 486, 489, 491, 501, 504, 512, 570, 575, 578, 603ff., 609f., 612, 617, 621f., 652, 654, 675
Tendenzbetrieb 566
Tradition 24, 28ff., 55ff., 59, 65, 72f., 75, 78, 83, 229f., 296, 303, 329, 330, 332, 335ff., 342, 344, 349f., 355, 357, 363, 397, 430, 453, 458, 462f., 472, 474f., 490, 497, 504, 513, 522, 529, 541, 567, 569f., 574f., 577, 582, 587, 603, 622, 631, 634, 652f., 669f., 672, 686, 697, 705, 712, 715f.
Trägheitseffekt 313
Tragödie der guten Absicht 151
Transaktionskosten 52f., 78, 235f., 238, 240f., 328ff., 335, 338, 342ff., 348, 397, 419, 452f., 458f., 634, 670, 675f.
Transferbezugsmoral 505, 613
Transferentzugsrate 663ff., 669
Transfergrenze 660f., 664ff.
Transportkosten 46f., 179, 218

Überqualifizierung 281, 288, 290f., 294, 301, 565, 628, 632, 639, 642ff., 695f.
Überschichtung 365, 450
Überschuldung 142, 318
Überschuss
 -angebot 62, 122ff., 136, 144, 156, 166, 168, 190, 350f., 359, 695
 -nachfrage 122ff., 127, 147f., 151, 166, 168, 309, 359
Umverteilung 27, 34, 59, 82, 116, 118, 151, 160, 169, 170, 201, 304, 318, 398, 404, 420, 423f., 431ff., 442f., 457ff., 475, 505, 511, 625, 674ff., 707
Unbedingte Grundsicherung 660f., 663
Unerledigt-Effekt 314
Unfallversicherung 262f., 468, 472, 539ff.
Ungewissheit 259, 387, 408f., 417, 436
Ungleichheit 27ff., 31, 228, 230, 288, 291, 293, 338, 340, 355, 364, 366, 399, 419, 425, 428, 430, 433, 435f., 445, 451ff., 457, 463, 466, 468, 475, 477, 481, 483, 494, 496ff., 500ff., 505f., 509f., 513, 519, 527, 589f., 598, 623, 651, 685, 690, 696, 705, 713
UNO-Übereinkommen über die Rechte von Menschen mit Behinderungen 606
Unsicherheit
 , aleatorische 406ff., 415
 , epistemische 406ff., 414f.
Unterhaltsrecht 579, 587ff., 654
Unternehmensverfassungspolitik 520, 566ff.
Unternehmung, Theorie der 90, 336
Unterschichtung 365, 450
Unterversorgung 24, 31, 37, 81, 147, 238, 475f., 478, 498, 502ff., 715
Usancen 63, 345, 355, 453, 455, 458, 462, 523

Variable in Modellen 83ff., 207
Verbände 204, 387, 390ff., 472, 476f., 510, 512, 549, 562, 587, 671, 690, 700, 704
VerbraucherInnenschutzpolitik 520, 622
Verein für Socialpolitik 467
Verfassung 66, 341, 365, 381, 387ff., 464, 520, 566ff., 586, 662, 702
Verfügungsrechte 60, 312
Verhandlungskosten 69, 182, 241, 328
Verhandlungspotential 69f., 280, 345, 350, 564, 648

Verkettete Märkte 273, 275, 279, 340, 458, 691, 694
Vermögensbildungsgesetz 620
Vermögensteuer 227, 662
Versicherungsmarkt 147, 159, 266ff., 295, 682
Verteilung 28, 30, 32, 54, 58, 81, 115, 129, 135, 151ff., 169f., 194f., 198, 218, 227ff., 273f., 303, 309, 328, 330, 333, 339, 355, 358, 370, 385f., 398f., 409, 420ff., 433f., 436, 438f., 441f., 451, 456f., 459, 482f., 485f., 488, 492, 494ff., 505f., 510, 583, 619, 622, 627, 649f., 662, 674ff., 685f., 702, 715
Verteilungsproblem 152, 159f., 229, 258, 269, 331, 355, 373, 389, 499, 625, 636f.
Verteilungswirkung 133, 140, 152, 159, 160, 171, 194ff., 217, 623ff.
Verteilungsziele 54, 159, 274, 369f., 505, 511, 527
Vertragszwang 543
VICKREY-Auktion 386
Vitalpolitik 442, 444, 619, 675, 678ff., 707, 714
Volkseinkommen 580, 661
Vollbeschäftigung 286, 552, 565f.
Vorruhestand 354, 629

Wahlfreiheitstheorie 436ff., 682
Wahlpflicht 396
Waisenrente (s. auch Hinterbliebenenrente) 532
Wartezeit 532
Weihnachtsclub 312f., 319
Werbung 279, 349, 428, 702
Werkvertrag 67, 69ff.
Wertsteuer 133, 138, 237
Wettbewerb
 , monopolistischer 218, 223ff., 360
 -sbeschränkungen 171ff.
 -sebene 82f., 87
 -sform 87
Wirkungsanalyse 31, 393, 507, 526, 555, 563f., 598, 600f., 615, 620, 622, 640, 667f., 698f., 706, 713
Wissen, tazites 345, 353, 362
Witwen- und Witwerrente (s. auch Hinterbliebenenrente) 531ff.
Wohlfahrtsstaat 443, 516
 -en im Vergleich 670ff.

Sachregister

Wohlfahrtsverbände 278, 512, 569
Wohngeld 150, 521, 570, 612, 620, 630
Wohnungsbaupolitik 473, 620
Wohnungsbauprämiengesetz 620
Wohnungsbestandspolitik 620
Wohnungsmarkt 134, 140, 142, 145, 148, 151, 473, 620, 630
Wohnungspolitik 146, 520, 619f., 630f.

X-Ineffizienz 203

Zeitlohn 300, 348
Zentralsteuerung 24, 28f., 58f., 83, 306, 332, 567, 631, 651, 672

Zentrumspartei 467, 470
Zertifikate 241ff., 276, 314, 386, 548
Zins 78, 202, 308f., 312, 343, 528, 536, 549, 552, 581, 609, 627, 662, 694
Zivilprozessordnung 525
Zugangsfaktor 530f., 533
Zuschussrente 538
Zwangsversicherung (s. auch Pflichtversicherung) 529
Zweitbestes, Theorie des -n (s. auch Second-best-Theorie) 332, 339f., 691